Pardey
Berechnung von Personenschäden

Berechnung von Personenschäden

Ermittlung des Gesundheits- und Mehrbedarfsschadens, des Erwerbsschadens und des Haushaltsführungs- bzw. Hausarbeitsschadens sowie des Unterhaltsschadens

von

Frank Pardey

4., völlig neu bearbeitete und erweiterte Auflage

C. F. Müller Verlag · Heidelberg

Bibliografische Information der Deutschen Nationalbibliothek

Die Deutsche Nationalbibliothek verzeichnet diese Publikation in der Deutschen Nationalbibliografie; detaillierte bibliografische Daten sind im Internet über <http://dnb.d-nb.de> abrufbar.

Bei der Herstellung des Werkes haben wir uns zukunftsbewusst für umweltverträgliche und wiederverwertbare Materialien entschieden. Der Inhalt ist auf elementar chlorfreiem Papier gedruckt.

ISBN 978-3-8114-3524-7

E-Mail: kundenbetreuung@hjr-verlag.de
Telefon: +49 89/2183-7928
Telefax: +49 89/2183-7620

© 2010 C. F. Müller, eine Marke der Verlagsgruppe Hüthig Jehle Rehm GmbH
Heidelberg, München, Landsberg, Frechen, Hamburg

www.schadensberechnungen.de
www.cfmueller.de

Dieses Werk, einschließlich aller seiner Teile, ist urheberrechtlich geschützt. Jede Verwertung außerhalb der engen Grenzen des Urheberrechtsgesetzes ist ohne Zustimmung des Verlages unzulässig und strafbar. Dies gilt insbesondere für Vervielfältigungen, Übersetzungen, Mikroverfilmungen und die Einspeicherung und Verarbeitung in elektronischen Systemen.

Satz: TypoScript GmbH, München
Druck: Druckerei C.H. Beck, Nördlingen

Vorwort

Durch Unfälle im Straßenverkehr oder während der Freizeit, bei Spiel und Sport, im Zusammenhang mit einer ärztlichen Behandlung, wegen Vernachlässigung der Verkehrssicherung im Straßenverkehrsraum, auf privaten Flächen oder bei Veranstaltungen und anderen Begegnungen von Mensch, Tier, Anlagen und Gegenständen können die körperliche Unversehrtheit oder gesundheitliche Integrität einer Person beeinträchtigt werden. Verletzungsfolgen in Form physischer, psychischer oder psychosomatischer Störungen führen ebenso wie die Zerstörung des Rechtsguts Leben zu Personenschäden.

Für die Schadensabwicklung in diesen Fällen erläutert dieses Buch alle praktisch wichtigen Gesichtspunkte. Die erstattungsfähigen Schadenspositionen werden mit den Anspruchsberechtigungen und den möglichen Ersatzformen beschrieben.

Bei einer **Verletzung** geht es um den Ausgleich zu folgenden Schadensbereichen bzw. Schadensarten oder -gruppen:

- Wiederherstellung der Gesundheit (Gesundheitsschaden, Heilungskosten)
- Vermehrte Bedürfnisse (Mehrbedarfsschaden)
- Erwerbstätigkeit (Erwerbsschaden)
- Haushaltstätigkeit (Haushaltsführungsschaden bzw. Hausarbeitsschaden)
- Belastung der Lebensfreude (Schmerzensgeld)

Schadensersatzansprüche wegen **Tötung** einer Person stehen betroffenen Personen nur in einem engen Rahmen zu. Es geht dann um folgende Schadensbereiche bzw. Schadensarten:

- Ausfall von Barbeiträgen zum Lebensunterhalt (Barunterhaltsschaden)
- Ausfall der Haus- und Familienarbeit (Betreuungsunterhaltsschaden)
- Beerdigungskosten

Die insgesamt überarbeitete und ergänzte Neuauflage berücksichtigt die aktuelle Gesetzgebung und Rechtsprechung des Bundesgerichtshofs sowie viele Judikate von Obergerichten und auch von Eingangsgerichten.

Dogmatisch kann zu fast allen Aspekten einer Tatbestands- und Rechtsfolgenorm, dem Haftungsgrund und -umfang eingehend diskutiert werden. Dieses Werk ist jedoch darauf ausgerichtet, dem Leser nach Möglichkeit die Arbeit in der Praxis zu erleichtern und strebt nach wie vor nicht danach, sich mit allen Äußerungen im einschlägigen Schrifttum auseinander zu setzen. Die Intensität eines theoretischen Streits führt in einem Streitfall wegen eines Personenschadens eher selten zu einer angemessenen Lösung des Konflikts zwischen den Beteiligten, um die es dem Praktiker geht.

Durchgehende Randnummern und das ausführliche Stichwortverzeichnis ermöglichen ein schnelles Nachschlagen einzelner Punkte. Besondere Hilfe geben die in den Text eingefügten Tipps.

Die zahlreichen Beispiele aus der Praxis sollen die Grundsätze zur Durchsetzung oder zur Abwehr eines Schadensersatzbegehrens und die Berechnungsmethoden veranschaulichen. Alle Anregungen wollen es erleichtern, präzise, sachkundig, zweckdienlich, kurz und bündig, bestmöglich zu einem angemessenen Ausgleich, ggfs. im Wege des Abfindungsvergleichs, zu kommen.

Soweit noch Größenordnungen aus DM-Zeiten in Frage stehen, braucht der Praktiker keine Umrechnungsformel mehr. Hinzuweisen ist aber darauf, dass in jeder Tabellenkalkulation die Umrechnung von DM in Euro bei Bedarf einfach einzurichten ist [Umrechnungsformel: „= (Bezugsfeld oder -bereich)/1,95583", Formatierung als Zahl mit 2 Dezimalstellen und 1000er-Trennzeichen bzw. Tausenderpunkt]. Der DM-Betrag kann auch mit 0,511292 multipliziert werden, um den korrespondierenden Eurowert zu erhalten. Ausländische Untereinheiten des Euro sind in den Euro und ggfs. von diesem her durch Multiplikation mit 1,95583 in DM umzurechnen.

Vorwort

Die hier vorgeschlagenen Berechnungsformeln lassen die Berechnung mit jeder Währung zu.

Verschiedene logische Verknüpfungen, die in den Berechnungsformeln verwendet werden, können gleichwertig auch auf andere Weise erfolgen. Hier ist versucht, zu allen Berechnungsabläufen möglichst einfache und gleiche Wege zu nutzen.

Die unterschiedlichen rechtlichen Wertungs- und Bewertungsansätze erschweren es, für alle vorstellbaren Situationen stimmige Berechnungsabläufe aufzuzeigen. Stets ist auf die Besonderheiten des jeweiligen Falles zu achten. Die vorgestellten Berechnungsformeln und -modelle sollen und können nur Orientierungshilfe sein.

Die der dritten Auflage beiliegende CD-ROM wird nun durch eine neu konzipierte **Onlineversion** ersetzt. Diese enthält alle im Buch abgedruckten Texte und bietet zudem die Möglichkeit, in Excel eigene Berechnungen durchzuführen, um die Regulierung eines Schadens zügig bewirken zu können.

Zu den einschlägigen systematischen und rechnerischen Zusammenhängen sollte jede Berechnung ergänzt, vertieft und kontrolliert werden durch Blick in den Text mit allen Hinweisen und Nachweisen.

An den entsprechenden Textstellen wird auf die jeweiligen Berechnungsmöglichkeiten in der Onlineversion hingewiesen; dort gelangt man per Mausklick direkt zur Exceltabelle. Die einschlägigen Berechnungsmöglichkeiten können auch über die in **Anhang 5** aufgeführten Schlagworte gefunden werden.

Entsprechendes gilt für die Formulierungsvorschläge, die in der Onlineversion als Word- bzw. Excel-Dateien zur Verfügung stehen.

Um auf die Onlineversion zuzugreifen, gehen Sie bitte im Internet auf die Seite

www.schadensberechnungen.de

Hier können Sie sich als Buchkäufer für die kostenfreie Nutzung der Onlineversion registrieren lassen. Ihren persönlichen **Zugangscode** finden Sie auf der letzten Seite dieses Buchs. **Bitte beachten Sie, dass das Freirubbeln des Codes zum Kauf verpflichtet.**

Schwerpunkte der Berechnungsvorschläge finden sich zu folgenden Problemen:
- Abfindung, Abzinsung, Kapitalisierung, Verrentung sowie Aufzinsung
- Anspruchsaufteilung zwischen mehreren Anspruchsberechtigten, insbesondere wegen eines gesetzlichen Forderungsübergangs
- Ansprüche wegen eines Barunterhaltsschadens für Witwer, Witwen, Lebenspartner oder/und Waisen
- Ansprüche wegen eines Betreuungsunterhaltsschadens (Naturalunterhaltsschadens) für Witwer, Witwen, Lebenspartner oder/und Waisen
- Schadensersatzrenten wegen Verdienstausfalls
- Berechnung eines Ersatzanspruchs bei Beeinträchtigung der Fähigkeit, Arbeiten im Haushalt für die betroffene Person selbst und/oder andere Personen ausführen zu können
- Berechnung von einmaligen und wiederkehrenden Geldansprüchen wegen vermehrten Bedarfs – insbesondere zur Mobilität, Pflege oder/und Wohnsituation
- Ermittlung ersatzfähiger Heilungskosten
- Einfluss von Gesamtschuldverhältnissen, einer Mithaftung und eines Vorteilsausgleichs auf eine Ersatzforderung.

Die vorgeschlagenen und erläuterten Berechnungen lassen sich im Übrigen mit jeder Tabellenkalkulation unschwer umsetzen. Die Formeln und die sachlichen Bezüge können jeweils aus den in dem Buch oder der Onlineversion wiedergegebenen Tabellen entnommen und übertragen werden, wenn dies für erforderlich gehalten wird.

Die spezielle Situation jedes einzelnen Falles, regionale Besonderheiten und die ständige Fortentwicklung der Rechtsprechung lassen nicht zu, den vorgeschlagenen Berechnungswegen uneingeschränkt Geltung zuzuschreiben.

Die Muster und Checklisten, die Berechnungsvorschläge und Berechnungsmodelle sowie alle Beispiele und anderen Einzelheiten des Gesamtwerkes sind mit größtmöglicher Sorgfalt erstellt. Jede Art einer Haftung für den Inhalt, zu den Anregungen, Hinweisen und Vorschlägen schließen Verlag und Autor jedoch aus, auch zum Einsatz und zur Nutzung der Onlineversion. Bei dem ständigen Fluss der Rechtspraxis und Rechtsprechung sind Fehler niemals ganz zu vermeiden.

Hinweise auf **aktuelle Entwicklungen** finden Sie unter www.schadensberechnungen.de.

Verlag und Autor sind für Anregungen aus der Praxis der Leser sehr dankbar.

Inhaltsverzeichnis

Vorwort	V
Abkürzungsverzeichnis	XV
Literaturverzeichnis	XIX

1. (Allgemeiner) Teil
Grundsätze zur Schadensberechnung

I. Haftungsgrund und Schadensabnahme	1
1. Rechtsgüterverletzung und die Folgen	5
a) Beeinträchtigung des Körpers oder der Gesundheit (Körperschaden, Gesundheitsschaden i.w.S.)	7
b) Folgeschäden	13
c) Insbesondere: HWS-Schaden	17
d) Insbesondere: Psychische Einflüsse und Störungen	21
e) Anspruchsbeschränkungen, Haftungseinschränkungen	26
f) Haftungshöchstbeträge	29
2. Handlung und Unterlassung	31
3. Kausalität	32
a) Indizien zum Nachweis der Kausalität	35
b) Nachweis der Kausalität mittels Anscheins	36
c) Kausalität bei ärztlichen Fehlern	41
d) Reserveursache	42
e) Haftungsausfüllende Kausalität	43
4. Pflichtwidrigkeit, Rechtswidrigkeit, Sorgfaltswidrigkeit	43
a) Eintritt eines Schadens als Indiz für eine Pflichtverletzung	43
b) Rechtswidrigkeit, Verkehrswidrigkeit	44
c) Sorgfaltswidrigkeit, Verschulden	45
aa) Nachweis des Verschuldens mittels Anscheins	47
bb) Umstände außerhalb des Geltungsbereichs eines Anscheinsbeweises	53
cc) Entlastung vom Verschulden zum Schadensfall im eigenen Gefahrenbereich	55
5. Grenzen der Zurechnung von Veränderungen	57
a) Einflüsse durch die betroffene Person	57
b) Zweiteingriffe anderer Personen	58
c) Innerer Zusammenhang; Risikozusammenhang	59
d) Schutzzweck der Norm	60
e) Rechtswidrigkeitszusammenhang	62
6. Anspruchsinhaber	62
a) Unmittelbar betroffene Personen	62
b) Mittelbar betroffene Personen	63
c) Haftung gegenüber Drittbetroffenen	64
d) Anspruchsdurchsetzung gegenüber Familienangehörigen	68
7. Mithaftung der betroffenen Person	69
a) Mitverursachung und Mitverschulden	70
b) Mitverursachung durch Dritte	71
c) Ermittlung der Haftungsquote	72
d) Haftungs-, Zurechnungseinheit	73

8. (Wirtschaftliche) Nachteile 73
   a) Restitution 75
   b) Kompensation 78
   c) Berechnungsgang: Differenz zwischen SOLL und IST 80
   d) Entgangener Gewinn; entgangener Einkommens-, Vermögenszuwachs 82
      aa) Grundsatz 82
      bb) Darlegungs- und Beweislast; Wahrscheinlichkeit 84
   e) Ort und Zeit zur Wertermittlung 86
   f) Geldaufwand 87
      aa) Außer-, vorgerichtlicher Regulierungsaufwand, Rechtsverfolgungs-,
          Rechtswahrungskosten 88
      bb) Pauschale 91
   g) Aufwand an Zeit 92
   h) Einsatz von Arbeit 93
   i) Nutzlos gewordener Geldaufwand und Lebensfreude 93
9. Schadensminderung 95
   a) Einfluss der Fehler Dritter 101
   b) Schadensminderungskosten 101
10. Wirtschaftliche Vorteile 102
    a) Voraussetzungen der Vorteilsanrechnung 105
    b) Fallgruppen 108
    c) Berechnungsgang 112
11. Mehrere Schädiger 113
    a) Gestörte Gesamtschuld 115
    b) Einzel- und Gesamtabwägung gegenüber mehreren Täter 115
    c) Einzel- und Gesamtschuld von Nebentätern 116
    d) Beschränkte Gesamtwirkungen 117
    e) Innenausgleich 118
12. Haftpflichtversicherung; Direktanspruch und Direktklage; Verteilungsverfahren ... 118

II. Anspruchshinderung durch Zeitablauf 127
1. Anspruchsverlust 127
2. Verjährung 129
   a) Verjährungseinrede 129
   b) Verjährungsfrist 130
   c) Vereinbarungen zur Verjährung 139
   d) Schutz vor Verjährung durch Anerkenntnis 140

III. Anspruchsverfolgung durch gerichtliche Geltendmachung 142
1. Leistungsklage 148
   a) Bestimmtheit, Bezifferung 150
   b) Klärung des Anspruchsgrunds 152
   c) Darlegung und Wahrscheinlichkeit zum Anspruchsumfang 155
   d) Beweisverfahren 157
   e) Grundurteil 160
   f) Teilurteil 162
   g) Nachforderungen 164
2. Einstweilige Leistungsverfügung 164
3. Feststellungsklage 166
   a) Feststellungsinteresse 169
   b) Verhältnis zum Leistungsbegehren 172
   c) Gegenstand und Wirkung der Feststellung 174

4.	Kosten, Kostenfestsetzung	176
5.	Streitwert	179
6.	Berufungsverfahren	180

2. Teil
Geldrente und Kapitalisierung; Abfindung

I.	**Geldrente**	185
	1. Zeitgrenzen	187
	2. Zahlungszeitpunkt	189
	3. Einheit von Erwerbs- und Mehrbedarfsrente	191
	4. Berücksichtigung geänderter Umstände: Geschäftsgrundlage, Kündigung; Abänderung	191
	5. Abtretung, Pfändung	193
II.	**Kapitalabfindung**	194
III.	**Kapitalisierung (Barwertberechnung)**	195
IV.	**Abfindung durch Vergleich**	208

3. Teil
Anspruchsübergang (Legalzession)

I.	**Inhalt und Sinn des Rechtsübergangs sowie Abgrenzung zu anderen Anspruchslagen zu Gunsten von Leistungsträgern**	234
II.	**Kongruenz**	236
	1. Sachliche Kongruenz	237
	2. Zeitliche Kongruenz	237
III.	**Haushaltsangehörigenprivileg (Familienprivileg)**	238
	1. Schutz der Haushaltsgemeinschaft	238
	2. Einfluss einer Haftpflichtversicherung	240
	3. Gestörte Gesamtschuld, Reduzierung der Forderung	240
	4. Schadensversicherung	241
IV.	**Einfluss einer Mithaftung auf die Durchsetzbarkeit des Anspruchs**	241
	1. Differenzlösung	242
	2. Quotenvorrecht bei sozialversicherten Personen	245
	3. Relative Anspruchsaufteilung	245
V.	**Realisierungsvorrang**	254
VI.	**Teilungsabkommen**	254

4. Teil
Ersatzfähige Nachteile bei Verletzung

I.	**Wiederherstellung der Gesundheit (Gesundheitsschaden i.e.S., Heilbehandlungskosten)**	259
	1. Behandlungskosten	261
	a) Grundsatz	262
	b) Zweckbindung	268
	c) Schadensminderung	270
	d) Vorteilsausgleich; Ersparnis von Lebenshaltungskosten und Eigenanteile, Zuzahlung	272

    2. Begleitkosten, Folgekosten, Nebenkosten, Zusatzkosten 277
        a) Zusatzaufwand 277
        b) Allgemeiner, verletzungsbedingt erhöhter Lebensbedarf 279
        c) Betreuung, Hilfe, Zuwendung 280
        d) Weitere wirtschaftliche (Folge-) Belastungen 281
    3. Besuchskosten 282
    4. Kongruente Leistungen 285
II. Vermehrte Bedürfnisse (Mehrbedarfsschaden) 291
    1. Grundsatz 297
    2. Erhöhte Lebenshaltungskosten 300
    3. Berufliche Rehabilitation 302
    4. Mobilität 303
    5. Pflege 305
        a) Realer Aufwand (konkrete Abrechnung) 307
        b) Pauschalierter Aufwand (insbesondere bei häuslicher Pflege) 309
            aa) Zeitansatz: Pflege-, Zeitbedarf 311
            bb) Wertansatz: Geldwert 317
            cc) Berechnungsformeln 324
        c) Zurechnungsgrenzen 325
    6. Wohnen 326
    7. Kongruente Leistungen 330
III. Erwerbstätigkeit (Erwerbsschaden) 332
    1. Erwerb und Erwerbsplan 335
        a) Nachweis der Erwerbsaussicht; Prognose 344
        b) Nachweis der (fortbestehenden) Arbeitsunfähigkeit 350
        c) Nachweis des (fortbestehenden) Vermögensschadens 350
        d) Arbeitslosigkeit 351
    2. Mindereinkünfte 352
        a) Ausbildungsschaden, Ausbildungsverzögerung 352
        b) Einnahmedifferenz, Differenzschaden 355
        c) Ersparnis 357
        d) Einsatz der verbliebenen Arbeitskraft 360
            aa) Insbesondere Umschulung 364
            bb) Darlegungs- und Beweislast 366
            cc) Rechnerischer Einfluss einer Obliegenheitsverletzung 367
        e) Insbesondere: Abhängige Arbeit 367
        f) Insbesondere: Selbstständige Tätigkeit 412
        g) Vorschlag zur Einschätzung eines Mindesterwerbsschadens 425
IV. Handwerkliche Tätigkeiten, insbesondere bei Bauprojekten 426
V. Haushaltstätigkeit (Hausarbeits-, Haushaltsführungsschaden) 429
    1. Art und Inhalt der Tätigkeiten 434
    2. Tat und Plan 437
    3. Haushaltsspezifische Behinderung (haushaltsspezifische Minderung der
       Erwerbsfähigkeit) 442
    4. Konkreter Aufwand 449
    5. Pauschalierende Berechnung 451
        a) Verallgemeinerter Vermögensnachteil 452
        b) Zeitfaktor: Zeiteinsatz (Zeitaufwand), Zeitdefizit 456
        c) Geldfaktor (Wertansatz, Geldwert) 477
        d) Berechnung mit Stundensätzen 481

e) Monatswerte	485
f) Berechnungsbeispiele	489
6. Forderungsübergang	491
VI. Andere unentgeltliche Tätigkeiten	496
1. Betreuungstätigkeit	496
2. Pflegetätigkeit	497
3. Mitarbeit bei einem unterhaltsberechtigten Angehörigen, insbesondere dem Ehe- oder (rechtlich gleichgestellten) Lebenspartner	498
4. Mitarbeit im familienfremden Betrieb und Unternehmen	501
5. Familiäre Dienstleistungspflicht	502
6. Freiwillige, ehrenamtliche Dienstleistungen	505
7. Gefälligkeiten ohne relevanten wirtschaftlichen Wert	507
VII. Nichtvermögensschaden (immaterielle Belastungen, Schmerzensgeld)	508
1. Abgrenzung zwischen materiellen und immateriellen Folgen	509
2. Schmerzensgeld	513

5. Teil
Ersatzfähige Nachteile bei Tötung

I. Grundsätze zum Unterhaltsschaden	531
1. Unterhaltsbeziehungen	532
2. Leistungsfähigkeit, Realisierbarkeit, Rückstände und Verzicht	538
3. Ausdehnende Anwendung des § 844 Abs. 2 BGB	539
4. Weitere Schadensfolgen	541
5. Forderungsübergang	542
6. Klagebegehren	543
II. Ausfall von Barbeiträgen (Barunterhaltsschaden)	544
1. Konkrete Berechnung	545
2. Pauschalierende Berechnung	547
a) Nettoeinkünfte	552
b) Vermögensbildung	557
c) Fixe Kosten der Haushaltsführung	559
d) Verbleibende Einkünfte zum personenbezogenen Bedarf	565
e) Unterhaltsanteile (Unterhaltsquoten)	566
aa) Eigenverbrauchsanteil der getöteten Person	566
bb) Verteilungsschlüssel	567
f) Entgangener personenbezogener Barbeitrag	575
g) Entgangener Beitrag zu Fixkosten, Fixkostenanteile	575
h) Schadensberechnung und Vorteilsausgleich	578
aa) Erwerbseinkünfte	578
bb) Erbschaft	582
cc) Drittleistungen, insbesondere Versicherungsleistungen	582
dd) Unveränderte Unterhaltsquelle, unterschiedliche Einkunftsarten	583
ee) Anrechnungsfähige, unterhaltsmindernde Einkünfte von Kindern	586
i) Zusätzliche Rechnungsfaktoren	590
j) Zusammenfassende Modelle und Beispiele	593
3. Besonderheiten bei Doppel-, Zuverdienern	596
4. Besonderheiten bei Vollwaisen	605
5. Kapitalisierung eines Barunterhaltsschadens	606

III. Ausfall der Haus- und Familienarbeit (Betreuungsunterhaltsschaden) 610
   1. Konkrete Berechnung 613
      a) Beschäftigung einer Hilfskraft 613
      b) Versorgung in einer Pflegefamilie oder in einem Heim 613
   2. Pauschalierende Berechnung 614
      a) Feststellung des Arbeitszeitdefizits 614
         aa) Gesamtarbeitszeitbedarf 615
         bb) Mitarbeitspflicht 617
         cc) Berechnung des Zeitdefizits 620
      b) Geldwert 628
      c) Aufteilung eines einheitlich ermittelten Wertes auf mehrere Hinterbliebene und Anrechnungen 630
         aa) Versorgungsanteile 630
         bb) Ersparter Barunterhalt 632
         cc) Einkünfte von Waisen 634
      d) Zusammenfassendes Berechnungsmodell 634
      e) Verwandtenhilfe 635
      f) Entgang von Hausarbeit und Barunterhalt 636
IV. Einfluss der Mithaft zum Anspruchsgrund neben einem Vorteilsausgleich 637
   1. Vorrecht des hinterbliebenen Partners im Außenverhältnis 638
   2. Berechnungsvarianten bei Mithaftung und fixen Kosten für die Doppelverdienerpartnerschaft 641
   3. Aufteilung eines Ersatzanspruches beim Forderungsübergang 642
      a) Minderbelastung eines Sozialleistungsträgers 642
      b) Einfluss des Außenvorrechts auf relative Berechtigungen 647
      c) Verteilung zwischen mehreren Leistungsträgern 649
V. Beerdigungskosten 650
VI. Schmerzensgeld 653

Anhang

Anhang 1 Hauswirtschaftliche Vergütungssätze 657
Anhang 2 Zeitaufwand und Zeitbedarf im Haushalt im Überblick 661
Anhang 3 Auszug aus der Sterbetafel Deutschland 2004/2006 und aus der Sterbetafel Deutschland 2005/2007 669
Anhang 4 Verbraucherpreisindex 674
Anhang 5 Übersicht zu den Berechnungsmöglichkeiten und Formulierungsvorschlägen, die die **Onlineversion** als **Word- und Exceldateien** zur Verfügung stellt 675

Stichwortverzeichnis 689

Abkürzungsverzeichnis

a.A.	andere(r) Ansicht
a.a.O.	am angegebenen Ort
abl.	ablehnend
Abs.	Absatz
AcP	Archiv für die civilistische Praxis
a. E.	am Ende
a. F.	alte Fassung
AG	Amtsgericht
AGG	Allgemeines Gleichbehandlungsgesetz
Alt.	Alternative
AnwBl.	Anwaltsblatt
Art.	Artikel
Aufl.	Auflage
BAG	Bundesarbeitsgericht
BayObLG	Bayerisches Oberstes Landesgericht
BB	Betriebs-Berater
Bd.	Band
Beschl.	Beschluss
betr.	betreffend
BFH	Bundesfinanzhof
BG	Berufsgenossenschaft
BGB	Bürgerliches Gesetzbuch
BGBl.	Bundesgesetzblatt
BGH	Bundesgerichtshof
BGHZ	Entscheidungen des Bundesgerichtshofs in Zivilsachen
BSG	Bundessozialgericht
BVerwG	Bundesverwaltungsgericht
bzw.	beziehungsweise
DAR	Deutsches Autorecht
dergl.	dergleichen
ders.	derselbe
d. h.	das heißt
DRiZ	Deutsche Richterzeitung
DtZ	Deutsch-Deutsche Rechts-Zeitschrift
EG	Entgeltgruppe
Erl.	Erläuterung
EStG	Einkommensteuergesetz
EuGH	Gerichtshof der Europäischen Gemeinschaften
EuZW	Europäische Zeitschrift für Wirtschaftsrecht
f./ff.	folgend/folgende
FamRZ	Zeitschrift für das gesamte Familienrecht
Fn.	Fußnote
gem.	gemäß
GG	Grundgesetz

ggfs.	gegebenenfalls
GSiG	Gesetz über eine bedarfsorientierte Grundsicherung im Alter und bei Erwerbsminderung (Grundsicherungsgesetz)
Halbs.	Halbsatz
h.M.	herrschende Meinung
i.A.	im Allgemeinen
i.e.S.	im engeren (eigentlichen) Sinne
i.d.R.	in der Regel
i.E.	im Einzelnen
i.S.d.	im Sinne des/der
i.V.m.	in Verbindung mit
i.w.S.	im weiteren Sinne
JR	Juristische Rundschau
JurBüro	Das juristische Büro
JuS	Juristische Schulung
JZ	Juristenzeitung
KG	Kammergericht
krit.	kritisch
KTBL	Kuratorium für Technik und Bauwesen in der Landwirtschaft
LG	Landgericht
LM	Lindenmaier-Möhring, Nachschlagewerk des BGH
LPartG	Gesetz über die Eingetragene Lebenspartnerschaft, Lebenspartnerschaftsgesetz
m.a.W.	mit anderen Worten
MdE	Minderung der Erwerbsfähigkeit
MDR	Monatsschrift für Deutsches Recht
MedR	Medizinrecht
m.w.Nachw.	mit weiteren Nachweisen
NA	Nichtannahme
NdsRpfl.	Niedersächsische Rechtspflege
NJ	Neue Justiz
NJOZ	Neue Juristische Online-Zeitschrift
NJW	Neue Juristische Wochenschrift
NJWE-VHR	NJW-Entscheidungsdienst Versicherungs- und Haftungsrecht
NJW-RR	NJW-Rechtsprechungs-Report
Nr.	Nummer
NVersZ	Neue Zeitschrift für Versicherung und Recht
NVwZ	Neue Zeitschrift für Verwaltungsrecht
NVwZ-RR	NVwZ-Rechtsprechungs-Report
NZM	Neue Zeitschrift für Mietrecht
NZV	Neue Zeitschrift für Verkehrsrecht
OLG	Oberlandesgericht
OLG-NL	OLG-Rechtsprechung Neue Länder
OLGR	OLG-Report

OLGZ	Entscheidungen der Oberlandesgerichte in Zivilsachen
OVG	Oberverwaltungsgericht
Rn.	Randnummer
r+s	Recht und Schaden
Rpfleger	Der Deutsche Rechtspfleger
s.	siehe
S.	Seite
SchadÄndG	2. Gesetz zur Änderung schadensrechtlicher Vorschriften
SchuRMoG	Schuldrechtsmodernisierungsgesetz
SG	Soldatengesetz, auch SoldG, SoldatenG
SGb	Die Sozialgerichtsbarkeit
SpuRt	Zeitschrift für Sport und Recht
StGB	Strafgesetzbuch
str.	streitig, strittig
StVG	Straßenverkehrsgesetz
StVO	Straßenverkehrsordnung
SVR	Straßenverkehrsrecht, Zeitschrift für die Praxis des Verkehrsjuristen
TVöD	Tarifvertrag für den öffentlichen Dienst
u.U.	unter Umständen
VersR	Versicherungsrecht
vgl.	vergleiche
VRS	Verkehrsrechtssammlung
WPM	Wertpapiermitteilungen
WuM	Wohnungswirtschaft und Mietrecht
z.B.	zum Beispiel
ZfS	Zeitschrift für Schadensrecht
ZIP	Zeitschrift für Wirtschaftsrecht
ZMR	Zeitschrift für Miet- und Raumrecht
ZPO	Zivilprozessordnung
z.T.	zum Teil
z.Z.	zurzeit, zur Zeit

Literaturverzeichnis

Adelmann, Schmerzensgeld wegen des Miterlebens der schweren Verletzung oder Tötung eines anderen im Straßenverkehr, VersR 2009, 449 ff.
Berz/Burmann, Handbuch des Straßenverkehrsrechts, 13. Aufl. 2004
Biela, Kraftverkehrs-Haftpflichtschäden, 24. Aufl. 2009
Bischoff, Psychische Schäden als Unfallfolgen, ZfS 2008, 122 ff.
Born, Lohnt es sich, verrückt zu werden? – Die Haftung bei psychischen Folgeschäden, Festschrift für Eggert, 2008, 251 ff.
Born/Rudolf/Becke, Die Ermittlung des psychischen Folgeschadens – der „BoRuBeck-Faktor", NZV 2008, 1 ff.
Brunck, Schadensersatz bei Verletzung unternehmerisch tätiger Personen. Die Ermittlung des Schadensersatzes unter besonderer Berücksichtigung der Berechnung des entgangenen Gewinns, 1994
Buck/Krumbholz (Hrsg.), Sachverständigenbeweis im Verkehrsrecht; Unfallrekonstruktion, Biomechanik, Messtechnik, Bildidentifikation, Alkohol und Drogen; 2008
Burmann/Priester, Unfallrekonstruktion im Verkehrsprozess, 2007
Buschbell, Straßenverkehrsrecht, Münchener Anwaltshandbuch, 2. Aufl. 2006
Buschbell/Otting, Arbeitshilfen für die Schadensregulierung, Adressen – Übersichten – Tabellen, 4. Aufl. 2003
Dahm, Die Behandlung von Schockschäden in der höchstrichterlichen Rechtsprechung – Ihre Bedeutung im allgemeinen Schadensersatzecht und in der Haftungsbeschränkung der gesetzlichen Unfallversicherung, NZV 2008, 187 ff.
ders., Häusliche Gemeinschaft und nichteheliche Lebensgemeinschaft – neue Rechtsprechung zur Anwendung des Familienprivilegs auf die nichteheliche Lebensgemeinschaft und Reform des Versicherungsvertragsrechts, NZV 2008, 280 ff.
Dressler, Der Erwerbsschaden des im Betrieb des Partners mitarbeitenden Ehegatten, Festschrift für Steffen, 1995, 121 ff.
Dunz, Vereitelung von Gruppen- bzw. fremdnütziger Arbeitsleistung als Deliktsschaden des Verletzten, Festschrift für Steffen, 1995, 135 ff.
Fleischmann/Hillmann, Das verkehrsrechtliche Mandat, Band. 2: Verkehrszivilrecht, 4. Aufl. 2006
Geigel, Der Haftpflichtprozess, 25. Aufl. 2008
Gontard, Schmerzensgeld für Angehörige, DAR 1990, 375 ff.
Greger, Haftungsrecht des Straßenverkehrs, 4. Aufl. 2007
Groß, Forderungsübergang im Schadensfall, DAR 1999, 337 ff.
Grüneberg, Haftungsquoten bei Verkehrsunfällen, 10. Aufl. 2007
Hacks/Ring/Böhm, Schmerzensgeldbeträge, Buchausgabe, CD-ROM, 27. Aufl. 2009
Hansens, Die Abrechnung in Verkehrsrechtssachen, Leitfaden, 1. Aufl. 2008
Hentschel/König/Dauer, Straßenverkehrsrecht, 40. Aufl. 2009
Himmelreich/Halm, Kfz-Schadensregulierung, Loseblatt, 87. Aktualisierung August 2006
Huber, Der Erwerbsschaden des Partners einer nicht-ehelichen Lebensgemeinschaft wegen Behinderung in der Haushaltsführung, Festschrift für Steffen, 1995, 193 ff.
IMM-DAT plus, Schmerzensgeld-Datenbank
Jaeger, Höhe des Schmerzensgeldes bei tödlichen Verletzungen im Lichte der neueren Rechtsprechung des BGH, VersR 1996, 1177 ff.
ders., Schmerzensgeldbemessung bei Zerstörung der Persönlichkeit und bei alsbaldigem Tod, MDR 1998, 450 ff.
ders., Kapitalisierung von Renten im Abfindungsvergleich, VersR 2006, 597 ff.
ders., Höchstes Schmerzensgeld – ist der Gipfel erreicht?, VersR 2009, 159 ff.
ders., Die Entwicklung der Rechtsprechung zum HWS-Schleudertrauma, Festschrift für Eggert, 2008, 213 ff.

Jagow/Burmann/Heß, Straßenverkehrsrecht, 20. Auflage 2008
Jahnke, Steuern und Schadenersatz, r+s 1996, 205 ff.
ders., Forderungsübergang im Schadenfall, Schriftenreihe der Arbeitsgemeinschaften des Deutschen Anwaltsvereins, AG Verkehrsrecht Bd. 25, 1998, 29 ff.
ders., Der Verdienstausfall im Schadensersatzrecht, 3. Aufl. 2009
ders., Unfalltod und Schadensersatz, 1. Aufl. 2007
ders., Abfindung von Personenschadenansprüchen (Abfindung, Kapitalisierung, Vergleich und Verjährung bei der Abwicklung von Schadenersatzansprüchen), 2. Auflage 2008
Janke, Rente oder Kapitalabfindung? Die Art und Weise des Ersatzes künftiger Schäden bei Personenverletzungen nach deutschem, englischem und US-amerikanischem Recht, 1995
Jeinsen, Das Angehörigenschmerzensgeld – Systembruch oder Fortentwicklung?, ZfS 2008, 61 ff.
Jung, Schadensersatz für entgangene Haushaltstätigkeit, DAR 1990, 161 ff.
JuRech, Juristische Rechenhilfen für PC und PocketPC, CD-ROM
Klekamp-Lübbe, Schadensersatzansprüche bei Verletzung nicht gewerbsmäßig tätiger Personen, 1991
Konradi, Das Kürzungs- und Verteilungsverfahren gem. §§ 155, 156 Abs. 3 VVG a.F. bzw. § 109 VVG, VersR 2009, 321–327
Krasney, Haftungsbeschränkung bei Verursachung von Arbeitsunfällen, NZS 2004, 7–14 und NZS 2004, 68–76
Krauskopf/Marburger, Die Ersatzansprüche nach § 116 SGB X, Fortbildung und Praxis Band 9, 2-bändig 6. Aufl., Bd. 1. Der Rechtsübergang nach § 116 SGB X und die Haftpflichttatbestände. 2006. Bd. 2. Umfang und Durchsetzung der Ansprüche. 2007
Kriszeleit, Zivilrechtliche Schadenersatzansprüche in Geld und Steuerrecht. Die Auswirkungen der steuerlichen Behandlung von zivilrechtlichen Schadensersatzleistungen in Geld auf das Schadensrecht, 1994
Küppersbusch, Ersatzansprüche bei Personenschaden, 9. Aufl. 2006
Kütemeyer, Haftungsrechtliche Zurechnung psychischer Folgeschäden, 2003
Kuklinski, Das HWS-Trauma, Ursachen, Diagnose und Therapie, 2. Aufl. 2007
Kullmann/Spindler, Schadensersatz und Steuern, Schriftenreihe der Arbeitsgemeinschaften des Deutschen Anwaltsvereins, AG Verkehrsrecht Bd. 16, 1993
Landau, Arbeitswissenschaftliche Bewertung der Haushaltsarbeit zur Festlegung von Schadensersatzansprüchen, DAR 1989, 166 ff.
ders. (Hrsg.), Der Wert der Haushaltsarbeit (Definitionen und Bewertungsverfahren), 1990
Lang, Der Abfindungsvergleich beim Personenschaden, VersR 2005, 894–903
Laufs/Katzenmeier/Lipp, Arztrecht, 6. Aufl. 2009
Lemcke, Die gestörte Gesamtschuld in der Personenschadenregulierung, r+s 2006, 52 ff.
Lenze, Hausfrauenarbeit, 1989
Lepa, Beweiserleichterungen im Haftpflichtrecht, Schriftenreihe der Arbeitsgemeinschaften des Deutschen Anwaltsvereins, AG Verkehrsrecht Bd. 13, 1991, 38 ff.
ders., Beweislast und Beweiswürdigung im Haftpflichtprozess, Schriftenreihe der Arbeitsgemeinschaften des Deutschen Anwaltsvereins, AG Verkehrsrecht Bd. 5, 1988
ders., Schaden im Haftpflichtprozess, Schriftenreihe der Arbeitsgemeinschaften des Deutschen Anwaltsvereins, AG Verkehrsrecht Bd. 15, 1992
ders., Schmerzensgeld/Mitverschulden, Schriftenreihe der Arbeitsgemeinschaften des Deutschen Anwaltsvereins, AG Verkehrsrecht Bd. 9, 1990
Lepa, Meike, Haftungsbeschränkungen bei Personenschäden nach dem Unfallversicherungsrecht, Eine kritische Analyse der Neuregelung in §§ 104 ff. – SGB VII, Schriften zum Sozial- und Arbeitsrecht, Band 228, 2004
Looschelders, Die Mitverantwortlichkeit des Geschädigten im Privatrecht, 1999
Ludwig, Schadensersatz bei verletzungsbedingtem Ausfall der Hausfrau (Berechnungsmethode nach dem „Münchner Modell"), DAR 1991, 401 ff.

Macke/Grunsky/Müller/Ege/Kendel, Ersatz des Unterhaltsschadens, Schriftenreihe der Arbeitsgemeinschaften des Deutschen Anwaltsvereins, AG Verkehrsrecht Bd. 7, 1988
Meyer, Georg, Der Anspruch des verletzten Arbeitnehmers auf Ersatz von Sozialversicherungsbeiträgen in der Rechtsprechung des Bundesgerichtshofes und nach dem Rentenreformgesetz 1992, 1993
Monstadt, Unterhaltsrenten bei Tötung eines Ehegatten, Rechtsgrundlage und Berechnung, 1992
Müller, Spätschäden im Haftpflichtrecht, VersR 1998, 129 ff.
Müller-Terpitz, Der Schutz des pränatalen Lebens, 2007
Nehls, Jürgen und Christian Tobias Nehls, Kapitalisierungstabellen, 2. Aufl. 2001
Nehls, Jürgen, Kapitalisierung und Verrentung von Schadensersatzforderungen, ZfS 2004, 193 ff.
ders., Der Abfindungsvergleich beim Personenschaden, SVR 2005, 161 ff.
Neidhart, Unfall im Ausland Band 1: Ost-Europa 5. Aufl. 2005, Band 2: West-Europa 5. Aufl. 2006
Notthoff, Nebenkosten im Rahmen der Unfallschadensregulierung, VersR 1995, 1399 ff.
Nugel, Der Abfindungsvergleich in der außergerichtlichen Schadenregulierung, ZfS 2006, 190 ff.
Odersky, Schmerzensgeld bei Tötung naher Angehöriger, Schriftenreihe der Jur.Stud.Ges. Regensburg, Heft 4, 1989
Pardey, Erwerbsschäden, DRiZ 2004, 48 ff.
ders., Haushaltsführungsschaden bei Verletzung oder Tötung, DAR 2006, 671 ff.
ders., Die nichteheliche Lebensgemeinschaft im Versicherungs- und Verkehrsrecht, ZfS 2007, 243–248 und ZfS 2007, 303–311
ders., Normativer Schadensbegriff – Nowendigkeit und Angemessenheit als Kriterien für die Ersatzfähigkeit von Schadenspositionen, in Arzthaftung. Mängel im Schadensausgleich?, Schriftenreihe Medizinrecht, 2009
Ristow, Die psychische Kausalität im Deliktsrecht, 2003
Rödl, Ehegattenmitarbeit im deutschen und französischen Recht, 1999
Schauer, Beitragsregress nach § 119 SGB X, Schadenersatz insbesondere aus der Sicht des Versicherten, LVAMitt 2004, 395–404
Scheffen/Pardey, Schadensersatz bei Unfällen mit Kindern und Jugendlichen, 2. Aufl. 2003
Schneider/Stahl, Kapitalisierung und Verrentung, Buch mit CD/DVD, 3. Aufl. 2008
Schubel, Ansprüche Unterhaltsberechtigter bei Tötung des Verpflichteten zwischen Delikts-, Familien- und Erbrecht, AcP 1998, 1–34
Schulz-Borck/Hofmann, Schadenersatz bei Ausfall von Hausfrauen und Müttern im Haushalt, 3. Aufl. 1987, 4. Aufl. 1993, 5. Aufl. 1997, 6. Aufl. 2000
Schulz-Borck/Pardey, Der Haushaltsführungsschaden, Schadenersatz bei Beeinträchtigung oder Ausfall unentgeltlicher Arbeit in Privathaushalten. Mit Berechnungstabellen, 7. Aufl. 2009
Seidel, Der Ersatz von Besuchskosten im Schadensrecht, VersR 1991, 1319 ff.
Slizyk, Beck'sche Schmerzensgeld-Tabelle, 5. Aufl. 2006, Online: IMM-DAT plus
Splitter/Kuhn, Schadensverteilung bei Verkehrsunfällen, Eine Sammlung von Gerichtsentscheidungen, ADAC Handbuch, 6. Aufl. 2007
Tiebold, Schadenersatzansprüche bei Tötung und Verletzung einer Hausfrau und Mutter und Bewertung der Haushaltsarbeit, 1995
Wussow, Das Unfallhaftpflichtrecht, 16. Aufl. 2008

1. (Allgemeiner) Teil
Grundsätze zur Schadensberechnung

Der direkte Personenschaden bei Verletzung des **Körpers** oder der **Gesundheit** und bei **Tötung** ist **immateriell**. Wenn Körper oder Gesundheit in Mitleidenschaft gezogen sind, gibt es keinen objektiven Wertansatz, der von vornherein hilft, zur Menschenwürde, Persönlichkeit und körperlichen Integrität einen Geldbetrag für ausgleichsfähig zu erachten. 1

Häufig werden Vermögensnachteile zur Heilung, wegen vermehrter Bedürfnisse, angesichts einer Erwerbsminderung oder eines Erwerbsausfalls sowie im Fall der Tötung wegen des Unterhaltsausfalls als Personenschaden bezeichnet. Diese Nachteile sind jedoch eigentlich Vermögensfolgeschäden. 2

Vermögensschäden i.e.S. sind nur solche (materiellen) Schäden, die weder mittelbar noch unmittelbar auf einem Personenschaden oder einem Sachschaden beruhen. 3

▶ Die Regulierung eines Personenschadens bestimmten juristische Werterkenntnisse, für die jeweils die konkreten Abläufe und Gegebenheiten festzustellen und aus verständiger Sicht einzuschätzen sind. ◀ 4

Das deutsche Haftungs- und Schadensrecht kennt keinen abstrakten (bestimmten oder bestimmbaren) Ausgleichswert pro Tag für den Gesundheits- oder Körperschaden. Es kennt als Ausgleich zur Beeinträchtigung der körperlichen Integrität keine allgemeinen Prozentwerte. Jeder Schaden ist vielmehr subjektbezogen zu hinterfragen und zu erfassen. 5

I. Haftungsgrund und Schadensabnahme

Das außervertragliche Haftungsrecht kennzeichnet die Aufgabe, Schadenslasten gerecht zuzuweisen, und Nachteile wirtschaftlich angemessen bewältigen lassen zu können. 6

▶ Die (Natural-) Restitution dient dem Interesse des Verletzten an der Integrität seiner Rechtsgüter. Dem Ausgleichsgedanken entspricht das Herstellungsprinzip zum Erhaltungsinteresse (§ 249 BGB) und das Kompensationsprinzip zum Wertinteresse (§ 251 BGB). Das Verbot der Überkompensation bzw. Bereicherung versagt es dem Verletzten, vom Schädiger wirtschaftlich mehr zu erhalten, als es der (Wieder-) Herstellung und dem Ausgleich entspricht. ◀ 7

Schon das **haftungsbegründende Ereignis** wird häufig als Schadensereignis oder Schadensfall bezeichnet. Wird unter Schaden schlicht jede nachteilige Einwirkung verstanden, liegt dies nahe. Deliktsrechtlich sind die Rechtsgutsverletzung und der darauf zurückzuführende Folgeschaden als nachteilige Veränderung der Vermögenslage aber deutlich voneinander zu unterscheiden. Der auszugleichende Schaden und damit der Schadensfall i.e.S. kann z. B. erst lange Zeit nach dem Geschehen eintreten, das die Haftung begründet. 8

Betroffener als **Anspruchsberechtigter** ist im Fall der Vertragshaftung grundsätzlich der beeinträchtigte Vertragspartner (Gläubiger) und im Fall der Rechtsguts- oder Schutzgesetzverletzung der Träger bzw. Inhaber des Rechts oder Rechtsguts (Tatbestands-, Verletzungsprinzip). 9

Die **Anspruchsverpflichtung** ergibt sich aus den Merkmalen des Haftungsgrunds, insbesondere angesichts der Verursachung konkreter Nachteile. 10

Neben dem Anspruch gegen den **Schädiger** steht dem Verletzten ggfs. ein unmittelbarer Ersatzanspruch gegen einen Pflichthaftpflichtversicherer zu. Der Direktanspruch in der Pflichtversicherung 11 bewirkt den gesetzlichen Schuldbeitritt des Versicherers und bleibt insofern ein Anspruch überwiegend deliktsrechtlicher Art mit versicherungsrechtlichen Elementen. Internationalprivatrechtlich muss deshalb grundsätzlich auf das zum gesetzlichen Schuldverhältnis anzuwendende Recht geachtet werden. Der erleichterten Schadensregulierung dient aber die alternative Anknüpfung an das Versicherungsvertragsstatut, beachte Art. 40 Abs. 4 EGBGB.

Übergang von Verbindlichkeiten

12   Die Bundesrepublik Deutschland hat nicht[1] kraft Gesamtrechtsnachfolge für Verbindlichkeiten der NVA nach dem DDR-StHG einzustehen, auch nicht wegen Übernahme von Vermögensgegenständen der NVA. Ist ein Krankenhaus der Volkspolizei als Verwaltungsvermögen der DDR gemäß Einigungsvertrag Vermögen der Bundesrepublik Deutschland geworden, die das Krankenhaus als Bundeswehrkrankenhaus weiter betreibt, sind aber Verbindlichkeiten aus fehlerhafter medizinischer Behandlung (als Passiva) mit übergegangen.[2]

13   Ob ein Ersatzanspruch gegen **Erben** des Schädigers wegen der Gesamtrechtsnachfolge geltend gemacht werden kann, bestimmt internationalprivatrechtlich das Erbstatut. Das Deliktsstatut bezieht sich darauf nicht.

Haftungsgründe

14   Der **Haftungstatbestand** der Verschuldenshaftung in § 823 Abs. 1 BGB hat herkömmlich drei Stufen:
- Objektiver Tatbestand: Handlung oder pflichtwidriges Unterlassen, Verletzung eines geschützten Rechtsguts, haftungsbegründende Kausalität als Verknüpfung zwischen dem schädigenden Verhalten und der eingetretenen Rechtsgutsverletzung sowie Bejahung des erforderlichen Zurechnungszusammenhangs.
- Rechtswidrigkeit.
- Subjektiver Tatbestand (auf das rechtswidrige Verhalten bezogenes Verschulden als Vorsatz oder Fahrlässigkeit).

15   **§ 823 Abs. 1 BGB** will das individuelle Wohlbefinden der lebenden Person bewahren. **Sonstiges Recht** i. S. d. § 823 Abs. 1 BGB ist vor allem der berechtigte Besitz. Außerhalb seines Kernbereichs ist ein sonstiges Recht nur gegen spürbare Eingriffe geschützt. Kein deliktsrechtlich relevanter Eingriff in den Gewerbebetrieb ist z. B. die Verletzung oder Tötung des Inhabers oder Mitarbeiters eines Unternehmens.[3]

16   **Schutzgesetz** i. S. d. **§ 823 Abs. 2 BGB** ist eine Rechtsnorm, die nach Inhalt und Zweck ihres Aufgabenbereiches zumindest auch dazu dienen soll, den Einzelnen oder einzelne Personenkreise gegen die Verletzung eines bestimmten Rechtsguts zu schützen. Der Individualschutz muss im Aufgabenbereich der Norm liegen.[4] Es genügt nicht, dass er durch Befolgung der Norm als Reflex objektiv erreicht werden kann (könnte).

17   § 20 Abs. 1 StVO ist Schutzgesetz für alle Fußgänger, die im räumlichen Bereich eines an einer Haltestelle haltenden Linienomnibusses, einer Straßenbahn oder eines gekennzeichneten Schulbusses unachtsam die Fahrbahn überqueren.[5] Denn die Norm will Fußgänger vor der Kollision mit dem fließenden Verkehr bewahren. Um dieses Ziel zu erreichen, bedarf es gemäßigter Fahrgeschwindigkeit sowie erhöhter Aufmerksamkeit gegenüber Fußgängern. Nach Ansicht des *OLG Düsseldorf*[6] ist § 323c StGB ein Schutzgesetz mit der Folge, dass der Unter-

---
1   *BGH* VersR 2008, 698.
2   *BGHZ* 168, 134 = NJW 2006, 3636 = VersR 2006, 1646.
3   *BGH* NJW 2001, 971 = DAR 1991, 159 = r+s 2001, 245.
4   *BGH* NJW 2005, 2923 = VersR 2005, 1449 = DAR 2005, 504.
5   *BGH* NJW 2006, 2110 = VersR 2006, 944 = DAR 2006, 442 = ZfS 2006, 674.
6   *OLG Düsseldorf* NJW 2004, 3640 (mit Zubilligung eines Schmerzensgeldanspruches gegen den Unterlassenden).

lassende für den Personenschaden als Gesamtschuldner ausgleichspflichtig ist, wenn wegen der Untätigkeit eine Beeinträchtigung der Rechtsgüter bei demjenigen eintritt, von dem der unterlassende Hilfspflichtige Schaden abwenden kann. Der Rückgriff des Unterlassenden gegen den Täter richtet sich nach §§ 840, 426 BGB.

Vermögensinteressen wahrt § 823 Abs. 2 BGB bei Missachtung einer darauf ausgerichteten Schutznorm direkt, also über das von der Schutznorm erfassten Schutzgutes. **18**

Das Vermögen schützen direkt zudem §§ 824, 826 BGB. Schaden i. S. d. § 826 BGB ist die Beeinträchtigung eines rechtlich anerkannten Interesses und jede Belastung mit einer ungewollten Verpflichtung,[7] also nicht die Verletzung eines bestimmten Rechts oder Rechtsguts. **19**

Bei Beeinträchtigung der **sexuellen Selbstbestimmung** sind materielle Nachteile (Vermögensfolgeschäden) und immaterielle Belastungen (Nichtvermögensschäden)[8] auszugleichen; § 825 BGB, § 253 BGB. **20**

Nach dem Tod setzt sich das **Persönlichkeitsrecht** des Einzelnen wegen der Menschenwürde in gewissem Umfang fort. **21**

Die Einstandspflicht zu Folgen, die durch das Verhalten anderer Personen bewirkt werden, führt nach Maßgabe des § 831 BGB bei **Verrichtungsgehilfen** zur Haftung für eigenes Verschulden. Verrichtungsgehilfe ist, wem von einem anderen, innerhalb dessen Einfluss- und Wirkungsbereichs allgemein oder für eine konkrete Situation bei einer gewissen Abhängigkeit Aufgaben übertragen sind, die nach den Weisungen eines Geschäftsherrn zu erledigen sind, ohne dass das Weisungsrecht ins Einzelne gehen muss. Der Geschäftsherr muss jedenfalls die Tätigkeit der aktiven Person jederzeit beschränken oder nach Zeit und Umfang bestimmen können. **22**

Nach § 832 BGB ist einzustehen bei dem Verhalten von Personen, für die eine **Aufsichtspflicht** zum Schutz anderer Personen besteht. **23**

Haftungsrechtlich sind darüber hinaus die Folgen des rechtswidrigen Verhaltens eines Dritten auszugleichen, wenn dieses Verhalten begünstigt worden ist und vor allem, wenn die **Rechtspflicht** bestanden hat, ein solches **Verhalten** zu **verhindern**.[9] **24**

Die **Tierhalterhaftung** ist angesichts der Schäden infolge typischer Tiergefahren eine Haftung für vermutetes Verschulden bei Nutztieren (§ 833 Satz 2 BGB) oder eine Gefährdungshaftung (§ 833 Satz 1 BGB), auch mit der Pflicht zur Zahlung eines Schmerzensgeldes. **25**

Ausnahmsweise kann es zur **Billigkeitshaftung** nach § 829 BGB kommen, wenn die gesamten Umstände die Einstandspflicht der schuldlos schädigenden Person erfordern. **26**

Beeinträchtigt ein Hoheitsträger subjektive Rechte privatrechtlich oder hoheitlich, kann es zu Entschädigungs-, Erstattungs- oder Schadensersatzansprüchen aufgrund bürgerlich-rechtlicher oder öffentlich-rechtlicher Haftungskriterien kommen, verschuldensabhängig oder je nach Lage des Falles verschuldensunabhängig und u. U. selbst dann, wenn es gar kein rechtswidriges Verhalten auf Seiten des Hoheitsträgers gibt. Zum **Amts-, Staatshaftungsanspruch** (§ 839 BGB, Art. 34 GG) ist zu prüfen, ob der eingetretene Schaden auf der Amtspflichtverletzung[10] beruht, wofür – bei Darlegungs- und Beweislast des Anspruchstellers – maßgebend ist, welchen Verlauf die Dinge bei pflichtgemäßem Verhalten des Amtsträgers genommen hätten und wie sich in diesem Fall die Vermögenslage des Verletzten darstellen würde. Über die Beweiserleichterungen durch § 287 ZPO **27**

---

7 BGH NJW 2004, 2668, 2669.
8 Zum Schmerzensgeld bei Vergewaltigung und unterlassener Hilfeleistung insofern OLG Düsseldorf NJW 2004, 3640.
9 OLG Naumburg VersR 1996, 1384 = r+s 1996, 401; BGH NA-Beschl. v. 30.4.1996: Fehlende Sicherungsmaßnahmen für ein Baugrundstück und einen Baukran, Stoß des verletzten Kindes seitens eines anderen Kindes.
10 Zur Verletzung von Amtspflichten zum Schutz von Leben und sexueller Selbstbestimmung Dritter bei Gewährung von Vollzugslockerungen für einen Strafgefangenen OLG Karlsruhe NJW 2002, 445.

hinaus kann es freilich zu einer Beweislastumkehr kommen, wenn die Amtspflichtverletzung und eine zeitlich nachfolgende Schädigung feststehen, sofern nach der Lebenserfahrung eine tatsächliche Vermutung oder Wahrscheinlichkeit für den Ursachenzusammenhang sprechen.

28 Ggfs. schützt die Amts-, Staatshaftung bei darauf ausgerichteten **Verhaltenspflichten** – primär – Vermögensinteressen des Betroffenen.

29 Normen der **Gefährdungshaftung** folgen je nach ihrem Regelungsanliegen unterschiedlichen Prinzipien. Meist geht es um eine objektive Kausalhaftung zu einem spezifischen (erlaubten) Gefahrenbereich. Die haftungsbegründende Kausalität erstreckt sich dazu im Kern auf die Frage, ob das in der speziellen Norm angesprochene Risiko realisiert worden ist. Entscheidend ist, ob die spezifische Gefahr, die nach dem Sinn der Haftungsnorm zur Schadloshaltung führen soll, d. h. auf eine Art und Weise real geworden ist, der die Norm begegnen will.

30 Bei der Gefährdungshaftung wird die Haftung zumeist dadurch begrenzt, dass die Schädigung beim Betrieb einer bestimmten Gefahrenquelle eingetreten sein muss und ein innerer Zusammenhang zwischen dem zum Ausgleich gestellten Schaden und der durch den Schädiger geschaffenen Gefahrenlage bestehen muss. Eine zufällige äußere Verbindung genügt dagegen nicht, um die Haftung zu begründen.

31 Die Betriebsgefahr i. S. d. § 7 StVG bezieht sich auf die Fortbewegungs- und Transportfunktion des Fahrzeugs. Fahrweise oder Verkehrsbeeinflussung müssen zur Entstehung des Schadens beigetragen haben. Für die Zurechnung zur Betriebsgefahr ist erforderlich, dass die Fahrweise oder der Betrieb des Fahrzeuges zu dem Entstehen des Unfalls beigetragen hat.[11] Der Unfall muss in einem nahen örtlichen und zeitlichen Kausalzusammenhang mit einem bestimmten Betriebsvorgang oder einer bestimmten Betriebseinrichtung des Kfz stehen. Allein der Umstand, dass Kraftfahrzeuge wegen mitgeführter Betriebsstoffe oder verwendeter Materialien leicht brennen, begründet die Haftung aus § 7 Abs. 1 StVG nicht.

32 Eigenständig ist – im Vergleich mit Gefahren des Betriebsvorgangs oder einer bestimmten Betriebseinrichtung – der Gefahrenkreis durch eine Auseinandersetzung während der Unfallaufnahme. Kein haftungsbegründender Zusammenhang besteht auch mit dem durch einen Alkoholtest ausgelösten Schlaganfall des Unfallbeteiligten.[12]

33 Bei dem auf die Ersatzpflicht gem. §§ 241, 280 BGB gestützten Anspruch wegen einer **Vertragspflichtverletzung** erstreckt sich der Bereich des nach § 286 ZPO zu beweisenden Haftungsgrundes grundsätzlich nur darauf, dass der Geschädigte (meist ein Vertragspartner) von dem (Vertrags-, Pflichten-) Verstoß so betroffen ist, dass nachteilige Folgen eintreten können; beachte aber Rn. 104.

34 Zugunsten des **Retters** (Nothelfers)[13] nach Eintritt eines Schadensereignisses, der selbst Nachteile erleidet, greifen deliktische Regeln oder die Maßgaben der Geschäftsführung ohne Auftrag.

35 Der gem. § 904 BGB bei **Notstand** duldungspflichtige Eigentümer kann – verschuldensunabhängig – Ersatz seines (kausalen) Sachschadens nach Maßgabe der §§ 249 ff. BGB verlangen, wobei die Kriterien des § 254 BGB den Ausgleichsanspruch mindern lassen können.

36 Der in direkter oder entsprechender Anwendung des § 906 Abs. 2 Satz 2 BGB gegebene **nachbarrechtliche Ausgleichs- bzw. Aufopferungsanspruch** dient als Kompensation für den Ausschluss primärer Abwehrsprüche des Eigentümers oder (befugten) Besitzers (§ 862 Abs. 1 BGB). Der angemessene Ausgleich in Geld ist grundsätzlich kein Anspruch auf Ersatz des vollen Schadens i. S. d. §§ 249 ff. BGB. Der Anspruch aus § 14 BImSchG ist dagegen ein Schadensersatzanspruch.

---

[11] *BGH* NJW-RR 2008, 764 = VersR 2008, 656 = DAR 2008, 336.
[12] BGHZ 107, 359 = NJW 1989, 2616 = VersR 1989, 923.
[13] Zurechnungskriterien schildert *Gehrlein* in VersR 1998, 1330–1334; zu Rettungs- und Hilfeleistungskosten nach sozialrechtlichen Regeln *Heinze* in NZV 1994, 49 ff.

▶ Personengüter, auch Persönlichkeitsrechte, haben über das Prinzip der zivilrechtlichen Aufopferung nach der hier vertretenen Ansicht nicht zurückzutreten, so dass insofern keine Ausgleichsfrage auftreten kann. Sind Sachgüter betroffen, kann ein Geldausgleich wegen eines Nachteils u. U. nach den Kriterien dieser Normen unter erleichterten Voraussetzungen durchgesetzt werden. ◀   37

Internationalprivatrechtlich gilt das **Deliktsstatut** grundsätzlich[14] zu den Voraussetzungen[15] und Rechtsfolgen, dem haftungsbegründenden und dem haftungsausfüllenden Tatbestand. Es entscheidet über Art, Höhe sowie Berechnung des Schadensersatzes und zugleich darüber, wann und in welchem Umfang immaterielle Beeinträchtigungen ausgeglichen werden.   38

Deliktsstatut ist nach bisherigem deutschen internationalen Privatrecht grundsätzlich das Recht des Tatortes, Art. 40 EGBGB. Jedoch ist sachnäheres Recht anzuwenden oder das Recht des gemeinsamen gewöhnlichen Aufenthalts. Die Rom II-Verordnung[16] sieht als Grundanknüpfungen speziell den gemeinsamen gewöhnlichen Aufenthaltsort und quasi hilfsweise die Tatortregel vor, wobei stets eine Rechtswahlvereinbarung möglich ist.   39

Als Wohnsitzgericht des Geschädigten können deutsche Gerichte im Fall einer Direktklage die Begründetheit von Schadensersatzklagen nach dem Recht anderer Mitgliedstaaten der EU zu beurteilen haben.   40

Stets sind die örtlichen Verkehrsregeln[17] und Sicherheitsvorschriften des Recht des Unfallortes zu beachten.[18] Dagegen richtet sich der Umfang des materiellen Schadens grundsätzlich nach den wirtschaftlichen Verhältnissen im Aufenthalts- bzw. Wohnsitzstaat des Verletzten.   41

Die Frage der Konkurrenz vertraglicher und deliktischer Ansprüche bestimmt die lex fori. Das deutsche materielle Recht kennt keine Lehre vom „non cumul", ein vertraglicher Anspruch verdrängt den deliktischen Anspruch also nicht.[19] Bei einer Vertrags- und Deliktshaftung besteht grundsätzlich Anspruchskonkurrenz.   42

1. Rechtsgüterverletzung und die Folgen

Vom Schaden wird bei ungünstiger Veränderung gesprochen. Schaden meint die Minderung oder Vernichtung eines Rechtsguts, die Einbuße an einer rechtlich geschützten Position einschließlich der Möglichkeit, erlaubten Gewinn zu erzielen, bzw. den Restitutionsbedarf oder einen konkreten Nachteil.   43

▶ Der Schaden richtet sich in Deutschland nach den individuellen, speziellen Verhältnissen des Betroffenen (Geschädigten, Verletzten). ◀   44

---

14 Z. B. bestimmt sich im Fall des Art. 29 CMR der Umfang des zu ersetzenden Schadens nach dem jeweils anwendbaren nationalen Recht, wenn deutsches Recht zur Anwendung kommt also nach §§ 249 ff. BGB, der Geschädigte kann jedoch seinen Schaden stattdessen auf der Basis der Art. 17 bis 28 CMR berechnen; *BGH* NJW-RR 2005, 908 = NZV 2005, 364 = VersR 2005, 1557.
15 Also auf die Tatbestandsmäßigkeit und die Kausalität, die Rechtswidrigkeit, das Verschulden mit der Deliktsfähigkeit und auch alle etwaigen Gründe zur Beschränkung oder gar zum Ausschluss einer deliktischen Haftung.
16 Anzuwenden ab 11.1.2009; s. dazu im Einzelnen *Junker* in JZ 2008, 169–178.
17 Bei der Ermittlung der ausländischen Rechtsnormen, die die Verletzung etwaiger örtlicher Sicherheitsstandards begründen könnten, haben Klageparteien mitzuwirken. Die Partei, die sich zu ihren Gunsten auf einschlägige örtliche Vorschriften berufen will, hat zumindest „Ermittlungsansätze" vorzutragen, *OLG Köln* 2007, 330 = MDR 2007, 943.
18 *BGH* NJW-RR 1996, 732 = VersR 1996, 515 = DAR 1996, 237 = ZfS 1996, 204; Art. 17 Rom II-Verordnung.
19 *OLG Koblenz* NJW-RR 2008, 148.

45 Grundsätzlich bedarf es der Klärung der Primärfolgen und sodann der Sekundärfolgen, um dann den Umfang eines Vermögensfolgeschadens bestimmen zu können.

46 Der **materielle** Schaden (Vermögensfolgeschaden) ist im Fall der Beeinträchtigung der Person oder einer Sachbeschädigung nicht in einem naturwissenschaftlich mathematisch gewissen Sinn zu erfassen und zu berechnen. Stets fließen Wertungsfragen bei der Ermittlung und Zurechnung der im Einzelnen als Nachteil abrechnungsfähigen Veränderungen ein, denen ggfs. Verbesserungen (Vorteile, Rn. 672 ff.) gegenüber zu stellen sind.

47 Der Ausgleich des **immateriellen** Schadens kann mangels objektiver Bewertungsmaßstäbe und Wertgrößen nur nach Ermessen erfolgen.

48 Gelegentlich wird von der „Schadensermittlung durch Schätzung"[20] gesprochen und eine Voraussetzung dahin aufgestellt, dass der Schaden in einem der Höhe nach nicht exakt bestimmbaren, aber jedenfalls erheblichen Ausmaß entstanden ist. Zugleich werden ausreichende Anhaltspunkte dafür verlangt, wie sich das schädigende Ereignis als bleibender Vermögensschaden des Geschädigten auswirkt. Dies meint aber nicht wirklich eine Schadensfeststellung, sondern lediglich die Bezifferung des Schadens. Denn bis zur Möglichkeit der Bezifferung, d. h. solange der entstandene Schaden der Höhe nach noch nicht bestimmbar ist, ist die Feststellung möglich, dass der Schädiger verpflichtet ist, den Schaden zu ersetzen[21], wie es ohne entstandenen Schaden nicht statthaft wäre.

49 Entscheidendes Wertungskorrektiv ist für den Umfang zu ersetzender Nachteile der Schutzbereich der vom Schädiger verletzten Norm, das allerdings auch schon beim Haftungsgrund[22] helfen soll, ersatzfähige Nachteile von nicht zu ersetzenden nachteiligen Folgen abzugrenzen.

50 Auf den Nachweis einer Rechtsgutbeeinträchtigung überhaupt verzichtet ein Zivilsenat des *KG*[23] zum Ersatz von Fahrtkosten zum Arzt, zur Massagepraxis und zum Rechtsanwalt wegen eines ärztlichen Attestes mit Arbeitsunfähigkeitsbescheinigung beim Verdacht einer HWS-Verletzung; s. auch Rn. 149, 2110.

51 ▶ Die Körper-, Gesundheitsverletzung ist als unmittelbare Folge des (haftungsbegründenden) Geschehens die Primärschädigung. Als Folge einer (anderweitigen) Körperverletzung oder Gesundheitsschädigung ist sie Folgeschaden. ◀

52 **Schadensarten und -positionen im Überblick: Personenschaden**

Zum Personenschaden ist für die Schadensbemessung insbesondere zwischen immateriellen und materiellen Folgen zu trennen. Zu dem Nichtvermögensschaden („Schmerzensgeld") stehen die subjektiven Beeinträchtigungen des Betroffenen im Vordergrund, zu den materiellen Vermögensfolgeschäden geht es um objektivierte Belange. Die Trennung zwischen Vermögens- und Nichtvermögensschäden ist wegen §§ 249, 251, 253 BGB freilich nicht immer wirklich bedeutsam).

Unbeschadet einer ggfs. prozessualen engen Verknüpfung unterscheidet die Praxis beim Personenschaden zwischen mehreren Schadens- bzw. Anspruchsarten, die auch Schadens-, Anspruchsgruppen genannt werden und vorrangig in Fällen eines Forderungsübergangs die Zugriffsmöglichkeiten eines Drittleistungsträgers klären helfen sollen (zum Kongruenzerfordernis s. Rn. 1588).

---

20 *OLG Koblenz* NZV 2007, 463.
21 *BGH* NJW 1999, 1035.
22 Vgl. z. B. zum Schutzgesetzcharakter und zum Schutzbereich des § 64 EBO mit dem Verbot, Bahnanlagen, Betriebseinrichtungen oder Fahrzeuge zu beschädigen oder zu verunreinigen, Schranken oder sonstige Sicherungseinrichtungen unerlaubt zu öffnen, Fahrthindernisse zu bereiten oder andere betriebsstörende oder betriebsgefährdende Handlungen vorzunehmen, *BGH* NJW-RR 2005, 673 = VersR 2005, 515 = ZfS 2005, 279
23 *12. Zivilsenat* NZV 2003, 281 = KGR 2003, 156 = VRS 105, 94, dagegen *OLG Hamm* r+s 2003, 434 und *KG* 22. Zivilsenat VersR 2008, 837.

Vermögensfolgeschäden betreffen bezogen auf die Wahrung der körperlichen Integrität insbesondere den Gesundheitsschaden und den Mehrbedarfsschaden. Um den Ausgleich beeinträchtigter Vermögensbelange geht es zum Erwerbsschaden und zum Barunterhaltsschaden. Besonderheiten gelten zur Beeinträchtigung oder dem Wegfall der Fähigkeit und Kraft zur Hausarbeit im Lebensverbund bei Verletzung oder Tötung. Um den Schutz der Aktivität ähnlich wie zur Arbeitsfähigkeit jedoch bei Ausrichtung auf Vermögensinteressen der Berechtigten bzw. durch die Tätigkeit Begünstigten geht es zur gesetzlichen Dienstleistungspflicht. Die Beeinträchtigung des Leistungsvermögens für den eigenen Lebenskreis („handwerkliche Eigenleistungen", Rn. 2418 ff.) kann sich in verschiedenen Schadensgruppen auswirken. Die die Erstattung der Kosten für die Beerdigung steht im Tötungsfall in Frage (Rn. 3461 ff.).

Sachschaden (mit Sachfolgeschäden insbesondere als Vermögensfolgeschäden):

Ersatzfähig sind der Schaden unmittelbar am betroffenen Rechtsgut wegen Verletzung des Besitzes oder des Eigentums und dadurch verursachte Vermögenseinbußen wie ein entgangener **Gewinn** oder auch ein Nutzungsausfall. Bei Sachschäden fällt die Erfassung dessen, was den wirtschaftlichen Schaden ausmacht, leichter als bei Personenschäden, weil die betroffene Sache, z. B. ein Kraftfahrzeug, regelmäßig einen Substanz-, Markt – und damit Vermögenswert in sich selbst trägt, während die Person primär immateriell betroffen ist. Zur Durchsetzung negativer wirtschaftlicher Folgen sind die Dispositionsfreiheit des Geschädigten und das zu Gunsten des Schädigers wirkende Wirtschaftlichkeitspostulat (einschließlich des Bereicherungsverbotes) vor dem Hintergrund des Ziels, den Schaden vollständig auszugleichen, besonders bedeutsam. Bei der Beschädigung von Gegenständen im Eigentum eines Sozialleistungsträgers hat dieser ggfs. ein originäres, eigenes Anspruchsrecht. Ggfs. kommt es auch zum Forderungsübergang bei Ersatzbeschaffung von Hilfsmitteln oder zu Gunsten eines Unfallversicherungsträgers.

Vermögensschaden (mit Vermögensfolgeschäden):

Der unabhängig von einem Sach- oder Personenschaden, gar bei einer dritten Person entstehende, reine, primäre Vermögensschaden unterliegt anderen Zurechnungsgründen als der unechte Vermögensschaden, weil der Vermögensnachteil kein Schutzgut des § 823 Abs. 1 BGB ist.

a) Beeinträchtigung des Körpers oder der Gesundheit (Körperschaden, Gesundheitsschaden i.w.S.)

Der jeweiligen Tatbestandsnorm ist zu entnehmen, inwieweit Körper und Gesundheit und das Leben geschützt werden. 53

Gegenstand eines Schadensersatzanspruches ist – im Verständnis des *BGH* – die Beeinträchtigung des lebend geborenen Menschen, wenn dieser Mensch als nasciturus betroffen gewesen ist. So führt die **pränatale Schädigung**[24] zur Rechtsgutverletzung beim Kind. Zugunsten des Schädigers wirkt haftungsentlastend, wenn die Verletzung der Leibesfrucht bis zur Geburt des Kindes behoben ist, also keine Auswirkung auf die Gesundheit des Neugeborenen zu verzeichnen ist. 54

Das mit Gesundheitsschäden geborene Kind hat zu beweisen, dass es als Leibesfrucht in Mitleidenschaft gezogen worden ist. So unterliegt die Schädigung des Embryos bei einem Verkehrsunfall oder aufgrund eines Verkehrsunfalls[25] dem Nachweisgebot des § 286 ZPO. Das 55

---

24 Zur Schädigung beim Unfall bzw. bei Beeinträchtigung der Mutter *BGHZ* 58, 48; 93, 351; 106, 153; zur Gesundheitsverletzung der Mutter beim Absterben der Leibesfrucht *OLG Koblenz* VersR 1989, 196 = NJW 1988, 2959; *OLG Oldenburg* NJW 1991, 2355.
25 *OLG Hamm* DAR 1999, 260.

OLG Celle[26] hält es jedoch für richtig, schon zur Feststellung der unfallbedingten Rechtsgutsverletzung des Fötus vermittelt durch die Verletzung der Mutter die Beweiserleichterungen des § 287 ZPO anzuwenden.

56 Die körperliche Einheit von Mutter und Leibesfrucht vor der Geburt bedingt, dass eine Mitverantwortung der Mutter Ansprüche des geschädigt Geborenen kürzt.

57 Auf den nasciturus kann sich die Schutzwirkung eines Vertrages erstrecken. Aus § 331 Abs. 2 BGB folgt, dass der nasciturus Dritter im Sinne eines Vertrages zugunsten Dritter sein kann.

§ 12 SGB VII bezieht den nasciturus in den Schutz der gesetzlichen Unfallversicherung ein.

58 § 844 Abs. 2 Satz 2 BGB und die haftungsrechtlichen Parallelnormen bei einer Gefährdungshaftung gelten für den nasciturus, nicht aber für den nondum conceptus.

59 Bei Tötung der Leibesfrucht gibt es keine Rechtsgrundlage für (über den nasciturus) vererbliche Ansprüche, auch keine Basis für Ansprüche wegen entzogenen Unterhalts (§ 844 BGB) oder entgangener Dienste (§ 845 BGB).

60 Ob der Mutter beim Tod der Leibesfrucht[27] ein Schmerzensgeldanspruch zusteht, richtet sich u. U. nach den Grundsätzen zum Schockschaden von Angehörigen. Die Tötung der Leibesfrucht kann auch gleichzeitig zur Gesundheitsverletzung der Mutter führen.

61 Der **Tod des Verletzten** hindert die Weiterentwicklung seines Schadens und schließt dazu einen künftigen Schaden aus. Da das Rechtsgut nicht vererblich ist, kann dazu nichts im Wege der Gesamtrechtsnachfolge übergehen. Vererblich sind nur die in der Person des Erblassers bereits entstandenen und im Zeitpunkt des Erbfalles bestehenden (fälligen) Forderungen. Insofern kann der Erbe verlangen, was der Erblasser im Zeitpunkt seines Todes hätte fordern können, aber nicht mehr.

62 Auf die körperliche Integrität am Ende des Lebens geht insbesondere das Transplantationsgesetz zu Organentnahmen ein. Das postmortale Persönlichkeitsrecht und das Totensorgerecht vermitteln zudem einen gewissen Schutz.

63 An den deliktischen Schutz des Rechtsguts Leben knüpfen §§ 844, 845 BGB – ggfs. mit der Einschränkung gem. § 846 BGB – für die Anspruchsberechtigung der in Folge der Tötung mittelbar betroffenen und wirtschaftlich unmittelbar geschädigten Personen.

64 Die Tötung eines Angehörigen kann die Körper- oder Gesundheitsverletzung des Hinterbliebenen bedingen, beachte Rn. 172.

65 Die durch § 823 Abs. 1 BGB zudem gesicherte Möglichkeit, sich fort zu bewegen – die körperliche **Bewegungsfreiheit** – kann z. B. durch Festhalten, Einschließen, durch Drohung oder Täuschung, u. U. aber auch durch ein unzutreffendes Gutachten beeinträchtigt werden.

Primärschaden (Primärfolge)

66 Erstbeeinträchtigung (Primärschädigung, -verletzung) ist die Beeinträchtigung der äußeren körperlichen Integrität – die Verletzung des Körpers – oder der inneren Funktionen bzw. Störung der Befindlichkeit – die Verletzung der Gesundheit.

67 Der *BGH* legt den Begriff der **Körperverletzung** weit aus. Er versteht das Recht am eigenen Körper als gesetzlich ausgeformten Teil des allgemeinen Persönlichkeitsrechts und sieht die Verletzung des Körpers in jedem unbefugten, von der Einwilligung des Rechtsträgers nicht gedeckten Eingriff in die Integrität der körperlichen Befindlichkeit.[28] Denn § 823 Abs. 1 BGB schützt den Körper als Basis der Persönlichkeit. Als Schutzgut wird insofern das Seins- und Bestimmungsfeld der Persönlichkeit gesehen, das in der körperlichen Befindlichkeit materialisiert ist.

---

26 *OLG Celle* VRS 100, 250 = OLGR 2001, 104.
27 Dieser Tod ist als solcher keine Verletzung der Mutter.
28 *BGHZ* 124, 52 = NJW 1994, 127 = VersR 1994, 55 = FamRZ 1994, 154.

Den Begriff **Gesundheit** definiert das Gesetz ebenso wenig wie den Begriff Krankheit (vgl. dazu §§ 617, 1365 Abs. 2, 1426 BGB, § 3 Abs. 1 EFZG, § 89b Abs. 3 Nr. 1 Alt. 2 HGB). Krankheit mag sich verstehen lassen als nicht nur unerhebliche oder vorübergehende Störung der normalen Beschaffenheit oder Tätigkeit des Körpers. Medizinisch wird abgestellt auf den ärztlich diagnostizierbarer, nach außen in Erscheinung tretenden, auf die Funktionstauglichkeit abgestellten Körper- oder Geistes-, Seelenzustand, der durch Behandlung behoben oder erträglich gemacht werden kann bzw. dessen Folgen gelindert werden können oder bei dem zumindest vor Verschlimmerung bewahrt werden kann. 68

Für die Feststellung, dass eine Körper-, Gesundheitsverletzung eines Menschen gegeben ist, ist haftungsrechtlich entscheidend, ob ein regelwidriger körperlicher oder geistiger Zustand vorliegt, der nach der allgemeinen Erfahrung unter Berücksichtigung des natürlichen Verlaufs des Lebens nicht bei jedem anderen Menschen gleichen Alters oder Geschlechts zu erwarten gewesen ist oder gewesen wäre. 69

▶ Gesundheitsverletzung ist jedes Hervorrufen eines von den normalen körperlichen Funktionen nachteilig abweichenden Zustandes. Unerheblich bleibt, ob Schmerzzustände auftreten, ob eine tiefgreifende Veränderung der Befindlichkeit eingetreten ist oder ob es zum Ausbruch einer Krankheit (AIDS) angesichts einer verursachten Immunschwäche gekommen ist.[29] ◀ 70

Primärschaden kann ein Gelenkschaden in seiner konkreten Ausprägung als Kniegelenkserguss mit schmerzhafter Bewegungseinschränkung und erhöhter Temperatur sein.[30] 71

Ein Abstützen am Armaturenbrett mit einem schweren Anstoß ist aber nicht als relevante (primäre) Körperverletzung zu qualifizieren, wenn und weil dieser Vorgang nicht ausreicht, um die konkret fragliche Erkrankung bzw. Verletzung auszulösen.[31] 72

Eine **psychisch** mentale, psychosomatische **Belastung** ohne pathologische Ursache kann grundsätzlich ebenso eine Verletzung sein wie die körperliche Misshandlung oder eine physische, organische, somatische Beeinträchtigung, das Hervorrufen oder Steigern eines krankhaften Zustandes. 73

Die Haftung besteht auch, wenn der Schaden aus dem Zusammenwirken einer Vorschädigung (der körperlichen Schwäche oder psychischen Prädisposition) des Betroffenen und einer Unfallverletzung erwächst. 74

Eine gesundheitlich abträgliche Drogenabhängigkeit kann – dem Grunde nach – ausgleichspflichtige Unfallfolge sein.[32] 75

Die verletzungsbedingte **Wiedererkrankung**[33] ist genauso auszugleichen wie die (Folgen der) Ursprungsverletzung. 76

(Bloße) **Schmerzen** und/oder Bewegungsbeeinträchtigungen beeinträchtigen die Gesundheit.[34] Schmerzen und z. B. Erbrechen ohne organische Veränderung erfüllen aber nicht den Tatbestand der Körper- oder Gesundheitsverletzung i.e.S.[35] Ob ein Schmerzensgeldanspruch besteht, richtet sich danach, ob mehr als eine Bagatellbeeinträchtigung gegeben ist. 77

---

29 *BGHZ* 163, 209 = NJW 2005, 2614 = VersR 2005, 1238 = ZfS 2006, 141.
30 *BGH* NJW 2008, 1304 = VersR 2008, 490.
31 *BGH* NJW 2004, 777 = VersR 2004, 118 = NZV 2004, 27.
32 *OLG Koblenz* NJW 2004, 3567 = NZV 2005, 317.
33 *OLG Hamburg* NJW-RR 1991, 1431.
34 So *OGH Wien* VersR 2004, 935.
35 *OLG Hamm* VersR 2002, 78 = OLGR 2001, 149 = r+s 2001, 62.

78 ▶ Nacken- oder Kopfschmerzen können indiziell den Nachweis der Primärbeeinträchtigung insbesondere zur Prellung der Halswirbelsäule führen lassen oder doch nicht dazu geeignet sein, s. Rn. 171, 250. ◀

79 Das Unwohlsein oder Missempfinden ist als solches keine Primärbeeinträchtigung.[36]

80 Ein (vorsätzlicher) **Schlag** oder **Stoß**, der jemanden trifft, bedeutet nicht selbstverständlich eine Körperverletzung.[37] Denn ein Handeln ohne reale Körperverletzungsfolge schafft keine Haftungsgrundlage.

81 Die Verabreichung eines bewusstseinstrübenden Mittels ist strafrechtlich eine Körperverletzung, wenn es den Betroffenen in einen Zustand der Bewusstlosigkeit versetzt.[38] Die unmerkliche Beibringung eines Schlafmittels ist gleichermaßen eine gesundheitliche Beschädigung.[39] Für die zivilrechtliche Beurteilung wird es allein auf die ausgelösten Wirkungen ankommen, z. B. die Bewusstlosigkeit bzw. ein Schwindelgefühl. Letzteres kann im Einzelfall aber u. U. als Bagatelle ganz ohne Schadensausgleich bleiben, weil es weder eine relevante immaterielle Beeinträchtigung noch eine materielle Belastung gibt.

82 Mit der Feststellung der Körperverletzung durch gezielte Faustschläge ist indessen zugleich und zumindest die haftungsbegründende Kausalität festgestellt.[40]

83 **Für** den **Verletzungstatbestand** als solchen ist es bei alledem aber **ohne Relevanz**, ob eine Krankheit als Voraussetzung einer medizinischen **Behandlungsbedürftigkeit** im Sinne eines anomalen körperlichen, geistigen oder seelischen Zustands gegeben ist, der den Betroffenen in der Ausübung normaler psychischer oder körperlicher Funktionen beeinträchtigt. Es ist also nicht von vornherein bedeutsam, ob eine negative Folge (oder Krankheit) zunächst lediglich latent ist und unauffällig bleibt, wie z. B. bei einer u. U. freilich sogar schweren bzw. schwerwiegenden Infektion.

84 Die Übertragung des Hepatitis-C-Virus ist als solche eine Gesundheitsbeeinträchtigung.[41]

85 Durch den **Vergleich** des **medizinischen Befundes** für die Zeit unmittelbar vor dem Haftungsereignis („**Vorher**") mit dem Befund nach diesem Ereignis („**Nachher**") wird die Gesundheitsverletzung oder bei einer Vorschädigung jedenfalls die Mitverursachung durch das haftungsbegründende Ereignis[42] ausgewiesen.

86 ▶ Zeigt sich „nachher" ein Mehr an Verletzungen oder Beschwerden, ist die Verschlimmerung gegenüber „vorher" die zumindest mitverursachte Folge des Unfalls, so dass die Schadensersatzpflicht besteht; s. aber auch Rn. 355 und Rn. 1728. ◀

87 **Geringfügig** ist eine (Primär-) Verletzung, an die – von der Intensität her – eine Person im Zusammenleben mit anderen Menschen gewöhnt ist und die nicht nachhaltig beeindruckt, weil es sich um vorübergehende, im Alltagsleben typische und häufig auch aus anderen Gründen als einem Schadensfall entstehende Beeinträchtigungen des Wohlbefindens handelt. Solche Belastungen führen weder bei organischen Gründen noch über seelische bedingte Einflüsse zu einem Ersatz-

---

36 *OLG Hamm* r+s 2003, 434.
37 *BGH* (St) DAR 2001, 465: Ein Schlag vor die Brust ist kein „übles, unangemessenes Behandeln, das zumindest das körperliche Wohlbefinden nicht nur unerheblich beeinträchtigt", wenn der Schlag gegen den Geschädigten ohne besondere Kraft ausgeführt ist, feststellbare Verletzungen durch den Schlag nicht verursacht worden sind, wobei ein in Folge des Schlages zwei Schritte rückwärts „Stolpern" nicht auf eine besondere Heftigkeit des Schlages schließen lässt.
38 *BGH* NStZ-RR 1996, 100.
39 *BGH* NStZ 1992, 490.
40 *BGH* VersR 1993, 55 = NJW 1992, 3298 = DAR 1993, 23.
41 *OLG Koblenz* NJOZ 2004, 2983 (arzneimittelrechtliche Produkthaftung).
42 Vgl. *OLG Hamm* DAR 2000, 263 = OLGR 2000, 232 bei der Frage nach dem Einfluss eines degenerativ veränderten Gelenks.

recht des Betroffenen, wenn sie nicht auf eine besondere Schadensanfälligkeit dieser Person treffen; s. zum Hausarbeitsschaden Rn. 2519, zum Schmerzensgeld Rn. 2822 ff.

Der **Eingriff** des **Arztes** ist nach dem überwiegend vertretenen Rechtsstandpunkt trotz medizinischer Indikation eine Körper- oder Gesundheitsverletzung. 88

Die Gefährdung des Rechtsguts ist aber keine Rechtsgutsverletzung, so dass die Rechtsgutverletzung i.e.S. nach dem Maß des § 286 ZPO zu beweisen ist, gerade auch bzw. trotz der Verletzung vertraglicher oder nachvertraglicher Pflichten eines ärztlichen Behandlungsvertrages.[43] 89

Der **Aufklärungsmangel** rechtfertigt als Eingriff in das Selbstbestimmungsrecht des Patienten nach richtiger Ansicht allein kein Schmerzensgeld[44], ggfs. ist also eine weitere Beeinträchtigung des Körpers oder der Gesundheit nachzuweisen. 90

Die Frage nach den Folgen des wegen eines Aufklärungsversäumnisses und fehlender Einwilligung rechtswidrigen Eingriffs betrifft – nur – die haftungsausfüllende Kausalität. 91

Primärschaden des Patienten, d. h. eine durch einen Behandlungsfehler im Sinne haftungsbegründender Kausalität hervorgerufene Körperverletzung, kann eine durch eine unterbliebene Ruhigstellung und damit unsachgemäße Behandlung der Fraktur eingetretene gesundheitliche Befindlichkeit sein.[45] 92

Beim **Mobbing**[46] geht es in erster Linie um die Frage von Ehrverletzungen, ggfs. um eine erhebliche Beeinträchtigung des allgemeinen Persönlichkeitsrechts mit der Folge eines Schmerzensgeldanspruchs und u. U. um eine Rechtsgutverletzung als Folge einer Verhaltensweise, die nach Art und Ablauf einer von der Rechtsordnung nicht gedeckten Zielsetzung dienen soll und in ihrer Gesamtheit die Gesundheit des Betroffenen verletzt. 93

Körperbestandteile

Körperbestandteile, die nach dem Willen des Rechtsträgers zur Bewahrung der Körperfunktionen oder zu ihrer Verwirklichung später wieder mit dem Körper vereinigt werden sollen (z. B. bei für zur Eigentransplantation bestimmten Haut-, Knochenbestandteilen, bei der zur Befruchtung entnommenen Eizelle, bei der Eigenblutspende), bilden während der Trennung vom Körper mit ihm eine funktionale Einheit. Die Beschädigung oder Vernichtung solcher ausgegliederten Körperbestandteile ist eine Körperverletzung. 94

Bei endgültiger Trennung verlieren die abgetrennten Körperbestandteile jedoch die Zuordnung zum Schutzgut Körper und werden rechtlich zu Sachen. Das gilt für gespendete Organe, die nach dem Willen des Spenders einer anderen Person implantiert werden sollen oder für fremdbestimmte Blutspenden.[47] 95

Körperliche Hilfsmittel

Der Ausgleich wegen Beschädigung eines im Moment des Haftungsereignisses nicht benutzten Hilfsmittels (z. B. eines Zahnersatzes) richtet sich nur nach den Regeln zum Sachschadensersatz, nicht nach den Regeln für den Personenschaden. 96

---

43 *BGH* NJW 1987, 705, 706.
44 *BGH* NJW 2008, 2344; *OLG Koblenz* NJOZ 2004, 2655 (kein Teilschmerzensgeld, wenn der Eingriff trotz des Aufklärungsversäumnisses kraft hypothetischer Einwilligung rechtens ist) und NJOZ 2004, 3497 (kein Schmerzensgeld bloß wegen des sonst folgenlosen Versäumnisses) gegen *OLG Jena* OLG-NL 1998, 30 = OLGR 1998, 33 = MDR 1998, 536.
45 *BGH* NJW 2008, 1318 = VersR 2008, 644 = ZfS 2008, 321.
46 *BAG* NZA 2008, 223 = MDR 2008, 511: Mobbing ist kein Rechtsbegriff, keine Anspruchsgrundlage und bedarf deshalb keiner allgemeingültigen Definition. Vielmehr muss stets geprüft werden, ob der in Anspruch Genommene ggfs. ein absolutes Recht i. S. d. § 823 Abs. 1 BGB, ein Schutzgesetz i. S. d. § 823 Abs. 2 BGB verletzt oder eine sittenwidrige vorsätzliche Schädigung i. S. d. § 826 BGB begangen hat.
47 *BGHZ* 124, 52 = NJW 1994, 127 = VersR 1994, 55 = FamRZ 1994, 154.

97 Keine Körperverletzung ist die Beschädigung einer Prothese, weil es an einer Körperfunktion i.e.S. mangelt.

Nachweis der Primärverletzung, nicht nur der Gefährdung eines Rechtsguts

98 Zur Haftung für den **Rechtsgutschaden** muss die erste Verletzungsfolge – auch als Folge einer Vertragsverletzung – nach dem Maß des § 286 ZPO bewiesen werden.

99 Diese erste Verletzungsfolge ist meist die Verletzung des Körpers oder der Gesundheit. Sie kann im Einzelfall aber auch eine Eigentumsverletzung sein, in deren weitere Folge eine Gesundheitsbeschädigung auftritt.

100 Allein die bloße zeitliche Nähe von Beschwerden oder der Entstehung einer Erkrankung zu einem Haftungs- bzw. Unfallereignis weist einen Primärschaden nicht nach und aus.

101 ▶ Der Rechtsprechung genügt entgegen einer im Schrifttum vertretenen Ansicht, der Nachweis für ein gefährliches Handeln einer anderen Person als Basis für die deliktische Haftung der anderen Person bei der nur möglichen Körperverletzung der betroffenen Person nicht. Trotz der durch den Schädiger bewirkten Beweisprobleme hat die beeinträchtigte Person deshalb zur Rechtsgutverletzung den Vollbeweis zu führen. ◀

102 Die erforderliche **Gewissheit zum Anspruchgrund** (§ 286 ZPO) ist die nach juristischen Maßstäben festzustellende **Überzeugung** als Beseitigung vernünftiger Zweifel, die an Sicherheit grenzende, der gewöhnlichen Lebenserfahrung entsprechende Wahrscheinlichkeit im Sinne eines für das praktische Leben brauchbaren Grades an **Gewissheit**. Diese muss u. U. medizinisch wissenschaftlichen Kriterien standhalten, ohne dass wissenschaftliche und tatrichterliche Zweifel, denen die tatrichterliche Gewissheit „Schweigen gebietet", völlig ausgeschlossen werden müssen.

103 Das Zusammenspiel vieler Faktoren kann mit hinreichender Sicherheit abweichend vom empirischen Normalfall die Chronifizierung von Schmerzen nachweisen lassen.[48]

104 Zum Nachweis eines vertragsrechtlichen Schadensersatzanspruchs wegen **ärztlichen Behandlungsfehlers** ist ebenso wie zu § 823 BGB die Feststellung, dass der Fehler des Arztes zur Gesundheitsbeschädigung geführt hat, nach § 286 ZPO zu treffen, weil und soweit es um den ersten Verletzungserfolg geht. Denn immer dann, wenn die Haftung für die Schädigung eines in § 823 Abs. 1 BGB geschützten Rechtsguts und nicht nur die Verursachung eines Vermögensschadens durch die Verletzung bloßer Vermögensinteressen in Frage steht, ist ebenso wie bei der Haftung aus § 823 Abs. 1 BGB die Verletzung (eines Rechtsguts) im Sinne des ersten Verletzungserfolgs dem Bereich der haftungsbegründenden Kausalität zu klären, Rn. 88.

105 Bei der Hirnschädigung[49] nach einer ärztlichen Fehlbehandlung der Kindesmutter durch einen **Geburtshelfer** wegen eines zu spät durchgeführten Kaiserschnitts geht es für das Kind zunächst um die Frage nach dem Primärschaden. Zu der ersten Verletzungsfolge gehört die konkrete Ausprägung des Hirnschadens als Beeinträchtigung des gesundheitlichen Befindens des Kindes, z. B. die Frage nach hirnorganischen Funktionsstörungen, nach Verhaltensstörungen. Denn die Behandlung, zu der ein Erfolg nicht geschuldet wird, bedeutet keinen Nachteil und die Gefährdung genügt nicht zur Haftungsbegründung.

106 Der Zusammenhang zwischen dem (objektiven) Fehler eines ausgebildeten **Masseurs**, der in einer der ärztlichen Verordnung nicht entsprechenden Weise bei einer Massage oder Bewegungs-, Streckübung erhebliche Kraft auf den Körper des Patienten ausgeübt hat, und einem

---

48 OLGR Saarbrücken 2006, 186.
49 BGH NJW 1998, 3417 = VersR 1998, 1153 = ZfS 1998, 414.

(behaupteten) Gesundheitsschaden muss mit einem für das praktische Leben brauchbaren Grad an Gewissheit nachgewiesen sein.[50]

▶ Über eine Beweiserleichterung oder Beweislastumkehr zum Primärschaden darf die Verschuldenshaftung nicht zur Zufallshaftung und die Gefährdungshaftung nicht in ihrer spezifischen Ausrichtung verändert werden. ◀ **107**

Ohne die notwendige eigene Sachkompetenz darf ein Gericht bei einer bestimmten Behauptung des Betroffenen in Richtung auf eine Körper- oder Gesundheitsverletzung nicht die Beweiserheblichkeit verneinen, selbst wenn die Wahrscheinlichkeit des Eintritts behaupteter gesundheitlicher Folgen dem Gericht nicht sehr groß erscheint.[51] **108**

Die verletzte Person muss aussagekräftige ärztliche Unterlagen beibringen. **109**

Der Nachweis der gesundheitlichen Beeinträchtigung kann u. U. nur geführt werden, wenn behandelnde Ärzte von der Schweigepflicht entbunden werden. Wer als Betroffener solche Erklärungen verweigert, bleibt u. U. bereits deshalb ohne Ersatz. **110**

Selbstständiges Beweisverfahren

Zur Abklärung von Befunden ist beim Personenschaden jedenfalls dann, wenn der Verlust des Beweismittels droht, das selbstständige Beweisverfahren – zur Sicherung des Beweises (§ 485 Abs. 1 ZPO) mit Feststellungen zum Gesundheitsschaden und zur Kausalität[52] – statthaft; zum Beweisverfahren i.a. Rn. 1075 ff. **111**

In dem selbstständigen Beweisverfahren auf Begutachtung durch einen Sachverständigen ist der Sachvortrag des Antragstellers zum Hauptanspruch, zu dessen Geltendmachung die Begutachtung dienen soll, grundsätzlich nicht auf Schlüssigkeit oder Erheblichkeit zu prüfen. Ausnahmen kommen nur in Betracht, wenn von vornherein ein Rechtsverhältnis, ein möglicher Prozessgegner oder ein Anspruch nicht erkennbar sind.[53] **112**

b) Folgeschäden

Folgeschäden sind vom Betroffenen in Folge einer zusätzlichen Ursachenkette erlittene Nachteile, d. h. Nachteile in seinem weiteren Rechtskreis oder Nachteile als weitere Folge der unmittelbaren (primären) Rechts- oder Rechtsgutverletzung. **113**

Ein Morbus Sudeck kann Primärschaden sein, wenn und weil es an einer vorausgegangenen Körperverletzung fehlt. Der Morbus Sudeck, der nicht durch das haftungsbegründende Ereignis, sondern durch die ärztliche Fehlbehandlung und eine damit hervorgerufene Gesundheitsbeeinträchtigung eingetreten ist, ist dagegen Folge- bzw. Sekundärschaden.[54] **114**

Die Beschädigung **künstlicher Körperteile** oder von Hilfsmitteln kann Folgeschaden einer körperlichen Verletzung sein. **115**

---

50 *BGH* NJW 1989, 2948 = VersR 1989, 758 = MedR 1989, 240.
51 *OLGR Zweibrücken* 1999, 175.
52 Für Zulässigkeit des Verfahrens in Arzthaftungssachen unter Prüfung des Einzelfalles *BGH* NJW 2003, 1741 = VersR 2003, 794, *OLG Nürnberg* VersR 2009, 803; *OLG Oldenburg* VersR 2009, 805.
53 *BGH* NJW 2004, 3488.
54 *BGH* VersR 2008, 644 = NJW 2008, 1381 = ZfS 2008, 321.

Nachweis von Sekundärfolgen

116 Die Bestimmung des auszugleichenden Schadens im Einzelnen hängt von den Merkmalen des **haftungsausfüllenden Tatbestandes** ab. Dazu gehört die haftungsausfüllende Kausalität als Zusammenhang zwischen einer primären Verletzung (Primärbeeinträchtigung) und dem weiteren Schaden, wenn die Haftung an eine tatbestandlich umschriebene negative Folge (die meist Erfolg genannt wird) anknüpft, bzw. der Zusammenhang zwischen einer (vertragsrechtlichen) Pflichtverletzung des Schuldners und dem Nachteil des Gläubigers bei der Vertragshaftung, beachte Rn. 98, 104.

117 Der Schadensbegriff des Haftungsrechts bedingt eine **Beweisnot** der beeinträchtigten Person. Sachnotwendig ist die Beweiserleichterung, die § 252 Satz 2 BGB und § 287 ZPO aus Billigkeitsgründen verwirklichen. Diese Normen wollen verhindern, dass materiell berechtigte Ansprüche an prozessualen Anforderungen scheitern.

118 Haftungsausfüllend – also dann, wenn die Primärverletzung feststeht – genügt wegen § 287 ZPO die Feststellung, dass die Beschwerden bzw. Beeinträchtigungen überwiegend wahrscheinlich und die Unfallursächlichkeit der Beschwerden wahrscheinlicher ist als die Unfallunabhängigkeit.[55] Ist dagegen eine Ursache für behauptete Beschwerden nicht wahrscheinlicher als eine andere (die unfallunabhängige) Entstehung, ist der erforderliche Kausalitätsnachweis auch nur i. S. d. § 287 ZPO nicht geführt.[56]

119 Beim **ärztlichen Behandlungsfehler** gehört die Weiterentwicklung der Schädigung zur haftungsausfüllenden Kausalität. Das betrifft die Ursächlichkeit eines Behandlungsfehlers für die Folgeschäden einschließlich der Frage einer fehlerbedingten Verschlimmerung von Vorschäden. Mit dem Beweismaß des § 287 ZPO ist z. B. angesichts des Fehlers bei der **Geburtshilfe** abzuklären, ob angeborene Schäden und welche weiteren Gesundheitsschäden, welche Vermögensschäden herbeigeführt worden sind.

120 Ist nicht auszuschließen, dass der Betroffene **unfallunabhängig** eine spontane **Gehirnblutung** erlitten hat, die eine exogene Psychose ausgelöst hat, fehlt es trotz enger zeitlicher Nähe zwischen dem Unfall und der Psychose jedenfalls dann am Nachweis der Kausalität (des Unfalls), wenn ohnehin jeder leichter psychischer Erregungszustand ausgereicht hat, um die psychotische Dekompensation auszulösen.[57]

Reichweite des § 286 ZPO bzw. des § 287 ZPO

121 Tipp Häufig hängt der Erfolg eines Schadensersatzbegehrens davon ab, die Reichweite des § 286 ZPO einzugrenzen gegenüber der Wirkung des § 287 ZPO zur (bloßen) Einschätzung ersatzfähiger (gesundheitlicher) Folgen bzw. Nachteile und der Verknüpfung zwischen einer Primärschädigung (Erstbeeinträchtigung) sowie der Folgebelastung als Sekundärschaden und dann den weiteren Vermögensfolgen.

---

55 *OLG Hamm* NJWE-VHR 1996, 61.
56 *OLG Karlsruhe* NZV 2001, 511 = DAR 2001, 509 = r+s 2002, 112, *BGH* NA-Beschl. v. 8.5.2001.
57 *OLG Nürnberg* VersR 1999, 1117 = ZfS 2000, 58.

Gegenstand des Nachweisgebotes i. S. d. § 286 ZPO	Gegenstand von Erleichterungen zur Darlegung und zur Wahrscheinlichkeitsbeurteilung i. S. d. § 287 ZPO	Fundstelle
Anstoß des Kopfes gegen Windschutzscheibe bei Frontalkollision, Folge Bruchspinne	Intracerebrale Hirnblutung (Zusammenbruch nach 1 1/2 Stunden)	OLG Hamm DAR 2001, 458 = OLGR 2001, 22
Auffahrunfall	HWS-Schleudertrauma, Hirnschädigung	BGH VersR 1987, 310 = NJW-RR 1987, 339
Auffahrunfall im Niedriggeschwindigkeitsbereich	Verletzung des Kopfgelenkbands	OLG Koblenz NJW 2004, 1186
Faustschläge auf den Kopf	Gefäßruptur infolge der Faustschläge, Todesfolge	BGH NJW 1992, 3298 = VersR 1993, 55 = DAR 1993, 23 = ZfS 1993, 43
Gefahrbremsung	Fehlgeburt	LG Berlin NZV 1997, 45
HWS-Schleudertrauma	Beschwerden	BGHZ 159, 254 = NJW 2004, 2828 = VersR 2004, 1477
HWS-Syndrom Stufe II nach Erdmann bei Heckaufprall	Wirbelsäulenerkrankung, Haarausfall	OLG Saarbrücken Urt. v. 20.1.2004, 3 U 6/03; s. auch Rn. 250
Kopfverletzung	Verminderung der Sehfähigkeit	OLG Zweibrücken NJW-RR 1989, 221
Körper-, Unfallverletzung	Heimaufenthalt, -unterbringung	BGH NJW 1995, 1619 = VersR 1995, 681 = ZfS 1995, 412
Körperverletzung	Psychische Folgen, weitere Beeinträchtigungen	
Minderdurchblutung Placenta bei Verkehrsunfall	Hirnschädigung des danach geborenen Kindes	s. aber auch Rn. 66
Notbremsung	Auf der Bremsung beruhende Knieverletzung und darauf beruhende Erwerbseinbuße	BGH VersR 1983, 985 = VRS 65, 344
Öffnen Beifahrertür, Sturz des herannahenden Radfahrers	Prellungen, Schädelprellung, Gehirnerschütterung, HWS-Schleudertrauma, Felsenbeinfraktur mit Blutung im rechten Ohr, Infraktion der linken Schädelseite, kausaler Verdienstausfall	OLG München VersR 1996, 1036 = r+s 1996, 53, BGH NA-Beschl. v. 7.11.1995
Unfallgeschehen	kausaler Hirninfarkt	OLG Celle VersR 1980, 534

Insbesondere Arzthaftung

123

Gegenstand des Nachweisgebotes i. S. d. § 286 ZPO	Gegenstand der erleichterten Darlegung und Wahrscheinlichkeitsbeurteilung i. S. d. § 287 ZPO
Aufklärungsversäumnis[58]	Folgen des wegen der fehlenden Einwilligung rechtswidrigen Eingriffs (haftungsausfüllende Kausalität)[59]
Unterlassener ärztlicher Hinweis bei Frakturbehandlung nach Treppensturz, darauf beruhende Gelenksarthrose	Gehbehinderung, Behinderung zur Erwerbsfähigkeit[60]
Ärztliche **Behandlung** (Übersehen Radiusköpfchenluxation)	Infektion, Amputation des Unterschenkels, verzögerte Korrektur, Bewegungseinschränkung Ellenbogengelenk[61]
Ärztlicher Fehler bei der **Geburtsleitung** (zu spät durchgeführter Kaiserschnitt), hypoxisch-ischämischen Hirnschaden in konkreter Ausprägung als Primärschaden (nicht lediglich eine von den Symptomen abstrahierte Gehirnschädigung)	Verhaltensstörungen als Folgeschäden, Allergie in Folge einer notwendig gewordenen Therapie[62]
Operation; Primärschaden: Verletzung des Schädels und des Hirngewebes	Beinvenenthrombose[63]

Vermögensfolgen, Schadenswahrscheinlichkeit

124 Der **Schädiger hat** alle von ihm verursachten **negativen Vermögenswerte zu ersetzen und** alle dem Betroffenen **entgangenen positiven Vermögenswerte auszugleichen**. Der Betroffene soll (vom Schädiger) durch den Schadensausgleich also das erhalten, was er sonst unbeeinträchtigt gehabt oder erzielt (erreicht) haben würde. Der Betroffene soll aber nicht gegen den Schädiger einen größtmöglichen Geldbetrag durchsetzen können.

125 Im Kern hat der Schädiger zum Gesundheits- und zum Mehrbedarfsschaden den „sinnvollen Dispositionen" des Betroffenen[64] mit dem darauf der Höhe nach auszurichtenden Geldersatz zu entsprechen. Dies meint Dispositionen eines verständigen Betroffenen zur Schadensbewältigung in dessen besonderer Lage[65] bzw. die Disposition, „die ein verständiger Geschädigter bei der von ihm in zumutbarer Weise gewählten Lebensgestaltung getroffen hätte".[66]

---

58 Angemerkt sei, dass dann, wenn eine präoperative Aufklärung wegen der Notfallbehandlung oder Unansprechbarkeit des Patienten nicht möglich ist, sich die Aufklärungspflicht des Arztes gegenüber dem Patienten jedenfalls bei für den Patienten und seine Kontaktpersonen lebensgefährlichen Risiken in die Pflicht zur alsbaldigen nachträglichen Selbstbestimmungs- und Sicherungsaufklärung wandelt, *BGHZ* 163, 209 = NJW 2005, 2614 = VersR 2005, 1238 = ZfS 2006, 141.
59 *OLG Karlsruhe* VersR 2003, 224.
60 *BGH* VersR 1986, 1121 = NJW 1987, 705.
61 *OLG Oldenburg* NJWE-VHR 1998, 63.
62 *BGH* NJW 1987, 705 = VersR 1986, 1121.
63 *OLG München* OLGR 1993, 36.
64 Beachte *OLG Bremen* NJW-RR 1999, 1115 = VersR 1999, 1030 m. *BGH* NA-Beschl. v. 24.11.1998 und mit Betonung des konkreten Bedarfs im Einzelfall *OLG Bamberg* VersR 2005, 1593.
65 *BGHZ* 163, 351 = NJW 2006, 1271.
66 *BGH* VersR 1978, 149 = r+s 1978, 82, s. auch *OLG Stuttgart* VersR 1998, 366 m. BGH NA-Beschl. 14.10.1997.

Zum Gesundheitsschaden, dem Mehrbedarfsschaden und dem Erwerbsschaden ist die **Zumutbarkeit** für den Verletzten ergänzendes Kriterium zur Schadensbemessung. Das **Verbot der Überkompensation** versagt es dem Betroffenen zugleich, durch die Schadensregulierung mehr zu erhalten, als der (Wieder-) Herstellung (i.w.S.) und einem vollen Ausgleich entspricht. 126

Der Schädiger hat insbesondere im Rahmen des § 843 BGB[67] dafür zu sorgen, dass die materielle Lebensqualität des Betroffenen nicht unter den früheren bzw. den hypothetisch unbeeinträchtigten (Lebens-) Standard sinkt und nicht nur etwa eine Minimalversorgung zu gewährleisten. 127

▶ Eine Verwendungsfreiheit des Betroffenen in Bezug auf den vom Schädiger zu zahlenden Betrag ist nur bei reinen, primären bzw. direkten Vermögensschäden zu bejahen. Wie der Betroffene sein Vermögen verwendet, geht den Schädiger nichts an. Die Erforderlichkeit i. S. d. § 249 BGB zu Abhilfemaßnahmen und zur Angemessenheit eines Geldausgleichs ist aber objektiviert und zweckbezogen. ◀ 128

Mit dem Beweismaß des § 286 ZPO lassen sich die nicht realen Ereignisse, Vorgänge, Abläufe und Zusammenhänge, die gem. §§ 249, 252 Satz 1 BGB i. V. m. §§ 842, 843, 844 BGB und den Parallelnormen für den Umfang des Ersatzanspruchs maßgebend sind, nicht feststellen. **Persönliche** Entschlüsse und **Einflüsse** zum Lebensweg, zum Lebensstil, zu Lebensgewohnheiten verlangen in besonderem Maße **Prognosen** und **Wahrscheinlichkeiten** unterhalb einer Gewissheit. Unsicherheitsfaktoren zur beruflichen Entwicklung, zu Arbeitszeiten, Vergütungen, Verhältnisanteilen müssen bewältigt werden. 129

▶ Mittels Schätzung darf die Schadensregulierung nicht zu einer Art Zuordnung von Vermögenslasten aus Billigkeit werden. ◀ 130

Zu einem Lebenssachverhalt sind der Anspruch auf materiellen Schadensersatz (Vermögensfolgeschäden) und der Anspruch auf Ersatz des immateriellen Schadens wegen des Haftungsgrunds prozessual untrennbar miteinander verbunden. Ein Teilurteil allein hinsichtlich des Schmerzensgeldes ohne Entscheidung zum materiellen Schaden scheidet dann grundsätzlich aus, beachte Rn. 1120. Zumindest hat zum materiellen Anspruch zugleich ein Grundurteil zu ergehen. 131

Nach Ansicht des *BGH* ändert (neuer) Sachvortrag zur haftungsausfüllenden Kausalität den Klagegrund solange nicht, wie er einzelne Posten des gleichen Schadens betrifft. Denn innerhalb des identischen Schadens stellen Berechnungsgrundlagen lediglich unselbstständige Faktoren des Ersatzanspruchs dar, die innerhalb des geltend gemachten Gesamtbetrags austauschbar sind, selbst wenn sachliche Voraussetzungen teilweise unterschiedlich sind;[68] s. auch Rn. 943. 132

Der Verletzte kann – sogar nach einem allgemeinen auf Feststellung der Schadenersatzpflicht gerichteten Klageantrag – ein rechtliches Interesse an einem auf Ersatz einer bestimmten Schadensposition gerichteten speziellen Feststellungsantrag haben, Rn. 1177. 133

c) Insbesondere: HWS-Schaden

Der Begriff HWS-Schleudertrauma bezeichnet einen Bewegungsvorgang der Halswirbelsäule, keine Verletzungsfolge. Eine Verletzung ist zu bejahen, wenn auf den HWS-Bereich so eingewirkt worden ist, dass dadurch das körperliche Wohlbefinden fühlbar gestört wird. Dies kann von einer leichten Prellung, dem vorübergehenden Hinterkopfschmerz bis zu Lähmungen reichen.[69] Die Verletzung beim HWS-Syndrom bedeutet beim Auffahrunfall, dass sich der Kopf des Betroffenen in Folge Beschleunigung rascher nach rückwärts bewegt als der Rumpf und dabei Zerreißungen entstehen können. Auch beim seitlichen oder schrägen Aufprall von Fahrzeugen, ebenso aber bei frontalem Aufprall oder bei Überschlag können HWS-Traumata eintreten. 134

---

67 Vgl. zum Mehrbedarf *OLG Köln* VersR 1988, 61 = ZfS 1989, 121 = FamRZ 1989, 178.
68 *BGH* NJW-RR 2006, 253.
69 Zum HWS-Schleudertrauma und zur posttraumatischen Belastungsstörung eingehend *OLG Koblenz* NJW-RR 2004, 1318.

135 Geht es darum, ob die verletzte Person bei einem Unfall eine HWS-Verletzung erlitten hat, stellt sich zunächst die Frage der haftungsbegründenden Kausalität mit den Regeln des Vollbeweises. Nach dem Maßstab der an Sicherheit grenzenden Wahrscheinlichkeit muss zunächst bewiesen werden, dass die HWS-Verletzung gegeben ist und auf den haftungsbegründenden Vorgang (Unfall) zurückzuführen ist. Ob Beschwerden und Schmerzen im HWS- und LWS-Bereich auf einen Unfall zurückzuführen sind, kann aber auch eine Frage der haftungsausfüllenden Kausalität sein.

136 Nach *Erdmann*[70] werden drei Schweregrade unterschieden. Die mittelschweren Fälle des Grades II (Risse der Gelenkkapseln, Muskelzerrungen, retropharyngeles Hämatom, Schluckbeschwerden, Nackensteife, auch Kopfschmerzen, Beschwerden u. U. bis 1 Jahr) und des Grades III (Bandscheibenzerreißung, Ruptur des Bandapparates des Rückens, Frakturen, Verrenkung der Halswirbelsäule, auch Kopf- und Armschmerzen, Rückenmarksymptome, Dauer bis 2 Jahre oder länger) lassen sich durch Bildgebung (Röntgen, MRT) überprüfen und feststellen. Die leichten Fälle des Schweregrads I (Nacken-, Kopfschmerzen, geringe Bewegungseinschränkung, Beschwerden über 2 bis 3 Wochen oder auch bis zu 3 Monaten) bedürfen zur ihrer Feststellung der Objektivierung.

137 Die Vorlage eines ärztlichen Attests, welches die Schilderung des Geschädigten wiedergibt oder – bloß – eine Verdachtsdiagnose enthält, genügt nicht, um den Beweis für eine Gesundheitsverletzung i. S. d. § 286 ZPO zu führen.[71] Das ärztliche Attest, das eigene Feststellungen des Arztes dokumentiert, hat dagegen einen gewissen Erkenntnis- und Beweiswert.

138 Auf der Grundlage einer funktionalen MRT-Untersuchung kann – wie das *KG* meint[72] – gegenwärtig nicht zuverlässig beurteilt werden, ob eine morphologische Veränderung degenerativ bedingt ist oder einen traumatischen Ursprung hat.

139 Erst wenn die Körperverletzung in Form einer HWS-Distorsion nachgewiesen ist, gelten zu weiteren Beeinträchtigungen (Beschwerden) der betroffenen Person die Kriterien der höheren oder deutlich höheren Wahrscheinlichkeit.

140 Jeder Mensch ist im normalen Alltagsleben biomechanischen Kräften ausgesetzt, die einer Belastung wie bei einer niedrigen Geschwindigkeitsänderung entsprechen bzw. sogar darüber hinausgehen. Dies erschwert die Beurteilung des Ursachenzusammenhangs.

141 Instanzgerichtliche Entscheidungen, die sich mit einer allgemeinen Lebenserfahrung schematisch auf einen Grenzwert stützen oder ganz allgemein von einem Anscheinsbeweis sprechen, sind heute wenig aufschlussreich. Denn es gibt zum Nachweis der HWS-Verletzung und der Ursächlichkeit eines bestimmten Ereignisses für eine **keine** abstrakte, allgemeingültige, **starre** Harmlosigkeitsgrenze – wie der *BGH* betont, der eine **Belastungsschwelle** meint. Selbst bei einem Unfall mit geringer kollisionsbedingter Geschwindigkeitsänderung kann ein HWS-Schaden zu erschließen sein.

142 Das Vorliegen einer unfallbedingten Halswirbelsäulenverletzung kann nicht mit der Begründung ausgeschlossen werden, dass eine zusammenstoßbedingte Geschwindigkeitsänderung von weniger als 10 km/ h ausgelöst worden ist. Bei der Prüfung der Kausalität des Zusammenstoßes sind neben der Geschwindigkeitsänderung auch u. a. die Sitzposition wesentlich.[71] Die gleichzeitige Schädigung des Geruchs- und des Geschmackssinns ist aber nicht durch ein Trauma bei einem leichten Verkehrsunfall zu erklären, sondern kann nur mit einem schweren Schädelhirntrauma in Verbindung gebracht werden, insbesondere der Läsion im Hirnstammbereich, zumal die Kombination von Geruchs- und Geschmacksstörung in der Regel nicht unfallbedingt auftritt, da anatomische Strukturen weit auseinander liegen und nur schwerste Verletzungen im Hirnstammbereich eine traumatisch bedingte Geruchs- und Geschmacksstörung bedingen können mit vollkommenem Ausfall der Sinnesorgane.[73]

---

70 In Schleuderverletzung der Halswirbelsäule, 1973; s. näher u. a. auch *Eggert* in Verkehrsrecht aktuell 2004, 204 ff.
71 *OLG Frankfurt* ZfS 2008, 264.
72 *KGR* 2006, 572 = SVR 2008, 13.
73 *LG Paderborn* NZV 2004, 462 = SVR 2004, 349.

Immer sind bei der Prüfung, ob ein Unfall eine HWS-Verletzung verursacht hat, die Umstände des Einzelfalls zu berücksichtigen.[74] Es müssen alle **konkreten Faktoren** und Einflussmomente[75] berücksichtigt werden, z. B. die Sitzhaltung der verletzten Person, die Sitzeinstellung und die Einstellung der Kopfstütze. Auf die individuelle Belastungsgrenze des betroffenen Fahrzeuginsassen bezogen auf das konkrete Unfallgeschehen, sein Alter und Vorschädigungen kann und muss geachtet werden. Diese Komplexität schließt es aus, zum Unfall im Niedriggeschwindigkeitsbereich einen Groteskfall (Rn. 1676) anzunehmen und die Regulierung aus einem Teilungsabkommen deshalb zu verwehren. **143**

Bei der Kollisionsgeschwindigkeit von unter 6 km/h[76] ist eine biomechanische Insassenbelastung meist gering. Bei Differenzgeschwindigkeiten von unter 8 km/h kann eine biomechanische Belastungsgrenze von 5g nicht erreicht werden, ab der es durch Hyperflexion der Wirbelsäule zu HWS-Schleudertraumen kommt.[77] Bei einer kollisionsbedingten Geschwindigkeitsänderung unter 10 km/h[78] (Niedriggeschwindigkeitsbereich) bleibt die Entstehung eines HWS-Schleudertraumas besonderen Konstellationen vorbehalten, beim Auffahrunfall mit der Differenzgeschwindigkeit bis 15 km/h[79] sind nähere Umstände nachzuweisen. **144**

Von einem **Anscheinsbeweis** für das Vorliegen einer unfallbedingten Verletzung der HWS kann nach Ansicht des *KG*[80] ausgegangen werden, wenn eine kollisionsbedingte Geschwindigkeitsänderung von über 15 km/h bewiesen ist. Jedenfalls ist bei Heckunfällen mit einer kollisionsbedingten Geschwindigkeitsänderung im Bereich zwischen 4 und 10 km/h eine dadurch bewirkte Verletzung der Halswirbelsäule nicht generell auszuschließen.[81] **145**

Bei einer **Frontalkollision** wird zur Vorwärtsbewegung des Kopfes eine relativ höhere biomechanische Toleranzgrenze zu beachten sein: Beträgt die kollisionsbedingte Geschwindigkeitsänderung 13 bis 16 km/h in Längsrichtung und in Querrichtung etwa 3 km/h, kann sie in einem Bereich liegen, in dem eine Verletzung der HWS eher unwahrscheinlich ist.[82] **146**

Zum **Seitenaufprall** besagen Werte für den Heckaufprall nichts.[83] *LG München*[84] legt z. B. zugrunde: Der leichte Anprall des Kopfes an der Seitenscheibe oder Fahrertür in weiterer Folge eines Anstoßes des Vorderreifens an den Bordstein könne weder eine HWS-Verletzung noch einen Tinnitus[85] zur Folge haben. **147**

---

74 *BGH* NJW 2008, 2845 (Frontalkollision mit niedriger Geschwindigkeit).
75 Zur Überzeugungsbildung aufgrund der Bekundung von Zeugen sowie von Arztberichten gegen die Ausführungen eines gerichtlich bestellten Sachverständigen beachte *OLG Celle* NJOZ 2004, 724 und zur Beachtung der gesamten Umstände einschließlich der Angaben des Verletzten insbesondere im Kontext mit einer medizinisch festgestellten Vorerkrankung, auf Grund derer – ausnahmsweise – schon geringe, auf den Körper einwirkende Kräfte zur Herbeiführung der Verletzungsfolgen ausreichen können *OLG Stuttgart* NZV 2004, 582 = NJOZ 2004, 4243.
76 *OLG Hamm* r+s 1998, 325 m. *BGH* NA-Beschl. v. 13.1.1998; *OLG Hamm* NJW 2000, 878; *KG* NJW 2000, 877; *OLG Nürnberg* r+s 2003, 174 m. *BGH* NA-Beschl. v. 16.7.2002.
77 *OLG Hamm* NZV 2002, 503.
78 *OLG München* r+s 2002, 370 = SP 2002, 347; *LG Offenburg* JurBüro 2003, 109.
79 *OLG Hamm* NJW-RR 1999, 821 = NZV 1999, 292, *KG* VersR 2001, 597 m. *BGH* NA-Beschl. v. 23.5.2000; *LG Saarbrücken* ZfS 2002, 131.
80 NZV 2004, 460.
81 *BGH* NJW 2003, 1116 = NZV 2003, 167 = VersR 2003, 474 = DAR 2003, 218; dazu *Burmann* in NZV 2003, 169; *von Hadeln/ Zuleger* in NZV 2004, 273; *Lemcke* in r+s 2003, 177; *Notthoff* in VersR 2003, 1499; *Staab* in VersR 2003, 1217; *Wedig* in DAR 2003, 393.
82 *OLG Hamm* NZV 2002, 457 = r+s 2002, 373, beachte nun *BGH* NJW 2008, 2845.
83 Zutreffend bereits *LG Landau/Pfalz* NJW-RR 2000, 1471 = VersR 2000, 1382; zum Seitenaufprall s. auch *OLG Hamm* VersR 2002, 78 = OLGR 2001, 149 = r+s 2001, 62.
84 SP 2002, 15.
85 Zum Tinnitus und einem Unfallversicherungsschutz i. S. d. § 2 AUB 88 *BGH* VersR 2004, 1449.

148 Die Bewertung jeder **ärztlichen Bescheinigung** hängt von den Umständen des Einzelfalles und der Situation bei der verletzten Person ab. Denn es ist nicht die therapeutische Aufgabe des behandelnden Arztes, eine Kausalverknüpfung zwischen dem Unfallereignis und geklagten Beschwerden herzustellen oder subjektive Angaben des betroffenen Patienten über Beschwerden kritisch in Frage zu stellen. Für den Arzt kann es vielmehr schon bei einer Verdachtsdiagnose vorsorgend geboten sein, Behandlungsmaßnahmen einzuleiten.[86] Eine nicht näher begründete ärztliche Diagnose reicht zur Überzeugungsbildung nicht.[87] Die ärztliche Bescheinigung nach subjektiven Angaben des Anspruchstellers ohne eigene ärztliche Feststellungen beweist gar nichts[88], auch nicht das Attest des Arztes, der von einem unzutreffend geschilderten Unfallhergang ausgeht.[89]

149 Die ärztliche Bescheinigung der Arbeitsunfähigkeit besagt haftungsausfüllend etwas zum Ersatz eines Verdienstausfalls, aber nichts zu sonstigen Ansprüchen. Einem Zivilsenat des *KG*[90] genügt dies freilich zum Ersatz von Fahrtkosten zum Arzt, zur Massagepraxis und zum Rechtsanwalt; Rn 50, Rn. 572.

150 Der zeit- und unfallnah erhobene klinische und radiologische – objektive – **Befund**, eine (ab)gesicherte ärztliche Diagnose vom Unfalltag wirkt indiziell und kann im Einzelfall zum Nachweis i. S. d. § 286 ZPO genügen, besagt jedenfalls mehr als eine theoretische biomechanische Annahme. Ärztliche (Erst-) Bescheinigungen (Erstatteste) erbringen jedoch nicht uneingeschränkt aus sich heraus den nötigen Vollbeweis.[91]

151 Die **Verordnung** von Medikamenten und die Anordnung, eine Halskrause zu tragen, genügen für sich allein nicht, können aber für den Vollbeweis genügen, wenn entsprechende Feststellungen bei Nachuntersuchungen[92] getroffen worden sind und die Erstdiagnose bestätigen. Auf das biomechanische Sachverständigengutachten, das die grundsätzliche Eignung des Unfallgeschehens zur Herbeiführung des Eintritts einer HWS-Verletzung bejaht, stellt das *LG Bonn*[93] zusätzlich ab, um den Nachweis der nach eingehender körperlicher und röntgenologischer Untersuchung am Unfalltag diagnostizierten Verletzung als geführt anzusehen.

152 Je nach Lage des Falles kann die **Einholung** unfalltechnischer **Gutachten** zur Aufprallgeschwindigkeit oder die Insassenbeschleunigung und medizinischer, orthopädischer, neurologischer, ggfs. psychiatrischer Gutachten oder von interdisziplinären Gutachten angezeigt oder nahe liegend[94] sein, Rn. 1078.

---

86 *OLG Hamm* NZV 2001, 468 = OLGR 2001, 379 = VersR 2002, 992 = r+s 2002, 371 m. *BGH* NA-Beschl. v. 15.4.2002; s. auch *OLG Hamm* NZV 2002, 322 m. *BGH* NA-Beschl. v. 17.10.2000 bei degenerativer Vorschädigung: Sieht der erstbehandelnde Arzt keinen Anlass zur Fertigung eines Röntgenbildes und bleibt der Betroffene zunächst ohne Beschwerden und Funktionseinbußen, spricht dies gegen eine relevante HWS-Verletzung.
87 *OLG Nürnberg* r+s 2003, 174 m. *BGH* NA-Beschl. v. 16.7.2002.
88 *OLG Frankfurt* NZV 2000, 165 = r+s 2001, 65 m. *BGH* NA-Beschl. v. 9.11.1999; *LG Augsburg* VersR 2003, 876, *LG Berlin* ZfS 2001, 108.
89 *LG Duisburg* SP 2000, 12: Auffahrunfall statt seitlicher Kollision.
90 NZV 2003, 281= KGR 2003, 156 = VRS 105, 94, dagegen *OLG Hamm* r+s 2003, 434.
91 Vgl. allerdings mit Überbetonung der Erkenntniskraft eines Durchgangsarztberichts ohne Untersuchungsbefund *OLG Bamberg* DAR 2001, 121 m. Anm. *Heinrich* = NZV 2001, 470 m. Anm. von *Hadeln* in NZV 2001, 457 und *OLG Bamberg* Beschluss v. 20.02.2002, 5 U 200/02 (zit. nach *von Hadeln/Zuleger* in NZV 2004, 273): Im hiesigen Verfahren ist von Beklagtenseite die Richtigkeit der Diagnose aus dem durchgangsärztlichen Bericht bestritten worden und gemäß dem technischen und dem medizinischen Gutachten der Nachweis unfallbedingter Verletzungen im HWS/BWS-Bereich nicht geführt.
92 Vgl. *LG Augsburg* NZV 2002, 122; s. auch *AG Bremen* ZfS 2002, 574 = DAR 2003, 76: Röntgenuntersuchung – Steilstellung im Bereich HWK 1-4 und eingeschränkte Ante- und Retroflexion –, Verschreibung von Medikamenten und einer Halskrawatte, Bescheinigung der mindestens 3-tägigen Arbeitsunfähigkeit.
93 *LG Bonn* NZV 2002, 504 = DAR 2003, 72.
94 Zur (tatrichterlichen Pflicht zur) Abklärung der Kausalität (durch Einholung ggfs. eines technischen und eines medizinischen Gutachtens) beachte *KG* NZV 2004, 460 (haftungsbegründend) und s. *OLG Koblenz* NJW 2004, 1186 (haftungsausfüllend beim objektiven Befund einer Beeinträchtigung im Bereich der Halswirbelsäule, der Verletzung des Kopfgelenkbands).

Ärztliche Bescheinigungen im engen zeitlichen Zusammenhang mit dem Unfallgeschehen sind nicht geeignet, die Einholung eines technischen Gutachtens von vornherein überflüssig zu machen, und können auch nicht schlechthin ein solches Gutachten erschüttern.[95]

d) Insbesondere: Psychische Einflüsse und Störungen

Die **psychisch vermittelte Gesundheitsstörung** führt zum Ersatzanspruch, wenn diese Folge ohne das Haftungsereignis mit hinreichender Gewissheit nicht aufgetreten wäre und sich nicht wieder zurückbildet.[96] Psychische Ausfälle bzw. psychovegetative Auswirkungen müssen keine organischen Ursachen haben.

Zum psychisch vermittelten Schaden setzt ein Schadensersatzanspruch den haftungsrechtlich relevanten Zusammenhang zwischen dem Haftungsvorfall (z. B. einem Unfall) und dem Schadenseintritt voraus. Zur psychischen (Gesundheits-) Beeinträchtigung durch das bloße Miterleben eines schweren Unfalls ohne unmittelbare eigene Beteiligung am Unfallgeschehen kommt die Haftung des Unfallverursachers regelmäßig nicht in Betracht[97]; s. auch Rn. 375. Am Zurechnungszusammenhang fehlt es, wenn sich die anlässlich eines Unfalls von Berufs wegen eingesetzte Person Stunden nach der Rechtsgutverletzung des Verunglückten von Berufs wegen zu dem Unfallort begibt, um z. B. an der Ermittlung der Unfallursache mitzuwirken.[98]

Treten psychische Störungen zusätzlich auf, also neben anhaltenden oder nach ausgeheilten organischen Störungen, aber unabhängig von diesen, gibt es aus Rechtsgründen keinen Unterschied zu Fällen, in denen allein psychische Störungen in Frage stehen. Denn einen Nebenschaden kennt das Haftungs-, und Schadensrecht als eigenes Institut nicht.

Unmittelbare psychische **Belastungen** sind als Primärschaden i. S. d. § 286 ZPO nachzuweisen. **Folgeschaden** ist der psychische Gesundheitsschaden als weitere Entwicklung einer Verletzung, selbst dann, wenn die Primärverletzung vorübergehender Art war und abgeklungen ist.

Die Störung der Befindlichkeit durch Angstgefühle, ängstliche Erregtheit, Kopfschmerzen, Schlafstörungen, Rückzugstendenzen oder das Gefühl der Hilflosigkeit, Nackenschmerzen ohne sonstige Veränderung, zitternde Knie oder ein Schrecken, Übelkeit mit Erbrechen und eine leicht depressive Stimmungslage[99] bedeuten selbst dann keine haftungsrechtlich relevante Gesundheitsbeeinträchtigung, wenn und weil sich ein Arzt veranlasst sieht, therapeutische Maßnahmen einzuleiten. Die entsprechende Veränderung muss vielmehr eine Entwicklung zeigen, die über dasjenige hinausgeht, was im Leben aus verschiedenen Gründen im Alltag immer mal wieder erlebt und durchlebt werden muss. Dazu sind im Einzelfall rechtlich wertend die Grenzen zwischen dem Lebensrisiko der betroffenen Person und der Haftungsverantwortung des Schädigers auszuloten; s. auch Rn. 168.

Wenn psychische Ausfallerscheinungen bei wertender Betrachtung das allgemeine **Lebensrisiko** aktualisieren und nach Art, Intensität und Dauer die im Leben allgemeinhin zu gewärtigen Reaktionen auf unangenehme Ereignisse nicht überschritten werden, fehlt es am Rechtswidrigkeitszusammenhang; zum Fernwirkungsschaden s. Rn. 172.

---

95 *OLG München* NZV 2003, 474 = VersR 2004, 124 m. *BGH* NA-Beschl. v. 1.4.2003 (behauptete HWS-/BWS-Distorsion; ein ursächlicher Zusammenhang der Beeinträchtigungen mit dem Unfall ist nicht nachzuweisen gewesen).
96 *BGH* VersR 1991, 704, 705 = NJW 1991, 2347, 2348; VersR 1997, 752 = NJW 1997, 1640 = DAR 1998, 67; *OLG Saarbrücken* NJW 1998, 2912.
97 *BGH* NJW 2007, 2764 = VersR 2007, 1093 = DAR 2007, 515 = ZfS 2007, 626.
98 *OLG Celle* VersR 2006, 1376, *BGH* Beschl. v. 16.5.2006, VI ZR 108/05 (posttraumatische Belastungsstörung in Kombination mit depressiver Störung).
99 Vgl. *OLG Düsseldorf* SP 2001, 412.

1 Haftungsgrund und Schadensabnahme

160 Die psychische Reaktion ohne organisch feststellbare Ursache bedarf **als Primärfolge** der Erkenntnis, dass die Beeinträchtigungen bzw. Beschwerden kausal und zurechenbar **Krankheitswert** haben.[100] Was den Krankheitswert ausmacht, ist im Einzelfall zu klären. Eine Behandlungsbedürftigkeit spricht dafür. Darum kann es bei einer ungünstigen psychogenen Verarbeitung eines Unfalls mit darauf beruhender Leistungsschwäche, Sprachstörungen und Lähmungserscheinungen, zu einer Wesensveränderung kommen. Darum geht es z. B. auch bei den als Schockschäden bezeichneten Vorgängen. Dies kann auch bei einem Leistungsabfall und einem komplexen Beschwerdebild der Fall sein oder bei der Verschlimmerung eines Vorleidens.

161 ▶ Bei psychischen Einflüssen eines vom Schädiger zu verantwortenden Geschehens ist schon die Frage nach der Gesundheitsverletzung häufig nicht einfach zu beantworten und nachzuweisen, weil häufig objektiv nachvollziehbare bzw. objektiv erklärbare Beschwerden und wirklich objektivierbare Befunde und Symptome fehlen. ◀

162 Stehen haftungsbegründende unmittelbare psychische Folgen einer Verletzungshandlung in Frage, genügt die Schilderung, die betroffene Person habe tagelang nach dem Desaster geweint, sie habe wochenlang über das Ereignis nicht sprechen können, ohne Weinkrämpfe zu bekommen, sie sei nervlich total am Ende gewesen, sie habe einen seelischen Schock bekommen, nicht, um den Anforderungen an einen nachvollziehbaren Vortrag zur Primärbeeinträchtigung zu genügen.[101] Angstneurotische Reaktionen, die sich als Klaustrophobie, Erstickungsangst, Existenzangst, Angstträume zeigen, sind dagegen geeignet, Ersatzansprüche auszulösen. Nach einem Auffahrunfall und organischen Verletzungen unfallbedingt auftretende Störungen der nicht – völlig – unangemessenen[102] Erlebnisverarbeitung mit chronifizierter depressiver Symptomatik im Sinne einer posttraumatischen Anpassungsstörung begründen die Einstandspflicht des Unfallschädigers zum Erwerbsschaden (wegen Dienstunfähigkeit und Frühpensionierung) und dem Hausarbeitsschaden.[103] Reagiert der Betroffene, der sich einen Beinahe-Unfall ausgesetzt gesehen hat, mit anhaltenden psychischen Störungen, die eine ärztliche Behandlung notwendig machen und die Arbeitsunfähigkeit nach sich ziehen, steht ihm ein Schmerzensgeldanspruch zu.[104]

163 Der Verantwortungsbereich des Schädigers ist verlassen, wenn letztlich nicht der Unwert des schädigenden Verhaltens, sondern bei bloß äußerer Verbindung mit einem Haftungs-, Unfallgeschehen das Lebensrisiko der betroffenen Person aktualisiert wird.

164 Dies ist der Fall,
- wenn es um eine unangemessene Fehlverarbeitung bei der verletzten Person geht,
- wenn der den Versagungszustand auslösende Anlass beliebig ist,
- wenn zufällig und auswechselbar ein schädigendes Ereignis als Kristallisationspunkt wirkt,
- wenn das schädigende Ereignis eher geringfügig (unbedeutend) ist, zu Bagatellen beachte Rn. 168,
- wenn also kein enger, innerer Zusammenhang mit dem Schadensereignis besteht,
- wenn die psychische Reaktion auf ein Ereignis nach der Art des Erlebnisses „nicht verständlich" ist,
- wenn keine Zweckverbindung zwischen der Verletzung und dem Unrechtsgehalt einerseits und einer Neurose andererseits zu erkennen ist und die Neurose durch den Wunsch nach Lebenssicherung und Ausnutzung einer vermeintlichen Rechtsposition geprägt wird.

---

100 *BGHZ* 132, 341 = NJW 1996, 2425; *BGHZ* 137, 142 = NJW 1998, 810; *BGH* NJW 2000, 862 = VersR 2000, 372; *BGH* NJW 2001, 1431.
101 *OLG Saarbrücken* NJW 1998, 2912.
102 S. dagegen zur Verneinung der Zurechnung bei unangemessener Erlebnisverarbeitung *KG* r+s 2003, 436 und Rn. 187.
103 *OLG Hamm* NZV 2002, 171.
104 *AG Köln* NJW-RR 2001, 1393.

Rechtsgüterverletzung und die Folgen **1**

Zurechenbare Schadensfolgen zeigen sich, wenn es bei der im Alter von 14 Jahren verletzten Person unfallbedingt nach einer Hirnverletzung zu einer Wesensveränderung kommt und der Verletzte eine strafbare Handlung begeht, deshalb verurteilt und in eine Anstalt eingewiesen wird.[105] Eine solche Fehlentwicklung kann einen Schmerzensgeldanspruch legitimieren. **165**

Nicht zurechenbar ist der Selbstmordversuch mit seinen Folgen, der durch eine Psychose ausgelöst wird, die sich ihrerseits bei einer extremen Schadensdisposition des Betroffenen einige Tage nach einem Unfall im Zusammenhang mit der Schadensregulierung entwickelt hat.[106] Das Scheitern einer Ehe oder Erziehungsprobleme mit allen ihren Folgen sind dem eigenen Lebensrisiko der verletzten Ehefrau und Mutter zuzuordnen, wenn nur zufällig ein Zusammenhang mit einem (Radfahrer-) Unfall besteht, diese Ereignisse aber nicht konkret durch den Unfall oder seine Folgen, z. B. angesichts eines anschließenden langen Krankenhausaufenthalts, ausgelöst worden sind.[107] Es fehlt am erforderlichen Zurechnungszusammenhang und bleibt Teil des allgemeinen Lebensrisikos des Betroffenen, wenn die (Schock-) Reaktion nach den äußeren Begleitumstände nicht nachvollziehbar ist, wie der Schlaganfall des an Bluthochdruck leidenden Vaters an der Unfallstelle, nachdem ihn seine als Motorradfahrerin verunfallte Tochter mit dem Handy informiert hat und es keine Anhaltspunkte für eine lebensbedrohliche Situation gegeben hat.[108] **166**

Geht es um psychische Auswirkungen als unmittelbare Folge (Primärverletzung) kommt es für die Zurechenbarkeit entscheidend darauf an, ob das Haftungs-, **Schadensereignis** (der Unfall) als **Bagatelle** zu bewerten ist und nicht eine spezielle Schadensanlage des Verletzten betroffen ist. Die Geringfügigkeit des Ereignisses und Eingriffs lässt die Zurechnung scheitern. **167**

Für die Frage nach dem Bagatellcharakter des haftungsbegründenden Ereignisses (des Unfalls)[109] ist zu erwägen, ob das Geschehen ein entsprechendes Verletzungspotenzial in sich getragen hat und ob es im Allgemeinen geeignet ist, eine Reaktion der geklagten Art zu bewirken. **168**

Bei den durch eine Erstschädigung vermittelten psychischen Folgen (Sekundärschäden) kommt es für die Frage nach einer Bagatelle auf die Qualität der **Erstschädigung**, d. h. die erlittene Primärverletzung[110] an, also die organische Verletzung – z. B. bei psychischen Folgen nach Ausheilung der somatischen Belastung – oder z. B. auch eine Eigentumsverletzung. Die primäre (behandlungsbedürftige) Gesundheitsverletzung muss eine vorübergehende, im Alltagsleben typische und häufig auch aus anderen Gründen als einem Schadensfall entstehende (geringfügige) Beeinträchtigung sein, wie sie beim Zusammenleben mit anderen Menschen nicht ungewöhnlich ist und üblicherweise den Betroffenen nicht nachhaltig beeindruckt, wenn die Zurechnung verneint werden können soll. **169**

Fragen nach einem Bagatellcharakter sind – auch im Rahmen des § 287 ZPO – meist nur mit Beratung und bei Hilfe durch Sachverständige, die die erforderliche Spezialausbildung und Erfahrung haben, abzuklären.[111] **170**

---

105 *BGH* VersR 1979, 739 = NJW 1979, 1654 nach *OLG Karlsruhe* VersR 1979, 164.
106 *OLG Nürnberg* VersR 1999, 1117 = ZfS 2000, 58.
107 *OLG Köln* NJW-RR 1996, 986 = NZV 1996, 399 = r+s 1996, 23.
108 *OLG Nürnberg* DAR 2006, 635 = ZfS 2006, 560.
109 Vgl. *OLG Nürnberg* VersR 1999, 1117 = ZfS 2000, 58; *OLG Hamm* NZV 2001, 468 = VersR 2002, 992 = OLGR 2001, 379; *BGH* NA-Beschl. v. 15.4.2002.
110 *BGHZ* 137, 142 = NJW 1998, 810 = VersR 1998, 201 = NZV 1998, 65, VersR 2000, 372 = NJW 2000, 862.
111 *BGH* VersR 1997, 752 = NJW 1997, 1640 = DAR 1998, 67 = r+s 1997, 370.

1 Haftungsgrund und Schadensabnahme

171 Eine Schädelprellung mit einem HWS-Schleudertrauma ist keine Bagatelle[112]; auch nicht die HWS-Distorsion und möglicherweise reversible Hirnfunktionsstörung[113]. Bei einem Unfall mit einem anschließenden erheblichen Narkosezwischenfall[114] oder dem Radfahrerunfall mit einer starken Handprellung und einer Prellung im rechten Kniebereich[115] ist eine Situation, die an eine fehlende Haftung wegen Geringfügigkeit des Ersteingriffs denken lässt, nicht gegeben.

172 Als Auswirkung bei der mittelbar betroffenen Person hat selbst eine schwere Erschütterung durch tiefen Schmerz und Trauer wegen eines Haftungsereignisses zum Nachteil einer direkt betroffenen Person erst dann den Charakter einer eigenen Gesundheitsbeschädigung, wenn die Beeinträchtigung psycho-pathologisch fassbar ist.[116] Dies setzt – z. B. beim Miterleben des schweren Unfalls eines Angehörigen oder beim Erhalt der Todesnachricht – nach Art, Dauer und Schwere eine Erschütterung über das hinaus voraus, was nahe stehende Personen bei einem schlimmen Erlebnis erfahrungsgemäß erleiden. Nur dann erstreckt sich die Einstandspflicht des Schädigers aus § 823 Abs. 1 BGB auf solche Fälle (**Fernwirkungsschaden**). Die Belastung unterhalb dieser Schwelle ordnet die Rechtsprechung den Wechselfällen des Lebens zu, die den Bereich des eigenen Lebensrisikos nicht verlassen. Reflexe eines haftungsbegründenden Ereignisses auf Dritte sind von der Haftung auszugrenzen, um eine uferlose Ausrichtung der Schutzrichtungen der Gefährdungs- und Verhaltensnormen auf die Umwelt des in erster Linie Geschützten zu vermeiden.[117]

173 ▶ In Schockschadensfällen dient das Erfordernis der engen personalen Verbundenheit dazu, den Kreis derer zu beschreiben, die den Integritätsverlust des Opfers als Beeinträchtigung eigener Integrität empfinden[118] und es nicht bloß um das normale Lebensrisiko der Teilnahme an den Ereignissen der Umwelt geht. ◀

174 Wer sich in einem rechtsstaatlichen Verfahren wahrheitswidrig eines Verbrechens zum Nachteil eines nahen Angehörigen (dessen Tötung) bezichtigt, ist wegen einer seelischen Beeinträchtigung des Angehörigen (z. B. der Ehefrau) jedenfalls mangels Zurechnungszusammenhangs nicht ersatzpflichtig.[119]

175 Psychische Veränderungen sind seitens der verletzten Person einfacher **nachzuweisen**, wenn organische Ursachen zugrunde liegen und es z. B. ohne zusätzliches Leidensziel um mit der anschließenden Behandlung zusammenhängende Schreck-, Angst- oder Behandlungsneurosen geht.

176 Auch zu § 287 ZPO gilt nichts zu Gunsten der verletzten Personen wegen selbstständiger Nebenschäden, sondern nur zu Folgeschäden nach Primärreaktionen bzw. Primärschäden und wirtschaftlichen „Nebenlasten" im Sinne eines zusätzlichen Aufwands (Nebenkosten). Zu organischen Folgen und den später, unabhängig davon eingetretenen psychischen Folgen sieht der *BGH* sogar unterschiedliche Streitgegenstände vor (Rn. 2914).

177 Geht es um **Ereignisketten** (Rn. 246) zu konkreten Nachteilen, kommt es im Einzelfall auf die Frage nach einer psychischen Störung zum Haftungsgrund nicht an bzw. stehen nur **haftungsausfüllende** Kriterien in Frage.

178 Kommt es zu organischen Schäden und schließen sich haftungsausfüllend psychische Störungen an, ist die Ersatzpflicht zu allen zurechenbaren wirtschaftlichen und immateriellen Verschlechterungen gegeben.

---

112 *BGHZ* 137, 142, VersR 2000, 372 = NJW 2000, 862; s. auch *OLG Hamm* r+s 1999, 62.
113 *BGH* VersR 1998, 200 = NJW 1998, 813 = DAR 1998, 66 = r+s 1998, 22; *OLG Celle* NJWE-VHR 1998, 6.
114 *OLG Hamm* NJW 1997, 804 = r+s 1997, 114.
115 *OLG Braunschweig* DAR 1998, 316 = r+s 1998, 327; *BGH* NA-Beschl. v. 31.3.1998.
116 *BGH* VersR 1989, 853 = NJW 1989, 2317 = NZV 1989, 308 = DAR 1989, 263.
117 *BGH* VersR 1986, 240 = NJW 1986, 777, 778 = DAR 1986, 84.
118 *BGHZ* 163, 209 = NJW 2005, 2614 = VersR 2005, 1238 = ZfS 2006, 141.
119 *OLG Düsseldorf* NJW-RR 1995, 159.

▶ Ein Krankheitswert ist zu psychischen Beeinträchtigungen als Folgeschäden nicht irrelevant, weil die Primärbeeinträchtigung den Haftungsgrund verwirklicht und ausfüllt. ◀   179

Bei zweckfreien Aktualneurosen und **Konversionsneurosen**[120] **bejaht** die Rechtsprechung die **Zurechenbarkeit**, gleich, ob zum Haftungsgrund oder zur Haftungsausfüllung zu argumentieren ist. Bei solchen Fehlverarbeitungen kann das haftungsauslösende Geschehen unbewusst zum Anlass genommen sein, latente, ungelöste, häufig bis zur Kindheit zurückreichende Spannungen und innere Lebenskonflikte zu kompensieren, aber ohne darauf fixiert zu sein, sich der Verantwortung für das eigene Leben, die persönliche Lebensführung zu entziehen, z. B. nicht von dem Wunsch her, nun nicht mehr arbeiten zu müssen. Die verdrängten Konflikte werden abreagiert und verschoben, das Unfallereignis wird umgedeutet. Es werden z. B. angestaute Aggressionen mobilisiert und wieder verdrängt, zugleich werden unbewusst Beschwerden produziert. Es können z. B. Gangstörungen entstehen.[121]   180

Solche Neurosen müssen ausgelöst sein durch das maßgebende Geschehen. Die Mitursächlichkeit genügt.[122] Der Schädiger haftet für alle psychischen Spätfolgen, die durch einen Unfall hervorgerufen werden, wenn die eigentlichen Unfallverletzungen als Auslöser gewirkt haben, selbst wenn sie nur ein Faktor in einem **Ursachenbündel** sind.[123] Unerheblich bleibt, wenn eine Ursache allein den Schaden nicht herbeigeführt hat, vielmehr weitere Ursachen hinzutreten mussten. Das Haftungsrecht trennt nicht zwischen wichtigen und weniger wichtigen Ursachen.   181

Ob der Betroffene besonders labil ist und nur deshalb infolge des Unfallereignisses eine Neurose entwickelt, bleibt irrelevant. Die psychische Prädisposition, die **Anfälligkeit** der verletzten Person[124] muss der Schädiger ebenso hinnehmen wie er sonst den Schadensausgleich nach den individuellen Gegebenheiten bei ihr vorzunehmen hat.   182

Den **Zurechnungszusammenhang verneint** die Rechtsprechung unter dem Aspekt von Begehrensvorstellungen zur Sicherung des Lebens, wozu herkömmlich mit den Begriffen Unfall-, Renten-, Tendenz-, Begehrensneurosen[125] gearbeitet wird. Rechtstechnisch ist über die Haftung des Schädigers nach dem Zweck der Haftungsnorm oder dem Sinn und Zweck des Schadensausgleichs oder nach dem Grundgedanken des § 254 BGB mit der Frage zu entscheiden, ob und inwieweit eine Fehlhaltung durch einen Willensakt und eine Rehabilitation überwindbar ist.   183

Stellen sich Fragen zur überholenden Kausalität (Rn. 274), geht es um eine **zeitliche Zäsur** zwischen dem vollen Ersatz und der (vollständigen) Ersatzlosigkeit. Insofern kommt es zu einem befristeten Anspruch, wenn mit erheblicher (überwiegender) Wahrscheinlichkeit – weil die Entwicklung z. B. schon vor dem Haftungsereignis ungünstig verlaufen ist – zu erkennen ist, dass ohne das Haftungsereignis die psychische Vorbelastung zur selben psychischen Erkrankung geführt hätte.   184

Unsicherheits-, Unwägbarkeitsabschlag

Ernsthafte Risiken für die Berufslaufbahn des Betroffenen aufgrund seiner vorgegebenen psychischen Struktur sind sowohl für die **Dauer** als auch für die **Höhe** des Verdienstausfall**schadens** bedeutsam. Wirken Begehrensvorstellungen mit, ohne einen Anspruch auszuschließen, oder spielen neben weiteren Symptomen psychodynamische Sicherungs- und Entschädigungswünsche der betroffenen Person eine Rolle, muss dies in die Bemessung des Erwerbsschadens – ähnlich wie   185

---
120 *BGH* VersR 1993, 589 = NJW 1993, 1523; *OLG Hamm* VersR 1995, 833.
121 *OLG Frankfurt* VersR 1993, 853.
122 *OLG München* r+s 1997, 115 = VRS 92, 165.
123 *BGH* VersR 1999, 862 = NJW-RR 1999, 819 = DAR 1999, 215.
124 *OLG Frankfurt* r+s 1995, 258, *BGH* NA-Beschl. v. 31.1.1995, *OLG Braunschweig* VersR 1999, 201, *BGH* NA-Beschl. v. 31.3.1998.
125 *BGH* VersR 1979, 718, 719 = NJW 1979, 1935, VersR 1986, 240 = NJW 1986, 777, 779 = DAR 1986, 84, Anm. *Dunz* in VersR 1986, 448; *OLG Nürnberg* VersR 1991, 536, 538. Solche Neurosen schwinden häufig, wenn keine Aussicht auf Entschädigung mehr besteht oder die Entschädigung endgültig versagt ist.

bei Prognoseschwierigkeiten angesichts eines wenig strukturierten Erwerbslebens (Rn. 2086) – einfließen. Bei der Bemessung des Schmerzensgelds wirkt sich die besondere Schadensanfälligkeit, eine psychische Veranlagung mit den darauf beruhenden Risiken ebenfalls mindernd aus.

186 Der *BGH*[126] tritt für einen prozentualen Abschlag von den ohne solche Risiken zu erwartenden Erwerbseinnahmen ein. Die Höhe eines Abschlags ist dem Einzelfall vorbehalten. Angaben eines Sachverständigen bei psychischen Vorschäden dazu, ob die Erwerbsunfähigkeit auch ohne den Unfall eingetreten wäre, bzw. ob und inwieweit der Geschädigte trotz seiner psychischen Vorschädigung erwerbsfähig geblieben wäre, sind neben anderen Faktoren wie z. B. beruflichen und/oder partnerschaftlichen Problemen auszuwerten.

Beweislasten

187 Zurechnungszweifel gehen grundsätzlich zu Lasten des verletzten Anspruchstellers.[127] Den Nachweis einer Begehrensneurose dahin, dass der Geschädigte den Unfall im (neurotischen) Streben nach Versorgung und Sicherheit zum Anlass nimmt, Schwierigkeiten und Belastungen des Erwerbslebens auszuweichen mit der Folge, dass der erforderliche Zurechnungszusammenhang mit dem Unfallereignis nicht mehr bejaht werden kann, weil der Zustand des Geschädigten entscheidend von Begehrensvorstellungen geprägt ist, hat jedoch der Schädiger zu führen.[128] Denn es handelt sich um eine Ausnahmelage. Erkenntnisunsicherheiten gehen also zu Lasten der Schädigerseite.

e) Anspruchsbeschränkungen, Haftungseinschränkungen

188 Den gebotenen Schutz der Schädigerseite vor nicht „zuzumutender Haftung" gewährleisten die Kriterien des Haftungsgrunds. Bei Überschneidungen von vertraglichen (dienstvertraglichen) und deliktischen Verhältnissen – wie z. B. bei ärztlichen Behandlungen angesichts eines Fehlers bzw. einer Pflichtwidrigkeit – mögen verstärkt Haftungsgrenzen hinterfragt werden können. Besonderheiten des Haftungsgrunds sind nach dem geltenden Schadensrecht für den Schadensumfang jedoch irrelevant.

189 Grundsätzlich gilt, dass der Schädiger deliktisch für den haftungsbegründenden Gesundheitsschaden nur dann und insofern auf der Basis der Verschuldenshaftung aufzukommen hat, als der Schaden nach einem objektiven Maß, der sich an der Erfahrung des täglichen Lebens orientiert, vorhersehbar ist. Der unvorhersehbare Gesundheitsschaden wird dagegen nicht „zugerechnet".[129] Ist die Zurechnung gegeben, begrenzt die Haftung nur das Maß des § 254 BGB, nicht das Maß des Verschuldens oder der Grad der Kausalität.

190 Das Ausmaß eines Schuldvorwurfs und die Höhe der (Haftpflicht-) Versicherungsprämie des Schädigers mögen bei der angemessenen Entschädigung i. S. d. § 253 Abs. 2 BGB zum „Schmerzensgeld" Einfluss nehmen, aber nicht zum Integritätsinteresse des Verletzten (d. h. zum Gesundheits- und Mehrbedarfsschaden) und nicht zu seinen Vermögensinteressen (insbesondere dem Erwerbsschaden).

---

126 *BGH* VersR 1998, 201 = NJW 1998, 810 = DAR 1998, 63 = r+s 1998, 20, *Schiemann* in JZ 1998, 683.
127 So jedenfalls *BGHZ* 103, 196 = NJW 1988, 1383, 1384 = VersR 1988, 738.
128 *BGH* VersR 1986, 240 = NJW 1986, 777 = DAR 1986, 84; NJW-RR 1989, 606 = DAR 1989, 224 = ZfS 1989, 261.
129 *OLG Köln* NJW 2007, 1757.

Die Haftungsreduktion angesichts geringer Schuld ist auf besondere Rechtsverhältnisse wie z. B. das Arbeitsverhältnis[130] oder ein öffentlich-rechtliches Dienstverhältnis begrenzt und erfasst nicht den allgemeinen deliktischen Kontakt. Umgekehrt soll die Schwere des Verschuldens des Schädigers nach herrschender Ansicht im Rahmen der Verhältnismäßigkeitsprüfung i. S. d. § 251 Abs. 2 BGB seine Belastungsgrenze erhöhen können.[131] **191**

Der ausdrückliche oder stillschweigende **Haftungsverzicht** oder ein gesetzlicher Haftungsausschluss nehmen Ersatzansprüche. **192**

> Das *OLG Stuttgart* geht von einem Haftungsausschluss für einfache Fahrlässigkeit im Wege **ergänzender Vertragsauslegung** im Rahmen eines gesellschaftsähnlichen Verhältnisses oder eines von einer Gefahrengemeinschaft getragenen Auftragsverhältnisses aus, wenn zwei Berufskollegen für 3 Monate gemeinsam eine Fortbildung im Ausland absolvieren, dort gemeinsam ein Kfz bei Kostenteilung mieten, und der eine Kollege auf einer der ersten Fahrten wegen Missachtung des ungewohnten Linksfahrgebots ein Unfall verschuldet, wobei der andere Kollege als Beifahrer verletzt wird.[132] **193**

> Grundsätzlich ist zum **sportlichen Wettbewerb** mit nicht unerheblichem Gefahrenpotenzial die Inanspruchnahme des schädigenden Wettbewerbers für unversicherte Risiken in Form ohne gewichtige Regelverletzung verursachter Körperschäden des Mitbewerbers ausgeschlossen. Dies gilt aber nicht bei bestehendem Versicherungsschutz, also letztlich nicht zu Gunsten des Haftpflichtversicherers.[133] **194**

Der mit der unmittelbar betroffenen Person vereinbarte Haftungsausschluss erfasst Ansprüche aus § 844 BGB. Der vorhergehende stillschweigende Haftungsausschluss kann jedoch ausnahmsweise gem. § 844 BGB entstehende Ansprüche unberührt lassen.[134] **195**

§§ 104, 105 SGB VII führen zum Haftungsausschluss für **Arbeitsunfälle** wegen des Personenschadens, d. h. zu jedem Schaden, der seine tatsächliche Grundlage in einem Gesundheitsschaden hat. Beim Verletzten verbleiben Ansprüche gegen schädigende Unternehmer oder Mitbeschäftigte nur bei vorsätzlicher Schädigung oder wegen des Schadensfalles auf einem versicherten Weg i. S. d. § 8 Abs. 2 Nr. 1 bis 4 SGB VII, der nicht von der Haftungsbeschränkung erfasst wird (§§ 104 Abs. 1 Satz 2, 105 Abs. 1 Satz 3 SGB VII). **196**

Den Haftungsausschluss rechtfertigen die Finanzierung der Unfallversicherung durch Unternehmer und die Wahrung des Betriebsfriedens angesichts der Gefahrengemeinschaft. Es kommt auf die strukturellen Zusammenhänge zwischen dem Versicherten und einem Unternehmer an.[135] **197**

§ 106 SGB VII dehnt den Haftungsausschluss auf nach § 2 I Nr. 2, 3 und 8 SGB VII versicherte Personen aus, insbesondere also **Lernende** während der beruflichen Aus- und Fortbildung und **Kinder** in Kindergärten sowie **Schüler** und **Studierende**. **198**

Maßgebend für die Abgrenzung des Unfalls auf einem Betriebsweg vom Unfall auf einem versicherten Weg ist, wo sich der Unfall ereignet hat, und, inwieweit er mit dem Betrieb und der Tätigkeit des Versicherten zusammenhängt, sowie, ob er Ausdruck der betrieblichen Verbindung zwi- **199**

---

130 Die Grundsätze über die Beschränkung der Arbeitnehmerhaftung sind auf alle durch den Betrieb veranlassten (arbeitsvertraglich übertragenen, im Interesse des Arbeitgebers für den Betrieb ausgeführten), auf Grund eines Arbeitsverhältnisses geleisteten Arbeiten bei nahem Zusammenhang mit dem Betrieb und dem betrieblichen Wirkungskreis anzuwenden.
131 Vgl. *OLG Celle* NJW-RR 2004, 1681 zum Ersatz bei vorsätzlicher Sachbeschädigung.
132 *OLG Stuttgart* VersR 2008, 934, Revisionsverfahren beim *BGH* unter VI ZR 28/08.
133 *BGH* VersR 2008, 540 = DAR 2008, 265.
134 *BGH* VRS 65, 178.
135 Zur Haftungsbefreiung bei Arbeitsunfällen, an denen ein Arbeitnehmer beteiligt ist, der in einem anderen Mitgliedstaat der Europäischen Union wohnt oder dessen Arbeitgeber in einem anderen Mitgliedstaat seinen (Wohn-)Sitz hat, *BGH* NJW 2007, 1754 = VersR 2007, 64.

schen ihm und dem Unternehmen ist, deretwegen das Haftungsprivileg besteht. Dagegen ist es für die Einordnung als Betriebsweg nicht entscheidend, ob die Örtlichkeit der Organisation des Arbeitgebers unterliegt.[136]

200 § 106 Abs. 3 SGB VII bezieht in das Haftungsprivileg auf nicht dem gleichen Unternehmen angehörende Versicherte bei vorübergehend betrieblicher Tätigkeit auf einer **gemeinsamer Betriebsstätte**[137] ein. Dafür müssen die betrieblichen Aktivitäten des Schädiger- und des Geschädigtenbetrieb bewusst ineinander greifen und miteinander verknüpft, wechselseitig voneinander abhängig sein. Abstimmungspflichten zur Herabsetzung der aus der Gefahrengemeinschaft herrührenden Risiken sprechen dafür. Eine stillschweigende gegenseitige Verständigung durch bloßes Tun reicht freilich schon aus.

201 Eine **Gefahrengemeinschaft** i. S. d. § 106 Abs. 3 Alt. 3 SGB VII kennzeichnet, dass jeder der in enger Berührung miteinander Tätigen sowohl zum Schädiger als auch zum Geschädigten werden kann. Dies setzt nicht voraus, dass im konkreten Fall jeder der auf der Betriebsstätte Tätigen in gleicher Weise verletzt werden könnte. Es reicht die Möglichkeit aus, dass es durch das enge Zusammenwirken wechselseitig zu Verletzungen kommen kann. Demgemäß kann eine Gefahrengemeinschaft auch bestehen, wenn eine wechselseitige Gefährdung zwar eher fern liegt, aber auch nicht völlig ausgeschlossen ist. Die **Arbeitsverknüpfung** mit der Folge der Haftungsprivilegierung kann im Einzelfall bestehen, wenn die von den Beschäftigten verschiedener Unternehmen vorzunehmenden Maßnahmen sich nicht sachlich ergänzen oder unterstützen, die gleichzeitige Ausführung der betreffenden Arbeiten wegen der räumlichen Nähe aber eine Verständigung über den Arbeitsablauf erfordert und hierzu konkrete Absprachen getroffen werden, etwa wenn ein zeitliches und örtliches Nebeneinander dieser Tätigkeiten nur bei Einhaltung von besonderen beiderseitigen Vorsichtsmaßnahmen möglich ist und die Beteiligten solche vereinbaren. So können ein Bauarbeiter und ein mit der Sicherung der Arbeiten beauftragter Arbeitnehmer eines anderen Unternehmens auf einer gemeinsamen Betriebsstätte tätig sein.[138] Bloße parallele Tätigkeiten begründen dagegen keine gemeinsame Betriebsstätte, ein einseitiger Bezug oder gar die zufällige gleichzeitige Anwesenheit genügen für das Haftungsprivileg aber nicht.

202 Derjenige der einem **Nachbarn** bei der Umsetzung eines Komposthaufens mittels eines von einem Dritten geliehenen Radladers hilft und den Nachbarn dabei verletzt, ist nach § 105 SGB VII haftungsprivilegiert als **Wie-Beschäftigter**, d. h. arbeitnehmerähnlich, fremdbestimmt tätige Person. Auf den Charakter als Freundschafts- oder Gefälligkeitsdienst kommt es nicht an.[139]

203 Der Versicherungsschutz für eine Hilfeleistung gemäß § 2 Abs. 1 Nr. 13a SGB VII (**Nothilfe**) ist quasi Fall einer öffentlich-rechtlichen Unfallfürsorge mit dem Ziel, Schäden des Hilfeleistenden zu kompensieren. Der Versicherungsschutz soll aber nicht einen zivilrechtlich Verantwortlichen von seiner Haftung befreien, führt also grundsätzlich nicht zu einem Haftungsausschluss nach § 104 SGB VII.[140] Denn die Aktivität des Hilfeleistenden steht „in keinem Zusammenhang mit der Beschäftigung in einem Betrieb oder einer betriebsähnlichen Gruppe von Tätigkeiten".

204 Mit Bejahung der Einstandspflicht nach § 2 Abs. 1 Nr. 13a SGB VII ist die Zuordnung des Versicherungsfalls nach § 2 Abs. 1 Nr. 1 oder Abs. 2 Satz 1 SGB VII verneint.[140]

205 Summenmäßig oder nach Quoten (zum regressierbaren Leistungsaufwand bei 100%-Haftung) berechnete vertragliche Haftungsbeschränkungen enthalten **Teilungsabkommen** zwischen Haftpflichtversicherern einerseits und Sozialleistungsträgern (Krankenkassen, Berufsgenossenschaften, u. U. auch Sozialhilfeträgern) andererseits.

---
136 *BGH* VersR 2006, 221 = ZfS 2006, 203 = DAR 2006, 201, Vorinstanz *OLG Dresden* r+s 2004, 479.
137 S. dazu u. a. *BGH* NJW 2007, 1754 = VersR 2007, 64.
138 *BGH* NJW 2008, 2116 = VersR 2008, 642.
139 *OLG Schleswig* r+s 2006, 306; zum Einsatz eines Minibaggers bei der Nachbarschaftshilfe mit tödlicher Folge vgl. auch *OLG Stuttgart* r+s 2008, 304.
140 BGHZ 166, 42 = NJW 2006, 1592 = VersR 2006, 548 = DAR 2006, 321.

Das Haftungsprivileg bzw. die **Milderung der Haftung** durch § 1664 BGB[141] und ebenso durch § 1359 BGB sollte sich nur zu solchen Pflichtverletzungen und Sorgfaltsverstößen durchsetzen, die mit dem engen persönlichen Kontakt und Zusammenleben, der häuslichen Gemeinschaft innerlich zu verknüpfen sind. Bei Straßenverkehrsunfällen jedenfalls schränkt § 1359 BGB die Anspruchsberechtigung des verletzten Ehepartners (Lebenspartners bei eingetragener Partnerschaft) gegenüber dem schädigenden Partner nicht ein.[142] Auch bei der gemeinsamen Ausübung von Freizeitsport (Wasserski) gilt die familiäre Haftungsmilderung nicht.[143] Im Verhältnis zu einem Elternteil sollte für Kinder entsprechendes gelten.[144] 206

Bei einem Haftungsprivileg ist sorgsam zu erwägen, ob die Regeln der gestörten Gesamtschuld (Rn. 748) die Inanspruchnahme eines Schädigers eingrenzen. 207

Bei der durch den Versicherungsvertrag **begrenzten Versicherungssumme** errechnen sich gekürzte Ansprüche des Geschädigten nach speziellen versicherungsrechtlichen Normen. Dort kommt es zur Rente (als periodisch wiederkehrender Leistung) auf deren Barwert an, nicht auf eine Summe gezahlter oder zu zahlender (Monats-)Renten an. 208

Guter Übung entspricht es, die Beschränkung der Haftung des Haftpflichtversicherers auf die Versicherungssumme im Feststellungstenor auszudrücken, z. B. wie folgt: Die Haftung des Beklagten zu …) beschränkt sich auf die Versicherungssumme. 209

Zur Klarstellung kann der die Haftung beschränkende Ausspruch entsprechend § 321 ZPO durch Urteilsergänzung[145] nachgeholt werden. 210

f) Haftungshöchstbeträge

Gesetzliche Haftungshöchstbeträge **schränken** bei der Gefährdungshaftung (§§ 12 ff. StVG; s. weiter § 88 ArzneimittelG, § 117 BBergG, § 33 GenTG, § 9 HPflG, §§ 10, 11 ProdHaftG, §§ 37, 46, 50 LuftVG, § 15 UmweltHG) die vom Schädiger **geschuldete Leistung** ein. Die Höchstgrenze gilt jeweils **zu einem Ereignis**, also dann, wenn verschiedenen Ansprüchen derselbe tatsächliche Vorgang zugrunde liegt, der die Verletzungsfolge(n) bewirkt hat, mag es zu Dauerschäden kommen oder nicht. Zinsen für Rücklagen aus der Vergangenheit erhöhen die Haftungshöchstsumme nicht.[146] Bei mehreren Ersatzpflichtigen als Gesamtschuldnern, d. h. zur Gesamtschuld, erhöht sich die Höchstsumme nicht. 211

Solche Beschränkung gilt ausschließlich zu der Haftung nach dem einschlägigen Spezialgesetz und greift nicht auf die allgemeine Vertrags- oder Deliktshaftung über, auch nicht auf einen internen Ausgleichsanspruch. 212

Der Schädiger hat das Erreichen bzw. Übersteigen des Höchstbetrages zu beweisen. 213

Die Beschränkung der Haftung auf die gesetzliche Höchstsumme ist ebenso im Erkenntnisverfahren zu beachten wie ein Befriedigungsvorrecht des Verletzten im Verhältnis zu einem Sozialleistungsträger. Zahlungen des Haftpflichtversicherers an nachrangige Sozialversicherungsträger können dann nicht zur Annahme einer Erschöpfung der Versicherungssumme führen.[147] Bei der möglichen Reduzierung des Ersatzanspruchs wegen der Haftungshöchstgrenze kann die Zahlungspflicht „vorbehaltlich der Herabsetzung der Ansprüche gemäß § 12 Abs. 2 StVG" festgestellt werden.[148] 214

---

141 *BGHZ* 103, 338 = NJW 1988, 2667; *OLG Hamm* NJW-RR 1994, 415; *OLG Düsseldorf* NJW-RR 1999, 1042.
142 *BGH* VersR 1988, 628 = NJW 1988, 1208; VersR 1992, 823.
143 *BGH* NJW 2009, 1875 = VersR 2009, 840 = NZV 2009, 381 = DAR 2009, 391.
144 *OLG Hamm* VersR 1987, 670; *BGH* VersR 1987, 672.
145 *BGH* NJW-RR 1996, 1238 = VersR 1996, 1299.
146 *BGH* NJW 1996, 3418, 3419 = NZV 1997, 30 = VersR 1996, 1548 = DAR 1997, 24.
147 Vgl. *OLG München* ZfS 2003, 176 = r+s 2003, 388.
148 *BGHZ* 36, 38 = VersR 1961, 1115 = NJW 1962, 45.

215 Wird die Haftungsbeschränkung im Tenor nicht erwähnt, ergibt sie sich jedoch aus den Entscheidungsgründen, weil die Entscheidung klar auf den entsprechenden Haftungsgrund gestützt ist, genügt dies wegen des Zusammenhangs zwischen dem Tenor einer gerichtlichen Entscheidung und seinen Gründen. Wird in einem (Prozess-) Vergleich diese Haftungsbeschränkung nicht genannt, kann sie sich im Weg der Auslegung[149] dennoch zeigen.

216 Ausgeschöpft wird die Höchstsumme durch Zahlung, bei einem Abfindungsvergleich sogar in der Form des (Teil-) Verzichts (Erlass)[150] zu dem den Zahlbetrag übersteigenden Anspruch (Betrag). Auch bei der Abrechnung nach einem (Rahmen-) Teilungsabkommen darf nicht nur auf tatsächlich geleistete Beträge abgestellt werden. Rechtsverfolgungskosten bleiben unberücksichtigt.[151]

217 Mit Wirkung vom 1.8.2002[152] hat § 12 StVG[153] die individuelle Höchstgrenze für eine Person zum Kapital mit 600.000 € und zur Jahresrente mit 36.000 € (vgl. auch § 9 HPflG[154]) und eine globale Haftungshöchstgrenze für alle durch ein Ereignis betroffenen Personen festgelegt. Bei mehreren Gläubigern, die keine Gesamtgläubiger sind, ist die Höchstsumme demgemäß u. U. verhältnismäßig zu kürzen. Dabei ist zu beachten, dass Höchstbeträge zum Kapitalbetrag und zum Jahresbetrag einer Rente alternativ vorgesehen gewesen sind, der Ersatzpflichtige nur maximal entweder das Kapital als Einmalbetrag oder die Rente als wiederkehrende Leistung geschuldet hat; s. zu alledem mit Berechnungsmöglichkeiten in der Vorauflage Rn. 316 bis 326. Mit Wirkung vom 18.12.2007[155] ist die individuelle Haftungshöchstgrenze weggefallen. Die globale Grenze beträgt nun 5 Millionen €, ggfs. noch erhöht bei entgeltlicher, geschäftsmäßiger Personenbeförderung. Eine Begrenzung auf einen Jahresrentenbetrag gibt es nicht mehr.

218 Berechnungsbeispiel:

Höchstbetrag: **5.000.000,00**

	Kapitalwert oder kapitalisierte Rente	Haftungsquote	quotierte Werte	gekürzte Beträge bzw. -werte	Ggfs. ist eine Verrentung mit Ermittlung eines monatlichen Rentenbetrags durch die Rechnung: gekürzter Kapitalwert : (12 × Barwertfaktor) erforderlich
Gläubiger ...	**2.800.000,00**	50%	1.400.000,00	1.129.032,26	
Gläubiger ...	**900.000,00**	100%	900.000,00	725.806,45	
Gläubiger ...	**1.200.000,00**	100%	1.200.000,00	967.741,94	
Gläubiger ...	**700.000,00**	100%	700.000,00	564.516,13	
Gläubiger ...	**2.000.000,00**	100%	2.000.000,00	1.612.903,23	
Summen	7.600.000,00		6.200.000,00	**5.000.000,00**	
Kürzungsquote:			80,65%		

219 *Eine eigene Berechnung ermöglicht die Onlineversion.*

---

149 *OLG München* VersR 2003, 1591 = r+s 2003, 215, *BGH* Beschl. v. 26.11.2002, VI ZR 185/02.
150 *BGH* NJW 1996, 3418 = NZV 1997, 30 = VersR 1996, 1548 = DAR 1997, 24.
151 *BGH* VersR 1969, 1042, 1043.
152 Von einer (begrenzten) Rückwirkung zugunsten schädigender Ereignisse vor dem Inkrafttreten des 2. SchadÄndG ist abgesehen worden.
153 Zum Halter-Gefahrgutrisiko gelten besondere Höchstgrenzen, soweit der Schaden auf dem beförderten gefährlichen Gut beruht, § 12a StVG. Die Haftung für gepanzerte Gleiskettenfahrzeuge ist von Haftungshöchstgrenzen ausgenommen, § 12b StVG.
154 Im Kontext des § 9 HPflG bezieht sich der Höchstbetrag nur auf Renten wegen Aufhebung oder Minderung der Erwerbsfähigkeit oder wegen Vermehrung der Bedürfnisse des Verletzten oder des Verlusts der Unterhaltsberechtigung.
155 Zu den neuen Höchstgrenzen in der Straßenverkehrshaftung s. im Einzelnen *Bollweg* in NZV 2007, 599.

Für **Sachschäden** gilt ein eigenständiger Höchstbetrag von 1 Million €. Ein etwa freier Betrag ist nicht auf Personenschäden zu übertragen; für die dort speziell geregelte Lage beachte demgegenüber § 37 Abs. 4 LuftVG. 220

2. Handlung und Unterlassung

Naturereignisse verwirklichen das allgemeine **Lebensrisiko**. Wer davon betroffen wird, hat seinen Schaden selbst zu tragen.[156] Zumindest mittelbar muss der Wille und das Verhalten eines anderen Menschen hinzukommen, um die Basis für dessen Störer- und Schadenshaftung zu geben. 221

Steht die Haftung wegen eines Verschuldens infrage, bedarf es zunächst der Feststellung eines bestimmten Verhaltens im Hinblick auf den rechtlich missbilligten Erfolg. Eine **Handlung** setzt ein **willensgetragenes**, beherrschbares **Verhalten** voraus, das der Bewusstseinskontrolle unterliegt. 222

Bei außerhalb der Person liegenden Umständen, die eine Willenssteuerung ausschließen, beim physischen Zwang unter fremder Einwirkung oder bei einem unwillkürlichen **Reflex** fehlt es an einem haftungsbegründenden Verhalten dieser Person.[157] So fehlt es bei der Reaktion aus dem Unterbewusstsein heraus an einem Haftungstatbestand, nicht aber z. B. bei dem Versuch, ein vielleicht stechendes Insekt durch das Hochreißen eines Armes abzuwehren, wodurch eine weitere Person verletzt wird.[158] 223

Die Haftung für ein **Unterlassen** setzt mit einer Pflicht ein, den negativen Ausgang eines Geschehens zu verhindern bzw. das Ausbleiben der Beeinträchtigung eines Rechtsgutes sicherzustellen. Bei dem Unterlassen einer gebotenen Handlung kann die Schadensverteilung nicht an einen realen Ablauf, an einen realen Zusammenhang zwischen dem schädigenden Verhalten und dem eingetretenen Nachteil anknüpfen. Zum Haftungsgrund sind gedachte, hypothetische Bewirkungsvorgänge zu beurteilen. 224

> Diejenigen, die Krankheitserreger tragen, treffen ggfs. Sorgfaltspflichten, um die Gesundheit anderer Personen nicht zu gefährden. Solche Sorgfalt ist im allgemeinen deliktischen Umfeld nur geboten, wenn es um besonders gefährliche, insbesondere lebensgefährliche, Momente und Folgen geht. Das allgemeine Lebensrisiko jedes Menschen betrifft es dagegen z. B., sich in der Öffentlichkeit ohne besonderen Kontakt mit anderen einzelnen Menschen zu infizieren. Schnupfen und Grippe lassen nicht andere verantwortlich werden. 225

Die **Darlegungs- und Beweislast** für das **willensabhängige Verhalten** der anderen (schädigenden) Person trifft die beeinträchtigte Person. 226

Der **Ausschluss** der **Willenslenkung** durch innere Vorgänge kann bei Beweislast der schädigenden Person diese nach § 827 BGB haftungsfrei werden lassen. Das Fehlen einer individuellen **Deliktsfähigkeit** i. S. d. § 828 BGB hat die schädigende Person darzutun und ggfs. zu beweisen. 227

Eine besondere Deliktsfähigkeitsregel enthält § 828 Abs. 2 BGB. Z. B. ist das 8-jährige Kind gem. § 828 Abs. 2 BGB zum Unfall mit seinem führungslos gewordenen Fahrrad haftungsprivilegiert.[159] 228

Die Darlegungs- und Beweislast zur Mitverursachung trifft den Schädiger. Die betroffene Person hat aber ggfs. – z. B. zum Erwerbsschaden – eine gesteigerte, sekundäre, u. U. faktisch sogar die vorrangige Darlegungslast. 229

---

156 *BGHZ* 90, 255, 266, *BGH* VersR 1985, 1773, NJW 1995, 2633, *Herrmann* in NJW 1997, 153.
157 *BGHZ* 98, 135 = VersR 1986, 1241 = NJW 1987, 121.
158 *BGH* NJW-RR 1997, 1110, 1111 = VersR 1997, 834.
159 *BGH* NJW 2008, 147 = VersR 2007, 1669 = FamRZ 2008, 50.

3. Kausalität

230 Der Haftungsanspruch verlangt grundsätzlich die Verursachung im naturwissenschaftlichen Sinn. Die Äquivalenztheorie nennt jede Bedingung kausal, die nicht hinweggedacht werden kann, ohne dass der Erfolg entfällt. Dafür ist die haftungsbegründende Handlung hinwegzudenken. Es sind aber keine Umstände hinzuzudenken.

231 Zur pflichtwidrigen Unterlassung ist zu untersuchen, wie sich die Lage beim pflichtgemäßen Verhalten entwickelt hätte, ob also das Ergebnis, das seinen Grund in der objektiven Pflichtverletzung finden lässt, mit an Sicherheit grenzender Wahrscheinlichkeit verhindert worden wäre. M.a.W. ist dann, wenn die Pflichtverletzung in einem Unterlassen besteht, dieses schadensursächlich, wenn pflichtgemäßes Handeln den Schaden verhindert hätte.[160]

232 Um zu einer Pflichtverletzung eines Beraters beurteilen zu können, wie sich der Betroffene im Fall pflichtgemäßer Beratung verhalten hätte, sind[161] ggfs. alle Handlungsalternativen im Fall der (hypothetischen) pflichtgemäßen Beratung hinsichtlich der Rechtsfolgen und den Handlungszielen miteinander zu vergleichen.[162]

233 Um ersatzfähige Schäden zu ermitteln, reicht die Feststellung der Äquivalenz nicht aus. Zusätzlich soll die **Adäquanz** Folgen herausfiltern, die nicht zuzurechnen sind, weil sie außerhalb des von der ersatzpflichtigen Person zu erwartenden Verlaufs stehen: Adäquat ist nur das bedingende Ereignis, das im Allgemeinen und nicht nur unter besonders eigenartigen, unwahrscheinlichen und nach dem gewöhnlichen Verlauf der Dinge außer Betracht zu lassenden Umständen geeignet ist, eine Folge der fraglichen Art herbeizuführen. Bei geringer statistischer Schadenswahrscheinlichkeit lässt sich deshalb u. U. die Adäquanz verneinen oder es ist der Schutzbereich, Schutzzweck der Norm verlassen.

234 Der erforderliche Ursachenzusammenhang zu einem Unfall unter Beteiligung eines Pkws ist bereits gegeben, wenn die ordnungsgemäße Fahrweise des Pkws zu deutlich geringeren Verletzungen des Betroffenen geführt hätte.[163]

235 Bei einer **psychischen Kausalität**, z. B. dem Ausweichen mit der Folge eines Sturzes, um einen Zusammenstoß mit einem anderen Fahrzeug zu vermeiden, ohne dass sich die beteiligten Fahrzeuge oder Personen berührt haben, genügt der nahe zeitliche und örtliche Zusammenhang verschiedener Geschehensabläufe nicht allein, um die Kausalität zu beweisen. Die verletzte Person muss vielmehr einen wirklichen adäquaten Ursachenbeitrag der anderen Person beweisen.

236 Die kausale Verknüpfung aufgetretener Störungen mit dem Verhalten des Schädigers ist Element der Einstandspflicht im Bereich der haftungsbegründenden Kausalität.[164] Erst die Weiterentwicklung der Schädigung betrifft den Bereich der haftungsausfüllenden Kausalität und damit den nach § 287 ZPO einzuschätzenden Umfang des Folgeschadens (Sekundärschaden).[165]

Betroffenheit verschiedener Schutzgüter

237 Trifft ein schädigender Eingriff ein Schutzgut einer Person, z. B. ihr Eigentum, geht es aber um Schadensfolgen hinsichtlich eines dadurch beeinträchtigten anderen Schutzguts, z. B. die Gesund-

---

160 *BVerwGE* 100, 280 = NJW 1996, 2175.
161 Beachte u. a. *BGH* NJW-RR 2005, 784 = WPM 2005, 1615.
162 Zur haftungsausfüllenden Kausalität zwischen anwaltlicher Pflichtverletzung und dem geltend gemachten Schaden, wenn der Anwalt seinen Mandanten in einem Kündigungsschutzverfahren nicht über den Kleinbetriebseinwand belehrt, s. z. B. *BGH* NJW 2000, 730 = VersR 2001, 59, und zur Notarhaftung z. B. *BGH* NJW 2000, 664 = VersR 2001, 193.
163 *BGH* NJW 2002, 2324 = VersR 2002, 911 = NZV 2002, 365.
164 Beachte *BGH* NJW 1998, 3417 = VersR 1998, 1153 zum ärztlichen Fehler wegen zu spät durchgeführten Kaiserschnitts und der Zurechnung von Verhaltensstörungen als Folgeschäden.
165 *BGH* NJW 1987, 705 = VersR 1986, 1121.

heit, kann zur zweiten Folge auf die Kriterien der haftungsbegründenden Kausalität abzustellen sein. Es darf aber dann allein auf die haftungsausfüllende Kausalität abgestellt werden, wenn schon der Ersteingriff das zweitbetroffene Schutzgut anfälliger gemacht hat.

Mehrfache Kausalität

Kommen für eine ungünstige Veränderung **mehrere Ursachen** real in Betracht, hat die betroffene Person die Kausalität zu einer bestimmten Verknüpfung nachzuweisen, also den Einfluss der Ursache, für die der Schädiger einzustehen hat. 238

Eine Gelegenheitsursache bzw. **Mitursache** genügt für die Haftungsbegründung. Anders als haftungs-, schadensrechtlich im Zivilrecht genügt es jedoch im Recht der sozialen Unfallversicherung nicht, wenigstens die mitwirkende Ursache zu ermitteln – ggfs. mittels Anscheins –, sondern kommt die erforderliche rechtliche Wertung als wesentliche Ursache hinzu. 239

Zur **Arzthaftung** genügt dem BGH[166] **Teilkausalität** mit der Folge quantitativer Aufteilung, wenn der Schaden gleichzeitig durch einen auf das ärztliche Versagen zurückgehenden Anteil und einen der Behandlungsseite nicht zuzurechnenden Umstand bedingt ist. 240

Bei mehreren Vorgängen (gleichzeitigen Ursachen), die jeweils allein ausgereicht hätten, den ganzen Schaden zu bewirken, macht jede Ursache einstandspflichtig, obwohl kein Umstand „condicio sine qua non" ist. Weil der eingetretene Schadenserfolg sonst auf keine der tatsächlich wirksam gewordenen Ursachen zurückgeführt werden könnte, ist die Äquivalenztheorie zu modifizieren[167] (konkurrierende **Doppelkausalität**). 241

In gleicher Weise verhält es sich im Rechtssinn bei der **Gesamtkausalität** selbstständiger, kumulativ zusammenwirkender Ereignisse, die zeitlich nacheinander, wenn auch unabhängig voneinander auftreten. Denn es ist bedeutungslos, welche einzelne Ursache wahrscheinlicher ist bzw. wirksamer gewesen sein mag. Die Schädiger sind Gesamtschuldner, § 840 BGB; beachte Rn. 1485 ff. 242

Summierte, addierte **Ursachenketten**[168], die verbunden wirken, bei denen der Schaden also nur durch das Zusammenwirken der Ursachen eintreten kann und keine Ursache hinweggedacht werden kann, ohne dass der gesamte Schaden entfallen würde, begründen die Gesamtschuld der Nebentäter. Ob die Haftung jedes Schädigers wegen der Mitursächlichkeit §§ 823, 249 BGB entnommen wird und § 840 BGB insoweit § 830 BGB ergänzt, bleibt theoretisch. Sind Einzel-, Teilschäden voneinander mit dem Beweismaß des § 287 ZPO abzugrenzen, kann jedoch der Verursacher, der nicht i. S. d. § 830 BGB mit anderen Verursachern verbunden ist, vom Verletzten nur für den eigenen Kausalanteil, den selbst verursachten Teilschaden herangezogen werden. Die subjektive Beweislast für ausscheidbare Nachteile ist dem verursachenden Schädiger aufzuerlegen. 243

Die **alternative Kausalität** betrifft ein Beweisproblem. Dann, wenn zu Lasten mehrerer Beteiligter ein anspruchsbegründendes Verhalten mit Ausnahme des Nachweises der Ursächlichkeit festzustellen ist, die mehreren Verhaltensbeiträge geeignet sind, den Schaden herbeizuführen, festgestellt ist, dass einer der Beteiligten (Nebentäter) den Schaden verursacht haben muss, aber nicht aufgeklärt werden kann, wer den Schaden ganz oder teilweise bewirkt hat (also Urheber- oder Anteilszweifel bestehen), hilft § 830 Abs. 1 Satz 2 BGB der beeinträchtigten Person aus ihrer Beweisnot.[169] 244

Grundsätzlich genügt die **mittelbare Kausalität**. D. h. die Haftung ist nicht deswegen zu verneinen, weil weitere Umstände – ggfs. Naturereignisse – hinzukommen. Bei der **zeitlichen Aufeinanderfolge** von Umständen geht es angesichts des freiwilligen oder pflichtgemäßen, eines rechtmä- 245

---

166 BGH NJW 2000, 2741 = VersR 2000, 1107; s. zudem OLG Hamm VersR 1996, 1371 (Haftung für 30 % aller Aufwendungen im Zusammenhang mit der medizinischen Versorgung eines Kindes).
167 BGH NJW 2004, 2526.
168 BGH NJW 1994, 932, 934.
169 Näher Verf. in Scheffen/Pardey, Schadensersatz, Rn. 94 ff.

ßigen oder rechtswidrigen Verhaltens des Verletzten selbst (Rn. 335 ff., 341) oder eines Dritten (des Zweitschädigers, Rn. 246 ff.) aber u. U. um haftungseinschränkende Zurechnungskriterien. Soweit von **Unterbrechung** des **Kausalzusammenhangs** gesprochen wird, ist nicht die naturwissenschaftliche Kausalität gemeint, sondern die rechtliche Wertung, ob eine Haftung vom ersten Umstand her angesichts des weiteren Umstands zu weit geht/gehen würde.

246 Löst der Erstschädiger eine **Ereigniskette** aus und vervollständigen andere Personen den Verletzungstatbestand, geht es um die Reichweite der haftungsbegründenden Kausalität. Zur Haftungsbegründung i. S. d. § 823 Abs. 1 BGB muss das Verschulden den entsprechenden Zweiteingriff betreffen. Hat der Erstschädiger einen Primärschäden herbeigeführt, können ihm spätere Zweiteingriffe anderer Personen als adäquat verursachter Folgeschaden nach den Kriterien der haftungsausfüllenden Kausalität mit dem Beweismaß des § 287 ZPO zugerechnet werden; s. auch Rn. 342 ff.

247 Verursacht die vom Erstschädiger zu verantwortende Verletzung eine erhebliche **Schadenanfälligkeit** des Betroffenen, kann ein adäquater Zusammenhang zwischen dieser Beeinträchtigung und dem durch die Körperverletzung des Zweitschädigers ausgelösten Dauerschaden zu bejahen sein.[170] Ist nicht auszuschließen, dass erst der zweite Unfall die schweren Verletzungen herbeigeführt hat, ist jedenfalls die Mithaftung des Erstschädigers in Betracht zu ziehen.[171] Der für den Verkehrsunfall im Jahre 1984 verantwortliche Schädiger haftet für die Folgen des Zweitunfalls im Jahre 1989, die der Verletzte erleidet, weil die Refraktur des Unterschenkels als Primärverletzung nicht voll verheilt ist. Die Zurechnung scheitert nicht, weil der Verletzte vom Erstunfall als Fußgänger betroffen worden ist, vom Zweitunfall dagegen als Beifahrer in dem von seiner Ehefrau gefahrenen Pkw. Zu den weiteren Unfallfolgen muss sich der Verletzte dann allerdings die Betriebsgefahr des von seiner Ehefrau gefahrenen Pkws haftungsmindernd anrechnen lassen. Deshalb hat das *OLG Hamm*[172] die Haftungsquote des Erstschädigers, der für den Erstunfall zu 2/3 einzustehen gehabt hat, zu den Folgen des Zweitunfalls auf 1/2 verringert. Wären die Verletzungen ausgeheilt gewesen, hätte jedoch allenfalls ein äußerlicher und deshalb nicht relevanter Zusammenhang des ersten Unfalls mit dem zweiten Unfall bestanden, Rn. 346 ff. Ist die Erstunfallstelle abgesichert und von mehreren Autofahrern unfallfrei auf dem freien rechten Fahrstreifen passiert worden und muss zum Zweitunfall davon ausgegangen werden, dass der Fahrer des dann verunfallten Kraftfahrzeugs auf jedes gut abgesicherte Hindernis aufgefahren wäre, kann[173] der haftungsrechtliche Zusammenhang zu dem Erstunfall, der die Teilsperrung der Straße (Autobahn) veranlasst hat, und den Folgen eines Zweitunfalls dadurch, dass der Kraftfahrer ungebremst in die durch den Erstunfall veranlassten ordnungsgemäßen Absicherungsmaßnahmen fährt, verneint werden. Bei zwei von einander unabhängigen Schadensfällen, bei denen der Beitrag des Erstunfalls zum endgültigen Schadensbild eine anlagebedingte Neigung des Verletzten zu psychischer Fehlverarbeitung geringfügig verstärkt, genügt der Erstbeitrag nicht, um die Haftung des Erstschädigers für die Folgen des Zweitunfalls zu begründen.[174] Die vom Erstschädiger zu übernehmende spezifische Gefahr realisiert sich nicht mehr, wenn der Verletzte im Krankenhaus während einer Schlägerei zusätzlich verletzt wird. Sie realisiert sich ebenfalls nicht, wenn die schädigende ärztliche Behandlung gar nicht auf die Behandlung der Unfallverletzung ausgerichtet ist und damit bloß in einem zufälligen Zusammenhang steht; s. auch Rn. 353.

---

170 *BGH* VersR 1964, 49 = MDR 1964, 135: Motorradfahrer erlitt beim ersten Unfall einen Unterschenkelbruch. Beim zweiten Unfall – als er auf der Straße lag – wurde der Knöchel zersplittert. Jede Folge wäre für sich gesehen vollständig ausgeheilt. Durch die Addition ist es aber zum Dauerschaden gekommen.
171 *BGH* NJW 2002, 504 = VersR 2002, 200 = NZV 2002, 113.
172 *OLG Hamm* NZV 1995, 282 = VersR 1995, 545.
173 *BGH* NJW 2004, 1375 = NZV 2004, 243 = VersR 2004, 529 = ZfS 2004, 255 = r+s 2004, 212.
174 *BGH* NJW 2004, 1945 = NZV 2004, 344 = VersR 2004, 874 = ZfS 2004, 349 = r+s 2004, 255 (HWS-Verletzungen), Vorinstanz *OLG Bremen* NJOZ 2003, 2339 = r+s 2003, 477 = OLGR 2003, 385.

a) Indizien zum Nachweis der Kausalität

Neben dem Nachweis der schädigenden Handlung oder Unterlassung unterliegt zur deliktischen Haftung die Beurteilung des Zusammenhangs zwischen dem schädigenden Fremdverhalten bei der Verschuldenshaftung bzw. der Betriebsgefahr bei einer Gefährdungshaftung (dem Unfall) und der für die Haftung erforderlichen Rechtsgutverletzung als erstem Verletzungserfolg (Primärfolge, Primärschädigung bzw. Primärverletzung) dem Beweismaß des § 286 ZPO.

Ein zeitlich enger, spezifischer Zusammenhang lässt u. U. den erforderlichen Ursachenzusammenhang indiziell erschließen.

Stichwort	Besondere Umstände
Bluttransfusion	Steht die Kontaminierung eines verwendeten Blutprodukts fest und sind keine weiteren Ursachen außerhalb des Verantwortungsbereichs der Behandlungsseite für die der Kontaminierung entsprechende Erkrankung ersichtlich, kann ein typischer Geschehensablauf anzunehmen sein. Zur HIV-Infektion nach Bluttransfusion setzt das voraus, dass der Patient weder zu den HIV-gefährdeten Risikogruppen gehört noch durch die Art seiner Lebensführung einer gesteigerten Infektionsgefahr ausgesetzt ist, aber HIV-kontaminiertes Blut oder kontaminierte Blutprodukte erhalten hat.[175] Führt der Verletzte die im zweiten Jahr nach dem Unfall als durchgemacht festgestellte Hepatitis B auf im Krankenhaus erhaltene Bluttransfusionen zurück, kann er Anhaltspunkte für die Transfusionen als Übertragungsursache dadurch darlegen, dass der Ausbruch der Hepatitis B innerhalb der üblichen Inkubationszeit gelegen hat und im fraglichen zeitlichen Zusammenhang eine über der normalen Infektionsquote liegende Zahl von Patienten an Hepatitis B erkrankt sind, die in dem selben Krankenhaus Bluttransfusionen erhalten haben.[176]
HWS-Schaden	Nach gesicherten medizinischen Erkenntnissen macht sich die leichtere Verletzung der Halswirbelsäule innerhalb von längstens drei Tagen schmerzhaft bemerkbar. Dies schließt es aus, für später auftretende Beschwerden einen Ursachenzusammenhang mit einem Unfall (über die Grundsätze des Anscheinsbeweises) herzustellen. Klagt der Verletzte erstmals fünf Tage nach dem Unfall über Nackenbeschwerden und lässt er diese erst ca. 2½ Monate später ärztlich behandeln, ist es ausgeschlossen[177], dass der Unfall für die Beschädigung der Wirbelsäule und die später auftretenden Beschwerden ursächlich ist.
Infektion	s. unter Bluttransfusion.
Psychose	Ist nicht auszuschließen, dass der Betroffene unfallunabhängig eine spontane Gehirnblutung erlitten hat, die eine exogene Psychose ausgelöst hat, ist trotz enger zeitlicher Nähe zwischen dem Unfall und der Psychose jedenfalls dann die Kausalität nicht nachgewiesen bzw. scheitert die Zurechnung, wenn jeder leichte psychische Erregungszustand ausgereicht hat (hätte), um die psychotische Dekompensation auszulösen.

---

175 *BGHZ* 163, 209 = NJW 2005, 2614 = VersR 2005, 1238 = ZfS 2006, 141, Vorinstanz *OLGR* Koblenz 2004, 505 = GesR 2004, 330.
176 *OLG Koblenz* NJW-RR 2002, 1030 = SP 2002, 238.
177 *OLG Karlsruhe* NZV 1998, 153 = NJWE-VHR 1998, 84.

Stichwort	Besondere Umstände
Sturz	Der zeitliche Zusammenhang zwischen einem Sturz auf den Hinterkopf und einer Netzhautablösung beweist allein nicht[178] die Ursächlichkeit des Unfalls für die Netzhautablösung, die auf einer degenerativen Veränderung und auf einer Vorschädigung des Auges beruhen kann.

b) Nachweis der Kausalität mittels Anscheins

251 Um einen Anscheinsbeweis „nutzen" zu können, muss der Geschädigte den Ausgangssachverhalt, der typisch sein soll (ist), und den allgemeinen oder einen besonderen Erfahrungssatz im Sinne der vollen Überzeugung bei dem Maß des § 286 ZPO darlegen und ggfs. nachweisen.

252 **Typisch** ist ein häufig wiederkehrender, nicht steuerbarer **Geschehensablauf** bzw. Vorgang, der regelmäßig, üblicherweise bzw. gewöhnlicherweise so abläuft, wobei und weshalb bestimmte Tatsachen erfahrungsgemäß mit anderen Tatsachen verknüpft sind.

253 ▶ Zum Erfahrungssatz kann der Anspruchsgegner seine Ansicht vortragen. Fehlt es an Typizität, muss nicht erst die Gegenseite eine solche entkräften. ◀

254 Gegenüber dem Anschein müssen Tatsachen behauptet und ggfs. bewiesen werden, aus denen sich die ernsthafte Möglichkeit eines abweichenden, möglicherweise gleichwertigen, aber atypischen Geschehensablaufs ergibt. Zur Erschütterung der Grundlage des Anscheins gilt es, diesen Gegenbeweis zu führen. Dadurch wird die tatsächliche Vermutung erschüttert.

255 Die Praxis kennt zum haftungsbegründenden Zusammenhang den Anschein dahin, dass ein Schadensereignis Folge einer Pflichtverletzung ist, der „Erfolg" also auf einer feststehenden Pflichtverletzung beruht. Dies gilt, wenn bei einem bestimmten Sachverhalt die allgemeine Lebenserfahrung auf eine bestimmte Ursache hinweist oder sich ein bestimmter Ablauf als für den Eintritt eines bestimmten Erfolges typisch ausweist.

256 Der haftungsbegründende Ursachenzusammenhang erschließt sich also kraft Anscheins, wenn die allgemeine Lebenserfahrung bei einem bestimmten feststehenden Sachverhalt auf eine bestimmte Folge hindeutet, m.a.W. von einem feststehenden Verhalten auf den Zusammenhang mit einem eingetretenen Erfolg geschlossen werden kann. Oder es ist von einer bestimmten Wirkung auf eine bestimmte Ursache zu schließen, m.a.W. von dem eingetretenen (feststehenden) Erfolg auf ein bestimmtes Verhalten als ursächlich.

257 Die Typizität verlangt nicht, dass die Ursächlichkeit einer bestimmten Tatsache für einen bestimmten Erfolg bei allen Sachverhalten einer Fallgruppe notwendig immer vorhanden ist. Sie muss nur so häufig gegeben sein, dass die Wahrscheinlichkeit, dass ein solchen Fall gegeben ist „sehr groß"[179] ist.

258 Während ausgerichtet auf das Verschulden als Sorgfaltswidrigkeit keine grundsätzlichen Bedenken gegen einen Anscheinsbeweis bestehen, sind solche Bedenken wegen der Vielgestaltigkeit der Abläufe zur Kausalität stets näher zu reflektieren. Zu komplexen und/oder seltenen Sachverhalten (Abläufen) gibt es keinen Anschein, weil eine „Wahrscheinlichkeitseinordnung" im vorgenannten Sinn nicht möglich ist.[180]

259 Der Anschein ist erschüttert, wenn ein anderer Kausalverlauf ernsthaft möglich ist.

---

178 *OLG Köln* NJWE-VHR 1997, 29, *BGH* NA-Beschl. v. 13.11.1996.
179 *BGH* NJW 2006, 2262, 2263 = VersR 2006, 1258 = ZfS 2006, 563.
180 *BGH* MDR 2008, 207 = VersR 2008, 1067.

Stichwort	Besondere Umstände im Hinblick auf die Ermittlung einer Schadensursache	260
DIN	Zu auf Sicherheitsanforderungen eingehenden DIN müssen die Maßstäbe gelten, die zu konkret orientierten Unfallverhütungsnormen anerkannt sind.[181]	
Gefahr-, Lebens-, Verantwortungsbereiche	**Abbrechen eines Zahnes:** Das Abbrechen eines Zahns beim Verzehr eines aus verschiedenen Fleischstücken und Hackfleischröllchen bestehenden Gerichts ist nicht typischerweise auf das Vorhandensein eines in der Hackfleischmasse verborgenen festen (Fremd-)Körpers zurückzuführen.[182] **Alkoholbedingte Fahr-, Verkehrsuntüchtigkeit, Alkoholisierung:** Die Fahr(un)tüchtigkeit ist als Zustand nicht geeignet, kraft Anscheins erschlossen werden zu können. Jedoch zeigt sich ein Ursachenzusammenhang zwischen einem Unfall und absoluter Fahruntüchtigkeit[183] kraft ersten Anscheins und spricht der Anschein für die Ursächlichkeit der Trunkenheit, wenn sich der Unfall in einer Verkehrslage und unter Umständen ereignet, die ein nüchterner Fahrer hätte meistern können.[184] Denn erfahrungsgemäß beruht ein Unfall dann auf der durch den Alkohol beeinträchtigten, geschwächten Wahrnehmungs- und Reaktionsfähigkeit.[185] D. h. der alkoholisierte Fahrzeugführer hat zu seiner Entlastung Umstände nachzuweisen, aus denen sich die nicht nur theoretisch denkgesetzliche Möglichkeit eines anderen Geschehensablaufs ergibt bzw. die zeigen, dass auch ein nüchterner Fahrer die Situation nicht hätte meistern können.[186] In der Binnenschifffahrt, der Groß-, Klein- wie der Sportschifffahrt gilt im Fall der Feststellung der alkoholbedingten Fahruntüchtigkeit ebenfalls der Beweis des ersten Anscheins für den Kausalzusammenhang zwischen der Fahruntüchtigkeit und dem Unfall.[187] Unterhalb des Grenzwertes für die absolute Fahruntüchtigkeit kann auf die Unfallursache „Fahruntüchtigkeit" (wegen Fahrfehlers bzw. unzureichender Reaktionsfähigkeit) nur geschlossen werden, wenn ein nüchterner Fahrer die konkrete Verkehrslage gemeistert hätte, den Unfall also abgewendet hätte bzw. hätte abwenden können. Denn bei einem Fehlverhalten wie bei einem Nüchternen (Fehleinschätzung, Leichtsinn, Unaufmerksamkeit) ist der nachgewiesene Alkoholgenuss kraft Erfahrungswissens nicht als alleinige oder mitwirkende Unfallursache zu erschließen.	

---

181 Vgl. *Kroitzsch* in BauR 1994, 673.
182 *BGH* NJW 2006, 2262, 2263 = VersR 2006, 1258 = ZfS 2006, 563.
183 Zum Anscheinbeweis dafür, dass sich Cannabis-Konsum ursächlich auf ein Unfallgeschehen ausgewirkt hat/haben kann, *OLG Saarbrücken* NJW 2007, 1888 = *OLGR Saarbrücken* 2006, 1022.
184 *BGH* NJW 1995, 1029 = VersR 1995, 357 = NZV 1995, 145 = ZfS 1995, 126 = DAR 1995, 196, Vorinstanz *OLG Saarbrücken* NZV 1995, 23: Verneint bei Vorfahrtsverletzung als grobem Verkehrsverstoß des anderen Unfallbeteiligten; *KG* NZV 2004, 28 = DAR 2003, 317.
185 *OLG Düsseldorf* SP 2007, 402: Auch, wenn der (bestrittene) Vortrag (als zutreffend) unterstellt wird, wonach von rechts ein Tier in etwa der Größe eines Schäferhundes oder eines Rehs – in welcher Entfernung und mit welcher Geschwindigkeit auch immer – die Fahrspur querte, dem der Kläger auf der linken Fahrspur fahrend nach links ausgewichen ist.
186 Beachte *Lepa* in NZV 1992, 132.
187 *Kürschner* in NZV 2007, 20, 23.

Stichwort	Besondere Umstände im Hinblick auf die Ermittlung einer Schadensursache
	Typisch trunkenheitsbedingt ist das Verhalten, das nicht anders als mit Trunkenheit zu erklären ist. Z. B. spricht alles für die Schadensursächlichkeit der Alkoholisierung, wenn der alkoholisierte Fahrer ohne erkennbaren Bremsvorgang in das Fahrzeug des Unfallgegners hineinfährt.[188] Bei 0,65‰ BAK sieht das *OLG Hamm*[189] zu einem Kreuzungsunfall dagegen keine Basis für einen Anschein angesichts der unaufklärbaren Frage, welcher Beteiligte einen Rotlichtverstoß begangen hat. Zum Unfall auf der Fahrbahn, an dem der Fußgänger mit 1,93 g‰ beteiligt ist, spricht der Anschein für die Mitursächlichkeit der Trunkenheit des Fußgängers, wenn ein Nüchterner die Situation gemeistert hätte.[190]

Sind bei einem **Begegnungszusammenstoß** beide Unfallbeteiligte fahruntüchtig gewesen, gibt es keinen Anschein. Die Alkoholisierung des jeweils Anderen ist direkt die ernsthafte Möglichkeit eines atypischen, die Ursächlichkeit eigener Trunkenheit ausschließenden Kausalverlaufs. Für einen Anschein bedarf es dann eines zusätzlichen Verkehrsverstoßes in der konkreten Verkehrslage.[191]

Infektion:
Ein typischer Geschehensablauf kann gegeben sein, wenn die Kontaminierung eines verwendeten Blutprodukts feststeht und keine weiteren Ursachen außerhalb des Verantwortungsbereichs der Behandlungsseite für die der Kontaminierung entsprechende Erkrankung ersichtlich sind. Bei einer HIV-Infektion nach Bluttransfusion setzt dies voraus, dass der Patient weder zu einer HIV-gefährdeten Risikogruppe gehört noch durch die Art seiner Lebensführung einer gesteigerten Infektionsgefahr ausgesetzt ist, aber HIV-kontaminiertes Blut oder kontaminierte Blutprodukte erhalten hat.

Sturz:
Allein die Tatsache eines Sturzes (bei Glätte) beweist nicht die Verletzung der Streupflicht, weil nach der Lebenserfahrung Unfälle infolge Winterglätte selbst auf gestreuten oder von Schnee geräumten Wegen nicht auszuschließen sind[192]. |
| Schutzgesetz | Will ein Schutzgesetz typischen Gefährdungen entgegenwirken und realisiert sich dennoch die von der Norm bekämpfte Gefahr, spricht zugunsten des Geschädigten die allgemeine Lebenserfahrung, dass der Verstoß gegen das Schutzgesetz für den Schadenseintritt ursächlich gewesen ist.[193] |
| Selbstschutz | Bei Verletzung von Schutzvorkehrungen spricht der Beweis des ersten Anscheins dafür, dass der Schadensfall bei Beachtung der einschlägigen Sicherheitsgebote (-obliegenheiten) vermieden worden wäre. |

---

188 *OLG Hamm* VersR 2002, 76.
189 OLGR 2001, 120 = r+s 2001, 325.
190 *OLG Köln* NJOZ 2003, 472; bei 3,04‰ für 2/3 Mithaft *LG Duisburg* SP 2005, 190, bei 3,07‰ für 70% Mithaft des außerorts auf der rechten Fahrbahnseite verunfallten Fußgängers *OLG Naumburg* NZV 1999, 466.
191 *OLG Schleswig* NZV 1991, 233 (Beteiligt waren Mofafahrer).
192 *OLG Hamm* VersR 2000, 862 = ZfS 2000, 97.
193 *BGH* NJW 1994, 945 = VersR 1994, 324.

Stichwort	Besondere Umstände im Hinblick auf die Ermittlung einer Schadensursache
	Sicherheitsgurt: Bei typischen Gruppen von Unfallverletzungen und typischen (Gruppen von) Unfallabläufen gilt der Anschein, dass ein ursächlicher Zusammenhang zwischen dem (feststehenden, erwiesenen oder unstreitigen) Nichtanschnallen des Fahrzeuginsassen und seinen beim Unfall Verletzungen besteht. Der Anschein dafür, dass ein verletzter Pkw-Insasse den Sicherheitsgurt nicht benutzt hat bzw. nicht benutzt haben kann,[194] setzt voraus, dass die erlittenen (ggfs. nachgewiesenen) Verletzungen angesichts der Art und Weise des Unfalls nur darauf zurückgeführt werden können (sich also nur damit erklären lassen), dass der Pkw-Insasse nicht angeschnallt war. Der Anscheinsbeweis spricht z.B. für einen nicht angelegten Sicherheitsgurt, wenn der Geschädigte aus dem Fahrzeug geschleudert worden ist.[195] Dieser Anschein lässt sich nicht mit dem Vortrag entkräften, dass das Verletzungsbild desgleichen durch einen angelegten Sicherheitsgurt verursacht worden sein könnte. Vielmehr müssen besondere Umstände gegeben sein bzw. von der Geschädigtenseite nachgewiesen werden (weil es um die Entkräftung der Mitschuld geht), die wegen einer Abweichung vom typischen Sachverhalt einen anderen Geschehensablauf als ernsthaft in Betracht kommende Möglichkeit nahelegt.
Unfallverhütungs-vorschrift	Der Verstoß gegen eine Unfallverhütungsvorschrift weist prima facie zur Gefahr, deren Eintritt die Vorschrift verhindern will, bzw. zum Unfall im Einwirkungsbereich der einschlägigen Gefahrenstelle aus, dass es bei Beachtung der Schutzvorschrift nicht zu der Verletzung gekommen wäre, der Verstoß gegen die Unfallverhütungsvorschrift also ursächlich geworden ist.[196] **Brand:** Für den ursächlichen Zusammenhang zwischen der Verletzung einer Unfallverhütungsvorschrift und dem Ausbruch eines Brandes spricht der Beweis des ersten Anscheins, wenn eine der Brandverhütung dienende Unfallverhütungsvorschrift verletzt worden und ein Brand im engen Zusammenhang mit Schweißarbeiten entstanden ist. Eine ernsthafte Möglichkeit einer Brandverursachung durch andere (Schweiß-, Schleif-, Schneid-, Trenn-) Arbeiten erschüttert die Grundlage dieses Anscheins, wobei für sich gesehen wiederum der Anscheinsbeweis zur Ursächlichkeit gelten kann, wenn ein enger zeitlicher Zusammenhang zwischen diesen Arbeiten und der Brandentstehung zu bejahen ist und der notwendige räumliche Zusammenhang gegeben ist.[197]

---

194 *BGH* NJW 1991, 230 = NZV 1990, 386 = VersR 1991, 195 = DAR 1990, 379 = ZfS 1990, 402.
195 *LG Frankfurt a.M.* NZV 2005, 524; zur Erschütterung des Anscheinsbeweises für einen nicht angelegten Sicherheitsgurt, wenn der Beifahrer bei dem Unfall aus dem Fahrzeug geschleudert wird, *OLG Koblenz* NZV 1992, 278.
196 *OLG Stuttgart* NJW-RR 2000, 752.
197 *OLGR Frankfurt* 2006, 717.

Stichwort	Besondere Umstände im Hinblick auf die Ermittlung einer Schadensursache
Verkehrs-sicherungspflicht	Verkehrssicherungspflichten beruhen auf der Erfahrung, dass sich die Gefahr, der durch die in ihnen angelegten **Verhaltensanweisungen** begegnet werden soll, bei pflichtgemäßem Verhalten nicht realisiert. Konsequenterweise erweist sich die Ursächlichkeit der Pflichtverletzung, wenn dies dennoch geschieht. **Befestigung:** Fällt ein mobiles, nicht fest am Boden verankertes, durch einen Plastiksockel gehaltenes Verkehrsschild bei erheblicher Windeinwirkung um und stürzt auf einen in unmittelbarer Nähe, daneben parkenden Pkw, spricht der Anschein dafür, dass die Zerstörung der Heckscheibe und der Lackschaden an der hinteren (C-) Säule des Fahrzeugs durch das windbedingte Umfallen des Schildes (und nicht die Einwirkung Dritter) verursacht worden sind.[198] **Gefahrenstelle:** Stürzt ein Fußgänger in unmittelbarer Nähe einer Gefahrenstelle, liegt nach den Grundsätzen des Anscheinsbeweises der Schluss nahe, dass die Gefahrenstelle Ursache des Sturzes war.[199] **Glätte:** Für Glatteisunfälle gelten die Regeln über den Anscheinsbeweis – für die Kausalität des Nichtstreuens –, wenn der Betroffene innerhalb der zeitlichen Grenzen der Streupflicht zu Fall gekommen ist. Es gilt die Vermutung dahin, dass es bei Beachtung der Vorschriften über die Streupflicht nicht zu den Verletzungen gekommen wäre, dass sich also in dem Unfall gerade die Gefahr verwirklicht hat, deren Eintritt die Schutzvorschriften verhindern wollten.[200] Der Verletzte muss die für das Vorliegen einer Streupflicht begründenden Wetterlage und Straßenlage darlegen und beweisen.[201] Behauptet der Streupflichtige Umstände, die ein Streuen zwecklos gemacht haben sollen, beruft er sich demgegenüber auf eine Ausnahmesituation und muss deshalb er nachweisen, dass solche besonderen Umständen vorgelegen und bis kurz vor dem Unfall angedauert haben, die Streuen zwecklos gemacht hätten.[202] **Tanzfläche:** Stürzt ein Tänzer im Bereich einer gefährlichen glatten Stelle der Tanzfläche, spricht der Anschein für die Ursächlichkeit dieser Glätte.[203]

261 Bei zwei möglichen typischen Geschehensabläufen ist kein Raum für den Anscheinsbeweis, wenn der Schädiger nur bei einem der Abläufe haften würde.[204]

262 Die Ursächlichkeit eines Konstruktions- oder Fabrikationsfehlers einer Fahrradtretkurbel für einen Unfall mit dem Fahrrad erschließt sich nicht, wenn das Fahrrad nach dem Unfall weiter genutzt wird. Dies gilt allzumal, wenn als weitere ernsthaft in Betracht kommende typische

---

198 *LG Be*rlin NJW-RR 2004, 169.
199 *BGH* NJW 2005, 2454 = NZV 2005, 461 = VersR 2005, 1086 = ZfS 2005, 485.
200 *BGHR* BGB § 839 Abs 1 S 1 Streupflicht 7.
201 *BGH* NJW 1985, 484 = VersR 1985, 243.
202 *BGH* NJW-RR 2005, 1185 = NZV 2005, 578.
203 *OLG Düsseldorf* NJWE-VHR 1998, 276 = VersR 2000, 906 (LS).
204 *OLG Hamm* r+s 1998, 193.

Geschehensabläufe ein Abrutschen von einem Pedal oder das Ausweichen oder Erschrecken vor einem Tier möglich ist oder der Radfahrer sogar kurz bewusstlos gewesen sein kann.[205]

Es gibt gewisse Beweiserleichterungen bis zur Umkehr der Beweislast für Fehler bei **Inverkehrbringen** eines **Produktes** und/oder die Ursächlichkeit der Unterlassung der Sicherung eines Prüfungsbefundes angesichts eines Schadens und – unter der Voraussetzung, dass keine Anhaltspunkte für eine nachträgliche Produktveränderung bestehen – bei der Frage, ob ein schadensstiftender Produktfehler im Herrschaftsbereich des Herstellers entstanden ist.[206] 263

Zu Vermögensschäden infolge grober Pflichtverletzung wird bisher eine Beweislastumkehr wegen groben Beratungsfehlers in der Praxis nicht angenommen. 264

c) Kausalität bei ärztlichen Fehlern

Für den **ursächlichen Zusammenhang** zwischen dem Versagen der Behandlungsseite und einem Gesundheitsschaden gilt die den Patienten begünstigende Beweisregel zur Umkehr der Beweislast beim Nachweis eines in der juristischen Bewertung **groben Behandlungsfehlers**, der geeignet ist, einen Schaden der tatsächlich eingetretenen Art herbeizuführen. Der Fehler muss den Schaden nicht nahe legen oder wahrscheinlich machen.[207] Bei mehreren möglichen Ursachen scheidet die Umkehr der Beweislast aber aus, wenn die durch den groben Behandlungsfehler bewirkte Schädigung gegenüber einer anderweit verursachten Schädigung oder einer Vorschädigung abgegrenzt werden kann.[208] 265

Die Annahme eines groben Behandlungsfehlers setzt den Nachweis voraus, dass der Arzt eindeutig gegen bewährte ärztliche Behandlungsregeln oder gesicherte medizinische Erkenntnisse verstoßen oder einen Fehler begangen hat, der aus objektiver Sicht bei Anlegung des für einen Arzt geltenden Ausbildungs- und Wissensmaßstabes unverständlich ist, weil er dem behandelnden Arzt schlechterdings nicht unterlaufen darf.[209] Betreffend die Kausalität kommt es im vollen Umfang zur Beweislastumkehr zu Lasten der Arztseite selbst dann, wenn die alleinige Ursächlichkeit des Behandlungsfehlers (zunächst) unwahrscheinlich ist.[210] Das Fehlen der Kausalität mag dann aber relativ leicht – von der Behandlungsseite – zu beweisen sein. 266

Zu Folgeschäden gilt eine solche Beweiserleichterung grundsätzlich nicht.[211] Es gilt das Beweismaß des § 287 ZPO. 267

Der Verstoß gegen die Pflicht zur Erhebung und Sicherung medizinischer Befunde[212] sowie zur ordnungsgemäßen Aufbewahrung der Befundträger erleichtert bei hinreichender Wahrscheinlichkeit den Beweis für den Schluss auf ein reaktionspflichtiges positives Befundergebnis. Diese hinreichende Wahrscheinlichkeit eines reaktionspflichtigen Befundergebnisses ist unabhängig von der Kausalitätsfrage zu beurteilen und darf nicht mit der Begründung verneint werden, der Gesundheitsschaden könne in Folge eines völlig anderen Kausalverlaufs eingetreten sein. Denn 268

---

205 *OLG Oldenburg* NJOZ 2008, 581.
206 Vgl. *OLG Oldenburg* NJOZ 2008, 581.
207 *BGH* NJW 2004, 2011; dazu *Spickhoff* in NJW 2004, 2345.
208 Zur Teilkausalität s. insofern schon Rn. 240, s. aber (m.E. unzutreffend) noch *OLG Oldenburg* NJOZ 2002, 320 (Beweiserleichterungen sollen ausgeschlossen sein, wenn der Ursachenzusammenhang zwischen dem ärztlichen Versäumnis – Befunderhebung – und dem Gesundheitsschaden ganz unwahrscheinlich ist, und damit auch dann, wenn hinsichtlich geringer, nicht näher abgrenzbarer Schadensanteile ein Kausalzusammenhang möglich ist) und *OLG Schleswig* NJOZ 2004, 203 (zu einem etwaigen OP-Lagerungsfehler und -schaden, wenn die eingetretene Nervenschädigung im Halswirbelbereich auch auf eine vorhandene Vorschädigung zurückgeführt werden kann).
209 *BGHZ* 138, 1; *BGH* NJW 1999, 862 = VersR 1999, 231.
210 Vgl. *BGH* NJW 1997, 796.
211 *OLG Oldenburg* VersR 1999, 317 = NJWE-VHR 1998, 139.
212 *BGH* VersR 1999, 1282.

bei einem Verstoß gegen die Pflicht zur Befunderhebung kommen wegen des Fehlens der sonst als Beweismittel zur Verfügung stehenden Untersuchungsergebnissen typischerweise verschiedene Schadensursachen in Betracht.[213] Ist auf einen groben Behandlungsfehler zu schließen, weil die Verkennung des Befundes fundamental oder die Nichtreaktion grob fehlerhaft gewesen wäre, kommt es deshalb zur Umkehr der Beweislast für die Kausalitätsfrage.

d) Reserveursache

269 Der Schädiger, der geltend macht, der Schaden wäre ohnehin aufgrund einer anderen Ursache eingetreten, hat diesen Einwand zu beweisen.[214] Dies betrifft hypothetische Abläufe, bei denen eine Verletzung mit einer anderen, durch einen Unfall und die anschließende Entwicklung abgebrochenen Kausalkette zu erklären sein soll, der Unfall der anderen Kausalverknüpfung bloß zuvorgekommen sei. Auch dies ist eigentlich Wertungsfrage, kein Kausalproblem. Führt eine Ursache den eingetretenen Schaden real in Konkurrenz mit einer anderen Ursache herbei und nicht nur hypothetisch, liegt kein Fall einer entlastenden Reserveursache vor.[215]

270 Die individuelle **Konstitution** einer verletzten Person, die den eigentlichen Schaden erst ermöglicht oder verstärkt, ist keine den Schädiger als solche entlastende Reserveursache. M.a.W. ist die besondere Schadensanfälligkeit des Verletzten keine Schadensanlage, die schlechthin der Zurechnung entgegensteht. In extremen Lagen schließt die spezielle Schadensanlage dennoch die Haftung aus. Ansonsten ist der Schädiger einstandspflichtig, weil er für den Schaden nach den individuellen Verhältnissen der verletzten Person aufzukommen hat, bei Erwerbsschäden und zum Schmerzensgeld allerdings zur Schadenshöhe mit einem gewissen **Abschlag**. Im Übrigen wird bei der Vorschädigung, die den Betroffenen besonders anfällig macht und bei der die Zurechnung angesichts des Auslöseeffekts bejaht wird, teilweise davon gesprochen, es sei eine Frage der Reserveursache, ob es ohne das haftungsbegründende Ereignis (irgendwann) zu gleichen Beschwerden gekommen wäre, und die Haftung dann auf den entsprechenden Zeitpunkt begrenzt, wobei der Schädiger keine Beweiserleichterung erfährt. Die Schadensneigung der verletzten Person wird teilweise auch als Mitursache verstanden und soll von daher den Ersatzanspruch kürzen lassen.

271 Fragen zur hypothetischen Kausalität sind teilweise eng verwandt mit Fragen zum Vorteilsausgleich und zwar unter dem Aspekt, dass die verletzte Person durch den Schadensausgleich nicht besser gestellt sein soll, als sie ohne den Schadensfall stehen würde (Verbot der Bereicherung oder Besserstellung).

272 Der **Schädiger** hat bei dem Erwerbsschadenverlangen eines verletzten Kindes dessen frühkindliche Geistesschwäche zu **beweisen**, wenn er sich dadurch entlasten will.[216] Zu dem Schmerzensgeldbegehren der verletzten Person hat der Schädiger die in der Entwicklung befindliche Gehirnerkrankung, die unfallunabhängig zu einer Gehirnblutung und daran anschließend zu weiteren Folgen[217] geführt haben soll, als hypothetische Ursache für den gleichen (Gesundheits-) Schaden zu beweisen. Das regelmäßige Ausscheiden aus dem Erwerbsleben ist wegen veränderter Einkommensverhältnisse beachtlich. Die hypothetische Selbstschädigung dadurch, dass ein Teil des Verdienstes verschenkt oder gespendet werden sollte, kommt dem Schädiger jedoch nicht zugute.

273 In § 844 Abs. 2 BGB begrenzt das Gesetz ausdrücklich die Ersatzpflicht auf den mutmaßlichen Todeszeitpunkt der unterhaltspflichtigen Person, die getötet worden ist. Die hypothetische Entwicklung – der Wegfall des Unterhaltsanspruches – ist insofern beachtlich, Rn. 723.

---

213 *BGH* NJW 2004, 1871 (Batteriekapazität eines Herzschrittmachers).
214 *BGH* VersR 1982, 348, 350.
215 *BGH* NJW 2004, 2526, 2528.
216 *OLG Stuttgart* VersR 1989, 643; *BGH* NA-Beschl. v. 31.1.1989.
217 *BGH* VersR 1968, 804, 805.

Nach einer Reserveursache kann zur Schadensberechnung auch gefragt werden, wenn das hypothetische Ereignis den gleichen Schaden zu einem **anderen Zeitpunkt** herbeigeführt haben würde. Gelingt dem Schädiger ein solcher Nachweis, ist die Schadensersatzpflicht ausschließlich zu den früher eingetretenen Nachteilen gegeben.[218] Der Schaden ist also bis zu dem Zeitpunkt zu ersetzen, in dem unfallunabhängig die tatsächlich überholte, bis dahin verdrängte Ursache (Schadensanlage) relevant geworden wäre. Der Höhe nach ist dieser Schaden in vollem Umfang zu ersetzen. Ein (prozentualer) Abschlag wegen einer gesundheitlichen Vorbelastung (Rn. 184) scheidet insofern aus. Wäre eine unfallunabhängige, überholte Krankheit zum Stillstand gekommen oder ist dies jedenfalls nach Maßgabe des § 287 ZPO nicht auszuschließen, gehen die Zweifel zu der weiteren Entwicklung zu Lasten des Schädigers. Das Risiko dieser eigenen Entwicklung trägt also nicht die verletzte Person. 274

e) Haftungsausfüllende Kausalität

Zur haftungsausfüllenden Kausalität gilt § 287 ZPO und bedarf es der Überprüfung mittels Anscheins allenfalls ausnahmsweise. 275

Es kann in einer Art „Ausschlussverfahren" eine (andere) Ursache zurücktreten und eine einzig realistische Ursache als bewiesen angesehen werden. 276

4. Pflichtwidrigkeit, Rechtswidrigkeit, Sorgfaltswidrigkeit

Soweit es um den **primären Schutz** des **Vermögens** geht, d. h. die Haftung wegen Verletzung geschützter Vermögensinteressen, ist die Entstehung eines Schadens kein Merkmal des Haftungsgrundes. Zum Vermögensschaden geht es sogleich und allein um die haftungsausfüllende Kausalität. D. h. es ist nicht wie zu § 823 Abs. 1 BGB zwischen der haftungsbegründenden Kausalität zur Verknüpfung zwischen dem Sorgfaltsverstoß und der Rechtsgutsverletzung und sodann der haftungsausfüllenden Kausalität zu trennen, beachte jedoch zur Betroffenheit eines Rechtsguts Rn. 104. 277

Im Bereich des **ärztlichen Handelns** hat grundsätzlich der Patient den von ihm behaupteten Behandlungsfehler und dessen Ursächlichkeit für den eingetretenen Gesundheitsschaden darzulegen und im Streitfall zu beweisen. Diese Darlegungslast rechtfertigt sich schon daraus, dass häufig – jedenfalls vorrangig – Risiken in Frage stehen, die aus Eigenheiten des menschlichen Organismus erwachsen; zur Beweislastverschiebung beim groben Behandlungsfehler Rn. 265. 278

a) Eintritt eines Schadens als Indiz für eine Pflichtverletzung

Der betroffene (geschädigte) Gläubiger hat grundsätzlich den **objektiv verkehrswidrigen Zustand** im Sinne einer abhilfebedürftigen Gefahrenquelle zu beweisen. Zum Anspruch aus §§ 241 Abs. 2, 280 BGB hat er im gleichen Sinn die **objektive Verletzung** einer Haupt-, Neben- bzw. Schutz-, **Verhaltenspflicht** durch seinen Vertragsschuldner sowie die **Kausalität** der Pflichtverletzung für den Schaden zu **beweisen**. 279

Beim bloßen **Verhaltensunrecht** ist die objektive Pflichtwidrigkeit (bzw. jedenfalls eine objektive Sorgfaltswidrigkeit) erst zu bejahen, wenn ein zusätzlicher Umstand hinzutritt, der den Vorgang insgesamt als Verstoß gegen die Rechtsordnung ausweist. Ohne direkten Erfolgsbezug geht es um solche Pflichten dann, wenn eine Tätigkeit geschuldet wird, z. B. vom Arzt oder vom Arbeitnehmer bzw. von der i. S. d. § 611 BGB zur Leistung von Diensten verpflichteten Person. Deutlich wird dies besonders bei Untätigkeit (Unterlassung), die haftungsrechtlich einer rechtsverletzenden 280

---

218 *BGH* NJW 1985, 676, 677, s. auch Rn. 1729.

Aktivität gleichgestellt werden soll: Zum „reinen Nichtstun" muss das Merkmal „Handlungs-, Gefahrabwendungsgebot" hinzukommen; die Missachtung der Pflichtigkeit (Rechtsordnung) insgesamt weist dann die Verkehrswidrigkeit (Rechtswidrigkeit) aus.

281 Indiziell[219] kann je nach Lage des Falles vom negativen Ergebnis (Schaden) auf ein Pflichtversäumnis geschlossen werden.[220] Beweiserleichternd kann sich der Geschädigte, der seinen Nachteil (die Rechtsgutsverletzung, den Schaden) bei Durchführung eines Vertrages erlitten hat, darauf stützen, dass den schädigenden Schuldner nach dem Inhalt des bestehenden Vertrags eine **erfolgsbezogene Pflicht** trifft, die den Nachteil der eingetretenen Art gerade zu verhindern hat.

282 ▶ Die Pflichtverletzung des Schuldners kann der Geschädigte also u. U. durch den Nachweis belegen, dass die Schadensursache allein aus dem Verantwortungsbereich des schädigenden Schuldners herrühren kann. Demgemäß hat der Schuldner sein objektiv pflichtgemäßes Verhalten darzulegen und zu beweisen bzw. kann er sich „entlasten", wenn er nachweisen kann, dass die Schadensursache (doch) nicht in seinem Gefahrenbereich gelegen hat bzw. gelegen haben kann. ◀

283 Ausnahmsweise erfährt ein Patient Beweiserleichterungen bis hin zur Beweislastumkehr, wenn der erlittene Gesundheitsschaden sich in einem Bereich ereignet hat, dessen Gefahren vom **Arzt** bzw. **Klinikpersonal** voll beherrscht werden können und müssen. Anerkannt ist, dass im Mietrecht zur objektiven Pflichtverletzung eine Umkehr der Beweislast stattfindet (stattfinden kann), wenn ein Schaden durch den Mietgebrauch und damit im Gefahren-, Obhutsbereich des **Nutzungsberechtigten** entstanden ist.[221]

284 Beim Sturz des **Heimbewohners** im Bereich des **Pflegeheims** ist der Schluss auf eine schuldhafte Pflichtverletzung des Pflegepersonals (noch) nicht indiziert und nicht legitimiert.[222] Der Anspruchsteller – ggfs. eine zuständige Krankenkasse – hat deshalb nach den allgemeinen Grundsätzen der Beweislast den objektiven Pflichtenverstoß des Heimpersonals schlüssig darzulegen und nachzuweisen. Stürzt der Bewohner jedoch im Zusammenhang mit einer ihm konkret geschuldeten Hilfeleistung, hat der Heimbetreiber darzulegen und zu beweisen, dass der Sturz nicht auf einem Fehlverhalten des mit der Pflege und Betreuung betrauten Personals beruht. Diese Beweislastumkehr erfasst schon den objektiven Pflichtverstoß, wenn und weil es um einen Schaden im Herrschafts- und Organisationsbereich des Heims – einen vom Betreiber voll beherrschbaren Gefahrenbereich – geht und die konkrete Pflichtigkeit darauf ausgerichtet ist, den Heimbewohner in der konkreten Situation – z. B. wegen seiner Gebrechlichkeit – vor einem Schaden der eingetretenen Art zu schützen.[223]

b) Rechtswidrigkeit, Verkehrswidrigkeit

285 Die beim Eingriff in ein geschütztes Rechtsgut deliktisch indizierte Rechtswidrigkeit bestimmt Haftungsgrenzen. Ihr Fehlen hat der in Anspruch genommene Verletzer darzutun.

286 Bei mehreren Schädigungshandlungen trifft den Verteidiger für jede einzelne die Beweislast, dass die Voraussetzungen einer Notwehrlage vorlagen. Ist streitig, welche Schadensfolgen die einzelnen Verletzungshandlungen nach sich gezogen haben, und sind nur einige dieser Handlungen durch Notwehr gerechtfertigt, muss der Geschädigte beweisen, dass gerade die Verletzungshand-

---

219 Zum Indizienbeweis s. weiter Rn. 1043 ff.
220 Zur Verletzung eines Patienten während einer Bewegungs- und Transportmaßnahme der betreuenden Krankenschwester *BGH* NJW 1991, 1540 = VersR 1991, 310.
221 *BGHZ* 131, 95 = NJW 1996, 321 = VersR 1996, 993.
222 *BGH* NJW 2005, 1937 = VersR 2005, 984; *BGH* NJW 2005, 2613 mit Vorinstanz *OLG Dresden* NJOZ 2005, 1203; s. dazu *Lang/Herkenhoff* in NJW 2005, 1905 und *Lang* in NZV 2005, 124.
223 *OLGR Hamm* 2006, 569, *KG* MDR 2007, 1258.

lung für die Entstehung seines Schadens ursächlich war, deretwegen sich der Verteidiger nicht auf Notwehr berufen kann.[224]

Bei einer Schutzgesetzverletzung wird die Rechtswidrigkeit des Verhaltens durch die Schutzgesetzverletzung indiziert.[225]

287

Die Aufklärung über bestehende unterschiedliche Behandlungsmöglichkeiten dient dem Selbstbestimmungsrecht des Patienten und ist Voraussetzung einer rechtmäßigen Behandlung.[226] Die eine ausreichende Aufklärung voraussetzende ärztliche Heilbehandlung ist ohne wirksame Einwilligung des Patienten rechtswidrig.[227] Der Arzt haftet insofern jedoch auf Schadensersatz einschließlich Schmerzensgeld nur, wenn sie einen Gesundheitsschaden des Patienten zur Folge hat.[228]

288

Minderjährige mit ausreichender Urteilsfähigkeit haben bei einem nur relativ indizierten Eingriff mit der Möglichkeit erheblicher Folgen für die künftige Lebensgestaltung ein Vetorecht gegen die Einwilligung durch die gesetzlichen Vertreter.[229]

289

Mit dem Hinweis auf ein **rechtmäßiges Alternativverhalten** kann der Schädiger geltend machen, dass ein gleicher Schaden/Nachteil auch bei einem (hypothetisch) rechtmäßigen, verkehrsgemäßen, sachangezeigten und deswegen haftungsfrei bleibenden Verhalten bewirkt worden wäre, er also den gleichen Schaden (ohne Pflichtverletzung) auf rechtmäßige Art hätte herbeiführen dürfen und können. Beweist er dies, entfällt das Rechtswidrigkeitsurteil. Insofern kann sich der Schädiger aber nicht entlasten, wenn der Schutzzweck der verletzten Norm gerade den Eintritt des Nachteils verhindern will.[230]

290

Anders ist es wiederum ausnahmsweise, wenn der zugrunde liegende Rechtsverstoß für den weiteren Ablauf wegen einer Schadensanfälligkeit des betroffenen Rechtsguts irrelevant bleibt.

291

Steht fest, dass der Arzt dem Patienten durch rechtswidriges und fehlerhaftes ärztliches Handeln einen Schaden zugefügt hat, muss der Arzt beweisen, dass der Patient den gleichen Schaden auch bei einem rechtmäßigen und fehlerfreien ärztlichen Handeln erlitten hätte.[231] Dies entspricht dem allgemeinen Grundsatz, nach dem der Schädiger zu beweisen hat, dass sich ein hypothetischer Kausalverlauf bzw. eine Reserveursache ebenso ausgewirkt haben würde wie der tatsächliche Geschehensablauf. Deswegen muss die Behandlungsseite – wenn ein schadensursächlicher Eingriff ohne ausreichende vorherige Aufklärung des Patienten erfolgt ist – zudem beweisen, dass es zu dem Eingriff auch bei zutreffender Aufklärung des Patienten gekommen wäre.[232]

292

c) Sorgfaltswidrigkeit, Verschulden

Verschulden ist Vorsatz oder Fahrlässigkeit. Bezugspunkt des Verschuldens ist die Pflicht-, Rechtsgut- bzw. Schutzgesetzverletzung. Nur ausnahmsweise muss das Verschulden – auch – auf den Schaden bezogen sein.[233]

293

Vorsatz bedeutet Wissen und Wollen des rechtswidrigen Erfolgs in Erkenntnis um die Eignung des eigenen Verhaltens für den Erfolg und im Bewusstsein um die Pflichtwidrigkeit des Verhaltens.[234]

294

---

224 BGH NJW 2008, 571 = VersR 2008, 225 = ZfS 2008, 129.
225 BGH NJW 2005, 2923 = VersR 2005, 1449 = DAR 2005, 504 = NZV 2005, 457 = r+s 2005, 410.
226 BGH NJW 2005, 1718 = VersR 2005, 836.
227 BGH NJW 2007, 2771 = VersR 2007, 999.
228 BGH NJW 2008, 2344, Vorinstanz *OLGR Karlsruhe* 2007, 453.
229 BGH NJW 2007, 217 = VersR 2007, 66 = FamRZ 2007, 130.
230 Deswegen lässt sich dieser Aspekt auch den Fragen zum Schutzbereich der Haftungsnorm zuordnen.
231 BGH NJW 2005, 2072 = VersR 2005, 942, Vorinstanz *OLG Naumburg* NJW-RR 2004, 315 (Stimmbandlähmung nach Schilddrüsenoperation).
232 BGH NJW 2005, 2072 = VersR 2005, 942.
233 Besondere Wissensformen verlangen §§ 407, 442, 536b, 640, 687 Abs 2, 814, 819, 852, 892, 990 Abs. 1 Satz 2 BGB.
234 Für einen Anspruch aus § 826 BGB muss sich der Vorsatz zudem auf die Schadensfolgen erstrecken.

295 Auf **innere Vorgänge**, den individuellen Vorgang und die Vorwerfbarkeit ist im Einzelfall jeweils vom äußeren Geschehensablauf her zu schließen. So kann es zur Beurteilung des Ausmaß eines objektiven **Pflichtverstoßes** kommen.[235] So ist auch der **Vorsatz** aus äußeren Umständen zu erschließen, z. B. dazu, dass ein bedingter Vorsatz bei einer Körperverletzung die Verletzungsfolgen umfasst.[236]

296 ▶ Subjektive Vorstellungen können sich aus der Intensität und Gefährlichkeit eines Angriffs mit ausreichender Sicherheit ergeben. ◀

297 **Fahrlässig** verhält sich, wer die im Verkehr erforderliche Sorgfalt außer Acht lässt. Der Begriff der Fahrlässigkeit ist zivilrechtlich nach objektiven Merkmalen zu bestimmen, nicht individuell.[237]

298 Erste Voraussetzung für jeden Fahrlässigkeitsvorwurf ist die Erkennbarkeit einer Gefahr vor Verwirklichung dieser Gefahr. Von der Erkennbarkeit der später verwirklichten Gefahr ist die außerdem erforderliche Vorhersehbarkeit der Kausalität der Gefahr für den Eintritt der Verletzung[238] häufig nur theoretisch abzugrenzen.

299 Entscheidend kommt es auf die Unterscheidung zwischen unmittelbarem und mittelbarem Schaden an. Denn die Fahrlässigkeit muss sich auf den Verletzungs-(Rechtsguts-)schaden, aber nicht auf den Folgeschaden beziehen. Eine Verletzung als weitere Folge einer verschuldeten Erstschädigung muss also nicht vorhersehbar sein.

300 Geht es um einen psychisch vermittelten Gesundheitsschaden – z. B. die zur Dienstunfähigkeit einer Lehrerin führende Anpassungsstörung – muss der Primärschaden vorhersehbar gewesen sein. Dass jemand aufgrund einer Auseinandersetzung, in deren Verlauf es zu Beleidigungen, einem Stoß vor die Brust und am Oberarm erlittenen Kratzern und Prellungen kommt, eine psychische Störung von Krankheitswert entwickelt, liegt außerhalb der Erfahrung des täglichen Lebens.[239]

301 Bezugspunkt eines qualifizierten Verschuldens – der groben Fahrlässigkeit – ist über den Haftungstatbestand hinaus der verwirklichte „Erfolg" (Schaden).

302 Der Fahrlässigkeitsvorwurf entfällt für den, der in einer von ihm nicht verschuldeten Gefahrenlage, ohne Zeit ruhig überlegen zu können, **panisch** und unsachgemäß mit schädlichen Folgen für andere **reagiert**.[240]

303 ▶ Sorgfaltswidrig handelt, wer nach einem objektivierten Beurteilungsmaßstab in der konkreten Lage den drohenden rechtswidrigen Erfolg des eigenen Verhaltens voraussehen und vermeiden konnte.[241] ◀

304 Den Rechtsbegriff der im Verkehr erforderlichen Sorgfalt füllen häufig Empfehlungen, Leitlinien oder Regelwerke bzw. Richtlinien von Verbänden oder anderen Institutionen mit speziellen Handlungsanweisungen aus. So geben insbesondere DIN-Normen, Unfallverhütungsvorschriften oder (allgemein anerkannte) Sportregeln näheren Aufschluss über Verhaltensmaßstäbe und -anforderungen. Prozessual gesehen geht es insofern meist um Erfahrungssätze oder Erfahrungswissen.

---

235 *BGH* NJW 2003, 1118 = VersR 2003, 364; *BGH* NZV 2007, 566 = NJW-RR 2007, 1630 = DAR 2008, 24 (bei der Frage des Herbeiführens eines Unfalls durch ein Einnicken des Fahrers am Steuer mit dem Vorwurf des leichtfertigen Handelns in dem Bewusstsein, dass ein Schaden mit Wahrscheinlichkeit eintreten werde, wenn sich der Fahrer bewusst über von ihm erkannte deutliche Anzeichen einer Übermüdung hinweggesetzt hat).
236 Wie zum Haftpflichtversicherungsschutz bedeutsam, *OLG Köln* NVersZ 1999, 288.
237 Zur Deliktsfähigkeit und Gruppenfahrlässigkeit bei Kindern und Jugendlichen nach dem Alter und der Entwicklungsstufe s. *Verf.* in *Scheffen/Pardey*, Schadensersatz, Rn. 9 ff.
238 Die konkrete Schadensentwicklung muss selbstverständlich nicht in den Einzelheiten vorhersehbar gewesen zu sein. Es muss nur überhaupt mit einem Erfolg der eingetretenen Art zu rechnen gewesen sein.
239 *OLG Köln* NJW 2007, 1757.
240 *LG Düsseldorf* VersR 1996, 513 beim Kentern eines Bootes auf einem Fluss und dem Versuch, Halt an einem anderen Bootsinsassen zu finden.
241 *BGH* NJW-RR 1996, 980.

Auch für den **Arzt** gilt der objektive, typisierte Maßstab der Fahrlässigkeit. Leitlinien und/oder Richtlinien besagen – nach der hier vertretenen Ansicht allenfalls – indiziell etwas zum ärztlichen Standard. Dass eine Budgetierung in der vertragsärztlichen Versorgung den haftungsrechtlich relevanten Behandlungsstandard bestimmen darf, weisen § 823 BGB und das Vertrags-, Vertrauensverhältnis nicht aus. Bevor der aus medizinischer Sicht angezeigte Standard unterschritten wird, ist jedenfalls eine exakte Aufklärung und Information des Patienten zu verlangen, der ggfs. an einen anderen Arzt verwiesen werden muss. Bei Anwendung einer Außenseitermethode verbleibt es grundsätzlich beim Sorgfaltsmaßstab des vorsichtigen Arztes.[242]

305

Schuldlos verhält sich der **Kraftfahrer**, der bei Fehlen einer konkreten Gefahrenlage mit 39 km/h an einer Verkehrsinsel mit Querungshilfe vorbeifährt und eine die Straße überquerende Fußgängerin verletzt, die zuvor durch parkende Fahrzeuge verdeckt gewesen ist.[243] Das Sichtfahrgebot betrifft die Sicht vor dem Fahrzeug, nicht die seitliche Umgebung.

306

Unfallverhütungsvorschriften der Berufsgenossenschaft konkretisieren den Stand der allgemein anerkannten Regeln der Technik. Diese sind im Allgemeinen brauchbare Maßstäbe, um die erforderliche Sorgfalt zu konkretisieren.[244]

307

In Fällen der Haftungsprivilegierung muss sich das Verschulden über die Pflichtverletzung hinaus auf den Eintritt des konkreten Schadens beziehen, so bei der Arbeitnehmerhaftung (vgl. Rn. 191), um dem Ziel dieses Haftungsprivilegs gerecht werden zu können[245], so auch für den Aufwendungsersatz-, Rückgriffsanspruchs des Unfallversicherungsträgers (§ 110 SGB VII).

308

Der Vorsatz ist auf eine Schadensfolge bezogen, wenn sich der Täter die von ihm bewirkte konkrete Körperverletzung vorgestellt und er sie gewollt hat. Dazu ist die generalisierende Vorstellung über die möglichen Folgen seines Handelns erforderlich, aber auch ausreichend. Typische – in die Überlegungen einbezogene – Verletzungsfolgen sind regelmäßig vom Vorsatz umfasst. Die Willensrichtung des Handelnden erschließt sich aus der Vorgeschichte der eigentlichen Tat, deren Ablauf (Hergang) oder dem anschließenden Täterverhalten.[246]

309

aa) Nachweis des Verschuldens mittels Anscheins

Wenn der Praktiker formuliert, für die Schadensersatzklage sei insbesondere zum Vorliegen der erforderlichen Pflichtverletzung der Anschein heranzuziehen und aus einem feststehenden Erfolg auf eine fehlerhafte Verhaltensweise des Handelnden zu schließen, ist die Fahrlässigkeit bzw. Sorgfaltswidrigkeit gemeint.

310

Bei der Frage, ob das Handeln nach dem äußeren Ablauf des zu beurteilenden Geschehens vom Bewusstsein getragen wird, dass der Eintritt eines Schadens mit Wahrscheinlichkeit droht, sind Erfahrungssätze heranzuziehen.[247]

311

Ist ein Geschehen typisch dafür, dass der in Anspruch Genommene schuldhaft gehandelt haben muss, z. B. weil er unaufmerksam gewesen ist (sein muss), ist der Schluss auf sein Verschulden gerechtfertigt. So kann auch der Schluss auf das Bewusstsein der Wahrscheinlichkeit eines Schadenseintritts im Rahmen typischer Geschehensabläufe nahe liegen.[247]

312

---

242 *BGHZ* 172, 254 = NJW 2007, 2774 = VersR 2007, 1273.
243 *BGH* VersR 1998, 1128 = NJW 1998, 2816.
244 *OLGR Frankfurt* 2006, 717.
245 *BAG* NZA 2008, 223 = MDR 2008, 511.
246 *OLG Saarbrücken* NJW 2008, 1166.
247 *OLG Koblenz* NJOZ 2007, 3869.

313 Erst durch einen atypischen Verlauf, der die Verschuldensfrage in einem anderen Lichte erscheinen lässt – wofür derjenige, gegen den der Anschein spricht, darlegungs- und beweispflichtig ist –, wird der Anschein erschüttert.

314 U.U. spricht bei Missachtung der äußeren Sorgfalt[248] der Anschein für die Verletzung der inneren Sorgfalt. Jedenfalls indiziert meist die Missachtung der gebotenen äußeren Sorgfalt die Verletzung der inneren Sorgfalt, also die (einfache) Fahrlässigkeit i. S. d. § 276 BGB mit den Elementen Erkennbarkeit (Vorhersehbarkeit) der relevanten Gefahr und Vermeidbarkeit des einen Anderen schädigenden Erfolgs; s. auch Rn. 284 zur Einhaltung des äußeren gefahrlosen Standards im Sinne des Nachweises einer objektiv ungefährlichen Lage.

315 Ein Anscheinsbeweis ist zum **Mitverschulden** möglich, d. h. zur Missachtung eigener Schutzbelange ohne eine Rechtspflicht.

316

Stichwort	Besondere Umstände zur Eingrenzung typischer Geschehensabläufe
Abkommen von der Fahrbahn bzw. einem Fahrstreifen	Das Abkommen von gerader, übersichtlicher Fahrbahn ist erfahrungsgemäß sorgfaltswidrig. Kommt ein Fahrzeug nach Vollbremsung in langgezogener Kurve unter ungeklärten Umständen von der Fahrbahn ab, hat der Fahrer, der ein plötzlich auf der Fahrbahn auftauchendes Reh als Unfallursache bezeichnet, die Existenz des Rehs als atypischen Geschehensablauf zu beweisen.[249] Kein typischer Lebenssachverhalt ist das Abkommen von der Fahrbahn im unmittelbaren Kontext mit einem gerade von einem anderen Fahrer während Gegenverkehrs knapp zu Ende geführten Überholvorgang.[250]
Auffahren – fließender, gleichgerichteter Verkehr (Schluss auf Aufmerksamkeits- oder Reaktionsverschulden)	Fährt ein Fahrzeug im fließenden Verkehr von hinten auf ein anderes Fahrzeug auf, ist der Auffahrende regelmäßig entweder unaufmerksam gewesen oder hat den gebotenen, erforderlichen bzw. ausreichenden Sicherheitsabstand[251] nicht eingehalten. Der Anscheinsbeweis für ein Verschulden des Auffahrenden beruht auf dem Erfahrungssatz, dass das Auffahren im gleichgerichteten Verkehr regelmäßig auf mangelnde Aufmerksamkeit, überhöhte Geschwindigkeit oder einen ungenügenden Sicherheitsabstand des Auffahrenden zurückzuführen ist. Voraussetzung für seine Anwendung ist das Vorliegen einer Standardsituation, in der eine denkbare andere Ursache so unrealistisch erscheint, dass sie außer Betracht bleiben kann.[252] Besteht die ernsthafte Möglichkeit, dass der vorausfahrende Fahrer seinerseits aufgefahren ist und dadurch eine unvermutete Verkürzung für den nachfolgenden Fahrer hervorgerufen worden sein kann, kann die Schuldannahme u. U.[253] fraglich sein. Denn an sich setzt der Anschein voraus, dass beide Fahrzeuge – unstreitig oder erwiesenermaßen – in einer Spur bereits solange hintereinander hergefahren sind, dass sich beide Fahrzeugführer auf die Fahrbewegung einstellen konnten.[254] Ist streitig, ob der Vorausfahrende zurückgesetzt oder der Nachfahrende aufgefahren ist, greift kein Anschein, schon gar nicht

---

248 Die äußere Sorgfalt spricht die Verkehrswidrigkeit, als unsachgemäßes, der Gefahr nicht angepasstes Verhalten, also die Pflichtwidrigkeit auf der Stufe der Rechtswidrigkeit an.
249 *OLG Naumburg* NJW-RR 2003, 677.
250 *BGH* NJW 1996, 1828 = NZV 1996, 277 = VersR 1996, 772 = ZfS 1996, 250.
251 § 4 Abs. 1 Satz 1 StVO verlangt, den Abstand vom vorausfahrenden Fahrzeug in der Regel so groß zu halten, dass hinter ihm gehalten werden kann, wenn es plötzlich gebremst wird.
252 *BGH* NJW-RR 2007, 680 = NZV 2007, 354 = VersR 2007, 557 = r+s 2007, 166 = ZfS 2007, 378.
253 Gegen Erschütterung des Anscheins insoweit *KG* DAR 1995, 482.
254 *KG* DAR 2005, 157 = KGR 2005, 99.

Stichwort	Besondere Umstände zur Eingrenzung typischer Geschehensabläufe
	dahin, dass der Nachfolgende aufgefahren sein muss. Der Beweis für die ernsthafte Möglichkeit eines anderen (Unfall-) Ablaufs ist geführt – der Anschein also erschüttert –, wenn nachgewiesen wird, dass ein Fahrzeug vorausgefahren ist, welches nach seiner Beschaffenheit geeignet war, dem Nachfahrenden die Sicht auf das Hindernis zu versperren, dass dieses Fahrzeug erst unmittelbar vor dem Hindernis die Fahrspur gewechselt hat und dass dem Nachfahrenden ein Ausweichen nicht mehr möglich oder erheblich erschwert war.[255] So verhält es sich auch, wenn der Nachfolgende nachgewiesen hat, dass der Vorausfahrende unvorhersehbar und ohne Ausschöpfung des Anhalteweges „ruckartig" – z. B. infolge einer Kollision – zum Stehen gekommen und dann der Aufprall erfolgt ist.[256] Ist ein solcher Umstand unstreitig, fehlt bereits die Typizität der Unfallkonstellation und damit die Voraussetzung für eine Anwendung des Anscheinsbeweises.[257] Das bloße Ausweichmanöver des Auffahrenden erschüttert den gegen ihn sprechenden Anscheinsbeweis nach Ansicht des *OLG Düsseldorf*[258] aber nicht. Beruft sich der Auffahrende auf ein Versagen der Bremsvorrichtungen, hat er das zu beweisen.[259] Zur **Schiffskollision** spricht gegen die Schiffsführung der Anschein für sein Verschulden zum Auffahren auf ein anderes Schiff.[260] Für den auf ein Fahrzeug im Gleisbereich auffahrenden **Straßenbahnfahrer** gilt aber zum Auffahren angesichts des Vorrangs gem. §§ 2 Abs. 3, 9 Abs 3 StVO[261] kein Anschein.[262] Ggfs. müssen – darüber hinaus – weitere Umstände vorgetragen werden, die unter Beachtung der Betriebsbedingungen bei Typizität des Ablaufs ein Verschulden des Straßenbahnfahrers erschließen.
Auffahren – Not-, Vollbremsung	Das plötzliche scharfe Bremsen des Vorausfahrenden muss der Hinterherfahrende grundsätzlich einkalkulieren. Der Stillstand des Vorausfahrenden durch Not- oder Vollbremsung erschüttert den Anschein also nicht.[263]
Auffahren – provoziert	Wer plötzlich ohne verkehrsbedingten Grund sein Fahrzeug absichtlich scharf abbremst, um den nachfolgenden Verkehr zu disziplinieren, hat für die Schadensfolgen des Auffahrunfalls mit dem nachfolgenden Kfz in vollem Umfang selbst einzustehen. Der gegen den Auffahrenden sprechende Anscheinsbeweis schuldhafter Unfallverursachung ist durch den in dieser Weise provozierten Auffahrunfall widerlegt.[264] Der Anschein wird aber durch eine Vermutung, das Auffahren sei provoziert worden nicht ent-

---

255 *BGH* NJW-RR 1989, 670 = NZV 1989, 105 = VersR 1989, 54 = DAR 1989, 23.
256 *BGH* NJW 1987, 1075 = VersR 1987, 358.
257 *OLG Frankfurt* NJW 2007, 87 = VersR 2006, 668 = ZfS 2006, 259.
258 NZV 2006, 200.
259 Vgl. innerhalb eines Mietverhältnisses, aber mit darüber hinausgehender Erkenntniskraft *OLG Düsseldorf* MDR 2003, 215 = ZMR 2003, 29.
260 *OLG*-Rheinschifffahrtsobergericht – *Köln* VersR 1979, 439.
261 Der Vorrang ist wegen der fehlenden Ausweichmöglichkeit infolge Schienengebundenheit und des technisch bedingten langen (relativ längeren) Bremswegs infolge (vergleichsweise) geringer(er) Bremsverzögerung unabweisbar.
262 *OLGR Karlsruhe* 1999, 86.
263 Zur hälftigen Haftung des Auffahrenden im Fall des plötzlichen Bremsens des Vordermannes angesichts eines aus einem Parkplatz ausfahrenden Fahrzeugs *LG Berlin* SP 2006, 380.
264 *OLG Düsseldorf* SVR 2006, 467.

Stichwort	Besondere Umstände zur Eingrenzung typischer Geschehensabläufe
	kräftet, wenn die Schwangerschaft (6. Woche) einer Insassin des vorausfahrenden Autos die absichtliche Herbeiführung eines Unfalls ganz unwahrscheinlich macht.[265]
Doppel-, Ketten-, Serienauffahrunfall	Zum Erstanstoß ist auch beim anschließenden Serienauffahrunfall von einer prima-facie-Beweislage auszugehen. Danach fehlt es aber an einer Typik des Geschehens. Der Folgebeteiligte kann wegen Unachtsamkeit oder zu kurzen Sicherheitsabstands (Verschulden wäre zu bejahen), aber auch (unverschuldet) wegen einer überraschenden Bremswegverkürzung durch den Erstunfall oder gar durch ein Aufschieben seitens des ihm weiter Nachfolgenden mit dem Heck des erstbeteiligten Fahrzeugs kollidiert sein. Bei Unaufklärbarkeit weist nichts auf einen Ablauf im Sinne der Variante hin[266], in der dem Zweitbeteiligten „als Erstauffahrenden" ein Verschulden anzulasten wäre.
Auffahren: Kolonnenverkehr	Steht die Kollision mit dem vorausfahrenden Fahrzeug fest, entfällt ein typischer Ablauf als Grundlage für den Anschein mit Schluss auf ein Auffahrverschulden beim Kolonnenverkehr unter Wahrung der Regeln für das Verhalten innerhalb einer Kolonne.[267]
Auffahren: Fahbahn,-Spurwechsel	Zur Kollision mit dem nachfolgenden Fahrbahn unmittelbar nach einem Fahrbahnwechsel der Anschein dahin, dass die Sorgfaltspflicht beim Spurwechsel missachtet worden ist.
Auffahren Radfahrer	Fährt ein Fahrrad voraus, spricht kein Anschein für das Verschulden des nachfolgenden Pkw-Fahrers[268], wenn die Möglichkeit nahe liegt, dass der Radfahrer erst in die Fahrspur des Pkws eingebogen ist, als sich der Pkw-Fahrer darauf nicht mehr einstellen konnte.
Aufsicht	Wenn eine Stützmauer aufgrund fehlender Drainage und unzureichender Gründungstiefe einzustürzen droht, spricht der typische Geschehensablauf dafür, dass der Architekt die Errichtung pflichtwidrig (fehlerhaft) überwacht hat.[269] Der Architekt hat also die Überwachungsmaßnahmen darzustellen, erst wenn die ordnungsgemäße Wahrnehmung der geschuldeten Bauaufsicht substanziiert vorgetragen ist, ist die Erschütterung des Anscheins zu überprüfen.[269]
Ausfahren aus Grundstück	Gegen denjenigen, der beim Ausfahren aus einem Grundstück mit dem fließenden Verkehr kollidiert, spricht der Anschein schuldhafter Unfallverursachung. Wenn ein (Mit-)Verschulden des Unfallgegners nicht nachzuweisen ist, tritt sogar dessen Haftung aus Betriebsgefahr zurück.[270]

---

265 *LG Bremen* NJW-RR 2005, 1050, Berufung d. Kl zurückgewiesen, *OLG Bremen* Urt. v. 12.4.2005, 3 U 72/04.
266 S. *Greger* in NZV 1995, 489 und *Lepa* in NZV 1992, 130.
267 *OLG Düsseldorf* VersR 1999, 729, 739.
268 *OLG Oldenburg* VersR 1992, 842, *BGH* NA-Beschl. v. 9.7.1991.
269 *BGH* NJW 2002, 2708 = NZBau 2002, 574 = BauR 2002, 1423.
270 *OLG Celle* NJW-RR 2003, 1536.

Stichwort	Besondere Umstände zur Eingrenzung typischer Geschehensabläufe
Einfahren	Der in die Autobahn Einfahrende hat dem Verkehr auf der durchgehenden Fahrbahn Vorfahrt zu gewähren (§ 18 Abs. 3 StVO), er muss den Beschleunigungsstreifen so ausnutzen, dass ihm entsprechender Kontrollblick möglich ist. Der bevorrechtigte Verkehrsteilnehmer darf auf die Beachtung seiner Vorfahrt vertrauen. Kommt es in einem unmittelbaren räumlichen und zeitlichen Zusammenhang mit einer Vorfahrtsverletzung zu einem Unfall, trifft den Wartepflichtigen deshalb der Anschein schuldhafter Vorfahrtverletzung mit der Folge, dass er – regelmäßig – den gesamten Schaden zu tragen hat.[271]
Ein- oder Aussteigen	Zum Unfall im unmittelbaren örtlichen und zeitlichen Zusammenhang mit dem Ein- oder Aussteigen spricht der Beweis des ersten Anscheins dafür, dass der Ein- oder Aussteigende seine gesetzlichen Sorgfaltspflichten nicht beachtet hat.[272]
Fahrstreifen-, Spurwechsel	Zur Kollision von Kfz im unmittelbaren zeitlichen und örtlichen Zusammenhang mit einem Fahrstreifenwechsel des Vorausfahrenden spricht der Anscheinsbeweis für dessen „Wechselverschulden".[273] Ist ein Auffahren wegen Spurwechsels des Vorausfahrenden mit Bremsverzögerung möglich[274] bzw. ein Spurwechsel mit grundlosem Abbremsen unmittelbar vorausgegangen,[275] fehlt es an der Basis für den Anschein zu Lasten des Auffahrenden. Es ist kein Ausscheren aus einer Kolonne bzw. kein Fahrstreifenwechsel ohne die erforderliche Beachtung des rückwärtigen Verkehrs gegeben, wenn der überholende Fahrer den Fahrstreifen „abrupt nach links" wechselt und „mit unverminderter Geschwindigkeit auf dem linken Fahrstreifen weiterfährt", während zeitgleich innerhalb eines maximal etwa 1,25 Sekunden dauernden Vorgangs der andere Beteiligte den Fahrstreifen ebenfalls nach links verlassen hat, „nachdem er sich vergewissert gehabt hat, dass der linke Fahrstreifen frei" war.[276]
Fußgängerunfall	Zum Zusammenstoß mit dem 8-Jährigen, der auf der Fahrbahn getreten ist, spricht der Anschein (u. U.) dafür, dass der Pkw-Fahrer nicht die erforderliche Aufmerksamkeit gewahrt hat.[277]
Gegenfahrbahn	Gerät ein Fahrzeug ohne ersichtlichen Grund von gerader, übersichtlicher, ausreichend breiter, gut ausgebauter Straße auf die Gegenfahrbahn, zeigt der Anschein das Verschulden[278], s. weiter unter Abkommen von der Fahrbahn.
Glätte	Rutscht das Rad aus ungeklärter Ursache bei reifglatter Fahrbahn weg und gerät in die Fahrspur eines mit zu geringem Seitenabstand überholenden Pkw, spricht der Anschein nicht für einen vermeidbaren Fahrfehler des jugendlichen Radfahrers[279].

---

[271] KG MDR 2008, 81.
[272] KG NZV 2005, 196 = DAR 2004, 585 = KGR 2004, 485 und KG DAR 2005, 217 = KGR 2005, 177.
[273] KG 2.10.2003, 12 U 53/02.
[274] OLG Hamm MDR 1998, 712.
[275] OLG Frankfurt NZV 2006, 585.
[276] OLG Celle vom 19.12.2007 14 U 106/07.
[277] OLG Stuttgart VersR 1989, 643, BGH NA-Beschl. v. 31.1.1989. Der erwachsene, nicht hilfsbedürftige Fußgänger, der § 25 Abs. 3 StVO missachtet, sollte freilich jedenfalls dann allein haften, wenn er die Fahrbahn erst ganz kurz vor dem herannahenden Fahrzeug betritt.
[278] OLG Hamm NZV 1993, 354.
[279] KG MDR 1999, 864.

Stichwort	Besondere Umstände zur Eingrenzung typischer Geschehensabläufe
Infektion	Im Fall einer Infektion[280] spricht der Anschein für den Sorgfaltsverstoß[281], soweit die Schädigerseite einwendet, die Infizierung sei nicht erkennbar gewesen. Kausalitätsbezug hat die Frage, ob eine Keimübertragung so vor sich gegangen sein kann, dass es bei Anwendung aller zumutbaren Präventivmaßnahmen unmöglich gewesen wäre, sie zu verhindern.
Kreisverkehr	Einen Anscheinsbeweis gibt es nicht zum Unfall im Kreisverkehr, wenn nicht feststeht, welcher von zwei Unfallbeteiligten den Kreisverkehr mit seinem Fahrzeug zuerst erreicht hat.[282]
Kreuzungs-, Vorfahrts- bzw. Vorrangverletzung	Kommt es im Bereich einer Einmündung oder Kreuzung zu einem Verkehrsunfall, spricht – zur Standardsituation – der Anschein für die Sorgfaltpflichtverletzung des Wartepflichtigen.[283]
Linksabbiegen	Gem. § 9 Abs. 2 Satz 3 StVO muss, wer links abbiegen will, entgegenkommende Fahrzeuge durchfahren lassen. Infolgedessen spricht für das Verschulden des Abbiegenden der Anscheinsbeweis.[284] Wer der Wartepflicht nicht genügt, hat konsequenterweise zugleich in aller Regel jedenfalls den größeren Teil der Unfallfolgen zu tragen, weil die Verletzung des Vorfahrtrechts des geradeaus Fahrenden einen schweren Schuldvorwurf begründet. Ein Anscheinsbeweis für die Sorgfaltspflichtverletzung des Linksabbiegers, der mit einem links überholenden Fahrzeug zusammenstößt, ist jedoch nicht auf den Abbiegevorgang stützen, wenn der von hinten kommende Fahrer zwei vor ihm befindliche Fahrzeuge in einem Zuge zu überholen versucht.[285]
Schleudern	Schleudert das Kfz auf eis- oder schneeglatter Fahrbahn und verunfallt sodann, spricht der Anschein dafür, dass der Fahrer die Geschwindigkeit nicht wie geboten angepasst hat[286]; s. auch unter Glätte.
Verkehrssicherungspflicht	Die Duldung des objektiv pflichtwidrigen, offensichtlich gefährlichen Zustands erschließt mittels Anscheins das Verschulden.[287]
Vortäuschung eines Unfallgeschehens – Unfallmanipulation	Die Häufung von Beweisanzeichen für eine Manipulation nimmt grundsätzlich – nur – Einfluss unmittelbar auf die tatrichterliche Überzeugung. Ein Anscheinsbeweis für einen „gestellten" Unfall hält jedoch das *OLG Celle* für möglich und zwar angesichts einer „typischen Gestaltung für einen manipulierten Unfall nach dem Berliner Modell".[288] Dann hat der Kläger den gegen ihn sprechenden Anschein der Manipulation zu entkräften.

---

280 Bei der Frage nach einer Infizierung eines Patienten aus dem Bereich einer Arztpraxis heraus.
281 *OLG Koblenz* NJW-RR 2006, 1401 als Vorinstanz zu *BGHZ* 171, 358 = NJW 2007, 1682 = VersR 2007, 847.
282 *LG Detmold* DAR 2005, 222.
283 *BGH* NJW 1982, 2668; *KG* NZV 2002, 80.
284 *BGH* NJW-RR 2007, 1077.
285 *OLG Hamm* NZV 2007, 77 in Abgrenzung zu *KG* NZV 2003, 89 = MDR 2003, 507.
286 *OLG Brandenburg* Urt. v. 19.4.2007, 12 U 136/06.
287 *OLG Köln* VersR 2002, 859.
288 *OLG Celle* NJOZ 2008, 245.

Pflichtwidrigkeit, Rechtswidrigkeit, Sorgfaltswidrigkeit **1**

Stichwort	Besondere Umstände zur Eingrenzung typischer Geschehensabläufe
Wartepflicht	Zum Unfall im Kreuzungsbereich mit Ampeln kann ein Anscheinsbeweis ausscheiden, wenn die Unfallgegner darüber streiten, wer von ihnen bei grün in die Kreuzung eingefahren ist und wer das für ihn geltende Rotlicht missachtet hat.[289]
Wenden	Zur Kollision im Zusammenhang mit einem Wendemanöver spricht der Anschein dafür, dass der Wendende den Geboten des § 9 Abs. 5 StVO nicht entsprochen hat.[290] Die Typizität des Ablaufs stellt eine überhöhte Annäherungsgeschwindigkeit nicht in Frage. Diese kann aber dafür bedeutsam sein, ob der Anscheinsbeweis zu erschüttern ist.[291]

bb) Umstände außerhalb des Geltungsbereichs eines Anscheinsbeweises

Es gibt keinen Anscheinsbeweis zum 317

- **Gewicht des Verschuldens**, also der Frage, ob ein Verschulden besonders schwer wiegt und deshalb als grob fahrlässig[292] einzustufen ist;

- **Individualvorgang** bzw. zu individuellen Folgen eines Ereignisses, denn die Lebenserfahrung kann eo ipso kein bestimmtes menschliches Verhalten als typisch ausweisen, das kann nur die Statistik, die zum Individuum keinen Aufschluss gibt (geben kann), sondern vertypt. Allenfalls ganz ausnahmsweise[293] deutet der erste Anschein auf bestimmtes menschliches (vernünftiges) Verhalten als Reaktion nach richtiger Beratung bzw. Aufklärung über alle Risiken einer Behandlung hin;

- **Pflichtenverstoß** oder zur Pflichtwidrigkeit bzw. Pflichtverletzung; beachte aber Rn. 281;

- **Schaden**;

- **Vorhandensein** oder Nichtvorhandensein einer **Gefahr**enstelle, s. aber Rn. 316 zur Verkehrswidrigkeit (Rechtswidrigkeit);

- **Vorsatz**[294] bzw. zur vorsätzlichen Verwirklichung einer i. S. d. § 823 Abs. 2 BGB relevanten Straftat[295];

- individuellen **Willensentschluss** (bestr.) bzw. zu inneren Vorgängen bzw. relevanten subjektiven Momenten;

- **Zustand**[296] oder zur Eigenschaft als Halter bzw. Täter, ggfs. freilich bezogen auf einen äußeren Vorgang als solchen.

---

289 *BGH* NJW-RR 1992, 350 = VersR 1992, 203; NJW 1996, 1405 = VersR 1996, 513.
290 *OLGR Saarbrücken*: 2005, 481 = MDR 2005, 1287.
291 *BGH* DAR 1985, 316.
292 *BGH* NJW-RR 1986, 705, 706.
293 Immer steht zu individuellen, persönlichen Entscheidungen und Vorgehnsweisen der Indizienbeweis offen.
294 Zur Herbeiführung eines Versicherungsfalles beachte *BGHZ* 104, 256 = NJW 1988, 2040.
295 BGH NJW 2002, 1643 = VersR 2002, 613.
296 Beachte aber zur speziellen Lage im Transportrechtsverhältnis *BGH* NJW-RR 2003, 754 = TranspR 2003, 156, *OLG Koblenz* VersR 2007, 1009: Aus einer Handelsrechnung bzw. dem einer unverschlossenen Sendung beigefügten Lieferschein ist der Anschein herzuleiten, dass sich die auf dem Lieferschein bzw. in der Handelsrechnung aufgeführten Gegenstände in der Sendung befunden haben. Der Transporteur muss den Anscheinsbeweis entkräften.

318

Stichwort	Besondere Umstände
Einhaltung eines Seitenabstands	Kippt der ohnmächtig gewordene Fußgänger mit relativ gestrecktem Körper nach rechts zur Fahrbahn hin und wird er im Fallen von der rechten Ecke des vorderen Stoßfängers eines Pkws erfasst, gestattet der Anschein nicht den Schluss dahin, dass der Kraftfahrer einen zu geringen Seitenabstand gewählt hat.[297]
Entscheidungsabläufe	Im Fall des Verstoßes gegen eine anwaltliche Beratungspflicht spricht zu Gunsten des Mandanten die Erfahrung, dass er sich bei vertragsgerechtem Handeln des Beauftragten beratungsgemäß verhält, wenn im Hinblick auf die Interessenlage oder andere objektive Umstände eine bestimmte Entschließung des zutreffend informierten, vernünftig urteilenden Mandanten mit Wahrscheinlichkeit zu erwarten gewesen wäre.[298] Kommen ernsthaft verschiedene Handlungsweisen mit unterschiedliche Risiken und Vorteilen in Betracht – besteht also nicht nur eine einzige verständige Entschlussmöglichkeit – ist indessen grundsätzlich kein Raum für einen Anscheinsbeweis.[299]
Folgen fehlender Fahrerlaubnis	Dafür, dass eine überhöhte Geschwindigkeit mit der fehlenden Fahrerlaubnis in Zusammenhang stehen kann (könnte), spricht kein Satz der Lebenserfahrung.[300]
Herstellung und Vertrieb von Waren	Die ohne Auftrag des Nutzungsberechtigten erfolgte Herstellung und Veräußerung von Schallplattenhüllen begründet grundsätzlich den Beweis des ersten Anscheins dafür, dass Schallplatten in einem der Anzahl der Plattenhüllen entsprechenden Umfang hergestellt und vertrieben worden sind.[301]
Höhenbegrenzung	Das Durchfahren einer Brückenunterführung mit einem deutlich die erlaubte Durchfahrtshöhe überragenden Lkw samt Ladung ist zumindest grob fahrlässig.[302]
Schadenseintritt	Zu Art und Umfang eines Schadens sagt die Lebenserfahrung, dass durch einen Auffahrunfall – nur – das Heck des vorausfahrenden Fahrzeugs beschädigt wird. Die bloße Vermutung, es könne am Heck einen unreparierten Vorschaden gegeben haben, besagt demgegenüber gar nichts.[303] Hinsichtlich eines Frontschadens kann es dagegen so gewesen sein, dass der Vorausfahrende aufgefahren ist, oder so, dass er durch den Aufprall von hinten auf das weiter Fahrzeug aufgeschoben worden ist. Dazu gibt es keine Typizität.
Vorhandensein einer Gefahrenstelle	Für die Richtigkeit der Behauptung, es sei in unmittelbarer Nähe des Sturzes eine Gefahrenstelle vorhanden gewesen, kommt dem Geschädigten keine Erleichterung über den „ersten Anschein" zugute.[304] Regelmäßig hat jedoch die verkehrssicherungspflichtige Person zu ihrer Entlastung darzulegen und zu beweisen, ob und welche Maßnahmen zur Abwehr der konkreten Gefahr getroffen worden sind.[305]

---

[297] *OLG Düsseldorf* r+s 2000, 65, *BGH* NA-Beschl. v. 8.6.1999.
[298] *BGH* NJW-RR 2006, 923 = WPM 2006, 927.
[299] *BGH* NJW 2007, 569.
[300] *BGH* NJW 2007, 506 = NZV 2007, 190 = r+s 2007, 76 = VersR 2007, 263 = DAR 2007, 201 = ZfS 2007, 263.
[301] *BGHZ* 100, 31 = NJW 1987, 2876.
[302] *OLG Koblenz* NJOZ 2007, 3869.
[303] *LG Bremen* NJW-RR 2005,1050, Berufung d. Kl zurückgewiesen, *OLG Bremen* Urt. v. 12.4.2005, 3 U 72/04.
[304] Zutreffend *OLGR Bremen* 2005, 802.
[305] Beachte *BGH* NJW 1986, 2757 = VersR 1986, 765 zur Auswahl eines für einen Großmarkt geeigneten Fußbodens und s. insofern weiter *BGH* NJW 1994, 2617 = VersR 1994, 1128.

Ein Anscheinsbeweis erstreckt sich niemals auf die Haftungsabwägung (Gewichtung, Quotierung) bzw. eine „Schuldverteilung".[306]   319

Beim Auffahren auf ein **abgestelltes**, unzureichend beleuchtetes **Fahrzeug** kann es zur Alleinhaftung des Auffahrenden[307] oder zur Schadensteilung[308] kommen.   320

Bleibt ungeklärt, ob es um eine klare **Auffahrsituation** geht, und ist ungeklärt, ob sich der Unfall in unmittelbarem zeitlichen und örtlichen Zusammenhang mit einem für sich gesehen unstreitigen **Fahrstreifenwechsel** des angestoßenen Fahrzeugs ereignet hat, teilt das KG den Schaden hälftig.[309] Dies mag im Einzelfall überzeugen. Denn wenn allen Beteiligten kein Verschulden nachgewiesen ist bzw. nachzuweisen ist, liegt die Haftungsverteilung von 1:1 (50:50) nahe wegen beiderseitiger Betriebsgefahren. Sind die Betriebsgefahren aber unterschiedlich hoch – z. B. wegen unterschiedlicher Geschwindigkeit oder unterschiedlicher Masse – muss dies in die Abwägung einfließen, also z. B. auch ein Umstand, dass der von hinten Heranfahrende eine höhere Betriebsgefahr hat wegen hoher Geschwindigkeit.   321

cc) Entlastung vom Verschulden zum Schadensfall im eigenen Gefahrenbereich

Pflichtverletzung und Vertretenmüssen dieses Pflichtenverstoßes sind theoretisch deutlich zu unterscheiden.[310] Jedenfalls sind Bejahung oder Verneinung einer Pflichtverletzung unabhängig von der Feststellung oder Verneinung der Verletzung der Sorgfaltspflicht (des Sorgfaltsverstoßes) i. S. d. § 276 Abs 2 BGB.   322

Das Prinzip der Beherrschung des **Gefahrenbereichs** des Pflichtigen ist früher entsprechend dem Rechtsgedanken des § 282 BGB a. F. zum „Vertretenmüssen" herangezogen worden (Gefahrenbereichslehre): Der Schuldner hat zu beweisen gehabt, dass er die objektiv feststehende und zu einem Schaden führende Pflichtverletzung nicht zu vertreten hat, d. h. das **Verschulden auszuräumen** gehabt, wenn die alleinige Schadensursache in seinem Gefahren-, Verantwortungsbereich gelegen hat.[311]   323

Sinn und Zweck des § 282 BGB a. F. war es, der Beweisnot des geschädigten Gläubigers betreffend des Vertretenmüssens abzuhelfen.[312] Beweisrechtlich knüpft dies daran an, dass nur der im/ zum Gefahrenbereich Berechtigte in der Lage ist, die näheren Umstände einer Schadensentstehung in diesem seinem (Herrschafts-) Bereich darzulegen und zu beweisen. Materiellrechtlich zeigt sich ein Verantwortungsbereich, der das Einstehenmüssen legitimiert, ohne eine Zufallshaftung zu begründen. Dafür müssen Pflichtverletzung, Kausalität und Schaden feststehen, wenn der Geschädigte einen Ersatzanspruch durchsetzen will.   324

Nun weist § 280 Abs.1 Satz 2 BGB dem schädigenden Vertragsschuldner die Darlegungs- und Beweislast für das Nichtvertretenmüssen zu. Er hat den Entlastungsbeweis zum Verschulden zu führen, wenn es zu seiner i. S. d. §§ 241, 280 BGB feststehenden Pflichtverletzung darum geht, ob er die zum Schaden führende Pflichtverletzung nicht zu vertreten hat. Zur Entlastung können der   325

---

306 *OLG Naumburg* NZV 1995, 73.
307 *OLG Koblenz* DAR 1977, 325.
308 *OLG Celle* SVR 2004, 271: Unbeleuchtet auf Landstraße abgestellter Lkw-Anhänger, Haftungsquote (bei doppeltem Verkehrsverstoß: Beleuchtungsgebot und Parkverbot) „nur" 60%.
309 *KG* DAR 2005, 157 = KGR 2005, 99.
310 Inwiefern die grundsätzlich vom Geschädigten darzulegende objektive Pflichtverletzung i. S. d. § 280 Abs.1 BGB und die objektive Sorgfaltspflichtverletzung nach § 276 BGB deckungsgleich (sogar identisch) sind oder jedenfalls bei nicht erfolgsbezogenen Leistungspflichten und vor allem bei Schutzpflichten zusammenfallen, bleibt hier im Einzelnen auf sich beruhen.
311 *BGH* NJW 2000, 2812.
312 *BGHZ* 46, 260 = NJW 1967, 622.

Beweis des ersten Anscheins und Erfahrungen des Lebens ausgewertet werden. Ein non liquet genügt aber nicht.[313]

326 § 280 Abs. 1 Satz 2 BGB wird dabei zunehmend als materielle Einwendung[314] und nicht mehr – wie § 282 BGB a. F. – (nur) als prozessuale Beweislastumkehrregel verstanden.

327 Die Beweislastzuordnung nach Gefahrbereichen gilt grundsätzlich nicht für deliktische Ansprüche.

328 Zur Verletzung einer **Aufklärungs-, Beratungspflicht** im Sinne der Schlechterfüllung einer den in Anspruch Genommenen treffenden (Verhaltens-) Pflicht hat der geschädigte Gläubiger darzulegen und zu beweisen, in welchem Verhalten die Pflichtverletzung zu sehen ist und wie der Pflichtige hätte handeln sollen. Der Pflichtige hat sodann zu beweisen, dass er die geschuldete Handlung vorgenommen hat[315]; zur Kausalität s. Rn. 232, 317. Eine teilweise abweichende Rechtsprechung zur Beweislast bei Steuerberatungsverträgen hat der *BGH* aufgegeben.[316]

329 Bei Verwirklichung von Risiken durch den **Betrieb** der Arztpraxis oder der Klinik, die durch sachgerechte Organisation und Koordinierung des Behandlungsgeschehens objektiv voll beherrscht werden können (voll beherrschbare Risiken), trägt der Rechtsgedanke des § 280 Abs. 1 Satz 2 BGB, wonach die Darlegungs- und Beweislast für Verschuldensfreiheit bei der Behandlungsseite liegt[317].

330 Ist Inhalt der Vertragsschuld eine Dokumentation, kann aus fehlender Dokumentation auf die unterbliebene Aufklärung oder Beratung geschlossen werden, so dass der Schuldner zu belegen hat, trotzdem aufgeklärt und/oder beraten zu haben; zu Befunden s. auch Rn. 268.

331 Wenn **Hygienegebote** nicht oder nicht mit der notwendigen Sorgfalt beachtet worden sind, gibt es angesichts der feststehenden, wenn auch nur möglicherweise schadensursächlichen ärztlichen Hygienefehler[318] keinen Anlass, den Arzt haftungsfrei zu lassen und den Patienten mit dem Risiko einer eingetretenen Infektion zu belasten, der den Betrieb der Praxis des Arztes nicht überschauen kann und sich deshalb in einer durch ihn selbst nicht behebbaren Beweisnot für den Nachweis befindet, dass der Schaden bei Wahrung der gebotenen Hygiene vermieden worden wäre. Infolgedessen hat der Arzt nachzuweisen, dass der Patient gleichermaßen geschädigt worden wäre, wenn es keine Hygienemängel gegeben hätte, also eine davon unabhängige Kausalkette bestanden hat. Das gilt jedenfalls, wenn eine solche alternative Schadensentstehung keine überwiegende Wahrscheinlichkeit für sich hat.

332 Als vom Arzt bzw. Klinikpersonal voll beherrschbarer Gefahrenbereich gilt grundsätzlich die ordnungsgemäße Lagerung eines Patienten und deren Überwachung während der Operation in Vollnarkose zur Vermeidung von **Lagerungsschäden**. Grundsätzlich hat also der wegen eines Lagerungsschadens in Anspruch genommene Klinikträger den Beweis zu führen, dass ein Lagerungsschaden nicht durch eine falsche Lagerung während der Operation verursacht worden ist. Für die Anwendung dieses (Ausnahme-)Grundsatzes ist jedoch kein Raum, wenn der Patient infolge körperlicher Anomalie für den eingetretenen Schaden anfällig (gewesen) ist. Bei einem solchen Risikofaktor beim Patienten, der von den behandelnden Ärzten vor der Operation nicht erkannt werden konnte, ist der Gefahrenbereich der ordnungsgemäßen Lagerung des Patienten vom Arzt nicht mehr voll beherrschbar, so dass dann der Patient nachzuweisen hat, dass die Lagerung Ursache des später eingetretenen Schadens war.[319]

---

313 *BGH* NJW 2002, 2708 = NZBau 2002, 574 = BauR 2002, 1423.
314 Näher u. a. *Zieglmeier* in JuS 2007, 701.
315 *BGH* NJW 1996, 2571 = VersR 1996, 1423; NJW-RR 2006, 1345 = VersR 2006, 1400.
316 *BGH* NJW-RR 2006, 1345 = VersR 2006, 1400.
317 *BGHZ* 171, 358 = NJW 2007, 1682, dazu *Jungbecker* in VersR 2007, 847.
318 So *OLG Koblenz* NJW-RR 2006, 1401 als Vorinstanz zu *BGH* NJW 2007, 1682, mit der weiteren Erwägung: Vielmehr sei es umgekehrt Sache des Arztes, den Beweis zu erbringen, dass der Schaden unter diesen Umständen ebenso eingetreten wäre.
319 *OLG Jena* GesR 2007, 404 = *OLGR* Jena 2007, 677.

5. Grenzen der Zurechnung von Veränderungen

Allgemeinverbindliche Grundsätze gibt es weder zur Bejahung noch zur Verneinung des Zurechnungszusammenhangs. Es kommt auf eine wertende Betrachtung der Umstände des Einzelfalls an.

333

Die Zurechnung endet,
- wenn kein einheitliches Schadensrisiko besteht,
- das von dem Ersteingriff her gesetzte Schadensrisiko abgeklungen ist,
- die Zweitursache die Erstursache verdrängt,
- der Ersteingriff bzw. -vorgang (ggfs. auch die Pflichtwidrigkeit eines Vertragsschuldners) nur den äußeren Anlass für ein ungewöhnliches Eingreifen eines Dritten oder des Geschädigten bildet;
- die Schadensentwicklung abgeschlossen ist.

334

a) Einflüsse durch die betroffene Person

Solange der eigene **Willensentschluss**, der zur Selbstgefährdung führt, von dem vorwerfbaren Tun des Schädigers **herausgefordert** ist und auf einer mindestens im Ansatz billigenswerten Motivation beruht, bleibt der Schädiger verpflichtet, den Schaden zu ersetzen, der infolge des durch die Herausforderung gesteigerten Risikos entsteht.[320]

335

Auch haftungsausfüllend wird der Kausalzusammenhang in diesen Grenzen nicht unterbrochen, wenn ein Willensentschluss der verletzten Person hinzukommt, der keine ungewöhnliche Reaktion darstellt, nicht vollständig frei und selbstständig, sondern herausgefordert ist und die Folgen des Entschlusses nach Art und Entstehung nicht außerhalb jeder Wahrscheinlichkeit liegen. Die Reaktion der dann verletzten Person kann sogar schon vor dem eigentlichen Schadensfall nahegelegt sein.[321]

336

Nicht ungewöhnlich oder gänzlich unangemessen ist es, wenn der dann Verletzte zum Schutz vor befürchteten Gewalttätigkeiten bei akuter Gefahrenlage einen Sprung aus dem Fenster wagt und die Selbstschutzmaßnahme auf der angebahnten Linie des Verhaltens des Schädigers liegt.[322]

337

Die Ablehnung der ärztlicherseits vorgeschlagenen Behandlung oder der Abbruch der Behandlung gegen den Rat des Arztes kann den Kausalzusammenhang unterbrechen bzw. die Zurechnung hindern.[323]

338

Bei dem Verletzten, der auf Grund verletzungsbedingter erheblichen Umstrukturierung der gewohnten Lebensbedingungen eine chronische Anpassungsstörung mit Angst und depressiver Reaktion erleidet und in weiterer Folge zum Drogenmissbrauch greift, weil der Drogenkonsum ihm eine subjektive Entlastung seiner psychischen Problematik bringt, stellen die Drogenabhängigkeit und die weiteren Folgen (z. B. ein Verdienstausfall wegen der Abhängigkeit) nach Ansicht des *OLG Koblenz*[324] dem Grunde nach ausgleichspflichtige weitere Unfallfolgen dar, also als immaterieller Schaden und ggfs. darüber hinaus als Erwerbsschaden.

339

---

320 *BGHZ* 132, 164 = VersR 1996, 715 = NJW 1996, 1533 (Haftung des Flüchtenden für den Schaden des verfolgenden Polizeibeamten), dazu *Kunschert* in NZV 1996, 485, *Teichmann* in JZ 1996, 1181, *LG Dortmund* ZfS 2000, 437 (Hautspende, Beeinträchtigungen der Spenderin).
321 *OLG Frankfurt* NZV 1997, 37; *BGH* NA-Beschl. v. 2.4.1996: Hochreißen des linken Beins vor dem Anstoß eines schleudernden Fahrzeugs, beim Anstoß sodann weitere Verletzung des degenerativ veränderten Knies, Meniskusabriss.
322 *BGH* FamRZ 2002, 947 = VersR 2002, 773 = NJW 2002, 2232 = ZfS 2002, 329.
323 *OLG Braunschweig* SVR 2004, 305, 306.
324 *OLG Koblenz* NJW 2004, 3567 = NZV 2005, 317.

340 Die betroffene Person kann nach freier Willensentschließung die persönlichen **Lebensumstände ändern**. Sie ist nicht – im Interesse des Schädigers – auf die Lebensführung im Zeitpunkt des Haftungsereignisses beschränkt. Sie darf andererseits den Schaden nicht willkürlich ausweiten. Über die spätere Entwicklung darf ihr mittels der Ersatzleistung des Schädigers jedoch nicht mehr zufließen, als sie ohne das Haftungsereignis gehabt hätte. Jeder Entschluss zur Änderung des Lebensplans und der Lebensgestaltung, der davon motiviert ist, einen höheren (Schadens-)Ersatz zu erhalten, jede ungewöhnliche Reaktion auf das haftungsbegründende Ereignis und danach unterbricht den Zusammenhang mit der Schädigung.

341 Hat die verletzte Person nach dem Erstunfall grob verkehrswidrig gehandelt und dadurch einen Zweitunfall bewirkt, ist gegenüber dem Erstschädiger der Zusammenhang zu verneinen bzw. wird der Kausalzusammenhang jedenfalls dann unterbrochen (Rn. 245), wenn die verletzte Person nicht durch den Erstunfall in Panik, Angst und Schrecken versetzt worden ist. Hat die verletzte Person die Zweitursache gesetzt, kann es zudem und jedenfalls um einen wegen Mitverursachung nicht zu ersetzenden Haftungsanteil gehen, Rn. 412 ff. Dies gilt auch dann, wenn das Handeln eines Dritten dem Verletzten zuzurechnen ist, § 254 Abs. 2 Satz 2 BGB.

b) Zweiteingriffe anderer Personen

342 Bei einem Fehlverhalten Dritter, für das der (Erst-)Schädiger nicht kraft besonderer Normen einzustehen hat, wird regelmäßig die Zurechnung der Folgen zu der (ersten) Schädigungshandlung nicht unterbrochen, wenn dieses Verhalten und der entsprechende Verursachungsanteil bei der zuvor geschaffenen Gefahrenlage erfahrungsgemäß vorkommt; s. auch Rn. 246 f.

343 Wer einen Verkehrsunfall verschuldet, kann für die Verletzungen haftbar sein, die ein Unfallbeteiligter dadurch erleidet, dass ein Dritter in die Unfallstelle hineinfährt.[325] Der Erstschädiger hat – ggfs. im Rahmen seiner Haftungsquote – auch den Schaden zu ersetzen, der auf einem Zwischenfall während der Behandlung oder einer ärztlichen Fehlbehandlung nach einem Verkehrsunfall beruht, wenn und soweit kein grober Behandlungsfehler vorliegt[326].

344 Am inneren Zusammenhang zwischen einem Schaden und der Pflichtverletzung eines Anwalts fehlt es z. B., wenn der Anwalt seinen Fehler im Verlauf des Prozesses berichtigt, das Gericht die Korrektur jedoch gar nicht zur Kenntnis nimmt und den Fehler zur Grundlage seiner Entscheidung macht[327], weil der anfängliche anwaltliche Fehler bei richtiger rechtlicher Beurteilung des letztlich zutreffend unterbreiteten Sachverhalts folgenlos geblieben, wertend betrachtet der eigentlich behobene Fehler des Anwalts also keinen inneren Kontext zur Fehlentscheidung des Gerichts und dem daraus letztlich resultierenden Schaden hat. Bei Fehlern des Gerichts kann die Zurechnung zum vorangegangenen Anwaltsfehler entfallen, wenn der Schadensbeitrag des Gerichts denjenigen des Anwalts soweit überwiegt, dass letzterer ganz dahinter zurücktritt.[328] Darüber hinaus fehlt es bei wertender Betrachtung an dem für die Zurechnung der anwaltlichen Pflichtverletzung notwendigen inneren Zusammenhang, wenn der Fehler des Anwalts schlechthin ungeeignet gewesen ist, die (schadensursächliche) gerichtliche

---

325 *BGH* NJW 1972, 1804 = VersR 1972, 1072, Anm. *Haberhausen* in NJW 1973, 1307.
326 Zur Haftung beim ärztlichen Behandlungsfehler auch für die Folgen des Fehlers des nachbehandelnden Arztes bis zur Grenze des völlig unsachgemäßen Verhaltens dieses Arztes vgl. BGH VersR 2003, 1128, 1130 m.w.Nachw.; zur Haftung des Unfallschädigers bei abnormer Erlebnisverarbeitung in Form einer Konversionsneurose mit schmerzhaftem Lähmungszustand und sensitive Störungen im Arm mit der Folge der Gebrauchsuntauglichkeit nach einem (vom Unfallschädiger zu verantwortenden) Armbruch mit Narkosezwischenfall beim ersten Operationsversuch (mit erheblicher Schmerzbelastung, vorübergehenden Sehstörungen und Bewusstlosigkeit sowie mehrtägiger Versorgung auf der Intensivstation) *OLG Hamm* NJW 1997, 804 = VersR 1997, 374 = NZV 1997, 272.
327 *BGH* NJW 1988, 486, beachte dazu *Zugehör* in NJW 2003, 3225, 3228.
328 *BGH* NJW-RR 2003, 850, 854.

Fehlentscheidung hervorzurufen. Der für die Zurechnung der anwaltlichen Pflichtverletzung notwendige innere Zusammenhang zum Schadensereignis entfällt aber auch, wenn ein vertragsgerechtes Verhalten des Anwalts gar nicht geeignet gewesen ist, die seinen Mandanten belastende gerichtliche Fehlentscheidung zu vermeiden.[329]

▶ Selbst der Vorsatz des Dritten trennt die Zurechnung nicht zwangsläufig, erst der nicht beeinflussbare Exzess. Umgekehrt kann der Zurechnungszusammenhang schon bei einem nicht vorsätzlichen Verhalten des Zweitunfallverursachers verneint werden. ◀ 345

Bleibt das Erstereignis für das Zweitverhalten unerheblich, besteht mit dem nachfolgenden Ereignis ein äußerer, als zufällig zu bewertender Zusammenhang und ist ein mit der früheren Schadenszufügung nicht mehr zusammenhängendes Geschehen in Gang gesetzt, hat der Erstschädiger nicht für die auf einen Zweiteingriff zurückzuführenden Folgen einzustehen.[330] 346

▶ Gibt das eigenständige Verhalten eines Dritten dem Geschehen eine Wendung, die die Wertung erlaubt, das mit dem Erstunfall gesetzte Risiko sei für den Zweitunfall von völlig untergeordneter Bedeutung, ist eine Haftung des Erstunfallverursachers nicht gerechtfertigt. ◀ 347

Der durch den **Retter** (Helfer) bewirkte Schaden einer anderen Person, ist dem Erstschädiger zuzurechnen, wenn die Hilfe der Situation entspricht, die der Erstschädiger verursacht hat. Dass die Hilfe schadet, statt zu nutzen, hindert die Zurechnung nicht. Das krasse Versagen des Helfers oder Retters liegt aber außerhalb des erstgeschaffenen Risikos (Rn. 334). 348

Die **Haftung** des **Zweitschädigers** für den Schaden, den er durch die von ihm bewirkte Körperverletzung ausgelöst hat, entfällt nicht, weil der Betroffene durch die schon vom Erstschädiger verursachte Körperverletzung im hohen Maße schadensanfällig gewesen ist. Sind bei einem Dauerschaden die Schadensteile nicht abgrenzbar, haftet der Zweitschädiger auch dann, wenn der Zweitunfall nur wahrscheinlich (§ 287 ZPO) mitursächlich geworden ist.[331] Auf eine richtungweisende Verstärkung der Beeinträchtigung kommt es nicht an. 349

c) Innerer Zusammenhang; Risikozusammenhang

Der Risikozusammenhang grenzt die Gefährdungshaftung ein. Der sachliche Schutzbereich ist nicht immer einfach zu erkennen. Daneben kann die Schutzgarantie personal begrenzt sein. 350

Bei der Gefährdungshaftung gilt wie bei der Verschuldenshaftung der Grundsatz, dass eine (frühere) **Gefahrerhöhung** irrelevant bleibt, die sich im schadensträchtigen Moment bereits wieder **neutralisiert** hat. Trotz naturwissenschaftlicher Kausalität und Adäquanz[332] fehlt es z. B. am haftungsbegründenden inneren Zusammenhang zwischen der Überschreitung der zulässigen Geschwindigkeit und einem Unfall, wenn sich nicht die Gefahr auswirkt, die der Fahrer gem. § 3 StVO zur Zeit der kritischen Verkehrslage zu vermeiden gehabt hat.[333] 351

Alle Folgen mit einer bloß zufälligen äußeren Verbindung zur Verletzung verbleiben bei der verletzten Person, ohne den Schädiger in Anspruch nehmen zu können, wenn und weil sich das allgemeine **Lebensrisiko** realisiert. Auf außergewöhnliche Folgen nach einer Schädigungshandlung mit Primärschädigung erstreckt sich die Einstandspflicht des Schädigers ausnahmsweise nicht. 352

---

329 *BGH* WPM 2008, 317 = ZIP 2008, 225.
330 *BGH* VersR 1997, 458 = NJW 1997, 865 = DAR 1997, 157.
331 *OLG Hamm* VersR 1996, 1371; *BGH* NA-Beschl. v. 19.3.1996.
332 *BGH* NJW 1986, 1329, 1331.
333 *BGH* VersR 1987, 821 = NJW 1988, 58 = DAR 1987, 265.

353 Wird einige Zeit nach einem Unfall bei verschiedenen ärztlichen Untersuchungen eine **Erkrankung entdeckt**, die mit den unfallbedingten Verletzungen nicht zusammenhängt, aber im zeitlichen Kontext zu Einkommensverlusten wegen vorzeitiger Pensionierung führt, bleibt die verletzte Person ersatzlos. § 823 Abs. 1 BGB will nicht verhindern und davor schützen, dass bis zu der Gesundheitsverletzung unerkannte Erkrankungen weiterhin verborgen bleiben.[334]

354 Vor **Behandlungserschwernissen** und **Komplikationen** infolge einer Alkoholkrankheit schützt § 823 Abs. 1 BGB nicht, anders als bei Erschwernissen infolge Bluterkrankheit[335] und beim Hervortreten einer Penicillinunverträglichkeit.[336] Die Beachtung des Alkoholverbots ist keine Auswirkung des Unfalls, sondern eine Gefahr aus dem Bereich der allgemeinen Lebensrisiken. Erhöhte Heilbehandlungskosten und erhöhter Verdienstausfall eines Unfallverletzten, die der alkoholkranken Person wegen des Alkoholverbots und -entzugs in einem Krankenhaus entstehen, sind vom Schädiger trotz adäquater Kausalität des wegen nicht auszugleichen.[337]

355 Das durch eine schädigende Handlung **aktivierte Leiden**, die Aktivierung der bestehenden Schadensanlage ändert – auch – unter dem Aspekt des Schutzbereichs der Haftungsnorm an der haftungsrechtlichen Zurechnung[338] des Schadens nichts; Rn. 182, 270. War der vorherige Zustand trotz einer Verletzung oder Verschleißerscheinung nicht mit Beschwerden verbunden, eine Vorschädigung also klinisch stumm, latent bzw. symptomlos, können alle nachher eingetretenen Beeinträchtigungen auf den Unfall zurückzuführen sein, wenn nicht eine andere Ursache in Betracht kommt.[339] Dagegen verneint das *OLG Frankfurt*[340] die Zurechenbarkeit, wenn das vor dem Unfall vorhandene objektive, subjektiv klinisch stumme Beschwerdebild nach dem Unfall subjektiv als solches wieder wahrgenommen wird, ohne dass eine unfallbedingte seelische Veränderung mit Absenkung der Schmerzschwelle festzustellen ist, die sich ihrerseits auf das Beschwerdebild auswirkt; s. weiter Rn. 69 und 1729.

d) Schutzzweck der Norm

356 Die Frage nach dem Schutzzweck betrifft u. U. schon Gesichtspunkte zur haftungsbegründenden Kausalität. Besonders wichtig wird der Schutzzweck bei der Bestimmung des Umfangs des zu ersetzenden Schadens.

357 Der Schutzzweck grenzt seit alters her die Haftung bei § 823 Abs. 2 BGB ein. Darüber hinaus ist heute zu fragen, ob die haftungsbegründende Norm sich ihrer Aufgabe nach auf den bewirkten Schaden bezieht.

358 Wird dem während eines Unfalls verletzten Fahrer wegen des Verdachts seiner alkoholbedingten Fahruntüchtigkeit die Fahrerlaubnis vorläufig entzogen, hat der Schädiger nicht die Vermögensnachteile für die Dauer des Entzugs der Fahrerlaubnis zu ersetzen. Denn das Risiko einer Alkoholkontrolle mit den ihr eigentümlichen Folge ist kein Risiko[341], das § 7 StVG oder/und § 823 BGB dem Unfallverursacher zuweisen. Die psychische Belastung bei der Schadensregu-

---

334 *BGH* VersR 1968, 800 = NJW 1968, 2287.
335 *OLG Koblenz* VersR 1987, 1225 = VRS 72, 403.
336 *OLG Hamm* VersR 1997, 330.
337 *OLG Braunschweig* VersR 1996, 715.
338 *OLG München* VersR 1991, 1391 = r+s 1991, 18.
339 *OLG Hamm* DAR 2000, 263 = OLGR 2000, 232 = SP 2000, 337; s. auch zum Schmerzensgeldanspruch des vorher beschwerdefreien Betroffenen wegen der Schmerzen und Beschwerden nach dem Verkehrsunfall unter Bejahung eines Auslöseeffekts *OLG Schleswig* NJW-RR 2004, 238.
340 NJOZ 2003, 3150.
341 Zur Entschädigung i. S. d. §§ 10, 13 StrEG wegen Verlustes des Arbeitsplatzes z. B. *OLG Schleswig* NJW-RR 2004, 599.

lierung³⁴² steht nicht im Zusammenhang mit dem Zweck des § 1 Abs. 2 StVO, Unfälle und insofern Personen- sowie Sachschäden zu vermeiden. Der Schlaganfall wegen der Erregung während der Unfallaufnahme wird dem Unfallverursacher deshalb nicht zugerechnet.

▶ Die Haftung – nur – innerhalb des Schutzzweckes der Norm grenzt die Einstandspflicht des Schädigers auf die Folgen im Bereich der konkreten Gefahren ein, auf die die einschlägige Norm oder der Vertrag – z. B. der Behandlungsvertrag mit einem Arzt – nach dem inneren Gebot oder Verbot bzw. der Verhaltenspflicht ausgerichtet ist. Es sind nur Folgen zu ersetzen, die durch Befolgung der verletzten gesetzlichen Regel bzw. der verletzten Vertragspflicht verhindert werden sollen. ◀ **359**

Nach Fehlern während einer vorgeburtlichen Beratung oder beim Abbruch einer Schwangerschaft und zu einer Sterilisation oder Familienplanung wird nur zu dem spezifischen Risiko gehaftet, das der behandelnde **Arzt** verhindern sollte und wollte, nicht zur Geburt eines unbeeinträchtigten Kindes schlechthin.³⁴³ Der Arzt hat m.a.W. den Unterhaltsaufwand für ein Kind dessen Eltern wegen **Verletzung des Behandlungs– oder Beratungsvertrages** nur zu ersetzen, wenn der Schutz vor solchen wirtschaftlichen Lasten Gegenstand des Vertrages gewesen ist, der Vertrag also darauf gerichtet ist, diese Belastung zu vermeiden³⁴⁴, s. auch Rn. 396. In den Schutzbereich des auf Schwangerschaftsverhütung gerichteten Vertrags zwischen Arzt und Patientin ist der eheliche und ggfs. auch ein nichtehelicher Partner einbezogen, der vom Fehlschlagen der Verhütung betroffen ist.³⁴⁵ Die Mutter, die bei fehlerhafter vorgeburtlicher Untersuchung oder anderen ärztlichen Fehlern nach der Geburt des schwerstbehinderten Kindes ihren Beruf aufgibt, kann den **Einkommensverlust** nicht ersetzt verlangen wie überhaupt der Verdienstausfall für die Zeit der Betreuung des Kindes nicht erstattungsfähig ist.³⁴⁶ **Betreuungs- und Pflegeleistungen** wurden früher durch den Ausgleich des Unterhaltsbedarfs in Höhe des doppelten Regelunterhalts abgedeckt, ggfs. neben dem Anspruch wegen des auf einer Behinderung beruhenden Mehrbedarfs³⁴⁷. Dann durfte der Tatrichter bei der Bemessung des Betreuungsunterhaltsschadens einen Zuschlag in Höhe des Barunterhaltsschadens mit 135 % des Regelsatzes der Regelbetrag-Verordnung als angemessenen ansehen, wenn nicht die Umstände des Falls abweichendes verlangen.³⁴⁵ Diese Haftung für die Belastung mit Unterhaltsansprüchen³⁴⁸ besteht unabhängig von der jeweiligen **Leistungsfähigkeit** des Unterhaltsschuldners.³⁴⁹ Die **Beerdigungskosten** als wirtschaftliche Folgen der Geburt eines außerhalb des Mutterleibes lebensunfähigen Kindes, die nicht angefallen wären, wenn ein indizierter Schwangerschaftsabbruch nicht unterblieben wäre, sind nicht Gegenstand der innerhalb eines Behandlungsvertrages bestehenden ärztlichen Pflichten.³⁵⁰ **360**

Der Schutzzweck des Parkverbots auf Gehwegen dient der Sicherheit des Verkehrs der Fußgänger, nicht dem Radfahrer, der parallel zum Gehweg auf einem angrenzenden Radweg fährt, die Kontrolle verliert und auf den Gehweg gerät.³⁵¹ **361**

---

342 So jedenfalls *OLG Nürnberg* VersR 1999, 1117 = ZfS 2000, 58.
343 Näher *Weber* in VersR 1999, 389, 401; *Büsken* in VersR 1999, 1076.
344 *BGH* NJW 2000, 1782 = FamRZ 2000, 734 = VersR 2000, 634; *Gehrlein* in NJW 2000, 1771; *Losch/Radau* in NJW 1999, 821 („Kind als Schaden").
345 *BGH* NJW 2007, 989 = VersR 2007, 109.
346 *BGH* VersR 1997, 698 = NJW 1997, 1638.
347 *BGHZ* 86, 240; 89, 95; 124, 128.
348 Zur Schmerzensgeldbemessung bei ungewollter Sterilisation u. a. *OLG Koblenz* NJW 2006, 2928 (22-jährige Zweitgebärende), *OLG Oldenburg* NJW-RR 2007, 1468.
349 *BGH* NJW 2004, 3176 = VersR 2004, 1267 = FPR 2004, 584.
350 *OLG Düsseldorf* NJW 1995, 3059.
351 *LG Nürnberg-Fürth* DAR 2007, 709.

362 § 437 Nr. 3 BGB sowie § 634 Nr. 4 BGB erstrecken sich i. V. m. §§ 280 Abs. 1 und 3, 281 BGB grundsätzlich auf Schäden, für die das Nichterbringen der Nacherfüllung bei Fristablauf kausal wird. Kommt es zu einer Körperverletzung oder zu einem Schaden an anderen Rechtsgütern des Bestellers oder Käufers, wird die Haftung des Vertragsschuldners nur durch den Schutzzweck der verletzten Pflicht zur Nacherfüllung begrenzt.

363 Die Auslieferung eines (kompletten) Kraftfahrzeugs bewegt – auch –, den Empfänger der Leistung vor einer Gesundheitsverletzung beim Einsatz der Bremsanlage des Fahrzeugs zu bewahren. Eine Pflicht zur Nacherfüllung schützt m.a.W. in solchem Kontext ebenso wie die Pflicht zur mangelfreien Lieferung des bestellten Fahrzeugs überhaupt – auch – das Integritätsinteresse des Kunden.

e) Rechtswidrigkeitszusammenhang

364 Mit dem Kriterium des Rechtswidrigkeitszusammenhangs wird auf die Folgen eines rechtswidrigen Verhaltens gesehen. Dieses Merkmal verlangt, dass der zu dem Ausgleich angemeldete Schaden im Bereich der Folgen liegt, deren Eintritt die Verhaltens- und Haftungsnorm ausschließen will. Bei einer zufälligen, äußeren Verbindung zwischen der von einer Person geschaffenen (abstrakten) Gefahr und einer späteren Beeinträchtigung fehlt es daran. Der Rechtswidrigkeitszusammenhang kann auch als Oberbegriff zu dem Aspekt des Schutzzwecks einer Norm (der danach fragt, ob ein bestimmtes Interesse gewahrt werden soll) und dem persönlichen sowie sachlichen Schutzbereich einer Norm verstanden werden. Praktisch geht es selten um andere Fragen, als sie unter dem Kriterium „Schutzzweck" zu beantworten sind.

6. Anspruchsinhaber

365 Der Erwerb des Schadensersatzanspruchs ist mit der Rechtsgutverletzung oder der geschützten mittelbaren Betroffenheit verknüpft. Versicherungsansprüche oder Versicherungsleistungen führen zu einem vollständigen oder teilweisen Forderungsübergang mit der entsprechenden Kürzung des der betroffenen Person verbleibenden Anspruchsteils. Bei sozialversicherten Personen ist dies häufig bereits für den Zeitpunkt des Haftungsereignisses zu beachten. Die Vererblichkeit eines Ersatzanspruchs bestimmt internationalprivatrechtlich das Deliktsstatut.

a) Unmittelbar betroffene Personen

366 Die **verletzte Person** erwirbt den Ausgleichsanspruch i. S. d. §§ 249 ff., 842, 843 BGB mit dem haftungsbegründenden Ereignis. Neben dem Ersatz des eigenen **Gesundheitsschadens** mit dem Heilungsaufwand und Zusatzaufwendungen ist die verletzte Person zu den Begleitkosten legitimiert. Wie zum **Mehrbedarf** schlechthin steht auch der Anspruch wegen unentgeltlicher Pflegedienste anderer Personen nur der verletzten, betreuten Person zu. Es kommt dagegen nicht zu einem Ersatzanspruch der Betreuungsperson, z. B. der Mutter, die sich verstärkt um ihr verletztes Kind kümmert. Der Anspruch der verletzten Person umfasst darüber hinaus alle **wirtschaftlichen Folgebeeinträchtigungen**, also den Erwerbsschaden ebenso wie den Haushaltsführungs- , Hausarbeitsschaden oder den Mehrbedarfsschaden wegen der Behinderung in der Führung des Haushalts für sich selbst.

367 Der schädigungsbedingte Mehraufwand für die Pflege und Versorgung eines Kindes führt zu einem **vertragsrechtlich** eingebundenen Ersatzanspruch der pflegenden und versorgenden Eltern, wenn die Belastung Folge eines ärztlichen Fehlers bei einem Behandlungsvertrag ist.[352]

---
352 *BGHZ* 106, 153 = NJW 1989, 1538.

Die Übernahme der Heilungskosten von Kindern durch die **Eltern** kann zu deren Anspruch aus § 683 Satz 1 BGB gegenüber dem Schädiger führen.[353] Entsprechendes gilt, wenn ein (erwerbstätiger) Ehegatte für den anderen (im Haushalt tätigen) **Ehepartner** dessen Behandlungskosten zahlt. Werden jedoch Aufwendungen nicht in dem Bewusstsein getätigt, sich zugleich im Rahmen einer Schadensersatzverpflichtung des Schädigers gegenüber dem unterhaltsberechtigten Angehörigen zu bewegen, scheidet ein solcher Anspruch aus.[354] Die Zahlung von Unterhalt an ein volljähriges Kind gibt keine Grundlage für einen Ersatzanspruch des Unterhaltspflichtigen gegen den Unfallverursacher.[355] **368**

Innerhalb einer **Gütergemeinschaft** ist der verletzte Ehegatte (Lebenspartner) unmittelbar von dem vollen, im Gesamtgut eintretenden Vermögensnachteil betroffen. Ihm steht schadensrechtlich nach Ansicht des *BGH*[356] aber keine wertmäßige Beteiligung zu. Der Schädiger hat vielmehr den **Gesamthandsschaden** als Teil des Gesamtguts zu kompensieren. Dieser Gesamthandsschaden ist nach dem Gewinnergebnis(-ausfall) zu ermitteln über die Verlustpositionen, die Berechnungsfaktoren sind. Entgangene Umsätze, zusätzlich aufzuwendende Kosten können dementsprechend zu ersetzen sein. Neben dem Erwerbsschaden gehört auch eine Schmerzensgeldforderung zu dem Gesamthandsschaden. Bei der regelmäßig gegebenen gemeinschaftlichen Verwaltung sind die Ehegatten (nur) gemeinsam berechtigt, einen Rechtsstreit zu führen. Dem Verletzten allein fehlt zu dem wirtschaftlichen Verlust wegen der Gewinnminderung im Gesamtgut die **Prozessführungsbefugnis**. Eine gewillkürte Prozessstandschaft mit dem Antrag, an die Partner in Gütergemeinschaft zu leisten, wäre indes zulässig. **369**

Angemessene, notwendige oder zweckentsprechende Aufwendungen der versuchten Heilung und alle Vermögensnachteile, die eine getötete Person **zu** ihren **Lebzeiten** erlitten hat, auch z. B. wegen der Aufhebung oder Minderung der Erwerbsfähigkeit während der Krankheit sowie die Vermehrung der Bedürfnisse während dieser Zeit, begründen Ansprüche nur in der eigenen Person. Spezialgesetze zur Gefährdungshaftung gehen z.T. ausdrücklich auf die Kosten der versuchten Heilung ein (vgl. § 86 Abs. 1 S. 1 ArzneimittelG, § 7 ProdHaftG, § 12 Abs. 1 UmweltHG) und ordnen solche Schadenspositionen in die Nähe des Unterhaltsschadens ein. Solche Ansprüche zur Heilung oder zum Erwerbsausfall gehen im Wege der **Gesamtrechtsnachfolge** auf die Erben über. Vererblich ist aber stets nur die in der Person des Erblassers entstandene Ersatzforderung, die im Zeitpunkt des Erbfalles auch besteht. Der Erbe kann also immer nur dasjenige verlangen, was der Erblasser im Zeitpunkt des Todes hätte fordern können.[357] **370**

Ihre Anspruchsberechtigung verliert die unmittelbar betroffene Person mit einem gesetzlichen **Forderungsübergang**. **371**

b) Mittelbar betroffene Personen

Das Deliktsrecht begrenzt in §§ 823 ff. BGB das Ersatzrecht der wegen einer Verletzung von Körper oder Gesundheit anspruchsberechtigten Personen auf den Fall der unmittelbaren Betroffenheit. Damit wird ausgeschlossen, dass es zu einer Doppelentschädigung beim unmittelbar Verletzten und beim mittelbar Betroffenen bzw. der doppelten Inanspruchnahme des Schädigers wegen desselben Interesses kommen kann. **372**

Wird bei wirtschaftlicher Verlagerung des (finanziellen Folge-) Schadens auf einen Dritten diesem Dritten das Anspruchsrecht zugeordnet, verändert sich das Haftungsrisiko des Schädigers nicht. Dennoch bleibt eine wirtschaftlich mittelbar betroffene Person deliktisch ohne Ausgleichsanspruch zu solchen wirtschaftlichen Nachteilen. Nur im Fall des gesetzlichen Forderungsüber- **373**

---

353 Zum Unterhaltsregress *BGH* VersR 1979, 350 = NJW 1979, 598.
354 *BGHZ* 106, 153 = NJW 1989, 1538, 1539.
355 *OLG Frankfurt* MDR 1988, 1228.
356 *BGH* VersR 1994, 316 = NJW 1994, 652 = DAR 1994, 113 = FamRZ 1994, 295 = ZfS 1994, 323.
357 *BGH* NJW 2004, 2894 = VersR 2004, 1192.

gangs, der insofern der Schadensverlagerung entspricht, oder durch Abtretung wird der wirtschaftlich Betroffene legitimiert.

374 Der Geldaufwand der Eltern des verletzten Kindes z. B. wegen eines Besuchs im Krankenhaus führt ggfs. zum Anspruch des Kindes, aber nicht zum Ersatzanspruch der Eltern; beachte aber beim von dem Eltern geschlossenen Behandlungsvertrag Rn. 367, 395. Der Arbeitgeber, der dem verletzten Mitarbeiter den Verdienst weiter bezahlt, hat keinen eigenen bzw. eigenständigen Schadensersatzanspruch.

375 Der mittelbar Betroffene bleibt deliktisch selbst dann ersatzlos, wenn der mittelbare Schaden über den Bezug auf das Vermögen – das kein primäres Schutzgut ist – hinausgeht. Denn ohne den Eingriff in ein eigenes Rechts-, Schutzgut des Betroffenen[358] fehlt es am deliktischen Haftungsgrund, der auf der Rechtsgutsverletzung beruht.

376 ▶ Der Grundsatz, dass für mittelbare Schäden außerhalb der §§ 844, 845 BGB deliktisch nicht gehaftet wird, gilt für Vermögens(folge)schäden, die aus der Verletzung eines Rechtsguts des Primärgeschädigten bei Dritten hervorgehen.[359] ◀

377 Bei der Verletzung des Partners eines erfolgreichen und bekannten Eiskunstlaufpaares, steht der Partnerin kein Anspruch auf Ersatz des Erwerbsnachteils zu, der ihr durch den zeitweiligen unfallbedingten Ausfall des Partners entstanden ist.[360] Daneben fehlt es für einen Anspruch wegen Eingriffs in den eingerichteten und ausgeübten **Gewerbebetrieb** an einem betriebsbezogenen Eingriff. Gemeinkosten, zu Lohnkosten kalkulierte Zuschläge sind dem Arbeitgeber bei der Verletzung eines oder mehrerer seiner Arbeitnehmer nicht zu ersetzen. Der **Betriebsinhaber** ist als mittelbar Belasteter bei Verletzung eines Lebenspartners oder eines Angestellten selbst dann nicht anspruchsbefugt, wenn der (Familien-) Betrieb ohne den Einsatz der verletzten Person – den sich diese selbst wünscht – nicht mehr rentierlich fortgeführt werden kann.[361] Mittelbarer Schaden angesichts der verkürzten Gesamtlebensleistung des Beamten innerhalb des **Dienstverhältnisses** sind Beihilfeleistungen des Dienstherrn für die nicht unfallbedingten Heilmaßnahmen bei dem unfallbedingt in den Ruhestand versetzten Beamten[362]; s. auch Rn. 2318. Im Fall der Tötung des Beamten hat der Schädiger dagegen dem Dienstherrn grundsätzlich alle Beihilfeleistungen zu ersetzen, die der Dienstherr den Hinterbliebenen erbringt. Denn dann geht es um den gesetzlichen Unterhaltsanspruch des Hinterbliebenen, der die Krankenvorsorge einschließt.

c) Haftung gegenüber Drittbetroffenen

378 Grundsätzlich kann ein tatsächlich Geschädigter bei einem Vertrag zugunsten Dritter mit und neben der ihm dann geschuldeten Hauptleistung (§ 328 BGB), bei dem Vertrag mit Schutzwirkung für Dritte mit Einbeziehung in den Schutzbereich von Nebenpflichten und ggfs. in Fällen der Drittschadensliquidation Schadensersatz beanspruchen. Schon beim vorvertraglichen Schuldverhältnis können Dritte in den Schutz durch das Schuldverhältnis einbezogen sein, beachte § 311 Abs. 3 Satz 1 BGB.

---

358 *BGH* VersR 1984, 439 = NJW 1984, 1405 bei der Verschlimmerung der Alkoholerkrankung der Ehefrau nach Tötung des Ehemannes. Die Ehefrau war zudem seelisch beeinträchtigt, aber nicht gesundheitlich selbst betroffen.
359 *BGHZ* 163, 209 = NJW 2005, 2614 = VersR 2005, 1238 = ZfS 2006, 141.
360 *BGH* NJW 2003, 1040 = VersR 2003, 466 = NZV 2003, 171 = ZfS 2003, 224, Vorinstanz *OLG Dresden* SP 2002, 300.
361 Beachte Rn. 2325, 2737.
362 Vgl. *BGHZ* 153, 223 = NZV 2003, 228 = VersR 2003, 330; Vorinstanz *OLG Nürnberg* VersR 2002, 592 = NZV 2001, 512 = OLGR 2001, 227.

Der Drittschutz ist begrenzt: Denn der Dritte, der Rechte aus Vertragsbeziehungen unmittelbarer Vertragspartner herleitet, hat grundsätzlich keine weitergehenden Rechte als der unmittelbare Vertragspartner des Schädigers. So wirkt eine vertragliche Freizeichnung gegen ihn.[363]   379

Deliktisch führen die Kriterien der § 823 Abs. 2 BGB, § 826 BGB, § 839 BGB bei einem Drittbezug zum Anspruch des dann geschützten Dritten.   380

Zum primären Personenschaden ist (daneben) die Anwendung des Prinzips der Drittschadensliquidation ausgeschlossen. Zum Personenschaden als Folge nach einer Eigentumsverletzung bzw. eines Sachschadens darf auf das Prinzip der Drittschadensliquidation ebenfalls nicht abgestellt werden.   381

§ 844 BGB ist kein Fall der Drittschadensliquidation, § 845 BGB geht – auch im Verletzungsfall – von einem anderen Schadensverständnis als das Tatbestands- bzw. Verletzungsprinzip aus.   382

Gesamtrechtsnachfolge

Nach einer Eigentumsverletzung und angesichts fortwirkender Nachteile im betroffenen Vermögen ist der Umfang des auf deliktischer Grundlage zu ersetzenden Schadens unabhängig vom Fortleben des zunächst betroffenen Rechtsträgers zu bemessen. Da das Schutzgut vererblich ist, wird das Integritäts- und Vermögensinteresse auch der Erben gewahrt.   383

Der Schutz der körperlichen Integrität endet mit dem Tod.   384

Der dauerhaft Verletzte, der seinen Betrieb aufgeben muss, hat Anspruch auf Ersatz der auf einen Veräußerungsgewinn entfallenden Steuern, Rn. 2407. Stirbt der Geschäftsinhaber jedoch bei einem Unfall, können seine Erben, die das Geschäft stilllegen müssen, keinen Entwertungsschaden durchsetzen. Ein solcher Nachteil ist nicht zurechenbare Folge des im Wege der Erbfolge übergangsfähigen Verletzungsschadens des Betriebsinhabers oder jedenfalls nicht als in der Verletzung angelegt anzusehen.[364] Bei dem zu renovierenden und auszubauenden Familienanwesen, das im Alleineigentum des Hinterbliebenen (der Witwe) gestanden hat und steht, gibt es (für die Witwe) keinen Ersatzanspruch wegen entgangener (Eigen-) Leistungen (Bauarbeiten) des getöteten Angehörigen (Ehemannes[365]).   385

Den Ersatz der mittelbaren Vermögensnachteile sehen § 844 BGB, dessen Parallelnormen und § 845 BGB vor. Insofern geht § 844 Abs. 2 BGB zum Ausgleich des Ausfalls eines gesetzlich geschuldeten Unterhalts auf die Anspruchsbefugnis von unterhaltsberechtigten Personen ein. Dieses Anspruchsrecht hängt davon ab, dass zwischen der getöteten Person und der berechtigten Person im Zeitpunkt der Verletzung – nicht notwendig zur Zeit einer Pflichtverletzung, die erst einige Zeit später zu der Verletzung der dann getöteten Person geführt hat – ein gesetzliches Unterhaltsverhältnis bestanden hat.   386

Der Anspruch jedes Berechtigten aus § 844 Abs. 2 BGB hat nach Höhe und Dauer ein eigenes Schicksal. Es können sich insbesondere Unterschiede wegen des Vorteilsausgleiches sowie wegen etwaiger Sozialleistungen mit einem Forderungsübergang ergeben.   387

Mehrere Hinterbliebene sind **Teilgläubiger** bei einer einheitlichen Berechnung des Anspruchs.[366] Sie stehen dagegen nicht in Gesamtgläubigerschaft und zwar auch nicht zur Hausarbeit, obwohl diese nicht einmal entweder dem Ehepartner oder dem Kind oder Kindern, sondern im Familienverbund und wegen der Anforderungen des gemeinsamen Haushalts allen Angehörigen geschuldet ist.   388

---

363 *BGHZ* 127, 378 = NJW 1995, 392.
364 *OLG Hamm* ZfS 2003, 593.
365 *BGH* NJW 2004, 2894 = VersR 2004, 1192.
366 *BGH* VersR 1972, 743 = NJW 1972, 1130; VersR 1973, 84.

389 Umzugskosten (z. B. nach dem Tod der Ehefrau und Mutter[367]) bleiben ersatzlos, wenn die Voraussetzungen des § 844 Abs. 2 BGB nicht gegeben sind. Innerhalb eines Anspruches nach § 844 Abs. 2 BGB können solche Kosten als weitere Schadensfolge zu berücksichtigen sein.

390 Der allgemeine Vermögensfolgeschaden infolge **Aufhebung** der (ehelichen) **Lebensgemeinschaft** oder –partnerschaft wird im Zusammenhang des § 844 Abs. 2 BGB **nicht** ersetzt (Rn. 2998).

391 Die Vermögensnachteile und den (subsidiären) Ersatzanspruch ordnet § 845 BGB bei Verletzung wie bei Tötung dem mittelbar betroffenen, gesetzlich **Dienstberechtigten** zu. Die Dienstleistung korrespondiert regelmäßig mit der Unterhaltspflicht und der Unterhaltsleistung des Anspruchsberechtigten. Eltern haben einen Anspruch jeweils nach den ihnen einzeln entgangenen Diensten.

392 Zu **Beerdigungskosten** (Rn. 3461) sind in erster Linie die Erben anspruchsberechtigt.

393 Im Übrigen sind Erben auf Ersatzansprüche beschränkt, die der Erblasser zu Lebzeiten hätte geltend machen können; s. auch Rn. 61. Vermögensnachteile wegen Aufgabe des vom Erblasser betriebenen Erwerbsgeschäfts sind nicht ersatzfähig, weil der bei dem Erben anfallende Nachlass Wertverluste dieser Art in sich trägt[368], s. auch Rn. 385.

Schutzwirkungen

394 Angesichts der Beeinträchtigung einer Person kann sich direkt und primär die Frage nach der Abnahme wirtschaftlicher Folgen angesichts der Reichweite rechtsgeschäftlichen Schutzwirkungen stellen.

395 Haftet der Arzt wegen eines Behandlungsfehlers, schuldet er seinem Vertragspartner Ersatz für die gesamten wirtschaftlichen Folgen, zur Behandlung, Pflege oder wegen eines Erwerbsausfalls. Hat der Vater den Behandlungsvertrag für das Kind geschlossen, hat der Arzt dem Vater alle wirtschaftlichen Nachteile wegen einer notwendig gewordenen Pflege des Kindes zu ersetzen. Es kommt nicht auf Schutzwirkungen für das Kind an, nur auf die Belastung beim Vater als Betreuungsperson wegen der Pflege seines Kindes. Anspruchsrecht und die wirtschaftliche Folgebelastung fallen in einer Person zusammen, wobei es um den Ersatz des primären Vermögensschadens (durch den Mehraufwand für Pflege und Versorgung des nicht ordnungsgemäß behandelten Kindes) geht.

396 Der Arzt haftet für den durch die Geburt eines Kindes verursachten Vermögensschaden, wenn sich ein Risiko verwirklicht, auf dessen Vermeidung die Behandlung der Mutter im Rahmen des bestehenden Vertrages gerichtet gewesen ist. Werden Ersatzansprüche darauf gestützt, dass ein Schwangerschaftsabbruch aus medizinischer Indikation unterblieben wäre, erfordert die Prüfung der Voraussetzungen einer solchen Indikation die Prognose, ob aus damaliger Sicht von einer Gefährdung der Mutter im Sinne des § 218a Abs. 2 StGB auszugehen war und diese Gefahr nicht auf andere, für die Mutter zumutbare Weise hätte abgewendet werden können. Bei Vorliegen dieser Voraussetzungen bedarf es keiner zusätzlichen Abwägung, die an den Grad der zu erwartenden Behinderung des Kindes und dessen Entwicklung nach der Geburt anknüpft.[369] Wird der Arzt für die planwidrige unterhaltsrechtliche Last[370] verantwortlich gemacht, ist der Pflegemehrbedarf wegen des Unterhaltsbedarfs des Kindes und der korrespon-

---

367 *LG Darmstadt* ZfS 1990, 259.
368 *BGH* NJW 2001, 971 = VersR 2001, 648 = DAR 2001, 159.
369 *BGH* NJW 2006, 1660 = VersR 2006, 702= FamRZ 2006, 692.
370 Das ist der Aufwand für die Existenzsicherung, ggfs. ein Grund- und Mehrbedarf, im Einzelfall sogar ein unterhaltsrechtlicher Sonderbedarf. Beachte jüngst *Mörsdorf-Schulte* in NJW 2007, 964 zu *BGH* NJW 2007, 989 = VersR 2007, 109. Ein kinderbezogener Anteil im beamtenrechtlichen Zuschlag und kinderbedingte Steuervorteile bleiben unberücksichtigt, *BGH* v. 11.6.1991, BGHR § 249 BGB Unterhaltsaufwand 1 im Anschluss an *BGHZ* 76, 259 = NJW 1980, 1452 = VersR 1980, 558.

dierenden Unterhaltspflicht der Eltern Teil des diesen zu ersetzenden Vermögensschadens; s. auch Rn. 360.[371] Die mit der Geburt des nicht gewollten Kindes für die Eltern verbundenen unterhaltsrechtlichen Lasten bleiben aber unbeachtlicher Reflex und sind nicht ausgleichsfähig, wenn es um eine Untersuchung zur Vorbereitung einer orthopädischen Operation gegangen ist, selbst wenn die Schwangerschaft wegen eigener körperlicher Behinderung rechtmäßig hätte abgebrochen werden können.[372]

Im Amts-, **Staatshaftungsrecht** stellt die Bestimmung der Person des geschützten Dritten zum Vermögensschutz sicher, dass der Schadensausgleich interessengerecht erfolgt. Rechnet der Betroffene nicht zum Kreis geschützter Dritter, kann der Aspekt „Drittschadensliquidation" nicht dazu dienlich gemacht werden, dennoch einen Ersatzanspruch zu eröffnen.[373] 397

Zu Sach- und Vermögensschäden ist bei **zufälliger Schadensverlagerung** für bestimmte Fallgruppen[374] anerkannt, dass der Schädiger nicht haftungsfrei bleibt, sondern das Drittinteresse durch den ersatzberechtigten (Vertrags-) Gläubiger „liquidiert" werden darf, wenn das durch einen Vertrag geschützte Interesse infolge besonderer Rechtsbeziehungen zwischen dem aus dem Vertrag berechtigten Gläubiger und dem Träger des Interesses dergestalt auf den Dritten verlagert ist, dass der Schaden ihn und nicht den Gläubiger trifft.[375] 398

Der ersatzfähige Schaden sollte dann aus der Sicht und nach der Lage des Anspruchsinhabers, nicht nach der konkreten Lage beim real Belasteten (dem Drittschaden) bestimmt werden. Denn die Anspruchsvoraussetzungen müssen zur Person des Gläubigers gegeben sein. Solcher Schaden – der hypothetisch ist – wird aber vielfach als fiktiver Schaden verstanden. Die überwiegende Ansicht zieht deshalb den realen Schaden heran. In der Tat muss es dem Schädiger jedenfalls zugute kommen, wenn der reale Schaden dem Umfang nach geringer ist, als es der ohne diese Verlagerung erstattungsfähige Schaden wäre. 399

Der wahre Geschädigte hat einen Abtretungs-, Verschaffungsanspruch gegen den Anspruchsberechtigten. Hat er einen eigenen (deliktischen) Schadensersatzanspruch gegen den Schädiger, sind der andere Anspruchsberechtigte und er Gesamtgläubiger. 400

Mit dem Gedanken der Drittschadensliquidation wird häufig praktisch argumentiert, um bei Fragen zum Vorteilsausgleich bzw. der Schadensberechnung angesichts freiwilliger oder auf einer Vertragspflicht beruhender Leistungen Dritter an den Verletzten, den Ersatzanspruch des Verletzten oder eines Dritten zu hinterfragen. Bei Rechtsgutsverletzungen und Vermögensfolgeschäden (Personenschäden) kommt es darauf aber nicht an, Rn. 366, 374, 466. 401

Beim **Vertrag mit Schutzwirkung für Dritte**[376] wird quasi für den Schaden eine Anspruchsgrundlage entwickelt. Das so erhöhte Haftungsrisiko für den Schädiger bedarf zusätzlicher Begründung, wie es mittels ergänzender Vertragsauslegung geschehen kann. 402

---

371 Anzumerken ist, dass ein Anspruch des Kindes dann nur angesichts des eigenen Gesundheits- und Vermögensfolgeschadens (z. B. wegen Erwerbsausfalls) in Folge eines ärztlichen Fehlers während prä- oder perinataler Tätigkeit in Betracht kommt.
372 *BGH* NJW 2000, 1782.
373 *BGH* NJW 1991, 2696, 2697 lässt offen, ob im Amtshaftungsrecht – abgesehen vom Sonderbereich „Notarhaftung" – für das Rechtsinstitut der Drittschadensliquidation Raum ist.
374 (Obligatorische) Gefahrentlastung, Mittelbare Stellvertretung, Obhutsverhältnis, Treuhandverhältnis, (ausdrückliche oder konkludente) Vereinbarung.
375 *BGHZ* 133, 36 = VersR 1996, 1279; *BAG* NJW 2007, 1302.
376 Voraussetzung ist ein personenrechtliches (familien-, arbeits- oder mietrechtliches Innen-) Verhältnis zwischen Vertragsgläubiger und Drittem, wobei der Dritte mit der vom Schuldner zu erbringenden Leistung bestimmungsgemäß in Berührung kommt und er ein Schutzbedürfnis hat wie der Gläubiger, wobei Inhalt und Zweck des von ihm geschlossenen Vertrags dem Vertragsschuldner haben erkennen lassen, dass dem Interesse Rechnung getragen werden soll, und die Vertragspartner den Willen gehabt haben, zu Gunsten des Dritten eine Schutzpflicht zu begründen.

403 Zwischen Personen-, Sach- und Vermögensschäden ist dazu nicht notwendig zu trennen, freilich für die Weite der Schutzwirkung der besonderen rechtsgeschäftlichen Beziehung, auf der die Haftung beruht.

404 Auszugleichen ist der Vermögens(folge)schaden auf der rechtsgeschäftlichen Basis.

405 In die Schutzwirkung eines Vertrags über die Erstattung eines Gutachtens durch einen öffentlich-bestellten Sachverständigen zum Wert eines Grundstücks sind alle Personen einbezogen, denen das Gutachten nach seinem erkennbaren Zweck für Entscheidungen über Vermögensdispositionen vorgelegt werden soll.[377]

406 In den Schutzbereich der Pflicht zur nachträglichen Sicherungsaufklärung über die Gefahr einer transfusionsassoziierten HIV-Infektion ist ein im Behandlungszeitpunkt noch nicht bekannter Ehepartner des Patienten einbezogen.[378] Denn bei solcher Erkrankung trägt die Behandlungsseite besondere Verantwortung dafür, die Verbreitung der Infektion möglichst zu verhindern. Dies gilt zumal dann, wenn Ärzte während einer der zahlreichen stationären Nachbehandlungen mit einem einfachen Hinweis an den behandelten Ehepartner diesen zu einem Test hätten veranlassen und so die Gefahr einer Verbreitung der Infektion unschwer hätten verringern können. Auf eine personale Sonderbeziehung und Verbundenheit wie in Schockschadensfällen (als psychisch vermitteltem Schaden) kommt es nicht an, weil es um eine unmittelbare Rechtsgutsverletzung bei besonderen Gefahren (einer Infektion) gerade auch für Dritte (und nicht nur für den primär Infizierten selbst) geht.

407 Die Übertragung der **Verkehrssicherungspflicht** – insbesondere der **Streupflicht** – durch den Vermieter auf einen Dritten dient – auch – der Sicherung des Zugangs zum Mietobjekt, deshalb können Mieter in den Schutzbereich des Übertragungsvertrages einbezogen sein.[379]

d) Anspruchsdurchsetzung gegenüber Familienangehörigen

408 Nach Trennung und Scheidung unterliegt ein deliktischer **Schadensersatzanspruch unter Ehegatten** keinen Einschränkungen mehr.[380] Er kann jedenfalls dann gegen den schädigenden Ehegatten ungehindert **durchgesetzt** werden, wenn zuvor unternommene Bemühungen um einen anderweitigen Ausgleich (vgl. Rn. 2857) rückgängig gemacht werden. Entsprechendes gilt bei eingetragenen Lebenspartnerschaften.

409 Die **Verjährung** ist **gehemmt**, selbst wenn für die Zeit vor einer Trennung und Scheidung der **Ehegatten** eine Pflicht zum Stillhalten bei der Anspruchsdurchsetzung bejaht wird. § 207 BGB hemmt die Verjährung ebenso wie zu Ansprüchen zwischen Ehegatten für Ansprüche zwischen Lebenspartner während bestehender Lebenspartnerschaft und für Ansprüche zwischen **Eltern oder einem Stiefelternteil und Kindern** (Stiefkindern) während der Minderjährigkeit des Kindes, auch bei nichtehelichen Kindern und unabhängig vom elterlichen Sorgerecht. § 207 BGB gilt **auch**, wenn der Ehegatte oder Abkömmling neben dem Anspruch gegen den anderen Ehegatten bzw. Elternteil einen Anspruch gegen den **Haftpflichtversicherer** hat.[381]

---

377 *BGH* NJW 1998, 1059.
378 *BGHZ* 163, 209 = NJW 2005, 2614 = VersR 2005, 1238 = ZfS 2006, 141 (Schmerzensgeld von mindestens 127.823,00 € für die Jahre nach der Behandlung und HIV-Infektion eines Notfallpatienten mit kontaminierten Blutprodukten infizierte Ehefrau).
379 *BGH* NJW 2008, 1440 = VersR 2008, 505 = ZfS 2008, 439.
380 *BGH* VersR 1988, 628 = NJW 1988, 1208.
381 Vgl. schon *BGH* VersR 1987, 570 = NJW-RR 1987, 407; *OLG Hamm* r+s 1998, 234.

Der Anspruch des verletzten Familienangehörigen gegen den schädigenden Angehörigen geht **nicht** mit § 1922 BGB durch **Konfusion** (Vereinigung von Forderung und Schuld) zugunsten des Haftpflichtversicherers unter, wenn der Verletzte den Schädiger beerbt.[382] § 425 Abs. 2 BGB wirkt bei der gesamtschuldnerischen Haftung des Schädigers und seiner Haftpflichtversicherung i. S. d. § 115 Abs. 1 Satz 4 VVG 2008 (§ 3 Nr. 2 PflVG a. F.) vielmehr gegen den Haftpflichtversicherer mit der Folge, dass der zuvor entstandene und bestandene Ersatzanspruch weiter bestehen bleibt im Umfang der Grundlage des akzessorischen Direktanspruchs). Voraussetzung ist, dass die Ursache für die Verletzungen des erbenden Angehörigen vor dem Tod des schädigenden Erblassers gesetzt und damit die Haftungsbasis für alle zurechenbaren Folgen gelegt ist.

▶ Die Einstandspflicht des Haftpflichtversicherers hängt nicht davon ab, dass der Schädiger den Eintritt aller Verletzungsfolgen erlebt. ◀

7. Mithaftung der betroffenen Person

Die Verteilung der wirtschaftlichen Lasten wird davon beeinflusst, ob und inwiefern die verletzte Person eigenverantwortlich betroffen worden ist. Nach § 254 BGB kann die Schadensersatzpflicht verringert oder völlig ausgeschlossen sein, wenn sie den Schadensfall selbst mit herbeigeführt hat.

§ 254 BGB erfasst Schadensersatz – und Entschädigungsansprüche.

Entsprechend ist § 254 BGB anzuwenden mit ausdrücklicher Regelung in § 9 StVG, § 85 Arzneimittel G, § 27 AtomG, § 4 HPflG, § 34 LuftVG, § 6 ProdHaftG, § 11 UmweltHG. Kinder befreit § 828 Abs. 2 BGB bis zur Vollendung des 10. Lebensjahres für Verkehrsunfälle unter Beteiligung eines Kraftfahrzeugs oder einen Schienen-, Schwebebahn von der Haftung und Mithaftung.[383]

Zu der Schadensentstehung geht es um ein der Schädigungshandlung vorausgegangenes Verhalten der verletzten Person. Die Frage nach einer Mitverursachung kann sich aber auch auf den Schadensumfang beziehen, z. B. dann, wenn bei einem Brandschaden in Betracht kommt, dass Brandmelde- oder Einbruchsysteme den Schaden vermieden oder wesentlich geringer gehalten hätten. Bei Schadensersatzansprüchen aus Vertrag ist das dem Vertragsschluss zeitlich nachfolgende Fehlverhalten zu beachten, wenn und soweit der Vertragsschluss die Grundlage für die Entstehung des Ersatzanspruches schafft.

Beweispflichtig ist der Schädiger. Er hat die Tatsachen darzutun, aus denen sich ein Verstoß i. S. d. § 254 Abs. 1 BGB oder des § 254 Abs. 2 BGB ergibt, und zwar zur Ursächlichkeit dieser Tatsachen sowie zu deren Gewicht (Gewichtung). Zum mitwirkenden Verschulden lassen sich **Strengbeweisführung** (§ 286 ZPO) zur haftungsbegründenden Kausalität – z. B. zu der Frage, ob es der verletzten Person möglich gewesen wäre, den Schaden zu mindern – und die **Beweiserleichterung** (§ 287 ZPO) zur haftungsausfüllenden Kausalität, also zum Einfluss auf die Schadensentwicklung, zur Ursächlichkeit, zur Gewichtung sowie zum Umfang des betroffenen Schadens(teils), trennen.[384]

Der Einwand der Mithaftung (Mitschuld) greift zugunsten des Schädigers auch gegenüber dem **Zessionar** (§§ 404, 412 BGB).

Im **Feststellungsurteil** sind alle Einwendungen zum Bestand oder der Durchsetzbarkeit der Forderung abschließend zu bescheiden.[385] Deswegen muss der Einwand der Mitschuld (Mithaftung)

---

382 BGH VersR 1996, 1258 = NJW 1996, 2933; OLG Hamm VersR 1995, 454 = r+s 1995, 176; BGH NA-Beschl. v. 14.3.1995.
383 Näher *Pardey* in DAR 2004, 499 ff.
384 BGH VersR 1986, 1208 = NJW 1986, 2945; VersR 1987, 45, 47 = NJW 1986, 2941, 2943.
385 BGH NJW 1978, 544.

bzw. einer anzurechnenden Betriebs- oder Tiergefahr geklärt sein. Der Vorbehalt, den Mitverursachungsanteil zu bestimmen, wäre unzulässig.[386]

419 Beim **Grundurteil** kann es der Prüfung im Betragsverfahren überlassen werden, ob und inwieweit hinsichtlich einzelner Schadenspositionen ein mitwirkendes Verschulden i. S. d. § 254 Abs. 2 BGB Einfluss auf den Schadensausgleich hat. Zu § 254 Abs. 1 BGB, auch unter dem Aspekt einer mitwirkenden Betriebsgefahr, ist regelmäßig der Haftungsgrund betroffen. Gleichwohl kann u. U. gespalten werden. Ist der Mitschuldeinwand aber nicht vom Grund zu trennen, weil einheitlich ein Schadensereignis zu würdigen ist, kann kein Vorbehalt für ein Nachverfahren erfolgen.[387] Stets setzt der Vorbehalt für das Betragsverfahren voraus, dass ein mitwirkendes Verschulden nur zur Minderung, nicht zur Beseitigung der Haftung führen wird.[388]

420 Im Betragsverfahren kann nur noch dem Mitverschulden betr. den Verstoß gegen die Anschnallpflicht und damit bezogen auf einzelne Unfallfolgen nachzugehen sein, während die Erwägungen zum Mitverschulden betreffend das Zustandekommen des Unfalls im Grundverfahren erledigt werden.[389]

421 Bei der **Teilklage** ist zu prüfen, inwieweit wegen der Mithaft bei dem Gesamtschaden die eingeklagte Teilforderung (noch) besteht, weil und wenn in dem Erheben der Teilklage das Zugeständnis des eigenen Mitverschuldens liegt[390], und zwar selbst dann, wenn der Restbetrag verjährt ist.[391] Dann ist nicht etwa der eingeklagte Schaden zu quotieren.

422 **Tipp** Zu empfehlen ist bei der Teilklage ein ausdrücklicher Hinweis darauf, dass ein Anspruch reduziert unter Quotierung wegen der Mithaftung (dem Selbstbehalt bzw. Eigenanteil im Verhältnis zum Schädiger) gem. § 254 BGB oder den Parallelnormen geltend gemacht wird.

423 Bei einem Teil-Leistungsbegehren erwächst die Annahme zur Mithaft nur in **Rechtskraft**, wenn zugleich eine entsprechende Feststellung (ggfs. auf eine negative Feststellungswiderklage hin) getroffen wird. Ansonsten ist die Rechtskraft der Entscheidung auf den im Verfahren geltend gemachten Teil[392] begrenzt.

424 Wegen der jeweils gesondert zu beantwortenden Kausalitäts- und Abwägungsfrage bindet die rechtskräftige Festsetzung einer Mithaftquote zum Schmerzensgeldanspruch nicht bei der Beurteilung der Mitverantwortung zur Frage des Verdienstausfalls, selbst wenn die Ansprüche in einer Klage verbunden sind (§ 260 ZPO).

a) Mitverursachung und Mitverschulden

425 Die **reine Mitverursachung** ist zu berücksichtigen, wenn der Schädiger wegen schuldlosen Handelns haftet oder wenn zu Lasten des Geschädigten eine Sach- oder Betriebsgefahr einfließt, § 17 StVG, § 13 HPflG.

426 Der Wortlaut des § 254 BGB spricht ein schuldhaftes Verhalten des Betroffenen an. Die Mitschuld bzw. -haftung betrifft insofern die **Sorgfalt**, die ein ordentlicher und verständiger Mensch **zur Vermeidung eigenen Schadens** anzuwenden pflegt, also die Sorgfalt, sich selbst vor Schaden zu bewahren. Es geht um den Schutz der eigenen Angelegenheiten, das Verschulden gegen sich selbst im Hinblick darauf, welche Risiken aus der eigenen Sicht erwartet und eingegangen wer-

---

386 *BGH* VersR 1997, 1294 = NJW 1997, 3176 = DAR 1997, 357.
387 *BGHZ* 63, 119 = NJW 1975, 106, 108.
388 *BGHZ* 76, 397 = NJW 1980, 1579.
389 *BGH* VersR 1981, 57 = NJW 1981, 287; zur Gurtanlegepflicht s. u. a. *BGH* VersR 2001, 524; Rn. 444.
390 Vgl. *BGH* NZM 1998, 435.
391 *OLG München* NJW 1970, 1924.
392 *BGH* NJW 1981, 1045; NJW 1985, 2825; NJW-RR 1988, 749.

den können. Die individuelle Eigenart, persönliche Fähigkeiten, Kenntnisse und Erfahrungen sind bedeutsam. Die danach aufzubringende Sorgfalt muss erforderlich erscheinen, um sich soweit als möglich und zumutbar vor Schaden zu bewahren, und darauf ausgerichtet sein, einen Schaden von der Art des tatsächlich eingetretenen Schadens vermeiden zu können.

Ein Fehlverhalten kann darin liegen, einer anderen Person, die für die übertragene Aufgabe nicht für geeignet gehalten werden durfte, Einwirkungsmöglichkeiten[393] auf die eigenen Rechtsgüter zu eröffnen. 427

§ 254 Abs. 1 BGB und § 254 Abs. 2 BGB fragen nach dem, was einer betroffenen Person **möglich** und **zumutbar** ist. Ist ein risikobewusstes Verhalten nicht zuzumuten, liegt keine vorwerfbare Selbstschädigung vor. 428

▶ Entscheidend ist, inwieweit bei wertender Beurteilung die von der betroffenen Person gesetzte Ursache innerhalb der Grenzen liegt, bis zu der ihr eine Eigenquote, ein Selbstbehalt, ein Eigenanteil, ein ersatzlos bleibender Nachteil (der Mithaftungsanteil, die Mithaftungsquote) zugemutet werden kann. ◀ 429

Versagt sein kann der Mitverschuldenseinwand aus **Schutzzweckerwägungen**, insbesondere wenn die Verhütung des entstandenen Schadens allein dem Schädiger obliegt. 430

b) Mitverursachung durch Dritte

Bei juristischen Personen und Personengesellschaften (OHG, KG) ist gemäß § 31 BGB das Mitverschulden in der Person ihrer Organe maßgebend. 431

Da der Schädiger nur für Verrichtungsgehilfen haftet, darf auf Seiten des Verletzten die Mithaftung nicht weiter gezogen werden. Ohne ein bestehendes Schuldverhältnis ist also der verletzten Person das Fehlverhalten eines Dritten nur nach Maßgabe des § 831 BGB[394] zuzurechnen. 432

Der gesetzliche Vertreter ist kein Verrichtungsgehilfe i. S. d. § 831 BGB. Deshalb mindert eine Aufsichtspflichtverletzung seiner Eltern mit kausaler Auswirkung auf das Haftungsereignis den Anspruch des Kindes nicht; zur Haftungseinheit vgl. Rn. 447, 450. 433

Nach Maßgabe des § 254 Abs 2 Satz 2 BGB kann die Mitschuld Dritter schon bei der Schadensentstehung zu Lasten des Verletzten zu berücksichtigen sein. § 254 Abs. 2 Satz 2 BGB versteht die überwiegende Ansicht indessen als Rechtsgrundverweisung mit der Folge, dass das erforderliche besondere Schuldverhältnis – zumindest eine konkrete Gefahrenlage – vor Eintritt des Schadens bestanden haben muss. 434

Bei einer vertraglichen oder vertragsähnlichen Sonderbeziehung setzt die Zurechnung des Mitverschulden des Dritten voraus, dass sich der Verletzte dieses Dritten zur Wahrnehmung seiner Interessen auch wirklich (als Erfüllungsgehilfe im eigenen Interesse) bedient hat. Dem Kind ist dann die mangelnde Beaufsichtigung durch seine Eltern oder ein Mitverschulden anderer Aufsichtsperson zuzurechnen. 435

Bestehen vertragliche Beziehungen, gilt § 278 BGB auch, soweit der Betroffene den Ersatzanspruch auf Delikt oder Gefährdungshaftung stützt. 436

Gem. § 118 BBergG, § 27 AtomG, § 32 GenTG, § 4 HPflG, § 34 LuftVG, § 6 ProdHaftG, § 9 StVG, § 11 UmweltHG ist bei einer Sachbeschädigung der Betroffene – ohne Entlastungsmöglichkeit – der Zurechnung des Verschuldens desjenigen ausgesetzt, der als sein **Bewahrungsgehilfe** die tatsächliche Gewalt über die Sache ausübt. Anders als i. S. d. § 831 Abs. 1 Satz 2 BGB gibt es keine Entlastungsmöglichkeit. 437

---

393 *BGH* VersR 1988, 570 = NJW-RR 1988, 985.
394 Zur Anwendbarkeit des § 831 BGB bei Mitverursachung durch den eigenen Verrichtungsgehilfen ohne Entlastungsbeweis *BGH* NJW 1980, 2573, 2575.

438 Für Ansprüche **mittelbar geschädigter Personen** erweitert § 846 BGB (entsprechend anzuwenden bei einer Gefährdungshaftung) den Mitverschuldenseinwand auf Obliegenheitsverstöße der unmittelbar betroffenen Person in Bezug auf die Beteiligung am Schadensereignis. Dies betrifft auch eine anrechnungsfähige Sach- oder Tiergefahr. Die mittelbar geschädigte Person kann (daneben und zusätzlich) eine eigene Obliegenheit zur Abwendung oder Minderung des Schadens treffen.

439 Ausnahmsweise kann das Fehlverhalten der getöteten Person so geringfügig sein, dass es sich auf den Umfang der Pflicht, den Unterhaltsschaden zu ersetzen, nicht auswirkt.[395]

440 Hat das eigene Verhalten des mittelbar betroffenen Anspruchsberechtigten bei dem Schadensereignis – dem Verletzungsvorgang, der letzendlich zum Tod geführt hat, – mitgewirkt, greift gegenüber dem Anspruchsberechtigten § 254 Abs. 1 BGB direkt auch zu Ansprüchen nach §§ 844, 845 BGB durch.

441 Geht es um den Anspruch wegen Verletzung eines eigenen Rechtsguts (dem Schockschaden des Angehörigen), gilt § 846 BGB nicht analog, aber Entsprechendes, Rn. 3484.

c) Ermittlung der Haftungsquote

442 ▶ Der Umfang des Schadensersatzanspruches wird durch das Maß der Mitverursachung seitens der verletzten Person, also die jeweiligen Verursachungsanteile der verletzten Person und des Schädigers, bestimmt. Den gewichteten Mithaftungsanteil drückt die Mithaftungsquote (in %) aus.

Die Haftungsquote zeigt sich über den Abzug der Mithaftungsquote:
100% − Mithaftungsquote in % = Haftungsquote in %.
Über die Haftungsquote ergibt sich sodann die quotierte Ersatzforderung:
Schaden × Haftungsquote = Quotierte Ersatzforderung. ◀

443 Es darf eine Haftungs- bzw. Mithaftungsquote hinsichtlich **einzelner Verletzungen** (Verletzungsfolgen) ausgeworfen werden, wenn und soweit sich die erforderliche, aber vernachlässigte Eigenvorsicht unterschiedlich ausgewirkt hat. Ist festgestellt (Rn. 418), dass Schäden unter Berücksichtigung eines Mitverantwortungsanteils (von z. B. 1/4) auszugleichen sind und ist die dann zum Leistungsanspruch konkret zu bewertende Folge mit einem weiteren Mitverantwortungsanteil (von z. B. 2/3) zu belasten, ergibt sich rechnerisch der **Gesamthaftungsfaktor** zum Ausgangsbetrag nach dem kommutativen Gesetz (Rn. 2565) durch das Produkt der Haftungsquoten (z. B. über 3/4 × 2/3 = 1/4). Beim Schmerzensgeld gibt es eigentlich gar keine Haftungsquote, Rn. 2867. Bei einer Feststellung zu künftigen immateriellen Schäden zeigt sich rechnerisch zu einer vergleichsweisen herangezogenen Größenordnung ohne mindernde Einflüsse die konkrete Vergleichsgröße jedoch bei gleicher Vorgehensweise.

444 Der Ersatzanspruch des Fahrzeuginsassen ohne Sicherheitsgurt kann lediglich hinsichtlich der Ansprüche gemindert sein, für die das Nichtangurten mitursächlich geworden ist, nicht aber hinsichtlich anderer Ansprüche. Ausnahmsweise kann sogar trotz Verletzung einer Rechtspflicht zur Verwendung eines Sicherheitsgurtes die Mitbeteiligung (Mithaftung) vollständig hinter dem Verantwortungsanteil des Schädigers zurücktreten.[396] Grundsätzlich fällt dem Kfz-Insassen, der den Sicherheitsgurt nicht anlegt, indessen ein Mitverschulden zur Last. Dazu bejaht der *BGH* die Gurtanlegepflicht während der Fahrt auch für das kurzzeitige verkehrsbedingte Anhalten.[397] Zum Eigenschutz entscheidet aber richtig verstanden nicht eine gesetzliche

---
395 *OLG Hamm* r+s 2000, 458 (nicht genügend befestigter Schutzhelm des Mofafahrers).
396 *BGH* VersR 1998, 474 = NJW 1998, 1137 = DAR 1998, 191.
397 *BGH* NJW 2001, 1485 = VersR 2001, 524 = NZV 2001, 130 = DAR 2001, 117 = ZfS 2001, 205; *Hentschel* in NJW 2001, 1471.

Pflicht, sondern das wohlverstandene Schutzbedürfnis mit/bei einem allgemeinen Verkehrs-, Sicherheitsbewusstsein, vielleicht auch schon bei offenbar vermeidbaren Gefahren.[398]

Berechnungsbeispiel: 445

Gesamtminderung wegen Kürzung zu einer bestimmten Schadensfolge				
Ausgangsbetrag (Schaden)	50.000,00			
– (festgestellte) Mithaftungsquote	1/4 (vom Ausgangsbetrag)	lässt offen	37.500,00	als gekürzten Betrag
– weitere Reduzierung wegen Mitschuld	2/3 (vom gekürzten Betrag)	lässt offen	12.500,00	als weiter gekürzten Betrag

Die Onlineversion ermöglicht eigene Berechnungen und zeigt zudem ein weiteres Beispiel und den Berechnungsgang im Einzelnen. 446

d) Haftungs-, Zurechnungseinheit

Die Rechtsfigur der Haftungs- und Zurechnungseinheit[399] vermeidet es, im Wesentlichen identische Verursachungsbeiträge zum Nachteil eines der Beteiligten mehrfach zu berücksichtigen. 447

In einer Haftungseinheit sind mehrere Schädiger verbunden, wenn ihr Verhalten zu einem einheitlichen unfallursächlichen Umstand[400] geführt hat. 448

In der Zurechnungs-, Tatbeitragseinheit kann auch die betroffene Person mit einem Schädiger verbunden sein, wenn die Kausalbeiträge im Wesentlichen deckungsgleich erscheinen und zu einer gefahrbringenden Situation (Gefahrenlage) geführt haben, zu der danach ein Schadensbeitrag einer anderen Person, also der haftungsbegründende Tatbeitrag eines weiteren Schädigers, hinzugetreten ist.[401] 449

▶ Für die Abwägung nach § 254 BGB ist der Beitrag der Haftungs- oder Zurechnungseinheit dem Kausalbeitrag der weiter beteiligten Person, sei es die verletzte Person selbst oder sei es ein weiterer Schädiger, gegenüberzustellen; zur Haftungsquotelung zwischen einem Verletzten und mehreren Nebentätern s. dagegen Rn. 757 ff. ◀ 450

8. (Wirtschaftliche) Nachteile

▶ Schadensersatz ist grundsätzlich und vorrangig (Natural-) Restitution, § 249 BGB, unter Einschluss des Ausgleichs für die entgangene oder verlorene Chancen, einen erlaubten Vermögenszuwachs (Gewinn) zu erzielen. ◀ 451

Den Umfang der Ersatzpflicht des Schädigers (§§ 249, 251 BGB) konkretisieren §§ 252, 253 BGB, ergänzt durch §§ 842–846 BGB für Personenschäden und § 849 BGB für Sachschäden. 452

§ 250 BGB greift bei Personen- oder Sachschäden i. e. S. nicht ein, da der Betroffene von vornherein Geldersatz fordern kann. 453

---

398 Zum Schutzhelm für Radfahrer, *Kettler* in NZV 2007, 603 ff.; zurückhaltend u. a. *OLG Saarbrücken* VersR 2008, 982 = NJW-RR 2008, 266 = DAR 2008, 210, treffend *OLG Hamm* NZV 2001, 86; anders aber z. B. *OLG Nürnberg* DAR 1999, 507.
399 *Kirchhoff* in MDR 1998, 377.
400 Vgl. *OLG Hamm* MDR 1999, 34.
401 *BGH* VersR 1996, 856 = NJW 1996, 2023; VersR 1996, 1151.

454 Zu beurteilen ist die tatsächliche Lage und Entwicklung angesichts des reales Ablaufs nach dem Haftungsereignis (Nachher bzw. IST) und die unbeeinträchtigte Entwicklung und Lage ohne das Haftungsereignis (Vorher bzw. SOLL).

455 **Differenzhypothese, -betrachtung zur Schadensermittlung:**

Unbeeinträchtigter (hypothetischer) Zustand	„Vorher": Lage ohne das Haftungsereignis als „früherer Zustand" unter Einschluss der ohne das Haftungsereignis möglichen Entwicklungen.
Folge des haftungsbegründenden Vorgangs	„Nachher": tatsächliche Lage nach dem Haftungs-, Schadensereignis
Defizit = reale Beeinträchtigung	= (vom Schädiger auszugleichender) Nachteil als natürlicher Schaden

456 Auf das haftungsbegründende Ereignis, die Haftungsgrundlage, zurückzuführende Folgen finden sich bei zusätzlichen Aufwendungen an Geld. Die **Schadensabrechnung**, bei der der Verletzte **reale Ausgaben** zur Bewältigung des Schadensfalles nachweist, er also zusätzliche Aufwendungen gehabt hat, wird **konkret** oder real genannt. Bei solchen Ausgaben ist alles zu ersetzen, was objektiviert gesehen von einem verständigen, vernünftig und wirtschaftlich denkenden Betroffenen aufgebracht wird bzw. werden würde, um den zugefügten Nachteil auszugleichen oder zu beseitigen. Dies wirkt sich insbesondere zur Heilbehandlung, bei Ersatzkraftkosten, auch z. B. bei Umbaukosten als Mehrbedarf wegen einer bleibenden Behinderung, aus.

457 Solche Kosten sind aber nicht der Schaden i.e.S., worauf der *BGH*[402] schon vor Jahrzehnten nachdrücklich hingewiesen hat.

458 **Fiktiv** nennen viele die Schadensberechnung, die nicht an reale Aufwendungen anknüpft. Der Begriff fiktiver Schaden hilft jedoch weder beim Personenschaden noch beim Sachschaden, reale Schäden als ersatzfähig zu erkennen. Er hilft auch nicht umgekehrt, Nachteile mit Sicherheit als nicht ersatzfähig ausschließen zu können.

459 **Schadensfiktionen** sind stets zu **vermeiden**, Rn. 1870. Denn der auf der Primär- oder Folgeebene fiktive Schaden, ist denkbar, also nicht eingetreten oder jedenfalls nicht nachgewiesen. Dementsprechend ist vom Schädiger dann nichts auszugleichen.

460 Imaginäre, vorgetäuschte Ansätze scheiden für eine Schadensregulierung aus, weil kein Schaden gegeben ist.

461 Selbst zu Steuern verstellt der vorschnelle Gedanke an die Fiktion leicht den Blick auf verletzungsbedingte wirtschaftliche Nachteile.

462 Verschiedentlich wird die Bezeichnung „fiktiver Schaden" für exakt und die Bezeichnung fiktive Abrechnung für ungenau gehalten, wobei statt von fiktiver Abrechnung auch von abstrakter Abrechnung gesprochen. Inhaltlich ist es umgekehrt. Die Fiktion bei fiktiver Abrechnung oder Berechnung ist beim Personenschaden ausschließlich die Prognose bzw. (Ein-) Schätzung des tatsächlichen, ggfs. hypothetischen wirtschaftlichen Schadens.

463 ▶ Schadens-, verletzungsunabhängige **Fiktion und schadens-, verletzungsbedingte hypothetische Wirklichkeit** dürfen nicht vermischt oder verwechselt werden. ◀

464 **Abstrakt** ist der Schaden, der nicht fragen lässt, ob im Einzelfall (konkret) ein Nachteil entstanden ist. Darauf stellen §§ 288, 849 BGB und zum Handelsverkehr § 376 Abs. 2 HGB sowie die Rechtsprechung u. U. beim Schadensersatz wegen Nichterfüllung ab. Die Schadensberechnung mit § 252 BGB ist es aber nicht. Satz 1 BGB wiederholt die Folge des § 249 Satz 1 BGB. Satz 2 erleich-

---

402 *BGHZ* 61, 346 = NJW 1974, 34.

tert den Beweis nach den konkreten Verhältnissen und der konkreten Entwicklung (Rn. 129 f., 549 ff.). Allenfalls der gewöhnliche Lauf der Dinge ist in gewissem Sinn abstrakt bezogen.

Normativ ist der Schaden zu nennen, der sich nicht rechnerisch in einer Gelddifferenz ausdrückt, sondern bei wertender Betrachtung zeigt, indem die Differenzhypothese quasi um Bewertungen ergänzt wird. 465

Nur wegen des normativen Schadensverständnisses gibt es einen Ersatzanspruch des Verletzten bei Besuchs- oder Fahrtkosten engster Angehöriger oder wegen unentgeltlicher familiärer Pflegedienste. 466

a) Restitution

Der Verletzte ist gem. § 249 BGB so zu stellen, wie wenn die Beeinträchtigung bzw. Rechtsverletzung nicht geschehen wäre. § 249 Abs. 1 BGB verpflichtet vorrangig, den Zustand herzustellen, der ohne das schädigende Ereignis bestehen würde, und nicht (nur), den Zustand vor diesem Ereignis wiederherzustellen. 467

Das schadensersatzrechtliche Ziel der Restitution besteht in umfassender Weise darin, einen Zustand herzustellen, der wirtschaftlich gesehen der ohne das Schadensereignis bestehenden (hypothetischen) Lage entspricht und, beschränkt sich nicht auf eine bloße Wiederherstellung z. B. der beschädigten Sache.[403] Der Begriff „Wiederherstellung" ist vielmehr normativ und weit zu fassen, um dem durch das Gesetz in den Vordergrund gestellten Restitutionsinteresse des Geschädigten Rechnung tragen zu können.[404] 468

Das Gesetz geht auf Personen- und auf Sachschäden dadurch ein, dass der Betroffene sowohl bei Personenschäden als auch bei Sachschäden den zur Herstellung erforderlichen Betrag verlangen kann. Das Gesetz schränkt zu Personenschäden nichts dahin ein, dass der Geldersatz von der tatsächlichen Durchführung der Herstellung abhängig ist. 469

Zum Personenschaden mit Vermögensfolgeschäden erschwert anders als bei reinen Vermögensschäden und auch anders als bei Sachschäden mit Folgeschäden den Schadensausgleich, dass meist zukünftige Entwicklungen einzuschätzen sind und nicht rückblickend nach der Schadensbewältigung eine Klärung zwischen Schädiger- und Geschädigtenseite herbeizuführen ist. 470

Bei Tötung steht der direkt ausgelöste Schaden der Wiedergutmachung nicht offen. Der Unterhaltsschaden ist unabhängig von den allgemeinen Normen abzurechnen.[405] 471

Der Schädiger schuldet Restitution im Interesse an der Integrität des geschützten Rechtsgutes. Der Herstellungsanspruch erfasst immaterielle Güter ohne Vermögenswert und schließt ideelle Interessen ein, z. B. im Fall einer Ehrverletzung, ggfs. mittels Widerrufs. 472

Insofern ist der gesundheitliche Status der verletzten Person i. S. d. § 249 BGB wiederherzustellen: Die medizinische Rehabilitation ist als Naturalrestitution zu verstehen. Dies gilt nicht nur dann, wenn die Schädiger-, Haftpflichtversicherer selbst die Restitution managen[406], sondern auch bei der Bewirkung der Heilung durch die Geschädigtenseite, sei es über einen Krankenversicherer, sei es nach eigenem Entschluss. 473

---

403 *BGH* NJW 2007, 67 = NZV 2007, 27 = VersR 2007, 82.
404 *BGH* NJW 1997, 520 = NZV 1997, 117.
405 BGHZ 86, 372 = VersR 1983, 458 = DAR 1983, 221; *Steffen* in VersR 1985, 605, 607.
406 Zum Schadensmanagement beim Personenschaden u. a. *Budel/Buschbell* in VersR 1999, 158; *Höfle* in ZfS 2001, 197; *Freiherr von Hadeln/Riedl* in NZV 2000, 34, *Lang* in NZV 2008, 19, *Lenz/Rischar* in VersR 2000, 32, *Schneider* in ZfS 2008, 303, *Steffen* in VersR 2000, 793, *Steinfeltz* in VersR 1999, 688; zum privaten Rehamanagement für schwerstverletzte Unfallopfer *Remsperger* in PVR 2002, 322.

474 § 253 BGB bezieht sich nach Wortlaut und systematischer Stellung ausschließlich auf § 251 BGB. Soweit § 249 BGB anwendbar und anzuwenden ist, ist es nicht belangvoll, ob ein Vermögensschaden gegeben ist oder nicht.

475 Die Naturalherstellung setzt voraus, dass sie (noch) **möglich** ist. Ob dies der Fall ist, bestimmen zunächst die Verhältnisse im **Zeitpunkt** des **Schadenseintritts**.

476 Veräußert der Eigentümer seine beschädigte Sache und beendet er damit seine Rechtszuständigkeit, erlischt der Herstellungsanspruch deswegen, aber dann wiederum nicht, wenn der Herstellungsanspruch an den Erwerber abgetreten ist.[407]

477 Das *OLG Düsseldorf* hat 2003[408] einen Grundsatz herausgestellt, dass aus Anlass eines Schadensfalls nur Aufwendungen erstattungsfähig sind, die konkret angefallen sind. Diesen Grundsatz gibt es aber so gar nicht. Jedenfalls stünde er im Widerspruch zum Gesetz und zur Rechtsprechung des *BGH*.

478 § 249 Abs. 2 BGB gewährt den **Geldanspruch** zum **Restitutionsbedarf**, auch zur körperlichen Integrität. Diese besondere Form des Herstellungsanspruchs soll die betroffene Person begünstigen, wenn sie die Aufgabe des Schädigers übernimmt.

479 Vom Schaden als **Bedarfsschaden** wird häufig zum Ausgleich verletzungsbedingt erhöhter Lebensführungskosten (einem Mehrbedarf, den vermehrten Bedürfnissen, Rn. 1829 ff.) gesprochen. Einen relevanten Unterschied zwischen dem Bedarf wegen der Heilbehandlung und der Lebensgestaltung gibt es schadensrechtlich aber eigentlich nur wegen der vom Gesetz (in § 843 BGB) angeordneten (wiederkehrenden) Rentenzahlung, die § 249 BGB nicht als solche kennt, freilich auch nicht grundsätzlich ausschließt.

480 ▶ Der Bedarfsschaden ist – insbesondere bei Pflege, Rn. 1888 – unabhängig von der Bedarfsdeckung und erwächst im Moment der Erstschädigung, selbst wenn er als Rente jeweils monatlich erst später fällig wird (Rn. 1270, 870). Der Bedarf ist als Schaden durch Geldzahlung zur körperlichen Integrität (also zur Heilbehandlung oder wegen vermehrter Bedürfnisse) aber nur ersatzfähig, wenn zumindest die gesicherte Absicht besteht, dem Bedarf real zu entsprechen, z. B. eine Behandlung tatsächlich durchführen zu lassen. ◀

481 Die bei Sachschäden anerkannte Dispositionsfreiheit gilt bei Personenschäden allenfalls eingeschränkt: § 249 BGB ist darauf ausgerichtet, die Heilbehandlung bewirken zu können.

482 Wenn sich von der Schädigung her zur Zukunft ein Bedarf zeigt und so abgerechnet wird, infolge einer unvorhersehbaren (für die verletzte Person glücklichen) Änderung der **Bedarf** jedoch später **entfällt**, hängt es vom Einzelfall ab, ob die Regulierung unverändert bleibt oder abzuändern ist (Rn. 1328 ff., 1447 ff.).

483 Ist nach Jahren ein behindertengerechtes Fahrzeug nicht mehr notwendig, steht jedenfalls der Wertverzehr der Anpassung des Geldwertes an den Bedarf entgegen. Wird der verletzungsbedingt erforderliche Rollstuhl der verletzten Person geschenkt, darf ihr deswegen nicht der Anspruch nach § 843 BGB genommen oder sie gar für verpflichtet gehalten werden, den vorher geleisteten Ersatzbetrag zurückzahlen zu müssen, Rn. 1869.

484 **Erforderlich** sind die Geldmittel, die bei den Verhältnissen der betroffenen Person aufgewendet werden müssen, und zwar nach dem Maß der wirtschaftlichen Vernunft und sachgerechter Disposition. Auf die individuellen Erkenntnis- und Einflussmöglichkeiten der betroffenen Person und auf für sie bestehende Schwierigkeiten[409] ist Rücksicht zu nehmen. Die Erforderlichkeit bezieht sich

---
407 *BGHZ* 142, 172 = NJW 1999, 3332 = VersR 2001, 113; *BGH* NJW 2001, 2250 = ZIP 2001, 1205; zum Schadensersatzanspruch beim Werkvertrag s. *BGH* NJW-RR 2004, 1462.
408 *OLG Düsseldorf* Urt. v. 2.9.2003, 4 U 238/02.
409 *BGH* VersR 1992, 457 = NJW 1992, 903; *Marcelli* in NZV 1992, 432.

(Wirtschaftliche) Nachteile 1

auf das „Ob", „Wann" und/oder „Wie" der Schadensbeseitigung und ist vom Tatrichter[410] im Haftungsprozess zu beurteilen, der nicht darüber hinweggehen darf, dass es zum Geldersatz um Kosten geht, die lediglich vom Verletzten für erforderlich gehalten worden sein müssen. Erforderlich erscheint, was zur Behebung des Schadens angemessen erscheinen kann und zweckmäßig ist. Angemessen ist, was geeignet ist. Eine Eignungs-, Qualitätskontrolle eingeleiteter bzw. vorgesehener Maßnahmen, insbesondere bei unentgeltlichen Pflege, ist dadurch sicher zu stellen, dass vom Verletzten veranlasste oder von ihm geplante Leistungen nicht eher zu weiteren Belastungen führen dürfen, als dass sie dem Nachteil abhelfen.

Die Erforderlichkeit, Notwendigkeit bzw. Angemessenheit eines Aufwands ist vor der Bemessung des ersatzfähigen Betrages zu prüfen. Ein Verwendungsnachweis ist insofern nicht zu führen. Eine Abrechnungspflicht zur Schadensersatzzahlung als solcher besteht nicht, anders beim Vorschuss; Rn. 1869. Der Geschädigte hat zur Frage der Erforderlichkeit von Kosten zur Schadensbehebung darzulegen und zu beweisen, dass die von ihm herangezogene Schadensabrechnung wirtschaftlich ist. Dazu kann gehören, dass ein Kostenunterschied bei mehreren Möglichkeiten der Schadensabhilfe unwesentlich ist und bleibt.[411] **485**

Eine gewisse **Verhältnismäßigkeitsprüfung**[412] als Interessenausgleich nach Maßgabe des Ausgleichszwecks und von Redlichkeit, Treu und Glauben ist der „Erforderlichkeit" immanent. Da die Verhältnismäßigkeit die Frage nach der Zweckmäßigkeit einschließt, drängt es sich auf, dass dann, wenn mehrere Mittel oder Wege gleichrangig oder „gleichwertig" sind, dass Verhältnismäßigkeit und die Schadensminderung die Auswahl steuern. Dafür muss bei Personenschäden zuvorderst aber der reale gleiche individuelle Rang bzw. die individuelle Gleichwertigkeit feststehen. **486**

Bei **Fördermaßnahmen** will das *OLG Bamberg*[413] wegen des Kriteriums des zur Herstellung erforderlichen Aufwands eine Grenze der Verhältnismäßigkeit gewahrt wissen. Eine solche Verhältnismäßigkeitsprüfung ist über wirtschaftliche Maßstäbe zur Gesundheit und zu vermehrten Bedürfnissen aber nicht realisierbar, praktisch nicht einsichtig zu machen und bleibt eine Leerformel. Eine Reduktionsklausel enthält das Gesetz dazu nicht, das vielmehr die **körperliche Integrität** gewahrt wissen will und schützt. Umfang und Qualität der (Wieder-) Herstellung haben den individuellen Bedürfnissen und Belangen des Verletzten zu entsprechen. Bei **Erwerbsschäden** verhält es sich wegen des direkten Bezugs auf die wirtschaftliche Lage und Konsummöglichkeiten freilich anders als bei Mehrbedarfsschäden; zur Umschulung beachte Rn. 1874. **487**

Das **Prognoserisiko** belastet grundsätzlich den Schädiger. **488**

▶ Die **Finanzierungspflicht** trifft den Schädiger zur Restitution und zur Kompensation. Der Schädiger hat grundsätzlich auch solche Vermögensnachteile zu ersetzen, die sich erst daraus ergeben, dass der Schaden mangels der von ihm sofort geschuldeten Ersatzleistung[414] nicht unmittelbar beseitigt werden konnte, sondern sich dadurch noch erhöht hat. ◀ **489**

Für Arzneimittel hat nach der zum Stärkungsmittel als vermehrtem Bedarf geäußerten Ansicht des *BGH*[415] der Schädiger aufzukommen, obwohl der betroffenen Person Finanzmittel fehlen, sie das Arzneimittel deswegen nicht erwerben und nicht einnehmen kann, s. auch Rn. 1733. **490**

---

410 *BGHZ* 115, 364 = VersR 1992, 61.
411 *BGH* VersR 2008, 370.
412 Grundsätzlich zu § 251 Abs. 2 BGB MünchKomm-Oetker 5. Aufl. 2007 § 251 Rn 35 und zur Verhältnismäßigkeitsprüfung dort Rn 38–39.
413 *OLG Bamberg* VersR 2005, 1593.
414 Das Risiko, dem Geschädigten zum Ersatz verpflichtet zu sein, trägt der Schädiger, wie es umgekehrt zu Lasten des Geschädigten geht, wenn ein anfänglicher Streit über den Haftungsgrund später zu seinen Ungunsten geklärt wird, beachte *BGH* NJW 1989, 290 = VersR 1988, 1178.
415 *BGH* VersR 1958, 176 = NJW 1958, 627.

491 Für die Heilbehandlung, den Mehrbedarf und sogar zum Erwerbsnachteil (z. B. wegen einer Umschulung oder eines Umzugs) zeigt sich wegen der Finanzierungsverantwortung der Schädigerseite ein Vorschussanspruch des Verletzten, dem nicht durch Drittleistungsträger geholfen wird, Rn. 1732, 1869.

492 ▶ Vom zweckgebundenen **Vorschuss** ist ein Ausgleich irrealer, fiktiver Kosten zu unterscheiden. ◀

493 Bei der Zahlung als Abschlag oder Vorauszahlung in Erwartung einer erst noch festzustellenden Schuld hat im Fall der **Rückforderung** der Empfänger der Zahlung das Bestehen der Forderung zu beweisen.[416] Fordert der Haftpflichtversicherer einen Vorschuss auf eine Leistungspflicht **ohne Erfüllungswirkung** zurück, hat der Leistungsempfänger als Anspruchsgegner[417] dementsprechend zu beweisen[418], dass ihm ein Anspruch auf das Geleistete zusteht. Der Bereicherungsanspruch entsteht dabei nur beim Versicherer. Von der Beweislast des Versicherers spricht der BGH[419] aber bei der Zahlung **mit Erfüllungswirkung** auch ohne Anerkennung einer Rechtspflicht oder als Vorschuss bei behaupteter Unfallmanipulation.

494 ▶ Dem Schädiger zuzurechnende **Fehler bei der Restitution** mit zusätzlichen Nachteilen führen zu einem weiteren Herstellungsaufwand (§ 249 Abs. 2 BGB) oder einem zusätzlich zu ersetzenden Schaden (§ 251 Abs. 1 BGB). ◀

b) Kompensation

495 Die Kompensation will zu Gunsten des Beeinträchtigten den Ausgleich des verlorenen Vermögenswerts erreichen. Dazu ist § 251 BGB auf Vermögens-, Wertinteressen konzentriert und begrenzt. Nichtvermögensrechtliche Nachteile (z. B. ein Affektionsinteresse) schließt dies aus, immaterielle, subjektive Werte sind der Kompensation nur über § 253 BGB zugänglich.

496 Das **Vermögen** der Person ist der Inbegriff ihrer Güter und Rechte, die am Markt in Geld bewertet werden können, also einen Marktwert bzw. einen an objektivierbaren wirtschaftlichen Verhältnissen ausgerichteten (Geld-) Wert haben.

497 ▶ Der Vermögensschaden wird durch den Vergleich des (Gesamt-) Vermögenswertes ohne das schädigende Ereignis mit dem durch den Schadenseintritt verminderten Wert bestimmt. ◀

498 Zu einem Gewinnentgang ist die Betroffenheit der „Vermögenssphäre" evident.

499 Verletzungsbedingt unterbliebene Eigenleistungen sind schadensrechtlich schon deshalb i. S. d. §§ 249, 252 BGB beachtlich, weil und wenn das eigene Vermögen des Betroffenen um den Wert der Leistungen bzw. des Leistungsergebnisses vermehrt worden wäre.

500 Der reine **Zeitverlust** wird nur dann als Vermögensschaden akzeptiert, wenn er sich in der Vermögenssphäre objektivierbar niedergeschlagen hat.

501 Die von einer Erwerbstätigkeit freie Zeit (Freizeit, Urlaub) hat trotz ihrer sozialen Bedeutung und Ausgestaltung für sich gesehen im Verständnis des Schadensrechts keinen objektivierbaren Wert und Wertmaßstab. Wird dieser Zeitbereich verkürzt, ist kein Vermögensausfall zu verzeichnen.

502 Weit mehr als früher ist aber in der modernen Welt ein schadens-, verletzungsbedingter Einsatz in der eigentlich anders vorgestellten (Frei-) Zeit auszugleichen. Dies beruht weniger auf der Qualifikation der Zeit als Vermögenswert oder als immaterielles Gut. Im Vordergrund steht zur haftungs-

---

416 *BGH* NJW 2004, 2897.
417 *OLG Stuttgart* NVersZ 2000, 394.
418 *BGH* NJW 2000, 1718 = VersR 2000, 905 = DAR 2000, 304; *OLG Köln* OLGR 2000, 447; zu den möglichen Bedeutungen eines Rückforderungsvorbehalts (mit Folgen für ein Feststellungsinteresse) *OLG Saarbrücken* ZfS 2003, 586.
419 NJW-RR 1992, 1214 = VersR 1992, 1028 = DAR 1992, 339.

ausfüllenden Kausalität eher der Schutzbereich der die Haftung begründenden Norm. Der Verlust an (allgemeiner) Freizeit bleibt immateriell selbst dann, wenn die Bereitstellung anderer (neuer Frei-) Zeit eigentlich einen direkt in Geld bewertbaren Weg der Restitution erkennen lässt, z. B. bei Inanspruchnahme unbezahlten Urlaubs; zu aktuellen Fragen bei der Arbeitsunfähigkeit in der Entnahmephase nach angesparten Arbeitszeiten Rn. 2051; zur Zeitgutschrift Rn. 2758.

Die Beeinträchtigung daran, die Freizeit nicht mehr so wie bisher und/oder künftig geplant gestalten zu können, ist über den Stellenwert im Lebensplan auszugleichen, nicht über die Berechnung eines finanziellen Aufwandes für das Hobby. Der Geldwert des Gegenstands, der in Eigenarbeit während der nicht zur Erzielung von Einnahmen bestimmten Zeit hergestellt ist, führt – wie der *BGH*[420] zum Modell eines Torpedoboots ausgeführt hat – über den Sachbezug der Arbeitsleistung wegen des Wertes i. S. d. § 251 BGB zum materiellen Ausgleich. 503

Die **normative** Sicht[421] ändert in engen Grenzen insgesamt oder zu einem einzelnen Posten die **Schadensbilanz**: Unter wertender Betrachtung kann ein Vermögensnachteil auftreten, der sich rechnerisch nicht zeigt. Dies ist insbesondere der Fall, wenn eine Einbuße durch Leistungen ausgeglichen wird, die den Schädiger nicht entlasten sollen, seien es überpflichtige Anstrengungen des Verletzten (Rn. 2727) oder Maßnahmen Dritter. Das normative Verständnis gibt aber noch mehr her, als in § 843 Abs. 4 BGB angelegt ist (Rn. 662). Es muss vom Zweck der Haftungsnorm her auch helfen, ersatzfähige Vermögenswerte überhaupt erst erkennen zu können. Insoweit bereitet die Frage nach dem ökonomischen Verlust zur Arbeitskraft der Person und zum Wert der (Arbeits-) Zeit besondere Probleme, Rn. 52, 1996 ff. Jedenfalls über einen Markt für Dienstleistungen, die üblicherweise gegen Entgelt erbracht werden, ist genauso wie bei der überkommenen Fixierung auf Produktivität ein Vermögensschaden zu bejahen. So steht heute der Haushaltsführungs-, Hausarbeitsschaden als Vermögensnachteil außer Frage. Der Zeitbezug und Geldwert der zu ersetzenden Arbeitsleistung lässt die Einschätzung eines Ausgleichsbetrags zu. Problematisch ist dort stets nur noch der Umfang des individuellen Schadens. 504

§ 251 Abs. 1 BGB geht auf den Ersatz des Vermögensschadens ein, wenn die Herstellung nicht möglich ist oder nicht genügt. In solchen Fällen kann der Schädiger den Beeinträchtigten auf die Entschädigung in Geld für den realen Wertverlust verweisen. 505

Die Frage, ob der wirtschaftliche Status für „herstellbar" zu halten ist, kann unterschiedlich beantwortet werden. Jedenfalls kann der **Verlust** von **Einkünften** nur durch Geldzahlung ausgeglichen werden. Ob auf § 251 BGB oder auf §§ 252, 842 BGB abgestellt wird, ist zur Einschätzung der Höhe des Anspruchs ohne Belang. 506

Ein Verdienstausfall ist jedenfalls i. S. d. § 251 BGB auszugleichen, wenn durch das haftungsbegründende Ereignis das Augenlicht verloren worden ist und deshalb Erwerbsunfähigkeit besteht, also eine Erwerbstätigkeit nicht möglich ist. 507

Zusätzlich kann z. B. ein **Gebrauchsverlust** zu kompensieren sein. 508

§ 251 Abs. 2 Satz 1 BGB begrenzt in Ausformung des Grundsatzes von Treu und Glauben die Haftung zum Schutz des Schädigers im Fall **unverhältnismäßiger Herstellungskosten**. 509

Die Unverhältnismäßigkeit grenzt insofern bei möglicher Naturalrestitution das Ersatzrecht des Beeinträchtigten dahin ein, dass er nicht mehr Herstellung (Naturalrestitution) durchsetzen kann, sondern – wenn der Schädiger den Beeinträchtigten darauf verweisen möchte – allein den Wertausgleich zum Verlust in der Vermögensbilanz erhält. 510

---

420 *BGHZ* 92, 85 = VersR 1984, 966 = NJW 1984, 2282; zu Schäden im nichtkommerziellen Bereich *Schulte* in JZ 1988, 279.
421 Umfassend dazu *Steffen* in NJW 1995, 2057, 2063.

511 Ob Kosten noch verhältnismäßig und erforderlich sind (waren), hat im gerichtlichen Streitfall der Tatrichter i.S.d. §287 ZPO zur Schadenshöhe unter Würdigung der Gesamtumstände im Einzelfall zu entscheiden.[422]

512 Die **körperliche Integrität** hat freilich **keinen Bezug** zur **Ökonomie**. Sie betrifft die Persönlichkeit und Menschenwürde bei vorher gesunden ebenso wie bei vorgeschädigten, bei gebrechlichen, bei behinderten Betroffenen. Dies schließt die Ästhetik ein.

513 Kosten der kosmetischen Behandlung (der nach reizloser Verheilung verbleibenden lappenförmigen, zur rechten Ohrmuschel schräg verlaufenden Narbe)[423] sind (grundsätzlich) zu ersetzen. Die verletzte Person hat sich nicht im wirtschaftlichen Interesse des Schädigers einzuschränken. Auf ein Zahlenverhältnis zwischen Schaden und Aufwand kommt es nicht an.

514 ▶ Die **Beseitigung** von (gesundheitlichen, körperlichen) **Verletzungsfolgen** ist keinem Wirtschaftlichkeitskriterium unterworfen oder zu unterwerfen. Nur ausnahmsweise verstößt ein Herstellungsverlangen wegen unverhältnismäßigen Aufwands gegen Treu und Glauben. Insofern nimmt das **eigensinnige**, an Schikane grenzende Beharren auf einer Korrektur als Herstellung i.S.d. §249 BGB bei subjektiv unbedeutender Beeinträchtigung, die objektiv nicht beeinträchtigt, den Herstellungsanspruch. Dann genügt das Schmerzensgeld zum Ausgleich.[424] ◀

515 Zu den normativen Schäden muss die Schadensberechnung denknotwendig **abstrahieren** bzw. **pauschalieren**, ohne abstrakt bzw. im engeren Wortsinn fiktiv zu werden. Dennoch spricht selbst der *BGH*[425] immer noch von fiktiven Kosten einer Haushaltshilfe.

516 Der **wirtschaftliche** Schaden kann bei Verletzung des Körpers oder der Gesundheit – insbesondere zur Kompensation, §251 BGB – wegen der erforderlichen Hypothesen darüber hinaus von vornherein nur **pauschalierend** bestimmt werden. Dieser pauschalierende Ausgleich ist zu verstehen als Ersatz nach überschlägiger Schätzung mit dem Maß der überwiegenden Wahrscheinlichkeit unter Heranziehung von Erfahrungswerten. Es geht nicht um einen Pauschalbetrag, nicht um einen vom tatsächlichen (konkreten) Schaden unabhängigen, auf eine bestimmte Höhe festgelegten Ersatz. Mit einem abstrakten oder einem nach aller Erfahrung „durchschnittlichen" Schaden bzw. einer abstrakten Schadensberechnung hat dies nichts zu tun. Freilich wird in gewisser Weise von der Individualität des Geschädigten und der konkreten Schadensentwicklung abgesehen.

c) Berechnungsgang: Differenz zwischen SOLL und IST

517 Vermögensschaden ist der Verlust in der Vermögenssphäre. Unechte Vermögensfolgeschäden sind (insofern als mittelbare Schäden) die Vermögensnachteile in Folge des Personenschadens. Welcher **Vermögensschaden** gegeben ist, beurteilt sich nach der **Differenzhypothese**. Die in Folge des haftungsbegründenden Ereignisses eingetretene Vermögenslage ist dafür mit der Lage zu vergleichen, die sich ohne jenes Ereignis ergeben hätte.[426]

---

422 *BGH* VersR 2008, 370.
423 *BGHZ* 63, 285 = VersR 1975, 342 = NJW 1975, 640; zum Zahnimplantat statt prothetischer Brückenversorgung *OLG Hamm* DAR 2001, 359.
424 S. weiter Rn. 1707 f.
425 *BGH* NJW 2001, 149 = VersR 2001, 76.
426 *BGHZ* (GSZ) 98, 212, 217.

(Wirtschaftliche) Nachteile **1**

SOLL = WÄRE = HÄTTE	fiktive, hypothetische, vermutete wirtschaftliche Gegebenheiten und Verbesserungen (wirtschaftlicher Schaden) oder aus Rechtsgründen gleichgestellte hypothetische Lage mit wirtschaftlichem Aspekt (normativer Schaden)
abzüglich IST	Realität
abzüglich Fiktives IST	Fiktiver, hypothetischer Zustand bei Wahrung der Schadensminderungspflicht
abzüglich Vorteilsausgleich	
ergibt erstattungsfähigen Schaden	

518

Abgestellt wird bei Sach- und bei Vermögensschäden – anders als im Ansatz bei Personenschäden, beachte Rn. 1 – auf Marktpreise. Zur Abrechnung eines Sachschadens bleibt die tatsächlich nicht anfallende Umsatzsteuer außer Ansatz, § 249 Abs. 2 Satz 2 BGB. **519**

Weist der Vergleich der Vermögenslagen (SOLL abzüglich IST) ein dem Schädiger zuzurechnendes rechnerisches Minus zu Lasten der betroffenen Person aus, zeigen sich wirtschaftliche Nachteile, die zu ersetzen sind. **520**

▶ Die in die Abrechnung einzubeziehenden Rechnungsposten sind wertend zu bestimmen und zwar orientiert am Schutzzweck der Haftungsnorm sowie der Ausgleichsfunktion des Schadensersatzes. ◀ **521**

Die Differenzhypothese unterliegt insbesondere zu Folgebelastungen wegen einer Gesundheits- oder Körperverletzung der **normativen Kontrolle**, die einerseits an der jeweiligen Haftungsgrundlage bzw. an dem sie ausfüllenden haftungsbegründenden Ereignis und andererseits an der darauf beruhenden Veränderung mit Blick auf Verkehrsanschauungen auszurichten ist, vgl. auch Rn. 504. **522**

Kausale, notwendige **Schadensnebenkosten** der verletzten Person sind ersatzfähig (Rn. 1768 ff. zur Heilung), u. U. auch Folgeschäden (Rn. 573). **Sachfolgeschäden** sind z. B. zusätzliche Versicherungsprämien bei Inanspruchnahme der Kaskoversicherung[427], während Prämien zur Haftpflichtversicherung nicht erstattungsfähig sind.[428] **Regulierungskosten** können ebenfalls erstattungsfähig sein, Rn. 598 ff., 2325. Unberührt von dem Grundsatz der Nichterstattungsfähigkeit des üblichen Aufwands bei der Schadensregulierung bleibt der von Manchen praktizierte fiktive Ansatz von z. B. 2,50 €[429] für das zweite Mahnschreiben im Fall des Schuldnerverzugs. **523**

Die Gesamtschau durch Differenzbildung und normative Wertung macht den dualistischen Schadensbegriff aus. **524**

Der Schaden, den die betroffene Person hätte verhindern können, bleibt Schaden. Der Ersatz kann aber eingeschränkt oder ausgeschlossen sein, Rn. 633, 1739, 2161, 2506, 3248. **525**

Über die Schadensabwendungs- und -minderungspflicht kann es zu weiteren erstattungsfähigen Kosten kommen. **526**

---

427 *BGH* VersR 1992, 244 = NZV 1992, 107 = ZfS 1992, 48; *Schmalzl* in VersR 1992, 677.
428 *BGH* VersR 1978, 235.
429 *OLG Hamburg* NJW-RR 1987, 1449.

d) Entgangener Gewinn; entgangener Einkommens-, Vermögenszuwachs

aa) Grundsatz

527 Schadensrechtlich ist entgangener Gewinn ein Vermögensvorteil bzw. geldwerter Vorteil, der dem Betroffenen ohne das ihm nachteilige (haftungsbegründende) Ereignis zugeflossen wäre. Dabei muss das haftungsbegründende Ereignis selbst kein Eingriff in ein Vermögensrecht sein. Erst zu den fraglichen Folgen kommt es auf einen Vermögenswert an.

528 Dass dieser Schaden auszugleichen ist, ist in dem Sinne eines rein rechnerischen Vergleichs der Vermögenslagen vor und nach dem haftungsbegründenden Ereignis (Differenzhypothese, Differenzmethode), nicht selbstverständlich, weil sich die Vermögenslagen konkret zu den nicht vorhandenen (Vermögens-) Werten nicht unterscheiden und von daher kein Vermögensschaden auszumachen ist.

529 Der Wortlaut des § 249 BGB drückt indessen die Pflicht des Schädigers aus, dem Geschädigten auch die Werte zu ersetzen, die ihm infolge des die Haftung auslösenden Ereignisses nicht zufließen bzw. zugeflossen sind, die er aber (wahrscheinlich) andernfalls erlangt hätte. Dies konkretisiert im Gesetz § 252 Satz 1 BGB im Anschluss an § 249 BGB. Ergänzend stellt § 842 BGB klar, dass Nachteile für den Erwerb und das Fortkommen (ebenfalls) Vermögensschäden sind.

530 Beim Verlust einer Erwerbsquelle ist gem. § 251 Abs. 1 BGB das Wertinteresse durch einen Kapitalbetrag auszugleichen. Auch dies konkretisiert § 252 Satz 1 BGB oder bezieht diese Norm jedenfalls mit ein.

531 Im Prinzip stellt § 252 Satz 1 BGB klar, dass der Schädiger alle vermögenswerten Chancen und Einbußen des Betroffenen wirtschaftlich auszugleichen hat. Dies betrifft z. B. auch eine entgangene Möglichkeit der Kapitalnutzung.[430]

532 Nicht ausschlaggebend ist, ob der Vermögensvorteil vorhersehbar (gewesen) ist. Indessen scheiden rein spekulative Gewinnaussichten[431] aus.

533 Der Betroffene muss auch (im Zeitpunkt des haftungsbegründenden Ereignisses) noch keinen Rechtsanspruch auf den Vermögensvorteil (Vermögenszuwachs, Gewinn) gehabt haben. Er muss ihn nur als wirtschaftliche Beeinträchtigung spüren, zu der es sonst (ohne das Haftungsereignis) nicht gekommen wäre.

534 ▶ Der entgangene Einkommens-, Güter-, Vermögenszuwachs ist als mittelbarer Schaden ersatzfähig, während der Vermögenszuwachs, auf den der Betroffene „keinen Anspruch" hat, als Abzug neu für alt bzw. Vorteil den Schadensersatz mindert. ◀

535 Für die Einschätzung als entgangener Gewinn ist es ohne Belang, ob der ohne das haftungsbegründende Ereignis angefallene Vermögensvorteil in Folge der Beschädigung oder Zerstörung einer Sache oder eines Tieres oder der Beeinträchtigung der körperlichen Unversehrtheit ausfällt oder in Folge der Unmöglichkeit, eine Sache zu nutzen, oder in Folge der Unmöglichkeit, individuelle Kräfte wirtschaftlich zu nutzen, in Frage steht.

536 Steht der Nutzungswert des Hallenbades weiterhin uneingeschränkt zur Verfügung, sind alle mit dem Betrieb verbundenen Vorteile, Einwohnern ein Hallenbad zur Verfügung stellen zu können, gegeben und geht es für die Dauer des Ausfalls einer Wärmepumpe um den Einsatz von 2 Heizungskesseln mit einem dadurch bedingten Gasmehrverbrauch, steht kein entgange-

---

430 Mit der Folge, dass entgangene Anlagezinsen aus der Hauptsumme als entgangener Gewinn selbst dann verlangt werden können, wenn Verzugsvoraussetzungen (mit der Folge, dass ein Verzögerungsschaden gem. §§ 284 ff. BGB zu ersetzen wäre) nicht vorliegen.
431 Zum entgangenen Gewinn aus Spekulationsgeschäften bei der Einstandspflicht für Vermögensschäden beachte u. a. *BGH* NJW 2002, 2553 = WPM 2002, 909.

ner Gewinn in Frage. Die entstandenen Kosten sind vielmehr ein in Folge der Beeinträchtigung der Wärmepumpe beruhender Folgeschaden des Eigentümers und Betreibers hinsichtlich der Nutzung seiner Einrichtung.[432]

Ob im Fall der körperlichen Schädigung zu der Ersatzberechtigung wegen vereitelter Erwerbsaussicht die Ersatzfähigkeit in § 249 BGB angelegt ist und § 252 Satz 1 BGB dies klarstellt, bleibt letztlich theoretisch. Jedenfalls wird § 252 Satz 1 BGB seinerseits konkretisiert und spezifiziert durch §§ 842 ff. BGB und die Parallelnormen oder erweitern § 842 BGB und stellt § 252 Satz 1 BGB gegenüber § 253 BGB klar, dass als Vermögensvorteil zu ersetzen ist, was der Betroffene im Zeitpunkt des haftungsbegründenden Ereignisses noch nicht gehabt hat, er ohne dieses Ereignis aber erhalten hätte. Ob dies Grenzen des Ersatzes von Vermögensschäden gegenüber § 253 BGB erweitert, mag dogmatisch hier auf sich beruhen. Praktisch leitet sich daraus nichts her und zeigt sich für die Bereiche einerseits des Nichtvermögensschadens und andererseits des Vermögensschadens ergiebig nichts.

537

▶ Der entgangene Gewinn ist ein mittelbarer Schaden, der sich inhaltlich auf den Herstellungs- und Kompensationsbereich im Sinne des Schadensrechts bezieht, dabei aber ausschließlich geld-, vermögenswerte Elemente erfasst. Er bezieht sich auf das Ausbleiben der Vermehrung aktiver, messbarer, positiver Vermögenswerte (Einkommens-, Verdienstausfall) ebenso wie auf den Verlust des Zuwachses an Vermögenswerten, auch auf das Unterbleiben der Verringerung von Schulden. ◀

538

Der **Anspruch** auf Ersatz entgangenen Gewinns **setzt** materiellrechtlich **voraus**, dass der Schutzzweck der einschlägigen Haftungsnorm auf den Ausgleich einer solcher Schadensposition ausgerichtet ist.

539

Glaubt der Betroffene, ihm sei Bargeld während eines Verkehrsunfalls abhanden gekommen, entdeckt er den Bargeldverlust aber erst Tage später nach einem Krankenhausaufenthalt, geht es um beweisrechtliche Fragen dazu, ob (etwa mittels Anscheins) belegt werden kann, dass das Geld bei dem Unfallgeschehen abhanden gekommen ist.[433] Wird aber der während einer Fahrt im verschlossenen Kofferraum des Pkws mitgeführte Laptop beschädigt oder wird der Laptop nach dem Unfall während der Zeit des Liegenbleibens an der Strecke bis zur endgültigen Bergung von Dritten entwendet, stellen sich Fragen der Zurechnung und des Schutzzwecks der Norm dazu, ob ein Gewinn, der unter Einsatz des Laptops mit den dort gespeicherten Daten in Kürze erreichbar gewesen wäre, nun aber nicht mehr erzielt werden kann – weil alle Daten fehlen –, vom Unfallverursacher oder von den eingesetzten Rettungskräften oder von der Polizei zu ersetzen ist. Insofern ist der Zurechnungszusammenhang zwischen der Beschädigung des Fahrzeugs und dem Verlust der Gegenstände im Grundsatz zu bejahen, wenn nach einem Verkehrsunfall aus einem beschädigten Fahrzeug wertvolle Gegenstände abhanden kommen und muss dann auch ein darauf zurückführender entgangener Gewinn ersetzt werden.[434] Etwas anderes gilt indessen, wenn kraft wertender Betrachtung der Zweiteingriff (z. B. der Diebstahl aus dem verschlossenen Handschuhfach des nach einem Unfall verschlossen am Straßenrand stehen gelassenen älteren Kraftfahrzeugs) sich mehr das Schadensrisiko des Ersteingriffs (der Unfallbeschädigung) verwirklicht, weil das Risiko schon gänzlich abgeklungen sein soll.[435] Jedenfalls bei polizeilicher Ingewahrsamsnahme werden allein die Verwahrungs-, Sicherungspflichten mit ihrer persönlichen und sachlichen Schutzweite betroffen sein.

540

---

432 *BGH* NJW-RR 1989, 980 = WPM 1989, 1434.
433 *OLG Köln* NJOZ 2005, 2877 = DAR 2005, 404.
434 *BGH* NJW 1997, 865 = VersR 1997, 458 = ZfS 1997, 85.
435 Vgl. *KG* NZV 2002, 41.

541 **Kraft Gesetzes** scheidet ein **Anspruch** auf Ersatz des entgangenen Gewinns **aus**, wenn eine einschlägige Norm die Ersatzleistung auf den unmittelbaren Schaden begrenzt. Rechtsgeschäftlich kann ein Anspruch auf Ersatz des entgangenen Gewinns in den durch § 309 Nr. 7 BGB gezogenen Grenzen ausgeschlossen sein.

542 Bei **Verletzung** der Politesse oder des Polizeibeamten hat die Anstellungsbehörde bzw. die Behörde, deren Aufgaben wahrgenommen werden (sollten), wegen des Ausfalls des Ertrags aus Strafbefehlen oder Bußgeldbescheiden keinen Ersatzanspruch. Dies beruht aber lediglich auf der mittelbaren Betroffenheit dieser Behörden und nicht – wie freilich das *LG Konstanz*[436] meint – auf dem Fehlen eines Vermögens(folge)schadens[437] hinsichtlich der „Vereitelung von Geldstrafen oder -bußen".

543 Bei der **Beschädigung** öffentlicher **Sachen**, z. B. des Blitzlichtstandgeräts, kann neben dem Ersatz zur Sachsubstanz ein – freilich schwer festzustellender bzw. nachzuweisender – Ausfall von Einnahmen als Vermögensfolgeschaden zu ersetzen sein. Der Sanktionscharakter, die präventive und repressive Funktion der Geldbuße und der Umstand, dass die Erzielung von Einnahmen Nebeneffekt ist, ändert an dem Charakter als Vermögenswert bzw. -bestandteil nichts.[438]

544 § 252 besagt nichts zur Form des Ersatzes. Bei Blick auf § 249 BGB (Restitution, auch als Geldersatz) oder/und § 251 BGB drängt sich die Erfüllung durch Kapitalzahlung auf, während aus § 843 BGB der Anspruch auf eine (wiederkehrende) Geldrente und nur ausnahmsweise auf eine einmalige Abfindung in Geld abzuleiten ist.

bb) Darlegungs- und Beweislast; Wahrscheinlichkeit

545 ▶ Es geht weder nach § 252 BGB noch mittels des § 287 ZPO um eine Billigkeitsentscheidung zum Schaden oder gar darum, Ersatzansprüche nach Billigkeit zu gewähren. Es kommt vielmehr zu einer **Plausibilitätsbeurteilung** bei einem **Schätzungsbonus** zu Gunsten des Beeinträchtigten und einem **Prognoserisiko** zu Lasten des Schädigers. ◀

546 Der Betroffene kann durch das schädigende Ereignis konkret betroffene Vorgänge und den ihm dadurch konkret dargelegten Gewinn geltend machen. Er kann i. S. d. § 252 Satz 2 BGB aber auch auf einen regelmäßigen Verlauf abstellen lassen.

547 § 252 Satz 2 BGB enthält eine den Verletzten begünstigende Beweisregel bzw. tatsächliche Vermutung und hat Anklänge an Prinzipien, wie sie dem Praktiker als Anscheinsbeweis begegnen.

548 Zwischen dem gewöhnlichen Lauf der Dinge und den besonderen Umständen bestehen graduelle Unterschiede. (Einfache) Erfahrungssätze wirken zum gewöhnlichen Verlauf mit starker Indizkraft. Die getroffenen Anstalten und Vorkehrungen, die die Beweisregel des § 252 Satz 2 BGB anspricht, sind praktisch wichtig, um zu Überzeugungen kommen zu können.

549 Insgesamt gesehen muss i. S. d. § 252 Satz 2 BGB die Erwartung, den Gewinn, den Vermögenszuwachs bzw. den Verdienst zu erzielen, abstrahierend nach dem gewöhnlichen Verlauf oder real nach den besonderen Umständen **wahrscheinlich** sein. Das auf höhere oder deutlich höhere, erhebliche oder auch nur hohe „Wahrscheinlichkeit"[439] beschränkte Nachweiserfordernis folgt der Erkenntnis, dass im wirtschaftlich-sozialen Bereich ausnahmslos geltende, naturwissenschaft-

---

436 NJW 1997, 467, 468.
437 *BVerwG* NJW 1997, 3455: Dem Dienstherrn entsteht ein Schaden, wenn sich ein Staatsanwalt Geld oder Schecks zueignet, die in Erfüllung von Auflagen (§ 153a Abs. 1 StPO) für eine gemeinnützige Einrichtung bestimmt sind, weil vereitelt wird, dass der Dienstherr das ihm übereignete Geld bestimmungsgemäß verwenden kann.
438 Anders *LG Aachen* NJWE-VHR 1997, 23.
439 Die Formulierungen dazu weichen in der Praxis voneinander ab.

liche Regeln und/oder Abläufe nicht bekannt, andere als Wahrscheinlichkeitswahrnehmungen gar nicht möglich sind.

Die beeinträchtigte Person muss die Tatsachen darlegen und beweisen, aus denen sich die überwiegende[440] Wahrscheinlichkeit ergibt, dass ohne das Haftungsereignis Einkünfte zu erwarten gewesen sind (wären). 550

Für die abstrakt genannte Berechnung nach dem gewöhnlichen Verlauf lässt sich auf einen typischen Durchschnittsgewinn abstellen.[441] Ohne jede Darlegung konkreter Grundlagen ist aber auch insofern kein Ersatzverlangen durchzusetzen. Der gewöhnliche Verlauf i. S. d. § 252 Satz 2 BGB sollte m.a.W. nicht dahin verstanden werden, dass dazu niemals etwas zu beweisen ist.[442] Nur gerichtsbekannte Tatsachen bedürfen nach allgemeiner Regel (§ 291 ZPO) keines Beweises. Erst mit einer gewissen Konkretisierung ist mit § 252 BGB eine tatsächliche Vermutung anzuschließen, dass ein Gewinn erreicht worden wäre. 551

Nicht behebbare Unsicherheiten in der Prognose zum Verlauf der Dinge gehen zu Lasten des Anspruchstellers.[443] Der **Nachteil der Unaufklärbarkeit** einer vom i. S. d. § 252 Satz 2 BGB gewöhnlichen Verlauf der Dinge abweichenden Situation trifft dagegen den Schädiger.[444] Den Bezugspunkt des vom Schädiger zu führenden Gegenbeweises dahin, dass kein oder nur ein geringerer Gewinnentgang entsteht, legt das Gesetz mit dem gewöhnlichen Lauf der Dinge bzw. den besonderen Umständen fest. 552

Welche (Anknüpfungs-) Tatsachen nun zum gewöhnlichen Lauf der Dinge und welche (Anknüpfungs-) Tatsachen hinsichtlich eines abweichenden Verlaufs relevant sind oder sein können, richtet sich nach den Verhältnissen im Einzelfall. Dazu gibt es kein von Gesetz oder Rechtsprechung vorgegebenes Raster. Der *BGH* hat die Zuordnung und Beurteilung solcher Tatsachen den Umständen des Einzelfalles vorbehalten. 553

Nach dem gewöhnlichen Lauf der Dinge gilt ein Gewinn auf der Grundlage dessen als entgangen, was zu einer Ausbildung oder/und der konkreten beruflichen Lage abstrahierend festzustellen ist. Dass Einkünfte dennoch aus bestimmten Gründen nicht erreichbar gewesen sind (wären), steht dagegen zur Darlegungs- und Beweislast des Schädigers. 554

Dass sich die Beschäftigungssituation im Gebiet der ehemaligen DDR aufgrund der gesamtwirtschaftlichen Entwicklung nach der Wiedervereinigung verschlechtert hat, Arbeitslosenzahlen gestiegen sind, begründet weder einen Anschein noch ein Indiz für den Verlust des Arbeitsplatzes des Verletzten, der im Beitrittsgebiet beschäftigt gewesen ist.[445] 555

Die Nichternstlichkeit eines geplanten Geschäfts muss der Schädiger beweisen.[446] Den Gegenbeweis hat der Schädiger noch nicht erbracht, wenn nur die ernsthafte Möglichkeit gegeben ist, dass der Gewinn nicht erzielt worden wäre. 556

▶ **Ziel der Schadensschätzung** ist es, der Schadenswirklichkeit so nahe wie möglich zu kommen, wobei im Rechtsstreit das Gericht ggfs. sogar Tatsachen und Umstände einzubeziehen hat, die die Parteien nicht vorgetragen haben. Schadensschätzung ist nicht die Feststellung bloß des geringsten denkbaren Wertes.[447] ◀ 557

---

440 Manche wollen eine überwiegende Wahrscheinlichkeit gerade nicht für notwendig gehalten wissen.
441 *OLGR Schleswig* 2005, 104 = BauR 2005, 712.
442 Zumindest missverständlich *BGH* NJW 1964, 661, 663.
443 *BGH* VersR 1990, 907 = NZV 1990, 307.
444 *BGH* VersR 1995, 681 = NJW 1995, 1619 = ZfS 1995, 412.
445 *KG* NZV 2002, 95 = KGR 2002, 7.
446 *BGH* NJW 1999, 3481.
447 *Lepa* in NZV 1992, 129, 134 m.w.Nachw.

558 Ein Satz wie „Die Schadensberechnung kann auch nicht durch richterliche Schätzung nach § 287 ZPO ersetzt werden"[448] hilft nicht wirklich, meint wohl das im Vergleich mit dem Gewissheitskriterium i. S. d. § 286 ZPO geringere Maß an Überzeugung desjenigen, der über ein Ersatzverlangen zu entscheiden hat. Die (im älteren Gesetz herausgestellte) „freie Überzeugung" (§ 287 Abs. 1 Satz 1 ZPO) zum Entstehen und zur Höhe, zum Umfang eines Schadens ist wirklich etwas anderes als der „gewöhnliche Lauf der Dinge" (§ 252 Satz 2 BGB). Offenbar hat das jüngere Gesetz (materiellrechtlich) aber ein freies richterliches Schätzungsermessen ausschließen oder das Ermessen jedenfalls einschränken und präzisieren wollen – auch, um es nachvollziehbar, verständlich zu machen. Dabei sind getroffene Anstalten und Vorkehrungen konkret ausgerichtet, erst der gewöhnliche Lauf der Dinge lässt an Typik und wohl an durchschnittliche Erfahrungen bzw. Kriterien denken.

559 § 287 ZPO **reduziert** das **Beweismaß** zur Weiterentwicklung des Schadens, also zur Frage nach Spät- und Folgeschäden im Anschluss an eine Primärverletzung, sowie zu den wirtschaftlichen Nachteilen im engeren Sinn und weit darüber hinaus. § 287 ZPO gestaltet zudem das gerichtliche **Beweisverfahren freier**. Die Beweisaufnahme steht im Ermessen des Gerichts, aber nicht in seinem freien Belieben.

560 § 287 ZPO und § 252 BGB **erleichtern** bereits die **Darlegung und Substanziierung** eines Nachteils. Der Geschädigte muss (nur) Tatsachen vortragen und unter Beweis stellen, die für die Beurteilung nach dem Maßstab des § 287 ZPO ausreichende greifbare Anhaltspunkte geben. Die mehr als konkrete Darstellung des Anspruchstellers dürfen Schädiger, Haftpflichtversicherungen und Gerichte nicht verlangen. Im gerichtlichen Streitverfahren sind keine zu hohen Anforderungen an den Sachvortrag der verletzten Person, insbesondere zu erforderlichen Prognosen, Schätzungen zu stellen.[449]

561 Die Klagepartei darf aber auch nicht auf jeden näheren Vortrag zur Schadensentstehung und -höhe verzichten. Es sind vielmehr aussagekräftige Anhaltspunkte für eine Schätzung darzulegen. Stets sind die Bemessungsgrundlagen zu beschreiben, die Größenordnung des geltend gemachten Anspruchs und alle zur Fixierung des Anspruchs notwendigen tatsächlichen Umstände[450] sind mitzuteilen. Bei einem Rentenverlangen sind die Zeitgrenzen anzugeben (Rn. 1152, 1283 ff.).

562 ▶ Will eine Partei ihren Sachvortrag als beachtlich behandelt wissen, hat sie jedenfalls nach den Grundsätzen der **sekundären Darlegungslast** auf Behauptungen des Prozessgegners substanziiert mit näheren Angaben zu erwidern, wenn sie alle wesentlichen Tatsachen kennt oder kennen muss und es ihr zuzumuten ist, nähere Angaben zu machen.[451] Dies gilt zur Höhe und dem Umfang eines Anspruchs ebenso wie zum Grund der Haftung. ◀

e) Ort und Zeit zur Wertermittlung

563 **Örtlich** sind zur Bestimmung des Umfangs des wirtschaftlichen Schadens in der Regel zum Personenschaden die Verhältnisse am Aufenthaltsort der betroffenen Person zur maßgebenden Zeit (s. auch Rn. 2060) und zum Sachschaden – insbesondere bei Kraftfahrzeugen – der reale Nutzungsort relevant.

564 Beim Aufenthalt in den alten Bundesländern (zwischen 1988 und 1993) mit Gewährung von Arbeitslosen- bzw. Sozialhilfe ist der Einkommensverlust nach Rückkehr in die neuen Bundesländer an den dort örtlichen Vergleichseinkommen zu messen und nicht nach höheren Einkommensverhältnissen der alten Bundesländer. Anderes gilt – nur –, wenn der Verletzte beweist, dass es ohne das schädigende Ereignis zur Einkommensverbesserung durch Übersiedlung in ein altes Bundesland gekommen wäre.[452]

---

448 So bei *OLG Koblenz* NZV 2007, 463.
449 *BGH* VersR 1998, 772 = NJW 1998, 1634 (Selbstständige).
450 *BGHZ* 45, 91, 93 = NJW 1966, 780.
451 *BGHZ* 163, 209 = NJW 2005, 2614 = VersR 2005, 1238 = ZfS 2006, 141.
452 *OLG Jena* OLG-NL 1994, 220.

Der für die Wertermittlung maßgebende **Zeitpunkt** ist grundsätzlich der Zeitpunkt des Haftungsereignisses. Preissteigerungen und Wertveränderungen zwischen diesem Ereignis und der letzten mündlichen Verhandlung gehen aber zu Lasten des Schädigers.[453] Denn der aufzubringende erforderliche Geldbetrag ist nach den Umständen im Zeitpunkt der Herstellung zu bemessen. Die Höhe des Ersatzes bestimmt sich nach den Wertverhältnissen und deren Entwicklung im Zeitpunkt der Erfüllung.[454] Bei offener Herstellung kommt es in Streitverfahren also auf die Verhältnisse im Zeitpunkt der letzten mündlichen (Tatsachen-) Verhandlung an. Die Höhe des Minderwerts der beschädigten Sache z. B. richtet sich nach dem Zeitpunkt der Reparatur und der Wiederingebrauchnahme der Sache. Verringert sich der Minderwert später, bleibt dies ohne Einfluss. 565

> Vertragsrechtlich, z. B. beim Handelsvertreterausgleich, ist häufig allein die Zeit des anspruchsauslösenden Ereignisses bedeutsam. § 252 BGB beschränkt aber den Anspruch nicht auf den **Gewinn**, der im Zeitpunkt des schädigenden Ereignisses zu erwarten gewesen ist. Kommt es in Folge der Änderung des **Steuertarifs** zum Zeitpunkt der Schadensabrechnung (Ersatzleistung) zu geringeren steuerlichen Lasten als sie nach den Rahmenbedingungen zur Zeit des Haftungsereignisses und zuvor zu verzeichnen gewesen sind, wirkt sich dies wegen der von Schädigerseite zu vertretenden Verzögerung des Ersatzes nicht zugunsten des Schädigers aus[455], s. auch Rn. 488. 566

Die **Schadensfeststellung** ist vom Zeitpunkt des Haftungsereignisses her zu entwickeln, aber nicht auf die Verhältnisse in diesem Moment fixiert.[456] Nach dem Haftungsereignis eintretende Umstände[457], die eine exaktere Schadensfeststellung und Prognose ermöglichen, sind zu beachten. Spätere Erkenntnisquellen sind zu nutzen. Zur Einschätzung des Schadens sind m.a.W. über die im Anfangszeitpunkt vorhandenen Erkenntnisquellen hinaus **alle verfügbaren Hilfsmittel** heranzuziehen und auszuwerten, bei gerichtlichen Entscheidungen nach dem Kenntnisstand im Zeitpunkt der letzten mündlichen Verhandlung. 567

Insbesondere ist für die Grundlagen zur Prognose des erzielbaren (entgangenen) Gewinns (des vereitelten Verdienstes) auf den Zeitpunkt der mündlichen Verhandlung, nicht auf den Zeitpunkt des Schadensereignisses abzustellen.[458] Das bedeutet umgekehrt, dass dann, wenn zunächst (im Zeitpunkt des schädigenden Ereignisses) ein Gewinn zu erwarten gewesen sein mag, sich später aber zeigt, dass die Chance nicht zu realisieren gewesen wäre, ein Ersatz ausscheidet. 568

Es bleiben aus Gründen der Zurechnung freilich die Umstände unberücksichtigt, die im Wesentlichen und gerade auf dem Schadensereignis beruhen. 569

f) Geldaufwand

▶ Vom **tatsächlichen Geldaufwand** als Indiz oder Schätzhilfe kann in vielen Fällen auf den auszugleichenden (Geld-) Bedarf geschlossen werden. Der reale Aufwand gibt insofern ex post einen Anhaltspunkt zur Bestimmung des i. S. d. § 249 Abs. 2 BGB zur Herstellung erforderlichen, ex ante zu bemessenden (Bedarfs-) Betrages, Rn. 478 ff.. ◀ 570

Herstellungskosten sind auch Kosten, die die Herstellung vorbereiten, z. B. der Aufwand für die Inanspruchnahme eines Kredits oder der Aufwand für ein Sachverständigengutachten zur Beurteilung einer Reparatur-, Herstellungsmöglichkeit. 571

---

453 Zur Bedarfsprognose bei Wiederbeschaffungskosten angesichts eines wirtschaftlichen Totalschadens *OLG Düsseldorf* VersR 1998, 864.
454 *BGHZ* 79, 249; 99, 81; 133, 246, 252.
455 *BGH* WPM 1970, 633.
456 *BGHZ* 74, 221 = VersR 1979, 622 = NJW 1979, 1403.
457 *BGH* VersR 1999, 106 = NJW 1999, 136 = ZfS 1999, 57.
458 *BGH* VersR 1997, 453 = NJW 1997, 941.

572 Ein Zivilsenat des *KG*[459] lässt für den Ersatz von realen Fahrtkosten zum Arzt, zur Massagepraxis und zum Rechtsanwalt das ärztliche Attest mit Arbeitsunfähigkeitsbescheinigung (Rn. 2110) beim Verdacht einer HWS-Verletzung ausreichen, selbst wenn sich später zeigt, dass zunächst als unfallbedingt diagnostizierte Beschwerden nicht durch den Unfall erlitten worden sind. Das *OLG Hamm*[460] hält dagegen die Kosten für die Fahrt zum Arzt und anschließende Kosten zur (verordneten) Krankengymnastik nur dann für erstattungsfähig, wenn die unfallbedingte Primärverletzung bewiesen ist. Um einen erstattungsfähigen Vermögensfolgeschaden kann es sich in der Tat nur handeln, wenn eine Primärverletzung bejaht wird. Der 22. Zivilsenat des *KG*[461] betont ebenfalls, dass die Ersatzpflicht eine Körper-, Gesundheitsverletzung voraussetzt und Diagnosekosten oder Fahrtkosten dem nicht Verletzten deshalb nicht zu ersetzen sind. Als primärer, bloßer bzw. reiner Vermögensschaden gibt zu (Verkehrs-) Unfällen mit Personen- und/oder Sachschäden oder bei Verletzung der allgemeinen Verkehrssicherungspflicht auch § 823 Abs. 2 BGB keine Basis für ein Ersatzrecht, weil ein Schutzgesetz mit Richtung auf die Vermögensinteressen nicht zu finden ist. Die sachgerechte, vernünftige Reaktion der betroffenen Person nimmt das Deliktsrecht nicht zum Anknüpfungspunkt für ein Ersatzrecht. Der zusätzliche Aufwand ist kein Haftungsgrund in sich, die Gefährdung des Körpers oder der Gesundheit keine Grundlage für einen Ersatzanspruch. Zu Fahrtkosten (Taxifahrt zum Krankenhaus) der verletzten Person, bei der eine relevante Verletzung nicht ausgeschlossen ist, die Schadensminderungspflicht vorzuhalten, weil für eine medizinisch notwendige Fahrt ein (Ersatz-) Anspruch gegen die Krankenversicherung gegeben sei, der habe geltend gemacht werden müssen, ist jedoch unzutreffend.[462] Denn es geht ohne Bejahung des Haftungsgrundes nicht um Schadensminderung. Bei Bejahung des Haftungsgrundes geht es dagegen wegen der Fahrtkosten ggfs. um einen Forderungsübergang auf den Krankenversicherer. Die (ggfs. vollständige) Eigenbeteiligung verbleibt der betroffenen Person wirtschaftlich auch dann, die verständliche Vorsicht (Vorsorge) ist aber dogmatisch kein Ersatzgrund.

573 Als Mehraufwand zeigen sich im Einzelfall **Steuernachteile**: Ist die Schadensersatzleistung zu versteuern[463], hat vorher eine entsprechende Steuerlast aber nicht bestanden, hat der Schädiger für die Steuerschuld als Folgeschaden zusätzlich aufzukommen. Bei der Erhöhung eines Steuertarifs in der Zeit bis zur Schadensersatzleistung muss der Schädiger der verletzten Person die zusätzliche steuerliche Last abnehmen.[464] An einem Schaden fehlt es freilich, wenn nur eine Steuerpflicht zum Erwerbsausfallersatz in Deutschland (§ 2 Abs. 1, § 24 Nr. 1a EStG) in Betracht kommt, sich die betroffene Person aber zur Zeit der Ersatzleistung (bereits wieder) im Heimatland befindet, wo die Ersatzleistung von ihr nicht zu versteuern ist[465]; zu Steuernachteilen beim Mehrbedarf Rn. 1856.

aa) Außer-, vorgerichtlicher Regulierungsaufwand, Rechtsverfolgungs-, Rechtswahrungskosten

574 Folgekosten bei der Rechtsverfolgung, -wahrung sind ein Mehraufwand, aber keine Herstellungskosten i.e.S. Als Verzugsschaden sind solche Kosten immer ausgleichsfähig.

575 Die Kosten zum Ingangsetzen eines Strafverfahrens gegen einen Unfallbeteiligten mit dem Ziel der Verwirklichung des staatlichen Strafanspruchs sind dagegen (jedenfalls) nicht dem Schutzzweck der Haftung (Rn. 356) des anderen Fahrzeughalters aus § 7 StVG[466] zuzuordnen, auch wenn durch ein solches Verfahren der Sachverhalt geklärt wird/werden kann. In gleichem Sinn erstreckt sich der Zweck der Norm nicht auf Nebenklagekosten der verletzten Person[467] oder die

---

459 NZV 2003, 281 = KGR 2003, 156 = VRS 105, 94.
460 *OLG Hamm* r+s 2003, 434.
461 VersR 2008, 837.
462 So aber *LG Bremen* Urt. v. 11.3.2004, 6 O 277/03.
463 Eingehend zu Schadensersatz und Steuern *Jahnke* in r+s 1996, 205–213; *Kullmann* in VersR 1993, 385–392; *Weber-Grellet* in DAR 1994, 52–58.
464 Ebenso *Kullmann* in Schadenersatz und Steuern, S. 29, s. auch Rn. 566.
465 *BGH* NZV 2002, 268 = BGHReport 2002, 373.
466 *BGHZ* 75, 230.
467 *OLG Köln* NJWE-VHR 1998, 273.

(Wirtschaftliche) Nachteile **1**

Auslagen der betroffenen Person durch ein gegen sie[468] eingeleitetes Strafverfahren[469], das als Teil des allgemeinen Lebensrisikos verstanden wird und Folge des Tatverdachts, nicht der Verletzung eines Rechtsguts der betroffenen Person ist.

Die Zuordnung des außer-, vorgerichtlichen Aufwandes und damit die Erstattungsfähigkeit konkret nachgewiesener Kosten beim Betroffenen entnimmt der *BGH* grundsätzlich dem Verteilungsmaß, das § 91 ZPO zum Rechtsstreit normiert. Das Prozesskostenrecht verzichtet jedoch auf materielle Gerechtigkeit. Es lässt weitergehende materiellrechtliche Ansprüche unberührt[470] und ist deswegen zu einer materiellen Eingrenzung erstattungsfähiger Nachteile eigentlich nicht geeignet.   576

Erstattungsfähig sind: 577
- **Anwaltskosten** nach dem Maß der Erforderlichkeit und Zweckmäßigkeit und den individuellen Fähigkeiten und Möglichkeiten des Verletzten aus der Sicht im Zeitpunkt des Schadens.[471]
- **Detektivkosten** beim Eingriff in das Recht der elterlichen Sorge zur Beseitigung einer Rechtsgutverletzung durch Ermittlung des Aufenthalts des entzogenen Kindes und zwar dem Umfang nach so, wie ein verständiger Mensch vorgehen würde[472], oder zur Ermittlung der Anschrift des Schädigers[473], wenn andere, wirtschaftlich sinnvollere Mittel und Wege (Anfrage beim Einwohnermeldeamt) nicht zur Verfügung stehen.[474]
- Erforderliche Kosten für **Dolmetscher.**[475]
- Kosten für **Kopien** (auch aus Ermittlungsakten).
- Ausnahmsweise Kosten eines erforderlichen **Kredits** (Rn. 489).
- Kosten eines vorangegangenen **Rechtsstreits** als Folgeschaden[476] dann, wenn der Schutzzweck der Haftungsnorm darauf mit eingeht, ansonsten bedeuten solche Kosten (zu Strafverfahrenskosten Rn. 575) einen reinen Vermögensschaden, den § 823 Abs. 1 BGB direkt nicht erfasst.
- **Sachverständigenkosten**, soweit sie zur Klärung des Haftungsgrundes oder zur Einschätzung eines Schadens, z. B. des Haushaltsführungs-, Hausarbeitsschadens, erforderlich erscheinen und sich dem Umfang nach im Rahmen des Üblichen halten, wobei die Kosten des für ein zur Bestimmung der Schadenshöhe eingeholten Gutachtens grundsätzlich auch dann zu ersetzen sind[477], wenn sich das Gutachten später als unrichtig erweist, und u. U. die gesamten Kosten eines selbstständigen Beweissicherungsverfahrens. Bei Schäden in der Größenordnung bis 500,00 oder bis 750,00 € (Bagatellgrenze[478]) ist die Einholung eines Gutachtens jedoch regelmäßig als unverhältnismäßig einzustufen und sind deswegen Kosten nicht erstattungsfähig oder es ist die Schadensminderungspflicht verletzt. Einen bloßen

---

468 S. aber *LG Kaiserslautern* VersR 1995, 1450 zu den Kosten der Klage wegen und nach einer unzutreffenden Unfallschilderung.
469 *BGHZ* 27, 138.
470 *BGHZ* 111, 168 = NJW 1990, 2060.
471 *BGHZ* 127, 348 = VersR 1995, 183 m. Anm. *Nixdorf* = NJW 1995, 446 = ZfS 1995, 48; *Höfle* in AnwBl. 1995, 208 und DAR 1995, 69; *Greißinger* in ZfS 1999, 504.
472 *BGHZ* 111, 168, 177 = NJW 1990, 2060, 2062.
473 Zu den Kosten für die Schaltung einer Zeitungsanzeige mit dem Ziel, Unfallzeugen zu finden, wenn die Partei in Beweisnot ist und die Kosten nicht in einem Missverhältnis zur streitigen Forderung stehen, *LG Mönchengladbach* NZV 2004, 206 = NJW-RR 2004, 432.
474 Vgl. *OLG Koblenz* VersR 2003, 1456 (30,00 €).
475 *LG Bielefeld* NZV 1991, 316.
476 Vgl. *BGHZ* 147, 381 = NJW 2001, 2626, 2629: Die ungünstige Kostenentscheidung des Gerichts im Vorprozess steht einem möglichen materiellrechtlichen Kostenerstattungsanspruch als Schadensersatzanspruch nicht entgegen. Zu Prozesskosten als Schaden vgl. auch *BGH* NJW 2003, 3766.
477 *OLG Saarbrücken* ZfS 2003, 308 = OLGR 2003, 107.
478 Verschiedentlich ist früher eine Bagatellgrenze von 1.500,00 DM befürwortet worden. Wenn von 2.500,00 DM gesprochen wird, ist ein Missverständnis nicht auszuschließen.

> Freistellungsanspruch gibt es trotz der Unanwendbarkeit des § 250 BGB bei Personenschäden wegen des Charakters als Vermögensfolgeschadens, solange Gutachterkosten nicht bezahlt sind und Streit über Richtigkeit (Mangelfreiheit) des Gutachtens besteht.[479] Bei unzutreffenden Informationen der betroffenen Person als Anknüpfungstatsachen für den Sachverständigen oder bei einem Auswahlverschulden der betroffenen Person schließt § 254 Abs. 2 BGB den Ausgleichsanspruch aus. Kosten für ein vorprozessual erstattetes Privatgutachten sind nur ausnahmsweise Kosten des Rechtsstreits i. S. d. § 91 Abs. 1 ZPO.[480]

578 Ist die Pflicht zum Ersatz künftigen materiellen Schadens rechtskräftig festgestellt, schließt dies (bei einer Körperverletzung) die Kosten durch **Beauftragung eines Rechtsanwalts** zur Verfolgung des Verdienstausfallschadens ein.[481] Das *OLG Saarbrücken* hält Anwaltskosten für eine Strafanzeige für erstattungsfähig, wenn die zur Klage schon entschlossene oder bereits klagende Partei durch ein Ermittlungs- oder Strafverfahren gegen ihren Prozessgegner die zur Begründung des zivilrechtlichen Anspruchs erforderlichen Tatsachen oder Beweismittel erlangen konnte.[482] Das *LG Osnabrück*[483] meint, wer selbst in der Lage ist, berechtigte Ansprüche gegenüber dem eigenen Unfallversicherer geltend zu machen, habe gegen den Schädiger keinen Anspruch auf Ersatz der entstehenden Rechtsanwaltskosten (als Kosten der Rechtsverfolgung). Zuvor hat der *BGH*[484] freilich die grundsätzliche Ersatzfähigkeit von Rechtsanwaltskosten für die Geltendmachung von Ansprüchen gegen die eigene private Unfallversicherung bejaht und auf nicht zu hohe Anforderungen hingewiesen.

579 Dem Erstattungsanspruch des Betroffenen wegen der entstandenen vorgerichtlichen Anwaltskosten ist im Verhältnis zur Schädigerseite grundsätzlich der **Gegenstandswert** zugrunde zu legen, der der berechtigten Schadensersatzforderung entspricht.[485]

580 Der *BGH*[486] hält es nicht für unbillig, wenn ein Rechtsanwalt für die Tätigkeit bei einem **durchschnittlichen** Verkehrsunfall die **Geschäftsgebühr von 1,3** bestimmt. Gelegentlich ist zuvor die Ansicht vertreten worden, die bei dem Gebührenrahmen zwischen 0,5 und 1,3 sei die angemessene Gebühr zwischen 0,8 und 1,0 einzuordnen, s. auch Rn. 1234.

581 ▶ Bei unterdurchschnittlichen Fällen kann die Festsetzung einer Geschäftsgebühr von 1,3 unbillig sein. ◀

582 Für **vorprozessual**, aber prozessbezogene und prozessnotwendige **Kosten** wird verschiedentlich[487] das Kostenfestsetzungsverfahren für vorrangig erachtet und das Rechtsschutzinteresse zur Geltendmachung als Schaden bzw. Hauptforderung verneint. Für den Regelfall bejaht demgegenüber das *OLG Saarbrücken*[488] das Rechtsschutzbedürfnis zu den Kosten des zur Feststellung eines Schadens eingeholten Gutachtens (bei Beschädigung eines Fahrzeugs). Ist zu Vorbereitungskosten mit materiellrechtlichen Einwendungen der Schädigerseite zu rechnen, die im Kostenfestsetzungsverfahren nicht zu überprüfen sind, darf die Geltendmachung als Hauptforderung nach der hier

---

479 *OLG Hamm* VersR 2001, 249.
480 *BGH* ZfS 2008, 344.
481 *OLG Hamm* OLGR 2000, 240.
482 *OLGR Saarbrücken* 1998, 136.
483 SP 2007, 300.
484 *BGH* NJW 2006, 1065 = VersR 2006, 521 = DAR 2006, 386 = ZfS 2006, 448.
485 *BGH* NJW 2008, 1888 = AnwBl 2008, 210 = ZfS 2008, 164 m.w.Nachw.
486 *BGH* NJW-RR 2007, 420 = VersR 2007, 265 = DAR 2007, 234 = ZfS 2007, 102.
487 Beachte *BGHZ* 75, 230, 235 und *OLG Koblenz* NJOZ 2004, 3497 zu den Kosten des vom Arzt eingeschalteten Detektivs, der die klagende Patientin als Simulantin entlarven sollte; bei einem Verzugsschaden so *LG Karlsruhe* AnwBl 1994, 94.
488 ZfS 2003, 308 = OLGR 2003, 107; s. auch *BayObLGZ* 1979, 16: Das Rechtsschutzbedürfnis für die Geltendmachung des sachlichrechtlichen Anspruchs auf Erstattung vorprozessualer Gutachterkosten im Klageweg ist nicht zu verneinen, wenn das prozessuale Kostenfestsetzungsverfahren zu einem anderen sachlichen Ergebnis führen kann.

vertretenen Ansicht niemals abgeschnitten werden. Wegen der offenen Fragen und Unklarheiten dazu, ob ein entsprechender Ansatz und Betrag wirklich im Rahmen eines Kostenfestsetzungsverfahrens als Teil der Verfahrenskosten berücksichtigt werden wird, sollte ohnehin das Rechtsschutzbedürfnis nicht zu eng gezogen werden. Die Gefahr für die Rechtsverfolgung wegen der Verjährung darf zudem nicht übergangen werden. Es sollte zumindest ein Feststellungsbegehren[489] statthaft sein, das auf die Ersatzpflicht zu Kosten, die Vorbereitungskosten sein könn(t)en, bezogen ist.

Kosten zur Abwendung eines drohenden Rechtsstreits sind keine Kosten der Prozessvorbereitung und deshalb im Kostenfestsetzungsverfahren nicht erstattungsfähig.[490]   583

▶ Die Aberkennung einer prozessualen Erstattungspflicht präjudiziert grundsätzlich nicht die materiellrechtliche Erstattungspflicht. ◀   584

bb) Pauschale

Jeder Beteiligte hat grundsätzlich seine Ersatzberechtigung oder Einstandspflicht in eigener Verantwortung zu prüfen und einen dadurch entstehenden Aufwand selbst zu tragen.[491]   585

Einen abstrakten oder fiktiven Ansatz eröffnet das Gesetz für „Prüfungskosten" nicht.   586

Eine Klagepartei kann nicht über den Weg des § 91 ZPO allgemeine Unkosten oder gar prozessfremde Kosten auf den Gegner abzuwälzen versuchen.[492]   587

Die Praxis kennt aber eine fixe Auslagenpauschale, Unfallkostenpauschale oder Unkostenpauschale, die Auslagen der Schadensabwicklung ausgleichen soll. Die Pauschale bemisst die Praxis (häufig) mit 25,00 €.[493] Der Höhe nach werden nicht selten freilich auch nur 15,00 €[494] angesetzt. Weniger als 30,00 €[495] sind indessen kaum noch angemessen, wenn es wirklich etwas zu regulieren gibt.   588

Es findet sich indessen keine wirklich plausible Schätzungsbasis für eine vorstellbare nachvollziehbare Geldgröße. Stets kommt es auf die individuelle Lage des Betroffenen, die konkreten Umstände an.[496]   589

Mit gutem Grund – aber ohne Nachhall – erwägt das *OLG Karlsruhe*[497], ob die verletzte Person, die unmittelbar nach dem Unfall einen Rechtsanwalt beauftragt und ihre Ansprüche abtritt, überhaupt einen Anspruch auf eine Pauschale haben kann.   590

Das *AG Eutin*[498] hat sich veranlasst gesehen, bei einem Schadensfall durch Funkenflug herauszustellen, dass dem Geschädigten eine Pauschale als Ersatz für Auslagen (Telefonate, Porto und Fahrten) auch zusteht, wenn sein Kraftfahrzeug nicht durch einen Verkehrsunfall beschädigt worden ist.   591

---

489 Vgl. zu diesem Ansatz – allerdings im anderen Kontext – *BGH* NJW 1994, 2895.
490 *BGH* NJW 2008, 2040.
491 *BGH* VersR 2008, 557 = ZfS 2008, 165.
492 *BGH* ZfS 2008, 344.
493 Seit 1.1.2002 für diese Höhe *OLG Celle* NJW-RR 2004, 1673 = OLGR 2004, 523 = SP 2004, 371; s. auch *LG Braunschweig* NJW-RR 2001, 1682; *AG Germersheim* ZfS 2003, 37; *AG Nordhorn* NJW-RR 2004, 749; *AG Oldenburg* ZfS 1999, 288; s. weiter *LG Frankfurt/Oder* DAR 2004, 453 für 26,00 €.
494 *KG* NZV 1995, 312, 315 (30,00 DM) und auch noch *KG* NZV 2003, 381 = KGR 2002, 364 dann, wenn Geschädigter, Schädiger und Haftpflichtversicherer in derselben Stadt leben; s. weiter z. B. *AG Bremen* NJOZ 2004, 648.
495 S. aber noch *OLG Hamm* VersR 2000, 1032 = DAR 1999, 363: 40,00 DM.
496 Treffend *AG Düsseldorf* DAR 2003, 322: 100,00 DM bei einem Taubstummen.
497 NZV 1989, 433.
498 MDR 2001, 990.

592 Tipp Durch Nachweis spezifischer, zusätzlicher Kosten lässt sich im Fall eines Personenschadens orientiert an dem Grad der Verletzungen und dem allgemeinen Aufwand wegen der gesundheitlichen Rehabilitation, wegen zusätzlicher Anstrengungen zur Wiederherstellung der Arbeitskraft bzw. der Sicherstellung eines Arbeitsplatzes plausibel machen, dass im Einzelfall der Aufwand höher ist als im Durchschnittsfall.

593 Mit gutem Grund spricht das *OLG Frankfurt*[499] davon, dass ein Freizeitaufwand, der weit über das Übliche hinausgeht, anders zu behandeln ist als der allgemeine Aufwand (an Zeit). Auch bei dem *OLG* Frankfurt ist allerdings nicht der ursprünglich von dem Betroffenen geltend gemachte Zeitaufwand von 40 Stunden mit je 10,– DM (5,00 €), sondern nur eine Entschädigung unter Einbeziehung eines Sachaufwands mit insgesamt 167,28 DM für nicht überhöht gehalten worden.

594 Tipp Pauschale bei Personenschäden erhöhen!

Bei Personenschäden im Fall schwerer Verletzungen ist die in erster Linie zur Abwicklung von Sachschäden allgemein akzeptierte Pauschale nach der hier vertretenen Ansicht deutlich zu erhöhen. Pauschalbeträge um 100,00 € sind im Einzelfall vorstellbar.

g) Aufwand an Zeit

595 Der Zusatzaufwand an Zeit wegen einer bestimmten, erforderlichen Arbeit ist ganz unabhängig vom Verständnis des eigenen Aufwands als freiwilliges Vermögensopfer und des Schadens als unfreiwilliger Vermögensverlust ausgleichsfähig, weil und wenn es um die Beseitigung der eingetretenen Folgen geht und ein wirtschaftlicher Nachteil erkannt wird.

596 Ein (bloßer) Zeitaufwand außerhalb der Vermögenssphäre[500] ist jedoch nicht ausgleichsfähig.

597 Der Erwerbsnachteil des Vaters des verletzten Kindes, der kein festes Arbeitsverhältnis hat, freiberuflich tätig ist und versucht, ein Beratungsbüro aufzubauen, ist konkret nachzuweisen, wenn die Schädigerseite Geldersatz leisten soll.

598 Zeitdefizite, Zeitversäumnisse zur außergerichtlichen Schadensregulierung erkennt die Rechtspraxis nicht als erstattungsfähige Schäden an. Den Arbeitsaufwand und Zeitverlust bei und zu der Ermittlung, Abwicklung des Schadens im Sinne der Rechtswahrung hat jeder Betroffene orientiert an dem Schutzzweck der Haftungsnorm (Rn. 356), nach Maßgabe der Verantwortungsbereiche und Praktikabilität weitgehend selbst zu tragen. Die Haftung wegen eines Personen- oder Sachschadens umfasst diesen Aufwand nicht, weil – so meint der *BGH* – der Geschädigte unabhängig von seinem Wiederherstellungswillen und unabhängig von Maßnahmen zur Wiederherstellung betroffen wird.

599 Die Abwicklung eines Schadens wird also dem eigenen Pflichtenkreis des Betroffenen zugewiesen. Eine vermögensrechtliche, wirtschaftliche Auswirkung bleibt irrelevant, weil der allgemeine Lebensbereich nicht verlassen sein soll.

600 ▶ Materiell nicht erstattungsfähig ist anders als nach § 20 JVEG die bloße Zeitversäumnis. Der Aufwand des privaten Betroffenen im Rahmen der üblichen, typischen, nicht ungewöhnlichen Mühewaltung[501], d. h. der gewöhnliche Zeitaufwand zur Wahrung der eigenen Rechte und zur Durchsetzung von Ansprüchen, bleibt ohne Schadensausgleich. Entsprechendes gilt für die Rechtsperson oder Behörde, die angesichts der Häufung von Schadensfällen für solche Tätigkeiten spezielles Personal einsetzt. ◀

---

499 NJW 1976, 1320. Dort wird unzutreffend ein grobes Verschulden des Schädigers bemüht.
500 *BGHZ* 106, 28 = NJW 1989, 766.
501 *BGHZ* 66, 112, 114 ff. = VersR 1976, 857 = NJW 1976, 1256; Vorinstanz *OLG Hamm* VersR 1976, 298.

Der durch die unfallbedingte Versäumung eines Termins **entgangene Gewinn** macht eventuell anspruchsberechtigt.[502] 601

h) Einsatz von Arbeit

▶ Zum Vermögensschaden führt die tatsächlich geleistete, zusätzliche geldwerte Arbeit[503], die ohne das schädigende Ereignis nicht angefallen und nicht erbracht worden wäre, also der zusätzliche Arbeitsaufwand, wenn er nicht wertend vom Schadensersatz auszugrenzen ist. ◀ 602

Zu der Arbeitsleistung mit einem Markt-, Vermögenswert gilt inhaltlich nichts anderes als für die (erstattungsfähige, § 252 BGB) verhinderte geldwerte Arbeitsleistung. Es kommt hier aber nicht darauf an, ob durch die Arbeit des Betroffenen ein gewinnbringender anderweitiger Einsatz der Arbeitskraft unterblieben ist. Unerheblich bleibt auch, ob der Betroffene ein entsprechendes Gewerbe ausübt oder einen entgangenen Verdienst nachweist. Wird die Arbeit in der Freizeit geleistet, findet insofern die Freizeittätigkeit ihren Geldausgleich. 603

Um einen angemessenen, pauschalierenden (von manchen fingiert genannten) Ausgleich für eigene oder fremde zusätzliche Mühewaltung geht es z. B. bei der Beeinträchtigung der **Leistungsfähigkeit** für die Arbeiten **im Haushalt** sowie bei der **Pflege** einer verletzten Person als deren Mehrbedarf oder einem Freizeiteinsatz bei zusätzlich vom Schädiger der verletzten Person **aufgezwungenen Tätigkeiten**. 604

▶ Die **zusätzliche Mühewaltung** lässt sich, wenn zugleich ein **Marktwert** erkannt wird, als Maßnahme der Schadensbeseitigung verstehen. Für die Schadensregulierung ergibt sich daraus aber kein zwingender Maßstab zur Bemessung des Schadens. Auch ein Gedanke an den Verzicht auf ein Entgelt, der dem Schädiger kraft des Vorteilsausgleichs nicht zugute kommt, hilft nicht, den zu erstattenden Schadensbetrag zu ermitteln, solange keine allgemein anerkannten Tarife für die (zeitgebundenen) Dienste, die Arbeit oder Mühe festgelegt sind, beachte weiter Rn. 607, 2644. ◀ 605

Die verletzte Person, die verletzungsbedingt Hausarbeiten in vorher zur Freizeitgestaltung eingeplante Zeiten verlegt, erhält einen Erwerbsschadensausgleich bei den Arbeiten für die Familienangehörigen und den Ausgleich des Mehrbedarfsschadens bei den Hausarbeiten für sich selbst. Ob zum Erwerbsschaden und/oder zum Mehrbedarfsschaden wirklich an den Wert der Aushilfsarbeit anzuknüpfen ist oder ob zumindest beim Erwerbsschaden Maß der Schadensregulierung die ausfallende Arbeit in ihrer Marktwertigkeit ist, bleibt heute wie früher eine dogmatisch nicht trennscharf geklärte Frage. Der Witwer oder die Witwe, die nach Tötung des Ehegatten die Haushaltsarbeit übernehmen und damit einen Teil der früheren Freizeit für die ausgefallenen Arbeiten einsetzen, erhalten Ersatz nach dem Maß des ausgefallenen Betreuungsunterhalts. 606

Bei Fremdkosten im Sinne zusätzlicher Kosten außerhalb des eigenen Aufgabenfeldes der betroffenen Person findet sich ein Vermögensschaden, auch angesichts des Wertes von den Arbeitsleistungen, die den Schaden real beheben. 607

i) Nutzlos gewordener Geldaufwand und Lebensfreude

Aus dem Geldaufwand vor dem Haftungsereignis leitet sich ein ersatzfähiger Vermögensschaden der später verletzten Person nicht her. Denn die **Frustration** oder der „erkaufte" konkrete Genuss sind als solche keine Haftungstatbestände und lassen deliktisch keine Haftungsbasis finden. Nutzlos gewordene Aufwendungen bleiben deshalb im Prinzip ersatzlos; zu Urlaubskosten Rn. 615. 608

---

502 Vgl. *LG Darmstadt* ZfS 1994, 357.
503 Zur Arbeitsleistung als ersatzfähige Vermögensaufwendung *Kraayvanger* in MDR 2007, 566–570.

Anders verhält es sich u. U. bei vertraglichen Sonderverbindungen und bei dem unmittelbaren Schutz des Vermögens, Rn. 52.

609 Im Fall der verletzungsbedingt nicht mehr möglichen Sportausübung sind die investierten (Trainings-) Kosten als solche nicht zu ersetzen, s. auch Rn. 620 ff. Auch werden die Kosten für eine Fahrausbildung nicht ersetzt, wenn verletzungsbedingt kein Fahrzeug mehr geführt werden kann; zur Berufsausbildung Rn. 2126.

610 Ist eine Person zeitweise oder vollständig **gehindert**, persönlich einen Plan oder **Nutzen** zu realisieren, der **mit** einer **Sache oder** einem **Tier** angestrebt worden ist, sind dafür getätigte, nun teilweise individuell zweckverfehlte (frustrierte) Aufwendungen auch nicht deshalb zu ersetzen. Die abstrakte Nutzungsmöglichkeit, selbst ein objektiv vorstellbarer Gebrauchswert reichen nicht aus, um schlechthin einen Vermögensfolgeschaden erkennen zu lassen.

611 Anders verhält es sich bei konkreten, individuellen, materiellen Gewinnchancen nach Maßgabe des § 252 BGB. Anders verhält es sich zudem nach den dafür speziell geltenden Grundsätzen einer vorübergehenden Nutzungs(un)möglichkeit für Wirtschaftsgüter von allgemeiner, zentraler Bedeutung für die Lebenshaltung.

612 Der Beeinträchtigung der Dispositionsfreiheit der körperlich verletzten Person und der Störung der von ihr in Aussicht genommenen, geplanten Zwecke und Vermögensfunktionen ist stets innerhalb eines immateriellen Ausgleichs zu dem immateriellen Ziel des materiellen Aufwands Rechnung zu tragen.

613 Wer[504] verletzungsbedingt nicht an geplanten Autorennen teilnehmen kann, erhält die für den Rennwagen investierten Eigenarbeiten und Instandsetzungskosten nicht zurück, auch nicht anteilig, z. B. bei auf 6 Rennen ausgerichteten Investitionen und 2 verhinderten Rennen zu 1/3. Die Aufwendungen sind vor dem Haftungsereignis entstanden. Die allgemeine Möglichkeit des Lebensgenusses, die damit vorbereitet worden ist, kann durch einen anderen geeigneten Fahrer genutzt werden. Bei der Bemessung des Schmerzensgeldes ist freilich die Beeinträchtigung der Lebensfreude auch unter diesem Aspekt zu berücksichtigen.

614 Bei einem Jagdausübungsrecht kommt es auf die ungeschmälerte Möglichkeit an, trotz einer Verletzung unbeeinträchtigt über die **Nutzungsrechte verfügen** zu können. Der Ausschluss der persönlichen Wahrnehmung und des persönliches Gebrauchs, der (abstrakten) Nutzung des Jagdausübungsrechts ist materiell als Vermögensschaden nicht anerkannt[505], weil der Gegenstand der Nutzung von dem Haftungsereignis nicht betroffen ist. Die Entschädigung für den Genuss einer Jagdberechtigung ist aber möglich, wenn das Jagdrecht (also das Be-, Nutzungsrecht) rechtswidrig **vorenthalten** wird.[506]

615 Werden **Vorbereitungskosten** für einen **Urlaub** wertlos, weil die Verletzung daran hindert, den Urlaub anzutreten oder muss ein Urlaub abgebrochen werden, ist Ersatz zu leisten.[507] Dies gilt bei Ansprüchen aus § 839 BGB wegen einer Amtspflichtverletzung, die die Reise vereitelt oder entwertet, weil bzw. wenn der Schutzzweck auf die Urlaubsfreude ausgerichtet ist, oder dann, wenn z. B. der Koffer entwendet wird, der die Reise wertlos (gegenüber dem Aufwand) werden lässt. Zu § 823 Abs. 1 BGB und den entsprechenden Normen der Gefährdungshaftung sollte bei der Verletzung, die an der Reise vollständig hindert oder diese gegenüber der geplanten Art und Weise entwertet, nicht anders entschieden werden, trotz des Grundsatzes zur Nichtersatzfähigkeit bei Zweckverfehlung (Rn. 608).

---

504 *OLG Hamm* NJW 1998, 2292.
505 *BGHZ* 55, 146 = VersR 1971, 444 = NJW 1971, 796.
506 *BGH* JZ 1981, 281.
507 *BGH* NJW 1956, 1234 (Seereise) und NJW 1973, 747.

Für den Ehepartner fehlt es an jedem Rechtsgrund, angesichts der Verletzungen des anderen Ehepartners Schadensersatz für den Rücktritt von einer gebuchten, **gemeinsamen Urlaubsreise** zu verlangen.[508]   616

Bei einer, u. U. psychisch vermittelten (Rn. 172), Gesundheitsverletzung **naher Angehöriger**, die eine Reise geplant haben und diese wegen einer Tötung nicht unternehmen (können), muss die Belastung grundsätzlich zu einer Ersatzpflicht[509] des Schädigers führen können. Gegen die Ersatzfähigkeit spricht allerdings, dass nach der Lebenserfahrung ganz allgemein z. B. Eltern nicht kurz nach der Beerdigung des Kindes eine solche Reise antreten und der Ausfall der Reise von daher als Teil der Wechselfälle des Lebens dem eigenen Lebensrisiko zugewiesen werden kann.   617

Die Entbehrung des (entgangenen) Urlaubs ist immateriell mit Ausgleich nur über § 253 BGB einzuordnen und führt nicht kraft einer Kommerzialisierung des Urlaubsgenusses zum Vermögensschaden.[510] Die vertane Urlaubszeit trägt keinen Vermögens-, Marktwert in sich. Bedeutet die Genussentbehrung eine Gesundheitsbeeinträchtigung, kann diese seit dem 1.8.2002 gem. § 253 BGB zum immateriellen Ausgleich führen. Für eine erweiternde Auslegung der Sondervorschrift des § 651f Abs. 2 BGB[511] fehlt es – wie früher – an einem Rechtsgrund.   618

Bei **Aufwendungen**, die nach einem Haftungsereignis in solchen Zusammenhängen für einen bestimmten Zeitraum **zusätzlich** anfallen, ist an einen gewissen Ausgleich zu denken.[512]   619

Bei der verletzungsbedingten Beeinträchtigung des Lebensgenusses verhält es sich trotz zusätzlicher Aufwendungen, mit denen ein Ausgleich versucht wird, grundsätzlich nicht anders als bei nutzlos gewordenen, in Folge des Haftungsereignisses verfehlten Aufwendungen.   620

Trotz höherer Fahrtkosten wegen der veränderten Lebensführung dann, wenn nicht mehr wie zuvor in der Freizeit und zur Freizeitgestaltung an Sportveranstaltungen (passiv als Zuschauer oder auch als Teilnehmer ohne Profiambitionen) teilgenommen werden kann, werden solche Fahrtkosten in praxi nicht materiell abgegolten, während höhere Fahrtkosten zur Deckung der Daseinsvorsorge § 843 BGB zuzuordnen sind.   621

9. Schadensminderung

Dem Grundsatz nach entspricht die Obliegenheit, einen (weiteren) Schaden bzw. einzelne Schadensfolgen im eigenen Interesse abzuwenden oder zu mindern, dem Grundprinzip des § 254 BGB.   622

Beim Personenschaden treten dogmatische Probleme wie beim Sachschaden mit Grenzen zwischen der Erforderlichkeit des § 249 Abs. 2 BGB und der Verhältnismäßigkeit sowie Wirtschaftlichkeit des § 251 Abs. 2 Satz 1 BGB nicht bzw. nicht in gleicher Schärfe auf.   623

▶ Der Umfang der Obliegenheit zur Schadensminderung erschließt sich aus der Abwägung eingetretener oder künftiger Nachteile mit den Vorteilen einer zu ergreifenden Maßnahme. Die Abwägung ist auf die konkreten Verhältnisse unter Mitberücksichtigung des beruflichen und sozialen Umfelds des Betroffenen auszurichten. ◀   624

---

508 *AG Langen* ZfS 1995, 325.
509 Bei *BGH* VersR 1989, 853 = NJW 1989, 2317 = DAR 1989, 263 für die Eltern verneint; beachte *Deutsch/Schramm* in VersR 1990, 715.
510 *BGHZ* 86, 212 = VersR 1983, 392 = NJW 1983, 1107; *LG Karlsruhe* VersR 1988, 1074.
511 *LG Hannover* NJW-RR 1989, 633: Tagesmindestsatz 50 DM; *LG Frankfurt* NJW-RR 1998, 1590: Tagessatz: 130 DM; *LG Hannover* NJW-RR 2000, 1126: Tagessatz für Rentnerehepaar 100 DM (abzüglich 50% für Heimurlaub), für durchschnittlich verdienenden Notar 150 DM, für dessen Ehefrau 100 DM, für das 7-jährige Kind 20 DM (jeweils abzüglich 25% für Heimurlaub).
512 *BGHZ* 66, 277 = NJW 1976, 1630.

625 ▶ Der Betroffene muss nicht jede objektiv mögliche Maßnahme zur Kostenminimierung ergreifen. Denn die Maßnahme muss ihm zuzumuten sein. Je mehr die Maßnahme einen Eingriff in die Persönlichkeitssphäre des Betroffenen bedeutet, desto weniger ist ihm – gegen seinen Willen – ein solcher Eingriff zuzumuten. Zudem muss die Maßnahme zur Entlastung des Schädigers wirtschaftlich aus objektivierter Sicht vernünftig sein. ◀

626 Nach vermeidbaren Selbstschädigungen lässt § 254 BGB eigentlich nicht fragen. Insofern sind zu den Folgen einer Reaktion des Geschädigten oder seiner Willensentschlüsse eher Zurechnungsfragen zu klären.

627 Verstößt der Geschädigte gegen eine ihm obliegende Schadensminderungspflicht, ist der ersatzfähige wirtschaftliche Schaden zu kürzen, u. U. zu einzelnen Schadensfolgen ein Ersatzanspruch ganz ausgeschlossen.

628 Gibt der Geschädigte seinen Betrieb auf, obwohl er den Betrieb mit Hilfe einer (zusätzlichen) Hilfskraft hätte fortführen können, verstößt er gegen seine Schadensminderungspflicht. Dann soll der Gewinnausfall-, Erwerbsschaden nach fiktiven (hypothetischen) Kosten für eine Hilfskraft mittels des Bruttolohns abzüglich 25% (hypothetischer) Steuerersparnis geschätzt werden können.[513]

629 Die Obliegenheit zur Schadensabwendung und -minderung trifft unmittelbar die anspruchsberechtigte Person unabhängig davon, ob eine andere Person den Schaden wirtschaftlich abfängt. Deshalb kann dem Betroffenen – z. B. dem Kind oder einem Ehepartner – nicht angelastet werden, sein Angehöriger könne zumutbarerweise einspringen, z. B. bei der Hausarbeit oder der notwendig gewordenen Pflege; beachte aber Rn. 648.

630 Anders als bei Eigenbeiträgen des Geschädigten, die die Schadensentstehung betreffen, und zu denen eine Quotierung in Betracht kommt, ist zur Schadensminderung die Höhe einer Anspruchskürzung gem. § 287 ZPO stets direkt dem Betrag nach einzuschätzen. Eine prozentuale, quotenmäßige Anspruchskürzung scheidet grundsätzlich[514] aus.

631 Die Höhe zumutbarerweise (hypothetisch) erzielbarer, aber nicht erzielter Einkünfte hängt nicht quotenmäßig von einem bestimmten Schadensumfang (z. B. der Höhe eines entgangenen Einkommens oder Unterhalts) ab, sondern allein von der konkreten Situation, der Ausbildung, Lebenssituation, der früher ausgeübten Tätigkeit und der Lage auf dem Arbeitsmarkt sowie dem Zeitpunkt ab, in dem die Aufnahme der Erwerbstätigkeit zumutbar ist.

632 Die betroffene Person muss sich nicht uneingeschränkt so verhalten, wie sie vorgegangen wäre, wenn sie den Schaden wirtschaftlich selbst zu tragen hätte. Welchen Aufwand der Betroffene in seinem Lebens- und Wohnumfeld für sich „üblicherweise" aufbringt, ist eigentlich irrelevant. Denn wenn der Aufwand selbst zu bezahlen ist, wird häufig in einem Umfang verzichtet, der im Verhältnis zum Schädiger überobligationsmäßig ist. Wann die Einschränkung im Verhältnis zum Schädiger wegen der von diesem zu verantwortenden Schädigung wertend unzumutbar und deswegen überobligatorisch erscheint, zeigt sich nur im Einzelfall. Umgekehrt ist dann, wenn der individuelle konkrete Aufwand zur Schadensabhilfe auf einen üblicherweise in Anspruch genommenen Leistungsstand ausgerichtet worden ist, an Ersatzfähigkeit nicht wirklich zu zweifeln.

633 § 254 Abs. 2 Satz 1 BGB zielt **vor** dem **Eintritt** eines (weiteren Vermögens-) **Schadens** auf Gefahrhinweise und/oder die Warnung des Schädigers zu Folgen, die Schädiger nicht kennt oder nicht kennen muss. Die Obliegenheit zur Warnung bzw. die Pflicht, auf einen bevorstehende außergewöhnlichen Schaden aufmerksam zu machen (**Hinweis-, Warnpflicht**), will die Möglichkeit eröffnen, dass der Schädiger rechtzeitig eingreifen und geeignete Maßnahmen zur Abwen-

---

513 *OLG Koblenz* VersR 1991, 194 = ZfS 1991, 120.
514 *BGH* NJW 2007, 64 = VersR 2007, 76 = NZV 2007, 29 = ZfS 2007, 83 = DAR 2007, 141.

dung des (weiteren) wirtschaftlichen Schadens treffen kann. Sie setzt ein und voraus, dass der Geschädigte – bei verständiger Sichtweise – nach den konkreten Umständen die Möglichkeit des besonders hohen Schadens zumindest erkennen konnte. Wann ein solcher droht, bestimmt sich aus der Sicht des Geschädigten nach den Umständen des Einzelfalles.

Tipp Ein Hinweis muss konkret, anschaulich und eindringlich gehalten sein, darf sich nicht auf allgemeine Floskeln beschränken. **634**

Die Schadensminderungspflicht ist unabhängig davon, ob der Schädiger vorsätzlich oder fahrlässig gehandelt hat. Gegenüber einer grob fehlerhaften Vorgehensweise mit außerordentlichen Risiken muss aber ggfs. nicht auf einen etwaigen besonders hohen Schaden aufmerksam gemacht werden.[515] Auch zu § 254 Abs. 2 BGB gilt das Kausalitätsprinzip. Hätte der Schädiger z. B. eine Warnung unbeachtet gelassen, ist zu Lasten des Geschädigten nichts zu kürzen. **635**

▶ Als Unterlassungsvariante zu § 254 Abs. 1 BGB sieht § 254 Abs. 2 BGB die **Schadensabwendungsobliegenheit** vor, den Eintritt des Schadens soweit als zumutbar zu verhindern. Das Mitverschulden ist insofern letztlich ein Unterlassungsverschulden zu Maßnahmen, die ein vernünftiger, wirtschaftlich denkender Mensch nach Lage der konkreten Umstände ergreifen würde, um den Schaden soweit als möglich abzuwenden.[516] ◀ **636**

Für die Zeit **nach** dem **Eintritt** eines **Schadens** zielt § 254 Abs. 2 BGB auf die Minderung nachteiliger Folgen und insofern auch darauf, den in Entwicklung befindlichen Schaden in Grenzen zu halten. **637**

Der Gedanke des § 254 Abs. 2 BGB wird dahin erweitert, dass im Fall der Ersatzpflicht für ein rechtswidriges öffentlich-rechtliches Handeln im Rahmen einer schuldrechtsähnlichen Sonderbeziehung der Betroffene dann ohne Geldausgleich bleibt, wenn er es unterlässt, den Schaden durch den zumutbaren Gebrauch eines (insofern geeigneten) Rechtsbehelfs gegen das als rechtswidrig beanstandete öffentlich-rechtlich geprägte Verhalten abzuwenden. Zum bürgerlich-rechtlichen Anspruch gibt es vergleichbar vorrangig abwehrende Rechtsschutzmöglichkeit kaum, allenfalls selten.[517] Insofern steht aber die Zurechnung in Frage, wenn ein weiteres Ereignis hinzukommt, wobei dem Grundsatz nach allein das Hinzutreten des weiteren Umstandes die Haftung des Schädigers nicht ausschließt. **638**

Der Verletzte muss den vom GUVV abgelehnten Antrag auf Erhöhung von Pflegegeldzahlungen nicht deshalb anfechten[518], weil die Schädigerseite – insbesondere ein Haftpflichtversicherer wegen eines Teilungsabkommens – einen wirtschaftlichen Vorteil haben kann. Zudem wäre auf diesem Wege der erstattungsfähige Schaden als solcher gar nicht zu mindern, sondern (statt des eigenen Anspruchs zum Mehrbedarf oberhalb von Pflegegeldbeträgen) wegen des Forderungsübergangs nur (auf den Leistungsträger) zu verlagern. **639**

Die Darlegungs- und **Beweislast** zur Verletzung der Schadensminderungspflicht trifft den Schädiger. **640**

Insbesondere zu Fragen des Einsatzes der verbliebenen Arbeitskraft und angesichts (anderer) Umstände aus dem eigenen Erlebens-, Wissensbereich hat der Betroffene einer **sekundären Darlegungslast** zu genügen. **641**

Beweiserleichterungen bis hin zur Beweislastumkehr sind vorstellbar, wenn der Geschädigte die Beweisführung durch den Schädiger (schuldhaft) vereitelt. **642**

---

515 *BGH* NJW 2006, 995.
516 *BGH* NJW 1989, 290 = VersR 1988, 1178.
517 Im Fall des Arbeitsplatzverlustes in Folge gesundheitlicher Beeinträchtigungen, die durch einen Verkehrsunfall ausgelöst worden sind, wäre an die Erhebung einer Kündigungsschutzklage zu denken.
518 *BGH* NJW 2004, 2892 = VersR 2004, 1147 = FamRZ 2004, 1471.

643 Hat der Geschädigte dargelegt, wo er gelebt und wann und weshalb er **keine Tätigkeit** ausgeübt hat, ist es Sache des Anspruchsgegners, darzulegen und zu beweisen, wann und wie der Geschädigte mit einer Erwerbstätigkeit den Schaden hätte begrenzen können.[519]

644 Die Nichterhebung einer **Kündigungsschutzklage** durch den verletzten, wegen Arbeitsunfähigkeit entlassenen Arbeitnehmer gibt keine Basis für eine Beweiserleichterung zu Gunsten der Schädigerseite im Hinblick auf die Wahrnehmung der Schadensminderungspflicht, wenn es gerade darum geht, ob Obliegenheiten i. S. d. § 254 Abs. 2 BGB gewahrt sind.[520]

645 **Fallgruppen und Beispiele zur Schadensminderungspflicht:**

Stichwort	Besondere Umstände
Anspruchsverfolgung, insbesondere gegenüber Dritten	Die „Rechtzeitigkeit" der Geltendmachung eines Anspruchs sichern normierten Fristen und das Verjährungsrecht, ggfs. das Prinzip der Verwirkung. Über § 254 ZPO sind Ansprüche deshalb nicht zusätzlich zu kürzen. Dass ein Anspruch nicht gegen einen gesamtschuldnerisch haftenden weiteren Schädiger verfolgt wird, kann die Schadensminderungspflicht wegen § 421 BGB nicht verletzen (str.). Ob und inwieweit Leistungsansprüche gegenüber Drittleistungs-, Versicherungsträgern verfolgt werden, betrifft das Rechtsverhältnis zwischen Schädiger und Geschädigtem zur Höhe eines Ersatzanspruchs im Kern nicht. Fehlt dem Geschädigten die Aktivlegitimation wegen eines gesetzlichen Forderungsübergangs, vermag er deshalb keinen Ersatzanspruch durchzusetzen. Die Ersatzpflicht des Schädigers kann aber durch das Eintreten eines Leistungsträgers nicht erhöht werden und wird zu Lasten des Geschädigten dadurch auch niemals ermäßigt. Wirtschaftliche Vorteile von Versicherern durch Teilungsabkommen können nicht zum Vertrag zu Lasten des Geschädigten werden.
Entscheidungsfreiheit oder -pflicht	Vom für die Berechnung des Schadens maßgebenden Zeitpunkt – im gerichtlichen Streitfall grundsätzlich dem Tag der letzten tatrichterlichen mündlichen Verhandlung oder dem im schriftlichen Verfahren prozessual gleichstehenden Tag – ist die Frage zu trennen, ob und ab wann ein Geschädigter gehalten ist, einen Schaden beseitigen zu lassen, um seiner Schadensminderungspflicht zu genügen. Grundsätzlich kann der Geschädigte frei entscheiden, wann und wie er einen Schaden beseitigen lassen möchte.[521] Erhöhte Kosten wegen einer zeitlich verschobenen Instandsetzung verbleiben ihm deshalb nicht selbstverständlich. Der Schadensminderungspflicht wird indessen im Einzelfall bei der Beschädigung eines Kraftfahrzeugs nur genügt, wenn der Geschädigte unverzüglich aktiv wird. Bei Gebäudeschäden kann anderes gelten. Ganz anders kann zu Personenschäden zu urteilen sein, weil stets die individuelle menschliche Betroffenheit und Würde Vorrang vor reiner wirtschaftlicher Vernunft hat.

---

[519] *BGH* NJW-RR 1996, 1077.
[520] *OLG Koblenz* NZA-RR 1999, 426 = *OLGR Koblenz* 1999, 263.
[521] *BGH* NJW-RR 2004, 739.

Stichwort	Besondere Umstände
Finanzierung, Verfügbarkeit von Geldmitteln, **Vorschuss**	Erforderliche Geldmittel müssen der betroffenen Person stets real zur Verfügung stehen. Die Finanzierungsverantwortung trifft gem. § 249 BGB den Schädiger, auch zu § 251 BGB hat der Geschädigte nichts vorzufinanzieren. Allenfalls unter besonderen Umständen muss der Geschädigte[522] für die Schadensbeseitigung einen Kredit aufnehmen, z. B. wenn Kreditkosten für die Durchführung einer Reparatur[523] erheblich niedriger sind als ein andernfalls beim Ausfall eines gewerblich genutzten Betriebsmittels anfallender Verdienstausfall. Mangelnde Kreditwürdigung muss ggfs. der Schädigerseite offenbart werden.[524] Das *OLG Nürnberg*[525] verlangt, die Haftpflichtversicherung auf die Möglichkeit des Kreditschaden bei Ausbleiben von Zahlungen hinzuweisen. Jedenfalls hat dann die Schädigerseite einen Vorschuss anzubieten oder auf andere Weise dafür zu sorgen, dass die Bedarfsdeckung nicht an fehlenden finanziellen Mitteln scheitert, wenn die betroffene Person nicht selbst über ausreichend eigene freie Mittel verfügt. Ein Zinsverlust zum Einsatz eines Geldbetrag zur Entlastung des Schädigers ist ggfs. weitere Schadensfolge, wobei nach der hier vertretenen Ansicht die abstrakte Zinsregel des BGB greifen sollte. Ein Anspruch auf Zahlung von Verzugszinsen hängt freilich von der Fälligkeit des Geldausgleichsanspruchs ab, weil die Fälligkeit der Forderung wiederum Voraussetzung des Verzuges ist.[526]
Körperschaden (Personenschaden)	Die Schadensminderungspflicht beeinflusst den Umfang des Ersatzes im Fall der Körper-, Gesundheitsverletzung ggfs. zum Gesundheitsschaden, beim Mehrbedarfsschaden, beim Erwerbsschaden sowie beim Unterhalts(-ersatz, -ausfall)schaden, dort insbesondere mit der etwaigen Pflicht des Hinterbliebenen, eine zumutbare Erwerbstätigkeit aufzunehmen – s. jeweils dort.
Rechtsbehelf, Rechtsmittel	Bei – vom Schädiger darzulegender und nachzuweisender – hinreichender Aussicht auf Erfolg kann es die Schadensminderungspflicht gebieten, einen Rechtsbehelf oder ein Rechtsmittel i.w.S. zu nutzen, um einen (drohenden) Schaden auf diesem Weg abzuwenden. Ist eine Klage – aus damals aktueller Sicht (z. B. dem Zeitpunkt einer Kündigung wegen bestehender und prognostizierter anhaltender Arbeitsunfähigkeit, nicht etwa rückblickend auf Grund späterer Erkenntnisse

---

[522] *BGH* NJW 1989, 290 = VersR 1988, 1178; *BGH* NJW 2002, 2553: Der Verzugsgläubiger ist grundsätzlich nicht verpflichtet, zur Minderung des aus einer beabsichtigten Geldanlage in Aktien drohenden Schadens einen Kredit aufzunehmen.

[523] Beachte schon *BGH* VersR 1963, 1161 (fehlende Mittel für Reparaturauftrag, hoher Schaden bei Stilllegen eines Lkw).

[524] *OLG Düsseldorf* ZfS 1997, 253.

[525] ZfS 2000, 12.

[526] *BGH* VersR 2008, 368.

Stichwort	Besondere Umstände
	beurteilt) ohne Möglichkeit der Umsetzung im Betrieb auf einen leidensgerechten Arbeitsplatz und bei der Erwartung einer erheblichen betrieblichen Beeinträchtigung im Fall des Fortbestands des Arbeitsverhältnisses – jedoch nicht hinreichend Erfolg versprechend, muss diese auch nicht erhoben werden.[527]
Rechtsverfolgung	Die Schwelle dazu, wann der Betroffene auf Kosten des Schädigers einen **Rechtsanwalt** bei einem Personenschaden hinzuziehen darf, ist anders auszurichten als bei einem Sachschaden. In den Fällen, die Juristen zum Sachschaden einfach gelagert nennen, ist die Vertretung durch einen Rechtsanwalt nicht erforderlich i. S. d. § 249 BGB oder es ist jedenfalls gem. § 254 BGB zu unterlassen, einen Rechtsanwalt einzuschalten, wenn die betroffene juristische oder natürliche Person – auch die juristische Person des öffentlichen Rechts – „hinreichend erfahren oder gewandt" ist. Die Einschaltung eines **Sachverständigen** wird als Verstoß gegen § 254 BGB gewertet, wenn der Betroffene – aus seiner verständigen Sicht (meist ohne technisches Fachwissen) – im Hinblick auf die Art der konkreten Fahrzeugschäden keinen vernünftigen Zweifel haben kann, dass es um einen Bagatellschaden geht. Andere meinen, es gebe eine bezifferbare oder sonst zu definierbare Bagatellgrenze.
Sachbeschädigung	Wird eine Sache beschädigt oder zerstört, kann die Schadensminderungsobliegenheit den Betroffenen zur Durchführung der Instandsetzung, zur Ersatzbeschaffung, zur Ersatzfähigkeit des Umfangs von Mietwagenkosten, zur Nutzungsentschädigung, zur Regulierung eines (wirtschaftlichen) Totalschadens, zu Rechtsverfolgungskosten treffen oder z. B. auf die Frage Einfluss nehmen, wie auf Angebote der Schädigerseite zur Schadensregulierung angemessen zu reagieren ist.
Schadensnachweis	Zur Schadensfeststellung treffen den Geschädigten in engen Grenzen gewisse Rücksichtspflichten innerhalb des besonderen Abwicklungsverhältnisses bei einem Direktanspruch gegen den Pflichthaftpflichtversicherer. Wer solche Pflichten missachtet – z. B. dem angereisten Sachverständigen ohne berechtigten Grund die Besichtigung des beschädigten Fahrzeugs verwehrt – kann dem Haftpflichtversicherer unter besonderen Umständen sogar Mehrkosten der Schadenregulierung (wegen der Beauftragung eines weiteren Sachverständigen) zu ersetzen haben.[528] Grundsätzlich verbleibt es angesichts eines fehlenden Nachweises indessen bei prozessualen Nachteile für die Durchsetzung des Schadensersatzanspruches.

---

527 *OLG Koblenz* NZA-RR 1999, 426 = *OLGR Koblenz* 1999, 263.
528 *BGH* VersR 1984, 79.

Schadensminderung

Zur Schadensminderungspflicht gelten die Gedanken der Gesamtabwägung (Rn. 758) nicht. Zu § 254 Abs. 2 BGB ist ausschließlich innerhalb des Individualverhältnisses zwischen dem Betroffenen und dem einzelnen Schädiger danach zu fragen, inwieweit eine Schadenskürzung gerechtfertigt ist.

Präklusion

Auch auf § 254 Abs. 2 BGB, also zur Schadensminderung, bezieht sich die Präklusion[529] durch ein **Feststellungsurteil**, obwohl es um die Höhe des Anspruches geht, wenn die Tatsachen zur Zeit der (letzten) Tatsachenverhandlung entstanden sind. Die Rechtskraft steht, sofern die maßgebenden Tatsachen schon zu dieser Zeit der letzten mündlichen Verhandlung vorgelegen haben, also der erneuten Geltendmachung durch Schädiger und Haftpflichtversicherer entgegen.

a) Einfluss der Fehler Dritter

Gem. § 254 Abs. 2 Satz 2 BGB beeinflusst die Mitverursachung durch Dritte das Anspruchsrecht nach der Regel des § 278 BGB. Dementsprechend kann die pflichtwidrige **Fehlentscheidung** einer **anderen Person** der direkt betroffenen Person gem. §§ 254 Abs. 2 Satz 2, 278 BGB anspruchsmindernd zuzurechnen sein.

Das deliktische Ausgleichsverhältnis reicht als Sonderbeziehung i. S. d. § 278 BGB für die Umstände und Zeit nach dem Haftungsereignis aus. So kann sich beim Kind die Fehlentscheidung seiner Eltern als gesetzlicher Vertreter auf den Anspruch mindernd auswirken. Darüber hinaus ist für alle Hilfspersonen gem. § 254 Abs. 2 Satz 2 i. V. m. § 278 BGB spiegelbildlich einzustehen, nach der hier vertretenen Ansicht auch schon für eine etwaige Entwicklung zwischen dem Haftungsereignis und dem Schadensereignis i.e.S.

Der gesetzliche Vertreter muss freilich als solcher tätig geworden oder untätig geblieben sein. Das Verhalten des „Erfüllungsgehilfen" muss in gleichem Sinn im inneren sachlichen Zusammenhang mit dem Wirkungskreis und vor allem der Obliegenheit stehen stehen, um die es in dem Verhältnis zwischen dem Geschädigten und dem Schädiger geht. Die Personen, die der Geschädigte bei Beseitigung oder Feststellung eines Schadens einschaltet, werden im Aufgabenkreis des Schädigers, nicht zur Erfüllung einer Verbindlichkeit des Geschädigten tätig.

Das Sicherungsmaß im eigenen Interesse bzw. das vom Erfüllungsgehilfen zu erwartende Sorgfaltsmaß im eigenen Interesse des Geschädigten richtet sich grundsätzlich nach der Lage des Geschädigten gegenüber dem Schädiger.[530] Auf bloße mögliche Gefahrmomente müssen gesetzliche Vertreter oder Erfüllungsgehilfen zur Entlastung des Schädigers vorsorgend nicht reagieren. Erhöhte Pflichtigkeiten im Verhältnis zum Geschädigten kommen dem Schädiger reflexartig zugute. Ggfs. ist die andere Pflichtenausrichtung zu beachten.

Im Fall eines Forderungsübergangs kann die Missachtung von Schadensminderungspflichten durch die direkt betroffene Person und durch den Drittleistungsträger kumulativ den Umfang der Ersatzpflicht kürzen.

b) Schadensminderungskosten

Der in Erfüllung der Obliegenheiten, den Schaden abzuwenden oder zu mindern, also quasi im eigenen Interesse getätigte Aufwand ist auf des Basis des § 254 Abs. 2 BGB **erstattungsfähiger Folgeschaden**.

---

529 *BGH* VersR 1988, 1139.
530 Zur Verstärkung von Sorgfaltspflichten wegen persönlicher Vertrauenswerbung mit besonderer Fachkunde durch den Verhandlungsgehilfen beachte *BGHZ* 114, 263 = NJW 1991, 2556 = VersR 1991, 1146.

654 Bei dem verletzten Unternehmer wird[531] der reale Aufwand für die eingestellte Ersatzkraft in der Regel als Kosten der Schadensminderung verstanden. Im Prinzip geht es freilich um die Grundlagen für die Schätzung des auszugleichenden entgangenen Gewinns.

655 Dem Inhalt und Umfang nach geht die Ersatzfähigkeit solcher Kosten über die dem Betroffenen gem. § 254 Abs. 2 BGB obliegenden Maßnahmen u. U. hinaus. Grenzen ziehen einerseits die Erforderlichkeit und Verhältnismäßigkeit aus der Sicht einer wirtschaftlich denkenden und handelnden Person, § 251 Abs. 2 BGB. Andererseits und ggfs. darüber hinaus sind alle Kosten, die den Umständen nach angemessen und zweckmäßig erschienen sind und vom Betroffenen oder einem (Sozial-) Leistungsträger für geboten gehalten werden durften, vom Schädiger auszugleichen.

656 Die in diesem Sinn zum Zweck der Schadensminderung aufgewendeten Kosten bleiben selbst bei Erfolglosigkeit ausgleichsfähig und zwar wegen des Prognoserisikos des Schädigers. Anderes gilt nur, wenn dem Betroffenen ein Verschulden i. S. d. § 254 BGB – also die Missachtung dessen, was ein sorgsamer, verständiger Mensch unternimmt – anzulasten ist. Ist dem Anspruchsberechtigten – bei Erfolglosigkeit – ein Verschulden i. S. d. § 254 BGB entgegen zu halten, kann er jedenfalls teilweise dennoch ersatzberechtigt sein, wenn wiederum gegen den Schädiger der Gedanke des § 254 BGB i. V. m. § 242 BGB anzuführen ist, weil dieser den unnötigen und unergiebigen Aufwand nicht verhindert hat, obwohl er es zumutbarerweise hätte tun können – z. B. durch einen rechtzeitigen Vorschuss für erforderliche Maßnahmen.

657 Ausnahmsweise können zu solchen Schadensminderungskosten sogar Kosten für Maßnahmen gehören, die eine Schadensursache erforschen sollen, um weitere Schäden aus derselben Quelle zu verhüten.

10. Wirtschaftliche Vorteile

658 Schadensrechtlich soll insgesamt gesehen ein gerechter Ausgleich zwischen den beim Schadensfall widerstreitenden Interessen des Schädigers und der betroffenen, verletzten oder geschädigten Person hergestellt werden.[532] In diesem Sinn ist der Vorteilsausgleich **Element** der **Schadensabrechnung**; zur Art und Weise der Berücksichtigung und zum Berechnungsweg Rn. 726, 728 f.

659 Die Differenzhypothese bezieht zur Bestimmung des Vermögensschadens wesensgemäß Verbesserungen mit ein, die die betroffene Person durch das Haftungsereignis oder nach dem Haftungsereignis erfährt. In Konsequenz der Betrachtung der Vermögensentwicklung muss nicht nur auf nachteilige Veränderungen, sondern auch auf günstige Veränderungen geachtet werden. Das Prinzip des Vorteilsausgleichs formt dies aus und schränkt die reine Saldierung ein. Zugleich trägt der Vorteilsausgleich dem schadensrechtlichen Verbot der Bereicherung der beeinträchtigten Person Rechnung.

660 Vorteil ist ökonomisch gesehen jeder **Nutzen** bzw. ein Mittel, das ein Bedürfnis deckt. Für die juristische Betrachtung sind Vorteilen nützliche Folgen eines Ereignisses und lässt sich zwischen selbstständigen Vorteilen und unselbstständigen Vorteilen trennen.

661 ▶ Vorteilsausgleich im eigentlichen Sinn ist die **Anrechnung positiver Auswirkungen** auf das Vermögen des Geschädigten, welche durch das zur Haftung führende Ereignis und/oder die nachfolgende Schadensentwicklung adäquat kausal verursacht werden.[533] ◀

---

531 So *OLG Köln* v. 15.10.1990, 19 W 45/90.
532 *BGHZ* 8, 326; 10, 108; 30, 29; 49, 56, 62; 54, 269; 91, 357; VersR 1979, 323 (insoweit nicht in *BGHZ* 73, 109); VersR 1980, 455.
533 *BGH* NJW 2004, 2526, 2528.

Seit alters her wird § 843 Abs. 4 BGB als Norm, die von der tatsächlichen Gewährung des Unterhalts durch eine andere Person spricht, dahin verstanden, dass auf einen Schaden solche Ersatz- und Ausgleichsleistungen nicht anzurechnen sind, die kraft ihrer inneren Natur dem Schädiger nicht zugute kommen sollen. Dies ist – auch – der Grundgedanke des Vorteilsausgleichs. 662

Ein Vorteilsausgleich schließt herkömmlich an die Schadensbestimmung an, weil es um die Frage geht, ob ein eingetretener Vermögensschaden – die negative Vermögensentwicklung – durch die anschließenden Veränderungen beseitigt oder jedenfalls verringert bzw. gemindert wird oder ob die positive Vermögensentwicklung dem Geschädigten (anrechnungsfrei) zugute kommen und verbleiben soll. Diese Sichtweise beim Vorteilsausgleich bezieht sich freilich im Kern auf einzelne Rechnungsposten der Schadensberechnung. 663

Nach anderer Ansicht ist der Vorteilsausgleich in die Schadensfeststellung einzubeziehen. Dafür spricht, dass die Feststellung eines Vermögensschadens von einem Gesamtvermögensvergleich abhängen soll und keine „postengenaue Abrechnung" erfolgen muss, sich erst im Gesamtergebnis konkret zeigt und ausweisen lässt, ob eine Vermögensdisposition (angesichts einer bestimmten Verhaltensweise) günstig oder (im Vergleich mit der Lage dann, wenn die Maßnahme unterblieben würde) ungünstig ist. Werden wirtschaftlich günstige Veränderungen schon innerhalb der Bemessung des wirtschaftlichen Nachteils als Aufwand von Geld oder Vermögenswerten oder als Belastung mit Verbindlichkeiten angesetzt, sind sie selbstverständlich nicht doppelt einzurechnen. 664

Bei Berechnung eines entgangenen Gewinns sind ersparte Spezialunkosten mindernd anzusetzen, der **entgangene Gewinn** zeigt sich erst nach Abzug solcher Kosten, und scheiden fixe Generalunkosten zu Sach- und Personenschäden grundsätzlich als Element der Schadensberechnung aus. Inhalt und Umfang der Spezialunkosten dürfen deshalb nicht wirklich als Moment eines Vorteilsausgleichs verstanden werden. Das *OLG München*[534] weist darauf richtig darauf hin, dass der Schädiger nicht für Grundbedürfnisse einer verletzungsbedingt in einem Heim untergebrachten Person aufzukommen hat. Materiell-, beweisrechtlich steht indessen nicht die Verringerung realer Kosten des Heimaufenthalts als ausgleichsfähiger **vermehrter Bedarf** in Rede, sondern besteht der Ersatzanspruch nur im Umfang des Aufwands und Bedarfs oberhalb der allgemeinen Lebenshaltungskosten. Die gleichzeitige Ersparnis erschwert indessen den klaren Blick auf den Kern dessen, was schadensrechtlich auszugleichen ist, auch z. B. beim behindertengerechten Umbau von Wohnräumen mit ersparten Renovierungs- bzw. Reparaturkosten, auch bei Verwendung von Neuteilen während der **Reparatur** der gebrauchten Sache mit dem Abzug „neu für alt" und ersparten Neuanschaffungs-, Ersatzbeschaffungskosten. Im rechtlichen Bezug ähnlich hat die Waise mit eigenen Einkünften eine dementsprechend verringerten Unterhaltsbedarf und deshalb einen geringeren Unterhaltsschaden als das Kind ohne solche (anrechnungsfähigen) Einkünfte. Ob die Einkünfte erstmalig nach dem Tod des Unterhaltpflichtigen erzielt werden oder schon vorher erreicht worden sind, ist für die Unterhaltsersatzschuld (§ 844 BGB) des Schädigers nicht von Bedeutung. Denn es kommt auf das Maß der gesetzlichen Unterhaltsschuld an. 665

Die Vorteilsanrechnung (der Vorteilsausgleich) ist kein Gegenrecht des Schädigers, sondern im Streitfall „von Rechts (Amts) wegen" zu beachten. Rechnerische Vorteile mindern also direkt die durchsetzbare Forderung. 666

Eine sichere, für alle Schadensfälle gültige Abgrenzung zwischen der Schadens-, Nachteilsberechnung mit **Darlegungs**– und **Beweislast** der betroffenen Person und der Vorteilsanrechnung mit Darlegungs- und Beweislast des Schädigers bzw. des Haftpflichtversicherers hinsichtlich der im Einzelfall relevanten Tatsachen ist der Rechtsprechung nicht mehr zu entnehmen. Das Prinzip der sekundären Darlegungs- und Beweislast des Geschädigten zu seinem Wissens- und Einflussbe- 667

---

534 *OLGR München* 2007, 207.

reich entlastet den Schädiger dann, wenn zum Vorteilsausgleich der Charakter als Einwendung mit Beweisbelastung des Schädigers betont wird.

668 ▶ Vorteile können sich als **Geld- oder Wertzuwachs** zeigen. Sie können sich in Folge eigener, nicht überpflichtiger Anstrengungen der verletzten Person, durch die **Leistung** Dritter oder durch günstige **gesetzliche Folgen** (Erbfall; Wegfall von Sozialversicherungsbeiträgen; Steuervorteile) ergeben. Oder sie können auftreten, weil ein wirtschaftlicher Verlust vermieden wird, insbesondere in Form geldwerter **Ersparnisse** wie angesichts ersparter Kosten für eine Ausbildung, die Berufsausübung, die Lebenshaltung (Verpflegung), die Mobilität (Benutzung des eigenen Fahrzeugs). ◀

669 Durch die Ersatzleistung des Schädigers auf der Ebene der Schadensbeseitigung entstehende Vermögensvorteile[535] lassen sich als **Vorteilsausgleich i.w.S.** bezeichnen oder es kann von **unselbstständigen Vorteilen** gesprochen werden. Insofern kürzt ein Vorteil den Geldersatzanspruch nicht von vornherein, sondern bleibt der Vorrang der (vollen) Restitution erhalten. Erst nach und unter effektiver Wahrung der Restitution dürfen sich die vom Umfang der Restitution beeinflussten Vorteile zur Höhe des Geldersatzes auswirken. Denjenigen, die bei unselbstständigen Vorteilen eine Berücksichtigung für geboten halten und nur bei selbstständigen Vorteilen eine wertende Entscheidung treffen wollen, ist deshalb entgegen zu halten, dass eine Vorteilsanrechnung (-einbeziehung) stets eine Wertungsfrage bleibt, die indessen einmal einfacher und in anderen Fällen schwerer überzeugend zu beantworten ist. Niemals darf der Gedanke der Anrechnung dazu verleiten, im Fall einer Mitverursachung des haftungsbegründenden Ereignisses den Berechnungsablauf zu verfehlen, beachte Rn. 726, 728 f., sondern weist der Gedanke des Berechnungspostens strikt auf den einzuhaltenden Berechnungsgang hin.

670 Ein Vorteil kann durch einen Nachteil oder Verlust, der eigentlich nicht ausgleichsfähig ist, aufgezehrt werden, 3401.

671 Von dem Vorteilsausgleich **unterscheidet** sich die Anrechnung eines Geldbetrages auf den Ersatzanspruch der betroffenen Person, wenn ein **Forderungsübergang** erfolgt mit der Folge der Aufsplittung der Ersatzberechtigung auf mehrere Rechtsträger, Rn. 1576 ff. Scheitert ein Forderungsausgleich an mangelnder Kongruenz, scheidet regelmäßig zugleich die Anrechnung entsprechender Leistungen unter dem Gesichtspunkt des Vorteilsausgleichs aus und zwar deswegen, weil (Sozial-)Versicherungs-, Drittleistungen im Hinblick auf eine besondere Situation des Verletzten für diesen erbracht werden und diesem zugute kommen sollen, aber nicht zugunsten des Schädigers haftungsbefreiend wirken sollen.[536]

672 § 255 BGB will – ähnlich wie der gesetzliche Forderungsübergang – einen doppelten Ausgleich zugunsten des Geschädigten vermeiden und geht dafür auf die Pflicht zur Abtretung eines Anspruchs nur beim Verlust einer Sache oder eines Rechts ein.

673 Ohne Anordnung eines gesetzlichen Forderungsübergangs lassen sich über § 255 BGB Lücken schließen, wenn der Geschädigte keine doppelten Leistungen (durch den Drittleistenden und den Schädiger) erhalten und behalten soll.[537] Materiellrechtlich hilft das dem Leistungspflichtigen zustehende Zurückbehaltungsrecht i. S. d. § 273 BGB nicht, um den Doppelempfang beim Geschädigten nach der Drittleistung zu vermeiden. Derjenige Drittleistende, der bereits gezahlt hat, kann aber Abtretung nachträglich verlangen. Geschieht dies nicht, ist nicht etwa deswegen der Schädiger zu entlasten, sondern sind alle wirtschaftliche Momente ausschließlich im Verhältnis zwischen dem Drittleistenden, der ggfs. auch einen Rückgewähranspruch kraft Bereicherung hat, und dem Geschädigten zu klären.

---

535 Also Vorteile durch die Schadensbehebung und bei der Schadensbehebung.
536 *BGHZ* 146, 108 = NJW 2001, 754 = VersR 2001, 215 = DAR 2001, 118 = ZfS 2001, 106.
537 Beachte näher und überzeugend *von Koppenfes-Spies* in VersR 2005, 1511 ff. gegen BGH NJW 2001, 1274 = VersR 2001, 196 mit der Anrechnung eines tarifvertraglich geregelten Vorruhestandsgelds auf den Schadensersatzanspruch gegen den Schädiger, also der Entlastung des Schädigers, statt einer Lösung über § 255 BGB zugunsten des Drittleistenden.

Dem Geschädigten u. U. verbliebene Vermögenspositionen oder -werte können ggfs. von ihm bestmöglich zu verwerten oder soweit möglich entsprechend § 255 BGB an den ersatzpflichtigen Schädiger abzutreten sein, soweit der Schädiger in dem entsprechenden Kontext (z. B. wegen einer wertlosen Forderung) dafür aufgekommen ist. 674

Ersatzansprüche des Geschädigten **gegen Dritte** bleiben beim Vorteilsausgleich grundsätzlich außer Betracht. Schadensersatzansprüche gegen Dritte mindern den Ersatzanspruch von vornherein nicht. Ggfs. kommt es vielmehr zur Gesamtschuld; zur Abtretung eines Anspruchs als Vorteil Rn. 736. 675

Auch wenn der Dritte dem Geschädigten auf Erfüllung oder auf Rückgewähr einer Bereicherung haftet, steht kein Vorteilsausgleich an.[538] 676

Das Verweisungsprivileg des § 839 Abs. 1 Satz 2 BGB ist negatives Tatbestandsmerkmal. 677

Ganz anders als der schadensrechtliche Vorteilsausgleich setzt das Bereicherungsrecht an: Bereicherungsrechtlich (§§ 812 ff. BGB) erfasst der auszugleichende Vermögensvorteil, die für den Bereicherungsschuldner verbesserte Vermögenslage, z. B. weitgehend auch ersparte Aufwendungen. Mit dem schadensrechtlichen Vorteilsausgleich soll nicht in gleicher Weise ein Rechtserwerb und/oder Wertzufluss ausgeglichen werden, der wirtschaftlich im Widerspruch zur Rechts- und Güterzuordnung steht. 678

a) Voraussetzungen der Vorteilsanrechnung

Kriterien zur Anrechnung solcher Vorteile sind eng verwandt mit Fragen zur hypothetischen Kausalität. § 249 BGB drückt das **Bereicherungsverbot** dahin aus, dass der Geschädigte durch den Ausgleich nicht besser gestellt werden darf, als er ohne das haftungsbegründende, schädigende Ereignis stehen würde. Er soll den zur Herstellung erforderlichen Betrag, aber nicht einen höchstmöglichen Geldzuwachs erfahren, d. h. ggfs. (§ 251 BGB) nicht mehr als den erlittenen Vermögensschaden erhalten. Auch die Kriterien zur hypothetischen Kausalität wollen sichern, dass der Betroffene mit und über einen (Schadens-) Ausgleich nicht besser gestellt sein darf, als er ohne den Schadensfall stehen würde. Im Vordergrund steht stets eine Wertungsfrage[539] zur Schadenszurechnung. 679

▶ **Selbstständig** lassen sich Vorteile bei einem verhinderten Vermögensabfluss und dem durch dasselbe Ereignis realisierten Vermögenszufluss nennen. ◀ 680

Ein Wertungsproblem zeigt sich nicht, wenn die gebotene Berücksichtigung aller Umstände erschließt, dass es schon am wirtschaftlichen Nachteil (Schaden) fehlt bzw. fehlen könnte. Ob aber ein selbstständiger Vorteil mit dem Haftungsereignis unmittelbar so verknüpft ist, dass der Ausgleichsbedarf bzw. der Ersatzanspruch aus sich heraus gemindert ist, eigentlich das Entstehen des Vermögensschadens verhindert wird und sich im Gesamtvermögensvergleich keine Vermögensminderung zeigt, steht gerade zur wertenden Beurteilung bei der haftungsrechtlichen Auseinandersetzung. Dies ist bei den unselbstständig genannten Vorteilen (Rn. 669) nicht wirklich anders, zumal dann, wenn es um eine Verbesserung der Vermögenslage durch die Restitution geht, aber nur die negative Bilanz ausgleichsfähig ist, wie unter dem Aspekt „neu für alt" durch den tatsächlichen Herstellungsaufwand ausgewiesen wird, der sich erst nach der Korrektur durch den Abzug des Wertzuwachses real zeigt. Ähnlich ist der Gedanke vom normativen Schaden davon beherrscht, einen ausgleichsfähigen Nachteil zu ermitteln, der rechnerisch nicht direkt als Geld(wert)differenz ermittelbar ist und wirtschaftlich hinterfragt werden muss. 681

---

538 BGH Beschl. v. 23.11.2006, IX ZR 72/03.
539 Die hypothetische Kausalität ändert an der naturwissenschaftlichen Kausalität, der realen Ursache nichts, OLGR Koblenz 2007, 485.

682 Ist ein Vermögenszufluss unmittelbar mit dem haftungsbegründenden Ereignis (naturgesetzlich, unlösbar) verbunden, spricht einiges für die Berücksichtigung, also die Verneinung eines ausgleichsfähigen, verbleibenden Schadens. Im Kern bedarf es aber der wertenden Untersuchung, ob der Schädiger unbillig entlastet bleibt oder dem Geschädigten die Anrechnung zuzumuten ist.

683 **Umsatzsteuereinnahmen** der Bundesrepublik Deutschland angesichts der Wiederherstellung beschädigter Sachen stehen im unmittelbaren Zusammenhang mit der Ersatzpflicht wegen der Beschädigung der Sache (Schutzplanke einer Bundesautobahn). Gleichwohl hat der Schädiger die wegen der Reparatur anfallende Umsatzsteuer – auch in Höhe des auf die Bundesrepublik entfallenden Anteils – zu zahlen, ist also i. S. d. § 249 Abs. 2 BGB die anfallende Umsatzsteuer zur Reparaturrechnung voll zu ersetzen[540] und nicht der Ersatzanspruch um den Umsatzsteueranteil zu kürzen. Denn der mittelbare (steuerliche) Vorteil der Bundesrepublik Deutschland dadurch, dass sie bei **Reparatur** beschädigten Eigentums wegen ihres Umsatzsteueranteils im Bereich des Steueraufkommens einen Vermögenszuwachs erfährt durch die (umsatzsteuerpflichtige Reparatur-) Leistung des Werkunternehmers, darf nicht auf den ihr in einem anderen Verwaltungs- und Haushaltsbereich entstandenen Verlustes wegen des beschädigten Eigentums angerechnet werden.

684 Weitgehend Einigkeit besteht, dass ein selbstständiger Vorteil unbeachtlich bleibt, wenn der real verhinderte Vermögensabfluss sonst aus einem anderen Grund kompensiert worden wäre, sich also ebenfalls im Ergebnis nicht negativ niedergeschlagen hätte.

685 Vorteile, die ohne Zutun des Schadensersatzberechtigten oder eines Dritten eintreten, z. B. die Erbschaft im Tötungsfall, dürfen nicht angerechnet werden, wenn und soweit der Berechtigte diese ohnehin, nur später erhalten hätte. Inhaltlich zeigt sich eine umgekehrte Parallele zum rechtmäßigen Alternativverhalten, wenn der Schädiger geltend macht, die hypothetische Lage gleiche der realen Lage. Der lediglich frühere Zuwachs an geldwerten Möglichkeiten betrifft die Substanzzuordnung nicht.

686 Indessen hat der Erbe als Ersatzberechtigter i. S. d. § 844 BGB den Unterhalt nach wie vor aus der Erbmasse zu bestreiten, wenn der **Unterhalt** schon vor der Tötung des Unterhaltspflichtigen aus derselben **Vermögensquelle** gedeckt worden ist. Wer dies für einen Fall des Vorteilsausgleichs hält, muss die Verfügbarkeit über die Unterhaltsquelle anrechnen, beachte Rn. 3207.

687 ▶ Jeder Vorteilsausgleich, d. h. der Blick auf positive wirtschaftliche Veränderungen bei der Schadensabrechnung, ist wertend davon abhängig, dass die **Vorteilsanrechnung** der betroffenen Person unter Beachtung der gesamten Interessenlage nach dem Sinn und Zweck des Schadensersatzrechtes sowie Treu und Glauben **zugemutet werden kann.** ◀

688 **Zumutbar ist es z. B.:**
- günstige, schadensausgleichende Folgen einer Umorganisation bei der betroffenen Person innerhalb einer verständigen wirtschaftlichen Betrachtung zu berücksichtigen,
- mit dem Unterhaltsanspruch in der erneuten Ehe den Unterhaltsschaden des Witwers (oder der Witwe) entfallen zu lassen, da der Vorteil (Unterhalt in der neuen Ehe) bei der Tötung des bisherigen Ehegatten mit Auflösung der alten Ehe möglich ist und auf der neuen Eheschließung beruht.

---

540 *BGH* NJW 2004, 3557 = VersR 2004, 1468 mit Vorinstanz *LG Kaiserslautern* DAR 2004, 275 und dazu *Halm* in DAR 2004, 298.

> **Nicht zumutbar ist z. B.:**
> - die Anrechnung eines überpflichtigen Eigeneinsatzes der verletzten Person,
> - die Anrechnung einer schadensbehebenden Mehrarbeit von Mitarbeitern,
> - die Anrechnung der Hilfe der Schwiegermutter im Haushalt der verletzten, an der Haushaltsarbeit gehinderten Tochter,
> - die Anrechnung des Einsatzes der Großeltern, die den verwaisten Haushalt übernehmen und führen,
> - der Einsatzes des Schmerzensgeldes zur Schuldentilgung oder zur Abhilfe wegen eines materiellen Vermögensfolgeschadens.

Den Vorteilsausgleich macht die Rechtsprechung nicht davon abhängig, ob der wirtschaftliche Zuwachs dem Willen des Verletzten entspricht oder dem Verletzten ein Wertzuwachs „aufgedrängt" ist. Macht der Verletzte einen eingetretenen und berücksichtigungsfähigen Vorteil aus eigenem Entschluss zunichte, ist der Vorteil gleichwohl zu berücksichtigen, wenn dieses Verhalten des Verletzten vom Ersatzpflichtigen nicht herausgefordert oder nahe gelegt worden ist. **689**

▶ Der **Kongruenzgedanke** zum Vorteilsausgleich verlangt, den Vorteil nur auf den Schadensteil (Nachteil) zu beziehen und dort anzurechnen, dem er der Art nach entspricht und mit dem er eine Einheit bildet. Es sind nur Vorteile zu berücksichtigen, die mit dem jeweilig ausgleichsfähigen Nachteil innerhalb einer Schadensgruppe korrespondieren bzw. in einer Rechnungseinheit verbunden sind. Insbesondere in Fällen eines Forderungsübergangs von Schadensteilen wirkt sich dementsprechend eine Anrechnung unterschiedlich aus. ◀ **690**

> Ein Ersatzerwerb aus einer Tätigkeit nach einem Unfall, der die Fortsetzung der bisherigen Tätigkeit unmöglich macht, ist auf den Erwerbsschaden, nicht auf den Sachschaden zu beziehen. Im Zusammenhang mit der Erwerbstätigkeit stehende, verletzungsbedingt ersparte Aufwendungen stehen in einer Einheit mit dem **Erwerbsschaden**, nicht mit dem Gesundheitsschaden. **691**

▶ Das Schadensereignis muss den Vorteil adäquat verursacht haben und es muss ein zeitlicher **Zusammenhang** zwischen dem schädigenden und dem vorteilhaften Ereignis bestehen. ◀ **692**

Es genügt, dass das schädigende Ereignis nach dem natürlichen Ablauf der Dinge allgemein geeignet war, Vorteile der einschlägigen Art mit sich zu bringen, Ein mittelbarer[541] Zusammenhang genügt dabei wie auch sonst. Der Zusammenhang darf nur nicht so „lose" sein, dass er nach vernünftiger Lebensauffassung keine Berücksichtigung verdient. **693**

> Der Verletzte, dem sein Arbeitgeber wegen der unfallbedingten Arbeitsunfähigkeit gekündigt hat, braucht sich die im Kündigungsschutzverfahren vereinbarte Abfindung grundsätzlich nicht anrechnen zu lassen.[542] Die Abfindung entschädigt zwar für den Verlust des Arbeitsplatzes, soll jedoch nicht die Verkürzung des Einkommens während einer verletzungsbedingten Arbeitsunfähigkeit ausgleichen, sondern etwaige Nachteile aus dem Arbeitsplatzverlust in der Zukunft unabhängig von der Arbeitsfähigkeit. Beim Versicherungsvertreter ist der vom Versicherer geschuldete Handelsvertreterausgleich nicht auf den **Erwerbsschaden** anzurechnen. Auch eine statt des Ausgleichsanspruchs gezahlte Berufsunfähigkeitsrente bleibt unberücksichtigt.[543] **694**

---

541 Zum Schadensersatz wegen Nichterfüllung verlangt der *BGH* einen unmittelbaren Zusammenhang, so dass zwischen den Folgen der Nichterfüllung eines Grundstückskaufvertrages (Verzug, Kosten der Löschung einer Grundschuld und einer Auflassungsvormerkung) und Gewinnerzielungskosten (Makler, Steuerberater) zu trennen ist, *BGHZ* 136, 52 = NJW 1997, 2378; *Lange* in JZ 1998, 98: Ein Mehrerlös aus einem Deckungsverkauf ist auf den Nichterfüllungsschaden des Verkäufers nicht anzurechnen.
542 *BGH* VersR 1990, 495.
543 *OLG München* VersR 2001, 1429 = OLGR 2001, 168 = DAR 2001, 364 = r+s 2002, 15; *BGH* NA-Beschl. v. 27.3.2001.

695 An dem erforderlichen Zusammenhang fehlt es, wenn bei einem Unfall die anspruchstellende Person verletzt und der Bruder getötet wird mit der Folge, dass die anspruchstellende Person später, als die Mutter stirbt, den Erbteil des Bruders ebenfalls erbt.[544] Hat die getötete Person ihre Arbeitskraft zur Erfüllung der Unterhaltspflicht im Betrieb des Ehegatten eingesetzt, hat dies keinen Einfluss auf das im Betrieb verkörperte und später durch Verkauf realisierte Eigenvermögen.[545] Veräußert der hinterbliebene Ehegatte seinen Betrieb und bildet er dadurch Vermögen, mindern die Zinsen aus diesem Vermögen den **Unterhaltsschaden** deswegen nicht. Um Vorteile, die mit der Verwertung der Arbeitskraft der getöteten Person zusammenhängen, geht es nicht.

696 ▶ Der Vorteilsausgleich verlangt, dass das den Schaden und das den Vorteil auslösende **Ereignis** wertend betrachtet **identisch** ist. ◀

697 Es genügt, dass der Nachteil (Schaden) und der Vorteil aus mehreren, der äußeren Erscheinung nach selbstständigen Ereignissen erwachsen. Der Vorteilsausgleich setzt nicht voraus, dass die schädigende Handlung unmittelbar zugleich den Vorteil entstehen lässt; vgl. Rn. 693.

698 Wenn der Schaden durch eine Brandstiftung bedingt ist, kann der (anrechnungsfähige) Vorteil – erst – durch den Wiederaufbau des betroffenen Gebäudes oder einen Neubau erwachsen.

699 Jedenfalls zu Personenschäden ist **Personenidentität** zu verlangen. D. h., dass sich der Vorteil beim Verletzten zeigen muss, auf dessen Schaden es ankommt. Wird wirtschaftlich dem Verletzten der real bei einem Dritten entstandene Nachteil zugeordnet (wie die Besuchskosten, die bei den Eltern des verletzten Kindes anfallen), sind korrespondierende wirtschaftliche Vorteile (die Steuerentlastung bei den Eltern des verletzten Kindes) in gleicher Weise zuzuordnen, Rn. 1804. Ein **Drittvorteil** ist dagegen nicht zu Lasten des Verletzten anzurechnen. Allerdings spricht das *OLG Braunschweig* beim Mitarbeiterrabatt für Angehörige eines Automobilwerkes[546] von Billigkeitserwägungen beim Vorteilsausgleich dahin, dass diese nicht auf die Beziehungen zwischen Schädiger und Verletzten beschränkt seien, wenn es um die Einbeziehung eines Dritten gehe, auch der andere Beteiligte (Dritte) keinen ungerechtfertigten wirtschaftlichen Vorteil erhalten dürfe. Im Kern gerät das *OLG Braunschweig* freilich in einen Zirkelschluss, denn es bejaht eingangs einen Schaden des Arbeitnehmers, formuliert am Ende jedoch: wenn man „einen Schaden des Arbeitnehmers annähme, würde im Ergebnis entweder diesem oder nach Abtretung des Anspruchs dem Arbeitgeber ein ungerechtfertigter Vorteil zuwachsen" und verneint damit den Vermögensschaden des Verletzten in voller Höhe, den es vorher in toto bejaht. In Wahrheit geht es bei solchen Drittleistungen um die Frage nach einem realen bzw. normativen Schaden[547] des Betroffenen (s. auch Rn. 2061).

b) Fallgruppen

Dritt-, Fremd-, Versicherungsleistungen

700 Freiwillige Drittleistungen an den Geschädigten (z. B. Spenden) sind zu Gunsten des Schädigers nicht anzurechnen.

701 Erbringt ein Dritter eine von ihm dem Geschädigten geschuldete Leistung auf vertraglicher Grundlage, die nach dem Haftungs-, Schadensfall geschaffen worden ist, scheitert eine Vorteilsanrechnung an dieser Abfolge.

---

544 *BGH* VersR 1976, 471.
545 *BGH* VersR 1984, 353.
546 SP 2001, 91.
547 S. insofern *BGH* NJW 1979, 2033 zur Bemessung eines Vermögensschadens, wenn ein Vermögensgegenstand nicht dem Geschädigten, sondern dem minderjährigen ehelichen Kind zufließt.

Nach verletzungsbedingter Umschulung in einen höherqualifizierten Beruf ist der im Vergleich mit der Vermögenslage ohne die Verletzung(sfolgen) höhere (Mehr-) Verdienst nicht anzurechnen. 702

Schadensreduzierend wirken regelmäßig solche Versicherungsleistungen, die keine Maßnahmen der sozialen Sicherung oder Fürsorge im Verhältnis zwischen dem Leistungsträger und dem Verletzten darstellen. 703

Angesichts des gesetzlichen Forderungsübergangs auf den **Sozialleistungsträger** oder den privaten **Schadensversicherer** (insbesondere bei Krankheitskostenversicherung) gibt es keine Basis für einen Vorteilsausgleich. Ist der Forderungsübergang jedoch gem. § 67 Abs. 2 VVG a. F., § 86 VVG n. F. ausgeschlossen, wenn und weil ein Haushalts- oder Familienangehöriger als Schädiger mit dem Verletzten in häuslicher Gemeinschaft lebt, deutet ein Zweck, den Schädiger zu entlasten, auf eine Anrechnung der Versicherungsleistung auf den Schadensersatzanspruch hin, s. aber Rn. 803. 704

Bei der **Summenversicherung** erfolgt regelmäßig keine Anrechnung. Ein Forderungsübergang scheidet aus. 705

Eigenleistungen

Anstrengungen der Angehörigen des Geschädigten werden zugunsten des Schädigers nicht geschuldet und können den Schädiger schon deshalb nicht entlasten. 706

§ 254 Abs. 2 BGB versagt den Ersatz zu den Vermögens(folge)schäden, die durch eine gebotene, angemessen erscheinende Schadensabwehr seitens des Betroffenen vermieden werden können. Die Vorteile, die in Erfüllung der Obliegenheit zur Schadensminderung erzielt werden, sind dementsprechend anzurechnen. Gleichzeitig kann der Schädiger die zur Erzielung der Vorteile notwendig einzusetzenden oder aufzuwendenden Beträge als Schadensminderungskosten auszugleichen haben – mit der Folge einer Verrechnung insofern, beachte Rn. 653, 726. 707

Spiegelbildlich kürzt § 254 Abs. 2 BGB die Ersatzberechtigung um wirtschaftlichen Beträge (Vorteile), die in Missachtung der Obliegenheit zur Schadensminderung nicht erzielt werden oder worden sind, aber erzielt werden könn(t)en. 708

▶ Auf die Kriterien zu Schadensminderungsobliegenheiten kommt es an, wenn nichts unternommen wird, um einen erreichbaren Vorteil zu erzielen, z. B. Einkünfte durch Einsatz der Arbeitskraft oder einen Erlös für eine beschädigte Sache. ◀ 709

Das positive wirtschaftliche Ergebnis eines besonderen persönlichen, des überpflichtigen (überobligationsmäßigen) Einsatzes verbleibt dem Geschädigten anrechnungsfrei.[548] Schadensminderungskosten sind in diesem Kontext vom Schädiger dennoch zu übernehmen, wenn die Prognose günstig gewesen ist, weil es nicht auf das Ergebnis des Einsatzes des Geschädigten ankommt, der sich im Interesse des Schädigers „redlich" bemüht. 710

▶ Die leistungsbezogene Verbesserung seines Einkommens nutzt dem Geschädigten, entlastet aber nicht den Schädiger von seiner Ersatzpflicht. ◀ 711

Ein Aufwand des Geschädigten vor dem Haftungs- und Schadensereignis, der die Nachteile mindert, kann nicht als Vorteil den Geldersatz mindern lassen, erst recht, wenn und soweit reine Vorsorgeaufwendungen ersatzlos bleiben. Die Vorsorge durch Versicherung (mit den aufgewendeten Prämien) kann ggfs. zum Forderungsübergang führen. Dies richtet sich allein nach dem Innenverhältnis zwischen dem Geschädigten und seinem Versicherer. 712

---

548 *BGH* NJW 1987, 2741 = VersR 1987, 1259.

Ersparte Geldbeträge

713 Ein vom Geschädigten ersparter Geldaufwand oder –bedarf ist auf den sachlich kongruenten Nachteil zu beziehen, wobei die Frage nach ersparten Aufwendungen prozessual von Amts wegen zu überprüfen ist.[549]

714 Bei der Entschädigung für aufgewendete Verteidigerkosten gem. § 7 Abs. 1 StrEG sind in der Untersuchungshaft ersparte Verpflegungskosten nicht im Wege des Vorteilsausgleichs gegen zu rechnen.[550]

715 Zum Verdienstausfallschaden sind ersparte berufsbedingte Aufwendungen und ersparte Fahrtkosten zu beachten. Die Höhe des Erwerbsschadens wird aber nicht durch Veränderungen in der Lebenshaltung beeinflusst. Denn der Verdienst wird von der Arbeitskraft und vom Arbeitseinsatz bestimmt, nicht von dem Verwendungszweck, z. B. der Höhe des Unterhaltsbedarfs bzw. den konkreten Ausgaben für die Lebensführung. Deshalb ist die Schätzung der ersparten **Fahrtkosten** eines allein auf das ausfallende Nettoeinkommen bezogenen Prozentsatzes objektiv willkürlich, wie das *OLG Düsseldorf*[551] meint, wenn die Entfernung zwischen Wohnung und Arbeitsstätte und die Höhe der Benzinkosten gar nicht bekannt (vorgetragen) sind. Jedenfalls lässt sich ein Prozentsatz nicht generell festlegen. Da die Schätzung der Ersparnis anhand der konkreten Umstände des Einzelfalls durchzuführen ist, also vom „jeweiligen Fall abhängig" ist, ist der Prozentsatz „fallbezogen" zu handhaben. Dies bedeutet im Sprachgebrauch anderer Oberlandesgerichte, dass ersparte berufsbedingte Aufwendungen mit 10%[552] oder 5%[553] vom Verdienstausfall pauschaliert werden können, wobei dann wohl nicht nur Fahrtkosten gemeint sind. Im Fall der Anmietung eines Fahrzeugs wegen Ausfalls des eigenen beschädigten Fahrzeugs **fahrleistungsabhängig ersparte eigene Kosten** meint die Praxis ebenfalls über Pauschalen erfassen zu können und zwar mit Sätzen zwischen 3% und 10% der realen Mietwagenkosten, obwohl die Mietwagenkosten betriebswirtschaftlich ganz andere Kalkulationsfaktoren haben als Eigenkosten insbesondere privatgenutzter Pkws.

716 Den durch den Haftungs-, Schadensfall bedingten (aufgezwungenen bzw. „erzwungenen") Konsumverzicht muss der Geschädigten sich nach vorherrschender Meinung nicht auf den Geldersatz- oder Kompensationsanspruch anrechnen lassen.

Steuerersparnis bzw. -vorteil

717 Jede Steuerersparnis ist grundsätzlich anzurechnen. Nur bei einem eindeutigen Norm-, Verwendungszweck zugunsten des Geschädigten führt eine Steuervergünstigung ausnahmsweise nicht zur Entlastung des Schädigers.

718 Ersparte Steuer ist die Differenz zwischen der (fiktiven) Steuer auf das entgehende Bruttoeinkommen bzw. dem Gewinnausfall und einer auf die Schadensersatzleistung entfallenden Steuer. Eine solche Ersparnis ist zu berücksichtigen. Ein auf den Schaden anzurechnender Steuervorteil wird zwar durch die den Geschädigten hinsichtlich einer die Schadensersatzleistung treffende Steuerpflicht (häufig) aufgewogen. Wegen § 287 ZPO müssen die Beträge (einerseits der Nachteil und andererseits der Vorteil) im Einzelfall nicht festgestellt werden.[554] Dies gilt im Kern allerdings nur für Gesellschafter einer Personengesellschaft, die in dieser Eigenschaft geschädigt werden und bei denen die Schadensersatzleistung als gewinnerhöhend der Einkommensteuer unterliegt. Bei der Erstattung von Vorsteuern als Vorteil und einkommensteuerlichen Abschreibungen ist es schon

---

549 *OLGR Schleswig* 2005, 104.
550 *OLG Düsseldorf* NJW 2006, 2336 = NStZ-RR 2006, 358.
551 *OLG Düsseldorf* ZfS 2000, 531.
552 *OLG Naumburg* SP 1999, 90.
553 *OLGR Celle* 2006, 196 = SP 2006, 96, *OLG Dresden* v. 12.12.2001, 11 U 2940/00.
554 So im Anschluss an *BGHZ* 53, 132, 138 = NJW 1970, 461 und *BGHZ* 74, 103, 116 = NJW 1979, 1449 z. B. KGR 1996, 197.

anders.⁵⁵⁵ Die mögliche familiäre Entwicklung ist spekulativ. Sie kann weder zu den Einkunftsverhältnissen noch insbesondere zur Steuerlast Einfluss auf die Abrechnung des konkreten Schadens nehmen.

Bei dem verletzten Selbstständigen, der unter Verstoß gegen die Schadensminderungspflicht real seinen Betrieb aufgibt, sollen fiktive (hypothetische) Kosten für die Einstellung einer Hilfskraft über den Bruttolohn abzüglich 25% hypothetischer Steuerersparnis geschätzt werden können.⁵⁵⁶ **719**

An einem Zweck zugunsten des Verletzten fehlte es bei einem Freibetrag für Arbeitnehmerabfindungen nach § 3 Nr. 9 EStG, der sich deshalb zugunsten des Schädigers auswirkte.⁵⁵⁷ Solche Freibeträge sind mit Wirkung zum 1.1.2006 beseitigt worden mit der Übergangsregel für vor Jahresende erfolgte Entlassungen bei Zahlung bis vor dem 1.1.2008, § 52 Abs. 4a EStG. Sind Abfindungen als außerordentliche Einkünfte i. S. d. §§ 24 Nr. 1a, 34 Abs. 1 und 2 EStG steuerbegünstigt, ist nun dazu eine Vorteilsanrechnung zu hinterfragen. Die Steuerprivilegierung durch § 34 Abs. 1, 2 Nr. 2 EStG für Kapitalentschädigungen als außerordentliche Einkünfte mit günstigeren Steuersätzen soll aber vermeiden, dass sich die Progression auf außerordentliche Einkünfte und gleichzeitig auf laufende Einkünfte auswirkt. Dieser steuerliche Vorteil muss dem Verletzten verbleiben.⁵⁵⁸ Nicht zugunsten des Schädigers wirkt der Pauschbetrag für Körperbehinderte, § 33b EStG.⁵⁵⁹ Etwas anderes würde im Widerspruch zu dem sozialpolitischen Sinn und Zweck der Steuerermäßigung stehen. Ein relevanter Steuervorteil besteht nicht, wenn die Steuerschuld verjährt ist.⁵⁶⁰ **720**

Verzögert die Schädigerseite die Ersatzleistung und kommt es in Folge der Änderung des Steuertarifs im Zeitpunkt der Ersatzleistung zu vergleichsweise⁵⁶¹ geringeren steuerlichen Lasten, wirkt sich dies nicht zugunsten des Schädigers aus.⁵⁶² **721**

Die **Darlegungs- und Beweisführungslast** für eine zu berücksichtigende Steuerersparnis bzw. zum Steuervorteil fällt der betroffenen Person zu. Sie hat die für die Berechnung des bei ihr entstandenen bzw. entstehenden Ausfalls und dazu die maßgebenden steuerlichen Rahmenbedingungen aufzuzeigen.⁵⁶³ **722**

Zeitgrenzen

Im Personenschadensrecht begrenzt § 844 Abs. 2 BGB den Anspruch **zeitlich** auf die mutmaßliche Lebenszeit der getöteten Person. Dies ist nichts anderes als ein gesetzlicher Fall des Vorteilsausgleichs. Die zeitliche Begrenzung eines Anspruchs beim Erwerbsschaden bis zum Ruhestand kann ebenfalls so verstanden werden, s. auch Rn. 274. **723**

Wertzuwachs

Nach eigenständigen rechtlichen Aspekten werden bei Sachschäden die Veränderungen „neu für alt" beurteilt, die als Wertzuwachs erst durch die gem. § 249 BGB geschuldete Restitution während und durch die Schadensbehebung zu verzeichnen sind. So ist z. B. beim Herstellungsaufwand für ein zerstörtes Gebäude orientiert an den Kosten eines Neubaus der Wertzuwachs „neu für alt" zu beachten und der durchsetzbare Aufwand dementsprechend zu verringern (Vorteilsan- **724**

---

555 *BGH* NJW 1990, 571 = VersR 1990, 95.
556 *OLG Koblenz* VersR 1991, 194 = ZfS 1991, 120.
557 *BGH* VersR 1989, 845 = NJW-RR 1990, 37 = NZV 1989, 345 = DAR 1989, 343.
558 *BGH* VersR 1994, 733 = NJW 1994, 2084 = DAR 1994, 273 = ZfS 1994, 242, auch bei Höchstbesteuerung; s. weiter *BGHZ* 74, 103, 114; VersR 1988, 464 = DAR 1988, 52.
559 *BGH* VersR 1988, 464 = NJW-RR 1988, 470 = DAR 1988, 52; VersR 1989, 855.
560 *BGHZ* 53, 132, 137 = VersR 1970, 223 = NJW 1970, 461.
561 D. h. bei Vergleich mit steuerlichen Rahmenbedingungen zur Zeit des Haftungsereignisses und zuvor.
562 *BGH* WPM 1970, 633.
563 *BGH* VersR 1992, 886 = NJW-RR 1992, 1050 = DAR 1992, 300.

rechnung im weiteren Sinn). In gewisser Weise ähnliche Verrechnungsprobleme treten zu Personenschäden bei Fragen zur Anrechnung höherer als an sich geplanter Einkünfte auf Umschulungskosten auf, Rn. 2184.

c) Berechnungsgang

725 Für den Vorteilsausgleich kommt es im Grundsatz nicht darauf an, ob der Ersatz Restitution i.e.S. oder Geldersatz oder Wertausgleich ist.

726 Der Vorteil ist zu Geldbeträgen ziffernmäßig nach der Ermittlung des ausgleichsfähigen Nachteils rechnerisch in **Abzug** zu bringen (Formel: SOLL = WÄRE abzüglich reales IST oder/und hypothetisches (fingiertes) IST abzüglich realer VORTEIL). Dies scheint selbstverständlich. Jeweils nach dem inhaltlichen Verständnis der Ansätze zum IST und zum VORTEIL, vor allem bei einer Kürzung des Anspruches wegen einer Mithaftung zum Grund – insbesondere bei verschiedenen Verletzungsfolgen, Rn. 443 – oder/und bei der Kürzung eines Anspruchs wegen Verletzung der Obliegenheiten nach § 254 Abs. 2 BGB zum Schadensumfang ist dies aber nicht unproblematisch, Rn. 728 f.

727 Jeder Vorteilsausgleich hat „postengenau" bzw. im Kongruenzrahmen (Rn. 690) zu erfolgen. Übersteigt der Vorteil den kongruenten Schadensposten, erfolgt kein „Übertrag" oder eine Verrechnung mit einer anderen Schadensart oder auch nur einem anderen Schadensposten i.e.S.

728 Bei einer Mitschuld oder wegen einer Betriebsgefahr sind Vorteile grundsätzlich nicht in vollem Umfang abzuziehen[564], sondern wie der Ersatzanspruch zu quotieren, und fließen so letztlich nur anteilig (zu dem um die Mithaftquote verringerten Teil ein).

729 Da es beim **Schmerzensgeld** im Kern keine Haftungsquote und keinen Vorteilsausgleich gibt, stellt sich im Grundsatz ein Verrechnungsproblem nicht. Beim **Gesundheitsschaden** hat die quotenmäßige Verteilung nicht erst in einem weiteren Rechnungsschritt zu erfolgen, nachdem der Schaden im engeren Sinn bestimmt und dann bei stationärer Behandlung die Ersparnis wegen der Kosten für die häusliche Verpflegung (als berücksichtigungsfähiger Vorteil) berücksichtigt ist, Rn. 1755. Beim **Mehrbedarfsschaden** wird sich entsprechendes meist gar nicht bemerkbar machen, weil eine Ersparnis bereits Element der Schadensbestimmung ist. Denn der konkrete Mehrbedarf zeigt sich nur in der Höhe, in der er die ohnehin anfallenden Lasten übersteigt, Rn. 1843. Beim **Erwerbsschaden** hat die quotenmäßige Verteilung des Schadens in aller Regel erst zu erfolgen, wenn der ersatzfähige Schaden der Höhe nach einschließlich des Vorteils und/oder eines Minderungsfaktors nach § 254 Abs. 2 BGB festgestellt ist: Der *BGH*[565] legt zum Erwerbsschaden den Vergleich zwischen den Einkünften aus einer verletzungsbedingt aufzugebenden Tätigkeit und der in Erfüllung der Schadensminderung aufzunehmenden und aufgenommenen neuen Tätigkeit zugrunde. Auf diesen Schaden[566] ist es ohne Einfluss, ob der Schädiger den entstandenen Schaden in vollem Umfang oder wegen eines Mitverschuldens bei der Schadensentstehung nur teilweise auszugleichen hat. Gleiche Rechenergebnisse zeigen sich nur, wenn ein mindernder Geldbetrag als berücksichtigungsfähiger Ertrag der verbliebenen Arbeitskraft verstanden als IST oder verstanden als VORTEIL bzw. zur Minderung i. S. d. § 254 Abs. 2 BGB auf derselben Berechnungsstufe einbezogen wird.

730 Bei eigenen Erwerbseinkünften eines **Hinterbliebenen** als Vorteil wegen eines ersparten Unterhaltsbeitrags für die getötete Person oder zur Deckung des eigenen Lebensbedarfs **weicht** der *BGH* von diesem Ansatz zur Quotierung und zum Vorteil aus Billigkeitsgründen **ab** (Rn. 3425 ff.), aber nicht bei anderen anzurechnenden Vorteilen.

---

564 S. *BGH* NJW 1970, 461, 462.
565 NJW-RR 1992, 1050 = VersR 1992, 886 = DAR 1992, 301 = NZV 1992, 313.
566 S. auch *BGH* VersR 1965, 376 zum Unterhaltsschaden bei anrechenbaren Einkünften aus einem ererbten Vermögen.

		731
Durchführung des Vorteilsausgleichs bei Mitschuld oder anrechenbarer Betriebs-, Tiergefahr sowie unter Beachtung von Schadensminderungsobliegenheiten:		
Berechnungsgang	Berechnungsvariante	
Geldnachteil (bei Hinterbliebenen: Gesamtentgang i. S. d. § 844 Abs. 2 BGB)	Vermögensnachteil × Haftungsquote	
abzüglich Geldvorteil (bei Hinterbliebenen nur, wenn es sich nicht um Erwerbseinkünfte handelt) × Haftungsquote	= quotierter Vermögensnachteil abzüglich Geldvorteil × Haftungsquote	
= quotierter Ersatzanspruch	= quotierter Ersatzanspruch	

Ein Berechnungsbeispiel und den Berechnungsgang für Fälle der Verletzung zeigt die Onlineversion, die zugleich eigene Berechnungen ermöglicht; für Tötungsfälle beachte Rn. 3425 ff., 3435. 732

Tritt ein Vorteil erst in der Zukunft ein, kann er im Haftungsprozess nur berücksichtigt werden, wenn der Eintritt sicher feststeht. Bleibt der Eintritt des Vorteils ungewiss, sieht sich der Schädiger einem Leistungsurteil über den vollen Schaden (Nachteil) ausgesetzt. 733

Tritt der Vorteil **nach Zahlung** eines Ausgleichsbetrages als Erfüllung oder nach Abschluss einer Vollstreckung ein, kann dem Schädiger ein Bereicherungsanspruch aus § 812 Abs. 1 Satz 1 Alt. 2 BGB zustehen. 734

Tritt der Vorteil während der Vollstreckung ein, steht dem Schädiger die Vollstreckungsgegenklage offen. 735

Besteht der **Vorteil** in einem Anspruch gegen einen Dritten, muss dieser Anspruch – der auch ein künftiger Anspruch sein kann – an den Schädiger **abgetreten** werden.[567] 736

Sind Nachteil und Vorteil nicht gleichartig, kann ein **Vorteil** Zug um Zug[568] gegen Erfüllung des Schadensersatzanspruchs **herauszugeben** sein. 737

Eine **Sicherungsgrundschuld** oder eine Höchstbetragshypothek sollte bei Grundvermögen (vgl. Rn. 1869) ggfs. Sicherheit schaffen, so dass Zahlungen auf einen Wohnmehrbedarf wegen entsprechender offen Fragen angesichts des aktuellen Bedarfs jedenfalls dann nicht verwehrt werden dürfen. 738

Fällt ein Vorteil weg, hilft bei Renten § 323 ZPO. 739

11. Mehrere Schädiger

Gesamtschuldner i. S. d. § 421 ff. BGB, von denen der Geschädigte die volle Ersatzleistung nach seinem Belieben verlangen kann, müssen nicht kraft gleicher Entstehungsgründe verantwortlich sein, die Ersatzpflicht der einzelnen Schuldner muss aber auf dasselbe Leistungsinteresse des Geschädigten ausgerichtet sein (**Tilgungsgemeinschaft** bzw. Zweckgemeinschaft angesichts gleichstufiger, gleichrangiger Verbindlichkeit). 740

---

567 *BGH* NJW-RR 1990, 1200, 1201.
568 Zur Fälligkeit spätestens durch die Klageerhebung und dementsprechend Zinsen gem. § 291 Satz 1 BGB beim Schadensersatzanspruch, der inhaltlich auf Zahlung Zug um Zug gegen Vorteilsausgleich gerichtet ist, *BGH* NJW-RR 2005, 170.

741 Zur **deliktischen Handlung Mehrerer** nebeneinander geht § 840 BGB auf die Haftung als Gesamtschuldner ein. Bei Unterschieden zum Haftungsumfang besteht die gesamtschuldnerische Haftung im Außenverhältnis in der Höhe des Schadens, den alle Schuldner auszugleichen haben.

742 An das willentliche Zusammenwirken bei gemeinsamer Aktivität bzw. an die unerlaubten Handlungen mehrerer Beteiligter mit Urheber- oder Anteilszweifeln zur Kausalität knüpft § 830 BGB bei **Tätern**, **Teilnehmern** bzw. Beteiligten (**Alternativtätern**) an. Dies begünstigt den Geschädigten in Bezug auf die eigentlich von ihm nachzuweisende Kausalität der als Schädiger in Anspruch genommenen Person.

743 Lassen sich Verursachungsanteile zweier selbstständiger Unfälle nicht voneinander abgrenzen, weil der Erstschaden noch nicht ausgeheilt war, sind die jeweiligen Schädiger und ihre Haftpflichtversicherer in einem Gesamtschuldverhältnis gem. §§ 830, 840 BGB verbunden, wie das *OLG München*[569] herausstellt.

744 Schädiger, die den Schaden durch verschiedene selbstständige Handlungen verursacht haben[570], sind **Nebentäter**, wenn ihre Verantwortungssphären bei einem nahen zeitlichen und örtlichen Zusammenhang der verschiedenen Verhaltensweisen gegenüber einem Geschädigten zusammentreffen. Jeder Beitrag des einzelnen Schädigers muss dabei geeignet ist, den schädigenden Erfolg herbeizuführen. Der einzelne Nebentäter haftet gegenüber dem Geschädigten (Verletzten) als Gesamtschuldner in Höhe der Gesamtschuld; beachte Rn. 757 ff.

745 Nebentäter sind der Halter eines Tieres und der Halter eines Kraftfahrzeugs im Verhältnis zum verletzten Fußgänger.[571] Nebentäter sind der rechtswidrig Ersthandelnde, der einer Person Anlass zu einem Nothilfeversuch gibt, und der rechtswidrig den Nothilfeversuch unterbindende Zweithandelnde im Verhältnis zum verletzten Nothelfer.[572]

746 Hat bei einem Unfall die **Missachtung der Obhutspflicht** über ein Kind durch ein Elternteil (die Mutter) **mitgewirkt**, sieht der *BGH*[573] den **Anspruch** des verletzten Kindes gegen den **familienfremden Schädiger** durch die Erfüllung von Pflegeleistungen des Elternteils (der Mutter) nicht als erloschen an. Denn die familiären Leistungen zur Pflege ihres Kindes werden allein aufgrund ihrer unterhaltsrechtlichen Verpflichtung erbracht. Eine Leistung auf eine Gesamtschuld nach § 422 Abs. 1 BGB fehlt, wobei es schon an der für ein Gesamtschuldverhältnis erforderlichen inhaltlichen Gleichheit der geschuldeten Leistungen mangelt: Der Schadensersatzanspruch wegen vermehrter Bedürfnisse geht auf Zahlung einer periodisch wiederkehrenden Geldrente und nicht auf Naturalleistung. Der Unterhaltsanspruch kann dagegen statt auf Geldrente auch auf die Gewährung von Betreuung oder Naturalunterhalt gerichtet sein. Zudem ist keine Gleichstufigkeit zwischen den Ansprüchen gegeben und ist der Zweck der Ansprüche anders ausgerichtet, so dient der Unterhalt der Deckung des laufenden Lebensbedarfs Unterhaltsgläubigers, die Schadensrente der Deckung des schadensbedingten Mehraufwands und folgt die Höhe der Ansprüche nach unterschiedlichen Kriterien.

747 Für einen Erwerbsschaden, auch zur Hausarbeit (Rn. 2442), muss gleichsinniges gelten. Allerdings vermag § 843 Abs. 4 BGB diese Auffassung nicht zu stützen, wenn und weil der Unterhalt durch den familienangehörigen Schädiger und nicht durch einen Anderen geleistet wird.

---

569 NJOZ 2004, 493.
570 Wozu jedenfalls in erster Linie an kumulative Kausalität aber auch an Gesamtkausalität und sogar im Einzelfall an eine progressive Schadenssteigerung zu denken ist oder sein kann.
571 *LG Nürnberg-Fürth* NJW 1999, 3721.
572 *OLG Düsseldorf* NJW-RR 1995, 281 = ZfS 1995, 51, 52.
573 *BGH* NJW 2004, 2892 = VersR 2004, 1147 = FamRZ 2004, 1471.

a) Gestörte Gesamtschuld

Bei einem Gesamtschuldverhältnis sind nach dem in der Rechtsprechung entwickelten Prinzip der **gestörten Gesamtschuld**[574]gelegentlich Ansprüche des Geschädigten gegen einen Gesamtschuldner (der häufig Zweitschädiger genannt wird) auf den Betrag beschränkt, der auf diesen im Innenverhältnis zu dem anderen Gesamtschuldner (als Erstschädiger) bei einer Schadensverteilung nach § 426 BGB endgültig entfallen würde. Dies gilt[575] insbesondere, wenn dem Erstschädiger das sozialversicherungsrechtliche Haftungsprivileg zugute kommt und der Innenausgleich deshalb gestört wäre; zum Ausschluss eines Forderungsübergangs wegen des Haushaltsangehörigen-, Familienprivilegs s. Rn. 1592 ff. Dann liegt die Beschränkung der Haftung des Zweitschädigers nahe, weil andernfalls das haftungsrechtliche Privileg (im Fall einer Heranziehung im Gesamtschuldnerausgleich) unterlaufen werden würde, es die Absicherung des Verletzten durch Versicherungsleistungen aber nicht rechtfertigt, den Zweitschädiger den Schaden allein tragen zu lassen. Deshalb stellt der *BGH* den Zweitschädiger in Höhe des Verantwortungsteils frei, der auf den Erstschädiger im Innenverhältnis entfällt, wenn das Haftungsprivileg hinweggedacht wird. Mit Verantwortungsteil meint der *BGH* die Zuständigkeit für die Schadensverhütung bzw. den eigenen Anteil des betreffenden Schädigers an der Schadensentstehung.

748

Bei der „Schubserei" unter Schülern, die zur Folge hat, dass ein Schüler während der Fahrt zur Schule aus einem Bus fällt, reduziert sich der Umfang der Verschuldenshaftung des Busfahrers und des Halters des Busses um den Mithaftungsanteil der Schüler, wenn und weil die Schubserei schulbezogen ist und damit das Haftungsprivileg wegen der **Schülerunfallversicherung** durchgreift.[576]

749

Der *BGH* hat in neuerer Zeit offen gelassen, ob die Grundsätze der gestörten Gesamtschuld auch dann eingreifen können, wenn es nicht um ein sozialversicherungsrechtliches Haftungsprivileg geht.[577] Unabdingbare Voraussetzung ist jedenfalls ein Gesamtschuldverhältnis.

750

Sind die Voraussetzungen des §§ 1664 Abs. 1, 277 BGB nicht gegeben, weil einem Elternteil nicht die Verletzung eigenüblicher Sorgfalt und/oder eines groben Verschuldens anzulasten ist, fehlt es hinsichtlich des betroffenen (geschädigten) Minderjährigen an Zurechenbarkeit eines etwaigen Fehlverhaltens des Elternteils und jedenfalls deshalb an einer Grundvoraussetzung für die Anwendbarkeit der Grundsätze über ein gestörtes Gesamtschuldverhältnis zwischen einem Elternteil und einem außenstehenden Schädiger.[578]

751

b) Einzel- und Gesamtabwägung gegenüber mehreren Täter

§ 254 BGB ist auf ein Ausgleichsverhältnis zwischen zwei juristischen oder natürlichen Personen in der Gegenüberstellung von Geschädigtem und Schädiger ausgerichtet; zur Haftungs-, Zurechnungseinheit s. Rn. 447 ff. Darüber, dass dem Geschädigten mehrere Schädiger gegenüberstehen, verhält sich die Norm nicht.

752

Mittäter, Täter und Teilnehmer sind quasi als Einheit mit ihren Verursachungs- und Verschuldensbeiträgen in einer Gesamtschau dem Mithaftungsanteil des Verletzten gegenüberzustellen. Denn der Beitrag jeweils des weiteren Schädigers wird einem Schädiger gem. i. S. d. § 830 Abs. 1 Satz 1, Abs. 2 BGB zugerechnet.

753

---

574 S. im Einzelnen *Lemcke* in r+s 2006, 52 ff.
575 Zur Auslegung eines Teilungsabkommens mit Sonderregelungen für Fälle des gestörten Gesamtschuldverhältnisses *BGH* NJW-RR 1993, 911 = NZV 1993, 309; *OLG Düsseldorf* NJOZ 2003, 601.
576 *OLG Koblenz* NJW-RR 2006, 1174 = NZV 2006, 578 = DAR 2006, 689.
577 *BGHZ* 163, 209 = NJW 2005, 2614 = VersR 2005, 1238 = ZfS 2006, 141.
578 *OLG Celle* NJW 2008, 2353.

754 Wirken sich die Verhaltensbeiträge von insgesamt 4 Schädigern jeweils gleich schwer aus, zeigt sich ein Gesamtverhältnis von 4:1. Der Verletzte erhält also 4/5 bzw. 80% seines Schadens von den Gesamtschuldnern ersetzt, während er 1/5 also 20% selbst zu tragen hat.

755 **Alternativtäter** bilden dem Verletzten gegenüber nicht notwendig eine Haftungseinheit. Es können sich für sie verschiedene Abwägungen ergeben.[579] Als Gesamtschuldner haften sie nur in Höhe der im Verhältnis zum Verletzten geringsten hypothetische Quote.[580]

756 Treten der verletzten Person **Nebentäter** gegenüber, bedarf es verschiedener Stufen der Abwägung und Berechnung, Rn. 762 ff.

c) Einzel- und Gesamtschuld von Nebentätern

757 Verantwortungs- und Verursachungsanteile der verletzten Person und einzelner Nebentäter sind zunächst jeweils für sich, gesondert gegenüberzustellen (Einzelabwägung). Dadurch werden Einzelforderungen der verletzten Person gegenüber dem einzelnen Schädiger zu dem einheitlichen Vermögensfolgeschaden ermittelt.

758 Dann sind die Haftungsanteile, die Beiträge aller Beteiligten untereinander in Beziehung zu setzen (**Gesamtschau**, Gesamtabwägung). Dafür ist der Mithaftanteil auf einen einheitlichen Dividenden umzurechnen. Daraus errechnet sich der von der verletzten Person durchzusetzende Gesamtschadensersatz, die insgesamt **quotierte Ersatzforderung**. Daraus leiten sich auch die von den jeweiligen Schädigern nach dem Verhältnis der Haftungsanteile untereinander zu berechnenden **Wertanteile ab**, über die sich die von ihnen jeweils insgesamt und maximal im Außenverhältnis an die verletzte Person zu zahlenden Geldbeträge zeigen. Die insgesamt bestehende Forderung ist nicht selbstverständlich die Gesamtschuldforderung. Nur wenn auf die Zuweisung des Insolvenzrisikos im konkreten Fall verzichtet wird, kann man sich u. U. auf einer einfachen Weise damit begnügen, für das Außenverhältnis die Berechnung bis dahin ausreichen zu lassen.

759 Die aus der Gesamtschau zu gewinnende Schadensquote ist zu ermitteln, wenn der Verletzte gegen mehrere Schädiger gleichzeitig vorgeht oder wenn sich nach der Inspruchnahme eines Schädigers die Frage stellt, in welchem die anderen Schädiger (noch) verpflichtet sind.[581] Die Gesamtschau findet dagegen nicht statt, wenn der mitverantwortliche Verletzte nur einen von mehreren Schädigern auf Ersatz in Anspruch nimmt.[582]

760 Die Gesamtabwägung scheidet bei einer Haftungs- oder Zurechnungseinheit aus. Die Beiträge der jeweiligen Einheit sind mit einer gemeinsamen Quote zu erfassen, Rn. 450.

761 Zu einer rechnerischen Gesamtabwägung kommt es nicht beim Schmerzensgeld.

762 *Zur Einzel- und Gesamtabwägung sowie Ermittlung der insgesamt zu ersetzenden Forderung bei mehreren Schädigern enthält die Onlineversion die Berechnungsformel, mit der die insgesamt zu ersetzende, quotierte Forderung der betroffenen Person ermittelt werden kann. Rechenschritte können selbstverständlich zusammengefasst werden, Rn. 1493, 1496.*

763 Um den **Gesamtschuldbetrag** festzustellen, den die Schädiger aufzubringen haben, und um die jeweils im Verhältnis zur verletzten Person aufzubringende Einzelschuld zu ermitteln, bedarf es weiterer Rechenschritte. Dogmatisch konstruktiv ist mit *Steffen*[583] zugrunde zu legen, dass die verletzte Person durch die Gesamtabwägung und in Folge dieser Abwägung nicht von dem Risiko der Insolvenz eines (jeden der) Schädiger freizustellen ist. Denn die Gesamtabwägung soll die

---

579 *BGHZ* 67, 14 = NJW 1976, 1934 = VersR 1976, 992.
580 *BGH* NJW 1982, 2307 = VersR 1982, 878 = ZfS 1982, 323.
581 *BGH* NJW 2006, 896 = VersR 2006, 369 = NZV 2006, 191 = DAR 2006, 383.
582 *BGHZ* 30, 203 = NJW 1959, 1772.
583 DAR 1990, 41, *Steffen/Hagenloch* in Haftungsprobleme bei einer Mehrheit von Schädigern, 1990, S. 7.

Lage der verletzten Person verbessern, indem nicht eine Addition der Eigenanteile innerhalb der Einzelabwägung stattfindet, sondern der selbst zu verantwortende Beitrag in Relation gesetzt wird zu allen Schädigern mit der Folge, dass die verletzte Person günstiger steht als nach der Einzelquotierung. Die Gesamtabwägung sieht aber nicht auf die Durchsetzbarkeit einer Ersatzforderung, um die es bei der Gesamtschuldbeziehung geht. Für die Insolvenzkorrektur ist die Gesamtabwägung deswegen rechnerisch erneut durchzuführen.

Die Differenz zwischen dem erhöhten Eigenanteil der verletzten Person und dem ursprünglich ermittelten Eigenanteil betrifft jeweils das Abrechnungsverhältnis der verletzten Person zu dem einzelnen Schädiger. Den entsprechenden Betrag schuldet jeder Schädiger allein, nicht in Gesamtschuld mit den anderen Schädigern. **764**

Der Gesamtschuldbetrag, also der Betrag, der von den Schädigern als Gesamtschuldner gemeinschaftlich (§§ 840, 426 BGB) zu zahlen ist (**Solidarhaftung, Solidarschuld**), errechnet sich dann aus der Differenz zwischen dem insgesamt von den Schädigern geschuldeten Betrag und der Summe der Einzelschulden. **765**

Innerhalb der Gesamtschuld ergibt sich für jeden Schädiger eine **Belastungsgrenze** bis zu der er als Gesamtschuldner in Anspruch genommen werden kann. Diese Grenze ist der Differenz zwischen der gegen ihn gerichteten Einzelforderung und der Einzelschuld zu entnehmen. Innerhalb der Gesamtschuld hat also der einzelne Schuldner nicht mehr als diesen Betrag zu zahlen. **766**

Tipp Die Verurteilung als Gesamtschuldner kann nur „bis zu" diesem Betrag (der Belastungsgrenze) erfolgen bzw. ist bei einer Verurteilung zu kennzeichnen, dass der einzelne Schädiger, wenn er als Gesamtschuldner zu verurteilen ist, als Gesamtschuldner „nicht mehr als den Betrag von" … aufzubringen hat. **767**

Schließlich errechnet sich die Belastung des einzelnen Schädigers zu dem Gesamtschuldbetrag für den Ausgleich innerhalb der Gesamtschuldbeziehung insofern durch die Differenz zwischen dem jeweiligen Gesamtanteil und der jeweiligen Einzelschuld. In der Quersumme kehren so die Gesamtbeträge wieder (Gesamtersatzanspruch = Summe der Gesamtanteile muss sein wie Addition der Summe der Einzelschulden zuzüglich Summe der Innenanteile). Auf ein besonderes, spezifisches Maß des Innenausgleichs zwischen den Gesamtschuldnern nimmt diese Aufteilungsweise, weil sie allein dem Verhältnis zu der verletzten Person folgt, keine Rücksicht. Dafür bedarf es ggfs. anderer Abwägungs- und Aufteilungskriterien (Rn. 771) sowie dementsprechend anderer Rechenschritte. **768**

Die Onlineversion zeigt einen Berechnungsgang und ermöglicht eigene Berechnungen. Andere Berechnungsweisen werden ebenfalls vertreten. **769**

Vereinfachte bzw. einfachere Berechnungen einer Gesamtschuld[584] führen nicht immer zu gleichen Ergebnissen wie sie nach der hier vorgeschlagene Formel zu ermitteln sind. **770**

d) Beschränkte Gesamtwirkungen

Entlässt der Gläubiger einen Gesamtschuldner vergleichsweise, vollständig oder teilweise aus dem gesamtschuldnerischen Haftungsverband, beeinflusst dies das Ausgleichs-, Innenverhältnis zwischen den Gesamtschuldnern als selbstständigem Schuldverhältnis grundsätzlich nicht, aber ausnahmsweise, Rn. 1485. **771**

▶ Gegen die Einzelwirkung eines Vergleichs kann sprechen, dass sich ein Erstschuldner dann der u. U. erneuten oder einer erweiterten Inanspruchnahme nach § 426 Abs. 1 BGB durch den Zweitschuldner ausgesetzt sieht. ◀ **772**

---

584 S. zur Berechnung der Gesamtschuld z. B. den Vorschlag von Sedemund in ZGS 2003, 337: Gesamtschuldbetrag = (Summe aller Einzelhaftungsbeträge – insgesamt ersatzfähiger Schaden) : (Anzahl der Schädiger –1).

e) Innenausgleich

773 Die Gesamtschuldner sind mit und angesichts der Fälligkeit der (Gesamt-) Schuld wechselseitig verpflichtet, an der Erfüllung gegenüber dem Gläubiger nach dem Maß der internen Beteiligung (dem Anteil im Innenverhältnis) mitzuwirken. Inhaltlich zielt der **Mitwirkungsanspruch** auf Freistellung **(Befreiung)** von dem im Innenverhältnis auf den (die) anderen Gesamtschuldner entfallenden Teil der Schuld. Die Zahlung durch einen Gesamtschuldner wandelt den Befreiungsanspruch in den Zahlungsanspruch zum Ausgleich des nach Maßgabe des dem Innenverhältnisses überzahlten Betrages (als Rückgriff) um. Leistet der Gesamtschuldner einen Teilbetrag unterhalb seiner (Gesamt-) Innenquote, kann er Ausgleich verlangen, wenn und sobald sich die Gesamtschuld auf den gezahlten Betrag vermindert, also feststeht, dass es bei der bewirkten Teilleistung als Gesamtleistung bleibt.

774 Zeigt sich für mehrere Gesamtschuldner untereinander eine Haftungseinheit, stellt das Ausgleichsverhältnis innerhalb dieser Einheit – regelmäßig – wiederum eine (Ausgleichs-) Gesamtschuld dar, während es sonst dazu keine Gesamtschuld gibt.

775 Für die Ausgleichungspflicht der Gesamtschuldner untereinander im Innenverhältnis nennt § 426 Abs. 1 BGB als Grundregel die Haftung zu gleichen Teilen **(Kopfteilen)**. Das Ausgleichsverhältnis wurzelt dabei in der Begründung der Gesamtschuld. Spezielle, abweichende (vom Anspruchsteller nachzuweisende) Aufteilungskriterien gehen der Grundregel vor. Insbesondere gilt das Verteilungsprinzip des § 254 Abs. 1 BGB entsprechend. Abzustellen ist danach auf das Maß (Gewicht) des jeweiligen Verursachungsbeitrages des einzelnen Schädigers im Vergleich zu den anderen Beiträgen; Rn. 442, 756.

776 Nach dem Maß der Verursachung kann der behandelnde Arzt[585] als Zweitschädiger intern frei sein.

777 *Die Onlineversion enthält das Berechnungsmodell zum Innenausgleich zwischen Gesamtschuldnern in Formeln und Bezügen und lässt eine eigene Berechnung der Aufteilung eines Gesamtschuldbetrages zu.*

12. Haftpflichtversicherung; Direktanspruch und Direktklage; Verteilungsverfahren

778 Die Haftpflichtversicherung gewährt Versicherungsschutz bei einer Inanspruchnahme auf Grund einer gesetzlichen Haftpflichtbestimmung privatrechtlichen Inhalts durch den Geschädigten bzw. Verletzten; § 100 VVG 2008. Es kann auch Versicherungsschutz in Bezug auf (reine, direkt, bloße) Vermögensschädigungen, die weder durch einen Personenschaden noch durch einen Sachschaden bedingt sind, vereinbart sein.

779 Sogar beim Schadensersatzanspruch des Mieters gegen den Vermieter gem. § 536a Abs. 1 BGB handelt es sich um eine Inanspruchnahme auf Grund gesetzlicher Haftpflichtbestimmungen i. S. d. § 1 Allgemeine Haftpflichtversicherungsbedingungen (AHB).[586]

780 **Formulierungsbeispiel zum Feststellungsbegehren:**
Es wird festgestellt, dass die Beklagte wegen der Haftpflichtforderung der/des …… aus dem von der Klägerin/dem Kläger verursachten Schadensereignis vom …… für Personen-, Sach- und Vermögensschäden über den bereits … regulierten Betrag … hinaus bedingungsgemäßen Deckungsschutz aus dem Versicherungsvertrag … zu gewähren hat.

781 *In der Onlineversion ist dieses Formulierungsbeispiel als Worddatei abrufbar.*

---
585 *OLG Düsseldorf* NJW-RR 1999, 99.
586 *KG* ZfS 2008, 342.

Der Verletzte kann ein rechtliches Interesse an der Feststellung haben, dass der Haftpflichtversicherer, der keinem Direktanspruch ausgesetzt ist, dem Schädiger Deckungsschutz zu gewähren hat. Dazu kann er jedenfalls dann eine **vorweggenommene Deckungsfeststellungsklage** verfolgen, wenn wegen der Untätigkeit des Versicherungsnehmers die Gefahr besteht, dass ihm als Haftpflichtgläubiger der Deckungsanspruch als Befriedigungsobjekt verloren geht.[587]

782

Bei der vorweggenommenen Deckungsklage ist grundsätzlich auf die Behauptungen des Verletzten abzustellen und nicht über den Haftpflichtanspruch zu entscheiden.

783

Die **Kraftfahrthaftpflichtversicherung** bezieht sich auf Schäden wegen des **Gebrauchs eines Kfz**.

784

Soweit dem Versicherungsnehmer ein vom Versicherungsvertrag gedeckter Schadensersatzanspruch gegen seinen Haftpflichtversicherer zusteht, gebietet es die Interessenlage, ihn in den durch den Direktanspruch erweiterten Schutz der Unfallgeschädigten einzubeziehen. Der Halter eines Kraftfahrzeugs als Versicherungsnehmer, der von dem mitversicherten Fahrer durch dessen Gebrauch des Fahrzeugs verletzt worden ist, kann seinen Personenschaden deshalb mit der Direktklage gegen seinen eigenen Haftpflichtversicherer geltend machen.[588] Dies setzt freilich ein ungestörtes Versicherungsverhältnis voraus, wie es noch gegeben ist, wenn der Versicherer dem Mitversicherten den Versicherungsschutz wegen Obliegenheitsverletzung (z. B. nach § 2 Abs. 2c AKB) entzogen hat, die Leistungspflicht gegenüber dem Halter als Versicherungsnehmer jedoch (z. B. gem. § 2 Abs. 2c Satz 2 AKB) unberührt geblieben ist. Der Versicherer kann dem Direktanspruch dagegen den Einwand der unzulässigen Rechtsausübung entgegenhalten, wenn ihm der Halter im Innenverhältnis regresspflichtig ist. Dann greift das **(versicherungsrechtliche) Innenverhältnis** auf das **(deliktische) Außenverhältnis** durch.[589] Im Übrigen ist der Versicherungsnehmer zu dem ihm (selbst) entstandenen Sach- oder Vermögensschäden als Partei des Versicherungsvertrages jedoch nicht zugleich Dritter i. S. des Direktanspruchs, weil sich wegen des Leistungsausschlusses durch § 11 Nr. 2 AKB eine Schadensersatzforderung nicht im Rahmen der Leistungspflicht des Versicherers aus dem Versicherungsverhältnis ergibt bzw. es keine Rechte aus dem Versicherungsvertrag gibt.[590]

785

Die Privathaftpflichtversicherung stellt den Schädiger als Versicherten oder Mitversicherten von Haftungsansprüchen zu **Haftungsrisiken des täglichen Lebens** frei. Ungewöhnliche, gefährliche (allgemeine) Betätigungen als Rahmenhandlung, die in erhöhtem Maß die Gefahr der Vornahme schadensstiftender Handlungen in sich bergen, sind regelmäßig ausgenommen. Bei solchen Lebenssachverhalten erwartet der redliche Versicherungsnehmer keinen Versicherungsschutz.

786

Zum Umfang einer **Betriebshaftpflichtversicherung** (§ 102 VVG 2008) kommt es auf den Umfang der konkreten Betriebsbeschreibung an. Auf jeweils vereinbarte Deckungserweiterungen ist zu achten.

787

Kommt nach einem Schadensereignis eine Inanspruchnahme des Versicherungsnehmers auch angesichts einer etwaigen Verpflichtung auf Grund eines öffentlich-rechtlichen Anspruchs in Betracht, besteht Versicherungsschutz aus der Kraftfahrthaftpflichtversicherung unabhängig davon, ob der gesetzliche bürgerlichrechtliche Anspruch oder der öffentlichrechtliche Anspruch gegen den Versicherungsnehmer konkret erhoben wird.[591] Die so genannte Benzinklausel bezweckt, Überschneidungen zwischen Versicherungsfällen der Kfz- und Privathaftpflichtversicherung zu vermeiden. Zum Deckungsschutz ist allein entscheidend, ob sich der

788

---

587 BGH NJW-RR 2001, 316 = NVersZ 2001, 132 = VersR 2001, 90.
588 BGH NJW-RR 1986, 1402 = VersR 1986, 1010 = ZfS 1986, 276 = DAR 1986, 316.
589 BGH NJW-RR 1986, 1402 = VersR 1986, 1010; vgl. auch LG Koblenz r+s 1995, 326.
590 BGH NJW-RR 2008, 1350 = VersR 2008, 1202 = NZV 2008, 509.
591 BGH NJW 2007, 1205 = VersR 2007, 200 = DAR 2007, 142 = ZfS 2007, 273 zum Auslaufen von Öl aus einem verunfallten Fahrzeug und der dadurch bedingten Verschmutzung der Straße sowie dem öffentlichrechtlichen Aufwendungs- und Kostensatz für Einsätze und andere Leistungen der Gefahrenabwehr; Vorinstanz u. a. AG Würzbug DAR 2006, 335.

Art nach ein Risiko der Kfz- oder der Privat- Haftpflichtversicherung verwirklicht hat. Der Gedanke der Lückenlosigkeit eines Versicherungsschutzes wäre missverstanden, wenn ein der Kfz-Versicherung zuzuordnendes, dort aber ausgeschlossenes Risiko deshalb als von der Privathaftpflichtversicherung gedeckt angesehen werden würde.[592] Ein Haftpflichtversicherungsschutz besteht regelmäßig nicht zur Erfüllung von Verträgen und zu einer an die Stelle der Erfüllungsleistung tretenden Ersatzleistung, also eines Erfüllungsersatzes (Tätigkeitsklausel, Tätigkeitsschaden).

789 Das **Regulierungsermessen** des Haftpflichtversicherers ist grundsätzlich nicht beschänkt. Völlig unsachgemäß ist die Regulierung aber dann, wenn die geltend gemachten Ansprüche nach den gegebenen Beurteilungsgrundlagen eindeutig, leicht nachweisbar – offensichtlich – nicht begründet sind.[593]

790 Der Haftpflichtversicherer darf alle ihm zur Beilegung, Befriedigung oder Abwehr eines Anspruchs zweckmäßig erscheinenden Erklärungen im Namen der bei ihm versicherten Personen abgeben. Das Offenkundigkeitsprinzip wahrt § 10 Abs. 5 AKB[594] bzw. die **Regulierungsvollmacht** i. S. d. Ziffer A.1.1.4 AKB 2008.

791 Grundsätzlich gilt für das Haftpflichtverhältnis und das Deckungsverhältnis das **Trennungsprinzip**.

Bindungswirkung

792 Die auf tragende Erkenntnisse[595] begrenzte Bindungswirkung des Haftpflichtprozesses[596] zwischen dem Schädiger und dem Verletzten schließt es zum versicherungsrechtlichen Deckungsstreit aus, die Haftungsfrage (den Haftungstatbestand) in Frage zu stellen. Dies folgt aus dem Wesen des Versicherungsvertrages, nicht aus Erwägungen zur Rechtskraft. Solche Bindung fordert Voraussetzungsidentität in dem Sinne, dass die für die Entscheidung im Deckungsstreit maßgebende Frage schon im Haftpflichtprozess nach den objektiv zutreffenden rechtlichen Begründungsansätzen entscheidungserheblich (gewesen) ist.

793 Geht das Gericht des Haftpflichtprozesses auf einen Vortrag, in dem eine wissentliche Pflichtverletzung behauptet wird, nicht ein, sondern begnügt sich mit der Feststellung grob fahrlässigen Verhaltens, ist im Deckungsprozess zu prüfen, ob eine wissentliche Pflichtverletzung vorlag.[597]

794 Dem Vergleich im Haftpflichtprozess kommt keine[598] Bindungswirkung zu. Es ist auf das Vorbringen im Haftpflichtprozess zurück zu greifen, im Deckungsprozess sind die entscheidenden Voraussetzungen vom Anspruchsteller vorzutragen.

Direktanspruch

795 Gem. § 115 VVG 2008 hat der Verletzte einen unmittelbaren Ersatzanspruch gegen den Pflichthaftpflichtversicherer, insbesondere – wie früher – gegen den gegenüber dem Kfz-Haftpflichtversicherer angesichts der Versicherungspflicht nach dem Pflichtversicherungsgesetz und gegenüber einem anderen Pflichtversicherer, wenn zum Vermögen des schädigenden Versicherungsnehmers ein vorläufiger Insolvenzverwalter bestellt oder das Insolvenzverfahren eröffnet ist oder wenn der Schädiger unbekannten Aufenthalts ist.

---

592 *LG Duisburg* NJW-RR 2007, 831.
593 Vgl. *LG Düsseldorf* SP 2007, 191.
594 *OLG Schleswig* r+s 2004, 54 = SP 2003, 146.
595 *BGHZ* 119, 276 = NJW 1993, 68.
596 *BGH* NJW-RR 2001, 1311 = NZV 2001, 461 = VersR 2001, 1103 m.w.Nachw.
597 *BGH* NJW-RR 2007, 827 = VersR 2007, 641.
598 *OLG Köln* r+s 2006, 106.

Ob der Direktanspruch nach § 3 Nr. 1 PflVG a. F. oder nach § 115 Abs. 1 VVG 2008 zu beurteilen ist, bestimmt Art. 12 des Gesetzes zur Reform des Versicherungsvertragsrechts dahin, dass es darauf ankommt, ob der Vorfall nach oder vor dem 1.1.2008 aufgetreten, der Schadensersatzanspruch vorher oder nachher entstanden ist. 796

Der Betroffene kann vor seinem **Wohnsitzgericht** eine Klage unmittelbar gegen den Versicherer erheben, wenn die unmittelbare Klage zulässig ist und der Versicherer im Hoheitsgebiet des Mitgliedstaats der EU ansässig ist, Rn. 951. 797

Die gemeinsame Klage gegen den Kfz-Halter, Versicherungsnehmer und den Kfz-Haftpflichtversicherer[599] ist meist sachgerecht. 798

Der Einwand fehlender Passivlegitimation kann dem Haftpflichtversicherer nach langjähriger Prozessdauer abgeschnitten sein.[600] Der Haftpflichtversicherer, der sich nach einer Schadensmeldung für zuständig erklärt und ernsthafte Zweifel an der eigenen Zuständigkeit nicht mitteilt, kann im Übrigen deswegen und dann zum Ersatz verpflichtet sein, wenn der Anspruch gegen den richtigen Versicherer verjährt.[601] 799

Schadensbewältigung durch den familienangehörigen Schädiger und Aufrechterhaltung des Direktanspruchs

Ob ein schädigender Ehepartner für den anderen im Wege des (Bar-)Unterhalts aufkommt oder Barbeiträge nach einer zugefügten Verletzung als Ausgleich eines Erwerbsschadens aufzufassen sind oder ob der schädigende Ehegatte den Haushalt führt (im Rahmen eines Unterhaltsbeitrags oder zum Ausgleich nach einer haftungsbegründenden Schädigung), steht inhaltlich gleich. Im Verhältnis zwischen Kindern und ihren Eltern gilt entsprechendes. Wäre in einem solchen Fall die Leistung des familienangehörigen Schädigers als Naturalrestitution zu verstehen und zu bewerten, ist der eingetretene Schaden gedeckt. Der deliktische Ersatzanspruch besteht nicht mehr. Ein Direktanspruch gegen den Haftpflichtversicherer könnte wegen der Akzessorietät für nicht durchsetzbar erachtet werden. 800

Der Inhaber des Sorgerechts bzw. der Ehegatte wird bei einer erforderlich gewordenen Pflege indessen regelmäßig nicht tätig, um die eigene Pflicht-Haftpflichtversicherung wirtschaftlich zu entlasten. Selbst wenn innerhalb eines Familien- und Unterhaltsbandes die negativen Folgen aufgefangen werden und ein Pflegebedarf gedeckt wird, wird daher der Direktanspruch durch das Erlöschen eines Haftungsanspruchs nicht beeinflusst. Das *OLG München*[602] argumentiert mit den Pflichten aus §§ 1601, 1610 BGB neben § 843 BGB und lässt im Umfang erbrachter Pflegeleistungen den Anspruch des geschädigten Angehörigen gegen den Haftpflichtversicherer gem. § 426 Abs. 2 BGB auf den schädigenden, pflegenden Angehörigen (die Mutter) übergehen bei alleiniger Belastung des Haftpflichtversicherers im Innenverhältnis. 801

Wenn ein Elternteil beim Führen eines Kfz im Straßenverkehr durch unachtsames Verhalten sein minderjähriges Kind, für das er das Sorgerecht innehat, verletzt und später die unfallbedingte Pflege des Kindes leistet oder dies das Verhältnis des einen Ehepartners zum anderen betrifft, ist der eigentlich ausgleichsfähige Nachteil der verletzten Person kompensiert. 802

---

599 Zu prozessualen Besonderheiten *Liebscher* in NZV 1994, 215; beachte betr. den Schädiger mit Versagung von Prozesskostenhilfe wegen Beiordnung eines Anwalts neben dem Anwalt des Haftpflichtversicherers *OLG Köln* NJW-RR 2004, 1550.
600 *BGH* NJW 1999, 1779 = VersR 1999, 579.
601 *BGH* NJW 1996, 2724; beachte auch *BGH* NJW-RR 2000, 1114 = VersR 2000, 717 = DAR 2000, 398 (eng verbundene Versicherungsgesellschaften, Auftreten derselben Sachbearbeiter).
602 NJW-RR 1995, 1239.

803 Das Haushaltsangehörigen- oder **Haushaltsgemeinschaftsprivileg** (Rn. 1592 ff., früher Familienprivileg) schränkt den Rückgriff der Sozialleistungsträger oder Schadensversicherer auf den schädigenden Angehörigen und den Übergang des Direktanspruchs gegen den Haftpflichtversicherer ein. Konsequenterweise bleibt der Anspruch nach § 3 Nr. 1 PflVG a. F., § 115 Abs. 1 VVG 2008 beim Verletzten in vollem Umfang, der sich Sozialversicherungsleistungen nach geltendem Recht nicht anrechnen lassen muss, Rn. 671. Der Zweck den Schädiger zu entlasten spricht freilich für das Gegenteil.

804 Gesperrt wird ggfs. der Übergang des Direktanspruchs auf den privaten Krankenversicherer des Betroffenen.[603]

805 Besonderheiten regelt § 117 VVG 2008. Der erfolgreiche Hinweis des Pflichthaftpflichtversicherers auf das Verweisungsrecht nach § 117 Abs. 3 VVG 2008 führt zu einer Klageabweisung als derzeit unbegründet.

Begrenzte Leistungspflicht

806 Grundsätzlich hat der Versicherer nicht mehr zu leisten als einerseits maximal gegenüber seinem Versicherungsgenehmer und andererseits – vor allem – als der Betroffene vom Schädiger fordern kann:[604] Der Direktanspruch aus § 3 PflVG a. F. wie aus § 115 VVG 2008 ist – auch beim ungestörten Versicherungsverhältnis – durch die vertragliche Leistungspflicht eingeschränkt. Die Einstandspflicht des Pflichthaftpflichtversicherers reicht nur bis zur Höhe der mit dem Versicherten vereinbarten **Deckungssumme**.

807 Die Beschränkung der Einstands-, Zahlungspflicht des Kfz-Haftpflichtversicherers auf die Deckungssumme oder die Mindestversicherungssumme (§ 4 PflVG mit Anlage) ist kein Fall einer Haftungsbegrenzung. Denn der Schädiger hat unabhängig davon unbeschränkt zu leisten.

808 Beruft sich der Kfz-Haftpflichtversicherer gegenüber dem Direktanspruch bei Leistungsfreiheit im Innenverhältnis zum Versicherungsnehmer darauf, dass der Betroffene Ersatz von einem anderen Schadensversicherer oder Sozialversicherungsträger erlangen kann, ist der Haftpflichtversicherer für das Vorliegen der Voraussetzungen des von ihm in Anspruch genommenen Verweisungsrechts darlegungs- und beweispflichtig.[605]

809 Der Leistungsausspruch, der die Begrenzung auf die Mindestversicherungssumme oder die **Versicherungssumme** kraft Versicherungsrechts nicht berücksichtigt, ist nicht einschränkend zu interpretieren, vgl. dagegen Rn. 209 zur Feststellung. In einem Vollstreckungsverfahren kann die Beschränkung der Haftung nicht mehr nachgeholt werden.

Rechtskrafterstreckung

810 Nach § 124 VVG 2008 (§ 3 Nr. 8 PflVG a. F.) wirkt ein rechtskräftiges Sachurteil[606], wenn es zwischen dem Dritten und dem Versicherungsnehmer ergeht, auch zu Gunsten des Versicherers, soweit durch das Urteil festgestellt wird, dass einem Dritten ein Anspruch auf Ersatz des Schadens nicht zusteht; wenn ein solches Urteil zwischen dem Dritten und dem Versicherer ergeht, wirkt es auch zu Gunsten des Versicherungsnehmers. Zweck der Regelung ist es, dem Geschädigten keine Ansprüche gegen den Versicherer über das materielle Haftpflichtrecht hinaus zuwachsen zu lassen.

---

603 *OLG Stuttgart* NZV 2006, 213.
604 *BGH* NJW 1979, 983 = VersR 1979, 256; NJW 1982, 999 = VersR 1981, 1156.
605 *OLG Koblenz* NJW 2006, 71 = NJW-RR 2005, 1484 = VersR 2006, 110.
606 Dies meint die Abweisung aus sachlichen, nicht nur aus prozessualen Gründen oder die Abweisung wegen eines relevanten Risikoausschlusses.

▶ Ist in einem solchen Fall die Klageabweisung gegen einen Beklagten rechtskräftig, ist auch gegen den anderen Beklagten nur eine Klageabweisung möglich.[607] ◀ 811

Diese Rechtskrafterstreckung bzw. -wirkung ist formal auf ganz oder teilweise klageabweisendes Urteile gegen den Versicherungsnehmer oder gegen den Versicherer beschränkt. 812

Die Rechtskrafterstreckung bzw. Bindungswirkung greift durch, wenn Direktanspruch und Haftpflichtanspruch in getrennten, nacheinander geführten Prozessen geltend gemacht werden oder wenn Versicherer und Schädiger als einfache Streitgenossen im selben Rechtsstreit in Anspruch genommen werden.[608] Wird die Klage gegen den Haftpflichtversicherer als Versicherer des Halters und des Fahrers in Anspruch genommen, ergreift die Bindungswirkung auch eine spätere Klage gegen den Fahrer.[609] 813

So werden für den Versicherer nachteilige Folgen aus der Doppelgleisigkeit der Ansprüche des Betroffen durch den Direktanspruch gegen den Versicherer und den direkten Anspruch gegen den Schädiger sowie eine doppelte oder erneute Überprüfung der Haftungsfrage (und etwaige widersprüchliche Erkenntnisse verschiedener Gerichte) vermieden. 814

▶ Der mit der Klage gegen den Versicherer wegen Verjährung abgewiesene Verletzte oder der an seine Stelle tretende Sozialleistungsträger kann nicht anschließend mit Erfolg gegen den Schädiger klagen. Sinn und Zweck der für den Versicherer geltenden Verjährungsfrist erfordern solche Erstreckung, weil es andernfalls doch zur Haftung des Versicherers kommen würde. ◀ 815

Die Bindung betrifft nur ein- und denselben Sachverhalt. Deshalb zieht die Feststellung, dass ein Direktanspruch gegen den Versicherer nicht besteht, nicht die Versagung von Ersatzansprüchen gegen den Versicherungsnehmer nach sich, wenn derselbe Sachverhalt in beiden Verfahren Rechtsfolgen auslöst, die unmittelbar nur einen der Streitgenossen treffen. Dann besteht durch die Bejahung der Haftungsfrage zu Lasten des Versicherungsnehmers kein echter Widerspruch zu der rechtskräftigen Abweisung des Direktanspruchs gegen den Haftpflichtversicherer.[610] 816

Bei unterschiedlichen Anträgen des Versicherungsnehmers als Schädiger und des Pflichthaftpflichtversicherers kann ausnahmsweise in ein- und demselben Rechtsstreit der schädigende Versicherungsnehmer aus einem Anerkenntnis verurteilt werden, selbst wenn der Anspruch gegen den Versicherer abgewiesen wird. Dieses Anerkenntnis berührt und betrifft den Direktanspruch nicht. 817

Wenn im Prozess die Berufungssumme nicht erreicht wird und die Berufung gegen das klageabweisende Urteil gegen den Haftpflichtversicherer nicht zugelassen ist, bedingt die Rechtskraftwirkung, dass zu der für den beklagten Versicherungsnehmer zugelassenen Berufung die erneute Überprüfung der Haftungsfrage ausgeschlossen bleibt.[611] 818

Zum obsiegenden Urteil gegen den Schädiger gibt es zu Lasten der Versicherung schon wegen des Grundsatzes des rechtlichen Gehörs keine Erstreckung der Urteilswirkung.[612] Einem Urteil ist ein Vergleich oder Prozessvergleich nicht gleichzusetzen, wenn der Versicherer nach Verurteilung des Versicherungsnehmers den teilweisen Erlass seiner Verpflichtung erreicht.[613] 819

§ 124 Abs. 1 VVG 2008 ist wie vorher § 3 Nr. 8 PflVG a. F.[614] nicht entsprechend anzuwenden, wenn ein Geschädigter oder sein Rechtsnachfolger wegen unstreitiger Verjährung des Direktanspruchs gegen den Haftpflichtversicherer des Schädigers nach Ablauf von 10 Jahren (§ 115 Abs. 2 820

---

607 *BGH* NZV 2008, 239 = VersR 2008, 485 = ZfS 2008, 260.
608 *BGH* NJW-RR 2003, 1327 = VersR 2003, 1121; Vorinstanz *OLG Hamm* NVersZ 2002, 575 = VersR 2003, 56.
609 *OLG Celle* NJOZ 2003, 2792 = DAR 2004, 88.
610 *BGH* NJW 1982, 996 = VersR 1981, 1158.
611 *BGH* VersR 2008, 485 = MDR 2008, 447.
612 *BGH* NJW 1971, 940 = VersR 1971, 611.
613 *BGH* NJW-RR 1986, 22 = VersR 1985, 849.
614 Dazu *BGH* NJW-RR 2007, 467 = NZV 2007, 187 = VersR 2007, 371 = ZfS 2007, 454.

Satz 2 Halbs. 2 VVG 2008, § 3 Nr. 3 S. 2 Halbs. 2 PflVG a. F.) ausschließlich den Schädiger verklagt. Die Norm ergreift dagegen die Abweisung der Schadensersatzklage gegen den Pflichtversicherer „nur" wegen Ablaufs der 10-jährigen Verjährungsfrist.[615]

Verjährung

821 Die Verjährung des Direktanspruchs gegen den Haftpflichtversicherer ist weitgehend an die Verjährung des Haftpflichtanspruchs gegen den Schädiger angeglichen, um – für den Regelfall – zu vermeiden[616], dass die beiden eng zusammenhängenden Ansprüche des Betroffenen unter Umständen zu verschiedenen Zeitpunkten verjähren und dadurch für den Geschädigten wie auch für die übrigen Beteiligten sachlich nicht gerechtfertigte Ergebnisse zustande kommen. Eine allgemeine Norm zur Angleichung der Verjährungsfristen außerhalb eines Rechtsstreits gibt es jedoch nicht.

822 § 115 Abs. 2 Satz 3 VVG 2008 knüpft wie früher § 3 Nr. 3 Satz 3 PflVG a. F. als Sondervorschrift zur **Hemmung**, die die Rechtsstellung des Geschädigten verbessern soll, an die erstmalige[617], auch unspezifizierte[618] Geltendmachung bis zur klaren (eindeutigen), endgültigen, umfassenden, schriftlichen Entscheidung des Versicherers an. Diese Entscheidung muss vom Versicherer kommen.

823 Ein Schreiben des Geschädigten steht selbst dann nicht gleich[619], wenn eine mündliche Ablehnung durch den Versicherer bestätigt wird.

824 Nach Ansicht des *OLG Düsseldorf*[620] kann im Einzelfall zur rechtlichen Wirkung eines Schreibens der Kfz-Haftpflichtversicherung hinsichtlich der Auswirkung auf die Verjährungshemmung nach einzelnen Streitgegenständen im Sinne von Schadensarten (zum Streitgegenstandsbegriff i.e.S. Rn. 972) zu differenzieren sein.

825 Die Hemmung der Verjährung durch Anmeldung von Ansprüchen kann angesichts der abschließenden Entscheidung des Versicherers hinsichtlich eines Schmerzensgeldes beendet werden, selbst wenn weitere Schadenspositionen offen gelassen werden, indem z. B. mit demselben Schreiben zum Nachweis des Verdienstausfallschadens weitere Informationen und Unterlagen erbeten werden.

826 Die schriftliche Entscheidung ist ausnahmsweise entbehrlich, z. B. beim Abschluss eines Abfindungsvergleichs, durch den die Ansprüche endgültig erledigt werden sollen[621], auch für vorbehaltene Ansprüche[622] auf Ersatz in Zukunft möglicher, von der Anspruchsanmeldung erfasster Schäden. Im theoretischen Ansatz ist daran zu denken, den Abschluss des schriftlichen Abfindungsvergleichs der schriftlichen Entscheidung gleichzustellen.

827 Eine positive, erschöpfende, umfassende und endgültige[623] Entscheidung beendet die Hemmung, wenn die betroffene Person sicher sein kann, dass künftige Forderungen freiwillig ausgeglichen werden, sofern die Schadensposten der Höhe nach ausreichend belegt sind. Eindeutig und endgültig ist die Reaktion des Versicherers, die zweifelsfrei erkennen lässt, dass er gegen den Grund des Anspruchs keine Einwendungen erhebt und er auch die Höhe künftiger belegter Forderungen

---

615 *BGH* NJW-RR 2003, 1327 = VersR 2003, 1121.
616 *BGH* NJW-RR 2007, 467 = VersR 2007, 371 = NZV 2007, 187 = DAR 2007, 205 = ZfS 2007, 454.
617 *BGHZ* 152, 298 = NJW 2003, 895 = VersR 2003, 99.
618 *BGH* VersR 1985, 1141; VersR 1987, 937 = DAR 1987, 285. *OLG München* VersR 2001, 230: Die Anmeldung mit Schadensmeldung „Sachschaden" erstreckt sich auch auf Personenschäden.
619 *BGH* NJW 1997, 2521 = VersR 1997, 637.
620 *OLG Düsseldorf* NJW-RR 2005, 819.
621 *BGH* NJW 1999, 1782 = VersR 1999, 382 = DAR 1999, 166.
622 *BGH* NJW 2002, 1878 = VersR 2002, 474 = DAR 2002, 209.
623 *OLG Hamm* NZV 2002, 39 = NVersZ 2002, 34 = VersR 2002, 563 = DAR 2002, 127.

nicht beanstanden wird.[624] Eine solche Entscheidung liegt aber nicht[625] in Abrechnungsschreiben zu konkreten Leistungen auf einzelne Schadensposten, die nach unten korrigiert werden.

Die vorläufige Abrechnung[626] ist ebenfalls keine relevante Entscheidung. Es reicht im Übrigen nicht, wenn die Haftung nach einer bestimmten Quote anerkannt und ein abgeschlossener Schadenszeitraum unter Zurückstellung von Einwänden abgerechnet wird, solange nach der Formulierung des Abrechnungsschreibens die Möglichkeit offen bleibt, Einwände gegen einzelne Schadenspositionen in Zukunft zu erheben.[627]

828

Ohne schriftliche Entscheidung des Versicherers endet die Hemmung durch „Einschlafenlassen" der Regulierungsverhandlungen seitens des Anmeldenden, z. B. dann, wenn der Verletzte nach der Anmeldung vom Versicherer aufgefordert werden ist, Unterlagen einzureichen, der Anmeldende daraufhin aber jedenfalls (mehr als) 1,5 Jahre nicht reagiert.[628] Grundsätzlich gilt das Prinzip des Nichtverhandelns („Einschlafenlassens") aber nur zu § 203 BGB, nicht zur versicherungsrechtlichen Hemmung.

829

Die **Verjährungshöchstfrist** von 10 Jahren für den Direktanspruch berücksichtigt die durch den Direktanspruch bedingte erhöhte Belastung des Versicherers und ist darauf abgestimmt, dass ein Versicherungsunternehmen ein Leistungsverhältnis möglichst bald abschließen möchte.

830

Diese Höchstfrist kann dazu führen, dass die Verjährung des Direktanspruchs des Geschädigten gegenüber dem Haftpflichtversicherer endet, während der Anspruch des Geschädigten gegen den Schädiger – der sich nicht auf ein auch zu seinen Gunsten ergangenes klageabweisendes Urteil gegen sich oder seinen Haftpflichtversicherer berufen kann – ohne Rücksicht auf die Entstehung und die Kenntnis oder grob fahrlässige Unkenntnis noch (bis auf die Dauer von 30 Jahren von der Begehung der Handlung an) durchsetzbar ist.

831

Von der Rechtskrafterstreckung deutlich zu trennen ist die Pfändung des Deckungsanspruchs nach der erfolgreichen Klage des Betroffenen gegen den Schädiger: Der Betroffene kann ggfs. den bestehenden Deckungsanspruch des Schädigers gegen dessen Haftpflichtversicherer pfänden, sich zur Einziehung überweisen lassen und danach klageweise durchsetzen.

832

Verteilungsverfahren des Haftpflichtversicherers

Das Verteilungsverfahren nach §§ 155, 156 VVG a. F. ist eine Berechnungsmethode zur Verteilung eines durch die Beschränkung auf die Mindestversicherungssumme vorhersehbaren Deckungsmangels, das vollständiger gerichtlicher Kontrolle unterliegt.[629] Es will der Erschöpfung der Versicherungssumme vorbeugen, indem es über den Kapitalwert der **Renten** dem Versicherer aufbürdet, eine anteilige, aber **andauernde** und unerschöpfliche **Befriedigung** der Ansprüche der Dritten sicherzustellen. Rentenzahlungen können eben deswegen aber nicht zur Erschöpfung der Versicherungssumme führen.

833

Ein Prioritätsrecht bzw. -prinzip gibt es nicht: Bei mehreren Anspruchsberechtigten gegenüber dem schädigenden Versicherungsnehmer verwehrt § 109 Satz 1 VVG 2008 wie zuvor § 156 Abs. 3 VVG a. F. also den Vorrang oder Erstzugriff eines Berechtigten und verteilt das Risiko der Erschöpfung der Versicherungssumme verhältnismäßig – also gleichmäßig – auf alle Beteiligten. D. h. Kapitalgläubiger und Rentengläubiger haben gleichen Rang. In Zukunft fällige Ansprüche sind in die Verteilung einzubeziehen.

834

---

624 *OLG Rostock* ZfS 2001, 548 = DAR 2002, 128.
625 *BGH* NJW-RR 1996, 474.
626 *OLG Frankfurt* r+s 1999, 12.
627 *OLG Hamm* NZV 2002, 39 = VersR 2002, 563 = DAR 2002, 127 = NVersZ 2002, 34.
628 *OLG Frankfurt* ZfS 2004, 461.
629 *BGH* NJW 2007, 370 = VersR 2006, 1679 = DAR 2007, 203 = ZfS 2007, 322.

835 Zur Berechnung des Kapitalwerts der Rente bestimmte vor Inkrafttreten des § 8 KfzPflVV am 3.8.1994 § 10 Abs. 7 S. 2 AKB seit 1.1.1971, dass der Verhältniswert des Rentenkapitalwerts nach der gegenüber der Aufsichtsbehörde abgegebenen geschäftsplanmäßigen Erklärung der Versicherer bestimmt wird.

836 Das versicherungsrechtliche Verteilungsverfahren erschwert die Durchsetzung eines Direktanspruchs vor allem, wenn die Schadensentwicklung nicht abgeschlossen ist, die in die Verteilung einbezogenen Ersatzansprüche der Höhe nach nicht feststehen und der auf die Forderung entfallende Anteil allenfalls annähernd geschätzt werden kann. Dann muss im gerichtlichen Streitfall die Feststellung nach dem derzeitigen Erkenntnisstand, unter dem Vorbehalt möglicher Korrekturen nach oben oder unten aufgrund späterer genauerer Berechnung getroffen werden. Ändern sich die dem ursprünglichen Verteilungsverfahren zugrunde liegenden Summen nachträglich erheblich, muss der Haftpflichtversicherer seine Leistungen im Rahmen des neu berechneten Verteilungsverfahrens angleichen.[630]

837 Der Einwand einer Erschöpfung der Versicherungssumme ist grundsätzlich bereits im **Erkenntnisverfahren** zu befinden[630], also die Beschränkung auf die Maßgaben eines versicherungsrechtlichen Verteilungsplans im Urteilstenor auszudrücken.

838 Eine anteilmäßige Befriedigung steht bei Erschöpfung der Versicherungssumme den Forderungen nicht (mehr) zu, mit deren Geltendmachung der Haftpflichtversicherer bis zur Verteilung nicht hat rechnen können und müssen, § 109 Satz 2 VVG 2008 i. V. m. § 108 Abs. 1 VVG 2008; s. zudem § 156 Abs. 3 Satz 2 VVG a. F.

839 Die **Beweislast** dafür, dass mit nicht berücksichtigen Ansprüchen entschuldbarerweise nicht zu rechnen gewesen ist, trifft den Haftpflichtversicherer.

840 Für den sozialversicherten Verletzten als Gläubiger greift im Verhältnis zum Sozialleistungsträger angesichts des Forderungsübergangs das **Befriedigungsvorrecht** (Quotenvorrecht i. w. S.), weil es um eine Kürzung des **Außenanspruchs** aus tatsächlichen Gründen, nicht aus Rechtsgründen geht. Für die Berechtigung untereinander bzw. nebeneinander ist deshalb ein Forderungsanteil des Verletzten so zu erhöhen, dass sein Schaden gedeckt ist. Das Befriedigungsvorrecht aus § 116 Abs. 4 SGB X schließt ein Verteilungsverfahren aber nicht aus, sondern kommt nach dessen Durchführung zum Zuge.[630]

841 Zeigt sich die Deckungslücke erst während der laufenden Regulierung nachträglich, ist ein Zahlungs- oder Herausgabeanspruch des Verletzten gegen den Sozialleistungsträger zu hinterfragen oder ein Amtshaftungsanspruch, wenn der Sozialleistungsträger begrenzte Möglichkeiten zum Ersatz hat erkennen können.

842 **Tipp** Für die verletzte Person empfiehlt es sich, bei schweren Schädigungen so früh wie möglich Haftpflichtversicherer und Sozialleistungsträger auf offene **(Prognose-) Risiken für die Zukunft** besonders aufmerksam zu machen. Dadurch ist eine entschuldbare Nichtkenntnis bei diesen an der Schadensregulierung beteiligten Rechtsträgern auszuschließen und lässt sich ggfs. die wirtschaftliche Deckung einer etwaigen künftigen Deckungslücke absichern.

---

630 *BGH* NJW 2007, 370 = VersR 2006, 1679 = DAR 2007, 203 = ZfS 2007, 322.

II. Anspruchshinderung durch Zeitablauf

1. Anspruchsverlust

Die **Anzeigepflicht** des Verletzten nach § 15 StVG mit der Dauer von zwei Monaten und vergleichbare spezielle gesetzliche Pflichten zu Gefährdungshaftungstatbeständen sind ebenfalls Ausschlussfristen. Gegenstand der Anzeige muss der Unfall sein: Dem Ersatzpflichtigen soll zeitig Kenntnis vom Unfall verschafft werden, damit es ihm möglich bleibt, Beweise zu sichern, und sich ggfs. zu entlasten. Dazu muss auf den Betriebsvorgang und die schädigende Einwirkung hingewiesen werden. Schadensfolgen sind jedoch nicht im Einzelnen zu beschreiben. Die Person des Anspruchstellers muss der Ersatzpflichtige nicht von vornherein kennen. Die Anzeige an den Vermittler von Versicherungsgeschäften genügt nicht. Es genügt aber, wenn der Ersatzpflichtige unabhängig von einer Anzeige des Ersatzberechtigten informiert (in Kenntnis gesetzt) worden ist. Unterbleibt die Anzeige aus nicht vom Ersatzberechtigten zu vertretenden Gründen, ist er entlastet, § 15 Satz 2 StVG. Für den Beginn der Frist hat der Gesetzgeber hier die grob fahrlässige Unkenntnis des Verletzten der Kenntnis vom Schaden und der Person des Ersatzpflichtigen nicht gleichgestellt.[631] Einen Hemmungstatbestand gibt es nicht. Der Rechtsverlust wegen Verletzung der Anzeigepflicht betrifft ausschließlich Ansprüche aus der Gefährdungshaftung. Die Beweislast zur Kenntnis des Verletzten trifft den Ersatzpflichtigen. Die Wahrung der Frist oder die unverschuldete Versäumung der Frist hat der Ersatzpflichtige zu beweisen.

843

Bei Schäden durch Streitkräfte der Vertragspartner des NATO-Truppenstatuts während dienstlicher Tätigkeit[632] ist die besondere **Anmeldefrist** des Art. 6 NTS-AG von 3 Monaten nach Kenntnis vom Schaden und der Verantwortlichkeit[633] zu beachten. Da die Anspruchsprüfung[634] eingeleitet werden soll, bedarf die Anzeige der Einzelheiten, die für den Schadensausgleich notwendig[635] sind. Trotz des materiellen Charakters sind bei Versäumung der Antragsfrist §§ 233 ff. ZPO entsprechend anzuwenden.[636]

844

Bei ablehnender Entschließung ist innerhalb einer 2-monatigen **prozessualen**, nicht verzichtbaren **Ausschlussfrist** nach Zustellung Klage gegen die Bundesrepublik in Prozessstandschaft zu erheben.[637]

845

Die Schadensmeldung des Verletzten wirkt fristwahrend zu Gunsten beteiligter Versicherungsträger, auf die die Ansprüche übergegangen sind oder übergehen.[638]

846

Die Entschließung teilt mit, ob und inwieweit ein Anspruch als begründet anerkannt wird. Sie hat bejahendenfalls die Wirkung eines deklaratorischen Schuldanerkenntnisses. Sie kann geändert werden.[639]

847

Auf Ansprüche von ausländischen Streitkräften bezieht sich eine Entschließung i. S. d. Art. 11 NTS-AG nicht.

848

---

631 Nach wie vor ist *OLG München* NZV 2001, 220 zu folgen dazu, dass eine fahrlässige Unkenntnis des Verletzten zur Verwirkung nicht ausreicht.
632 *Heitmann* in VersR 1992, 160 f.; zum Unfall mit sowjetischen Truppen dort S. 162 f.; s. auch *OLG Brandenburg* DtZ 1997, 294 und *BGHZ* 128, 312 = VersR 1995, 354 = NZV 1995, 227.
633 Mit zweijähriger Endfrist, *LG Kaiserslautern* VersR 1992, 330.
634 Alle Aufgaben der Verteidigungslastenverwaltung mit der Regulierung von Schäden, die durch Mitglieder ausländischer Streitkräfte verursacht werden, sind in bundeseigene Verwaltung übergegangen. Die Aufgaben erfüllen Schadensregulierungsstellen des Bundes mit vier Regionalbüros, seit 1.1.2005 in die Bundesanstalt für Immobilienaufgaben (BImA) integriert.
635 *BGH* VersR 1979, 838.
636 *OLG Karlsruhe* VersR 1990, 533 = NZV 1990, 73; *OLG Frankfurt* VersR 1989, 265.
637 *BGH* NJW 1979, 1709; NZV 1990, 346 = DAR 1990, 337 = NJW 1990, 3085.
638 *OLG Oldenburg* NJW-RR 2005, 617.
639 *BGH* NZV 1996, 193.

849 Die 1-monatige **Ausschlussfrist** des § 651g Abs. 1 Satz 1 BGB, die dem Anliegen des Reiseveranstalters Rechnung trägt, die Berechtigung von Mängelrügen in angemessener Zeit überprüfen und feststellen zu können, gilt – auch – für den Sozialversicherungsträger, der einen gem. § 116 SGB X übergegangenen Anspruch verfolgt.[640] Diese Frist beginnt mit dem vertraglich vorgesehenen Ende der Reise. Die unverschuldete Nichteinhaltung, die der Anspruchsteller nachzuweisen hat, lässt zu, dass der Anspruch unverzüglich nach Beendigung der Verhinderung geltend gemacht werden kann, § 651g Abs. 1 Satz 3 BGB. Den Gläubiger trifft dazu die Darlegungs- und Beweislast.

850 Unabhängig von der versicherungsvertraglichen Verjährungsfrist galt es früher die Klagefrist von 6 Monaten nach schriftlicher Leistungsversagung als materiell-rechtliche Ausschlussfrist zu wahren. Eine solche eigenständige Verjährungsfrist und die besondere Klagefrist enthält das VVG 2008 nicht. Die Übergangsregelungen gilt es freilich zu beachten. Im Schrifttum ist umstritten, ob § 12 Abs. 3 VVG a. F. fortdauert, d. h. ob seit 1.1.2008 keine Frist i. S. d. § 12 Abs. 3 VVG a. F. mehr läuft, oder ob bei Altverträgen zu Versicherungsfällen bis zum 31.12.2008 eine Klagefrist sogar erst 2009 oder später laufen kann. Der Übergangsregelung (Art. 1 Abs. 2 EGVVG 2008 i.V.m Art. 3 Abs. 4 EGVVG 2008) wird es nach der hier vertretenen Ansicht gerecht, dass die Frist i. S. d. § 12 Abs. 3 VVG a. F. seit dem 1.1.2008 nicht mehr laufen kann, die Klagefrist also sofort abgeschafft ist.[641]

851 § 13 StrEG legt eine 3-monatige **Klagefrist** fest. Das für eine Klage nach § 13 StrEG erforderliche Rechtsschutzbedürfnis verlangt nicht, dass vor Klageerhebung eine ablehnende Entscheidung vorliegt; es genügt, wenn diese vor der letzten mündlichen Verhandlung ergeht.[642]

852 Diese Klagefrist wird nach überwiegender Ansicht[643] durch einen Antrag auf Prozesskostenhilfe gewahrt, wenn nach der Entscheidung über den Antrag unverzüglich die Klageschrift eingereicht und die Voraussetzungen für die Zustellung geschaffen werden; beachte § 204 Abs. 1 Nr. 14 BGB.

853 Zur Wahrung der Klagefrist genügt die Klageerhebung einer anwaltlich nicht vertretenen Partei bei einem örtlich und sachlich unzuständigen Amtsgericht.[642]

Verwirkung

854 Über Zeit- und Umstandsmomente kann sich bei unerlaubten Handlungen in besonderen Fällen ergeben, dass der Geschädigte sein Recht verwirkt. Dies setzt voraus, dass sich der Schädiger wegen der Untätigkeit des Geschädigten über einen gewissen Zeitraum hin bei objektiver Beurteilung darauf einrichten darf und eingerichtet hat, das Recht werde nicht mehr geltend gemacht, und deswegen die späte (verspätete) Geltendmachung gegen Treu und Glauben verstößt.

855 Vor Ablauf der 3-jährigen Verjährung greift der Einwand der Verwirkung grundsätzlich kaum. Beweisschwierigkeiten können aber durchschlagen[644], wenn der Schädiger Beweismittel im berechtigten Vertrauen darauf vernichtet hat, dass der Berechtigte nach Ablauf eines längeren Zeitraums mit Ansprüchen nicht mehr auf ihn zukommen wird.

---

640 *BGH* NJW 2004, 3178 = VersR 2004, 1187; zur Unwirksamkeit der Erstreckung der reisevertraglichen Ausschlussfrist auf Ansprüche aus Delikt durch AGB *BGH* NJW 2004, 2965 mit Vorinstanz *OLG Frankfurt* NJW-RR 2003, 348 und *BGH* NJW 2004, 3777.
641 Vgl. *Muschner* in VersR 2008, 317 und *Uyanik* in VersR 2008, 468.
642 *OLG Nürnberg* MDR 2008, 708.
643 *KG* NJOZ 2004, 3505 m.w.Nachw.
644 *BGH* VersR 1992, 1108.

2. Verjährung

Der Gedanke der Verjährung hat einen eigenen Gerechtigkeitsgehalt. Die Verjährung dient der Wiederherstellung des Rechtsfriedens. Sie schafft Rechtssicherheit und verwirklicht Beweisinteressen. Nach der Neuordnung des Verjährungsrechts durch das SMG zum 1.1.2002[645] mit besonderer Bedeutung des 31.12.2004 zum Ablauf vorher entstandener Ansprüche[646] sind zum 15.12.2004[647] zahlreiche spezielle Verjährungsvorschriften auf das neue System umgestellt worden.   856

Beim **Forderungsübergang** im Zeitpunkt des schädigenden Ereignisses kommt es für die Verjährung ausschließlich auf die Verhältnisse beim Zessionar an. Ist die Verjährung in Lauf gesetzt, bleibt der anschließende Übergang der Forderung auf einen Versicherungsträger ohne Einfluss. Der Ablauf der Verjährung vor dem Forderungsübergang wirkt gem. §§ 412, 404 BGB gegen den späteren Zessionar.   857

Gegenüber **Gesamtschuldnern** sind Verjährungsvoraussetzungen selbstständig und unabhängig voneinander zu prüfen.[648]   858

Der Lauf der Verjährung zum Direktanspruch und zum Anspruch gegen den Schädiger als Sonderregel zu § 425 BGB ist aufeinander abgestimmt, Rn. 915.   859

Übergangsrecht zur Verjährung

Richtet sich die Verjährung nach der regelmäßigen Verjährungsfrist des § 195 BGB, ist der Fristbeginn in Überleitungsfällen nach Art. 229 § 6 Abs. 4 Satz 1 EGBGB unter Einbeziehung der subjektiven Voraussetzungen des § 199 Abs. 1 BGB zu berechnen.[649] Nach Art. 231 § 6 Abs. 2 Satz 2 EGBGB ist die längere vierjährige Verjährungsfrist des § 474 Abs. 1 Nr. 3 ZGB-DDR anzuwenden, wenn diese früher abgelaufen ist als die kürzere Frist des § 852 Abs. 1 BGB a. F. Bezweckt ist, einerseits den Gläubiger vor unerwarteter Verjährung zu schützen und andererseits eine unangemessene Verlängerung von Verjährungsfristen zu vermeiden. Bei der Vergleichsberechnung ist die Prüfung der Verjährung nach den Vorschriften des ZGB-DDR vorzunehmen, wenn eine bereits begonnene Hemmung der Verjährung nach früherem Recht über den Zeitpunkt des Beitritts hinaus fortdauerte.[650]   860

a) Verjährungseinrede

Der Zeitpunkt der erstmaligen Erhebung der Verjährungseinrede steht im Belieben[651] des Schuldners. Dazu, ob die Verjährungseinrede erstmals im Berufungsverfahren erhoben werden kann, wurden unterschiedliche Ansichten vertreten.[652] Die Verjährungseinrede, die mit Aussicht auf Erfolg früher nicht einzureden ist, muss nach der hier vertretenen Ansicht vom Berufungsgericht immer beachtet werden. Sie kann als tatsächliches Vorbringen dagegen nicht erstmals im Revisionsverfahren geltend gemacht werden. Die Verjährung kann aber u. U. selbst dann noch wirken. Die Verjährungseinrede kann fallengelassen werden, indem sie z. B. nicht mehr aufrechterhalten wird.   861

---

645 Eine Darstellung zu Übergangsfällen wird hier für entbehrlich gehalten.
646 Ob und inwieweit ältere Ansprüche auch danach noch durchsetzbar sind/sein können, bleibt der Darstellung im Spezialschrifttum überlassen.
647 BGBl. I 2004 S. 3214 ff.
648 *BGH* NJW 2001, 964 = VersR 2001, 381 = ZIP 2001, 379 m. Anm. *Brüggemeier*.
649 *BGHZ* 171, 1 = NJW 2007, 1584 = VersR 2007, 1090.
650 *BGH* NJW-RR 2005, 1044 = VersR 2005, 699.
651 *BGH* VersR 1988, 953, 954.
652 Beachte BGHZ (GZ) 177, 212 = NJW 2008, 3434 sowie *BGH* NJW 2009, 685 und *BGH* BauR 2008, 666; *BGH* NJW 2008, 1312.

862 Der **Einredeverzicht** soll die Möglichkeit einer gerichtlichen Auseinandersetzung offen halten. Er berührt die Hemmung der Verjährung wegen schwebender Verhandlungen grundsätzlich nicht, Rn. 909. Der befristete Verzicht änderte früher an dem Ablauf der Verjährung nichts; s. nun Rn. 929. Der Verzicht auf die Einrede war nach Ablauf der Verjährungsfrist schon immer möglich. Der vor Ablauf der Verjährungsfrist ausgesprochene Verzicht war früher aber wegen § 225 BGB a. F. nicht dahin auszulegen, dass er nach Vollendung der Verjährung wirken sollte.[653]

863 Solange der Schuldner den Gläubiger nach objektiven Kriterien aus verständiger Sicht – auch schuldlos – zu der Annahme veranlasst, Ersatzansprüche würden erfüllt oder nur mit sachlichen Einwendungen bekämpft, liegt ein befristeter, mit bestimmtem Endzeitpunkt versehener oder u. U. auch ein unbefristeter Verzicht vor. Dieser Verzicht hat nach früherer Ansicht[654] bis zu dem Zeitpunkt gegolten, in dem der Schuldner erklärt, er halte sich nicht mehr an die Verzichtserklärung gebunden; beachte nun Rn. 931. Jedenfalls widerspricht die Erhebung der Einrede **Treu und Glauben**, wenn der schädigende Schuldner den verletzten Gläubiger von der Wahrung der Verjährungsfrist oder der rechtzeitigen Klageerhebung ganz oder teilweise abhält.[655] Einem Haftpflichtversicherer, der durch Zahlung eines Pflegegeldbetrags an den Geschädigten bewirkt, dass der Geschädigte keine Leistung aus der Pflegeversicherung beantragt, und der damit die Kenntnis des Sozialversicherungsträgers von dem Ersatzanspruch gegen den Schädiger und dessen Haftpflichtversicherer verhindert, kann die Berufung auf die Einrede der Verjährung nach Treu und Glauben verwehrt sein.[656] Ist die Absicht des Schuldners erkennbar, an dem Verzicht nicht (mehr) festhalten zu wollen – z. B. durch Erhebung der Verjährungseinrede –, hat der Berechtigte eine angemessene, kurze **Überlegungsfrist**. Zwei Wochen dürfen regelmäßig mindestens zugrunde gelegt werden. Häufig genügt ein Monat zur Fristwahrung. Ein Zuwarten über drei Monate oder auch schon über sechs Wochen hin ist jedoch meist zu lang. Bei Wahrung der Reaktionsfrist hilft dem Gläubiger § 167 ZPO.

b) Verjährungsfrist

Kenntnisabhängige (Regel-)Frist

864 Die **dreijährige** Verjährungsfrist (§ 195 BGB) beginnt mit dem Ende des Jahres (31.12.), in dem der Anspruch entstanden und die Kenntnis oder grobfahrlässige Unkenntnis von dem Schaden und der Person des Schädigers gegeben ist, § 199 Abs. 1 BGB. Dafür muss der Schaden dem Grunde nach entstanden sein, mag seine Höhe auch noch nicht zu beziffern sein; Rn. 876.

Kenntnisunabhängige (Höchst-)Frist(en)

865 Zur Verletzung des Lebens und des **Körpers**, der Gesundheit oder der **Freiheit** i. S. d. § 823 Abs. 1 BGB gilt ohne Rücksicht auf eine Kenntnis die Verjährungsfrist von dreißig Jahren für vertragliche oder gesetzliche Schadensersatzansprüche (auch des Schmerzensgeldes) ab Begehung der unerlaubten Handlung bzw. der Pflichtverletzung, § 199 Abs. 2 BGB. Insoweit genügt, dass die Schadensursache gesetzt worden ist, mag der Schaden später eintreten. Bei Schadensersatzansprüchen wegen Verletzung anderer Schutzgüter (**Eigentum**, Vermögen; auch dem eingerichteten und ausgeübten Gewerbebetrieb) greift die Frist von zehn Jahren nach dem Schadenseintritt (als dem Zeitpunkt der Entstehung des Schadens), § 199 Abs. 3 Nr. 1 BGB, oder die Frist von dreißig Jahren ab Begehung der unerlaubten Handlung bzw. der Pflichtverletzung, § 199 Abs. 3 Nr. 2 BGB, und zwar insofern wie i. S. d. § 199 Abs. 2 BGB. Die früher endende Frist setzt sich durch. Zu berechnen sind diese Höchstfristen bzw. Obergrenzen gem. §§ 187 Abs. 1, 188 Abs. 2 BGB **taggenau**. Hemmungstatbestände können hinzukommen. Ob bei Betroffenheit verschiedener Schutzgüter

---

[653] *BGH* VersR 1998, 124 = r+s 1998, 23.
[654] *BGH* NJW-RR 2004, 109 = NZV 2003, 565 = VersR 2003, 1547 = ZfS 2004, 62.
[655] Beachte *BGH* NJW 2008, 2776.
[656] *BGH* NJW 2008, 2776 = VersR 2008, 1350.

Ansprüche aus einem Haftungsfall erwachsen, bleibt ebenso irrelevant, wie der Umfang einer Beeinträchtigung. Deshalb kann ein Schadensersatzanspruch zu (hohen) Sach- und Sachfolgeschäden (endgültig im Sinne von absolut und dies im Sinne von kenntnisunabhängig) früher verjähren als zu (geringwertigen) Personen- und Personenfolgeschäden.

Obergrenze bei anderen Ansprüchen

Für **andere Ansprüche** gilt die (absolute) Frist von 10 Jahren nach Anspruchsentstehung, § 199 Abs. 4 BGB. **866**

Gem. § 475 **ZGB**-DDR ist es spätestens auf den Ablauf von 10 Jahren angekommen und zwar nach Vollendung der schädigenden Handlung.[657] **867**

Die späteste Frist von 10 Jahren nach dem Schadensereignis (§ 115 Abs. 2 VVG 2008) zu dem **Direktanspruch** des Betroffenen gegen den Haftpflichtversicher gilt nicht absolut.[658] Der individuelle Verzicht hat Vorrang. Die unmittelbare Anwendung dieser Norm auf den Anspruch des Geschädigten gegen den Schädiger ist nach dem eindeutigen Wortlaut ausgeschlossen, auch eine entsprechende Anwendung. **868**

Ansprüche gegen den Entschädigungsfonds für Schäden aus Kraftfahrzeugunfällen (**Verkehrsopferhilfe**) verjähren wie früher[659] in drei Jahren. Der Aufwendungsersatzanspruch der Verkehrsopferhilfe (§ 12 Abs. 5 PflVG)[660] verjährte früher in 30 Jahren. **869**

Wenn vom deliktischen Entstehungsgrund her das maßgebende Stammrecht verjährt, betrifft dies zugleich die **wiederkehrenden Leistungen**.[661] Seit dem 1.1.2002 gilt für wiederkehrende Leistungen die **regelmäßige** dreijährige **Verjährungsfrist** und zwar auch für zukünftig fällig werdende Leistungen nach einer Titulierung des Anspruchs. Denn die monatlichen Renten nach §§ 843 Abs. 1, 844 Abs. 2, 845 Satz 1 BGB erwachsen und entstehen jeweils erst mit Fälligkeit im Zeitpunkt ihrer Durchsetzbarkeit; beachte § 200 und § 201 BGB. **870**

Renten wegen Vermehrung der Bedürfnisse verjähren als wiederkehrende Leistungen auch, wenn der Anspruch nicht aus § 843 BGB, sondern aus einem anderen Rechtsgrund wie dem Behandlungsvertrag mit einem Arzt hergeleitet wird.[662] **871**

Summierte, in einem Zahlbetrag geltend gemachte Renten behalten den Charakter als Rente. Die Kapitalabfindung hat einen anderen Charakter. **872**

Titulierte Ansprüche (§ 197 Abs. 1 Nr. 3 BGB) verjähren in dreißig Jahren, beginnend mit der Rechtskraft (§ 201 BGB); zur künftigen monatlichen Rente beachte aber Rn. 870. Die rechtskräftige Feststellung der Schadensersatzpflicht im Prozess des Verletzten gegen den Schädiger und dessen Versicherer begünstigt den Sozialhilfeträger mit späteren kongruenten Leistungen als Legalzessionar wegen der Einziehungsermächtigung des Verletzten. Aus dem Ziel des § 116 Abs. 1 SGB X und dem sozialhilferechtlichen Grundprinzip leitet der *BGH* her, dass dem Ersatzpflichtigen gegenüber dem Sozialhilfeträger zur Verjährung keine günstigere Rechtsposition als gegenüber dem Verletzten zukommen kann und darf.[663] **873**

Seit dem 1.1.2002 sind Erwägungen zum Gleichlauf einer Verjährung hinsichtlich des Vertrags- und Deliktsrechts wegen der subjektiven Seite (Kenntnis) im Übrigen entbehrlich. Ausnahmsweise sind kürzere Verjährungsnormen des Vertragsrechts aber auf den deliktischen Anspruch zu beziehen, wenn z. B. bei Leihe bezogen auf die Sachintegrität ein deckungsgleiches Interesse betroffen **874**

---

657 *OLG Naumburg* NJW 1998, 237; *LG Dessau* VersR 2000, 999.
658 *OLG Düsseldorf* NZV 1990, 191; *BGH* NA-Beschl. v. 16.1.1990.
659 *OLG Saarbrücken* ZfS 1999, 12.
660 *OLG Naumburg* VersR 1998, 90.
661 *BGH* NJW 2003, 1524 = NZV 2003, 225 = VersR 2003, 452.
662 *BGH* NJW-RR 2006, 191 = VersR 2006, 132 = FamRZ 2006, 115.
663 *BGHZ* 150, 94 = NJW 2002, 1877 = VersR 2002, 869 = NVersZ 2002, 332; Vorinstanz *OLG Hamm* r+s 2002, 156.

ist. Zum Innenausgleich zwischen **Gesamtschuldnern** (§§ 840, 426 BGB) als eigenem gesetzlichen Schuldverhältnis[664] gelten §§ 195, 199 BGB.

875 § 852 Satz 1 BGB will mit einem **Bereicherungsausgleich** (Herausgabeanspruch) verhindern, dass derjenige, der durch eine unerlaubte Handlung etwas erworben hat, nach Ablauf der kurzen Verjährung zu Lasten des Geschädigten im Genuss des Erlangten bleibt, und ausschließen, dass die mittels einer unerlaubten Handlung bewirkte Vermögensveränderung auf Fälle der Unmittelbarkeit beschränkt ist.[665] Der Charakter als Schadensersatz bleibt gewahrt. §§ 812 ff. BGB gelten zu den Folgen, nicht zu den Voraussetzungen. Dieser Anspruch verjährt in zehn Jahren nach seinem Entstehen, also dann, wenn der Schaden eingetreten ist, spätestens in dreißig Jahren. Bei Personenschäden ist dies praktisch nicht bedeutsam.

(Primäre) Vermögensschäden

876 Der Schaden entsteht – auch bei reinen Vermögensschäden – einheitlich in dem Moment, in dem sich die Vermögenslage in einem Punkt verschlechtert hat. Das bloße Risiko eines Vermögensnachteils bzw. eine reine Vermögensgefährdung genügen noch nicht für den Beginn der Verjährung.[666]

877 Am Eintritt eines Schadens und damit an der Entstehung des Schadensersatzanspruches fehlt es, solange offen ist, ob ein pflichtwidriges mit einem Schadensrisiko behaftetes Verhalten eines Rechtsanwalts zu einem (Vermögens-) Schaden führen wird. Dann handelt es sich nicht etwa um einen gegenwärtigen eingetretenen Schaden, sondern um einen möglichen künftigen Schaden. Dieser wäre – eben weil er noch nicht eingetreten ist – für den Beginn der Verjährung nicht erheblich.[667]

878 Hängt eine zivilrechtliche Vertragsgestaltung vom voraussichtlichen Ergebnis von Besteuerungsverfahren ab und erteilt der steuerliche Berater eine unrichtige Auskunft, beginnt die Verjährung des auf die Pflichtverletzung gestützten Ersatzanspruchs mit der Bekanntgabe des ersten nachteiligen Steuerbescheids, nicht bereits mit dem Vertragsschluss.[668] Zum Ersatzanspruch wegen falscher Auskunft des Steuerberaters über die Höhe festzustellender Gewinne beginnt die Verjährung mit erster Bekanntgabe des Feststellungsbescheids.[669] Hat ein Rechtsanwalt pflichtwidrig Klage erhoben, tritt der Schaden des (früheren) Mandanten wegen der Klage regelmäßig (bzw. bei einer nicht von vornherein aussichtslosen Klage) frühestens ein, wenn sich der Verlust des Prozesses konkret abzeichnet.[667]

Kenntnis

879 Für die Kenntnis vom Schaden und von der Person des Ersatzpflichtigen genügt, dass der Geschädigte bei verständiger Würdigung aus rechtskundiger Sicht aufgrund bekannter Tatsachen den Anspruch gegen eine bestimmte Person (zivilrechtlich[670]) mit hinreichender Aussicht auf Erfolg geltend machen kann. Der Betroffene muss also über einen Kenntnisstand verfügen, der in die Lage versetzt, eine auf eine deliktische Anspruchsgrundlage gestützte Schadensersatzklage schlüssig zu begründen.[671]

---

664 Dagegen *Müller* in VersR 2001, 429.
665 *BGHZ* 98, 77 = NJW 1986, 2827 = VersR 1986, 1073.
666 *BGH* NJW 2000, 1264.
667 *OLGR Celle* 2008, 438.
668 *BGH* NJW-RR 2008, 798.
669 *BGH* NJW-RR 2008, 796.
670 Zum Verjährungsbeginn angesichts eines schwebenden Strafverfahrens *BGH* NJW 2004, 510 = VersR 2004, 123; *OLG Stuttgart* NJW-RR 2001, 174 und beachte *OLG Hamm* NJW-RR 2002, 750 = VersR 2003, 472 abweichend von *OLG Hamm* NJW-RR 1994, 866.
671 *BGH* VersR 2009, 989.

► Kenntnis ist im Kern zu bejahen, wenn es zumutbar ist (erscheint), dass der Betroffene eine hinreichend aussichtsreiche Feststellungsklage erhebt. ◄   880

Der Umstand, dass sich der Geschädigte erfolglos um die Rückzahlung einer Geldanlage bemüht, führt selbst dann nicht zur für den Beginn der Verjährung erforderlichen Kenntnis von Tatbestandsmerkmalen der schädigenden Handlung beim Betrug, wenn der Geschädigte vermutet, dass das Geld nicht in der vereinbarten Anlageform verwendet worden ist.[672]   881

Gewissheit muss der Berechtigte nicht haben. Ob Einwendungen oder Einreden des Schuldners zu erwarten sind, ist ebenso unerheblich wie der Umfang und die Höhe des Anspruches im Einzelnen. Erhebliche rechtliche Zweifel können im Einzelfall bei verwickelter Rechtslage bis zur Klärung eine Kenntnis ausschließen.   882

Nur ganz ausnahmsweise stand früher das missbräuchliche Nichtwahrnehmen[673] der positiven Kenntnis gleich. Niemals ist ein bloßer Verdacht der Kenntnis gleichgestellt worden.   883

Der Wegfall der Kenntnis ist unbeachtlich.   884

Grob fahrlässige Unkenntnis

Nach geltendem Recht kann der Verletzte die Verjährung nicht einseitig dadurch verlängern, dass er die Augen vor der sich aufdrängenden Kenntnis verschließt. Dazu stellt das Gesetz auf grob fahrlässige Unkenntnis ab. Diese ist gegeben, wenn der Verletzte als Gläubiger in der Lage ist, sich die notwendigen Informationen ohne besondere Mühe, auf einfache Art und Weise sowie ohne nennenswerten Kostenaufwand zu verschaffen. Maßgebender Zeitpunkt ist dann der Moment, in dem der Gläubiger auf die entsprechende Erkundigung Kenntnis erhalten hätte. Unterlässt der Verletzte Nachforschungen, weil er z. B. irrig annimmt, die Person des Ersatzpflichtigen sei ihm bekannt, fehlt es an grob fahrlässiger Unkenntnis.   885

Grob fahrlässige Unkenntnis kann bei Behörden u. U. schon gegeben sein, wenn die Regressabteilung eingeschaltet worden ist bzw. sie kann gerade darin liegen, dass nicht durch naheliegende organisatorische Maßnahmen sichergestellt wird, dass die Regressabteilung die erforderlichen Informationen erhält.   886

Kenntnis vom Schaden

Zur Kenntnis vom Schaden genügt allgemeines Wissen, u. U. aus der Sicht eines Sachkundigen. Sämtliche Schadensfolgen müssen nicht übersehen werden. Der Schadensumfang muss nicht bekannt sein[674], auch muss nicht bekannt sein, aus welchen Positionen sich der Schaden im Einzelnen zusammensetzt. Der Betroffene muss aber wissen, dass er selbst geschädigt ist, als Inhaber der Ersatzforderung in Frage kommt.[675] Zu welchem Zeitpunkt sich eine sich entwickelnde Kenntnis in beteiligten Fachkreisen durchgesetzt hat, ist nicht maßgebend. Es kommt auf den Zeitpunkt an, in dem der Verletzte selbst um die Schadensfolge weiß.[676]   887

Schadensersatzansprüche entstehen erst mit dem Schadenseintritt: § 249 BGB spricht von der Pflicht, Schadensersatz zu leisten, § 199 Abs. 2 BGB von Schadensersatzansprüchen. Die unterschiedliche Wortwahl des Gesetzes deutet darauf hin, dass trotz der unterschiedlichen Folgen und Anspruchs-, Schadensgruppen der aus der unerlaubten Handlung (einem bestimmten einheitlichen Verhalten) erwachsene Nachteil als Einheit (**Schadenseinheit**) verstanden, also mit der ersten   888

---

672 *BGH* NJOZ 2008, 2012: Es fehlte die erforderliche positive Kenntnis, dass der Beklagte vereinnahmte Kundengelder entgegen einer vertraglichen Vereinbarung nicht angelegt, sondern mit dem Geld ausgezahlte Renditen anderer Anleger und Kapitalrückzahlungen von Neuanlagen getätigt hatte. S. aber auch *BGH* NJW-RR 1992, 282 = VersR 1992, 207.
673 *BGHZ* 150, 94 = NJW 2002, 1877 = VersR 2002, 869; NJW 2003, 288 = VersR 2003, 75.
674 *BGH* VersR 1984, 482 = DAR 1984, 289.
675 *BGH* NJW 1996, 117.
676 *BGH* NJW 1997, 2448 = VersR 1997, 1111.

Einbuße als eingetreten angesehen werden soll. Da der Schaden nicht als Summe einzelner selbstständiger Nachteile behandelt wird, genügt zum Verjährungsbeginn, wenn der Verletzte um den Eintritt der Schädigung weiß oder Kenntnis ohne grobe Fahrlässigkeit hätte erlangen können (und müssen).

889 Das herrschende Schadensverständnis bedingt, dass alle Folgen als **bekannt** gelten, die im ersten Zeitpunkt der Kenntnis grundsätzlich aus der Sicht eines durchschnittlichen Betrachters und nach der Lebenserfahrung als **durchaus möglich** vorauszusehen sind. Für die weitere Entwicklung kommt es zu den Schadensfolgen, mit denen beim Auftreten des ersten Schadens gerechnet werden kann, auf die Zeitabfolge demgemäß nicht an, s. auch Rn. 893. Dementsprechend beginnt die Verjährung auch zu bloß drohenden Nachteilen mit Ablauf des Jahres des Schadensereignisses.

890 Zur Hemmung (Rn. 907 ff.) gilt das Prinzip der Schadenseinheit an sich ebenfalls. Auch die Anmeldung beim Pflichtversicherer (Rn. 915) erstreckt sich auf Einzelansprüche, solange die Anmeldung nicht inhaltlich, eindeutig auf bestimmte Ansprüche beschränkt ist. Die Hemmung bei Klage (Rn. 917 ff.) folgt jedoch nicht dem Prinzip der Schadenseinheit; zum Nichtvermögensschaden beachte Rn. 921 und 1135.

Kenntnis zur Person

891 Die Kenntnis zur Person des Ersatzpflichtigen verlangt Kenntnis zur Identität, von Namen und Anschrift **und** auch zu deren **Schädigungshandlung**, der Ursächlichkeit und dem Verschulden (dem anspruchsbegründenden Tatbestand). Wenn ein Zusammenhang offensichtlich ist, bedarf es der Kenntnis der Kausalkette im Einzelnen nicht.[677] Kommen mehrere Verantwortliche bei einem Unfall in Betracht, beginnt die Verjährung in dem Zeitpunkt, in dem wesentliche Zweifel über die Person des Verantwortlichen – z. B. des Arbeitgebers[678] – nicht mehr bestehen.

892 Bei der **Arzthaftung** gehört zur Kenntnis von einem schuldhaften Behandlungsfehler das Wissen um die wesentlichen Umstände des Behandlungsverlaufs.[679] Der Patient muss um die Tatsachen wissen, aus denen sich das Abweichen des Arztes vom ärztlichen Standard[680] oder das Nichtergreifen erforderlicher Maßnahmen[681] ergibt, und damit wissen, dass es sich nicht um einen unvorhersehbaren unglücklichen Zufall[682] handelt. Bei Verletzung der ärztlichen Aufklärungspflicht reicht die Kenntnis bzw. grob fahrlässige Unkenntnis einer eingetretenen Schädigung nicht aus. Die Kenntnis oder grob fahrlässige Unkenntnis muss sich auch auf die Tatsachen beziehen, aus denen sich die Verletzung der Aufklärungspflicht ergibt.

Neue (unvorhersehbare) Schadensfolgen

893 ▶ Eigenständiger Verjährungsfrist unterliegen die für einen medizinischen Sachverständigen[683] nicht vorhersehbaren Folgen (**Spätschäden**[684]), die nicht als (unfall-) ursächlich zu erkennen gewesen sind und sich gänzlich unerwartet[685] einstellen. ◀

894 Anders als zu den (späteren) Schadensfolgen, die durch die abgeschlossene unerlaubte Handlung entstehen und entstanden sind und im Zeitpunkt der Kenntnis vom Schaden als möglich vorsehbar waren, beginnt die Verjährungsfrist für nachträglich auftretende Beeinträchtigungen oder Verschlimmerungen, die nicht vorhersehbar waren, nicht mit dem Zeitpunkt der (abgeschlosse-

---

677 *OLG Köln* VersR 1996, 1289 = NJWE-VHR 1996, 197.
678 *BGH* NJW 1999, 423 = VersR 1999, 585.
679 *BGH* NJW 1985, 2194 = VersR 1985, 740.
680 *BGH* NJW 1991, 2350; VersR 1995, 659; NJW 2001, 885.
681 *OLG Zweibrücken* VersR 1998, 1286.
682 *OLG Oldenburg* NJW-RR 1998, 1245.
683 *OLG Hamm* NJW-RR 1999, 252 = r+s 1999, 105 (8-jähriges Kind).
684 Eingehend *Müller* in VersR 1998, 129–140.
685 Zu unerwarteten Folgen nach anscheinend leichten Verletzungen *BGH* VersR 1979, 1106; 1982, 703; 1995, 571; VersR 2000, 331 = NJW 2000, 861 = DAR 2000, 115.

nen) unerlaubten Handlung. Vielmehr beginnt für diese **unvorhersehbaren** Folgen[686] eine besondere Verjährung am Tag der tatsächlichen Kenntnis von den real gewordenen Folgen und der Kenntnis des ursächlichen Zusammenhangs mit der unerlaubten Handlung.[687]

Die Vorhersehbarkeit richtet sich nach der Sicht der medizinischen **Fachkreise** im Allgemeinen. Das ist die Beurteilungslage für Fachärzte, nicht oder jedenfalls nicht ohne weiteres eines Hausarztes als Allgemeinmediziner. Dagegen kommt es zur tatsächlichen Kenntnis auf die **Kenntnis des Verletzten** selbst an. 895

Bei Knochenverletzungen oder bei Kopfverletzungen[688] ist häufig mit Komplikationen, bei einer Querschnittslähmung mit Darm- und Blasenstörung mit Spätfolgen[689] zu rechnen. 896

Ansprüche nach § 844 Abs. 2 BGB sind mittels Feststellungsklage zu sichern, wenn sich der Fall des künftigen Eintritts der Voraussetzungen der Unterhaltspflicht voraussehen lässt. 897

Bei der Durchtrennung eines Nervs muss die Irreversibilität in Rechnung gestellt und der etwaige spätere Eintritt der Erwerbsunfähigkeit insofern vorausbedacht werden. 898

Eine sekundäre Schadenseinheit gibt es nicht. Bei mehreren, zeitlich aufeinander folgenden Spätschäden kommt es auf die Kenntnis des Verletzten an, selbst wenn die zuletzt eingetretene Folge in Fachkreisen aufgrund der vorausgegangenen Spätfolgen voraussehbar gewesen wäre. Die Berufung auf die für den Verjährungsbeginn ausreichende Kenntnis verstößt jedoch gegen Treu und Glauben, wenn zunächst alle Beteiligten[690] vorübergehende Folgen angenommen und sich darauf eingestellt haben, die tatsächlich später aufgetretene Gesundheitsbeschädigung aber außergewöhnlich schwer und existenzbedrohend ist. Die Verjährung beginnt dazu und dann mit Beginn der Kenntnis bzw. grob fahrlässigen Unkenntnis von diesen Folgen und ihrem ursächlichen Zusammenhang mit der schädigenden Handlung.[691] 899

Die **Anpassung** an veränderte allgemeine Verhältnisse zum Ausgleich von Schwankungen der Höhe eines Unterhalts- oder auch Erwerbsschadens ist wegen der Auslösung durch vom Schadensereignis unabhängige äußere Umstände als neue Schadensfolge mit eigener Verjährung aufzufassen. Gleiches gilt bei Änderung persönlicher Verhältnisse wie z. B. angesichts der bei Auflösung einer zweiten Ehe wieder begründeten Ansprüche aus § 844 Abs. 2 BGB.[692] 900

Wissenspersonen

Für (Regress-)Ansprüche einer **Behörde** (und/bzw. einer juristischen Person des öffentlichen Rechts) kommt es auf die Kenntnis bei der verfügungsbefugten, mit Entscheidungskompetenz ausgestatteten, sachbefugten Einrichtung an. Zur Kenntniserlangung entscheidet letztlich die Lage bei dem für die Vorbereitung und Verfolgung des Regressanspruchs zuständigen Bediensteten.[693] 901

Für die grob fahrlässige Unkenntnis (Rn. 885) ist nach der überwiegend vertretenen Meinung[694] wesentlich, ob organisatorisch der Informationsfluss sichergestellt ist. Ggfs. muss deshalb die Regressabsteilung nachfragen, die Einschaltung dieser Abteilung in entsprechenden Fällen muss vorsorgend gewährleistet sein. 902

---

686 *BGH* NJW 2000, 725 und 1499.
687 *OLG Brandenburg* NZV 2008, 155 = ZfS 2007, 621.
688 *OLG Koblenz* VersR 1994, 866; *BGH* NA-Beschl. v. 8.2.1994.
689 *BGH* NJW 1998, 160 = NZV 1997, 476.
690 Einschließlich der Ärzte, *BGH* VersR 1991, 115.
691 S. auch *Verf.* in *Scheffen/Pardey*, Unfälle mit Minderjährigen, 2. Aufl., Rn. 1018.
692 *BGH* VersR 1979, 55.
693 *BGH* VersR 2009, 989; *BGH* NJW 2000, 1411 m. Anm. *Stückrad/Wolf* in VersR 2000, 1506; anders Vorinstanz *OLG Jena* OLG-NL 1999, 155; *BGH* NJW 2007, 834 = NZV 2007, 131 m. Anm. *Lemcke* in r+s 2007, 123.
694 Anders *Marburger* in VersR 2003, 1235.

903 Der **Wissensvertreter**[695] tritt an die Stelle der berechtigten Person.

904 (Gesetzlicher) Wissensverteter des Minderjährigen ist der gesetzliche Vertreter. Im Rahmen seiner Einschaltung ist der Rechtsanwalt Wissensvertreter.

905 Der Kenntnisstand der Mutter entscheidet zu Behandlungsfehlern während der Geburt für den Anspruch des Kindes.

906 Der Rechtsanwalt darf sich der Einsichtnahme in ihm zur Verfügung gestellte Ermittlungsakten[696] nicht enthalten. Seine Fehleinschätzung hindert den Verjährungseintritt deshalb nicht.[697]

Hemmung der Verjährung

907 Gem. § 203 BGB hemmen (fortgesetzte[698]) **Verhandlungen** die Verjährung, bis eine Seite die Fortsetzung verweigert. Insofern gelten die Grundsätze zu § 852 Abs. 2 BGB a.F. nun dazu weiter.[699]

908 Verhandlung ist jeder Meinungsaustausch über den Schadensfall zwischen dem Berechtigten und dem Verpflichteten, wenn nicht sofort erkennbar, eindeutig jeder Ersatz abgelehnt wird.[700] Es genügen Erklärungen des Verpflichteten, die den Geschädigten zu der Annahme berechtigen, der Verpflichtete lasse sich auf Erörterungen über die Berechtigung des Ersatzanspruches ein. Schon die Erklärung, der Anspruchsschuldner wolle dem Anspruchsinhaber seinen Standpunkt erläutern, der Anspruch sei verjährt, kann Verhandlungen beginnen lassen.[701] Eine Vergleichsbereitschaft oder eine Bereitschaft zum Nachgeben oder Entgegenkommen setzt die Norm nicht voraus.

909 Die Hemmung wegen schwebender Verhandlungen wird durch die Erklärung, bis zu einem bestimmten Zeitpunkt auf die Erhebung der Einrede der Verjährung zu verzichten, grundsätzlich nicht berührt.[702]

910 Dem Umfang nach erstreckt sich die Hemmung regelmäßig auf sämtliche Ansprüche aus dem Schadensfall. Ob nur einzelne Ansprüche im Vordergrund stehen, bleibt gleich.[703] Die Verhandlung über einen abtrennbaren Teil eines Anspruchs bewirkt aber ausnahmsweise keine Hemmung zu einem anderen Teil, über den nicht verhandelt ist.[704]

911 Zum Anspruch aus § 844 Abs. 2 BGB genügt zugunsten der (Halb-) Waisen die Anmeldung und Verhandlung seitens des hinterbliebenen Ehegatten.[705] Dieser muss Ansprüche nicht zusätzlich als gesetzlicher Vertreter zugunsten der Kinder anmelden und darüber von Beginn an verhandeln.

912 Die Hemmung endet mit der Ablehnung einer Regulierung durch unzweifelhafte Verweigerung seitens des Verpflichteten, dem klaren und **eindeutigen Abbruch** der Verhandlungen[706] oder infolge Untätigkeit des Berechtigten.[707] Zur Beendigung genügt es, wenn der Ersatzberechtigte die

---

695 *BGH* VersR 1990, 167 = DAR 1990, 60.
696 *OLG Düsseldorf* VersR 1999, 893.
697 *OLG München* r+s 1998, 463.
698 Vgl. *OLG Hamm* NZV 1998, 24 = NJW-RR 1998, 101.
699 *BGH* NJW 2009, 1806 = VersR 2009, 945 = WPM 2009, 282 = MDR 2009, 275.
700 *BGHZ* 93, 64, 67; VersR 1988, 718; NJW 2001, 885; NJW 2001, 1723 sowie NJW-RR 2001, 1168 = VersR 2001, 1255 = ZfS 2001, 351; *BGH* NJW 2007, 587 = VersR 2007, 705.
701 *BGH* NJW 1997, 3447 = NZV 1997, 396.
702 *BGH* NJW 2004, 1654 = VersR 2004, 656 = DAR 2004, 347 = ZfS 2004, 306.
703 *BGH* VersR 1982, 674 = NJW 1982, 2001; VersR 1985, 1141.
704 *BGH* VersR 1998, 377 = NJW 1998, 1142 = NZV 1998, 108; Vorinstanz *OLG Köln* VersR 1997, 1268; *OLG Frankfurt* VersR 2000, 853 m. *BGH* NA-Beschl. v. 15.2.2000.
705 Zu § 3 PflVersG *BGHZ* 74, 393 = VersR 1979, 915 = NJW 1979, 2155.
706 *BGH* NJW 1998, 2819 = VersR 1998, 1295; NJW 2004, 1654 = VersR 2004, 656.
707 *BGH* VersR 1986, 490 = NJW 1986, 1337.

Verhandlungen „einschlafen" lässt, d.h. er jedenfalls den Zeitpunkt versäumt, zu dem eine Antwort auf die letzte Anfrage des Ersatzpflichtigen spätestens zu erwarten gewesen wäre, falls die Regulierungsverhandlungen mit verjährungshemmender Wirkung hätten fortgesetzt werden sollen.[708] Verhandlungen werden nicht schon dadurch beendet, dass der Ersatzpflichtige bloß derzeit seine Einstandspflicht verneint.

Mit §§ 404, 407 BGB sollte bei einem Forderungsübergang der an den Verhandlungen nicht beteiligte Dritte die Hemmung für sich nutzen bzw. der Schuldner das Ende der Hemmung bewirken können.[709] 913

§ 203 Satz 2 BGB ordnet an, dass die Verjährung frühestens drei Monate nach dem Ende der Hemmung eintritt (**Ablaufhemmung**). Ist ohnehin eine längere Frist offen, kommt es darauf nicht an. Die Nachfrist bei Hemmung durch Rechtsverfolgung (Rn. 917 ff.) beträgt dagegen sechs Monate, § 204 Abs. 2 BGB. 914

Die Wirkung der Hemmung gem. § 115 Abs. 2 Satz 3 VVG 2008 zum Direktanspruch (Rn. 795 ff.) erweitert § 115 Abs. 2 Satz 4 VVG 2008 (vorher § 3 Nr. 3 Satz 4 PflVG a. F.) personell, so dass es zu keinen verjährungsrechtlichen Unterschieden zu Ansprüchen gegen den Versicherer und den ersatzpflichtigen Versicherungsnehmer kommt. 915

Innerhalb eines **Versicherungsverhältnisses** galt es früher, die 2-jährige Verjährungsfrist des § 12 Abs. 1 VVG zu beachten.[710] Diese Verjährungsfrist wurde gehemmt mit der Anmeldung des Anspruchs des Versicherungsnehmers. § 15 VVG 2008 geht auf die Hemmung der Verjährung durch Anmeldung beim Versicherer ein wie früher § 12 Abs. 2 VVG a.F. 916

Zur Hemmung durch **Klageerhebung** (§ 204 Abs. 1 Nr. 1 BGB) ist vom Streitgegenstand auszugehen. Sie betrifft die Ansprüche in der Gestalt und in dem Umfang, wie sie klageweise geltend gemacht werden. Sie erfasst nicht die Ansprüche, die nicht Gegenstand der Klage sind.[711] 917

Nach der prozessrechtlichen Auffassung vom Streitgegenstand (Rn. 972) ist der einheitliche Lebenssachverhalt ausschlaggebend, nicht der gemeinsame Anlass durch das schadensstiftende Ereignis. Anspruch im Sinne des Gesetzes ist allerdings die Pflicht zum Schadensersatz schlechthin, nicht die Ersatzpflicht in den einzelnen Ausgestaltungen je nach dem Stand der Entwicklung des Schadens (der Folgen). 918

Die Klage zu Vermögensschäden hemmt nicht die Verjährung zu Nichtvermögensschäden und umgekehrt. Die Leistungsklage zum Verdienstausfall und zum Schmerzensgeld bewirkt verjährungsrechtlich nichts[712] zum Feststellungsbegehren hinsichtlich der Ersatzpflicht von Zukunftsschäden. 919

Die Klage muss von dem **Berechtigten** erhoben sein. Wer Berechtigter ist, bestimmt das sachliche Recht. Die Berechtigung folgt der materiell-rechtlichen Befugnis zur Verfügung, die auch bei einer Einziehungsermächtigung besteht.[713] 920

Bei dem im Lauf eines Rechtsstreits angepassten **Leistungsantrag** bleibt es trotz Erhöhung der Forderung bei demselben Ersatzanspruch, der durch die Klageerhebung betroffen ist. Die Leistungsklage zum Kapital (§ 843 Abs. 3 BGB) hilft verjährungsrechtlich für die als Rente i. S. d. § 843 Abs. 1 BGB wiederkehrende Zahlung. Zum Schmerzensgeld gelten keine selbstständigen verjährungsrechtlichen Folgen bei der unbezifferten Klage unter Angabe einer Größenordnung ohne Obergrenze.[714] Die Leistungsklage hilft dagegen nicht bezüglich der im Zeitpunkt der Kenntnis vom Gesamtschaden voraussehbaren, aber nachträglich auftretenden Schadensfolgen, da sie nur die eingeklagten Schadensfolgen erfasst. 921

---

708 *BGH* NJW 2009, 1806 = VersR 2009, 945 = WPM 2009, 282 = MDR 2009, 275.
709 Ebenso *Lepa* in VersR 1986, 306.
710 Zur Reichweite der Norm *BGH* NJW 2004, 1161 = VersR 2004, 361 = ZfS 2004, 217.
711 *BGHZ* 104, 268, 271; 132, 240, 242; *BGH* VersR 1996, 76, 77.
712 Zur fehlenden Unterbrechung nach altem Recht *OLG Oldenburg* NJW-RR 2000, 903.
713 *BGHZ* 46, 221, 229; 78, 1, 3, 5.
714 *BGH* VersR 2002, 1521 = NJW 2002, 3769.

922 **Tipp** Nachträglich auftretende Schadensfolgen sind vor Verjährung rechtzeitig durch Maßnahmen der Hemmung oder durch verjährungsrechtliche Vereinbarung zu bewahren.

923 Die unbezifferte **Feststellungsklage** erfasst verjährungsrechtlich den gesamten Anspruch, auch unwahrscheinliche Folgen. Beantragt der Verletzte die Feststellung der Pflicht des Schädigers, die in Zukunft aus dem Haftungsereignis entstehenden Schäden zu ersetzen, werden die ab Klageeinreichung, nicht erst die ab dem Zeitpunkt der letzten mündlichen Verhandlung entstehenden Ersatzansprüche erfasst.[715] Das die Ersatzpflicht allgemein aussprechende Feststellungsurteil genügt zu Rentenansprüchen aber verjährungsrechtlich entscheidend nur für die Vergangenheit. Über § 197 Abs. 1 Nr. 3 BGB kommt es insofern zur dreißigjährigen Verjährung[716], während zu künftigen Renten die regelmäßige Verjährungsfrist gilt.

924 Die Abweisung der negativen Feststellungsklage drückt den rechtskräftig festgestellten Anspruch aus.[717] Aus sachlichen Gründen kommt diese Abweisung der Wirkung des Urteils gleich, das sich zum Gegenteil positiv äußert. Die bloße Verteidigung gegen die negative Feststellungsklage hemmt die Verjährung regelmäßig aber nicht.[718]

925 Das **Grundurteil** führt **nicht** zur **30-jährigen Verjährung**, weil es nur den Haftungsgrund feststellt und zum Anspruch keine materielle Rechtskraft schafft.[719]

926 Bei der **Teilklage** ist angesichts des Gegenstandes des Verfahrens verjährungsrechtlich nur ein Teilbereich[720] betroffen. Die Klagerweiterung nach Ablauf der Verjährungsfrist beseitigt den Eintritt der Verjährung nicht. Die unabgegrenzte Teilklage genügt allerdings, wenn und soweit während des Rechtsstreits die erforderliche Abgrenzung nachgeholt[721] wird. Bei der bezifferten verdeckten Teilklage erstreckt sich die Hemmung auf die Anpassung an die nach Klageerhebung eingetretene Werterhöhung. Nachgeschobene Mehrforderungen, die nicht auf der Änderung der wirtschaftlichen Verhältnisse beruhen, sind verjährungsrechtlich dagegen gesondert zu beurteilen.[722] Gemäß der Rechtsprechung des *BGH* hemmt die Teilklage, mit der verschiedene Ansprüche verfolgt werden, in Höhe des Gesamtbetrages die Verjährung eines jeden der Ansprüche selbst dann, wenn diese ohne nähere Aufgliederung geltend gemacht sind.[723] Angesichts des nicht aufgegliederten Antrages ist die Verjährung aber nicht zu den die Gesamtsumme übersteigenden Teilen der Einzelansprüche gehemmt.[724]

Besondere Hemmungstatbestände

927 Das pactum de non petendo (Stillhalteabkommen[725]) berechtigt vorübergehend zur Verweigerung der Leistung und hemmt die Verjährung gem. § 205 BGB. Die vereinbarte **Teilabfindung** kann u. U. stillschweigend mit einer solchen Wirkung verbunden sein.[726]

---

715 *BGHZ* NJW 2000, 3287 = VersR 2000, 1521 = DAR 2000, 527.
716 *BGH* NJW-RR 1989, 215; VersR 1980, 927.
717 *BGH* NJW 1975, 1320; VersR 1985, 62, 63 = NJW 1985, 791.
718 Vgl. *BGH* VersR 1972, 644 = NJW 1972, 1043; a.A. *OLG Stuttgart* NJW 1976, 970 bei der Begründung des Berechtigten, ihm stehe der bezifferte (Leistungs-)Anspruch zu und zwar wegen der Rechtskraftwirkung gegenüber einer Gemeinde, sowie immer dann, wenn an dem Leistungswillen und der Leistungsfähigkeit des Schuldners nach einer Feststellung kein Zweifel besteht.
719 *BGH* VersR 1985, 62, 63 = NJW 1985, 791.
720 *BGH* VersR 1988, 401 = NJW 1988, 965.
721 *BGH* VersR 1984, 782, 783 = NJW 1984, 2346.
722 *BGHZ* 151, 1 = VersR 2002, 1253 = NJW 2002, 2167 = ZfS 2002, 328; vgl. dazu *Meyer* in NJW 2002, 3067 und *Zeuner* in JR 2003, 247.
723 *BGH* NJW 2000, 3492, 3494; MDR 2004, 219.
724 *BGH* NJW-RR 1988, 692.
725 *BGH* NJW 1999, 1022 und 1101.
726 *BGH* VersR 1986, 490 = NJW 1986, 1337.

Für Ehegatten und Lebenspartner bei bestehender Lebenspartnerschaft sowie für Kinder ist der besondere **familiäre Hemmungstatbestand** zu beachten, § 207 BGB, Rn. 409. Für den Fall der Verletzung der **sexuellen Selbstbestimmung** gilt die besondere Hemmung bis zur Vollendung des 21. Lebensjahrs des Gläubigers bzw. auch der Beendigung der häuslichen Gemeinschaft, § 208 BGB.[727]

928

c) Vereinbarungen zur Verjährung

§ 202 BGB lässt formfreie rechtsgeschäftliche Vereinbarungen zur Verjährung zu und zwar grundsätzlich auch schon vor Entstehung des Anspruchs oder bei einer laufender Verjährungsfrist. Neue Verjährungsmöglichkeiten, die das Gesetz nicht kennt, dürfen allerdings nicht eröffnet werden. Die Verjährung kann **erleichtert werden**. Eine solche Erleichterung wirkt haftungsbegrenzend. Bei einem vorsätzlichen Fehlverhalten kann die Verjährung kraft Gesetzes (§ 202 Abs. 1 BGB) jedoch nicht im Voraus erleichtert werden, allenfalls nach Entstehung des Anspruchs. Die rechtsgeschäftliche Vereinbarung zur Verjährung mit einem Gesamtschuldner wirkt nicht zwangsläufig für alle etwaigen Gesamtschuldner, vgl. Rn. 1485. Umgekehrt kann die Verjährung **erschwert** werden.

929

- Ausschlussfristen sind vereinbarungsfähig.
- Die Verjährungsfrist kann verkürzt werden. Die Verjährungsfrist kann aber auch bis hin zu 30 Jahren nach dem gesetzlichen Beginn der Verjährung (§ 202 Abs. 2 BGB) verlängert werden.
- Der Beginn der Verjährungsfrist kann festgelegt (z. B. rückdatiert oder auch hinausgeschoben) werden.
- Absprachen zur Hemmung sind statthaft. Z. B. können Hemmungsgründe eingeschränkt werden. Es kann aber auch ein Hemmungsgrund festgelegt werden, um die weitere Entwicklung der verletzten Person abzuwarten; zu Stillhalteabkommen Rn. 927.
- Es können Einzelheiten zum Neubeginn (§ 212 BGB) und dabei spezielle Neubeginnsgründe festgelegt werden.

930

Auf die Verjährung(seinrede) kann **verzichtet** werden. Auf den Grund für die Erklärung eines Verzichts kommt es dabei nicht an. Die konstitutive Befreiung von der Verjährung war als Verzicht in der Form eines abstrakten Schuldanerkenntnisses schon früher (Rn. 862) statthaft. Bereits verjährt vom Sozialleistungsträger erworbene Schadensersatzforderungen sollen vom Verzicht auf die Einrede der Verjährung in einem Teilungsabkommen nicht erfasst werden, weil das Teilungsabkommen die mögliche Existenz gesetzlicher Haftpflichtansprüche des Verletzten voraussetzt.[728] Kommt es bei Sozialversicherungsträgern zur Rechtsnachfolge ohne Einredeverzicht zu Gunsten des neuen Sozialversicherungsträgers, steht diesem eine kurze Überlegungsfrist nach Leistungsablehnung durch den Haftpflichtversicherer zu. Der Verzicht schließt als einseitige, empfangsbedürftige Willenserklärung bzw. als Ausübung eines Gestaltungsrechts den freien, einseitigen **Widerruf** durch den Schuldner aus. Wer dies anders beurteilt, hat die schon früher wegen Treu und Glauben geltenden Grundsätze (Rn. 863) anzuwenden.

931

Vereinbarungen haben in Formularverträgen oder allgemeinen Geschäftsbedingungen die **Grenzen** durch §§ 307, 309 Nr. 8 Buchst. b ff., 651m BGB zu beachten. Eine Verkürzung der Verjährung auf weniger als die Hälfte bzw. eine Verlängerung der Verjährung auf mehr als das Doppelte unterhalb der Höchstgrenze wird der Inhaltskontrolle nicht standhalten und selbst als Individualvereinbarung wegen unangemessener Abweichung von der gesetzlichen Vorgabe unwirksam sein.

932

---

727 Vgl. schon *OLG Hamm* FamRZ 2000, 1218 beim Schmerzensgeldanspruch der Tochter wegen sexuellen Missbrauchs, solange die Mutter mit dem Stiefvater die Ehe aufrechterhält, aber damals andererseits *OLG Köln* NJW-RR 2000, 558 = VersR 2000, 332.
728 *LG Bielefeld* VersR 1990, 1291 = NZV 1990, 235 = ZfS 1990, 262.

933 Beim zwischen den Beteiligten vereinbarten Vorbehalt von Ansprüchen in Bezug auf Ansprüche wegen Spätfolgen innerhalb einer bestimmten Zeitspanne bestimmt die Auslegung die verjährungsrechtliche Wirkung. Es liegt nicht zwangsläufig nahe, dass die Verjährung während der Zeitspanne (von 20 Jahren) unabhängig vom tatsächlichen Eintritt von Spätfolgen nicht laufen sollte.[729]

934 Das *OLG Düsseldorf*[730] verknüpft einen Abfindungsvergleich, in dem weitere Ansprüche vorbehalten worden sind für den Fall (als Bedingung), dass die Minderung der Erwerbsfähigkeit auf wenigstens 50% ansteigt, mit der Freistellung von der Verjährungseinrede bis zu dem Zeitpunkt, in dem tatsächlich die 50%-Grenze erreicht wird oder die Parteien übereinstimmend den Bedingungseintritt für gegeben erachten.

d) Schutz vor Verjährung durch Anerkenntnis

935 Die Zahlung des Haftpflichtversicherers aufgrund mitgeteilter Prüfung der Sach- und Rechtslage ist ein **deklaratorisches Anerkenntnis**, das tatsächliche und rechtliche Einwendungen gegen die Haftung ausschließt.[731]

936 Um ein **konstitutives Schuldanerkenntnis** (früher mit dreißigjähriger Verjährungsfrist) bejahen zu können, muss das Zahlungsversprechen vom konkreten Schuldgrund für die Haftung (dem Haftungsfall) gelöst sein. Die Festschreibung einer Haftungsquote allein schafft keinen neuen Schuldgrund. Einem konstitutiven Anerkenntnis stehen insbesondere Erklärungen entgegen, die für jeden mit der Sache Befassten eine eindeutige Zuordnung der Abfindungserklärung zum Schadensfall herstellen.[732] Wegen der 3-jährigen Frist des §195 BGB stärkt das abstrakte Schuldanerkenntnis die Position des Verletzten seit dem 1.1.2002 zur Verjährung lediglich mit dem Neubeginn der Verjährung, Rn. 941.

937 Wenn die betroffene Person mit einem Regulierungsvergleich, der Ansprüche wegen bestimmter künftiger Schäden ausnimmt, zugleich zur Rücknahme einer anhängigen Klage bewegt werden soll, ist von der Verjährung konstitutiv befreit.[733]

938 Das **titelersetzende Anerkenntnis** (führte und) führt zur Verjährungsfrist von 30 Jahren, also die Vereinbarung, mit der von der Verjährungseinrede wie bei einem Feststellungsurteil befreit sein soll.[734] Dabei muss es darum gehen, den Betroffenen klaglos stellen oder aus besonderem Anlass langfristig Wirkungen hinausschieben zu wollen.

939 **Tipp** Eine solche titelersetzende Vereinbarung sollte wie beim Feststellungsurteil einen klaren zeitlichen Bezugspunkt haben, d. h. es sollte ein Stichtag festgehalten werden. In der Formulierung sollte klargestellt sein, dass es um eine Wirkung geht, die sonst mit dem rechtskräftigen Feststellungsurteil verbunden ist, wobei auch auf den gesetzlichen Forderungsübergang auf Dritte zu achten ist – dieser also unberührt bleibt.

940 Eine Vereinbarung dahin, dass die Ansprüche des Verletzten dem Grunde und der Höhe nach für Vergangenheit und Zukunft ersetzt werden, spricht für ein titelersetzendes Anerkenntnis.

---

729 *OLG Karlsruhe* Urt. v. 26.10.2007, 14 U 230/06, VRS 113, 321.
730 VersR 1999, 587.
731 *KG* VersR 1999, 504 = OLGR 1999, 44.
732 *BGH* NJW 2003, 1524 = NZV 2003, 225 = VersR 2003, 452.
733 *OLG Oldenburg* MDR 1997, 351 = r+s 1997, 116; zu einem verneinten Anerkenntnis vgl. *OLG Zweibrücken* NJW-RR 1997, 1316.
734 *BGH* VersR 1998, 1387 = DAR 1988, 447 = NZV 1988, 456; VersR 1992, 1091 = DAR 1992, 375; zum Umfang einer Regulierungszusage vgl. auch *OLG Celle* VRS 84 (1993), 161; *BGH* NA-Beschl. v. 29.9.1992.

Neubeginn der Verjährung

Das zum Neubeginn der Verjährung führende Anerkenntnis (§ 212 BGB) stellt auf ein tatsächliches Verhalten des Verpflichteten gegenüber dem Berechtigten ab, aus dem sich unzweideutig ergibt, dass dem Schuldner das Bestehen der Schuld bewusst ist und der Berechtigte darauf vertrauen darf, der Schuldner werde sich nicht nach Fristablauf auf Verjährung berufen.[735] Dieses Anerkenntnis kann sich auf den Grund beziehen und den gesamten Anspruch erfassen.[736] Es kann die Haftungsquote meinen[737] oder mit dem Stammrecht die daraus erwachsenden wiederkehrenden Leistungen betreffen. Anerkennen kann der Haftpflichtversicherer wegen seiner Vollmacht (Rn. 790) mit Wirkung[738] gegen den Versicherten und den Mitversicherten. Einen Gleichlauf der Verjährung gibt es zu Gunsten des Sozialhilfeträgers bei den nach § 116 SGB X übergegangenen Ansprüchen im Fall des tatsächlichen Anerkenntnisses des Ersatzpflichtigen gegenüber dem Verletzten[739] ebenso wie beim außergerichtlichen titelersetzenden Anerkenntnis oder einer gerichtlichen Feststellung (Rn. 873).

941

Es kann bei dem Anerkenntnis um jede mündliche oder schriftliche **Erklärung**, auch ein Stillschweigen gehen, wenn die genannten (Rn. 941) Voraussetzungen erfüllt werden. Das deklaratorische und das abstrakte Schuldanerkenntnis führen zum Neubeginn der Verjährung. In der **Aufrechnung** mit einer bestrittenen und in Wahrheit nicht bestehenden Forderung gegen eine unbestrittene Forderung liegt je nach den konkreten Umständen ein solches Anerkenntnis.[740] **Leistungen** auf einzelne Schadensgruppen können ein umfassendes Anerkenntnis bedeuten.[741] Die Begrenzung auf einen bestimmten, abgrenzbaren Teil des Schadens muss demgegenüber eindeutig ausgedrückt sein. Die Zahlung des Versicherers ist grundsätzlich ein solches Anerkenntnis und zwar – auch – zu Lasten des Versicherungsnehmers selbst für den Teil der Ansprüche, für den der Versicherer nicht einzustehen hat, weil es um Ansprüche oberhalb der Deckungssumme geht. Anders verhält es sich nur, wenn klar zum Ausdruck gebracht wird, dass Ansprüche, die über die Deckungssumme hinausgehen, nicht anerkannt werden (sollen).[742] Sogar nach Übergang des Schadensersatzanspruchs auf einen Träger der Pflegeversicherung[743] können Zahlungen eines Schädigers und seines Haftpflichtversicherers an den Geschädigten die Anerkennung der Schuld beinhalten und bedeuten.[744] Sogar **Vergleichsverhandlungen** können – ausnahmsweise zu unstreitig zugrunde gelegten Elementen[745] – ein Anerkenntnis erschließen lassen. Grundsätzlich gilt aber, dass solche Verhandlungen unter Aufrechterhaltung der Rechtsstandpunkte geführt werden und abgegebene Erklärungen nach dem Scheitern der Verhandlungen deshalb wirkungslos sind.

942

---

735 *BGH* VersR 2003, 251.
736 *BGH* VersR 1984, 441, 442.
737 *BGH* VersR 1960, 831.
738 Zu § 10 Ziff. 5 AKB *BGH* VersR 1979, 284.
739 *OLG Köln* VersR 1998, 1307 m. *BGH* v. 23.3.1999.
740 *BGH* NJW 1989, 2469, 2470; Anm. v. *Maltzahn* in NJW 1989, 3143.
741 *BGH* VersR 1986, 96 = NJW 1986, 2943 = DAR 1986, 83, NJW-RR 1996, 474; beachte zudem *BGH* NJW 2008, 2776.
742 *BGH* NJW-RR 2004, 1475 = VersR 2004, 1278.
743 *BGH* NJW 2008, 2776 = VersR 2008, 1350.
744 Zur verjährungsrechtlichen Bedeutung eines Anerkenntnisses von Schadensersatzansprüchen nach dem Zivilgesetzbuch der ehemaligen DDR gegen die Deutsche Reichsbahn aus Unfällen vor Inkrafttreten des Einigungsvertrages beachte *BGH* NJW-RR 2009, 671 = VersR 2009, 368.
745 *BGH* NJW-RR 2002, 1433.

III. Anspruchsverfolgung durch gerichtliche Geltendmachung

943 Grund eines Anspruchs im prozessualen Sinn ist der Lebenssachverhalt, auf den ein Klaganspruch gestützt wird, nicht die Anspruchsgrundlage. Dies schließt den gesamten Tatsachenkomplex ein, der bei natürlicher, vom Standpunkt der Parteien ausgehenden Betrachtungsweise durch den Vortrag der Klagepartei zur Entscheidung gestellt ist. Innerhalb des identischen Schadens sind verschiedene Berechnungsgrundlagen unselbstständige Faktoren eines einheitlichen Schadens und Ersatzanspruchs (einheitlichen Lebenssachverhalts), die im Rahmen des geltend gemachten Gesamtbetrags austauschbar sind. Der Lebenssachverhalt wird i. S. d. § 263 ZPO nicht verändert zur Entscheidung gestellt, wenn die Klagepartei in Ergänzung des bisherigen Vorbringens die Schädigung auf weitere Vorfälle stützt oder die Berechnung des Schadens um einzelne Posten des gleichen Schadens erweitert.

Zuständigkeit

944 Zuständigkeitsbegründende Tatsachen hat grundsätzlich die Klagepartei beizubringen und schlüssig zu behaupten.[746]

945 Für den nicht ausschließlichen Wahlgerichtsstand des § 32 ZPO – auch für die Direktklage – ist Begehungsort als **Handlungsort** jeder Ort der tatbestandsmäßigen Ausführungshandlungen, auch eines Teilakts. Dies bezieht den Verletzungsort als **Erfolgsort** im Sinne des Eingriffs in ein Rechts-, Schutzgut ein, nicht aber den Ort des Eintritts des bloßen Vermögensfolgeschadens.

946 ▶ Erfolgsort im Sinne der Zuständigkeitsnormen bei unerlaubten Handlungen ist derjenige Ort, an dem die Verletzung des primär geschützten Rechtsguts eintritt. Maßgeblich für den Erfolgsort ist deshalb, an welchem Ort der Gesundheitsschaden eintritt, dies kann z. B. die Gesundheitsverletzung am Wohnort der verletzten Person sein. Erfolgsort ist aber nicht der Ort, an dem nachteilige Folgen eines Umstands spürbar werden, der bereits an einem anderen Ort einen (entstandenen) Schaden verursacht hat. ◀

947 Die **internationale Zuständigkeit** hat ein höheres Gewicht als die örtliche, sachliche oder funktionale Zuständigkeit. Sie entscheidet über das internationale Privatrecht und nicht selten mittelbar über das materielle Recht. Die Entscheidung über die internationale Zuständigkeit kann im Gegensatz zur Zuständigkeitsabgrenzung unter deutschen Gerichten die sachliche Entscheidung des Prozesses sogar vorweg nehmen, wie der *BGH*[747] betont.

948 Eine Person mit Sitz im Hoheitsgebiet eines Mitgliedstaats der EU kann in einem anderen Mitgliedstaat wegen unerlaubter Handlung vor dem Gericht des Ortes, an dem das schädigende Ereignis eingetreten ist oder einzutreten droht, verklagt werden. Die internationale Zuständigkeit deutscher Gerichte bestimmt insofern nicht das Ergebnis des Schadensersatzprozesses, sondern die schlüssige Darlegung eines Anspruchs, wobei das tatsächliche Vorliegen der Anspruchsvoraussetzungen zumindest möglich erscheinen muss, nicht von vornherein ausgeschlossen sein darf.[748]

949 Die besondere Zuständigkeit nach Wahl des klagenden Betroffenen knüpft **international** daran an, dass zwischen einer Streitigkeit und Gerichten eine besonders enge Beziehung besteht, die aus Gründen einer geordneten Rechtspflege und sachgerechter Gestaltung des Verfahrens eine Zuständigkeit dieser Gerichte legitimiert und nicht (nur) der Gerichte des Staates, in dem die in Anspruch genommene Partei ihren Wohn-, Geschäftssitz hat. Die mit Art. 5 Nr. EuGVVO (vorher Art. 5 Nr. EuGVÜ) fast wörtlich übereinstimmende Formulierung in Art. 5 Nr. 3 LugÜ „Ort, an dem das schädigende Ereignis eingetreten ist", ist insofern dahin zu verstehen, dass sie sowohl den Ort, an dem der schädigende Erfolg eingetreten ist, als auch den Ort der ursächlichen Handlung

---

746 *BGH* NJW 2008, 2344, Vorinstanz *OLGR Karlsruhe* 2007, 453.
747 *BGH* NJW-RR 2005, 581.
748 *OLG Koblenz* NJW-RR 2008, 148.

meint.⁷⁴⁹ Es wird damit dann, wenn die Orte des Ereignisses, das die Ersatzpflicht begründet hat, und des Schadenseintrittes nicht identisch sind, die Wahl zwischen dem Ort, an dem die schädigenden Auswirkungen des haftungsauslösenden Ereignisses zu Lasten des Betroffenen eintreten (Ort des Schadenserfolges), und dem Ort eröffnet, an dem das ursächliche Geschehen stattgefunden hat. Dies erfasst freilich nicht jeden Ort, an dem schädliche Folgen spürbar sind, nachdem ein verursachter Schaden an einem anderen Ort tatsächlich bereits entstanden ist.

> Verschreibt ein Arzt in der Schweiz einem in Deutschland wohnhaften Patienten Medikamente, die am Wohnort des Patienten zu schweren Nebenwirkungen führen, über die der Arzt den Patienten nicht aufgeklärt hat, so ergibt sich die internationale Zuständigkeit der deutschen Gerichte für eine auf deliktische Ansprüche gestützte Klage aus Art. 5 Nr. 3 LugÜ, weil der Erfolgsort in Deutschland liegt. Denn eine ärztliche Heilbehandlung, die – mangels ausreichender Aufklärung – ohne wirksame Einwilligung des Patienten erfolgt, führt nur dann zur Haftung des Arztes, wenn sie einen Gesundheitsschaden des Patienten zur Folge hat.⁷⁵⁰

950

Nach Art. 11 II Verordnung (EG) Nr. 44/2001 des Rates vom 22.12.2000 über die gerichtliche Zuständigkeit und die Anerkennung und Vollstreckung von Entscheidungen in Zivil- und Handelssachen (EuGVVO) i. V. m. Art. 9 Ib EuGVVO kann der Geschädigte, der seinen Wohnsitz in einem Mitgliedstaat hat, vor dem Gericht seines Wohnsitzes eine Klage unmittelbar gegen den Versicherer erheben, sofern die unmittelbare Klage zulässig ist und der Versicherer seinen Wohnsitz im Hoheitsgebiet eines anderen Mitgliedstaats hat.⁷⁵¹ Den prozessualen Schutz der in Versicherungsvertragsverfahren als schwächer angesehenen Partei hat der *EuGH*⁷⁵² dazu inhaltlich auf einen Unfallgeschädigten erstreckt, dem er den Klägergerichtsstand am eigenen Wohnsitz zubilligt. Eine Auslegung der Verweisung in Art. 11 Abs. 2 der Verordnung (EG) Nr.44/2001 auf Art. 9 Abs. 1 Buchst. b dieser Verordnung dahin, dass dem Geschädigten nur erlaubt sein soll, vor dem Gericht des Wohnsitzes des schädigenden Versicherungsnehmers, Versicherten oder des Begünstigten zu klagen, würde der Norm zuwiderlaufen.

951

Bei einem Entstehungsgrund für einen Schadensersatzanspruch i. S. d. Umwelthaftungsgesetzes gilt eine ausschließliche Zuständigkeit (§ 32a ZPO), die sich in Deutschland nach dem Bezirk der schädigenden Anlage richtet.

952

Bei schlüssiger Darlegung einer unerlaubten Handlung ist das zu der darauf gestützten Klage örtlich zuständige Gericht gem. § 17 Abs. 2 GVG innerhalb eines einheitlichen prozessualen Anspruchs auch zur Entscheidung über **konkurrierende Ansprüche** aus Vertragspflichtverletzung befugt.⁷⁵³ Dies betrifft insbesondere Fälle, in denen sich die Verletzung vertraglicher Pflichten zugleich als unerlaubte Handlung zeigt.

953

Bei der aus § 32 ZPO herzuleitenden internationalen Zuständigkeit ist die Entscheidungsbefugnis dagegen auf die deliktsrechtlichen Anspruchsgrundlagen beschränkt.⁷⁵⁴

954

Die **Zustellung** einer **Klage nach US-amerikanischem Recht**, mit der unbeziffert Strafschadensersatz gefordert wird, kann nicht grundsätzlich verhindert werden. Beim Verstoß gegen deutsches Verfassungsrecht gilt ausnahmsweise anderes, wenn feststeht, dass die im Klageweg geltend

955

---

749 S. *BGH* NJW-RR 2008, 516 zur internationalen Zuständigkeit deutscher Gerichte für die Entscheidung über eine Klage auf Schadensersatz wegen Betrugs zum Nachteil eines Geschädigten mit Wohnsitz in Deutschland durch einen in der Schweiz ansässigen Verwaltungsrat einer Gesellschaft nach dem Recht der Schweiz.
750 *BGH* NJW 2008, 2344, Vorinstanz *OLGR Karlsruhe* 2007, 453.
751 *BGH* VersR 2008, 955 nach *BGH* NJW 2007, 71 = VersR 2006, 1677 und Zwischenurteil *OLG Köln* NJW-RR 2006, 70 = VersR 2005, 1721 = DAR 2006, 212.
752 *EuGH* NJW 2008, 819 = VersR 2008, 111, beachte dazu *Nugel* in ZfS 2008, 309; s. vor der Entscheidung des *EuGH* noch *OLG Karlsruhe* NJW-RR 2008, 373 = DAR 2007, 587 und weiter u. a. *Herrmann* in VersR 2007, 1470.
753 *BGH* NJW 2003, 828 = ZIP 2003, 1860; dazu *Kiethe* in NJW 2003, 1294.
754 Beachte *BGH* NJW-RR 2005, 581 m.w.Nachw.

gemachte Forderung offenkundig keine substanzielle Grundlage hat oder das Verfahren in einer offensichtlich missbräuchlichen Art und Weise genutzt werden soll, insbesondere um „publizistischen Druck" zu erzeugen.[755]

956 Fremde Rechtsanschauungen und -ordnungen sind grundsätzlich auch dann zu achten, wenn am Maßstab der deutschen Rechtsordnung überprüfte ausländische Klagen nicht mit den deutschen Auffassungen übereinstimmen würden. Im Gegensatz zu der Möglichkeit der Verhängung von Strafschadensersatz (punitive damages) können freilich Schadensersatzforderungen in existenzgefährdender Höhe oder bei Sammelklagen (class action) mit einer unübersehbaren Anzahl von Klägern geeignet sein, eine Vereinbarkeit entsprechender Klageforderung mit unverzichtbaren Grundsätzen des freiheitlichen Rechtsstaates verneinen zu lassen.[756] Die Risiken gerichtlicher Entscheidungen hat freilich ein Unternehmer, der grenzüberschreitend am Wirtschaftsleben teilnimmt, grundsätzlich zu tragen.[757]

957 Die **Rechtsmittelzuständigkeit** des Oberlandesgerichts dann, wenn eine Partei bei Klageerhebung keinen allgemeinen Gerichtsstand im Inland hat, ist formal zu verstehen. Sie gilt selbst dann, wenn sich im Einzelfall keine besonderen Fragen des internationalen Privatrechts stellt.[758]

Bindung

958 An den unanfechtbaren Verwaltungsakt eines Unfallversicherungsträgers zum Versicherungsfall und den Folgen ist das Zivilgericht – von Amts wegen und direkt – gebunden. § 108 Abs. 1 SGB VII dient insofern dem Ziel, durch eine Bindung von Gerichten außerhalb der Sozialgerichtsbarkeit an die Entscheidungen der Unfallversicherungsträger und Sozialgerichte divergierende Beurteilungen zu vermeiden und die einheitliche Bewertung der unfallversicherungsrechtlichen Kriterien zu gewährleisten[759]. Die Bindungswirkung i. S. d. § 118 SGB X will (ebenfalls) verhindern, dass Zivilgerichte anders über einen Sozialleistungsanspruch entscheiden als die an sich zuständigen Leistungsträger oder Gerichte. Zugleich sollen sozialrechtliche Vorfragen den Zivilprozess nicht belasten.[760] Die Bindung betrifft die Entscheidung über den nach § 116 Abs. 1 SGB X vom Geschädigten auf einen Sozialversicherungsträger übergegangenen Anspruch und zwar bezogen auf eine unanfechtbare Entscheidung eines Sozial- oder Verwaltungsgerichts oder eines Sozialversicherungsträgers über Grund oder Höhe der dem Leistungsträger obliegenden Verpflichtung. Sie verwehrt es dem im Regressweg in Anspruch genommenen Schädiger grundsätzlich, Einwendungen gegen die Aktivlegitimation des klagenden Sozialversicherungsträgers erheben zu können.[760]

959 Die für die Bindungswirkung nach § 108 SGB VII erforderliche Beteiligung des betroffenen Dritten setzt voraus, dass dieser in Kenntnis des Verfahrens und dessen Auswirkungen auf seine eigene rechtliche Position darüber entscheiden kann, ob er an dem sozialrechtlichen Verfahren teilnehmen will oder nicht.[761] § 108 SGB VII gilt auch im Rechtsstreit des Arbeitgebers des geschädigten Versicherten gegen den Schädiger.[762] Ggfs. ist dementsprechend ein Zivilrechtsstreit auszusetzen.

960 Die Bindungswirkung des § 118 SGB X erstreckt sich auf den Tenor des Leistungsbescheids oder des sozial- bzw. verwaltungsgerichtlichen Urteils und dessen tragende Feststellungen. Sie erfasst u. a. die Frage der Versicherteneigenschaft des Verletzten und Art sowie Höhe der Sozialleistung,

---

755 *OLGR Düsseldorf* 2006, 777 = NJW-RR 2007, 640.
756 *BVerfG* NJW 2007, 3709; zur Weiterleitung des Rechtshilfeersuchens mit dem Ziel der Zeugenvernehmung beachte *OLG Celle* NJW-RR 2008, 78.
757 *BVerfG* VersR 2007, 964 = WPM 2007, 375 (Vorinstanz *OLG Frankfurt* IPRspr 2004, Nr 154a, 336) zur Zustellung bzw. dem Zustellersuchen wegen einer Klage auf Schadensersatz und Strafschadensersatz vor einem Gericht der Vereinigten Staaten von Amerika.
758 *BGH* NJW-RR 2007, 1436 = VersR 2008, 94.
759 *BGHZ* 166, 42 = NJW 2006, 1592 = VersR 2006, 548 = DAR 2006, 321.
760 *BGH* VersR 2009, 995 = r+s 2009, 302.
761 *BGH* VersR 2008, 255 = ZfS 2008, 196.
762 *BGH* VersR 2007, 1131 = ZfS 2007, 561.

grundsätzlich auch die Feststellung der Zuständigkeit der den Bescheid erlassenden Behörde.[763] Die Bindungswirkung des § 108 Abs. 1 SGB VII soll sich auch auf die Entscheidung darüber erstrecken, ob der Geschädigte den Unfall als Versicherter aufgrund eines Beschäftigungsverhältnisses im Sinne des § 2 Abs. 1 Nr. 1 oder Abs. 2 Satz 1 SGB VII oder als Hilfeleistender nach § 2 Abs. 1 Nr. 13 Buchst. a SGB VII erlitten hat.[764] Die Bindungswirkung des § 118 SGB X betrifft nicht zivilrechtliche Haftungsvoraussetzungen, also nicht Kausalitätsfragen zu der Schädigungshandlung und dem eingetretenen Schaden.[763]

§ 108 SGB VII ist nicht – auch nicht entsprechend – anzuwenden zum Rechtsstreit zwischen dem Sozialversicherungsträger des Betroffenen und dem Haftpflichtversicherer des Schädigers über einen Anspruch aus einem Teilungsabkommen.[765] **961**

Streitgenossenschaft

Bei der einfachen Streitgenossenschaft (§§ 59, 60 ZPO) müssen Prozessvoraussetzungen jeweils gegenüber jedem Streitgenossen vorliegen. Jeder Streitgenosse ist so zu behandeln, als ob er allein prozessiert, § 61 ZPO. **962**

Besondere Prozessvoraussetzung der Streitschlichtung

Ist durch Landesrecht ein obligatorisches Güteverfahren vorgeschrieben, muss der Einigungsversuch der Klageerhebung vorausgehen. Er kann nicht nach der Klageerhebung nachgeholt werden. Eine ohne den Einigungsversuch erhobene Klage ist als unzulässig abzuweisen.[766] **963**

Die besondere Prozessvoraussetzung der außergerichtlichen Streitschlichtung i. S. d. § 15a EGZPO ist bei Vorliegen des sachlichen Anwendungsbereichs und dem Wohnsitz bereits einer der Parteien im zuständigen Landgerichtsbezirk gegeben. Denn der räumliche Anwendungsbereich der Norm setzt nicht voraus, dass mehrere am Rechtsstreit beteiligte Parteien im gleichen Landgerichtsbezirk wohnen müssen.[767] **964**

Adhäsionsverfahren

Gem. § 403 StPO kann der Verletzte oder sein Erbe gegen den Beschuldigten den aus der Straftat erwachsenen vermögensrechtlichen, noch nicht gerichtlich anhängigen Anspruch im Strafverfahren geltend machen und zwar im Verfahren vor dem Amtsgericht ohne Rücksicht auf den Wert des Streitgegenstandes.[768] **965**

Wird auf Revision der Staatsanwaltschaft ein Urteil im Schuld- und Rechtsfolgenausspruch mit den Feststellungen aufgehoben und die Sache zu neuer Verhandlung und Entscheidung zurückverwiesen, bleibt die mit der Verurteilung erfolgte Entscheidung über einen Adhäsionsantrag unberührt. Über deren Aufhebung ist vom neuen Tatrichter auf der Grundlage des Ergebnisses der neuen Hauptverhandlung zu entscheiden.[769] **966**

Das Adhäsionsverfahren ist nach den Grundsätzen der Strafprozessordnung durchzuführen. Der Amtsermittlungsgrundsatz des § 244 Abs. 2 StPO gilt. **967**

Die Geständniswirkung des § 288 ZPO gilt nicht. Anerkenntnisurteil und Versäumnisurteil sind ausgeschlossen. Die Statthaftigkeit eines Vergleichs ist fraglich. **968**

---

763 *BGH* VersR 2009, 995 = r+s 2009, 302.
764 *BGH* VersR 2008, 255 = ZfS 2008, 196, kritisierend insofern *Lemcke* in r+s 2008, 309.
765 *BGH* NJW-RR 2007, 531 = VersR 2005, 1751 = ZfS 2006, 321.
766 *BGHZ* 161, 145 = NJW 2005, 437 = VersR 2005, 708.
767 So *LG Bielefeld* v. 17.4.2007, 20 S 7/07, offen gelassen von *BGH* r+s 2008, 167 = VersR 2008, 485 = MDR 2008, 447.
768 Zum Adhäsionsverfahren nach der Opferrechtsreform *Dallmeyer* in JuS 2005, 327; s. weiter *Krumm* in SVR 2007, 41, *Plüür/Herbst* in NJ 2005, 153 ff. und NJ 2008, 14 ff.
769 *BGH* NJW 2008, 1239.

969 Anzumerken ist, dass das Geständnis im Strafverfahren im Zivilprozess nicht die Wirkungen der §§ 288, 290 ZPO entfaltet, aber im Rahmen der Beweiswürdigung nach § 286 ZPO ein wichtiges Indiz für die Wahrheit der zugestandenen Tatsachen ist, wenn und nachdem etwaige für die Unrichtigkeit des Geständnisses angetretene Beweise erhoben sind.[770]

970 Zum Schmerzensgeldbegehren ist ein Absehen von der Entscheidung nur zulässig, wenn der Antrag unzulässig ist oder soweit er unbegründet erscheint. Im Fall eines Anerkenntnisses ergeht Anerkenntnisurteil. Ansonsten kann ein Grundurteil[771] ergehen mit dem sich vor dem zuständigen Zivilgericht anschließenden Betragsverfahren.

971 Die Schadensersatzklage vor dem Zivilgericht ist nicht mutwillig, wenn der Anspruchsteller als Nebenkläger die Möglichkeit des Adhäsionsverfahrens im Rahmen eines Strafverfahrens nicht nutzt bzw. nicht genutzt hat.[772]

Streitgegenstand

972 Streitgegenstand ist der als Rechtsschutzbegehren bzw. Rechtsfolgenbehauptung verstandene prozessuale Anspruch, der durch den Klageantrag (die Rechtsfolge) und den Lebenssachverhalt (als Klage- bzw. Anspruchsgrund) bestimmt wird, aus dem die Klagepartei die begehrte Rechtsfolge herleitet.[773] Zum Streitgegenstand gehören alle Tatsachen, die bei natürlicher, vom Standpunkt der Parteien ausgehender und so den Sachverhalt „seinem Wesen nach" erfassender Betrachtung zu dem zur Entscheidung gestellten Tatsachenkomplex gehören.

973 ▶ Vom Streitgegenstand werden alle aus dem vorgetragenen Lebenssachverhalt herzuleitenden materiell-rechtlichen Ansprüche im Rahmen des gestellten Antrags erfasst. ◀

974 Um selbstständige Forderungen und damit prozessual **selbstständige Ansprüche** handelt es sich, wenn sich die Schadensentstehung nach je besonderer Art trennen lässt und das Ersatzverlangen deswegen jeweils eigenständigen Vortrag erfordert.

975 Selbstständig sind die Anspruchs-, **Schadensgruppen** (Schadensarten), z. B. der Vermögensschaden und der Nichtvermögensschaden, der Verdienst-, Erwerbsausfall, der Unterhaltsschadensersatzanspruch mehrerer Hinterbliebener, die Anspruchsteile bei einem Forderungsübergang, der Sachschadensersatzanspruch **mehrerer Berechtigter**, wenn sich nicht aus materiellem Recht etwas anderes ergibt.

976 Die Erwerbsschadens- bzw. Verdienstausfallrente und das Schmerzensgeld sind auch bei Klageverbindung prozessual zu trennen.[774]

977 Das über einen Rentenanspruch z. B. bei Erwerbsminderung und wegen vermehrter Bedürfnisse einheitlich – ziffernmäßig nicht aufgeteilt – zu entscheiden ist, ist nach der hier vertretenen Ansicht wenig relevant. Wegen der wesentlichen Unterschiede zwischen dem Erwerbsschaden und dem Mehrbedarfsschaden sollte dazu stets die (auch prozessuale) Selbstständigkeit bedacht sein, wobei die Regeln zum unbezifferten Begehren und § 92 ZPO den Verletzten vor für ihn unzumutbaren Kostenrisiken bewahren können und in der Praxis sollten.

978 Von den selbstständigen Anspruchsgruppen zu trennen, sind **unselbstständige Rechnungsposten** als einzelne Position innerhalb einer einheitlichen Ersatzsumme.

979 Dazu ändern Veränderungen die Begründung des Anspruchs, bedingen aber keinen neuen Anspruch und sind kein Anspruchswechsel.[775]

---

770 *BGH* NJW-RR 2004, 1001.
771 *BGHSt* 44, 202 = NJW 1999, 437.
772 *OLG Frankfurt* NJOZ 2007, 5351.
773 *BGH* NJW 2004, 1252.
774 *BGH* VersR 1985, 1141; *BGHZ* 122, 363 = NJW 1993, 2173.
775 *BGH* NJW-RR 1996, 891 (Schäden aus einem bestimmten Mangel).

Neuer Sachvortrag zur haftungsausfüllenden Kausalität ändert den Klagegrund nicht[776], weil innerhalb des einheitlichen Schadens die Berechnungsgrundlagen bloße austauschbare (Rechen-) Faktoren innerhalb des geltend gemachten Gesamtbetrags sind. Ergänzt der Anspruchsteller tatsächliche Behauptungen zu einzelnen Posten (Berechnungsgrundlagen) des gleichen Schadens, begründet das selbst dann und trotz unterschiedlicher Voraussetzungen keinen neuen Streitgegenstand, wenn die Klage möglicherweise erst dadurch gerechtfertigt erscheinen kann.[777] Auf Unterschiede der sachlichen Voraussetzungen kommt es insofern nicht an. 980

Die ziffern- und betragsmäßige Anpassung eines Leistungsantrages an eine fortschreitende Schadensentwicklung oder veränderte wirtschaftliche Verhältnisse ändert den Streitgegenstand ebenfalls nicht. 981

Ein Gericht kann von sich aus einen einzelnen (unselbstständigen) Schadensposten unberücksichtigt lassen und aus anderen Gründen den Ersatz zusprechen (Rn. 1322). 982

Setzt sich ein einheitlicher Schaden aus Einzelpositionen zusammen, geht es um unselbstständige Rechnungsposten. Innerhalb einer Schadensgruppe sind die Berechnungsgrundlagen austauschbare Faktoren. So zeigen sich Rechnungsposten zur Ermittlung des Umfangs eines entgangenen Gewinns. 983

Reparaturkosten und Wertminderung knüpfen an die Beschädigung einer Sache an. Sie begründen freilich verschiedene – selbstständige und teilurteilsfähige[778] – Rechnungsposten des einheitlichen prozessualen Anspruchs auf Ersatz des Sachschadens.[779] 984

Rechtskraft

Für den Umfang der Rechtskraft ist nicht maßgebend, ob einzelne Tatsachen des Lebenssachverhalts vorgetragen sind oder nicht. Die Reichweite der Rechtskraft ist unabhängig davon, ob die Parteien (vor dem Schluss der mündlichen Verhandlung entstandene) Tatsachen wirklich schon gekannt haben und haben vortragen können. Zum Klagegrund rechnen jedoch nicht Tatsachen, die im Vortrag der Klagepartei gar nicht angedeutet sind, von dem klägerischen Standpunkt aus nicht vorgetragen werden mussten und bei natürlicher Anschauung auch nicht zu dem angesprochenen Lebenssachverhalt gehörten.[780] 985

▶ Tatsachen, die nicht vorgetragen werden können, weil sie selbst sachkundigen Personen objektiv (noch) nicht bekannt sind, gehören nicht zum Klagegrund.[781] Neu sind Tatsachen, die erst nach Schluss der mündlichen Verhandlung im ersten Prozess (und dort ggfs. in erster Instanz) entstanden sind. ◀ 986

Vollstreckungsprivileg

Die Ersatzforderung bei Haftung wegen **vorsätzlich** begangener **unerlaubter Handlung** – wie ggfs. mit einer titelergänzenden Feststellungsklage geklärt werden kann – ist **vollstreckungsrechtlich**[782] **begünstigt**, § 850f Abs. 2 ZPO[783], § 89 Abs. 2 Satz 2 InsO. Die Gläubiger von Schadensersatzansprüchen nach § 844 Abs. 2 BGB aus fahrlässig begangener unerlaubter Handlung gehören nicht zu Gläubigern i. S. d. § 89 Abs. 2 Satz 2 InsO.[784] 987

---

776 *BGH* NJW-RR 1991, 1279.
777 *BGH* NJW-RR 2006, 253.
778 *BGH* NJW 1993, 1793 = VersR 1993, 1279.
779 *BGHZ* 81, 385 = NJW 1982, 98 = VersR 1982, 72.
780 So *BGH* NJW-RR 2006, 712 = NZV 2006, 408 = VersR 2006, 1090 = ZfS 2006, 381 = DAR 2006, 444.
781 *BGH* NJW-RR 2006, 712 = NZV 2006, 408 = VersR 2006, 1090 = ZfS 2006, 381 = DAR 2006, 444.
782 Näher *Sturm* in JurBüro 2003, 116.
783 Dazu eingehend *Neugebauer* in MDR 2004, 1223–1228, *Sturm* in JurBüro 2003, 116–119; ; s. auch *Behr* in Rpfleger 2003, 389–391.
784 *BGH* WPM 2006, 1730.

988 Die Erteilung der Restschuldbefreiung berührt Verbindlichkeiten des Schuldners aus einer vorsätzlich begangenen unerlaubten Handlung nicht, wenn der Gläubiger diese Forderung unter Angabe des Rechtsgrundes nach § 174 Abs. 2 InsO angemeldet hat, § 302 InsO.

989 U.U. kann nach einem Vollstreckungsbescheid Klage auf Feststellung der rechtlichen Einordnung als „Forderung aus vorsätzlich begangener unerlaubter Handlung" erhoben werden.[785] Erhebt der Insolvenzverwalter gegenüber der Anmeldung einer Forderung, die aus einer vorsätzlich begangenen unerlaubten Handlung hergeleitet wird, einen auf den Rechtsgrund beschränkten Widerspruch, hat der Gläubiger ein rechtliches Interesse daran, die Wirkungslosigkeit dieses Widerspruchs feststellen zu lassen.[786] Hängt der Bestand der Forderung nicht von einer Vorsatztat ab, steht dem Insolvenzverwalter ein auf den Rechtsgrund der angemeldeten Forderung beschränktes Widerspruchsrecht nicht zu.[787]

990 Ein US-amerikanisches Urteil auf punitive damages von nicht unerheblicher Höhe neben der Zuerkennung von Ersatz für materielle und immaterielle Schäden kann in Deutschland regelmäßig nicht für vollstreckbar erklärt werden.[788]

1. Leistungsklage

Formulierungsbeispiele zum Klageantrag und Urteilstenor

Erwerbsschaden:

991 Die Beklagten werden als Gesamtschuldner verurteilt[789], der Klägerin/dem Kläger ab … (Monat) eine monatliche Rente in Höhe von … jeweils im Voraus zum 1. eines Monats bis zum vollendeten … Lebensjahr der Klägerin/des Klägers zu zahlen.

Oder:

992 Die Beklagte wird verurteilt, an die Klägerin

… € nebst Zinsen von … in Höhe von … seit dem … sowie

für die Zeit vom … bis zum … eine vierteljährliche im Voraus zahlbare Verdienstausfallschadensrente in Höhe von … € nebst jeweils Zinsen von 5 Prozentpunkten über dem jeweiligen Basiszinssatz verzinslich ab Fälligkeit

zu zahlen.

Oder:

993 Die Beklagte wird verurteilt, an die Klägerin

ab … monatlich im Voraus bis einschließlich … eine Verdienstausfallentschädigung in Höhe von … € zu zahlen.

---

785 *BGH* NJW 2006, 2922.
786 *BGH* WPM 2008, 1509.
787 *BGH* WPM 2008, 1509 unter Fortführung von *BGH* WPM 2008, 650 = ZIP 2008, 566 mit Vorinstanz *OLG Hamm* ZInsO 2007, 1279.
788 BGHZ 118, 312 = NJW 1992, 3096 = VersR 1992, 1281.
789 Zur begrenzten Zahlungspflicht wegen der Haftungsbeschränkung des Haftpflichtversicherers oder einer Haftungshöchstgrenze beachte Rn. 214, 807.

Leistungsklage 1

Hausarbeitsschaden, Haushaltsführungsschaden:
Die Beklagte wird verurteilt, an die Klägerin

als Ersatz für Haushaltshilfekosten

vierteljährlich, beginnend am ......, im Voraus folgende Zahlungen zu leisten:

am 1. Januar, 1. April und 1. Juli jeweils einen Betrag von ... € und am 1. ... jeweils einen Betrag von ... €

Oder:

Der Beklagte wird verurteilt, ab ...... eine monatliche Schadensersatzrente in Höhe von ... €,

und zwar jeweils im Voraus bis zum 3. Tag des laufenden Monats,

zu zahlen.

994

995

Kombination von Erwerbsschaden und Hausarbeits-, Haushaltsführungsschaden:
Die Beklagte wird verurteilt, an die Klägerin zu zahlen

ab ...... monatlich im Voraus bis einschließlich ... eine Verdienstausfallentschädigung in Höhe von ... €

und bis einschließlich ... eine Entschädigung für den Hausarbeitsschaden/Haushaltsführungsschaden in Höhe von ... €

mit der Maßgabe, dass insgesamt monatlich höchstens ... € zu zahlen sind.

996

Mehrbedarfsschaden:
Die Beklagte wird verurteilt, an die Klägerin als Ersatz für ... (z. B. Pflegeaufwand)

vierteljährlich, beginnend am ......, im Voraus folgende Zahlungen zu leisten:

am 1. Januar, 1. April und 1. Juli jeweils einen Betrag von ...... € und am 1. ... jeweils einen Betrag von ... €

Oder:

Der Beklagte wird verurteilt, ab ...... eine monatliche Rente in Höhe von ... €, und zwar jeweils im Voraus bis zum 3. Tag des laufenden Monats, zu zahlen.

Oder:

Die Beklagten werden ferner verurteilt, als Gesamtschuldner an den Kläger ... € an personellem und sachlichem Mehraufwand nebst 4 % Zinsen von ... seit dem ... sowie ab dem ... monatlich ... € (als Betreuungs- und Pflegeaufwand) zu zahlen.

997

998

999

Schmerzensgeld:
Die Beklagten werden als Gesamtschuldner verurteilt, an den Kläger ein Schmerzensgeld in Höhe von ... € nebst Zinsen in Höhe von fünf Prozentpunkten über dem Basiszinssatz seit dem ... zu zahlen.

Oder:

... die Beklagten zu verurteilen, als Gesamtschuldner an den Kläger ein angemessenes Schmerzensgeld [*oder:* einen Schmerzensgeld-Kapitalbetrag], dessen Höhe in das Ermessen des Gerichts gestellt wird, jedoch ... € nicht unterschreiten sollte, nebst Zinsen in Höhe von ... € seit ... zu zahlen.

1000

1001

1002 ... die Beklagten zu verurteilen, samtverbindlich [oder: als Gesamtschuldner] an den Kläger eine monatliche Schmerzensgeldrente, deren Höhe in das Ermessen des Gerichts gestellt wird, jedoch ... € monatlich nicht unterschreiten sollte, beginnend ab dem auf die Rechtshängigkeit folgenden Monat, jeweils vierteljährlich im Voraus zum 1. Januar, 1. April, 1. Juli sowie 1. Oktober eines jeden Jahres zu zahlen.

Oder:

1003 Der Beklagte zu 1) wird verurteilt, an den Kläger für die Monate ... bis einschließlich ... eine rückständige Schmerzensgeldrente in Höhe von insgesamt ... € (... Monate × ... € pro Monat) sowie ab ... eine laufende monatliche Schmerzensgeldrente in Höhe von ... € zu zahlen. Die Zahlungen haben jeweils vierteljährlich im Voraus zum 1. Januar, 1. April, 1. Juli sowie 1. Oktober eines jeden Jahres zu erfolgen.

1004 **Unterhaltsschaden:**
Die Beklagten werden verurteilt, als Gesamtschuldner an die Klägerin/an den Kläger ... € (Rückstände vor Klageerhebung in einem Betrag) nebst Zinsen in Höhe von ... € seit dem ... zu zahlen. Die Beklagten werden weiter verurteilt, als Gesamtschuldner als Unterhaltsrente an die Klägerin/den Kläger mit Wirkung ab ... (Tag) monatlich ... € (Betrag), endend am ... (Endzeitpunkt), spätestens aber mit dem Tod der Klägerin/des Klägers [ggfs.: abzüglich bezahlter ... € (Betrag)] zu zahlen. Die Rente ist jeweils für drei Monate vorauszuzahlen und ab dem Ersten des jeweiligen Monats zu verzinsen mit ...

Oder:

1005 Die Beklagten werden als Gesamtschuldner verurteilt, an die Klägerin/an den Kläger ... eine monatliche Unterhaltsrente in Höhe von ... €, beginnend ab dem ... bis zum ..., zahlbar jeweils vierteljährlich im Voraus, sowie rückständigen Unterhalt vom ... bis zum ... in Höhe von ... € nebst Zinsen in Höhe von ... aus jeweils ... seit dem ... eines jeden Jahres, beginnend ab dem ... bis einschließlich ..., zu zahlen.

 1006 *In der Onlineversion sind die Formulierungsbeispiele als Worddatei abrufbar.*

a) Bestimmtheit, Bezifferung

1007 Die Klageerhebung zielt zunächst darauf, dem Anspruchsgegner den Willen des Anspruchstellers zur Durchsetzung seiner Forderung zu verdeutlichen. § 253 Abs. 2 Nr. 2 ZPO verlangt dazu die bestimmte Angabe des Gegenstandes und des Grundes eines erhobenen Anspruchs. Insofern sind alle Tatsachen vorzutragen, die den Streit unverwechselbar festlegen.

1008 Der zur Entscheidung gestellte Anspruch muss eindeutig identifizierbar, der Sachverhalt darf nicht beliebig sein.[790] Wird dem nicht Rechnung getragen, kann die Klage schon unzulässig und nicht erst oder nur unsubstanziiert sein. Die gebotene Individualisierung der Klagegründe kann grundsätzlich freilich sogar durch eine konkrete Bezugnahme auf andere Schriftstücke erfolgen.

1009 Jedes Leistungsurteil muss ausdrücken, welche Grundlagen die Prognose für die Zukunft hat. In die Zukunftsprognose nicht einbezogene und wegen Ungewissheit nicht einbeziehbare Faktoren sind in den Entscheidungsgründen deutlich zu machen.[791] Nur dann kann später eine Abänderung angeschlossen werden.

1010 Im Grundsatz sind unbezifferte Klageanträge statthaft, wenn die Bezifferung für die Klagepartei unmöglich oder unzumutbar[792] ist, also insbesondere dann, wenn Umfang und Höhe des

---
790 *BAG* DB 2003, 348.
791 *BGH* VersR 1990, 907 = NZV 1990, 307.
792 Zur „angemessenen Wertminderung" beim Sachschaden *BGH* NJW 1982, 340 = VersR 1982, 96.

Anspruchs durch Schätzung (§ 287 ZPO) oder durch Ermessensausübung (§§ 253 Abs. 2, 651f Abs. 2 BGB)[793] bestimmt werden[794]; beachte zu **Rentenansprüchen** Rn. 1283 ff.

Tipp Der *BGH*[795] hat zum **Mehrbedarf** betont, dass dann, wenn die Klagepartei für einen bestimmten Zeitraum die Höhe der Geldrente nicht in das Ermessen des Gerichts stellt, sondern einen bezifferten Zahlungsantrag stellt, das Gericht gem. § 308 ZPO an die Vorstellungen der Klagepartei gebunden ist. Zugleich hat er herausgestellt, dass ein Gericht nicht i. S. d. § 139 ZPO eine Partei darauf hinzuweisen hat, dass sie mehr als gefordert verlangen kann, soweit sie die Berechnung nicht zulässigerweise in das Ermessen des Gerichtes stellt. 1011

Es widerspricht nicht dem Erfordernis der Bestimmtheit des Klageantrags (§ 253 Abs. 2 Nr. 2 ZPO), wenn **mehrere unterhaltsgeschädigte Familienangehörige** die vorgestellte Größenordnung des jeweiligen Schadensersatzanspruches bezeichnen und sich zugleich mit einer anderen Aufteilung innerhalb des insgesamt geltend gemachten Betrages einverstanden erklären. Zu einer Teilabweisung kommt es nicht, wenn das Gericht den Gesamtbetrag zuspricht und nur abweichend[796] aufteilt. 1012

▶ Bei der Praxis der Eingangsgerichte ist Vorsicht geboten und eine Bezifferung (zumindest bei den eigenen Darlegungen, wenngleich nicht unbedingt im Antrag – beachte Rn. 1010) anzuraten, um Zulässigkeitsbedenken zu begegnen, ohne aber von Höchstbeträgen zu sprechen. ◀ 1013

Beim **Schmerzensgeldbegehren** ist der Antrag, ein angemessenes oder ein in das richterliche Ermessen gestelltes Schmerzensgeld zu zahlen, unbestritten zulässig. Für einen Berufungsantrag muss Gleiches gelten. Nach oben ist das Ermessen des Gerichts zur Entscheidung über das Schmerzensgeld nur durch die Angabe einer Obergrenze begrenzt. 1014

Zu **Zeitabschnitten**, die im Klagebegehren unterschieden werden, verwehrt es § 308 ZPO einem Gericht, über die für einen Zeitabschnitt geltend gemachte Beträge hinaus zu gehen.[797] 1015

Da in einem Jahr einzelne Ansprüche unterschiedlich hoch sein können, lässt das Begehren zu einer „Vergütung" für „61 Tage des Jahres ...", deren Lage nicht festgelegt ist, die notwendige zeitliche **Individualisierung** vermissen.[798] 1016

Werden addierte Kosten geltend gemacht und **Zahlungen** in **Abzug** gebracht, wird von Gerichten die Klage u. U. für zu unbestimmt gehalten[799], wenn nicht klargestellt wird, auf welche Positionen die Zahlungen verrechnet sind. Darauf, dass aus Rechtsgründen einer gesetzlich vorgegebenen Verrechnung[800] nachgegangen wird, kann und darf sich der Anwalt nicht immer verlassen. 1017

Teilklage

Bei einer Teilklage muss angesichts eines einheitlichen Lebenssachverhalts klar sein, ob mehrere (prozessuale) Streitgegenstände gegeben sind. 1018

Für die Klage auf Zahlung eines Teilbetrags aus mehreren rechtlich selbstständigen Ansprüchen bedarf es – um eine Unzulässigkeit der Teilklage zu vermeiden – der **Aufteilung** als Angabe des jeweiligen Teilbetrags zum jeweiligen Anspruch oder der Bezeichnung eines Haupt- und Hilfsbe- 1019

---

793 Sehr weitgehend *BGH* NJW 1999, 353, 354: Angabe nur einer Größenordnung zur Rückforderung einer Zuwendung angesichts der genauen Bestimmung nach dem Ermessen des Gerichts.
794 S. im Einzelnen *Ruttlof* in VersR 2008, 50.
795 *BGHZ* 163, 351 = NJW 2006, 1271 = VersR 2005, 1559.
796 *BGH* VersR 1972, 948 = NJW 1972, 1716; NZV 1989, 353.
797 *BGH* NJW-RR 1990, 380 = VersR 1990, 212.
798 Vgl. *BAG* DB 2003, 348 zum Verlangen einer (erhöhten) Vergütung mit dem Aspekt „Kranken- bzw. Urlaubsvergütung" für „61 Werktage des Jahres 1999", deren Lage der Kläger nicht festgelegt hat.
799 *OLG Frankfurt* ZfS 1995, 4, 7.
800 Zur Verrechnung von Zahlungen ohne Tilgungsbestimmung *OLG Zweibrücken* VersR 1999, 508.

gehrens mit bestimmter Reihenfolge.⁸⁰¹ So muss ausgeschlossen sein, dass das angerufene Gericht eine Reihenfolge der zu prüfenden Ansprüche wählt oder wählen muss, denn solche Handhabung würde zu unterschiedlichen Streitgegenständen in den jeweiligen Instanzen führen können. Dies kann z. B. den Sachschaden, ein Schmerzensgeld, Behandlungskosten, den Verdienstausfall betreffen.

1020 Die Klage auf Zahlung eines Geldbetrags (Kapital oder wiederkehrende Rente) ist zur Geldsumme allerdings dadurch ausreichend exakt bestimmt, dass sie beziffert wird. Wegen der Dispositions- und Parteimaxime ist es deshalb unbedenklich, wenn lediglich ein Betrag als Teil einer Gesamtsumme beziffert wird.

1021 ▶ Als eine bloße Saldo(teil)klage bleibt bei einem aus mehreren Einzelpositionen zusammengesetzten Anspruch ein Ersatzverlangen mangels Bestimmtheit dann unzulässig, wenn die Klagepartei angesichts mehrerer prozessual selbstständiger Ansprüche nicht mindestens die Reihenfolge angibt, in der das Gericht die Ansprüche prüfen soll.⁸⁰² Bei einer einheitlichen Forderung mit unselbstständigen Rechnungsposten kann freilich ein erstrangiger Teilbetrag ohne Weiteres, d. h. ohne jede weitere Individualisierung oder Eingrenzung⁸⁰³, zur Entscheidung gestellt werden. ◀

1022 Jede Teilklage trägt das Risiko der negativen Feststellungswiderklage in sich.

1023 **Tipp** Die erkennbar **offene Teilklage**, deren Rechtskraft sich nicht auf den nicht eingeklagten Rest einer Forderung erstreckt, hält die Zusatzklage bzw. Nachforderung sicher⁸⁰⁴ offen.

b) Klärung des Anspruchsgrunds

1024 Der seit dem 1.9.2004 zugelassene Freibeweis (§ 284 ZPO) ändert nichts am Grad der i. S. d. § 286 ZPO erforderlichen Überzeugung.

1025 Derjenige, der einen Anspruch geltend macht, trägt die Darlegungs- und Beweislast für die zu den anspruchsbegründenden bzw. anspruchsvoraussetzenden Merkmale und Tatsachen. Der Umfang der Darlegungslast bestimmt sich nach der Anspruchslage, den einschlägigen materiellen Pflichtenstellungen und dem Vortrag der Gegenseite. Der Gegner hat die anspruchshindernden, anspruchsvernichtenden und anspruchshemmenden Tatsachen darzulegen und zu beweisen.

1026 Die Verletzung einer Vertragspflicht ist als Anspruchsvoraussetzung grundsätzlich vom geschädigten Gläubiger zu beweisen, d. h. der Gläubiger trägt die Beweislast dafür, dass der Schuldner objektiv eine ihm obliegende Pflicht verletzt hat; beachte auch Rn. 279. Das gilt dem Grundsatz nach zu allen denkbaren Pflichten, auch zu Unterlassungspflichten. Nur zur Erfüllung vertraglicher Haupt- oder Nebenleistungspflichten, also bei der Frage, ob eine vertragliche Leistungspflicht (rechtzeitig) erfüllt ist, gilt der vorrangige Grundsatz, dass der schädigende Schuldner die Erfüllung als solche beweisen muss, auch wenn gegen ihn ein Schadensersatzanspruch geltend gemacht wird.⁸⁰⁵

1027 Zum **Indizienbeweis** kommt es auf mittelbar relevante Tatsachen an, die geeignet sind, den erforderlichen Rückschluss auf den unmittelbaren Beweistatbestand zu ziehen. Gegenstand des Indizienbeweises können alle Merkmale des Haftungsgrundes sein, die im Tatsächlichen zweifelhaft (streitig) sind oder zu sein scheinen. Erfahrungssätze im Sinne des **Anscheins** (s. auch Rn. 251 ff.,

---

801 Vgl. auch *BGH* NJW-RR 2004, 639 zur Individualisierung und Konkretisierung durch Bezugnahme auf Anlagen zur Klageschrift.
802 *BGH* NJW 2000, 3718 = WPM 2000, 2315.
803 So zur Gesamtabrechnung werkvertraglicher Vergütungsansprüche über den Schlussrechnungssaldo mit Forderungen aus Änderungsanordnungen (§§ 1 Nr. 3, 2 Nr. 5 VOB/B) oder wegen zusätzlicher Leistungen (§§ 1 Nr. 4, 2 Nr. 6 VOB/B) *BGH* NZBau 2008, 319.
804 Vgl. *BGH* NJW 1998, 995 zur Aufrechnung im Vorprozess beim erkennbaren Vorbehalt, nur einen Teil des Anspruchs zur Aufrechnung verwenden und im Übrigen den Anspruch geltend machen zu wollen.
805 *BGH* NJW-RR 2006, 1345 = VersR 2006, 1400.

310 ff.) erleichtern den Beweis zur Kausalität oder zum Verschulden im Fall der Typizität, also wenn sich aufgrund aller unstreitigen und festgestellten Einzelumstände und besonderen Merkmale eines Vorgangs ein für die zu beweisende Tatsache nach der Lebenserfahrung typischer Geschehensablauf zeigt. Dann ist aufgrund tatsächlicher Vermutung (Anscheinsvermutung) die entsprechende Schlussfolgerung gerechtfertigt, solange nicht die ernsthafte Möglichkeit eines abweichenden Ablaufs dargetan ist.

Indizienbeweis ist der (Rück-)Schluss vom Schaden auf die **Pflichtverletzung** bei einer vertragsrechtlichen erfolgsbezogenen Leistungspflicht, die den dann doch eingetretenen Schaden gerade verhindern sollte. | 1028

Steht eine Unfallabsprache zwischen den Beteiligten in Frage, bedarf es der Gesamtbetrachtung der Umstände mit der Prüfung, ob insgesamt eine einverständliche **Unfallmanipulation** im Sinne der vollen Überzeugung „erheblich wahrscheinlich ist". Eine grundsätzlich als Indiz für eine Manipulation sprechende Verursachung eines Schadens durch ein Mietfahrzeug wird in der Indizwirkung durch einen hohen Selbstbehalt des Mieters relativiert.[806] Gegen eine Unfallmanipulation spricht es, wenn das beschädigte Fahrzeug erst geraume Zeit nach dem Unfall unrepariert in Zahlung gegeben wird und ein objektiv nicht zuzuordnender Zusatzschaden an einer Stelle liegt, bei der die mangelnde Zugehörigkeit zum Unfall offenkundig ist. | 1029

Schlüssige Darlegung eines Ersatzanspruchs zum Grund

Schlüssig ist die Darlegung des Schadensersatzbegehrens, wenn bei Richtigkeit (Wahrheit) des tatsächlichen Vorbringens die Voraussetzungen einer (Haftungs-) Norm gegeben sind und der zum Ausgleich gestellte Schaden der Höhe nach zu bestimmen ist. Einzelheiten sind näher auszuführen, wenn und soweit dies für die in Anspruch genommene Rechtsfolge bedeutsam ist. Der Umfang der Darlegungslast richtet sich grundsätzlich – auch – nach der Einlassung der Gegenpartei. Der eigene Vortrag ist ggfs. zu ergänzen, wenn er in Folge der Schilderung des Gegners unklar wird und nicht mehr den Schluss auf die Entstehung und das Bestehen des geltend gemachten Rechts zulässt.[807] | 1030

Für wie wahrscheinlich die Darstellung der einen Ersatzanspruch verfolgenden Person zu erachten ist, bleibt irrelevant. | 1031

Die Behauptung, im Einzelnen geschilderte Beschwerden seien auf den konkret beschriebenen Verkehrsunfall zurückzuführen und hätten zu bestimmten, klageweise verfolgten Heilbehandlungsmaßnahmen geführt, genügt zur Substanziierung.[808] Die verletzte Person hat nicht nachzuforschen (lassen), worauf es zurückzuführen ist, dass sich Beschwerden über einen ungewöhnlich langen Zeitraum hinziehen. Ebenso wenig ist sie gehalten, medizinisch-wissenschaftlich überprüfbaren Sachvortrag zu halten. | 1032

Der beeinträchtigten Person kommt zugute, dass dann, wenn es ihr an der Kenntnis von Einzeltatsachen mangelt, die nur bei einem besonders Sachkundigen vorhanden ist, von ihr **vermutete Tatsachen** als Behauptung eingeführt werden dürfen. Dies läuft nicht auf eine unstatthafte Ausforschung hinaus.[809] | 1033

Die verletzte Person braucht die Wirkweise der nach ihrer Darstellung durch einen Verkehrsunfall davongetragenen Beeinträchtigungen nicht zu kennen und dem Gericht nicht anschaulich zu machen. | 1034

---

806 *OLG Hamm* NZV 2008, 91.
807 Vgl. *KG* ZfS 2006, 201 m.w.Nachw.
808 *OLG Celle* NJW-RR 2004, 1367.
809 *BGH* NJW 1995, 1160 = VersR 1995, 433.

1035 Ist eine Klage aufgrund des Vorbringens in den Schriftsätzen zunächst nicht substanziiert, darf doch keine Abweisung erfolgen, wenn durch Gutachten oder Aussagen von Zeugen die Substanziierung quasi nachträglich erfolgt ist.[810]

1036 In besonderer Weise erleichtern Anschein und/oder Indiz schon die Darlegung. Im Vordergrund stehen dabei tatsächliche Vermutungen.

Anscheins- und Indizienbeweis

1037 Anscheins- und Indizienbeweisführung betreffen den Nachweis von **Tatsachen** als der äußeren Wahrnehmung zugänglicher Geschehnisse oder Zustände ebenso wie innere Tatsachen, z. B. ein Einverständnis, den Vorsatz oder Wille.

1038 Die darlegungsbelastete Person hat – lediglich – die (Vermutungs-) Tatsachen vorzutragen und ggfs. zu beweisen, aus denen die Tatsache, um die es entscheidend geht, abgeleitet bzw. erschlossen wird. Es genügt zur Überzeugungsbildung (innerhalb des Maßes des § 286 ZPO) sodann gewissermaßen ein „hohe tatsächliche Wahrscheinlichkeit".

1039 Diese verbürgt beim Anschein der **Erfahrungssatz**, der objektivierbar und verifizierbar sein muss. Greift der Anschein durch – weil ein typischer Sachverhalt und Ablauf gegeben ist – ist vom Beweisbelasteten dadurch der Beweis geführt; zur Kausalität s. Rn. 251 ff., zum Verschulden s. Rn. 310 ff. Es gibt kein non liquet und darf nicht zur Beweislastentscheidung kommen. Fehlt es jedoch an der Anscheinsbasis, ist der zu führende Beweis ggfs. auf anderem Wege mit den zulässigen Beweismitteln zu erbringen.

1040 Der Anscheinsbeweis darf nicht als Umkehr der Darlegungs- und Beweislast verstanden werden. Nach Ansicht des *BGH* macht der Anschein lediglich den Gegenbeweis nötig, weil der Schädiger eine atypische Folge behauptet.[811] Eine (generelle) Beweislastumkehr würde indessen die Haftung zu einer Erfolgseinstandshaftung[812] ohne die erforderliche materiell-rechtliche Basis umstufen.

1041 ▶ Es geht für denjenigen, der einem Anschein ausgesetzt ist, nicht um den Beweis des Gegenteils als Form des Hauptbeweises, sondern um einen Gegenbeweis. ◀

1042 Wird der Anscheinsbeweis fehlerhaft abgelehnt oder fehlerhaft angenommen, ist (revisibel) § 286 ZPO ebenso verletzt wie dann, wenn die Tragweite eines Erfahrungssatzes falsch beurteilt wird. Insofern schränkt der (Anscheins-) Erfahrungssatz die freie richterliche Beweiswürdigung ein.

1043 Der **Indizienbeweis** unterscheidet sich vom Anscheinsbeweis dadurch, dass es am typischen Geschehen fehlt. In der beweisrechtlichen Wirkung unterscheiden sich Anscheins- und Indizwirkung aber nicht wirklich, jedenfalls kommt es zu gleichen Folgen. Gelegentlich wird der Anscheinsbeweis als ein spezieller Indizienbeweis für die Fälle einer typischen Sachverhaltsgestaltung verstanden.

1044 Beim Indiz geht es um einen **einfachen Erfahrungssatz**, der den sicheren Schluss auf die fragliche tatbestandsrelevante Haupttatsache zulässt. Logische und/oder mathematische Regeln der Wahrscheinlichkeitsrechnung dürfen dabei nicht verletzt werden. Es müssen aber nicht Anfangswahrscheinlichkeiten (in Prozent) exakt ausgewiesen, grundsätzlich keine (Wahrscheinlichkeits-) Berechnungen durchgeführt werden.

1045 In vielen Schadensfällen ist die Tragfähigkeit und das Gewicht einzelner Indizien abzuklären. Die Gesamtschau von Indizien kann entscheidend sein, wenn erst und nur eine erhebliche (gewisse) Anzahl von Tatsachen in ihrer speziellen Vielgestaltigkeit und Vielzahl und eben der Gesamtschau genügt, um die erforderliche Gewissheit zu erreichen (Summationsbeweis).

---

810 *OLG München* NZV 2006, 261.
811 *BGHZ* 100, 31 = *NJW* 1987, 2876; *BGHZ* 123, 311 = *NJW* 1993, 3259.
812 Wer für die Haftung materiellrechtlich eine bloße Wahrscheinlichkeit von Kausalität und/oder Pflichtwidrigkeit genügen lassen will, beurteilt dies anders. Bei solcher Ansicht wäre freilich der Anscheinsbeweis schlechthin entbehrlich.

▶ Tatrichterlich darf der einer Partei obliegende Nachweis aufgrund der Gesamtbeurteilung unstreitiger oder erwiesener Indiztatsachen als geführt angesehen und auf die Erhebung weiteren Hauptbeweises verzichtet werden, wenn nicht gegenteilige Indizien dargelegt oder ersichtlich sind oder der Prozessgegner nicht Gegenbeweis anbietet.[813] ◀ 1046

Gegen Denkgesetze wird verstoßen, wenn die Ambivalenz von Indiztatsachen nicht erkannt oder wenn Indizien eine Wirkung zugemessen wird, die es nicht gibt. 1047

Wenn naturgesetzlich bzw. naturwissenschaftlich gesichert von einer feststehenden Tatsache auf das Vorhandensein einer anderen Tatsache geschlossen werden kann, ist der (reguläre) Vollbeweis geführt. Es geht weder um einen Anschein noch um Indizien. 1048

c) Darlegung und Wahrscheinlichkeit zum Anspruchsumfang

Im Geltungsbereich des § 287 ZPO ist zu beurteilen, 1049

- ob und welche nachteiligen Folgen durch einen Pflichtenverstoß bzw. angesichts einer Rechtsgutsverletzung entstanden sind,
- ob und inwieweit ein Vermögens(folge)schaden, z. B. ein Verdienstausfall- oder Hausarbeits-, Haushaltsführungsschaden oder ein Unterhaltsschaden, besteht; zu § 252 Satz 2 BGB wegen der Prognose eines entgangenen Gewinns s. schon Rn. 545 ff.

§ 287 ZPO erstreckt sich auf den Haftungsumfang, den gesamten **Bereich** der **haftungsausfüllenden Kausalität** mit den Fragen nach der Verknüpfung der (ggfs. weiteren) Folgen mit dem konkreten Haftungsgrund und den Schaden i.e.S. So gelten zum Nachweis psychischer Folgen als weiteren Belastungen (Sekundärschäden) die erleichterten Beweisanforderungen des § 287 ZPO. Entsprechendes gilt für die Körper- oder Gesundheitsverletzung als weitere Folge z. B. einer Eigentumsverletzung, seit dem 1.8.2002 zudem für Schmerzensgeldansprüche im Fall einer Vertragsverletzung aber erst auf der Grundlage des Nachweises der körperlichen oder gesundheitlichen (Primär-)Betroffenheit. 1050

Die bloße Gefährdung eines geschützten Rechtsguts genügt für die Anwendung des § 287 ZPO nicht, weil dann der Haftungsgrund noch nicht feststeht. 1051

§ 287 ZPO ist zu verstehen als Beweiserleichterung unter **Beweismaßreduktion**. Gesicherte Grundlagen müssen gleichwohl vorhanden sein. In einem der jeweiligen Sachlage angemessenen Umfang können weniger wahrscheinliche Verlaufsmöglichkeiten ausgeschlossen werden. Prognoseschwierigkeiten sind durch Annäherungswerte, Durchschnittssätze (s. aber auch Rn. 1311), Staffelungen nach größeren Zeiträumen zu überwinden. 1052

Allgemeines, ein naturwissenschaftliches oder medizinisches, sonstiges **Erfahrungswissen** hilft, die gebotene Überzeugung zu erlangen. Dieses Wissen gehört freilich nicht zu offenkundigen Tatsachen, die des Gegenbeweises zugänglich sind. Es beruht vielmehr auf (eigener) Sachkunde (eines Gerichts) oder ist mittels Sachverständigenbeweises abzuklären.[814] 1053

▶ Für die Überzeugungsbildung genügt die **realistische**, deutlich **überwiegende** bzw. höhere oder deutlich höhere, auf gesicherter Grundlage beruhende **Wahrscheinlichkeit**.[815] ◀ 1054

Wegen eines lückenhaften Vortrags zur Schadensentstehung und -höhe darf die Schadensersatzklage nicht abgewiesen werden, solange greifbare Anhaltspunkte für eine Wahrscheinlichkeitsbeurteilung vorhanden sind. 1055

Die Verschlechterung der Beweissituation des **Schädigers** bedeutet ein **erhöhtes Haftungsrisiko** für Fälle des Verschuldens oder der Gefährdung. Der dafür erforderliche Sachgrund liegt darin, 1056

---

813 *BGH* NJW 2007, 3067.
814 *BGH* NJW 2004, 1163, 1164.
815 *BGH* NJW 2002, 292 = NZV 2002, 114 = DAR 2002, 63.

dass der Schädiger den Geschädigten in die Situation gebracht hat, aus der heraus sich die beweisrechtlichen Probleme ergeben.

1057 ▶ Derjenige, der an der Klärung aller Umstände nicht wirklich mitwirkt, sondern sich eher der Feststellung im Einzelnen zu entziehen sucht, kann ebenso wie derjenige, der mögliche und zumutbare Feststellungen verhindert, zu seinen Gunsten die Schätzung seines Schadens oder von Schadensanteilen nicht erwarten. ◀

1058 Die beeinträchtigte Person kann nur solange mit einem Entgegenkommen bei der Schätzung rechnen, das den Schädiger wegen seiner Einstandspflicht (zum Haftungsgrund) nicht unbillig belastet, solange die Beweisnot aus von ihr nicht zu vertretenden Gründen erwächst, ihr also der Beweis unzumutbar erschwert oder unmöglich ist.

1059 Stets bedarf es der **anschaulichen Darlegung** zum Haftungs- und Schadensansatz, zur Bemessung des geltend gemachten Schadens, der Mitteilung der **Größenordnung** des Anspruchs und aller zur Fixierung des Anspruchs notwendigen tatsächlichen Umstände.[816] Letztlich müssen alle anspruchsbegründenden und – ausfüllenden Merkmale so lebensnah und plastisch gekennzeichnet sein, dass sich darauf ein Versäumnisurteil stützen lässt. Zu Renten sind Zeitgrenzen (Rn. 1283) anzugeben.

1060 Die zur Wahrscheinlichkeit der Erzielung von **Einkünften** relevanten Ausgangstatsachen und Bemessungsgrundlagen sind vorzutragen. Die gesundheitliche Beeinträchtigung mit den Folgen für den Einsatz im **Haushalt** ist konkret, d. h. spezifisch, deutlich zu machen.[817] Die Angabe der abstrakten Minderung der Erwerbsfähigkeit genügt nicht. Das *OLG Karlsruhe*[818] fordert beim **Unterhaltsschaden** (§ 844 Abs. 2 BGB) die Darstellung dessen, was für eine vergleichbare Ersatzkraft aufzuwenden ist unter Angabe der Kosten einer gegen Stundenlohn arbeitenden Hilfe (beim alleinstehenden Witwer/hinterbliebenen Lebenspartner) und des Zeitaufwands sowie des ersparten Unterhaltsbeitrags mit den fixen Kosten.

1061 Versäumt die darlegungsbelastete Person, Umstände vorzutragen, die ihre Vorstellungen zur Schadenshöhe rechtfertigen, kann sie nur – aber immerhin – eine Mindestschätzung erreichen.

1062 Über bestrittene Ausgangs- und **Anknüpfungstatsachen** oder -grundlagen[819] ist nach entsprechend konkretem Vortrag **Beweis** zu **erheben**, z. B. zu einer Einkommensentwicklung, den Lebensverhältnissen.

1063 Auch die **Mindesteinschätzung** eines Nachteils bedarf greifbarer, plausibler Anhaltspunkte.[820] Fehlt es daran, ist das Ersatzbegehren abzuweisen, weil und wenn die Schätzung ganz in der Luft hängen würde, d. h. jeder konkrete Anhalt fehlt[821], oder es bedarf der (weiteren) Sachaufklärung.

1064 Ergeben sich für den Tatrichter weder aufgrund vorgelegter Privatgutachten noch aus dem sonstigen Vortrag der Parteien Anhaltspunkte, die eine Schadenseinschätzung tragen, hat ggfs. eine (weitere) Sachaufklärung zur Schadenshöhe zu erfolgen.[822]

1065 Selbstverständlich hat die **Schädigerseite** Anspruch auf **Einblick** in alle konkrete Daten, die einer Schadensberechnung zugrunde gelegt werden sollen.[823]

---

816 *BGHZ* 45, 91, 93 = NJW 1966, 780.
817 *BGH* VersR 1972, 948 = NJW 1972, 1716; VersR 1978, 1170; VersR 1991, 179.
818 VersR 1991, 1190.
819 *BGH* VersR 1988, 837 = NJW 1988, 3016.
820 *BGH* VersR 1989, 857.
821 *BGH* NJW-RR 1992, 202.
822 Vgl. *BGH* NJW-RR 2004, 1023.
823 *BGH* VersR 1988, 837, 838 = NJW 1988, 3016 = DAR 1988, 268.

Dem **Richter** obliegt bei dem Ermessen, das es auszuüben gilt, eine **Begründungspflicht**, wie er auch wesentliches Parteivorbringen nicht übergehen darf.[824] Grundlagen der Schätzung und ihre Auswertung sind in Entscheidungsgründen näher darzulegen. Das **Bemühen** darum, alle maßgebenden **Umstände** zu berücksichtigen, muss dargetan sein.[825] Alle wertbildenden, für die Bemessung einer Rente maßgebend werdenden Faktoren sind so genau wie möglich zu **erfassen**. Tritt ein weiterer Bewertungsfaktor hinzu, muss sich dies auf die Höhe auswirken. Einzelne Posten einer Schadensschätzung sind jedoch nicht notwendig anzugeben.[826] **1066**

Der Notwendigkeit, bei der Entscheidung über eine Rente alle voraussehbaren Veränderungen zu berücksichtigen, wird der Richter nicht durch die Möglichkeit einer Abänderungsklage enthoben. **1067**

Der Tatrichter überschreitet das ihm eingeräumte Schätzungsermessen, wenn er sich eine Sachkunde anmaßt, über die er nicht verfügt.[827] Die eigene Sachkunde hat das Gericht auszuweisen. **1068**

Verfahrensfehlerhaft kann es sein, eine Schadensschätzung ohne erneute Vernehmung eines Zeugen in der Berufungsinstanz vorzunehmen, wenn von der erstinstanzlichen Schätzung abgewichen wird.[828] **1069**

Die tatrichterliche Schadensschätzung ist revisionrechtlich nur darauf zu überprüfen, ob Rechtsgrundsätze der Schadensbemessung verkannt, wesentliche Bemessungsfaktoren außer Betracht gelassen oder der Schätzung unrichtige Maßstäbe zugrunde gelegt worden sind.[829] Das Ergebnis einer Einschätzung anhand von Marktübersichten ist revisionsrechtlich nur eingeschränkt überprüfbar.[830] **1070**

▶ Die subjektive Beweislast ändern weder § 287 ZPO noch § 252 BGB. ◀ **1071**

Vorvertragliche Schutz- und Obhutspflichten umfassen u. U. sogar die Pflicht des Vertragsschuldners, den keine eigene Verletzung von Pflichten mit der Folge einer Einstandspflicht für Körper-, Gesundheitsschäden trifft, im Rahmen des Zumutbaren bei der Ermittlung des Hergangs eines Unfalls und der Person des Verursachers behilflich zu sein.[831] **1072**

Gibt der rechtliche Berater dem Mandanten vertragswidrig Unterlagen nicht zurück und erschwert er dadurch die Darlegung zu einem Schaden, kann deswegen die Anforderung an die Substanziierung des Klagevortrags herabzusetzen sein. Die Unmöglichkeit der Tatsachenaufklärung kann sogar darüber hinaus zu Lasten des schädigenden Beraters gehen, wenn der erforderliche Nachweis möglicherweise darauf beruht, dass die vorenthaltenen Unterlagen fehlen.[832] **1073**

▶ Zum Kausalitätsnachweis für Folgeschäden (Sekundärschäden), die durch den infolge des Behandlungsfehlers eingetretenen Gesundheitsschaden entstanden sein sollen, gelten Grundsätze über die Beweislastumkehr bei groben Behandlungsfehlern nur, wenn der Sekundärschaden typische Folge der Primärverletzung ist.[833] ◀ **1074**

d) Beweisverfahren

Die Überprüfung von Behauptungen ist Gegenstand der Beweisaufnahme und nicht (mehr) der Substanziierung; zum selbstständigen Beweisverfahren s. Rn.111. **1075**

---

824 *BGH* VersR 1992, 1410.
825 *BGH* NJW-RR 1989, 606 = DAR 1989, 224.
826 *BGH* NJW 1978, 1373; *Klimke* in VersR 1979, 1078; *Imbach* in VersR 1979, 19.
827 *BGH* VersR 1988, 466.
828 *BGH* NJW-RR 1988, 1371.
829 *BGH* VersR 2008, 370.
830 *BFHE* 210, 291= NJW 2005, 3023 = DAR 2005, 591.
831 *OLG Braunschweig* NJW-RR 1998, 602.
832 *BGH* NJW 2002, 825 = VersR 2002, 110.
833 *BGH* NJW 2008, 1381 = VersR 2008, 644.

1076 Vermutungen und Unterstellungen des Tatrichters zu einem Unfallhergang reichen nicht. § 286 ZPO kann es gebieten, die Sachaufklärung mit Hilfe eines Sachverständigen, durch Anhörung der Beteiligten und Vernehmung von Zeugen durchzuführen.[834] Auch im Rahmen des § 287 ZPO ist u. U. ohne Beweisaufnahme nicht auszukommen, insbesondere wenn die erforderliche Sachkunde fehlt. Wird eine notwendige Beweiserhebung unterlassen, fehlt es an einer ordnungsgemäßen Grundlage für die Entscheidung des Gerichts, das Verfahren leidet an einem wesentlichen Mangel i. S. d. § 538 Abs. 2 Nr. 1 ZPO.

1077 An Beweisanträge mit dem Ziel der **Beweiserhebung** ist der Richter bei Anwendung des § 287 ZPO nicht gebunden. Beweismittel – auf die eine Überzeugung gegründet wird – dürfen freier ausgewählt und freier gewürdigt werden als im Geltungsbereich des § 286 ZPO.

1078 **Sachverständigengutachten** können ebenso wie amtliche Auskünfte (§§ 273 Abs. 2 Nr. 2, 358a S. 2 Nr. 2 ZPO) grundsätzlich nach Ermessen eingeholt werden.

1079 Der Tatrichter hat ein Gutachten u. U. sogar von Amts wegen erstatten zu lassen. Denn wenn sich mit sachverständiger Beratung eine Aufklärung erreichen lässt, kann die unterlassene Aufklärung verfahrensfehlerhaft sein.

1080 Umgekehrt darf der Beweisantrag, der auf eine sachverständige Äußerung zielt, in Anlehnung an § 244 Abs. 3 Satz 2 StPO als völlig ungeeignet abgelehnt werden, wenn geeignete Anknüpfungstatsachen für ein Sachverständigengutachten fehlen oder keine gesicherten wissenschaftlichen Erkenntnisse zur Auswertung zur Verfügung stehen.

1081 Ein verkehrstechnisches Sachverständigengutachten muss mangels Fehlens aussagekräftiger Befundtatsachen und bei dem Umstand, dass nicht zu erwarten gewesen ist, der Sachverständige werde auf Grund seiner Sachkunde selbst aussagekräftige Befundtatsachen ermitteln können, nicht eingeholt werden.[835] Der Sachverständigenbeweis ist ungeeignet, wenn Anknüpfungstatsachen dafür fehlen, dass ein Sachverständiger Feststellungen zur Frage treffen könnte, ob die seitliche Berührung von Fahrzeugen darauf zurückzuführen ist, dass das Klägerfahrzeug nach links oder das Beklagtenfahrzeug nach rechts gelenkt wurde.[836] Weist ein Sachverständiger ausdrücklich darauf hin, dass auf seinem (orthopädischen) Fachgebiet keine Beeinträchtigung vorliegt, die mit ausreichender Sicherheit auf das Unfallgeschehen zurückgeführt werden kann, und führt er zugleich aus, er könne nicht sagen, inwieweit sich seine Einschätzung auf ein anderes Fachgebiet (HNO) auswirkt, hat der Tatrichter den Sachverständigen des anderen Fachgebiets zu dem Gutachten Stellung nehmen zu lassen.[837]

1082 Reicht ein urkundenbeweislich verwertetes Gutachten aus einem Ermittlungsverfahren nicht aus, um die von einer Partei zum Beweisthema angestellten Überlegungen und die in ihrem Vortrag angesprochenen aufklärungsbedürftigen Fragen zu beantworten, hat der Tatrichter im Haftungsprozess auf Antrag der Partei einen Sachverständigen hinzuziehen und eine schriftliche oder mündliche Begutachtung anzuordnen.[838]

1083 § 411a ZPO lässt es zu, ein gerichtlich oder staatsanwaltschaftlich eingeholtes Sachverständigengutachten als solches (an der Stelle der schriftlichen Begutachtung i. S. d. § 411 ZPO) zu verwerten. Da es an einer Übergangsregelung fehlt, hält das *OLG Koblenz* die Norm mit dem Zeitpunkt des Inkrafttretens für anwendbar[839], ohne dass dies problematisch ist, weil ein Tatrichter stets von der Einholung eines Sachverständigengutachtens absehen kann, wenn ein schon erstattetes Gutachten über die Beweisfrage jedenfalls im Wege des Urkundsbeweises verwertet werden kann.

---

834 *BGH* NJW 1999, 1860 = VersR 1999, 644.
835 *OLG Koblenz* NJOZ 2004, 814.
836 *KG* VersR 2008, 275.
837 *BGH* VersR 2007, 376.
838 *BGH* NJW 2002, 2324 = NZV 2002, 365 = VersR 2002, 911.
839 *OLG Koblenz* Urt. v. 6.11.2006, 12 U 342/02.

Erst wenn die Ausführungen im urkundlich zu verwertenden Gutachten nicht genügen, ist auf Antrag einer Partei ggfs. ein Sachverständiger hinzuziehen und schriftliche oder mündliche Begutachtung anzuordnen.[840]

Wegen der Verwertungsmöglichkeit über § 411a ZPO ist es regelmäßig unbedenklich, ein Sachverständigengutachten aus einem Ermittlungs- oder Strafverfahren bei Prüfung der Erfolgsaussichten einer Rechtsverfolgung oder Rechtsverteidigung der um Prozesskostenhilfe nachsuchenden Partei auszuwerten.[841] **1084**

Häufig muss es zur Ergänzung eines von § 411a ZPO gemeinten Gutachtens angesichts spezifischer Fragen im Haftungsprozess kommen. **1085**

Auch i. S. d. § 287 ZPO darf der Tatrichter auf die Einholung eines Sachverständigengutachtens nur verzichten, wenn er sein entsprechendes Fachwissen, also seine eigene Sachkunde ausweist.[842] **1086**

Der Anspruch jeder Prozesspartei auf rechtliches Gehör (§§ 397, 402 ZPO) schließt das Recht ein, dem Sachverständigen Fragen, die zur Aufklärung der Sache für erforderlich gehalten werden, zur mündlichen Beantwortung vorlegen zu dürfen und können. Dieses Antragsrecht besteht unabhängig von § 411 Abs. 3 ZPO. Es kommt nicht darauf an, ob das Gericht Erläuterungsbedarf sieht oder ob zu erwarten ist, dass der Gutachter seine Auffassung ändert. Beschränkt ist das Antragsrecht nur durch die Aspekte des Rechtsmissbrauchs oder der Prozessverschleppung.[843] **1087**

Derjenige, der ein Sachverständigengutachten mit der Berufung angreift, hat konkret mitzuteilen, welcher Ansatz im Gutachten falsch sein soll. Wird mit der Berufung die Nichteinholung eines weiteren Gutachtens gerügt, ist anzugeben, über welche besseren Erkenntnismittel der andere (weitere) Sachverständige verfügt und zu welchen Ergebnissen er (voraussichtlich) gekommen wäre. Befasst sich das vom erstinstanzlichen Gericht eingeholte Sachverständigengutachten nicht mit allen entscheidungserheblichen Punkten, hat jedenfalls das Berufungsgericht von Amts wegen auf eine Vervollständigung des Gutachtens hinzuwirken.[844] **1088**

Das **Parteigutachten** ist urkundlich belegter, substanziierter Parteivortrag[845], kein Beweismittel. Als Beweismittel kann es – an der Stelle eines Gerichtsgutachtens – nur mit Zustimmung beider Prozessparteien[846] herangezogen werden. Sonst wird die Beweiserhebung durch Einholung eines Gutachtens allenfalls entbehrlich, wenn die relevante Beweisfrage aufgrund des substanziierten Vortrags zuverlässig zu beantworten ist.[847] **1089**

Privatgutachten dürfen bei der Bewertung gerichtlicher Sachverständigengutachten nicht schlicht übergangen werden. Bei sich widersprechenden Gutachten darf das Gericht nicht ohne einleuchtende und logisch nachvollziehbare Begründung schlicht einem Gutachten den Vorrang geben. **1090**

Mit einem vorliegenden, erstinstanzlich aber nicht vorgetragenen Parteigutachten lassen sich Zweifel an der Richtigkeit oder Vollständigkeit i. S. d. § 529 Abs. 1 ZPO kaum begründen. Solche Zweifel, die aus der Sicht des Berufungsgerichts bestehen müssen und zu bejahen sind, wenn eine gewisse Wahrscheinlichkeit besteht, dass bei der Beweiserhebung die Feststellung des Eingangsgerichts keinen Bestand haben wird, lassen sich ggfs. aber auf ein nach Eingang der Gründe des angefochtenen Urteils eingeholtes Gutachten stützen. **1091**

---

840 *BGH* NJW 2002, 2324 = VersR 2002, 911.
841 *OLG Bamberg* VersR 2008, 986 = ZfS 2008, 84.
842 *BGH* NJW-RR 2002, 166 = VersR 2001, 1547 = NVersZ 2002, 65 = ZfS 2002, 85.
843 *BGH* NJW-RR 2003, 208, *BGH* DAR 2004, 348 = MDR 2004, 699.
844 *BGH* NJW 2004, 2828.
845 *BGHZ* 98, 32, 40 = NJW 1986, 3077.
846 *BGH* NJW 1993, 2382 = VersR 1993, 899.
847 *BGH* VersR 1987, 1007, 1008 und VersR 1989, 587.

1092 Die Schilderung eines Zeugen über den Hergang eines Verkehrsunfalls gegenüber einem Haftpflichtversicherer kann u. U. im Wege des **Urkundenbeweises** verwertet werden.[848] Ein Urkundenbeweis darf nicht dazu führen, dass Parteien das ihnen zustehende Recht verkürzt wird, Fragen zu stellen.[849]

1093 Die Beweiswürdigung nach § 286 ZPO oder nach § 287 ZPO kann vom **Revisionsgericht** nur darauf überprüft werden, ob sich der Tatrichter mit dem Streitstoff und Beweisergebnissen umfassend und widerspruchsfrei auseinandergesetzt hat, die Beweiswürdigung vollständig und rechtlich möglich ist und nicht gegen Denkgesetze und Erfahrungsgrundsätze verstößt.[850] Für die durch § 286 ZPO gebotene sorgfältige und kritische Nachprüfung eines gerichtlichen Sachverständigengutachtens durch das Gericht und zur Wahrung des Anspruchs der Parteien auf ein rechtsstaatliches Verfahren und effektiven Rechtsschutz kann es geboten sein, dass ein Sachverständiger tatsächliche Umstände offen legt, die er mangels Erfahrungswissens selbst erhoben und seinem Gutachten zugrunde gelegt hat.[851]

e) Grundurteil

1094 § 304 Abs. 1 ZPO ermöglicht das **Zwischenurteil** über den Grund aus prozesswirtschaftlichen Gründen, um in einer Vorentscheidung Fragen abschichten zu können, die nicht nur die Höhe des eingeklagten Betrages betreffen.[852] Dieses Urteil hat feststellenden Charakter ohne die weite Wirkung der Feststellung. Es entfaltet in dem Umfang, in dem das erkennende Gericht den Streit der Parteien über den Anspruchsgrund tatsächlich entschieden hat, innerprozessuale Bindung im Betragsverfahren einschließlich des Rechtsmittelverfahrens, §§ 318, 512 ZPO.[853]

1095 Hat das Strafgericht rechtskräftig über den Grund des Anspruchs entschieden, ist gem. § 406 Abs. 3 Satz 4 StPO über den Betrag nach § 304 Abs. 2 ZPO vor dem zuständigen Zivilgericht zu verhandeln.

1096 Die Zulässigkeit eines Grundurteils setzt voraus[854], dass
- ein bezifferter (mengenmäßig bestimmter) Anspruch geltend gemacht wird,
- der Anspruch nach Grund und Höhe streitig ist,
- der Streit über den Grund entscheidungsreif ist, und zwar im bejahenden Sinn, anderenfalls muss eine Klageabweisung, gegebenenfalls durch (Teil-)Endurteil, erfolgen,
- und der geltend gemachte Anspruch unter Berücksichtigung der Einwendungen gegen ihn mit hoher Wahrscheinlichkeit in irgendeiner Höhe besteht.

1097 Das unbezifferte Feststellungsverlangen steht einem Zwischenurteil zum Grund nicht offen. Es kann – nur – zum (Teil-)Endurteil kommen.

1098 Zur Höhe verlangt das Grundurteil einerseits, dass es weiterer tatsächlicher Feststellungen bedarf, und andererseits, dass mit hoher Wahrscheinlichkeit der Klaganspruch in irgendeiner Höhe Erfolg haben wird. Die Klagabweisung im Betragsverfahren ist aber nicht ausgeschlossen.[855]

1099 ▶ Ein Grundurteil scheidet wesensmäßig bei einem Anspruch aus, der der Höhe nach bis zum Ende des Rechtsstreits nicht summenmäßig zu bestimmen ist, weil es dann an einem Betrag fehlt, über den Streit bestehen könnte. ◀

---

848 *BGH* NJW-RR 2007, 1077 = VersR 2007, 681.
849 *BGH* NJW 2000, 3072 = VersR 2001, 121 = DAR 2000, 476.
850 *BGH* NJW-RR 2005, 897 = VersR 2005, 945 = DAR 2005, 441.
851 *BGH* WPM 2007, 1901.
852 *BGH* VersR 1989, 603 = DAR 1989, 183.
853 *BGH* NJW 2004, 2526, 2527.
854 So zusammenfassend *OLG Hamm* NJOZ 2006, 515.
855 *BGH* VersR 1989, 592.

Bei einer Feststellungsklage, die die bezifferte Leistungspflicht erstrebt, soll ein Grundurteil möglich sein.[856] **1100**

Bei einem der Höhe nach in das Ermessen des Gerichts gestellten Schmerzensgeldanspruch gehört der Betrag des Anspruchs zum Streitgegenstand, weil Anspruchsgrund und/oder der zu beziffernde Betrag streitig sein können. Deshalb darf über einen solchen Antrag grundsätzlich durch Grundurteil entschieden werden.[857] **1101**

Bei der **Teilklage** ist ein Grundurteil möglich, wenn zu erwarten ist, dass sich trotz der Unbegründetheit einzelner Forderungen – die in einer bestimmten Reihenfolge zugrunde gelegt sind – jedenfalls auf die anderen Forderungen im Nachverfahren ein Betrag zugunsten des Anspruchstellers ergibt.[858] **1102**

Ist eine Grundentscheidung unzweckmäßig, weil die wesentlichen Tatsachen zum Grund und zur Höhe annähernd dieselben sind und eng zusammenhängen, darf ein Grundurteil nicht ergehen.[859] **1103**

Das Grundurteil, das eine Schadensersatzpflicht des Beklagten feststellt und bei dem in den Entscheidungsgründen für Teilbereiche des Klageanspruchs eine Schadensersatzpflicht verneint wird, ist wegen Widersprüchlichkeit unzulässig.[860] **1104**

Das Grundurteil muss alle zum Grund gehörenden Fragen erledigen.[861] Zum Grund eines Schadensersatzanspruchs gehört die Feststellung, dass ein aus dem geltend gemachten Haftungsgrund resultierender Schaden entstanden sein kann, so dass es zumindest wahrscheinlich ist, dass der Anspruch in irgendeiner rechnerischen Höhe besteht, s. auch schon Rn. 1096 und 1098. **1105**

Ob Rechnungsposten eines einheitlichen Anspruches aus Rechtsgründen ersatzfähig sind oder nicht, ist jedenfalls in der Regel keine Frage des Grundes des Anspruches. Bei einer Klagehäufung muss zu den Teilansprüchen feststehen, dass jeder Teilanspruch dem Grunde nach gerechtfertigt ist. **1106**

Wegen der Bindungswirkung des Grundurteils muss jeder **Vorbehalt**, der den Grund der Haftung betrifft, **für** das **Betragsverfahren** im Tenor, zumindest in den Gründen, **deutlich** sein. Die Bindung erfasst aber nur den Anspruch im Umfang der Anhängigkeit zur Zeit der letzten mündlichen Verhandlung im ersten Verfahrensabschnitt. Eine anschließende Klagerweiterung fordert die neue Prüfung zum Grund.[862] **1107**

Beim Grundurteil, das eine Klageforderung wegen Mitverursachung reduziert, ist es zweckmäßig, die Haftungsbeschränkung in der Urteilsformel zum Ausdruck zu bringen. Es genügt aber, wenn sich die Haftungsbeschränkung wegen Mitverschuldens – ebenso wie ein diesbezüglicher Vorbehalt – aus den Entscheidungsgründen ergibt.[857] **1108**

1976[863] hat der *BGH* offen gelassen, ob die Entscheidung über die Schadensersatzleistung in Form der Kapitalabfindung oder der Zahlung einer Geldrente dem Betragsverfahren vorbehalten werden darf. Es sollte ein Vorbehalt für das Betragsverfahren genügen. **1109**

Soll die Festsetzung der Dauer eines Rentenanspruchs im Grundurteil unterbleiben, bedarf es zumindest des ausdrücklichen Vorbehalts für das Betragsverfahren. **1110**

---

856 *BAG* NJW 1971, 774; *BGH* WPM 1994, 2113, 2114.
857 *BGH* NJW 2006, 2110 = VersR 2006, 944 = DAR 2006, 442 = ZfS 2006, 674.
858 BGHZ 89, 383, 388 = NJW 1984, 1226, 1227; *BGH* NJW 1993, 1779, 1782.
859 *BGH* MDR 1979, 384, 385.
860 *OLG Hamm* NJOZ 2006, 515.
861 *BGH* NJW-RR 1999, 212.
862 *BGH* VersR 1984, 390, 391; VersR 1984, 689; VersR 1987, 1243; Anm. *Nehls* in FamRZ 1988, 696.
863 VersR 1976, 987.

1111 Das **Teilgrundurteil** ist Grundurteil neben dem es zu einem abweisenden Teilurteil oder bei Klagehäufung von Zahlung und Feststellung[864] zu einem Feststellungsurteil im Einzelfall kommen muss, um die Gefahr eines Widerspruchs der Entscheidung zum Feststellungsbegehren zu dem entschiedenen Zahlungsanspruch auszuschließen.

1112
> **Formulierungsbeispiel zum Tenor:**
> Der auf Ersatz des ... (Sach- oder Personen-)Schadens (Verdienstausfalls ...) gegen die Beklagten zu ... gerichtete Klageantrag zu ... ist im Rahmen des geltend gemachten Gesamtschadens dem Grunde nach zu ... (z. B. 1/3) gerechtfertigt.

1113 *In der Onlineversion ist dieses Formulierungsbeispiel als Worddatei abrufbar.*

1114 Einzelne tatsächliche Elemente zur Schadensberechnung oder zum Klagegrund können weder Gegenstand eines Teil-, noch eines Grundurteils sein.

1115 Bei einem in erster Instanz unstatthaft erlassenen Grundurteil kann sich die Berufungsinstanz im Fall der Entscheidungsreife abschließend, auch zum Betrag, äußern.

f) Teilurteil

1116 Das Teilurteil ist Endurteil und trennt einen Prozess in selbstständige Verfahren. Es setzt – dem Rügeverzicht der Parteien (§ 295 Abs. 2 ZPO) nicht zugänglich – einen ziffernmäßig oder anders bestimmten und individualisierten, aussonderbaren, der selbstständigen Entscheidung zugänglichen Teil eines Verfahrensgegenstandes und die Entscheidungsreife dazu voraus.[865]

1117 Eine gewisse Abhängigkeit von anderen Ansprüchen soll dem Erlass eines Teilurteils nicht entgegenstehen. Unbilligkeiten infolge einer abweichenden Beurteilung in der Rechtsmittelinstanz sollen dann u. U. hinzunehmen sein.

1118 Die Teilentscheidung muss unabhängig von dem Ausspruch über den weiteren Gegenstand sein. Sie darf durch den weiteren Verlauf des Rechtsstreits unter keinen Umständen mehr berührt werden. Die Gefahr widersprechender Entscheidungen muss schlechthin ausgeschlossen sein und zwar auch im Hinblick auf die Rechtsmittelinstanz, also die abweichende Beurteilung und Einschätzung innerhalb des weiteren Instanzenzuges.[866] Dies gilt auch bei subjektiver Klagehäufung.[867]

1119 ▶ Das Verbot widersprechender Entscheidungen gilt nur bezogen auf Teilurteile, nicht aber zu (der Frage der Zulässigkeit von) Teilklagen, da widerstreitende Entscheidungen in verschiedenen Verfahren durch die Prozessordnung nicht grundsätzlich ausgeschlossen sind. ◀

1120 Durch Teilurteil kann der **materielle** Schaden abgewickelt werden, während sich das Schlussurteil über den **immateriellen Schaden** aufgrund desselben Vorfalls verhält, weil prozessual selbstständige Streitgegenstände betroffen sind.

1121 Im **Arzthaftungsprozess** sind jedoch der materielle Schaden und der immaterielle Schaden zu einem tatsächlichen Geschehen so miteinander verknüpft, dass ein Teilurteil zum Schmerzensgeld mit einem Grundurteil über das weitere Begehren verbunden werden muss, wie das *OLG Koblenz*[868] meint. Auch das *OLG München*[869] schließt bei objektiver Klagehäufung von Leistung (Schmerzensgeld) und Feststellung der Ersatzpflicht für zukünftige Schäden zu einem tatsächli-

---
864 *BGH* NJW 1997, 1709; *OLG Düsseldorf* NJWE-VHR 1997, 30 = r+s 1997, 27.
865 *BGH* NJW 1999, 1718, 1719.
866 *BGHZ* 107, 236, 242 = NJW 1989, 2821; NJW-RR 1994, 379, 380.
867 *BGH* NJW 1999, 1035; zur Zulässigkeit des Teilurteils gegen einen Streitgenossen bei einfacher Streitgenossenschaft *BAG* NJW 2004, 2848, 2849.
868 *OLG Koblenz* MDR 2003, 1373.
869 *OLGR München* 2006, 341.

chen Geschehen ein Teilurteil bloß zum Schmerzensgeldanspruch aus, da dann die Gefahr einander widersprechender Entscheidungen nicht ausgeschlossen ist.

Eine Teilentscheidung kann u. U. sogar bei und zu unselbstständigen Rechnungsposten erfolgen, aber nicht, wenn sie zugleich für das weitere Verfahren und Urteil entscheidend sind.[870] Gleichwohl kann selbst bei mehreren selbstständigen prozessualen Ansprüchen die Gefahr des Widerspruchs (Rn. 1118) gegeben sein und zwar dann, wenn die prozessual selbstständigen Ansprüchen materiellrechtlich verzahnt sind (z. B. bei subjektiver Klagehäufung mit Ansprüchen aus Amtshaftung gegen den Beamten und den Dienstherrn) oder prozessual ein Abhängigkeitsverhältnis besteht. Die Verbindung durch eine abstrakte Rechtsfrage steht dem Erlass einer Teilentscheidung jedoch nicht entgegen.[871]

1122

Das Teilurteil darf sich nicht beschränken auf:

- Feststellung einer Anspruchsgrundlage,
- Beurteilung der Elemente einer Ersatzforderung, wie den Zeitraum der Erwerbsunfähigkeit, einzelne Zeiten einer Erwerbsminderung, d. h. nicht die Feststellung, dass in bestimmten Zeiträumen die geschädigte Person voll erwerbsunfähig, in anderen Zeiträumen in der Erwerbsfähigkeit beschränkt, zu anderen Zeiten unfallunabhängig erwerbsunfähig gewesen ist,
- Berechnungsfaktoren einer einheitlichen Entschädigung, also einen einzelnen, unselbstständigen Rechnungsposten, z. B. bei der Ermittlung eines entgangenen Gewinns,
- eine Beurteilung zu Einzelstücken innerhalb einer Sachgesamtheit (weil es sich letztlich um unselbstständigen Rechnungsposten handelt).

1123

Eine teilweise Klagabweisung ohne Bezifferung von Einzelposten scheidet aus. Bei einer eventuellen Klagehäufung ist die Abweisung des Hauptantrags durch Teilurteil grundsätzlich zulässig.[872] Über eine Widerklage kann durch Teilurteil nicht entschieden werden, wenn die Entscheidungselemente auch für die Entscheidung über die Klage erheblich sind.

1124

▶ Für die Zulässigkeit eines Teilurteils ist (anders als bei der Teilklage, dazu Rn. 1018 ff.) die Trennung (Teilbarkeit) innerhalb eines einheitlichen Streitgegenstands problematisch. ◀

1125

Bei rechtlicher Teilbarkeit des Streitgegenstands oder klar abgegrenzten Streitgegenständen ist die verselbstständigte Teilentscheidung unproblematisch, Rn. 1120. Bedingen sich (eigentlich) abgrenzbare Ansprüche wechselseitig, verhält es sich anders.

1126

Bei einem einheitlichen Anspruch mit Streit zum Grund verlangt das zusprechende (ziffernmäßig bestimmte oder sonst bestimmte und individualisierte) Teilurteil zugleich den Erlass eines Grundurteils[873] zu den restlichen Anspruchsteilen. Denn der Grund ist unteilbar. Ob der Streit zum weiteren Betrag wirklich unabhängig ist von dem Streit zum Betrag „x", ist nach den tatsächlichen Verhältnissen und dem Sach- und Streitstand im Zeitpunkt des Erlasses des Teilurteils zu beurteilen.

1127

Es soll(te) statthaft sein[874], über den Mindestschaden ein Teilurteil zu erlassen und zugleich zu dem übersteigenden Betrag die Einholung eines Sachverständigengutachtens anzuordnen.

1128

Ziffernmäßig kann klarstellend neben der Verurteilung zum Betrag „x" ausgesprochen werden, dass der den Betrag „x" übersteigende Anspruch dem Grunde nach gerechtfertigt ist.

1129

---

870 *BGH* NJW 1992, 1769 gegenüber *BGH* NJW-RR 1991, 1468 beim Schadensersatzanspruch wegen Nichterfüllung zu frustrierten Aufwendungen und einem entgangenen Gewinn.
871 *BGH* NJW 2004, 1662.
872 *BGH* VersR 1995, 1496.
873 *BGH* NJW 1992, 511.
874 *BGH* NJW 1996, 1478 m. abl. Anm. *Müller* in JZ 1996, 1189.

1130 Innerhalb eines **Betragsverfahrens** können unselbstständige Rechnungsposten eines einheitlichen Schadensersatzanspruches Gegenstand des Teilurteils sein, die ziffernmäßig oder sonst wie bestimmt und individualisiert sind, wenn die Entscheidung zu diesem Teil unabhängig vom Ausgang des Streits zum Rest ist.[875]

1131 **Schmerzensgeldbegehren** zu einzelnen **Zeitabschnitten** müssen auf den Grundsatz der Einheitlichkeit des Schmerzensgeldes achten, können aber als Teilklage statthaft sein.

1132 **Verdienstausfallschäden** zu verschiedenen Zeiträumen sind ohne weiteres einem Teilurteil zugänglich.[876]

g) Nachforderungen

1133 Die verdeckte, **bezifferte Teilzahlungsklage** bewirkt **Rechtskraft** zu dem geltend gemachten Anspruch im beantragten Umfang. Es muss nicht erklärt werden, dass sich die berechtigte Person einen darüber hinausgehenden Anspruch vorbehält. Die Nachforderung weiterer Beträge aus demselben Schadensposten in einem späteren Rechtsstreit ist nach dem Klagerfolg im Erstprozess möglich.[877] Auf § 323 ZPO mit veränderten Verhältnissen kommt es dann nicht an. Indessen ist bei der **unbezifferten Klage** der Streitgegenstand von dem zur Anspruchsbegründung vorgetragenen Verletzungstatbestand bestimmt und umfasst deswegen den gesamten Schaden.

1134 Nachforderungen werden ausgeschlossen sein, wenn ein (für statthaft zu haltender) unbezifferter Antrag zu Erwerbs- oder Unterhaltsschäden verfolgt wird oder – soweit § 287 ZPO wirkt – zur Bemessung des klageweise geltend gemachten Schadens. Immer wenn der gesamte Anspruch Gegenstand des Rechtsstreits ist, steht der späteren Nachforderung ohne die Voraussetzungen des § 323 ZPO die Rechtskraft entgegen.

1135 Zu Verletzungsfolgen, die im Zeitpunkt einer letzten mündlichen Verhandlung in der Tatsacheninstanz objektiv nicht hinreichend sicher zu erkennen, nicht nahe liegend oder vorhersehbar gewesen sind, ist eine weitere Anspruchsverfolgung möglich[878], weil sich die Rechtskraft darauf nicht erstreckt.

1136 ▶ Bei unterschiedlichen Streitgegenständen geht es um mehrere Forderungen, nicht um Nachforderungen (trotz Rechtskraft). Zum Leistungsanspruch – auch beim Schmerzensgeld – wird der Streitgegenstand durch die Tatsachen (Verletzungstatbestände) bestimmt und abgegrenzt, die zur Bemessung vorgetragen werden; beachte Rn. 1135. ◀

2. Einstweilige Leistungsverfügung

1137 Ein **Verfügungsanspruch** ist glaubhaft zu machen. Dazu gehören Nachweise zum Hergang des Haftungsereignisses mit allen Anspruchsvoraussetzungen und zu den kausalen Nachteilen.

1138 Zum Hausarbeitsschaden lässt sich die relevante Behinderung durch Vorlage eines ärztlichen Attestes glaubhaft machen, aus dem sich ergibt, dass die betroffene, berechtigte Person nicht in der Lage ist, Haushaltsarbeiten auszuführen.

1139 Den **Verfügungsgrund** bejaht das *OLG Düsseldorf*[879] ausnahmsweise zur Regulierung eines Unfallschadens für Abschlagszahlungen auf den Erwerbs- oder Mehrbedarfsschaden durch einst-

---

875 *BGH* NJW 1992, 1769.
876 Beachte *OLG Stuttgart* NJW-RR 1996, 1085.
877 *BGH* NJW 1997, 1990; zust. *Jauernig* in JZ 1997, 1127 beim vollen Erfolg – wegen § 308 Abs. 1 ZPO –; *BGH* NJW 1997, 3019 = VersR 1998, 122.
878 *BGH* NJW 1995, 1614 = VersR 1995, 471, 472; *LG Darmstadt* ZfS 2002, 526; zur Verjährung beachte Rn. 889, 893 ff.
879 VersR 1970, 331 = JR 1970, 143 m. Anm. *Berg.*

weilige (Leistungs-)Verfügung (§ 940 ZPO). Dieses *OLG*[880] verlangt die Bedrohung der wirtschaftlichen Existenz, die glaubhaft zu machen ist.

▶ Die auf Abschlagszahlungen aus Ansprüchen gem. §§ 842, 843 BGB gerichtete Leistungsverfügung ist zur Abwendung wesentlicher Nachteile i. S. d. § 940 ZPO erforderlich, wenn der Betroffene verletzungsbedingt die Grundlage seiner persönlichen und wirtschaftlichen Existenz nicht aufrechterhalten kann, er also in eine Notlage geraten ist. ◀   1140

Eine Notlage kann im Einzelfall selbst nach dem Erlass einer vorläufig vollstreckbaren Entscheidung zu bejahen sein, wenn die Zwangsvollstreckung durch den Gegner mittels Sicherheitsleistung abgewendet werden kann (§ 708 Nr. 8 ZPO).   1141

Der Verfügungsgrund kann dagegen zu verneinen sein, wenn der Betroffene seine Notlage dadurch (mit-) verursacht worden ist, dass er es schuldhaft unterlassen hat, Ansprüche rechtzeitig im Klageverfahren geltend zu machen.[881]   1142

Bei der pauschalierten Berechnung eines **Haushaltsführungs-, Hausarbeitsschadens** nach §§ 842, 843 BGB wie auch des **Unterhaltsschadens** nach § 844 Abs. 2 BGB fällt es aus praktischen Gründen schwer, eine wirtschaftliche Notlage zu bejahen. Die Notlage als solche genügt nicht für eine Leistungsverfügung. Bei der Beschäftigung einer Hilfskraft oder bei anderen (notwendigen) realen Aufwendungen indessen – deren Höhe durch eidesstattliche Versicherungen oder/und Vorlage eines Beschäftigungsvertrages glaubhaft gemacht werden kann – sollte eine Leistungsverfügung durchsetzbar sein, wenn andernfalls eine wirtschaftliche Notlage entsteht. Eine Notlage kann auch glaubhaft gemacht werden durch Vorlage von Belegen zu den laufenden monatlichen Aufwendungen und Lebenshaltungskosten.   1143

Nach Ansicht mehrerer Oberlandesgerichte bedarf nur der existenziell gefährdete Gläubiger[882] einer Vorabsicherung, wenn ein späteres Obsiegen zwischenzeitlich eingetretene Schäden nicht ausräumen können. Sozialhilfeansprüche sollen vorrangig zu verfolgen sein. Es soll sogar ein vorab gezahltes Schmerzensgeld unabhängig von der Zweckrichtung der Zuwendung eine wirtschaftliche Notlage ausschließen. Bei Kindern sieht das *OLG Celle*[883] auf deren Unterhaltsanspruch gegen die Eltern. Solange Eltern eines Schwerverletzten in der Lage sind, den Mehrbedarf auszugleichen, fehlt es danach – obwohl sie den Schaden nicht zu tragen haben – an der für entscheidend erachteten Notlage.   1144

Der von diesen Gerichten vertretene Standpunkt zur Inanspruchnahme von Sozialhilfe oder entsprechenden Grundsicherungsleistungen oder Unterhaltsleistungen Dritter steht aber im Widerspruch zur vorrangigen Einstandspflicht des Schädigers und einer Haftpflichtversicherung. Die Sozialhilfe soll Notlagen vermeiden, aber nicht einem Schädiger die Verzögerung einer Teil- Regulierung ermöglichen. Geht es um die Beziehung zwischen einem Schädiger und dem Unfallgeschädigten, dessen Existenzgrundlage betroffen ist, ist vorrangig der Schädiger – in den Grenzen des glaubhaft zu machenden Anspruches – heranzuziehen. Wegen der Schadensersatzpflicht nach § 945 ZPO wird der als Schädiger in Anspruch genommene Pflichtige wie der Pflicht-Haftpflichtversicherer auch nicht unzumutbar belastet. Vollstreckungserschwerungen bei einem Anspruch nach § 945 ZPO können zur Glaubhaftmachung des Anspruches nicht die strengsten Maßstäbe anlegen lassen. Dass die verbrauchte Leistung nicht wieder herausgegeben werden kann, betrifft den Charakter der Leistungsverfügung, die mehr als eine vorübergehende Regelung ist. Daraus ist nicht abzuleiten, die Notlage als anerkennenswerte Voraussetzung zu verneinen. Eher umgekehrt drängt sich die Notlage auf, wenn andernfalls die Sozialhilfe eingreifen muss, und wäre auf jeden Fall der Schädiger in Höhe des Sozialhilfemindestsatzes heranzuziehen. Wenn die Sozialhilfe verlangt,   1145

---

880 VersR 1988, 803.
881 *OLG Frankfurt* NJW 2007, 851.
882 Zum Erwerbsschaden *OLG Hamm* MDR 2000, 847 = OLGR 2001, 70; *OLG Saarbrücken* NJW 1986, 1549 und OLGR 2000, 244.
883 VersR 1990, 212.

Ersatzansprüche vorrangig zu verfolgen (zu Beerdigungskosten Rn. 3465), kann nicht gleichzeitig der Ersatzanspruch wegen der Sozialhilfe ohne Schutz bleiben. Die Notlage zu verneinen, weil die Eltern eines Unfallgeschädigten unterhaltspflichtig sind, greift zudem über das betroffene Rechtsverhältnis hinaus. Das Schadensrecht geht dem Unterhaltsrecht nicht nach. § 843 Abs. 4 BGB hilft auch bei der Erkenntnis zu einer einstweiligen Verfügung. Nicht überzeugend ist es schließlich, Leistungszwecke verschiedener Schadenspositionen im Hinblick auf die Notlage zu vernachlässigen. Da es selbst im Sozialhilferecht nicht verlangt wird, Schmerzensgeld für den Lebensbedarf einzusetzen, kann dies zur Notlage schadensrechtlich nicht anders sein.

1146 Im Falle der Eintrittspflicht eines Versicherers der betroffenen Person scheidet eine einstweilige Verfügung selbst dann aus, wenn die betroffene Person noch aktivlegitimiert ist. Der Not begegnen dann die Leistungen des eigenen Versicherers. Ggfs. sind auch unterstützende Angebote eines Haftpflichtversicherers anzunehmen. Kann trotz eines erheblichen Schadens mit Ausgaben zugewartet werden, sind diese zurückzustellen. Einer Leistungsverfügung bedarf es in solchen Fällen ebenfalls nicht.

1147 Bei der Bemessung eines monatlichen Rentenbetrages ist Zurückhaltung geboten. Der Höhe nach kann die Verfügungsrente nicht nach Richtlinien, sondern nur nach Maßgabe des Einzelfalles und dem dringenden Lebensbedarf bestimmt werden. Immer ist auf die notwendigsten Kosten abzustellen, die zu erwartende Dauerschäden oder die Vernichtung der wirtschaftlichen Existenz abwenden. Darüber hinaus ist die Geltungsdauer abzustecken (regelmäßig maximal 6 Monate).

1148 **Formulierungsbeispiel zum Antrag und Tenor:**
Der/die Antragsgegner hat/haben als Gesamtschuldner an den/die Antragsteller(innen) beginnend mit der Wirksamkeit der Verfügung [*Hinweis*: Nicht ab Antragstellung!] jeweils monatlich, spätestens bis zum … eines jeden Kalendermonats, fortlaufend eine Geldrente (oder: Schadensrente) in Höhe von … € zu zahlen und zwar bis zum … (Datum)/bis zum rechtskräftigen Abschluss des anhängigen Hauptsacheverfahrens in erster Instanz.

1149 *In der Onlineversion ist dieses Formulierungsbeispiel als Worddatei abrufbar.*

3. Feststellungsklage

1150 Wie eine Leistungsklage unterliegt auch die Feststellungsklage dem Gebot der Bestimmtheit (§ 253 Abs. 2 Nr. 2 ZPO). Dementsprechend muss stets der Grund des Anspruchs hinreichend konkretisiert sein. Es muss zur Delikthaftung klar sein, über welche deliktische Verhaltensweise entschieden werden soll.

1151 Die Behauptung eines gegenwärtigen Rechtsverhältnisses ist besondere Prozessvoraussetzung. Es genügen Beziehungen, die zur Zeit der Klageerhebung die Grundlage bestimmter Ansprüche bilden. Ausschließlich vergangenheitsbezogen kann die Feststellung nicht sein. Ein Gegenwartsbezug muss bestehen. Ein Rechtsverhältnis, das erst in Zukunft unter Voraussetzungen entstehen kann, deren Eintritt offen ist, reicht wiederum nicht.[884]

1152 Beim Feststellungsantrag zum Unterhaltsschaden ist der hypothetische Zeitpunkt des Todes des Unterhaltspflichtigen (ohne spezielle individuelle Anhaltspunkte orientiert an der zeitnächsten Sterbetafel des statistischen Bundesamtes[885]) als zeitliche Grenze des Feststellungsbegehrens anzugeben. Wegen der künftig möglichen Ansprüche ist aber keine Zeitgrenze zu einem bestimmten Lebensalter des Berechtigten geboten.

---

884 *BGH* NJW-RR 2001, 957 = DAR 2001, 299.
885 S. *BGH* NJW-RR 2004, 821 = DAR 2004, 346 = ZfS 2004, 260 = r+s 2004, 342.

Feststellungsklage **1**

Formulierungsbeispiele zum Klageantrag und Urteilstenor

Allgemeines Feststellungsbegehren:	1153

Es wird festgestellt, dass die Beklagten als Gesamtschuldner [*oder:* gesamtschuldnerisch] verpflichtet sind, der Klägerin/dem Kläger

den zukünftigen immateriellen Schaden

[*oder:* den immateriellen Zukunftsschaden *oder:* sämtliche gegenwärtig nicht hinreichend sicher übersehbaren immateriellen Schäden]

unter Berücksichtigung eines Mitverschuldens der Klägerin/des Klägers zu ... (z. B. 1/3) sowie ... (z. B. 2/3) des zukünftigen materiellen Schadens

oder:

sämtliche materiellen und immateriellen Schäden

zu ersetzen (*oder:* zu zahlen),

der der Klägerin/dem Kläger

aus dem Unfall vom ... (Datum) auf ... (Unfallstelle bzw. Kurzbeschreibung des Haftungsereignisses)

oder z. B.: aus dem ärztlichen Behandlungsfehler im Anschluss an den Unfall vom ... (Datum) auf ... (Unfallstelle)

entsteht,

soweit Ansprüche nicht auf einen öffentlich-rechtlichen Sozialversicherungsträger oder sonstige Dritte übergegangen sind oder übergehen.

Oder:

Es wird festgestellt, dass die Beklagte verpflichtet ist/ die Beklagten gesamtschuldnerisch verpflichtet sind, dem Kläger zu ... | 1154 |

unter Berücksichtigung eines Mitverschuldensanteils von ...

die materiellen und immateriellen Schäden zu ersetzen, die ihm aus dem ...... (Haftungsereignis) am ... gegen ...... in ... künftig erwachsen werden.

Aufwendungsersatz i. S. d. § 110 SGB VII:	1155

Es wird festgestellt, dass der Beklagte verpflichtet ist, die Aufwendungen der Klägerin bis zur Höhe des zivilrechtlichen Schadensersatzanspruchs des Verletzten ... aus dem ...... (Haftungsereignis) zu ersetzen, soweit der zivilrechtliche Schadensersatzanspruch über die bereits erbrachten und ... zugesprochenen und bezahlten Beträge hinaus dem Grund nach besteht und der Höhe nach entstanden ist oder entstehen wird.

Ersatz materieller Schäden:	1156

Es wird festgestellt, dass die Beklagten als Gesamtschuldner verpflichtet sind, dem Kläger ... (Prozent) seines gesamten materiellen Schadens aus dem ... (Beschreibung des Haftungsereignisses) zu ersetzen, soweit der Anspruch nicht auf Sozialversicherungsträger oder sonstige Dritte übergegangen ist oder übergehen wird.

Es wird festgestellt, dass der/die Beklagte(n) | 1157

als Gesamtschuldner verpflichtet sind, der Klägerin/ dem Kläger zu ... (z. B. 1/3)

die materiellen Schäden zu ersetzen, die in Zukunft aus dem Unfallereignis vom ... entstehen, soweit die Ansprüche nicht auf öffentliche Versicherungsträger übergegangen sind.

Oder:

1158 Es wird festgestellt, dass die Beklagten als Gesamtschuldner (*oder:* gesamtschuldnerisch) verpflichtet sind, dem Kläger allen weiteren materiellen Schaden in Zukunft (*oder:* allen künftigen materiellen Schaden) zu ersetzen,

der ihm als Folge der bei … erlittenen …… Verletzung sowie ……

(*oder:* der ihm durch die bei ………… verursachte …………)

noch entstehen wird,

soweit die Ansprüche nicht (bereits) auf Sozialversicherungsträger oder sonstige Dritte übergegangen sind oder noch übergehen werden.

Oder:

1159 Es wird festgestellt, dass die Beklagten als Gesamtschuldner verpflichtet sind, dem Kläger aus dem …… (Beschreibung des Haftungsereignisses) sämtliche zukünftigen materiellen Schäden [*oder:* künftig noch entstehenden materiellen Schaden] zu … (z. B.: 1/3) zu ersetzen, soweit die Ansprüche nicht auf Sozialversicherungsträger oder sonstige Dritte übergehen bzw. übergegangen sind oder übergehen.

1160 **Ersatz des Hausarbeitsschadens:**

Es wird festgestellt, dass die Beklagte verpflichtet ist,

auf Grund des … (Beschreibung des Haftungsereignisses)

der Klägerin einen Hausarbeitsschaden/Haushaltsführungsschaden von … Stunden/Kalenderwoche für die Zeit vom …… bis zum …… zu ersetzen

und darüber hinaus verpflichtet ist, den in der Zeit danach entstehenden Hausarbeitsschaden (Haushaltsführungsschaden) zu ersetzen.

1161 **Ersatz von Steuerschäden:**

Es wird festgestellt, dass die Beklagte verpflichtet ist, dem Kläger den Steuernachteil zu erstatten, der dadurch entsteht, dass der … (z. B. Verdienstausfallschaden) für die Jahre … nicht in dem jeweiligen Jahr versteuert werden kann, sondern nach Zahlung … in einer Summe versteuert werden muss.

Oder:

Es wird festgestellt, dass … verpflichtet sind, die auf die Schadensersatzleistung (oder/und Sozialversicherungsrenten) jeweils zu entrichtenden Einkommen- und Kirchensteuern zu zahlen (zu ersetzen).

Hinweis: Die Formulierung muss vermeiden, dass die Steuer zusätzlich zu versteuern ist, wie es mit den Worten „eine Rente von … zuzüglich zu entrichtende … Steuer" nicht sichergestellt wäre.

1162 **Feststellung nach Forderungsübergang:**

Es wird festgestellt, dass die Beklagte bis zu einem Höchstbetrag von … verpflichtet ist, der Klägerin … (z. B. 50%) aller weiteren übergangsfähigen Leistungen zu ersetzen, die sie künftig aus Anlass des Schadenereignisses vom … erbringt.

Oder:

Es wird festgestellt, dass der Beklagte verpflichtet ist, der Klägerin den gesamten zukünftigen Schaden zu 80% zu ersetzen, der ihr infolge von Aufwendungen für ihr Mitglied … über den bezifferten Betrag hinaus auf Grund der Verletzungen des Herrn … aus dem Unfallereignis vom … noch entstehen wird, soweit Ansprüche auf Ersatz dieses Schadens auf sie übergehen und die Versicherungssumme aus dem zwischen dem Beklagten und der … bestehenden Haftpflichtversicherungsvertrag nicht überschritten wird.

Unterhaltsschaden: 1163
Es wird festgestellt, dass die Beklagten als Gesamtschuldner verpflichtet sind, der Klägerin als Gesamtgläubigerin mit der ... sämtliche Leistungen zu ersetzen, die sie im Zusammenhang mit dem Verkehrsunfall vom ... nach den jeweils geltenden Vorschriften des Soldatenversorgungsgesetzes ab dem ... an die Hinterbliebenen des ehemaligen Soldaten ... zu erbringen hat,

und zwar

a) für die Witwe ... bis zum ...,
b) für die Halbwaise ... bis zum ...,
c) für die Halbwaise ... bis zum ..., jedoch begrenzt auf den Unterhaltsschaden der Witwe und der Halbwaisen.

Oder:

Es wird festgestellt, dass die Beklagten als Gesamtschuldner verpflichtet sind, der Klägerin/dem Kläger den aus der Tötung des Vaters (der Mutter) entstandenen

[*oder/und:* über die Leistungsanträge hinausgehenden weiteren]

Schaden (bis zum ...) zu ersetzen.

Feststellung zum Schmerzensgeld: 1164
Es wird festgestellt, dass die Beklagten als Gesamtschuldner verpflichtet sind, der Klägerin alle künftigen immateriellen Schäden zu ersetzen, die auf ... beruhen und nicht mit ... zusammenhängen.

Oder:

Es wird festgestellt, dass die Beklagten als Gesamtschuldner verpflichtet sind, dem Kläger / der Klägerin 1165

auf Grund des ...... (Beschreibung des Haftungsereignisses)

[*oder:* aus dem ...... (Beschreibung des Haftungsereignisses)]

ein angemessenes Schmerzensgeld

[*oder:* ihren künftigen immateriellen Schaden]

[*oder:* sämtliche zukünftigen, zur Zeit nicht hinreichend sicher voraussehbaren immateriellen Schäden]

unter Berücksichtigung eines Mitverschuldens von ... (z. B. 50 %)

zu zahlen

[*oder:* zu ersetzen].

In der Onlineversion sind dieses Formulierungsbeispiele als Worddatei abrufbar. 1166

a) Feststellungsinteresse

Das Feststellungsinteresse als besondere **Sachurteilsvoraussetzung**, der in jeder Verfahrenslage von Amts wegen nachzugehen ist, muss zu Personenschäden und ihren Folgen[886] weit verstanden werden. 1167

Das Feststellungsinteresse ist grundsätzlich zu bejahen, wenn die haftungsrechtliche Verantwortlichkeit in Abrede genommen und durch Klageerhebung einer drohenden Verjährung entgegengewirkt werden soll. Das Feststellungsinteresse ist in Bezug auf den Schadensumfang zu bejahen, wenn keine hinreichende Grundlage für die Zuerkennung einer betragsmäßig, zeitlich bestimmten Rente besteht. 1168

---

886 Anders als bei Sachschäden und direkten Vermögensschäden, *OLG Karlsruhe* NZV 1998, 412.

1169 Ein Feststellungsinteresse (Rechtsschutzbedürfnis) besteht – auch –, wenn die fragliche Schädigung abgeschlossen ist, aber geklärt werden muss, auf welche Weise und mit welchen Kosten sie behoben werden kann.[887]

1170 Maßvolle Anforderungen an das Feststellungsinteresse stellt der *BGH*[888] in Bezug auf den Ersatz eines künftig befürchteten Schadens bei Rechtsgutsbeeinträchtigungen: Das Feststellungsinteresse ist bei schweren Verletzungen zu künftigen (auch immateriellen), weiteren Schäden nur zu verneinen, wenn aus der Sicht des Geschädigten bei verständiger Beurteilung kein Grund besteht, mit Spätfolgen wenigstens zu rechnen. Letztlich ist das Feststellungsinteresse bei einem Personenschaden also immer zu bejahen, wenn weitere Schadensfolgen nicht auszuschließen sind. Es genügt die nicht eben entfernt liegende Möglichkeit künftiger Verwirklichung der Schadensersatzpflicht durch Auftreten bisher noch nicht erkennbarer und voraussehbarer Schadensfolgen; beachte weiter Rn. 1200. Denn der Verjährungseinrede muss vorgebeugt werden können.

1171 Bei Vorerkrankungen sind häufig die Auswirkungen unfallbedingter Verletzungen auf den künftigen Gesundheitszustand nicht verlässlich zu beurteilen[889], und bedarf es deshalb der Feststellung.

1172 Beim immateriellen Schaden kommt das *OLG Koblenz*[890] zur Unzulässigkeit eines Feststellungsantrags mit der Erwägung, den vorgetragenen und durch Vorlage der entsprechenden ärztlichen Befundberichte belegten Beeinträchtigungen könne im Rahmen der Schmerzensgeldbemessung bereits zum jetzigen Zeitpunkt hinreichend Rechnung getragen werden. Dies widerspricht nach der hier vertretenen Ansicht der jetzt maßgebenden Vorgabe des *BGH* (Rn. 2907) zur Teilschmerzensgeldklage.

1173 Das Feststellungsinteresse für den **Hinterbliebenen** ist zu bejahen, wenn derzeit wegen einer Sozialversicherungsrente kein offener Unterhaltsschaden verbleibt, aber nicht auszuschließen ist, dass sich dies künftig ändern wird.[891]

1174 Zugunsten des Kleinkindes können wegen der in unbestimmter Zukunft liegenden, wahrscheinlichen Ersatzansprüche nach dem Tod der Mutter Feststellungen zu treffen sein.[892] Zugunsten der Eltern kann die nicht entfernte Möglichkeit bzw. die gewisse Wahrscheinlichkeit der Schadensentstehung wegen späteren Wegfalls der Unterhaltspflicht des getöteten Kindes in Betracht kommen.[893] Die bloße theoretische Möglichkeit einer möglichen Anspruchsberechtigung genügt jedoch nicht; s. weiter Rn. 2975 f.

1175 Bei Tötung eines Kindes ist eine Feststellungsklage zulässig für den Fall, dass eine Unterhaltspflicht in der Zukunft nicht fern liegt oder eine gewisse Wahrscheinlichkeit dafür besteht und der Unterhaltsschaden dann an die Stelle der Unterhaltsleistung tritt.[894] Dazu sind die mutmaßliche Leistungsfähigkeit des Kindes einerseits (nach dem Alter, der Gesundheit, der Befähigung, der voraussichtlichen Entwicklung in Schule, Ausbildung und Erwerbstätigkeit, den Erwerbsmöglichkeiten und dem hypothetischen Erwerbswillen) und die mutmaßliche Berechtigung der Eltern andererseits auszuwerten.

---

887 *BGH* VersR 2008, 702.
888 NJW-RR 1991, 917; NJW 1992, 560; NJW 1998, 160; NJW 2001, 1431.
889 *OLG Oldenburg* VersR 2002, 1166 = OLGR 2002, 108.
890 *OLG Koblenz* NZV 2004, 80, 84.
891 *OLG Frankfurt* ZfS 1982, 33.
892 *BGH* VersR 1976, 291, 292.
893 *OLG Celle* NJW-RR 1988, 990.
894 *BGH* VersR 1976, 291; s. auch Rn. 1174.

▶ Bei Verletzung eines Rechtsguts, insbesondere bei Verletzung des Körpers oder der Gesundheit (auch bei Tötung), ist ein Feststellungsinteresse nur zu verneinen, wenn bei verständiger Würdigung aus der Sicht des Betroffenen kein Grund besteht, mit dem Eintritt eines Schadens („wenigstens") zu rechnen. ◀ **1176**

Neben der allgemeinen Feststellung kann ein Feststellungsinteresse zu einem einzelnen, genau beschriebenen Schadensposten bestehen, um Klarheit über Inhalt und Umfang der Ersatzpflicht zu erlangen, z. B. beim Ewerbsschaden zur Bemessungsgrundlage (Vergütungs-, Lohngruppe eines Tarifvertrages), die regelmäßigen Änderungen unterliegt, und ein Zahlungstitel entsprechend abgeändert werden müsste, vom beklagten Versicherer aber die Erfüllung auch ohne Zahlungstitel erwartet werden kann.[895] **1177**

Besteht die Möglichkeit des Eintritts weiterer Folgen (Spätschäden), kann ein Feststellungsinteresse zur Ersatzpflicht für immaterielle Zukunftsschäden gegeben sein, selbst wenn der Schmerzensgeldanspruch bereits dem Grunde nach für gerechtfertigt erklärt ist[896]; zur Einheitlichkeit des Schmerzensgeldes Rn. 2901, 2917 ff. **1178**

Beim Streit zu möglicherweise wiederkehrenden einzelnen Schadensposition, besteht für die Feststellung der Einstandspflicht des Schädigers hinsichtlich der konkret bezeichneten Position selbst dann ein Feststellungsinteresse, wenn die Einstandspflicht für zukünftige (materielle) Schäden zuvor allgemein rechtskräftig festgestellt wurde. Denn solche Feststellung schafft Klarheit über die strittige Verpflichtung der Schädigerseite und zwar über die Klarheit durch den allgemeinen Feststellungsausspruch hinaus.[897] **1179**

Damit nicht zu verwechseln ist die Frage der Prüfung der Erforderlichkeit eines konkreten Aufwands[898], der jeweils im Einzelfall individuell zu prüfen ist, z. B. zu Nebenkosten der medizinischen Behandlung wie Fahrtkosten, Spesen, Unterbringungskosten. **1180**

Der Zulässigkeit der Feststellungsklage zu bestimmten Positionen steht nicht entgegen, dass ein entsprechender Anspruch in der Zukunft von der ungewissen Notwendigkeit entsprechender Maßnahmen abhängig ist. **1181**

Zu etwaigen künftigen Steuernachteilen sollte ein zusätzliches Feststellungsgesuch nicht übergangen werden und ebenso z. B. zu etwa künftig entstehenden Beiträgen zur Krankenversicherung, wenn wegen einer Verdienstausfallrente die Familienversicherung (Mitversicherung) entfällt.[899] **1182**

Selbst eine bezifferte Feststellungsklage ist bei einem Feststellungsinteresse bedenkenfrei. **1183**

Die Feststellung ist dazu möglich, dass ein **Schädiger** bei Erwerb eines Vermögens in der Zukunft[900] nach § 829 BGB **einstandspflichtig** ist. **1184**

Das **Anerkenntnis** einer 50%igen Haftung nimmt das Feststellungsinteresse und Rechtsschutzbedürfnis noch nicht.[901] Beim Anerkenntnis der Einstandspflicht für Zukunftsschäden eines Verletzten, entfällt das Feststellungsinteresse nur, wenn die Erklärung des **Haftpflichtversicherers** eindeutig dazu dienen soll, ein rechtskräftiges Feststellungsurteil insgesamt[902] zu ersetzen; vgl. **1185**

---

895 *BGH* NJW 1999, 3774 = VersR 1999, 1555.
896 *BGH* NJW 2001, 3414 = VersR 2001, 876 = DAR 2001, 356 = ZfS 2001, 450.
897 *OLG Hamm* NJW-RR 2006, 1537 = MedR 2007, 114: Festellung, dass die Beklagte verpflichtet ist, dem Kläger die Mehrkosten zu erstatten, die durch privatärztlich notwendige Untersuchungen und Behandlungen entstehen (unter Anrechnung ersparter Beiträge), soweit die Ansprüche nicht auf öffentlich-rechtliche Versicherungsträger übergegangen sind.
898 *OLG Hamm* NJW-RR 2006, 1537 = MedR 2007, 114.
899 *KG* DAR 2000, 401; *BGH* NA-Beschl. v. 9.5.2000.
900 *BGH* VersR 1958, 485; VersR 1962, 811; vgl. auch *OLG Köln* VersR 1981, 266.
901 *OLG Hamm* NJWE-VHR 1997, 34.
902 Beachte *OLG Karlsruhe* VersR 2002, 729 zu dem nur auf Verjährungswirkungen eines Feststellungsurteils beschränkten Anerkenntnis.

Rn. 938 ff. Ist die Erklärung nicht eindeutig, bleibt eine Unsicherheit, die das Feststellungsinteresse bejahen lässt.[903] Die bloße Erklärung, es werde eine Feststellungsklage für nicht erforderlich erachtet, nimmt das Feststellungsinteresse deshalb nicht.[904]

1186 Am Feststellungsinteresse fehlt es, wenn im Zeitpunkt der Klageeinreichung aus der Sicht des Berechtigten bei verständiger Würdigung kein Grund besteht, mit dem Eintritt eines Schadens zu rechnen. Liegt die Möglichkeit einer fortschreitenden gesundheitlichen Verschlechterung nahe und kann eine weitere Abklärung zu der kausalen Verknüpfung von Folgen mit einem Haftungsereignis erforderlich sein, ist zu Zukunftsschäden das Feststellungsinteresse zu bejahen, und ebenso dann, wenn z. B. bei einer Oberschenkelfraktur eine weitere Verschlechterung und damit Zukunftsschäden nicht „definitiv" ausgeschlossen werden können.[905]

1187 Für ein Feststellungsbegehren zur Anpassung an künftige Veränderungen (z. B. bei Erhöhung der maßgebenden Einkünfte, auch zur Unterhaltsbemessung) gibt es aber kein Feststellungsinteresse. Die Möglichkeiten des § 323 ZPO genügen regelmäßig. Ausnahmsweise kann es anders sein, wenn voraussehbar ist, dass eine vollständige Neuberechnung des (Unterhalts-)Schadens erforderlich werden kann wegen außergewöhnlicher Entwicklungen, weil der Verweis auf § 323 ZPO dann unzumutbar sein kann. Bei der Wiederheirat des Ehegatten, der nach § 844 Abs. 2 BGB legitimiert ist, ist keine Feststellungsklage für den Fall zulässig, dass der gegenwärtige Unterhaltsanspruch entfällt und der Unterhaltsschaden auflebt, weil eine neue Verjährungsfrist läuft.[906]

1188 Soweit sich die Begehren decken, entfällt das Feststellungsinteresse für eine positiv behauptende Feststellungsklage, wenn und sobald eine Leistungsklage gesondert mit gleichem Streitstoff erhoben ist und diese nicht mehr einseitig zurückgenommen werden kann, wenn nicht die Feststellungsklage schon im Wesentlichen entscheidungsreif ist.[907] Auch das Feststellungsinteresse für die negative Feststellungsklage entfällt, sobald die gegenteilige Leistungsklage erhoben ist und nicht mehr einseitig zurückgenommen werden kann.[908] Dazu ist daran anzuknüpfen, dass ein zunächst gegebenes Feststellungsinteresse weiter gegeben sein muss bis zur letzten mündlichen Tatsachenverhandlung, soll die Klage nicht dann unzulässig erscheinen.

1189 Als Kehrseite der positiven Feststellungsklage ist ein in leugnende Form gekleideter Widerklageantrag unzulässig (§ 261 Abs. 3 Nr. 1 ZPO) wie überhaupt die zulässige positive Feststellungsklage der **negativen Feststellungsklage** ihren Raum nimmt.

1190 Im Fall der Ersatzpflicht **reiner Vermögensschäden** hängt die Zulässigkeit der Feststellungsklage von der Wahrscheinlichkeit des Eintritts der Schäden ab.

b) Verhältnis zum Leistungsbegehren

1191 Eine (mangels Entstehung geltend gemachter Ansprüche unzulässige) Klage auf künftige Leistung kann in eine zulässige Feststellungsklage umzudeuten sein.[909]

1192 Die gleichzeitige Feststellung, dass ein Schadensersatzanspruch auf einer vorsätzlichen unerlaubten Handlung beruht, kann neben der Leistungsklage insbesondere wegen einer Zwangsvollstreckung (§ 850f Abs. 2 ZPO) oder etwaiger späterer Insolvenz des Schädigers (beachte § 174 Abs. 2

---

903 *OLG Karlsruhe* DAR 2000, 267 = OLGR 2000, 224 = VersR 2001, 1175.
904 *OLG München* Urt. v. 18.1.2008, 10 U 4024/07.
905 *OLG Koblenz* NJOZ 2004, 132.
906 *BGH* NJW 1979, 268 = VersR 1979, 55.
907 *BGH* NJW-RR 1990, 1532.
908 *BGH* NJW 1994, 3107.
909 *BGH* NJW-RR 2006, 1485.

InsO, § 302 Nr. 1 InsO) bedeutungsvoll sein, jedenfalls rechtswahrend wirken (s. auch Rn. 987) und deshalb zulässig sein. Die Leistungsklage kann unzumutbar und die Feststellungsklage deshalb statthaft sein, wenn der Schaden in der Entstehung begriffen oder nicht hinreichend bezifferbar ist, weil voraussichtlich eine Begutachtung erforderlich sein wird. Dann soll die Klagepartei davon frei bleiben, möglicherweise umfangreiche Privatgutachten einholen zu müssen, um den Anspruch beziffern zu können.[910]

Der nach der Leistungsklage erhobenen negativen Feststellungsklage steht der **Streitgegenstand** zur Leistung entgegen, Rn. 1188. 1193

Die auf einen Mindestbetrag gerichtete Klage steht von dem Zeitpunkt an, zu dem sie nicht mehr einseitig zurückgenommen werden kann, grundsätzlich der negativen Feststellungsklage entgegen, soweit mit dieser eine über den Mindestbetrag hinausgehende Feststellung dahin begehrt wird, dass die Forderung nicht besteht.[911] 1194

Die negative Feststellungsklage sperrt mittels Rechtshängigkeit weder die spätere Leistungsklage noch die positive Feststellungsklage. 1195

Das Wiederholungsverbot kraft materieller Rechtskraft zum selben Streitgegenstand betrifft nicht den Leistungsanspruch nach der (positiven) Feststellung zum (materiellen) Schaden[912] – der gerade Konsequenz zur Feststellung ist – oder die Feststellung zur Hemmung der Verjährung nach § 204 Abs. 1 BGB im Anschluss an einen Leistungsausspruch zu weiteren Schäden. Die Abweisung der positiven Feststellungsklage als unbegründet steht der späteren, auf dieselbe Forderung bezogenen Leistungsklage entgegen, wenn nicht unmissverständlich in der Primärentscheidung die nicht abschließende Beurteilung zum Ausdruck gebracht worden ist. 1196

Der Antrag auf Verurteilung zur Leistung umschließt den **engeren Feststellungsantrag**.[913] Dem in dem Leistungsbegehren enthaltenen Feststellungsbegehren soll sogar ohne Hilfserklärung als „weniger"[914] stattgegeben werden können. Der Übergang von der Feststellung auf die Leistung ist keine der Sachdienlichkeitsprüfung offen stehende Anspruchsgrundänderung. Es handelt sich vielmehr um eine jedenfalls nach § 264 Nr. 2 ZPO zulässige Änderung.[915] 1197

Berechtigten steht es frei, eine Feststellungsklage mit der Leistungsklage zum schon entstandenen Schaden zu verbinden.[916] Andererseits bedarf es keiner **Aufspaltung** in einen Leistungsantrag zu dem im Zeitpunkt der Klageerhebung entstandenen Schaden und in den Feststellungsantrag hinsichtlich des künftig drohend erscheinenden Schadens. Konkretisiert sich der Schaden im Verlauf des Prozesses und ist damit eine Bezifferung des Schadens möglich, besteht dementsprechend keine Pflicht zum Übergang zur Leistungsklage jedenfalls dann, wenn die künftige Entwicklung (weiterhin) nicht abzusehen ist und die Schadenshöhe ohnehin und notfalls in einem späteren Rechtsstreit geklärt werden muss.[917] Wird erst im Laufe eines Rechtsmittelverfahrens die Bezifferung der Forderung möglich, ist die Klagepartei ebenfalls nicht gezwungen, von der Feststellungs- auf die Leistungsklage überzugehen. Aus Gründen der Prozesswirtschaftlichkeit muss zwar die Feststellung hinter der Leistung zurücktreten. Sachgemäß erledigt wird der Streit aber auch zumeist in den Fällen der Schadensentwicklung bis zum Verfahrensabschluss ohne Spaltung, wenn nicht ausnahmsweise[918] vom Anspruchsgegner Übergang angeregt wird und weder ein Instanzverlust noch eine Verzögerung droht. 1198

---

910 *BGH* NZV 2005, 629 = VersR 2005, 1559.
911 *BGHZ* 165, 305 = NJW 2006, 515.
912 *BGH* NJW 1989, 393.
913 *BGH* MDR 1989, 623.
914 *BGH* VersR 1984, 389; Anm. *Dunz* in NJW 1984, 2296.
915 *BGH* NJW 1985, 1784; NJW 1992, 2296.
916 *BGH* NJW 1988, 142; *OLG Karlsruhe* VersR 1992, 370.
917 Vgl. *OLG Düsseldorf* VersR 2003, 1257.
918 *BGH* LM § 256 ZPO Nr. 5.

1199 Die Verurteilung zu Schmerzensgeld unter Abweisung des Antrags auf Feststellung der Pflicht zum Ersatz weiterer immaterieller Schäden umfasst nicht später geltend gemachte, im Zeitpunkt der Entscheidung des Vorprozesses nicht vorhersehbare Folgeschäden.[919]

c) Gegenstand und Wirkung der Feststellung

1200 Die **Wahrscheinlichkeit** der **Schadensentstehung** gehört bei Verletzung eines absoluten Rechts zur materiellen Seite des positiven Feststellungsbegehrens: Die Feststellung kommt zum sachlichen Erfolg, wenn dem Berechtigten dem Grund nach ein Anspruch auf Ersatz materieller und/oder immaterieller Schäden zusteht – ein haftungsrechtlich relevanter Eingriff gegeben ist – und ein materieller und/oder immaterieller Schaden mit einer gewissen Wahrscheinlichkeit entstanden ist oder entstehen kann, das Haftungsereignis also zu möglichen künftigen Schäden führen kann.[920]

1201 Wegen mangelnder gewisser Wahrscheinlichkeit eines Schadens darf die Feststellungsklage nicht als unbegründet abgewiesen werden, sondern nur, wenn feststeht, dass kein Schaden entstanden ist.

1202 Der *BGH*[921] hat darauf hingewiesen, dass an der Erforderlichkeit des zusätzlichen Begründungselements „gewisse Wahrscheinlichkeit der Schadensentstehung" jedenfalls für den Fall Zweifel bestehen, dass Gegenstand der Feststellungsklage der befürchtete Folgeschaden aus der Verletzung eines deliktsrechtlich geschützten absoluten Rechtsguts ist. Im Anschluss daran stellt das *OLG München*[922] heraus, dass nicht zusätzlich zur Wahrscheinlichkeit im Bereich des Feststellungsinteresses eine Schadenswahrscheinlichkeit als materiell-rechtliche Voraussetzung zu fordern ist.

1203 Die positive Feststellung bedeutet je nach ihrem Inhalt[923] bei der Formulierung einer Ersatzpflicht, dass Grund und Umfang des Schadensersatzanspruches dem Streit entzogen sind. Nur die Bezifferung bleibt vorbehalten.

1204 Bei dem Antrag, die Verpflichtung des Schädigers festzustellen, den in Zukunft aus dem Unfallereignis entstehenden Schaden zu ersetzen, ergibt eine Ausdeutung des Antrags, dass die ab Klageeinreichung und nicht erst ab dem Zeitpunkt der letzten mündlichen Verhandlung entstehende Ansprüche erfasst werden.[924] Die Abweisung der Feststellung der Pflicht zum Ersatz künftiger immaterieller Schäden neben der Verurteilung zu einem Schmerzensgeld erfasst jedoch nur im Zeitpunkt der Entscheidung objektiv nach den Kenntnissen und Erfahrungen eines Sachkundigen vorhersehbare Folgen, also nicht später geltend gemachte (unvorhersehbare) Folgen, wie der *BGH*[925] meint, der zugleich darauf eingeht, dass der Feststellungsantrag nicht vorhersehbare Spätschäden dann umfasst, wenn entsprechend vorgetragen ist, im Klagevortrag die relevanten Tatsachen zumindest angedeutet sind. Die Feststellung der Pflicht des Schädigers, dem Kläger „jeden weiteren immateriellen Schaden aus dem Verkehrsunfall" zu ersetzen, bezieht sich nach früherer Ansicht des *OLG Schleswig*[926] auf Verletzungsfolgen, die objektiv nicht erkennbar gewesen sind, deren Eintreten also nicht vorhersehbar gewesen ist.

---

919 *BGH* NJW-RR 2006, 712 = VersR 2006, 1090 = DAR 2006, 444 = ZfS 2006, 381.
920 *BGH* NJW-RR 2007, 601 = VersR 2007, 708. Ob im Rahmen der Begründetheit der Klage eine gewisse Wahrscheinlichkeit des Schadenseintritts zu verlangen ist, hat der *BGH* offen gelassen.
921 NJW 2001, 1431 = NZV 2001, 167 = DAR 2001, 155 = VersR 2001, 874; s. auch *BGH* NJW 1991, 2707; 1996, 1026; 2000, 725, 728.
922 NJW 2004, 224, 228.
923 Zur Auslegung der Feststellung der Erstattungspflicht bei unfallbedingten Aufwendungen einer gesetzlichen Krankenkasse angesichts der Familienkrankenhilfe *BGH* VersR 1990, 1028 = NJW 1990, 2933; zur Bindungswirkung im Einzelnen *Piekenbrock* in MDR 1998, 201.
924 *BGH* NJW 2000, 3287 = VersR 2000, 1521.
925 *BGH* NJW-RR 2006, 712 = NZV 2006, 408 = VersR 2006, 1090 = ZfS 2006, 381 = DAR 2006, 444.
926 *OLGR Schleswig* OLGR 2002, 140 = MDR 2002, 1068 beim Unfall des Motorradfahrers mit Schambeinfraktur und Zerreißen der Schambeinfuge angesichts dauernder Erektionsprobleme, wobei im ersten Schmerzensgeldprozess unfallbedingte Erektionsstörungen verschwiegen wurden.

Die Feststellung der Ersatzpflicht zum (weiteren) Schaden **erstreckt** sich auf immaterielle Schäden, wenn die Eingrenzung auf den materiellen Schaden nicht[927] zu ersehen ist: Nur wenn die Urteilsformel dementsprechend klar ist oder wenn der Tenor der Auslegung zugänglich ist und sich auf Grund des Tatbestandes, der Entscheidungsgründe und/oder des Parteivorbringens die eindeutige Einschränkung auf materielle Schäden ergibt, ist der immaterielle Schaden von der (uneingeschränkten) Feststellung einer Schadensersatzpflicht ausgenommen.	1205
Der Eintritt des (ggfs. künftigen) Schadens nimmt als solcher natürlich nicht an der Feststellungswirkung teil.	1206
Die Rechtskraft des Feststellungsurteils zur Ersatzpflicht sämtlicher materieller Schäden aus dem haftungsbegründenden Ereignis erstreckt sich nicht darauf, ob und in welcher Höhe für einen bestimmten Zeitraum ein Verdienstausfallschaden eingetreten ist.[928] Das bleibt vielmehr gerade eine anschließend ggfs. im Leistungsprozess zu klärende Frage zum Umfang des Schadens bzw. zur Höhe des konkreten Anspruchs hinsichtlich der haftungsausfüllenden Kausalität zwischen der (unfallbedingten) Verletzung und dem Vermögensfolgeschaden.	1207
Die Rechtskraft schließt **Einwendungen** gegen den festgestellten Anspruch aus, die im Zeitpunkt der letzten mündlichen Verhandlung vorgelegen haben. Nur die Einwendungen und die diesen zugrunde liegenden Tatsachen sind nicht präkludiert, die noch nicht bestanden oder vorgelegen haben, also „neu" sind. Ob diese Tatsachen vorher erörtert worden sind, ist jedenfalls dann nicht entscheidend, wenn die Tatsachen hätten vorgetragen werden können.[929]	1208
Bei einer **Mitverursachung** darf die Quotierung nicht vergessen sein, denn auf den Mitverschuldenseinwand kann im Verfahren über die Höhe des Schadens nicht zurückgegriffen werden (Rn. 418). So schließt die Rechtskraft mit der entsprechenden Formulierung des Feststellungsurteils Einwendungen gegen die Quote von z. B. 30 % als Mitverschulden aus.[930]	1209
Wenn in Bezug auf materielle Schäden bei der Verschlimmerung eines Vorschadens absehbar ist, dass Anteile (s. Rn. 1728 zum Gesundheitsschaden) nicht zu ersetzen sein werden, empfiehlt es sich jedenfalls, den Bezugspunkt der Ersatzpflicht zu kennzeichnen und abzugrenzen.	1210
Auch der Einwand zur **Schadensminderungspflicht** betr. die Höhe des Schadens ist ausgeschlossen, soweit darüber zu entscheiden gewesen ist. Entsprechendes gilt aber nicht, wenn bei einem Vorschaden konkrete Aufwendungen nur teilweise ausgleichsfähig sind und der Feststellungsausspruch keine Einschränkung enthält, weil es – nur – um die Kausalität zur Ersatzfähigkeit eines Aufwandes (Schadens) geht.	1211
Die Aufrechnung muss nicht vorbehalten sein, die mangels bestehender Aufrechnungslage gar nicht möglich[931] ist.	1212
Die rechtskräftige **Abweisung** eines Feststellungsbegehrens stellt (grundsätzlich) das Nichtbestehen des Anspruchs rechtskräftig fest. Sie schließt eine neue Klage in den Grenzen der Rechtskraft (d. h. zum identischem Streitgegenstand) aus. Bei neuen Tatsachen, die nach dem Schluss der mündlichen Verhandlung des Vorprozesses entstanden sind, gibt es eine solche Rechtskraftsperre nicht.[932]	1213
Die **verneinende Feststellungsklage** kann sich auf in sich selbstständige rechtliche Anspruchsgrundlagen beschränken, wenn ein einzelner Anspruch als Folge einer Rechtsbeziehung als selbstständiges Rechtsverhältnis erscheint. Dies betrifft z. B. einen Anspruch wegen unerlaubter	1214

---

927 *BGH* VersR 1985, 663 = NJW 1985, 2022; *OLG München* VersR 1996, 63, *OLGR Saarbrücken* 2006, 620 = SP 2006, 233.
928 *BGH* NJW-RR 2005, 1517 = VersR 2005, 1159 = DAR 2005, 503 = ZfS 2005, 490.
929 *BGH* VersR 1988, 1139 = NJW 1989, 105; s. auch Rn. 921.
930 *BGH* NJW 2009, 1066 = VersR 2009, 408 = ZfS 2009, 320.
931 *BGHZ* 103, 298 = NJW 1988, 1380, 1381.
932 *BGH* NJW-RR 2006, 712 = NZV 2006, 408 = VersR 2006, 1090 = ZfS 2006, 381 = DAR 2006, 444.

Handlung und folgt daraus, dass der Feststellungsantrag insoweit nur zulässig ist, wenn der konkrete Schuldgrund und Schuldgegenstand bezeichnet sind.⁹³³

1215 Bei der negativen Feststellungsklage ändert sich an der **Darlegungs- und Beweislast** durch die verschobenen Parteirollen nichts. Der Feststellungskläger hat nur zu beweisen, dass sich der Beklagte eines Anspruchs aufgrund eines bestimmten Lebenssachverhalts berühmt. Bei Unklarheiten dazu ist der auf Negation gerichteten Klage ebenso stattzugeben wie dann, wenn feststeht, dass der streitige Anspruch nicht besteht.⁹³⁴

1216 Bei teilweiser Begründetheit und teilweiser Unbegründetheit des von der Beklagtenseite behaupteten (ggfs. weiteren) Anspruches, ist die Klage teilweise abzuweisen und der Klage teilweise stattzugeben. Sie darf vollständig nur abgewiesen werden, wenn der bestrittene Anspruch feststeht. Bei der Klage auf Feststellung des Nichtbestehens einer Ersatzpflicht für einen Schaden schlechthin ist bei Teilbarkeit der Forderung die Klage also nur in dem Umfang abzuweisen, in dem der mit dem Klagebegehren in Abrede genommene Anspruch besteht. Im Übrigen bleibt die Klage erfolgreich, weil der geringere Betrag als Minus in dem weitergehenden Begehren (Bestehen gar keiner Zahlungspflicht) enthalten ist.⁹³⁵

1217 Die Abweisung der negativen Feststellung aus sachlichen Gründen bestätigt den Bestand des Rechtsverhältnisses und zwar mit Anklängen an ein Grundurteil selbst beim nicht bezifferten Anspruch⁹³⁶ und unabhängig⁹³⁷ von einer möglicherweise unzutreffend zugrunde gelegten Beweislast. Auf präjudizielle Rechtsverhältnisse erstreckt sich die Bindungswirkung aber selbst bei zwingenden Sinnzusammenhängen oder im Rahmen von Ausgleichszusammenhängen nicht.⁹³⁸ Deshalb ist bei Vorfragen ggfs. auf die Zwischenfeststellungsklage (§ 256 Abs. 2 ZPO) zu achten.

4. Kosten, Kostenfestsetzung

1218 Die allgemeine und eher routinemäßige Prüfung der Frage einer Einstandspflicht obliegt jeder Partei grundsätzlich in eigener Verantwortung, zur Prüfung der Anspruchsberechtigung vgl. Rn. 574, 600.

Prozesskosten und prozessbezogene Kosten

1219 Zur **Kostengrundentscheidung** verlangt das Gesetz im Fall des Teilunterliegens die Kostenaufhebung oder -teilung. Einer Partei können jedoch die gesamten Prozesskosten auferlegt werden, wenn es um eine verhältnismäßig geringfügige Zuvielforderung ohne besondere oder nur geringfügig höhere Kosten geht, § 92 Abs. 2 Nr. 1 ZPO.

1220 **Tipp** Ein besonderes Kostenverteilungsprinzip kennt § 92 Abs. 2 ZPO zudem bei Abhängigkeit der Forderung von der Festsetzung durch richterliches Ermessen. Dieses Prinzip gilt – gerade – im Geltungsbereich des § 287 ZPO, wird bisher in der Praxis aber zu wenig beachtet. Gelegentlich mag es für den Anspruchsberechtigten – im Kontext der Frage nach einer Bezifferung – zweckmäßig sein können, von sich aus ein Gericht auf die Möglichkeiten des § 92 Abs. 2 Nr. 2 ZPO hinzuweisen.

1221 Vor Jahrzehnten hat der *BGH*⁹³⁹ formuliert, dass dann, wenn der Kläger die Verurteilung zur Zahlung eines vom Gericht festzusetzenden Betrages verfolgt und sein Vorbringen zeigt, dass er „in Wahrheit" Zahlung eines ziffernmäßig bestimmten Betrages verlangt, der Anspruch sich aber nur

---

933 *BGH* NJW 1984, 1556.
934 *BGH* NJW 1993, 1716 = VersR 1993, 857.
935 *OLG Hamm* NZV 2005, 150 = DAR 2005, 339.
936 *BGH* NJW 1986, 2508.
937 *BGH* NJW 1995, 1757.
938 *BGH* NJW 2003, 3058.
939 *BGH* MDR 1958, 333 = WPM 1958, 295.

teilweise als erfolgreich und teilweise als unbegründet erweist, die Klage unter entsprechender Kostenverteilung wegen des weitergehenden Anspruches abzuweisen ist. Wer den Begriff des Mindestbetrags vermeidet, sollte bei dem aktuellen Verständnis des § 253 ZPO i. V. m. § 287 ZPO und § 92 Abs. 2 ZPO – zumindest in gewissen Größenordnungen (Relation des Unterliegens bis zu 20%) – aber als Anspruchsberechtigter von Kostenbelastungen ganz frei bleiben.

Tipp Der BGH[940] geht darauf ein, dass die beklagte Partei i. S. d. § 92 Abs. 2 Nr. 2 ZPO bei einem bezifferten Leistungsbegehren das Risiko höherer Rechtsverfolgungskosten trägt, wenn sich eine zur Grundlage der Klage gemachte nachvollziehbare Schadensschätzung angesichts der erforderlichen Ermittlung durch einen Sachverständigen als zu hoch erweist. **1222**

Dass die Beweiserhebung durch den Sachverständigen nur zur Höhe des Anspruchs erfolgt sein darf, ist dem Gesetz nicht zu entnehmen. Es genügt deshalb jedenfalls, wenn das Gutachten auch zur Anspruchshöhe eingeholt worden ist.[941] **1223**

Auf einen Unterschied von weniger als 20%[942] gegenüber dem Klagebegehren stellt die Norm nicht ab, sondern um – ex ante betrachtet verständliche oder nachvollziehbare – Schätzfehler bzw. nach der hier vertretenen Ansicht gerade den Schätzungsfreiraum als solchen. Das besondere Kostenverteilungsprinzip des § 92 Abs. 2 Nr. 2 ZPO mag freilich von § 92 Abs. 2 Nr. 1 ZPO und damit dem Aspekt der Verhältnismäßigkeit als mitbeeinflusst angesehen werden. **1224**

Zur Regulierung von Personenschäden kommt es nicht auf die 3. Variante des besonderen Kostenverteilungsprinzips „Abhängigkeit der eingeklagten Forderung von gegenseitiger Berechnung" an. Das kann freilich bei der Aufrechnung mit einer für die Klagepartei unbekannten Gegenforderung der Fall sein, woran jedenfalls bei Sachschäden mehrerer Unfallbeteiligter zu denken sein kann – wenn wegen § 287 ZPO das besondere Prinzip nicht ohnehin uneingeschränkt, dann freilich wechselseitig bzw. auch spiegelbildlich gilt oder gelten muss. **1225**

Über eine etwaige Anwendung des § 96 ZPO ist mit der Hauptsache durch das Prozessgericht zu entscheiden, Rn. 1237. **1226**

Notwendige Kosten sind die wirtschaftlichen Folgen der zur Rechtsverfolgung und -verteidigung erforderlichen und geeigneten Maßnahmen. Mit den Kriterien des § 91 ZPO soll die materielle Kostenerstattungspflicht (Rn. 576, 577) korrespondieren. **1227**

Bei gemeinsamer **Klage gegen Halter, Fahrer und Versicherer** sind Kosten eines **weiteren** vom Halter und Fahrer bestellten **Anwaltes** grundsätzlich nicht erstattungsfähig.[943] Ausnahmsweise soll dies anders sein, wenn der Halter einen Anwalt einschaltet, bevor er Kenntnis von der Bestellung eines Prozessbevollmächtigten durch den Versicherer erlangt.[944] Die gegenteilige untergerichtliche Ansicht hält regelmäßig die Kosten mehrerer Anwälte für erstattungsfähig.[945] Der BGH[946] verneint die Notwendigkeit der Bestellung eines eigenen Anwalts durch den Versicherungsnehmer bei Geltendmachung des Direktanspruchs gegen den Haftpflichtversicherer und des Schadensersatzanspruches gegen den Halter/Fahrer des versicherten Fahrzeuges in einem gemeinsamen Rechtsstreit dann, wenn kein besonderer sachlicher Grund für die Einschaltung eines eigenen Anwalts besteht. **1228**

---

940 NJW 2008, 215 m. Anm. Bruns = VersR 2008, 361 = ZfS 2008, 147.
941 Treffend dazu LG Nürnberg-Fürth r+s 2008, 264.
942 Zutreffend auch nach der hier vertretenen Ansicht deshalb insofern LG Nürnberg-Fürth r+s 2008, 264.
943 OLG Koblenz JurBüro 1994, 230 und MDR 1995, 263 (anders ausnahmsweise im Fall der Androhung eines Rückgriffs); OLG München MDR 1995, 263; zur Festsetzung beim Obsiegen des Halters und Unterliegen der anderen Beklagten OLG Karlsruhe NZV 1994, 363 – zweifelhaft – (1/3 eigene außergerichtliche Kosten trotz voller Kostenlast der Haftpflichtversicherung im Innenverhältnis).
944 KG ZfS 1998, 110; abl. Anm. van Bühren in r+s 1998, 217; beachte auch OLG Karlsruhe NZV 1998, 508 bei der Befürchtung des Haftpflichtversicherers, es gehe um einen gestellten Unfall.
945 LG München I MDR 1998, 713.
946 BGH NZV 2004, 179-180 = NJW-RR 2004, 536 = VersR 2004, 622.

1229 Dem mitverklagten wirtschaftlich bedürftigen Fahrer ist im Wege der **Prozesskostenhilfe** grundsätzlich kein eigener Rechtsanwalt beizuordnen, weil er vom Versicherer vertreten werden kann, der Klagen gegen mitversicherte Personen abzuwehren hat, und wenn keine Interessenkollision zu befürchten ist.[947] Sorgt der Kfz-Haftpflichtversicherer nicht für die anwaltliche Vertretung des neben ihm verklagten Fahrers, weil er diesen der Unfallmanipulation verdächtigt, hat jener jedenfalls dann keinen Anspruch auf Prozesskostenhilfe für einen eigenen Anwalt, wenn er der auf fahrlässige Unfallverursachung gestützten Klage nichts entgegenzusetzen hat und lediglich Vorsatz bestreitet.[948]

1230 Kosten des während eines Rechtsstreits eingeholten **Privatgutachtens** sind ausnahmsweise erstattungsfähig, wenn das Gutachten zur weiteren Begründung[949] des geltend gemachten Anspruchs – zumal innerhalb eines Betragsverfahrens – erforderlich ist. Ein Aufwand, der veranlasst wird, bevor sich ein Rechtsstreit einigermaßen konkret abzeichnet, ist regelmäßig nicht erstattungsfähig.[950]

1231 Auch **vorprozessuale**, aber im klaren Zusammenhang mit einem Prozess entstandene und aufgewandte, deshalb **prozessbezogene Kosten** können prozessnotwendig sein.

1232 Kosten für ein vorprozessual erstattetes **Privatgutachten** sind ausnahmsweise Kosten des Rechtsstreits i. S. d. § 91 Abs. 1 ZPO.[951] Es genügt nicht, dass das Gutachten bloß irgendwann in einem Rechtsstreit verwendet wird. Das Gutachten muss sich vielmehr auf einen konkreten Rechtsstreit beziehen und mit Rücksicht auf diesen in Auftrag gegeben sein. Bei einer konkreten Klageandrohung ist die Beauftragung eines Privatsachverständigen und deshalb der damit verbundene Kostenaufwand nicht mehr dem allgemeinen eigenen (Betriebs-) Aufwand zuzurechnen, sondern grundsätzlich erstattungsfähig. Dann dient das Privatgutachten dazu, die Position des Auftraggebers in dem ihm angedrohten Rechtsstreit zu stützen, aber nicht nur einer etwaigen außergerichtlichen Schadensermittlung. So kann es sich auch verhalten, wenn das Gutachten jedenfalls nach Klageandrohung erstellt wird. Prozessbezogene Kosten sind notwendige Kosten, wenn ein in Anspruch genommener Halter oder die Haftpflichtversicherung Zweifel an der Schilderung des Unfallablaufs und/oder an der Höhe des geltend gemachten Schadensersatzanspruchs haben kann.[952]

1233 U.U. kommen – zudem – **Detektivkosten**[953] in Betracht.

1234 Nach Ansicht des *BGH* vermindert sich durch die anteilige **Anrechnung** einer vorgerichtlich entstandenen **Geschäftsgebühr** nach Nr. 2300 VV-RVG (Nr. 2400 VV-RVG a. F.) auf die Verfahrensgebühr gemäß Teil 3 Vorbemerkung 3 Absatz 4 VV-RVG die in dem anschließenden gerichtlichen Verfahren nach Nr. 3100 VV-RVG anfallende Verfahrensgebühr und ermäßigt sich nicht die bereits vorher entstandene Geschäftsgebühr; s. nun § 15a RVG. Für die Anrechnung bleibt es bedeutungslos, ob die Geschäftsgebühr auf materiell-rechtlicher Grundlage vom Prozessgegner zu erstatten und ob sie unstreitig, geltend gemacht, tituliert oder schon beglichen ist.[954]

---

947 *OLG Köln* NJW-RR 2004, 1550.
948 *OLG Hamm* NJW-RR 2005, 760.
949 *OLG Stuttgart* VersR 1997, 630; *OLG Dresden* OLG-NL 2003, 93; *OLG Koblenz* DAR 2002, 315.
950 *BGH* VersR 2008, 801 = ZfS 2008, 344.
951 *Beachte BGH* VersR 2008, 801 = ZfS 2008, 344; s. weiter zur – ausnahmsweisen – Erstattungsfähigkeit sogar der Kosten für ein Rechtsgutachten *OLG München* NJW-RR 2001, 1723; zur Erstattungsfähigkeit von Steuerberatungskosten *OLG Karlsruhe* NJW-RR 2002, 499.
952 *BGH* NJW 2006, 2415 = VersR 2006, 1236; s. auch *OLG Koblenz* VersR 2008, 802: Bestand bei Sicht ex ante ein zureichender Anhalt für einen versuchten Versicherungsbetrug, sind die Kosten des vom Kfz-Haftpflichtversicherer eingeholten Privatgutachtens erstattungsfähig, wenn mit einer Klage zu rechnen war.
953 *KG* JurBüro 2004, 32; s. auch Rn. 577.
954 *BGH* NJW 2007, 2049 = VersR 2007, 1098 und NJW 2007, 2050; *BGH* NJW 2008, 1323 = AnwBl. 2008, 378 = DAR 2008, 295 = ZfS 2008, 288; *OVG Lüneburg* DVBl 2008, 736.

Kostenfestsetzungsverfahren

Die vorprozessual zur Anspruchsabwehr angefallene Geschäftsgebühr kann nicht Gegenstand einer gerichtlichen Kostenfestsetzung sein.[955] Dass der *BGH* die Festsetzungsfähigkeit sowohl der ungekürzten Verfahrensgebühr als auch der anzurechnenden Geschäftsgebühr verneint, hält das *KG*[956] für widersprüchlich.

1235

Beim vergleichsweisen Erlass von materiellen Schadensansätzen darf nicht über den Weg der Kostenfestsetzung der Vergleichsinhalt konterkariert werden.

1236

Der Einwand, bei einem Gutachten handele es sich um ein weitgehend erfolgloses Verteidigungsmittel i. S. v. § 96 ZPO, ist im Kostenfestsetzungsverfahren unbeachtlich.[957]

1237

Steuerrecht

Für den **Schädiger** sind Kosten eines Schadensersatzprozesses meist **außergewöhnliche Belastungen** (§ 33 EStG). Eine Schadensersatzrente wird als dauernde Last unbeschränkt als Sonderausgabe und nicht nur wie eine oder als eine Leibrente (§ 10 Abs. 1 EStG) mit dem Ertragsteil steuerlich geltend gemacht werden können.

1238

5. Streitwert

Der **Gebührenwert** folgt für den **Rentenanspruch** aus § 42 Abs. 2 GKG mit dem fünffachen Betrag des einjährigen Bezuges – ohne Kapitalisierung – oder dem (ggfs. sicher feststehenden) kürzeren Gesamtbetrag. Unterschiedliche Jahresbeträge lassen auf den Höchstbetrag zugreifen. Bei einer einverständlichen Kapitalabfindung sollte der streitige Vergleichsbetrag maßgebend sein. Zu Vertragsansprüchen gilt dies nicht. Bezogen auf den Tag der Klageeinreichung vorhandene **Rückstände** erhöhen den Wert (§ 42 Abs. 4 GKG). Der Einreichung der Klage steht die Einreichung eines Prozesskostenhilfegesuchs gleich, wenn die Klage alsbald eingereicht wird, nachdem die Entscheidung über den Antrag oder die Beschwerde mitgeteilt worden ist.

1239

Im Verkehrsunfallhaftpflichtprozess ist die neben anderen Schadenspositionen eingeklagte (Un-)Kostenpauschale und sind die Kosten eines vorprozessual eingeholten **Sachverständigengutachtens** regelmäßig nicht Nebenforderungen, die bei der Berechnung des Streitwerts und der Beschwer außer Betracht bleiben.[958]

1240

Zur Durchsetzung eines im laufenden Verfahrens geltend gemachten Hauptanspruchs aufgewandte Kosten erhöhen den Streitwert als Nebenforderung i. S. d. § 4 ZPO dagegen nicht. So bleibt die **außergerichtliche (anwaltliche) Geschäftsgebühr**, die vom Schicksal (Umfang) der zugleich eingeklagten Hauptsache abhängig ist, ohne Einfluss auf den Streitwert.[959]

1241

Das die Werterhöhung ausschließende Abhängigkeitsverhältnis besteht aber nur, solange die Hauptforderung Gegenstand des Rechtsstreits ist. Geltend gemachte vorprozessuale Anwaltskosten sind deshalb dann als Streitwert erhöhender Hauptanspruch zu berücksichtigen, wenn der geltend gemachte Hauptanspruch übereinstimmend für erledigt erklärt ist.[960]

1242

Zinsen werden zur Hauptforderung, wenn der Hauptanspruch nicht oder nicht mehr in Streit steht, es also zur Hauptsache – allein – um diese geht.[960]

1243

---

955 *BGH* NJW 2008, 1323 = AnwBl. 2008, 378 = DAR 2008, 295 = ZfS 2008, 288.
956 MDR 2008, 1427.
957 *OLG Koblenz* VersR 2008, 802.
958 *BGH* NJW 2007, 1752 = VersR 2007, 1288, NJW-RR 2008, 898 = NZV 2008, 455.
959 *BGH* Beschl. v. 11.3.2008, VI ZB 9/06; *OLG Celle* NJOZ 2007, 4384.
960 *BGH* VersR 2008, 557 = ZfS 2008, 165.

1244 Die positive **Feststellung** wird meist mit einem Abschlag in Höhe von 20% gegenüber dem Leistungsbegehren bewertet. Auf den Wert der negativen Feststellung wirkt sich deren Rechtskraftwirkung aus. Der volle Leistungswert ist maßgebend.

1245 Die Werte wirtschaftlich verschiedener **Haupt- und Hilfsbegehren** sind zu summieren, wenn über alle Anträge entschieden wird, z. B.: Teilschmerzensgeld, hilfsweise (in gleicher Höhe) anteiliger Vermögensschaden, höchst hilfsweise (in gleicher Höhe) anteiliger Ausgleich wegen Pflegeleistung.

1246 Beim **Regressprozess** der geschädigten Person gegen den eigenen Anwalt gilt allein § 9 ZPO.[961] Der Wert für den **Deckungsprozess** gegen den Haftpflichtversicherer folgt §§ 3, 9 ZPO.

6. Berufungsverfahren

Beschwer

1247 Bei dem Prinzip der formellen Beschwer ist der Anspruchsteller durch ein Urteil beschwert, wenn und soweit versagt worden ist, was er beantragt hat. Es genügt sogar der Anschein einer Beschwer, der z. B. besteht, wenn die angefochtene Klageabweisung ins Leere geht und keine materielle Rechtskraftwirkung hat[962]; zum Schmerzensgeld s. Rn. 2898.

1248 Bei der Klage von oder gegen **Streitgenossen** erfolgt keine Wertaddition.[963] Die Beschwer durch Abweisung der Klage gegen den einen Unfallbeteiligten und gegen dessen Haftpflichtversicherer genügt nicht für die Zulässigkeit der Berufung gegenüber dem Haftpflichtversicherer hinsichtlich des anderen Unfallbeteiligten.[964]

1249 Leitet sich die Beschränkung des **Feststellungsausspruches** auf die Versicherungssumme nicht zweifelsfrei aus den Gründen mit den tatbestandlichen Feststellungen her, ist noch keine Beschwer gegeben.[965]

1250 Die in erster Instanz erfolgreiche Feststellungsklage kann nicht vom Kläger in die Berufungsinstanz mit dem Ziel gebracht werden, über einen Leistungsantrag die Klage zu erweitern.[966] Der mit der Feststellung erstinstanzlich unterlegene Kläger kann aber zweitinstanzlich auf Leistung übergehen, weil er beschwert ist.[967]

1251 Beim **Grundurteil** ist die Klagepartei auch beschwert, wenn der Urteilstenor zwar das Klagebegehren dem Grunde nach in vollem Umfang für gerechtfertigt erklärt, in den Entscheidungsgründen aber bindend festgestellt wird, auf welcher Grundlage das Betragsverfahren aufzubauen hat und welche Umstände abschließend im Grundverfahren geklärt sind, also soweit das Urteil negative Bindungswirkung hat.[962] Die beklagte Partei ist im Umfang des dem Grunde nach zuerkannten Ersatzes beschwert.

1252 Der Wert der Beschwer erhöht sich bei einem unstatthaften Teilgrundurteil nicht[968], solange keine sachfremden Erwägungen zugrunde liegen.

1253 Der *BGH*[969] geht mit der allgemeinen Meinung davon aus, dass bei Aufteilung in ein **Teil- und Schlussurteil** für das Schlussurteil allein die damit verbundene Beschwer maßgebend ist. Die Gefahr, dass einer Partei ein Rechtsmittel genommen wird, das bei einheitlicher Entscheidung gegeben wäre, wird hingenommen.[970]

---

961 *BGH* VersR 1979, 86.
962 *BGH* NJW-RR 2007, 138.
963 *BGH* VersR 2004, 882.
964 *BGHZ* 88, 360, 364.
965 *BGH* VersR 1986, 565.
966 *BGH* VersR 1988, 417 = NJW 1988, 827.
967 *BGH* VersR 1987, 411 = NJW-RR 1987, 249.
968 *BGH* MDR 1998, 179.
969 VersR 1989, 818 = NJW 1989, 2757.
970 *BGH* NJW 1996, 3216.

Bei **Renten** als wiederkehrenden Leistungen bestimmt sich die Höhe der **Beschwer** gem. § 9 ZPO nach dem 3 1/2 fachen Wert des einjährigen Bezuges oder dem Gesamtbetrag bei einer bestimmten Bezugsdauer. Rückstände kommen hinzu. Die nach Klageerhebung fällig gewordenen Beträge sind aber nicht hinzuzurechnen, auch dann nicht, wenn sie beziffert Gegenstand eines weiteren Antrags[971] werden.

1254

Basis und Gegenstand der Erkenntnis in der Berufungsinstanz

Ist im Arzthaftungsprozess die auf einen Behandlungs- sowie einen Aufklärungsfehler gestützte Klage unter beiden Gesichtspunkten abgewiesen worden, muss die Berufungsbegründung erkennen lassen, ob das Urteil hinsichtlich beider Fehler angegriffen wird.[972]

1255

Gelangt ein unzulässiges Teilurteil in die Berufungsinstanz[973], kann ausnahmsweise das Berufungsgericht aus prozesswirtschaftlichen Gründen den im ersten Rechtszug anhängig gebliebenen Teil an sich ziehen und insgesamt entscheiden.[974]

1256

Bei einem rechtskräftigen Teilurteil, zu dem sich während des Berufungsverfahrens über das Schlussurteil Umstände zeigen, die eine Abänderung des Teilurteils rechtfertigen können, kann eine selbstständige Abänderungsklage ohne Eingrenzung durch § 323 Abs. 2 ZPO erhoben werden. Der BGH hat für das Berufungsverfahren auch die Abänderungswiderklage zugelassen.[975] Eine solche unterliegt freilich der Zulassungsschranke des § 533 Nr. 2 ZPO. Anders als früher ist die Widerklage im Berufungsverfahren deshalb davon abhängig, dass sie auf Tatsachen gestützt werden kann, die das Berufungsgericht seiner Verhandlung und Entscheidung über die Berufung ohnehin nach § 529 ZPO zugrunde zu legen hat. Der Gedanke der Prozessökonomie ist dadurch eingeschränkt.

1257

Ein Berufungsgericht hat der Verhandlung und Entscheidung außer den von dem Erstgericht als wahr oder unwahr festgestellten **Tatsachen** die Tatsachen zu Grunde zu legen, die auch das Erstgericht ohne Prüfung der Wahrheit zu Grunde gelegt hat, weil sie offenkundig oder gerichtsbekannt, ausdrücklich zugestanden oder unstreitig waren, oder weil sie sich aus gesetzlichen Vermutungen oder Beweis- und Auslegungsregeln ergeben haben. § 531 Abs. 2 Satz 1 Nr. 1 ZPO gestattet neues, das heißt in erster Instanz noch nicht geltend gemachtes Vorbringen zu tatsächlichen oder rechtlichen Aspekten, die von dem Standpunkt des Berufungsgerichts aus betrachtet entscheidungserheblich sind, von dem Erstgericht aber übersehen oder für unerheblich gehalten wurden und aus einem insofern vom Erstgericht mit zu verantwortenden Grund in erster Instanz nicht geltend gemacht worden sind.[976]

1258

▶ **Neues Vorbringen** ist gegeben, wenn der allgemein gehaltene Vortrag erster Instanz konkretisiert und erstmals substanziiert wird, nicht aber, wenn ein schlüssiges Vorbringen aus erster Instanz durch weitere Tatsachenbehauptungen zusätzlich konkretisiert, verdeutlicht oder erläutert wird.[977] ◀

1259

Macht der Kläger erstmals mit der Berufung geltend, er sei unfallbedingt in seiner Lebensführung erheblich behindert, da er nun nicht mehr sportlichen Betätigungen wie Tennis und Jogging nachgehen könne, und auch Schmerzen bei längeren Pkw-Fahrten habe, ist das Vorbringen nach § 531 Abs. 2 Nr. 3 ZPO nicht zuzulassen.[978]

1260

---

971 *BGH* NVersZ 1999, 239.
972 *BGH* NJW-RR 2007, 414 = VersR 2007, 414.
973 Zur Heilung des Verfahrensmangels durch Verbindung der Rechtsmittel gegen das Teil- und das Schlussurteil *BGH* NJW 1991, 3036.
974 *BGH* VersR 1983, 735; NJW 1993, 1793, 1794 (auch bei der Frage nach der Ersatzfähigkeit von Schäden).
975 *BGH* NJW 1993, 1795.
976 *BGHZ* 158, 295 = NJW 2004, 2152.
977 *BGH* NJW-RR 2008, 335 = VersR 2008, 126 = ZfSch 2008, 135.
978 *KG* NZV 2007, 308.

1261 Der **erstmals** in der Berufung **geltend gemachter Hausarbeitsschaden** soll wegen § 533 Nr. 2 ZPO unbeachtet bleiben können. Dazu stellt das *OLG Frankfurt* darauf ab, dass das Berufungsgericht nur solchen (neuen) Tatsachenstoff überprüfen muss, der dem Erstgericht hätte unterbreitet werden können[979], und sich auch im Wege einer Klageänderung nicht mit Tatsachenstoff auseinanderzusetzen hat, der gem. §§ 529, 531 ZPO ausgeschlossen ist. Auf Änderungen des Klageantrags nach § 264 Nr. 2 und 3 ZPO findet jedoch § 533 ZPO keine Anwendung[980], solche Änderungen sind in der Berufungsinstanz nicht als Klageänderung anzusehen.

1262 Zweifel an der Richtigkeit und Vollständigkeit entscheidungserheblicher Feststellungen i. S. § 529 Abs. 1 Nr. 1 ZPO zeigen sich bereits, wenn aus der Sicht des Berufungsgerichts eine gewisse (nicht notwendig überwiegende) Wahrscheinlichkeit dafür spricht, dass im Fall einer Beweiserhebung die erstinstanzliche Feststellung keinen Bestand haben kann.

1263 Aus einer fehlerhaften Rechtsanwendung können sich konkrete Anhaltspunkte für Zweifel an der Richtigkeit und Vollständigkeit der Feststellungen des Erstgerichts ergeben, die eine erneute Tatsachenfeststellung durch das Berufungsgericht gebieten (§ 529 Abs. 1 Nr. 1 ZPO).[981]

1264 Zweifel an der Richtigkeit und Vollständigkeit eines Sachverständigengutachtens zeigen sich bei einem Gutachten oder über die Person des Gutachters, wenn das Gutachten in sich widersprüchlich oder unvollständig ist, der Sachverständige erkennbar nicht sachkundig war, sich die Tatsachengrundlage durch zulässigen neuen Sachvortrag geändert hat oder wenn es neue wissenschaftliche Erkenntnismöglichkeiten zur Beantwortung der Sachverständigenfrage gibt.[982] Hat das Erstgericht dem Antrag einer Partei auf Anhörung des Sachverständigen nicht entsprochen (beachte auch Rn. 1087), kann die Bindung des Berufungsgerichts an die vom Gericht des ersten Rechtszuges festgestellten Tatsachen entfallen und muss das Berufungsgericht dem in zweiter Instanz wiederholten Antrag auf Ladung des Sachverständigen stattgeben.[983] Dem erstmals in zweiter Instanz gestellten Antrag auf Anhörung eines Sachverständigen ist stattzugeben, wenn es um entscheidungserhebliche Gesichtspunkte geht, die das Gericht des ersten Rechtszugs aufgrund fehlerhafter Beurteilung der Rechtslage übersehen hat.[984]

1265 Das Berufungsgericht hat die **erstinstanzliche Schmerzensgeldbemessung** im vollen Umfang darauf zu überprüfen, ob sie überzeugt, und zwar auf der Grundlage der gem. § 529 ZPO maßgebenden Tatsachen. Das Zweitgericht darf sich dagegen nicht darauf beschränken, die Ermessensausübung des Erstgerichts auf Rechtsfehler zu überprüfen.[985]

Anschließung

1266 Bei geteiltem Prozesserfolg in erster Instanz ermöglicht die Anschlussberufung einer Partei, eine Abänderung der erstinstanzlichen Entscheidung bewirken zu lassen, wenn der Gegner Berufung eingelegt hat, die für die Partei geltende Berufungsfrist aber verstrichen ist. Auf diesem Weg kann auch der Prozessgegenstand in 2. Instanz noch erweitert werden, z. B. ein neuer Klagegrund eingeführt werden.[986]

1267 Seit dem 1.9.2004 ist eine Anschlussberufung bis zum Ablauf der dem Berufungsbeklagten gesetzten Frist zur Berufungserwiderung zulässig. Für die Zulässigkeit der Anschlussberufung gilt das Pro-

---

979 *OLGR Frankfurt* 2006, 489.
980 *BGHZ* 158, 295 = NJW 2004, 2152.
981 *BGH* VersR 2007, 376.
982 *BGH* NJW 2003, 3480 = VersR 2004, 1575 = DAR 2003, 554 = ZfS 2003, 591.
983 *BGH* NZV 2005, 463 = VersR 2005, 1555 = DAR 2005, 507 = ZfS 2005, 489.
984 *BGHZ* 159, 254 = NJW 2004, 2828 = VersR 2004, 1477.
985 *BGH* NJW 2006, 1589 = VersR 2006, 710.
986 *BGH* NJW 2008, 1953.

zessrecht in der für die Beurteilung der Zulässigkeit der Berufung maßgebenden Fassung.[987] Die Frist ist auch einzuhalten, wenn der Berufungsbeklagte eine erstinstanzliche Entscheidung mit einem anderen Klagegrund aufrechterhalten lassen will.[988]

Auch der Revisionsbeklagte hat die Möglichkeit, eine Abänderung des Urteils der Vorinstanz zu seinen Gunsten zu erreichen, wenn das Revisionsverfahren ohnehin durchgeführt werden muss. Die Anschlussrevision i. S. d. § 554 ZPO ist insofern ohne vorherige Zulassung statthaft. Sie setzt eine Beschwer voraus und bleibt unzulässig, wenn sie einen Lebenssachverhalt betrifft, der mit dem von der Revision erfassten Streitgegenstand nicht in einem unmittelbaren rechtlichen oder wirtschaftlichen Zusammenhang steht.[989]

1268

---

987 *BGH* VersR 2008, 375.
988 *BGH* NJW 2008, 1953.
989 *BGHZ* 174, 244 = NJW 2008, 920 = VersR 2008, 508.

2. Teil
Geldrente und Kapitalisierung; Abfindung

Der Gesundheitsschaden ist als konkreter Schaden (grundsätzlich) in Kapitalform (i. S. d. §§ 249, 251 BGB, Rn. 467, 495) durchzusetzen und zu erfüllen. Zum Nichtvermögensschaden hat die Praxis eine (Teil-) Regulierung in Rentenform ermöglicht, Rn. 2876, 2884. **1269**

Zum Erwerbs- und Mehrbedarfsschaden (§ 843 BGB und die Parallelnormen bei einer Gefährdungshaftung) und zum Unterhaltsschaden (§ 844 Abs. 2 BGB und die Parallelnormen bei einer Gefährdungshaftung) sowie zum Dienstleistungsschaden (§ 845 BGB) sieht das Gesetz die Rente als regelmäßige Zahlungsform vor. **1270**

Für die Abgeltung vermehrter Bedürfnisse kommt in besonders gelagerten Fällen gleichwohl ein nach §§ 249, 251 BGB durchzuführender Schadensausgleich in Betracht, wenn durch die einmalige Anschaffung eines Hilfsmittels für den Behinderten dessen erhöhtes Bedürfnis für die Zukunft in ausreichendem Maße befriedigt werden kann.[1] **1271**

Bei dem Gesamtschaden aus mehreren Schadensgruppen kann zu einer Forderungsposition Kapitalzahlung und zu einer anderen Position ein Ausgleich in Rentenform in Frage stehen. Ist eine Zeit für die Leistung weder bestimmt bzw. vereinbart noch aus den Umständen zu entnehmen, kann der Gläubiger die Leistung sofort verlangen, § 271 Abs. 1 BGB; vgl. auch § 849 BGB. Dementsprechend tritt Fälligkeit[2] dann, wenn der Berechtigte Wiederherstellung (§ 249 Abs. 1 BGB) bzw. den zur Herstellung erforderlichen Geldbetrag als Einmal-, Kapitalbetrag (§ 249 Abs. 2 Satz 1 BGB) verlangt, in der Regel im Zeitpunkt der Rechtsgutsverletzung ein. Daran ändert sich nichts dadurch, dass der Umfang der Ersatzpflicht regelmäßig erst nach einiger Zeit festzustellen ist.[3] Wegen eines laufenden, wiederkehrenden Rentenanspruchs sind dagegen gesonderte Fälligkeitsregeln zu beachten, Rn. 1273, s. vor allem prozessual zudem Rn. 1305. **1272**

I. Geldrente

Der **Rentenanspruch entsteht** mit der Beeinträchtigung. Die **Fälligkeit** der einzelnen Rentenbeträge ist hinausgeschoben. **1273**

▶ (Monatliche) Renten sind keine bloße Rechungsposten eines einheitlichen Anspruchs. ◀ **1274**

Die Gefährdungshaftungsnormen gewähren den Rentenanspruch ihrem Wortlaut nach – nur – für die Zukunft. Es besteht aber an sich ein Wahlrecht des Verletzten zwischen Rentenform und Kapitalzahlung zur Vergangenheit, Rn. 1345, 1351. Selbst zum Gesundheitsschaden ist für die Vergangenheit eine Rentenform nicht denknotwendig ausgeschlossen. **1275**

Summierte, in einem Zahlbetrag geltend gemachte Renten behalten den Charakter als Rente. **1276**

Höchstbetrag

§ 12 Abs. 1 Satz 2 StVG i.d.F. seit 18.12.2007 stellt klar, dass der Kapitalhöchstbetrag (Rn. 217) – auch – für eine etwaige Rentenzahlungspflicht gilt. Dementsprechend ist ggfs. ein Kapitalwert einer Schadensersatzrente im Einzelfall zu berechnen und sind einzelne erstattungsfähige Ent- **1277**

---

1 *BGHZ* 163, 351 = NJW 2006, 1271 = VersR 2005, 1559 = r+s 2005, 528.
2 Fälligkeit bezeichnet den Zeitpunkt, von dem an der Gläubiger die ihm zustehende Leistung verlangen kann, *BGH* NJW 2007, 1581 = VersR 2007, 806, insoweit in BGHZ 171, 33 ff. nicht abgedruckt.
3 *BGH* VersR 2009, 128 = DAR 2009, 79 = ZfS 2009, 1066 = VersR 2009, 408 = ZfS 2009, 320.

schädigungen mehrerer Berechtigter in dem Verhältnis zu reduzieren, in dem der Gesamtbetrag zum Höchstbetrag steht.

1278 Auf einen möglichen Berechnungsgang geht das Beispiel Rn. 218 ein mit der eigenen Berechnungsmöglichkeit unter Rn. 219.

Kürzungsverfahren des Haftpflichtversicherers

1279 § 155 Abs. 1 VVG a. F. wie § 107 Abs. 1 VVG 2008 begünstigt den Verletzten zu Rentenansprüchen bei unzulänglicher Versicherungssumme. Dann ist ein Leistungsanteil des Versicherers vor Erschöpfung der Deckung zu bestimmen. Dies bewirkt die gleichmäßige Leistung der Rente über ihre gesamte Laufzeit hin bei entsprechender Kürzung bewirkt wird. Dazu ist der Kapitalwert der Rente nach spezifisch versicherungsmathematisch orientierten Bestimmungen zu ermitteln.[4] Bereits erfolgte Kapitalzahlungen und geleistete Renten (mit ihrem Barwert, Rn. 1357) sind zunächst von der Versicherungssumme abzuziehen. Der verbleibende Restbetrag steht dann für offene künftige Renten zur Verfügung. Die Zahlungslast wird aufgeteilt auf den Versicherer und den Versicherungsnehmer.

1280 **Berechnungsmodell zum Kürzungsverfahren:**
1. Berechnungsschritt

Deckungs-, Versicherungssumme

abzüglich geleistete Zahlungen (als Summe der Kapitalbeträge zu allen Schadensposten zuzüglich erbrachter Renten, diese bemessen nach ihrem versicherungsmathematischen Barwert)

= restliche Versicherungssumme

2. Berechnungsschritt

$$\text{Kürzungsfaktor} = \frac{\text{restliche Versicherungssumme}}{\text{Barwert der offenen Rente}}$$

Zahlungslasten:

a) (mtl.) Rente × Kürzungsfaktor = vom Versicherer aufzubringender Anteil von jeder (monatlichen) Rente

b) (mtl.) Rente × (1 − Kürzungsfaktor) = vom Versicherten aufzubringender Anteil von jeder (monatlichen) Rente

Zur Rente hat der Versicherer dann auch über die Deckungssumme hinaus zu leisten. Ein Kapitalbetrag ist jedoch nicht mehr aus der Versicherungssumme aufzubringen.

1281 Die in § 13 Abs. 3 StVG, § 8 Abs. 3 HPflG gesondert vorgesehene Möglichkeit nachträglicher Anordnung der **Sicherheitsleistung** gilt ebenfalls für die Rente gem. § 843 BGB. Der Ermittlung der konkreten Vermögensverhältnisse bedarf es zur Entscheidung über die Sicherheitsleistung nach § 843 Abs. 2 Satz 2 BGB nicht.[5]

1282 Erhebliche Zahlungsansprüche legitimieren i. S. d. § 843 Abs. 2 Satz 2 BGB aus sich heraus für die Zukunft Zweifel an der Zahlungsfähigkeit hinsichtlich der Rentenbeträge, auch oder gerade bei einer juristischen Person, deren Existenz bei Vermögensverfall erheblich gefährdet ist.[5]

---

4 *BGH* NJW 1980, 2524 = VersR 1980, 817 = DAR 1980, 363 = ZfS 1980, 248.
5 *BGHZ* 163, 351 = NJW 2006, 1271 = VersR 2005, 1559 = r+s 2005, 528.

1. Zeitgrenzen

Tipp Die Klage auf Zahlung einer wiederkehrenden Leistung muss eine zeitliche Begrenzung enthalten. Die Zeitgrenze für den jeweiligen Anspruch ergibt sich aus dem materiellen Recht. Der Klageantrag ohne Zeitgrenze unterliegt der Teilabweisung, denn einer zeitlich offenen Zahlung fehlt der materiellrechtliche Grund. 1283

Die **Mehrbedarfsrente** ist regelmäßig zeitlich unbegrenzt, also auf die Lebenszeit der betroffenen Person auszurichten. Ist die bestimmte Dauer des Mehrbedarfs abzusehen, hat eine entsprechende engere Befristung zu erfolgen. 1284

Die Rente wegen der Beeinträchtigung der Erwerbsfähigkeit verlangt im Antrag und im Urteilsausspruch eine Zeitgrenze mit Angabe eines Kalendertages. Der Anspruch wegen eines **Erwerbsschadens** endet spätestens in dem Zeitpunkt, mit dem die verletzte Person ohnehin aus dem Erwerbsleben ausgeschieden wäre. Im Todesfall kann sich ein Anspruch aus § 844 Abs. 2 BGB der unterhaltsberechtigten Angehörigen anschließen. 1285

Die Verdienstausfallrente ist entsprechend der **Regelaltersgrenze** (§ 35 SGB VI) bei **Arbeitnehmern** zu begrenzen[6]. Wird Zahlung über diesen Endzeitpunkt hinaus beantragt, unterliegt die Klage regelmäßig der Abweisung. Trotz § 39 SGB VI ist früher auf den letzten Tag des Monats, in dem das 65. Lebensjahr vollendet worden ist, auch für Frauen und für Frauen[7], die in der ehemaligen DDR beschäftigt waren und deren Altersrente nach dem 31.12.1996 begonnen gehabt hat, abzustellen gewesen. Bei Beginn der Rente zwischen dem 1.1.1992 und 31.12.1996 bestand übergangsweise die Regelaltersgrenze zur Vollendung des 60. Lebensjahres, auf die für den entsprechenden Personenkreis dann auch abzustellen gewesen ist. Bei geringfügiger Beschäftigung kommt im Einzelfall eine Befristung bis zum 60. Lebensjahr in Betracht.[8] 1286

Für die Zeit danach kommt es ggfs. zum Schadensausgleich auf die Differenz zwischen einem Altersruhegeld und einer Erwerbsunfähigkeitsrente, eine verletzungsbedingte Rentenminderung, an; beim Selbstständigen beachte Rn. 1292. 1287

Bei **Beamten**, Richtern und Soldaten ist auf die jeweilige berufs- oder laufbahnspezifische gesetzliche Altersgrenze abzustellen. Das erfahrungsgemäß durchschnittliche Pensionsalter in bestimmten Berufsgruppen ist nicht maßgebend. 1288

Gründe für eine im Einzelfall von der Regel abweichende Einschätzung hat der Schädiger[9] als **Reserveursache** darzulegen und ggfs. mit dem Maß der erheblichen Wahrscheinlichkeit nachzuweisen. 1289

Gründe für einen verletzungsunabhängig früheren Eintritt in den Ruhestand können sich insbesondere ergeben wegen: 1290
- der individuellen, gesundheitlichen Vorbelastung,
- einer verletzungsunabhängigen Erkrankung,
- der unsteten Arbeitsweise,
- aber auch angesichts der üblichen Verhaltensweisen in einer vergleichbaren Personengruppe,
- einem Personalabbau mit überwiegend wahrscheinlicher Betroffenheit der verletzten Person im Falle ihrer Weiterbeschäftigung.

Tipp Durchschnittliche Maßstäbe allein sind gegen die verletzte Person nicht anzuführen. Zur Beurteilung besonderer gesundheitlicher Umstände wird regelmäßig ein ärztlicher Sachverständiger hinzuzuziehen sein. 1291

---

6 *BGH* VersR 1988, 464; VersR 1989, 855 = NJW 1989, 3150; NJW 2001, 648; r+s 2004, 342.
7 *BGH* NJW 1995, 3313 = VersR 1995, 1447 = ZfS 1995, 451.
8 *OLG Karlsruhe* VersR 2002, 1113 = r+s 2002, 329.
9 *BGH* VersR 1985, 60, 62.

2 Geldrente

1292 Bei **Selbstständigen** kann an das Alter von 70 Jahren anzuknüpfen sein.[10] Die (uneingeschränkte) Arbeits– und Leistungsfähigkeit ist umso eher auf ein höheres Alter zu prognostizieren, umso älter die verletzte Person ist. Für die Zeit nach dem 65. Lebensjahr kann aber eine Erwerbsschadensrente herabzusetzen sein, wenn die Einschränkung der Leistungsfähigkeit für diese Zeit absehbar ist. Die Zahlung der Verdienstausfallrente ist beim Selbstständigen dann ausnahmsweise nicht zu begrenzen, wenn sich der Verletzte ohne das Schadensereignis eine Alterssicherung beschafft hätte, die ihm ein gleiches Einkommen im Alter (wie zuvor im Erwerbsleben) gewährleistet hätte[11], das verletzungsbedingt ausfällt.

1293 Die Dauer des Anspruchs wegen **Beeinträchtigung in der Hausarbeit** (Haushaltsführung) wird durch die **Dauer** der **Behinderung** bei den Haushaltsarbeiten bestimmt. Ein unterschiedlicher Umfang des Anspruchs wird sich meist auch aufdrängen wegen der familienzyklischen Veränderungen, d. h. der Veränderung der Familiensituation, der Verkleinerung des Haushalts, der Entwicklung der familiären Situation, m.a.W. den Folgen der Entwicklung des Haushalts und der Familie mit dem Einfluss auf den Arbeitszeitaufwand.

1294 Soweit die Entwicklung voraussehbar ist, kann wegen unterschiedlicher **Behinderungsgrade** die Schadensrente für verschiedene Zeiträume in unterschiedlicher Höhe zu bestimmen sein.

1295 Die gesetzlich geschuldeten Tätigkeiten im Haushalt, auf die es beim Unterhaltsschaden für den Arbeitszeitbedarf und die Mithilfspflichten ankommt, und die tatsächliche Arbeit im eigenen Haushalt sind nicht identisch mit Erwerbsarbeiten bis zu bestimmten Altersgrenzen. In diesem Kontext setzen sich die individuellen Lebensgepflogenheiten uneingeschränkt durch. Wie z. B. zum Wohnen in einem Heim (Rn. 1965), gibt es in diesem Kontext keine abstrakten Erfahrungssätze und Grenzen.

1296 Es gilt aber zu beachten, dass die Leistungsfähigkeit mit zunehmendem Alter, wohl jedenfalls mit dem 68. Lebensjahr[12], hinsichtlich schwerer körperlicher Arbeit im Haushalt nachlässt. Dies ist bei der Plausibilitätsbeurteilung zu Arbeitszeiten für die Führung des eigenen Haushalts ebenso wie zu den Leistungen im Haushalt für andere Personen wesentlich. Eine Rente kann herabzusetzen sein oder ganz entfallen. Im Einzelfall kann die Rente zum Haushaltsführungsschaden – insbesondere bei einer dauernden Behinderung – auf einen früheren oder späteren Zeitpunkt als das 65. oder 68. Lebensjahr auszurichten sein. Verstärkt zu überprüfen ist, ob die Leistungsfähigkeit im Haushalt zum 75. Lebensjahr[13] oder 79. Lebensjahr[14] nachlassen wird. Insbesondere bei verletzten, alleinlebenden, ihren Haushalt allein führenden älteren Personen kann dies maßgebend werden.

1297 Jedenfalls mit dem **75. Lebensjahr** tritt nach der Lebenserfahrung eine relevante veränderte Situation bei der Hausarbeit ein. Deswegen sollte zumindest bei jungen verletzten Personen die bezifferte Schadensrente zur Haushaltsführung bis zu diesem Zeitpunkt begrenzt werden.[15] Eine lebenslange verletzungsbedingte Behinderung begründet zwar das Ersatzrecht für die Lebenszeit. Jahrzehnte vorher ist der Umfang des Ersatzanspruches aber derart ungewiss, dass ein Leistungsausspruch ausscheidet, Rn. 1305.

1298 Der mögliche weitergehende Ersatzanspruch ist deshalb zunächst nur durch Feststellung oder Vereinbarung gegen Verjährung abzusichern.

1299 Zu lebenslangen Renten müssen Entscheidungsgründe stets die ausnahmsweise tragenden Erwägungen deutlich machen.

---

10 *BGH* VersR 1976, 663.
11 *OLG Köln* NZV 2000, 293 = VersR 2000, 237 = DAR 2000, 68 = OLGR 2000, 23.
12 *BGH* VersR 1974, 1016, 1018 = NJW 1974, 1651.
13 *BGH* VersR 1973, 84; 1973, 939, 941.
14 *BGH* VersR 1972, 743, 745 = NJW 1972, 1130.
15 *OLG Hamm* NJW-RR 1995, 599, *OLG Hamm* NJOZ 2001, 514.

▶ Da es bei Verletzungen auf die tatsächliche Situation ankommt, muss die regelmäßige, erfahrungsgemäße Altersgrenze zur erschwerten oder ausfallenden Haushaltsführung nicht identisch sein mit einer Altersgrenze zur entgangenen Haushaltsarbeit im Tötungsfall mit der Frage nach der Pflicht zur Führung des Haushalts. ◀   1300

Die **Unterhaltsschadensrente** ist längstens bis zum **Tod des Berechtigten** aufzubringen. Wie der Unterhaltsanspruch gem. §§ 1586, 1615 BGB erlischt (s. aber § 1586b BGB zum Geschiedenenunterhalt), nimmt die Schadensberechtigung nicht an der Erbfolge teil.   1301

Spätestens und andererseits (beachte zudem Rn. 1152) ist der Unterhaltsschaden durch den mutmaßlichen **Tod des Unterhaltsverpflichteten** begrenzt.   1302

Bei Tötung der Hausfrau ist dem Witwer die Rente wegen Ausfalls der Arbeit im Haushalt regelmäßig bis zum mutmaßlichen Lebensende seiner Ehefrau nach deren hypothetischen Lebenserwartung zu gewähren. Zugleich ist jedoch nach den konkreten Umständen die Leistungsfähigkeit der Ehefrau einzuschätzen und zu beachten, dass die Leistungsfähigkeit einer Hausfrau im höheren Alter einer gewissen Beschränkung unterliegt, Rn. 1296. Spätestens mit dem Zeitpunkt, in dem der Witwer in den Ruhestand tritt, trifft ihn eine erhöhte Pflicht zur Mithilfe im Haushalt[16] mit der Folge, dass die einzusetzende Arbeitszeit reduziert ist.   1303

Der aus § 845 BGB folgende **Leistungsanspruch der Eltern** ist nach den konkreten Umständen zeitlich zu befristen. Der *BGH* nennt in Tötungsfällen die Gründung eines eigenen Hausstandes oder hält die Eheschließung für wesentlich.[17] Oberlandesgerichte stellen auf die Vollendung des 25. Lebensjahres des Abkömmlings[18] oder die Volljährigkeit ab.[19]   1304

2. Zahlungszeitpunkt

Die Klage auf Zahlung einer künftigen **Schadensersatzrente** ist statthaft, wenn und soweit die **künftige** wiederkehrende **Leistung** als Folge ein- und desselben Haftungsverhältnisses mit einiger Sicherheit zu ermitteln ist (§ 258 ZPO). Dabei muss die einzelne Leistung ausschließlich vom Zeitablauf abhängig sein.   1305

Zugunsten kleiner Kinder sind zum Unterhaltsschaden Leistungsansprüche i. d. R. einerseits wegen des regelmäßigen und gewöhnlichen maximalen Unterhaltsanspruchs bis zum 18. Lebensjahr zu befristen und andererseits wegen § 258 ZPO, weil die Verhältnisse in der Zeit danach meist völlig ungewiss sind.   1306

Die Rente ist **auf Verlangen** der berechtigten Person für drei Monate **im Voraus** zu zahlen (§§ 843 Abs. 2 S. 1, 760 Abs. 2 BGB). Erlebt sie den Beginn des Vierteljahres, ist die Rückforderung ausgeschlossen (§ 760 Abs. 2 BGB).   1307

Da das Gesetz das Jahr in vier gleiche Zeitabschnitte einteilt, muss es zu Umrechnungen statthaft sein, pauschalierend mit 365 Tagen bei 52 Wochen und 12 gleich langen Monaten zu rechnen, wobei Monate dann eine Länge von 30,41666 (über 365/12) Tage haben, s. auch Rn. 2209, 2617, 2685.   1308

In der Praxis wird mit entsprechender Antragsformulierung meist eine Vereinbarung zur monatlichen Zahlung fingiert. Zugleich verwehrt es die Klage auf monatliche Vorauszahlung gem. § 308 ZPO, eine Rente für eine längere Zeitperiode zuzuerkennen.   1309

---

16 *BGH* VersR 1960, 147; VersR 1971, 1065 = NJW 1971, 2066, insoweit nicht in *BGHZ* 56, 389.
17 *BGH* VersR 1966, 735 (Sohn).
18 *OLG Düsseldorf* NJW 1961, 1408 (Sohn).
19 *OLG München* VersR 1952, 294.

1310 Die im Voraus zu zahlende, wiederkehrende Rente begünstigt den Verletzten, weil jeder Rentenbetrag in gewisser Weise abstrahiert bzw. im Kern pauschalieren, auf einen durchschnittlichen Wert abstellen muss. Andernfalls könnte niemals ein (durchgängig gleichbleibender) angemessener Geldbetrag geschätzt bzw. ermittelt werden.

1311 **Tipp** Es darf wegen §§ 258, 287 ZPO, §§ 252, 843 BGB selbst dann auf einen durchschnittlichen Monatsverdienst abgestellt[20] und eine gleich bleibende monatliche Verdienstausfallrente zugesprochen werden, wenn Einkünfte ohne die Verletzung allmählich niedriger geworden wären.[21]

1312 Gewisse Differenzen zwischen der Schätzung und der späteren tatsächlichen Entwicklung sind hinzunehmen, weil dem Berechtigten die Möglichkeit eingeräumt werden muss, jedenfalls mittelfristig die eigenen Lebensverhältnisse regeln und auf das Einkommen durch die Schadensersatzrente einstellen zu können.[22]

1313 Für **einzelne Zeitabschnitte** kann die Rente eine unterschiedliche Höhe haben, wenn die Besonderheiten des Einzelfalls dies wegen unterschiedlicher Umstände in einzelnen Phasen (z. B. bei unterschiedlich hohen Einkünften, bei unterschiedlich hohen Unterhaltsansprüchen) verlangen. Die Zuvielforderung für einzelne Zeitabschnitte ist dann nicht auf die Forderung zu anderen Zeitabschnitten zu verrechnen, § 308 Abs. 1 ZPO.[23] Eine monatlich überhöhte Forderung führt zur Teilabweisung.

1314 Ein nicht abschließend bezifferter Antrag auf **angemessene** (monatliche) **Rente** ist zum **Unterhaltsschaden**[24] für zulässig zu erachten.

1315 Gleiches sollte beim **Mehrbedarf** und – in demgegenüber engeren Grenzen – zum **Erwerbsschaden** wegen § 287 ZPO angenommen werden und zwar zur Rente ebenso wie zum Kapital, immer unter Angabe der Bemessungsgrundlagen für die richterliche Schätzung und einer bezifferten Größenordnung. Das Darlegungs- und das Kostenrisiko werden dadurch nicht unzumutbar der Schädigerseite zugewiesen.

1316 Wird monatliche Zahlung verlangt, darf ein Gericht wegen § 308 ZPO nicht i. S. d. § 760 BGB eine vierteljährlich vorschüssige Zahlung zuerkennen, s. auch Rn. 1309.

1317 Zu monatlichen Einsatzbeträgen kann wegen des Zeitbezugs ein Gericht nicht einen (Teil-) Betrag mit einem Betrag aus einem anderen Zeitabschnitt „verrechnen", beachte Rn. 1313.

1318 ▶ Jedenfalls bei **Verdienstausfallschäden** (und wohl bei Unterhaltsschäden) muss wegen der Schätzungsmöglichkeiten und -gebote für eine Teilklage zu erkennen sein, dass in bestimmter Höhe begehrte, wiederkehrende Leistungen nur einen gewissen (bestimmten) Teil einer insgesamt höheren (wiederkehrenden) Forderung darstellen sollen.[25] ◀

1319 Neben dem Rentenverlangen und -urteil darf keine Feststellung wegen künftiger Ansprüche auf Anpassung der Rente stehen. Insbesondere die wesentliche Veränderung der Lohn- und Preisverhältnisse ist im laufenden Rechtsstreit immer beachtlich. Eine Verjährungseinrede greift dazu nicht.[26] Zu § 323 ZPO kann eine Verjährung allenfalls nach Eintritt der wesentlichen Veränderungen in Betracht kommen.

1320 Später entstehende Einwendungen gegen den Leistungsanspruch sind von Schädigerseite ggfs. gem. § 767 ZPO geltend zu machen.

---

20 *OLG Frankfurt* ZfS 2002, 20.
21 S. schon *BGH* VersR 1964, 76.
22 *OLG Hamm* NJW-RR 1996, 1221.
23 *BGH* VersR 1990, 212 = DAR 1990, 54 = NZV 1990, 116.
24 *BGHZ* 4, 138 = VersR 1952, 102; NJW 1970, 281.
25 *OLG Hamm* VersR 1998, 1571 = ZfS 1997, 411 = FamRZ 1998, 766.
26 *BGH* VersR 1970, 840 = NJW 1970, 1642.

3. Einheit von Erwerbs- und Mehrbedarfsrente

Die Rente zum Erwerbsschaden und zum Mehrbedarf ist nach eigenständiger Feststellung in einem **einheitlichen**, ziffernmäßig nicht aufgeteilten **Betrag**[27] auszudrücken. Der Anspruch wegen Vermehrung der Bedürfnisse und wegen Minderung oder Aufhebung der Erwerbsfähigkeit ist zwar andersartig. Beide Berechnungspositionen sollen im Laufe eines Rechtsstreits aber untereinander austauschbar sein.[28]   1321

Die Auswechslung von Beträgen zur Erwerbsminderung und eines Mehrbedarfs ist **keine Klageänderung**, solange es um das Begehren einer berechtigten Person geht. Innerhalb des einheitlichen Zahlungsverlangens darf es nicht zu einer Teilabweisung wegen anderer Begründung (Mehrbedarf statt Erwerbsausfall oder umgekehrt) kommen.   1322

Wegen einer etwaigen späteren **Abänderung** nach § 323 ZPO sind jeweils maßgebende Einzelerwägungen kenntlich zu machen. Der **Forderungsübergang** kann aber zu getrennten Berechtigungen führen, die eine Aufteilung gebieten. Der Rechtsübergang trennt also ggfs. die Einheitlichkeit von Mehrbedarf und Erwerbsnachteil, u. U. auch innerhalb eines Mehrbedarfs oder eines Erwerbsnachteils und zwar bei teilweiser Kongruenz.   1323

4. Berücksichtigung geänderter Umstände: Geschäftsgrundlage, Kündigung; Abänderung

Ein Rentenversprechen kann als **Dauerschuldverhältnis** bei einem wichtigen Grund **gekündigt** werden, § 314 BGB.   1324

Zum Hausarbeitsschaden liegt eine wesentliche Änderung vor, wenn die Verletzte zum Zeitpunkt des Unfalls einen Familienhaushalt mit einem Ehemann und vier Kindern in einem Einfamilienhaus (Wohnfläche 124 qm) zu versorgen gehabt hat, dann aber mit einem Lebensgefährten und zwei Kindern in einer Mietwohnung von 75qm lebt.[29]   1325

Ein Prozessvergleich zum Verdienstausfall verliert die **Geschäftsgrundlage** mit Ende der Erwerbstätigkeit bei Vollendung des 65. Lebensjahres, wenn die Parteien bei Vergleichsabschluss erwartet haben, der damals arbeitslose Verletzte – der später eine selbstständige Tätigkeit angestrebt hat – werde wie vor der Arbeitslosigkeit als Nichtselbstständiger tätig und ohne ausdrückliche Befristung werde deshalb der Verdienstausfall – nur – bis zum 65. Geburtstag des Berechtigten zu zahlen sein. Auf ein Abänderungsverlangen hin kann der Vergleich dann dahin abgeändert werden, dass nun der Rentenausfallschaden statt des Verdienstausfallschadens zu ersetzen ist und zugleich die Höhe des (Rentenausfall-) Schadens auf eine bestimmte monatliche (niedrigere) Höhe festgesetzt wird.[30]   1326

Tipp Über § 323 ZPO ist zum Mehrbedarf, zur Erwerbsminderung und zum Unterhaltsausfall sowie in einem gewissen Rahmen auch zur Schmerzensgeldrente die Anpassung an die Veränderungen beim Lohn- und Preisniveau zu erreichen, ohne dass eine volle Dynamisierung gewährleistet ist.   1327

§ 323 ZPO stellt zur rechtsgestaltenden **Abänderung** eines **Leistungsrententitels** auf die nachträgliche Änderung entscheidungserheblicher Umstände ab[31] und gestattet es, die wegen unvorhersehbarer Veränderung der maßgebenden tatsächlichen Verhältnisse unrichtig gewordene Prognose zu korrigieren.   1328

---

27 *BGH* VersR 1960, 810, 811.
28 *BGH* VersR 1957, 394, 396.
29 *OLG Hamm* NZV 2005, 150 = DAR 2005, 339.
30 *OLG Hamm* NJOZ 2001, 514 (Mitarbeit im Betrieb des Ehemannes).
31 *BGH* VersR 1985, 859 = NJW 1985, 3011.

1329 Der **Prozessvergleich** lässt sich gem. §§ 323 Abs. 4, 794 ZPO formell ebenfalls im Wege der Abänderungsklage anpassen. Wegen der Doppelnatur eines solchen Vergleichs und wegen des maßgebenden Parteiwillens (Rn. 1437) sind zum Umfang der Änderung dieselben materiellen Regeln entscheidend wie beim außergerichtlichen Vergleich.

1330 Die **Leistungsklage**, die wegen irriger Beurteilung der Rechtslage nicht als Abänderungsklage bezeichnet worden ist, lässt sich u. U. **in** eine **Abänderungsklage umdeuten**.[32] Eine neue Leistungsklage kann in Frage stehen bei der Änderung des Streitgegenstandes (Rn. 972) oder Änderung entscheidungserheblicher Tatsachen, z. B. wenn im Erstprozess mangels Bedürftigkeit die Unterhaltsschadensklage abgewiesen worden ist, nun aber die Bedürftigkeit zur Unterhaltsbeziehung zu bejahen ist. Dann sollte aber im Erstprozess die Feststellung nicht versäumt sein.

1331 Angesichts unzureichender Bewertungen von Verletzungen hilft stets – auch zur Zukunft – nur ein Rechtsmittel.[33]

1332 ▶ Ist die Schadensrente irrtümlich zu niedrig berechnet wird oder bleiben (Be-) Rechnungsposten unberücksichtigt, gibt es keine Nachforderungsmöglichkeit. Die Abänderungsklage hilft nur bei wesentlichen Veränderungen, aber nicht gegenüber Fehlern bei der Einschätzung der Berechnungsgrößen. ◀

1333 Die Abänderungsklage ist nur zulässig, wenn der Abänderungskläger, beim Prozessvergleich ohne die Zeitschranken des § 323 Abs. 2, 3 ZPO, Tatsachen darlegt, die eine wesentliche Änderung der von den Parteien übereinstimmend zugrunde gelegten und für die damalige Vereinbarung maßgebenden Umstände ergeben und daher nach Treu und Glauben eine Anpassung erfordern. Erweist sich die Behauptung als unrichtig oder die Änderung als unwesentlich, ist die Abänderungsklage unbegründet und in der umgekehrten Situation begründet.

1334 Die Wesentlichkeit einer Veränderung erfordert stets die Gesamtschau zu allen Umständen. Bei dem Mehrbedarf besteht wirtschaftlich eine unmittelbare Beziehung zu einem Kaufkraftschwund, die nach den Maßgaben des § 323 ZPO eine spätere Änderung insofern eigentlich nicht (s. aber Rn. 1338) rechtfertigt. Bei der Erwerbsunfähigkeitsrente wird die Entwicklung durch die Einkommensverhältnisse bestimmt, die zu einer Abänderung auszuwerten sind. Diese Unterschiede dürfen bei der Abänderung i. S. d. § 323 ZPO nicht übergangen werden.

1335 Da die Rente zur Erwerbsfähigkeit und zu vermehrten Bedürfnissen einheitlich auszuurteilen ist, sind zur Abänderung beide Positionen austauschbar. Die Austauschbarkeit ist nicht anders zu sehen als im Verlauf eines Rechtsstreits. Dennoch darf nicht übergangen werden, dass der Anspruch wegen Vermehrung der Bedürfnisse und der Anspruch wegen der Minderung oder Aufhebung der Erwerbsfähigkeit andere Bezugsfaktoren haben. Deshalb ist in einem Klageantrag und ebenso in dem Tenor eine Trennung vorzunehmen – und nicht nur in den Gründen eines Urteils. Darüber hinaus ist die Trennung im Antrag und im Tenor wegen der unterschiedlichen Dauer (der Zeitgrenzen) und der Unterschiede bei der Veranschlagung zur Einkommensteuer (Rn. 1829) dringend zu empfehlen. Renten wegen eines Unterhaltsschadens sind gegenüber der Rente i. S. d. § 843 Abs. 1 BGB schon von der mittelbaren Betroffenheit her selbstständig und bleiben prozessual immer selbstständig.

1336 Verhältnisse, deren Änderung wesentlich sein kann, sind für die betroffene, berechtigte Person:
- Zunahme oder Fortfall des Mehrbedarfs (vgl. Rn. 482),
- Verschlimmerung des Körper- oder Gesundheitsschadens,
- Steigerung des Lohn-, Preisniveaus, der Lebenshaltungskosten,
- Erhöhung des Unterhaltsbedarfs infolge Krankheit,

---

32 *BGH* NJW 1992, 438, 439; konkret verneinend *BGH* NJW 1985, 1345, 1346.
33 *BGH* VersR 1981, 280.

- u. U. die relevante neue Erkenntnis zu Zeitansätzen (vgl. Rn. 3341),
- die erhöhte zeitliche Beanspruchung zur Hausarbeit.

für den Schädiger:
- Wiederheirat des hinterbliebenen Partners (Rn. 2969),
- Veränderungen in der Haushaltssituation mit geringerer Beanspruchung bei der Haushaltsarbeit zum Haushaltsführungs-, Betreuungsunterhaltsschaden.

Eine wesentliche Änderung ist zu verneinen, wenn die Veränderung unter Einschluss aller Verbesserungen und Verschlechterungen nicht mindestens die Größenordnung von 10% erreicht. Eine Stillhaltegrenze von 10 Jahren oder über einen anderen bestimmten Zeitraum nach einer Abänderung bis zu einer erneuten Abänderung ist nicht angezeigt. 1337

Nach der Abänderung zum **Pflegeaufwand** ist zu diesem Schadensposten eine erneute Erhöhung[34] frühestens zu erwägen, wenn der Lebenshaltungsindex um mindestens weitere 15% gestiegen ist und die künftige Entwicklung der Lebenshaltungskosten den gegenwärtigen Zuwachsraten entspricht. 1338

Tipp § 324 ZPO eröffnet die Möglichkeit, eine Sicherheitsleistung anordnen oder erhöhen zu lassen in dem Fall, in dem sich Vermögensverhältnisse eines Verpflichteten erheblich verschlechtern. 1339

Die Abänderbarkeit des **außergerichtlichen Vergleichs** richtet sich ausschließlich nach materiellem Recht, d. h. den Regeln zur ergänzenden Vertragsauslegung oder zur Störung der Geschäftsgrundlage, § 313 BGB. § 323 Abs. 1 bis 3 ZPO gelten nicht. 1340

5. Abtretung, Pfändung

Renten wegen Verletzung des Körpers oder der Gesundheit und Renten wegen Entziehung einer Unterhaltsforderung sind gem. § 850b Abs. 1 Nrn. 1[35], 2 ZPO grundsätzlich unpfändbar. Ausnahmen lässt § 850b Abs. 2 ZPO zu. 1341

Aufgelaufene, rückständige Renten behalten den Charakter als Rente. Die Summe einzelner Renten ist – auch insofern – kein „Kapital". 1342

Folge der Unpfändbarkeit ist die mangelnde Abtretbarkeit, § 400 BGB; zur Aufrechnung § 394 BGB. 1343

Nach anerkannter Rechtsprechung können an sich unabtretbare Rentenansprüche an denjenigen abgetreten werden, der dem geschädigten Rentenberechtigten laufend Bezüge zum jeweiligen Fälligkeitstermin in einer der Abtretung entsprechenden Höhe gewährt. Entscheidend ist, dass der Berechtigte entweder vor der Abtretung den vollen Rentenwert erhalten hat und behält oder die Abtretung durch die jeweils termingerecht zu leistenden Zahlungen bedingt ist.[36] 1344

---

34 *OLG München* VersR 1984, 246: Erhöhung um 16,66%. Ein erhöhter Wäscheverschleiß wie andere Teilbeträge, die ursprünglich der Rentenberechnung zugrunde gelegt worden waren, wurden nicht gesondert ausgewiesen.
35 *OLG Köln* r+s 1991, 371.
36 *BGH* VersR 1988, 181, 182.

II. Kapitalabfindung

1345 Für die **Vergangenheit** kann die berechtigte Person – nicht die Schädiger-, Schuldnerseite – zum Erwerbs-, Mehrbedarfs- und Unterhaltsschaden zwischen Kapital und Rente als Erfüllungsart wählen. Das **Wahlrecht** kann bis zum Schluss der mündlichen Verhandlung in einer gerichtlichen Tatsacheninstanz **ausgeübt** werden.[37]

1346 In gerichtlichen Streitfällen zu Erwerbs-, Mehrbedarfs oder Unterhaltsschäden unter Beteiligung eines Gläubigers und eines Schuldners kann zwischen Vergangenheit und Zukunft mit dem Tag der letzten Verhandlung in der Tatsacheninstanz getrennt werden. Die Maßgabe in § 708 Nr. 8 ZPO trennt allerdings durch die Klageerhebung und das ihr vorausgehende letzte Vierteljahr. Dazu ist ein Urteil ohne Sicherheitsleistung für vorläufig vollstreckbar zu erklären. Jedenfalls ist Zukunft die Zeit nach der letzten mündlichen Verhandlung oder dem Verkündungstermin.

1347 Für die **Zukunft** kann gem. § 843 Abs. 3 BGB bei einem wichtigen Grund Kapitalabfindung gewählt und verlangt werden. Das Wahlrecht ist höchstpersönlich. Es kann nicht abgetreten werden. Es besteht für einen verbliebenen Schadensteil auch dann, wenn zuvor Kapitalzahlungen erfolgt sind, die indessen bei der Kapitalisierung der künftigen Rente u. U. anzurechnen sind.[38]

1348 Ein **wichtiger Grund** liegt vor, wenn der Zweck der Ersatzleistung durch die Abfindung in einem Betrag eher als bei laufenden Zahlungen erreicht wird. Die wirtschaftliche Situation des Schädigers kann berücksichtigt werden. Die Voraussetzungen des wichtigen Grundes hat die berechtigte Person nachzuweisen.

1349 Ein wichtiger Grund kann angenommen werden, wenn bei einem Mehrbedarf zum Wohnen die teuere Fremdfinanzierung abgelöst oder bei einem Erwerbsschaden eine Existenzgrundlage (Einnahmequelle) geschaffen oder verbessert werden soll. Die bestimmungsgemäße Verwendung des Geldes muss gewährleistet erscheinen. Dies kann durch die Form der Auszahlung und bei Grundstücken oder Wohnungseigentum durch Maßnahmen abgesichert werden, die innerhalb einer angemessenen Frist nach der Kapitalzahlung eine Weiterveräußerung oder Belastung des Grundstücks/Wohnungseigentums (oder eines anderen dinglichen Rechts) von der Zustimmung der Schädigerseite abhängig machen. Unabhängig vom Vorliegen eines wichtigen Grundes ist freilich die Regulierung eines Schadens i. S. d. §§ 842, 843 BGB über einen Einmalbetrag bei einem einmaligen Bedarf, s. Rn. 1839, 1844. Kein wichtiger Grund ist der bloße Wunsch des Verletzten, die ihm vom Schädiger geschuldete wiederkehrende Leistung (Schadensersatzrente) über einen vom Schädiger aufzubringenden Einmal-, Jetztwert erwirtschaften zu können.

1350 ▶ Ziel einer Abfindung i. S. d. § 843 Abs. 3 BGB ist es (ausschließlich), den angemessenen Ausgleich wirklich sicher zu stellen.[39] Es geht nicht darum, die Schädigerseite zu entlasten, aber auch nicht darum, den Verletzten oder gar Berechtigte angesichts eines Forderungsübergangs wirtschaftlich zu bevorzugen. ◀

1351 Gegenüber **mehreren Zahlungspflichtigen** ist eine einheitliche Zahlungsform erforderlich. Bei **mehreren Berechtigten** zu einem rechtlich selbstständigen Anspruch ist die Entscheidung zwischen Rente und Kapital einheitlich[40] zu treffen. Beim Forderungsübergang steht der betroffenen Person das Wahlrecht für den ihr verbliebenen Anspruchsteil zu.[41]

---

37 *BGHZ* 59,187 = VersR 1972, 1017 = NJW 1972, 1711, 1712; s. auch *BGH* VersR 1972, 1029.
38 *BGH* VersR 1982, 238, 240 = NJW 1982, 757, 758.
39 §§ 72, 73 BVG lassen die Kapitalabfindung – nur – zu, wenn nicht zu erwarten ist, dass innerhalb des Abfindungszeitraums die Rente wegfallen wird, Gewähr für die nützliche Verwendung des Geldes besteht, regelmäßig auch nicht, wenn der Beschädigte das 55. Lebensjahr vollendet hat und jedenfalls dann nicht, wenn der Beschädigte das 65. Lebensjahr vollendet hat.
40 *BGHZ* 59, 187, 191.
41 *BGH* VersR 1982, 238, 240.

Der Schädiger vermag nach geltendem Recht die Frage, ob Rente oder Kapital zuerkannt wird, niemals entscheidend[42] zu beeinflussen.   1352

Die Abfindung in Kapital durch Urteil steht wegen der Art der Berechnung einer **Abänderung** – auch über § 323 ZPO – nicht offen[43]; zur Änderungsmöglichkeit beim Vergleich Rn. 1329, 1449.   1353

Die Kapitalabfindung kann **abgetreten** werden. § 400 BGB steht nicht entgegen, weil der volle Wert vereinnahmt ist, keine fortlaufende Sicherung durch Rente in Frage steht. Die Sicherung des Verwendungszwecks, die u. U. die Kapitalabfindung (Rn. 1347, 1844) ermöglicht, kann eine Abtretung aber doch ausschließen, wenn der Zweck der Abfindung nicht gewahrt bleibt.   1354

III. Kapitalisierung (Barwertberechnung)

Die ggfs. vergleichsweise bewirkte (Rn. 1434 ff.) Kapitalabfindung verlangt, den Geldbetrag als Zeitwert zu finden, der sich während der voraussichtlichen Laufzeit der künftigen Renten mit den Zinserträgen für die berechtigte Person ergeben würde.[44] Dies ermöglicht die Barwertberechnung.   1355

Einfluss auf die Kapitalisierung nehmen: 1356
- der Stichtag (Kapitalisierungszeitpunkt), Rn. 1378;
- das Alter der berechtigten Person, Rn. 1379;
- die Zahlungsweise (jährlich, unterjährig, Rn. 1380);
- der (rechnerische) Zinsfuß bzw. der unterstellte Zinsertrag, Rn. 1381, 1382;
- die Laufzeit der Rente, Rn. 1360, 1398, 1430;
- Änderungen zur Höhe der Rente, Rn. 1394, 1395, 1396, 1409;
- steuerliche Auswirkungen, Rn. 1384.

Barwert ist der Kapitalwert einer Geldrente. Als Rentenbarwert ist zu jeder Laufzeit, für jede Ratenhöhe und für jeden rechnerischen Zinssatz der Wert eine Zahlung im Zeitpunkt der Berechnung zu bestimmen.   1357

Für rückständige Renten geht es um Addition bzw. Multiplikation, nicht um einen Barwert.   1358

Der in einer einschlägigen Kapitalisierungstabelle vorgeschlagene **Kapitalisierungsfaktor** ist als Barwert einer Jahresrente für den Betrag 1 mit dem konkreten, statischen, konstanten Jahresbetrag der monatlichen Rente zu multiplizieren. Zur Berechnung kommt es auf die Dauer und Höhe des Schadens (lebenslang oder temporär) und das Ausgangsalter (Rn. 1379) an.   1359

Gängige Kapitalisierungstabellen sind versicherungswirtschaftlich kalkuliert. Beim versicherungsmathematischen Barwert fließen gewichtete statistische und stochastische Größen (Sterbewahrscheinlichkeiten) ein. Jeweils spezielle Tabellen berücksichtigen unterschiedliche Schadens-, Lebensverhältnisse, die mutmaßliche, wahrscheinliche Lebenserwartung, das Geschlecht der betroffenen Person, die Sterblichkeit (Erlebenswahrscheinlichkeit bzw. das Risiko des Vorversterbens); zu Unterhaltsschäden s. Rn. 3295 ff.   1360

Tipp Sorgfalt ist beim Zugriff auf eine Kapitalisierungstabelle[45] walten zu lassen, die – auch – jeweils von der real zugrunde gelegten Sterbetafel rechnerisch beeinflusst wird.   1361

---

42 *OLG Schleswig* VersR 1992, 462 = NJW-RR 1992, 95; *BGH* NA-Beschl. v. 24.9.1991.
43 *BGHZ* 79, 187 = VersR 1981, 283 = NJW 1981, 818 = DAR 1981, 45; vgl. auch *BGH* VersR 1983, 1034 = NJW 1984, 115 = DAR 1983, 390.
44 *BGHZ* 97, 52 = NJW-RR 1986, 650 = VersR 1986, 392.
45 S. ausgehend von der Sterbetafel 2000/2002 die verschiedenen Tabellen in VersR 2004, 1528–1538 und mit der Basis Sterbetafel 2005/07 u. a. *Biela* in Kraftverkehrshaftpflichtschäden Anhang 1.

1362 Unter Anwendung von Kapitalisierungstabellen wird der Barwert einer monatlichen Rente wie folgt ermittelt:

Monatliche Rente (Betrag) × 12 × (aus der für einschlägig erachteten Tabelle entnommener) Barwertfaktor = Kapital (Betrag)

1363 Rente monatlich ... 1.000,00
Jahresrente (Monatsbetrag × 12) ... 12.000,00
Lebensalter der verletzten Person (gerundet auf volle Jahre für den Stichtag) ... 35
Kapitalisierungsfaktor aus der (einer) Tabelle „lebenslange Leibrente Frauen, Zinsfuß 5%" ... 17,762
Kapital (= Bar-, Zeitwert) ... 213.144,00

Erläuterung: Hier ist eine lebenslange Laufzeit gewählt, vorstellbar zu einem Hausarbeitsschaden. Wegen der Dauer eines Anspruchs im Einzelfall sind Rn. 1293, 1300, 2603 zu beachten.

1364 Die **Verrentung** als Umkehrung der Kapitalisierung geschieht wie folgt:

Kapitalbetrag : (12 × Barwertfaktor) = monatliche Rente (Betrag)

Zeitrentenbarwert

1365 Der Barwert stellt zur Zeitrente allein auf eine bestimmte Anzahl von Jahren ab, also eine feststehende Laufzeit, einen festen Kapitalisierungszeitraum. Für jede Diskussion um einen Kapitalbetrag kann mit der hier wiedergegebenen Formel zu jedem Zinssatz ein Zeitrentenfaktor und von daher ein Geldbetrag als aktueller Wertausgleich errechnet werden.

1366 Wegen der Schuld zum Beginn einer Zahlungsperiode (Rn. 1307), sind rechnerisch die Regeln für vorschüssige Renten heranzuziehen. Neben der Höhe der monatlichen Rente muss nur die voraussichtliche Laufzeit in Jahren bekannt sein. Wahrscheinliche Veränderungen – auch die Sterbewahrscheinlichkeit (Rn. 1360) – lassen sich berücksichtigen, indem der Zinssatz darauf abgestimmt wird, näher Rn. 1394 ff.

1367 Rentenbarwertformel für vorschüssige Zahlungen

$$Barwert = \text{Monatliche Rente } (r) \times \frac{1}{q^{n-1}} \times \frac{q^n - 1}{q - 1}$$

$$= \frac{r}{q^{n-1}} \times \frac{q^n - 1}{q - 1} = Zeitwert$$

Rentenbarwertformel für nachschüssige Zahlungen

$$Barwert = \frac{r}{q^n} \times \frac{q^n - 1}{q - 1} = Zeitwert$$

Quotient 1 Quotient 2

Kapitalisierung (Barwertberechnung) 2

> **Erläuterung:** n weist die Laufzeit aus. Diese ist bei monatlichen Leistungen darauf auszurichten. q stellt den Zinsfaktor dar, zu berechnen über 1 + Zinsteil. Der vorschüssige Rechnungsansatz entspricht der vorschüssigen Leistungspflicht des Schädigers, Rn. 1307 ff., steht aber nicht unbedingt im Einklang mit erst nachschüssig anfallenden Erwerbseinkünften. In der Praxis wird neuerdings gelegentlich zwar die quartalsweise Berechnung beachtet (Rn. 1369), dann aber zugleich auf eine nachschüssige Zahlung abgestellt. Mit dem nachschüssigen Ansatz wird jedoch der Wert des Teilers heraufgesetzt (q^n statt beim vorschüssigem Ansatz q^{n-1}). Dies reduziert den Barwert um den Wert des Produkts aus der Differenz zwischen den Quotienten 1 und dem jeweils identischen Quotienten 2.

Berechnungsformel: Kapitalisierung von Rentenansprüchen: 1368

	A	B	C
1	Rente, monatlich	....	
2	Laufzeit Jahre	....	
3	Jahreszins in %	....	
4	Laufzeit Monate	=B2*12	
5	Zinsfaktor	=1+(((1+B3)^(1/12))–1)	
6	Quotient 1	=B1/(B5^(B4–1))	
7	Quotient 2	=((B5^(B4))–1)/(B5–1)	
8	Barwert	=B6*B7	
9	Gesamtleistung	=B1*B4	
10	Abzinsungsbetrag	=B8–B9	

> **Erläuterung:** Die Formel dient der Einschätzung einer Kapitalabfindung für jede Laufzeit, bei jedem Zinssatz und jedem Rentenbetrag. Zum unterjährigen Zinsansatz folgt hier die Formel Rn. 1390. Berechnungsschritte sind zusammengefasst. In gleicher Weise kann auch die Berechnungsformel Rn. 1430 verwendet werden, die auf Zeiträume und Tage eingeht und bei der Rechnung über 365 Tage zu gleich langen Monaten Rundungen zum Nachteil Betroffener vermeidet. Wird dort mit Ganzzahlen zum Jahr gerechnet, entspricht dies der an dieser Stelle vorgestellten Berechnung.

Zur Anwendung der Rentenbarwertformel bedarf es der Bestimmung eines Zeitrenten-, barwertfaktors nicht. Dieser Faktor ergibt sich direkt aus der Umrechnung auf einen Monat, um anschließend mit dem Jahresrentenwert, also mit dem Monatswert × 12, multipliziert zu werden. Dies ist zu vereinfachen, indem der Quotient 1 im Nenner die monatliche Rate aufnimmt. 1369

Der Zeitrenten-, Barwertfaktor basiert auf dem Rentenbarwert ebenso wie ein Barwertfaktor in einer Kapitalisierungstabelle der Versicherungswirtschaft. 1370

Auf wenige Zinssätze beschränkte Zeitrententabellen sind überflüssig, weil die Barwertformel für jeden Zinssatz gleiches exakter berechnen lässt. 1371

Die Ermittlung eines Zeitrenten-, Barwertfaktors für jeden Zinssatz ermöglicht die Onlineversion. Mit diesem Faktor kann gerechnet werden, wie es bei jeder Kapitalisierungstabelle bekannt und darüber hinaus für jeden Zinssatz hier möglich ist. 1372

Die Höhe der Kapitalabfindung ist im gerichtlichen Streitverfahren nach Maßgabe des § 287 ZPO (und nicht nach versicherungsmathematischen Regeln) einzuschätzen.[46] 1373

---

[46] *OLG Nürnberg* NZV 2008, 349.

1374 Bei Anwendung einer Zeitrententabelle oder einer Rentenbarwerttabelle zeigen sich rechnerisch Unterschiede infolge ungenauer Rechenvorgänge oder infolge zwischengeschalteter, das Ergebnis kürzender Rundungen und je nach der Art der unterjährigen Zinsbestimmung, soweit die gängigen Zeitrententabellen herangezogen werden. Bei Zeitrententabellen mit deutlich geringeren Faktoren ist Vorsicht geboten.

1375 Die Versicherungswirtschaft kann für die von ihr verlangten und erwarteten Kalkulationen und Risikoeinschätzungen nicht auf Kapitalisierungstabellen verzichten. Sie muss – anders als das Schadensrecht – auf die Wahrscheinlichkeit achten, mit der von ihr eine Rentenzahlung zu leisten sein wird und zwar bezogen auf die einjährige Überlebenswahrscheinlichkeit (Anhang 3) und zusätzlich hinsichtlich des Zeitabstands zum Bewertungszeitpunkt angesichts der wegen der Abgeltung gebotenen Diskontierung.[47]

1376 Die Schadensrente bestimmen jedoch die Prinzipien des Schadensrechts, nicht die Versicherungsmathematik. Die materiellen und prozessrechtlichen Gewissheiten und Wahrscheinlichkeiten, die das Haftungs- und Schadensrecht prägen, sind anders ausgerichtet als die versicherungswirtschaftliche Kalkulation. Der objektivierbare versicherungsmathematische (Bewertungs-) Ansatz muss aus Rechtsgründen nicht die Abgeltung im Einzelfall bei einem wichtigen Grund (§ 843 Abs. 3 BGB) bestimmen. Für die Abfindung im Sinne des Gesetzes (§ 843 Abs. 3 BGB) ist allein entscheidend, ob die konkrete betroffene Person voraussichtlich das Endalter der vorgesehenen Rente erreicht. Dies ist zu prognostizieren, aber nicht mittels der Wahrscheinlichkeitsrechnung und nicht nach den Regeln der Versicherungsmathematik. Die Absprache zwischen den an einem Abfindungsvergleich beteiligten Personen gibt das Versicherungsrecht nicht vor. Es ist schadensrechtlich zudem § 760 Abs. 2, 3 BGB nicht zu übergehen. Deshalb genügt schadensrechtlich ohnehin und stets – wie hier vertreten wird – eine Berechnung und Bewertung über den Zeitrentenbarwert.

1377 ▶ Beim Fehlen einschlägiger spezieller Kapitalisierungstabellen ist ohne die Berechnungshilfe über den Zeitrentenwert nicht auszukommen. Die Annäherung über eine Zeitrente hilft bezogen auf jedes Lebensalter im Übrigen jedenfalls, einen annähernden Betrag einzuschätzen, auch bei aufgeschobenen Renten. ◀

Einzelne Berechnungsfaktoren

1378 **Stichtag** ist versicherungstechnisch der Tag, an dem das Alter der betroffenen Person bestimmt wird. Dies nimmt Einfluss auf die Einschätzung der voraussichtlichen Lebensdauer, sodann über Sterbe- und Kapitalisierungstabellen getrennt nach Geschlechtern auf den Kapitalisierungsfaktor.

1379 Das **versicherungsmathematische** und -technische **Alter** ist das um +/– 1/2 Jahr gerundete Lebensalter in vollen Jahren, das also bei mehr als 6 Monaten auf das nächste Lebensjahr aufzurunden und darunter abrunden ist. Z.B. wird für die Person, die 55 Jahre und 8 Monate alt ist, auf das Alter 56 abgestellt. Für die Prognose zur Lebenserwartung ist ein (deutlich) späterer Einschätzungszeitpunkt für die betroffene Person günstiger als ein früherer Zeitpunkt. Der Ersatzanspruch (Rn. 52 ff.) entsteht dem Rechtsgrund nach jedoch schon mit der Beeinträchtigung. Denn bei der deliktischen Haftung tritt der Schaden (zur Schadenseinheit Rn. 888) mit der Rechtsgutverletzung ein. Von daher lässt sich daran denken, auf den Unfalltag oder auf den Zeitpunkt abzustellen, in dem die unfallbedingte Schädigung zur Erwerbsminderung oder Erwerbsunfähigkeit oder zu vermehrten Bedürfnissen führt (§ 843 BGB) oder in dem Dienste unmöglich werden (§ 845 BGB) oder zu dem die unterhaltspflichtige Person unfallbedingt verstirbt (§§ 844, 845 BGB). Es genügt indessen zum Anspruch der verletzten Person, auf den Tag der Kapitalisierung (also für den Tag der Zahlung) abzustellen. Erfolgt die Kapitalisierung nach einzelnen Leistungen, ist der gezahlte Betrag auf den zum Unfallzeitpunkt kapitalisierten Wert anzurechnen. Zum Unterhaltsschaden ist immer der Todestag der unterhaltsverpflichteten Person zu beachten.

---

47 Zu versicherungsmathematischen Formeln s. *Schneider/Stahl* in Kapitalisierung und Verrentung, 3. Aufl. 2008.

Zu Schmerzensgeldrenten wird üblicherweise auf einen monatlichen Betrag abgestellt. Trotz § 843 Abs. 2 BGB stellt die Praxis auch sonst zur **Zahlungsweise** auf monatliche Renten ab, nicht auf die vierteljährliche Zahlungsweise, Rn. 1307.   **1380**

▶ Den **Zinsfuß** beeinflusst der marktübliche Zins. ◀   **1381**

Der Kapitalisierungs-, Zinssatz zur Abgeltung eines Rentenanspruches aus wichtigem Grund oder vergleichsweise ist nicht denknotwendig mit dem aktuellen Kapitalmarkt-, Anlagezins im Moment der Kapitalisierung identisch. Die Bedingungen des Geldmarkts dürfen dennoch für die konkret infrage stehende Zeiträume nicht übergangen werden. Daran anschließend sind alle Einflussfaktoren, u. a. die konkrete Lebenserwartung und damit die Erlebenswahrscheinlichkeit, eine Erhöhung und Verringerung der Unterhaltsersatzrente(n), eine eventuelle Wiederheirat im Einzelfall zu hinterfragen.   **1382**

Der gesetzliche Zinssatz i. S. d. § 246 BGB besagt in diesem Kontext nichts. Dem von (Haftpflicht-)Versichererseite häufig als üblich bezeichneten Zinssatz 5% folgt das *LG Stuttgart* nicht.[48] Die Zinsentwicklung soll 4% als Kapitalisierungswert legitimieren.[49] Die sich Würzburger Tabelle nennende Ermittlung eines laufzeitbezogenen Realzinses[50], die kritisiert[51] wird, belegt immerhin, dass ein Abfindungszins von um 5% dem Kapitalmarkt nicht gerecht wird. Wird die Rentenentwicklung nicht über einen Zuschlag (Rn. 1394, 1395) berücksichtigt, sollten allenfalls 4% oder 3,5% angesetzt werden.   **1383**

Tipp Gegen einen abstrakten Jahreszins von 5% bis 5,5% sprechen – schon und jedenfalls – Steuerlasten (Kapitalertragsteuer, Abgeltungssteuer). Ein Argument dagegen leitet sich nicht aus dem Ziel her, einen Einmalbetrag zu investieren. Zwar entfällt selbstverständlich (wenn es steuerrechtlich nicht anders geregelt ist) mit sofortiger Investition des Ausgleichsbetrags ein dauerhafter Kapitalertrag. Ein solcher Einmalbetrag kann aber ggfs. wegen des Erfordernisses der Restitution verlangt werden (Rn. 1844) und steht dann gar nicht über eine Rente mit einem wichtigen Grund als Kapitalabfindung in Rede.   **1384**

Eine haftungsrechtlich wirklich angemessene Abfindung ist nur zu finden, wenn der passende Zinssatz als ein Realzins ermittelt ist. Ein Realzins lässt sich vereinfacht z. B. wie folgt einschätzen: **1385**

Ertragszins = erwarteter durchschnittlicher Wertzuwachs	5,50%
abzüglich erwartete durchschnittliche Inflationsrate (Preissteigerung)	2,50%
= Realzins als Differenz	3,00%

Die Berechnungsformel Rn. 1368 (s. auch Rn. 1397, 1413, 1433) lässt für jeden Zinssatz sofort die Geldgrößenordnung errechnen. Zu beachten ist, dass ein höherer Zins zu einem niedrigen Barwert führt und umgekehrt.   **1386**

Der monatliche Zins ist kaufmännisch einfach zu bestimmen, indem der jährliche (nominelle) Jahreszins linear durch 12 (Monate) geteilt wird (relativer Zinsfuß). Die exponentielle Rechnung zeigt Unterschiede zum Barwertfaktor, die in gängige Zeitrententabellen einfließen.   **1387**

Tipp Es gilt die Regel: hoher (Rechnungs-) Zins in der Barwertberechnung niedriger Barwert; niedriger Zins in der Barwertberechnung hoher Barwert. Wer wegen spezifischer Faktoren den Zinsfuß erhöht, verringert also den Barwert.   **1388**

---

48 *LG Stuttgart* DAR 2007, 467 = SVR 2005, 186.
49 *LG Köln* VersR 2005, 710.
50 *Kornes* in ZfS 2003, 485 ff.; 2004, 1, 6.
51 *Schneider* in ZfS 2004, 177 ff. und 221 ff.; s. auch *Schneider/Schneider* in ZfS 2004, 541 ff. und *Langenick/Vatter* in NZV 2005, 10 ff.

1389 ▶ Für jede Zinsveränderung ist zu überprüfen, ob sie (wirklich) dauerhaft oder sie temporär ist bzw. bleibt (oder bleiben wird) und wegen der pauschalierenden Berechnung deshalb ohne nachhaltigen Einfluss ist. ◀

1390 **Zeitrentenfaktor bei unterschiedlicher unterjähriger Zinsbestimmung:**

Zeile		Variante 1 (exponentiell)	Variante 2 (Zwölfteljahr)
1	Laufzeit in (vollendeten) Jahren z. B.	46	46
2	Laufzeit m (= Jahre × 12)	552	552
3	Jahreszins (j) z. B.	5%	5%
4a	Zinsteil 1/12		0,004166667
4b	Zinsteil $((1 + j)$ hoch $(1/12)) - 1$	0,004074124	
6	Zinsfaktor q = 1 + Zinsteil	1,004074124	1,004166667
7	q hoch (m – 1)	9,395977807	9,885446172
8	Quotient 1	0,106428519	0,101158813
9	(q hoch m) – 1	8,434258183	8,926635531
10	q – 1	0,004074124	0,004166667
11	Quotient 2	2070,201749	2142,392528
12	Zeitrentenfaktor = Produkt der Quotienten/12	18,3607088	18,06015707
13	Bei Rundung auf drei Kommastellen verbleiben	18,361	18,060
14	Monatliche Rentenleistung z. B	2.500,00	2.500,00
15	Jahresrente dann	30.000,00	30.000,00
16	Barwert (ohne Rundung) so	550.821,26	541.804,71
17	Gesamtleistung unverzinst dann:	1.380.000,00	1.380.000,00
18	Differenz zwischen Gesamtleistung und Barwert dabei:	–829.178,74	–838.195,29

Erläuterung: Für beide Arten der unterjährigen Zinsbestimmung berechnet sich der Zeit-, Barwertfaktor in gleicher Weise. Die unterschiedliche Zinsbestimmung führt zu verschiedenen Zwischenwerten in Zeile 4a und 4b, letztlich zu unterschiedlichen Kapitalisierungsfaktoren (Zeilen 12, 13). Die Differenz der Faktoren (rund 0,3) macht in der Multiplikation mit dem Jahreswert (Zeile 15) den Unterschied der Barwerte (Zeile 16) aus (rund 0,3 × 30.000,00 = 9.000,00), wie die Differenz zwischen 550.821,26 und 541.804,71 gerundet in gleicher Weise zeigt.

1391 Ein anderer als monatlicher Verzinsungszeitraum führt zu einem höheren Barwertfaktor, Rn. 1389.

1392 *Die Berechnungsformel für jede unterjährige Verzinsungszeit zu* **vorschüssiger Zahlung** *zeigt die Onlineversion, die zugleich eigene Berechnungen ermöglicht.*

1393 *Die Berechnung für* **nachschüssige Zahlungsweisen** *weicht von der Berechnung für die vorschüssigen Zahlungen ab, Rn. 1367. Dazu ermöglicht die Onlineversion für jährliche wiederkehrende Leistungen und für monatliche wiederkehrende Leistungen sowie zugleich für verschiedene unterjährige Verzinsungszeiträume die Ermittlung des Barwertfaktors.*

1394 Auf den Einzelfall bezogene Momente, Änderungen der Einkommensentwicklung, ein beruflicher Aufstieg oder umgekehrt z. B. ein nachweisbarer Arbeitsplatzverlust, können einen Zuschlag, der die Prognoserisiken auffängt, oder auch einen Abschlag fordern.

Das Risiko der Abänderung (Rn. 1328 ff.) wird manchmal einverständlich durch einen (**Dynamik-**) **Zuschlag** einkalkuliert und zwar mit 1,5% bis hin zu 2% vom Kapitalisierungsfaktor. Der Zuschlag macht dann den entsprechenden Teil vom errechneten Kapital aus. Manche lehnen einen solchen Dynamisierungszuschlag ab, weil der Zinssatz die Rentensteigerung abdecken soll. **1395**

> Kommt ein Dynamikzuschlag in Betracht, ist beispielsweise wie folgt vorzugehen: **1396**
> a) Kapitalisierungsfaktor (z. B. 17,762) × (z. B.) 1,5% = 26,6% als **Zuschlagsfaktor**,
> b) Kapital (213.144,00) × 26,6% = 56.787,96 als Zuschlag zum Kapital.
> c) Addiert errechnet sich der Abgeltungsbetrag in Höhe von 269.931,96 (€).
>
> Statt auf einem solchen Umweg kann die Dynamik als Korrekturfaktor auch direkt eingerechnet werden, Rn. 1397, 1410, 1413.

Einen direkten Berechnungsgang zur Ermittlung des Jetztwerts unter Berücksichtigung eines Zuschlagsfaktors zeigt die Onlineversion, die zugleich eigene Berechnungen ermöglicht. **1397**

Zum Erwerbsschaden, beim Verdienstausfall oder bei der Haushaltsarbeit für Andere kommt es auf die Dauer der Beeinträchtigung, das Ausscheiden aus dem Arbeitsleben an (Rn. 1285 ff.). Darauf gehen die temporären Leibrententabellen nach der statistischen Restlebensdauer ein, die für Regelfälle (60., 63., 65. Lebensjahr) veröffentlicht sind. Tabellen für lebenslange Leibrenten sind häufig zum Mehrbedarf (wenn kein einmaliger Betrag, Rn. 52, 1844, oder doch nur eine begrenzte Zeit in Frage steht) oder auch zu Schmerzensgeldrenten (wenn nicht ohnehin der Kapitalbetrag bevorzugt wird) heranzuziehen. **1398**

Zeitrentenbarwerte berücksichtigen für sich gesehen die Sterbewahrscheinlichkeit nicht, d. h. nicht die Überlebenswahrscheinlichkeit, nicht die Erlebenswahrscheinlichkeit im einjährigen Zeitbezug und nicht die Vorversterbenswahrscheinlichkeit bei dem Abstand zwischen dem Bewertungs-, Abgeltungszeitpunkt und dem Endzeitpunkt, d. h. nicht die Wahrscheinlichkeit, zu der die betroffene Person nach dem Verhältnis der Überlebenden in der jeweiligen Altersstufe das Auslaufen der Rente gar nicht erreicht. **1399**

Berechnungsformel: **1400**

$$\text{Überlebens-, Erlebenswahrscheinlichkeit} = \frac{\text{Zahl Überlebende im Alter x+1 (bzw. zur vereinfachten Berechnung im Alter x +n)}}{\text{Ausgangszahl Überlebende (Überlebende im Alter x)}}$$

$$\text{Sterbewahrscheinlichkeit} = \frac{\text{Zahl der der im jeweiligen Alter x Gestorbenen}}{\text{Zahl der der im jeweiligen Alter x+1 Gestorbenen}}$$

Ist auf eine tatsächlich geschätzte Lebenserwartung abzustellen, sind die Lebensverhältnisse der betroffenen Person zu beachten und dürfen deshalb im Einzelfall u. U. sogar die Daten der Allgemeinen Deutschen Sterbetafel nicht herangezogen werden[52] und sind dann und deshalb die gängigen Kapitalisierungstabellen haftungsrechtlich ohne Bedeutung. Die im Einzelfall verletzungsunabhängig verkürzte Lebenserwartung kann zwar einen Kapitalisierungsfaktor mindern lassen oder zu einem prozentualen Abschlag führen. Es kann aber auch direkt eine Einschätzung über eine Zeitrente – wie hier vorgeschlagen – erfolgen. Haftungsrechtlich ist dies nicht unsicherer als die Übertragung versicherungsmathematischer Erwägungen. **1401**

Tipp Bei einem Erwerbs- oder Mehrbedarfsschaden über einen längeren Zeitraum hin kann es situationsgerecht oder sogar wie z. B. für den Barunterhaltsschaden eines Studenten bis zum 27. Lebensjahr angezeigt sein, auf eine feste Laufzeit abzustellen. **1402**

---

52 *BGH* NZV 2002, 268.

1403 Schon bei **temporären** Renten muss freilich die **Bindung** an die mutmaßliche individuelle **Lebenserwartung** beachtet werden. Denn die Lebenserwartung des Individuums begrenzt aus Rechtsgründen eigene Ansprüche. Z. B. ist bei einer konkretisierten Lebenserwartung des vorgeschädigten, (noch) vollerwerbstätigen 40-jährigen Verletzten von (noch) 10 Jahren die Erwerbsschadensrente aus Rechtsgründen nicht für 25 Jahre zu kapitalisieren. Darüber hinaus kann jede Lebenserwartung im Sinne der Erlebenswahrscheinlichkeit über den Zinsfaktor in die Einschätzung des Barwertfaktors einfließen.

1404 **Lebenslange** Renten müssen zwangsläufig auf eine feste Zeit als wahrscheinliche Dauer abgestimmt werden. Diese Zeit ist zur Kapitalisierung die konkrete Lebenserwartung bezogen auf das Ausgangsalter (Rn. 1379). Ohne andere Anhaltspunkte kann auf die durchschnittliche Lebenserwartung nach der zeitnächsten statistischen Größenordnung zurückgegriffen werden. Insofern helfen die jeweils im Statistischen Jahrbuch des Statistischen Bundesamtes veröffentlichten Sterbetafeln, die auf Angaben zu den Gestorbenen und der Bevölkerung nach den letzten drei Jahren basieren. Das Statistische Bundesamt ermöglicht es im Internet unter www.destatis.de, die entsprechende Excel-Tabelle für Männer und Frauen downloaden zu können; s. auch Anhang 3.

1405

Rente monatlich	1.000,00
Jahresrente	12.000,00
Vollendetes Lebensjahr	35
Mutmaßliche Lebenserwartung, in diesem Beispiel nach der Allgemeinen Sterbetafel für Deutschland 1993/1994 weiblich (beachte Anhang 3 für aktuelle Verhältnisse) als wahrscheinliche Laufzeit	45,51
Faktor aus einer Tabelle Zeitrente, Zinsfuß 5%, für vollendete Jahre	18,361
Kapital	220.332,00

1406 **Tipp** Bei bei Verwendung des Zeitrenten-, Barwertfaktors kann das Vorversterbensrisiko ggfs. durch einen Abschlag einfließen. Alternativ kann jede Diskussion um die wirtschaftliche Wertigkeit des Vorversterbensrisikos dadurch vereinfacht werden, dass eine Berechnung des Jetztwerts mittels Kapitalisierung für eine etwas verkürzte Laufzeit erfolgt. Das versicherungsmathematische Alter verändert schon – ohnehin – die Laufzeit aus statistischen Gründen, dann kann auch aus Gründen der Sterbewahrscheinlichkeit die kalkulatorische Laufzeit im Vergleich zur rein rechnerischen Laufzeit etwas verändert werden.

1407 **Berechnungsvorschlag und -beispiel:**

Korrekturgrund zur Prognose	Erlebenswahrscheinlichkeit
Zahl der Überlebenden im Endalter im Sinne der Barwertbestimmung	86733
Zahl der Überlebenden im Ausgangsalter für die Barwertbestimmung	98921
Abschlag	87,6791%

Kapitalisierung (Barwertberechnung) 2

Gesamtberechnungsbeispiel zum Abschlag bzw. zur Reduzierung wegen Erlebenswahrscheinlichkeit:

zu kapitalisierender Betrag, ggfs. Jahresrente (also monatliche Rente × 12)	25.000,00
Barwert-, Kapitalisierungsfaktor	17,087
Abzinsungsfaktor	0,481017
Gesamtfaktor	8,219137479
Jetztwert	205.478,44
Korrekturgrund	Erlebenswahrscheinlichkeit
Korrekturfaktor	87,6791%
Korrigierter Gesamtfaktor	7,206465769
Jetztwert	180.161,64

Die Onlineversion ermöglicht eigene Berechnungen. 1408

Tipp Zuschlag und/oder Abschlag – letztlich wegen der Prognoserisiken im Einzelfall und zur Wahrung der Einzelfallgerechtigkeit – lassen sich rechnerisch direkt in die Bestimmung des Barwertfaktors einbeziehen. 1409

Die Onlineversion zeigt ein Berechnungsbeispiel und ermöglicht eigene Berechnungen. 1410

Tipp Stets kann ohnehin jede Veränderung direkt über die Laufzeit oder den Zins hinterfragt werden. Da der Zins pauschalieren soll, kann er auch (geringfügig) erhöht werden, um weitere Risiken aufzufangen. Umgekehrt kann er reduziert werden, wenn z. B. dynamische Elemente in die Abfindung einfließen sollen, ggfs. auch (wahrscheinliche) Erhöhungen des Ausgangsgeldwertes. Zur Berechnung des Schadens im Einzelfall genügt dergleichen den Maßstäben § 287 ZPO stets. 1411

Berechnungsvorschläge und -beispiele: Berücksichtigung kalkulatorischer Risiken und prognostischer Veränderungen: 1412

Berechnungsvariante: Veränderung der zugrundezulegenden Laufzeit

	Beispiel 1	Beispiel 2
Alter zur Zeit der Kapitalisierung	45	45
Endalter für die Kapitalisierung	82	82
Rechnerische Differenz als Laufzeit in Jahren	37	37
Korrekturgrund zur Prognose	Erlebenswahrscheinlichkeit	
Korrigierte Laufzeit (Jahre)	36,00	40,00
Jahreszins	5,00%	5,00%
Zinsfaktor	1,004074124	1,004074124
Korrigierter (Zeit-) **Rentenbarwertfaktor** (gerundet)	16,992	17,620

203

2 Kapitalisierung (Barwertberechnung)

Berechnungsvariante: Veränderung des Zinssatzes

	Beispiel 1	Beispiel 2
Alter zur Zeit der Kapitalisierung	45	45
Endalter für die Kapitalisierung	82	82
Rechnerische Differenz als Laufzeit in Jahren	37	37
Jahreszins	5,00%	5,00%
Korrekturgrund zur Prognose	Erlebenswahrscheinlichkeit	Veränderungen auf dem Kapitalmarkt und in der Erwerbsbiographie
Korrigierter Jahreszins	5,15%	4,50%
Zinsfaktor	1,004193578	1,003674809
Korrigierter (Zeit-) **Rentenbarwertfaktor** (gerundet)	16,842	18,295

 1413 Die Onlineversion ermöglicht eigene Berechnungen, um zu unterschiedlichen Einflüssen direkt rechnerische Ergebnisse erkennen zu können.

Aufgeschobene Renten, Diskontierung

1414 Als **aufgeschoben** werden **Renten** bezeichnet, die künftig (also nicht im Moment der Kapitalisierung) beginnen, aber sofort (jetzt) abgegolten werden sollen. Dies kann z. B. der Fall sein, wenn die verletzte Person zunächst keinen eigenen Anspruchsteil hat, weil Versicherungsleistungen den Schaden decken, die Gehaltserhöhung in einigen Jahren aber zu einer Deckungslücke und einem eigenen Anspruchsteil führt. Dies kann beim verletzten Kind der Fall sein, weil ein Erwerbsschaden erst in einigen Jahren in Frage steht. Dies kann auch der Fall sein wegen unterschiedlicher Höhe der Renten angesichts unterschiedlicher Verläufe zu verschiedenen (Teil-) Zeiträumen, also der individuellen Entwicklung bzw. Änderung der die Höhe des Anspruchs bestimmenden Verhältnisse, z. B. beim Hausarbeits- oder Unterhaltsschaden. Wird mit dem Ausgleich durch Zahlung bis zum Beginn der Rentenzahlungspflicht gewartet, verbleibt es bei der Kapitalisierung.

1415 Soll **sofort gezahlt** werden, bedarf es zusätzlich der Diskontierung, weil das Kapital zu einer Zeit verfügbar gemacht wird, in dem es noch gar nicht geschuldet ist: Der Vorteil des vorzeitigen Zuflusses ist zurück zu rechnen. Insofern ist ein Endkapital Kn abzuzinsen bzw. zu diskontieren.

1416 Allgemein gültige Regeln über Art und Höhe einer Abzinsung im Einzelfall gibt es nicht.

1417 **Berechnungsformel zur Diskontierung:**

$$K_n : q^n = K_n \times (1 : q)^n$$

	A	B	C
1	Barwert als Endkapital	....	
2	Vorfälligkeitszeitraum in Jahren	....	
3	Jahreszins (in %)	....	
4	Abzinsfaktor q = (1 + Jahreszins) hoch (Jahre)	= (1+B3)^B2	
5	Jetztwert	= B1/B4	

Kapitalisierung (Barwertberechnung) 2

Tipp Zur Abzinsung bzw. Diskontierung wegen aufgeschobener (nicht sofort beginnender) Leistungen kann der Abzinsungsfaktor je nach Art des relevanten Verzinsungszeitraums unterschiedlich bestimmt werden. 1418

Berechnungsbeispiele: 1419

	Abzinsung				
Vorfälligkeitszeitraum in Jahren	5,00	unterjährige Verzinsung			
Zins per annum (Jahreszinssatz)	4,50%	halbjährlich	vierteljährlich	monatlich	täglich
Zinsfaktor	1,246182	1,2492	1,2508	1,2518	1,2523053
Abzinsungsfaktor	0,802451	0,800510	0,799520	0,798852	0,798527

Die Onlineversion ermöglicht eigene Berechnungen, auch zum Jetztwert zur jährlichen Verzinsung und je nach Art der unterjährigen Verzinsung. 1420

Tipp Stets ist zu überprüfen, ob eine Diskontierung mit demselben Zinssatz vorzunehmen ist, der zur Kapitalisierung herangezogen wird (Rn. 1381 ff.), oder ob ein anderer Zinssatz für maßgebend zu erachten ist. 1421

Häufig werden in der praktischen Handhabung Differenzen zwischen Barwertfaktoren verschiedener Leibrenten gebildet, Zeitrententabellen herangezogen. Ein solcher Umweg ist jedoch niemals notwendig, denn stets kann mit der Rentenbarwertformel kapitalisiert und im nächsten Berechnungsschritt der Barwert auf den Zeitpunkt der Abgeltung diskontiert werden. 1422

Der *BGH*[53] geht zum künftigen Gewinn auf die „Hoffmannsche Methode" aus dem Jahr 1731 ein. Danach ist (nur) der Betrag zu zahlen, der verzinst mit dem gesetzlichen Zins bei Fälligkeit die volle Schuldsumme ergeben würde. Der abgezinste Betrag mit „4" errechnet sich insofern wie folgt: [Schuldsumme × 100]:[100 + (4 (als Jahreszins) × Zahl der Jahre)]. Diese Lösung führt bei gleichem Zins zum höheren Jetztwert als die genannte Abzinsungsformel. Sie ist beim *BGH* zu Prozesszinsen angesichts eines zusätzlichen Zinsausspruches bedeutsam gewesen. 1423

Berechnungsvarianten: 1424

	Variante 1 Abzinsungsformel, s. Rn. 1417 und 1420	Variante 2 Hoffmannsche Methode
Barwert = Endkapital		
Schuldsumme	153.566,55	153.566,55
Schuldsumme × 100		15.356.655,31
Beginn der Laufzeit in vollendeten Jahren (n) = Vorfälligkeitszeitraum	7	7
Jahreszins	4%	4%
Abzinfaktor (q = 1 + Jahreszins) hoch n bzw.	1,315931779	
Zinsteiler (100 + (Jahreszins × Zahl der Jahre))		128
Anfangsbetrag = Jetztwert	116.697,96	119.973,87

---

53 *BGHZ* 115, 307 = NJW 1991, 3274.

2 Kapitalisierung (Barwertberechnung)

1425 ▶ **Abzinsung** (Diskontierung) zur Ermittlung des Anfangswerts als zeitlich aktuellem Wert und **Aufzinsung** zur Ermittlung des Endwerts nach Ablauf einer gewissen Zeit korrespondieren wechselbezüglich im Sinne der Multiplikation ($K_0 \times q^n = K_n$) und der Division ($K_n : q^n = K_0$). ◀

Kapitalisierung sofort beginnender wiederkehrender Leistungen und Diskontierung in Zukunft beginnender wiederkehrender Leistungen

1426 **Tipp** Wer formuliert, die Zeitrente „führt stets zu überhöhten Barwerten, ist also immer falsch"[54], hat versicherungsmathematisch „recht", beachtet aber das haftungsrechtliche Gebot der Einzelfallgerechtigkeit nicht ausreichend. Auf die (wirtschaftlichen) Anliegen von Renten- und Unfallversicherungsträgern und Haftpflichtversicherern können diese bei vertraglichen (einverständlichen) Regulierungen zu einem Einzelfall oder in Teilungsabkommen achten. Die Schadensbestimmung im Außenverhältnis ist darauf kraft Gesetzes aber nicht abgestimmt.

1427 ▶ Wenn der Rechnungszins von 5% alle eventuellen Risiken und Prognoseprobleme, z. B. das Risiko des Arbeitsplatzverlustes, eine Invalidität, eine Wiederverheiratungswahrscheinlichkeit pauschal ebenso abdecken soll wie er etwaige Einkommenserhöhungen auffangen soll, darf nach der hier vertretenen Ansicht nicht mit Kapitalisierungstabellen gerechnet werden, sondern ist ein Zeitrentenfaktor für maßgebend zu erachten. ◀

1428 Für verschiedene Zeiträume sind Berechnungen ggfs. nebeneinander durchzuführen, auch um einen Jetztwert für alle, selbst künftig erst anstehende wiederkehrende Zahlbeträge in einem Geldbetrag abfinden zu können.

1429 **Berechnungsbeispiel:**

	Zeitraum 1	Zeitraum 2	Zeitraum 3
Monatliche Rente	700,00	500,00	100,00
Laufzeit der Rente (vollendete Jahre)	4	16	5
Vorfälligkeitszeit (vollendete Jahre)	2	6	22
Jahreszins Kapitalisierung	5,0%	5,0%	5,0%
Jahreszins Diskontierung	5,0%	5,0%	5,0%
Laufzeit Monate	48	192	60
Zinsfaktor q = 1 + Zinsteil	1,004074124	1,0040741241	1,004074124
Quotient 1	578,2379866	229,9889625	78,67183491
Quotient 2	52,89634322	290,3384019	67,81373792
Barwert	30.586,68	66.774,63	5.335,03
Jetztwert	27.743,02	49.828,26	1.823,78
Gesamtjetztwert (Summe)			79.395,05

Erläuterung: Zu jeder aufgeschobenen Rente muss auf die Ermittlung des Barwerts die Abzinsung/Diskontierung folgen. Folgen Zeiträume direkt aufeinander, macht der Vorfälligkeitszeitraum im nächsten Zeitraum die Summe des Vorfälligkeitszeitraums im vorhergehenden Zeitraum aus. Der jeweilige Jahreszins muss nicht identisch sein. Wird über Tage abgerechnet, erhöht sich der Jetztwert im Vergleich zu vorstehendem Berechnungsbeispiel. Die Berechnungsformel Rn. 1430 vereinfacht insofern die Gesamtberechnung. Jeder DM-Betrag ist mit 0,511292 zu multiplizieren, um den €-Betrag zu erhalten.

---

54 *Schneider/Schneider* in NZV 2005, 502.

Kapitalisierung (Barwertberechnung) 2

Die hier vorgeschlagene Berechnungsformel zur Bestimmung von Rückständen mit Kapitalisierung künftiger (vorschüssiger) Renten und Diskontierung aufgeschobener Renten zeigt in Formeln und Bezügen die Onlineversion mit Erläuterungen. Dieser Vorschlag fasst vorstehende Erwägungen zur Abgeltung zusammen. Die Formel kann auch verwendet werden, wenn nicht mit Datumsangaben gearbeitet werden soll. Sie legt zur Berechnung der Laufzeit den Quotienten für 365 Tage bei 12 gleich langen Monaten zugrunde, Rn. 2209. Zur Berechnung der Differenz zwischen den Tagen kommt + 1 hinzu, um den ersten Tag einzubeziehen. Unterbleibt dies, ergibt sich ein geringfügig (um rund 1:30,42 =0,03) verringerter Zeitanteil. 1430

Tipp Soll ein Abschlag – insbesondere wegen des Vorversterbensrisikos (also wegen des biometrischen Risikos) – einkalkuliert werden, kann dies (wie beschrieben) mittels eines Korrekturfaktors erfolgen. 1431

Berechnungserwägung mit Beispiel: 1432

Lebensalter (Ausgangsalter)	35			
Durchschnittliche Lebenserwartung in Jahren	46,45	Berechnungszeitraum insgesamt	45,00	
Maßgebendes rechnerisches maximales Endalter	81,45			
	Zeitraum 1	(aufgeschobener) Zeitraum 2		
Begrenzung der monatlichen Rente bis zum Alter von	60	80		
Höhe der Rente	1.250,00	1.000,00		
geschätzte (ggfs. mutmaßlich maximale) Laufzeit	25,0	20,00		
		25,00 (Vorfälligkeit in Jahren)		
Hypothetische Gesamtleistung	375.000,00	240.000,00		
Jahreszins zur Kapitalisierung (i)	5,00%	5,0%		
Zinsfaktor	1,004074124	1,004074124		
Rentenbarwertfaktor für eine vorschüssige Zahlung bei monatlicher, exponentieller Verzinsung	14,4728104	12,7972128		
Barwert (Kapital-, Einmalbetrag)	217.092,16	153.566,55		
Abzinsungsfaktor (jährliche Verzinsung)		0,295302772		
Jetzt-(Bar-)wert bis dahin	217.092,16	45.348,63	Summe: 262.440,78	

		Abzug (Korrektur) wegen Vorversterbensrisiko		
Zahl der Überlebenden (Endalter)	für das Alter: 60	93356	für das Alter: 80	65452
Zahl der Überlebenden (Ausgangslage)	für das Alter: 35	98834	für das Alter: 61	92855
Korrekturfaktor		94,4574%		70,4884%
Korrigierter Rentenbarwertfaktor (gerundet) dann		13,671		2,664
Jetzt-(Bar-)wert dann		205.059,55		31.965,52
				Summe: 237.025,07
also Korrektur um				– 25.415,72

 1433 Die Onlineversion ermöglicht eigene Berechnungen.

IV. Abfindung durch Vergleich

1434 Ein Vergleich zur Regulierung eines Personen-, Sach- oder Vermögensschadens ist ein schuldrechtlicher, gegenseitiger Vertrag.

1435 Durch ein **Regressverzichtsabkommen** verzichtet ein Sozialleistungsträger gegen Zahlung einer (Jahres-) Pauschale seitens des Haftpflichtversicherers darauf, bestimmte Regressansprüche zu verfolgen.[55]

1436 Der für vollstreckbar erklärte **Anwaltsvergleich** (§§ 794 Nr. 4a, 796a bis 796c ZPO)[56] lässt einen frühzeitigen Abschluss der Schadensregulierung zu.

1437 Der **Prozessvergleich** (§§ 794 Abs. 1 Nr. 1, 278 Abs. 6 ZPO) muss wegen seiner Doppelnatur als Prozesshandlung und als Rechtsgeschäft materiellrechtlichen und prozessrechtlichen Anforderungen entsprechen.

1438 Eine Schlusserklärung meint nur die Schadenshöhe, keine vergleichsweise Abfindung.

1439 Kein Vergleich kommt bei der Abrechnung durch die Schädigerseite unter Kürzung von Forderungen der Gläubigerseite zustande oder bei schlichter Zahlung zur Klaglosstellung. Es bedarf vielmehr – auch – einer deutlichen Erklärung auf der Gläubigerseite, die als wirkliches Nachgeben zu interpretieren ist.

1440 Ein (Abfindungs-) Vergleich kann
- sich auf die Zahlung eines Kapitals (der Kapitalabfindung) statt einer laufenden Rente beziehen (zur Berechnung Rn. 1355 ff.),
- die Abgeltung aller Ansprüche meinen oder
- einen Schadensteil betreffen,
- entstandene und bekannte Schäden erfassen oder
- – auch – künftige, u. U. noch gar nicht bekannte Schäden einbeziehen.

1441 Abfindungsvergleich i.e.S. ist der Vergleich, bei dem im Rahmen des gegenseitigen Nachgebens (Rn. 1439) etwaige weitergehende Schadensersatzforderungen erlassen werden und so der auf einen Teil eines Anspruchs verzichtende Ersatzberechtigte das Risiko zu den für die Berechnung der (Kapital-) Abfindung maßgebenden Faktoren – die auf Schätzungen und unsicheren Progno-

---

55 *BGH* VersR 1981, 649 = ZfS 1981, 275.
56 Zu Einwendungen gegenüber vollstreckbaren Anwaltsvergleichen *Münzberg* in NJW 1999, 1357.

sen beruhen – übernimmt, auch das Risiko des Auftretens nicht vorhersehbarer Spätfolgen. Dann bleibt es unerheblich, ob Ansprüche bereits bestanden sind oder noch entstehen würden, ob sie bekannt oder unbekannt, voraussehbar oder nicht voraussehbar sind bzw. waren. Neben dem schuldrechtlichen Grundgeschäft steht dann der formlos mögliche Verzicht i. S. d. § 397 Abs. 1 BGB als dinglicher Vollzug der schuldrechtlichen Vereinbarungen.[57]

▶ Wer als Verletzter die Kapitalabfindung wählt, geht das Risiko ein, dass die für die Berechnung maßgebenden Faktoren auf Schätzungen und unsicheren Prognosen beruhen. Um – sofort – einen Kapitalbetrag zur Verfügung zu haben, verzichtet er auf die Berücksichtigung zukünftiger, ungewisser Veränderungen, soweit sie sich zu seinen Gunsten auswirken könnten. Daran ist er grundsätzlich gebunden. Denn andererseits darf sich der Schädiger darauf verlassen, dass mit der Bezahlung der Kapitalabfindung die Schadensabwicklung für ihn ein für allemal erledigt ist. Dafür nimmt er bei der Berechnung des zu zahlenden Kapitals für ihn bestehende Unsicherheiten hinsichtlich der zukünftigen Entwicklung in Kauf.[58] ◀   1442

Tipp Dringend anzuraten sind klare, unmissverständliche Formulierungen, um eine Auslegung[59] der Vereinbarung entbehrlich zu machen und die betroffene Person vor vermeidbaren Nachteilen, z. B. durch Verjährung, zu bewahren.   1443

Verpflichtet sich die Schädigerseite in einem Abfindungsvergleich auf Vorschlag des Gerichts zur Zahlung einer bestimmten Geldsumme, ist eine vor Abschluss dieses Vergleichs ohne Kenntnis des Gerichts von der Schädigerseite geleistete Zahlung auf den Vergleichsbetrag anzurechnen, wenn und weil die Abfindungssumme den Höchstbetrag der dem Gläubiger zustehenden Ansprüche bilden soll(te).[60] Ist die Höhe des Ersatzes für das entzogene Recht auf Unterhalt in Gestalt entgangener Haushaltsführung vergleichsweise festgelegt, aber nicht die Dauer, ist keine **ergänzende Vertragsauslegung** möglich, da die Dauer das Gesetz bestimmt. Dabei kann ohne nähere Darlegung nicht davon ausgegangen werden, dass eine mit 53 Jahren getötete Frau bei überdurchschnittlich günstigen wirtschaftlichen Verhältnissen bis über 82 Jahre hinaus zur Haushaltsführung verpflichtet gewesen wäre.[61] Erst angesichts eines vereinzelten Sachvorbringens wäre zu fragen, ob die hochbetagte Frau noch zur Arbeit im Haushalt in der Lage gewesen wäre.   1444

Die Abrechnung nach Maßgabe des DAV-Abkommens durch einen Rechtsanwalt bedeutet für sich gesehen nicht, dass der Rechtsanwalt namens seines Mandanten auf die Geltendmachung weiterer Ansprüche gegenüber der gegnerischen Haftpflichtversicherung verzichtet.[62]   1445

Tipp Ob (u. U. schwerwiegende) Veränderungen im System öffentlicher Leistungen geeignet sind, einen vorbehaltlosen Abfindungsvergleich wirtschaftlich in Frage zu stellen oder ob dies aus anderen Gründen der Fall sein könnte, muss ein Betroffener im Voraus prüfen und bedenken. Ggfs. hat er dann vom Abschluss eines Vergleichs abzusehen. Das von Beteiligten in einem Abfindungsvergleich gefundene Ergebnis kann nachträglich jedenfalls nicht deshalb in Frage gestellt werden, weil eine der Vergleichsparteien aufgrund künftiger, nicht voraussehbarer Entwicklungen feststellt, dass ihre Beurteilungen und die Einschätzung der möglichen künftigen Änderungen nicht zutreffend waren.[58]   1446

---

57 *OLGR Saarbrücken* 2006, 620 = SP 2006, 233.
58 *BGH* NJW-RR 2008, 649 = VersR 2008, 686.
59 *OLG Hamm* NZV 1994, 435; *OLG Oldenburg* DAR 1991, 147 m. *BGH* NA-Beschl. v. 8.5.1990; *OLG Saarbrücken* VersR 1985, 289.
60 *OLG Saarbrücken* OLGR 2002, 143.
61 *KG* r+s 1997, 461; *BGH* NA-Beschl. v. 8.7.1997.
62 *BGH* NJW 2006, 15 = VersR 2006, 659 = DAR 2006, 497 = ZfS 2006, 408, *BGH* NJW 2007, 368 = VersR 2007, 71 = NZV 2007, 74 = DAR 2007, 140.

1447 **Erledigungsklauseln** mit Bezug auf Ansprüche aus einem bestimmt bezeichneten Schadensereignis ergreifen bei der Wortwahl: „ob bekannt oder nicht, ob gegenwärtig zu erkennen, vorauszusehen/zu erwarten oder nicht" alle Ansprüche, die nicht besonders als fortbestehend bezeichnet werden. Wie die Worte abgefunden zu allen „etwaigen unvorhergesehenen Folgen", „allen Zukunftsschäden" bezieht sich die Formulierung „ein für allemal abgefunden wegen aller Schadensersatzansprüche" auf alle Spätfolgen.[63] Die Worte „mit allen Ansprüchen für jetzt und die Zukunft vorbehaltlos, also auch wegen unerwarteter und unvorhersehbarer Folgen endgültig abgefunden"[64] besagen das Gleiche. Ebenso ist die Formulierung, dass sich der Gläubiger bei Zahlung eines bestimmten Betrages „wegen aller bisherigen und künftigen Ansprüche aus dem Schadensereignis vom ... für endgültig abgefunden" erklärt, nach dem eindeutigen Wortlaut eine umfassende Ausschlussklausel, auch zu derzeit (bzw. rückblickend seinerzeit) nicht bekannten Ansprüchen aus dem Schadensereignis.

1448 Ein Vorbehalt[65] bedeutet je nach Lage des Falles („Vorbehalten bleiben materielle Zukunftsansprüche nach einer Grundquote von 66 2/3%") keinen (stillschweigenden) Verzicht auf die Einrede der Verjährung, sondern stellt lediglich klar[66], dass Ansprüche auf Ersatz des materiellen Zukunftsschadens von einem in der Abfindungserklärung enthaltenen Verzicht auf weitere Ansprüche nicht umfasst sind.

1449 **Anpassungsklauseln** ermöglichen es, wesentlichen Veränderungen Rechnung zu tragen; zur Abänderung s. Rn. 1328 ff. Der Lebenshaltungsindex ist ein angemessener Indikator zum Kaufkraftschwund am ehesten bei Vergleichen zu Unterhaltsschäden, die der Versorgung dienen. Bei Erwerbsschäden ist eine Verknüpfung mit der Entwicklung von Löhnen oder Gehältern geeigneter.

1450 **Abgeschlossen** ist die Schadensregulierung, wenn jede Anpassung oder **Änderung** ausdrücklich **ausgeschlossen** ist. Alle späteren Veränderungen fallen dann grundsätzlich in den Risikobereich der anspruchsberechtigten Person. Umfassend erledigt wird der Schadensausgleich aber nicht unbedingt mit einer Formulierung, nach der alle Ansprüche „abgegolten" werden sollen, wenn und weil eine **Anpassung kraft Vertragsauslegung** möglich bleibt.

1451 Der Vergleich mit Gesamtabgeltungsklausel zum Verdienstentgang schließt ohne Vorbehalt regelmäßig eine gesonderte Erstattung von Kranken- oder Pflegeversicherungsbeiträgen aus[67], zumal dann, wenn der Rentenschaden gesondert geregelt ist, weil dadurch der Blick auf die Vorsorgeaspekte ausgewiesen ist.

1452 Auch ohne Erwähnung in seinem Text kann der Prozessvergleich zur Höhe von Ansprüchen auf den Betrag des § 12 StVG begrenzt sein, Rn. 215. Der Prozessvergleich über den Verdienstausfall kann dahin auszulegen sein, dass er (nur) bis zur Vollendung des 65. Lebensjahres des Verletzten gelten soll, Rn. 1326. Beim Vergleich über eine Unterhaltsschadensrente ist[68] eine ergänzende Vertragsauslegung möglich, weil und wenn der Versorgungszweck durch den Geldwertschwund nicht mehr erfüllt wird. Die Steigerung der Lebenshaltungskosten um 36% ist aber allein kein Grund, an der Absprache nicht mehr festzuhalten. Bei Schmerzensgeldabsprachen liegt es angesichts der losen Verknüpfung mit dem Geldwert grundsätzlich anders. Die unterschiedlichen Funktionen der Ansprüche sind zu beachten.

---

63 *OLG Frankfurt* DAR 1993, 147 = VRS 84, 162; *BGH* NA-Beschl. v. 20.10.1992.
64 *OLG Koblenz* VersR 1996, 232.
65 Der Vorbehalt allein führte nicht zum konstitutiven Anerkenntnis, *OLG Karlsruhe* NJW-RR 1997, 1318 = NZV 1997, 480 = VersR 1998, 632.
66 *BGH* NJW 2003, 1524 = NZV 2003, 225 = VersR 2003, 452.
67 *OLG München* VersR 2005, 1150.
68 *BGHZ* 105, 243 = VersR 1989, 154 = NJW 1989, 289.

Nachforderungen

Bei dem **Vorbehalt** „Vorbehalten bleiben weitere immaterielle Ansprüche, für den Fall einer Verschlechterung der Beschwerden sowie Auslagen zur Wahrnehmung erforderlicher Heilbehandlungen" kann ein weiteres Schmerzensgeld nur für die Verletzungsfolgen verlangt werden, die bei der Bemessung des immateriellen Schadens nicht eingetreten waren oder mit deren Eintritt nicht oder nicht ernstlich zu rechnen war. Nur zu Verletzungen, an die ein mit der Beurteilung des Ausmaßes und der voraussichtlichen Entwicklung des unfallursächlichen Körperschadens des Verletzten beauftragter Sachverständiger nicht zu denken brauchte, die aber entgegen aller Wahrscheinlichkeit doch eingetreten sind, bleibt Raum zur Nachforderung. Entscheidend ist die Wahrscheinlichkeit, dass jemand mit den Verletzungen der betroffenen Person an den erlittenen Folgen erkrankt.[69] Die objektive Vorhersehbarkeit bedeutet nicht, dass vorhersehbar gewesen sein muss, ob gerade die verletzte Person an den letztlich eingetretenen Folgen erkranken wird.

1453

Wird „eindeutig" festgelegt, dass die Vertragsschließenden die Sache endgültig erledigen wollen, ist in der Regel jede Nachforderung ausgeschlossen.[70] Die Einschränkung einer Drittleistung gehört regelmäßig zu den Risiken, die mit einer umfassenden Abfindungserklärung „erledigt" werden sollen.

1454

Will der Verletzte nach einem umfassenden und vorbehaltlosen Abfindungsvergleich weitere (Nach-) Forderungen stellen, muss er dartun, dass ihm das Festhalten am Vergleich nach Treu und Glauben nicht (mehr) zumutbar ist, weil die Geschäftsgrundlage gestört ist (weggefallen ist oder sich geändert hat) und die Anpassung an die veränderten Umstände erforderlich erscheint oder nachträglich erhebliche Äquivalenzstörungen in den Leistungen der Parteien eingetreten sind, die für den Betroffenen nach den Umständen des Falls eine ungewöhnliche Härte bedeuten würden.[71]

1455

Nachforderungen sind also möglich, wenn sich die für die Schadenshöhe maßgebenden Umstände nach der Abfindungserklärung wesentlich verändert haben und der unveränderte Fortbestand des Vergleichs unzumutbar ist.[72] Wegen Änderung oder Wegfall der Geschäftsgrundlage bzw. angesichts erheblicher Äquivalenzstörung bei ungewöhnlicher Härte für die anspruchsberechtigte Person kann es freilich nur ausnahmsweise zur Anpassung kommen, weil grundsätzlich der Berechtigte gerade auf die Berücksichtigung zukünftiger, ungewisser Veränderungen verzichtet hat, um alsbald einen Ersatzbetrag zu erhalten und die Schädigerseite zur Schadensberechnung bestehende Unsicherheiten in Kauf nimmt, um die Regulierung mit der vereinbarten Leistung zu erledigen.

1456

▶ Soweit der Betroffene mit der Abfindung das Risiko in Kauf nimmt, dass die für die Berechnung des Ausgleichsbetrags maßgebenden Faktoren auf Schätzungen und unsicheren Prognosen beruhen und sie sich demgemäß unvorhersehbar positiv oder negativ verändern können, ist ihm die Berufung auf eine Veränderung der Vergleichsgrundlage verwehrt.[71] ◀

1457

Auf einen Wegfall der Geschäftsgrundlage kann sich der Betroffene nicht mit Erfolg berufen, wenn durch den Abfindungsvergleich seine Schadensersatzansprüche endgültig erledigt und unvorhergesehene Schäden mit bereinigt werden sollten, während die zur Nachregulierung gestellten Schadenspositionen gerade dies betrifft. Gehen Vertragspartner einer Abfindungsvereinbarung davon aus, bestimmte Drittleistungen seien Bestandteil der dem Betroffenen unfallbedingt zufließenden Ausgleichsmittel und muss die Schädigerseite diese Leistungen im Regresswege erstatten, kann eine Risikoübernahme hinsichtlich solcher Leistungen durch den Betroffenen fernliegen. Indessen bedarf dergleichen bei einer umfassenden und vorbehaltlosen Abfindungserklärung konkreter Darlegung durch den Betroffenen.[71]

1458

---

69 *OLG Jena* ZfS 2007, 27.
70 *OLG Koblenz* NJW 2004, 782.
71 *BGH* NJW-RR 2008, 649 = VersR 2008, 686.
72 *BGH* VersR 1990, 984 = NJW 1991, 1535.

1459 Nicht völlig überraschende Änderungen in wirtschaftlichen Rahmenbedingungen und Leistungsstrukturen sind grundsätzlich Teil des Risikos, das die verletzte Person beim Abschluss eines umfassenden Abfindungsvergleichs übernimmt. Zumal wenn wie bei Leistungen der Blindenhilfe primär laufende blindheitsspezifischen, auch immateriellen Bedürfnissen ohne Rücksicht auf einen im Einzelfall nachzuweisenden oder nachweisbaren Bedarf „Rechnung getragen" wird (und „weniger" ein wirtschaftlicher Bedarf gesteuert wird), hat der Verletzte die wirtschaftlichen Folgen der Änderung solcher Leistungen selbst zu tragen und setzt keine Anpassung eines umfassenden und vorbehaltlosen Abfindungsvergleichs wegen einer Veränderung der Vertragsgrundlage oder erheblicher Äquivalenzstörung durch.[73]

1460 Der Wandel der Ansicht von Instanzgerichten gibt keine Möglichkeit, einen Prozessvergleich zu ändern.[74] Dagegen bedeutet die Änderung der höchstrichterlichen Rechtsprechung mit einer System-, Methodenänderung eine grundlegende Änderung der Rechtslage[75] und stört die darauf beruhende vertragliche Vereinbarung so, dass nach den Grundsätzen zum Wegfall der Geschäftsgrundlage eine Anpassung vorgenommen werden kann. Im Einzelfall kann § 767 ZPO helfen. Gesetzesänderungen lassen grundsätzlich ebenso wie die verfassungskonforme Auslegung einer Norm durch das Bundesverfassungsgericht die Abänderung bei Vergleichen (und bei Urteilen) zu. Änderungen zum Umfang des gesetzlichen Krankenversicherungsschutzes sind – wie das *OLG Koblenz*[76] zu einer „Vergleichs- und Abfindungserklärung" aus dem Jahr 1984 meint – jedoch nicht außergewöhnlich und so überraschend, dass sie nicht als möglich erwartet werden konnten. Die infolge des Inkrafttretens des GRG am 1.1.1989 von der verletzten Person aufzuwendenden (Mehr-)Kosten, die vorher von der Krankenkasse getragen worden sind, hat die verletzte Person deswegen selbst zu tragen gehabt. Mit dem Wortlaut „zur Abgeltung aller gegenseitigen Ansprüche aus dem Verkehrsunfall vom …" werden alle als möglich erkannten Ansprüche erledigt. Dazu zählen Pflegeaufwendungen. Neuregelungen zu Pflegeleistungen im SGB V und SGB XI haben einen entsprechenden Vergleich nicht ändern lassen.[77] Das *OLG Stuttgart* hat aber die Neuregelung zum 1.4.1995 zum Anlass genommen[78], dem Haftpflichtversicherer Jahre nach einem gerichtlichen Vergleich entgegen zu kommen und den Vergleich auf die Höhe des Pflegegeldes hin anzupassen (Anrechnung von 400 DM als bisherigem Höchstbetrag bei der neuen Leistung von monatlich 800 DM).

1461 Der Abfindungsvergleich über ein Schmerzensgeld umfasst alle vorhersehbaren nachträglichen Beeinträchtigungen. Verletzungsfolgen, die Inhalt eines Vergleichs sind, können jedenfalls nicht zur Geschäftsgrundlage werden, die eine Anpassung aufdrängen, weil an sie nicht gedacht worden ist. Auf die Vorhersehbarkeit oder Unvorhersehbarkeit der Verschlechterung des Gesundheitszustands kommt es im Übrigen grundsätzlich insofern nicht an.[79]

1462 Der Bindung an die Abfindung steht nicht entgegen, dass die von der betroffenen Person eingeholte ärztliche Auskunft objektiv unrichtig[80] oder die medizinische Wahrscheinlichkeit einer Spätfolge gering ist.[81]

---

73 *BGH* NJW-RR 2008, 649 = VersR 2008, 686 (Reduktion des Landesblindengeld in Niedersachsen für das Jahr 2004 von monatlich 510 € auf 409 €, Nichtzahlung danach für 2 Jahre, Zahlung ab Januar 2007 dann – nur – in Höhe von 220 € monatlich; Abfindungsbetrag 750.000,00 DM, nach unfallbedingter Frühpensionierung monatliche Pension in Höhe von 1.400,00 €, unter Aufnahme eines neuen Berufs Erzielung weiterer Einkünfte), s. dazu *Jaeger* in DAR 2008, 354 und *Huber* in NZV 2008, 431 ff.
74 BGHZ 148, 368 = NJW 2001, 3618; *BGH* NJW 2003, 1181.
75 Beachte *BGH* NJW 2003, 1796.
76 VersR 1996, 232.
77 *OLG Celle* NZV 1998, 250 m. Anm. *Jahnke*; *OLG Koblenz* VersR 1999, 911, 912.
78 NZV 1997, 271.
79 *OLGR Saarbrücken* 2006, 620 = SP 2006, 233.
80 *OLG Hamm* VersR 1998, 631 = NZV 1997, 440 = NJWE-VHR 1997, 228 (Knieschaden).
81 So *OLG Hamm* NZV 2000, 127.

1463 Sind bei einem Trümmerbruch der Kniescheibe nachträgliche Beeinträchtigungen absehbar, scheidet wegen späterer Nachteile eine Änderung aus.[82] Kommt es nach dem Abfindungsvergleich für Vergangenheit, Gegenwart und Zukunft zu epileptischen Anfällen, ist die Fortgeltung des Vergleichs nicht in Frage gestellt, wenn aus ärztlichen Gutachten die Möglichkeit solcher Anfälle jedenfalls zu ersehen gewesen ist.[83] Ist der Eintritt einer erst später folgenschwer hervorgetretenen Beeinträchtigung (Hüftkopfnekrose) bei medizinischen Fachkenntnissen vorhersehbar gewesen, helfen der verletzten Person die Grundsätze zum Wegfall der Geschäftsgrundlage nicht. Haben jedoch konkrete Anzeichen für den Eintritt der Nekrose bei Vergleichsabschluss nicht vorgelegen und die Beteiligten einen solchen Verlauf nicht ernsthaft in Betracht gezogen, kommt dies der verletzten Person nach Treu und Glauben zugute. Die tatsächliche Entwicklung muss dabei außerhalb der bei Vergleichsabschluss vorhandenen Erkenntnisse, Voraussicht und Berechnung der Parteien liegen.[84]

1464 Eine Anpassung scheidet aus, wenn eine gewisse Aussicht besteht, dass **Beschwerden** durch angemessene Heilbehandlung **gemildert** werden können.[85]

1465 Der Einwand der unzulässigen Rechtsausübung greift nicht, solange nicht eine erhebliche **Opfergrenze** überschritten wird.[86] Das Festhalten am Abfindungsvergleich ist nicht unbillig, wenn und weil die medizinische Wahrscheinlichkeit einer Folgeerkrankung nur bei 5% gelegen hat.[87] Trotz des Verzichts auf alle derzeitigen und künftigen Ansprüche wegen des bestimmt benannten Haftungsereignisses[88] kann das Festhalten am Vergleich jedenfalls angesichts eines krassen und **unzumutbaren Missverhältnisses** zwischen dem Schaden und der Abfindungssumme treuwidrig sein.

1466 Ob Äquivalenzstörungen im Sinne einer ungewöhnlichen Härte eintreten, lässt sich u. U. mittels einer **Aufzinsung** (Berechnung eines Endwerts) überprüfen.[89] Dies gilt für Einmalbeträge ebenso wie für wiederkehrende Leistungen (Schadensersatzrenten).

1467 **Berechnungsformel:**

Aufzinsung (Aufzinsungsfunktion): Wertermittlung einer Einmalzahlung und/oder von periodisch wiederkehrenden Zahlungen

Endwert (Endkapital, K_n) = Anfangswert (K_0) × q^n.

1468 **Rentenendwertformel für vorschüssige wiederkehrende Zahlungen:**

Endwert (R_n oder R oder Z_n) = periodische Zahlung (r oder R_0 oder Z_0) × q × $\dfrac{q^{n-1}}{q-1}$

Rentenendwertformel für nachschüssige wiederkehrende Zahlungen:

Endwert (R_n oder R oder Z_n) = periodische Zahlung (r oder R_0 oder Z_0) × $\dfrac{q^{n-1}}{q-1}$

---

82 Vgl. *OLG Koblenz* NJW 2004, 782, 783.
83 *OLG Düsseldorf* VersR 1996, 642 = NZV 1996, 482 = r+s 1995, 460, *BGH* NA-Beschl. v. 2.5.1995.
84 Vgl. *OLG Oldenburg* ZfS 2003, 590 m. *BGH* Beschl. v. 30.9.2003 (weiteres Schmerzensgeld von 25.000,– € nach zunächst vergleichsweise gezahltem Betrag in Höhe von – umgerechnet – 10.225,84 €).
85 *OLG Hamm* VersR 1987, 509 = VRS 72, 2.
86 *OLG Koblenz* NZV 2004, 197 (Komplikation im Heilungsverlauf bei Trümmerbruch der Kniescheibe als absehbare Beeinträchtigung).
87 *OLG Hamm* NZV 2000, 127.
88 *OLG Hamm* VersR 1987, 389 = VRS 71, 25; *BGH* NA-Beschl. v. 13.5.1986.
89 Insofern treffend *LG Kaiserslautern* ZfS 2005, 336.

2 Abfindung durch Vergleich

1469 **Berechnungsmodell zur Aufzinsung: Wertentwicklung eines Einmal-, Kapitalbetrags:**

			unterjährige Verzinsung		
Laufzeit in Jahren	4,00				
Zins per annum (Jahreszins)	6,00%	halbjährlich	viertel- jährlich	monatlich	täglich
Aufzinsfaktor	1,262477	1,2668	1,2690	1,2705	1,2712241
Anfangswert als Zahlbetrag (aktueller Gegenwartswert) bzw. als Barwert	8.000,00	8.000,00	8.000,00	8.000,00	8.000,00
Endkapitalwert (aufgezinster Wert, Endbetrag, Endwert)	10.099,82	10.134,16	10.151,88	10.163,91	10.169,79

1470 *Die Onlineversion ermöglicht eigene Berechnungen.*

1471 **Berechnungsmodell, -beispiel:**

Aufzinsung: Wertentwicklung einer laufenden, periodisch wiederkehrenden Zahlung (Rente)

Regelmäßige, jährlich wiederkehrende Zahlung	8.000,00	regelmäßige, periodische Zahlung	8.000,00
Laufzeit in Jahren	4,00	Laufzeit in Jahren	4,00
Zinssatz (per annum)	6,00%	Zinssatz (per annum)	0,06
vorschüssige Zahlung		**nachschüssige Zahlung**	
Aufzinsfaktor (Multiplikator)	4,63709296	Aufzinsfaktor (Multiplikator)	4,374616
Rentenendwert (Endbetrag)	37.096,74	**Rentenendwert (Endbetrag)**	34.996,93
		Differenz der Endwerte	2.099,82
Monatliche Rente	500,00		
Jahresrente	6.000,00		
Laufzeit	12		
Zins per annum (Jahreszins)	5,00%		

vorschüssige Zahlung		Monatliche Verzinsung (exponentiell)	Verzinsung Zwölfteljahr	Vierteljährliche Verzinsung	Halbjährliche Verzinsung
Zinsfaktor als Quotient 1	1,05	1,004074124	1,00416667	1,012272234	1,024695077
Quotient 2	15,91712652	195,3441693	196,76373	64,85015672	32,2273277
Multiplikator (Wertfaktor)	**16,713**	**16,345**	**16,465**	**16,412**	**16,512**
Verzinsungszeiträume	12	144	144	48	24
Endwert	100.277,90	98.070,01	98.791,79	98.469,02	99.069,55
nachschüssige Zahlung		Monatliche Verzinsung (exponentiell)	Verzinsung Zwölfteljahr	Vierteljährliche Verzinsung	Halbjährliche Verzinsung
Zinsfaktor	1,05	1,004074124	1,00416667	1,012272234	1,024695077
Quotient 2	15,91712652	195,3441693	196,76373	64,85015672	32,2273277
Multiplikator (Wertfaktor)	**15,917**	**16,279**	**16,397**	**16,213**	**16,114**
Verzinsungszeiträume	12	144	144	48	24
Endwert	95.502,76	97.672,08	98.381,86	97.275,24	96.681,98
Differenz der Endwerte	4.775,14	397,93	409,92	1.193,78	2.387,57

Die Onlineversion ermöglicht eigene Berechnungen. **1472**

Zu so nach dem Inhalt eines Vergleichs zu errechnenden Geldbeträgen und gegenüber zu stellenden Beträgen kann zu der Gelddifferenz die „Überschreitung der Opfergrenze" geprüft werden, ohne dass es bestimmte Geldgrößen und –relationen gibt, die die Opfergrenze wirtschaftlich ausweisen lassen. Denn die „Zumutbarkeit" des Festhaltens an der Absprache ist eine wertende Beurteilungsgröße, die sich der Einordnung in Wertverhältnisse entzieht. **1473**

Bei dem nach Behandlung eines Schädelhirn-Traumas gezahlten Schmerzensgeld von 45.000,00 DM und einer drei Jahre nach einem Abfindungsvergleich aufgetretenen schizoaffektiven Psychose, die zu einem Schmerzensgeld von 200.000,00 DM berechtigen würde, zeigt sich weder eine ganz erhebliche Äquivalenzstörung in den Leistungen der Schädigerseite noch eine ungewöhnliche Härte für die Gläubigerseite.[90] **1474**

Gelegentlich werden vor allem bei laufenden Zahlungen (Renten) die Bezugspunkte der Leistungen verwechselt und kommt es deshalb zu Irrtümern wegen der zu vergleichenden Beträge. Dies lässt sich vermeiden, wenn das Prinzip der Abzinsung (Kapitalisierung) und der Aufzinsung real miteinander verglichen wird. Dann zeigen sich stets die Einzel –und Gesamtwerte, die ggfs. miteinander zu vergleichen sind, um das Überschreiten der Opfergrenze ermitteln (bewerten) zu können. **1475**

---

90 So *OLG Hamm* NZV 2000, 127.

2 Abfindung durch Vergleich

1476 **Berechnungsgang und -beispiel:**

	1. Berechnungsschritt	2. Berechnungsschritt	3. Berechnungsschritt: Gegenüberstellung (Differenz)	Relation
Barwert (aktueller Gegenwartswert)	50.000,00	70.000,00	-20.000,00	140,00%
Endwert (aufgezinster Wert)	60.832,65	89.339,71	-28.507,06	146,86%
Laufzeit in Jahren	**5,00**	**5,00**	0,00	1
Zins per annum (Jahreszins)	**4,00%**	**5,00%**	-0,01	125,00%
(Auf-) Zinsfaktor	1,216653	1,276282		

1477 *Die Onlineversion ermöglicht eigene Berechnungen.*

1478 **Berechnungsformel und -beispiel:**

1. Berechnungsschritt: Ermittlung der Endwerte für die Geldgrößen nach dem Abfindungsvergleich

Kapitalisierung (Abzinsung)		Aufzinsung		Aufzinsung zum Barwert als Einmalbetrag	
laufende und künftige Rente, monatlich	**500,00**	Rente, monatlich	500,00		
Jahresrente	6.000,00	Jahresrente	6.000,00		
Laufzeit in Jahren	**12**	Laufzeit in Jahren	12	Laufzeit in Jahren	12
Zins per annum (Jahreszins)	**5,00%**	Zins per annum (Jahreszins)	5,00%	Zins per annum (Jahreszins)	5,00%
Verzinsungszeiträume	144	Verzinsungszeiträume	144		
Zinsfaktor	1,004074124	Zinsfaktor	1,004074124		
(vorschüssige Zahlung, monatliche Verzinsung exponentiell)				jährliche Verzinsung	
Quotient 1	0,559106043	Quotient 1	1,004074124		
Quotient 2	195,3441693	Quotient 2	195,3441693		
Barwertfaktor	**9,102**	**Multiplikator**	**16,345**	(Auf-) Zinsfaktor	1,796
Barwert (Einmaljetztwert, aktueller Gegenwartswert)	54.609,05			Barwert als aktueller Gegenwartswert	54.609,05
		Endwert (aufgezinster Wert)	98.070,01	Endwert (aufgezinster Wert)	98.070,01
Gesamtleistung (unverzinst)	72.000,00			Mit der Gesamtleistung als einem Anfangswert würde sich dagegen – unter Verschiebung der Wertgrößen – ergeben:	72.000,00
				aufgezinster Wert	129.301,66

216

2. Berechnungsschritt: Ermittlung der Werte bei veränderten Geldgrößen

Kapitalisierung (Abzinsung)		Aufzinsung		Aufzinsung zum Barwert als Einmalbetrag	
laufende und künftige Rente, monatlich	700,00	Rente, monatlich	700,00		
Jahresrente	8.400,00	Jahresrente	8.400,00		
Laufzeit in Jahren	12	Laufzeit in Jahren	12	Laufzeit in Jahren	12
Zins per annum (Jahreszins)	5,00%	Zins per annum (Jahreszins)	5,00%	Zins per annum (Jahreszins)	5,00%
Verzinsungszeiträume	144	Verzinsungszeiträume	144		
Zinsfaktor	1,004074124	Zinsfaktor	1,004074124		
(vorschüssige Zahlung, monatliche Verzinsung exponentiell)				jährliche Verzinsung	
Quotient 1	0,559106043	Quotient 1	1,004074124		
Quotient 2	195,3441693	Quotient 2	195,3441693		
Barwertfaktor	**9,102**	**Multiplikator**	**16,345**	**(Auf-) Zinsfaktor**	**1,796**
Barwert (Einmaljetztwert, aktueller Gegenwartswert)	76.452,67			Barwert als aktueller Gegenwartswert	76.452,67
Gesamtleistung (unverzinst)	100.800,00	**Endwert** (aufgezinster Wert)	137.298,02	Endwert (aufgezinster Wert)	137.298,02

3. Berechnungsschritt: Gegenüberstellung der verschiedenen Werte

	Vergleichsinhalt	neuer Wert	Differenz
laufende und künftige Rente, monatlich	500,00	700,00	-200,00
Laufzeit in Jahren	12	12	0,00
Zins per annum (Jahreszins)	5,00%	5,00%	0,00
Barwert (Einmaljetztwert, aktueller Gegenwartswert)	54.609,05	76.452,67	-21.843,62
Endwert (aufgezinster Wert)	98.070,01	137.298,02	-39.228,01

Die Onlineversion ermöglicht eigene Berechnungen. 1479

Soll ein Vergleich **Zukunftsschäden ungeregelt** lassen, kann der entsprechende **Vorbehalt**[91] zeitlich oder gegenständlich ausgerichtet sein. Er sollte dabei klar gefasst sein, z. B. ausdrücklich bestimmte gesundheitliche Folgen bezeichnen, Verzögerungsschäden zum Ausbildungsgang ausnehmen oder zur verletzungsbedingten Minderung der Hausarbeitsfähigkeit einen bestimmten Prozentsatz nennen, jenseits dessen eine weitere Klärung vorbehalten bleiben soll. 1480

---

91 *LG Bielefeld* NZV 1990, 193 beim „Vorbehalt zu künftigen materiellen Schäden" betr. Augenverletzungen.

1481 Der **Teilvergleich** mit einem Vorbehalt kann dahin zu verstehen sein, dass die Regulierungsverhandlungen nicht abgeschlossen sind. Die **zeitliche Reichweite** der Hemmung der Verjährung ist aber niemals gewiss, wenn sie nicht konkret festgelegt ist.

1482 Beim Vorbehalt in Bezug auf Ansprüche wegen Spätfolgen innerhalb einer bestimmten Zeitspanne beginnt die 3-jährige Verjährungsfrist mit Kenntnis des Verletzten vom Ursachenzusammenhang zwischen den Spätfolgen und der Unfallverletzung[92], aber nicht etwa – z. B. – erst aber Ende der Zeitspanne.

1483 Der Vergleich – insbesondere ein Teilerlass – **wirkt** grundsätzlich nur zwischen den an dem Vertrag **Beteiligten**. Mangels Verfügungsbefugnis können Rechte und (bestehende)[93] Ansprüche Dritter auf Gläubigerseite nicht beeinträchtigt werden; Rn. 1503. Den Grundsatz der Einzelwirkung auf Schädigerseite drücken §§ 423, 425 BGB für die zu einer Gesamtschuld verbundenen Forderungen aus; s. weiter Rn. 1485. Beim bedingten Vergleich kann der Widerruf eines Gesamtschuldners dazu führen, dass dieser den vollen Schaden zu zahlen hat, auch wenn der Berechtigte die Vergleichssumme durch andere Gesamtschuldner schon erhalten hat.[94]

1484 Auf **Gläubigerseite** kann sich bei konkurrierenden Sozialversicherungsträgern eine **eingeschränkte Gesamtwirkung** des individuell vereinbarten Abfindungsvergleichs dahin zeigen, dass der Teilverzicht des Vertragsschließenden auch die Forderung des anderen Gesamtgläubigers beschränkt. Der nicht beteiligte Gesamtgläubiger kann dann im Außenverhältnis nur (noch) das verlangen, was ihm nach dem Innenverhältnis zusteht.[95]

1485 Im Umfang der **Zahlung** durch einen Gesamtschuldner oder über § 364 BGB erlischt die Schuld im Außenverhältnis, §§ 362, 422 BGB; zum Innenausgleich Rn. 771. Bei der **Gesamtwirkung** auf **Schädigerseite** wird die Forderung gegen einen weiteren Schädiger auf die vereinbarte Höhe begrenzt. So kann ein weiterer Schädiger in einen Abfindungsvergleich ausdrücklich einbezogen werden. Z. B. können die Ansprüche gegen den Verletzten nach dem Unfall behandelnden Arzt für mitabgegolten erklärt werden[96] oder kann der (formularmäßige) Abfindungsvergleich zugunsten Dritter[97] formuliert sein, die im Fall einer Inanspruchnahme einen Ausgleichsanspruch gegen den vergleichsschließenden Schädiger haben würden.

1486 Das **Teilungsabkommen** zwischen dem Sozialleistungsträger und dem Haftpflichtversicherer wirkt mit dem in ihm enthaltenen (Teil-) Erlass jedenfalls zu Gunsten des versicherten oder mitversicherten Schädigers als weiterem Gesamtschuldner; s. auch Rn. 1664.

1487 Die **beschränkte Gesamtwirkung** einer Absprache besteht darin, dass der Gläubiger gegen den beteiligten Schädiger keinen Anspruch hat und gegen den nichtbeteiligten Schädiger einen Anspruch nur im Umfang der Innenausgleichspflicht des nichtbeteiligten Schädigers. Insofern scheidet ein Rückgriff durch den/die weiteren Gesamtschuldner aus, wobei zugleich ein Insolvenzrisiko (Rn. 763 ff.) für den jeweils in Folge der Vereinbarung zu leistenden Betrag den Gläubi-

---

92 *OLG Karlsruhe* Urt. v. 26.10.2007, 14 U 230/06, VRS 113, 321.
93 Beachte *BGH* VersR 1996, 1548 = NJW 1996, 3418 bei einem Haftungshöchstbetrag zum Verzicht auf übergegangene Ansprüche mit der Folge, dass auf den Geschädigten keine Ansprüche zurückfielen und dann keine Ansprüche auf den Sozialhilfeträger übergehen konnten.
94 *OLG München* NJW 1995, 2422.
95 *BGH* VersR 1986, 810 = NJW 1986, 1861; *BGH* VersR 2009, 995.
96 *OLG Düsseldorf* VersR 2002, 54 = NZV 2001, 470; *BGH* NA-Beschl. v. 13.2.2001.
97 *OLG Frankfurt* VersR 2003, 204.

ger treffen muss. Um eine solche Wirkung geht es ggfs. im Wege der Auslegung bei einem außergerichtlichen Vergleich oder bei einem Prozessvergleich unter dem Aspekt eines Vertrags zugunsten Dritter. Regelmäßig ist dementsprechend die Gesamtwirkung des Erlassvergleiches anzunehmen, der mit dem Gesamtschuldner geschlossen wird, der im Innenverhältnis allein belastet ist.[98]

Bei Gesamtschuldverhältnissen als Folge deliktischer Haftungsgründe bedarf es besonderer Gründe, um Drittbegünstigungen zu bejahen. **1488**

Das OLG Köln[99] sieht einen besonderen Fall bei einer gemeinschaftlichen unerlaubten Handlung von Jugendlichen. **1489**

Wird in einem Regulierungsgespräch zwischen Haftpflichtversicherern und dem Geschädigten eine Abfindung vereinbart, wirkt diese gem. §§ 840, 422, 425 BGB mangels entgegenstehender Anhaltspunkte nach Ansicht des *OLG München*[100] ohne konkreten Hinweis als Erfüllung zu Gunsten beider Versicherer. **1490**

Selbstverständlich sind Wirkungen zum Vorteil weiterer Schädiger niemals. Denn der Gläubiger ist nicht gezwungen, in dem Vergleich mit einem Schuldner auf den Innenausgleich Rücksicht zu nehmen. Ob der Gläubiger bei einem Rückgriff auf den an der Absprache beteiligten Gesamtschuldner diesen als seinen Vertragspartner (endgültig) frei zu stellen hat bzw. einen Ausgleichsbetrag wiederum zu erstatten hat, erschließen stets nur Sinn und Zweck des Vergleichs, vgl. Rn. 1487. **1491**

Die Auslegung einer Abrede dahin, dass der zwischen dem Gläubiger und einem Gesamtschuldner anlässlich einer Teilleistung vereinbarter Erlass bedeuten soll, dass der Gläubiger die Teilleistung dem Schuldner im Hinblick auf eine diesem günstige Haftungsverteilung im Innenverhältnis der Gesamtschuldner zurückzugewähren hat, widerspricht dem Gebot der interessengerechten Auslegung.[101] **1492**

Bei einer Mithaftung der verletzten Person sind zur Höhe der insgesamt durchsetzbaren Forderung die Regeln der Einzel- und Gesamtabwägung mit dem Problem zu beachten, in welchem Umfang eine etwaige Einzelschuld und eine Gesamtschuld besteht. Beim Abfindungsvergleich mit einem Gesamtschuldner darf ohne vereinbarte Gesamtwirkung für die Berechnung der gegen andere Gesamtschuldner durchsetzbaren Forderung und zur Klärung etwaiger Innenausgleichsverhältnisse darüber nicht hinweg gegangen werden. Die vorgestellte (vereinfachte) Berechnungsformel (Rn. 762) kann dazu unter Abkürzung der Rechenschritte weiterhelfen; s. aber auch Rn. 769 mit Erweiterung zum Aspekt einer Insolvenzkorrektur und einer ggfs. dementsprechend zu erweiternden Berechnung. **1493**

Wird darauf geachtet, ob und ggfs. in welchem Umfang die Abwägung der Verursachungs- und Verantwortungsbeiträge der mehreren Schädiger untereinander von den Innenanteilen nach Maßgabe der Abwägungskriterien zwischen der verletzten Person und den Schädigern abweicht, können mehrere Berechnungsschritte miteinander zu verknüpfen sein, wie es hier vorgeschlagen wird. **1494**

---

98 *OLG Hamm* NJW-RR 1998, 486; *OLG Schleswig* MDR 1998, 1291.
99 *OLG Köln* NJW-RR 1994, 1307.
100 *OLG München* NJOZ 2004, 493; zur Befriedigungsfunktion eines Abfindungsvergleichs beachte auch *BGH* NJW 2003, 1036 = WPM 2003, 450.
101 *BGH* NJW-RR 2005, 34 = MDR 2005, 617.

1495 Die beschriebenen Rechenschritte zur Einzel- und Gesamtabwägung (Rn. 757 ff.) sind dabei weiter zusammengefasst. Stets sind die maximalen Obergrenzen der Forderung zu beachten. Greift das Prinzip der beschränkten Gesamtwirkung, ist nach der hier vertretenen Ansicht der jeweils geringere Betrag als Wertanteil oder als Innenanteil (nach der konkreten Gewichtung der Beiträge der Gesamtschuldner untereinander) als verbleibende Forderung gegen den begünstigten, aber nicht an einer Absprache beteiligten Schädiger zu berücksichtigen, soweit es um einen etwaigen weiteren, noch zu verfolgenden Anspruch der verletzten Person geht. Andernfalls käme es zu einem unstatthaften Vertrag zu Lasten Dritter. Die Darlegungs- und Beweislast zur konkreten Innenquote trifft – wie dargestellt – die Schädigerseite. Ist das Maß der Innenverteilung (Gewichtung) und das Maß der Abwägung im Außenverhältnis für die Ausgleichslast der Gesamtschuldner untereinander identisch, ist es – wie praktisch häufig – nicht erforderlich, die gesamte differenzierte Berechnung durchzuführen.

1496 *Die Berechnungsformel zur Einzel-, Gesamtabwägung sowie den Einfluss der beschränkten Gesamtwirkung auf Schädigerseite beim (Teil-) Erlass zu Gunsten eines Schädigers und Ermittlung des Umfangs einer Innenausgleichspflicht zeigt die Onlineversion, die zugleich eigene Berechnungen ermöglicht.*

1497 Ist bei einem erstattungsfähigen Schaden in Höhe von 5.992,86 € und einer Mithaftungsquote der verletzten Person von 25% mit drei Schädigern (Haftungsquote einzeln 75%, Gesamthaftungsquote aller Schädiger aber 92%, quotierte Gesamtersatzforderung 5.531,87 €, Eigenanteil der verletzten Person insgesamt 460,99 €) ein Erlassvergleich (auf „0") geschlossen, mit dem vierten Schädiger aber nichts vereinbart, ist im Ergebnis sofort einsichtig, dass der vierte Schädiger und Gesamtschuldner – wenn die Interpretation des Erlasses im Sinne der beschränkten Gesamtwirkung zu seinen Gunsten erfolgt – nur auf 1.382,97 € (als Wert-, Innenanteil bei der Innenquote 25%) haftet und vom Gläubiger nur in dieser Höhe in Anspruch genommen werden kann, nicht auf 5.531,87 € als Gesamtersatzforderung, aber auch nicht auf 4.494,65 € als 75% von dem Gesamtschaden (5.992,86 €).

1498 Sind bei einem erstattungsfähigen Schaden von 10.000,00 € (ohne Mithaftung) zwei Gesamtschuldner (ggfs. auch Kfz-Haftpflichtversicherer) dem Außenanspruch ausgesetzt, betragen ihre Wertanteile nach Maßgabe des Außenverhältnisses je 5.000,00 €. Ist nach der konkreten Gewichtung im Innenverhältnis aber nur der Schädiger 1 voll belastet, der andere Schädiger 2 frei, ist bei einer Abkommensquote von 60% bzw. einem Teilerlass mit der Zahlung von 6.000,00 € eine maximale offene Forderung der Gläubigerseite in Höhe von 4.000,00 € gegeben. Greift der Gedanke der beschränkten Gesamtwirkung, kann die Gläubigerseite von der weiteren Schädigerseite aber deswegen nichts verlangen. Zugleich hat der Abkommenspartner bzw. Partner des Abgeltungsvergleichs keinen Ausgleichsanspruch.

1499 Anders verhält es sich, wenn im Innenverhältnis die an der einverständlichen Abgeltung nicht beteiligte Schädigerseite im Innenverhältnis (in der Gewichtung der zu verantwortenden Beiträge gegenüber der an der Abgeltung beteiligten Schädigerseite) doppelt so stark belastet ist:

Abfindung durch Vergleich **2**

			Haftungs-quote	Einzel-forderung
Erstattungsfähiger Schaden		10.000,00		
Haftpflichtversicherung 1			100%	10.00,00
Haftpflichtversicherung 2			100%	10.00,00
Gesamthaftungsquote			100%	
(Quotierte) Gesamtersatzforderung				10.000,00

	Gewich-tung	Abgel-tungs-betrag	Innenquote nach Außenhaf-tung	Wertanteil	Innen-anteil	Innenquote nach Gewich-tung	Gesamt-ausgleichs-betrag bei Zahlung des Wert-anteils	Gesamt-ausgleichs-betrag bei Zahlung des Gesamt-schuldb.	Etwaige Ausgleichs-forderung zum Ab-geltungs-betrag gegen Haft-pflichtversi-cherung 2
Vereinbarung mit Haft-pflichtversi-cherung 1	1	6.000,00	50,00%	5.000,00	3.333,33	1/3 bzw. 33%	1.666,67	6.666,67	4.000,00 (bei Berech-nung über 67% aber: 4.020,00)
Haftpflicht-versicherung 2	2		50,00%	5.000,00	6.666,67	2/3 bzw. 67%	−1.666,67	3.333,33	
Summe		6.000,00		10.000,00	10.000,00				
Verbleibende Forderung		4.000,00							
Mögliche Forderung gegen Haftpflicht-versicherung 2:		Haftungsgrenze bei beschränkter Gesamtwirkung auf 5.000,00, weiter begrenzt durch die Höhe der überhaupt verbleibenden Forderung							

Ist Haftpflichtversicherer 1 (oder Schädiger 1) im Innenverhältnis doppelt so stark belastet wie Haftpflichtversicherer 2 (bzw. Schädiger 2) ergeben sich (also bei umgekehrter Innenquote wie zuvor) folgende Werte: **1500**

	Gewich-tung	Abgel-tungs-betrag	Innenquote zur Außen-haftung	Wertanteil	Innen-anteil	Innenquote nach Gewich-tung	Gesamt-ausgleichs-betrag bei Zahlung des Wert-anteils	Gesamt-ausgleichs-betrag bei Zahlung des Gesamt-schuldb.	Etwaige Ausgleichs-forderung zum Ab-geltungs-betrag
Haftpflicht-versicherung 1	2	6.000,00	50,00%	5.000,00	6.666,67	67%	−1.666,67	3.333,33	2.000,00
Haftpflicht-versicherung 2	1		50,00%	5.000,00	3.333,33	33%	1.666,67	6.666,67	
Summe		6.000,00		10.000,00	10.000,00				
Verbleibende Forderung		4.000,00							
Mögliche Forderung gegen Haftpflicht-versicherung 2:		Haftungsgrenze bei beschränkter Gesamtwirkung: 3.333,33. Da Schädiger (Haftpflichtver-sicherer) 2 bei Inanspruchnahme in dieser Höhe keinen Rückgriffsanspruch gegen Schädiger (Haftpflichtversicherer) 1 hat, kommt es nur darauf an, ob nicht eventuell eine Gesamtwirkung kraft Vertragsauslegung zu beachten wäre, dann mit der Folge, dass sich Schädiger 2 an dem Abgeltungsbetrag intern mit 2.000,00 zu beteiligen hätte, ohne dadurch belastet (verschlechtert) zu sein.							

Selbstverständlich kann zu Lasten eines Nichtbeteiligten dessen Leistungspflicht, -(an)teil nicht erhöht werden. **1501**

Bei Minderjährigen ist zum Abschluss eines Vergleichs die **Genehmigung** beider Eltern, bei Halb- **1502** waisen des überlebenden Ehegatten bzw. der sorgeberechtigten Personen erforderlich. Pflegschaft oder Vormundschaft, Beistandschaft, Betreuungsverhältnisse[102] können zu beachten sein.

---

102 Zum Abfindungsvergleich mit einem Betreuten *Meiendresch/Heinke* in r+s 1998, 485–487.

1503 Der Sozialversicherungsträger, auf den Ansprüche unter auflösender Bedingung des Wegfalls seiner Leistungspflicht (beim Ausscheiden aus der Versicherung) übergehen, ist in der **Verfügungsmacht** wegen des auflösend bedingten Forderungserwerbs **beschränkt**.[103] Er kann nur insoweit über Ansprüche verfügen, als dadurch Rechte des (eventuell) nachberechtigten Versicherten nicht vereitelt oder beeinträchtigt werden (§ 161 Abs. 2 BGB). Ein vereinbarter Erlass ist mithin gegenüber dem wieder selbst Berechtigten unwirksam.

1504 Zu Wirkungen bei einem **Forderungsübergang** kommt es auf den maßgebenden Zeitpunkt[104] und ggfs. **Gutglaubensregeln** (§§ 412, 407 BGB) an.[105] An die Kenntnis vom Forderungsübergang i. S. d. §§ 398 ff. BGB sind dabei, um den Schutz der sozialen Leistungsträger nicht durch die Behauptung fehlenden Wissens vom Gläubigerwechsel unterlaufen zu können, nur maßvolle Anforderungen zu stellen.

1505 Für die Kenntnis von dem Rechtsübergang genügt grundsätzlich die Kenntnis von Tatsachen, nach denen z. B. mit Leistungen nach dem Opferentschädigungsgesetz zu rechnen ist.[106]

1506 Veranlasst der Verletzte durch pflichtwidriges Verschweigen einer erkennbar wesentlichen Tatsache (Anerkenntnis des Vorliegens eines Wegeunfalls statt Hinweis auf – bestandskräftige – Ablehnung der Leistungspflicht des Gemeindeunfallversicherungsverbands) den Haftpflichtversicherer zum Abschluss eines Abfindungsvergleichs mit der Folge, dass der Haftpflichtversicherer der Vergleichsforderung zum Verdienstausfall und zugleich der Ersatzpflicht gegenüber einem Sozialleistungsträger (dem Gemeindeunfallversicherungsverband wegen des entschädigungspflichtigen Wegeunfalls) ausgesetzt ist, ist er dem Haftpflichtversicherer ersatzpflichtig. Der Schadensersatz wird durch Freistellung von der in dem Vergleich eingegangenen Zahlungspflicht bewirkt.[107]

1507 Gem. § 779 Abs. 1 BGB ist ein Vergleich **unwirksam**, wenn der nach dem Inhalt des Vertrages als feststehend zugrunde gelegte Sachverhalt der Wirklichkeit nicht entspricht und der Streit oder die Ungewissheit bei Kenntnis der Sachlage nicht entstanden wäre, also wenn sich die Parteien beim Abschluss des Vergleichs über tatsächliche Gegebenheiten außerhalb des Streits oder der Ungewissheit geirrt haben.

1508 **Irrtum** ist die unbewusste Unkenntnis vom wirklichen Sachverhalt. Die bewusste Unkenntnis vom wirklichen Sachverhalt ist kein Irrtum.

1509 Die Frage, ob es sich in Anbetracht aller Umstände um einen Arbeitsunfall gehandelt hat, ist – auch – tatsächlicher Natur. Das Gleiche soll für die Vorstellung gelten, hinsichtlich vergangener und zukünftiger unfallbedingten Heilungskosten eine abschließende Regelung treffen zu können. Deshalb ist der Abfindungsvergleich zwischen dem Haftpflichtversicherer, der annimmt, dass kein Arbeitsunfall vorliegt, und der tatsächlich leistenden (aber unzuständigen) Krankenkasse unwirksam. Um einen i. S. d. § 779 BGB relevanten Irrtum geht es aber nicht, wenn die mögliche Leistungspflicht eines Unfallversicherungsträgers anstelle der Krankenkasse Gegenstand des Streits oder der Ungewissheit ist und auch diese Frage durch den Vergleich beseitigt werden soll.[108]

---

103 *BGH* VersR 1999, 382 = NJW 1999, 1782 = DAR 1999, 166.
104 Zu § 116 SGB X *BGH* VersR 1990, 437; VersR 1990, 1028 = NJW 1990, 2933; zu § 87a BBG *BGH* VersR 1988, 614.
105 Zum Einfluss eines Abfindungsvergleiches durch den Geschädigten auf einen Ersatzanspruch der Versorgungsverwaltung aus übergeleitetem Recht *OLG Frankfurt* VersR 1987, 592.
106 *BGH* NJW 2008, 1162 = VersR 2008, 275.
107 *OLG Hamm* VersR 2002, 483 = OLGR 2002, 7 = VRS 100, 401 (zugleich mit Bejahung der Bereicherungseinrede wegen Zweckverfehlung bei Erfüllung des Abfindungsvergleichs und doppelter Zahlungspflicht gegenüber dem Sozialleistungsträger wegen dessen kongruenter Leistungen).
108 *BGH* NJW 2003, 3193 = VersR 2003, 1174; Vorinstanz *OLG Hamm* r+s 2002, 460; dazu *Lemcke* in r+s 2002, 441 ff.

Der **Berechnungsfehler** des Sachverständigen, dessen Gutachten für die Höhe eines Betrags in einem Abfindungsvergleich maßgebend geworden ist, berechtigt nicht zur Anfechtung des Prozessvergleichs.[109]   **1510**

Der doppelte **Motivirrtum** kann zur Anpassung des Vergleichs nach den Grundsätzen über das Fehlen der Geschäftsgrundlage führen.[110]   **1511**

Ob und inwieweit ein **Rechtsirrtum** zur Unwirksamkeit des Vergleichs führen kann, ist umstritten. Jedenfalls ist ein Irrtum über eine kraft Gesetzes eintretende Rechtsfolge als **Rechtsfolgenirrtum** unbeachtlich[111], also jeder Irrtum zu Rechtsfolgen, die nicht Inhalt der rechtsgeschäftlichen Erklärung sind.   **1512**

> Schließt ein Rechtsanwalt für einen Versicherer einen Vergleich, in welchem Ansprüche des Versicherungsnehmers gegen den Beklagten als führenden Versicherer auf der Basis 1/3 zu 2/3 erledigt werden und ist ihm dabei unbekannt, dass wegen der anderweitig vereinbarten Führungsklausel, die ihm bekannt war, der Vergleich auch für den Quotenanteil der übrigen Versicherer verbindlich ist, liegt ein unbeachtlicher Rechtsfolgenirrtum vor.[112]   **1513**

Zur Vermeidung der Anwaltshaftung und eines Regresses ist den **Belehrungs- und Warnpflichten** des Anwalts sorgsam nachzukommen. Jede Einzelformulierung im Abfindungsvergleich ist sorgsam zu überprüfen. Die betroffene Person muss z. B. aufgeklärt werden, wenn nach dem Wortlaut später wegen eines materiellen Schadens keine Ansprüche mehr geltend machen können. Schon der Vorschlag, einen nachteiligen Abfindungsvergleich abzuschließen, der zumindest dem Wortlaut nach die betroffene Person wegen der Ansprüche auf Ersatz materiellen Schadens für abgefunden erklärt, ohne dass ihr eine entsprechende Leistung zufließt, kann pflichtwidrig sein.[110] Der Anwalt hat darauf hinzuweisen[113], dass derjenige, der statt einer Erwerbsschadens- und Mehrbedarfsrente die Kapitalabfindung wählt, das Prognoserisiko übernimmt.   **1514**

Tipp   Sollen Zukunftsschäden mit abgegolten werden, hat der Rechtsanwalt alle Eventualitäten zu bedenken und den Mandaten zu beraten.   **1515**

> Für die bis zum Unfall nicht erwerbstätige Hausfrau muss bedacht werden, ob und inwieweit ein Erwerbsschaden wegen Verdienstausfalls in Betracht kommen kann und ggfs. durch den von der Schädigerseite vorgeschlagenen Vergleichstext ausgeschlossen wird.   **1516**

Schwere Verletzungen und daraus folgende Behinderungen sowie die ärztlich dokumentierte Gefahr einer Verschlimmerung können Anlass sein, von einer Abfindungserklärung dringend abzuraten.[114]   **1517**

Bei einem Teilvergleich, einem Vorbehalt für Zukunftsschäden ist auf verjährungsrechtliche Folgen zu achten. Es sollte jedenfalls vor Ablauf von drei Jahren auf Feststellung geklagt oder ein titelersetzendes Anerkenntnis eingeholt werden.   **1518**

---

109 *OLG Hamm* NJW-RR 2006, 65.
110 *BGH* NJW 2002, 292 = NZV 2002, 114 = VersR 2002, 188 = ZfS 2002, 127 = DAR 2002, 63.
111 *BGH* NJW 2002, 3100 zu § 119 BGB.
112 *OLG Hamm* VersR 1998, 1440 = ZfS 1998, 27.
113 *BGH* NZV 2002, 268.
114 *OLG Köln* VersR 1995, 1315.

1519 | **Formulierungsvorschlag – Hinweise zum Inhalt eines Vergleichs:**

Vergleich

Herr/Frau … sowie …

zahlen als Gesamtschuldner

letztere bis zur vertraglich vereinbarten Deckungssumme von … €, ggfs. unter Berücksichtigung von § 107 VVG

[*Hinweis*: Erwähnt der (Prozess-) Vergleich nicht die Haftungsbegrenzung z. B. durch § 12 StVG, kann sie sich im Weg der Auslegung ergeben, Rn. 215.]

an Herrn/Frau … (im Folgenden Gläubiger genannt)

nachstehende Beträge:

1. Als (Netto-) Verdienstausfall … und zwar für die Zeit vom … bis einschließlich …
Variante A: Als (Netto-) Verdienstausfall ab … den Betrag, den ein vergleichbarer Mitarbeiter bei der Firma … als Netto-Einkommen erzielt, zuzüglich Weihnachtszuwendungen, Erfolgsprämien, Urlaubsgeld usw. … und zwar zunächst in Höhe von … Dieser Betrag ist jeweils am 1. eines jeden Monats fällig und zwar auf die Dauer der unfallbedingten Invalidität. Die Höhe des zu zahlenden Betrages wird jeweils jährlich neu festgelegt, und zwar auf Grund der zu erholenden Auskunft bei der Firma … Stichtag ist der … eines jeden Jahres. Sollten sich die wirtschaftlichen Verhältnisse derart ändern, dass die auf vorstehende Weise zu errechnende Entschädigung nicht (mehr) den wirtschaftlichen Verhältnissen entspricht, ist vor Ablauf eines Jahres die Höhe der Entschädigung neu festzusetzen und zwar auf Verlangen des Gläubigers.
Variante B: Der ab … zu ersetzende Verdienstausfallschaden bei … Erwerbsunfähigkeit wird auf monatlich … € netto festgesetzt, abzüglich der insoweit auf die öffentlichen Versicherungsträger übergegangenen und übergehenden Ersatzansprüche. Neben diesem Nettobetrag sind die auf die Ersatzleistung entfallende Einkommens- und Kirchensteuer sowie evtl. künftig entstehende Sozialversicherungsbeiträge zu erstatten. Der Gläubiger kann die Zustimmung der Gesamtschuldner verlangen, dass der zu ersetzende Verdienstausfallschaden entsprechend den Rentenanpassungen in der gesetzlichen Rentenversicherung für Angestellte erhöht wird. Der Gläubiger verpflichtet sich, den Gesamtschuldnern Auskunft über Umstände zu erteilen, die auf die Höhe des Verdienstausfallschadens Einfluss haben können, insbesondere zu Änderungen der Erwerbsfähigkeit und der Rentenzahlung aus der gesetzlichen Rentenversicherung sowie über ausgeübte Erwerbstätigkeiten. Der Gläubiger verpflichtet sich weiter, sich auf Verlangen der Gesamtschuldner im Rahmen der Zumutbarkeit mindestens einmal jährlich einer ärztlichen Untersuchung über die Erwerbs(un)fähigkeit zu unterziehen und Ärzte insofern von der ärztlichen Schweigepflicht gegenüber den Gesamtschuldnern zu entbinden, wobei dem Gläubiger ein vollständiger Untersuchungsbericht zu übermitteln ist und sämtliche Kosten von den Gesamtschuldnern zu tragen sind.
2. Den Betrag von … € für … (z. B. Krankenkassenbeiträge), den der Gläubiger an die … (… Krankenkasse) gezahlt hat bzw. bis … zu bezahlen hat.
3. Den Betrag von … € für (z. B. Umzugs-) Kosten, die durch das Haftungsereignis (z. B. den Unfall vom …) entstanden sind.

………

4. Den Betrag von einmalig ... € als Mietbeihilfe für erhöhte Mietkosten sowie insofern monatlich ... € vom ... bis einschließlich ... Die Vertragsparteien sind sich einig, dass der Betrag von monatlich ... € zunächst für insgesamt zwei Jahre gezahlt wird, d. h. bis ... Nach diesem Zeitpunkt wollen die Vertragsparteien die Frage einer Mietbeihilfe überprüfen und eine einverständliche (neue) Regelung herbeiführen.
5. Den (Netto-) Verdienstausfall für die Zeit vom ... bis ... sowie die Auslagen in Höhe von ... €, die ... [z. B. die Ehefrau/der Ehemann/Lebenspartner/die Eltern des Gläubigers] durch die Besuche während der Unterbringung in der Heilstätte (...) gehabt haben.
   ....
6. An Betreuungskosten den Betrag von ... € an ... [z. B. direkt an die Eltern des Gläubigers oder zugunsten der Eltern des Gläubigers] für die Zeit vom ... bis ... sowie monatlich ab ...... €. Wird der Gläubiger nach dem ... genauso betreut und gepflegt wie zurzeit, ist monatlich der Betrag von ... € an ... (z. B. die Eltern des Gläubigers) zu zahlen. Der Anspruch erhöht sich auch bei sonst unveränderten Verhältnissen zum monatlichen Betrag in dem Umfang und nach Maßgabe, wie unter Nr. 10 festgelegt.
7. Als Schmerzensgeld
   den Kapitalbetrag von ... €
   sowie
   eine monatliche Rente von ... € und zwar diese Rente beginnend ab ... bis ... [oder: auf die Lebensdauer des Gläubigers].
8. ...
9. ...
10. Auf diesen Vergleich finden die Bestimmungen über die Abänderbarkeit gemäß § 323 ZPO Anwendung. Als Stichtag gilt der ...
    Hinweis: Voraussetzungen für eine Abänderung sind so klar und präzise wie möglich zu beschreiben. Fehler bei der Umsetzung des Willens des Betroffenen können zur Haftung des beratenden Anwalts führen.
11. Auf die Entschädigungszahlung [Ersatzleistung] zu entrichtende Steuern sind von den Gesamtschuldnern auf Nachweis durch den Gläubiger zusätzlich zu übernehmen.
12. Vorbehalten bleiben materielle und immaterielle Zukunftsschäden.
    Hinweise: Zu empfehlen ist die klare, fallspezifische Beschreibung dazu, was vorbehalten bleiben soll, z. B. der Ersatz eines künftigen Verdienstausfalls für den Fall, dass die MdE dauerhaft 50% übersteigt. Es empfiehlt sich ggfs. eine Klarstellung, dass der Vorbehalt die Wirkung eines gerichtlichen Feststellungsurteils hat, z. B. mit den Worten: „mit der Wirkung eines rechtskräftigen Feststellungsurteils". Empfehlenswert ist die Klarstellung, dass die Abfindung nur gelten soll, soweit Ansprüche des Verletzten (Gläubigers) nicht auf Sozialleistungsträger oder Dritte übergegangen sind oder übergehen (werden).

In der Onlineversion ist dieser Formulierungsvorschlag als Worddatei abrufbar.   **1520**

3. Teil
Anspruchsübergang (Legalzession)

Öffentlichrechtliche Sozialversicherungs- bzw. **Sozialleistungsträger** haben im Schadensfall eine Vorleistungs- oder Zwischenfinanzierungsfunktion. Dies stellt der gesetzliche Forderungsübergang sicher. 1521

▶ Voraussetzung eines Forderungsübergangs (Rechtsübergangs, Anspruchsübergangs) sind sachliche und zeitliche Kongruenz der Leistung (z. B. eines Arbeitgebers) oder Leistungspflicht (z. B. eines Sozialversicherungsträgers) und der Ersatzpflicht des Schädigers. Die jeweiligen Pflichten müssen der Behebung eines der Art nach gleichen Schadens dienen und denselben Zeitraum betreffen. ◀ 1522

Der Forderungsübergang soll die ungerechtfertigte Entlastung des Schädigers vermeiden und eine doppelte Entschädigung des Verletzten verhindern. Grundsätzlich kann sich der Leistungsträger – auch – an Forderungen halten, die Schäden ersetzen, für die er im konkreten Fall keinen Ersatz geleistet hat und für die er nicht zu leisten braucht, wenn es nur um einen Nachteil geht, der seiner Natur nach der Gruppe zuzuordnen ist, der auch die Versicherungsleistung zuzurechnen ist; zur Kongruenz s. Rn. 1588 ff. Es muss aber für den Rechtsübergang wenigstens möglich sein, dass der Sozialversicherungsleistungsträger Ausgleich bzw. Entschädigung für solche Schäden gewährt.[1] Ein Rechtsübergang scheidet aus, wenn Leistungen völlig unwahrscheinlich oder grundsätzlich ausgeschlossen sind, z. B. weil der Sozialversicherte gar keine Leistungen mehr geltend machen kann oder wegen Nichterfüllung von Wartezeiten.[2] 1523

Angeknüpft wird im deutschen Recht für den Rechtsübergang an das Bestehen des Versicherungsverhältnisses und die gesetzliche Leistungspflicht, ohne dass der Rechtsübergang einen eigenen Nachteil des Leistungsträgers voraussetzt; s. aber Rn. 3446. Eine Familienversicherung (über die Eltern) und die spätere eigene Pflichtversicherung des (verletzten) Abkömmlings bilden ein einheitliches Versicherungsverhältnis. 1524

Der Anspruchsübergang i. S. d. § 116 Abs. 1 SGB X auf den Kranken-, Pflege-, Unfall- oder Rentenversicherungsträger[3] tritt regelmäßig im **Zeitpunkt** des Schaden stiftenden Ereignisses ein, wenn und weil aufgrund eines bestehenden Sozialversicherungsverhältnisses eine Leistungspflicht eines Sozialversicherungsträgers (von vornherein) in Betracht kommt. Die entfernte Möglichkeit künftiger Leistungen genügt. M.a.W. reicht es aus, dass eine Leistungspflicht des Versicherungsträgers gegenüber dem Verletzten irgendwie in Betracht kommt; zum Beamtenverhältnis Rn. 1535, 1537. 1525

Bei einer Leistung, die sich als Systemänderung darstellt (zur Pflegeversicherung s. Rn. 1991), vollzieht sich der Rechtsübergang erst im Zeitpunkt des Inkrafttretens der Neuregelung. 1526

Bei Sozialleistungen, die an andere Voraussetzungen als das Versicherungsverhältnis anknüpfen, ist der Zeitpunkt des Forderungsübergangs ebenfalls von Umständen abhängig, die auf die Pflicht zur Erbringung von Sozialleistungen schließen lassen. Das besondere Band und die Basis des Forderungsübergangs ist dann freilich durch die spezifischen Umstände geprägt. Zugunsten des Sozialhilfeträgers oder der Bundesagentur für Arbeit – z. B. bei Rehabilitationsleistungen – ist für den Rechtsübergang deshalb erforderlich, dass nach den konkreten Umständen des jeweiligen Einzelfalls Sozialleistungen durch sie ernsthaft in Betracht zu ziehen sind. Der Anspruchsübergang tritt deshalb z. B. dann, wenn die Bedrohung der Sicherung des Arbeitsplatzes durch die Behinderung 1527

---

1 *BGH* NJW 1973, 1196.
2 *OLG Bamberg* r+s 1998, 65; *BGH* NA-Beschl. v. 3.6.1997.
3 Auch bei freiwilliger (Zusatz-)Versicherung, *BGH* VersR 1986, 698 = DAR 1986, 220; *OLG Oldenburg* VersR 1996, 480 = ZfS 1996, 332.

des Verletzten infolge einer zunächst nicht voraussehbaren Verschlimmerung der Unfallfolgen erst zu einem späteren Zeitpunkt eintritt, nicht im Unfallzeitpunkt, sondern später ein.[4]

1528 ▶ Der Anspruchsübergang auf einen **Sozialhilfeträger** kann im Unfallzeitpunkt eintreten, möglicherweise aber auch erst erheblich später. ◀

1529 Bei der Hilfe zur Erziehung ist § 116 SGB X nicht anwendbar. Allenfalls kann es zur Überleitung kommen, § 94 SGB VIII. Im Kindergeldrecht gibt es keine Regressnorm.

1530 Die Versorgungsanstalt der Deutschen Bundespost ist kein Leistungsträger i. S. d. § 116 SGB X[5], s. auch Rn. 2326, 2401.

1531 § 119 Abs. 1 SGB X[6] weist dem Sozialleistungsträger die Ersatzforderung der verletzten Person wegen entgangener **Pflichtbeiträge** (Beitragsregress) zu, s. auch Rn. 2312. Im Verhältnis zu § 116 SGB X geht es um eine eigenständige Legalzession. Das Familienprivileg des § 116 Abs. 6 SGB X (Rn. 1592) findet auf den Beitragsregress keine Anwendung.[7] Der Verletzte ist niemals prozessführungsbefugt, weder aus eigenem Recht noch in gewillkürter Prozessstandschaft des Sozialversicherungsträgers.[8] Seit dem 1.1.1992[9] sind in § 116 Abs. 1 SGB X Versicherungsbeiträge, die von Sozialleistungen zu tragen sind, den Sozialleistungen gleichgestellt. Der Leistungsträger ist wegen § 62 SGB VI nicht (mehr) gehindert, vom Schädiger Zahlung von Rentenversicherungsbeiträgen zu verlangen, wenn der Verletzte bereits eine unfallfeste Position innehat.[10] Einen unfallbedingt verminderten Beitragssatz kann die Krankenkasse aber nicht regressieren.[11]

1532 Bei unrichtigen Informationen eines Leistungsträgers kommen Schadensersatzansprüche wegen **Amtspflichtverletzung**[12] in Betracht. Entsprechendes gilt bei Fehlern zum Vorgehen i. S. d. § 119 SGB X.

1533 Die Voraussetzungen und der Umfang des Regressanspruchs gegen den Verursacher eines im Gebiet eines anderen Mitgliedstaats der Europäischen Union eingetretenen Schadens bestimmt sich nach dem **Recht des Mitgliedstaats**[13], dem der Leistungsträger angehört.[14]

1534 Z. B. in der schweizerischen Unfall- und Hinterbliebenenversicherung gehen Ansprüche nur soweit auf den Versicherungsträger über, als dessen Leistungen zusammen mit dem vom Dritten für den gleichen Zeitraum geschuldeten Ersatz den entsprechenden Schaden übersteigen.[15]

1535 Wird ein **Beamter** oder Versorgungsberechtigter oder einer ihrer Angehörigen körperlich verletzt oder getötet, geht der Schadenersatzanspruch insoweit auf den Dienstherrn über, als dieser während einer auf der Körperverletzung beruhenden Aufhebung der Dienstfähigkeit oder infolge der Körperverletzung oder der Tötung zur Gewährung von Leistungen verpflichtet ist, § 87a BBG. Über § 52 BRRG sind die Landesbeamtengesetze zu beachten. Für **Richter** gilt entsprechendes wie für Beamte. Gem. § 30 Abs. 3 SG ist bei **Soldaten** und ihren Angehörigen § 87a BBG entsprechend anzuwenden.

---

4 *BGH* VersR 2009, 995 = r+s 2009, 302.
5 *OLG Frankfurt* VersR 2000, 1523; *BGH* NA-Beschl. v. 1.8.2000.
6 Näher *Biela* in Kraftverkehrshaftpflichtschäden 6. Kap., Rn 68 ff.
7 *BGHZ* 106, 284 = VersR 1989, 492 = NJW-RR 1989, 727 = NJW 1989, 2217 = DAR 1989, 181 = NZV 1989, 225; *Rischar* in VersR 1998, 27 ff.
8 *BGH* VersR 2004, 492.
9 Zu Fragen angesichts der Neuregelung der Renten wegen Erwerbsminderung seit dem 1.1.2001 s. *Furtmayr* in NZS 2003, 586; *Majerski-Pahlen* in NZS 2002, 475.
10 *BGHZ* 116, 260 = DAR 1992, 96; *BGHZ* 129, 366 = NJW 1995, 1968 = DAR 1995, 325; Anm. *Nixdorf* in NZV 1995, 337.
11 *OLG Karlsruhe* VersR 2001, 612.
12 Vgl. *BGH* NJW 2003, 3049.
13 *EuGH* JZ 1994, 1113 = EuZW 1994, 758.
14 Zum Auslandsregress *Dahm* in VersR 2004, 1242.
15 *OLG Karlsruhe* SP 2006, 271.

Der beamtenrechtliche Forderungsübergang erstreckt sich auf vertragliche Ansprüche jedenfalls dann, wenn solche auf Pflichtverletzungen beruhen, die dem Betroffenen im außervertraglichen Bereich nicht geringer aufgegeben sind.[16] **1536**

Dieser Rechtsübergang ist ebenfalls auf den Zeitpunkt des Haftungs-, Schadensereignisses zu datieren. Wird das Dienst-, Beamtenverhältnis später begründet, tritt der Forderungsübergang erst dann ein. **1537**

Das **Bundesversorgungsgesetz** (§ 81a BVG) überträgt kongruente Schadensersatzansprüche auf denjenigen, der als Kostenträger für Leistungen aufzukommen hat. In den Forderungsübergang sind umfassend alle nach dem Bundesversorgungsgesetz gegenüber einem Versorgungsberechtigten zu erbringenden Leistungen unabhängig davon einbezogen, welche Behörde oder Körperschaft für die Entscheidung über die Leistungen zuständig und/oder leistungspflichtig ist und/oder gegenüber wem Leistungen geltend zu machen sind. Der Umstand, dass stationäre Heilbehandlungen weder selbst noch durch im Auftrag handelnde Verwaltungsbehörden (§ 88 Abs. 1 Satz 2 SVG), sondern durch eine gesetzliche Krankenkasse erbracht sind (§ 18c Abs. 1 Satz 3 BVG), steht der Kongruenz der Leistungspflichten nicht entgegen, auch nicht, dass Ersatzansprüche der Krankenkassen für gem. § 18c Abs. 1 Satz 3 BVG erbrachte Leistungen pauschal abgegolten werden.[17] **1538**

▶ Anders als nach der für Sozialversicherungsträger maßgebenden Norm (§ 116 SGB X) ist es zu § 81a BVG nicht relevant, wer die zu gewährenden Leistungen zu erbringen hat. ◀ **1539**

Der Rechtsübergang tritt – ebenfalls – im Zeitpunkt des Schadensereignisses ein. **1540**

Zu Versorgungsleistungen nach § 80 **Soldatenversorgungsgesetz** (SVG) gilt § 81a BVG entsprechend.[18] **1541**

Im Rahmen der Opferentschädigung gilt § 5 **OEG**[19] mit Verweis auf § 81a BVG und speziellen Maßgaben. Sind eine gesetzliche Krankenkasse und ein Versorgungsträger im Rahmen der Opferentschädigung nebeneinander zur Gewährung von Heilbehandlungsmaßnahmen verpflichtet, geht der deliktische Schadensersatzanspruch, soweit jeweils kongruente Leistungen betroffen sind, ggf. im Zeitpunkt der Schädigungshandlung gleichzeitig auf beide Sozialleistungsträger über – einerseits nach § 116 SGB X, andererseits nach § 5 OEG, § 81a BVG. **1542**

Der Forderungsübergang gemäß §§ 5 OEG, 81a BVG dient dazu, dem Versorgungsträger den Regress gegenüber dem Schädiger hinsichtlich der Belastung mit Leistungen zu ermöglichen, die mit dem dem Schädiger aufgegebenen Schadensersatz deckungsgleich sind. Er setzt nicht voraus, dass der Leistungsberechtigte einen Versorgungsantrag stellt.[20] **1543**

Gem. § 63 Abs. 4 InfektionsschutzG (IfSG) ist § 81a BVG mit der Maßgabe anzuwenden, dass der gegen Dritte bestehende gesetzliche Schadensersatzanspruch auf das zur Gewährung der Leistungen nach diesem Gesetz verpflichtete Land übergeht. **1544**

Im Zeitpunkt der tatsächlichen[21] Leistung tritt gem. § 86 Abs. 2 VVG 2008, § 67 VVG a. F. der **private** Krankenversicherer als **Schadensversicherer** an die Stelle der betroffenen Person. Beim privaten Krankentagegeld kommt es wegen des Charakters als Summenversicherung nicht zum Forderungsübergang. **1545**

---

16 *OLG Köln* VersR 2004, 189, 191; *BGH* Beschl. v. 3.6.2003 (Verhaltensweise im Straßenverkehr bei Fahrgemeinschaft mit wechselndem Fahrer zum Erreichen der gemeinsamen Arbeitsstelle und zur Rückkehr an den gemeinsamen Wohnort).
17 *BGH* VersR 2005, 1004 = DAR 2005, 443.
18 *BGHZ* 151, 210 = NJW 2002, 3175 = VersR 2002, 1110.
19 S. z. B. *OLG Hamm* r+s 1999, 419 = OLGR 2000, 40 (zugleich zur Bindung des Zivilgerichts an die unanfechtbare Entscheidung des Versorgungsträgers selbst ohne Beteiligung des Schädigers).
20 *BGH* NJW 2008, 1162 = VersR 2008, 275.
21 Auch der irrtümlichen Leistung: *OLG Hamm* r+s 1998, 184.

3 Anspruchsübergang (Legalzession)

1546 Gem. § 12 Abs. 6 PflVG gehen im Zeitpunkt der Leistungserbringung auf den **Entschädigungsfonds** ein Ersatzanspruch des Ersatzberechtigten gegen den Halter, den Eigentümer und den Fahrer eines Fahrzeugs sowie ein Ersatzanspruch über, der dem Ersatzberechtigten oder dem Halter, dem Eigentümer oder dem Fahrer des Fahrzeugs gegen einen sonstigen Ersatzpflichtigen zusteht.

1547 Dem **Arbeitgeber** kommt bei der Entgeltfortzahlung der Bruttoübergang im Zeitpunkt der Leistung (Anspruchserfüllung) zugute, Rn. 2317. Das **Arbeitslosengeld** tritt an die Stelle des Arbeitsverdienstes und hat Lohnersatzfunktion.[22] § 116 SGB III spricht im Abschnitt zu den Entgeltersatzleistungen für die Zeit ab 1.1.2005 (u. a.) vom Arbeitslosengeld bei Arbeitslosigkeit und bei beruflicher Weiterbildung. Beim Bezug vom Arbeitslosengeld als Folge eines verletzungsbedingten Verlustes des Arbeitsplatzes tritt der Rechtsübergang (§ 116 Abs. 10 SGB X, § 117 SGB III) im Unfallzeitpunkt ein. Auch bei **Rehabilitationsleistungen** der Bundesagentur für Arbeit[23] kommt es zum Forderungsübergang und zwar bei dem nicht sozialversicherten Verletzten schon im Zeitpunkt des Schadenseintritts, wenn bereits zu dieser Zeit mit solchen Leistungen ernsthaft zu rechnen ist.

1548 **Arbeitslosenhilfe** hat vor dem 1.1.2005 Lohnersatzfunktion gehabt, §§ 190 ff. SGB III. Nunmehr kommt es auf Erwerbsfähigkeit und Bedürftigkeit, nicht mehr auf eine vorausgegangene Beschäftigung an. Am Entgeltersatz fehlt es damit. Die Leistungen dienen der Unterhaltssicherung, anders nur beim Zuschlag, der sich auf eine frühere Erwerbstätigkeit bezieht.

1549 Zum Forderungsübergang ist nach § 140 Abs. 1 Satz 3 AFG[24] der Zeitpunkt der Anzeige ausschlaggebend gewesen. Auch gem. § 203 SGB III (bis 31.12.2004) kommt es auf die Anzeige der Leistungserbringung an mit dem demgemäß **bewirkten Übergang** zu Ansprüchen des Arbeitslosen gegen jemanden, der nicht Leistungsträger ist, und zwar in Höhe der Aufwendungen an Arbeitslosenhilfe, die entstanden sind oder entstehen.

1550 Für den Arbeitslosen, der in Folge einer Körperverletzung dem Arbeitsmarkt nicht zur Verfügung, seinen Anspruch auf Zahlung von Arbeitslosengeld aber für die Zeit bis zur Dauer von 6 Wochen gemäß § 126 Abs. 1 Satz 1 SGB III nicht verliert und statt des Arbeitslosengeldes Leistungsfortzahlung bei Arbeitsunfähigkeit erhält, entsteht wegen des Wegfalls des bisherigen Anspruchs eine normativer Erwerbsschaden. Der dementsprechende Schadensersatzanspruch gegen den Schädiger geht auf die Bundesagentur für Arbeit gem. § 116 Abs. 1 Satz 1, Abs. 10 SGB X über.[25]

1551 Die **Grundsicherung** für **Arbeitsuchende** (seit dem 1.1.2005: §§ 19 ff. SGB II) hat eine bis dahin eigentlich schon als veraltet empfundene Überleitungsanzeige als Verwaltungsakt vorgesehen und § 116 SGB X für vorrangig erklärt, § 33 Abs. 4 SGB II. Mit Wirkung vom 1.8.2006 ist § 33 SGB II neu gefasst worden, an die Stelle der Anspruchsüberleitung ist ein gesetzlicher Forderungsübergang getreten.

1552 Das Arbeitslosengeld II wird nicht auf unbegrenzte Zeit gewährt. Es liegt mit den Leistungen zur Sicherung des Lebensunterhalts einschließlich der angemessenen Kosten für Unterkunft und Heizung und ggfs. einem befristeten Zuschlag auf Sozialhilfeniveau. Im Verhältnis zwischen Arbeitslosenhilfe bzw. Arbeitslosengeld II und Sozialhilfe geht es in einem Haftungsfall nach der hier vertretenen Ansicht nicht um die Umformung von Sozialleistungen durch Wechsel einer Leistung und des Leistungsträgers. Es besteht keine Abhängigkeit derart, dass die eine Leistung nur deshalb nicht (mehr) gewährt wird, weil durch das Schadensereignis zusätzlich die Voraussetzungen für den Bezug der anderen Leistung eingetreten sind.

1553 Die im Gesetz über eine bedarfsorientierte **Grundsicherung** im **Alter** und bei **Erwerbsminderung** (Grundsicherungsgesetz – GSiG, bis 31.12.2004 §§ 28a ff. SGB I, ab 1.1.2005 §§ 41 ff. SGB XII) vorgesehenen eigenständigen, teilweise pauschalierten Leistungen stellen wie die Sozialhilfe steu-

---

22 *BGHZ* 90, 334 = VersR 1984, 639 = NJW 1984, 1811.
23 *BGHZ* 127, 120 = VersR 1994, 1450 = NJW 1994, 3097.
24 *BGHZ* 108, 296 = ZfS 1989, 407 = VersR 1989, 1212 = NJW 1989, 3158 = NZV 1990, 22.
25 *BGH* NJW 2008, 2185 = VersR 2008, 824 = NZV 2008, 402.

erfinanzierte Sozialleistungen dar. Solche Leistungen sind nachrangig. Zeigt sich ein Anspruchsrecht in Folge einer unfallbedingten Bedürftigkeit ist indessen (bisher) kein gesetzlicher Forderungsübergang vorgesehen (worden). Die Träger der Grundsicherung sind nicht aus sich heraus Leistungsträger i. S. d. § 116 SGB X und kein Sozialhilfeträger im eigentlichen Sinn dieser Norm. Es bleibt jedoch die Möglichkeit bzw. Pflicht zur Abtretung kongruenter Ersatzansprüche an den Träger der Grundsicherung. § 93 Abs. 4 SGB XII (Sozialhilfe) ändert insofern ab 1.1.2005 nach der hier vertretenen Ansicht nichts Entscheidendes.[26]

Bei **Sozialhilfeleistungen** ist zu Schadensfällen vor dem 30.6.1983 § 90 BSHG zu beachten gewesen mit einer Überleitungsanzeige als privatrechtsgestaltendem Verwaltungsakt. Nach § 90 BSHG konnten zu Leistungen der Sozialhilfe nicht kongruente Ansprüche Unterhaltspflichtiger des Hilfeempfängers gegen einen Anderen bis zur Höhe der Aufwendungen übergeleitet werden.[27] Für Schadensfälle seit dem 1.7.1983 sind Sozialhilfeträger und Sozialversicherungsträger gleichgestellt. § 116 SGB X geht der Überleitung von Ansprüchen vor, die nicht Unterhaltsansprüche sind, § 93 Abs. 4 SGB XII. 1554

Zum Rechtsübergang kommt es zu Gunsten des Sozialhilfeträgers auf den **Zeitpunkt**[28] an, in dem konkrete Anhaltspunkte für die künftige Hilfsbedürftigkeit und die Leistungspflicht bestehen, diese erkennbar ist. 1555

Der Anspruch eines Verletzten auf Schadensersatz wegen vermehrter Bedürfnisse geht auf den Sozialhilfeträger über, sobald infolge des schädigenden Ereignisses nach den konkreten Umständen des Einzelfalles bei konkreten Anhaltspunkten auch zur Bedürftigkeit des Geschädigten mit der Leistungspflicht des Sozialhilfeträgers ernsthaft zu rechnen ist.[29] 1556

Die betroffene Person ist aufgrund einer dem Grundsatz des Nachrangs der Sozialhilfe zu entnehmenden gesetzlichen **Einziehungsermächtigung** befugt, zur Vermeidung der Hilfebedürftigkeit Schadensersatzansprüche im eigenen Namen für die Zukunft einzufordern und für die Vergangenheit, in der die Bedürftigkeit durch Sozialhilfe behoben worden ist, Zahlung des Ersatzanspruchs an den Sozialhilfeträger zu begehren.[30] Die verletzte Person bleibt also trotz eines Anspruchsübergangs auf den Sozialhilfeträger gegenüber dem Schädiger zur Einforderung der Schadensersatzleistung befugt (s. auch Rn. 1553), soweit dieser Leistungen (noch) nicht erbracht hat. Denn etwaige Leistungen des Sozialhilfeträgers sollen von vornherein soweit als möglich unnötig gemacht werden.[31] 1557

Die **Rückübertragung** von Ansprüchen hat das *OLG Köln*[32] für ausgeschlossen gehalten. Übergegangene Unterhaltsansprüche kann der Sozialhilfeträger gem. § 94 Abs. 5 SGB XII freilich auf den Unterhaltsberechtigten rückübertragen. 1558

Für Leistungen an einen **Asylbewerber**[33] gilt § 116 SGB X nicht. 1559

Nur Unterhaltsansprüche – keine Schadensersatzansprüche – kann der Träger der **Ausbildungsförderung** überleiten, §§ 37, 38 BAföG. 1560

Deckt die Ersatzpflicht des Schädigers wegen eines Haftungshöchstbetrags oder wegen einer Mithaftung des Verletzten nicht alle kongruenten Leistungen ab, sind mehrere berechtigte, konkurrie- 1561

---

26 In der Fassung durch Artikel 1 des Gesetzes vom 27.12.2003 (BGBl. I S. 3022, 3023), geändert durch Artikel 10 Nr. 10a des Gesetzes vom 30.7.2004 (BGBl. I S. 1950).
27 *BGH* NJW 2004, 3176 = VersR 2004, 1267 = FPR 2004, 584.
28 *BGHZ* 131, 274; 132, 39 (Anwendung des § 90 BSHG a. F. bei Verletzung vor dem 1.7.1983); 133, 129; *BGH* VersR 1998, 772 = NJW 1998, 1634.
29 *BGH* VersR 1996, 349 = NJW 1996, 726 = FamRZ 1996, 279.
30 *BGH* NJW 2002, 3769 = NZV 2002, 557 = VersR 2002, 1521.
31 *BGH* NJW 2006, 3565 = VersR 2006, 1383 = ZfS 2006, 618.
32 NJW-RR 1998, 1762 = VersR 1998, 1262.
33 So mit *LG Münster* VersR 1998, 739 m. Anm. *Jahnke*; a.A. *LG Frankfurt/M.* VersR 2000, 340.

rende Sozialleistungsträger im Außenverhältnis **Gesamtgläubiger** wegen aller Sozialleistungen bis zur Höhe der eigenen Leistung, § 117 SGB X, § 428 BGB.[34]

1562 Im **Innenverhältnis** kommt es zu einem Ausgleich nach der Proportion der Leistungen, soweit nichts anderes vereinbart ist.

1563 **Berechnungsmodell:**

Aufteilung eines Anspruchs auf mehrere Leistungsträger gem. § 117 Satz 2 SGB X

$$\text{Übergangsfähige Leistung (Ersatzanspruch)} \times \frac{\text{Kongruente Leistung des Leistungsträgers 1}}{\text{Summe kongruenter Leistungen aller Träger}}$$

$$= \text{Anspruchsteil Leistungsträger 1}$$

1564 Verfügungsbefugt ist der den Anspruch verfolgende Leistungsträger dabei nur zu dem Anteil, der ihm im Innenverhältnis zusteht, kann also nur in diesem Umfang rechtsbeständig einen Teilerlass in einem Abfindungsvergleich[35] bewirken.

1565 Der in einem **Teilungsabkommen** vereinbarte Erlass hat den Anteil zum Gegenstand, der dem Sozialleistungsträger bei bestehender Gesamtgläubigerschaft im Innenausgleich zusteht. Dieser Erlass wirkt auch angesichts eines am Teilungsabkommen nicht beteiligten Gesamtgläubigers. Trotz der Gesamtgläubigerschaft ist das Teilungsabkommen also auf den Anteil an der Gesamtforderung zu beziehen, der dem Ausgleichsanspruch im Innenverhältnis zu dem anderen Gesamtgläubiger entspricht, mit dem kein Teilungsabkommen besteht.[36]

1566 **Berechnungsbeispiel:**

Schaden		2.000,00
Leistungsträger 1		
Anteil i. S. d. § 117 SGB X	52,80%	
Betrag		1.056,00
Anspruch nach Teilungsabkommen:		
Teilungsquote	60%	
Betrag		633,60
Leistungsträger 2		
Anteil i. S. d. § 117 SGB X	47,20%	
Betrag		944,00
kein Teilungsabkommen		

1567 Übersteigen die Leistungen seitens der Sozialleistungsträger und damit alle Ansprüche (auch des Verletzten) die Deckungs-, Versicherungssumme kommt es zur **Verteilung**, Rn. 833.

1568 Nach einem **Arbeitsunfall** besteht kein Anspruch auf Leistungen aus der gesetzlichen Krankenkasse als Folge des Arbeitsunfalls und zwar unabhängig davon, ob der Verletzte tatsächlich Leistungen aus der gesetzlichen Unfallversicherung erhält. Denn gem. § 11 Abs. 4 SGB V genügt der Anspruch auf Leistungen wegen des Arbeitsunfalls beginnend mit dem Eintritt des Versicherungsfalls, um die Leistungspflicht der Krankenkasse auszuschließen. Der Anerkennungsbescheid zum entstandenen Anspruch wirkt nur deklaratorisch.[37] Infolgedessen kommt es zum **internen Ausgleich** und besteht **keine Gläubigermehrheit**.

---

34 Zur entsprechenden Anwendung beim Unfallversicherungsträger neben dem Rentenversicherungsträger angesichts der Folgen der unterschiedlichen Berechnungsweise im Zivilrecht und im Sozialrecht *BGHZ 153*, 113 = NJW 2003, 1871 = NZV 2003, 172 = VersR 2003, 390.
35 *BGH* NJW 1986, 1861 = VersR 1986, 810.
36 *BGHZ* 40, 108 = NJW 1963, 2223 = VersR 1963, 968.
37 *BGH* NJW 2003, 3193 = VersR 2003, 1174 = ZfS 2003, 542 = DAR 2003, 512.

Sind ein **Träger** der Sozialversicherung und ein Versorgungsträger **nebeneinander** zur Gewährung sich inhaltlich deckender Sozialleistungen **verpflichtet**, geht der Anspruch gleichzeitig auf beide Leistungsträger über.[38] Bei voller Haftung oder einem Vorrecht der verletzten Person wegen einer Haftungshöchstsumme (§ 116 Abs. 2 SGB X, § 87a BBG) sind die Versorgungsverwaltung (ein öffentlichrechtlicher Dienstherr) und ein Sozialleistungsträger Gesamtgläubiger; beachte daneben Rn. 2327.

1569

Zum unterschiedlichen Forderungsrang kommt es wegen des unterschiedlichen Zeitpunkts für den Anspruchsübergang im Verhältnis zwischen dem Sozialleistungsträger einerseits sowie andererseits einem privaten Schadensversicherer oder dem wegen der Entgeltfortzahlung im Außenverhältnis legitimierten Arbeitgeber.

1570

Die Ausgleichsregeln der §§ 102 ff. SGB X schließen es aus, dass ein **unzuständiger** Leistungsträger durch eigenes Handeln auf den Anspruchsübergang und seinen Zeitpunkt Einfluss nehmen kann mit der Folge, während der Zeit seiner Inhaberschaft über den Anspruch zu Lasten des zuständigen Leistungsträgers verfügen zu können.[39]

1571

Bei einem **Wechsel** in der **Zuständigkeit** des Sozialversicherungsträgers erwirbt der neue (spätere) Leistungsträger bei gleichartigen Leistungen wie zuvor den gem. § 116 SGB X übergegangenen Ersatzanspruch im Wege der Rechtsnachfolge wie bei einer Zession nach §§ 398 ff., 412 BGB.[40] Die Möglichkeit einer Rechtsnachfolge beschränkt die Verfügungsbefugnis des erstzuständigen Leistungsträgers nicht. Die nachfolgende Kasse hat keinen Anspruch auf Beteiligung an einem vertraglich festgelegten Abfindungsbetrag. Ist ein Kassenwechsel allerdings abzusehen, ist im Einzelfall zu prüfen, ob sich ein Abfindungsvergleich lediglich auf die von der Leistungspflicht der erstzuständigen Kasse erfassten Schäden erstrecken soll.

1572

Kraft Gesetzes ist ein nachfolgender Leistungsträger aus einem Teilungsabkommen zwischen anderen Vertragsschließenden nicht berechtigt und nicht verpflichtet. Dies kann sich aber aus einem Abkommen ggfs. kraft ergänzender Auslegung[41], ergeben.

1573

Manchmal wird formuliert, der Übergang bemesse sich nach der Höhe der erbrachten Sozialhilfeleistungen.[42] Indessen geht der gesamte Anspruch über und zwar unabhängig von konkreten und tatsächlichen Leistungen. Es bleibt jedoch bei dem Forderungsübergang (im Moment des Haftungsereignisses) nur, wenn der Sozialversicherungsträger kongruente Leistungen erbringt. Ist dies ausgeschlossen oder – wie der *BGH*[43] formuliert – „erscheint dies ausgeschlossen zu sein", ist der Verletzte (wieder) Rechtsinhaber. Einer Erklärung des Leistungsträgers bedarf es dazu nicht. Der Rechtsübergang steht im Übrigen unter der **auflösenden Bedingung** des späteren Wegfalls der Leistungspflicht des Leistungsträgers. Bei Beendigung der Mitgliedschaft tritt die verletzte Person ohne besondere Rückübertragung in die Rechte ein.[44] Ein Wegfall der Leistungspflicht des Sozialleistungsträgers ist aber nur anzunehmen, wenn die spätere Inanspruchnahme völlig unwahrscheinlich (geradezu ausgeschlossen) ist. Denn nur dann verliert der Leistungsträger das durch die Frühzeitigkeit des Forderungsübergangs gesicherte Regressinteresse. Kommt eine spätere Inan-

1574

---

38 *BGH* VersR 1995, 600 = NJW 1995, 2413 = ZfS 1995, 290 zu § 116 SGB X neben § 5 OEG.
39 *BGH* NJW 2003, 3193 = VersR 2003, 1174 = ZfS 2003, 542 = DAR 2003, 512; anders Vorinstanz *OLG Hamm* r+s 2002, 460 m. Anm. *Lemcke* in r+s 2002, 441 ff.
40 *BGH* VersR 1985, 732; 1998, 124; zum Rechtsübergang auf den Träger eines anderen Systems der sozialen Sicherung *BGH* VersR 1978, 660; 1983, 262 (Sozialleistungsträger – Dienstherr); 1983, 536; NJW-RR 2001, 957 = DAR 2001, 299 = VersR 2001, 1005 = NZV 2001, 259.
41 *OLG Karlsruhe* NJWE-VHR 1997, 169 = r+s 1998, 322: Die Regelung für den Fall der Rechtsnachfolge einer beigetretenen Krankenkasse, dass erbrachte Leistungen anzurechnen sind, ist dahin auszulegen, dass dies auch für den Fall gilt, dass eine beigetretene Kasse einer nicht dem Abkommen beigetretenen Kasse folgt und diese den Versicherer aus einem anderen Teilungsabkommen in Anspruch nimmt.
42 *OLG Köln* OLGR 2000, 295 = VersR 2000, 869.
43 *BGH* NJW 2004, 2892 = VersR 2004, 1147 = FamRZ 2004, 1471.
44 *BGH* VersR 1999, 382 = NJW 1999, 1782 = DAR 1999, 166, NJW-RR 2001, 957 = DAR 2001, 299.

spruchnahme in Betracht, gebietet es der Zweck des Forderungsübergangs, ihm den Anspruch – noch – zu belassen.[45]

Prozesskostenhilfe

1575 Für die gerichtliche Geltendmachung eines von einem Sozialhilfeträger rückübertragenen Anspruchs ist der Leistungsberechtigte grundsätzlich nicht bedürftig im Sinne von § 114 ZPO, da ihm ein Anspruch auf Prozesskostenvorschuss gegen den Sozialhilfeträger zusteht. Der Gesichtspunkt der Prozessökonomie begründet regelmäßig auch kein im Bewilligungsverfahren zu berücksichtigendes Interesse des Berechtigten an einer einheitlichen Geltendmachung ihm verbliebener und eigentlich dem Sozialleistungsträger zustehender Ansprüche. Nur bei eigenen, besonderen Nachteilen und ohne sonstige Kostenauswirkungen, ist der Einsatz des Prozesskostenvorschusses nicht zumutbar.[46]

I. Inhalt und Sinn des Rechtsübergangs sowie Abgrenzung zu anderen Anspruchslagen zu Gunsten von Leistungsträgern

1576 Der Übergang der Schadensersatzforderung hindert die doppelte wirtschaftliche Entschädigung der verletzten Person einerseits durch den eigenen Leistungs-, Versicherungsträger und andererseits durch den Schädiger, ohne den Schädiger und dessen Haftpflichtversicherung im größeren Umfang als gegenüber der betroffenen Person zu belasten und ohne die Schädigerseite zu befreien. Wirtschaftlich wird zugleich der Leistungsträger – im Gesamtergebnis praktisch geringfügig – entlastet. Um den Ersatz eines eigenen Schadens des Sozialversicherungsträgers oder Dienstherrn geht es nicht; zu § 119 SGB X Rn. 1531.

1577 **Übergangsfähig** sind die „auf gesetzlichen Vorschriften" beruhenden Ansprüche. Das sind primär Schadensersatzansprüche, z. B. auch der auf den Ersatz unfallbedingter Heilbehandlungskosten gerichtete Gewährleistungsanspruch nach § 651f Abs. 1 BGB[47], aber auch öffentlich-rechtliche Aufopferungsansprüche wie der Entschädigungsanspruch gem. § 7 Abs. 1 StrEG.[48] Vertragliche Ersatzansprüche werden (z. B. bei ärztlichen Behandlungsverträgen) erfasst, wenn sie wegen der Verletzung von Pflichten entstanden sind, die im außervertraglichen Bereich nicht geringer zu beachten sind, beachte auch Rn. 1536.

1578 Der Direktanspruch wird ebenfalls erfasst, nicht aber ein (Deckungs- oder Leistungs-[49]) Anspruch aus der „reinen" Privatversicherung. Aufwendungsersatzansprüche (bei Geschäftsführung ohne Auftrag) werden nur ausnahmsweise erfasst.[50]

Inhalt und Umfang des Übergangs

1579 Krankenkassen gestattet § 116 Abs. 8 SGB X die pauschalierte Abrechnung zur ambulanten Heilbehandlung, s. Rn. 1698. Den Umfang des übergehenden Anspruchs schränken zu Gunsten der betroffenen Person ggfs. § 116 Abs. 2 SGB X (Rn. 1616, 1627) oder § 116 Abs. 5 SGB X (Rn. 3446 ff.) ein; zur Anspruchsaufteilung bei Mitverursachung Rn. 1613 ff., 1630 ff.

---

45 *BGH* VersR 2003, 267 = NJW 2003, 1455 = NZV 2003, 176 = ZfS 2003, 181.
46 *BGH* NJW 2008, 1950 für den Unterhaltsberechtigten bei Geltendmachung rückübertragener Unterhaltsansprüche.
47 *BGH* NJW 2004, 3178 = VersR 2004, 1187.
48 S. *OLG Köln* OLGR 2000, 295 = VersR 2000, 869 zum Verlust der Arbeitslosenhilfe infolge Untersuchungshaft des später freigesprochenen Beschuldigten, wobei sich der ersatzfähige Vermögensschaden auch auf den Verlust des Krankenversicherungsschutzes der Ehefrau infolge des Wegfalls der Arbeitslosenhilfe (§§ 155 Abs. 1, 2 Satz 1, Abs. 3 Satz 2, 157 Abs. 1 AFG a. F.) erstreckt.
49 *OLG Düsseldorf* r+s 1995, 386: Unfallversicherung.
50 Näher *Waltermann* in NJW 1996, 1644, 1648; verneinend *OLG Karlsruhe* VersR 1988, 1081.

▶ Gegenstand der Ersatzpflicht ist beim gesetzlichen Forderungsübergang der Schaden der verletzten Person. Deren Anspruch steht wegen des Forderungsübergangs dem Leistungsträger zu. Anspruchsinhalt und Anspruchsumfang im Verhältnis zum Schädiger ändern sich durch den gesetzlichen Forderungsübergang nicht. Der Regress des Sozialleistungsträgers ist im Ergebnis der Höhe nach begrenzt auf den Wert der eigenen Leistung, Rn. 1574. Zugunsten des Rechtsnachfolgers i. S. d. §§ 116, 119 SGB X bleibt es beim deliktischen Gerichtsstand des § 32 ZPO. § 118 SGB X bindet das Zivilgericht für die Beurteilung des nach § 116 Abs. 1 SGB X übergegangenen Anspruchs grundsätzlich an die unanfechtbare Entscheidung eines Sozial- oder Verwaltungsgerichts oder eines Sozialversicherungsträgers über Grund oder Höhe der dem Leistungsträger obliegenden Verpflichtung, s. auch schon Rn. 958. § 118 SGB X ist entsprechend auf einen Vergleich zwischen Sozialversicherungsträgern vor einem Sozialgericht mit einer Zuständigkeitsregelung anzuwenden – wie das *OLG Naumburg* meint[51], weil so die gerichtliche Entscheidung über deren Zuständigkeit obsolet geworden ist. Indessen gilt der Grundsatz zur Bindungswirkung hinsichtlich der Zuständigkeit eines Leistungsträgers nur eingeschränkt. Es fehlt an einer Bindung, wenn ein von vornherein unzuständiger Leistungsträger in der irrtümlichen Annahme seiner Zuständigkeit Leistungen aufgrund eines zwar rechtswidrigen, ihn selbst aber bindenden Verwaltungsakts erbringt. Denn ein unzuständiger Leistungsträger darf nicht durch eigenes Handeln auf den Anspruchsübergang bzw. dessen Zeitpunkt Einfluss nehmen und auf diese Weise zulasten des zuständigen Leistungsträgers über den Anspruch verfügen.[52] ◀

1580

Bei vorläufiger Leistungserbringung durch die Krankenversicherung ohne gesetzlichen Anspruch auf Leistungen aus der gesetzlichen Krankenversicherung (wegen Eingreifens der §§ 2 Abs. 1 Nr. 13 lit. a Alt. 2, § 8 Abs. 1 Satz 1 SGB VII) schließt das *OLG Rostock*[53] den Übergang eines Schadensersatzanspruches auf den Krankenversicherer aus. Nach einem Arbeitsunfall dem Verletzten tatsächlich erbrachte Leistungen der gesetzlichen Krankenkasse sind ihr vom Unfallversicherungsträger gem. §§ 105 ff. SGB X zu **erstatten**. Der an die Krankenkasse ohne Rechtsgrund leistende Haftpflichtversicherer, der annimmt, dass kein Arbeitsunfall vorliegt, muss sich bei einer Fristversäumung i. S. d. §§ 111, 113 SGB X ggfs. von der Krankenkasse Entreicherung entgegen halten lassen.[54] Bei **irrtümlichen Versicherungsleistungen** eines Unfallversicherungsträgers (z. B. für ein verunglücktes Kind) kann der Versicherungsträger auf einen **Bereicherungsanspruch** gegen das Kind verzichten und nachträglich eine Tilgungsbestimmung gegenüber dem unterhaltspflichtigen, beamteten Vater vornehmen. Dies stellt sicher, dass dem verletzten Kind unverzüglich eine notwendige ärztliche Versorgung ermöglicht wird, und belastet die unterhaltspflichtige Person durch den Bereicherungsanspruch des Leistungsträgers nicht unzuträglich.[55]

1581

Bei gem. §§ 412, 407 BGB befreienden Zahlungen an die betroffene Person hat der Sozialleistungsträger einen originären, öffentlich-rechtlichen[56] **Anspruch** auf **Herausgabe** gegen die betroffene Person (§ 116 Abs. 7 SGB X) in der Art des § 816 Abs. 2 BGB. Ob sich die betroffene Person auf den Wegfall der „Bereicherung" berufen kann, ist streitig.

1582

Zahlung des Schädigers ohne Befreiung führt zu einem zusätzlichen Anspruch gegen den Zahlungsempfänger als Gesamtschuldner neben dem Schädiger.

1583

Aufwendungsersatz, Rückgriff

Vom Forderungsübergang unterscheidet sich der Rückgriff des Unfallversicherungsträgers gem. § 110 SGB VII nach einem versicherten Arbeitsunfall oder einem gleichgestellten Schadensfall. Bei einem besonders zu missbilligenden Verhalten des verantwortlichen Unternehmers oder

1584

---

51 *OLG Naumburg* OLGR Naumburg 2007, 415.
52 *BGH* r+s 2009, 303.
53 NJW-RR 2004, 1400.
54 BSGE 81, 103, 108; *BGH* NJW 2003, 3193 = VersR 2003, 1174.
55 *BGH* VersR 1986, 990 = NJW 1986, 2700.
56 *OLG Frankfurt* NJW-RR 1997, 1087.

Arbeitskollegen werden neben dem das Schadensrecht beherrschenden Ausgleichsgedanken präventive und erzieherische Gründe[57] berücksichtigt: In dem (vorsorgenden) Interesse, Unfälle zu verhindern, und mit Sanktionscharakter wird dem Leistungsträger ein originärer, nicht aus dem Recht des Verletzten abgeleiteter Aufwendungsersatzanspruch gewährt. Insofern wird letztlich ein mittelbarer Vermögensschaden ausgeglichen.

1585 Der Art und Höhe nach ist die Höhe des zivilrechtlichen Ersatzanspruches gegen den für den Schadensfall verantwortlichen Schädiger maßgebend, denn der Ausgleichsanspruch ist zivilrechtlicher Natur und der Ausgleich ist (seit dem 1.1.1997)[58] durch den unmittelbaren Schaden begrenzt. Der Rückgriff erstreckt sich dabei auf ein fiktives Schmerzensgeld, d. h. der Leistungsträger kann wegen der Aufwands grundsätzlich sogar auf einen fiktiven Schmerzensgeldanspruch des Geschädigten gegen den gem. §§ 104 ff. SGB VII haftungsprivilegierten Schädiger zugreifen bzw. ist ein solcher fiktiver Schmerzensgeldanspruch bei der Ermittlung des Umfangs des (fiktiven) Schadensersatzanspruchs zu berücksichtigen.[57] Denn der Ausgleichs-, Ersatz-, Rückgriffsanspruch des Sozialversicherungsträgers ist nicht auf die Höhe eines sachlich und zeitlich kongruenten Schadensersatzanspruchs begrenzt.

1586 Die **Darlegungs- und Beweislast** für die Höhe des fiktiven zivilrechtlichen Schadensersatzanspruchs des Verletzten trifft den Sozialversicherungsträger.[59] Dieser hat also alle Umstände, die für die Höhe des fiktiven zivilrechtlichen Schadensersatzanspruchs des Betroffenen gegen den i. S. d. §§ 104 ff. SGB VII haftungsprivilegierten Schädiger relevant sind, vorzutragen und ggfs. zu beweisen.

1587 Im Fall einer **Anspruchskonkurrenz** hat der Sozialversicherungsträger regelmäßig auf eine Anspruchsrealisierung zum Nachteil des Versicherten ganz oder teilweise zu verzichten.[57]

II. Kongruenz

1588 Der Forderungsübergang ist durch das Erfordernis der Kongruenz begrenzt. Denn nur dann, wenn der Sozialleistungsträger dem Ersatzbegehren entsprechende Leistungen gewährt, lässt sich von einer doppelten Entschädigung des Betroffenen sprechen, die es zu vermeiden gilt, Rn. 1523. Ausnahmsweise können Leistungsempfänger und Ersatzberechtigter personenverschieden sein (Rn. 2747). Beim Ersatzanspruch des Kindes ist ein Rechtsübergang (nach der hier vertretenen Ansicht deshalb zum Kinderkrankengeld i. S. d. § 45 SGB V, Rn. 1992) wegen einer Leistung an die Eltern jedoch wegen mangelnder Personenidentität[60] zu verneinen.

1589 Auch für **private Schadensversicherer** grenzt die Voraussetzung der Kongruenz den Rechtsübergang ein. Es gehen nur die Schadensersatzansprüche über und kürzen dementsprechend die eigene Berechtigung des Geschädigten, die dem Nachteil abhelfen sollen, auf den die Versicherungsleistung ausgerichtet ist; zur Vollkaskoversicherung s. weiter Rn. 1621.

---

57 *BGHZ* 168, 161 = NJW 2006, 3563 = VersR 2006, 1429 = DAR 2006, 631 = ZfS 2007, 80.
58 Früher sind die satzungsgemäßen Sach- und Geldaufwendungen des Unfallversicherungsträgers auszugleichen gewesen.
59 *BGH* NJW 2008, 2033 = VersR 2008, 659 = ZfS 2008, 323.
60 Zur Familienversicherung nach dem GRG v. 20.12.1988 (§ 10 SGB V) beachte zu Ansprüchen der Eltern („wrongful life/birth") bei vertragsärztlichen Leistungen an das Kind, das keinen Anspruch gegen den Arzt hat, *OLG Naumburg* VersR 2001, 341 = OLG-NL 2001, 29; *BGH* NA-Beschl. v. 6.11.2001, VersR 2002, 192, und abgrenzend dazu *BGH* NJW 2004, 3176 = VersR 2004, 1267.

1. Sachliche Kongruenz

Nur solche Ersatzansprüche gehen über, die auf den Nachteil zielen, den auch die Sozialleistung ihrer Art nach ausgleichen will. Die Zweckgleichheit orientiert die Praxis an den **Schadensgruppen** zum Personenschaden (Rn. 52) sowie der Gruppe Sachschaden hinsichtlich Sachkosten, z. B. bei der Beschädigung von Körperersatzstücken, nicht aber bei dem verletzungsbedingt erstmals erforderlichen Einsatz dieser Hilfsmittel, weil es dann um Heilkosten geht. Z. B. ist die Verletztenrente der gesetzlichen Unfallversicherung in voller Höhe kongruent mit dem Erwerbsschaden des Verletzten (Rn. 2326), aber nicht mit dem Mehrbedarf und nicht mit dem Schmerzensgeld. (Sonder-) Leistungen, die der Verletzte schadensrechtlich in Anspruch nehmen darf, die der Sozialleistungsträger aber nicht ausgleicht, sind inkongruent; vgl. Rn. 1703, 1811. Wird die Frage der sachlichen Kongruenz allein danach beurteilt, dass es auf die Zugehörigkeit zur gleichen (selben) Schadensart bzw. Schadensgruppe ankommt, nicht aber darauf, ob innerhalb der Gruppe der einzelne Schadensposten vom Versicherer gedeckt ist, scheidet ein Forderungsübergang i. S. d. § 116 SGB X doch aus, wenn es ausgeschlossen ist, dass der Sozialversicherungsträger entsprechende Leistungen erbringt, erbringen kann oder muss. Jedenfalls scheitert ein Forderungsübergang, wenn für bestimmte konkrete Mehraufwendungen grundsätzlich keine Versicherungsleistungen erbracht werden, beachte Rn. 1523. Andernfalls könnte der Leistungsträger auf den Ersatzanspruch der verletzten Person zugreifen, der insofern bloß deshalb erwachsen ist, weil die verletzte Person eigene – nach den Maßgaben des § 249 BGB erforderliche – Mittel für weitere, im Sozialversicherungssystem grundsätzlich (gerade) nicht gedeckte Leistungen aufwendet.[61] Das *OLG Jena*[62] verneint für den Investitionszuschlag in den neuen Bundesländern trotz des Charakters als Sozialleistung einen inneren Zusammenhang mit der Heilbehandlung und deshalb die Kongruenz (ebenso wie bei Verwaltungskosten), weil es sich um eine Finanzierungshilfe (Subvention) für das Krankenhaus handele, nicht zu dem Pflegesatz/der Fallpauschale/einem Sonderentgelt gehöre, sondern ein Zuschlag (Benutzerbeitrag) sei. Die Krankenkasse sei nicht schutzlos, weil sie sich den Regress im Wege der Abtretung des bestehenden Ersatzanspruches der versicherten Person sichern könne.

1590

2. Zeitliche Kongruenz

Neben der sachlichen Zweckgleichheit ist der Zeitbezug entscheidend. Die Leistungen müssen sich auf den Zeitraum beziehen, für den die Schadensersatzansprüche bestehen. Sind Leistungen für bestimmte Zeiträume voll, für andere nicht voll übergangsfähig, würde eine reine Addition z. B. von Unterhaltsschäden für verschiedene Zeiträume zu unzutreffenden Ergebnissen führen. Bei Renten muss also, wenn nur in einem bestimmten Zeitraum des Monats ein kongruenter Schaden entsteht, die monatliche Leistung des Sozialversicherungsträgers aufgeteilt werden.[63] Bei Krankengeld und Krankenpflege muss ggfs. nach Tagen abgerechnet werden, Rn. 2328.

1591

---

61 *BGH* NJW 1973, 1196.
62 *OLG Jena* NZV 2004, 310.
63 *BGH* VersR 1973, 939.

III. Haushaltsangehörigenprivileg (Familienprivileg)

1. Schutz der Haushaltsgemeinschaft

1592 Bei nicht vorsätzlicher **Schädigung durch** einen **Familienangehörigen** mit häuslicher Gemeinschaft steht dem Übergang der Forderung auf den Sozialversicherungsträger § 116 Abs. 6 SGB X entgegen. Streitigkeiten über die Verantwortung sollen zu Schadensfällen nicht in der Familie ausgetragen werden (müssen). Der häusliche Frieden soll gewahrt bleiben. Zudem soll vermieden werden, dass die betroffene, versicherte Person bei dem Rückgriff auf den schädigenden Angehörigen selbst wirtschaftlich in Mitleidenschaft gezogen wird. Die Haushalts-, Familienkasse soll entlastet bleiben. Den Beitragsregress (Rn. 1531) betrifft dies aber nicht.

1593 ▶ Die gerichtliche Feststellung bedarf keines Vorbehalts zum Ausschluss des Forderungsübergangs (aus Rechtsgründen) durch das Haftungsprivileg des § 116 Abs. 6 SGB X.[64] ◀

1594 Privatversicherungsrechtlich schützt § 86 Abs. 2 VVG 2008 die Hausgemeinschaft. Das bisherige Familienprivileg erstreckt diese Norm auf alle in häuslicher Gemeinschaft lebenden Personen.

Angehörige i. S. d. § 116 Abs. 6 SGB X sind verwandte, verschwägerte, verheiratete Personen und zwar unabhängig von einer sie verbindenden Unterhaltspflicht. Auf eine (bloße) Wirtschaftsgemeinschaft zwischen dem Schädiger und dem Verletzten stellt das Gesetz nicht ab.

1595 Die Partner der bestehenden eingetragenen **Lebenspartnerschaft** dürfen aufgrund des LPartG seit dem 1.8.2001 nicht anders behandelt werden als Ehegatten bei bestehender Ehe.

1596 Die eheähnliche, **nichteheliche bzw. faktische Lebensgemeinschaft** sollte nach Ansicht des *BGH* der ehelichen Gemeinschaft nicht gleichstehen.[65] Bei Partnern einer nichtehelichen Lebensgemeinschaft ist die entsprechende Anwendung des § 67 Abs. 2 VVG a. F. jedoch zunehmend[66] befürwortet worden. Nun erfasst die privatversicherungsrechtliche Norm solche Partner zweifelsfrei. Nichteheliche Partner sind Familienangehörigen sozialversicherungsrechtlich jedenfalls gleichzustellen, wenn sie im Zeitpunkt des Versicherungsfalls mit einem gemeinsamen Kind, für dessen Unterhalt und Erziehung sie gemeinsam aufkommen, zusammenleben oder/und, wenn sie einen Partnerschaftsvertrag geschlossen haben oder in einem Partnerschaftsbuch (amtlich) registriert sind. So hält denn aktuell auch der *BGH*[67] die Erstreckung des Schutzbereichs des § 67 Abs. 2 VVG a. F. auf Partner nichtehelicher Lebensgemeinschaften, wie sie durch die Rechtsprechung – früher unter dem Begriff eheähnliche Gemeinschaft und heute begrifflich als verfestigte Lebensgemeinschaft – „konkretisiert" worden sind[68], für zulässig und sogar für geboten. Er hat dabei indessen offengelassen, ob solche Partner schon im Wortsinn der Norm als Familienangehörige begriffen werden können oder dürfen.

---

64 *BGH* VersR 1983, 150.
65 So noch *BGHZ* 102, 257 = VersR 1988, 253 = NJW 1988, 1091 = ZfS 1988, 136; *Bosch* in FamRZ 1988, 394; *Schirmer* in DAR 1988, 289; *Striewe* in NJW 1988, 1093; dagegen *Kohte* in NZV 1991, 89 ff.
66 *OLG Brandenburg* VersR 2002, 839 = r+s 2002, 275 (bei einem gemeinsamen Kind und gemeinsamer Erziehung dieses Kindes); *OLG Hamm* NJW-RR 1997, 90; *LG Saarbrücken* VersR 1995, 158; *LG Potsdam* VersR 1997, 93; *Fleischmann* in ZfS 2000, 140, 141; *Jahnke* in NZV 1995, 377, 378; a.A. *OLG Koblenz* VersR 2003, 1381; *OLG Frankfurt* MDR 1998, 1163; s. weiter *OLG Hamm* NVersZ 1999, 359.
67 *BGH* NJW 2009, 2062 = VersR 2009, 813 = FamRZ 2009, 1133 = ZfS 2009, 393 = DAR 2009, 393. Der für BGHZ 102, 257 tragenden Auffassung, nichtehelichen Lebensgemeinschaften das Familienprivileg wegen Abgrenzungs- und Beweisschwierigkeiten versagen zu müssen, schließt sich der jetzt erkennende Senat nicht an. Der für die Auslegung des § 116 Abs. 6 SGB X primär zuständige VI. Zivilsenat hat – auf Anfrage des jetzt erkennenden Senats – zudem erklärt, an seiner bisherigen Ansicht nicht mehr festhalten zu wollen.
68 Insbesondere *BVerfGE* 87, 234, 264 f. = NJW 1993, 643.

Das **Pflegekind** zählt jedenfalls bei einem länger dauernden Pflegeverhältnis und intensivem Pflegeverhältnis zu den Angehörigen.[69] Das Stiefkind, der frühere, geschiedene Ehegatte, Verlobte gehören dazu aber nicht.[70] **1597**

Häusliche Gemeinschaft ist die auf Dauer angelegte gemeinsame Lebens- und Wirtschaftsführung mit einem gemeinsamen Lebensmittelpunkt, einer Wohnung[71], aber noch beim Getrenntleben i. S. d. § 1567 Abs. 1 Satz 2 BGB. Bei der durch äußere Gründe bedingten Abwesenheit ohne (willkürliche) Lockerung des Familien(ver)bandes ist die häusliche Gemeinschaft nicht aufgehoben. Zwischen dem ausländischen Arbeitnehmer in Deutschland und seinen im Heimatland gebliebenen Kindern, die nur – wenn auch regelmäßig – im Jahresurlaub besucht werden, besteht eine solche Gemeinschaft aber nicht.[72] Die dauernde Unterbringung eines behinderten Angehörigen in einem Pflegeheim löst die häusliche Gemeinschaft. **1598**

§ 116 Abs. 6 Satz 1 SGB X **schließt** den Forderungsübergang nur **aus**, wenn im Zeitpunkt der Schädigung als dem haftungsauslösenden Ereignis (z. B. einem Unfall) die Angehörigenbeziehung bestand. Der spätere Tod der geschädigten Person ändert daran nichts.[73] Auch die Scheidung danach beeinflusst den Ausschluss des Übergangs nicht mehr.[74] **1599**

§ 116 Abs. 6 Satz 2 SGB X **verwehrt** die **Inanspruchnahme** des schädigenden Angehörigen, wenn im Zeitpunkt der Geltendmachung der übergegangenen Forderung (beim Rückgriff auf den Schädiger) die Ehe geschlossen ist und die häusliche Gemeinschaft gewahrt ist, also die Angehörigenbeziehung besteht.[75] Eine entsprechende Anwendung dann, wenn nach einem Unfall die häusliche Gemeinschaft zwischen Eltern und Kindern begründet wird, z. B. der Sohn den verletzten Vater aufnimmt, ist wegen der Manipulationsmöglichkeiten problematisch.[76] Wenn eine Manipulation aber – kraft tatsächlichen Nachweises und entsprechender Überzeugung – ausgeschlossen ist, sollte auch die Begründung der häuslichen Gemeinschaft bis hin zum Zeitpunkt der letzten Entscheidung über die Ersatzforderung (bei gerichtlicher Auseinandersetzung bis hin zur letzten mündlichen Verhandlung) genügen.[77] **1600**

Der **Vorsatz**, der das Privileg nimmt, muss die konkrete Schadensfolge umfassen. Es reicht aus, dass der Schädiger die Gefährlichkeit des verletzenden Verhaltens erkennt und die aus laienhafter Sicht nahe liegenden Folgen einer Verletzung billigend in Kauf nimmt.[78] So verhält es sich jedoch z. B. nicht bei der Körperverletzung mit Todesfolge.[79] **1601**

---

69 *BGH* VersR 1980, 526 = NJW 1980, 1468; *OLG Stuttgart* NJW-RR 1993, 1418 = r+s 1993, 182.
70 *BGH* NJW 1977, 108 – Beim Verlöbnis geht es nur um eine formlose Erklärung zwischen den Beteiligten, die der Rechtsprechung zur Gleichstellung mit den Verhältnissen nach der Eheschließung in diesem Kontext nicht genügt.
71 *BGH* VersR 1986, 333 (Sohn mit Ehefrau bei Eltern); VersR 1980, 644 (Brüder beim Nachweis einer finanziellen Beteiligung).
72 *OLG Nürnberg* NZV 1988, 228 = ZfS 1989, 53.
73 *BGH* NJW 1970, 1844.
74 *BGH* NJW 1971, 1938.
75 *BGH* VersR 1985, 471 = NJW 1985, 1958 = ZfS 1985, 106; *OLG Köln* VersR 1991, 1238.
76 Ablehnend *OLG Nürnberg* NZV 1988, 228 = ZfS 1989, 53 beim Zuzug der Kinder des ausländischen Arbeitnehmers.
77 *BGH* VersR 1977, 179.
78 Beachte *OLG Koblenz* NJW-RR 2001, 1600: Eine Vorstellung vom exakten medizinischen Kausalverlauf ist nicht erforderlich.
79 *BGH* VersR 1986, 233 = NJW-RR 1986, 106 = r+s 1985, 300.

2. Einfluss einer Haftpflichtversicherung

1602 Das Privileg bleibt bestehen beim Haftpflichtversicherungsschutz[80] des Schädigers. Insbesondere steht das Privileg dem Übergang des Direktanspruchs gegen den Haftpflichtversicherer auf den Sozialversicherungsträger entgegen.[81]

1603 Es wirkt aber **nicht zugunsten** des **Haftpflichtversicherers** des schädigenden Angehörigen **gegenüber** dem Träger von **Sozialhilfe** bei Leistungen für den verletzten Angehörigen.[82] Der Gedanke der Akzessorietät, der den **Direktanspruch** gegen den Haftpflichtversicherer und den Haftungs-, Schadensersatzanspruch so miteinander verknüpft, dass ein isolierter Übergang des Direktanspruchs (ohne den Haftungsanspruch) ausscheidet und § 401 BGB uneingeschränkt wirkt, greift nicht. Wie der Direktanspruch durch den Tod des schädigenden Angehörigen und der Erbschaft des verletzten Angehörigen nicht untergeht, ist zwischen dem (verneinten) Haftungsanspruch und dem (bejahten, aufrechterhaltenen) Direkt-, Versicherungsanspruch zu trennen wegen des Charakters der Sozialhilfe. Die Sozialhilfe ist nachrangig.

1604 ▶ **Subsidiaritätsprinzip.** Das Subsidiaritätsprinzip setzt sich durch, wenn die Sozialhilfe zeitlich nur deswegen nötig wird, weil der Haftpflichtversicherer nicht rechtzeitig vorher eintritt. ◀

3. Gestörte Gesamtschuld, Reduzierung der Forderung

1605 Infolge des Haftungsprivilegs des Familienangehörigen wird, wenn der Angehörige als Schädiger und Gesamtschuldner neben einem **weiteren Schädiger** haftet, dessen Teil der **Ersatzpflicht eingeschränkt**. Der weitere Schädiger ist dem Forderungsübergang also nur zu dem Anteil im Außen-, Haftungsverhältnis ausgesetzt, den er im Innenverhältnis zu dem Angehörigen bei einem Gesamtschuldausgleich letztlich zu tragen hätte.

1606 Verletzte Person: Ehegatte als Insasse im Familien-Pkw
Schädiger 1: Ehegatte als Pkw-Fahrer; Haftpflichtversicherung
Schädiger 2: Fremder Pkw-Fahrer
Uneingeschränkte Haftung beider Schädiger

Innenverhältnis der Schädiger:
Schädiger 1: ⅔
Schädiger 2: ⅓

Schaden:

a) Heilbehandlung, Krankenkassenleistung	10.422,00	
b) Verbliebener sonstiger Nachteil	3.522,00	
	Schädiger 1	
	Außenverhältnis	Innenverhältnis
Quote	100%	2/3
Ersatzpflicht zu a) Heilbehandlung (§ 116 Abs. 6 SGB X)	0,00	0,00
Gesamtschuld zu b) sonstiger Nachteil	3.522,00	2.348,00

---

80 *OLG Hamburg* NZV 1993, 71; *OLG Hamm* NZV 1994, 441 = NJW-RR 1994, 536.
81 *BGHZ* 146, 108 = NJW 2001, 754 = VersR 2001, 215 = DAR 2001, 118 = ZfS 2001, 106; Vorinstanz *OLG München* NZV 2000, 416 m. Anm. *Plagemann*; *OLG Koblenz* VersR 2000, 1436 = r+s 2001, 114; Vorinstanz *LG Trier* NJW-RR 1999, 392 = NZV 1999, 416 = VersR 2000, 1130; *BGH* NA-Beschl. v. 29.2.2000.
82 *BGHZ* 133, 192 = VersR 1996, 1258 = NJW 1996, 2933.

	Schädiger 2	
	Außenverhältnis	Innenverhältnis
Quote	100%	1/3
Begrenzte Ersatzpflicht bei Forderungsübergang auf Leistungsträger		
zu a) Heilbehandlung	3.474,00	3.474,00
Gesamtschuld zu b) sonstiger Nachteil	3.522,00	1.174,00

Erläuterung: Bei dem sonstigen Nachteil kann es im Einzelfall um einen monatlichen Rentenbetrag (Rn. 1269) gehen. Bei der eingangs gekennzeichneten Fallkonstellation (dem mitfahrenden, unfallverletzten Ehegatten bei einer Unaufmerksamkeit des fahrenden Ehegatten und dem Sorgfaltsverstoß des Fahrers des weiter beteiligten Fahrzeugs z. B.), führt § 116 Abs. 6 SGB X dazu, dass der Leistungsträger zu der Schadensgruppe Gesundheit/Heilbehandlung nur von dem familienfremden Schädiger einen Teil ersetzt erhält und zwar nach Maßgabe dessen Innenbeteiligung (wegen der Innenquote von 1/3 letztlich also mit 3.474,00 bei dem Gesamtaufwand von 10.422,00). Der schädigende Ehegatte hat darauf nichts zu zahlen. Der dem verletzten Ehegatten verbliebene Nachteil (in einer anderen Schadensgruppe) ist dagegen zwischen beiden Schädigern im Innenausgleich aufzuteilen.

Die Berechnungsabläufe zeigt die Onlineversion, die zugleich eigene Berechnungen ermöglicht. **1607**

In **Teilungsabkommen** kommen verschiedentlich verringerte Sonder-, Beteiligungsquoten für den Fall eines Angehörigenprivilegs vor, z. B. von 2/3. Die relevante Quote ist dann durch Multiplikation dieser Quote mit der z. B. für den Fall einer Verschuldenshaftung vereinbarten Quote zu errechnen (z. B. 50% × 2/3 = als 1/3 bzw. 33 1/3%). **1608**

4. Schadensversicherung

Zu dem Regress eines Schadensversicherers ist ebenfalls der Forderungsübergang zu Lasten von Angehörigen ausgeschlossen (beachte Rn. 1596) und zwar wegen der Leistungen an den Versicherungsnehmer oder an Mitversicherte, nicht aber für Leistungen an die betroffene Person z. B. aufgrund des § 3 Nr. 9 PflVG a. F., § 116 Abs. 1 Satz 1, 2 VVG 2008.[83] Maßgebend sind die Verhältnisse zur Zeit der Geltendmachung des Ersatzanspruches. **1609**

Das *LG Kiel*[84] hat § 67 Abs. 2 VVG a. F. analog angewendet ohne häusliche Gemeinschaft, wenn der Versicherungsnehmer den Vater als Schädiger beerbt auch nach Einigung zwischen dem Vater und dem Versicherer über eine teilweise Rückzahlung der an den Sohn erbrachten Leistungen. Diese Rechtsprechung kann wegen des Wortlauts des § 86 Abs. 2 VVG 2008 nicht fortgeführt werden. **1610**

IV. Einfluss einer Mithaftung auf die Durchsetzbarkeit des Anspruchs

Deckt die Leistung, die die betroffene Person angesichts des Haftungsereignisses und dessen Folgen von einem Leistungsträger erhält, nicht ihren gesamten Nachteil ab, verbleibt ihr rechnerisch ein Differenzschaden (die **Deckungslücke**). Reicht der wegen einer Mithaftung bzw. Mitverantwortung reduzierte (quotierte) Schadensersatzanspruch gegen den Schädiger nicht aus, um diesen Differenzschaden und den Aufwand des Leistungsträgers abzudecken, muss zu den getrennten Anspruchsteilen (Teilersatzforderungen) die Frage beantwortet werden, nach welchen Maßgaben **1611**

---
83 *BGHZ* 105, 140 = VersR 1988, 1062 = NJW 1988, 2734.
84 VersR 1999, 705 = NJW-RR 1998, 1184.

die quotierte Ersatzforderung gegen die Schädigerseite zwischen der betroffenen Person und dem Leistungsträger aufzuteilen ist.

1612 ▶ Bei der Mitverursachung des haftungsbegründenden Ereignisses (§§ 254 Abs. 1 BGB, 846 BGB) oder einer Einschränkung des Anspruchs wegen Missachtung der Obliegenheiten zur Schadensminderung kann die quotierte Ersatzforderung gegen den Schädiger und die Haftpflichtversicherung grundsätzlich nach dem Differenzgedanken, über ein eingeschränktes oder uneingeschränktes Quotenvorrecht oder mit dem Prinzip der Relativität zwischen der verletzten bzw. der mittelbar geschädigten, anspruchsberechtigten Person und einem Drittleistungsträger aufgeteilt werden. ◀

1. Differenzlösung

1613 Bei Privatversicherten, bei Beamten, bei Versorgungsberechtigten und bei Arbeitnehmern im Fall der Entgeltfortzahlung wird mit einem Quotenvorrecht der beeinträchtigten Person im Innenverhältnis zwischen ihr und einem Versicherer[85], dem Dienstherrn[86] (§ 87a BBG, § 81a BVG[87]) oder dem Arbeitgeber (§ 6 Abs. 3 EFZG) abgerechnet. Der diesem Vorrecht zugrunde liegende Differenzgedanke rechtfertigt sich durch Fürsorgeerwägungen und mit nachrangigen Legitimationen im Versicherungsverhältnis wegen der Prämien für die versprochene Versicherungsleistung bei einer Grenze dann, wenn die verletzte Person wirtschaftlich bereichert werden würde.

1614 Das Quotenvorrecht verbleibt dem Beamten, auch wenn den vom Dienstherrn/ Versorgungsträger nicht gedeckte Teil des Schadens ein privater Krankenversicherungsträger ausgleicht und damit bei dem Beamten selbst keine wirtschaftliche Deckungslücke entsteht bzw. besteht. Die Zuerkennung des Quotenvorrechts will der *BGH*[88] nicht von der Zufälligkeit in der privaten Lebensgestaltung des Beamten abhängig machen. Bei Abschluss einer privaten Krankenversicherung kommt diese Lösung dem privaten Versicherungsträger als Schadensversicherer zugute.

1615 Die Differenzlösung (-methode, -theorie) bedeutet, dass die Verringerung des Schadensersatzanspruches wegen der Mithaftung (zum Grund) bei der Schadensberechnung zu Lasten der Teilersatzforderung des Leistungsträgers geht: Übersteigt die quotierte Ersatzforderung dem Betrag nach die Deckungslücke, wird diese Lücke der beeinträchtigten Person im vollen Umfang vom Schädiger ausgeglichen. Nur wenn wegen der Mithaft die quotierte Ersatzforderung unter dem Betrag der Deckungslücke liegt, ist der Ersatz- und Ausgleichsanspruch der beeinträchtigten Person nach dem Maß der Quotierung im Außenverhältnis eingeschränkt. Die Differenztheorie führt zudem dazu, dass die Minderung eines Ersatzanspruches wegen eines Obliegenheitsverstoßes nach § 254 Abs. 2 BGB primär den Leistungsträger belastet (Rn. 2334).

1616 Zu einem **Leistungsbegehren** des Neugläubigers ist die Aktivlegitimation zu verneinen, solange offen ist, ob die zur Verfügung stehende Haftungsmasse zur Deckung des persönlichen Schadens (des Deckungsschadens, der Deckungslücke) ausreicht.[89] Sind die Schadensteile der verletzten Person und des eintretenden Leistungsträgers noch nicht bezifferbar oder jedenfalls nicht abschließend zu übersehen, lassen sich zu einem **Feststellungsbegehren** des Leistungsträgers gegenüber der Schädigerseite Probleme wegen der Berechtigung und Verteilung vermeiden, wenn der Feststellungsausspruch zu Gunsten des Leistungsträgers einen Vorbehalt in Richtung auf das Vorrecht der verletzten Person aufnimmt. Hat die Schädigerseite geleistet und erfüllt, zeigt sich

---

85 Rechenbeispiele von *Lachner* in ZfS 1999, 184.
86 *BGH* NZV 1989, 268.
87 *OLG Hamm* NJW-RR 2002, 1322 = VersR 2003, 1591 = ZfS 2002, 475 = DAR 2002, 216.
88 VersR 1997, 1537 = NJW-RR 1998, 237 = ZfS 1998, 47 (anders Vorinstanz *OLG Schleswig* NZV 1997, 79); VersR 1998, 639 = NJW-RR 1998, 1103 = NZV 1998, 243 = DAR 1998, 351.
89 Zu § 116 Abs. 2 SGB X *OLG Düsseldorf* NZV 1996, 238 als Vorinstanz zu *BGHZ* 135, 170 = VersR 1997, 901 = NJW 1997, 1785.

Differenzlösung 3

aber im späteren Verlauf ein erhöhter Schadensteil bei der verletzten Person, der sie im Verhältnis zum Leistungsträger nach dem Differenzgedanken begünstigt und der die Ersatzpflicht des Schädigers nicht verändert, hat der Leistungsträger (nachträglich) den zuviel vereinnahmten Betrag der verletzten Person im Wege eines **Bereicherungsausgleichs** herauszugeben. Eine Rückübertragung vom Leistungsträger auf die Schädigerseite in Höhe der Zuvielforderung mit dem anschließenden zusätzlichen Ausgleich zwischen der Schädigerseite und der verletzten Person fordern weder das Bereicherungsrecht im Drei-Personen-Verhältnis noch das materielle oder (bei streitiger Entscheidung) formelle (sonstige) Recht. Erhöht sich in einer solchen Lage die Ersatz- und Leistungspflicht der Schädigerseite wegen der späteren Entwicklungen, greift der Differenzgedanke direkt bei dem Leistungsverlangen dazu durch.

Zum **Arbeitsverhältnis** ist das Vorrecht des Arbeitnehmers nicht relevant, weil und wenn während der Fortzahlung des Arbeitsentgelts kein restlicher Erwerbsschaden verbleibt, wie sich die Verteilungsfrage überhaupt nur bei einem offenen Schaden(steil) des Verletzten als Deckungslücke stellt. 1617

Berechnungsmodell: Aufteilung nach der Differenztheorie 1618

Kurzformel:

Ersatzforderung im Umfang der Haftung zu 100% abzüglich Drittleistung = Deckungslücke (-schaden) als Anspruchsteil der verletzten Person (begrenzt durch die Höhe des quotierten Ersatzanspruchs), also Anspruchsteil betroffene Person = Schaden abzüglich Leistung

Übergang des restlichen Teils des Ersatzanspruchs auf den Leistungsträger, also Anspruchsteil Leistungsträger = quotierte Ersatzforderung abzüglich Deckungslücke

Beispiel:

	Schaden	Drittleistung	Deckungsschaden
	3.472,00	– 2.000,00	= 1.472,00
Haftungsquote	70%		als Anspruchsteil der verletzten Person
Quotierte Ersatzforderung:	2.430,40		lässt in der Differenz offen 958,40 als Anspruchsteil des Leistungsträgers

Erläuterung: Nach dem Verteilungsprinzip der Differenztheorie entfällt innerhalb des quotierten Gesamtanspruchs zunächst auf die betroffene Person der Differenzbetrag zwischen ihrem Schaden und der Leistung (als ihrem ungedeckten Schadensteil, der Deckungslücke). Im nächsten Schritt ermittelt sich, soweit noch offene Forderungsanteile vorhanden sind, der Anspruchsteil für den Leistungsträger. Dafür ist von der quotierten Ersatzforderung der Anspruchsteil des Betroffenen abzuziehen. Die Kürzung des Anspruchs wegen der Mithaftung erfolgt für die betroffene Person also erst und bloß hinsichtlich des Gesamtanspruchsteils, d. h. im Ergebnis, wenn der Deckungsschaden die quotierte Ersatzforderung noch übersteigt. Im Übrigen wird die Kürzung wegen der Mithaftung intern dem Anspruchs(teil) des Leistungsträgers zugewiesen. Bei einem bloß kongruenzbezogenen Vorrecht des Verletzten erfolgt anders als bei dem uneingeschränkten Differenzvorrecht die Kürzung wegen der Mithaftung zu Lasten des Verletzten bei den nicht bevorrechtigten einzelnen Schadenspositionen bzw. -arten und zwar in gleicher Weise wie zur Berechnung der quotierten Ersatzforderung, wenn und weil eine interne Verschiebung (mit einer Entlastung des Verletzten) gar nicht möglich ist bzw. ein Forderungsübergang (mit Nachrang) insofern nicht in Frage steht.

1619 Berechnungsformeln:

	A	B	C	D	E	F
1	**Anspruchsart, -gruppe** [s. Rn. 52 ff.]	Schadensberechnung [hier ohne gesonderte Trennung zwischen Rente und Kapital, wozu freilich jeweils die Regeln zur Aufteilung zu beachten sind]			kongruente Drittleistung	Deckungslücke, -schaden der verletzten Person
2		Betrag	(ggfs.) spezifische Haftungsquote	Quotierte Ersatzforderung		
3	Gesundheits-, Mehrbedarfsschaden oder Erwerbsschaden			=B3*C3		=B3-E3
4	anderer (Vermögens-) Folgeschaden			=B4*C4		=B4
5	Schmerzensgeld		[beachte Rn. 2862]	=B5		=B5
6	Summen	=SUMME (B3:B5)		=SUMME (D3:D5)		=SUMME (F3:F5)

1620 Die Anspruchsaufteilung bei Bestehen eines vollen Vorrechts der verletzten Person und die Anspruchsaufteilung bei Annahme eines – bloß – kongruenzbezogenen Vorrechts der verletzten Person zeigt die Onlineversion, die eigene Berechnungen ermöglicht.

1621 Die modifizierte Differenztheorie trennt bei der Kaskoversicherung zwischen den zu Gunsten des versicherten Geschädigten quotenbevorrechtigten und nicht quotenbevorrechtigten Rechnungselemente zum Sachschaden.[90] Der Geschädigte ist nur bis zur Obergrenze des kongruenten Fahrzeugschadens (Rn. 1589) im Verhältnis zu seinem Versicherer bevorrechtigt. Begünstigt in diesem Sinn ist der Geschädigte innerhalb des versicherten Risikos zur Reparatur oder Ersatzbeschaffung und zwar bezogen auf den gesamten unmittelbaren Sachschaden, also auch, soweit sich der Leistungsbereich der Vollkaskoversicherung darauf nicht bezieht.

1622 Dies betrifft:
- die Selbstbeteiligung;
- Abzüge neu für alt, soweit diese ausschließlich im Kaskorecht wurzeln;
- Wertminderung/Minderwert;
- Abschleppkosten;
- Sachverständigenkosten.

1623 Auf Sachfolgeschäden (Anwaltskosten, Fahrtauslagen, Mietwagenkosten, Nutzungsentschädigung, Prämiennachteile, Ummeldekosten, Unkostenpauschale) und Ladungsschäden erstreckt sich das Vorrecht des Geschädigten nicht. Diese Schäden kann der Geschädigte nach Maßgabe der Haftungsquote (ohne Forderungsübergang) gegenüber dem Schädiger verfolgen.

1624 Die Differenztheorie kommt im Einzelfall einem **haftpflichtversicherten Schädiger** zugute beim Innenausgleich mit einem weiteren Schädiger als Gesamtschuldner, wenn zu verteilende Schäden innerhalb des versicherten Wagnisses liegen.

---

90 S. dazu u. a. *Kirchhoff* in MDR 2004, 1397 ff.

Berechnungsvorschlag und -beispiel: 1625

– ohne Berücksichtigung einer Selbstbeteiligung –

	Innenanteil	Deckungs-summe für Schädiger 1	Deckungslücke für Schädiger 1
Gesamtschuld	1.800.000,00		
Innenanteile:			
Schädiger 1	2/3		
Schädiger 2	1/3		
Schädiger 1	1.200.000,00	1.000.000,00	200.000,00
			als Anspruchsteil des Schädigers 1 gegen Schädiger 2 lässt offen zum
Schädiger 2	600.000,00		Ausgleichsanspruch gegen Schädiger 2 400.000,00
			für den Haftpflichtversicherer des Schädigers 1 gegen Schädiger 2

2. Quotenvorrecht bei sozialversicherten Personen

Bei Schadensfällen vor dem 1.7.1983 war zu Lasten sozialversicherter Personen das Quotenvorrecht des Sozialversicherungsträgers zu beachten (absolute Theorie, § 1542 RVO a. F., § 127 AFG a. F., § 90 BSHG a. F.). 1626

Gem. § 116 Abs. 2 SGB X hat die versicherte Person in Fällen gesetzlicher **Haftungshöchstbeträge** wegen des ihr nicht ersetzten Teils des Schadens bei ausschließlicher Haftung nach den entsprechenden Normen (uneingeschränkten) Vorrang vor dem Sozialleistungsträger. Das Vorrecht gilt wegen des Schutzzwecks der Norm **zum gesamten Schaden**[91], jedoch nicht, wenn die Haftung darüber hinaus durch eine Mithaftung begrenzt ist; näher s. Vorauflage mit Berechnungsmöglichkeiten. 1627

Gem. § 116 Abs. 5 SGB X kommt es, wenn der Sozialleistungsträger nach dem Haftungsereignis wirtschaftlich **nicht höher belastet** ist als vorher (z. B. bei der Witwenrente statt der Altersrente), zu einem Vorrecht der betroffenen Person im Innenverhältnis, Rn. 3447. 1628

3. Relative Anspruchsaufteilung

Der unmittelbare Zugriff auf den Ersatzanspruch im Moment des Schadensereignisses (bei Anspruchsentstehung) unter Gewährung eines sicheren Leistungsanspruches verträgt sich nicht mit einem Differenzgedanken. Gem. § 116 Abs. 3 Satz 1 SGB X ist bei einer Mithaftung der Schadensersatzanspruch stattdessen verhältnismäßig zwischen der betroffenen Person und dem Sozialleistungsträger aufzuteilen, auch bei Haftungshöchstbeträgen, Abs. 3 Satz 2. 1629

▶ Das Prinzip der Relativität stellt für die Anspruchsteile im Außenverhältnis auf das Verhältnis zwischen dem ungedeckten Schadensteil bzw. der Leistung einerseits und dem Schaden andererseits ab. Dadurch wird die quotierte Schadensersatzforderung gleichmäßig verteilt zwischen der anspruchsberechtigten (verletzten oder mittelbar geschädigten) Person und dem Leistungsträger. Es entstehen gleichrangige Forderungs-, Anspruchsanteile (Teilforderungen). Manche sprechen von einem relativen Quotenvorrecht. ◀ 1630

---

91 *BGHZ* 135, 170 = VersR 1997, 901 = NJW 1997, 1785 nach *OLG Düsseldorf* NZV 1996, 238.

3 Einfluss einer Mithaftung auf die Durchsetzbarkeit des Anspruchs

1631 Dieses Konzept setzt – anders als bei § 116 Abs. 2 SGB X – nur kongruente Leistungen, Schadenspositionen und Schäden in Bezug. Zu Anspruchsarten, auf die keine Drittleistungen entfallen, verbleibt der betroffenen Person der quotierte Ersatzanspruch.

1632 **Berechnungsmodell und Berechnungsformel:**

Regeln der relativen Anspruchsaufteilung
- Der Sozialleistungsträger erhält den Ersatzanspruch in Höhe der Haftungsquote seiner Leistung, zu der der Forderungsübergang eröffnet ist.
- Die betroffene Person darf auf die Haftungsquote aus dem ihr verbliebenen Restschaden (Schaden abzüglich Sozialleistung gleich Differenzschaden gleich Deckungslücke gleich ungedeckter Schadensteil) zugreifen.

a) Anspruchsteil Leistungsträger

$$\text{Quotierte Ersatzforderung} \times \frac{\text{übergangsfähige Leistung}}{\text{Schaden}}$$

$$= \text{Übergangsfähige Leistung} \times \frac{\text{quotierte Ersatzforderung}}{\text{Schaden}}$$

$$= \text{Übergangsfähige Leistung} \times \text{Haftungsquote}$$

b) Anspruchsteil betroffene Person

$$\text{Quotierte Ersatzforderung} \times \frac{\text{ungedeckter Schadensteil (Deckungslücke)}}{\text{Schaden}}$$

$$= \text{Deckungslücke} \times \text{Haftungsquote}$$

1633

	Schaden:	abzgl.	**Leistung:**	ergibt	**Lücke:**
	3.472,00		2.000,00		1.472,00
	wird bei		wird bei		wird bei
Haftungsquote	70%		70%		70%
	zu		zu		zu
Quotierte Ersatzforderung	2.430,40	darin:	1.400,00	und	1.030,40
			als **Anspruchsteile**		
			des **Leistungsträgers**	und	der **betroffenen Person**

Erläuterung: Bei diesen (fiktiven) Werten hat der Schädiger 30% des Schadens (also 1.041,60) nicht zu ersetzen. Die betroffene Person erhält durch die Sozialleistung und die ihr gegen den Schädiger verbliebene Ersatzforderung insgesamt (2.000,00 zuzüglich 1.030,40 =) 3.030,40. Wirtschaftlich bleiben für die betroffene Person gegenüber dem Gesamtschadensbetrag (3.472,00) ungedeckt 441,60. Der weitere Betrag der Mithaft (der Eigenanteil in Höhe von 600,00) wird dem Leistungsträger zugewiesen. Dessen Anspruchsteil (zu der eigenen Leistung) reduziert sich entsprechend. Die Berechnungsformel Rn. 1647 ist geeignet, auch diesen Grundfall der Anwendung der relativen Theorie für alle Zahlengrößen wiederzugeben, wobei dann dort in der Zelle für „anzurechnende Einkünfte" mit „0" zu rechnen ist.

 1634 *Die Berechnungsformel bei mehreren Anspruchs-, Schadensarten (-gruppen) zeigt die Onlineversion, die eigene Berechnungen ermöglicht.*

1635 ▶ Jeder Ersatzanspruch ist im Verhältnis zum Schädiger (d.h. im „Außenverhältnis") durch den Betrag der quotierten Forderung begrenzt, wie es die Relation wahrt, wenn und soweit die kongruente Leistung nicht den Schaden übersteigt. Ist die Leistung jedoch höher als der Schaden, ist aus Rechtsgründen keine (Innen-)Verteilung vorzunehmen. Dann ist der Leistungsträger allein berechtigt bis zur Grenze durch die quotierte Forderung. Auf dementsprechend eingrenzende Formeln ist (rechnerisch und in der logischen Verknüpfung) wegen der klaren Rechtslage zur Vereinfachung hier verzichtet worden. ◄

Aufteilung des Ersatzanspruches bei auf eine Sozialleistung anzurechnenden Einkünften

Ist auf die nach dem Haftungsereignis zu beanspruchende Sozialleistung (z. B. eine Hinterbliebenenrente) im Innenverhältnis ein eigenes **Einkommen** (z. B. der Witwe, des Witwers, einer Waisen) **anzurechnen**, kommt es zu zusätzlichen Problemen: Der Gleichklang der Reduzierung im Außenverhältnis durch die Haftungsquote und die Korrespondenz zwischen Schaden – Leistung = Lücke und sodann Quotierte Ersatzforderung = gekürzte Leistung + gekürzte Lücke bzw. Quotierte Ersatzforderung – gekürzte Lücke = gekürzte (anteilige gesetzliche) Leistung ist gestört.

1636

	Schaden:	Leistungsanspruch:	Lücke:
	3.472,00	2.000,00	1.472,00
Haftungsquote	70%	interne Anrechnung 70%	
		−900,00	
		verbleibende Leistung:	
		= 1.100,00	
Ersatzforderung	2.430,40	1.030,40	
		zunächst verbleibender	Relativer Anspruchsteil
		Anspruchsteil	
		Leistungsträger	betroffene Person

1637

Wegen der Anrechnung (durch die Differenz) bleibt der Betrag von 300,00 zur Zuweisung bzw. Verteilung offen. In der Ausgangslage ohne Anrechnung (Rn. 1632) ist dieser Betrag dem Leistungsträger zuzuordnen gewesen. Welchen Einfluss die interne Anrechnung nimmt, hat der *BGH* bisher nicht entschieden. Eine ergänzende Aufteilung ist erforderlich. Denkmöglich sind: Verringerung? – Erhöhung?

Vorschläge zur Anpassung der Anspruchsteile

Haftung und Mithaftung haben mit dem eigenen Einkommen der betroffenen Person nichts zu tun. Die Anrechnung im Innenverhältnis beruht auf anderen Prinzipien als die (Mit-) Haftung im Außenverhältnis.

1638

Konsequent wird die relative Theorie fortgeführt, wenn die Haftungsquote zur Innenverteilung auf die verbleibende Leistung des Leistungsträgers und die sich dann (im Kontext und in Bezug auf den Schaden „relativ" zeigende) erhöhte Deckungslücke bezogen wird, z. B. wie folgt:

1639

	Schaden:	Leistung:	Lücke:
	3.472,00	2.000,00	1.472,00
Anrechnung eigener Einkünfte		900,00	
deswegen		**verbleibende**	**erhöhte**
		Leistung:	**Lücke:**
		1.100,00	2.372,00
Haftungsquote	70%	70%	70%
Quotierte Ersatzforderung	2.430,40	**Anspruchsteile**	
		770,00	**1.660,40**
		Leistungsträger	betroffene Person

1640 Wer so vorgeht, belässt der betroffenen Person von dem Schaden (im Vergleich zum Ausgangsbeispiel Rn. 1632) wirtschaftlich nicht gedeckt nur 711,60 (3.472,00 abzüglich 1.100,00 vom Leistungsträger abzüglich 1.660,40 vom Schädiger). Der wirtschaftlich selbst verbleibende Ausfall nimmt dabei (711,60 abzüglich 441,60) 270,00 als 30% (Mithaftung) von 900,00 (eigene Einkünfte) auf. Dass im Ergebnis die Mithaftungsquote auf das eigene, im Innenverhältnis anzurechnende Einkommen der betroffenen Person bezogen wird und sich dementsprechend der wirtschaftlich ungedeckte Betrag zu Lasten der betroffenen Person um die Mithaftquote auf das eigene Einkommen erhöhen soll, ist aber weder dem Haftungsrecht noch sozialversicherungsrechtlichen Prinzipien zu entnehmen. Dies könnte rechnerisch dadurch aufgefangen werden, dass der Anspruchsteil des Leistungsträgers um diesen Anteil weiter reduziert wird, führt jedoch zu weitgehender Ablösung des Berechnungskonzepts des Gesetzgebers. Rechnerisch könnte mittels einer relativen Berechtigung im Innenverhältnis nach dem Verhältnis der Gesamtsumme aus der wirklichen Leistung und der Deckungslücke bei an sich zustehender Leistung (im Beispiel: 1.100,00 zuzüglich 1.472,00 = 2.572,00) gegenüber der quotierten Ersatzforderung (im Beispiel: 2.430,40) korrigiert werden. Im Beispiel würde dies zu einer Kürzungsquote von 94,49% führen mit Anspruchsteilen von 1.039,44 für den Leistungsträger und von 1.390,96 für die betroffene Person. Dadurch würde eine Minderdeckung bei der betroffenen Person insofern nicht behoben (3.472,00 – 1.100,00 – 1.390,96 = 981,04), als ihr weiterhin die eigenen Einkünfte entgegengehalten werden. Vor allem würde der Berechnungsgang, den der Gesetzgeber vorgibt, weitgehend verlassen; s. die Berechnungsanregungen als Varianten I und II in Rn. 1641 und 1643. Ein rechnerischer Überschuss (Restbetrag von der quotierten Ersatzforderung) im Vergleich zwischen der quotierten Ersatzforderung einerseits und der relativen Anspruchsberechtigung der verletzten Person sowie der dem Leistungsträger verbliebenen Leistungshöhe muss wegen der Anspruchsgrenze für den Leistungsträger durch die eigene Belastung wirtschaftlich der betroffenen Person zugute kommen. Zeigt sich rechnerisch kein überschießender Betrag, verbleibt es insofern bei der relativen Berechtigung direkt und allein über die Haftungsquote. Dieses Prinzip geht ohne und mit Anrechnung im Innenverhältnis, bei voller oder eingeschränkter Haftung auf. Es führt dazu, dass die betroffene Person im Beispiel – nur – 2.430,40 erhält (1.100,00 vom Leistungsträger + 1.330,40 vom Schädiger) und die Differenz zum Gesamtschaden von 3.472,00 in Höhe von 1.041,60 (wie 30% als Mithaftung) durch die eigenen Einkünfte (900,00) sowie weitere 141,60 aufzufangen ist. Damit wird aber stets auf die Begrenzung der anteiligen Berechtigung des Leistungsträgers durch die reale wirtschaftliche Belastung mit der realen (gesetzlichen) Leistung geachtet. Im Übrigen zeigt sich kein wirkliches Vorrecht des Leistungsträgers in Abkehr von der relativen Theorie, sondern nur die wirtschaftlich den Leistungsträger begünstigende Folge der sozialversicherungsrechtlichen Entscheidung, dass die betroffene Person eigenes Einkommen einzusetzen hat. Aus diesem Grund wird hier die Anspruchsaufteilung im Sinne der Berechnungsabfolge, wie in Rn. 1647 (mit Berechnungsmöglichkeit in Rn. 1648) wiedergegeben, für zutreffend gehalten.

1641 **Berechnungsanregungen: Denkbare** (hier nicht für überzeugend gehaltene) **Veränderungen der relativen Theorie zu Gunsten der betroffenen Person**

Berechnungsvariante I:

	Schaden:	kongruenter Leistungsanspruch:	Lücke:	
	2.000,00	**1.000,00**	1.000,00	
		anzurechnende Einkünfte:		
		600,00		
		verbleibende Leistung:	erhöht:	
		400,00	1.600,00	
Haftungsquote		**50%**	50%	50%
		Anspruchsteil Leistungsträger:	Anspruchsteil betroffene Person:	Betroffene Person erhält insgesamt vom Leistungsträger und vom Schädiger:
Quotierte Ersatzforderung	1.000,00	200,00	800,00	1.200,00
			ungedeckt:	800,00

Die Onlineversion ermöglicht eigene Berechnungen.

Berechnungsvariante II:

	Schaden:	kongruenter Leistungsanspruch:	Lücke:	
	2.000,00	**1.000,00**	1.000,00	
		anzurechnende Einkünfte:		
		600,00		
		verbleibende Leistung:		
		400,00		
Korrekturfaktor zur Innenverteilung		71,43%	71,43%	
Haftungsquote		**50%**		
		Anspruchsteil Leistungsträger:	Anspruchsteil betroffene Person:	Betroffene Person erhält insgesamt vom Leistungsträger und vom Schädiger:
Quotierte Ersatzforderung	1.000,00	285,71	714,29	1.114,29
			ungedeckt:	885,71

Die Onlineversion ermöglicht eigene Berechnungen.

1645 **Berechnungsformel zur Berechnungsvariante I, Rn. 1641:**
Die Erläuterungen in Rn. 1636 ff. und der nicht gleichwertige weitere, aber überzeugendere Lösungsvorschlag (Rn. 1647) sind zu beachten.

	A	B	C	D	E
1					
2		**Schaden:**	**kongruenter Leistungsanspruch:**	**Lücke:**	
3				=WENN((B3-C3)>0;B3-C3; „kein offener Schadensteil")	
4			anzurechnende Einkünfte:		
5					
6			**verbleibende Leistung:**	**erhöht:**	
7			=C3-C5	=B3-C7	
8	Haftungsquote		=B8	=B8	
9			Anspruchsteil Leistungsträger:	Anspruchsteil betroffene Person:	*Betroffene Person erhält insgesamt vom Leistungsträger und vom Schädiger:*
10	Quotierte Ersatzforderung	=B3*B8	=C7*C8	=D7*D8	=C7+D10
11					
12				*ungedeckt:*	=B3-E10

Berechnungsformel zur Berechnungsvariante II, Rn. 1643: 1646

	A	B	C	D	E
14		Schaden:	kongruenter Leistungsanspruch:	Lücke:	
15		=B3	=C3	=WENN((B15-C15)>0;B15-C15; „kein offener Schadensteil")	
16			anzurechnende Einkünfte:		
17			=C5		
18			verbleibende Leistung:		
19			=C15-C17		
20	Korrekturfaktor zur Innenverteilung		=B23/(C19+D15)	=B23/(C19+D15)	
21	Haftungsquote	=B8			
22			Anspruchsteil Leistungsträger:	Anspruchsteil betroffene Person:	*Betroffene Person erhält insgesamt vom Leistungsträger und vom Schädiger:*
23	Quotierte Ersatzforderung	=B15*B21	=C19*C20	=D15*D20	=C19+D23
24					
25				*ungedeckt:*	=B15-E23

1647 **Berechnungsvorschlag und -formel (Variante III):**
Die nicht gleichwertigen weiteren Lösungsvorschläge (Rn. 1641 bis 1646) werden hier nicht für überzeugend gehalten.

	A	B	C	D	E
1		Schaden:	kongruenter Leistungsanspruch:	Lücke:	
2				=WENN((B2-C2)>0;B2-C2;„kein offener Schadensteil")	
3	Haftungsquote		anzurechnende Einkünfte:	=B3	
4				=WENN (D2=„kein offener Schadensteil";0;D2*D3)	
5			verbleibende Leistung:	Zuzüglich	
6			=C2-C4	=WENN((B8-D4-C8)>0;B8-D4-C8;0)	
7			Anspruchsteil Leistungsträger:	Anspruchsteil betroffene Person insgesamt:	Betroffene Person erhält insgesamt vom Leistungsträger und vom Schädiger:
8	Quotierte Ersatzforderung	=B2*B3	=WENN(C6<B 8-D4;C6;B8-D4)	=WENN((B8-C8)>0;B8-C8;0)	=C6+D4+D6
9				wie Summe:	ungedeckt:
10				=D4+D6	=B2-E8
11					Betrag der Mithaftung:
12					=B2-B8

1648 *Die Onlineversion ermöglicht eigene Berechnungen.*

1649 Wirkt sich nach den überkommenen Grundsätzen der höchstrichterlichen Rechtsprechung im Außenverhältnis beim Unterhaltsschaden nicht die Haftungsquote und eine Ersparnis (ein Vorteil) aus, sollte die Relativität konsequent fortgeführt werden (Rn. 3452).

1650 Auf die Folgen der Verletzung der **Schadensminderung** geht § 116 Abs. 3 Satz 1 SGB X nicht ausdrücklich ein. Dazu muss aber entsprechendes angenommen werden.

Mithaftung und Haftungshöchstbetrag

1651 In den Fällen des § 116 Abs. 3 Satz 2 SGB X, die also zugleich Fälle des § 116 Abs. 2 SGB X sind, weil die Anspruchsbegrenzung wegen eines Mitverschuldens und die Beschränkung wegen eines Haftungshöchstbetrags zusammentreffen, ist die verletzte Person weniger schützenswert als bei der alleinigen Anspruchsbeschränkung durch einen Höchstbetrag. Denn sie hat zur Entstehung des

Schadens in zurechenbarer Weise selbst beigetragen. Deshalb ist nach Ansicht des *BGH*[92] die relative Theorie fortzuführen. Im Ergebnis erfolgt eine anteilige Kürzung in dem Maß, wie es dem Verhältnis der Ansprüche der verletzten Person zu denen des Sozialleistungsträgers bzw. der beteiligten Sozialleistungsträger entspricht. Wenn bei einer einheitlichen Haftungsquote zum abrechnungsfähigen Schaden die Haftungsquote über der Kürzungsquote im Außenverhältnis bei 100%-Haftung liegt, bedeutet dies (weil die Summe der Ausgangsanteile des Leistungsträgers und der verletzten Person den Schaden umschließt), dass dann, wenn zugleich die Haftungsquote die Kürzungsquote im Außenverhältnis bei 100%-Haftung übersteigt, allein diese Kürzungsquote die Innenaufteilung bestimmt und zwar bezogen auf den Leistungsanteil des Sozialleistungsträgers bzw. den ungedeckt gebliebenen Schadensteil der verletzten Person. Bei der Schadensberechnung zu mehreren Anspruchsarten, Renten- und Kapitalansprüchen ist eine komplexe Berechnung durchzuführen, Rn. 1619 und Rn. 1632. Denn während das Aufteilungskriterium bei Höchstbeträgen den gesamten Schaden erfasst, Rn. 1627, erstreckt sich die Aufteilung nach der relativen Theorie ausschließlich auf die kongruenten Leistungen und Anspruchsteile. Dies weist zugleich aus, dass die Rechtsprechung des *BGH* problematisch und in sich nicht wirklich konsequent ist. Im Einzelfall wird der Anspruch der verletzten Person dadurch über die Mithaftungsquote hinaus gekürzt (nach der Kürzungsquote im Außenverhältnis), obwohl das Gesetz bei der Kürzung wegen des Höchstbetrages eine solche Aufteilung und Verschlechterung im Verhältnis zum Sozialleistungsträger gerade ausgeschlossen hat. Vermeiden lässt sich dies durch eine (rechnerische) Kombination zur Innenaufteilung, also der Innenaufteilung im Sinne der Relativität nur zu kongruenten Elementen des Gesamtanspruchs. Der *BGH* akzeptiert eine solche Berechnungsweise jedoch bisher nicht, Rn. 1630, 1635. Auf das in der Vorauflage vorgeschlagene Berechnungsmodell wird Bezug genommen.

Sozialhilfebedürftigkeit

§ 116 Abs. 3 Satz 3 SGB X will verhindern, dass eine betroffene Person infolge des Forderungsübergangs und der Aufteilung der Schadensersatzforderung sozialhilfebedürftig wird. Der Forderungsübergang wird deswegen ausgeschlossen, wenn die geschädigte Person durch den Forderungsübergang und angesichts der ihr zufließenden Leistung zuzüglich des Forderungsanteils nach der relativen Theorie des § 116 Abs. 3 Satz 1 SGB X gegenüber der Lage vor dem haftungsbegründenden Ereignis mit den dann ausgefallenen Barmitteln hilfsbedürftig werden würde oder die Bedürftigkeit verstärkt wird. Statt auf die relative Theorie ist dann inhaltlich mit auf die Aussage der Differenztheorie abzustellen bei einer auflösenden Bedingung zum Forderungsübergang. **1652**

Tritt die Sozialhilfebedürftigkeit aus anderen Gründen als dem Übergang der Forderung ein und fehlt es an der bezeichneten Kausalverknüpfung, gilt § 116 Abs. 3 Satz 3 SGB X nicht. So verhält es sich[93], wenn der Ersatzanspruch zwar im Unfallzeitpunkt auf den Sozialhilfeträger übergeht, aber der geschädigten Person die Einziehungsermächtigung zusteht (als abgespaltenes Gläubigerrecht mit der Sachlegitimation, Leistung an sich selbst zu verlangen). Dem Prinzip des Nachrangs der Sozialhilfe muss uneingeschränkt Rechnung getragen werden, ohne dass der betroffenen Person wirtschaftliche Vorteile verschafft werden dürfen. **1653**

Die veränderte Aufteilung der Ersatzforderung ist nach oben zugunsten der betroffenen Person durch den im Einzelfall maßgebenden Sozialhilfebedarfssatz (Mindestbedarf) begrenzt. Ist dieser gedeckt durch die Leistung des Sozialleistungsträgers, ggfs. zuzüglich des nach der relativen Theorie verbleibenden Teilanspruches gegen den Schädiger, darf es zu keiner Verschiebung der Anspruchsteile kommen, weil der Grund für die Ausnahmenorm entfällt. **1654**

Die Berechnungsformel zur Anspruchsaufteilung bei Sozialhilfebedürftigkeit zeigt die Onlineversion. **1655**

---

92 *BGH* NJW 2001, 1214 = VersR 2001, 387 = r+s 2001, 151 = DAR 2001, 157 zu einer quotierten Ersatzforderung in Höhe von (1.443.201,28 DM x 50% =) 721.600,64 DM, dem Regressanspruch in Höhe von 331.806,38 DM und der Deckungslücke in Höhe von 389.794,26 DM.
93 *BGHZ* 133, 129 = VersR 1996, 1126 = NJW 1996, 2508.

V. Realisierungsvorrang

1656 Nach § 116 Abs. 4 SGB X[94] hat bei **begrenzter Haftungsmasse**, d.h. dem aus tatsächlichen, wirtschaftlichen Gründen eingeschränkten Schadensausgleich, die versicherte, betroffene Person Vorrang (Vorrecht bei begrenzten Vollstreckungsmöglichkeiten). Es besteht ein Befriedigungsvorrecht zugunsten des Altgläubigers (der verletzten Person oder den anspruchsberechtigten Hinterbliebenen) mit dem verbliebenen Anspruchsteil im konkurrierenden Verhältnis zu dem erwerbenden Neugläubiger (dem Sozialleistungsträger) nach dem allgemeinen Rechtsgedanken in §§ 268 Abs. 3 Satz 2, 426 Abs. 2 Satz 2, 774 Abs. 1 Satz 2 BGB. § 116 Abs. 4 SGB X ist auch anzuwenden, wenn der Anspruch der verletzten Person wegen eines Mitverschuldens gekürzt ist, der quotierte Ersatzanspruch aber aus wirtschaftlichen Gründen nicht voll durchzusetzen ist. Auf den Zeitpunkt einer tatsächlichen Leistungsunfähigkeit des Schädigers (Schuldners) kommt es angesichts des Sinn und Zwecks der Norm – nach der hier vertretenen Ansicht – nicht an. Der Schädigerseite gibt § 116 Abs. 4 SGB X kein Leistungsverweigerungsrecht gegenüber dem Sozialleistungsträger.

1657 Trotz des Bezugs zu § 116 Abs. 1 SGB X ist nicht nur der kongruente Schaden einbezogen, sondern der gesamte Schaden. Das Vorrecht ist nach dem Schutzgedanken der Norm also unbegrenzt.[95] Es ist auf die Deckung aller Nachteile in allen Schadensgruppen zu erstrecken.

1658 Zu einer solchen Situation kann es trotz Haftpflichtversicherungsschutzes bei unzureichender Haftpflichtsumme bzw. begrenzter Deckungssumme kommen. Macht der Verletzte im Haftpflichtprozess das Befriedigungsvorrecht gegenüber dem Einwand der nicht ausreichenden Versicherungssumme geltend, ist zu beachten, dass zunächst die anteilige Kürzung aller Forderungen erfolgt und dann das Vorrecht gilt, das aber nicht schon die Verteilung der Versicherungssumme hindert[96]; Rn. 807.

VI. Teilungsabkommen

1659 Ein Teilungsabkommen wird verschiedentlich als vorweggenommener (Rahmen-) Vergleich verstanden.

1660 Inhaltlich formt ein Teilungsabkommen den Anspruch eines Leistungsträgers als vertraglichen Aufwendungsausgleich um. Auf die Höhe eines Regressanspruchs aus § 116 SGB X kommt es nicht an. Darauf darf der Leistungsträger nicht zugreifen; zum Limit Rn. 1667.

1661 Das Teilungsabkommen, das seinem Wortlaut nach nicht im Fall eines Haftungsausschlusses nach §§ 636, 637 RVO anzuwenden (gewesen) ist, ist auch nicht bei einer Haftungsfreistellung i. S. d. entsprechenden Normen des SGB VII anzuwenden, unbeschadet einer weitergehenden Fassung dieser Normen.[97]

1662 Zugunsten des Schädigers als Drittbegünstigtem, § 328 BGB, schließt das Teilungsabkommen eine **Stillhalteverpflichtung** ein. Auf die direkte Inanspruchnahme des Schädigers verzichtet der Leistungsträger als Abkommenspartner (pactum de non petendo zum Regressanspruch). Dies gilt für den Anspruch unter einem vereinbarten Limit bzw. jedenfalls bis zum Erreichen der Deckungssumme; zur beschränkten Gesamtwirkung Rn. 1485 ff.

---

94 Zum früheren Recht *BGH* VersR 1979, 30 = NJW 1979, 271.
95 Vgl. *BGHZ* 135, 170 = VersR 1997, 901 = NJW 1997, 1785.
96 *BGH* NJW-RR 2003, 1461 = VersR 2003, 1295 = NZV 2003, 521 = DAR 2003, 555 = ZfS 2003, 589.
97 *OLG Schleswig* r+s 2006, 306.

Pauschalsätze kommen vor. **Abkommensquoten** (Teilungsquoten) betragen zwischen 40% und 60%, z. B. 55% für Kraftfahrzeugunfälle sowie andere Verkehrsbereiche und 45% für sonstige Schadensfälle oder/und mit speziellen Quoten für gestörte Gesamtschuldverhältnisse bei Geltung von §§ 104, 105 SGB VII oder § 116 Abs. 6 SGB X (Rn. 1592 ff.). Wird zwischen Verschuldenshaftung z. B. mit einer 50% Quote und Gefährdungshaftung z. B. mit einer 60% Quote getrennt, muss zur Einordnung die schlüssige Darstellung eines Falles der Gefährdungshaftung genügen, wenn zugleich die Verschuldenshaftung in Betracht kommt, wobei es bedeutungslos bleibt, ob auf die Prüfung der Haftungsfrage verzichtet ist. Der Sozialleistungsträger muss bei alledem in Bezug auf die Erledigung einer großen Zahl von Schadensfällen so gestellt sein, als ob jeweils im Einzelfall nach Sach- und Rechtslage abgerechnet wird/worden wäre. Entspricht die Vereinbarung dem nicht, sind §§ 30, 76 Abs. 2 SGB IV verletzt, weil nur in begründeten Einzelfällen auf Ansprüche verzichtet werden darf; zum Regressverzichtsabkommen Rn. 1435.

1663

Das Teilungsabkommen zwischen einem Sozialleistungsträger und einem Haftpflichtversicherer ist allein auf das **Außenverhältnis** zwischen ihnen gerichtet. Eine zusätzliche Regulierung zu Gunsten des Sozialleistungsträgers mit der Verfolgung von Ansprüchen gegen weitere Gesamtschuldner ist ausgeschlossen, soweit es wegen der Zahlung auf das Teilungsabkommen an einer offenen (Gesamt-) Schuld fehlt. Der Sozialleistungsträger hat bei einer weiteren Durchsetzung von Ansprüchen im Außenverhältnis kraft Vertragstreuepflicht darauf zu achten, dass sein Abkommenspartner durch einen Innenausgleich mit anderen vom Sozialleistungsträger in Anspruch genommenen Gesamtschuldnern nicht stärker belastet wird, als es der Abkommensquote entspricht. Kommt es dazu dennoch, hat der Sozialleistungsträger seinen Abkommenspartner so zu stellen, wie dieser bei Abrechnung nach dem Abkommen (ohne Innenausgleich) stehen würde, § 280 BGB. Die Ansicht, die den vollen Regress gegen weitere Gesamtschuldner zulässt, übergeht die vertragliche Treue- und Schonungspflicht des Sozialleistungsträgers und die schuldrechtliche Erfüllungswirkung. Zu empfehlen ist eine klare Klausel im Teilungsabkommen, die Verfolgung eines Ersatzanspruchs gegen Dritte zu unterlassen, soweit dadurch eine Mehrbelastung des Abkommenspartners oder/und des bei ihm Versicherten bewirkt wird.

1664

Es entspricht dem Wesen und Sinn eines Teilungsabkommens, den **Innenausgleich** zwischen mehreren auf Schädigerseite beteiligten Haftpflichtversicherern für sich gesehen im Prinzip so durchzuführen, wie dann, wenn kein Teilungsabkommen eingreift.[98] Hat einer von zwei gesamtschuldnerisch haftenden Haftpflichtversicherern dem Sozialleistungsträger einen Teil des Aufwands ersetzt, soll der andere Haftpflichtversicherer deswegen den seiner Haftungsquote entsprechenden Anteil zu erstatten haben[99]; beachte aber auch Rn. 1485.

1665

An einem Verteilungsverfahren nimmt ein Sozialleistungsträger neben dem Verletzten u. U. nur mit der durch die in einem Teilungsabkommen vereinbarten Teilungsquote als mit einem im Vergleich zu dem nach § 116 SGB X übergegangenen Anspruch verringerten Anspruch teil[100], der dann auf die danach geltende Quote herabgesetzt wird. Bei später erforderlicher Korrektur der Verteilung ist ein (vertraglicher) Erstattungsanspruch des Versicherers gegen den Sozialleistungsträger vorstellbar. Der aufgrund eines Teilungsabkommens ermittelte Anspruch, der den nach der Sach- und Rechtslage ermittelten und berechneten, übergegangenen Anspruch des Sozialleistungsträgers übersteigt, kann nach der hier vertretenen Ansicht weder der verletzten Person noch anderen Gläubigern entgegengehalten werden, weil andernfalls auf einen Vertrag zu Lasten Dritter abgestellt werden würde.

1666

Das **limitierte Teilungsabkommen** begrenzt die Haftung nicht, weil oberhalb der Höchstgrenze (des Limits) nach Rechtslage – ggfs. unter Beachtung einer Mitverschuldensquote – abzurechnen ist, wenn und soweit nichts anderes vereinbart ist (vgl. Rn. 3132). Rechnungsgröße innerhalb des Limits sind in aller Regel die Aufwendungen (Leistungen) des Sozialleistungsträgers. Die Wieder-

1667

---

98 *BGH* VersR 1978, 843.
99 *OLG Stuttgart* NZV 1989, 112.
100 *BGH* VersR 1985, 1054 = r+s 1985, 272 = ZfS 1986, 13.

erkrankung (Rn. 76) ist – nach der jeweiligen Vertragsregelung meist – ein neuer Schadensfall, kann also wiederholt das Limit nutzen lassen.

1668 § 116 Abs. 9 SGB X lässt die Vereinbarung einer Pauschalierung der Ersatzansprüche zu. Davon ist vielfach in Teilungsabkommen zwischen Haftpflichtversichern und Sozialversicherungsträgern Gebrauch gemacht; Rn. 205. Das Teilungsabkommen hat als gegenseitiger Vertrag bzw. Vergleich mit Wirkung zwischen den Abkommenspartnern Dauerschuldcharakter mit der Verjährung nach Vertragsrecht. Einerseits geht es um die vertragliche, aufschiebend bedingte selbstständige, unmittelbare Zahlungspflicht des Haftpflichtversicherers und andererseits eine Schonungspflicht und einen teilweisen Verzicht des Sozialleistungsträgers im Einzelfall. Auszulegen ist ein solches Abkommen gem. §§ 133, 157 BGB unter Berücksichtigung der Interessen der Vertragspartner und der Verkehrssitte sowie dem Sinn und Zweck. Teilungsabkommen können auch zu anderen als nach § 116 Abs. 1 SGB X übergehenden bzw. übergegangenen Ansprüchen abgeschlossen werden, z. B. für Ansprüche i. S. d. § 110 SGB VII.

1669 Treffen ein übergegangener Anspruch und ein eigener öffentlich-rechtlicher Anspruch des Leistungsträgers (z. B. gegen den Kassenarzt bei einem Behandlungsfehler) zusammen, erstreckt sich das Teilungsabkommen mit dem Haftpflichtversicherer regelmäßig darauf.[101] Eine Wiedererkrankung nach Kündigung eines Teilungsabkommens kann noch nach dem Abkommen abzuwickeln sein, weil und wenn der Schadensfall während der Geltung des Abkommens eingetreten ist.

1670 Wird in dem Teilungsabkommen auf die **Prüfung** der **Haftung** bzw. Haftungs-, Haftpflichtfrage bzw. Rechtslage **verzichtet**, ist der Haftungsgrund einschließlich eines etwaigen Mitverschuldens nicht zu klären, ohne dass es an der Aktivlegitimation des Sozialversicherungsträgers fehlen darf. Unerheblich bleiben also ein gesetzlicher Haftungsausschluss und/oder ein rechtsgeschäftlicher Haftungsverzicht sowie die Verjährung eines Schadensersatzanspruchs. Ist eine vorsätzliche Schadensverursachung ausgenommen, geht es insofern um die Frage nach einem Verhalten mit natürlichem Vorsatz.

1671 Nach dem üblichen Sprachgebrauch im Rechtsverkehr zwischen Versicherern ist der Begriff „Schadenfall" in einem Teilungsabkommen im Zusammenhang mit dem versicherten Wagnis zu verstehen.[102]

1672 Partnern eines Teilungsabkommens ist es unbenommen, den Ausschluss der Prüfung der Haftungsfrage und damit den Rationalisierungseffekt des Teilungsabkommens zu beschränken, z. B. zu Zweifelsfällen dahin, dass der Ursachenzusammenhang zwischen dem Schadensfall und den Aufwendungen für den Krankheitsfall dann (doch) nachgewiesen werden muss.[102]

1673 Ist nur auf die Prüfung der **Schuldfrage** verzichtet, müssen die anderen Merkmale des Haftungsgrundes positiv festgestellt werden. Wird die Regulierung zu einem Schadensfall (mit einer unbeweglichen Sache) von einem objektiv ordnungswidrigen Zustand und davon abhängig gemacht, dass sich das Schadensereignis im Zusammenhang mit dem objektiv ordnungswidrigen Zustand ereignet hat, ist Fragen des objektiv ordnungswidrigen Zustandes und eines innerer Zusammenhangs nachzugehen.[103]

1674 Bezogen auf die Frage nach der **Übergangsfähigkeit** wird in Teilungsabkommen verschiedentlich abgestuft: Dann ist bis zu einem (kleinen) Grenzbetrag selbst ein an sich nicht übergangsfähiger Aufwand mit der vereinbarten Quote auszugleichen. Bis zu einem weiteren (großen) Grenzbetrag ist dann ggfs. auf den übergangsfähigen Aufwand abzustellen, während darüber hinaus die Sach- und Rechtslage gelten soll.

---

101 *BGH* VersR 1991, 478 = NJW 1991, 1546.
102 *BGH* NJW-RR 2007, 1470 = VersR 2007, 1247 = NZV 2007, 507.
103 S. z. B. *OLG Hamm* ZfS 1991, 335; *OLG Frankfurt* VersR 1994, 1174 sowie *OLG Hamburg* HVBG-Info 1997, 1840 zu Treppenstürzen; zur Beweislast des Haftpflichtversicherers für das Fehlen einer objektiven Pflichtverletzung beachte aber auch *OLG Köln* NVersZ 2002, 518.

Immer kommt es darauf an, dass der Schädiger **Deckungsschutz** genießt und dass zwischen dem Schaden (Schadensereignis) und dem versicherten Risikobereich (Haftpflichtbereich) ein **ursächlicher**[104]**, innerer Zusammenhang** besteht. Das kranke Versicherungsverhältnis mit der Folge der subsidiären Haftung nach VVG und PflVG verlässt den Haftpflichtbereich. Der Kausalität zwischen der Verhaltensweise des Haftpflichtversicherten als Schädigers und dem eingetretenen Schaden ist dagegen nicht nachzugehen[105], wenn die Prüfung der Haftpflichtfrage ausgeschlossen ist, während diese Kausalitätsfrage zu klären ist, wenn das Teilungsabkommen das Vorliegen eines adäquaten Zusammenhangs verlangt. 1675

Die Leistungspflicht aus dem Teilungsabkommen scheidet aus bzw. ist eine Inanspruchnahme aus dem Teilungsabkommen zu dem Fall (**Grotteskfall**) eine unzulässige Rechtsausübung, in dem es offensichtlich und unzweifelhaft an der Haftung des Versicherungsnehmers als Schädiger fehlt, seine Ersatzpflicht völlig abwegig erscheint oder sich insofern nur eine so fern liegende, theoretische Möglichkeit zeigt, dass kein vernünftiger Betroffener eine Klage in Erwägung ziehen würde. Die Einbeziehung solcher Vorkommnisse in die vertragliche Erstattungsregel wäre mit dem Grundgedanken eines Teilungsabkommens schlechthin unvereinbar.[106] Diesen Ausschlussgrund hat der Haftpflichtversicherer – voll – zu beweisen. 1676

> Bei HWS-Schäden genügt der Hinweis auf ein Vorkommnis als Kleinkollision nicht (Rn. 250). 1677

Sieht das Abkommen zur Verschuldenshaftung und zur Gefährdungshaftung verschiedene Quoten (Rn. 205, 1663) vor, ist die höhere Teilungsquote aufzubringen, wenn eine Haftung sowohl wegen Verschuldens als auch aus Gefährdung in Betracht kommt. Bis zur Zahlung des abkommensmäßigen Höchstbetrags enthält das Teilungsabkommen eine Stundung (Stillhalteverpflichtung) und zwar jedenfalls nach dem Gedanken des berechtigenden Vertrags zugunsten des Versicherungsnehmers auch im Verhältnis zum schädigenden Versicherungsnehmer, der deshalb die Leistung verweigern darf. 1678

Der **Schadensersatzanspruch erlischt** in der Höhe der tatsächlichen Zahlung auf das Teilungsabkommen, dass im Übrigen die Haftungsfreistellung bewirkt bzw. die Schadenssumme erledigt. Das Teilungsabkommen wirkt i. S. d. § 423 BGB dabei zu Gunsten des versicherten Schädigers.[107] Fehlt es aus materiellen Gründen an einer Gesamtschuld, kommt aber einem Zweitschädiger die Leistung aus einem Teilungsabkommen im Außenverhältnis zugute, kann der leistende Haftpflichtversicherer einen Bereicherungsanspruch gegen den Zweitschädiger haben. 1679

Meist ist in Teilungsabkommen **vertraglich** eine **Anmeldefrist** als Ausschlussfrist (z. B. von drei Jahren) vorgesehen und zwar dahin, dass Ansprüche innerhalb einer bestimmten Frist seit dem Schadenstag bzw. Schadensfall dem Haftpflichtversicherer als Abkommenspartner gemeldet werden müssen. Knüpft der Beginn der Frist nicht objektiv an, sondern an die Kenntnis von anspruchsbegründenden Tatsachen bzw. vom Schadensfall, beginnt die Frist mit der Kenntnis der Mitarbeiter der für Regresse zuständigen Abteilung der Körperschaft (anstelle derjenigen der Leis- 1680

---

104 S. z. B. *OLG Hamm* VersR 2003, 334 (Benutzung eines Kfzs durch einen unberechtigten Fahrer) und *KG* NJOZ 2003, 3160 (fehlender Zusammenhang mit Gebrauch des Fahrzeugs sowie – nach der hier vertretenen Ansicht überraschend – *LG Berlin* NJW-RR 2004, 241 = NZV 2004, 148 (kein Zusammenhang mit Sturz einer pflegebedürftigen Heimbewohnerin).
105 Vgl. insofern auch *OLG Celle* NVersZ 2001, 234 = OLGR 2001, 108 = VersR 2002, 114: Reicht zur Anwendbarkeit des Teilungsabkommens die objektive Möglichkeit der Inanspruchnahme des Haftpflichtigen, genügt die Möglichkeit nach der Lebenserfahrung, dass (wenngleich auch unbegründete) Haftpflichtansprüche gegen den Haftpflichtversicherten aus Anlass des Schadensereignisses erhoben werden.
106 Vgl. statt vieler *OLG Celle* VersR 2002, 114 = NVersZ 2001, 234 = OLGR 2001, 108 sowie *OLG Hamm* VersR 2003, 334.
107 Vgl. *BGH* NJW-RR 1993, 1111 = NZV 1993, 385 = VersR 1993, 981 = ZfS 1993, 298.

tungsabteilung)[108]; s. auch Rn. 844, 901, 903. Versäumt der Sozialleistungsträger[109] diese Anmeldefrist, verliert er den gesamten (Regress-) Anspruch, auch oberhalb eines Limits. Ob die Anmeldung eines Anspruches beim Abkommenspartner durch den Verletzten die Ausschlussfrist zugunsten des Sozialleistungsträgers wahrt, richtet sich nach dem Text und ggfs. der Auslegung des jeweiligen Teilungsabkommens. Zu bejahen ist dies, wenn das Abkommen es für ausreichend erklärt, dass der Haftpflichtversicherer in der Frist auf andere Weise Kenntnis von (den) Ansprüchen erlangt hat, oder wenn darauf abgestellt ist, dass der Haftpflichtversicherer Kenntnis vom Schadensfall erhalten soll, weil insofern eine Anmeldung dem Grunde nach gegeben ist. Die Anmeldung bei einem anderen Haftpflichtversicherer reicht niemals.

1681 Das Element des Stillhaltens bei Teilungsabkommen hat die Folge, dass die Verjährung solange gehemmt ist, bis die etwaige Höchstgrenze bzw. eine relevante Versicherungssumme erreicht ist. Sieht das Teilungsabkommen kein Limit vor, ist die Verjährung insgesamt gehemmt.

1682 Die Vollmacht des Versicherers[110] umfasst bei einem Teilungsabkommen den Verzicht[111] auf die Einrede der Verjährung.

1683 Die Anmeldung der Ansprüche aus einem Teilungsabkommen (durch den Sozialleistungsträger) bedeutet für die Geltendmachung der dem Verletzten zustehenden Ansprüche (z. B. das Schmerzensgeld) oder Anspruchsteile nichts im Sinne des § 203 BGB oder des § 115 VVG 2008, § 3 PflVG a. F.

1684 Ein Teilungsabkommen **zwischen Haftpflichtversicherern** auf Schädigerseite regelt den Regress abschließend und zwar ggfs. unabhängig von § 426, § 254 Abs. 1 BGB.

---

108 *BGH* NJW 2001, 2535 = NZV 2001, 464 = VersR 2001, 863 = ZfS 2001, 443. Dies gilt unabhängig vom Zeitpunkt des Abschlusses des Teilungsabkommens.
109 Zur Ausschlussfrist für einen Anspruch auf Erstattung von Leistungen beachte § 111 SGB X.
110 Zu § 5 AHB beachte *BGH* VersR 1990, 497.
111 *BGH* NZV 2003, 565 = NJW-RR 2004, 109 = VersR 2003, 1547 = ZfS 2004, 62.

4. Teil
Ersatzfähige Nachteile bei Verletzung

I. Wiederherstellung der Gesundheit (Gesundheitsschaden i.e.S., Heilbehandlungskosten)

Zum Gesundheitsschaden i. S. d. § 249 BGB i. V. m. § 823 BGB oder §§ 5 Abs. 1 S. 1, 6 HaftPflG sowie §§ 10 Abs. 1 S. 1, 11 StVG oder §§ 86 Abs. 1 S. 1, 87 AMG, §§ 7 Abs. 1 S. 1, 8 ProdHG, §§ 12 Abs. 1 S. 1, 13 UmweltHG weist letztlich die Abrechnungsbasis des § 254 Abs. 2 BGB die Grenzen der Ersatzfähigkeit aus. Gesprochen wird auch von der beschränkten Normativität oder einer Soziabilitätsschranke.[1] Die Maßgaben des § 251 Abs. 2 BGB besagen nichts, da dort Kriterien der Wirtschaftlichkeit abwägen helfen sollen, um die es bei der körperlichen Integrität nicht geht und nicht gehen darf. Das Erhaltungsinteresse der verletzten Person schließt immaterielle Belange ein. Solange es um die (Wieder-) Herstellung des beeinträchtigten Rechtsguts geht, ist der Umfang einer Minderung des Vermögens des Verletzten irrelevant. **1685**

▶ Der Heilungsbedarf ist der Schaden, nicht erst der reale Aufwand, der den Bedarf indessen indiziert (Rn. 457, 469). ◀ **1686**

> **Schadensart im Überblick:** **1687**
>
> **Gesundheitsschaden**
>
> (Heilungsbedarf bzw. Heilbehandlungskosten als Vermögensfolgeschaden vorrangig zum Integritätsschutz)
>
> Alle Spuren einer Verletzung sind so weit wie möglich ungeschehen zu machen.
>
> Kosten der Wiederherstellung der Gesundheit (medizinische Rehabilitation) und/oder Linderung von Schmerzen; häufig (teilweiser) Forderungsübergang; Übergang des nicht erfüllten Anspruchs wegen der Kosten für eine versuchte Heilung auf die Erben (Nachlassforderung)
>
> **Einzelelemente:**
> - (tatsächliche) Heilungskosten (Kosten der Beseitigung vorübergehender körperlicher, geistiger oder seelischer Beschwerden)
> - (unentgeltliche) Betreuungs-, Pflegeleistungen von Angehörigen
> - Besuchskosten bei stationärer Behandlung
> - Neben-, Zusatzkosten
> - Abgrenzung zum Nichtvermögensschaden:
> - Die behebbare, aber nicht behobene Dauerbeeinträchtigung ist wie die nicht behebbare Dauerbeeinträchtigung ein immaterieller Nachteil.

Zum Ersatz des wirtschaftlichen Gesundheitsschadens (der Heilbehandlungskosten) kommt es als spezielle Anspruchsvoraussetzung auf eine **Behandlungsbedürftigkeit** an, s. weiter Rn. 1702. **1688**

Das **Prognoserisiko** trägt der Schädiger nach Maßgabe ärztlicher Einschätzung. Entscheidend ist insofern, dass bei objektiver Betrachtung eine realistische Chance für den Erfolg der Behandlung im Sinne der Heilung oder der Linderung besteht. Der Erfolg der Behandlung kann aber nicht „garantiert" sein. Kosten ärztlicher Maßnahmen, die auf einer Fehlbeurteilung des behandelnden Arztes beruhen[2], sind dem Verletzten grundsätzlich vom Schädiger abzunehmen. Entsprechendes **1689**

---
1 *Mertens* in Der Begriff des Vermögensschadens im Bürgerlichen Recht, S. 170.
2 *OLG Hamm* VersR 1997, 330 (objektiv nicht erforderliche Erneuerung eines Zahnersatzes); vgl. auch *BGH* VersR 1965, 439 (Tetanolimpfung bei Absicht des Arztes, eine Wundbehandlung durchzuführen).

gilt für Kosten sinnwidriger Behandlung, solange es nicht – für den Verletzten erkennbar – um eine grob fehlerhafte Behandlung geht. Denn der behandelnde Arzt ist nicht Verrichtungs- oder Erfüllungsgehilfe im Verhältnis zwischen Schädiger und Verletztem; s. auch Rn. 343.

1690 Der Gesundheitsschaden kann sich aus verschiedenen Einzelansätzen zusammensetzen, die nachfolgend erläutert werden. Daneben können allgemeine Schadenspositionen abzurechnen sein, an die in der Liste mit dem Hinweis auf die Aufwendungspauschale (Rn. 594) und das Stichwort „weitere Schäden" erinnert wird. Art, Inhalt und Umfang der innerhalb der anderen Anspruchsgruppen erstattungsfähigen Schäden werden in den folgenden Abschnitten beschrieben.

1691 **Überblick:**

Schadensposition	Art des Nachweises
I. Gesundheitsschaden	
1. Behandlungskosten	konkret
zuzüglich	
2. Zusatzaufwand	konkret
zuzüglich	
3. Besuchskosten	konkret
ggfs. abzüglich	
4. Ersparnis	pauschal
II. Aufwendungspauschale (Einmalbetrag)	pauschal
III. Weitere Schäden	
(ggfs. monatliche Rente oder Kapitalabfindung)	konkret oder pauschalierend

1692 **Einzelaufstellung:**
1. Erforderlicher, notwendiger und zweckmäßiger Aufwand für ärztliche, ggfs. stationäre Behandlung Erläuterungen und Belege sind beizufügen.
   a) (Summe der ansatzfähigen) Behandlungskosten (ggfs. mit gesonderter Einzelaufstellung)
   b) Sonstiger Aufwand zur Behandlung, Rehabilitation, für Operationen oder Heil-, Hilfsmittel
   Zwischensumme; kongruente Leistung sowie Deckungslücke
2. Zusatzaufwand Erläuterungen mit jeweiligen Einzelaufstellungen und Belege sind beizufügen. [Beachte im Einzelnen Rn. 1768 ff.]
   a) Kosten für Arztberichte, Bescheinigungen, Gutachten
   b) Fahrtkosten (bei Pkw-Benutzung ggfs. Hin- und Rückweg × Kosten/km × Zahl der Fahrten, s. auch Rn. 1800 ff., u. U. Entschädigung für die „Mühewaltung" eines Angehörigen als Fahrer)
   c) Sonstiger konkreter und unvermeidbarer Aufwand: Z. B. Betreuungskosten, Pflegehilfe, u. U. Telefonkosten, spezifische Mietkosten oder/und Trinkgelder bei stationärer Behandlung, u. U. Rettungskosten
   Zwischensumme; ggfs. kongruente Leistung (z. B. bei Fahrtkosten) sowie Deckungslücke
3. Besuchskosten bei stationärem Aufenthalt Erläuterungen und Belege sind beizufügen. [Beachte im Einzelnen Rn. 1793 ff.]
   a) Fahrtkosten
   Pkw-Benutzung
   sonstige Kosten für Besuchsfahrten
   Zwischensumme Fahrtkosten
   b) Unvermeidbare Übernachtungskosten engster Angehöriger für die Zeit eines Besuchs
   c) Unvermeidbarer Verdienstausfall engster Angehöriger für die Zeit des Besuchs
   d) Kosten zur Betreuung von Kleinkindern während eines Besuchs (Babysitter)
   e) Sonstiger Aufwand (nach Einzelbeschreibung und Einzelaufstellung)
   Zwischensumme; etwaige kongruente Leistung sowie Deckungslücke
   Summe Gesundheitsschaden; kongruente Leistung sowie Deckungslücke

Bezogen auf die Verletzungsfolge relevante Haftungsquote [Beachte Rn. 443.]
Quotierte Ersatzforderung; Anspruchsteile bei Geltung der relativen Theorie. [Ist die Differenztheorie anzuwenden, ist u. U. anders aufzuteilen, Rn. 1613 ff., 1826]
4. Ersparnis an häuslicher Verpflegung; ggfs. Pauschale [Beachte im Einzelnen Rn. 1755 f., 1761]
Summe der Eigenanteile bzw. Zuzahlungen der versicherten Person nach gesonderter Einzelaufstellung
Verbleibender Ersatzanspruch; verbleibende Anspruchsteile zur Schadensgruppe Heilbehandlung (Gesundheitsschaden)
5. Aufwendungspauschale [Beachte Rn. 594]
6. (Sonstige) Schadensnebenkosten Erläuterungen und Belege sind beizufügen. [Beachte im Einzelnen Rn. 577]
7. Sonstige Schadenspositionen, z. B. Erwerbsausfallschaden als Kapitalbetrag [Beachte die speziellen Berechnungen dazu. Eine Haftungsquotierung muss nicht notwendig identisch sein mit der Quote zum Gesundheitsschaden, Rn. 1824].

1. Behandlungskosten

▶ Maßstab für die Beurteilung der Erstattungsfähigkeit von Heilbehandlungskosten sind die Art der Verletzung und der Lebensstandard des Verletzten.[3] ◀ **1693**

Für die verletzte Person gibt es nur die Möglichkeit des konkreten Nachweises zu Art, Umfang und Inanspruchnahme von ambulanten und/oder stationären Maßnahmen und Zusatz-, Nebenkosten. **1694**

Setzt der Verletzte **eigene Geldmittel** z. B. für Heilmaßnahmen oder auch wegen eines Mehrbedarfs ein, wozu er sogar nach § 254 Abs. 2 BGB gehalten sein kann, hat er Anspruch auf Entschädigung der ihm entgangenen Kapitalnutzung, s. auch Rn. 489, 531, 577. **1695**

Zu einer stationären Behandlung legt die gebotene konkrete Berechnung von Behandlungskosten schadensrechtlich die Abrechnung nach tagesbezogenen Pflegesätzen oder administrativ bestimmten Pflegesätzen je Behandlungstag für die tatsächliche Dauer eines stationären Aufenthalts und nach etwaigen besonderen, zusätzlichen (z. B. operativen) Leistungen nahe. Solche Sätze sind nicht mit einer an der statistisch ermittelten durchschnittlichen Verweildauer orientierten **Fallpauschale**, die die Gesamtheit von Krankenhausleistungen abdeckt, gleichzusetzen. Da der Gesetzgeber seit dem 1.1.2003 zur Behandlung und Pflege für alle Krankenhäuser, die der Bundespflegesatzverordnung unterliegen, zu den allgemeinen vollstationären und teilstationären Leistungen ein leistungsorientiertes und pauschalierendes Entgelt-, Vergütungssystem (nach Fallpauschalen) und zusätzlich Sonderentgelte eingeführt hat, ist Schadensmaßstab für entsprechende Leistungen in Deutschland aber dieses Entgeltsystem.[4] **1696**

Im Rahmen der gemäß § 287 ZPO gebotenen tatrichterlichen Schätzung der Schadenshöhe kann für die Ermittlung des Umfangs der von der Krankenkasse erbrachten Einzelleistung ein Anteil an der Pauschale i. S. d. § 20 BVG zugrunde gelegt werden.[5] **1697**

---

3 *BGHZ* 163, 351 = NJW 2006, 1271 = VersR 2005, 1559 = r+s 2005, 528.
4 Dazu, dass die vertragliche Vereinbarung eines Kostenträgers mit Leistungserbringern für den Schädiger einen rechtlich unbeachtlichen Reflex bedeutet, und das Aushandeln personenbezogener Tarife für die Beförderung gesetzlich Krankenversicherter mit einem Rettungswagen zwischen den Krankenkassen und den entsprechenden Leistungserbringern einer Überprüfung durch einen im Wege der Schadensersatzpflicht mittelbar davon Betroffenen grundsätzlich nicht zugänglich ist, *BGH* NJW 2004, 3322 = VersR 2004, 1189.
5 *BGH* VersR 2005, 1004 = DAR 2005, 443.

4 Wiederherstellung der Gesundheit (Gesundheitsschaden i.e.S., Heilbehandlungskosten)

1698 § 116 Abs. 8 SGB X gestattet es dem **Sozialleistungsträger** – anders als § 81a BVG der Versorgungsverwaltung –, ambulante Heilbehandlungskosten mit einem **Pauschalbetrag** (5% der monatlichen Bezugsgröße nach § 18 SGB IV) an der Stelle der konkreten Kosten ersetzt zu verlangen. Damit wird ein Mindestsatz gewährleistet und soll der Verwaltungsaufwand in den Fällen in Grenzen gehalten werden, die als Bagatelle verstanden werden. Der Pauschalbetrag ist ggfs. nach § 116 Abs. 2 und 3 SGB X zu kürzen. Zu solchen Kosten gehört der Aufwand für jede nicht stationäre ärztliche Behandlung, auch für eine ambulante Behandlung oder Notfallbehandlung im Krankenhaus. Die Versorgung mit Arznei- und Verbandmitteln gehört dazu. Eine zahnärztliche Behandlung wird verschiedentlich nicht als erfasst angesehen. Die Kosten der Fahrt zur Behandlung oder wegen des Transports zur stationären Aufnahme und Kosten der Versorgung mit Körperersatzstücken und/oder Hilfsmitteln sind nicht pauschalierungsfähig. Wegen solcher Leistungen kann neben dem Pauschalbetrag gesondert abgerechnet werden. Bis zur Erfüllung durch Zahlung der Pauschale nach Fälligkeit durch Ausübung des Wahlrechts des Leistungsträgers kann der Leistungsträger zum konkreten Nachweis wechseln.[6] Die Verschlimmerung des Gesundheitszustandes oder eine Wiedererkrankung zum selben Schadensfall lässt die Pauschale (nach der hier vertretenen Ansicht) nicht erneut abrechnen, da es allein auf den Schadensfall ankommt. Nur ein ausdrücklicher Nachforderungsvorbehalt gestattet die Abrechnung des höheren tatsächlichen Aufwands.[7] Wortlaut, Sinn und Zweck des Gesetzes geben bei dem Bezug auf denselben Schadensfall nichts dafür her, dass mehrere Leistungsträger nebeneinander jeweils für sich die Pauschale in Anspruch nehmen dürfen. Die Behandlung beim Durchgangsarzt trennt jedoch AG München[8] zugunsten des Trägers der Unfallversicherung von der pauschalierten Abrechnung durch den Krankenversicherungsträger, obwohl es allein auf den haftungsrechtlichen Schadensfall und ggfs. § 117 SGB X, aber für die Verpflichtung der Schädigerseite nicht darauf ankommt, ob eine Erstattung nach § 105 SGB X zulässig oder vertraglich ausgeschlossen ist bzw. eine interne Ausgleichspflicht besteht. Bei veränderter Zuständigkeit der Krankenkasse kommt es zur Rechtsnachfolge bezogen auf denselben Schadensfall und scheidet die erneute Abrechnung einer Pauschale deswegen ebenfalls aus. Der Zweck, Abrechnungen zu vereinfachen, lässt es nach der hier vertretenen Ansicht nicht zu, der nachfolgenden Kasse eine zusätzliche konkrete oder pauschale Abrechnung nach Erfüllung durch Zahlung der Schädigerseite zu eröffnen.

1699 Nach § 13 Abs. 3 Satz 1 Fall 1 SGB V ist eine gesetzliche Krankenkasse zur Kostenerstattung verpflichtet, wenn sie eine unaufschiebbare Leistung nicht rechtzeitig erbringen konnte und dem Versicherten dadurch für die selbstbeschaffte Leistung Kosten entstanden sind. Der Kostenerstattungsanspruch reicht nicht weiter als ein entsprechender Naturalleistungsanspruch. Für das Ausgleichsverhältnis zum Schädiger kommt es auf einen solchen Erstattungsanspruch nicht entscheidend an (s. auch Rn. 1811).

a) Grundsatz

1700 Die Folgen der Gesundheitsstörung (Rn. 67 ff.) befugen zum Herstellungsverlangen (Rn. 467 ff.). Der Gesundheitsschaden umfasst die Kosten ambulanter und stationärer ärztlicher Behandlung und den gesamten Aufwand, der dazu dient, das verletzungsbedingte Leiden zu behandeln oder zu lindern oder den Verletzten zu pflegen.

1701 Heilbehandlung ist jede ärztliche Tätigkeit, die durch eine Krankheit verursacht ist, sofern die Leistung des Arztes von ihrer Art her in den Rahmen der medizinisch notwendigen Krankenpflege fällt und auf Heilung oder auch auf Linderung der Krankheit abzielt.

---

6 *LG München I* ZfS 1990, 45.
7 *OLG München* r+s 1987, 345; ebenso *AG Wetzlar* ZfS 1987, 44 zur „ersten Zwischenabrechnung" als eine Art „Abschlagsbegehren"; a.A. *AG Stolzenau* VersR 1988, 704 = ZfS 1987, 171.
8 VersR 1988, 918 = ZfS 1988, 9.

1702 Bei gewissen Unklarheiten dazu, welche Anforderungen an die Rechtsgutsverletzung im Sinn der Gesundheitsstörung zu stellen sind, die einen Ersatzanspruch zu begründen vermag, kann zur Abrechnung von Heilbehandlungskosten auf das Merkmal **Behandlungsbedürftigkeit** der Störung bzw. des regelwidrigen Zustands des betroffenen Menschen nicht verzichtet werden bzw. ist auf dieses Merkmal zusätzlich abzustellen, s. auch Rn. 1688. Die Behandlung gibt als solche zwar keinen Anknüpfungspunkt für eine Schadensersatzpflicht. Bei einer ärztlich angeordneten Untersuchung zur Abklärung (z. B. Einsatz der Magnetresonanzthomographie, MRT, zum Ausschluss eines Bandscheibenvorfalls[9]), sind jedoch auch ohne Nachweis einer Rechtsgutsbeeinträchtigung die Grenzen der Erstattungspflicht nicht zu niedrig anzusetzen, zu Fahrtkosten Rn. 50, 572, 1741.

1703 Verletzungsbedingt entstandene Heilbehandlungskosten sind in dem **Umfang** auszugleichen, in dem sie objektiviert gesehen **angemessen** sind. Der Schädiger hat die verletzte Person **nach** ihrer **persönlichen Lage** und ihren persönlichen Besonderheiten zu entschädigen, in denen er sie betroffen hat, selbst wenn dies zu erhöhten Schadensaufwendungen führt. Der Schädiger schuldet (anders als die Krankenversicherung) Restitution.

1704 ▶ Maßnahmen und Leistungen, die nicht durch medizinische Erfordernisse der Krankheitserkennung oder -behandlung veranlasst sind, gehören grundsätzlich nicht zum Gegenstand der Krankenversicherung und ebenso nicht zum Aufwand, für den der Schädiger einzutreten hat. ◀

1705 **Krankenversicherungsrechtlich** hängt die **medizinische Notwendigkeit** einer Behandlung im Allgemeinen davon ab, ob (objektiv) eine Behandlungsmethode zur Verfügung steht und angewendet wird, die **geeignet** ist, die Krankheit zu heilen, zu lindern oder ihrer Verschlimmerung entgegenzuwirken.[10] Je nach Lage des Einzelfalls kommt es zudem auf die Besonderheiten des jeweiligen Zustands (der Erkrankung) und der darauf bezogenen (anerkannten oder ebenso erfolgversprechenden)[11] Heilbehandlung an. Aufgabe der sozialen Versicherung gegen Krankheit ist, die Gesundheit der Versicherten zu erhalten, wiederherzustellen oder ihren Gesundheitszustand zu bessern, § 1 S. 1 SGB V. Bereitzustellen ist die für diese Zwecke benötigte medizinische Versorgung. Krankenkassen haben aber nicht die für eine erfolgreiche Krankenbehandlung notwendigen gesellschaftlichen und sozialen Rahmenbedingungen zu schaffen, diesbezügliche Defizite durch eine Erweiterung des gesetzlichen Leistungsspektrums auszugleichen, strukturelle Mängel außerhalb ihres Zuständigkeitsbereichs zu beheben.[12] Eine reine (bloße) Eignung zur Erzielung eines Behandlungserfolgs – mit einer Vertretbarkeitsentscheidung im Moment der Behandlung – genügt daher (privat-[13]) krankenversicherungsrechtlich nicht. **Schadensrechtlich** ist dies indessen wegen der Vorgaben des § 249 BGB und des Ziels der Restitution – also der Ausschöpfung aller Möglichkeiten, den regelwidrigen Zustand soweit als möglich zu beheben und nicht bloß einen regelwidrigen Zustand unter Einsatz verfügbarer Hilfsmittel zu kompensieren – grundsätzlich anders zu beurteilen, wird von den meisten Eingangsgerichten bisher aber noch nicht anders eingeschätzt.

1706 Krankenversicherungsrechtlich mag bei **mehreren unterschiedlich Erfolg versprechenden**, unterschiedlich risikoreichen **Maßnahmen und Methoden** die aufwändigere Methode nachrangig sein,

---

9 Insofern m.E. letztlich überzeugend *AG Berlin Mitte* SVR 2004, 276 bei einem Aufwand in Höhe von rund 630,00 €.
10 Näher *Hütt* in VersR 2007, 1402–1404 m. Nachw.
11 Zur Wissenschaftsklausel im Privatversicherungsrecht *Deutsch* in VersR 2006, 1472 m. Nachw.
12 *BSG* NJW 2008, 1980: Reicht nach den Krankheitsbefunden die ambulante Therapie aus, hat die Krankenkasse die Kosten eines Krankenhausaufenthalts auch dann nicht zu tragen, wenn der Versicherte aus anderen, nicht mit der Behandlung zusammenhängenden Gründen eine spezielle Unterbringung oder Betreuung benötigt und wegen des Fehlens einer geeigneten Einrichtung vorübergehend im Krankenhaus verbleiben muss.
13 Anders (nur) *LG Dortmund* VersR 2007, 1401 = GesR 2007, 30 zur Lasik-OP; zur privat(kranken)versicherungsrechtlichen Erstattung der Kosten einer Lasik-Behandlung näher *Hütt* in VersR 2008, 1402 und *Gedigk/Zach* in VersR 2008, 1043.

d. h. erst als notwendig einzuschätzen und vertretbar sein, wenn die wirtschaftlich weniger aufwändige Methode ex ante nicht für „denselben Erfolg" spricht. Solche wirtschaftlichen Maßstäbe gelten aber personenschadensrechtlich nicht. Geht es um größere und weniger risikobehaftete Maßnahmen und Methoden ist personenschadensrechtlich ohnehin ausschließlich die verständige Beurteilung aus der Sicht des Verletzten, also die subjektive Entscheidung, die nur in gewisser Weise zu verobjektivieren ist, maßgebend.

1707 **Unvernünftige**, aller Lebenserfahrung widersprechende **Maßnahmen** der verletzten Person zur Sicherung der Heilbehandlung und unverhältnismäßige Aufwendungen begründen keinen Ersatzanspruch; s. auch Rn. 484, 485. Dies gilt zu (dem Versuch) der Wiederherstellung der Gesundheit i.e.S. ebenso wie zu dem Begleitaufwand oder den Besuchskosten.

1708 ▶ Die Erstattungsfähigkeit von **privatärztlichen Behandlungskosten** bei einem gesetzlich krankenversicherten Verletzten hängt von den Umständen des Einzelfalls ab. Entscheidend ist, ob die privatärztliche Behandlung aus der Sicht eines verständigen Menschen in der Lage des Geschädigten erforderlich erscheint bzw. erschien.[14] Mehr als kassenärztliche Leistungen hat der Schädiger jedenfalls aufzubringen, wenn das Leistungssystem der gesetzlichen Krankenversicherung nach den Umständen des Einzelfalls nur unzureichende Möglichkeiten zur Schadensbeseitigung bietet oder die Inanspruchnahme der kassenärztlichen Leistungen aufgrund besonderer Umstände ausnahmsweise nicht zumutbar ist. ◀

1709 Nach der hier vertretenen Ansicht ist kein Rechtsgrund zu erkennen, der es gebietet, dass bei begrenzten Kassenleistungen die Wiederherstellung angesichts der Schädigungshandlung auf den Standard der notwendigen Krankenbehandlung i. S. d. SGB V beschränkt sein darf. Zugleich hat der Schädiger den Verletzten allerdings nur in den Verhältnissen zu entschädigen, in denen er ihn betroffen hat. Deshalb hat der **Kassenpatient** grundsätzlich keinen Anspruch gegen den Schädiger auf Kostenerstattung einer Behandlung als Privatpatient. Gelegentlich wird davon gesprochen, dass der Verletzte seine Schadensminderungspflicht verletzt, der sich als Kassenpatient privat behandeln lässt.[15]

1710 Privatärztliche Behandlungskosten sind dem gesetzlich krankenversicherten Verletzten im Rechtssinn „sicher" zu erstatten, wenn die privatärztliche Behandlung aus der Sicht eines verständigen Menschen in der Lage des Verletzten nach der Art der Verletzung und dem individuellen Lebensstandard erforderlich ist[16] oder wenn er eine zusätzliche private Versicherung abgeschlossen[17] hat.

1711 Es mag die „Mehrforderung" über den gesetzlichen Leistungsstandard hinaus die Ausnahme sein. Wegen des Prognoserisikos der Schädigerseite kann es zu den „besonderen Umständen" mit der Folge der wirtschaftlichen Mehrbelastung der Schädigerseite aber nur darauf ankommen, ob die weiteren („zusätzlichen") Leistungen bei der Art der Verletzung sachgemäß (wirksam) sein und geboten erscheinen können.

1712 **Tipp** Jedenfalls dann, wenn sich objektivieren lässt, dass der Verletzte ohne die Möglichkeit, einen Schädiger in Anspruch nehmen zu können, ebenfalls privatärztliche Leistungen in Anspruch genommen hätte, ist der Schädiger von vornherein in dem entsprechenden Umfang für ersatzpflichtig zu erachten.[18]

1713 Da die Umstände des Einzelfalles die Inanspruchnahme privatärztlicher Leistungen rechtfertigen können[19], sind solche Umstände bei der Frage, welche Aufwendungen geboten bzw. erforderlich (gewesen) sind, näher vorzutragen.

---

14 *BGHZ* 163, 351 = NJW 2006, 1271 = VersR 2005, 1559 = r+s 2005, 528.
15 *OLG Köln* VersR 2006, 124.
16 *BGH* NJW 1991, 2340, 2342 = VersR 1991, 559 = DAR 1991, 220.
17 *OLG Hamm* r+s 2004, 343.
18 Vgl. schon – mE überzeugend – *OLG Düsseldorf* VersR 1985, 644.
19 *BGH* NJW 2004, 3324 = VersR 2004, 1180.

Einen besonderen Grund zur Inanspruchnahme anderer oder weiterer Leistungen als nach dem gesetzlichen Krankenversicherungssystem gibt es nach besonders schweren Verletzungen und lang andauerndem Krankenhausaufenthalt mit gewachsenem Vertrauen zu Ärzten/Therapeuten.[20]

1714

Mehrkosten als weitere Folgeschäden hat der Schädiger für die ärztliche Behandlung im ambulanten Bereich oder auch für eine stationären Aufenthalt (Zweibettzimmerbelegung) zu ersetzen[21], wenn der Betroffene (wegen der Folgen eines Behandlungsfehlers) nicht in eine Krankenversicherung aufgenommen worden ist. Dabei sind von dem Patienten ersparte Versicherungsbeiträge abzuziehen.

1715

Für den **Privatversicherten**, der nach dem Haftungsereignis gesetzlich versichert wird (oder werden muss) und privatärztliche Leistungen abrechnen möchte, kommt es wie umgekehrt für den Pflichtversicherten, der nach dem Haftungsereignis privat versichert ist, oder den Versicherten, der wenige Tage vor dem Haftungsfall den Versicherungszweig (privat – gesetzlich) gewechselt hat oder einen **Wechsel** eingeleitet hat, stets ebenfalls auf die Umstände des Einzelfalls an; s. auch Rn. 335 ff.

1716

Das erforderliche Vertrauensverhältnis zwischen Arzt und Patient allein rechtfertigt **nicht jedes Belieben** bei der **Wahl** einer **Behandlung** und des **Arztes** und nicht jede Weitergabe einer Arztrechnung zur Behandlung einer Verletzungsfolge. Die verletzte Person hat Anspruch nur auf Ausgleich der Kosten und Honorare (Honorarsätze), die sie aus verständiger Sicht ohne eine Schädigung durch eine andere Person (also im Fall der Eigen-, Selbstschädigung mit der Folge, „Selbstzahler" sein zu müssen) ebenso akzeptiert hätte oder hinnehmen müsste. Zu weit formuliert das *OLG Braunschweig*[22], es sei dem Verletzten gestattet, zur Behebung körperlicher Unfallschäden den Arzt seines Vertrauens zu konsultieren, auch wenn dieser ein „höheres" Arzthonorar in Rechnung stelle.

1717

Die unter Kahlköpfigkeit leidende Frau vermag von der gesetzlichen Krankenkasse die Versorgung mit einer **Perücke** nur in der Qualität zu erlangen, die den Verlust des natürlichen Haupthaares für einen unbefangenen Beobachter nicht sogleich erkennen lässt. Ein Anspruch auf möglichst vollständige Wiederherstellung des ursprünglichen Zustandes besteht nicht.[23] Im Verhältnis zu einem Deliktsschuldner wird der in gleicher Weise beeinträchtigten Frau aber ein Anspruch auf Ersatz wegen Nutzung einer Perücke nicht zu versagen sein. Bei der misslungenen Blondierwäsche ist allerdings ein Ersatz durch eine teure Haarverlängerung „unverhältnismäßig".[24] Der Verletzte missachtet wiederum die Schadensminderungspflicht nicht, wenn er im Verhältnis zum Schädiger den Ersatz von Zahnimplantaten anstatt der kostengünstigeren (bei **Zahnersatz** am untersten Standard orientierten) Behandlungsweise wählt (Brücke), die von der gesetzlichen Krankenversicherung übernommen wird.[25]

1718

---

20 *OLG München* DAR 2004, 651 m. Anm. *Nettesheim*.
21 *OLG Hamm* NJW-RR 2006, 1537 = VersR 2007, 1129 = MedR 2007, 114.
22 Urteil vom 22.4.1998, 3 U 207/97.
23 *BSG* NZS 2003, 211; vgl. zur Ausstattung mit einem behindertengerechten Dreirad als Hilfsmittel der gesetzlichen Krankenversicherung *BSG* NZS 2003, 482; s. weiter auch *BSG* NZS 2003, 660: Die Verpflichtung der Krankenkassen, Versicherte zum Ausgleich einer Behinderung mit Hilfsmitteln zu versorgen, schließt selbst nach Inkrafttreten des SGB IX nicht die Ausrüstung eines Pkws mit einer Ladevorrichtung ein, die es einem gehbehinderten Menschen ermöglicht, seinen Rollstuhl mit dem Pkw zu transportieren.
24 *LG Berlin* VersR 2004, 1326.
25 S. näher *OLG Hamm* NZV 2002, 370; *LG Fulda* NJW-RR 2003, 1030; *OLG Dresden* VersR 2004, 1567, 1568; *AG München* NJOZ 2004, 1662: Einsatz von Teilkronen, Verblendschalen oder Veneers (wobei wesentlich weniger Zahnsubstanz geopfert werden muss) nach unfallbedingtem Abbrechen mehrerer Zähne, weil (ursprünglich eingebrachte) Füllungen wegen der Ausdehnung der Defekte nicht dauerhaft sind.

Wiederherstellung der Gesundheit (Gesundheitsschaden i.e.S., Heilbehandlungskosten)

1719 Zahlt bei der Schädigung durch eine andere Person ein Familienangehöriger des Verletzten die Heilungskosten, wird der Schädiger nicht befreit. Zahlt und trägt der Ehegatte oder ein Elternteil Heilungskosten und Nebenkosten nach der Schädigung des anderen Ehegatten oder eines Kindes durch einen Familienangehörigen kann nichts anderes gelten. Ist der zahlende Angehörige zugleich der Schädiger, sollte der Direktanspruch gegen den Pflichthaftpflichtversicherer unberührt bleiben, vgl. Rn. 801.

1720 Im Fall des Todes sind alle Kosten der **versuchten Heilung** (Rn. 370) auszugleichen, die angemessen, sachgerecht und zweckentsprechend (gewesen) sind. Die Kosten für die angesetzte, aber nicht mehr durchgeführte Operation bleiben dagegen ersatzlos (Rn. 1735). Selbstverständlich sind Begleitkosten (Rn. 1768 ff.) sowie Besuchs-, Reisekosten der Angehörigen nach dem Maß zu erstatten, das im Fall der Verletzung (Rn. 1793 ff.) gilt, wobei der Blick auf die medizinische Notwendigkeit ggfs. eine andere Richtung hat.

1721 Die **verletzte Person** kann den Schaden unter Beachtung folgender Gesichtspunkte abrechnen:
- Alter und Gesundheitszustand, ggfs. bei etwaigen Vorschädigungen,
- konkrete Heilungsbedingungen,
- persönliche, wirtschaftliche Stellung,
- eigener Lebenszuschnitt (z. B. zur Wahl von Krankenhauszusatzleistungen entscheidend),
- individuell mögliche, zumutbare, übliche Inanspruchnahme von Behandlungsleistungen.

1722 Das Schadensrecht ist nicht an dem Maßstab der wissenschaftlich allgemein anerkannten (Untersuchungs- oder Behandlungs-) Methode (Schulmedizin), sondern allenfalls an der objektiven Vertretbarkeit der Heilmaßnahme und Aspekten der Gleichwertigkeit (statt der Wissenschaftlichkeit) sowie vor allem an den persönlichen Verhältnissen der verletzten Person ausgerichtet.

1723 Nichterstattungsfähig sind freilich Kosten für vorbeugende Maßnahmen, die eine künftige Erkrankung vermeiden helfen sollen.

1724 Behandlungskosten eines Angehörigen ausländischer Streitkräfte in einem **Armeekrankenhaus** sind in dem Umfang ersatzfähig, in dem sie die entsprechenden Kosten in einem deutschen Krankenhaus übersteigen[26], selbst wenn die verletzte Person nicht (dienstrechtlich) verpflichtet ist, sich in dem Armeekrankenhaus behandeln zu lassen. Die verletzte Person ist berechtigt, sich in einer den persönlichen Verhältnissen entsprechenden Weise und unter Obhut von Pflegepersonal behandeln zu lassen, dass dieselbe (Mutter-) Sprache beherrscht, zumal wenn keine Kosten ausgelegt werden müssen. Bei Heilbehandlungskosten für Angehörige ausländischer Streitkräfte kann andererseits nicht geltend gemacht werden, die Heilbehandlung werde vom Heimatstaat unentgeltlich gewährt, da es sich um eine freigiebige Leistung handelt, die dem Schädiger nicht zugute kommt.[27]

1725 Die erforderliche **Kosmetik**[28] gehört zur Herstellung bis zur Grenze des äußerst eigensinnigen Beharrens auf einer Korrektur, z. B. bei der kaum sichtbaren Narbe, die im täglichen Leben nicht selten vorkommt, zunächst am Kauen und Lachen stört, als Beeinträchtigung bald abklingen wird, die Beeinträchtigung am Auftreten in der Öffentlichkeit hemmt, die Hemmung nach der Lebenserfahrung aber alsbald abgebaut sein wird.

1726 Es kann angemessen sein, zu einer Heilmaßnahme oder einer (erforderlichen) Operation die Reise zu einem **Spezialarzt** (in dem Heimatland) zu unternehmen.[29]

---

26 *BGH* VersR 1989, 54 = NJW-RR 1989, 670 = DAR 1989, 23.
27 *OLG Celle* NZV 1989, 187; *BGH* NA-Beschl. v. 13.12.1988.
28 Zur Korrektur der misslungenen kosmetischen Operation (Brustverschönerung) *OLG Köln* NJWE-VHR 1998, 163.
29 *BGH* VersR 1969, 1040 = NJW 1969, 2281.

Es können Kosten für (zeitlich begrenzte) Akupunkturbehandlungen[30] beachte Rn. 1811, für **spezielle Therapien**, für Heilpraktiker bei Erforderlichkeit zu erstatten sein. 1727

Mitwirkung einer Vorschädigung

Für Leistungen aus der privaten **Unfallversicherung** kommt es, wenn vorhandene gesundheitliche Beeinträchtigungen mitwirken, ggfs. darauf an, ob bei den Unfallfolgen der Mitwirkungsgrad von 25 % erreicht oder überschritten wird. Ist dies der Fall, wird die Leistung um den Anteil der Mitwirkung der vorhandenen Gebrechen[31] oder Krankheiten reduziert. Bei einer (schon) dauerhaft beeinträchtigten geistigen oder körperlichen Funktion, die durch den Unfall betroffen wird, ist von dem erreichten Grad der Invalidität der vorherige Grad abzuziehen. Bei gesundheitlicher Vorinvalidität ist die dementsprechend nach dem relevanten Invaliditätsgrad ermittelte Leistung nicht zusätzlich um einen Mitwirkungsanteil der Vorbelastung zu mindern. Bei Vorfällen, die als Unfälle fingiert werden bzw. Unfällen gleichgestellt sind und aus ärztlicher Sicht den Einfluss individueller gesundheitlicher Beeinträchtigungen voraussetzen, scheidet jede Reduzierung aus. Haftungs-, schadensrechtlich ist anders anzusetzen, nicht in solcher Weise zu quotieren. 1728

Entstehen **Gesundheitsschäden** bei einer Vorschädigung ohne Einfluss durch das Haftungsereignis, fehlt es an der Basis für eine Ersatzforderung (überholende Kausalität, Rn. 269 ff.). Befindet sich der Verletzte wegen spezifischer Beschwerden in ärztlicher Behandlung, kann – haftungsausfüllend – davon auszugehen sein, dass die gesundheitliche Entwicklung nur vorübergehend durch Unfallfolgen überlagert wird, während dann, wenn der vorherige Zustand beschwerdefrei ist (klinisch stumm, latent, symptomlos), bewiesene Beeinträchtigungen mit ausreichender Wahrscheinlichkeit auf den Unfall zurückzuführen sind.[32] Werden Schäden durch das Haftungsereignis ausgelöst, besteht dagegen die Ersatzforderung trotz der Vorschädigung. Die (ggfs. zeitweise) Mitursächlichkeit des Haftungsereignisses genügt, weil es die Beschwerden und gesundheitlichen Beeinträchtigungen ausgelöst hat. Anderes gilt nur, wenn zeitlich nach dem Haftungsereignis auftretende Beschwerden allein auf anlage- oder verschleißbedingten Vorschäden beruhen und das Haftungsereignis diese in keiner Weise beeinflusst, auch nicht verstärkt hat. Von der Frage der Zurechnung von Beeinträchtigungen – mit der Folge, dass der Schaden in vollem Umfang zu ersetzen ist –, ist zur Schadensberechnung die Frage zu unterscheiden, ob nur ein Teil der Behandlungskosten unfallbedingt erwächst, ein anderer Teil dagegen nicht unfallbezogen ist, d. h. keinen unfallbedingten, keinen ersatzpflichtigen Aufwand darstellt, sondern wirtschaftliche Folge einer unfallunabhängigen Gesundheitsbeeinträchtigung ist. Dann sind aus diesem Grund ggfs. Ursachenbereiche abzugrenzen, weil der vom Haftungsereignis unabhängige Ursachen-, Behandlungsteil vom Schädiger nicht aufzubringen ist. Die jeweiligen (An-) Teile sind nach dem Beweismaß des § 287 ZPO zu bestimmen. So kann es sich bei einem durch einen Unfall verschlimmerten, zwar ohnehin behandlungsbedürftigen, aber nun erhöhte Kosten verursachenden Hüftgelenksleiden[33] oder einem bestehenden, behandlungsbedürftigen Schaden an einem Arm und Folgen nach einer fehlerhaften Operation dieses Arms, die zur Lähmung von Fingern, der Verkrümmung des Handgelenks führt[34], verhalten. So verhält es sich aber nicht bei hohen bzw. im Vergleich zur Lage bei anderen Menschen erhöhten Behandlungskosten des verletzten Bluters, die der Schädiger in vollem Umfang zu tragen hat, s. weiter Rn. 354, zum Übergewicht und einem Mehrbedarf Rn. 1851, zum Erwerbsschaden und Schmerzensgeld Rn. 247. 1729

---

30 *OLG Karlsruhe* VersR 1998, 1256 = NZV 1999, 210 = OLGR 1997, 22; *BGH* NA-Beschl. v. 19.5.1998; *KG* DAR 2004, 87 = NZV 2004, 42.
31 Körperlich oder geistige Schwächen, ein altersbedingter Verschleiß sind dies nicht, *OLG Hamm* NVersZ 2002, 18.
32 *OLG Hamm* SP 2000, 412 = OLGR 2001, 110 zur haftungsausfüllenden Kausalität angesichts einer Tinnitus-Erkrankung und der Verschlechterung dieses Leidens.
33 *BGH* VersR 1979, 640 = NJW 1979, 2313.
34 Vgl. *BGH* VersR 1988, 1139 = NJW 1989, 105, 106.

1730 **Berechnungsbeispiel: Berechnung anteilig erstattungsfähiger Behandlungskosten**

Heilbehandlungskosten	25.000,00
Verursachungsanteil	40%
Ersatzberechtigung	10.000,00

Erläuterung: Entstehen Behandlungskosten, die in jedem Fall entstanden wären, ist deren Anteil aus insgesamt abgerechneten Behandlungskosten konkret herauszurechnen. Es ist auch statthaft, Prozent-, Bruchteile heranzuziehen, die einerseits den nicht zu ersetzenden Aufwand und andererseits den (voll) zu ersetzenden Aufwand wiedergeben. Eine etwaige Mithaftung ist rechnerisch anschließend zu dem zu ersetzenden Aufwand einzubeziehen, Rn. 1755.

b) Zweckbindung

1731 Behandlungskosten sind zweckgebunden. In aller Regel ergibt sich die erforderliche Absicht zur Behandlung aus der Behandlungsbedürftigkeit und den zu einer Behandlung getroffenen Maßnahmen.

1732 Der Abschluss eines **Behandlungsvertrages** ist **Indiz** zur Feststellung der Absicht, sich behandeln lassen zu wollen, weder Fälligkeitsvoraussetzung noch sonstige Anspruchsvoraussetzung. Grundlage für die Schätzung der **Höhe** des **Ersatzbetrages** vor einer Behandlung müssen von der verletzten Person eingeholte Behandlungspläne und Kostenkalkulationen sein. So genügt bei einer Zahnbehandlung – nach Ansicht des *OLG Dresden*[35] – die Vorlage von Heil- und Kostenplänen (s. auch Rn. 1747) jedenfalls dann, wenn kein Anhaltspunkt besteht, dass nicht beabsichtigt ist, die angekündigte Behandlung tatsächlich durchführen zu lassen. Da die beeinträchtigte Person **nicht** mit eigenen Mitteln **vorfinanzieren** muss (Rn. 489), ist ihr zumindest dann, wenn es für sie an Sach- oder Geldleistungen der eigenen Krankenversicherung fehlt, ein Vorschussanspruch zur ernstlich beabsichtigten Heilbehandlung zu gewähren. Bei Nichtvornahme der Behandlung kann ein solcher Vorschuss zurückgefordert werden.[36] Das *OLG Köln*[37] hält demgegenüber den Weg der Feststellungs- oder Freistellungsklage für angezeigt. Selbstverständlich genügt stets eine Kostenübernahmezusage.

1733 **Verzichtet** die verletzte Person auf die indizierte Maßnahme, weil sie nicht vorfinanzieren kann, darf der Schädiger nicht frei sein oder freigestellt werden. Der Schädiger, der die verletzte Person dabei behindert, eine Behandlung in Anspruch zu nehmen oder sich Heilmittel zu beschaffen, und dadurch bewirkt, dass tatsächliche Kosten niedriger sind, ist in Höhe des Aufwands für ersatzpflichtig zu erachten, der nach ärztlicher Einschätzung zur Wiederherstellung der Gesundheit geboten ist. Denn ein missbilligenswertes Verhalten, das Rechte oder Rechtspositionen Anderer zu vereiteln geeignet ist, bleibt gem. § 242 BGB rechtlich unbeachtlich bzw. ist dem Anderen die Rechtsstellung so zu gewähren, die gegeben wäre, wenn solches Verhalten nicht gezeigt worden wäre. Dieser Ansatz sollte die Stärkungsmittelentscheidung des *BGH* (s. Rn. 490) auf jeden Fall tragen und auch heute noch legitimieren.

1734 Die Säumnis bei seiner Herstellungspflicht hilft dem Schädiger im Übrigen auch aus einem anderen Grund nicht. Versäumt er es, Geldmittel für die notwendige Behandlung rechtzeitig zur Verfügung zu stellen und verzögert sich deswegen (wie erfahrungsgemäß zu ermitteln ist) die Wiederherstellung der Gesundheit, hat er vielmehr auch für alle darauf zurückzuführenden **weiteren Nachteile** einzustehen. Deckt er im Rahmen des Angemessenen und Erforderlichen den Bedarf rechtzeitig, treffen ihn dagegen die Nachteile wegen einer zweckwidrigen Verwendung des Her-

---

35 *OLG Dresden* VersR 2004, 1567, 1568.
36 Überzeugend auch für das deutsche Recht *OGH Wien* VersR 1998, 257–260; ebenso *OLG Hamm* DAR 2001, 359.
37 VersR 2001, 1021 = r+s 2000, 283.

stellungsbedarfs grundsätzlich nicht. Niemals hat der Schädiger über einen hypothetischen Ansatz zum Bedarf für eine reale gesundheitliche Beeinträchtigung aufzukommen und zusätzlich für Folgen eines realen Nachteils, der bei Bedarfsdeckung erfahrungsgemäß nicht aufgetreten wäre.

Imaginäre Kosten sind nicht zu ersetzen, d. h. fiktive (fingierte) Ansätze setzen sich nicht durch. Der Restitutionsbedarf ist durch § 253 BGB eingegrenzt, die Kompensation für eine fortdauernde, nicht behandelte Beeinträchtigung der Gesundheit § 253 BGB zugewiesen: Bei der **nicht durchgeführten** Heilmaßnahme ist der Grundsatz zum Wertinteresse (§ 251 BGB) zu beachten, dass immaterielle Schäden nur in den durch das Gesetz bestimmten Fällen auszugleichen sind. Da der Gesundheitsschaden keinen an objektivierbaren wirtschaftlichen Verhältnissen auszurichtenden Wert hat und einem Markt für Dienstleistungen verschlossen ist, ist für einen fiktiven Ersatz kein Raum. Z. B. schlägt beim Verzicht auf die an sich mögliche Narbenkorrektur nur der immaterielle Aspekt durch.

1735

Dies betrifft:

- den Verzicht auf eine indizierte Behandlung oder Operation, also teilweise oder vollständig Operationskosten ohne Operation[38],
- nicht anfallende Krankenhauskosten,
- den Unterschied zwischen einer indizierten zahnärztlichen Implantatversorgung und der realisierten nicht implantatgestützten prothetischen Versorgung,[39]
- den nicht realisierten Aufwand für eine Rehabilitation oder Kur,
- nicht angefallene Zusatzleistungen, z. B. die nicht gewählte Chefarztbehandlung, wenn dem Verletzten an sich eine Chefarztbehandlung zugestanden hätte, der Chefarzt aber nicht in Anspruch genommen worden ist,
- in gleichem Sinn einen fiktiven Renditeschaden: Bei (Sach-) Leistungen der (gesetzlichen) Krankenkasse erhält die verletzte Person keinen Ausgleich zu einem fiktiven Kapital, welches sie einsetzen müsste, wenn die Krankenkasse nicht eingetreten wäre und der Schädiger nicht vorgeleistet hätte.

1736

Vor Jahrzehnten blieb beim *LG Stuttgart*[40] eine Klage erfolglos, mit der um Schadensausgleich wegen Unfallverletzungen nachgesucht wurde, wobei eine vierwöchige Krankenhausbehandlung erforderlich gewesen wäre, die verletzte Ehefrau darauf aber verzichtete, weil ihr Ehemann Facharzt für innere Medizin und sie bereits ein Jahr zuvor länger im Krankenhaus gewesen war. Richtig hat das *LG* in der Schadensgruppe Heilbehandlung einen Ersatzanspruch wegen fiktiver Krankenhauskosten im Umfang der (hohen) Krankenhaussätze verneint, auch um eine schadensrechtlich nicht statthafte Bereicherung der verletzten Person auszuschließen. Stattdessen wäre in derselben Schadensgruppe auf einen Ersatzanspruch wegen der erforderlichen häuslichen Pflege durch den Ehemann oder eine andere Person und zusätzlich als Mehrbedarf für die Dauer der gesundheitlichen Beeinträchtigung (Rn. 1888 ff.) sowie zum Erwerbsschaden oder/und Mehrbedarf eine Behinderung in der Haushaltsarbeit für sich selbst und den Ehemann, die Familie (Rn. 2513 ff.) abzustellen gewesen. Dies wird in vergleichbaren Situationen auch heute noch nicht selten übersehen und verkannt. Behandelt sich der Arzt selbst, darf er ein Honorar für ärztliche Leistungen nicht in Rechnung stellen. Schadensrechtlich muss im Verhältnis zum Schädiger aber in allen solchen Zusammenhängen letztlich indessen ausschlaggebend bleiben, dass das Integritätsinteresse mit konkretem Einsatz gewahrt wird und es sich deshalb gar nicht um einen fiktiven Nachteil handelt, wenn sich der Verletzte selbst (wirklich) behandelt oder er durch einen Angehörigen behandelt wird, der eine anerkannte medizinische Ausbildung hat, ohne ein Entgelt zu verlangen. Nach der hier vertretenen Ansicht ist die

1737

---

38 *BGHZ* 97, 14 = VersR 1986, 550 = NJW 1986, 1538; *Grunsky* in JuS 1986, 441; *Hohloch* in JR 1986, 367; *Rinke* in DAR 1987, 14; *Zeuner* in JZ 1986, 640.
39 *OLG Köln* VersR 2000, 1021 = r+s 2000, 283.
40 NJW 1976, 1797.

Schädigerseite dann wegen der konkreten Abhilfe verpflichtet, einen angemessenen Wertausgleich zu Arzt- oder Therapieleistungen aufzubringen für alle Aktivitäten, die die behandelnde Person sonst in ihrem Beruf abrechnet. Stets ersatzfähig sind und bleiben Kosten für Heilmittel und den Einsatz von Apparaten, Laborkosten.

1738 Kosten einer wegen **zahnärztlichen Behandlungsfehlers** bei Einfügung einer Zahnkrone notwendigen Nachbehandlung sind ersatzfähiger Vermögensschaden, wenn der Patient die Nachbehandlung hat durchführen lassen. Die Vorschussklage zur Selbstvornahme der Mängelbeseitigung scheidet wegen dienstvertraglichen Leistungscharakters aus.[41] Der Anspruch auf Ersatz von real noch nicht angefallenen **Nachbehandlungskosten** kann aber im Wege der Feststellungs- oder Freistellungsklage durchgesetzt werden.[42] Die Nachbehandlungsabsicht muss dann ggfs. bewiesen werden.

c) Schadensminderung

1739 Der Willensentschluss zum Abbruch einer Behandlung bzw. die individuelle Entscheidung gegen den ärztlichen Rat kann dazu führen, die Zurechnung (Rn. 335 ff.) zu verneinen. Zur durchgeführten Behandlung grenzt die Unvernunft (Rn. 1707) die Erstattungsfähigkeit ein. Der Erstattungsfähigkeit der Kosten durchgeführter Behandlungen steht aber nicht entgegen, dass die verletzte Person für die Leistungen kein Entgelt bezahlt hat; beachte auch Rn. 1737, 1785.

1740 Inwieweit der verletzten Person Maßnahmen zur Entlastung des Schädigers obliegen, bestimmen die konkreten Verhältnisse der verletzten Person und die Zumutbarkeit. Zur **Verringerung** eines **Heilaufwands** geht es auch zu Lasten eines Sozialversicherungsträgers, der Erfolg versprechende Maßnahmen nicht veranlasst[43], im Wesentlichen um die Durchführung von Heilmaßnahmen. Dabei ist ein subjektbezogener Maßstab anzulegen. Die individuellen Kenntnisse und Möglichkeiten der verletzten Person sind entscheidend. Weltanschauliche Erwägungen der verletzten Person schließen freilich die Anwendung des § 254 Abs. 2 BGB nicht aus.

1741 Bei ganz **geringfügigen** (ihr geringfügig erscheinenden) **Verletzungen** ist die verletzte Person nicht gehalten, (vorsorglich) einen Arzt aufzusuchen, zumal bei der Gefahr, ohne Befund den Schädiger nicht in Anspruch nehmen zu können, Rn. 1702.

1742 Die verletzte Person hat eine **gewisse zeitliche Dispositionsfreiheit**. Sie muss z. B. nicht sofort einen (Fach-) Arzt aufsuchen – wie es schon dann und deshalb gar nicht zuzumuten wäre, wenn der Ersatz von Untersuchungskosten vom Nachweis einer Rechtsgutsbeeinträchtigung abhängig gemacht wird (Rn. 1702) – oder eine Operation nicht sofort durchführen lassen. Wendet sich die verletzte Person an einen (Natur-) Heilpraktiker bedeutet dies jedenfalls dann keine Verletzung der Schadensminderungspflicht, wenn bei Art und Schwere der Verletzung das Aufsuchen eines Arztes nicht „offenkundig geboten" ist. Ggfs. muss die verletzte Person erst auf Hinweise und Vorschläge der Schädigerseite reagieren, d. h. ohne solche Informationen ist der verletzten Person ohnehin keine Missachtung der Schadensminderungspflicht anzulasten. Ob dem Vorschlag zu folgen ist, bedarf der Kontrolle nach dem Maß der **Zumutbarkeit**.

1743 Dem verletzten Erwachsenen kann es, wenn er zum Zwecke der Operation stationär aufgenommen ist, zur **Kostenersparnis** nicht mehr zuzumuten sein, eine andere Klinik aufzusuchen. Tatrichterlich[44] ist jedoch schon vor Jahrzehnten verlangt worden, dass der Unfallverletzte, dem sein Hausarzt kostspielige Heilmaßnahmen (Kuraufenthalte in Meran und Arosa) verordnet, sich nicht auf die Richtigkeit der Verordnung verlässt, sondern einen weiteren Arzt, möglichst einen Spezialisten, zu Rate zieht. Trifft eine verletzte Person **Mehrkosten** eines Arzneimittels wegen

---

41 *OLG Naumburg* AZR 2008, 45.
42 *OLG München* MedR 2006, 596.
43 *BGH* VersR 1981, 347.
44 *LG Düsseldorf* VersR 1966, 95.

Überschreitung eines Festbetrags (§ 31 SGB V), ist ihr die Verletzung der Schadensminderungspflicht zu der Differenz nur anzulasten, wenn sie die preisliche **Differenz** hat **erkennen können** und müssen.

Auch den mit Vorsatz Angegriffenen trifft eine gewisse eigene Verantwortung, wenn er durch die **Nichtinanspruchnahme** sofortiger **ärztlicher Hilfe** zur Verschlimmerung der ihm zugefügten Verletzung beiträgt.[45] Verweigert die verletzte Person eine medizinisch gebotene Psychotherapie, ist der Anspruch nicht zu mindern, wenn der Mangel an Einsicht in die Notwendigkeit der Therapie und an Motivation zu dieser Therapie gerade auf einer psychischen und intellektuellen Anlage beruht.[46] Ausnahmsweise können jedoch die Kriterien des § 829 BGB (entsprechend) gegen die verletzte Person schadensmindernd wirken, die nicht einsichtsfähig ist.

1744

Die mögliche **Operation** zur Besserung körperlicher Beeinträchtigungen muss einfach, gefahrlos und nicht mit besonderen Schmerzen verbunden sein und sichere Aussicht auf Heilung oder wesentliche Besserung bieten.[47] Für die Zumutbarkeit einer Operation genügt es nicht schon, dass die Operation medizinisch indiziert und dem Verletzten unter Abwägung der Chancen und Risiken von mehreren Ärzten empfohlen worden ist. Die Gefährlichkeit des Eingriffs und das Maß zu erwartender Schmerzen sollte stets aus der Sicht des Verletzten beurteilt werden. Zumindest kommt es auf den Rat oder der Empfehlung der ihn behandelnden Ärzte seines Vertrauens, nicht auf die objektive Sicht eines Sachverständigen an.

1745

Die Furcht, die eigene (militärische) Karriere erheblich zu gefährden, kann es rechtfertigen, eine gebotene Therapie zu unterlassen.[48]

1746

Grundsätzlich ist es der verletzten Person **nicht zuzumuten**, für eine ärztliche Behandlung oder Operation nachzuforschen, ob eine **kostengünstigste Möglichkeit** u. U. auch im nahen europäischen Ausland besteht. Es bleibt freilich abzuwarten, ob die Schadens-Rechtsprechung bei veränderten Bedingungen zu ärztlichen Leistungen verlangen wird, ggfs. Kostenvoranschläge einzuholen (s. auch Rn. 1732). Bei verschiedenen Möglichkeiten, im nahen Lebensumfeld eine angemessene Behandlung und Wiederherstellung der Gesundheit erreichen zu können, kann das eigene (§ 254 Abs. 2 BGB) und damit das dem Schädiger gegenüber wahrzunehmende (Kosten-)Interesse dies trotz eventuell höherer Kosten nur ausnahmsweise fordern. Andernfalls würde das Prinzip für die Erstattungsfähigkeit, die Bemessung des Aufwands nach den persönlichen, subjektiven, individuellen Verhältnissen einzuschätzen, zugunsten einer Erkundigungspflicht der verletzten Person, die dem Schädiger nützen soll, aufgegeben.

1747

Nach der hier vertretenen Ansicht ist der verletzten Person zudem nicht zuzumuten, ggfs. zunächst vor den Sozialgerichten um Rechtsschutz gegenüber nachteiligen Entscheidungen von Sozialleistungsträgern nachzusuchen, vgl. Rn. 638 und 1811.

1748

Der verletzten Person ist es nicht zuzumuten, die Kosten **allein zur Entlastung** des **Schädigers gering zu halten** (Rn. 1722). Z. B. ist die türkische Beamtin nach einem Verkehrsunfall in Deutschland mit Anwendung des deutschen Deliktsrechts auch nach § 254 Abs. 2 BGB nicht gehalten, auf erforderliche Maßnahmen zu verzichten, weil in ihrem Heimatland solche Behandlungen nicht üblich sind. Sie ist nicht darauf beschränkt, Behandlungen im Rahmen der staatlichen Heilfürsorge ihres Heimatlandes in Anspruch nehmen zu dürfen.[49] Den Krankenhaustagessatz, der auf einer genehmigten Vereinbarung der Krankenkassen und dem Krankenhaus für einen speziellen Monat (Dezember) und der Höhe nach darauf beruht, dass der Pflegesatz im Monat zuvor nicht

1749

---

45 *BGH* VersR 1964, 94.
46 *OLG Hamm* NJW 1997, 804 = r+s 1997, 114.
47 *BGH* NJW 1994, 1592 = NZV 1994, 271 (Gefahr der Versteifung eines Fußgelenks); zur Pflicht des verletzten Beamten, sich zur Wiederherstellung der vollen Dienstfähigkeit einer zumutbaren Heilbehandlung einschließlich eines operativen Eingriffs zu unterziehen s. auch *BVerwG* NJW 1991, 766; Vorinstanz *OVG Münster* NJW 1990, 2950.
48 *OLG Hamm* NZV 1998, 413 = r+s 1999, 61.
49 *OLG Frankfurt* NJWE-VHR 1997, 36.

kostendeckend gewesen ist, führt allerdings das *OLG Frankfurt*[50] zur Erstattungsfähigkeit auf den üblichen kostendeckenden Pflegesatz zurück. Das *OLG* meint, die verletzte Person habe in ein anderes Krankenhaus gehen müssen oder den Tagessatz mit den gegebenen Rechtsmitteln angreifen müssen.

d) Vorteilsausgleich; Ersparnis von Lebenshaltungskosten und Eigenanteile, Zuzahlung

1750 Das bei Personenschäden häufig missverstandene Wort Vorteilsausgleich geht auf die Frage ein, ob wirtschaftliche Vorteile, die aufgrund des Schadensereignisses erwachsen, auf den Schaden anzurechnen sind oder ob trotz einer im Ergebnis (z. B. wegen ausgleichender Leistungen Dritter) unveränderten wirtschaftlichen Lage Ersatz zu leisten ist. Einerseits soll die betroffene Person finanziell nicht besser gestellt werden als ohne das Schadensereignis. Andererseits darf die Anrechnung eines Vorteils die schädigende Person nicht unbillig von ihrer Ersatzpflicht entlasten.

1751 **Ersparnisse** zur Lebenshaltung während einer stationären Behandlung, Kur, Rehabilitation beeinflussen die **Schadensberechnung** im Verhältnis zum Schädiger. Denn die allgemeinen Verpflegungskosten[51] als Aufwand zur Lebenshaltung sind nicht erstattungsfähig. Nur erhöhte Kosten (Mehraufwand) sind gem. § 249 BGB zu ersetzen. Die ersparten allgemeinen Kosten werden zwar erfahrungsgemäß bei der stationären Behandlung, die die körperliche Bewegung erschwert, aber noch gestattet, durch einen erhöhten, sonst nicht anfallenden Konsum wertmäßig aufgezehrt. Mittels einer solchen Verrechnung und Gegenüberstellung darf aber nicht die Grenze der Erstattungsfähigkeit überschritten werden, die es versagt, die Allgemeinkosten zu berücksichtigen (Rn. 1776). Die Höhe der Ersparnis bestimmt sich im Einzelfall, Rn. 1761 ff.

Umfang einer häuslichen Ersparnis

1752 Die unabhängig von einer stationären Behandlung oder Kur, Rehabilitation anfallenden Kosten für den allgemeinen Lebensbedarf sind früher mit Beträgen zwischen 7,00 DM und 20,00 DM täglich angesetzt worden. Seit 1.1.2002 mag mit 3,50 bis 10,00 € zu rechnen sein. Wer dafür eintritt, wegen gestiegener Lebenshaltungskosten auf 10,00 € als Wert der Ersparnis abzustellen, findet auf diesem Weg einen Betrag der Zuzahlung für Sozialversicherte bei stationärer Behandlung, dazu begrenzt auf 28 Tage im Jahr, die bei durchschnittlichen Aufenthaltszeiten im Krankenhaus nicht überschritten werden.

1753 Das *KG*[52] will bei Kindern die Hälfte des Betrages abziehen, der bei Erwachsenen zu berücksichtigen ist. Das *AG Berleburg*[53] hat hingegen schon bei einer 16-jährigen Schülerin 15,00 DM angenommen, während das *LG Mannheim*[54] bei einem Zivildienstleistenden auf 10,00 DM abgestellt und das *OLG Zweibrücken*[55] 1991 für eine Hausfrau ebenfalls von 10,00 DM gesprochen hat, nachdem der *BGH* 1984[56] 10,00 DM[57] nicht kritisiert hat. Das *LG Schwerin* meint die ersparten Aufwendungen für die im Krankenhaus erfolgte Verpflegung auf 17,00 DM täglich schätzen zu können.[58]

---

50 *OLG Frankfurt* VersR 2001, 595.
51 Zum Anspruch des Heimbewohners gegen den Heimträger auf Erstattung ersparter allgemeiner Verpflegungskosten bei Inanspruchnahme einer von der gesetzlichen Krankenversicherung finanzierten Sondennahrung *BGH* NJW 2008, 653 = NZM 2008, 181.
52 VersR 1979, 137 = DAR 1979, 494.
53 ZfS 1989, 373.
54 ZfS 1989, 296.
55 NZV 1992, 150 = ZfS 1992, 195.
56 VersR 1984, 583 = NJW 1984, 2628.
57 Zu diesem Ansatz kommt *OLG Hamm* NJW-RR 1995, 599 auch 1994.
58 *LG Schwerin* NZV 2004, 581.

Berechnungsgang mit Berechnungsbeispiel:				1754
Heilbehandlungskosten			10.000,00	
ggfs. zuzüglich Zusatzaufwand				
ggfs. zuzüglich Besuchskosten				
anrechnungsfähige Ersparnis	Tage	Wert pro Tag		
	20	10,00	200,00	
verbleibende erstattungsfähige Heilungskosten			9.800,00	

Bei einer **Mithaftung** zum Anspruchsgrund ist eine Ersparnis nicht erst im Anschluss an die Quotierung in die Berechnung einfließen zu lassen. Da die Ersparnis Bezug zu den Lebenshaltungskosten und nicht zur Behandlung hat, unabhängig von der wirtschaftlichen Abrechnung über einen Tages- oder Pflegesatz, ist es noch in der 2. Aufl. als nicht legitimiert erachtet worden, die Ersparnis im Anrechnungsbetrag um den Mithaftanteil geringer anzusetzen. Dieser Gesichtspunkt betrifft aber nur die interne Aufteilung und Verteilung zwischen der versicherten Person und einem (Sozial-) Leistungsträger, Rn. 1814 ff., nicht die Schadensberechnung. Insofern ist stets nur der quotierte Vorteil, d. h. der um den Mithaftungsanteil verringerte Anteil, einzustellen, Rn. 728. 1755

Dem Grundprinzip des Schadensausgleichs entspricht es, dass der Schädiger für jede wirtschaftliche Zusatzlast aufzukommen hat, die die verletzte Person nach ihrer persönlichen Lage im Zusammenhang mit der Behandlung wegen der erlittenen Verletzungen trifft. Dies bezieht verletzungsbedingte (erhöhte) **Belastungen** der verletzten Person für Versicherungen und **gegenüber Versicherungsträgern**[59] ein. Ob dazu ein Mehrbedarfsschaden gesehen wird, ändert an der Ersatzpflicht als solcher nichts. Die Inanspruchnahme zusätzlicher Leistungen durch die verletzte Person, d. h. der Aufwand für Maßnahmen außerhalb der Sach- oder Dienstleistung eines Sozialleistungsträgers, folgt der Regel zur Erstattungsfähigkeit, Rn. 1703. 1756

Ein Behandlungsaufwand, zu dem es keine kongruenten Leistungen von Versicherungsträgern oder dem Dienstherrn[60] gibt, verbleibt der verletzten Person als eigener und selbst durchsetzbarer Schadensteil; s. aber auch Rn. 1748 und Rn. 1811. Davon unterscheiden sich **Zuzahlungspflichten bei Krankenkassenleistungen**[61] bzw. (wirkliche) Eigenanteile verletzter (volljähriger) Person im Verhältnis zu Krankenkassen sowie gleichartige Einschränkungen bei beamtenrechtlichen Beihilfen[62] die den Aufwand der Krankenkassen bzw. des Dienstherrn reduzieren helfen sollen, um Beitragssätze stabilisieren zu können bzw. auf die Haushaltslage ausgerichtet sind oder der Gleichstellung von Beamten und ihren Angehörigen mit sozialversicherten Personen dienen sollen: Inhaberin des Anspruchs auf eine Zuzahlung ist die Krankenkasse. Im Außenverhältnis zum Schädiger und dessen Haftpflichtversicherung wird die Schadenslast dadurch nicht berührt. Der Eigenanteil an Kosten bei Leistungen der gesetzlichen Krankenversicherung betrifft ausschließlich die **interne Verteilung** der Last zwischen der (mit-)versicherten (verletzten) Person und dem (Sozial-)Leistungsträger. Der Dienstherr kann – ohnehin – den vollen Betrag regressieren; s. auch Rn. 1826. 1757

Die **Zuzahlung** bzw. der **Eigenanteil**, führt deshalb[63] im Ergebnis zu einem erstattungsfähigen, der verletzten Person (endgültig) verbleibenden Schadensteil, bei stationären Behandlungen, bei Arznei-, Hilfsmitteln, bei Transporten, bei Zahnbehandlungen, auch wegen einer Praxisgebühr. 1758

---

59 Zur Prämienerhöhung bei der Krankenhaustagegeldversicherung *BGH* VersR 1984, 690 = NJW 1984, 2627; zu Ausgleichsansprüchen bei der Erhöhung von Unfallversicherungsbeiträgen *Sieg* in VersR 1993, 526; zum Verlust des Beitragsnachlasses in der BG *BGH* NJW 1989, 2116.
60 Vgl. *OLG Celle* Urt. v. 28.9.2000, 14 U 215/99, zu als beihilferechtlich nicht für erstattungsfähig erachteten Teilbeträgen aus Rechnungen einer Massagepraxis.
61 Bei Unfallversicherungsleistungen gibt es entsprechende Eigenanteile (bisher) nicht.
62 Zur fehlenden, aber verfassungsrechtlich erforderlichen gesetzlichen Grundlage der Beihilfevorschriften des Bundes *BVerwG* VersR 2004, 1441.
63 Vgl. *OLG Hamm* VersR 1997, 330, 331.

4 Wiederherstellung der Gesundheit (Gesundheitsschaden i.e.S., Heilbehandlungskosten)

Bestehen im Einzelfall für die verletzte Person Möglichkeiten, sich von Zuzahlungen befreien zu lassen, ist sie zur Schadensminderung im wirtschaftlichen Interesse der Schädigerseite nicht gehalten, davon Gebrauch zu machen. Letztlich kann die Schädigerseite endgültig nur besser stehen, wenn wegen Pauschalierung oder Teilungsabkommen eine Entlastung erfolgt. Insofern muss die verletzte Person die Schädigerseite aber nicht unterstützen. Im Übrigen besteht keine sozialrechtliche Möglichkeit für die verletzte Person, sich wegen eines Schadens-, Haftungsfalls befreien zu lassen.

1759 Zuzahlungen zu Medikamenten, Praxisgebühren und wegen Fahrtkosten sind für die Dauer einer Beeinträchtigung, aber nicht für die Zeit danach[64] auszugleichen.

1760 **Eigenanteile (Zuzahlungen) bei Heilbehandlung:**

Schadensberechnung		darin aufgehend Summe der Zuzahlungen	rechnerisch verbleibender Aufwand zur Behandlung
Behandlungskosten	10.000,00	300,00	9.700,00
Haftungsquote	80%	80%	80%
Forderung bzw. Forderungselemente	8.000,00	240,00	7.760,00

Der Anspruchsteil der Krankenkasse ist zum Aufwand in jedem Fall zu vermindern um den Eigenanteil.

1761 Das *OLG Celle*[65] sieht bei Personen, die den Barbedarf der Familie nicht erarbeiten, keinen Schaden im Umfang der allgemeinen, gewöhnlichen Aufwendungen für Verpflegung bei stationärer Behandlung. Das Gericht kehrt den Gedanken des § 843 Abs. 4 BGB spiegelbildlich um. Bei einem verletzten Soldaten sieht der *BGH*[66] keine Ersparnis während eines Krankenhausaufenthaltes, wenn und weil die ihm zu gewährende Versorgung neben der Heilfürsorge die unentgeltliche Bereitstellung von Gemeinschaftsverpflegung umfasst. Es fällt schwer, einerseits den Schaden in der Person des Verletzten zu errechnen, und andererseits darauf abzustellen, dass Ersparnisse der barunterhaltsleistenden und -pflichtigen Person zugute kommen. Zu wirtschaftlichen Nachteilen, die bei der verletzten Person real gar nicht eintreten, ihr aber zugerechnet werden und sie zum Ausgleich befugen (Rn. 1794), ist es dagegen von vornherein einsichtig, Vorteile (Ersparnisse) bei der entsprechenden wirtschaftlichen Quelle (den Eltern bzw. dem erwerbstätigen Ehe-, Lebenspartner) der verletzten Person im Verhältnis zum Schädiger ebenfalls zuzurechnen. Dennoch muss für verletzte erwerbslose (haushaltsführende) Personen im Familien- oder Lebenspartnerschaftsverbund und Abkömmlinge ohne Erwerbseinkommen ihr Barunterhaltsanspruch und von daher die ihnen wirtschaftlich zugute kommende Unterhaltsersparnis berücksichtigt werden. Auf einen eigenen Erwerbs(ausfall)schaden der verletzten Person kommt es für die Frage der Anrechnung von häuslichen Ersparnissen daher nicht an, obwohl die allgemeinen Lebenshaltungskosten aus den Unterhaltsbeiträgen (Rn. 3024) bestritten werden. Diese Anrechnung im Außenverhältnis besagt gleichwohl nichts Entscheidendes zur Aufteilung und Verteilung im Innenverhältnis bei einem Forderungsübergang, Rn. 1810 ff.

1762 Jedenfalls bei der Frage nach einem (verbleibenden) Anspruch(steil) der verletzten, im Haushalt arbeitenden Person darf die häusliche **Ersparnis** – wie hier vertreten wird (Rn. 1817) – **nicht mit** einem von ihr oder für sie aufzubringenden **Eigenanteil** schlicht **verrechnet** werden, wie es bei gleich hohen Ersparnissen und Eigenanteilen praktiziert wird.[67]

---

64 *LG Köln* DAR 2008, 388 im Anschluss an *OLG Düsseldorf* VersR 2004, 120.
65 NJW 1969, 1765, 1766; NZV 1991, 228 m. Anm. *Schröder* in NZV 1992, 139.
66 *BGH* VersR 1978, 251.
67 *OLG Celle* VersR 1992, 1417, 1418; *OLG München* NZV 2001, 220.

Behandlungskosten 4

Verrechnung von Ersparnis und Zuzahlung: 1763

Schadensberechnung		Vorschlag zur internen Zuordnung des Vorteils		
Behandlungskosten	10.000,00	Zuzahlung: 300,00		verbleibender Aufwand 9.700,00
anrechnungsfähige Ersparnis	200,00			200,00
Verbleibende erstattungsfähige Heilungskosten (bei 100% Haftung)	9.800,00	Teilbetrag 300,00		Teilbetrag 9.500,00
Haftungsquote	80%	80%		80%
Forderung bzw. Forderungselemente	7.840,00	Anteil Zuzahlung 240,00		Anteil zum verbleibenden Aufwand 7.600,00

Werden abweichend Ersparnis und Zuzahlung in Beziehung zueinander gesetzt, kommt es zu Verwerfungen, wenn Ersparnis und Zuzahlung in der Höhe voneinander abweichen und/ oder wegen eines Forderungsübergangs verschiedene Forderungsinhaber zu den Anspruchs(- an)teilen berechtigt sind; s. weiter Rn. 1815 ff.

Zuzahlung niedriger als Ersparnis: 1764

	Schadensberechnung	Zuzahlung (verletzte Person)	Aufwand zur Behandlung (Leistungsträger)	
Behandlungskosten	10.000,00	100,00	9.900,00	
anrechnungsfähige Ersparnis	200,00	200,00		
Verbleibende Heilungskosten	9.800,00	-100,00	9.900,00	Die Summe der Anspruchsteile macht nur bei interner Verrechnung den Gesamtbetrag aus, den der Schädiger aufbringen muss.
Haftungsquote	80%	80%	80%	

1765 Zuzahlung und Ersparnis gleich hoch:

	Schadens-berechnung	Zuzahlung (verletzte Person)	Aufwand zur Behandlung (Leistungs-träger)	
Behandlungskosten	10.000,00	200,00	9.800,00	
anrechnungsfähige Ersparnis	200,00	200,00		Problematisch sind insbesondere die Zumutbarkeit und die wirkliche Kongruenz als Voraussetzung der Zuordnung zum internen Anteil.
Verbleibende Heilungskosten	9.800,00	0,00	9.800,00	
Haftungsquote	80%		80%	
Forderung bzw. Forderungsteile	7.840,00	0,00	7.840,00	

1766 Zuzahlung höher als Ersparnis:

	Schadens-berechnung	Zuzahlung (verletzte Person)	Aufwand zur Behandlung (Leistungs-träger)	
Behandlungskosten	10.000,00	300,00	9.700,00	
anrechnungsfähige Ersparnis	200,00	200,00		Wird dagegen intern so zugeordnet, wie eingangs vorgeschlagen, errechnen sich die dort mitgeteilten internen Anteile mit einem höheren Betrag zur Zuzahlung und einem verringerten Betrag zum verbleibenden Aufwand, Rn. 1763.
Verbleibende erstattungsfähige Heilungskosten	9.800,00	100,00	9.700,00	
Haftungsquote	80%	80%	80%	
Forderung bzw. Forderungsteile	7.840,00	80,00	7.760,00	

 1767 *Eigene Berechnungen ermöglicht die Onlineversion.*

2. Begleitkosten, Folgekosten, Nebenkosten, Zusatzkosten

a) Zusatzaufwand

Zu den Kosten der Behandlung kommen hinzu reale **Aufwendungen** für: 1768
- ärztliche Bescheinigungen, **Attestkosten**, wenn es erforderlich ist[68], um ein Ersatzbegehren hinreichend medizinisch substanziieren zu können,
- Arztberichte,
- **Fahrtkosten**:
  - zur Wahrnehmung von Behandlungsterminen oder Massagen[69] wie bei Fahrtkosten der Angehörigen (Rn. 1800) bemessen in Anlehnung nun an § 5 Abs. 2 Nr. 1 JVEG zur Abgeltung der Betriebskosten und der Abnutzung mit 0,25 € für jeden gefahrenen Kilometer wie früher[70] angelehnt an § 9 Abs. 3 ZSEG; den Betrag von 0,30 € für den gefahrenen Kilometer nach dem Ansatz in § 5 Abs. 2 Satz 1 Nr. 2 JVEG hält das *LG Bonn*[71] für angemessen;
  - zu Nachuntersuchungen, wenn[72] der Zusammenhang mit dem haftungsbegründenden Ereignis feststeht;
  - bei Wochenendheimfahrten[73] während eines längeren stationären Aufenthalts;
  - bei Ersatz von Reisekosten durch einen Unfallversicherungsträger kommt es allerdings zum Forderungsübergang in der entsprechenden Höhe;
  - zum Ersatz von Fahrtkosten bei Erstdiagnose und Verordnung ohne Nachweis einer Primärverletzung, wenn und weil die Erstannahme nicht verifiziert wird, s. Rn. 572;

und reale Nachteile wie:
- Verlust von Beitragsrückerstattungen wegen Inanspruchnahme von Krankenversicherungsleistungen.[74]

Nicht erstattungsfähig sind: 1769
- Nicht belegte Kosten als behaupteter Aufwand[72] zur Fahrt zur Klinik eines Privatgutachters für die Erstellung eines Gutachtens;
- Kosten für die Teilnahme an einem Seminar „Kunstfehler", während andere Seminar-Kosten oder Schulungskosten doch auszugleichen sein können.

Die in § 3 EStG aufgeführten Leistungen bleiben steuerfrei[75] bzw. ist der Progressionsvorbehalt zu beachten. In der Praxis kommt es insoweit häufig weder zu zusätzlichen Nachteilen für die verletzte Person noch zu Ersparnissen oder Vorteilen bei ihr. 1770

Arztbesuche des verletzten Angestellten während der Arbeitszeit unter Gehaltsfortzahlung führen nicht zu einem ersatzfähigen Vermögensschaden des (mittelbar betroffenen) Arbeitgebers[76]; für Beamte s. Rn. 2073. Zu Arztbesuchen unentgeltlich aktiver Personen gilt nichts anderes. Der Entgang eines **Verdienstes** während solcher Zeit kann aber die verletzte Person zur Geltendmachung eines (eigenen) Erwerbsschadens befugen. Kosten der **Betreuung** von kleinen Kindern der verletz- 1771

---

68 *KG* NZV 2003 281 = KGR 2003 156.
69 *OLG Celle* Urt. v. 28.9.2000, 14 U 215/99.
70 *OLG Hamm* NZV 1997, 182 = NJWE-VHR 1997, 107; DAR 1998, 317 (0,40 DM/km); *OLG Hamm* NJW-RR 1993, 409, hält jedoch 0,40 DM/km für zu hoch und 0,30 DM/km für ausreichend; a.A. *OLG Braunschweig* r+s 1991, 199 nach dem Maß der reinen Betriebskosten mit damals nur 0,15 DM/km.
71 *LG Bonn* v. 24.3.2006, 2 O 73/05.
72 *OLG Oldenburg* NJWE-VHR 1998, 63 = OLGR 1998, 5 = VersR 1999, 63.
73 *OLG Koblenz* NJOZ 2004, 132.
74 *OLG Köln* NJW-RR 1990, 1179 = NZV 1990, 465 = VersR 1990, 908; zu Prämienzuschlägen s. Rn. 1855.
75 Insbesondere seitens der Kranken-, Pflege-, gesetzlichen Unfallversicherung, Leistungen aus der Arbeitslosenversicherung, Sachleistungen aus der gesetzlichen Rentenversicherung; zum Krankengeld *BGH* VersR 1986, 914 = NJW-RR 1986, 1216; zur Unfallversicherung und zum Arbeitslosengeld *BGH* NJW 1980, 1788.
76 *LG Aachen* ZfS 1986, 34.

Wiederherstellung der Gesundheit (Gesundheitsschaden i.e.S., Heilbehandlungskosten)

ten Person während ihrer Behandlung, während eines Arzttermins, sind nicht anders zu behandeln als die Babysitterkosten während des Besuchs bei einer verletzten Person. Zur **Haushaltstätigkeit** wird sich in vergleichbarer Weise ein **Erwerbsausfallschaden** selten finden, weil auch bei einem außerordentlichen Zeiteinsatz für ambulante Maßnahmen die Hausarbeit, die unbeeinträchtigt ausgeführt werden kann, zeitlich so disponiert werden kann und muss, dass kein weiterer Schaden entsteht.

1772 Übliche **Geschenke** oder **Trinkgelder** für ein Pflegepersonal sind (anders als die Blumengeschenke oder andere Präsente Dritter, die die verletzte Person besuchen[77]) ebenfalls erstattungsfähig. Während von Haftpflichtversichererseite dazu auf einen geringen Umfang geachtet wird und das *LG Lüneburg* 1973 bei einer zehntägigen Behandlung 49,00 DM akzeptiert, aber 89,00 DM für überhöht erachtet hat[78], werden heute für jede Woche eines stationären Aufenthalts 50,00 € kaum übersetzt sein, wenn die individuellen Lebensverhältnisse der verletzten Person dem entsprechen.

1773 Der Aufwand der verletzten Person dafür, sich unter angemessenen Bedingungen in einem Krankenhaus oder einer Einrichtung der Rehabilitation aufzuhalten, ist – nach der praktischen Handhabung allerdings nur in engen Grenzen – für erstattungsfähig zu erachten. Reale zusätzliche Kosten der **Kommunikation** müssen erstattungsfähig sein. Bei einem **Miet-**, **Münzfernsehgerät** sind – entgegen *OLG Köln*[79] – die vollen Aufwendungen anzusetzen, wenn die in angemessener Weise erreichbare kostengünstigste Lösung gesucht ist und genutzt wird.[80] Bei Fernsehgeräten und dergleichen stehen immer allein die Zusatzkosten für die Möglichkeit an, das Gerät einschalten zu können. Um allgemeine, ohnehin anfallende Kosten geht es dabei nicht.[81] Mittels **Telefons** kann die Kommunikation häufig nur aufrechterhalten bleiben, wenn Fremdeinrichtungen mit erhöhten Aufwendungen genutzt werden; die Verwendung des eigenen Telefons bei stationärer Behandlung ist ausgeschlossen. Dazu bedarf es Pauschalierungen, um die Zusatzbelastungen einschätzen zu können. Auf die vollen Kosten einer Telefonnutzung ist – entgegen *AG Offenburg*[82] – nicht abzustellen, weil Allgemeinkosten, verletzungsunabhängig anfallende Gebühren nicht vom Schädiger zu tragen sind. Das *OLG Hamm*[83] zieht bei einem längeren Krankenhausaufenthalt des schwerverletzten Familienvaters (zur Haushaltsarbeit beachte daneben Rn. 2581) pauschal 25% der Telefonkosten ab. Für die Kosten von Telefonaten mit Freunden versagt das *OLG Saarbrücken*[84] einen Ersatz, weil es keinen notwendigen Zusammenhang mit dem Krankenhausaufenthalt sieht und diese Kosten „regelmäßig" auch ohne den Krankenhausaufenthalt angefallen wären.

1774 Das *OLG Celle*[85] verlangt den konkreten **Nachweis**, dass die Benutzung solcher Geräte medizinisch geboten ist, und will sonst keinen Ersatz zusprechen, weil die allgemeinen Lebenshaltungskosten betroffen seien. Das Merkmal „medizinisch geboten" gibt aber keine rechtsdogmatisch, schadensrechtlich klar abgrenzende Argumentationshilfe, sondern ist eher ein Behelf, wirtschaftliche Zusatzlasten der verletzten Person selbst zuzuweisen, statt den verantwortlichen Schädiger heranzuziehen. Es stehen haftungsausfüllend schlichte Begleitkosten in Frage. Darüber hinaus zeigen Patientenbefragungen, dass zu Informations- und Unterhaltungsmöglichkeiten ein relativ geringerer Zufriedenheitsgrad in Krankenhäusern erreicht wird als zur medizinischen Versorgung, pflegerischen Betreuung. Bei ganzheitlicher Betrachtung eines beeinträchtigten Gesundheitszustandes hat jede Handlungsweise, die das Lebensgefühl psychisch stützt, einen gewissen positiven Einfluss. Jeder Einfluss dieser Art ist aus dieser Sicht medizinisch geboten, weil er den Hei-

---

77 *LG Oldenburg* ZfS 1985, 40; *Schleich* in DAR 1988, 145, 146.
78 VersR 1975, 1016.
79 NJW 1988, 2957 = NZV 1989, 113 = ZfS 1988, 204 (Ersatz von 3/5 der Aufwendungen); s. weiter *OLG Düsseldorf* NJW-RR 1994, 352; *OLG Köln* NJW-RR 1994, 532; für die Erstattung der Fernsehgrundmiete z. B. *AG Offenburg* ZfS 1995, 252.
80 *Pardey* in NJW 1989, 2314.
81 Die Erstattungsfähigkeit versagt *OLG Koblenz* NJOZ 2004, 132.
82 ZfS 1995, 252.
83 DAR 1998, 317.
84 OLGR 1998, 212.
85 VersR 1992, 1417, 1418.

lungsverlauf zu fördern vermag und solange er jedenfalls diesen Verlauf nicht negativ beeinflusst. Wer selbst längere Zeit stationär behandelt worden ist, kennt die Unterschiede zur Zahl und zur Dauer von Telefongesprächen (auch „nur") mit Freunden. Jedenfalls bei täglichen Besuchen der Ehefrau liegt in der Tat der zusätzliche Ausgleich von Telefonkosten mit der Ehefrau jedoch fern.[86]

Es gibt keine **Lesegeldpauschale** zu Gunsten des Verletzten, s. aber Rn. 1782. Allenfalls dann, wenn bestimmte Lektüre unmittelbar zur Förderung des Heilungsprozesses geboten ist, kann daran zu denken sein, den Aufwand pauschalierend „abzufinden".[87]   **1775**

b) Allgemeiner, verletzungsbedingt erhöhter Lebensbedarf

Zusätzliche, sonst nicht angefallene Kosten im Zusammenhang mit der Hygiene und **Körperpflege** (Hausschuhe, Morgenmantel, Nachtwäsche, Rasierapparat) hat der Schädiger zu übernehmen. Sollte ein wirtschaftlicher Vorteil wegen einer Nutzung nach Ende des stationären Aufenthalts verbleiben, muss sich der Verletzte diesen Vorteil allerdings anrechnen lassen, wenn die Schädigerseite nicht die fraglichen Gegenstände übernimmt. Alle erhöhten Kosten im Zusammenhang mit der Heilung führen dennoch nicht zu einem gesondert bezifferbaren und über § 249 BGB zum Ausgleich zu stellenden Ersatzanspruch. Der zusätzliche Aufwand für die eigene **Verpflegung** und unmittelbare Versorgung der verletzten Person während einer stationären Behandlung ist nicht anders als die Verpflegung oder Versorgung bei ambulanter Behandlung im häuslichen Umfeld dem allgemeinen Lebensbedarf zuzuordnen und gibt deswegen keinen Anspruch auf Ausgleich als Begleitkosten der Schadensbewältigung. Gleiches gilt bei dem finanziellen Aufwand und Einsatz, der mit dem subjektiv gestörten Lebensgenuss zusammenhängt. Der wirtschaftliche Verlust ist dann Folge der veränderten **Freizeitgestaltung**, die äußerlich mit der Verletzung zusammenhängt, aber nicht in einem inneren Zusammenhang mit ihr steht, weil und wenn viele (verschiedene) Möglichkeiten des Freizeitverhaltens nebeneinander zur freien Wahl stehen. Dies gilt für Erwachsene und Kinder, Jugendliche gleichermaßen. Der Bereich des allgemeinen Lebensbedarfs, der verletzungsbedingt erschwert oder verschlechtert ist, ist dem Ausgleich über ein Schmerzensgeld zugewiesen. Insbesondere erfasst der Schmerzensgeldanspruch den (**immateriellen**) Aspekt der **Langeweile** und des Vertreibens der Langeweile, auch bei materiellen Aufwendungen. Erst bei einem **Mehrbedarfsschaden** wegen vorübergehender oder bleibender Behinderungen außerhalb der allgemeinen Lebenshaltungskosten kommt es zu einem getrennten Schadensposten, z. B. bei der notwendigen Betreuung oder Hilfe, ggfs. zu einem Hausarbeits-, Haushaltsführungsschaden, auch während einer stationären Behandlung einer allein stehenden Person für die Dinge des Alltags, die in der eigenen Wohnung sichergestellt sein müssen.   **1776**

Es besteht aber kein Anspruch – weder pauschal noch unter Nachweis einzelner konkreter Aufwendungen – auf Ersatz von Kosten für **Informationen**, eine **Unterhaltung**, z. B. den Lesestoff bei einem elfwöchigen Krankenhausaufenthalt[88] oder in anderer Lage nach einer Verletzung während des Heilungsverlaufs, und zwar unabhängig davon, ob die Information, Unterhaltung den Heilungsprozess subjektbezogen fördert, unterstützt oder lediglich nicht erschwert. Die erhöhte Inanspruchnahme von Fernsehgeräten, eines Telefons oder anderer Einrichtungen der modernen multimedialen Welt während Zeiten einer ambulanten Behandlung im häuslichen Umfeld bleibt Teil der allgemeinen Lebenslage und des allgemeinen Lebensbedarfs, der verletzungsbedingt um immaterielle Belastungen erhöht ist. Der (erstmalige oder) vermehrte Gebrauch von Zeitschriften, Zeitungen, Büchern, Musikkassetten, CD-Playern, Computerspielen oder dergleichen betrifft ebenfalls allein den Umstand, dass die freie Zeit, die Langeweile vertrieben werden soll. Weder teilweise noch in voller Höhe sind deswegen Anschaffungskosten oder andere Aufwendungen in diesem Bereich erstattungsfähig.   **1777**

---

86 *OLG Koblenz* NJOZ 2004, 132.
87 *OLG Köln* OLGZ 1990, 493 = VersR 1989, 1309.
88 *OLG Köln* VersR 1989, 1309 = ZIP 1989, 1583.

1778 Die wegen der freien Zeit und der Nutzung dieser Zeit, die wegen der Verletzung nicht anders verwendet werden kann, anfallenden zusätzlichen, erhöhten Aufwendungen bleiben Teil des allgemeinen Lebensbedarfs zur Gestaltung der Freizeit.

1779 Bei Kindern[89] und Personen mit eingeschränkten Entfaltungsmöglichkeiten (Behinderten) kann wegen ihrer subjektiven Befindlichkeit aus Rechtsgründen anders entschieden werden als bei Erwachsenen (Volljährigen). Dann muss es unerheblich bleiben, ob das Lesen aus medizinischen Gründen (um den Verletzten „auf andere Gedanken zu bringen") geboten ist.

1780 Ggfs. hat eine Anrechnung für einen ersparten Aufwand zu erfolgen, wenn der Verletzte z. B. den Lesestoff ohnehin angeschafft hätte. Eine Anrechnung von Lesestoff, den Besucher mitbringen, findet freilich nicht statt. Diesbezüglich greifen Grundsätze wie bei Spenden Dritter ein.

1781 Niemals hat der Schädiger für die von Besuchern mitgebrachten Zeitschriften oder andere kleinen Geschenke wirtschaftlich aufzukommen.

1782 Dem bettlägerigen Verletzten eine Lesestoffpauschale von 10,00 bis 15,00 € wöchentlich zuzubilligen, wie es gelegentlich geschieht (s. aber auch Rn. 1775), folgt einer inneren, moralischen Verantwortung des Schädigers für die Situation des Verletzten selbst dann, wenn der Verletzte sonst keine Zeitschriften gelesen, sondern seine freie Zeit anderweit ausgefüllt hätte.

1783 Trotz eines realen Vermögensaufwands bei verletzungsbedingten Nachteilen mit einem Mehraufwand für Pkw-Fahrten, den der Verletzte für zwei Jahre (1984 bis 1986) mit 3.780,00 DM beziffert hat, hat der *BGH*[90] auf den Verzicht auf die Teilnahme an Sportveranstaltungen, den damit verbundenen Verlust an Lebensfreude und die Kompensation durch die vermehrten Fahrten abgestellt. Das Schmerzensgeld soll – so der *BGH* weiter – seinem Wesen nach auch solche erhöhte Aufwendungen erfassen, mit denen die verletzte Person versucht, eine wegen der Verletzung nicht mehr mögliche Betätigung durch eine andere Beschäftigung auszugleichen oder zu ersetzen.

1784 Bei diesem schadensrechtlichen Verständnis erhält die verletzte Person den ihr zustehenden angemessenen Gesamtausgleich häufig aber nur, wenn für den Anspruch auf billige Entschädigung für den Schaden, der nicht Vermögensschaden ist, von der Schadenspraxis der zusätzliche Faktor wirklich berücksichtigt wird und ein entsprechendes Bemessungselement die Höhe des Schmerzensgeldes beeinflusst. Zugunsten der verletzten Person wirkt sich dann aus, dass sie von dem Nachweis der Verwendung einer solchen Pauschale befreit ist.

c) Betreuung, Hilfe, Zuwendung

1785 Die schadensrechtlich berücksichtigungsfähige Betreuung setzt voraus, dass sie sich so weit aus dem selbstverständlichen, originären Aufgabengebiet der Eltern heraushebt, dass nicht nur theoretisch, sondern als praktische Alternative ein vergleichbarer Einsatz fremder Hilfskräfte in Betracht kommt.[91] Der *BGH*[92] spricht dazu davon, dass während einer stationären Behandlung erbrachte (unentgeltliche) Pflegeleistungen wirtschaftlich vom Schädiger auszugleichen sind. Diese Leistungen und Zuwendung sind schadensrechtlich wie bei einer nachstationären Pflege, Betreuung abzugelten. Für den Stundensatz ist zu berücksichtigen, ob es um Leistungen neben der Tätigkeit von Fachkräften geht, auch wenn die Leistungen an die Stelle von Tätigkeiten treten, die sonst Pflegekräfte erbringen müssten. Die Hilfstätigkeit neben der Tätigkeit von Fachkräften muss zu einem niedrigeren Wertansatz pro Stunde führen als die alleinige Hilfe, Pflege.

---

89 Bei Kindern zu Büchern und Spielen *OLG Hamm* OLGR 1993, 84.
90 *BGH* VersR 1992, 618 = NJW-RR 1992, 792.
91 *BGH* VersR 1999, 1156 = NJW 1999, 2819.
92 *BGHZ* 106, 28.

Die **Behandlungspflege** (Verabreichung von Arzneimitteln, Wechsel von Verbänden, Spülungen, Einreibungen, Messen von Temperatur, Blutdruck) ist Teil des Behandlungsaufwandes. Wird die Behandlungspflege (ganz oder teilweise) durch Angehörige unentgeltlich geleistet, schuldet der Schädiger im Rahmen der Erforderlichkeit der Pflege nach dem Maß des Angemessenen einen Geldausgleich. Die verletzungsbedingt erforderliche **Grundpflege** mit Hilfebereichen zu Verrichtungen des täglichen Lebens (Körperpflege, Ernährung – mundgerechtes Zubereiten, Aufnahme der Nahrung –, Mobilität – Aufstehen, Zu-Bett-Gehen, An-, Auskleiden, Gehen, Stehen, Treppensteigen –) kann bei unentgeltlicher Unterstützung der verletzten Person durch Angehörige ebenfalls zu einem Erstattungsanspruch für die aufgewandte Zeit führen. Ob solche Leistungen als Pflegekosten wegen der Pflegebedürftigkeit zum Gesundheitsschaden oder zum Mehrbedarfsschaden eingeordnet werden, wirkt sich auf die Schadensabrechnung nicht aus. U.U. hat dies aber Einfluss auf einen der verletzten Person **verbleibenden Teil** des Ersatzanspruchs bei Leistungen einer gesetzlichen Versicherung oder auch einer privaten Schadensversicherung angesichts eines Forderungsübergangs. 1786

Auf 4 € pro Stunde hat das *OLG München*[93] beim vielstündigen Einsatz zugunsten des Ehegatten während eines Krankenhausaufenthalts ebenso abgestellt wie bei der zusätzlichen heilungsbedingten Betreuung im Krankenhaus durch die Lebensgefährtin, wobei hinzugesetzt worden ist, jedenfalls seien im entsprechenden Umfang Aufwendungen zu ersetzen. 1787

Nach Ansicht des *BGH*[94] hat die Zeit der vermehrten, inneren, emotionalen **persönlichen Zuwendung** und Nähe der Eltern während der Krankenhausbehandlung ihres Kindes, die Zeit einer Aktivierung des Kindes oder einer Beschäftigung mit dem Kind, die vor der Verletzung kein Korrelat gehabt hat oder eine solche Zuwendung des einen Ehepartners während der Behandlung des anderen Ehepartners keinen „Marktwert". Ein solcher Einsatz eines Angehörigen ist als Vermögenseinbuße nicht hinreichend objektivierbar. Die persönliche Verbundenheit und die dafür aufgewandte Zeit entziehen sich der Umrechnung in Geld. Dazu erwächst der verletzten Person selbst bei einem erheblichen Zeitaufwand der anderen Person kein Vermögensschaden. 1788

d) Weitere wirtschaftliche (Folge-) Belastungen

Zu den Heilbehandlungskosten können z. B. Kosten für (fach-)ärztliche **Gutachten** zählen, Rn. 1768. Die Kosten eines zahnärztlichen Privatgutachtens können ggfs. nach den §§ 280, 249 BGB geltend gemacht werden, wenn sie zu einer zweckentsprechenden Rechtsverfolgung notwendig sind. Der Patient ist nicht zur Durchführung eines selbstständigen Beweisverfahrens gezwungen. Er darf nicht auf das prozessuale Kostenerstattungsverfahren verwiesen werden.[95] Isoliert zur bloßen Information sind Kosten eines (zahn-)ärztlichen Privatgutachtens nach einer (zahn-)ärztlichen Behandlung dagegen nicht erstattungsfähig. 1789

An den **Hausarbeitsschaden** ist auch bei einem unfallbedingten stationären Aufenthalt zu denken. Die in tatrichterlichen Kreisen vertretende Ansicht, dass für die Zeit im Krankenhaus bei einer 100% Erwerbsunfähigkeit im Einpersonenhaushalt die Notwendigkeit der Haushaltsarbeit entfällt, trifft nicht zu. Die Versorgung der Wohnung und Wäsche erfordert auch bei einer solchen Lage einen gewissen Ausgleich über Stundenvergütungen, Rn. 2474, 2581, 2627 ff. 1790

Der Verdienstausfall des Organspenders (z. B. eines Angehörigen) gehört bei einer Knochen-, Gewebe- oder Organtransplantation zu den Kosten der Krankenhilfe bzw. der Heilbehandlung des Empfängers der **Organspende** und ist von der Krankenkasse bzw. Berufsgenossenschaft des Empfängers zu tragen.[96] Dementsprechend ist bei einer Organtransplantation der Aufwand für 1791

---

93 NZV 1989, 471 und VersR 1995, 1506.
94 *BGHZ* 106, 28 = VersR 1989, 188 = NJW 1989, 766; *Grunsky* in JZ 1989, 344; *Schlund* in JR 1989, 238.
95 *OLG München* MedR 2006, 596.
96 *BAGE* 52, 313 = NJW 1987, 1508.

Wiederherstellung der Gesundheit (Gesundheitsschaden i.e.S., Heilbehandlungskosten)

den Organspender einschließlich eines etwaigen Verdienstausfalls als Heilbehandlungskosten der verletzten Person vom Schädiger zu übernehmen.

1792 Zur Zeit der Einleitung indizierte Rettungskosten (Einsatz eines Rettungsfahrzeugs, Rettungshubschraubers) sind schadensrechtlich zu den Heilungskosten zu rechnen, selbst wenn sich nachträglich herausstellt, dass die eingeleitete Hilfsmaßnahme nicht erforderlich gewesen ist.[97] Wird ein Rettungstransportwagen gerufen[98], der dann nicht für einen Krankentransport benutzt wird, da der Verunglückte sich weigert in ein Krankenhaus transportiert zu werden, kann er von seiner Krankenversicherung keine Erstattung der Kosten für die streitgegenständlichen Anfahrten verlangen. Die Krankenkasse übernimmt Kosten für Fahrten einschließlich der Transporte nur, wenn sie aus zwingenden medizinischen Gründen notwendig sind.[99]

3. Besuchskosten

1793 Vermögensfolgeschaden sind notwendige, unvermeidbare, wirtschaftliche Nachteile naher Angehöriger, die die verletzte Person mittelbar treffen und unmittelbar der Aufrechterhaltung des Kontakts zu ihr dienen. Dies meint in erster Linie die für den Besuch der verletzten Person während deren stationärer Behandlung anfallenden Kosten. Da die Kosten den Verletzten nicht wirtschaftlich belasten, sind sie dem Schädiger nur anzulasten, soweit besondere Sachgründe den Ersatz ausnahmsweise rechtfertigen. Davon ist auszugehen, wenn Besuche für die Gesundung des Patienten medizinisch notwendig sind, den Heilerfolg zu fördern vermögen und die wirtschaftlichen Einbußen mit dem Heilungsaufwand in einem engen inneren Zusammenhang stehen sowie unvermeidbar sind.

1794 ▶ In engen Grenzen ordnet die Rechtsprechung einen wirtschaftlichen Aufwand der Angehörigen als Schadensfolgen den Heilungskosten zu, s. auch Rn. 1719.[100] ◀

1795 Es ist die innere, nahe **persönliche Beziehung** zwischen Besucher und Besuchtem, nicht ein äußeres formales Verwandtschaftsband oder die Hülle der Ehe, relevant. Zu dem Kreis der nächsten Angehörigen, auf die die Rechtspraxis meist abstellt, gehören neben Ehepartnern die Partner der eingetragenen gleichgeschlechtlichen Lebenspartnerschaft, Abkömmlinge, Großeltern, wohl auch der Verlobte. Kosten des Besuchs von Geschwistern (Bruder) sollen ohne Ausgleich bleiben, wenn nicht wahrscheinlich gemacht ist (§ 287 ZPO), dass Besuche eine medizinische Funktion bzw. eine herausgehobene medizinische Notwendigkeit haben (s. Rn. 1796), wie es das *OLG Karlsruhe* formuliert.[101] Das *LG Münster*[102] hält – überzeugend – die auf **Verwandtschaftsverhältnisse** abstellende Rechtsprechung für zu eng. Es gewährt Ersatz für Besuchskosten durch die Lebensgefährtin (Lebensabschnittspartnerin) als der Person, die wegen des Näheverhältnisses zu dem Verletzten einem Familienangehörigen gleichzustellen sei, so auch das Kammergericht.[103] Der Grad einer Verwandtschaft oder Schwägerschaft oder die Ehe haben allein Einfluss auf die tatsächliche Feststellung, ggfs. eine Beweiswürdigung zur erforderlichen Enge der Beziehung zwischen der verletzten Person und der besuchenden Person. Bei Lebensgemeinschaften (Rn. 1596, 2458) hilft es dem Tatrichter, eine solche Feststellung (indiziell) zu treffen, wenn die Ehe jedenfalls vor

---

97 Vgl. *LG Köln* NJW-RR 1991, 989 und s. zur Geschäftsführung ohne Auftrag und einem Aufwendungsersatz *OLG Frankfurt* NJW-RR 1996, 1337; einen Erstattungsanspruch des Landkreises aus § 683 BGB gegen den Vater verneint *AG Peine* NVwZ-RR 2002, 711 beim Einsatz eines Rettungswagens zu Gunsten eines minderjährigen (privatversicherten) Kindes, das während des Sportunterrichtes eine Kreislaufschwäche erleidet.
98 Das *BSG* hat nicht darüber zu befinden gehabt, ob Gebührenbescheide rechtmäßig gewesen sind.
99 *BSG* ErsK 2007, 505.
100 *BGH* VersR 1991, 559 = NJW 1991, 2340 = DAR 1991, 220.
101 *OLG Karlsruhe* VersR 1998, 1256 = NZV 1999, 210.
102 NJW 1998, 1901 = r+s 1997, 460 gegen *LG Oldenburg* ZfS 1989, 45.
103 Urt. v. 12.3.2009, 22 U 39/06.

Abschluss der Schadensregulierung geschlossen ist. Zu Besuchsfahrten gar nur auf die gesetzliche Unterhaltspflicht abzustellen, ist nach hier vertretener Ansicht verfehlt.

Das *OLG Koblenz* sieht sich im Anschluss an den *BGH*, wenn es für den Besuch eine medizinische Notwendigkeit (Nützlichkeit) für die Gesundung der verletzten Person (nach seiner Befindlichkeit) verlangt.[104] Nach der Rechtsprechung ist ein Heilungseffekt – z. B. die Förderung einer möglichen Funktionsverbesserung – als Anspruchsmerkmal unverzichtbar, wobei die Eignung zur Herbeiführung einer Verbesserung als realistische Möglichkeit genügt bzw. es für die Ersatzfähigkeit ausreichend ist, dass die Besuche geeignet sind, den Gesundheitszustand des Verletzten zu verbessern, wobei die Verbesserung der allgemeinen Befindlichkeit nicht genügt.[105] Die Erwünschtheit eines Besuchs genügt danach nicht. Zutreffend verlangen jedoch das *LG Münster*[106] und das *OLG Hamm*[107] keinen eng „medizinisch gesicherten Nachweis" zu positiven Auswirkungen des Besuchs auf den Heilungsprozess. Das *OLG Hamm* verzichtet a.a.O. auf einen „förmlichen Beweis", wenn und weil der psychische Beistand auch aus medizinischer Sicht einen wesentlichen Beitrag zur Rekonvaleszenz zu leisten pflegt. Die allgemeine Lebenserfahrung genügt in der Tat, um die Anspruchsvoraussetzung „medizinisch geboten" beurteilen zu können. Ist eine Heilung oder Verbesserung des Gesundheitszustandes ausgeschlossen, können Kosten für Besuchsfahrten Mehrbedarf (Rn. 1873) sein.

1796

Für die **Häufigkeit** der Besuche lassen sich keine allgemeinen Maßstäbe aufstellen. Bei Ehepartnern werden häufig nicht mehr als zwei Besuchsfahrten wöchentlich während eines mehrmonatigen stationären Aufenthalts anzusetzen sein. Es können aber auch Besuche alle zwei Tage[108] bzw. drei Besuche pro Woche zu beachten sein[109] oder tägliche[110] Besuche. Der komaartige Zustand legitimiert z. B. tägliche Besuche.[111] *Jahnke*[112] hält Maßstäbe zur Beurteilung der Angemessenheit/Erforderlichkeit der Zahl von Besuchen vereinfachend wie folgt für vertretbar:

1797

- Leichte Verletzungen: 1–2 Besuche pro Woche.
- Mittelschwere Verletzungen: 2–3 Besuche pro Woche.
- Schwere Verletzungen ohne Lebensgefahr:
  - anfangs 4–5 Besuche pro Woche,
  - bei stabilisiertem Zustand 2–4 Besuche pro Woche.
- Schwerste Verletzungen mit Lebensgefahr:
  - anfangs 5–6 Besuche pro Woche,
  - nach 1–2 Wochen mit abnehmender Frequenz auf 2–4 Besuche pro Woche.

Teil der ersatzfähigen Besuchskosten sind Aufwendungen für die notwendige **Pflege** und **Betreuung** von kleinen Kindern, Babysitter-Kosten, wenn die Ehefrau und Mutter während des Besuches ihres Ehemannes oder ihres verletzten Sohnes im Krankenhaus die kleinen Kinder (Geschwister) währenddessen nicht unentgeltlich von Nachbarn oder Verwandten betreuen lassen kann.

1798

Wendet der Schädiger ein, eine unentgeltliche Hilfe sei möglich gewesen, trägt er hierfür die Darlegungs- und Beweislast[113], da die Vernachlässigung der **Schadensminderungspflicht** (der verletzten Person) in Frage steht.

1799

---

104 VersR 1998, 1256 m. *BGH* NA-Beschl. v. 19.5.1998.
105 *KG* Urt. v. 12.3.2009, 22 U 39/06.
106 NJW 1998, 1901 = r+s 1997, 460.
107 DAR 1998, 317.
108 *OLG Koblenz* NJOZ 2004, 132.
109 *OLG Köln* r+s 1989, 400, 401.
110 *OLG Hamm* SP 1997, 322.
111 *OLG Saarbrücken* NZV 1989, 25; *LG Saarbrücken* NJW 1988, 2958.
112 In: *van Bühren*, Anwalts-Handbuch Versicherungsrecht, 1. Aufl., Teil 4 Rn. 92.
113 *BGH* VersR 1989, 1308 = NJW 1990, 1037 = DAR 1990, 58.

1800 Vor allem kommen **Fahrtkosten** in Betracht. Die Fahrtkosten sind an der wirtschaftlichsten Beförderungsart auszurichten. Beim Einsatz eines Pkws[114] sind die Betriebskosten abzugelten. Häufig kann mit 0,20 €/km[115] und Mittelwerten der Fahrtstrecken abgerechnet werden. Wie früher § 9 Abs. 3 ZSEG gibt jetzt § 5 Abs. 2 Nr. 1 JVEG einen ausgewogenen Anhalt für die Schadensregulierung, wobei (pauschaliert) auch die Abnutzung abgegolten werden soll, s. Rn. 1768.

1801 **Tipp** Ein Anspruch auf Fahrtkosten bleibt ohne Auflistung von Wegstrecken und ohne Angabe des Ziels regelmäßig mangels ausreichender Substanziierung versagt.[116] Termine sind ggfs. durch Vorlage von Berichten oder Verordnungen nachzuweisen und einem Unfallereignis zuzuordnen.[117] Zu empfehlen ist der Nachweis der Fahrten unter Zusammenstellung z. B. wie nachstehend vorgeschlagen.

1802

Formulierungsvorschlag und Berechnungsmodell:					
Lfd. Nr.	Datum	Anlass der Fahrt, Abfahrts- und Zielort	Teilnehmer an der Fahrt (Name, Anschrift, Verwandtschaftsverhältnis)	Fahrzeugtyp, ggfs. Angabe des Hubraums	Entfernung in km (Hin- und Rückweg)
1					
2					
3					
...					
Berechnung des Gesamtaufwands:					
					Summe km:
					km zu je (z. B. 0,25) €
				Aufwand (km × Einsatzbetrag):	

1803 *Die Onlineversion ermöglicht eine entsprechende eigene Aufstellung und Berechnung.*

1804 Auf die Beträge, die gesetzliche oder private Krankenkassen anerkennen oder leisten, ist dagegen nicht abzustellen. Das Leistungsverhältnis zwischen der versicherten Person und dem Krankenversicherer besagt für den Schadensausgleich nichts, weil andere Interessen und Maßstäbe zugrunde liegen. Etwaige kausale **Steuervorteile** bei den **Angehörigen** (Eltern) sind auf die erstattungsfähigen Nebenkosten (Rn. 1794) mindernd anzurechnen.

1805 Ebenfalls sind erforderliche **Übernachtungskosten** ausgleichsfähig. Zu einem **Verpflegungsmehraufwand** des Vaters[118] wegen der Ortsabwesenheit der das verletzte Kind betreuenden Mutter sind Einzelheiten zu schildern, zumal dann, wenn bei einer Entfernung von 9 km zum Krankenhaus zwei Brüder zu verpflegen sind, dazu aber gar nichts vorgetragen wird.

1806 Der **Verdienstausfall** des besuchenden Ehegatten oder der Eltern stellt einen möglichen Nebenschaden der verletzten Person dar. Der unselbstständig erwerbstätige Elternteil kann die Arbeitsstunden abrechnen, die er nicht nachholen kann und für die er nur durch Gewährung unbezahlten Urlaubs von seiner Arbeit freigestellt wird. Für den selbstständig erwerbstätigen Elternteil ist der der Besuchszeit unmittelbar zuzurechnende, auf andere Weise nicht aufzufangende Gewinnentgang entscheidend.

---

114 *OLG Hamm* NJW-RR 1993, 409; NJW-RR 1995, 599.
115 *OLG Koblenz* NJOZ 2004, 132.
116 *LG Köln* DAR 2008, 388 im Anschluss an *OLG Düsseldorf* VersR 2004, 120.
117 *LG Bonn* v. 24.03.2006, 2 O 73/05.
118 *OLG Köln* VersR 2002, 209 = DAR 2001, 510 = OLGR 2001, 149.

Vermögenswerte Nachteile infolge der Einschränkung der zeitlichen Disposition des Besuchers durch die Besuche nimmt der *BGH*[119] abweichend von § 252 BGB von der Erstattungsfähigkeit aus. Solche Nachteile z. B. dadurch, dass ein Geschäft erst zu einem späteren Zeitpunkt aufgebaut oder vergrößert werden kann, meint der *BGH* ebenso wie Erschwernisse oder Einbußen im beruflichen Weiterkommen nicht als Besuchskosten klassifizieren zu können. Dazu sieht er (deliktsrechtlich) nicht ersetzbare Drittschäden als gegeben an.

1807

Die während des Besuchs verlorene **Arbeitszeit im** und für den **Haushalt** ist nicht auszugleichen, wenn und soweit die Hausarbeit ohne weiteres nachgeholt werden kann oder eine Vorarbeit unschwer möglich ist. Wie es die Schadensminderungspflicht (der verletzten Person) dem Selbstständigen gebietet, im zumutbaren Umfang zeitlich ggfs. **umzudisponieren**, müssen auch die im Haushalt tätigen Personen, Ehepartner, Elternteile alle Möglichkeiten der zeitlichen Disposition im Interesse daran nutzen, unerlässliche Zusatzkosten so gering wie möglich zu halten. Der *BGH* hält es „ersichtlich" für möglich, die Arbeiten, die auf die Besuchszeit entfallen, vor- oder nachzuarbeiten, wenn Besuche ohne Einstellung einer Ersatzkraft möglich gewesen sind. Die (entgeltliche) Beschäftigung einer anderen Person wird indessen in allen vergleichbaren Schadensbereichen vom *BGH* nicht für ausschlaggebend erachtet, dort reguliert nur die Zumutbarkeit einer Vor- oder Nacharbeit.

1808

Ein Ausgleich für einen **Umzug** mit allen Kosten kommt nur ausnahmsweise in Frage.[120]

1809

4. Kongruente Leistungen

Zu Heilbehandlungskosten i.e.S. ergeben sich beim Forderungsübergang (Rn. 1521 ff.) praktisch in aller Regel keine Kongruenzprobleme, weil und soweit die Fremdleistungen – zumal angesichts des die Beziehung zwischen der verletzten sozialversicherten Person und dem Sozialversicherungsträger, insbesondere der Krankenversicherung, prägenden Sachleistungsprinzips – den Schaden der versicherten Person decken. Mit dem Heilungsaufwand (Arzt-, Behandlungskosten, Aufwendungen für Arzneien, Heilmittel, stationäre Behandlung) sind Leistungen der ambulanten oder stationären Behandlung, die häusliche Krankenpflege neben einer ärztlichen Behandlung (§§ 27, 37 ff. SGB V, 15 SGB VI) kongruent; s. aber auch Rn. 1579 und Rn. 1703 und zu Eigenanteilen Rn. 1757.

1810

Beschaffen sich verletzte sozialversicherte Personen mit Anspruch auf Sachleistungen **Leistungen selbst**, dürfen Krankenkassen gem. § 13 SGB V die entstandenen Kosten grundsätzlich nicht erstatten. Dennoch einen Forderungsübergang zu bejahen – wie es das *KG*[121] allerdings ohne jede Auseinandersetzung mit diesem Aspekt letztlich vertritt –, gebietet das Rechtsprinzip des vollständigen Übergangs im Unfallzeitpunkt nicht, weil dann und insofern endgültig eine wirtschaftliche Belastung der Krankenkasse ausscheidet. Nicht überzeugend ist die Erwägung des *KG*, es komme nicht darauf an, ob beim Sozialversicherungsträger Erstattung der aufgewendeten Kosten beantragt worden sei, vielmehr sei es Sache des Verletzten, die Erstattung solcher Kosten beim Sozialversicherungsträger zu beantragen und ggfs. die Sozialgerichte einzuschalten. Dies blickt lediglich auf den Umfang des Schutzes in der Krankenversicherung, aber nicht auf das sozialrechtliche Verhältnis im Einzelnen. Zudem ist die sozialversicherte Person nicht im wirtschaftlichen Interesse des Schädigers gehalten, Kosten (im Rahmen der allgemeinen Grenzen, Rn. 1690 ff.) von sich auf die Krankenkasse zu verlagern. Bei einer (für ein Jahr bindenden) zulässigen **Wahl der Kostenerstattung** (statt der Sachleistung) bleibt es allerdings beim Anspruchsübergang so, wie es auch bei der Sachleistung der Fall wäre.

1811

---

119 *BGH* VersR 1991, 559 = NJW 1991, 2340 = DAR 1991, 220; *Grunsky* in JuS 1991, 907.
120 *BGH* VersR 1979, 350 = NJW 1978, 598.
121 DAR 2004, 87 = NZV 2004, 42 (Akupunkturbehandlung).

Wiederherstellung der Gesundheit (Gesundheitsschaden i.e.S., Heilbehandlungskosten)

1812 Die Beschränkung einer Erstattungsfähigkeit von Heilbehandlungskosten angesichts einer behandlungsbedürftigen, verschlimmerten **Vorschädigung** wirft kein Kongruenzproblem wie bei einer quotierten, reduzierten Ersatzforderung auf. Bei der Reduzierung des Anspruchsrechts infolge einer Mithaftung gelten die erläuterten Verteilungskriterien zwischen einem Leistungsträger und der betroffenen Person, Rn. 1611 ff., zu Besonderheiten sogleich Rn. 1820 ff.

1813 Zu Nebenkosten, **Zusatzaufwendungen** und **Besuchskosten**[122] kann bei im Haushalt tätigen Personen oder bei Kindern, Jugendlichen ohne eigene Erwerbseinkünfte kein Anspruchsrecht eines Leistungsträgers bestehen, (wenn, solange und) weil es – von vornherein und endgültig – an mit der Ausrichtung des Schadensersatzes zweckgleichen Versicherungsleistungen fehlt. Der *BGH*[123] spricht davon, dass die Aufwendungen, die über den Mehrbedarf hinausgehen, mit dem Ersatz für den Verdienstausfall deckungsgleich sind. Daraus ist abzuleiten, dass solche Kosten zu dem Ersatz für einen Erwerbsnachteil einer verletzten Person in Bezug zu setzen sind, insbesondere also bei einem Erwerbsschaden im engeren Sinn. Ob der *BGH* damit bei dem Ersatz eines Erwerbsausfallschadens in Form des Haushaltsführungsschadens einen Übergang bejahen möchte, ist offen.

1814 Das *OLG Zweibrücken*[124] bejaht bei **Krankenkassenleistungen** (im Rahmen der Familienhilfe) den Übergang des Anspruches auf Erwerbsausfall in Form des **Hausarbeitsschadens** (als ausgefallene Unterhaltsleistung für die Familienangehörigen, Rn. 2690). Nach der hier vertretenen Ansicht ist trotz der schadensrechtlichen Konstruktion des Ausfalls der Fremdversorgung, -betreuung für andere Personen als Erwerbsausfall nicht die Kongruenz zwischen der Heilbehandlungsleistung des Sozialversicherungsträgers und dem Erwerbsausfallschadensteil zu bejahen. Eine solche Kongruenz besteht nur bei Barleistungen des Leistungsträgers, denen Lohnersatzcharakter (Krankengeld, Verletztengeld) zukommt. Die teilweise gegenüber früher veränderte Abrechnungspraxis eines Sozialversicherungsträgers bei der Gewährung von Leistungen ist nicht entscheidend. An dem herkömmlichen System mit den Unterschieden zwischen echten Barleistungen und der Gewährung insbesondere der (stationären) Behandlung und dem Fürsorgegedanken des gesamten Sozialversicherungssystems an der Stelle einer reinen Kostenerstattung (wie bei Privatversicherungen) hat sich nichts geändert. Dass die Leistungen eines Sozialversicherungsträgers während stationärer Behandlung auch dem allgemeinen Lebensunterhalt[125] dienen, stationäre Behandlungskosten im Tagessatzsystem ebenso wie im Fallpauschalensystem kalkulatorisch Behandlungs-, Unterkunfts- und Verpflegungsanteile einschließen, verlangt keine andere Beurteilung.

1815 Nach der höchstrichterlichen Rechtsprechung ist die Ersparnis zu häuslicher Verpflegung (Rn. 1753) auf den weiteren, restlichen Erwerbsschadensanspruch, nicht auf den Anspruchsteil des Sozialversicherungsträgers, zu beziehen. Dort entscheidet der zeitlich vorrangige teilweise Übergang des Anspruchs auf Ersatz des Verdienstausfalls auf den Sozialversicherungsträger im Zeitpunkt des schädigenden Ereignisses gegenüber dem bei einer Entgeltfortzahlung erst im Zahlungszeitpunkt übergehenden Anspruchsteil des Arbeitgebers, der deshalb den um die Ersparnis verringerten Anspruch erhält.[126]

---

122 *OLG München* VersR 1978, 373.
123 VersR 1984, 583 = NJW 1984, 2628. Nach dem Kontext müssen die Kosten gemeint sein, die den allgemeinen Lebensunterhalt unabhängig von einer stationären Behandlung betreffen.
124 NZV 1992, 150 = ZfS 1992, 195.
125 BGH VersR 1984, 583 = NJW 1984, 2628; *Klimke* in NJW 1986, 2355; *Schmalzl* in VersR 1995, 516.
126 BGH VersR 1984, 583 = NJW 1984, 2628.

Kongruente Leistungen 4

Berechnungsmodell: Zuordnung einer Ersparnis bei Anspruchsaufteilung zum Erwerbsschaden				1816
	Schadens-berechnung	Übergang Krankenkasse	verbleibender Anspruch	
Heilbehandlungskosten	10.500,00			
anrechnungsfähige Ersparnis	315,00			
ergibt Heilbehandlungsschaden	10.185,00	10.185,00	0,00	
Erwerbsschaden (deckt Ersparnis ab)	3.472,00	315,00	3.157,00	
Ersatzforderung (Summe aus Heilbehandlungs- und Erwerbsschaden)	13.657,00	10.500,00 **begrenzt durch die Leistung**	3.157,00	

Das *OLG Zweibrücken*[127] verneint den Zusammenhang zwischen der häuslichen Ersparnis und dem nach seiner Ansicht (Rn. 1814) bei der haushaltsführenden Person auf den Leistungsträger übergegangenen Anspruch, weil die Ersparnis nicht dadurch eintrete, dass die verletzte Hausfrau unfallbedingt erwerbsunfähig geworden sei. Auch ein Erwerbsunfähiger müsse sich verpflegen. In der Tat ist zugunsten der verletzten, haushaltsführenden Person[128] oder auch eines nicht erwerbstätigen Kindes zu entscheiden und der **Abzug** wegen der **Ersparnisse** in diesen Fällen der **Krankenkasse** zuzuordnen: Nicht die verletzte, haushaltsführende Person und ihre Familie oder das verletzte Kind, sondern die Leistungsträger haben m.a.W. den verringerten Ansatz in der (anteiligen) Berechtigung zum Außenverhältnis gegenüber dem ersatzpflichtigen Schädiger hinzunehmen. Auch darf ein eventueller Eigenanteil niemals (Rn. 1762) übergangen werden. Die zitierte Ansicht des *BGH* (Rn. 1815) zum Verdienstausfall ist für das interne Verhältnis zwischen der haushaltsführenden Person und dem Sozialversicherungsträger nicht ergiebig. Eine mit der Konstellation zwischen dem Arbeitgeber und dem Sozialversicherer vergleichbare Konstellation findet sich beim Haushaltsführungsschaden im Verhältnis zum Sozialversicherer nicht. Die ersparten Kosten werden nicht durch die Haushaltsführung aufgebracht, erwirtschaftet und korrespondieren mit der Haushaltsführung weder finanziell noch wertmäßig. 1817

Für den Hausarbeitsschaden der allein stehenden Personen als **vermehrte Bedürfnisse** und die rechtlich entsprechende Einordnung der Haushaltsführung für die eigene Person (Rn. 2691) versagen die von dem hier vertretenen Ansatz abweichenden Argumentationsansätze überhaupt. Einen Erwerbsausfallschaden gibt es dazu und dort nicht. Die Ersparnis steht aber gerade im Kontext der Eigenversorgung im Haushalt, also eines Mehrbedarfs. 1818

Berechnungsmodell: Zuordnung einer Ersparnis ohne Einkünfte aus entgeltlicher Tätigkeit:				1819
	Schadens-berechnung	Übergang Krankenkasse	verbleibender Anspruch	
Heilbehandlungskosten	10.500,00			
anrechnungsfähige Ersparnis	−315,00			
ergibt Heilbehandlungsschaden	10.185,00	10.185,00	0,00	
Haushaltsführungsschaden (Kapital oder Summe) – deckt Ersparnis nicht ab –	3.472,00	0,00	3.472,00	
Ersatzforderung	13.657,00	10.185,00	3.472,00	

---

127 NZV 1992, 150 = ZfS 1992, 195.
128 Mit Ansatz wie hier *Küppersbusch* in Personenschäden, Rn. 248, S. 70.

Wiederherstellung der Gesundheit (Gesundheitsschaden i.e.S., Heilbehandlungskosten)

> **Erläuterung:** Die verletzte Person erhält den Erwerbsausfall mit 3.472,00 oder einen gleich hohen Betrag als Mehrbedarf für die Versorgung des eigenen Haushalts oder des Eigenanteils für den Haushalt im Mehr-Personen-Haushalt ungeschmälert ersetzt. Die Ersparnis (für die häusliche Verpflegung) belastet die verletzte, zur Haushaltsführung beeinträchtigte Person nicht. Wird mit der hier abgelehnten Ansicht die Ersparnis dagegen beim Erwerbsausfall oder/und rechtlich dem entsprechenden Mehrbedarf wegen der Beeinträchtigung im Haushalt eingestellt, mindert sich der Anspruch der verletzten Person ohne Eigenanteil auf 3.157,00 wie im Beispiel Rn. 1816.

1820 Bei einer **Mithaftung** mit der Folge der Anspruchskürzung im Außenverhältnis ist im Falle des § 116 SGB X die relative Kürzung ohne Besonderheiten zu beachten, wenn der Erwerbsschaden angesichts der Ersparnis aufgeteilt wird. Auch wenn dem Leistungsträger die Ersparnis voll zugeordnet wird (Rn. 1817), bleibt es bei dem allgemein geltenden internen Aufteilungsprinzip.

1821 **Berechnungsmodell: Zuordnung einer Ersparnis ohne Einkünfte aus entgeltlicher Tätigkeit im Fall der Mithaftung**

		Schadensberechnung	Übergang Krankenkasse	verbleibender Anspruch
1	Heilbehandlungskosten	10.500,00	10.500,00	
2	anrechnungsfähige Ersparnis	–315,00	–315,00	
3	Summe Heilbehandlungs-(Gesundheits-)schaden	10.185,00	10.185,00	0,00
4	Haushaltsführungsschaden deckt Ersparnis nicht ab	3.472,00	0,00	3.472,00
5	Forderung bei 100% Haftung	13.657,00	10.185,00	3.472,00
6	Haftungsquote	70%	70%	70%
7	Quotierte Forderung	9.559,90	7.129,50	2.430,40

Erläuterung: Hier wird zugrunde gelegt, dass dieselbe Haftungsquote zum Haushaltsführungsschaden wie zum Gesundheitsschaden durchgreift. Selbstverständlich ist dies allerdings nicht. Es kann im Einzelfall zu unterschiedlichen Haftungsquoten kommen; vgl. auch Rn. 1823. Die relative Theorie begünstigt bei diesem Verständnis die verletzte haushaltsführende Person oder ein (mitversichertes) verletztes Kind aus den Gründen, die zum Forderungsübergang zugrunde gelegt sind (Rn. 1579). Im Vergleich mit der Schadensberechnung und Aufteilung des Anspruchs bei einem zusätzlichen Ersatzanspruch wegen Ausfalls von Einkünften aus entgeltlicher Tätigkeit weisen Zeilen 5, 6 und 7 die Veränderung als Folge der abweichenden Zuordnung der Ersparnis aus. So führt demgegenüber die Weiterberechnung des Zahlenbeispiels in Rn. 1816 zu dem folgenden Ergebnis:

		Schadensberechnung	Übergang Krankenkasse	verbleibender Anspruch
5	Forderung bei 100% Haftung einschließlich Erwerbsschaden i.e.S.	13.657,00	10.500,00	3.157,00
6	Haftungsquote	70%	70%	70%
7	Quotierte Forderung	9.559,90	7.350,00	2.209,90

Kongruente Leistungen 4

Bei einer **Zuzahlung**, einem Eigenanteil ist die Entlastung eines Leistungsträgers und die Belastung der verletzten Person zu beachten (Rn. 1757). Die Zuzahlung, die keinen inneren Zusammenhang mit einer Ersparnis hat, muss für das Außenverhältnis zur Berechtigung der verletzten, betroffenen Person führen, da in der entsprechenden Höhe eine Leistung des Leistungsträgers fehlt. Hinsichtlich einer Ersparnis neben einem Eigenanteil gelten im Fall der Mithaftung keine Besonderheiten, Rn. 1755f., 1821.

1822

	Berechnungsmodell: Zuordnung von Ersparnissen und Eigenanteilen			
		Schadens-berechnung	Übergang Krankenkasse	verbleibender Anspruch
1	Heilbehandlungskosten	10.500,00	10.500,00	
2a	Eigenanteile		–238,00	
2	anrechnungsfähige Ersparnis	–315,00	–315,00	
3	Summe Heilbehandlungs-(Gesundheits-)schaden	10.185,00	9.947,00	238,00 (weitere Schadensfolge)
4	Haushaltsführungsschaden (deckt Ersparnis nicht ab)	3.472,00	0,00	3.472,00
5	Forderung bei 100% Haftung	13.657,00	9.947,00	3.710,00
6	Haftungsquote	70%	70%	70%
7	Quotierte Forderung	9.559,90	6.962,90	2.597,00

1823

Erläuterung: Aus den geschilderten Gründen (Rn. 1757) belastet den Schädiger die Ein- und Zuordnung des Eigenanteils nicht zusätzlich. Die Zuweisung des Eigenanteils steht zugleich nicht im Widerspruch zu dem Gedanken, dass die verletzte Person diesen Anteil im internen Leistungsverhältnis aufbringen soll, um den Leistungsträger zu entlasten, weil die Entlastungsfunktion auf die allgemeine Leistungsbeziehung ausgerichtet ist, nicht auf Schadensfälle mit Regressmöglichkeit, die den Leistungsträger ohnehin entlastet. Darüber hinaus ist der Kongruenzgedanke ein Zuordnungskriterium, das wertenden Einflüssen offen steht. Die Bewertung der Gesamtlage fordert die Minderberechtigung des Leistungsträgers. Werden abweichend von der hier vertretenen Ansicht Ersparnisse auf eine Erwerbsausfall- oder gar einen Mehrbedarfsteil (bei der Hausarbeit für die verletzte Person selbst) bezogen, zeigt sich Folgendes:

		Schadens-berechnung	Übergang Krankenkasse	verbleibender Anspruch
1	Heilbehandlungskosten	10.500,00	10.500,00	
2a	Eigenanteile		–238,00	
2	anrechnungsfähige Ersparnis	–315,00	–315,00	
3	Summe Heilbehandlungs-(Gesundheits-)schaden	10.185,00	9.947,00	238,00 (weitere Schadensfolge)
4	Erwerbs- oder Mehrbedarfsschaden (soweit Ersparnis als abgedeckt angesehen wird)	3.472,00	315,00	3.157,00
5	Forderung bei 100% Haftung	13.657,00	10.262,00	3.395,00
6	Haftungsquote	70%	70%	70%
7	Quotierte Forderung	9.559,90	7.183,40	2.376,50

4 *Wiederherstellung der Gesundheit (Gesundheitsschaden i.e.S., Heilbehandlungskosten)*

1824 Die Folge **unterschiedlicher Haftungsquoten** zum Gesundheitsschaden für bestimmte Verletzungsfolgen (Rn. 443) und zum Erwerbsschaden wegen anderer Verletzungsfolgen ist, dass die jeweils quotierten Beträge getrennt zu berechnen sind, ohne dass sich für die Eigenanteile und eine Ersparnis direkt Veränderungen ergeben:

		Schadens-berechnung	Übergang Krankenkasse	verbleibender Anspruch
1	Heilbehandlungskosten	10.500,00	10.500,00	
2a	Eigenanteile		−238,00	
2	anrechnungsfähige Ersparnis	−315,00	−315,00	
3	Summe Heilbehandlungs-(Gesundheits-)schaden	10.185,00	9.947,00	238,00
4	Erwerbs- oder sogar Mehrbedarfsschaden (soweit Ersparnis als abgedeckt angesehen wird)	3.472,00	315,00	3.157,00
5	Forderung bei 100% Haftung	13.657,00	10.262,00	3.395,00
6	Haftungsquote Gesundheitsschaden	70%	70%	70%
7	Quotierte Forderung Gesundheitsschaden	7.129,50	6.962,90	166,60
8	Haftungsquote Erwerbsschaden	50%	50%	50%
9	Quotierte Forderung Erwerbsschaden	1.736,00	157,50	1.578,50
10	Quotierte Gesamtforderung	8.865,50	7.120,40	1.745,10

1825 *Eigene Berechnungen ermöglicht die Onlineversion, um im Einzelfall die etwaige Problematik überprüfen zu können.*

1826 Auf den **Dienstherrn** geht der Anspruch wegen der Heilbehandlung (im Krankheitsfall) in Höhe von Beihilfeleistungen[129] über. Beim unfallbedingt in den Ruhestand versetzten Beamten besteht angesichts von Beihilfeleistungen für nicht unfallbedingte Heilmaßnahmen allerdings kein Anspruch.[130] Der Dienstherr, auf den der Anspruch wegen eines Erwerbsschadens im Verletzungszeitpunkt übergeht, braucht sich (später) ersparte häusliche Aufwendungen nicht entgegenhalten zu lassen.[131] Die Ersparnis kann nur auf den Anspruchsteil einer Krankenkasse, die die Kosten der Behandlung (später und mit der Ersparnis zeitlich korrespondierend) übernimmt, bezogen werden. Inwieweit Eigenanteile bei Beihilfeleistungen zum Anspruchsrecht der verletzten Person führen (können und nach der hier vertretenen Ansicht trotz des im Vergleich zur Krankenversicherung anders ausgerichteten Versorgungssystems müssen, Rn. 1763), wird höchstrichterlich u. U. noch zu klären sein; s. zudem Rn. 1757. Bei einer Kürzung des Schadensersatzanspruchs wegen Mithaftung ist jedenfalls das Vorrecht der verletzten Person zu beachten, Rn. 1613.

1827 Bei der **privaten Krankenversicherung** ist das vertraglich umgrenzte Risiko entscheidend. Dort sind z. B. Krankenhauskosten versichert. Von Leistungen des privaten Krankenversicherers bei stationärer Behandlung wird der Erwerbsschaden und damit ein Schadensteil, dem die häuslichen Ersparnisse (in ihrem Gegenwert als Gehaltsbestandteil) entsprechen, nicht erfasst.[132] Mithin kann auf die private Krankenkasse bei dem privat krankenversicherten Beamten und auch den mitversicherten Angehörigen dazu nichts übergehen. Eine Ersparnis ist deswegen – immer – bei dem Berechtigungsteil dieser Kasse zu berücksichtigen.

---

129 *BGH* VersR 1992, 829 = NJW 1992, 1556. Bei entsprechenden vorläufigen Hilfeleistungen im Krankheitsfall wären die Leistungen mit Realisierung der Schadensersatzforderung zurückzuzahlen.
130 BGHZ 153, 223 = NZV 2003, 228 = VersR 2003, 330; Vorinstanz *OLG Nürnberg* VersR 2002, 592 = NZV 2001, 512 = OLGR 2001, 227.
131 So *BGH* VersR 1980, 455 = NJW 1980, 1787.
132 Vgl. *BGH* VersR 1971, 127 = NJW 1971, 2402.

Die Berechnung des ersatzfähigen Schadens wegen einer Heilbehandlung sowie eines auf einen Leistungsträger und die verletzte Person entfallenen Anspruchsteils ermöglicht die Onlineversion, vgl. zur Textfassung auch Rn. 1692. Für den Fall einer Mithaftung folgt die Berechnung den Erwägungen in Rn. 728, 1755, 1821. Für die Anspruchsaufteilung zwischen der verletzten Person und dem Leistungsträger dürfen die ggfs. anzuwendenden Regeln der Differenztheorie nicht übergangen werden (Rn. 1826), die von der Aufteilung in dem Berechnungsvorschlag abweichen, der dazu abzuändern wäre. Gesondert ist der Ersatzanspruch zu weiteren Schadensposten abzurechnen, ggfs. als Rente. Zum Erwerbsschaden ist dann ggfs. ein Teilbetrag zu beachten und in Abzug zu bringen, der für die Berechtigung gegenüber dem Schädiger schon angesetzt und abgerechnet worden ist. U.U. sind besondere Gründe zur Haftungseinschränkung zu beachten, die weitere Berechnungen erforderlich machen. Wird die Ersparnis bei häuslicher Verpflegung zum Hausarbeits-, Haushaltsführungsschaden mit Rn. 1814 ff. anders als zum Verdienstausfall zugeordnet oder fehlt es an einem für den Forderungsübergang beachtlichen Erwerbsnachteil (auch angesichts des Erfordernisses der zeitlichen Kongruenz), ist die Anspruchsaufteilung darauf abzustimmen.

1828

II. Vermehrte Bedürfnisse (Mehrbedarfsschaden)

§ 843 BGB, § 6 HPflG, § 36 LuftVG, § 8 ProdHaftG, § 11 StVG, § 13 UmweltHG wie andere besondere Haftungsnormen stellen klar, dass vermehrte, gesteigerte, erhöhte Bedürfnisse der individuellen Lebenssphäre vom Schädiger zu ersetzen sind. Der zur Restitution des körperlichen Wohlbefindens erforderliche oder wegen der verletzungsbedingt veränderten Lebensumstände erhöhte Bedarf zeigt sich insbesondere beim Aufwand zur Linderung eines Dauerleidens oder zur Vermeidung der Verschlechterung von gesundheitlichen Störungen. Ein einmaliger Aufwand dann, wenn ein Sonderbedarf auf Dauer abgedeckt wird, ist – wie die Rechtsprechung meint – im Prinzip kein vermehrter Bedarf i. S. d. § 843 BGB. Die Erfüllungs-, Ausgleichsform in der ausnahmsweise freilich statthaften Variante als Kapital statt als Rente (Rn. 1844) ändert jedenfalls nichts daran, dass der Bedarf dauerhaft gegeben ein muss, um überhaupt einen vermehrten Bedarf bejahen zu dürfen. Der Mehrbedarfsanspruch unterliegt bei monatlicher Zahlweise weder als Leibrente noch als sonstiger wiederkehrender Bezug der Einkommensteuer, Rn. 1856.

1829

> **Schadensart im Überblick:**
>
> **Mehrbedarfsschaden, vermehrte Bedürfnisse:**
>
> Wirtschaftlicher Ausgleich aller verletzungsbedingten Defizite im Vergleich zu dem bisherigen und geplanten Lebenszuschnitt; Übergang eines nicht erfüllten Anspruchs zur Vergangenheit auf die Erben (Nachlassforderung). Die dauernde Beeinträchtigung des Wohlbefindens gibt Anspruch auf einmaligen (§§ 249, 251 BGB) oder wiederkehrenden (§ 843 Abs. 1 BGB) Ausgleich.
>
> Lebensbereiche:
> - Freizeit, Kultur, Urlaub
> - Hauswirtschaftliche Eigenversorgung (Schadensbewertung über Ersatzkraftkosten oder den Wert des Arbeitszeitdefizits, Rn. 1835, 1898, 2465, 2629, 2691, 2694)
> - Hilfsmittel
> - Kommunikation, Mobilität
> - Pflege, Betreuung (Schadensbewertung zu der zusätzlichen Mühewaltung), Rn. 1888 ff.
> - (Berufliche) Rehabilitation (Ermöglichung einer Erwerbstätigkeit; nach anderer Einsicht Einordnung als Erwerbsschaden), Rn. 1873 ff.
> - Sonderbedarf
> - Wohnen, Rn. 1967 ff.

1830

Vermehrte Bedürfnisse (Mehrbedarfsschaden)

> Abgrenzungen:
> - gegenüber dem Gesundheitsschaden geboten bei Fragen zum gesetzlichen Forderungsübergang und u. U. wegen der Anspruchsform (Kapital Rente)
> - gegenüber dem Erwerbsschaden geboten oder jedenfalls zu empfehlen wegen zusätzlicher Steuerlasten und/oder Abänderungsmöglichkeiten sowie wegen der Fragen zu einem gesetzlichen Forderungsübergang
> - gegenüber dem Nichtvermögensschaden geboten, um unstatthafte Doppelentschädigung auszuschließen.

1831 **Überblick:**

Schadensposition	Art des Nachweises und des Bedarfs
I. Mehrbedarfsschaden	
1. Eigenleistungen	konkret oder pauschalierend meist einmalig
2. Freizeit, Kultur, Urlaub	konkret einmalig, ggfs. wiederkehrend
ggfs. abzüglich Ersparnis	pauschal
3. Hilfsmittel	konkret oder pauschalierend einmalig oder wiederkehrend
ggfs. abzüglich Ersparnis	pauschal
4. Kommunikation	konkret oder pauschalierend einmalig oder wiederkehrend
ggfs. abzüglich Ersparnis	pauschal
5. Mobilitätsbedarf	konkret oder pauschalierend einmalig oder wiederkehrend
6. Pflege-, Betreuungsbedarf persönlicher (personeller) Bedarf	konkret oder pauschalierend regelmäßig wiederkehrend
sachlicher Bedarf	konkret oder pauschalierend regelmäßig wiederkehrend
ggfs. abzüglich Ersparnis	pauschal
7. Heimunterbringung	konkret meist regelmäßig wiederkehrend
ggfs. abzüglich Ersparnis	pauschal
Besuchskosten	konkret oder pauschalierend meist wiederkehrend
sonstiger Aufwand	konkret oder pauschalierend, meist wiederkehrend
ggfs. abzüglich Ersparnis	pauschal

8. Sonderbedarf	konkret oder pauschalierend meist wiederkehrend
ggfs. abzüglich Ersparnis	pauschal
9. Wohnmehrbedarf	
ausstattungsbedingter Bedarf	konkret oder pauschalierend regelmäßig wiederkehrend
räumlicher Bedarf	konkret oder pauschalierend regelmäßig wiederkehrend
ggfs. abzüglich Ersparnis	pauschal
II. Aufwendungspauschale (Einmalbetrag)	pauschal
III. Weitere Schäden (ggfs. monatliche Rente oder Kapitalabfindung)	konkret oder pauschalierend

Einzelaufstellung:
1. **Eigenleistungen**
   a) vereitelte **handwerkliche** Leistungen [Entgang eines Wertzuwachses oder Ersatz von Mehrkosten oder Ausgleich von Darlehenszinsen, beachte im Einzelnen 2418 ff.]
   b) vereitelte sonstige eigenhändige **geldwerte** Leistungen für den eigenen Lebenskreis, z. B. zusätzlich erwachsene Kosten für Steuerberatung wegen unmöglich gewordener eigenhändiger Steuererklärung
   c) eigennützige Hausarbeit (**hauswirtschaftliche Eigenversorgung**)
2. **Freizeit, Kultur, Urlaub** [Mehrkosten angesichts der Dispositionen zur Lebensgestaltung bzw. zur Fortführung der bisherigen Lebensplanung]
3. **Hilfsmittel**
   Anschaffungskosten (Mehrpreis) für orthopädische oder/und technische Hilfsmittel, z. B. für eine Brille, ein Hörgerät, Stützkorsett, Stützstrümpfe, orthopädisches Schuhwerk[133] bzw. Spezialschuhe, für einen Rollstuhl wegen Gehunfähigkeit oder für Krücken, für ein erforderliches Spezialbett
   Zusatzaufwand für **Kleidung** (z. B. Anschaffung von Gummistrümpfen; erhöhter Verschleiß der Bekleidung),
   wiederkehrender monatlicher Aufwand (Anschaffung und Reparatur) für **Körperersatzstücke**, Reparaturkosten,
   weitere regelmäßig wiederkehrende Kosten für sonstige Hilfsmittel, z. B. für einen Blindenhund
4. **Kommunikation**
   Kosten für erforderliche und angemessene Anschaffungen, (Lese-, Schreibhilfen[134], Kosten für Begleitpersonen, Kosten für einen Blindenhund),
5. **Mobilität**
   Anschaffungs-, Umbaukosten wegen Verwendung eines der Behinderung angepassten Fahrzeugs
   Regelmäßig wiederkehrende Fahrtkosten bei Pkw-Benutzung, s. auch Rn. 1800, u. U. erhöht um gewisse Entschädigung für die „Mühewaltung" eines Angehörigen als Fahrer, oder erhöhte Betriebskosten, monatlich anteilig

1832

---

133 *LG Aachen, OLG Köln* r+s 1989, 400; *KG* NZV 1992, 236.
134 Ein handelsübliches Notebook ist z. B. ein Gebrauchsgegenstand des täglichen Lebens. Gleichwohl sollte eine Erstattungsfähigkeit bejaht werden, wenn durch die Anschaffung und Nutzung behindertengerechte Hilfe ermöglicht und sichergestellt wird.

Vermehrte Bedürfnisse (Mehrbedarfsschaden)

oder/und wiederkehrend erhöhte Kosten für Verkehrsmittel, monatlich anteilig bzw. Transportbedarf in der Wohnung (Aufzug, Treppenlift) oder in der Öffentlichkeit (Anschaffung eines Fahrrades; s. auch Kraftfahrzeug, Verkehrsmittel)

6. Mehraufwand für **Pflege, Betreuung**
   a) Monatliche Kosten einer **Heimunterbringung**
      abzüglich anrechnungsfähige Ersparnis zur Unterbringung [Sachbezugswert als realer Wert der ersparten Wohnkosten]
      abzüglich Ersparnis an Lebenshaltungskosten (Vorschlag: Tageswert × 30 oder 30,4)
      ergibt verbleibenden Ansatz
   b) monatlich wiederkehrende **Besuchskosten** bei dauernder Heimunterbringung [s. auch Rn. 1793 ff.]
      Pkw-Benutzung [s. auch Rn. 1800]
      mit vermehrten Kosten der persönlichen Betreuung im objektiv erforderlichen Umfang z. B., wenn die betroffene Person bei einem nicht besserungsfähigen Zustand stationär untergebracht ist[135],
      sonstige Kosten für Besuchsfahrten
      etwaige Steuerersparnis von Angehörigen [monatlich anteilig]
      Zwischensumme Fahrtkosten
      Unvermeidbare Übernachtungskosten
      Unvermeidbarer Verdienstausfall
      Unvermeidbare Kosten zur Betreuung anderer nächster Angehöriger
      Zwischensumme wiederkehrende Besuchskosten
   c) Regelmäßig wiederkehrender Pflege-, **Betreuungsaufwand** [beachte Rn. 1888 ff.]
   d) **Sonstiger Aufwand**
      z. B. verletzungsbedingte **Schwimmbadkosten**[136], beachte Rn. 1975, **Steuerberatungskosten** (Rn. 2484),
7. **Sonderbedarf**
   Arznei, Pflege-, Schmerzmittel: Mehrbedarf sind nur solche Mittel, die nicht als Elemente der Naturalrestitution beim Gesundheitsschaden abgerechnet werden.
   Kosten einer **Diät,**
   Kosten einer **Kur** (anders bei der Kur mit krankengymnastischen Übungen, die zum Heilungsaufwand zählt, weil sie der Wiederherstellung der Gesundheit dienen soll),
   Massagen, krankengymnastische Übungen[137],
   verordnete[138] (beachte Rn. 482, 1733) Stärkungsmittel,
   spezieller **Verpflegungsbedarf** (Zusatz-Verpflegung),
   erhöhter Vorsorgebedarf.
8. Ausstattungsbedingter oder/und räumlicher **Wohnmehrbedarf**
   Bau-, Umbaukosten [beachte Rn. 1967 ff.; der vom Schädiger nicht geschuldete Grundbedarf zum Wohnen ist aus einem Gesamtbedarf nach der Verletzung vorab herauszurechnen]
   Erhöhte monatliche **Nebenkosten** (Heizung, Strom, Wasser),
   verletzungsbedingte **Umzugskosten** (vgl. Rn. 385, 1977), während z. B. erhöhte Kosten für die Fahrt zur Arbeitsstelle zum Erwerbsschaden zählen (Rn. 1878).

---

135 *OLG Bremen* NJW 2001, 903 = VersR 2001, 595.
136 *OLG Hamm* VersR 2000, 234, 236.
137 *KG* NZV 1992, 236.
138 *BGH* VersR 1958, 176 = NJW 1958, 627.

Vermehrte Bedürfnisse (Mehrbedarfsschaden) **4**

> *Hinweis:* Eine Verletzung der Gebote zur **Schadensminderung** [s. Rn. 637 ff.] führt zur Kürzung der entsprechenden Einsatzpositionen und ist jeweils bereits dort direkt zu berücksichtigen. Über den hier zur Heimunterbringung besonders genannten Aspekt einer Ersparnis hinaus kann auch aus anderen Gründen ein **Vorteilsausgleich** in Betracht kommen, der als Minderungsposten direkt und vorab bei dem entsprechenden Einsatzbetrag zu berücksichtigen ist.
> **Höchstbeträge** können den Anspruch begrenzen.
> Die relevante **Haftungsquote** [beachte Rn. 443] ist zu berachten und ergibt die quotierte **Ersatzforderung** [als monatliche Rente bzw. als Einmalbetrag, je nach Ausgangswert].

Die Onlineversion ermöglicht im Sinne der vorstehenden Aufstellung eigene Zusammenstellungen und Berechnungen. **1833**

Auf den konkreten und spezifischen **Wohnbedarf**, einen individuellen und zugleich objektivierbaren **Mobilitätsbedarf** oder einen höchstpersönlichen **Pflegebedarf** ist besonders zu achten. **1834**

Ein ausgleichsfähiger eigenwirtschaftlicher **Bedarf im Haushalt** stellt auf den für die Hausarbeit objektiv erhöhten (eigenen)[139] Lebensbedarf ab. Zum Mehrbedarf kann sich eine monatliche Schadensersatzrente deshalb insofern z. B. aus folgenden Einzelpositionen zusammensetzen: **1835**
- Hilfe im Haushalt (hauswirtschaftliche Eigenversorgung),
- Fahrtkosten,
- Fußpflege,
- Pflegemittel,
- Rezeptkosten,
- Telefon.

Grundsätzlich kann die Ermittlung eines Mehrbedarfs über die Differenz von Kosten oder mittels prozentualer Einschätzung erfolgen. **1836**

Berechnungsweg und Berechnung:	Differenzmethode		Quotenmethode
Konkreter Gesamtbedarf, z. B. qualitativer und quantitativer Bedarf beim Wohnraum oder Sonderausstattungen – Kapitalbetrag	70.000,00		70.000,00
Gewöhnlicher Lebensbedarf, z. B. zu Wohnverhältnissen – Kapitalbetrag	40.000,00	d. h.: 57,14%	57%
(Zusatz-, Mehr-) Bedarf als verbleibende Differenz (Mehrkosten, Schaden)	30.000,00	d. h.: 42,86%	30.100,00

1837

Die Onlineversion ermöglicht eigene Berechnungen. **1838**

Bei der Berechnung des Mehrbedarfs ist je nach Lage des Einzelfalls zwischen einem einmaligen Aufwand und einem wiederkehrenden Aufwand zu unterscheiden. Bei jedem einmaligen Aufwand ist zu bedenken, dass die Ersatzbeschaffung oder Instandhaltung zu einer fortlaufenden oder später wiederkehrenden zusätzlichen wirtschaftlichen Belastung führen kann. Zum wiederkehrenden Aufwand konkretisiert § 843 BGB in Abs. 1 bis 3 die Art und Weise sowie Form der **1839**

---

139 *BGH* VersR 1996, 1565 = NJW 1997, 256.

4 *Vermehrte Bedürfnisse (Mehrbedarfsschaden)*

Ersatzleistung als Rente oder Kapital. Zeitgrenzen des Anspruchs folgen der materiellrechtlichen Basis, Rn. 1284.

1840 **Berechnungsbeispiel:**

A. Einmaliger Bedarf oder Rückstände

1. Einmaliger Aufwand als Sonderbedarf	70.000,00 €			
gewöhnlicher Lebensbedarf	40.000,00 €			
(Zusatz-, Mehr-) Bedarf als Schaden				30.000,00 €
2. Fahrten zu Krankengymnastik, manueller Therapie und Ergotherapie	2000,00 km	0,30 €		600,00 €
	mtl		Monate	
3. Personeller Bedarf (Pflegemehrbedarf, Pflegedienst, Pflegeleistung) bzw. therapeutischer Mehrbedarf	388,80 €		31	12.052,80 €
sachlicher Mehrbedarf (Medikamentenmehrbedarf – pauschal)	20,00 €		31	620,00 €
Fahrten zu Ärzten und Kliniken	216,00 km	0,30 €	31	2.008,80 €
Fahrten zur Krankengymnastik, manueller Therapie und Ergotherapie	20,00 km	0,30 €	16	96,00 €
Summe (Kapital)				45.281,60 €

B. Wiederkehrender, laufender Aufwand

Qualitativer und quantitativer (Wohn-) Bedarf	1.000,00 €		
gewöhnliche Lebenshaltungs-, Wohnkosten	600,00 €		
(Zusatz-, Mehr-) Bedarf als Schaden insofern			400,00 €
Prognostizierte mtl. Fahrten zu Ärzten und Kliniken	100,00 km	0,30 €	30,00 €
Nebenkosten			100,00 €
Reinigungskosten			20,00 €
Sonstiges			40,00 €
Stadtwerke			20,00 €
Summe (Rente)			610,00 €

1841 *Die Onlineversion ermöglicht eigene Berechnungen.*

1. Grundsatz

Zweck des Mehrbedarfsausgleichs ist es, ein dauerndes, längstens auf die Lebenszeit des Verletzten begrenztes erhöhtes Bedürfnis zu befriedigen.[140] Soweit dazu auf nicht nur vorübergehende Funktionsbeeinträchtigungen wegen des körperlichen, geistigen oder seelischen Zustands zu achten ist, darf dies nicht mit einer vereinzelten Entscheidung des *OLG Düsseldorf*[141] dahin missverstanden werden, dass die nach § 843 BGB zu zahlende Geldrente einen Dauerschaden voraussetzt und ohne einen solchen schlechthin nur der Ersatz eines real aufgewendeten Betrages in Betracht kommt. Dass zu vermehrten Bedürfnissen grundsätzlich nur konkret aufgebrachte Kosten auszugleichen wären, steht im Widerspruch zum Schadensrecht; Rn. 456, 478, 479. Indessen ist deutlich zu unterscheiden zwischen Vermögensschäden und Nichtvermögensschäden und deshalb zwischen der Zweckbindung des Geldersatzes zum Mehrbedarf, Rn. 1847, 1870, und der normativen Sicht insbesondere bei der Hausarbeit, Rn. 465, 504, 681, 1940, 2441 ff.

1842

Auszugleichen sind alle in Folge verletzungsbedingter Defizite gegenüber dem bisherigen Lebenszuschnitt erhöhte Lasten, also die im Vergleich mit dem Lebensbedarf des gesunden Menschen zusätzlich anfallenden Lasten oder der Mehraufwand des Verletzten bei Vergleich seiner Lage mit der Lage eines gesunden Menschen bzw. der Mehraufwand wegen des regelwidrigen, von dem für das Lebensalter typischen Zustand abweichenden Zustandes.

1843

▶ Abzustellen ist auf **dauernde, regelmäßige (fortlaufende), zusätzliche** wirtschaftliche Nachteile aber ebenso auch auf **einmalig** für einen erhöhten Bedarf in der Zukunft anfallende Kosten[142] nach den Gegebenheiten bei der verletzten Person. Jedenfalls über eine **Kapitalabfindung** (Rn. 1349) ist die Anschaffung eines gebotenen Hilfsmittels zu ermöglichen. Der *BGH* bejaht zur Abgeltung vermehrter Bedürfnisse in besonderen Fällen den nach §§ 249, 251 BGB mittels eines einmaligen Aufwands (Einmalbetrags) durchzuführenden Schadensausgleich in Kapitalform. Dazu verlangt er ein erhöhtes Bedürfnis des Behinderten, das so für die Zukunft ausreichend befriedigt werden kann; s. schon Rn. 1271. Dass sich der einmalige Bedarf – z.B. zur Anschaffung eines Hilfsmittels – nach Jahren als erneuter einmaliger Erneuerungsbedarf zeigen kann, hat den *BGH* – bisher – nicht näher beschäftigt. Der Verletzte hat zudem dann, wenn er einen Einmalbetrag verfolgen möchte, u.a. darüber hinaus zu bedenken, ob und wie eine später möglicherweise veränderte Lebensgestaltung oder -planung oder technische Neuerungen angesichts des einmaligen Ausgleichs angemessen abgedeckt (von vornherein abgegolten) werden. Der Lebensaufwand als solcher und allgemeine Lebenshaltungskosten, die ganz unabhängig vom haftungsbegründenden Ereignis ohnehin bzw. in gleicher Weise vor und nach dem vom Schädiger herbeigeführten Ereignis anfallen, sind keine vermehrten Bedürfnisse. Insofern gibt es gar keine Ersatzpflicht des Schädigers. ◀

1844

Der Mehrbedarf bemisst sich gem. § 249 Abs. 2 Satz 1 BGB nach den Dispositionen, die ein verständiger Geschädigter in seiner besonderen Lage getroffen hätte. Bei unterschiedlichen Möglichkeiten bestimmt sich der Anspruch danach, wie der Bedarf in der vom Geschädigten zumutbar gewählten Lebensgestaltung tatsächlich anfällt.[140]

1845

▶ Bei mehreren möglichen Arten der Deckung des Mehrbedarfs ist primär entscheidend, welcher Bedarf bei der vom Verletzten und seinen Angehörigen – zumutbarerweise – gewählten Lebensgestaltung real anfällt.[143] ◀

1846

Wie beim Gesundheitsschaden geht es (im Fall des Vorschusses) zumindest um die nachgewiesene Absicht, einen Aufwand zu tätigen, um den zusätzlich entstandenen Bedarf zu decken. Fiktive Aufwendungen werden nicht ausgeglichen, Rn. 1735.

1847

---

140 *BGHZ* 163, 351 = NJW 2006, 1271 = VersR 2005, 1559 = r+s 2005, 528.
141 *OLG Düsseldorf* Urt. v. 2.9.2003, 4 U 238/02.
142 *BGH* VersR 1964, 1307; VersR 1974, 162 = NJW 1974, 41; VersR 1982, 238 = NJW 1982, 757.
143 *OLG Zweibrücken* NJW-RR 2008, 620.

1848 Im Unterschied zum Gesundheitsschaden als Heilungsaufwand und -bedarf zur Wiederherstellung der Gesundheit oder zur Verbesserung eines verletzungsbedingten Zustandes bei vorübergehenden Anwendungen geht es beim Mehrbedarfsschaden um die **Restitution** des Lebenszuschnitts bzw. der **Lebensführung bei der objektiven Erforderlichkeit** i. S. d. § 249 Abs. 2 BGB (Rn. 484 ff.) mit einem Ausgleich zur Minderung der Lebensqualität und bei zwischenmenschlichen Beziehungen. Zu achten ist auf den jeweils spezifischen Bedarfsansatz (vgl. Checkliste Rn. 1831 und 1832), den der *BGH* offenbar nicht an der subjektiven Lebensführung ausgerichtet wissen will, sondern einem Erforderlichkeits- bzw. Notwendigkeitsprinzip im allgemeinen, objektiven Sinn entnimmt. Z. B. das Schwimmen als Therapie oder Mittel der Erleichterung, Beschwernisse zu ertragen, will der BGH also möglicherweise von dem Schwimmen als Hobby getrennt wissen. Zugleich geht der *BGH*[144] darauf ein, dass es bei irreversiblen körperlichen (gemeint wohl auch: gesundheitlichen, ggfs. auch geistigen, psychischen) Beeinträchtigungen nicht möglich sei, den Verletzten so zu stellen, wie er ohne das schadenstiftende Ereignis stehen würde. Von daher ist konsequenterweise auf die Vermögenskriterien des § 251 BGB abzustellen, ohne dass sich freilich ein Vermögensgut und –wert vom Ansatz her zeigt, das Basis für die wirtschaftliche Betrachtung sein kann. Denn die Primärbeeinträchtigung ist bei der gesundheitlichen (dauernden) Beeinträchtigung frei von einem Vermögenskriterium und zwar grundsätzlich anders als die Rechts(guts)verletzung im Fall der Sachbeschädigung, denn Eigentum und Besitz tragen den gesellschaftlich akzeptierten Vermögenswert in sich. Zur beruflichen Umschulung spricht der *BGH*[145] dagegen – nach der hier vertretenen Ansicht treffend – davon, dass der Anspruch dem Bedürfnis dient, sich wieder wie vor dem Unfall „vollwertig" beruflich betätigen zu können und der Anspruch – schon – aus § 249 BGB[146] folgt. Denn Ziel ist die berufliche Rehabilitation, also der Versuch, den Verletzten in die Lage zu versetzen, die nachteiligen Auswirkungen der Behinderungen (im Beruf) durch Ausweichen auf ein anderes Arbeitsfeld „in natura" abzuschwächen und nach Möglichkeit ganz abzuwenden. Letztlich geht es um das Interesse des vollen finanziellen Ausgleichs – also die wirtschaftliche Restitution –, vorrangig aber um Restitution im Rahmen des Menschenmöglichen.

1849 Der Wunsch, nach Belieben – wie vor dem Unfall – zwischen Pkw und Motorrad wählen zu können, entspricht einem verständlichen (grundsätzlich „berechtigten") Bestreben nach möglichst weitgehender Wiederherstellung der ursprünglichen Lebensqualität, beruht aber – wie der *BGH* herausstellt[147] – nicht auf dem allein maßgebenden Bedürfnis nach Wiederherstellung der früheren Mobilität und wird deshalb nicht von § 843 BGB erfasst. Es soll also nicht darauf ankommen, wie der Betroffene seine Mobilitätsbelange gestaltet hat und gestalten wollte, sondern was objektiv zur Fortbewegung mit einem Kraftfahrzeug notwendig ist bzw. genügt, so wie mit einem Pkw alle Wege im Straßenverkehr zurückgelegt werden können. Um ein Geländemotorrad ging es beim *BGH* freilich nicht, auch nicht um Notwendigkeiten für motorsportliche Aktivitäten, die weitergeführt werden können, ggfs. aber unter erschwerten Bedingungen bzw. mit einem zusätzlichen (kostenintensiven) technischen Aufwand.

1850 Die **Schadensminderungspflicht** gebietet der verletzten Person, geeignete und zumutbare Maßnahmen zur Linderung von Beeinträchtigungen und Beschwerden zu ergreifen. Geeignete und auf die individuelle Situation abgestimmte Vorschläge der Schädigerseite, vermehrten Bedürfnissen nachhaltig zu begegnen, darf die verletzte Person nicht ungeprüft lassen. Ggfs. hat die verletzte Person entsprechend zu reagieren.

---

144 NJW-RR 2004, 671 = VersR 2004, 482 = NZV 2004, 195 = ZfS 2004, 258 = DAR 2004, 267.
145 NJW-RR 1991, 854 = VersR 1991, 596 = NZV 1991, 265 = ZfS 1991, 230 = DAR 1991, 293.
146 Jedenfalls soll sich der Anspruch aus § 842 BGB ergeben.
147 NJW-RR 2004, 671 = VersR 2004, 482 = NZV 2004, 195 = r+s 2004, 171 = ZfS 2004, 258 = DAR 2004, 267.

Ein Übergewicht[148] gestattet keine Anspruchsminderung, auch wenn dadurch verletzungsbedingte Erhöhungen der Bedürfnisse beeinflusst werden, weil der Schädiger den Schaden so auszugleichen hat, wie er sich nach der jeweiligen individuellen Situation beim Verletzten zeigt, s. aber zu Behandlungskosten bei einer behandlungsbedürftigen Vorschädigung Rn. 1730.

1851

Daseinsvorsorge und Lebensfreude

Im Unterschied zum Bereich des § 253 BGB (Rn. 52), der ebenfalls Dauerschäden betrifft (z. B. bei Hinderungen zur Freizeitgestaltung ohne die Möglichkeit des Ausgleichs durch Geräte, Hilfe, Pflege), geht es **nicht** um die **Lebensfreude** bzw. die Verkürzung der Möglichkeiten, das Leben zu gestalten. Die Schadenspositionen aus § 843 BGB und § 253 BGB sind getrennt zu beurteilen. Eine Doppelentschädigung ist unstatthaft.

1852

> Beim unfallbedingten Verlust des Sprech- oder Sehvermögens ist der verletzten Person nicht einerseits ein Schmerzensgeld dafür zuzuerkennen, dass sie sich nicht mehr wie früher verständigen und nicht mehr wie früher die Freizeit (z. B. durch den Besuch von Museen, Ausstellungen, Veranstaltungen) gestalten kann, und andererseits zugleich ein Ersatz nach § 843 BGB bei Aufwendungen für eine **Begleitperson**, mit der gegen Entgelt an der Stelle von Gesprächen mit anderen Besuchern ein Meinungsaustausch erfolgen kann[149] oder die gegen Entgelt die Ausstellung, den Geschehensablauf beschreibt. Eine (mögliche) Beeinträchtigung der Befriedigung sexueller Bedürfnisse gehört dem Bereich des Immateriellen an. Mehraufwendungen sind nicht gesondert erstattungsfähig.[150]

1853

Bereiche der **Daseinsvorsorge** weist der *BGH* in diesem Kontext § 842 BGB zu. Einen verletzungsbedingten, gem. § 287 ZPO zu schätzenden Mehraufwand dafür, statt vorher gewohnter Großeinkäufe täglich Fahrten für kleinere Einkäufe zu unternehmen, erachtet er[151] für ersatzfähig, ohne § 843 BGB mit einem Mehrbedarf zu erwähnen.

1854

Vorsorgebedarf

Erhöhte Versicherungsprämien sind ggfs. monatlich anteilig als Dauerschaden auszugleichen, z. B. bei Mehrkosten der freiwilligen Krankenversicherung[152], nicht aber als Beiträge zu einer Ersatzkrankenkasse während einer verlängerten Ausbildung, wenn eine private Krankenversicherung zur Absicherung von nicht durch Beihilfeleistungen abgedeckten Krankheitskosten hätte abgeschlossen werden können, wobei das *OLG Hamm*[153] zugleich den Ausgleich eines Risikozuschlags (der Prämienmehrbeträge) versagt hat, weil diese nicht fiktiv anzusetzen seien. Die verletzte Person, die wegen der Verdienstausfallrente den Krankenversicherungsschutz über die Mitversicherung verliert, hat Anspruch auf Erstattung der eigenen Krankenversicherungsbeiträge.[154] Zu ersetzen sein kann der Zuschlag bei einer Lebensversicherung.[155]

1855

Steuerliche Folgen

Da früher ein als Rente geleisteter Schadensersatz anders als einkommensteuerfreies Kapital wegen der periodischen Zahlweise der Steuerpflicht unterworfen wurde, war dementsprechend die darauf (nur) wegen der Zahlungsweise anfallende **Einkommensteuer** vom Schädiger zusätzlich zu ersetzen. Von der Einkommensteuer wird aber grundsätzlich nur ein erzielter Zuwachs an wirtschaftli-

1856

---

148 So jedenfalls *OLG Oldenburg* NJWE-VHR 1998, 18 = NdsRpfl. 1997, 306, 307.
149 Vgl. *OLG Bamberg* MedR 1988, 99 m. *BGH* NA-Beschl. v. 10.12.1985.
150 *OLG Düsseldorf* r+s 1997, 504.
151 *BGH* VersR 1992, 618 = NJW-RR 1992, 792.
152 VersR 2000, 234, 237.
153 *OLG Zweibrücken* VersR 1996, 864 = NZV 1995, 315 = ZfS 1995, 413 m. *BGH* NA-Beschl. v. 31.1.1995.
154 *KG* DAR 2000, 401 = KGR 2000, 239; *BGH* NA-Beschl. v. 9.5.2000.
155 *OLG Karlsruhe* NZV 1994, 396 = VersR 1994, 1250 = ZfS 1994, 241.

cher Leistungsfähigkeit erfasst. Daran fehlt es bei den Schadensersatzrenten, die den durch die Verletzung höchstpersönlicher Güter entstandenen vermehrten Bedarf ausgleichen.[156] Solche Renten, die nicht als Ersatz für andere, bereits steuerbare Einkünfte geleistet werden, sind nicht bloß wegen der Zahlweise einkommensteuerpflichtig. Anders als bei der Tilgung einer zum Privatvermögen gehörenden Forderung durch wiederkehrende Leistungen ist in den Renten kein steuerpflichtiger Zinsanteil enthalten. Die Mehrbedarfsrente ist von Anfang an als Geldrente geschuldet. Es wird nicht zunächst für einen bestimmten Stichtag ein Anspruch (Ausgangswert) ermittelt, der dann verrentet wird. Jedenfalls seit 1994 bleiben deshalb die Renten zum Ausgleich vermehrter Bedürfnisse und wohl ebenso **Schmerzensgeldrenten** als Renten, die nicht die wirtschaftliche Leistungsfähigkeit des Zahlungsempfängers erhöhen, einkommensteuerfrei. Konsequenterweise muss nun[157] auch der Ausgleich des **Haushaltsführungsschadens**, soweit die Haushaltsführung für andere Personen in der Gleichstellung mit einer Erwerbstätigkeit in Frage steht, einkommensteuerfrei bleiben. Soweit jedoch in Zahlungen für zurückliegende Zeiträume (Nachzahlungen, Rückstände) **Verzugszinsen** oder **Prozesszinsen** enthalten sind, unterliegen diese als Einkünfte aus Kapitalvermögen der Einkommensteuer. Kapitaleinkünfte sind ggf. als solche steuerpflichtig unabhängig von der Quelle, aus der das Kapital stammt, z.B. einer pauschalen Abgeltung.

2. Erhöhte Lebenshaltungskosten

1857   Wegen der Erleichterungen durch § 287 ZPO zu Folgeschäden bedarf es zum Mehrbedarf nur der **Darlegung** und des Nachweises der **wesentlichen Ansätze**.[158] Bei Pflegeleistungen sollte der konkrete Einsatz anschaulich dargelegt werden, u. U. mit einem Einsatzschema.

1858   Der Mehrbedarf ist nach den verletzungsbedingten Mehranforderungen konkret zu bemessen[159], **nicht abstrakt** nach einem Prozentsatz der Minderung der Erwerbsfähigkeit. **Pauschalierungen** sind möglich, Rn. 462, 1052.

1859   Die Verhältnisse zur Zeit der Schadensberechnung sind indiziell auszuwerten, z. B. über Nachweise zu realen Aufwendungen. Sie geben hinreichend sicheren Aufschluss über den (wirklichen) Bedarf, Rn. 482, 565 ff.

1860   ▶ Ohne tatsächliche Angaben fehlt es an jeder Handhabe für eine Schadensschätzung.[160] ◀

1861   Eine Befürchtung, der Schädiger könne sich durch Verzögerung der Schadensregulierung seiner Ersatz- und Einstandspflicht entziehen, legitimiert es in diesem Stadium einer Auseinandersetzung nicht, den Bedarfsansatz abstrahierend weit abzustecken und von den realen Verhältnissen abzukoppeln. Andererseits kommt es auf entstandene Kosten wegen der Vorleistungspflicht des Schädigers (Rn. 489) nicht an. Der Ersatzanspruch ist nicht Erstattungsanspruch in der Art des § 670 BGB, beachte aber Rn. 1869. Ein Einsatznachweis mit Abrechnung von Ausgaben muss nicht geführt werden. Wie der Bedarf gedeckt wird, nimmt keinen Einfluss auf die Ersatzberechtigung.

1862   Elemente einer (zusätzlichen) Vermögensbildung der verletzten Person mindern den Ersatzanspruch bei der Schadensberechnung oder jedenfalls mittels des Vorteilsausgleichs, Rn. 1869. Kongruente Ersparnisse mindern den Ersatzanspruch in dem Sinne, dass vermehrte Bedürfnisse von vornherein nur oberhalb des „Sowieso-Ansatzes" (Rn. 1866, 1906) zu ermitteln sind.

---

156 *BFHE* 175, 439 = NJW 1995, 1238 = VersR 1995, 856 = NZV 1995, 206 = FamRZ 1995, 555 = BB 1995, 77 und *BFHE* 176, 402 = BStBl. II 1995, 410.
157 S. dagegen früher *BGH* VersR 1985, 859 = NJW 1985, 3011.
158 *BGH* VersR 1992, 618 = NJW-RR 1992, 792.
159 *OLG Oldenburg* NJWE-VHR 1998, 18.
160 Vgl. *BGHZ* 163, 351 = NJW 2006, 1271 = VersR 2005, 1559.

In besonderer Weise ist zum Mehrbedarf für behindertengerechten Wohnraum zu prüfen, ob – insbesondere bei der Schaffung neuen Wohnraums – ein Vermögenszuwachs mit ausgleichsfähigen Vorteilen zu verzeichnen ist, s. Rn. 1869. Zur behindertengerechten Anpassung bestehenden Wohnraums, die die vollumfängliche Nutzbarkeit (wie ohne Verletzung) sicherstellen soll, indizieren Umbauten und die Höhe von Umbaukosten keine werterhöhende Renovierung und Erneuerung eines Privathauses insgesamt.[161] 1863

Das **Prognoserisiko,** z. B. wegen des Erfolgs einer Kur oder Rehabilitationsmaßnahme, trägt der Schädiger, Rn. 488. Eine Verurteilung zur Zahlung der zukünftigen Mehrbedarfsrente setzt voraus, dass sich die für die Bemessung maßgebenden Verhältnisse hinreichend wahrscheinlich erkennen lassen, also eine Bezifferung überhaupt möglich ist.[162] Das Prognoserisiko zum künftigen Mehrbedarf übernimmt der Verletzte, der[163] statt einer laufenden Rente die Kapitalabfindung verlangt. 1864

> Das *LG Bonn*[164] verneinte die Erstattungsfähigkeit eines **Kuraufenthaltes**, weil die Kur 15 Jahre nach einem Unfall nicht notwendig erschien. Von der gegnerischen Versicherung war stets eine amtsärztliche Untersuchung angeregt worden. Da sich die verletzte Person weder einem Amtsarzt noch einem anderen fachkundigen Arzt vorgestellt hatte, ist dem *LG* zu folgen. Dass für die 14-Jährige nach einen Knieverletzung, die die Benutzung von Unterarmstützen erforderlich macht, die Kosten der **Begleitperson** beim **Urlaub** in Spanien nicht zu ersetzen sind[165], muss vom Einzelfall bestimmt gewesen sein. Zusätzliche, leidensbedingte Kosten für einen Urlaub sind bei einem andauernden Leiden grundsätzlich erstattungsfähig. 1865

Gewöhnliche Lebenshaltungskosten, die vor und nach dem Haftungsereignis gleichermaßen anfallen, sind kein Mehrbedarf. 1866

Kein Mehrbedarf ist auch der **Wohnungsgrundbedarf** ohne die Verletzung, also der Aufwand zur Befriedigung des für jedermann allgemein bestehenden Bedürfnisses nach Wohnraum, das zu den gewöhnlichen Lebenshaltungskosten gehört. Der *BGH*[161] weist dazu auf den Vorteilsausgleich hin. Es geht freilich bereits um die Schadensbestimmung. 1867

Ist über reale Aufwendungen ein Gesamtbedarf ermittelt, sind solche regelmäßigen, allgemeinen (normalen) Kosten der Lebenshaltung also **in Abzug** zu bringen, s. weiter Rn. 1906. 1868

Es kann **Vorschuss** verlangt werden wie bei Heilungskosten, Rn. 1732. Da der Schädiger nicht den Zuwachs des Vermögens der verletzten Person oder ihrer Angehörigen schuldet, ist insbesondere im Fall eines raumbezogenen Mehrbedarfs daran zu denken, einen künftigen realen Vermögenszuwachs auf Seiten der verletzten Person und ihrer Angehörigen wegen des **nachträglichen Vorteilsausgleichs** (Rn. 726) zu Gunsten der Schädigerseite abzusichern. Dazu sollte für den Moment der Zahlung des Mehrbedarfsbetrags eine **Sicherungsgrundschuld** hinsichtlich des sich im Moment der Realisierung des Vermögenszuwachses ergebenden Erstattungsanspruchs der Schädigerseite oder eine Höchstbetragshypothek in Betracht kommen. Zweifelhaft kann im Einzelfall sein, wer Sicherungsgeber bei einer Grundschuld sein muss, wenn der Betroffene (z. B. ein Kind) nicht mit dem Grundstückseigentümer (den Eltern oder einem Elternteil) personenidentisch ist. Der Sicherungsvertrag zwischen dem Verletzten und der Schädigerseite lässt sich freilich jedenfalls als Vertrag zu Gunsten der Eigentümerseite bewerten, wodurch es dieser Seite möglich ist und bleibt, alle Einreden und Einwendungen des Verletzten gegenüber der Schädigerseite zu erheben und durchzusetzen. 1869

---

161 *BGHZ* 163, 351 = NJW 2006, 1271 = VersR 2005, 1559 = r+s 2005, 528.
162 *OLG Karlsruhe* VersR 2006, 515.
163 *BGH* NZV 2002, 268 = BGHReport 2002, 373.
164 VersR 1996, 381.
165 So *OLG Düsseldorf* VersR 1995, 548.

4 Vermehrte Bedürfnisse (Mehrbedarfsschaden)

1870 **Fiktive Ansätze** im eigentlichen Sinne bleiben zum Mehrbedarf **ausgeschlossen**. Dies betrifft neben Wohnraum vor allem zweckbezogene Anschaffungs-, Umbaukosten für ein Kraftfahrzeug oder andere Gegenstände und ohnehin Hilfen, aber Behandlungsmaßnahmen (s. Rn. 1737), für die es auf die Einordnung als Mehrbedarf statt als Heilungsaufwand dazu nicht ankommt. Dies betrifft zudem einen Pflegebedarf, für den freilich die normativen Schadenselemente nicht mit fiktiven Ansätzen als irrealen Schadensideen verwechselt werden dürfen, s. auch schon Rn. 1842.

1871 Ein Bedarf z. B. zum Wohnraum, zu dem auf Bedarfsdeckung vollständig verzichtet wird (z. B. die Nutzung einer entsprechenden Wohnung), kann nach der hier vertretenen Ansicht nicht abgerechnet werden, weil sich kein konkretisiertes Bedürfnis real zeigt. Ohne entsprechende Maßnahmen oder Aufwendungen ist deshalb dazu nichts zu ersetzen.

1872 ▶ Wird der zusätzliche Wohnbedarf durch einen Neubau gedeckt, sind Umbaukosten der im Unfallzeitpunkt bewohnten Räume auch **kein abstrakter Mindestschaden**, der in jedem Fall zu ersetzen wäre. ◀

3. Berufliche Rehabilitation

1873 Zum Mehrbedarfsschaden ist nur ein zusätzlicher Aufwand zu berücksichtigen, der nicht als erstattungsfähiger Aufwand zur Minderung eines Erwerbsausfalls insbesondere betr. die Berufsfindung, eine Umschulung sowie die (erschwerte) Berufsausübung eingeordnet und abgerechnet wird. Für Maßnahmen zur beruflichen Rehabilitation können sozialrechtlich die gesetzliche Rentenversicherung oder die Bundesagentur für Arbeit zuständig sein. Die Zuständigkeit der Bundesagentur für Arbeit ist im Verhältnis zur Zuständigkeit der gesetzlichen Rentenversicherung indessen grundsätzlich subsidiär, § 57 AFG a. F., § 22 Abs. 2 Satz 1 SGB III.[166]

1874 Die berufliche Umschulung muss bei verständiger Beurteilung ihrer Erfolgsaussichten und ihres Verhältnisses zu den ohne eine solche Maßnahme zu erwartenden Einbußen des Verletzten, insbesondere zur Abwendung eines Verdienstausfallschadens, objektiv sinnvoll erscheinen.[167]

1875 Infolge der erlittenen Behinderung erhöhte Kosten einer begonnenen oder auch ersatzweise aufgenommenen **Ausbildung** (auch Förder-, Nachhilfeunterricht) oder die Zusatzkosten einer Beschäftigung in einer Behindertenwerkstatt, eine die Berufsausbildung begleitende Behandlung nach dem Konzept eines (professionellen) Instituts für Reha-Management[168] sollten **Erwerbsschaden** sein. Sie werden nach anderer Ansicht[169] als Mehrbedarfsschaden abgerechnet.

1876 Lebenshaltungskosten, die der Verletzte während einer schadensbedingten **Verlängerung** der theoretischen oder praktischen **Ausbildung** (etwa der Schulzeit) aufzubringen hat[170], sind nicht ersatzfähig, weil der Unterhaltsbedarf nicht verletzungsbedingt steigt und eine zeitlich verlängerte Unterhaltsbedürftigkeit kein Mehrbedarf ist. Ein wegen einer verlängerten Ausbildungszeit infolge der verletzungsbedingt hinausgeschobenen Einkünfte zu verzeichnender Verlust ist als Erwerbsschaden geltend zu machen.

1877 ▶ Materielle Aufwendungen zur **Aktivierung** der verbliebenen **Arbeitskraft** sollten nicht den vermehrten Bedürfnissen, sondern dem Erwerbsschaden zugeordnet werden. ◀

---

166 *BGH* VersR 2009, 995 = r+s 2009, 302.
167 *BGH* NJW-RR 1991, 854 = VersR 1991, 596 = NZV 1991, 265 = ZfS 1991, 230 = DAR 1991, 293.
168 *LG Heilbronn* ZfS 1998, 247.
169 *OLG Hamm* VersR 1992, 459 m. *BGH* NA-Beschl. v. 11.6.1991; zu Betreuungskosten *OLG Hamm* DAR 2001, 308.
170 *BGH* VersR 1992, 1235.

Anschaffungskosten für ein Fahrzeug, das aus beruflichen Gründen notwendig ist, sind ebenfalls beim Erwerbsschaden zu erfassen, auch die Kosten einer Umrüstung eines Kraftfahrzeugs des verletzten Erwerbstätigen, während die erhöhten Betriebskosten auch bei dieser Person Mehrbedarfsschaden sind.

4. Mobilität

Kosten im Hinblick auf die Mobilität können als Erwerbsschaden einzuordnen sein, jedenfalls bei beruflicher Notwendigkeit, vgl. Rn. 1878.

Weder unter dem Aspekt der Heilungskosten noch unter dem der vermehrten Bedürfnisse können gesondert bzw. zusätzlich Einkaufsfahrten zu Supermärkten oder zur Bank oder Sparkasse abgerechnet werden, weil und wenn es sich insoweit um Teile des Hausarbeits- (Haushaltsführungs-)schadens handelt.[171] Zusätzlich zu den Kosten für den behindertengerechten Umbau seines Pkws erhält auch derjenige nicht die Kosten für den behindertengerechten Umbau seines Motorrades, der vor dem Haftungsereignis sowohl den Pkw als auch das Motorrad abwechselnd benutzt hat.[172]

Zu Fahrzeugkosten ist der Mehrbetrag oberhalb der regelmäßigen, gewöhnlichen Kosten entscheidend, also der Differenzbetrag zu den von der verletzten Person bzw. in der betroffenen Familie (ohne den Verletzungsfall ohnehin) aufgewendeten Anschaffungs-, Betriebskosten für ein Fahrzeug, das für die (Mitbe-)Nutzung durch den Verletzten aus verständiger Sicht angemessen ist.

Auf die **Erstanschaffungskosten** für ein **behindertengerechtes Fahrzeug** ist abzustellen, wenn ein Fahrzeug unerlässlich ist, um den Grundbedarf zur Mobilität in angemessener Weise sicher zu stellen. Hinzu kommen (jedenfalls erhöhte) Betriebskosten (s. auch Rn. 3098), u. U. bei Gegenrechnung mit ersparten gewöhnlichen Mobilitätskosten. Ist es notwendig, einen Pkw mit Automatikgetriebe[173] zu beschaffen, weil ein anderes Fahrzeug nicht mehr geführt werden kann, sind die Kosten der Sonderausrüstung mit den Mehrkosten der verletzungsbedingt vorzeitigen **Ersatzbeschaffung** zu erstatten und die erhöhten Abnutzungskosten.

Die Rechtsprechung führt z. B. die Sonderausstattung mit einem Teil der Anschaffungskosten sowie die zusätzlichen Kosten des Betriebs[174], 75% der Erstanschaffungskosten und 40% vom Gesamtaufwand[175] oder einen Zuschuss zu den Anschaffungskosten an, um anderweitig notwendige Fahrtkosten zu vermeiden, die die Beweglichkeit der betroffenen Person erhöhen und die Pflege erleichtern, auch wenn der Betrag in das Fahrzeug der Eltern investiert wird.[176] Das wegen des geburtsgeschädigten Kindes angeschaffte besonders ausgestattete Kraftfahrzeug muss beim Tod des Kindes (nach 6 ½ Jahren) nicht umgetauscht werden.[177]

Umrüstkosten (Lift, Anhängervorrichtung) und spezifische Folgelasten (Batterie, Drehstromgenerator) sind sicher in die Abrechnung einzustellen.

Die Begrenzung des Ersatzanspruchs wegen Pkw-Kosten bis zu dem Zeitpunkt, in dem ein Pkw ohnehin angeschafft worden wäre, kommt nur in Betracht, wenn und soweit es nicht um eine Sonderausstattung geht, also z. B. ein Jugendlicher betroffen ist, der wegen der Verletzungen auf einen Pkw angewiesen ist, wie er ihn nach Volljährigkeit aber erfahrungsgemäß und überwiegend wahrscheinlich ohnehin angeschafft und benutzt hätte.

---

171 *OLG Nürnberg* VersR 2002, 245.
172 *BGH* NJW-RR 2004, 671 = VersR 2004, 482 = ZfS 2004, 258.
173 *BGH* VersR 1992, 618 = NJW-RR 1992, 792.
174 *OLG München* VersR 1984, 245 = DAR 1984, 58.
175 *OLG Stuttgart* ZfS 1987, 165.
176 *OLG Brandenburg* r+s 1996, 139 = OLG NL 1996, 51.
177 *OLG Nürnberg* VersR 1993, 1365; s. Rn. 482.

1886 **Berechnungsvorschlag und Berechnungsbeispiele:**

Berechnungsgang 1

1. Pkw-Anschaffungskosten	25.000,00 €	
Ersparnis bezogen auf „Familien-Pkw" bzw. ohnehin aufgebrachte Anschaffungskosten	12.500,00 €	
ausgleichsfähiger (einmaliger) Mehraufwand		**12.500,00 €** (einmalig)
2. Betriebsmehrkosten als mtl. Aufwand		**175,00 €** als mtl. Rente

Berechnungsvariante

1. Pkw-Anschaffungskosten	25.000,00 €	
erstattungsfähiger Anteil	60%	
erstattungsfähiger Mehraufwand		**15.000,00 €** (einmalig)
2. laufender Betriebsmehraufwand		
Betriebskosten nach gesonderter Aufstellung (mtl.)	300,00 €	
erstattungsfähiger Anteil	60%	
erstattungsfähiger Mehraufwand (als mtl. Rente)		**180,00 €**

Berechnungsgang 2

1. Sonder-, Zusatzaustattung (Umbaukosten) – Betriebs-Pkw

Anhängervorrichtung	200,00 €	
Klimaanlage	400,00 €	
Lift	400,00 €	
Schiebetür, -fenster	300,00 €	
Summe einmaliger Kapitalbetrag		**1.300,00 €** (einmalig)

2. Wiederkehrende Folgekosten nach pauschalierten Mittelwerten

Batterie (für Lift)	20,00 € mtl.	
Drehstromgenerator	36,00 € mtl.	
Instandsetzung, Erneuerung	40,00 € mtl.	
weitere Kosten nach gesonderter Aufstellung	300,00 € mtl.	
Summe Rente		**396,00 €** als mtl. Rente

1887 *Die Onlineversion ermöglicht eigene Berechnungen.*

5. Pflege

Die Hilfs- und **Pflegebedürftigkeit** als Folge des Haftungsereignisses führt zum Anspruch des Verletzten aus § 843 BGB in dem Umfang, in dem die gesundheitlichen Defizite Pflegeleistungen erforderlich machen.   1888

> Der Pflegebedarf ist vom Selbstständigkeitsgrad des Betroffenen bei der Verrichtung der alltäglichen, körperbezogenen Tätigkeiten abhängig.   1889
>
> Gewisse Bedarfsgruppen, die bei einer Einschätzung des Bedarfs auf der Grundlage von Erfahrungswerten helfen können, zeigen sich zu:
> - körperlichen Behinderungen, einer Querschnittslähmung, Sinnesbehinderungen (Blindheit, Hörbehinderung: Gehörlosigkeit – Schwerhörigkeit, Taubblindheit) und
> - zu geistigen Behinderungen. Bei Lern- oder Sprachbehinderungen gibt es freilich keine typische Situationen, zu psychischen Behinderungen sind vertypt kaum Orientierungsgrößen zu finden.
>
> Mehrfachbehinderungen bedürfen individueller Beurteilung. In komplexen Belastungssituationen ist der tatsächliche Pflegebedarf nur mittels Sachverständigengutachtens festzustellen.

Zum Pflegebedarf eines verletzten Kindes ist nicht der Grund(pflege- und betreuungs-)bedarf als Mehrbedarf zu entschädigen. Fallen unterstützende Maßnahmen nicht wirklich ins Gewicht, weil ein (gesundes) Kind im Alter des Betroffenen die Betreuungs-, Hilfsperson in etwa vergleichbar zeitlich bindet, scheidet ein Ersatzanspruch aus.   1890

Für die Erstattungsfähigkeit des Pflegemehrbedarfs ist auf die Qualität der Versorgung der fremdgeschädigten Person und die sinnvolle Disposition in ihrer konkreten Lebenslage abzustellen. Der Umfang des Ersatzes bemisst sich m.a.W. grundsätzlich – wie zu vermehrten Bedürfnissen schlechthin – nach den Dispositionen, die ein verständiger Verletzter in seiner besonderen individuellen Lage getroffen hätte.[178] Zugleich kommt es auf die zumutbare Lebensgestaltung und insofern im Sprachgebrauch der Regulierungspraxis auf eine gewisse „Notwendigkeit" an.   1891

Es besteht grundsätzlich Anspruch auf Ausgleich des Aufwands für die angemessene Pflege in vertrauten Lebensumständen, also dem bisherigen häuslichen Umfeld.   1892

Tipp Notwendige, bestimmte, einzelne Hilfestellungen angesichts einer vom Schädiger zu verantwortenden Behinderung sind ebenso wie ein Pflegebedarf im Bereich einer Behandlungspflege und der Grundpflege konkret vorzutragen. Ein Beweisantritt „Einholung eines Sachverständigengutachtens" ersetzt die gebotene Sachschilderung nicht, kann allenfalls bei rein medizinischen Fragen nahe liegen.   1893

Zum personenbezogenen Bedarf sind die verschiedenen Verrichtungen des täglichen Lebens zu unterscheiden (1. Körperpflege: Waschen, Duschen, Baden; Zahn-, Mundpflege; Kämmen, Rasieren, Haut-, Gesichtspflege; Darm-, Blasenentleerung; nicht täglich anfallend: Haare waschen, Schneiden von Finger-, Fußnägeln; 2. Ernährung: mundgerechtes Zubereiten und Aufnahme der Nahrung; 3. Mobilität innerhalb der Wohnung und außerhalb der Wohnung, soweit zur Aufrechterhaltung der Lebensführung zu Hause unumgänglich und wegen des persönlichen Erscheinens eines Pflegebedürftigen notwendig: Aufstehen, Zu-Bett-Gehen; An-, Auskleiden; Gehen, Stehen, Treppensteigen; Verlassen, Wiederaufsuchen der Wohnung).   1894

---

178 *OLG Stuttgart* VersR 1998, 366.

4 Vermehrte Bedürfnisse (Mehrbedarfsschaden)

1895 Es ist[179] anschaulich zu schildern, inwiefern im Vergleich zur Vergangenheit Hilfen bei einzelnen Verrichtungen des täglichen Lebens (An- und Auskleiden, Essen, Kämmen, Rasieren, Trinken, Waschen) benötigt werden, um die unbeeinträchtigte Zukunft mit der realen Lage vergleichen zu können. Ggfs. ist einzugehen auf die einzelnen Leistungen zur Körperpflege, Blasen- und Darmentleerung, den Hilfen bei der Fortbewegung, einzelne therapeutische Maßnahmen, diverse Handreichungen/Zuwendungen, ggfs. auch aufgrund mentaler Beeinträchtigung. Die juristische Erforderlichkeit einer Unterbringung im Kindergarten und in einer Tagesstätte stützt das *LG Oldenburg* auf ein Gutachten, das die Notwendigkeit einer individualisierten Kombination aus heilpädagogischen, physio-, sprach- und ergotherapeutischen Maßnahmen im Einzelnen darlegt.[180]

1896 Ersatzfähig sind Kosten der erforderlichen Begleitung zu externen Therapien und ärztlichen Untersuchungen.

1897 Tipp Bei schwerer Behinderung ist der reale (individuelle) Bedarf und deshalb der wirklich angemessene Pflegeaufwand meist ohne sachverständige Hilfe nicht sachgerecht ab- und einzuschätzen. Der hauswirtschaftliche Sachverständige kann zum Pflegebedarf z. B. bei geistigen Störungen freilich keinen Aufschluss geben.

1898 Tipp Hauswirtschaftliche Ansätze (Einkaufen, Kochen, Reinigen der Wohnung, Spülen, Wechseln, Waschen der Wäsche und Kleidung, Beheizen) kommen hinzu. Die hauswirtschaftliche Versorgung ist zwar im Sinne der Pflegeversicherung unselbstständiger Bestandteil eines einheitlichen Pflegebedarfs. Im Haftungs-, Schadensfall kann es aber die Einzelfallgerechtigkeit gebieten, die praktischen Anforderungen und Hilfen in ihrem unterschiedlichen Gewicht auszuloten und zu erfassen. Insofern darf die allgemeine hauswirtschaftliche Versorgung der verletzten Person[181] **nicht** in die **Berechnung** dieses **Pflegemehrbedarfs** einfließen. Wegen der ggfs. teilweisen Beeinträchtigung der Hausarbeitsfähigkeit geht es zwar ebenfalls um vermehrte Bedürfnisse, aber um die zusätzliche Zeit, die verletzungsbedingt aufgewendet werden muss, um die auf das Individuum bezogene Hausarbeit zu erledigen, auch wenn die verletzte Person die Arbeit doch selbst erledigt, aber mit besonderen, verletzungsbedingten (nicht zur Entlastung des Schädigers dem Verletzten zuzumutenden) Anstrengungen oder Schmerzen. Dass die Rente gem. §§ 842, 843 BGB letztlich einheitlich festzusetzen ist (Rn. 1321), ändert daran nichts. Die Bemessungsfaktoren sind unterschiedlich, auch Aspekte zur Abänderung einer Rente können völlig unterschiedlich sein. Es empfiehlt sich daher, Bemessungsgrundlagen für eine spätere Anpassung (Überprüfung) spezifisch festzuhalten. Im Fall gerichtlicher Klärung sollten zumindest die Entscheidungsgründe näheren Aufschluss geben, wenn im Tenor nur ein Zahlbetrag genannt ist.

1899 Das *OLG Bremen* hat – vor der Einführung der gesetzlichen Pflegeversicherung[182] der Sache nach gleichwohl aktuell – angenommen, dass bei dem verletzten volljährigen Sohn, der in Haushaltsgemeinschaft mit seiner Mutter lebte, Tätigkeiten der Mutter zur Essenszubereitung, der Versorgung der Wäsche, zum Bettenmachen, nicht vom Schädiger auszugleichen gewesen sind.

1900 Bei der Schadenshaftung innerhalb der Familie ist inhaltlich der Bedarf eines verletzten Ehegatten oder Kindes durch den Pflegeeinsatz des schädigenden Ehegatten oder der schädigenden Eltern gedeckt. Gegen den Kfz-Haftpflichtversicherer besteht gleichwohl der Direktanspruch weiter. Im Verhältnis zum familienfremden Schädiger bewirken die familiären, unterhaltsrechtlich erbrachten Pflegeleistungen nicht, dass der Schadensersatzanspruch erlischt, Rn. 480. Der pflegerische Mehrbedarfsschaden des Verletzten wird im Fall des Einsatzes eines Angehörigen, der die verlet-

---

179 *OLG Hamm* DAR 2003, 118.
180 *LG Oldenburg* VersR 2009, 367.
181 S. dazu *Pardey* in ZfS 2007, 246–248.
182 VersR 1972, 940 als Vorinstanz zu *BGH* VersR 1973, 1067 und insoweit nicht beanstandet.

zungsbedingt zusätzliche Pflege übernimmt, orientiert am Umfang des zeitlichen Bedarfs in der Praxis über ein (Tarif-) Entgelt für eine Pflegekraft abgerechnet, Rn. 1922, 1940 ff.

Die **Schadensminderungspflicht** schränkt die Wahl bei Pflegeleistungen kaum ein. Da der Schädiger dafür verantwortlich ist, dass sich die verletzte Person in der Lage befindet, die die Inanspruchnahme der Pflege erforderlich macht, muss er hinnehmen, wenn die verletzte Person eine ihren früheren Lebensverhältnissen annähernd ähnlichen Lebensmittelpunkt und Entfaltungsraum sucht. Im Kern setzt erst bzw. nur die Unvernunft im Kosteninteresse des Schädigers Grenzen. **1901**

a) Realer Aufwand (konkrete Abrechnung)

Effektiv entstandene, reale und zugleich notwendige Pflegekosten hat der Schädiger im Brutto-Umfang zu ersetzen. Solche Kosten entstehen auch dann, wenn eine bereits beschäftigte Pflegekraft zusätzlich wegen weiterer Folgen tätig sein muss. **1902**

Varianten der (konkreten) **Bruttoabrechnung bei einem realen Aufwand:** **1903**
- Vergütung des Pflegeeinsatzes,
- Heimkosten – ggfs. unter Abzug einer Barersparnis,[183]
- Ersatz des realen Verdienstausfalls eines pflegenden Angehörigen.

▶ Bei Beschäftigung einer Pflegekraft sind erfahrungsgemäß mindestens 25,00 DM pro Stunde[184] und seit 1.1.2002 der umgerechnete €-Betrag mit rund 12,50 € pro Stunde anzusetzen. ◀ **1904**

Es sind nicht Kosten für eine Hilfe ersatzfähig, die Eltern für die auf sie entfallenden Arbeiten im Haushalt beschäftigen, um sich ihrem verletzten Kind intensiver widmen zu können. Ohne einen eigenen Ersatzanspruch (der indes z. B. bei einem Behandlungsvertrag und Geburtsschäden gegeben wäre) ist diese wirtschaftliche Last ein nicht erstattungsfähiger Drittschaden der Eltern. Auch jeder andere Aufwand der Eltern zu ihrer Erholung und zu ihrem Versuch, sich angesichts der zusätzlichen Pflegeleistungen zu entlasten, bleibt ein nicht erstattungsfähiger Drittschaden. Nur die Beschäftigung der Hilfskraft bei und zu der Pflege für das Kind (oder für den verletzten Ehepartner) ist ein ausgleichsfähiger Bedarfsschaden des Verletzten (des Kindes oder des Ehepartners). **1905**

Aufwendungen durch einen (erforderlichen) **Heimaufenthalt** hat der Schädiger zu übernehmen. Häusliche **Ersparnisse** sind dann in gewissem Sinn ähnlich wie beim stationären Krankenhausaufenthalt (Rn. 1751) abzuziehen, d. h. es ist bei einem Gesamtaufwand der Bedarf oberhalb der ohnehin anfallenden wirtschaftlichen Lasten zu ermitteln, Rn. 1866. Beim Forderungsübergang (Rn. 1982 ff.) stellen sich zu Ersparnissen von nicht berufstätigen Verletzten wegen einer Innenaufteilung des Ersatzanspruchs nicht die Fragen, die zum Gesundheitsschaden erörtert sind (Rn. 1751 ff.), weil es innerhalb einer Anspruchsart (Schadensgruppe) lediglich um den ersatzfähigen und dann aufzuteilenden Anspruch wegen des wirklichen Mehrbedarfs geht. **1906**

Zu Ersparnissen ist der reale Wert der Unterbringungsleistung und der Verpflegung maßgebend. D. h. es kommt auf die Qualität an, die der Verletzte im Heim tatsächlich erhält, und nicht darauf, welche hypothetischen Wohnungs- und Verpflegungskosten dem Verletzten bei einer durchschnittlichen oder gar überdurchschnittlichen Lebensführung ohne das schädigende Ereignis entstanden wären (sein könnten).[185] Denn die Einschränkung bei der Wohnqualität beruht jedenfalls auf einem überobligatorischen, vom Schädiger aufgezwungenen Verzicht. **1907**

Effektive Aufwendungen können wegen der Kosten für den Aufenthalt in einem **Tagespflegeheim** und zusätzlich wegen einer **Hilfe im Haushalt** zu erstatten sein. Der Schadensersatzanspruch des Schwerstbehinderten ist bei Betreuung in einer Tagesstätte konkret nach den auf einer Mischkal- **1908**

---

183 Von der Schädigerseite nicht zu ersetzende „normale" Bedürfnisse eines verletzungsbedingt in einem Pflegeheim untergebrachten Kindes schätzt *OLG München* NJW-RR 2007, 653 pauschal in Höhe des Mindestunterhaltsbedarfs.
184 Vgl. *Budel* in ZfS 1998, 81.
185 *OLG Hamm* NZV 2001, 473 = OLGR 2001, 331 = DAR 2001, 507.

kulation beruhenden Pflegesätzen abzurechnen. Es ist nicht notwendig, nach Leichtbehinderten und Schwerstbehinderten zu differenzieren.[186]

1909 Es ist dem Verletzten nicht zuzumuten, sich in einer stationären Einrichtung versorgen zu lassen, wenn er dies nicht möchte.[187] So wurden einer älteren Frau auch neben den Kosten für das Tagespflegeheim unter Abzug einer häuslichen Ersparnis von (nur) 7,00 DM täglich weitere Kosten in Höhe von 600,00 DM für eine Haushaltshilfe zur Betreuung abends, an den Wochenenden und an Feiertagen zugesprochen.[188] Denn die u. U. gegenüber dem Tagespflegeheim und/oder der Hilfe zu Hause kostengünstigere Unterbringung in einem Altenpflegeheim ist der Betroffenen gegen ihren Willen nach Maßgabe des § 254 Abs. 2 BGB nicht zuzumuten gewesen. Nicht ersatzfähig sind jedoch Kosten, die in keinem vertretbaren Verhältnis mehr zur Qualität der Versorgung des Verletzten stehen. Umgekehrt wird es die wirklich zumutbare, angemessene, unschwer mögliche und gesicherte Hilfe, Pflege und Betreuung zu Hause der verletzten Person verwehren, den Schädiger auf Erstattung einer deutlich kostenintensiveren stationären Pflege in Anspruch zu nehmen.

1910 Der Vater des pflegebedürftigen Kindes vermag einen **vertragsrechtlichen** Schadensersatzanspruch zu seinem **Verdienstausfall** durchzusetzen, wenn er seinen Beruf aufgibt, um sich seinem in Folge des schuldhaften Behandlungsfehlers pflegebedürftigen Kind zuzuwenden und die notwendige Pflege zu leisten.[189] Der Verdienstausfall bei Berufsaufgabe, um ein schwer behindertes Kind zu betreuen, kann jedoch nicht geltend gemacht werden, wenn und weil ein solcher Anspruchsinhalt nicht in den Schutzzweck des Behandlungsvertrags einbezogen ist bzw. es am Zurechnungszusammenhang fehlt wie bei der Schwangerschaftsunterbrechung oder Sterilisation in Bezug auf das erwartungswidrig geborene Kind.[190] Denn der fehlerhaft behandelnde Arzt hat die Eltern nur von den wirtschaftlichen Belastungen zu „befreien", die aus der von ihm zu verantwortenden Geburt eines Kindes hergeleitet werden und für die Existenzsicherung des Kindes erforderlich sind. Dazu zählt – wie der *BGH* meint – nicht der mittelbar verursachte Nachteil, zu dem häufig „auch kaum festzustellen sein wird, inwieweit die Unterlassung einer Erwerbstätigkeit von den Umständen her geboten ist oder von einer freien Willensentschließung der Eltern abhängt". Die Betreuungsleistungen sind deshalb ausschließlich unter dem „Blickpunkt des durch die Schädigung des Kindes bedingten Mehraufwandes" zu berücksichtigen. Insofern kann es um wirtschaftliche Belastungen gehen, die als schadensbedingter Mehrbedarf erstattungsfähig sein können.

1911 Bei **deliktischer Haftungsbasis** ist nach der hier vertretenen Ansicht der **Verdienstausfall des Angehörigen**, der die erforderliche Pflege übernimmt, ebenso im Wege der konkreten Abrechnung zu regulieren, wie es bei Übernahme der erforderlichen Hausarbeit der Fall sein kann. Das Prinzip der Verhältnismäßigkeit setzt nur bei exorbitanten Missverhältnissen Grenzen der Erstattungsfähigkeit.

1912 Gibt bei fremd verursachter Schädigung ein Ehepartner die zuvor ausgeübte Halbtagstätigkeit auf, um dem verletzten Ehegatten beim An- und Auskleiden sowie der Fortbewegung ständig helfen zu können, kann deshalb der **bisherige** eigene **Verdienst** der Pflegeperson Anhalt zur Feststellung des subjektbezogenen Vermögenswerts der tatsächlichen (Pflege-) Dienste sein, z. B. bei 1.061 € im Monat.[191] So kann es sich verhalten, wenn der pflegende Vater sich – nun – ausschließlich um seinen schwerverletzten Sohn kümmert.[192] Dies gilt bei Beurlaubung unter Wegfall der Bezüge[193] wegen der Pflege rund um die Uhr insbesondere dann, wenn sich sogar ein kostengünstigerer

---

186 *LG Oldenburg* VersR 2009, 367.
187 *OLG Koblenz* VersR 2002, 244 = DAR 2001, 364 m. *BGH* NA-Beschl. v. 24.4.2001, VI ZR 357/00.
188 *OLG Köln* VersR 1988, 61 = FamRZ 1989, 178 = MDR 1989, 160.
189 *OLG Frankfurt* VersR 1994, 942 (Beurlaubung als Beamter).
190 *BGH* NJW 1997, 1638 = VersR 1997, 698.
191 *OLG Frankfurt* ZfS 1990, 5.
192 *OLG Bamberg* VersR 2005, 1593.
193 *OLG Frankfurt* VersR 1994, 942.

Weg gegenüber der Beschäftigung familienfremder Pflegekräfte (mehr als 9.120,00 DM bzw. 4.560 €) zeigt. Bei dem Vater, dessen Einsatz angesichts der erforderlichen Intensivförderung des Kindes wegen der familiären Bindung, der erhöhten Motivation und der zeitlichen Flexibilität besonders geeignet erscheint, ist der Ersatz des Verdienstausfalls nicht auf die Kosten einer familienfremden (externen) Kraft zu begrenzen, die 2 Std/Tag tätig ist.[194]

Für das Kind, das wegen eines ärztlichen Fehlers in den ersten 20 Minuten nach der Geburt dauernd pflegebedürftig wird, stellt jedoch das *OLG Koblenz*[195] bei der Mutter, die ihren Beruf aufgibt und das Kind pflegt, über den Lohn einer Pflegehelferin auf den Marktwert der Pflegeleistung ab. **1913**

Wegen der Rentenversicherungspflicht nicht erwerbsmäßiger Pflegepersonen bei der Pflege in der häuslichen Umgebung mit Anspruch auf Leistungen aus der Pflegeversicherung unter einem Einsatz von wenigstens 14 Stunden wöchentlich ist zusätzlich jedenfalls die Belastung mit den **Rentenversicherungsbeiträgen** Teil des der Schadensbehebung dienenden Aufwands: Zunächst ist die Frage, ob der Träger einer Pflegeversicherung vom Schädiger Ausgleich für (Renten-) Versicherungsbeiträge verlangen kann, die wegen der Alterssicherung der unentgeltlich tätigen Pflegeperson anfallen (§ 44 SGB XI), unterschiedlich beantwortet worden. Nach Ansicht des *BGH*[196] stellen die Rentenversicherungsbeiträge für die Pflegeperson den ersatzpflichtigen Schaden dar, zu dem der Ersatzanspruch der verletzten Person gem. § 116 Abs. 1 SGB X auf die Pflegekasse übergeht. Diese Rechtsfolge zeigt sich zusätzlich zu dem das Pflegegeld betreffenden Rechtsübergang und unabhängig von dem der verletzten Person zustehenden Ersatzanspruch für die Tätigkeit der Pflegeperson. **1914**

Die verletzte Person selbst hat keinen durchsetzbaren Anspruch auf **Versicherungsbeiträge für die Pflegeperson**.[197] Sie kann bei der unentgeltlichen Tätigkeit von Angehörigen – bisher, Rn. 1940 – den Wert der Pflegeleistung nicht nach Bruttoaufwendungen (einschließlich aller Arbeitgeber- und Arbeitnehmeranteile für soziale Sicherungssysteme, Sozialversicherungen) abrechnen. Im Einzelfall sind aber Aufwendungen für eine Versicherung, insbesondere eine Alters- und Krankenvorsorge der pflegenden Person erstattungsfähig und zwar wie bei hauswirtschaftlicher Hilfe, wenn die helfende Person eine Arbeitsstelle aufgibt, dies zu einer angemessenen Lösung führt und der Gesamtaufwand ebenfalls angemessen ist. Wird die Person verletzt, die unentgeltlich Pflege geleistet hat und weiterhin leisten wollte, verhält es sich anders. Sie hat Anspruch auf Ausgleich des Erwerbsnachteils, der bei unentgeltlichen Leistungen für akzeptabel gehalten wird. **1915**

Begleit-, **Zusatzkosten**, Besuchskosten[198] wie zur Heilbehandlung können gesondert zu ersetzen sein, s. Rn. 1768 ff. **1916**

b) Pauschalierter Aufwand (insbesondere bei häuslicher Pflege)

Die **unentgeltlich geleistete**, erforderliche (häusliche) **Pflege** seitens der Angehörigen oder eines Ehepartners ist Schadensabhilfe. Die unentgeltliche Hilfe versucht nicht anders als die entgeltliche Hilfe, die Lage zu schaffen, die der Situation ohne das haftungsbegründende Ereignis soweit als möglich entspricht, in gewisser Hinsicht noch gleichwertig ist. **1917**

Die nach der Disposition eines verständigen Menschen in der besonderen Lage der verletzten Person einzuschätzende zusätzliche **zeitliche Belastung** der betreuenden Person stellt als Mehraufwand über den allgemeinen Lebensbedarf hinaus den **Bedarfsschaden** der verletzten Person dar. **1918**

Der Vermögenswert der Pflegeleistung ist objektivierbar. Die freiwillig übernommene Pflege formt die Möglichkeiten der leistenden Pflegeperson aus, ihre Arbeitskraft einzusetzen bzw. tritt die unentgeltliche Abhilfe an die Stelle einer sonst entgeltlich auszuführenden Leistung. **1919**

---

194 *OLG Bamberg* VersR 2005, 1593.
195 VersR 1992, 612.
196 VersR 1999, 252 = NJW 1999, 421 = DAR 1999, 111 nach *LG Hannover* VersR 1998, 255.
197 Zur sozialen Sicherung häuslicher Pflegepersonen *Leube* in SGb 1998, 97 ff.; zum Unfallversicherungsschutz *ders.* in NZS 1995, 343.
198 *OLG Bremen* FamRZ 2001, 1300.

Vermehrte Bedürfnisse (Mehrbedarfsschaden)

1920 Der *BGH* betont: Es sei nicht möglich, soweit wie möglich einen dem früheren möglichst gleichwertigen Zustand herzustellen, Rn. 1848. Deshalb – so der *BGH*[199] weiter – habe der Schädiger dafür zu sorgen, dass die materielle Lebensqualität des Betroffenen nicht unter den früheren Standard sinkt. Z. B. bei der Betroffenheit des Säuglings hilft dies freilich nicht, einen Vergleichsstandard zu finden.

1921 Zur Beseitigung unfallbedingter Defizite des individuellen Lebenszuschnitts darf nach der hier vertretenen Ansicht stets die Erforderlichkeit i. S. d. § 249 BGB (Rn. 478 ff; 1848) nicht übergangen werden. Dies bedeutet, dass die Minderung der Lebensführung nur in einem objektiviert gesehen angemessenen, typisierten Umfang als Vermögensschaden ausgleichsfähig ist. Der verletzte Ehe- oder Lebenspartner sollte m.a.W. unter marktgerechter Bewertung der unfallbedingt zusätzlichen Leistung einen Geldausgleich zu der nach den individuellen Lebensverhältnissen erforderlichen Eigenversorgung, d. h. dem nach den konkreten Lebensumständen objektiv notwendigen Zeitmehrbedarf erhalten.

Erfassung des Marktwerts eines unentgeltlichen Einsatzes

1922 Die Pflege-(mehr-)leistung ist also im **Rahmen** des **Angemessenen** unter marktgerechter Bewertung vom Schädiger auszugleichen. Über die Höhe des zu ersetzenden Aufwands darf auf die Wahl der Lebensgestaltung nur Einfluss ausgeübt werden, wenn der Aufwand in keinem vertretbaren Verhältnis mehr zur Qualität der Versorgung des Verletzten steht.[200] Für nicht ersatzfähig erklärt *OLG Koblenz*[201] einen Aufwand bzw. Kosten, die in keinem vertretbaren Verhältnis zur Qualität der Versorgung des Geschädigten stehen.

1923 Nach üblicher Berechnungspraxis wird der „Marktwert" unentgeltlicher familiärer Hilfen und damit der Schadensersatzanspruch der Höhe nach über folgende Kurzformel bestimmt:

Vermögenswerter Zeitaufwand – z. B. Zeit der erforderlichen Pflege einer verletzten Person (Rn. 1926 ff.), aber auch Zeit der geplanten, vereitelten Arbeit im Haushalt (Rn. 2441 ff.) – × leistungsorientierter Geldwert als „marktübliche Nettokosten".[202]

1924 Eine angemessene Restitution und Schadenskompensation verfehlt das *OLG Stuttgart*[203], das bei verletzungsbedingt zusätzlichen Kosten für sonntägliche Ausfahrten eines kleinen Kindes allein auf ein Schmerzensgeld abstellt. Solche Ausfahrten sind Erwerbsarbeiten ähnlich, z. B. mit entgeltlichen Betreuungsarbeiten bei körperlich oder geistig schwerbehinderten Personen zu vergleichen. Als von der Verletzung abhängige Betätigung ist eine solche Arbeitsleistung als zusätzlich notwendige Betreuung Mehrbedarfsschaden aber nur dann, wenn sie sich in der Vermögenssphäre niederschlägt und über die z. B. den Eltern ohnehin obliegende Zuwendung (beachte Rn. 1788) hinausgeht. Bei einer Schwerstbehinderung kann der Aufwand für Unterkunft und ambulante Versorgung in einer Wohnung zum Ausgleich gestellt werden, wobei der volljährig gewordene Verletzte Anspruch auf Kosten der angemessenen Pflege in der bisherigen Umgebung auch dann hat, wenn Pflegekosten in einer stationären Einrichtung geringer wären.[204] Wer zum Vollzeitpflegefall wird, hat grundsätzlich Anspruch auf Ersatz von Kosten der angemessenen Pflege in vertrauten Lebensumständen. Ihm ist es nicht von vornherein zuzumuten, sich in einer stationären Einrichtung versorgen zu lassen, nur weil dies kostengünstiger wäre.[205]

---

199 VersR 2004, 482 = NJW-RR 2004, 671.
200 Besonders instruktiv *OLG Bremen* VersR 1999, 1030–1032 = NJW-RR 1999, 1115; *BGH* NA-Beschl. v. 24.11.1998.
201 VersR 2002, 244 = VRS 100, 423.
202 *OLGR Stuttgart* 2006, 888 formuliert dabei, dass die Orientierung an den Kosten einer Fremdpflegekraft nicht zur „vollständigen Berücksichtigung aller Beaufsichtigungszeiten" zwinge.
203 VersR 1977, 846, 847.
204 Besonders instruktiv *OLG Bremen* VersR 1999, 1030 = NJW-RR 1999, 1115; *BGH* NA-Beschl. v. 24.11.1998.
205 *OLG Koblenz* VersR 2002, 244 = VRS 100, 423.

Das Gesetz über die Pflegezeit (Pflegezeitgesetz – PflegeZG, Art. 3 des Gesetzes zur strukturellen Weiterentwicklung der Pflegeversicherung vom 28.5.2008[206]) sieht zur Pflege durch Angehörige eine kurzzeitige Arbeitsfreistellung bis zu 10 Arbeitstagen und den Anspruch auf unbezahlte Freistellung von der Arbeit für die Dauer von 6 Monaten mit Rückkehrmöglichkeit (Pflegezeit) vor, freilich nur bei Betrieben mit mehr als 15 Beschäftigten. Den Schädiger entlastet dies nicht.

aa) Zeitansatz: Pflege-, Zeitbedarf

Leitlinie für die Bewertung des Ersatzbetrags sollte die „Vertretbarkeit der Auswahlentscheidung" des Verletzten bei gewisser Objektivierung, aber in enger Bindung an die subjektive Lage sein. Welches Betreuungs- und Förderungskonzept für die individuelle Lebensgestaltung überzeugender ist, kann nur der Betroffene oder der für ihn Handelnde bestimmen, nicht die Schädigerseite und auch nicht ein Haftungsrichter.

Der Zeitfaktor zum personellen Pflegemehrbedarf erstreckt sich auf die

- nach dem Bedarf der verletzten Person zu bestimmende, berücksichtigungsfähige, altersentsprechende Pflegeaufwandszeit (ggfs. mit Tag- und Nachtpflege) als durchschnittliche Betreuungszeit angesichts des konkreten behinderungsbedingten Mehraufwands im Vergleich zur Versorgung einer gesunden Person), Rn. 1935 ff.

zuzüglich

- ggfs. der Zeiten von Organisation und Koordination der Pflege, u. U. anders als die Betreuung i. S. d. § 1896 BGB, vgl. in Rn. 1951.

zuzüglich

- der Hälfte der Zeit einer Beaufsichtigung oder jedenfalls die Hälfte der Zeit reiner Einsatzbereitschaft, wenn solche Zeiten nicht durch einen geringeren Entgeltwert erfasst werden, vgl. Rn. 1946.

Oder:

Berücksichtigung der Pflegeaufwandszeit und Berücksichtigung von Bereitschaftszeiten durch pauschalen Zuschlag von z. B. 10% auf den zunächst nur zur Pflegezeit i.e.S. (über Zeit × Geldwert) errechneten Betrag.

Außer Ansatz bleiben

- Zeiten einer Zuwendung als emotionaler Beteiligung, Beruhigung oder Unterstützung bzw. die dementsprechende Belastung des Familienlebens, weil es dazu nach herrschendem Verständnis am Vermögenswert fehlt.

Tipp Für den Ausgleich des Pflegeaufwands bei familiärer Schadensabhilfe ist eine Feinaufgliederung des Zeiteinsatzes zu empfehlen. Die Betreuungsleistungen sind zu schildern. Aufzeichnungen zum Tagesablauf nach dem Haftungsereignis geben Anhaltspunkte dafür, den Zeitaufwand zur Pflege (die Zeit, die wegen der Behinderung erforderlich ist) als **notwendigen Betreuungs(mehr)aufwand** herauszufiltern.

---

206 S. dazu u. a. *Igl* in NJW 2008, 2214.

1929 Anders als zum Pflegeaufwand i. S. d. Pflegeversicherung gibt es zum Hilfebedarf bei der Grundpflege schadensrechtlich kein gesetzliches Mindestmaß, z. B. von mehr als 45 Minuten im Tagesdurchschnitt. Es kann schadensrechtlich auch nicht darauf ankommen, ob Verrichtungen seltener als regelmäßig mindestens 1x/Woche anfallen. Auch in solchen Fällen ist die Beeinträchtigung nicht grundsätzlich und von vornherein als Pflegeaufwand bzw. –bedarf unberücksichtigt zu lassen. Für jede Belastung gilt aber zur Regulierung eines Personenschadens und dem Ausgleich von wirtschaftlichen Folgelasten das Prinzip der Geringfügigkeit. Die nur geringfügig erforderliche (unentgeltlich gewährte) Unterstützung führt (normativ) nicht zu einem Vermögensfolgeschaden.

1930 Die geistig-seelische Zuwendung ist keine vergütungsfähige Arbeitsleistung.[207] Die besonders liebevolle Aufmerksamkeit und Zuwendung, die den Zeitaufwand erhöht, bleibt schadensrechtlich ohne Belang.[208]

1931 Ob schadensrechtlich der Pflegebedarf im häuslichen Umfeld auf die elementare Lebensführung, also das, was zur Aufrechterhaltung der Lebensführung zu Hause unumgänglich ist, zurückgeführt werden darf, ist eher zweifelhaft und abzulehnen. Pflegeversicherungsrechtliche Aspekte geben darüber keinen Aufschluss. Sie haben ein anderes Grundanliegen und stehen in einem anderen Bezugssystem als Schädiger und Verletzter.

1932 Den Aufwand für die Begleitung des **Gehbehinderten** bei täglichen Spaziergängen, die der Betroffene wählt, die er schon zuvor ständig unternommen hat oder die ihm ärztlich empfohlen sind, hat der Schädiger zu tragen – ganz unabhängig von Entschließungen zum Pflegebedarf und einer Pflegekasse.

1933 Der im Rahmen der **Religionsausübung** anfallende Hilfebedarf ist, wie der Bedarf in den Lebensbereichen Bildung, Erholung, Kommunikation, Unterhaltung, aus dem Leistungsgewährungsrecht der Pflegeversicherung ausgeklammert.[209] Schadensrechtlich ist dies anders zu beurteilen. Die unbehinderte, ungestörte Ausübung einer Religion und die dazu gehörenden religiösen Betätigungen „rechnen" zum Schutzumfang der Lebensbereiche und des Lebenskreises der verletzten Person.

1934 Zeitansätze zur Pflege:

Zeitbedarf täglich	Fundstelle	Besonderheiten
2 Std/Tag	*OLG Stuttgart* VersR 1977, 1038	Gelähmte Frau, Beeinträchtigung der Ausscheidungsfunktionen.
3 Std/Tag	*OLG Köln* VersR 1992, 506 = VRS 82, 1 Vorinstanz *LG Köln* VersR 1992, 330	Student, Beeinträchtigung der Ausscheidungsfunktionen, Hilfe beim An- und Auskleiden, besondere tägliche Zuwendung wegen psychischer Belastung nötig.
3 Std/Tag	*OLG Düsseldorf* VersR 2003, 1407	Durchschnittlicher Ansatz für pflegerischen und betreuerischen Mehraufwand bei vorrangig geistiger Behinderung (1. bis 4. Lebensjahr täglich 100 Minuten, dann täglich 90 Minuten Pflegebedarf zzgl. Einsatzbereitschaft mit Beaufsichtigungsaufgaben, weil nicht ausreichendes Gefahrenbewusstsein).

---

207 *BGH* NJW 1986, 984 = VersR 1986, 391 = ZfS 1986, 170 = DAR 1986, 116.
208 *OLG Düsseldorf* NJW-RR 2002, 869 m. *BGH* NA-Beschl. v. 30.10.2001.
209 So jedenfalls *SG Dortmund* ZfF 2007, 89.

Pflege 4

5 Std/Tag	*OLG Nürnberg* VersR 1986, 173 im Ergebnis nicht beanstandet durch *BGH* VersR 1986, 174	Volljähriger Sohn im Haushalt der Eltern; ständige Anwesenheit Bezugsperson erforderlich; unfallbedingte Wesensänderung dauernde körperliche und seelische Behinderung, 100% Erwerbsunfähigkeit.
6 Std/Tag	*OLG Hamm* NJW-RR 1994, 415 = ZfS 1993, 333 OLGR Hamm 1992, 65	Querschnittslähmung des 4-Jährigen,
6 Std/Tag		im 2. und 3. Lebensjahr geburtsgeschädigtes Kind, spastische infantile Parese,
8 Std/Tag		im 4. bis 6. Lebensjahr, schwere Entwicklungsstörung,
10 Std/Tag		im 7., 8. Lebensjahr im geistigen und motorischen Bereich.
7 Std/Tag	*LG Hanau* ZfS 1994, 443, 445	Hilfe für Ehegatten beim An-, Auskleiden, bei der Körperpflege, den Toilettengängen, der Zubereitung der Nahrung.
8 Std/Tag	*LG Detmold* NZV 2004, 198	Schwerste Hirnverletzung, Tetraplegie; Betroffenheit als 19-Jähriger.
8,75 Std/Tag	*OLG Düsseldorf* NJW-RR 2003, 90	Ständige Überwachung, Rufbereitschaft (Säugling).
10 Std/Tag	*OLG Hamm* NJW 1998, 1800	Undine-Fluch-Syndrom, Koordinations-, psychointellektuelle Leistungsstörungen; Behandlungsfehler bei Geburtsleitung.
Zeitraum/Tag		
7:00 bis 21:00	*OLG München* NZV 1989, 471= *BGH* NA-Beschl. v. 13.6.1989	Anwesenheit und Mithilfe der Ehefrau im Krankenhaus. Therapiezeit 3/4 Std/Tag; i. d. R. dreimaliges Umbetten in der Nacht; vor dem Unfall 3 Stunden täglich Tätigkeiten für den Ehemann.
Zeitbedarf wöchentlich		
13,5 Std/ Woche	*OLG Karlsruhe* NJOZ 2005, 2853	Bewegungsstörung des rechten Arms krankengymnastische Behandlung bzw. Hilfe.
Zeitbedarf monatlich		
55 Std/Monat	*OLG Hamm* DAR 1994, 496 = NZV 1995, 318	Während des Aufenthalts in einem Reha-Zentrum Zeiten der häuslichen Betreuung des 5-Jährigen an den Wochenenden und Feiertagen sowie während der Ferien.

Ermittlung des Pflegebedarfs als durchschnittliche zusätzliche Belastung

Eine Berechnungsmöglichkeit zur Erfassung des zeitlichen (personellen) Pflegebedarfs besteht darin, pflegerische Hilfen (als Grundpflege bzw. konkreten Bedarf, der durch Hilfs-, Pflegepersonen gedeckt werden muss, ggfs. getrennt nach Schultagen und anderen Tagen) zu erfassen, weitere individuelle, personenbezogene erforderliche Hilfezeiten (für Betreuung und Pflege) zu ermitteln und die Zeiten für die hauswirtschaftliche Versorgung oder sonstige Unterstützung hinzuzurechnen. Im Einzelnen sind die erforderlichen Leistungen und Hilfen nach Zeitabschnitt und Einzelverrichtung näher aufzuschlüsseln.

1935

Vermehrte Bedürfnisse (Mehrbedarfsschaden)

1936 **Berechnungsvorschlag und -beispiel:**

Zeitraum vom .... bis	Geleisteter Aufwand (Bedarf)	im betroffenen Zeitraum an	Berücksichtigungsfähige Zeit
Tag- und Nachtpflege als behinderungsbedingter Betreuungs-, Pflegemehraufwand (gegenüber der Versorgung gesunder gleichartiger Kinder) durchschnittlich	3,00 Std/Tag	179 Tage	537,00 Std
weitere pflegerische Hilfe	3,00 Std/Tag		0,00 Std
Zeiten der Organisation und Koordinierung der Pflege	1,00 Std/Tag	3 Tage	3,00 Std
Einsatzbereitschaft (Beaufsichtigungsaufgaben)	1,00 Std/Tag	1 Tage	1,00 Std
Betreuung, Begleitung (Hauswirtschaft)	4,00 Std/Tag		0,00 Std
Sonstiges	4,00 Std/Tag	1 Tage	4,00 Std
berücksichtigungsfähige Gesamtstundenzahl			545,00 Std
Korrekturen, Zeitersparnisse als Abzugsposten	1,00 Std/Tag	1 Tage	1,00 Std
Ausgleichsfähiger Zeitrahmen im betroffenen Zeitraum			544,00 Std

ODER

Wöchentlicher Pflegebedarf

Tag- und Nachtpflege als behinderungsbedingter Betreuungs-, Pflegemehraufwand (gegenüber der Versorgung gesunder gleichartiger Kinder) durchschnittlich	3,00 Std/Tag	5 Tage/Wo	15,00 Std/Wo
weitere pflegerische Hilfe	3,00 Std/Tag	5 Tage/Wo	15,00 Std/Wo
Zeiten der Organisation und Koordinierung der Pflege	1,00 Std/Tag	5 Tage/Wo	5,00 Std/Wo
Einsatzbereitschaft (Beaufsichtigungsaufgaben)	1,00 Std/Tag	5 Tage/Wo	5,00 Std/Wo
Betreuung, Begleitung (Hauswirtschaft)	4,00 Std/Tag	5 Tage/Wo	20,00 Std/Wo
Sonstiges	4,00 Std/Tag	5 Tage/Wo	20,00 Std/Wo
berücksichtigungsfähige Gesamtstundenzahl			80,00 Std/Wo
Korrekturen, Zeitersparnisse als Abzugsposten	1,00 Std/Tag	5 Tage/Wo	5,00 Std/Wo
Ausgleichsfähige Zeit bei Abrechnung über Wochen			75,00 Std/Wo

Pflege 4

Monatlicher Pflegebedarf	ODER Zahl Betreuer		
Pflegeleistung z. B. Morgen-, Abendpflege (Aufstehen und Zubettgehen), Zusammenwirken mehrerer Personen erforderlich[210]	2	65,00 Min/Tag	2,17 Std/Tag
weitere Pflege	1	850,00 Min/Tag	14,17 Std/Tag
hauswirtschaftliche Verrichtungen	1	60,00 Min/Tag	1,00 Std/Tag
Sonstiges	1	60,00 Min/Tag	1,00 Std/Tag
Pflegeaufwand gesamt – täglich			18,33 Std/Tag
monatlich (pauschalierend zur Berechnung einer Rente)	30,40 Tage/ Monat	Ausgleichsfähig über einen Monatswert:	557,33 Std/ Monat

Weitere Berechnungsvorschläge – Differenzmethode zur Ermittlung abrechnungsfähiger Pflegezeiten: Gesamtzeiten und Zeitkorrekturen

Beispiel 1[211]

Pflegezeit/Tag		24,00 Std/Tag
Zeitbedarf für Pflege und Betreuung (Nahrung, Körperpflege, Beruhigung; Behandlungspflege, auch Behandlung außer Haus)		10,50 Std/Tag
Vorbelastung (z. B. erblich bedingte Mukoviscidose)	abzgl.	0,75 Std/Tag
Pflegebedarf eines **gesunden Kindes** im vergleichbaren Alter	abzgl.	2,00 Std/Tag
anrechnungsfähiger Bedarf als vermehrte Bedürfnisse		7,75 Std/Tag
Aufenthaltszeit in Heilpädagogischer Einrichtung, als **zeitweilige Unterbrechung des Pflegeaufwands** wegen Fremdbetreuung jedoch angesichts krankheitsbedingt häufiger Ausfallzeiten, in denen häusliche Pflege anfällt, durchschnittlich	als Abzug berücksichtigungsfähig von der Gesamtzeit (z. B. 50%) mit	1,00 Std/Tag
verbleibende Zeit		6,75 Std/Tag
Zzgl. Einsatzbereitschaft einer Pflegeperson		17,25 Std/Tag
davon abrechnungsfähig		2,00 Std/Tag
berücksichtigungsfähige (Gesamt-) Zeit		8,75 Std/Tag

1937

---

210 Beispiel nach *OLG Bremen* NJW-RR 1999, 1115.
211 Beispiel nach *OLG Düsseldorf* NJW-RR 2003, 90.

Beispiel 2

		ODER	
Betreuungs-, Pflegeaufwand (-zeit)	7,50 Std/Schultag	7,00 Std/andere Tage	
Einsatzbereitschaft (Bereitschaftszeit)	2,00 Std/Schultag	8,00 Std/andere Tage	
berücksichtigungsfähige Pflegeaufwandszeit	8,50 Std/Schultag	11,00 Std/andere Tage	
auf ein bestimmtes Jahr bezogene Schultage	190 Schultage	175 andere Tage	
Pflege durch andere Personen	3 Schultage	0 andere Tage	
berücksichtigungsfähige Tage	187 Schultage	175 andere Tage	
Gesamtstunden im Jahr	1589,50 Stunden	1925,00 Stunden	3514,50 Std/Jahr
Fremdleistungen			577,50 Std/Jahr
abrechnungsfähige Mehraufwandszeit			2937,00 Std/Jahr

Beispiel 3[212]

		ODER
Abrechnungszeitraum	vom	01.01.2006
	bis	26.05.2007
	mit	510,00 Tage
Aufenthalte an anderer Stelle (z. B. in Kindertagesstätte) oder Hilfen während des Abrechnungszeitraums an		**219 Tage**
zur Abrechnung in Geld verbleibende, zu berücksichtigende		291 Tage
anrechnungsfähiger Pflege-, **Zeitbedarf** als vermehrte Bedürfnisse in Form eines vergütungspflichtigen Zeitaufwands – durchschnittlich („angemessen") als zusammengerechnete Betreuungszeit		6,00 Std/Tag
Gesamtstunden		3.060,00 Stunden
Ersparte Zeit, zeitliche Entlastung, z. B. Entlastung durch Besuch Kindertagesstätte von 7:00 bis Nachmittag – durchschnittlich		160,00 Min/Tag
zeitliche Hilfe (gering, wenn zentrale Aufgaben nicht abgenommen werden – mittel – hoch)		0,00 Min/Tag
Entlastung für		2,67 Std/Tag
Gesamtzeit der Entlastung		584,00 Stunden

---

212 Beispiel nach *OLG Hamm* NJW-RR 1994, 415 = NZV 1994, 68 = ZfS 1993, 333 (4-jähriger Querschnittslähmung mit Schädelhirntrauma).

abrechnungsfähig während der Dauer der Entlastung oder Hilfe verbleibender personeller Pflegemehrbedarf	3,33 Std/Tag
verbleibende abrechnungsfähige Zeit während der Entlastung	730,00 Stunden
Abrechnungsfähige Zeit während der vollen Betreuung	1.746,00 Stunden
Abrechnungsfähiger Zeitaufwand insgesamt	2.476,00 Stunden

Die Onlineversion ermöglicht entsprechende eigene Berechnungen zum Pflegezeitaufwand pro Tag, für bzw. während eines Zeitraums, pro Woche, pro Monat oder pro Jahr. 1938

bb) Wertansatz: Geldwert

Mit der Klage auf Ersatz eines Pflegemehraufwandes wird zu künftigen Leistungen nicht die Zahlung einer den künftigen Aufwand abdeckenden Geldsumme verlangt, sondern auf künftige Rentenleistung wegen des (durchschnittlichen, prognostizierten, als wahrscheinlich angenommenen) Pflegebedarfs geklagt. 1939

Der *BGH* hat früher[213] formuliert, dass bei der Sicherstellung der Pflege in der Familie die zusätzliche Mühewaltung angemessen auszugleichen, aber nicht auf die Kosten einer fremden Pflegekraft abzustellen ist. Dies war von dem Gedanken bestimmt, die Pflege in der Hausgemeinschaft sei weniger aufwändig und anstrengend bzw. beschwerlich als die Arbeit einer Pflegekraft. Dieser Gedanke trägt aber gerade in den Fällen schwerer Behinderung (bei Geburtsschäden oder nach Verkehrsunfällen) nicht mehr. Nun ist der Wert der von den Familienangehörigen erbrachten, erforderlichen Pflegedienste bei unentgeltlicher Schadensabhilfe mit objektivierbarem Vermögenswert als normativer Schaden zu verstehen. 1940

Die für die konkreten Leistungen erforderlichen Kenntnisse, das Anforderungs- und Leistungsprofil, die konkret vorzunehmenden Tätigkeiten und gem. § 287 ZPO das Erfahrungswissen eines erkennenden Gerichts bestimmen die Höhe des Ersatzwertes. Das *OLG Stuttgart*[214] bezeichnet die Heranziehung pauschaler Stundensätze als willkürlich und meint, solche Stundensätze würden i.d.R. dem Erfordernis der möglichst konkreten und an den tatsächlichen Verhältnissen ausgerichteten Schadensermittlung nicht ausreichend Rechnung tragen. Vorzuziehen sei deshalb die Orientierung an den Vergütungssätzen der Tarifbestimmungen. Insofern kam es früher häufig zur Anlehnung an BAT VII. Bei relativ geringen Qualifikationsanforderungen hat man Abzüge für richtig gehalten. Von Zuschlägen war dagegen zur häuslichen Pflege „rund um die Uhr" gesprochen worden und bei Anforderungen, die als über den gewerblichen Bereich bei Eingruppierung nach BAT VII hinausgehend empfunden worden sind. Das *OLG Stuttgart*[214] stellt – insofern überzeugend – nun jedoch heraus, dass es auf den Tätigkeitsschwerpunkt ankommt. Einschlägig waren schon immer nicht entweder die Maßstäbe des BAT (s. auch Rn. 2647 ff.) oder der höheren **Tarife für Pflegekräfte** (Kr), auch bei Tätigkeit eines Angehörigen als Pflegekraft.[215] Vielmehr kam es immer und kommt es auf den Vergütungssatz an, der auf den Leistungsbedarf abgestimmt ist, also zum Pflegebedarf auf das Entgelt von Pflegekräften, zu Hilfstätigkeiten, die ohne spezielles Fachwissen ausgeführt werden (können), dagegen auf einen anderen (geringeren) Geldansatz.[216] 1941

---

213 *BGH* VersR 1978, 149.
214 *OLGR Stuttgart* 2006, 888.
215 Treffend *LG Detmold* NZV 2004, 198.
216 Insofern treffend *OLG Karlsruhe* NJOZ 2005, 2853 VersR 2006, 515 = *OLGR Karlsruhe* 2005, 273 = GesR 2005, 263 (7,20 € mit einer Anlehnung an BAT VII).

Vermehrte Bedürfnisse (Mehrbedarfsschaden)

1942 Grundsätzlich ist der Höhe nach **mindestens** auf den **Nettolohn** einer vergleichbar entgeltlich eingesetzten, angestellten Hilfs-, Pflegekraft abzustellen. Ob bei der Pflege einer schwerstpflegebedürftigen Person mit besonderen Anforderungen an die Pflege die Kriterien zu innerfamiliären Lösungen eingreifen können, die die Beschränkung auf den Nettolohn tragen (Rn. 2655), oder die Tätigkeit eines Familienmitglieds wirklich Abschläge von einer tariflichen Vergütung verlangt, hat der *BGH* im Urteil vom 10.11.1998[217] offen gelassen. Für die Erhöhung eines pauschalen Abschlags wegen „nicht angefallener Steuern und Sozialabgaben" von (bisher regelmäßig) 30% (gar auf 35%) sieht das *OLG Stuttgart* wegen bzw. trotz ständig gestiegener Abgabenlast „keinen Anlass".[218] Das *OLG Hamm* kommt wegen besonderer Erschwernisse der Pflege zu einem Zuschlag von z. B. 1/3[219] und gleicht so im Endeffekt den Abzug vom Bruttowert aus.

1943 Jedenfalls bei besonderen Pflegeanforderungen (Schwerstpflegebedürftigen) sollte schlicht eine Brutto-Pflegevergütung für maßgebend erachtet werden, wenn nicht bei familiärer Abhilfe nach den hier vorgeschlagenen speziellen Ansätzen abgerechnet wird.

1944 **Stundensätze:**

Betrag[220]	Fundstelle	Besonderheiten
4 €	*OLG München* NZV 1989, 471; *BGH* NA-Beschl. v. 13.6.1989	Einsatz der Ehefrau von 7:00 bis 21:00 Uhr täglich, auch nächtliche Hilfe; s. zudem Rn. 2715, 3306.
6 €	*LG Hanau* ZfS 1994, 443	Hilfen für Ehegatten.
6 €	*OLG Nürnberg* VersR 1986, 173; im Ergebnis nicht beanstandet durch *BGH* VersR 1986, 174	Im Haushalt der Eltern lebender volljähriger Sohn; ständige Anwesenheit einer Bezugsperson erforderlich; Wesensänderung, dauernde körperliche und seelische Behinderung; 100% Erwerbsunfähigkeit.
6 €	*OLG Koblenz* NJOZ 2002, 292 = VersR 2002, 244	Bereitschaftszeit bei pauschalierendem Zeitansatz.
6,58 €	*OLGR Hamm* 1992, 65	Zusätzliche elterliche Betreuung.
7,20 €	*OLG Karlsruhe* NJOZ 2005, 2853	Einfache Hilfe nach Anlernen.
7,50 €	*OLG Hamm* DAR 1994, 496 = NZV 1995, 318 (Anlehnung an BAT X, z.T. mit Überstundenvergütung); s. auch *OLG Hamm* NJW 1998, 1800	Pflege des Kindes mit hirnorganischem Psychosyndrom durch Mutter ohne spezielle pflegerische Kenntnisse und Fähigkeiten der Mutter möglich.
7,50 €	*OLG Düsseldorf* Urt. v. 15.8.1996 – 8 U 53/92; *BGH* NA-Beschl. v. 6.5.1997 – VI ZR 327/96	Für die Zeit bis 1994, – trotz des Blicks auf die Vergütungsgruppe Kr V mit einer Stundenvergütung von 21,31 DM –; ebenso *OLG Düsseldorf* NJW-RR 2002, 869 m. *BGH* NA-Beschl. v. 30.10.2001.
7,50 €	*OLG Hamm* NJW 1998, 1800	Undine-Fluch-Syndrom, Koordinations-, psychointellektuelle Leistungsstörungen.

---

217 *BGH* VersR 1999, 252 = NJW 1999, 421 = DAR 1999, 111.
218 *OLG Stuttgart* MedR 2006, 719 = *OLGR Stuttgart* 2006, 888.
219 *OLG Hamm* v. 24.6.1996, 3 U 164/95, *BGH* NA-Beschl. v. 28.1.1997 (Betreuung eines infolge Geburtsschadens schwerst behinderten Kindes, Aufwand von täglich 12 bis 13 Stunden, BAT VII).
220 Aus Vereinfachungsgründen ist 1 DM mit 0,50 Euro gleichgesetzt.

7,50 €	*OLG Bremen* VersR 1999, 1030; *BGH* NA-Beschl. v. 24.11.1998	Nachtbereitschaft bei schwerstmehrfachbehindertem Kind.
10 €	*OLG Köln* VersR 1992, 506 = VRS 82, 1, 4; Vorinstanz *LG Köln* VersR 1992, 330	Zivildienstleistender in Vorbereitung auf Medizinstudium erlitt Querschnittslähmung, 100% Erwerbsunfähigkeit, Rückkehr in Haushalt der Eltern, in dem ein Bruder lebte. Zusätzlich 7,50 €/Stunde für Reinigungsarbeiten.
10 €	*OLG Hamm* NJW-RR 1994, 415 = NZV 1994, 68	Pflege durch Mutter, Querschnittslähmung des 4-Jährigen, Schädelhirntrauma, spezielle Pflegekenntnisse erforderlich.
10 €	*OLG Bremen* VersR 1999, 1030; *BGH* NA-Beschl. v. 24.11.1998	Pflege und Versorgung eines schwerstmehrfachbehinderten Kindes, Organisation und Koordinierung der Pflege.
10 €	*OLG Koblenz* NJOZ 2002, 292 = VersR 2002, 244	Tätigkeit ungelernter Kraft genügt nicht, für Pflegearbeit teilweise anzulernen, erschwerender Umstand: Tätigkeit regelmäßig auch nachts zu erbringen.
10 €	*OLG Düsseldorf* VersR 2003, 1407	Unterschiedlich anfallender Pflegebedarf, pauschale Schätzung für 1991 bis 2002.
10 €	*OLG Zweibrücken* OLGR Zweibrücken 2003, 444	Einigkeit der Parteien zum Stundensatz. Indessen ist Schätzung geboten.
10 €	OLGR *Stuttgart* 2006, 888 = MedR 2006, 719	Einheitlicher Stundenlohn (von 10 € netto) ist zweifelhaft, weil die Annahme eines unveränderten Lohnniveaus (seit 1998) nicht der Realität entspricht.
11,60 €	*LG Detmold* NZV 2004, 198	Bemessungsgrundlage Kr. I orientiert an ungelernter Pflegekraft bei Pflegeaufwand von 8 Std/Tag.

Tipp In der Praxis wird bei der familiären (unentgeltlichen) Abhilfe, die real ist und wozu viele dann gleichwohl von fiktiver Abrechnung sprechen, nicht selten auf einen Stundensatz zwischen 7,50 € bis 10,00 € oder durchschnittlich auf 8,- €/Std abgestellt. Zugleich wird sogar zwischen der Hilfe bei der Hausarbeit und der Pflege nicht unterschieden. **1945**

Reine **Bereitschaftszeiten** können derzeit mit 4,- €/Std angesetzt werden, wenn solche Zeiten nicht ohnehin nur zur Hälfte (mit 50%) berücksichtigt werden oder pauschaliert auf einen geringen Stundenbruchteil abgestellt wird. **1946**

Tipp Überstundenzuschläge (**Überstundentarife**) bzw. einen entsprechenden Geldzuschlag) – bei mehr als 8 Std/Tag Pflege- und Betreuungszeit – zu berücksichtigen[221], widerspricht der konkreten Lage und Abhilfe in der Familie. Werden sie gesondert angesetzt, darf dies allenfalls bis maximal zu 10 Std/Tag geschehen. Denn eine Mehrarbeit oberhalb jeder nach Gesetz oder Tarif zulässigen Zeit darf gar nicht von entgeltlich beschäftigten Kräften erbracht werden, der Blick auf einen Marktwert hilft dazu überhaupt nicht. Vielmehr wären ggfs. notwendig mehrere Kräfte zu beschäftigen. Das hat mit subjektiver Belastung und der Beachtung der Arbeitsschutzgesetze zu tun und nichts mit einer schadensrechtlichen Orientierung an Marktgegebenheiten. **1947**

---

221 *OLG Stuttgart* MedR 2006, 719.

4 Vermehrte Bedürfnisse (Mehrbedarfsschaden)

1948 Tageswert: Der Vergleich von in der Praxis zuerkannten Tagessätzen untereinander ist kaum geeignet, für einen aktuell zu entscheidenden Fall Aufschluss gewinnen zu können. Denn das Maß der Ersatzpflicht des Schädigers bestimmen die Erfordernisse durch die Beeinträchtigung mit dem Zeitfaktor (-bedarf,- aufwand). Gleichwohl seien hier noch einige ältere Beispiele aufgeführt.

Tagesbeträge	Fundstelle	Besonderheiten
8 €	OLG Frankfurt ZfS 1991, 155	Unfall 1983; Betreuung des Sohnes im eigenen Haushalt durch die Mutter, Hilfeleistung zu Mahlzeiten, der Versorgung, der Wäsche, bei Arztbesuchen.
10 €	BGH VersR 1986, 391 = NJW 1986, 984	Ehefrau pflegte Mann.

1949 Monatswert: Über den Tageswert (zur Berechnung s. Rn. 1952) oder einen Tagessatz lässt sich ein durchschnittlicher Wochenwert ggfs. für 7 Tage bestimmen und darüber ein Monatswert ermitteln, der als Rentenforderung abgerechnet werden kann. Der Umrechnungsfaktor 4,34524 entspricht zeitlich gesehen der pauschalierenden Betrachtung, wie aus dem sich gem. § 760 BGB aufdrängenden Blick auf die Zeitbezüge bei der Berechnung mit Quartalen – ergibt, s. weiter 2617, 2661. Bei 40,00 Std/Wo ergibt sich der Umrechnungsfaktor von der Woche zum Monat durch: 4,3 × 40 Std/Wo = 172.

Mit 365 Tagen/Jahr		
bei	4 Quartalen	bzw. 12 Monaten
ergeben	91,25 Tage/Quartal	
wegen	3 Monate/Quartal	
pauschalierend	30,41667 Tage/Monat	und bei 7 Tagen/Woche
errechnet sich der Faktor	4,34524	für Woche → Monat

1950 Tipp In Fällen familiärer, häuslicher Schwerstpflege empfiehlt es sich häufig, unter Gewichtung der Pflegeerfordernisse direkt zu einem konkreten (pauschalierenden) Monatswert zu kommen.

1951 Monatsbeträge:

Betrag	Fundstelle	Besonderheiten
200 €	OLG Bremen NJW-RR 1999, 1115; VersR 1999, 1030	Zusätzlicher (!) Ausgleich für Organisation und Koordinierung der Pflege an 5 Tagen/Woche.
250 €	OLG Frankfurt ZfS 1991, 155	Betreuung des Sohnes durch Mutter.
300 €	BGH VersR 1986, 391 = NJW 1986, 984	Ehefrau pflegte Mann.
412,50 €	OLG Hamm DAR 1994, 496 = NZV 1995, 318	5-Jähriger, häusliche Betreuung an Wochenenden, Feiertagen sowie während der Ferien ohne spezielle Pflegekenntnisse.

750 €	LG Bremen, OLG Bremen ZfS 1991, 229	Versorgung durch die Großmutter, zum Unfallzeitpunkt 8-jähriges Mädchen, apallisches Syndrom, für sprech- und fast bewegungsunfähige 14-Jährige war Fremdhilfe durch Pflegerin mit 6 Std/Tag notwendig, Putzfrau 2 × wöchentlich, tags und nachts ständige Pflege, Fürsorge und Hilfeleistung, mit abgegoltenen Kosten für spezifische Übungs-, Lerngeräte, Sonderaufwand.
900 €	OLG Köln VersR 1992, 506 = ZfS 1992, 155 = OLGR Köln 1991, 37	Pflege durch Eltern, Querschnittslähmung, Hirnschaden.
1.400 €	OLG Oldenburg VersR 1993, 753	1 Pflegekraft mit gewisser Erfahrung und Neigung zur Betreuung Schwerstbehinderter, volle Ausbildung nicht erforderlich; insgesamt aber Einsatz von 1,6 Pflegekräften nötig, also mtl. insgesamt 2.250 €.
1.800 €	OLG Hamm NJW-RR 1994, 415 = NZV 1994, 68	Querschnittslähmung des 4-Jährigen, Intensivpflege durch Mutter; spezielle Pflegekenntnisse erforderlich.
2.350 €	OLG Koblenz VersR 2002, 244 = NJOZ 2002, 292	7 Std/Tag Pflege, 14 Std/Tag Bereitschaft; 3 Std/Tag Sozialdienst.
2.625 €	OLG Düsseldorf NJW-RR 2003, 90	Säugling mit schwerster Hirnschädigung, 10 €/Std.

Berechnungsvorschlag und Berechnungsbeispiele: Jedenfalls in Fällen leichterer Behinderung lässt sich mittels des Stundensatzes unter Multiplikation mit der aufzubringenden (erforderlichen) Stundenzahl ein Tageswert (Std/Tag × Stundenwert) und so die Ausgleichsforderung für einen bestimmten Zeitraum errechnen; s. zur Pflegezeit auch Rn. 1938. Ggfs. ist den unterschiedlichen Wertigkeiten der Hilfeleistungen mit einem unterschiedlichen Geld-, Wertansatz zu entsprechen. 1952

Beispiel 1

Pflegeaufwand	2,00 Std/Tag
Geldwert	8,00 €
Dauer der Pflegeleistung	118 Tage
Ersatzwert	1.888,00 €

Beispiel 2

erbrachte Tag- und Nachtpflege	6,00 Std/Wo	
weitere pflegerische Hilfe	7,00 Std/Wo	
Betreuung, Begleitung (Hauswirtschaft)	4,00 Std/Wo	
Hilfe insgesamt	17,00 Std/Wo	
Geldwert (Stundensatz)	11,60 €	7,20 €
Mehrbedarf – Rente 847,96 €/Monat	489,60 €/Monat	

Beispiel 3

behinderungsbedingter Betreuungsaufwand	3,00 Std/Tag	179 Tage	7,00 Tage/Wo
weiterer Pflegemehraufwand	3,00 Std/Tag	179 Tage	7,00 Tage/Wo
		Gesamtstunden	Umrechnungsfaktor
		1074,00 Stunden	4,3
Geldwert			9,00 €/Std
Mehrbedarf		9.666,00 € (Rückstand)	1.625,40 €/Monat
monatliches Pflegegeld		200,00 €	200,00 €
im betroffenen Zeitraum		6 Monate	
verbleibender Anspruch		8.466,00 € (Rückstand)	1.425,40 €/Monat

Beispiel 4[222]

		Variante zur Zeiterfassung		**Berechnungsvarianten zum Geldwert**	
				differenzierter (relativer) Stundensatz	differenziert in Bezug auf 24 Std/Tag
Pflegezeit /Tag		24,00 Std/Tag			
davon Pflege-(Mehr-) bedarf	28,13%	6,75 Std/Tag	6,75 Std/Tag		
dauernde (Einsatz-) Bereitschaft	71,88%	17,25 Std/Tag			
davon abrechnungsfähig		2,00 Std/Tag	8,63 Std/Tag		
berücksichtigungsfähige (Gesamt-) Zeit	36,46%	8,75 Std/Tag	15,38 Std/Tag	15,38 Std/Tag	15,38 Std/Tag
Wert pro Stunde insgesamt			8,50 € /Std	relativ: 7,20 €	relativ: 4,61 €
Pflege				10,00 € /Std	
				relativ: 4,39 €	relativ: 2,81 €
Bereitschaft				5,00 € /Std	
				relativ: 2,80 €	relativ: 1,80 €
Gesamtwert		74,38 € /Tag	130,69 € /Tag	110,63 €/Tag	70,87 € /Tag
Gesamtwert je Monat, Umrechnungsfaktor (s. Rn. 1949):	30,41	2.261,74 €/Monat	3.974,21 €/Monat	3.364,11 €/Monat	2.155,13 €/Monat
abzüglich Pflegegeld (Forderungsübergang)			650,00 €/Monat		

1953 *Eigene Berechnungen ermöglicht die Onlineversion, s. zudem Rn. 1938, 1961.*

1954 Für die Abhilfe durch Familienpflege (unentgeltliche häusliche Pflege) gebietet der dogmatische Ansatz „objektivierbarer Vermögenswert" nicht den Blick auf die Vergütung einer vergleichbar entgeltlich eingesetzten Pflegekraft, weil der Einsatz einer familienfremden Kraft in Wahrheit gar

---

222 Beispiel nach *OLG Düsseldorf* NJW-RR 2003, 90.

nicht vergleichbar ist und es um den „angemessenen Marktwert" der erforderlichen Pflege geht. Familiäre Pflege ist Vertrauensarbeit mit völliger Eigenverantwortung der Pflegeperson zu Einteilung und Aufteilung der Zeit unter Kontrollverzicht. Schadensrechtlich geht es dagegen ausschließlich um den konkreten Pflegebedarf und die erforderlichen Leistungsinhalte. Dazu wird vorgeschlagen, pauschalierend und leistungsorientiert über die Formel „Leistungsart (-punkte) × Entgeltwert × Häufigkeit der Leistung" abzurechnen.

Berechnungsvorschlag und Beispiel zur Ermittlung des Werts der Familienhilfe und -pflege: 1955

Marktgerechter (einheitlicher) **Entgeltwert** (brutto) für die Zeit vom .... bis		0,0365 €				
Wert Familienhilfe, -pflege davon (netto)	50%	0,0183 €				
Umrechnung Wo → Mo:		4,3				
Leistungsarten	**Leistungspunkte**		Wert	**Häufigkeit**		Monatswert
z. B. kleine Pflege bzw. Morgen-, Abendtoilette	220		4,02 €	14		242 €/Monat
Summe Pflege i.e.S.						242 €/Monat
	Leistungspunkte	**Zeitbasis**	Wert	**Zeitbedarf**	Wert	
Hauswirtschaftliche Versorgung (je angefangene 10 Min.)	80	10 Min.	0,15 €	240 Min./Woche	35,04 €	151 €/Monat
Summe weiterer Mehrbedarf						151 €/Monat
Rentenanspruch für die Zeit vom .... bis .... Insgesamt						**392 €/Monat**

Eigene Berechnungen ermöglicht die Onlineversion.   1956

▶ Schadensrechtlich ist dem Vorrang der häuslichen Pflege, den die Sozialversicherung kennt, zu   1957
entsprechen und sind Mehrkosten der häuslichen Pflege schon deshalb tolerabel. Dem Verletzten ist nicht vorzugeben, sich in einer stationären Einrichtung versorgen zu lassen, nur weil dies kostengünstiger wäre, wenn er dies nicht wünscht und gar schon eine andere (angemessene) Lösung gefunden hat. Kommen mehrere Arten der Betreuung (Heimunterbringung oder häusliche Pflege) in Betracht, bestimmt sich die Höhe des durchsetzbaren Anspruchs weder direkt nach der kostengünstigeren noch nach der aufwändigeren Möglichkeit, sondern nach dem Bedarf. ◀

Für die familiäre unentgeltliche Pflege (zum Verdienstausfall s. auch Rn. 1911 bis 1913) gibt es[223]   1958
keine absolute Obergrenze, weil stets die konkrete Pflegelage entscheidet. Reale und pauschalierte Pflegekosten können je nach dem Bedarf des Betroffenen selbst in Höhe doppelter Heimunterbringungskosten zu legitimieren sein. Nicht ersatzfähig sind jedoch Kosten, die in keinem vertretbaren Verhältnis zur realen Qualität der Betreuung und Versorgung stehen. Treu und Glauben schließen unvernünftige, aller Lebenserfahrung widersprechende Maßnahmen „ganz und gar unverhältnismäßige" Aufwendungen aus. D. h. Eigensinn als Eigenwilligkeit ohne jeden Argumentationsansatz und ohne Sachanliegen bzw. als Schikane bei subjektiv unbedeutender Beeinträchtigung lässt den Verletzten im entsprechenden Umfang ersatzlos.

---

223 Anders *Hoffmann* in ZfS 2007, 428.

Vermehrte Bedürfnisse (Mehrbedarfsschaden)

1959 Die volljährig gewordene Person hat zumindest bis zum Abschluss der Schulzeit Anspruch auf Ersatz der Kosten einer angemessenen ambulanten Pflege in seiner gewohnten, bisherigen Umgebung und zwar auch dann, wenn Pflegekosten in einer stationären Einrichtung niedriger sind, s. schon Rn. 1924 m. Nachw. Die Unterbringung in einem Altenpflegeheim kann demjenigen nicht zugemutet werden, der eine eigene Wohnung gehabt und den verständlichen Wunsch hat, diese Wohnung beizubehalten.[224] Das *OLG Koblenz*[225] hat – als für häusliche Pflege 15.400 DM verlangt worden sind, obwohl Heimkosten nur 6.071,70 DM betrugen – nicht von einer starren 150%-Grenze gesprochen, sondern nur von einem begrenzten Ersatz dann, wenn es eine wesentlich günstigere Möglichkeit professioneller Pflege und Hilfe gibt. Das Gericht hat deshalb nicht die volle Vergütung für eine familiäre Rund-um-die-Uhr-(24 Stunden) Pflege für 365 Tage/Jahr zuerkannt, die es im Familienverbund praktisch ohnehin nicht gibt, weil dies niemand leisten kann.

cc) Berechnungsformeln

1960 **Ermittlung von Pflegezeiten und des Geldwerts bei unentgeltlicher Schadensabhilfe[226]:**

	Reale (verletzungs-, behinderungsbedingte) Zeit	Unverletzte WÄRE-Zeit	Mehrzeitbedarf		**Geldwert**	Wert wie
Pflegerische Hilfe: Grundpflege bzw. konkreter Bedarf, der durch Hilfs-, Pflegepersonen gedeckt werden muss, ggfs. getrennt zu erfassen nach Schultagen und anderen Tagen	7,00 Std/Wo	0,00 Std/Wo	7,00 Std/Wo	35,00% von der Gesamtzeit	11,60 €/Std 4,06 €/Std	relativ 349,16 €/Monat
Weitere Grundpflege, bei getrennter Erfassung wie vor, hier z. B. für Schultage	4,00 Std/Wo	0,00 Std/Wo	4,00 Std/Wo	20,00% von der Gesamtzeit	11,60 €/Std 2,32 €/Std	relativ 199,52 €/Monat
Weitere individuelle, personenbezogene Hilfe (Betreuung und Pflege)	5,00 Std/Wo	0,00 Std/Wo	5,00 Std/Wo	25,00% von der Gesamtzeit	10,00 €/Std 2,50 €/Std	relativ 215,00 €/Monat
Hauswirtschaftliche Versorgung oder sonstige Unterstützung	11,00 Std/Wo	7,00 Std/Wo	4,00 Std/Wo	20,00% von der Gesamtzeit	8,00 €/Std 1,60 €/Std	relativ 137,60 €/Monat
Ggfs. pauschaler Zuschlag für Zeiten „geteilter Aufmerksamkeit" sowie wegen eines nicht konkret zu erfassenden Mehraufwandes	**10%**		2,00 Std/Wo			90,13 €/Monat
Umrechnung: Wochenaufwand (-bedarf) → Monatsaufwand (-bedarf) – pauschal	4,3					
Gesamtzeit			20,00 Std/Wo		**Gesamtwert**	901,28 €/Monat
Rentenanspruch			22,00 Std/Wo		relativ 10,48 €/Std	relativ **991 €/Monat**

 1961 *Die Onlineversion ermöglicht eigene Berechnungen.*

---
224 *OLG Köln* VersR 1988, 61.
225 VersR 2002, 244.
226 Zum Zuschlag für Zeiten „geteilter Aufmerksamkeit" sowie wegen eines nicht konkret zu erfassenden Mehraufwandes beachte *OLG Stuttgart* MedR 2006, 719.

Berechnungsvorschlag und Berechnungsbeispiel zur Berücksichtigung einer Veränderung beim Zeitfaktor:
Z. B. im Fall eines Verfahrens i. S. d. § 323 ZPO oder bei unstreitigen Ansätzen ist angesichts veränderter Folgen einer Vorbelastung[227] folgender Berechnungsablauf vorstellbar:

1962

		Gleichwertige Berechnung in Form einer Quotenmethode	
Zugrundezulegende monatliche Pflegekosten im Durchschnitt (geschätzt)	3.274,44 €/ Monat	3.274,44 €/ Monat	
Drittleistung: Pflegegeld	1.400,00 €/ Monat	1.400,00 €/ Monat	
Mehrbedarf als verbleibender Anspruchsteil der verletzten Person	1.874,44 €/ Monat		
Wegen geänderten Krankheitsbildes entfallene Pflegeleistungen, die zuvor unentgeltlich erbracht worden sind; Wert bzw. hypothetischer Aufwand dazu	500,00 €/ Monat		
berücksichtigungsfähiger, verbleibender Mehrbedarf (z.B. bis 85. Lebensjahr)	1.374,44 €/ Monat		
gesteigerter altersbedingter (nicht ersatzfähiger) Mehrbedarf, ggfs. nach Zeitabschnitten zu trennen	250,00 €/ Monat	20%	verletzungsbedingte Veränderung (auch altersbedingte, verletzungsunabhängige Steigerung) des Pflegebedarfs insgesamt
Verbleibender eigener (neu berechneter) Anspruchsteil	1.124,44 €/ Monat	1.219,55 €/ Monat	

Die Onlineversion ermöglicht eigene Berechnungen.

1963

c) Zurechnungsgrenzen

Die Pflegebedürftigkeit, die Folge des altersgemäßen individuellen körperlichen **Zustandes** oder Folge einer verletzungsunabhängigen Erkrankung oder Vorerkrankung ist, trennt das Kriterium der Zurechnung (Rn. 230 ff., 270) von dem haftungsbegründenden Ereignis.

1964

---

227 Vgl. *OLG Hamm* SP 2000, 411 bei einer Oberschenkelhalsfraktur links.

1965 Ob die verletzte Person auch ohne das Schadensereignis notwendigerweise wegen Altersabbaus in ein Heim gezogen wäre, ist nur auf Grundlage eines entsprechenden ärztlichen Fachwissens zu entscheiden. Die **Beweislast** trägt der Schädiger, weil es um eine vom gewöhnlichen Ablauf der Dinge abweichende Lebensentwicklung geht. Zum gewöhnlichen Lauf des Lebens gehört es nicht, dass sich Menschen von einem bestimmten Alter an in Heimbetreuung begeben müssen, vgl. Rn. 1296. Dies meint der *BGH*[228] im Fall einer verletzten 82-Jährigen, die im eigenen Haushalt ohne Hilfe gelebt hat und erst nach der unfallbedingten Amputation eines Beines oberhalb des Kniegelenks in ein Heim der Arbeiterwohlfahrt gekommen ist mit voller Versorgung, auf die sie nun angewiesen gewesen ist.

1966 Die **Rente** (Rn. 1270, 1271) wegen eines Mehrbedarfs ist meist unbegrenzt (also für die Lebenszeit) zu gewähren, bei absehbarer Verringerung des Mehrbedarfs aber dementsprechend zu verringern und bei absehbarer bestimmter **Dauer** ausnahmsweise zu befristen. Für die Behandlungspflege gilt dies vor allem, wenn der Wegfall des Pflegebedarfs mit einer uneingeschränkten Wiederherstellung der körperlichen Integrität abzusehen ist. Bei der Grundpflege kann nach den Lebensverhältnissen und der Konstitution der verletzten Person die Befristung bis zum 75. oder 80. Lebensjahr zu erwägen sein, wie sie auch zur hauswirtschaftlichen Versorgung und entsprechenden Pflegeanteilen in Betracht kommt.

6. Wohnen

1967 Die Kosten für einen **flächenmäßigen Mehrbedarf** und/oder für **bauliche Sonderausstattungen** bzw. für den behindertengerechten Umbau eines Wohnhauses oder der Wohnung[229], auch zur Zweitwohnung[230] der Außenanlagen, des Gartens sind grundsätzlich erstattungsfähig. Zum ausstattungsbedingten und zum räumlichen Mehrbedarf kann ein Kapitaleinmalbetrag verlangt werden.[231]

1968 Es sind immer nur tatsächlich anfallende Mehrkosten für ein behindertengerechtes Wohnen erstattungsfähig; s. auch Rn. 1870 ff.[232]

1969 Welche Baumaßnahmen mit welchem Kostenaufwand beim Zuschnitt auf den andauernden unfallbedingten Körperschaden durchgeführt werden müssen, hat der Anspruchsteller im Einzelnen darzulegen.[233] Keinen Ersatz der Kosten für einen rollstuhlgerechten Umbau einer Eigentumswohnung gewährt das *OLG Düsseldorf*[234], wenn nicht feststeht, dass die Benutzung eines Rollstuhls zwingend weiter erforderlich sein wird.

1970 Die Ausstattung kann den Einbau eines Fahrstuhls[235], von Stütz- und Haltevorrichtungen, die Verbreiterung von Türen, zusätzliche (rutschfeste) Bodenbeläge, besondere Bad-, Sanitäreinrichtungen, den Einbau einer Heizung in die Garage[236] oder die Umgestaltung der Zugänge betreffen.

---

228 VersR 1995, 681 = NJW 1995, 1619 = ZfS 1995, 421; *OLG Hamm* MDR 1998, 902 (im Unfallzeitpunkt 80-Jährige).
229 *BGH* VersR 1982, 238 = NJW 1982, 757.
230 BGHZ 163, 351 = VersR 2005, 1559 = NZV 2005, 629 = NZM 2005, 914 = r+s 2005, 528.
231 *OLG Stuttgart* VersR 1998, 366.
232 *OLG Hamm* NZV 2003, 192 = VersR 2003, 780.
233 *BGH* NZV 2002, 268.
234 VersR 1995, 1449.
235 *OLG Frankfurt* DAR 1990, 181, 182.
236 *OLG Stuttgart* VersR 1998, 366; *BGH* NA-Beschl. v. 14.10.1997.

Zu einem Ausstattungsmehrbedarf gehören niemals die allgemeine Modernisierung, Reparaturen oder Schönheitsreparaturen (Anstreichen, Tapezieren von Wänden und Decken, Ersetzen von Oberbelägen), auch nicht die allgemeine Ausstattung (Einrichtung) mit Telefon, Kühlschrank, Geschirrspüler, Waschmaschine, Trockner oder besondere Ausstattung z. B. mit Brandschutzeinrichtungen, ebenso nicht die Verbesserung der Wärmedämmung oder des Schallschutzes. Anders kann es aber z. B. beim elektrischen Antrieb einer Markise sein. Der Austausch der Heizungsanlage oder/und einer Warmwasseraufbereitung können u. U. anteilig erstattungsfähig sein.

1971

Wird die Notwendigkeit von Umbaukosten zu einzelnen Kostengruppen festgestellt und darauf geachtet, dass nicht notwendige Umbaukosten auch nicht schadensrechtlich angesetzt sind, gibt es keinen Anhaltspunkt für einen nicht ausgleichsfähigen (als werterhöhend zu Gunsten des Schädigers zu berücksichtigenden) Differenzwert.[237]

1972

Ggfs. sind ersparte Renovierungs-, Reparaturkosten ein sonstiger Vermögensvorteil „neu für alt" ggfs. gegen zu rechnen, wenn nicht direkt nur im Mehransatz der ausgleichsfähige Schaden gefunden wird.

1973

Wegen eines räumlichen Mehrbedarfs kann es um erhöhte Mietkosten gehen.

1974

Selbst für denjenigen, der die **Schaffung behindertengerechten Wohnraums** mit dem Erwerb von Immobiliareigentum für grundsätzlich ersatzfähig hält, ist es nicht zwangsläufig akzeptabel, dass Kosten der Errichtung des **privaten Schwimmbades** Mehrbedarf sein können. Der OGH Wien[238] hat dies bei dem Jugendlichen, dem unfallbedingt beide Beine amputiert werden mussten, verneint.[239] 1971 war das OLG Nürnberg anderer Auffassung.[240] Ein solcher Aufwand ist geeignet, Aufwendungen für ärztliche Behandlungen, Operationen und andere Maßnahmen zu vermeiden oder jedenfalls hinauszuzögern und zur Gesunderhaltung beizutragen. Zur Eigentums-, Vermögensbildung steht § 843 BGB aber nicht zur Verfügung. Deswegen können nach der hier vertretenen Ansicht allenfalls Finanzierungs- und am ehesten Betriebskosten ausgeglichen werden. Es kann aber umgekehrt die Wertsteigerung durch den Einbau eines Schwimmbades als anrechnungsfähiger Vorteil anzusehen sein; s. zugleich Rn. 738, 1869.

1975

Der zur Deckung des besonderen Aufwands erforderliche Betrag darf in das Haus betreuender Eltern „eingebracht" werden.[241] Ein (abstrakter) Baukostenzuschuss als Ersatz für mietfreies Wohnen ist aber kein unfallbedingter Mehrbedarf. **Gewerbliche Fremdrechnungen** insbesondere bei Umbaumaßnahmen müssen zur **Höhe** des Mehrbedarfs schadensbewertend um Anteile **bereinigt** werden, die von dem Bedarf unabhängige Vermögenswerte betreffen, z. B. bei einer Gesamtrechtsnachfolge zu einer verbesserten Vermögenssubstanz führen, s. aber auch Rn. 1869. Statt der Baukosten können deswegen im Einzelfall nur die Kapitalbeschaffungskosten (Zinsen) den konkreten Mehrbedarf wiedergeben. Es ist daran zu denken, bei dem Bau/Ausbau eines Eigenheims mindestens auf die fiktive **Miete** für eine angemessene, vergleichbare, behindertengerecht ausgestattete und ausgebaute Wohnung abzustellen unter Abzug der Mietkosten für eine Wohnung ohne eine solche spezifische Ausstattung, also letztlich pauschalierend Mietsätze für vergleichbare Räume heranzuziehen und zu **kapitalisieren**. Wird der Wohnbedarf durch einen Neubau gedeckt, sind – nur – tatsächliche Mehrkosten erstattungsfähig und ist nicht auf hypothetische Kosten eines (fiktiven) behindertengerechten Umbaus einer Mietwohnung abzustellen[242]; s. auch Rn. 1872. Hat sich der Schädiger ohne den Aufwand für die Bildung von Eigentum beim Erwerb eines Grundstücks[243] an Kosten und der Verzinsung des für die Deckung eines flächenmäßigen, (räumlichen) Mehrbedarfs benötigten Kapitals zu beteiligen, kann der erstattungsfähige Teil des

1976

---

237 BGHZ 163, 351 = NJW 2006, 1271 = VersR 2005, 1559 = r+s 2005, 528.
238 VersR 1992, 259.
239 Unter Kritik von Huber in VersR 1992, 545.
240 VersR 1971, 260; s. auch OLG Frankfurt VersR 1990, 912 m. BGH NA-Beschl. v. 9.1.1990.
241 OLG Stuttgart VersR 1998, 366.
242 OLG Hamm NZV 2003, 192 = VersR 2003, 780 = DAR 2003, 172.
243 OLG Hamburg Urt. v. 5.7.1995, 13 U 38/94; BGH NA-Beschl. v. 12.11.1996 VI ZR 234/95.

Vermehrte Bedürfnisse (Mehrbedarfsschaden)

Aufwands auch über die Errichtungskosten pro qm (z. B.: 50 qm × 3.500 DM) unter Abzug von pauschal 10% geschätzt werden.[244] Bei **Eigenleistungen** der Familienangehörigen oder anderer Personen ist pauschalierend auf Werte abzustellen, die etwas zum Mehraufwand der verletzten Person aussagen. Stundenentgelte für helfende Personen können dies in dem meisten Fällen nicht sein.

1977   Beim Anspruch auf Baukosten sind die **Umzugskosten** in das neu bezogenen Haus vom Schädiger als **Folgeschaden** zu übernehmen.[245]

1978   Inwieweit wegen der **Schadensminderungspflicht** (Rn. 1850) der Betroffene auf die Anmietung einer behindertengerecht eingerichteten Wohnung verwiesen werden kann und deshalb auf den An-, Um- oder Neubau verzichten muss, bestimmt sich immer nur nach der Situation im Einzelfall unter weitest möglicher Wahrung der Lebens- und Wohnqualität, wie sie ohne das Haftungsereignis angelegt gewesen ist.

1979   Ob bei Veränderungen der Wohnverhältnisse eine **Wertminderung** des eigengenutzten Hauses ein zusätzlich erstattungsfähiger Schaden ist, ist bisher ungeklärt. Realisiert sich die Minderung bei einem Verkauf, muss der Schädiger dafür aufkommen. Mindert eine solche Wertveränderung aber erst den Nachlass im Vergleich zu der Situation, die sich ohne die Verletzung mit ihren Folgen ergeben würde, sind die Erben als mittelbar Geschädigte (Rn. 375, 392) zu dem sich bei ihnen zeigenden Vermögensfolgeschaden nicht für ersatzberechtigt zu halten. Der Nachteil basiert zwar auf den Umbaumaßnahmen. Der entscheidende wirtschaftliche Nachteil ist darauf aber nicht bezogen, nicht zeitlich zu fixieren. Das umgebaute Haus hat keinen schematisierbaren merkantilen Minderwert wie ein nach einem Unfall repariertes Fahrzeug. Der kalkulatorisch verringerte Verkehrswert wegen der veränderten Substanz bleibt fiktiv im eigentlichen Sinn. Wird ein zuvor vermietetes Objekt wegen der Verletzung zu eigenen Zwecken in Anspruch genommen und umgebaut, ist jedoch daran zu denken, im Vergleich zur jetzigen Nutzung **entgehende höhere Mieteinnahmen** als zusätzlich erstattungsfähigen Schaden anzusetzen. Ein etwaiger **Vermögenszuwachs** ist zu Gunsten des Schädigers zu berücksichtigen, Rn. 1869.

---

244   *OLG Stuttgart* VersR 1998, 366; *BGH* NA-Beschl. v. 14.10.1997.
245   *OLG München* VersR 2003, 518 = DAR 2003, 172.

Berechnungsbeispiel:

Raumbedarf (flächenmäßiger Mehrbedarf; Mehrflächen)		Ausstattungsbedarf	Herstellungskosten (brutto)	
Therapie (Erdgeschoss)	18,6 qm	Aufzug	10.000,00 €	Einzelberechnung gesondert
Bad (Erdgeschoss)	12,9 qm	Bad-, Sanitäreinrichtung	25.000,00 €	Einzelberechnung gesondert
Wohn-/ Essbereich	10 qm	Bodenbeläge	4.000,00 €	Einzelberechnung gesondert
Nebenflächen	8 qm	Fußbodenheizung	20.000,00 €	Einzelberechnung gesondert
Bad (Obergeschoss)	2 qm	Türen	7.000,00 €	Einzelberechnung gesondert
Sonstiges	2 qm	Garagenheizung	2.000,00 €	Einzelberechnung gesondert
		Außenanlagen	4.000,00 €	Einzelberechnung gesondert
Summe (Fläche)	53,50 qm	Sonstiges	1.000,00 €	Einzelberechnung gesondert
Wohnflächenberechnung, deshalb Kürzung wegen Putzanteil	3% 1,61 qm			
Berücksichtigungsfähige Mehrfläche	51,90 qm			
Herstellungskosten pro qm	1.750,00 €			
Bedarfswert	90.816,25 €			
Korrektur – (reduzierte Lebenserwartung der verletzten Person, Abzinsung des Bedarfswerts dazu) und/oder pauschale Kürzung in Bezug auf dauerhafte Bausubstanz	10%	Wertverbesserung, ersparter Aufwand – „neu für alt"?	2.000,00 €	
Verbleibender Bedarfswert	9.081,63 €			
Ersatzwert Mehrflächenbedarf	81.734,63 €	Ersatzwert Ausstattung	71.000,00 €	
Gesamtbedarfswert (Kapitalbetrag):			152.734,63 €	

Ggfs. gesonderte Berechnung zum fortlaufenden bzw. wiederkehrenden Bedarf wegen eines Rentenanspruchs

Die hier vorgestellten Berechnungsabläufe zeigt die Onlineversion, die eigene Berechnungen ermöglicht.

7. Kongruente Leistungen

1982 Entscheidend für einen Forderungsübergang (Rn. 1521 ff.) ist die innere Ausrichtung einer die verletzte Person begünstigende Leistung: Es gehen nur solche Ersatzansprüche auf Sozialleistungsträger und Sozialversicherungsträger über, die zum Ausgleich desselben Schadens bestimmt sind wie deren Leistungen.

1983 ▶ Entsprechend des Merkmals der Kongruenz ist zur Ermittlung des der verletzten Person verbleibenden Anspruchs die Anrechnung der Drittleistung nur in dem Umfang möglich, in dem sie denselben Schaden ausgleicht. Sind Leistungen mit Nachteilen der Schadensgruppe vermehrter Bedürfnisse i. S. d. § 843 BGB kongruent, sind die Leistungen also auf den Ersatzanspruch „in dieser Schadensgruppe" anzurechnen, wobei aber die jeweilige spezifische Bedarfsausrichtung nicht übergangen werden darf. ◀

1984 Den Forderungsübergang bei einem **Rentenanspruch** gegen den Schädiger zu bejahen, aber bei einem **einmaligen Betrag** zu verneinen – wenn er ausnahmsweise vom Schädiger als Mehrbedarf so verlangt werden darf –, findet keine dogmatische Rechtfertigung.

1985 Es geht über ein Anspruch auf Erstattung von **Rentenversicherungsbeiträgen** für die familienangehörige Pflegeperson (Rn. 1914) bei einer Last, die originär, von vornherein und nur bei der Pflegekasse erwächst. Bei Pflegeleistungen, die sozialversicherungsrechtlich abstrakt berechnet werden, ist für den Umfang des Übergangs wegen kongruenter Leistungen der zivilrechtliche Anspruch im Einzelfall konkret festzustellen.[246]

1986 Im Fall einer **Mithaftung** sollte der privat Pflegeversicherte nicht besser gestellt sein dürfen als gesetzlich Pflegeversicherte. Eine Ungleichbehandlung liegt nicht im Konzept der Pflegeversicherung, ergibt sich aber einerseits bei Anwendung der Differenztheorie (Rn. 1613 ff.) und andererseits der relativen Theorie, Rn. 1629 ff.

1987 Zum Forderungsübergang kommt es insbesondere wegen kongruenter (Sach-, aber auch Geld-) Leistungen aus der **Pflegeversicherung**[247], die als beitragsfinanzierte Sozialversicherungsleistung den Pflegebedarf deckt. Z. B. geht der Anspruch wegen des Hausarbeitsschadens zur Versorgung der eigenen Person auf die Pflegekasse über.[248]

1988 Es kann darüber hinaus um einschlägige Leistungen der Krankenkasse (häusliche Krankenpflege, Haushaltshilfe) oder des **Unfallversicherungsträgers** (Haushaltshilfe, Hauspflege, Pflegegeld) gehen. Kongruent sind stets Leistungen für Kuren, Körperersatzstücke, orthopädische und sonstige Hilfsmittel.

1989 Leistet die Pflegekasse gem. § 40 Abs. 4 SGB XI (subsidiär) einen **Zuschuss** für Maßnahmen zur Verbesserung des individuellen Wohnumfeldes (z. B. für technische Hilfen im Haushalt, wenn dadurch im Einzelfall die häusliche Pflege ermöglicht oder erheblich erleichtert oder eine möglichst selbstständige Lebensführung des Pflegebedürftigen wiederhergestellt wird), ist in der entsprechenden Höhe die Pflegekasse regressberechtigt. Der dafür einzusetzende Eigenanteil reduziert den Forderungsübergang wegen des Zuschusses nicht.

1990 Das **Pflegegeld** nach § 44 SGB VII (Unfallversicherung) ist mit dem Anspruch wegen vermehrter Bedürfnisse sachlich kongruent[249], weil es den Schwerverletzten in die Lage versetzen soll, die für eine Betreuung und Pflege erforderlichen Kosten aufbringen zu können. Leistungen zur Pflegehilfe aus §§ 53 ff. SGB V a. F. = §§ 14 ff. SGB XI sind kongruent mit Ansprüchen auf Erstattung vermehrter Bedürfnisse.[250] So ist auch das Pflegegeld nach §§ 53 ff. SGB V a. F. bzw. §§ 36 ff. SGB XI

---

246 § 558 RVO a. F. gegenüber § 843 BGB; *BGH* VersR 1978, 149; NJW-RR 1993, 322.
247 Zur verfassungsrechtlichen Lage für die Pflegeversicherung *BVerfG* NJW 2001, 1707 = VersR 2001, 623; NJW 2001, 1709 = VersR 2001, 627; NJW 2001, 1712 und 1716; *Ruland* in NJW 2001, 1673 ff.
248 *LG Frankfurt/Oder* DAR 2008, 29.
249 *BGH* NJW 2004, 2892 = VersR 2004, 1147 = FamRZ 2004, 1471.
250 *BGH* NJW 2006, 3565 = VersR 2006, 1383 = ZfS 2006, 618.

(Pflegeversicherung) mit dem Anspruch auf Ersatz des Hausarbeitsschadens wegen der eigenen Bedürfnisse (Rn. 2691) kongruent. Zu einer Pflegesituation hat der *BGH*[251] im Urteil vom 30.5.2000 formuliert, es handele sich um eine nicht kongruente soziale Leistung, das Pflegegeld stelle weder Entgelt für Pflegeleistungen dar, noch bezwecke es den Ausgleich entstandener Aufwendungen; vielmehr diene es in erster Linie der Erhaltung der Pflegebereitschaft. Dazu stellt der *BGH* im Urteil vom 3.12.2002[252] klar, dass es sich um eine besondere Konstellation gehandelt, ein besonderer Sachverhalt zugrunde gelegen habe und zwar einen nur nach dem Recht der DDR gegebenen Anspruch auf Erstattung des Verdienstausfallschadens des Vaters wegen der für Rehabilitationsmaßnahmen notwendigen Betreuung seines geschädigten Kindes. Es seien nicht Pflegeleistungen betroffen gewesen, sondern nur Verdienstausfälle aufgrund außerhäuslicher Rehabilitationsmaßnahmen für das geschädigte Kind.

Die Einführung des krankenversicherungsrechtlichen Anspruchs auf häusliche Pflegehilfe ist eine Systemänderung mit der Folge[253], dass der kongruente Schadensersatzanspruch auf den Sozialversicherungsträger frühestens mit Inkrafttreten des SGB V erfolgt ist. Der Wechsel zum SGB XI ist keine erneute Systemänderung bei demjenigen Schwerpflegebedürftigen, der schon (nach §§ 53 ff. SGB V) leistungsberechtigt gewesen ist,[252] aber wohl in anderen Fällen, weil insofern die Leistungspflicht eines Versicherungsträgers begründet worden ist, an der es zuvor für den konkreten Leistungsanspruch an einer gesetzlichen Grundlage gefehlt hat.[254] Das *LG Nürnberg-Fürth*[255] sieht allerdings (zur Pflegestufe I) keine Systemänderung durch Einführung der gesetzlichen Pflegeversicherung für solche Pflegebedürftige, denen nach früherem Recht wegen zu geringer Hilfebedürftigkeit keine Leistungsansprüche gem. § 3 SGB V zustanden; beachte auch Rn. 1460. 1991

Zum Pflegebedarf eines Kindes ist das Krankengeld nach § 45 SGB V, wie hier vertreten wird (Rn. 1588), nicht kongruent.[256] Die Verletztenrente ist ausschließlich auf die Aufhebung oder Minderung der Erwerbsfähigkeit bezogen (Rn. 1590), nicht auf einen Mehraufwand. 1992

Pflegegeldleistungen nach §§ 68, 69 BSHG a. F. rechnet das *OLG Frankfurt*[257] wegen deren Zweckbestimmung, eine kostenträchtige Heimunterbringung zu vermeiden und die Pflegebereitschaft nahe stehender Personen zu wecken oder zu erhalten, nicht an. 1993

Der *BGH* stellt zum sozialhilferechtlichen Pflegegeld heraus, dieses sei – nur – auf die Körperpflege, Ernährung und Mobilität, die hauswirtschaftliche Eigenversorgung bezogen.[258] Die bedarfsorientierte Grundsicherung im Alter und bei Erwerbsminderung, d. h. die Sicherung der wegen Alters oder Krankheit dauerhaft erwerbsunfähigen Person durch das GSiG, berücksichtigt dagegen – anders als die Sozialhilfe – nur den allgemeinen Lebensbedarf. 1994

Ersatzleistungen, die der unfallbedingt erblindeten Person zustehen, sind nicht auf das sozialhilferechtliche Blindengeld[259] anzurechnen. 1995

---

251 NJW-RR 2000, 1412 = VersR 2000, 1116.
252 *BGH* VersR 2003, 267 = NJW 2003, 1455 = NZV 2003, 176 = ZfS 2003, 181.
253 BGHZ 134, 381 = VersR 1997, 723 = NJW 1997, 1783.
254 Vgl. *OLG Koblenz* VersR 1999, 911; *LG Bamberg* VersR 1998, 1441 und *OLG Bamberg* OLGR 2000, 257; offen gelassen von *BGH* NJW-RR 1999, 1114 = VersR 1999, 1126 = ZfS 1999, 334 = r+s 1999, 281.
255 NJW-RR 2004, 462.
256 A.A. *Küppersbusch* in Personenschäden, Rn. 270 mit dem Grundgedanken, die Identität zwischen dem Leistungsempfänger und dem Ersatzberechtigten sei nicht erforderlich.
257 VersR 1994, 942, 943; *BGH* NA-Beschl. v. 18.1.1994.
258 *BGH* NJW 2002, 292 = NZV 2002, 114 = VersR 2002, 188 = ZfS 2002, 127 = DAR 2002, 63.
259 *BGH* VersR 1988, 181; *OLG Hamm* VersR 1977, 133. I.d.R. wird (wenn überhaupt noch) Blindenhilfe unabhängig vom Einkommen und Vermögen gewährt; s. aber *LG Köln* VersR 2003 zu einer Kongruenz mit dem Landesblindengeld NRW.

III. Erwerbstätigkeit (Erwerbsschaden)

1996 Beeinträchtigungen dadurch, dass die Arbeitskraft verletzungsbedingt gar nicht mehr oder jedenfalls nicht mehr in vollem Umfang genutzt werden kann, sind gem. §§ 842, 843 BGB; §§ 87, 89 ArzneimittelG, §§ 29, 30 AtomG; § 32 Abs. 5, 6 GenTG, §§ 6, 8 HaftPflG, §§ 36, 38 LuftVG, §§ 8, 9 ProdHaftG, §§ 11, 13 StVG, §§ 13, 14 UmweltHG bei einem zum Schadensersatz verpflichtenden Tatbestand auszugleichen. Entsprechend gilt § 842 BGB gem. § 618 Abs. 3 BGB, § 62 Abs. 3 HGB. Die Ausgleichspflicht für Vermögensnachteile besteht auch bei einer Amtspflichtverletzung, aufgrund von Gefahrenabwehrgesetzen oder gem. § 7 StrEG.

1997 Die Frage, ob und in welcher Höhe für einen bestimmten Zeitraum ein Verdienstausfallschaden eingetreten ist, betrifft den Umfang des Schadens (die Höhe des Anspruchs) und wird von der Rechtskraft eines vorausgegangenen Feststellungsurteils zur Ersatzpflicht sämtlicher materieller Schäden aus einem bestimmten (Haftungsunfall-) Ereignis nicht erfasst.[260]

1998
> **Schadensart im Überblick:**
>
> **Erwerbsschaden** (vorrangig als Erwerbs-, Vermögensschutz):
>
> Der Schaden wegen der wirtschaftlich relevanten Tätigkeiten, die die verletzte Person nicht oder nicht mehr in vollem Umfang erbringen kann, ist als Erwerbs(ausfall)schaden zu kennzeichnen. Es geht um wirtschaftliche Folgen der Beeinträchtigung der Fähigkeit zur Erwerbstätigkeit.
>
> **Tätigkeitsfelder:**
> – Erwerbsarbeit: Schadensbewertung über Minderverdienst oder Gewinnentgang (entgeltorientierte Schadensberechnung bei Arbeitnehmern und Beamten; gewinnorientierte Schadensberechnung bei Selbstständigen)
> – Fremdnützige Hausarbeit: Familienarbeit, Sorgearbeit, Betreuung (arbeitswertorientierte Schadensberechnung)
>
> Abgrenzung gegenüber dem Nichtvermögensschaden:
> – bei Beeinträchtigung einer ehrenamtlichen, sozialen oder gemeinnützigen unentgeltlichen Arbeit (Abgeltung wirtschaftlicher Nachteile oder nur angemessene, billige Entschädigung wegen des immateriellen Nachteils?)
> – bei Beeinträchtigung einer nicht objektiv (objektivierbar) werthaltigen Tätigkeit (z. B. im Haushalt)
> – bei Beeinträchtigung in der Fähigkeit zur Ausübung eines Hobbys (lediglich Ausgleich über Schmerzensgeld statthaft).

1999 ▶ Die (teilweise) Arbeits- bzw. **Erwerbsunfähigkeit** ist **zusätzliches Anspruchsmerkmal** für den Ersatz eines Erwerbsschadens. ◀

2000 Zudem muss die Erwerbseinschränkung in gesundheitlicher und in wirtschaftlicher Hinsicht Folge des haftungsbegründenden Ereignisses sein; zum Nachweiswert der Arbeitsunfähigkeitsbescheinigung Rn. 2110.

2001 ▶ Der Verdienstausfall wie auch ein Hausarbeitschaden kann eigentlich nicht „errechnet" werden. Er ist vielmehr mittels der Gebote und der Möglichkeiten des § 287 ZPO i. V. m. § 252 BGB zu „ermitteln", d. h. einzuschätzen nach überwiegender Wahrscheinlichkeit. ◀

---

260 *BGH* NJW-RR 2005, 1517 = VersR 2005, 1159 = DAR 2005, 503 = ZfS 2005, 490 = NZV 2005, 519.

2002 Zwischen den Tatsachen, die zum gewöhnlichen Lauf der Dinge gehören und vom Verletzten gem. § 252 BGB nicht bewiesen werden müssen, und den Tatsachen, die so wesentlich sind, dass sie (doch erst einmal[261]) vom Verletzten dargelegt und bewiesen werden müssen, trennt der *BGH* im Einzelfall. Bei weiteren Folgen im wirtschaftlichen, beruflichen Umfeld kann eine zwischenzeitliche Veränderung die Zurechnung hindern (Rn. 340, 2187). Erschwernisse einer weiteren Ausbildung, die aus der vom Schädiger zu verantwortenden Verzögerung der Ausbildung erwachsen oder dadurch bedingt sind (z. B. veränderte Studienbedingungen, allgemeine politische Unruhen), sind als Vermögensfolgeschaden von der Ersatzpflicht ggfs. umfasst. Auch eine unentgeltlich geplante, aber verhinderte Arbeit kann je nach Lage des Falles zu einem Erwerbsschaden führen (Rn. 2704, 2758). Jeder Anspruch auf Ersatz des Verdienstausfalls ist schlechthin begrenzt durch die (voraussichtliche) Dauer der Erwerbstätigkeit (Rn. 1285, 2050 ff.). Denn mit dem Ausscheiden aus dem Erwerbsleben entfällt der Anspruch auf Ausgleich eines Verdienstes zwangsläufig.

2003 Von Arbeits-, Erwerbsunfähigkeit ist im Kern zu sprechen, wenn die betroffene Person aufgrund der Rechtsgutsbeeinträchtigung (Rn. 66 ff., 116 ff., 230 ff., 2109) werterzielend bzw. wertschöpfend eine Tätigkeit nicht (mehr) oder nur bei Gefahr der Verschlimmerung (Rn. 2039) ausführen bzw. eine Arbeitsleistung nicht (mehr) erbringen kann. Auf die Behandlungsbedürftigkeit von Beeinträchtigungen kommt es nicht an. Entscheidend ist die gesundheitliche Beeinträchtigung für die konkret in Frage stehenden Tätigkeiten, das konkrete Arbeitsfeld nach seinen speziellen Anforderungen und der Arbeitsplatz, für den entgangene Einkünfte geltend gemacht werden. Auf eine allgemeine Leistungsfähigkeit, Belastbarkeit kommt es nicht an.

2004 MdE (in Vomhundertsätzen kausal auf Schädigungsfolgen ausgerichtet) und Grad der Behinderung (GdB, in Zehnergraden final auf Gesundheitsstörungen unabhängig von der Ursache bezogen) betreffen die Auswirkung von Funktionsbeeinträchtigungen in allen Lebensbereichen, nicht spezifische Einschränkungen im Erwerbsleben. MdE und GdB sind alters-, trainingsunabhängige, an der Erfahrung ausgerichtete Mittelwerte. Sie besagen nichts zu einer konkreten Tätigkeit. Für die Arbeitsunfähigkeit als solche kommt es auf die abstrakte MdE deshalb nicht an, stets nur auf den konkreten Ausfall bezogen auf die konkrete Tätigkeit und spezifische Leistungsbeschreibung. Allenfalls indiziell mag eine MdE einen ersten Anhaltspunkt geben.

2005 Eine MdE bis 20 % kann kompensiert, d. h. durch angepasstes Verhalten ausgeglichen werden. Eine Arbeitsunfähigkeit scheidet dann – wie das *KG*[262] sagt – aus, mithin soll dann deshalb ein Erwerbsausfallschaden nicht durchzusetzen sein.

2006 Bei aus medizinischer Sicht fortbestehender Arbeitsunfähigkeit bleibt es dem Verletzten unbenommen, vorfristig eine Beschäftigung wieder aufzunehmen, soweit ihm dies in tatsächlicher Hinsicht möglich ist und wenn der Betroffene „Angst hat", den Ausbildungsplatz zu verlieren, wenn die Stelle nicht ab Beginn der Ausbildung wahrgenommen wird.[263]

2007 Die **Dienstunfähigkeit** richtet sich spezifisch nach den Regeln des öffentlichen Dienstrechts, s. Rn. 2071.

2008 Die Arbeitsunfähigkeit und die Dienstunfähigkeit sind im Grundsatz einheitlich für die Tätigkeit festzustellen, zu deren Leistung der Arbeitnehmer oder der Beamte nach ihrem Arbeits- bzw. Dienstverhältnis verpflichtet sind.

2009 Zum Erwerbsschaden verhält es sich insofern in gewisser Weise ähnlich wie zur Berufsunfähigkeit im privatversicherungsrechtlichen Sinn, die ebenfalls nicht die Beeinträchtigung der allgemeinen Leistungsfähigkeit meint, sondern die gesundheitliche Beeinträchtigungen in einer konkreten Berufsausübung, und für die ebenfalls das konkrete Arbeits(um)feld des Betroffenen mit den konkreten Anforderungen hinterfragt werden muss.

---

261 Mit dem gewöhnlichen Lauf der Dinge bzw. den besonderen Umständen legt das Gesetz den Bezugspunkt des von der Schädigerseite ggfs. zu führenden Gegenbeweises fest.
262 *KGR* 2006, 572 = SVR 2008, 13.
263 So *OLG Brandenburg* VRR 2007, 345.

4 *Erwerbstätigkeit (Erwerbsschaden)*

2010 Bei einer Restarbeitsfähigkeit ist der Unterschied zu der persönlichen Situation ohne das haftungsbegründende Ereignis[264] entscheidend.

2011 ▶ Inwiefern ggfs. andere Tätigkeiten übernommen werden müssen, ist eine Frage der Schadensminderungspflicht. ◀

2012 Die **Wiedereingliederung** (§ 74 SGB V) ändert an dem Begriff der Arbeitsunfähigkeit nichts. Das Wiedereingliederungsverhältnis ist Rechtsverhältnis sui generis, welches für sich gesehen keine gesonderte Entgeltfortzahlungspflicht[265] begründet. Gegenstand der Tätigkeit des Wiedereinzugliedernden ist nicht die ursprüngliche Leistung aus dem Dienstverhältnis, sondern ein aliud.[266]

2013 Die Schadensersatzklage ist nur **schlüssig**, wenn dargelegt wird, dass und inwieweit die verletzte Person die Tätigkeit nicht in der bisherigen bzw. in der konkret geplanten Ausgestaltung ausüben, dieser Tätigkeit nicht mehr in der konkreten Art und Weise nachgehen kann.

2014 Die betroffene Person hat zu beweisen, dass sie nach einem Verkehrsunfall an der von ihr in Aussicht genommenen Berufschance infolge des Unfalls und nicht in Folge einer davon unabhängigen Vorschädigung, dem ein Jahr vor dem Unfall erlittenen Schlaganfall, gehindert worden ist.[267] Darauf zielen die Behauptung und der Gegeneinwand, dass die Verletzung den bestehenden, vorhandenen Zustand nicht ungünstig beeinflusst habe, die Arbeitsfähigkeit gar nicht mehr verschlechtert habe.

2015

Gegenstand des Nachweisgebotes i. S. d. § 286 ZPO	Erleichterungen zur Darlegung i. S. d. § 287 ZPO	Fundstelle
Leichte Distorsion der Halswirbelsäule („HWS-Beschleunigungstrauma II. Grades")	Psychisch bedingte Folgewirkungen, Arbeitsunfähigkeit	*OLG Celle* NJW-RR 2004, 1252
HWS-Verletzung	Erwerbsschaden	*OLG Koblenz* NJW 2004, 1186
Körperverletzung	Einschränkung der Leistungsfähigkeit im Haushalt	
Körper-, Unfallverletzung	Fortkommensschaden, immaterielle Nachteile	*BGH* NJW-RR 1989, 606
(Abgeheilte) Primärverletzung	Psychische Erkrankung, Erwerbsunfähigkeit	*OLG Köln* VersR 1998, 1247

2016 Ein entgangener Verdienst, der nur durch Verletzung eines gesetzlichen Verbotes erzielt worden wäre, ist nicht ersatzfähig[268], weil die betroffene Person nicht als Schadensersatz den Gewinn erhalten darf, den andere gesetzliche Vorschriften verhindern wollen, s. auch Rn. 2199.

2017 Zum Erwerbsausfall konkretisiert § 843 BGB Art und Weise sowie die Form der Ersatzleistung als Rente oder Kapital. Zeitgrenzen folgen der materiellrechtlichen Basis des Ersatzanspruchs, Rn. 1285 ff.

2018 Fehlen Abschlagszahlungen auf den Ersatz zum Verdienstausfall, hat die verletzte Person ohne Verzug des Schädigers Anspruch auf Ausgleich von Kosten des Kredits, wenn nur dadurch der Lebensunterhalt zu finanzieren ist; zur einstweiligen Verfügung s. Rn. 1139.

---

264 Zur Bemessung der unfallversicherungsrechtlichen Entschädigungsleistung sind ein anspruchsmindernder Vorschaden (die Vorminderung) oder/und ebenso ein Nachschaden Teilaspekt der Erfassung der zu berücksichtigenden MdE und kein Kausalitätsproblem; s. auch Rn. 1728.
265 Ein Anspruch auf Arbeitsentgelt während stufenweiser Wiedereingliederung besteht im Fall der Einigung des Arbeitgebers mit dem Arbeitnehmer. Andernfalls wird Krankengeld gezahlt.
266 *OLG Celle* v. 15.03.2007, 20 U 58/06.
267 *BGH* VersR 1987, 179 = NJW 1987, 442 = DAR 1987, 56.
268 *BGHZ* 67, 119, 122; 75, 366, 368; 79, 223, 231; VersR 1986, 596 = NJW 1986, 1486.

Das Prognoserisiko zu Änderungen beim Erwerb trifft den Schädiger. 2019

Leistungen nach dem Entgeltfortzahlungsgesetz bedeuten den Übergang der Ersatzforderung wegen des Verdienstausfalls hinsichtlich der ersten 6 Wochen (§ 3 Abs. 1 EFZG) auf den Arbeitgeber, § 6 EFZG[269], Rn. 1547, 2034, 2317 ff. 2020

Das Tagegeld aus einer privaten Krankenversicherung nimmt wegen des Charakters als Summenversicherung keinen Einfluss auf die Ersatzpflicht des Schädigers zum Verdienstausfall.[270] 2021

Inwiefern ein **Rentenschaden** zu ersetzen ist, ist eigenständig zu ermitteln; Rn. 2309 ff. 2022

1. Erwerb und Erwerbsplan

Der Erwerbsschaden bezieht sich auf die wirtschaftlichen Nachteile in Folge der Beeinträchtigung der Arbeitskraft. Über konkrete Erwerbseinbußen hinaus ist zu Erwerbsaussichten, der Beeinträchtigung einer beruflichen Entwicklung, die Verzögerung des Eintritts in das Erwerbsleben, den Verlust von beruflichen Aufstiegschancen Schadensersatz zu leisten. Trennscharf ist zwischen Nachteilen für den Erwerb und für das Fortkommen, dies zu verstehen als berufliche, wirtschaftliche Entfaltung des Individuums, nicht abzugrenzen. Letztlich nimmt der Fortkommensschaden als Folgeschäden solche Beeinträchtigungen auf, die das Vermögen ähnlich wie bei der Beeinträchtigung hinsichtlich des Erwerbs treffen. 2023

Die Beeinträchtigung, die Minderung oder der Wegfall der Arbeitskraft führt nach Ansicht des *BGH*[271] nicht unmittelbar zu einem Vermögensnachteil. Die fremdverursachte Störung der Arbeits(-kraft) und/oder (Arbeits-)Zeit legitimiert allein keinen Ausgleichsanspruch und zwar weder zur Leistungsfähigkeit auf dem allgemeinen Arbeitsmarkt noch zur Arbeit im Haushalt oder angesichts der Belastung einer eigentlich als von Arbeit frei geplanten Zeit. 2024

Ob die Ersatzfähigkeit **vereitelter** vermögenswerter **Erwerbsaussichten** in § 249 BGB angelegt ist und § 252 Satz 1 BGB dies klarstellt oder § 251 BGB aushilft, bleibt theoretisch. Die vermögensrechtliche Relevanz des (wahrscheinlichen, § 252 Satz 2 BGB) Einsatzes der Arbeitskraft erschließt sich jedenfalls über die Sondernorm des § 842 BGB und die Parallelnormen. 2025

Für die verletzte Person muss in Folge der Verletzung als negative Bilanz zwischen dem hypothetischen, angestrebten, vereitelten Soll-Zustand und dem realen Ist-Zustand (Rn. 517, 2043) eine **konkrete Vermögenseinbuße** gegeben sein.[272] 2026

▶ Die Zeit, in der eine Arbeitskraft genutzt werden kann bzw. könnte, trägt für sich gesehen (abstrakt) keinen Vermögenswert in sich selbst. Einen abstrakten Erwerbsschaden oder auch nur einen abstrakten Mindestschaden[273] für die Beeinträchtigung, die Minderung oder den Ausfall der Arbeitskraft, erkennt die Rechtsprechung nicht an. ◀ 2027

▶ Der Erwerbsschaden ist an dem **Entgelt** für die Arbeit bzw. dem wirtschaftlichen Erfolg (Rn. 2202, 2351) **oder** am **Wert** der Arbeitsleistung **orientiert**. Die verletzte Person hat als Schadensersatz **so viel** zu erhalten, **wie** sie **ohne** das **haftungsbegründende Ereignis** erzielt hätte. ◀ 2028

---

269 *LG Köln* DAR 2008, 388.
270 *OLG Celle* NJOZ 2004, 3950.
271 *BGHZ* 54, 55 = VersR 1970, 766; VersR 1977, 282; VersR 1995, 422 = NJW 1995, 1023 = DAR 1995, 248.
272 *BGH* VersR 1965, 489; 1968, 396; 1977, 130; 1978, 1170; 1984, 639.
273 Der abstrakte Ausgleich durch die gesetzliche Unfallversicherung begünstigt bei teilweiser Minderung der Erwerbsfähigkeit häufig die betroffene Person, die bei Wiederaufnahme der Arbeit zu gleichen oder ähnlichen Bedingungen wie vor dem Unfall bei einer MdE unter 50% nicht selten durch die Versicherungsrente und den aktuellen Verdienst ein höheres Einkommen als ohne die Beeinträchtigung erreicht.

2029 Dem im Unfallzeitpunkt Arbeitslosen, bei dem nicht davon ausgegangen werden kann, dass er während der Zeit seiner unfallbedingten Arbeitsunfähigkeit in eine Arbeitsstelle hätte vermittelt werden können, entsteht kein konkreter Verdienstausfallschaden.[274]

2030 Steht fest, dass durch die verletzungsbedingte, zurechenbare Entwicklung einem betroffenen Unternehmer ein zu erwartender Gewinn entgangen ist oder entgeht, drücken die Kosten für eine („fiktive") Ersatz-(Hilfs-)Kraft nicht den zu ersetzenden Schaden aus.

2031 ▶ Der pauschalierte Mindestersatz, Rn. 1061, 2414 ff., und vor allem die pauschalierende Schadensberechnung (Rn. 1305 ff., 1049 ff., 2076 ff., 2641 ff.) sind vom unstatthaften abstrakten Ausgleich zu unterscheiden. Stets sind Indizien auszuwerten. ◀

2032 Der konkrete Erwerbsschaden umfasst alle wirtschaftlichen Beeinträchtigungen aus dem vom Schädiger zu behebenden Mangel der vollen Einsatzfähigkeit der Person.

2033 Ein solcher Ausfallschaden zeigt sich im teilweisen oder vollständigen Verlust von Arbeitseinkünften, d. h. Mindereinkünften oder dem Wegfall von Einkünften bei vorhandener Vertragsgrundlage und auch in Form des Ausfalls wahrscheinlich zu erwartender Einkünfte.

2034 Ein solcher Schaden zeigt sich zudem, wenn, weil und soweit der Betroffene seine Arbeitskraft verletzungsbedingt nicht verwerten bzw. nicht mehr „umsetzen" oder einsetzen kann; zu handwerklichen Tätigkeiten vgl. Rn. 2418 ff., zur Hausarbeit Rn. 2441 ff. Er zeigt sich des weiteren normativ in Fällen, in denen der Verletzte während einer Arbeitsunfähigkeit das zu erwartende Entgelt (trotz Ausbleibens der Arbeit) weiter bezieht oder er vom Arbeitgeber, Dienstherrn oder Sozialversicherungsträger Leistungen mit Lohnersatzfunktion erhält. Solche Entgeltfortzahlung soll dem Schädiger nicht zugute kommen.

2035 Reale Kosten bei Beschäftigung einer Ersatz- oder Aushilfskraft (Rn. 2389, 2537 ff.) können beim Freiberufler oder Gewerbetreibenden bzw. dem Unternehmer einen Anhaltspunkt für die gebotene Schätzung des Erwerbsschadens geben.[275]

2036 Beim verletzten Arbeitslosengeldempfänger, der wegen einer Körperverletzung dem Arbeitsmarkt nicht zur Verfügung steht, ist der Wegfall des Arbeitslosengeldes ein normativer Erwerbsschaden, wenn er stattdessen Leistungsfortzahlung bei Arbeitsunfähigkeit (§ 126 Abs. 1 Satz 1 SGB III) erhält.[276] Der Sache nach wird das Arbeitslosengeld insofern nicht – wie in den anderen Zeiten – wegen der Arbeitslosigkeit trotz Arbeitsfähigkeit gezahlt, sondern wegen einer während der Arbeitslosigkeit eintretenden unverschuldeten (kurzzeitigen) Arbeitsunfähigkeit. Der *BGH* betont dazu: „Der Verlust der Arbeitslosenunterstützung ist daher im weitesten Sinne als Erwerbsschaden anzusehen." Dieser Gedanke ermöglicht es, den Anspruch des Verletzten als i. S. d. § 116 Abs. 1 Satz 1, Abs. 10 SGB X auf die Bundesagentur für Arbeit übergegangen zu erachten.

2037 Wer seinen Lebensunterhalt und – aufwand mit Einkünften aus **Kapitalvermögen**, nach einem Erbfall oder Lotteriegewinn oder aus anderen Gründen, auch angesichts des Ertrags der eigenen Arbeitsleistung zuvor, oder aus **Vermietung/Verpachtung** bestreitet und durch eine körperliche Verletzung daran nicht gehindert wird, hat **keinen Erwerbsschaden**. Andernfalls würde doch der abstrakten Kraft zur Arbeit oder zur Mitarbeit zugunsten anderer Personen, die nicht realisiert worden ist und auch künftig nicht eingesetzt werden sollte, schadensrechtlich ein Vermögenswert zugeordnet (Rn. 2026). Wer seinen Lebensunterhalt aus Vermögenseinkünften (Erträgen seines Vermögens) bestreitet, hat aber dann einen Erwerbsschaden, wenn und soweit er verletzungsbedingt real daran **gehindert** ist[277], z. B. durch Kauf oder Verkauf von Wirtschaftsgütern für ihn günstige **Vermögensdispositionen** zu treffen.

---

274 *BGH* NJW 2008, 2185 = VersR 2008, 824.
275 *OLG Koblenz* VersR 1991, 194 = ZfS 1991, 120.
276 *BGH* NJW 2008, 2185, VersR 2008, 824.
277 Im konkreten Fall verneinend *OLG Saarbrücken* VersR 2000, 985; s. aber *LG Kiel* DAR 2004, 96.

Die betroffene Person muss konkret in der Ausübung ihrer Arbeit oder an der Verwertung der **2038**
Arbeitskraft, geschäftsspezifisch oder greifbar tätigkeitsbezogen beeinträchtigt sein. Es muss ein
sonst zu erwartender wirtschaftlicher Gewinn nicht (mehr) mit herbeigeführt werden können oder
es muss zu einer reduzierten Arbeitsfähigkeit kommen, ohne dass die unselbstständige Aktivität
auf der Basis des Gewinnausfalls bei einem Beschäftigungsbetrieb auszugleichen ist.

Wer nach dem Haftungsereignis **dasselbe Arbeitsgebiet** (mit gleichen Einkünften) wie zuvor **aus- 2039
zufüllen** vermag und von seinem Arbeitgeber ohne Verlust von Aufstiegschancen in gleicher Stellung weiter beschäftigt wird, hat wegen der abstrakt bleibenden Minderung der Arbeits-, Berufs-
und Erwerbsfähigkeit keinen Erwerbsschaden, und zwar selbst dann nicht, wenn er dauerhaft
behindert ist; s. auch Rn. 377 und Rn. 2061 ff. Diese Situation steht normativ der Gehalts-, Entgeltfortzahlung nicht gleich. Dort ist ein Ausfall bis zu dem Zeitpunkt zu verzeichnen, in dem der
Verletzte wiederhergestellt ist und seinen Arbeitsplatz wieder ausfüllen kann. Hier geht es dagegen um Folgen der Tätigkeit einer beeinträchtigten, behinderten Arbeitskraft, die den Arbeitgeber
oder Dienstherrn bzw. den Betriebsinhaber als nicht anspruchsbefugte Personen mittelbar betreffen. Dies gilt auch, soweit die behinderte Person nicht in gleicher Zeit das Arbeitsergebnis einer
nicht behinderten Person erbringen kann. Das Ergebnis bzw. Produkt der Arbeit(szeit) schützen
§§ 842, 843 BGB für die mittelbar von dem haftungsbegründenden Ereignis berührte Person nicht,
selbst wenn sie allein und unmittelbar von den wirtschaftlichen Folgelasten betroffen ist.

Der Vorschuss des Arbeitgebers in Höhe des der Erwerbsminderung entsprechenden Teils des **2040**
Gehalts mit einem Rückforderungsvorbehalt für den Fall, dass kein Regress gegen den Schädiger
möglich ist, ändert am Schaden(seintritt) nichts.[278] Nicht anders verhält es sich bei sonstigen
Fremdleistungen (durch den Arbeitgeber oder Dritte) aus sozialen oder karitativen Gründen, die
den Schädiger nach dem Gedanken des § 843 Abs. 4 BGB nicht entlasten. Ohnehin wird der
Schädiger nicht durch die gesetzlich angeordnete oder die vertraglich vereinbarte Fortzahlung des
Entgelts bei Krankheit und/oder Arbeitsunfähigkeit frei.

Freiberufler bzw. Gewerbetreibende, Selbstständige können nach der hier vertretenen Ansicht in **2041**
einem Gesellschafts-, Sozietätsvertrag nicht im Voraus für den Fall der Arbeitsunfähigkeit auf
einen bestimmten Teil des Gewinnanteils mit der Folge verzichten, dass der Schädiger den so vertraglich festgelegten Gewinnanteil als Erwerbsschaden zu übernehmen hat. Eine negative Tätigkeitsvergütung mit Zeitbezug oder ohne gibt es zivil-, gesellschaftsrechtlich nicht. Indiziell wird
eine solche Festlegung für den maßgebenden Gewinnausfall (Rn. 2352) aber auszuwerten sein.
Absprachen im Sinne einer fürsorglich getragenen Entgeltregelung, die dem Schädiger nicht
zugute kommen sollen, sind nur zu beachten, wenn sie zugleich in Fällen der Eigenverletzung
anzuwenden wären. Andernfalls würde vertragsrechtlich im Voraus ein wirtschaftlicher Nachteil
zu Lasten eines Dritten konstruiert durch die Aufsplittung in einen Entlohnungsteil für den Fall einer
Fremdschädigung bei Weiterbeschäftigung und einen Zuschlag aus sozialer Fürsorge. Es kann
auch nicht für den Fall einer Fremdschädigung eine Sonderregel zur Entlohnung fingiert werden.
Der nachträgliche Verzicht auf Rückzahlung eines sozial bestimmten Entgeltteils, zu dem angesichts der Behinderung abstrakt eine Arbeitswertigkeit zugrunde gelegt wird, wäre ebenfalls eine
unzulässige Schadensmanipulation. Nichts anderes gilt zu einer als Zuwendung bezeichneten
Entgeltlösung seitens eines Dienstherrn oder Arbeitgebers. Dass die Zuwendung nur die Eigenverletzung ohne Beteiligung und Einstandspflicht eines Dritten erfassen soll, nicht aber haftungsbegründend verursachte Beeinträchtigungen, ist schadensrechtlich ausgerichtet und so nicht durchzusetzen.

---

278 *LG Freiburg* VersR 1988, 937.

Erwerbstätigkeit (Erwerbsschaden)

Berechnung des Erwerbsschadens

2042 Den Erwerbsschaden zeigt der **Vergleich zwischen den Einkünften**[279] bzw. den Vermögenslagen einerseits für die Situation angesichts der verletzungsbedingt unmöglichen (aufgegebenen) oder eingeschränkten Tätigkeit und andererseits für die reale Lage bzw. angesichts der (zumutbarerweise noch) ausübbaren (ausgeübten) Tätigkeit. Vereinfacht formuliert ist dies der Unterschied zwischen den früheren Einkünften (weil sie die künftigen sind) und den Einkünften aus der ersatzweise aufgenommenen Tätigkeit andererseits.

2043

SOLL = WÄRE = HÄTTE: Unbeeinträchtigt, ggfs. nach Prognose hypothetisch erzielbare Einkünfte aus nichtselbstständiger Arbeit auf Basis der leistbaren Arbeitszeit bzw. voraussichtlich erzielbarer zeitanteiliger Gewinn des Selbstständigen oder auch unbeeinträchtigter Zeiteinsatz im Haushalt.	2.012 €/ Monat	52,00 Std/Wo
		9,00 €/Std *Geldwert*
		2.012 €/ Monat *Monatswert, hier berechnet mit Multiplikator bzw. Umrechnungsfaktor 4,3; beachte dazu Rn. 1949, 2617, 2661.*
abzüglich IST: Reale Einkünfte bzw. tatsächliches Monats- oder Jahresbetriebsergebnis bei Einsatz der verbliebenen Arbeitskraft bzw. leistbarer Zeiteinsatz oder entsprechende hypothetische Werte aufgrund Prognose der zukünftigen Verhältnisse – ggfs. verstanden als Vorteilsausgleich oder als Ergebnis der Wahrung der Obliegenheiten zur Schadensminderung.	600 €/ Monat	15,50 Std/Wo *z. B.: 29,81 % MdH; vgl. Rn. 2566, 2567.*
		600 €/ Monat *Monatswert ermittelt durch Umrechnung über Geldwert unter Heranziehung des Multiplikators.*
sowie abzüglich „fiktives" bzw. hypothetisches IST: Bei Wahrung der Obliegenheit zur Schadensminderung erzielbare bzw. erreichbare Geldbeträge, die real aber nicht erzielt sind.	55 €/ Monat	1,40 Std/Wo
		54 €/ Monat *Monatswert ermittelt durch Umrechnung wie zuvor.*
ergibt ersatzfähigen Verdienstausfall zum fraglichen Zeitabschnitt als monatlichen oder ggfs. jährlichen Verdienst- oder Gewinnausfall, ggfs. über das ersatzfähige Arbeitszeitdefizit, z. B. als mtl. Rentenanspruch i. S. d. §§ 842, 843 BGB (gerundet).	1.357 €/ Monat	35,10 Std/Wo
		1.358 €/ Monat *Monatswert ermittelt durch Umrechnung wie zuvor.*

---

279 Beachte *BGH* NJW-RR 1992, 1050 = VersR 1992, 886 = DAR 1992, 301 = NZV 1992, 313.

Beispielrechnung zum Ausfall eines Jahreseinkommens[280]: 2044

  2.423,17 € Nettoeinkommen monatlich
 29.078,04 € Nettoeinkommen jährlich
   440,00 € ersparte jährliche Fahrtkosten, vgl. Rn. 2147 ff., 2237 ff.
   120,00 € ersparte jährliche Kosten für Arbeitskleidung, vgl. Rn. 2151, 2152, 2240.
 28.518,04 € Verdienstausfall
       Abzüglich Fremdleistungen (bei Forderungsübergang):
 18.657,55 € Drittleistung der Agentur für Arbeit
  9.860,49 € Eigener Differenzschaden der betroffenen Person

Sonst nicht erzielte Einkünfte sind nach Maßgabe der Regeln zum Vorteilsausgleich (Rn. 662 ff.) gegen- bzw. anzurechnen. Auf ein- und denselben Zeitraum wirkt sich ggfs. aus, dass der Willensentschluss einer verletzten Person zur weiteren Gestaltung des Erwerbslebens an der Zurechnung eines Nachteils nichts (Rn. 336) ändert. 2045

Mithaftung, Schadensminderung und Vorteilsausgleich

Bei einer Mithaftung betr. den Anspruchsgrund ist die Quotierung erst nach der Berechnung zum SOLL, IST und VORTEIL durchzuführen. Es gelten die allgemeinen Regeln zur Berücksichtigung eines Vorteils, Rn. 729; 732. 2046

Das Verständnis zum Erwerbsschaden fordert rechnerisch, auch eine auf die Arbeitskraft bezogene Obliegenheitsverletzung vor der Quotierung wegen der Mithaftung zum Haftungsgrund zu berücksichtigen. Dann wird der auf der Grundlage des § 254 Abs. 2 BGB mindernd einfließende Betrag nur verringert um den Eigenanteil wegen der Mithaftung zum Grund in Abzug gebracht. Dies wird dem Bezugspunkt der Schadensminderungspflicht gerecht. Eine Minderung nach Quotierung betr. den Haftungsgrund würde dagegen den Bezugspunkt der Obliegenheit verschieben. 2047

▶ Die Einordnung des mit der beeinträchtigten Arbeitskraft erzielten Verdienstes als IST statt als VORTEIL oder die Zuweisung einer Ersparnis (Rn. 2150) zum SOLL (= Wäre = Hätte) statt zum VORTEIL darf die Berechnung des Schadens nicht beeinflussen. Ob ein Nachteil als Schaden oder als rechnerischer Zwischenwert verstanden wird, ist dann rechnerisch gleichwertig. ◀ 2048

Auf dem aus Rechtsgründen unzutreffenden Berechnungsweg (beachte Rn. 731 und 732 gegenüber Rn. 3200 ff.) kommt es unter bestimmten rechnerischen Voraussetzungen auf eine Mithaftung bei der Schadensentstehung nicht an. Die Billigkeitsrechtsprechung zum Unterhaltsausfall ist aber schon in sich fraglich, jedenfalls darf zum Erwerbsausfall nicht nur entweder der Vorteil oder die Mithaft mindernd einfließen und zwar je nach dem Verhältnis des Vorteils zum Soll: Liegt dieses Verhältnis über dem Mithaftanteil würde der Vorteil kürzen, wenn eine Verrechnung akzeptiert werden würde. Liegt dieses Verhältnis darunter, würde der Mithaftanteil kürzen (Mithaftbetrag). Das hängt damit zusammen, dass dann erst quotiert und dann nach dem Ist bzw. Vorteil im Zahlenvergleich mit der Höhe des Mithaftbetrags gefragt wird. Wird jedoch erst die Differenz gebildet (zwischen Soll und Ist bzw. Vorteil) und anschließend quotiert, zeigen sich andere Abläufe. Da dann das Ist bzw. der Vorteil bereits anteilig eingeflossen ist, kann sich ein positiver, zusätzlicher Vorteil rechnerisch nicht ergeben. 2049

Zeitbezug und Zeiträume

Jeder Erwerbsschaden hat einen **Zeitbezug**, zum Endzeitpunkt wegen der zeitlichen Grenzen der Arbeits-, Erwerbstätigkeit, Rn. 1285 ff., von vornherein aber dadurch, dass jedenfalls bei abhängiger Beschäftigung und bei der Hausarbeit die Arbeitskraft, ihr Ertrag und die Zeit (der Zeitauf- 2050

---

280 Nach *OLG Schleswig* NJW-RR 2004, 599 zu § 252 BGB i. V. m. §§ 2, 7, 8, 15 StrEG.

Erwerbstätigkeit (Erwerbsschaden)

wand) in Wechselbezug stehen. Auch bei Selbstständigen, für die auf den Gewinnausfall abzustellen ist und nicht (direkt) auf die Arbeitszeit, sind Gewinn und Zeit wechselbezüglich, zur Gewinnphasenverschiebung beachte Rn. 2402 ff.

2051 Das herkömmliche Entgeltsystem knüpft an feste (wöchentliche, monatliche) Arbeitszeiten an. Die modernen Entgeltssyteme verlangen zum Teil Antworten, die mit Blick auf altbekannte Fragen gegeben werden können, Rn. 2217 ff.

2052 Unterschiedlich hohe Einkünfte in verschiedenen **Zeiträumen** sind jedenfalls nicht direkt zu saldieren und schon gar nicht über Jahre, auf die Lebenseinkünfte hin, wenn auf den konkreten Zeitbezug des Erwerbs und der Erwerbsbeeinträchtgung geachtet wird.

2053 **Berechnungsbeispiel:**

Tag des Haftungsereignisses	WÄRE (wirtschaftliches Ergebnis in unbeeinträchtigter Lage)	IST (erzielte oder erreichbare Einkünfte)	Minderverdienst	
1. Monat danach	0,00	500,00	kein Nachteil	-500,00
2. Monat danach	2.200,00	500,00	1.700,00	1.700,00
3. Monat danach	2.200,00	1.000,00	1.200,00	1.200,00
4. Monat danach	2.200,00	2.500,00	kein Nachteil	–300,00
5. Monat danach	2.200,00	2.500,00	kein Nachteil	–300,00
6. Monat danach	2.200,00	2.500,00	kein Nachteil	–300,00
Differenzschaden als Summe der ungünstigen Monatsergebnisse:				2.900,00
Beim Vergleich der jeweiligen Salden	11.000,00	abzgl. 9.500,00	**zeigt sich jedoch ein Differenzschaden von nur:**	1.500,00

2054 Den im Vergleich mit dem geplanten Berufsweg bei längerer Ausbildung **vorzeitig** angefallenen **Verdienst** vom ausgefallenen höheren Verdienst (als Wäre-Verdienst) abzuziehen, folgt dem Maßstab der entgeltorientierten Verdienstdifferenz (Rn. 2042), bedarf aber zusätzlich der Zeitorientierung, beachte Rn. 2137.

2055 Im Sinne der Saldierung hat das *OLG Köln*[281] einem nach der Verletzung in 2 Jahren real erzielten Verdienst in Höhe von 38.876,99 DM den in dieser Zeit ohne die Verletzung hypothetisch zu erwartenden Verdienst in Höhe von 35.770,50 DM gegenübergestellt und so keinen Minderverdienst gefunden, sondern den Mehrverdienst herausgestellt. Hätte das *OLG* jedoch den SOLL/IST-Vergleich monatlich durchgeführt und nicht auf den Zwei-Jahres-Saldo beschränkt, hätte sich innerhalb der Gesamtzeitspanne zu 12 Monaten ein Minderverdienst errechnet. Ein Mehrverdienst in der Zeit danach hat dem Schädiger nach der hier vertretenen Ansicht (mangels zeitlicher Kongruenz) nicht zugute kommen dürfen, Rn. 662 ff, s. auch Beispiel 1 in Rn. 2137.

2056 Gewinnphasenverschiebungen dehnen die Ersatzberechtigung nicht aus, Rn. 2402. Eventuell vorstellbare Gewinne in künftiger Zeit sind nicht dafür heranzuziehen, den zeitbezogen konkret ermittelten Verdienstausfall zu erhöhen.

---

[281] VersR 1998, 507.

Erwerb und Erwerbsplan **4**

Sind für einen bestimmten Zeitraum Rentenansprüche rechtskräftig zuerkannt worden, hat dies keine Rechtskraftwirkung[282] dahin, dass für andere, zukünftige Zeiträume eine ähnliche Höhe anzunehmen ist. Ist ein bestimmter monatlicher (Rn. 2208) Verdienstausfall zuerkannt und nicht angefochten worden, kann das Berufungsgericht gleichwohl eine deutlich höhere Ausgangssumme für die Schadensberechnung zugrundelegen.[283] Es darf nur keinen höheren Ausfall zusprechen (zu § 308 ZPO Rn. 1313).   2057

Folgeschäden

Beim Ausfall der Arbeitsleistung sind über einen Verdienstausfall (i.e.S.) hinaus unmittelbare, typische, nicht vermeidbare bzw. angemessene, wirtschaftliche Folgelasten, z.B. Kosten der erfolgversprechenden Umschulung mit dem Prognoserisiko zu Lasten des Schädigers (Rn. 2178 ff.) – soweit diese nicht zum Mehrbedarf zu rechnen sind, Rn. 1875 – oder z.B. nutzlos gewordene fixe Kosten beim Selbstständigen, Rn. 2353, auszugleichen.   2058

▶ Zum Erwerbsschaden ist alles zu rechnen, was beruflich notwendig, mit einer Arbeitsleistung im engeren Sinn verbunden ist und nicht die immaterielle private Lebensführung und -gestaltung betrifft; vgl. Rn. 335 ff. Erfasst wird die Beeinträchtigung der aktuellen Erwerbssituation und – über den Begriff Fortkommen zudem – jede künftige Beeinträchtigung der beruflichen Entwicklung mit den (konkreten) wirtschaftlichen Auswirkungen; beachte Rn. 2076 ff. ◀   2059

Ein durch eine (erst) nach dem Haftungsereignis geänderte Lebensplanung bedingter, ausschließlich[284] von einem Versorgungsgedanken bestimmter und damit unmittelbar verbundener Aufwand (Fahrtkosten, Kosten von Bewerbungen, Umzugskosten) ist freilich nicht als Erwerbsschadensfolge zu ersetzen.   2060

Folgelast und -vorteil beim Arbeitgeber oder Dienstherrn

Die wirtschaftliche Folgelast für Dienstherrn und Arbeitgeber bei Weiterbeschäftigung der verletzten Person bleibt ein mittelbarer Vermögensschaden, den die Rechtsordnung im Verletzungsfall nicht für ersatzfähig erklärt. Nur der Gesetzgeber vermag dies zu ändern, indem er an die abstrakte Minderung der Arbeitsfähigkeit eine Ersatzberechtigung des Dienstherrn oder Arbeitgebers knüpft.   2061

Das *LG Düsseldorf*[285] glaubt, über das Ergebnis einer Beweisaufnahme den wirtschaftlichen mittelbaren Schaden des Arbeitgebers zugunsten einer leistungspflichtigen Berufsgenossenschaft für erstattungsfähig halten zu können. Das *LG* meint-, dass bei der Weiterzahlung des „vertragsgerechten" Entgelts über rund 7 Monate hin „zumindest in Höhe von 20%" eine freigebige Leistung des Arbeitgebers vorgelegen habe, die seinem verletzten, bei der klagenden Berufsgenossenschaft versicherten Mitarbeiter habe zugute kommen sollen. Dazu führt das Gericht an, dass der Mitarbeiter (als Zeuge vernommen) nicht mehr in der Lage gewesen sei, die arbeitsvertraglich geschuldete Leistung zu erbringen. Eben darum geht es aber bei der nicht ersatzfähigen wirtschaftlichen Belastung des Arbeitgebers, der seinen verletzten Mitarbeiter als **Low Performer** weiter beschäftigt oder aus Rechtsgründen weiter beschäftigen muss[286]; s. auch Rn. 2039.   2062

Zum gesetzlichen **Forderungsübergang** kommt es bei **Arbeitnehmern** gem. § 6 EFZG im Umfang des Bruttoarbeitsentgelts einschließlich eines auf die Zeit der verletzungsbedingten Arbeitsunfähigkeit entfallenen Urlaubsentgelts und anteiliger Sonderzuwendungen und der vom Arbeitgeber zu tragenden Beiträge zur Bundesagentur für Arbeit, der Arbeitgeberanteile zur gesetzlichen Kranken-, Pflegeversicherung und zu Einrichtungen der zusätzlichen Alters- und Hinterbliebenenversorgung; Rn. 2317 ff.   2063

---

282 *BGH* VersR 1995, 469 = NJW 1995, 2227 = ZfS 1995, 170.
283 *BGH* NJWE-VHR 1996, 141.
284 Vgl. *OLG Hamburg* NJW-RR 1991, 1431.
285 *LG Düsseldorf* NJW-RR 2006, 1033 = VersR 2006, 1650.
286 Zu den einzelnen arbeitsrechtlichen Fragen bei unzureichender Leistung des Arbeitnehmers s. *Römermann/Haase* in MDR 2006, 853–857 und zur Schlechtleistung als Kündigungsgrund zudem u. a. *Schul/Wichert* in DB 2005, 1906-1910.

Erwerbstätigkeit (Erwerbsschaden)

2064 Der Forderungsübergang tritt im Zeitpunkt der tatsächlichen Fortzahlung des Entgelts ein. Darauf, ob der Arbeitnehmer einen durchsetzbaren Rechtsanspruch auf Entgeltfortzahlung gehabt hätte, kommt es nach einer (auch hier vertretenen) Ansicht[287] nicht an.

2065 **Ausgleichsfähig für Arbeitgeber sind:**
- fortgezahltes Bruttoentgelt,
- tatsächliche AG-Sozialversicherungsbeiträge, Beiträge zu einer zusätzlichen Alters- und Hinterbliebenenversorgung, Beiträge zu Sozialkassen des Baugewerbes (Alters-, Zusatzkasse; Beitrag an Urlaubskasse; Lohnausgleichskasse für arbeitsfreien Winter),
- Urlaubsgeld (zeitanteiliges Entgelt während Freistellung, Urlaub),
- Rückstellung für Pensionsverpflichtung unter Abtretung durch den Verletzten.

Im Falle eines Zuschlags z. B. zum Kindergeld ist eine Abtretung durch den Arbeitnehmer erforderlich.

2066 **Nicht ausgleichsfähig für Arbeitgeber:**
- Zahlungen zur Abgeltung eines konkreten, tatsächlichen Aufwands: Aufwandsentschädigung, Fahrtkostenersatz, Trennungszulage, Verpflegungsgeld;
- Winterbauumlage des AG; Schlechtwettergeldbeitrag; Beitrag zum Wintergeld, Winterausfallgeld seit 1996;
- Kosten (-pauschale) wegen Abwicklung des Schadensfalls, Besuchskosten;
- Umsatzausfall, Gewinneinbuße, Ersatzkraftkosten;
- Geschäftsunkosten, Gemeinkostenanteile wegen Arbeitsplatz;
- Haftpflichtversicherung; Innung, Kammerbeiträge,
- Umlagen für Berufsbildung, Insolvenzgeld. MuSchG u.a.;
- Lohnsummensteuer;
- Entgelt für Zusatzurlaub gem. § 125 SGB IX;
- Behindertenausgleichsabgabe;
- Arbeitsschutz, Beiträge zur Berufsgenossenschaft;
- Versorgungslasten im Allgemeinen;
- Abfindung;
- Tarifleistung an Hinterbliebene.

2067 Beim Schadensausgleich nach einem Dienstunfall ist die während der Wiedereingliederung geleistete Arbeit des Betroffenen nicht als ein durch das schädigende Ereignis verursachter Vorteil zu berücksichtigen. Denn ein anrechnungsfähiger Vorteil muss grundsätzlich in der Person des Verletzten entstehen, dessen Bereicherung durch die Anrechnung verhindert werden soll.[288] Das ggfs. wirtschaftliche positive Ergebnis der Arbeit kommt aber bei der Wiedereingliederung dem Dienstherrn zugute.

2068 Beim Arbeitgeberregress nach Abtretung durch den Arbeitnehmer kennt das *OLG Braunschweig*[289] einen Vorteilsausgleich bemessen nach der wirtschaftlichen Lage beim Arbeitgeber, verwechselt der Sache nach indessen die Frage nach einem Vermögensschaden beim Arbeitnehmer mit dem Prinzip des Vorteilsausgleichs und letztlich Grundgedanken zum Arbeitgeberregress mit dem Prinzip der Drittschadensliquidation, Rn. 699. Das *OLG* hält es für entscheidend, dass der Arbeitgeber keinen eigenen finanziellen Nachteil, keinen zusätzlichen Aufwand, keine Mehrbelastung, kein finanzielles Opfer erleidet, sondern angesichts eines Mitarbeiterrabatts durch den Verkauf des Fahrzeugs einen Gewinn erwirtschaftet, da der Verkaufspreis trotz Einräumung des Mitarbeiterrabatts über dem Herstellungspreis des Fahrzeugs liege und der zusätzliche organisato-

---
287 *OLG Koblenz* NJW-RR 1994, 864.
288 *OLG Celle* v. 15.3.2007, 20 U 58/06.
289 SP 2001, 91.

rische Aufwand für einen solchen Verkauf jedenfalls nicht höher als der Verkaufsgewinn sei – bei gleicher Höhe freilich aufgezehrt wäre, wozu das *OLG* schweigt. Im Übrigen kommt es bei der Drittschadensliquidation auf den eigenen Schaden und damit auch auf einen etwaigen wirtschaftlichen Vorteil des Dritten an. Beim Arbeitgeberregress verfolgt der Arbeitgeber indessen – ausschließlich – den Vermögensschaden des in einem Rechtsgut unmittelbar betroffenen Verletzten, nicht einen eigenen Vermögensschaden.[290]

Der (mittelbar betroffene) Arbeitgeber hat **als Mieter** (Pächter) von Gewerberäumen gegen seinen Vermieter (Verpächter) unter den Voraussetzungen des § 536a BGB einen originären Anspruch auf Ausgleich aller Vermögensbelastungen angesichts einer Erkrankung seines Arbeitnehmers, wenn dessen Erkrankung auf die mangelhafte Beschaffenheit der überlassenden Räume zurückgeht. 2069

Bei **Beamten** entscheidet über den Forderungsübergang (wegen der Leistungen bei Dienstunfähigkeit) der Zeitpunkt des haftungsbegründenden Ereignisses bzw. der Zeitpunkt des späteren Eintritts in das Beamtenverhältnis, Rn. 1535, z. B. im Fall eines Unfallausgleichs gem. § 35 BeamtVG.[291] 2070

Die **Dienstunfähigkeit** ist ein speziell beamtenrechtlicher Begriff. Vorübergehend dienstunfähig ist der Beamte, der infolge eines körperlichen Gebrechens oder wegen Schwäche seiner körperlichen oder geistigen Kräfte vorübergehend zur Erfüllung seiner Dienstpflichten unfähig ist.[292] Er ist dienstunfähig, wenn er nicht nur für das bisherige Amt, sondern auch für ein diesem nach Rang, Vor- und Ausbildungserfordernissen, Laufbahn und Endgrundgehalt gleich zu erachtendem Amt dienstunfähig ist, wobei für die Annahme der Dienstunfähigkeit hinreicht, dass zu erwarten ist, dass der Beamte die Pflichten seines konkreten Amtes im funktionellen Sinn (Dienstposten) auf absehbare Zeit nicht mehr erfüllen kann. Das gilt dann, wenn sich bei seiner Dienststelle (Beschäftigungsbehörde) keine seinem funktionellen Amt im abstrakten Sinne entsprechende Amtsstelle befindet, deren Pflichten er noch erfüllen kann und die ihm ohne besondere Schwierigkeiten übertragen werden könnte.[293] 2071

Wie im Arbeits- und Sozialversicherungsrecht lässt sich die Dienstunfähigkeit im öffentlichen Dienstrecht nicht in eine teilweise Dienstfähigkeit bzw. eine teilweise Dienstunfähigkeit aufspalten.[292] Der vorzeitig in den Ruhestand versetzte Beamte muss nicht im sozialversicherungsrechtlichen Sinne erwerbsunfähig sein, dazu bedarf es lediglich der voraussichtlich dauernden Dienstunfähigkeit. 2072

Zur mehrstündigen (verletzungsbedingten) Behandlung, die den Beamten an der Dienstleistung hindert, und ebenso für die (Warte-, Vernehmungs-) Zeit auf einer Polizeidienststelle verneint das *BayObLG*[294] die Aufhebung der Dienstfähigkeit und damit den Forderungsübergang; s. auch Rn. 1771. Denn die Dienstfähigkeit eines Beamten ist nur aufgehoben, wenn der Beamte infolge seines Gesundheitszustands zur Erfüllung der Dienstpflichten unfähig ist, nicht aber, wenn er bloß an der Ausübung des Dienstes tatsächlich verhindert ist, wie dann, wenn er sich vom Facharzt ambulant behandeln lassen muss; beachte aber Rn. 572 zum Ersatz ohne Nachweis der Rechtsgutverletzung und zum Forderungsübergang Rn. 2317. 2073

Bei stufenweiser **Wiedereingliederung** des verletzten Beamten hat der Dienstherr (z. B. gem. § 95 NBG) Anspruch auf Ersatz der vollständigen, während der Wiedereingliederung gezahlten Dienstbezüge. Die von dem Beamten während der Wiedereingliederung **geleistete Arbeit** ist nicht im Wege des Vorteilsausgleichs oder im Rahmen der Schadensminderungspflicht anzurechnen, 2074

---

290 Unrichtig insofern des Weiteren u. a. *OLG Düsseldorf* NJW-RR 1992, 164; unrichtige Bezeichnung als Schadenliquidation im Drittinteresse z. B. auch bei *AG Herford* VersR 1979, 680 unter Berufung auf BGHZ 7, 30.
291 *KG* NZV 2002, 172 = VersR 2002, 1429; *BGH* NA-Beschl. v. 4.12.2001; zur Beihilfe beachte Rn. 377, 1826.
292 *OLG Celle* v. 15.3.2007, 20 U 58/06.
293 *OLGR Schleswig* 2005, 311 = VersR 2006, 938, *BGH* Beschl. v. 13.9.2005, VI ZR 25/05.
294 VersR 1969, 759 = MDR 1969, 761 (für die Dauer der Operation wegen Meniskusverletzung am linken Knie und achtmaliger ambulanter fachärztlicher Behandlungen).

Erwerbstätigkeit (Erwerbsschaden)

Rn. 2067. Die für die dauernde Dienstunfähigkeit geltenden Regeln (§ 42a BBG, § 26a BRRG), nach denen unter bestimmten Umständen die **Arbeitszeit** entsprechend der begrenzten Dienstfähigkeit mit der Folge der anteiligen Kürzung der Bezüge (§§ 72a, 6 BBesG) **herabzusetzen** ist, sind auf die nur vorübergehende Dienstunfähigkeit nicht entsprechend anzuwenden.[295]

2075 Hinzuweisen ist darauf, dass den betroffenen Arbeitgeber bei der 3-stündigen Untätigkeit von Mitarbeitern wegen einer Betriebsunterbrechung als Folge eines deliktischen Haftungsereignisses ein „Besoldungsnachteil" (wegen der Fortzahlung der Bezüge ohne Arbeitseinsatz der Mitarbeiter) trifft, der aber kein erstattungsfähiger Vermögens(folge)schaden sein soll. Das *OLG Rostock*[296] sieht insofern nur einen frustrierten, nutzlosen Aufwand beim Arbeitgeber.

a) Nachweis der Erwerbsaussicht; Prognose

2076 Rechtlich steht es gleich, ob die Arbeitskraft vor dem haftungsbegründenden Ereignis eingesetzt oder ein Plan zur Verwendung der Arbeitskraft in der Zukunft gefasst worden ist. Wer geplant hat, seine freie Zeit künftig erwerbswirtschaftlich zu verwenden, an der Realisierung seines Planes aber gehindert wird, hat ebenso Anspruch auf Ausgleich wegen der vereitelten Gestaltung der Zukunft mit dem Beweismaß des § 287 ZPO wie derjenige, der seiner bisher ausgeübten Erwerbsarbeit nicht mehr so wie zuvor nachgehen kann. Ob die betroffene Person im Zeitpunkt des haftungsbegründenden Ereignisses einen eigenen Haushalt unterhält bzw. führt, ist deshalb z.B. für den Hausarbeitsschaden irrelevant. Es kommt nur darauf an, ob die betroffene Person ohne das haftungsbegründende Ereignis wahrscheinlich irgendwann (ggfs. wieder) einen Haushalt geführt, Kinder betreut hätte. Dann besteht dem Grunde nach ein Erwerbsschaden[297]; s. auch Rn. 565, 567, 2117 ff. Bei dem vereitelten Plan, künftig anders als bisher die Zeit zur Erzielung von Einnahmen bzw. erwerbswirtschaftlich (im Haushalt für Andere) zu verwenden, sind freilich zusätzliche tatsächliche Probleme zu bewältigen. Spezifische Ansätze aus der Vergangenheit zur Prognose für die Zukunft fehlen. Bei der Erfassung und Bemessung des Erwerbsschadens von verletzten Kindern wird dies besonders deutlich.

2077 ▶ Es genügt eine (sich im Beurteilungszeitpunkt ergebende, Rn. 567) **tatsächliche Erwerbsaussicht**. Ob auf die Erwerbseinkünfte (bereits) ein Rechtsanspruch besteht, ist nicht entscheidend. ◀

2078 Es[298] genügt, dass der Verletzte darlegt, ihm sei zeitnah vor dem Unfall der Wechsel in ein neues, höher entlohntes Arbeitsverhältnis konkret in Aussicht gestellt worden und dieser Wechsel wäre ohne den Unfall mit einiger Wahrscheinlichkeit vollzogen worden.

2079 **Einfluss auf die Einschätzung haben:**
- Veranlagung,
- Begabung,
- Fähigkeit,
- Strebsamkeit,
- Neigung,
- körperliche, geistige, seelische Entwicklung, psychische Einflüsse,
- Verhalten gegenüber der Umwelt,
- Erreichbarkeit des Abschlusses einer begonnenen Ausbildung,
- Chancen zum Berufseinstieg,
- Aufnahme einer Tätigkeit, begonnener Werdegang,

---

295 *OLG Celle* v. 15.3.2007, 20 U 58/06.
296 *OLG Rostock* NJW-RR 2004, 825.
297 *BGH* NJW 2002, 292 = NZV 2002, 114 = VersR 2002, 188 = ZfS 2002, 127 = DAR 2002, 63.
298 *OLG Köln* DAR 2002, 350 = OLGR 2002, 290.

- bisherige Einkünfte, bisheriger beruflicher Werdegang, z. B. Zeiten ohne Erwerbseinkommen beim Übergang von einer Arbeitsstelle zu einer anderen Arbeitsstelle[299] (mit der Folge eines Abschlags, Rn. 2094),
- durchschnittlicher Erfolg (Rn. 2091),
- Chancen zum beruflichen „Aufstieg", der überwiegend wahrscheinlich sein muss[300], um der Verdienstausfallberechnung zugrunde gelegt werden zu können,
- Beschäftigungsrisiko z. B. beim ungelernten, ausländischen Arbeitnehmer (Rn. 2084, s. auch Rn. 552), Konjunktur,
- Qualifikation, Stellung der nächsten Angehörigen: berufliche, soziale Qualifikation der Eltern; Entwicklung und Verhalten der Geschwister; Familientradition(?),
- eigene Aktivitäten trotz Beeinträchtigung,
- weitere individuelle Entwicklung und Entfaltung.

Die Bemessung der künftigen Erwerbsschadensrente muss (ebenso wie bei einer Mehrbedarfs- oder Unterhaltsschadensrente) hinreichend verlässlich sein. Ist die Entwicklung hinsichtlich der künftigen Einzelleistungen nach den Verhältnissen bei Urteilserlass nicht ausreichend sicher und klar zu übersehen, ist der Leistungsausspruch ausgeschlossen. 2080

Fehlt es zur Zeit des Haftungsereignisses (noch) an einer Erwerbsfähigkeit, ist stets die **Feststellungsklage** zum Erwerbsschaden für den Fall möglich, dass die verletzte Person in Zukunft einen Erwerb ausüben könnte. Strenge Anforderungen an die Aufklärbarkeit der zukünftigen Erwerbsminderung sind nicht zu stellen, Rn. 1167 ff. 2081

Für das Kind, das vor Eintritt in ein erwerbsfähiges Alter verletzt wird, kommt wegen der Unüberschaubarkeit der Entwicklung zum Erwerbsschaden häufig nur die Feststellung[301] in Betracht, aber keine Verurteilung zur künftigen Leistung i. S. d. § 258 ZPO. 2082

Beim verletzten 9-Jährigen können wegen künftig fällig werdender Erwerbsschadensrenten für die Zeit nach dem 16.- oder 18.- Lebensjahr die Verhältnisse nicht ausreichend sicher zu übersehen sein und deshalb die Leistungsklage ausgeschlossen sein. Es wird sich dann auch eine Kapitalabfindung häufig eher nicht aufdrängen. 2083

Der ungelernte Arbeiter trägt im Zweifel ein beträchtliches Beschäftigungsrisiko. Er hat Anknüpfungstatsachen dafür darzulegen, wann, wo und zu welchen Arbeitsbedingungen er ohne das Haftungsereignis (ggfs. anderweit bzw. wieder) Arbeit und Verdienst gefunden hätte.[302] Der künftige Sport-Profi hat bei einer fremdverschuldeten Verletzung Anspruch auf materiellen Ausgleich der vereitelten Perspektiven nur auf relativ gesicherter Grundlage. Trägt er vor[303], ihm sei ein vorteilhafter Vertrag entgangen, ist zunächst festzustellen, dass der Vertrag tatsächlich an den eingetretenen Verletzungen gescheitert ist. Die gegenüber dem Ehemann erklärte Absicht der seit einem oder zwei Jahren haushaltsführenden, dann verletzten Ehefrau, sie wolle im kommenden Jahr wieder eine Erwerbsarbeit aufnehmen, genügt wie das *OLG Frankfurt* ausführt[304] nicht, um zu ihren Gunsten einen Verdienstausfall hinreichend wahrscheinlich werden zu lassen. Maßnahmen, um einen solchen Plan zu realisieren, waren in jenem Fall nicht eingeleitet worden. Es fehlte schon an der Bewerbung um einen konkreten 2084

---

299 *BGH* VersR 1990, 284 = NJW-RR 1990, 286 = DAR 1990, 98 = NZV 1990, 185 = ZfS 1990, 154 (Lkw-Fahrer).
300 S. z. B. *OLG Köln* SP 2000, 336, das seine verneinende Erkenntnis auf die Aussage des Mitarbeiters der Personalabteilung des ehemaligen Arbeitgebers des Verletzten und eine fehlende Weiterentwicklung der Löhne in dem ehemaligen Tätigkeitsbereich des Verletzten gestützt hat.
301 *OLG Köln* VersR 1988, 1185.
302 *BGH* NZV 2002, 268 = BGHReport 2002, 373 (Bauhilfsarbeiter).
303 *BGH* VersR 1993, 969 = NJW 1993, 2383.
304 MDR 1995, 1012.

Erwerbstätigkeit (Erwerbsschaden)

Arbeitsplatz.³⁰⁵ Die Verletzung der Schadensminderungspflicht, z. B. bei der Pflicht, die mögliche Ausbildung später aufzunehmen, steht der Prognose zum beruflichen Werdegang entgegen.³⁰⁶

2085 Statistisches Material kann allenfalls äußerst begrenzt Aufschluss zu persönlichen Entschlüssen und zum individuellen Lebensweg geben und zwar positiv wie negativ.³⁰⁷

2086 Bei einem 23-Jährigen, der wechselnden Tätigkeiten nachgegangen und zeitweise arbeitslos gewesen ist, ist nicht schlicht darauf zu schließen, er würde ohnehin, unabhängig von seiner Verletzung und dem Haftungsereignis in der Zukunft keine Erwerbseinkünfte erzielt haben.³⁰⁸

Örtliche Verhältnisse

2087 Bei dem verletzten ausländischen Arbeitnehmer gelten zum Verdienstausfall die örtlichen Verhältnisse in Deutschland.³⁰⁹ Der Verdienstausfall ist aber nach wirtschaftlich u. U. ungünstigeren Verhältnissen des Heimatlandes zu bemessen, wenn er dorthin zurückkehrt bzw. er – bei der Einschätzung der Lage für die Zukunft – dorthin zurückkehren möchte.

2088 Wird ein in Großbritannien lebender Verletzter durch einen Verkehrsunfall in Deutschland so schwer verletzt, dass er seinen Beruf im Schuhmacherhandwerk nicht mehr ausüben kann, ist bei Ermittlung des konkreten Verdienstausfallschadens auf die Verhältnisse und Besonderheiten des britischen Arbeitsmarktes und auf die dortigen sozial- und arbeitsrechtlichen Bestimmungen abzustellen.³¹⁰

2089 Wollte der ausländische Arbeitnehmer in sechs Jahren in sein Heimatland zurückkehren, ändert er nach dem Haftungsereignis aber seinen (Lebens-)Plan und sucht er als beschränkt erwerbsfähige Person eine angemessene Versorgung, heiratet und bleibt in Deutschland, folgt dies – wertend gesehen – bloß zufällig dem Schadensereignis nach, ist aber nicht innerlich auf die Schadenshaftung bezogen. Deshalb steht die Zurechnung (vgl. Rn. 340) nicht in Frage. Die Erstattungsfähigkeit eines höheren Minderverdienstes in Deutschland könnte freilich für eingeschränkt gehalten werden, wenn der Verletzte seine spätere Ehefrau während des verletzungsbedingten Aufenthalts im Krankenhaus kennen gelernt hätte und er wegen des gemeinschaftlichen Haushalts in Deutschland geblieben wäre.

2090 Bezieht der Betroffene eine Berufsunfähigkeitsrente sowie eine Wohngeldleistung durch britische Sozialhilfeträger – ohne gesetzlichen Forderungsübergang nach britischem Recht – ist der Erwerbsschaden nicht durch Anrechnung der bezogenen Leistungen im Wege des Vorteilsausgleichs zu kürzen, wenn dem Schädiger nach den aufgrund des Tatortprinzips anwendbaren Grundsätzen des deutschen Schadensrechts die Fürsorgeleistungen nicht zugute kommen (sollen). ³¹¹

---

305 S. aber *OLG Köln* VersR 2000, 237 zur Aussicht, nach einer Zeit als angestellter Gerüstbauer und wechselhaften Tätigkeiten Aufträge als selbstständiger Gerüstbauer zu erhalten.
306 *BGH* NJW 2000, 3287 = VersR 2000, 1521 = DAR 2000, 527.
307 Vgl. z. B. die Erwägungen bei *KG* KGR 2002, 7 wie folgt: „Die Klägerin war 30 Jahre alt, hatte eine entsprechende Berufsausbildung und zehn Jahre einschlägiger Berufserfahrung, sich aus einer ungekündigten Stellung heraus bewerben können. Hiernach [das KG meint also nach diesen von ihm für arbeitsmarktrelevant gehaltenen Kenndaten] wäre ihre Bewerbung mit hoher Wahrscheinlichkeit erfolgreich gewesen. Das von der Beklagten zum Beleg für das Gegenteil vorgelegte umfangreiche statistische Material zur Entwicklung des Arbeitsmarktes in der Bundesrepublik Deutschland ist nicht geeignet, hieran Zweifel zu begründen. Die Daten beziehen sich auf den gesamten Arbeitsmarkt und weisen schwankende Arbeitslosenquoten im Land Nordrhein-Westfalen aus. Darüber hinaus besagen Statistiken zu einzelnen Branchen und Qualifikationen der Arbeitslosen nichts."
308 *BGH* VersR 1995, 422 = NJW 1995, 1023 = DAR 1995, 248.
309 Zu den relevanten örtlichen Verhältnissen beachte auch Rn. 563 ff.
310 *OLGR Celle* 2007, 551.
311 So jedenfalls *OLGR Celle* 2007, 551, obwohl der Schadensumfang des im Ausland lebenden Verletzten zur Höhe und Durchsetzbarkeit nach den Verhältnissen im Heimatstaat zu beurteilen ist.

▶ Ohne Anhaltspunkte für einen überwiegenden Erfolg oder Misserfolg ist nach der höchstrichterlichen Rechtsprechung[312] von einem durchschnittlichen Erfolg auszugehen und auf dieser Grundlage die weitere Prognose und Schätzung anzuschließen, s. auch Rn. 1311. Durchschnitt sowie „durchschnittlich" sind schadensrechtlich und i. S. d. § 287 ZPO verfahrens-, beweisrechtlich aber nicht mathematisch (logisch) zwingend im Sinne eines (arithmetischen) Mittelwerts oder als gemittelte Größe mehrerer Werte – die andernfalls aufzuklären, nachzuweisen und gegeneinander abzugrenzen wären – zu verstehen. Andererseits geht es auch nicht um einen Modus oder Modalwert als häufigsten Wert bzw. den Wert mit einer rechnerisch höchsten (größten) Wahrscheinlichkeit. Es geht eher um wertendes Erfahrungswissen, die Tatsachen, die sich kraft gewöhnlicher Lebenserfahrung zeigen (werden), einen nach Ort und Zeit gewöhnlichen Ablauf der Dinge mit dem Sinne des „Gewöhnlichen" als dem gewohntermaßen Ablaufenden, dem im Allgemeinen oder regelmäßig (lebenspraktisch gesehen) Eintretenden; beachte auch Rn. 548, 551. Für die Prognose sind Entwicklungen nach dem haftungsbegründenden Ereignis auszuwerten (Rn. 566). ◀ 2091

Verlangt ein verletzter Arbeitnehmer Ausgleich für einen entgangenen Bonus, der auf einer überdurchschnittlichen Leistung beruht, muss ihn schadensrechtlich ebenso die (Initiativ-) Darlegungs- und Beweislast treffen, wie er auch arbeitsvertragsrechtlich hinsichtlich eines solchen Vergütungselements belastet ist und arbeitsrechtlich der Arbeitgeber dann zu tatsächlich unterdurchschnittlichen Leistungen des Arbeitnehmers darlegungs- und beweisbelastet bleibt. 2092

Prognosen können auf einen monatlichen Wert ausgerichtet werden oder auch über Jahresverdienste vergleichbarer Tätigkeitsbereiche angestellt werden; s. zudem Rn. 2215, 2356, 2382. 2093

Verbleibende Risiken der Prognose sind nach Ansicht des *BGH* durch Abschläge vom ermittelten Ersatzbetrag (**„Unwägbarkeitsabschlag"**) aufzufangen Rn. 184, 2086. Ob – nur – bei verbleibenden Risiken z. B. wegen Zeiten einer Arbeitslosigkeit zum Abschlag auf das prognostizierende Lebenseinkommen[313] zu achten ist oder bei allen Prognoseproblemen, ist vom *BGH* bisher nicht geklärt. Auf welcher Stufe der Differenzbetrachtung der Unwägbarkeitsabschlag zu erfolgen hat, hat der *BGH* bisher offen gelassen. Wegen der verschiedenen Bezugspunkte der Unwägbarkeit und der rechnerisch real unterschiedlichen Auswirkungen sind Unwägbarkeits-, Korrekturfaktoren deshalb ggfs. auf ihre Gewichtigkeit zu überprüfen; Rn. 2098, 2099. 2094

Gibt es mehrere wahrscheinliche (nahe liegende) Einflussfaktoren für ein herabgesetztes oder ganz fehlendes Einkommen, ist dem Schädiger aber nur einer der Faktoren haftungsrechtlich zuzurechnen, sollte angesichts der Frage, in welchem Umfang die Schädigerseite an einem (monatlichen) Erwerbsausfall zu beteiligen ist, nach Gewicht mittels Quotierung entschieden werden dürfen.[314] 2095

Das *OLG Hamm* sieht bei Unwägbarkeiten wegen der bisherigen nicht kontinuierlichen Erwerbstätigkeit einen Abschlag von 10%[315], bei einem wechselhaften, von langen Zeiten der Arbeitslosigkeit bestimmten Erwerbsleben sogar von 40%[316] vom letzten erzielten Arbeitsentgelt vor. Bei unsicherer Arbeitsmarktlage (z. B. im Baubereich) soll von einer zeitweiligen Arbeitslosigkeit ausgegangen werden dürfen mit einem Unwägbarkeitsabschlag in Höhe von 20%.[317] 2096

Zeiten einer Arbeitslosigkeit dürfen nach dem hier vertretenen Verständnis allerdings vom Prinzip her nur zum Abschlag von einem Lebenseinkommen führen, wie es sich dann im Tötungsfall zu erreichbaren Einkünften und von daher zum Anteil an den verfügbaren Einkünften auswirken kann. 2097

---

312 *BGH* VersR 1998, 770 = NJW 1998, 1633; NJW-RR 1999, 1039 = VersR 2000, 233.
313 Beachte dazu *BGH* NZV 2002, 268 = BGHReport 2002, 373 (Bauhilfsarbeiter).
314 Zur Teilkausalität (quantitativen Teilung) vgl. *OLG Hamm* VersR 1996, 1371 (Haftung in Höhe von 30% des Aufwands).
315 *OLG Hamm* DAR 2000, 264.
316 *OLG Hamm* ZfS 2001, 406 = r+s 2001, 507.
317 *OLG Frankfurt* SP 2005, 338.

2098 Berechnungsmodell und Berechnungsbeispiele:

	Wahrscheinliche Erwerbschance	Korrekturfaktor – Unwägbarkeitsabschlag	Relevanter Erwerbsausfall mtl. anteilig (€)	Korrekturbetrag	Relevanter Erwerbsausfall jährlich (€) bzw. wahrscheinliche Jahreseinkünfte
Berechnungsvorschlag 1:					
SOLL (unbeeinträchtigter Zustand) = Nachteil als wahrscheinliche Erwerbschance	2.500,00 €/ Monat	20%	bei 12 Gehältern: 2.000,00	500,00 €	bei 12 Gehältern: 24.000,00 (€/Jahr)
Reales IST (Folge des haftungsbegründenden Vorgangs)	50,00 €				
Fiktives IST (Schadensminderungspflicht)	50,00 €				
Defizit als Schaden	2.400,00 €	oder hier: 20%	bei 12 Gehältern: 1.920,00	480,00 €	bzw. zur Basis Soll 19,20 %
Vorteilsausgleich	400,00 €				
Erstattungsfähiger Schaden	2.000,00 €	oder hier: 20%	bei 12 Gehältern: 1.600,00	400,00 €	bzw. zur Basis Soll 16,00 %
Berechnungsvorschlag 2:					
SOLL – WÄRE – Hätte	Erfahrungswerte oder wahrscheinliche Höhe bei einer Tätigkeit	Wahrscheinlichkeit des „Ob" der Tätigkeit	Wahrscheinlichkeit zum „Wie" der Tätigkeit		
Jahresverdienst Vergleichsgruppe I, Durchschnitt	40.000,00	60%	100%		24.000,00 (€/Jahr)
Jahresverdienst Vergleichsgruppe II, Durchschnitt	25.000,00	30%	20%		1.500,00 (€/Jahr)
Jahresverdienst Vergleichsgruppe III, Durchschnitt	45.000,00	10%	100%		4.500,00 (€/Jahr)
Summe Jahresverdienstchance				Mtl. bei 12 Gehältern: 2.500,00 Mtl. bei 13 Gehältern aber: 2.307,69	30.000,00 (€/Jahr)

 2099 *Die Onlineversion ermöglicht eigene Berechnungen.*

Sind wirtschaftliche Entfaltungspotenziale nicht hinreichend sicher greifbar (einschätzbar), darf die Beeinträchtigung bei der Lebensplanung jedenfalls zur Bemessung des Schmerzensgeldes nicht übergangen werden. 2100

Ist festzustellen, dass ein **Vorschaden** früher oder später vergleichbar beeinträchtigende Auswirkungen gehabt hätte, kommt ebenfalls ein prozentualer Abschlag zum Verdienstausfall in Betracht. U.U. soll sogar um 50% reduziert[318] werden können, weil und wenn ein Vorschaden früher oder später vergleichbar beeinträchtigende Auswirkungen gehabt hätte. Gelegentlich wird der Ersatzanspruch wegen Unwägbarkeiten oder unwägbarer Einflüsse auch – abweichend vom Regelfall – zeitlich begrenzt.[319] 2101

Wirken sich Vorschäden aus, fehlt es jedoch in einem entsprechenden Umfang oder zeitlich (dann vollständig) an Zurechenbarkeit. 2102

Prognosen bei Minderjährigen

Zum Erwerbsschaden i.e.S. als Verdienstausfall helfen Minderjährigen Erleichterungen zur Darlegung und Schätzung über einen durchschnittlichen Erfolg (Rn. 2091) praktisch nicht wirklich. 2103

Welche Einkünfte wie lange konkret erzielt werden können, ist von vielen Faktoren abhängig, bei in jungen Jahren verletzten Personen beginnend mit dem „Ob" zum Schul- und Ausbildungsabschluss, mit dem „Wie" eines Abschlusses als Zugangsmöglichkeit für einen Arbeitsplatz, mit dem „Ob" zu einem Arbeitsplatz, also der Erreichbarkeit einer Einkunftsquelle, und dem „Wie" und „Wie lange" eines Arbeitsplatzes, also zur Höhe und Dauer von Einkünften (einem „Was") beim Einsatz der Arbeitskraft. 2104

> Der *BGH* lässt großzügige Schätzungen zu. Er[320] hält bei einer schweren Verletzung (Schädelhirntrauma 3. Grades, drei Kopfoperationen, X-Bein Fehlstellung, Hirnsubstanzdefekte) während des Besuchs der 4. Grundschulklasse die Schätzung für nicht fernliegend, dass angesichts der Mitteilung zur Aufnahme in die 5. Klasse des Gymnasiums 18 Jahre später auf Dauer ein höheres Einkommen als 2.600,00 DM brutto und später von mehr als 3.660,00 DM erreichbar ist. Dies bestätigt der *BGH* bis zum Zeitpunkt des Eintritts in den Ruhestand (am 31.1.2031). Bei einem jungen Menschen ist nicht ohne konkrete Anhaltspunkte anzunehmen, er werde auf Dauer ihm zu Gebote stehende Möglichkeiten für eine gewinnbringende Erwerbstätigkeit nicht nutzen.[321] Die konsequente Fortsetzung einer eingeschlagenen Berufs-, Fachrichtung wird ebenfalls zugrundegelegt werden dürfen. 2105

Nach Ansicht des *OLG Celle*[322] sind Schulnoten als gewisse Hinweise im Sinne einer Tendenz geeignet, die Leistungsstärke des Betroffenen einzuschätzen und von daher Schlüsse auf das Ergebnis eines Auswahlverfahrens zu ziehen. 2106

Das *OLG Celle* hat beim 17-Jährigen die landgerichtliche Erwägung, der Verletzte würde auch ohne den Unfall nicht in einen Ausbildungsgang als Berufsoffizier bei der Luftwaffe übernommen worden sein, nicht beanstandet.[322] Denn ein Schreiben der Offizierbewerberprüfzentrale (OPZ) des Personalamtes der Bundeswehr, dass die allgemeinen Einstellungsvoraussetzungen für den angestrebten Ausbildungsgang erfüllt sind, bedeutet allenfalls, dass der Betroffene zu den mehrtägigen **Eignungstests** in der OPZ eingeladen worden wäre, aber nichts hinsichtlich der Ergebnisse. Die Einstellung von der Zahl nach 0,48 % der Testteilnehmer hat keine positive Prognose erlaubt. 2107

Ein verletzter Jugendlicher muss sich auf verletzungsbedingt entgangene Verdienste aus studentischen Nebenbeschäftigungen eine Verletztenrente des Gemeindeunfallversicherungsverbandes anrechnen lassen[322]; s. auch Rn. 2326 ff. 2108

---

318 *OLG Schleswig* NJW-RR 2007, 171.
319 *KG* NZV 2003, 239 und NZV 2005, 148.
320 NJWE-VHR 1996, 141.
321 *BGH* VersR 1997, 366 = NJW 1997, 937; VersR 1998, 772 = NJW 1998, 1634.
322 *OLG Celle* VersR 2008, 82 = ZfS 2008, 16, *BGH* Beschl. v. 3.7.2007, VI ZR 40/07.

b) Nachweis der (fortbestehenden) Arbeitsunfähigkeit

2109 Das Bestehen bzw. Fortbestehen der unfallbedingten Beeinträchtigung der Erwerbsfähigkeit hat die verletzte Person substanziiert vorzutragen und ggfs. nachzuweisen.

2110 Der Arbeitnehmer kann seine fortbestehende Arbeitsunfähigkeit durch Vorlage einer ärztlichen Arbeitsunfähigkeitsbescheinigung nachweisen. Vertraut er berechtigterweise auf die ihm bescheinigte Arbeitsunfähigkeit und arbeitet er deshalb nicht, entsteht ein ersatzfähiger Schaden in Höhe des entgangenen Gehalts, der als normativer Schaden[323] durch die Gehaltsfortzahlung des Arbeitgebers nicht entfällt und im Übrigen an den Arbeitgeber abgetreten werden kann. Auf die reale Arbeitsunfähigkeit kommt es insofern nicht an. Zu anderen Schadensarten greift der Gedanke des normativen Schadens wegen einer bescheinigten Arbeitsunfähigkeit freilich nicht.

2111 Um einen normativen Schaden im vorbezeichneten Sinn geht es, wenn und solange nicht ernsthafte Zweifel an der Glaubhaftigkeit des Inhalts der ärztlichen Zeugnisse bestehen. Erschüttert werden kann der Beweiswert der Arbeitsunfähigkeitsbescheinigung durch Umstände im Zusammenhang mit der Bescheinigung selbst oder durch das Verhalten des Arbeitnehmers. Z. B. ist der Beweiswert erschüttert, wenn ein Arbeitnehmer Arbeitsunfähigkeitsbescheinigungen von fünf Ärzten vorlegt, die er zeitlich lückenlos nacheinander jeweils wegen anderer Beschwerden konsultiert hat.[324] Bei erschütterter Richtigkeitsvermutung der Bescheinigung muss der Verletzte (der Arbeitnehmer oder der Arbeitgeber zum Forderungsübergang) die fortbestehende Arbeitsunfähigkeit auf anderem Weg beweisen.

2112 Für ärztliche Bescheinigungen aus Deutschland und aus einem Mitgliedstaat der Europäischen Union gelten grundsätzlich gleiche (Beweis-) Anforderungen.

2113 Der Geschäftsführer, der entgegen einer von seiner Gesellschaft vorgelegten Arbeitsunfähigkeitsbescheinigung teilweise doch arbeitsfähig ist und tatsächlich teilweise arbeitet, vermag allerdings nur einen teilweisen Ersatz durchzusetzen.[325]

c) Nachweis des (fortbestehenden) Vermögensschadens

2114 Die Wiederherstellung der Gesundheit und der vollen Arbeitskraft (Erwerbsfähigkeit) lassen die Vermögenseinbuße und damit den Erwerbsschaden nicht fortfallen. Der Ersatzanspruch besteht vielmehr, solange die verletzte Person an der uneingeschränkten Nutzung ihrer Arbeitskraft gehindert ist, sie ihre Arbeitskraft nicht wieder so einzusetzen vermag, wie vorher geschehen und (oder) für die Zukunft geplant.

2115 ▶ Der Vermögensschaden endet – erst – mit Wegfall der konkreten, auf der Verletzung beruhenden Umstände, die der Wiederaufnahme der Erwerbstätigkeit entgegenstehen, die verletzte Person z. B. als Arbeitnehmer eine Weiterbeschäftigung verwirklichen kann.[326] ◀

2116 Wer sich nach Beendigung der Arbeitsunfähigkeit z. B. intensiv um eine neue Beschäftigung bemüht, jedoch erfolglos bleibt, weil er zu diesem Zeitpunkt bereits 1 ½ Jahre ohne Arbeit ist und als Grund für die Nichtbeschäftigung auf Nachfrage die Unfallverletzungen offenbaren muss und/oder die Arbeitsmarktlage inzwischen ohnehin ungünstiger geworden ist – ggfs. gerade für die verletzte Person (z. B. als Ausländer oder als Mann oder als Frau – trotz und bei aller Gleichstel-

---

323 Beachte *BGHZ* 149, 63 = NJW 2002, 128 = VersR 2001, 1521 = ZfS 2002, 67; Vorinstanz *OLG Nürnberg* NZA 2002, 40 = NZV 2002, 28; s. aber auch noch *OLG Oldenburg* DAR 2001, 313, das allein auf die vom Arzt nach objektiven medizinischen Kriterien vorzunehmende Bewertung abstellt und den Glauben an die falsche Diagnose nicht schützt.
324 *LAG Hamm* Urteil v. 10.9.2003, 18 Sa 721/03.
325 *OLG Hamm* r+s 2002, 505.
326 *BGH* VersR 1991, 703 = NJW 1991, 2422 = DAR 1991, 260.

lung) –, die Arbeitssuche also in besonderer Weise erschwert ist, hat deswegen einen (weiteren) Erwerbsschaden (Konjunkturschaden[327]).

Ein nach dem Schadensereignis gefasster Entschluss des Betroffenen zur ferneren Lebensgestaltung hindert die Zurechnung negativer Folgen nicht allein deswegen, weil der Entschluss ohne das Schadensereignis nicht gefasst worden wäre.[328] Die Nichtberücksichtigung einer späteren tatsächlichen Entwicklung (beim Verbleiben des Verletzten an dem Ort mit höheren Einkünften als an seinem Heimat-, Herkunftsort) ist auch nicht etwa allein deshalb legitimiert, weil der Verletzte nach dem Haftungsereignis durch zufällige Umstände motiviert worden ist. 2117

Alle Entschließungen des Verletzten bleiben aber außer Betracht, die wesentlich von dem Bestreben motiviert sind, höheren Schadensersatz zu erhalten.[329] So ist bei Begehrensvorstellungen ein Ersatzanspruch ausgeschlossen, wenn die verletzte Person aufgrund einer Persönlichkeitsstörung das haftungsbegründende Ereignis neurotisch verarbeitet und eine Schadensrente begehrt, die es ermöglicht, den individuellen Schwierigkeiten des Erwerbslebens auszuweichen, ist, s. auch Rn. 183 ff., 335 ff. 2118

d) Arbeitslosigkeit

Der im Zeitpunkt des Schadensereignisses (vorübergehend) **Arbeitslose** erleidet einen Verdienstausfallschaden, wenn er ohne das Ereignis **wahrscheinlich** eine **Arbeitsstelle gefunden** hätte[330] und wegen der Beeinträchtigung der körperlichen Integrität an der Nutzung der Arbeitskraft gehindert ist, Rn. 2076 ff. 2119

Insbesondere zum **Rechtsübergang** ist bei der arbeitslosen Person auf die **Lohnersatzfunktion** des Arbeitslosengeldes (Rn. 1547) und bis zum 31.12.2004 auch der Arbeitslosenhilfe (Rn. 1548) und dabei auf die Voraussetzungen für diese Leistungen abzustellen (Verfügbarkeit zur Vermittlung auf dem Arbeitsmarkt). Die Möglichkeit der Tätigkeit bleibt insofern abstrakt. Die betroffene Gegenleistung hängt aber konkret von der Fähigkeit zur Arbeit nach dem zuvor erzielten Einkommen ab. 2120

Bei Verlust eines Anspruches auf Arbeitslosengeld oder -hilfe in Folge einer vom Schädiger zu verantwortenden Verletzung und gleichzeitigem Anspruch auf **Krankengeld** in gleicher Höhe hat der Verletzte gegen den Schädiger Anspruch auf eine Schadensrente, wobei der Anspruch auf den **Sozialversicherungsträger** in der Höhe übergeht, in der dieser Krankengeld leistet.[331] 2121

Gem. § 126 Abs. 1 Satz 1 SGB III verliert ein Arbeitsloser, der während des Bezugs von (steuerfreiem) Arbeitslosengeld infolge Krankheit arbeitsunfähig wird, ohne dass ihn ein Verschulden trifft, nicht den Anspruch auf Arbeitslosengeld für die Zeit der Arbeitsunfähigkeit oder stationären Behandlung bis zur Dauer von 6 Wochen (**Leistungsfortzahlung**). Ein Forderungsübergang ist dazu in Rechtsprechung und Schrifttum teilweise bejaht, teilweise verneint worden. Der *BGH*[332] bejaht den Forderungsübergang, zumal bei kurzer Krankheit lediglich ein Wechsel des Sozialleistungsträgers vermieden werden soll. Der Schadensersatzanspruch des Arbeitslosen gegen den Schädiger geht gem. § 116 Abs. 1 Satz 1, Abs. 10 SGB X auf die Bundesagentur für Arbeit über. 2122

---

327 *BGH* VersR 1990, 284 = NJW-RR 1990, 286 = DAR 1990, 98 = NZV 1990, 185 = ZfS 1990, 154.
328 Zur beruflichen Umorientierung, in deren Verlauf eine auf dem Schadensereignis beruhende Wiedererkrankung eintritt, *OLG Hamburg* NJW-RR 1991, 1431.
329 *BGHZ* 74, 221 = NJW 1979, 1403 = VersR 1979, 622.
330 *BGH* VersR 1991, 703 = DAR 1991, 260 = NJW 1991, 2422.
331 *BGHZ* 90, 334 = NJW 1984, 1811.
332 *BGH* NJW 2008, 2185 = VerSR 2008, 824. Dazu stellt der *BGH* heraus, dass der Rechtsanspruch auf Arbeitslosenunterstützung nicht schon durch die bloße Tatsache der Arbeitslosigkeit entsteht, sondern u. a. voraussetzt, dass der Arbeitslose arbeitsfähig ist, sich der Arbeitsvermittlung zur Verfügung stellt, seine Arbeitskraft also dem Arbeitsmarkt anbietet.

Erwerbstätigkeit (Erwerbsschaden)

2123 Das Arbeitslosengeld II ist die Grundsicherung von erwerbsfähigen Hilfebedürftigen, Arbeitsuchenden und Arbeitenden, die ihren Lebensunterhalt nicht oder nicht vollständig durch Einkommen, Vermögen oder andere Hilfen decken können. Zum Arbeitslosengeld II hat seit dem 1.1.2005 lediglich der Zuschlag (§ 24 SGB II) Lohnersatzleistungscharakter. Das Einstiegsgeld (§ 29 SGB II) als eine Art Eingliederungshilfe hat Einkommenscharakter, ihm fehlt aber der Charakter als Entgeltersatz.

2. Mindereinkünfte

2124 Praktisch richtet sich die Bemessung des Einkommensverlustes häufig nach der im Zeitpunkt der Schädigung bestehenden Erwerbsquelle und den bisherigen Einkünften als von daher – unter Berücksichtigung erwartungsgemäßer Einkommenserhöhungen – gegebener Prognosegrundlage. Darauf ist die Erfassung eines Erwerbsschadens aber nicht beschränkt, beachte schon Rn. 2059, 2076 ff.

a) Ausbildungsschaden, Ausbildungsverzögerung

2125 Ausbildungsschaden meint begrifflich die negativen wirtschaftlichen Folgen einer verzögerten Ausbildung mit dem verzögerten Eintritt in das Erwerbsleben. Begrifflich erfasst werden davon auch Nebenfolgen z. B. zum BAföG mit der Mehrbelastung wegen der Umstellung auf ein Volldarlehen und/oder Sozialbeiträge zum Studentenwerk.[333]

2126 In Folge der Verletzung **nutzlos** gewordene Ausbildungskosten bleiben jedoch ersatzlos. Denn der Vermögensschaden (Erwerbsschaden) wird ausgeglichen durch Ersatz des Verdienstausfalls, der auf der Basis der begonnenen (zweck- oder nutzlos gewordenen) Ausbildung im Fall nicht beeinträchtigter Arbeitsfähigkeit zu erzielen gewesen wäre (Rn. 2079, 2416).

2127 **Ausbildungsersparnisse** mindern einen für sich gesehen höheren Ausbildungsersatz. Insbesondere sind sie auf vom Schädiger zu ersetzende Umschulungskosten (Rn. 2178) anzurechnen. Ersparte (höhere) Ausbildungskosten sind bei teilweiser Berufs- oder Erwerbsunfähigkeit nach der hier vertretenen Ansicht jedoch wegen mangelnder zeitlicher Kongruenz nicht gegen Nachteile aus anderen Zeitabschnitten zu verrechnen. Allenfalls kann auf ein Quartal abgestellt werden. Jahresverdienste sind nicht zwangsläufig bedeutsam, weil die Erwerbsschadensrente auf Monate bezogen ist; §§ 843 Abs. 2, 760 BGB, Rn. 2208 ff. Normativ kann der Ersatzbetrag insofern von vornherein nicht korrigiert werden, wenn und weil der Ausbildungsaufwand von einem unterhaltspflichtigen Dritten aufgebracht worden wäre. Diese Ersparnis beim Dritten dem Verletzten, der selbst ggfs. nur einen Zeitvorteil hat, entgegen zu halten, findet keinen Rechtsgrund. Auf ein („erspartes") inneres, zusätzliches Engagement des Verletzten bei einer höher qualifizierten Tätigkeit kommt es nicht an, weil diese für sich gesehen keinen objektiv messbaren Geldwert hat. Eine zusätzlich wegen eines ersparten zusätzlichen Zeitaufwands im höher qualifizierten Job „gewonnene" freie Zeit ist nicht abweichend vom Grundverständnis (Rn. 501) als vermögensrelevant zu erachten. Es kommt ausschließlich darauf an, ob die von Arbeit im Vergleich zur Soll-Erwerbslage freie Zeit entgeltorientiert ausgeschöpft ist oder (Rn. 2156) werden kann. Werden dennoch ersparte Ausbildungskosten abgesetzt, sind sie zumindest mit bisherigen Investitionen in die berufliche Zukunft zu verrechnen. Insofern sind in Aussicht genommene, für den geplanten, erwarteten Vermögenszuwachs notwendige Aufwendungen zum SOLL mindernd anzusetzen.

---

333 *OLG Hamm* VersR 2000, 234, 236.

Sind Investitionen erfolgt, ist der Gewinnausfall nach dem entgangenen Erlös abzüglich noch 2128
ersparter Betriebskosten zu bemessen. Der i. S. d. §§ 249, 252 BGB wegen der Unveräußerlichkeit von Tieren auszugleichende Einkommensverlust, der auf eine fehlerhafte Behandlung von Masttieren in einem Schweinemastbetrieb zurückzuführen ist, erstreckt sich insofern auch auf die bisherigen realen Aufwendungen für die Mast.[334] Bei Berechnung eines Erwerbsschadens wegen Gesundheitsverletzung wäre dementsprechend wie folgt abzurechnen:

Berechnung eines Erwerbsausfallschadens unter Ansatz von Ausbildungskosten	Berechnung eines entgangenen Gewinns bei einem Sach- oder Vermögensschaden	
Erwarteter Verdienst	Erwarteter Erlös ohne das Haftungsereignis	69.840,75
abzgl. Kosten einer hypothetischen Ausbildung	abzgl. ersparte, hypothetisch ohne das Haftungsereignis für den erwarteten Gewinn noch einzusetzende variable (Betriebs-)Kosten, s. auch Rn. 2374	54.477,04
unter Gegenrechnung der Kosten einer nutzlos gewordenen Ausbildung	Real aufgebrachte Kosten	41.490,30
	Differenz als berücksichtigungsfähige Ersparnis	12.986,74
Einkommensverlust (als Kapital)	Gewinn-, Einkommensentgang also:	56.854,01

Bei der verletzungsbedingten **Verzögerung der Ausbildung und des Berufseintritts** ist der Verzögerungsschaden[335] zu ersetzen als Differenz zwischen den Einkünften beim hypothetischen Beginn der Ausbildung und den realen oder zumutbar erreichbaren (Rn. 2156 ff.), also fiktiven Einkünften bei verschobener Ausbildungszeit. Wird eine Ausbildung, insbesondere ein Studium verletzungsbedingt z. B. durch Behinderungen beim Gehen und Stehen verlängert, verschiebt sich (nachweisbar) dementsprechend der Berufseinstieg z. B. um 10 Monate, zeigt sich im Sinne der Differenzhypothese direkt nur die Zeitverschiebung. Auf welche Werte (Einkommensunterschiede) abzustellen ist, drängt sich aber nicht zwangsläufig auf; zur Saldierung beachte Rn. 2053, 2137. 2129

Bei demjenigen, der zu 100% in seiner Erwerbsfähigkeit eingeschränkt ist, liegt es „auf der Hand", dass er in dieser Zeit sein Studium nicht fortsetzen kann bzw. ihm jedenfalls nicht zuzumuten ist, an Vorlesungen teilzunehmen. Bei einer rund 2-monatigen Einschränkung in diesem Umfang sieht es das KG zudem „als erwiesen an", dass das entsprechende (Winter-) Semester wiederholt wird, der versäumte Stoff in der verbleibenden Zeit des Semesters nicht mehr aufgeholt werden konnte.[336] 2130

---

334 *BGH* NJW 1997, 2943 = VersR 1997, 1154.
335 *BGH* NJW 2000, 3287 = VersR 2000, 1521 = DAR 2000, 527.
336 *KG* VersR 2006, 794.

2131 Der Ausfall eines Semesters kann zu einer Verzögerung von 1 Jahr führen, wenn entsprechende Veranstaltungen und Leistungsnachweise erst im übernächsten Semester nachgeholt werden können.[337] Mit der Bescheinigung der Universität kann dann darüber hinaus bewiesen werden, dass durch den Verlust dieses Semesters das Studium im folgenden Semester nicht sinnvoll fortgesetzt werden kann,[337] weil und wenn Veranstaltungen über mehrere Semester fachlich so aufgeteilt sind, dass sie inhaltlich und für die Erbringung der Leistungsnachweise aufeinander aufbauen – Veranstaltungen nur im Wintersemester oder im Sommersemester angeboten werden.

2132 Ersatzlos bleiben Lebenshaltungskosten, Rn. 1866.

2133 Führt das Haftungsereignis und die Schädigung dazu, dass der Verletzte keinen (Pflicht-) Wehr-, Ersatzdienst zu leisten hat, ist dies bei der Berechnung der verletzungsbedingten Verzögerung des Berufseintritts zu berücksichtigen. Aus der Verzögerung erwachsende Erschwernisse der weiteren, ggfs. geänderten Ausbildung (z. B. erschwerte Ausbildungsbedingungen oder -verhältnisse) umfasst die Ersatzpflicht ebenfalls und zwar anders als bloß zufällig mit dem Haftungsfall zusammenhängende Folgen, Rn. 352. Beim Wechsel einer Ausbildung, z. B. des Studiums, ist die im Vergleich mit dem ursprünglichen Studium verlängerte Dauer der Ausbildung aber nur zu beachten, soweit die Verlängerung auf verletzungsbedingten oder solchen Umständen beruht, die dem Einfluss der verletzten Person entzogen sind.[338]

2134

	SOLL	IST	Differenz Zeit	Betrag
Unfall	1977			
Abitur	1980	1981	– 1 Jahr	kein Entgang
Wehrdienst	1980/1981	entfällt	+ 1 Jahr	wohl kein Vorteil
Studium Beginn	WS 81/82	WS 81/82	0	
Referendarzeit	ab 1987	ab 1988	– 1 Jahr	
Bezüge	20.767,00	0,00		20.767,00
Referendarzeit	bis 1990	bis 1991	– 1 Jahr	
Bezüge	54.032,44	23.128,00		30.904,44
Gesamter Erwerbsschaden				51.671,44

Erläuterung: Das IST, das dem SOLL gegenüber steht, ist fiktiv, weil und wenn, soweit die Schadensminderungspflicht missachtet ist. Wehr-, Ersatzdienstzeiten sind ggfs. zeitlich und rechnerisch zu berücksichtigen. Jedenfalls soweit im Wehrsold (in den Bezügen) ein Verpflegungsanteil enthalten ist, scheidet nach der hier vertretenen Ansicht eine Anrechnung auf einen späteren Verdienstausfall (Vorteilsausgleich) aus. Verlängert sich das statt des geplanten Studiums (höheres Lehramt) aufgenommene Studium (Rechtswissenschaft und Betriebswirtschaft) wegen der Wiederholung des 1. Examens, ist insoweit ein ersatzfähiger Nachteil nicht zu erkennen. Zu der verschobenen Referendarzeit ergibt sich der Verdienstausfall aus dem Unterschied der Bezüge für einen Lehrer A 13 und den während der vergleichbaren Zeit erhaltenen Referendarbezüge. Insgesamt ist sodann der Erwerbsschaden als Kapital bzw. Rückstand errechnet.

---

337 *KG* VersR 2006, 794.
338 *OLG Hamm* NZV 1999, 248 = VersR 2000, 234 m. *BGH* NA-Beschl. v. 29.9.1998.

Unfall: 4.2.1986 २१३५

SOLL	(Fiktives) IST	Differenz: Zeit bzw. Betrag
Schulabschluss Juli 1986		
Beginn Ausbildung: 1.8.1986	Zumutbare Aufnahme der Ausbildung: 1.1.1989	29 Monate
Vergütung: 1.100,00 mtl. laufende Ausbildung 1.1.1989 bis 31.7.1989	keine Vergütung mtl. laufende Ausbildung 7 Monate	1.100,00
Vergütung: 1.100,00 mtl. Aufnahme Erwerbstätigkeit: 1.8.1989	Vergütung: 1.100,00 mtl. laufende Ausbildung bis 31.12.1991	0,00 29 Monate
Verdienst: 3.700,00 mtl. laufende Erwerbstätigkeit	Vergütung: 1.100,00 mtl. Aufnahme Erwerbstätigkeit: 1.1.1992	mtl. 2.600,00
Verdienst: 3.700,00 mtl.	Verdienst: 3.700,00 mtl.	

Erläuterung: Insgesamt ist ein Zeitraum von 65 Monaten (1.8.1986 bis 31.12.1991) zu überprüfen. Es errechnet sich ein Erwerbsschaden (als Rückstand, Rn. 1276) von 29 × 1.100,00 = 31.900,00 sowie 29 × 2.600,00 = 75.400,00 mit 107.300,00 (DM). Es zeigt sich Gleiches, wenn wegen der verschobenen Ausbildung von insgesamt 36 Monaten mit gleicher Vergütung von 65 Monaten die 36 Monate Ausbildungszeit abgezogen werden (= 29 Monate) und für diese Zeit der verletzungsbedingt nicht erzielte Verdienst (3.700,00) dafür angesetzt wird (29 × 3.700,00 = 107.300,00). Der *BGH* hat 95.200,00 errechnet, weil die ersten elf Monate (1.8.1986 bis 1.7.1987, Gesamtbetrag 12.100,00) mit der Revision anders als mit der Klage nicht mehr verfolgt worden sind; s. auch Berechnungsbeispiel 2 in Rn. 2137.

Wäre ohne das Haftungsereignis in den nächsten vier Monaten eine Ausbildung ohne Einnahmen absolviert worden und in den folgenden 20 Monaten (bei jeweils 2.200,00 DM) der Betrag von 44.000,00 DM verdient worden, verzögert sich aber verletzungsbedingt der Eintritt in das Erwerbsleben um 10 Monate, zeigt die Vermögensdifferenz zu dieser Zeit einen Nachteil in Höhe von 22.000,00 DM. Auch wenn der Entschluss gefasst worden ist, sofort eine (andere) Arbeit aufzunehmen, die letztlich in denselben 2 Jahren zu Einkünften von sogar 52.800 DM führen, bleibt es beim Erwerbsschaden in Höhe von 22.000,00 DM (trotz des realen Mehrverdienstes in Höhe von 8.800,00 DM)[339]; s. Beispiel 4 in Rn. 2137. 2136

Die Berechnungsbeispiele gibt die Onlineversion wieder, die zugleich eigene Berechnungen eines Verzögerungsschadens ermöglicht. 2137

b) Einnahmedifferenz, Differenzschaden

Sind Aufgabe oder Verlust eines Arbeitsverhältnisses adäquate Folge der durch ein Haftungsereignis bedingten physischen oder psychischen Verletzung, hat der Schädiger den Verdienstausfall zu ersetzen im Fall des Forderungsübergangs (Rn. 2300 ff., 2317 ff.) bei einem Anspruchsteil eines Leistungsträgers und als Differenzschaden bei der verletzten Person. Der Anspruch auf Ausgleich eines Verdienstausfalls ist auf die Zeit der Teilnahme am Erwerbsleben begrenzt, Rn. 1285 ff; 2254 ff. Ein Renten(verkürzungs)schaden kann sich anschließen, Rn. 1287, 2300, 2309 ff. 2138

---

339 *OLG Frankfurt* NZV 1998, 249.

2139

		Erwerbsschaden	Drittleistung, z. B. Erwerbsunfähigkeitsrente	Differenz als Deckungslücke bzw. Deckungsschaden
Zeitraum 1: vom ... bis ...				
Hypothetische Bruttoeinkünfte		20.000,00		
Wahrscheinliche Abzüge in Prozent, verbleibende Nettoeinkünfte	30,00%	14.000,00	6.300,00	7.700,00
Weiterer konkreter Entgang, vgl. insbesondere Rn. 570, 577, 594.		50,00		50,00
Bereinigter Gesamtansatz zu diesem Zeitraum		14.050,00	6.300,00	7.750,00
Zeitraum 2: vom ... bis ..., bereinigte Ansätze		20.000,00	8.400,00	11.600,00
Zeitraum 3: vom ... bis ..., bereinigte Ansätze		20.200,00	8.600,00	11.600,00
Zwischensumme		54.250,00	23.300,00	30.950,00
Mithaftung		60%		
Haftungsquote		40%		
Quotierter Anspruch		21.700,00		
		Quotierter Anspruch im Außenverhältnis (als Rückstand)		
			9.320,00	12.380,00
			Anspruchsteil des Leistungsträgers bei Geltung der relativen Theorie	Von der verletzten Person bei Geltung der relativen Theorie durchzusetzender Erwerbsschaden
		ABER		
			–	21.700,00
			Anspruchsteil des Leistungsträgers bei Geltung der Differenztheorie	Von der verletzten Person bei Geltung der Differenztheorie durchzusetzender Erwerbsschaden

2140 *Die Onlineversion ermöglicht eigene Berechnungen.*

2141 Die von der verletzten Person mit herbeigeführte und selbst beeinflusste Einnahmedifferenz hindert die **Zurechnung** des wirtschaftlichen Nachteils nicht, wenn und weil der Willensentschluss nach Art und Entstehung des Schadens nicht außerhalb der Wahrscheinlichkeit liegt und keine ungewöhnliche Reaktion darstellt, Rn. 336.

2142 Den **Verlust** des **zweiten Arbeitsplatzes** nach dem verletzungsbedingten Verlust der festen, sicheren Arbeitsstelle rechnet das *OLG Hamm*[340] dem Schädiger unabhängig davon zu, ob auch der zweite Arbeitsplatz verletzungsbedingt verloren ist, weil sich ohne das Haftungsereignis diese Verlustfrage gar nicht gestellt hätte.

---

340 DAR 2000, 264 = r+s 2000, 199.

Für die selbstständig tätige Person, den Gewerbetreibenden, den Unternehmer bzw. mitarbeitenden Betriebsinhaber, bei Kaufleuten oder bei frei beruflich, künstlerisch tätigen Personen, bei Land- und Forstwirten bei geschäftsführenden Gesellschaftern entscheidet die Gewinnminderung als teilweiser oder vollständiger **Gewinnausfall**, ggfs. bei zeitlicher Verschiebung, Rn. 2402.

c) Ersparnis

Ersparnisse sind als Schadensberechnungsfaktor innerhalb der Ermittlung des ausgleichsfähigen Nachteils oder als Vorteil nach Maßgabe der Regeln zum Vorteilsausgleich zu berücksichtigen. Der Vorteilsgedanke ist nicht auf positive wirtschaftliche Zuflüsse beschränkt, Rn. 660 f., 669.

Die **Darlegungs- und Beweislast** für ersparte Aufwendungen trägt die Schädigerseite, die dementsprechend **konkreten** Vortrag zu halten und ggfs. Beweis anzutreten hat. Unstatthaft ist es grundsätzlich, dass die Schädigerseite sich ohne konkreten Sachvortrag auf einen Beweis durch Sachverständigengutachten zurückzieht mit der sachnotwendigen Folge, dass die Verhältnisse beim Verletzten durch den Sachverständigen erst „ausgeforscht" werden müssten. Dadurch wird der Verletzte indessen nicht davon befreit, seine individuellen Verhältnisse „offen" zu legen. Genügt es dieser zumindest sekundären Darlegungslast nicht (Rn. 2146), geht dies für die Grundlagen der Schätzung zu seinen Lasten. Das *OLG Schleswig* meint sogar, es bleibe bei dem allgemeinen Grundsatz der vollen Darlegungs- und Beweislast des Verletzten für die Höhe des Schadensersatzanspruchs und damit auch für den ersparten Aufwand.[341] Vordergründig spricht dafür, dass der Vermögensfolgeschaden im Wege der Differenz zu ermitteln und dabei die verminderte Belastung einzubeziehen ist. Dies geschieht indessen – auch bei Schätzung eines entgangenen Gewinns – im Wege des Vorteilsausgleichs als „Abzug", beachte Rn. 726, 731, 732.

Selbst von dem Gedanken des Vorteilsausgleichs her hat die verletzte Person, wenn sich der Schädiger im Einzelnen auf gesetzlich bedingte Ersparnisse beruft und damit seiner Substanziierungspflicht genügt[342], wegen ihrer Nähe zu den maßgebenden Umständen und Gegebenheiten darzulegen, dass die von der Gegenseite behauptete Vergünstigung tatsächlich nicht besteht. Für andere Ersparnisse nach den konkreten Verhältnissen der betroffenen Person, muss ebenfalls ihre gesteigerte (sekundäre) Darlegungslast nach einer näheren Schilderung der Schädigerseite bejaht werden.

Ersparnisse zeigen sich insbesondere zum „berufsausübungsbedingten" – verletzungsbedingt nicht anfallenden Aufwand, Rn. 2237 ff., 2249, 2250; zur Ausbildungsersparnis Rn. 2128; zur Umrechnung von Kosten pro Arbeitstag auf den Ansatz pro Kalendertag bzw. Monat Rn. 2251, 2252. Andere kongruente wirtschaftliche Ersparnisse mindern ebenfalls den ersatzfähigen Schadensbetrag. Dazu gehört der mit den hypothetischen Einkünften unabdingbar verknüpfte Mehrbedarf oder Mehraufwand, der ohnehin die (auszugleichenden) Einkünfte reduziert hätte. Alle zur Lebenshaltung wegen der nicht erzielten Einkünfte (Soll) ersparten Kosten[343], die nach den Lebensverhältnissen an dem Ort, an dem die vereitelten Einkünfte (Soll) zu erzielen gewesen wären, zusätzlich aufzubringen gewesen wären, sind vom Schädiger nicht zu erstatten. Die gegenteilige Ansicht muss die Anrechnung wegen „erzwungenen Konsumverzichts" für unzumutbar halten; Rn. 2151, 2240. Der Blick[344] auf die Kongruenz dahin, dass der Verdienst (entgeltorientiert) für die Arbeit, nicht den Lebensunterhalt geleistet wird, gerät im hier angesprochenen Kontext indessen zu kurz, weil der Erwerbsschaden mit dem Ertrag der Arbeit(skraft) für die Lebensführung und Vermögensbildung untrennbar verbunden und inhaltlich auf den Grundbedarf ausgerichtet ist, der erst die Erzielung der Einkünfte ermöglicht.

---

341 *OLGR Schleswig* 2005, 104.
342 Zu Steuern *BGH* VersR 1987, 668.
343 So nach der hier vertretenen Ansicht zutreffend *OLG Bamberg* VersR 1967, 911.
344 S. *BGH* NJW 1980, 1787 = VersR 1980, 455.

2148 Höhere Mietkosten in der Großstadt können der niedrigeren Miete bei ländlichen Lebensverhältnissen oder beim Leben in einer kleinen Stadt gegenüber zu stellen sein. Auch ist der allgemeine Aufwand für den Unterhalt (Rn. 3024) an einem Ort, an dem die verletzte Person unbeeinträchtigt der vereitelten Arbeit nachgehen würde, u. U. deutlich günstiger als an dem anderen Ort, an dem die verletzte, beeinträchtigte Person lebt. Diese Differenz des Unterhaltsaufwandes, eine solche Differenz zwischen den Mieten bei gleichem Komfort muss ersatzlos bleiben.

2149 Sind die **tatsächlichen Kosten** (zum berufsbedingten Aufwand, der Lebenshaltung, zur Miete) für die Zeit nach dem Haftungsereignis **niedriger** als die Kosten, die zu den prognostizierten Verhältnissen zu verzeichnen wären, ist der (bei der Reihenfolge Soll abzüglich Ist) negative Unterschiedsbetrag nicht selbstverständlich von den Einkünften abzuziehen. Ein solches Vorgehen würde rechnerisch die Forderung (wegen der Addition des doppelten Negativums) erhöhen. Dies ist – nur – gerechtfertigt, wenn sich wegen der realen Kosten eine zusätzlich **erstattungsfähige Nebenfolge** zeigt.

2150 Berechnungsmodell und -beispiele zu Erwerbsschaden und Ersparnis:

	Beispiel 1	Beispiel 2	Beispiel 3
Einkünfte			
Soll = hypothetischer, erwarteter Verdienst	1.250,00	1.250,00	1.250,00
Ist = tatsächlich erzielter Verdienst	500,00	500,00	500,00
Differenz	750,00	750,00	750,00
Ersparnisse			
a) Berufsbedingter Aufwand			
Hypothetischer Aufwand	62,50	62,50	25,00
Realer Aufwand	25,00	25,00	62,50
Differenz	37,50	37,50	0,00
b) Sonstiger ersparter Mehraufwand zur Lebensführung			
Notwendige Kosten bei Erzielung der vereitelten Einkünfte		500,00	400,00
Reale, vergleichbare (kongruente) Kosten		400,00	500,00
Differenz		100,00	0,00
c) Summe berufsbedingter Aufwand und sonstiger Mehraufwand		137,50	0,00
Einkommensverlust = monatlicher **Rentenschaden** (Differenz der Einkünfte abzüglich Summe Ersparnisse)	712,50	612,50	750,00

	Vereinfachter Berechnungsweg		
	Beispiel 1	Beispiel 2	Beispiel 3
SOLL = hypothetischer, erwarteter Verdienst	1.250,00	1.250,00	1.250,00
notwendiger Aufwand	62,50	562,50	425,00
Differenz	1.187,50	687,50	825,00
IST = tatsächlich erzielter (erzielbarer) Verdienst	500,00	500,00	500,00
notwendiger Aufwand	25,00	425,00	562,50
Differenz	475,00	75,00	-62,50
Unterschied der Differenzbeträge begrenzt durch die Differenz zwischen Soll und Ist als Einkommensverlust = monatlicher **Rentenschaden**; zu Schadensminderungskosten s. Rn. 653 ff.			
	712,50	612,50	750,00

Erläuterung: Je nach dem Umfang einer Ersparnis reduziert sich die Ersatzforderung. Die Differenz der Einkünfte begrenzt die Ersatzforderung zum Erwerbsschaden nach oben (Beispiel 3).

Der *BGH*[345] will Folgen der Veränderung in der Lebenshaltung, die der Ersatzpflichtige durch den Schadensfall veranlasst hat bzw. zu der der Ersatzberechtigte in Folge des Schadensfalls gezwungen ist, freilich nicht angerechnet wissen, z. B. das Abschaffen des Pkws; die Aufgabe der Zweitwohnung am Arbeitsplatz; die Umstellung von einer Gaststättenverpflegung auf die häusliche Verpflegung. Diese Beispiele verknüpft der *BGH* mit dem Hinweis, es gehe den Schädiger nichts an, wie der Ersatzberechtigte sein Geld verwendet. 2151

Verteuert sich die **Lebensführung** (z. B. weil eine kostengünstige Dienstwohnung nach dem haftungsbegründenden Ereignis nicht mehr genutzt werden kann, stattdessen mit höheren Mietbelastungen eine andere, vergleichbare Wohnung angemietet werden muss) müssen diese zusätzlichen wirtschaftlichen Nachteile für erstattungsfähig erachtet werden (vgl. Rn. 456), aber nicht selbstverständlich als Erwerbsschaden i.e.S., sondern zum Ausgleich des weiteren **Vermögensfolgeschadens** nach § 249 BGB beim Charakter als Erwerbsnachteil i.w.S. 2152

Die Onlineversion zeigt Beispiele zu weiter vereinfachten Berechnung und ermöglicht eigene Berechnungen. 2153

Steuerersparnisse der verletzten Person kommen dem Schädiger grundsätzlich zugute (Rn. 717). Die steuerliche Vergünstigung, die durch einen schadensbedingten Verlust ausgeglichen wird, mindert die Ersatzpflicht aber nicht selbstverständlich. Erhält die verletzte Person eine **Sozialrente**, ist zu berücksichtigen, dass die Rente – lediglich bzw. ggfs. – mit ihrem Ertragsanteil, nicht dem Kapitalrückzahlungsanteil, der Einkommensteuer unterliegt.[346] Würde diese Steuerfolge außer Betracht bleiben, würde die geschädigte Person ein höheres Einkommen als ohne das Haftungsereignis erreichen, ohne dass der Zweck der steuerlichen Regel dies gebietet. Bei Beamten als Empfängern von **Versorgungsbezügen** ist bisher ein Freibetrag[347] zu berücksichtigen. 2154

▶ **Schätzung des Steuervorteils:** Ohne nähere Angaben der verletzten Person kann ein Steuervorteil zu ihrem Nachteil geschätzt werden (Rn. 722). ◀ 2155

---

345 BGH NJW 1980, 1787 = VersR 1980, 455.
346 BGH VersR 1988, 464 = NJW-RR 1988, 470 (Berufs- und Erwerbsunfähigkeitsrente aus der Rentenversicherung), *OLG Köln* VersR 1998, 1247, 1248.
347 BGH VersR 1992, 886 = NJW-RR 1992, 1050 = DAR 1992, 300 = NZV 1992, 313.

d) Einsatz der verbliebenen Arbeitskraft

2156 Die verletzte Person muss in den Grenzen des Zumutbaren ihre verbliebene **Arbeitskraft** schadensmindernd so **nutzbringend** wie möglich **einsetzen**.[348] Sie hat Möglichkeiten zur Wiedereingliederung in den Arbeitsprozess wahrzunehmen.

2157 Die verletzte Person muss sich aktiv um eine geeignete Arbeitsstelle bemühen, eine nunmehr mögliche Ausbildung aufnehmen (s. Rn. 2135)[349] oder ggfs. auch Arbeiten im Haushalt übernehmen (Rn. 2173). Der verletzte Versicherte darf sich nach Ansicht des *LG Bonn*[350] nicht auf die Bemühungen der Arbeitsagentur und der sonst zuständigen Stellen verlassen, sondern muss – bei einer Erwerbsminderung von nur „20%" – in Eigeninitiative die möglichst nutzbringende Verwendung seiner restlichen, ihm verbliebenen Arbeitskraft versuchen, also selbst eine Arbeitsstelle suchen. Sogar im Vorgriff auf einen jederzeit „zu erwartenden Eintritt der Arbeitsfähigkeit" verlangt dieses Gericht vom Verletzten Bemühungen, um eine andere, mit nicht so schweren Belastungen wie zuvor verbundene Arbeitsstelle zu finden, wenn „lediglich" Tätigkeiten nicht mehr durchgeführt werden dürfen, die ein ständiges Stehen oder Gehen sowie ein ständiges schweres Heben erfordern.

2158 Ist dem Verletzten von – z. B. britischen – Behörden eines EU-Mitgliedstaats die vollständige Arbeitsunfähigkeit bescheinigt, ist ein Verdienstausfallschaden von vornherein nicht wegen unterlassener zumutbarer anderweitiger Tätigkeiten und Erwerbsbemühungen zu kürzen.[351] Der Betroffene darf schon bei der Zuerkennung der Schwerbehinderteneigenschaft mit 60% und später 80% ohne Verletzung eigener Obliegenheiten davon ausgehen, zu einer Arbeitstätigkeit nicht verpflichtet zu sein.[352]

2159 Besteht die Möglichkeit, den Geschädigten trotz einer unfallbedingten Behinderung in einem Großbetrieb **anderweitig einzusetzen**, kann er bei freiwilliger Aufgabe seines Arbeitsplatzes gegen das ihm obliegende Schadengeringhaltungsgebot verstoßen.[353]

2160 Für den **Sonderkündigungsschutz** von Schwerbehinderten kommt es objektiv auf die Schwerbehinderung oder die den Schwerbehinderten gleichgestellten Personen an. Die verletzte Person wird i. S. d. § 254 BGB gehalten sein, auf solchen Schutz zu ihren Gunsten zu achten.

2161 Hindern persönliche Eigenschaften daran[354], eine Arbeitsstelle zu finden, ist der betroffenen Person nach den Umständen des Falles der Arbeitsmarkt verschlossen und gibt es für sie keine zumutbare Erwerbstätigkeit, wird gegen die Pflicht zum gewinnbringenden Einsatz der verbliebenen Arbeitskraft nicht verstoßen.

---

348 *BGH* VersR 1983, 488; *BGHZ* 91, 357 = VersR 1984, 939.
349 *BGH* NJW 2000, 3287 = VersR 2000, 1521 = DAR 2000, 527.
350 VersR 1995, 57.
351 *OLGR Celle* 2007, 551.
352 *OLG Celle* SVR 2007, 462.
353 *OLG Oldenburg* r+s 2007, 303.
354 *BGH* VersR 1996, 332 = NJW 1996, 652 = DAR 1996, 144.

Ob und in welchem Umfang eine Erwerbsmöglichkeit zuzumuten ist, bestimmt sich anhand folgender Kriterien:

- Persönlichkeit, Alter;
- Leistungsfähigkeit: Dem Verletzten ist es im Verhältnis zum Schädiger nicht zuzumuten, am bisherigen Arbeitsplatz festzuhalten, wenn der Verletzte durch die dortige Tätigkeit stärker schmerzbelastet ist als ohne sie.[355]
- Umfeld, soziale Lage;
- bisheriger Lebenskreis;
- Familienverhältnisse, Wohnverhältnisse, Wohnort: U.U. muss die verletzte Person den Heimatort verlassen.[356]
- Kenntnisse und Fähigkeiten, Begabung und Anlagen, Bildungsgang; bisherige Erwerbsstellung: Ein sozialer Abstieg muss im Interesse des Schädigers nicht ertragen werden. Gesundheitliche Verhältnisse, Art und Schwere der Unfallfolgen.
- seelische und körperliche Anpassungs-, Umstellungsfähigkeit: Bereits die fehlende Bereitschaft des Verletzten, sich um einen anderweiten Verdienst zu bemühen, kann[357] die Schadensminderungspflicht missachten.
- Mobilität: Die Inanspruchnahme eines Kraftfahrzeugs, sogar die Anschaffung eines Pkws kann[358] zumutbar sein.

2162

Zumutbarkeit eines Berufs-, Tätigkeitswechsels:

2163

Bisherige Tätigkeit	Neue Tätigkeit	Fundstelle
Bäckermeister als Filialleiter	Mitarbeit im Imbissbetrieb der Ehefrau	*OLG Hamm* VersR 1995, 669 = r+s 1994, 417 = VRS 88, 90
Eisenflechter	Geschäftsführertätigkeit einer Stahlarmierungs-GmbH (mit Übernahme einer Einlage als Gesellschafter vom Bruder)	*OLG Karlsruhe* NZV 1994, 396 (mit Folgekosten, die der Schädiger zu tragen hat) m. *BGH* NA-Beschl. v. 15.3.1994
Selbstständiger Gerüstbauer	(Umschulung zum) Qualitätsprüfer Metall (bei nicht ganz vergleichbarer Tätigkeit mit geringeren Verdienstmöglichkeiten)	*OLG Köln* VersR 2000, 237 = NZV 2000, 293 = OLGR 2000, 23 = SP 2000, 46

Unzumutbarer Berufswechsel:

2164

Bisherige Tätigkeit	Neue Tätigkeit	Fundstelle
Auszubildender im handwerklichen Beruf	Ungelernter Arbeiter	*OLG Frankfurt* NZV 1991, 188
Bäckermeister als Filialleiter	Verkäufer in gehobener Stellung, Substitut	*OLG Hamm* VersR 1995, 669 = r+s 1994, 417 = VRS 88, 90
Diplom-Berufsschullehrerin	Bürokauffrau	*KG* DAR 2000, 401 = KGR 2000, 239 m. *BGH* NA-Beschl. v. 9.5.2000

---

355 *OLG Frankfurt* ZfS 2002, 20.
356 *BGH* VersR 1961, 1018; VersR 1962, 1100.
357 *BGH* VersR 1979, 424 = NJW 1979, 2142.
358 *BGH* VersR 1998, 1428 = NJW 1998, 3706.

2165 Bei niedrigen Einkünften kann eine betragsmäßig geringe Differenz spürbar und damit versicherungsrechtlich der Wechsel in eine andere Beschäftigung unzumutbar sein. So kann die Tätigkeit mit 28 % weniger Verdienst, schlicht unzumutbar sein.[359] Schadensrechtlich darf so nicht in gleicher Weise argumentiert werden, weil die Vergütungsdifferenz vom Schädiger zu übernehmen wäre. Indessen ist auch schadensrechtlich die soziale Situation angesichts des geringeren Verdienstniveaus zu beachten.

2166 Verstößt der Geschädigte gegen die ihm obliegende Schadensminderungspflicht, weil er es unterlässt, einer ihm zumutbaren Erwerbstätigkeit nachzugehen, sind die **erzielbaren (fiktiven) Einkünfte auf den Schaden anzurechnen**.[360] Eine bloß quotenmäßige Anspruchskürzung scheidet grundsätzlich aus. Denn erzielbare Einkünfte hängen nicht quotenmäßig von dem prognostizierten Einkommen, sondern davon ab, was konkret (geschätzt und prognostiziert) in der konkreten Situation unter Berücksichtigung aller Umstände (Lebenssituation, Ausbildung, Lage auf dem Arbeitsmarkt) erzielt werden könnte.

2167 Erträge einer Erwerbstätigkeit, zu der die betroffene Person nicht im Interesse der Schadensminderung gehalten ist, kürzen den Ersatzanspruch i. d. R. nicht: Der **überobligationsmäßige Einsatz** des Verletzten selbst kommt dem Schädiger ebenso wenig zugute wie der überpflichtige Einsatz von anderen Personen, Kollegen, (leitenden) Mitarbeitern oder Angehörigen. Überobligationsmäßig ist der körperlich nicht zuzumutende Einsatz, z. B. unter Hinnahme von Schmerzen, oder der Einsatz unter Inkaufnahme einer (im Vergleich zur regelmäßigen Arbeitszeit) längeren Arbeitszeit, aber nicht die bloß „erhöhte" Anstrengung. Bei Selbstständigen und haushaltsführenden Personen ist u. U. eine „maßvolle Verlängerung" der täglichen Arbeitszeit mit Überstunden, also eine Nacharbeit, zumutbar; s. auch Rn. 595 ff. Bei demjenigen, der seine Arbeitszeit nicht frei einteilen und seinen Arbeitsablauf nicht „frei organisieren" kann, wären etwaige zusätzliche Arbeitsstunden, eine Mehrarbeit oder Überstunden zur verletzungsbedingt Nacharbeit ausgefallener Arbeit aber als überobligationsmäßig einzustufen, wenn es bei abhängiger Arbeit im Erwerbsleben denn darauf ankommen sollte.

Besonderheiten bei Beamten

2168 Für die (Nicht-) Erlangung einer zumutbaren Ersatztätigkeit einer beamteten verletzten Person kommt es in erster Linie auf das Verhalten des Verletzten, nicht etwa des Dienstherrn oder gar eines eigenständigen Versorgungsträgers an. Deswegen ist z. B. entscheidend, ob der Verletzte der Bereitschaft des Dienstherrn, eine andere Beschäftigung zur Verfügung zu stellen, unter Verstoß gegen die Obliegenheit der Schadensminderung nicht genutzt hat. Zunächst ist dagegen nicht etwa zu fragen, ob der Dienstherr in der Lage ist, dem Verletzten eine geeignete **Ersatztätigkeit** anzubieten.

2169 Wird die verletzte Beamtin oder der verletzte Beamte **vorzeitig** in den **Ruhestand** versetzt, ist es dem Zivilgericht wegen der Feststellungswirkung des die Pensionierung aussprechenden Verwaltungsaktes verwehrt, selbst zu prüfen, ob die Verletzungen die Zurruhesetzung objektiv rechtfertigen.[361]

2170 Das Zivilgericht kann aber prüfen, ob der verletzte Beamte tatsächlich wegen unfallbedingter körperlicher Beeinträchtigungen zur Ruhe gesetzt worden ist und die Zurruhesetzung nicht auf anderen Gründen – z. B. auf der Absicht des Dienstherrn, sich eines unliebsamen Beamten zu entledigen – beruht(e) oder – nur – wegen anderer, z. B. anlagebedingter Leiden erfolgt ist.[362]

2171 Zur materiell-zivilrechtlichen Frage, ob die vorzeitige Pensionierung adäquate Folge des Haftungsereignisses ist, kommt es nicht darauf an, ob die Zurruhesetzung auf Grund der Verletzungen sachlich geboten war. Andernfalls würde doch die materielle Richtigkeit des Pensionierungs-

---

359 Zur Berufsunfähigkeits-Zusatzversicherung vgl. *OLG Hamm* MDR 2008, 802.
360 *BGH* NJW 2007, 64 = VersR 2007, 76 = ZfS 2007, 83 = DAR 2007, 141.
361 *OLG Koblenz* VersR 1997, 1289 = NJW-RR 1997, 1455, *OLGR Schleswig* 2005, 311 = VersR 2006, 938, *BGH* Beschl. v. 13.9.2005, VI ZR 25/05, *OLG Celle* SVR 2007, 462.
362 *OLG Celle* SVR 2007, 462.

bescheides überprüft.³⁶³ Erfolgt die Zurruhesetzung aber aus sachfremden Gründen (zwecks Personalabbaus), kann sich der Dienstherr gegenüber dem Schädiger nicht auf Verletzungsfolgen berufen.³⁶⁴ U.U. hat die Reaktivierung zu erfolgen, wenn dem Einwand des § 254 Abs. 2 BGB begegnet werden soll.

Ein Mitverschulden des vorzeitig in den Ruhestand versetzten Beamten kommt nur in Betracht, wenn er es in erster Linie selbst veranlasst hat, dass er vorzeitig zur Ruhe versetzt worden ist, indem er entweder unangemessen auf die Pensionierung gedrängt hat oder es überwiegend von sich aus verhindert hat, dass ihm ein adäquater Ersatzarbeitsplatz zugewiesen wird.³⁶⁵ So ist bei Anhaltspunkten dafür, dass der Betroffene unter bewusster Vorspiegelung nicht vorhandener kognitiver Unfallfolgen aktiv auf eine Inruhestandversetzung hingewirkt hat, eine Kürzung von Ersatzansprüchen wegen Mitverursachung vorstellbar.³⁶³ Der beamteten Person selbst kann vorallem entgegengehalten werden, sie habe pflichtwidrig nichts unternommen, um den Eintritt der Bestandskraft des Bescheides über die Pensionierung zu verhindern oder diesen Bescheid nicht mit Rechtsbehelfen und Rechtsmitteln angegriffen.³⁶⁶ So verhält es sich jedoch nicht, wenn angesichts eines sorgfältig begründeten Urteils des Verwaltungsgerichts der Erfolg eines Rechtsmittels nicht greifbar ist.³⁶³

Einsatz der verbliebenen Arbeitskraft im Haushalt

Die unentgeltliche **Tätigkeit im Haushalt** ist ebenso eine wirtschaftlich sinnvolle Verwertung der verbliebenen Arbeitskraft und ein zumutbarer Einsatz zur Verringerung eines Erwerbsschadens wie jede andere ersatzweise aufgenommene, ausgeübte Tätigkeit. Der Wert der tatsächlichen Tätigkeit in einem (ehelichen) Haushalt kann also den Erwerbsschaden mindern, wenn die verletzte Person die Erwerbstätigkeit nach dem haftungsbegründenden Ereignis aufgibt und stattdessen den Haushalt der Familie (anders als vorher, ggfs. umfassender als vorher) versorgt.³⁶⁷

Der durch die Arbeit im Haushalt erzielbare spezifische Wert ist nach den Regeln zum Hausarbeits-, Haushaltsführungsschaden zu bestimmen und einem Erwerbsnachteil gegenüberzustellen. Auf den Bruttobetrag kommt es an, wenn durch die im Haushalt zumutbar verstärkte Tätigkeit die Kosten für eine Haushaltshilfe wegfallen, also erspart werden und für andere Zwecke frei werden. Darauf abzustellen, dass dem Partner eine (erweiterte) Erwerbstätigkeit ermöglicht, die wirtschaftliche Lage der Familie oder Partnerschaft/Lebensgemeinschaft real verbessert wird, steht als Bemessungsmaßstab im Widerspruch zu den Regeln zum Haushaltsführungsschaden. Die gegenteilige Ansicht³⁶⁸ verneint der Sache nach zugleich den Grundgedanken des normativen Schadens (Rn. 465) für die Schadensminderungsobliegenheit. Das steht jedoch wiederum in einem gewissen Widerspruch dazu, dass auch sonst nicht reale Geldbeträge real den Geldanspruch kürzen (lassen) können, so dann, wenn wegen fiktiver Einkünfte angesichts einer unzureichenden realen Verwertung einer verbliebenen Arbeitskraft der Ersatzanspruch verringert wird oder wenn wegen unzureichender Umorganisation der Erwerbsschadensersatzanspruch gekürzt wird. Darüber hinaus kann selbst dann, wenn in sich auf den Geldwert der Arbeit im Haushalt und nicht auf die Erwerbseinkünfte des mittelbar betroffenen Partners abgestellt wird, die Bewertung des möglichen Einsatzes der Arbeitskraft der verletzten Person nicht vom Ergebnis der Arbeitskraft des Partners abhängig gemacht werden, weil es lediglich um die Arbeitskraft und Leistungsfähigkeit der verletzten Person geht und gehen

---

363 *OLG Celle* SVR 2007, 462.
364 *OLG Düsseldorf* Urt. v. 7.6.1995 15 U 76/94 m. *BGH* NA-Beschl. v. 5.3.1996 VI ZR 235/95.
365 *OLGR Schleswig* 2005, 311 = VersR 2006, 938, *BGH* Beschl. v. 13.9.2005, VI ZR 25/05.
366 *OLG Hamm* Urt. v. 29.1.1996 6 U 54/94 m. *BGH* NA-Beschl. v. 25.2.1997 VI ZR 175/96; *OLG München* NZV 1997, 518.
367 *BGH* VersR 1979, 622, 623 = NJW 1979, 1403, 1404.
368 *OLG Saarbrücken* OLGR Saarbrücken 2006, 186: ... Eine Vorteilsanrechnung wegen einer eventuellen Haushaltstätigkeit des Geschädigten (kommt) nur dann in Betracht, wenn die Haushaltstätigkeit den bislang aufgrund der Notwendigkeit zur Haushaltsführung nicht berufstätigen Ehegatten in die Lage versetzt, nunmehr einer Erwerbstätigkeit nachzugehen. Daran fehlt es nach den unangegriffenen Feststellungen im vorliegenden Fall.

darf. Zur Eigenversorgung (und damit dem Mehrbedarfsschaden) ist es sogar von vornherein ausgeschlossen, auf eine reale wirtschaftliche Verbesserung durch verschobene – sich im Geldvolumen für die Gemeinschaft günstig auswirkende – Nutzungspotenziale beim Partner zu achten. Die erhaltene und nun von (Erwerbs-)Arbeitszeit freibleibende Restarbeitskraft, die eingesetzt werden könnte, vermag aber nicht als solche den Ersatzanspruch zu verringern. Denn diese (verbliebene weitere) Restarbeitskraft hat für sich gesehen ebenso wenig einen Vermögenswert (bzw. ist sie keine „Schadenminderung" im Sprachgebrauch des *OLG Düsseldorf*[369]) wie dem Ausfall der Arbeitskraft als solchem noch nicht ein Geldwert zuzumessen ist und dieser Ausfall noch keinen (Vermögens-)Schaden darstellt. Die normativen Grunderwägungen zum Hausarbeitsschaden wegen der Tätigkeit für andere Haushaltsangehörige, die einen Erwerbsschaden bejahen lassen, ohne dass sich Veränderungen im Geldvolumen zeigen (müssen), müssen deshalb spiegelbildlich ausgewertet werden oder es muss umgekehrt der normative Hausarbeitsschaden ohne reale Geldausgaben schlechthin verneint werden, wenn die Erwägungen konsequent bleiben sollen. D. h. abzustellen ist auf eine wirtschaftliche Ergiebigkeit und Nachhaltigkeit eines verstärkten Einsatzes im Haushalt wegen der Arbeitskraft, die zur Ausführung von Hausarbeiten freigeworden ist und genutzt wird, wobei sich die Arbeiten als notwendig zeigen. Wird dagegen lediglich die Arbeit im Haushalt quasi als Freizeitbetätigung zur Verbesserung eines reinen Komforts genutzt, findet sich kein vermögenswerter Aspekt. Dies übergeht die insofern nicht ausreichend differenzierende ältere Erwägung des *BGH*[370], eine tatsächliche Tätigkeit der verletzten Person als den Haushalt besorgender Ehegatte sei auf jeden Fall im Sinne einer Schadensminderung zu berücksichtigen, weil diese Tätigkeit eine wirtschaftlich sinnvolle Verwertung der verbliebenen Arbeitskraft darstelle. Nur wenn Hausarbeit im Kernbereich dessen übernommen und damit ein anderer Haushaltsangehöriger „freigestellt" wird, was in einem Haushalt an Einsatz und Engagement benötigt wird, ist im heutigen Verständnis zu Arbeiten im Haushalt auch i. S. d. § 254 BGB ein Vermögenswert zu bejahen; vgl. Rn. 2473 ff. und s. zugleich Rn. 2246, 2447, 2512.

aa) Insbesondere Umschulung

2175 ▶ Die Obliegenheit der verletzten Person, sich weiterzubilden oder/und an Umschulungsmaßnahmen teilzunehmen, setzt voraus, dass Aussicht auf den Erfolg der Umschulung und einer nutzbringenden Tätigkeit in dem neuen Beruf besteht.[371] ◀

2176 Die Umschulung zu einem der bisherigen Tätigkeit nach der Einkommensstruktur und sozial gleichwertigen Beruf muss möglich und zumutbar sein. Dass die verletzte Person im neuen Beruf Arbeit finden wird, verlangt nur einen relativ geringen Grad an „Erfolgswahrscheinlichkeit".[372]

2177 ▶ Für den Umfang des Geldausgleichs ist zwischen der Ersatzfähigkeit wirtschaftlicher Nachteile und den Geboten zur Schadensminderung mit dem Prognoserisiko des Schädigers zu trennen. ◀

2178 Die **Ersatzpflicht** des Schädigers zu den Kosten einer Umschulung setzt (schon) ein, wenn nach verständiger Beurteilung Erfolgsaussichten gegeben sind und bei dem Verhältnis zu den ohne solche Maßnahme zu erwartenden Einbußen des Verletzten die Umschulung objektiv sinnvoll ist.[373] Die Umschulung darf z. B. versucht werden, wenn der behandelnde Arzt dazu rät, der eine realistische Heilungschance sieht. Weder an die Schadens- noch an die Erfolgsprognose dürfen zu hohe „Sicherheitsanforderungen" gestellt werden. Regelmäßig reichen konkrete Anhaltspunkte für ins Gewicht fallende Dauerbehinderungen an der Ausübung des bisherigen Berufs und andererseits handfeste Erwartungen für eine berufliche Rehabilitation des Verletzten. Denn der Anspruch

---

369 *OLG Düsseldorf* VersR 2009, 403.
370 *BGHZ* 74, 221 = VersR 1979, 622 = NJW 1979, 1403.
371 Dies ist für eine türkische Gastarbeiterin wegen fehlender Beherrschung der deutschen Sprache verneint worden, *BGH* VersR 1991, 437.
372 *OLG Köln* OLGR 2000, 224 = SP 2000, 229.
373 *BGHZ* 84, 151 = NJW 1982, 2321 = VersR 1982, 767; 1982, 791; 1991, 596; *OLG Koblenz* VersR 1995, 549 = NZV 1995, 322 = r+s 1995, 183 m. *BGH* NA-Beschl. v. 24.1.1995.

auf Ersatz der Umschulungskosten dient dem Interesse des Verletzten an einem vollen finanziellen Ausgleich und vor allem auch dem Bedürfnis, sich vollwertig beruflich betätigen zu können, wenn er an der Weiterbeschäftigung im bisherigen Beruf auf Dauer gehindert ist oder durch die Verletzung in der Ausübung der bisherigen Beschäftigung erheblich behindert wird, z. B. bei Konzentrationsmängeln des Elektroinstallateurs, sofern die Mängel mit schmerzhaften Unfallverletzungen zusammenhängen. Die mit günstiger Prognose begonnene Umschulung muss nicht abgebrochen werden, wenn sich Umstände zeigen, die eine Dauerbehinderung bei der Ausübung des bisherigen Berufs später doch fernliegend erscheinen lassen.[374]

Die Kriterien der §§ 64, 66 SGB I sind schadensrechtlich nicht allein ausschlaggebend. 2179

Wer dem Kostenträger einer Umschulungsmaßnahme Umschulungskosten nur ersetzt, wenn bei Beginn der Umschulungsmaßnahme „handfeste Erwartungen" für eine berufliche Rehabilitation bestehen,[375] und den Ersatz kumulativ a) vom erfolgreichen Abschluss der Umschulung und b) von einer realistischen Vermittlungschance auf einen (neuen) Arbeitsplatz abhängig macht, verkennt nach der hier vertretenen Ansicht den grundsätzlichen Vorrang der Rehabilitation und Restitution. Mehrbedarfs- und Erwerbsschäden sind nicht von zeitabhängigen wirtschaftlichen Belangen der Sozialleistungsträger und/oder Haftpflichtversicherer abhängig. Schadensrechtlich muss die objektive Eignung bei verständiger Beurteilung der Erfolgsaussichten der Umschulungsmaßnahme oder eines anderen angemessenen Versuchs der Berufsförderung oder des Versuchs der beruflichen Rehabilitation[376] genügen. Der BGH[377] geht zwar auf das Verhältnis der Chancen zum wirtschaftlichen Gewicht des anderenfalls absehbaren Erwerbsschadens ein. Er spricht aber zum Personenschaden stets von Angemessenheit[378] und davon[379], dass der Ersatzanspruch zur beruflichen Rehabilitation aus § 249 BGB folgt mit dem Ziel, den Betroffenen in die Lage zu versetzen, nachteilige Auswirkungen durch ein Ausweichen auf ein anderes Arbeitsfeld abzuschwächen oder abzuwenden. 2180

Sogar die berufliche Neigung des Verletzten ist gewichtig und zwar selbst dann, wenn sie bei der begonnenen, vom Schädiger vereitelten Ausbildung gar nicht hat verwirklicht werden können.[380] 2181

Ggfs. sind **Ausbildungsersparnisse** anzurechnen, Rn. 2127, 2128. 2182

Bei Umschulungskosten ist für den **Zeitpunkt** des Entschlusses, die Umschulung für einen anderen Beruf zu beginnen, zu überprüfen, ob aus verständiger Sicht der Wechsel im Hinblick auf bevorstehende Erwerbseinbußen sinnvoll ist und Erfolgsaussicht besteht. Stellt sich später heraus, dass die ursprünglichen Erwartungen nicht erfüllt werden (können), schadet das der verletzten Person nicht.[381] 2183

Die Umschulung zu einer **höher qualifizierten** Tätigkeit als bisher setzt voraus, dass auf andere Weise die berufliche Wiedereingliederung des Verletzten nicht möglich ist. Ist ein Verletzter auf seinen Wunsch für eine qualifiziertere Arbeit ausgebildet worden, hat der Schädiger die Umschulungskosten grundsätzlich nur in dem Umfang zu gewähren, in dem sie bei der Ausbildung zu einem gleichwertigen Beruf angefallen wären. Dafür kommt es auf unterschiedliche Ausbildungszeiten (Zeitdifferenz) und alle Kosten, auch Reisekosten an. Der Schädiger kann jedoch die erstattungsfähigen Umschulungskosten nicht im Wege der Vorteilsausgleichung um den Mehrverdienst kürzen, den der Verletzte in seinem neuen Beruf erzielen wird.[382] 2184

---

374 OLG Jena NJW-RR 1999, 1408.
375 LG Augsburg NJOZ 2007, 2227.
376 Zur Eingliederungshilfe, die an den künftigen Arbeitgeber gezahlt wird, OLG Köln VersR 1985, 94 = ZfS 1985, 78.
377 BGH NJW 1982, 1638 = VersR 1982, 767 = DAR 1982, 273 = ZfS 1982, 297.
378 BGH NJW 1987, 2741 = VersR 1987, 1239 = ZfS 1987, 365 (vom Kfz-Mechaniker zum Zahntechniker).
379 BGH NJW-RR 1991, 854 = VersR 1991, 596 (soziale Gleichwertigkeit).
380 Vgl. OLG Karlsruhe DAR 1988, 241 = ZfS 1988, 281.
381 BGH VersR 1987, 1239 = NJW 1987, 2741; OLG Jena NJW-RR 1999, 1408.
382 BGH VersR 1987, 1239 = NJW 1987, 2741 = ZfS 1987, 365 = r+s 1987, 312 (Kfz-Mechaniker wird Zahntechniker).

2185 Die freiwillig begonnene Umschulung darf **abgebrochen** werden, wenn sich die angestrebte Tätigkeit als nicht zumutbar erweist.[383]

2186 Der **Zurechnungszusammenhang** zwischen der Schädigungshandlung und den Kosten einer Umschulung entfällt, wenn die Änderung des beruflichen Lebensweges derart von einer eigenständigen Entscheidung des Verletzten geprägt ist, dass die Schädigung nur als äußerer Anlass (Rn. 335 ff.) für diese Entwicklung zu bewerten ist.[384] An die Ausgrenzung der Ersatzpflicht des Schädigers sind strenge Anforderungen zu stellen.[385]

2187 Muss der Verletzte unfallbedingt in einen anderen Beruf wechseln, in dem er über viele Jahre tätig ist und mehr verdient als in seiner früheren Stellung und wechselt er danach ohne Notwendigkeit lediglich um sich weiter zu verbessern in einen anderen Beruf, kann es an einem haftungsrechtlichen Zusammenhang mit dem Unfallereignis fehlen, wenn er nunmehr berufliche Fehlschläge mit Einkommenseinbußen erleidet. Die Aufgabe einer gesicherten Arbeitsstelle lässt bei nachvollziehbaren Gründen für den Wechsel des Arbeitgebers die Zurechnung aber nicht scheitern.[386] Das Risiko der Wiedereingliederung in das Arbeitsleben trifft den Schädiger, Rn. 488, 2142.

bb) Darlegungs- und Beweislast

2188 Den Schädiger trifft die **Beweislast** dafür, dass die verletzte Person gegen die Pflicht verstößt, eine mögliche und zumutbare Arbeit aufzunehmen.[387] Dies schließt den Beweis dafür ein, dass die verletzte Person auf dem Arbeitsmarkt vermittelbar (gewesen) ist.[388]

2189 Die verletzte **arbeitsfähige** oder teilarbeitsfähige **Person** hat den Schädiger darüber zu unterrichten, welche Arbeitsmöglichkeiten ihr zumutbar sind und durchführbar erscheinen. Prozessual ist kein Negativ-Beweis zu führen, die prozessuale **Mitwirkungspflicht** gebietet es aber, **darzulegen**, welche Arbeiten zumutbar und durchführbar erscheinen und welche Maßnahmen zur Erlangung einer bestimmten, zumutbaren Arbeit unternommen worden sind. Die verletzte Person hat auch etwa in ihrer Sphäre liegende Hindernisse aufzuzeigen, eine zumutbare Arbeit zu leisten oder aufzunehmen. Erst gegenüber der substanziierten – ggfs. durch Beweisaufnahme bestätigten – Schilderung der verletzten Person hat der Schädiger zu behaupten und zu beweisen, dass die verletzte Person entgegen ihrer eigenen Darstellung die konkret bezeichnete zumutbare Arbeit hätte aufnehmen oder z. B. die Teilnahme an einer Umschulung hätte wiederholen können.

2190 Der *BGH* will je nach der Gestaltung des Falles in Anpassung der Beweislast an die Grundsätze von Treu und Glauben die Regeln des Anscheinsbeweises herangezogen wissen. U.U. – wenn der Verletzte gar nichts unternommen hat, um seine verbliebene Arbeitskraft zu verwerten – soll es sogar zu einer Umkehr der Beweislast kommen können.[389]

2191 Manche Tatrichter meinen[390], die örtliche Arbeitsmarktlage zu kennen und einschätzen zu können, wer einen seiner Ausbildung und Fähigkeiten angemessenen Arbeitsplatz gefunden hätte, und schätzen aus freier Hand, welches Einkommen mit welchem Netto-Auszahlungsbetrag einschließlich sozialer Absicherung erzielbar gewesen wäre.

---

383 *KG* DAR 2000, 401.
384 *BGH* VersR 1991, 596.
385 *BGH* VersR 1991, 1293.
386 *OLG Hamm* VersR 2000, 373.
387 *BGH* VersR 1971, 348.
388 *BGH* VersR 1997, 1158 = NJW 1997, 3381 = DAR 1997, 355.
389 So jedenfalls *BGH* VersR 1979, 424 = NJW 1979, 2142; VersR 1983, 488.
390 Vgl. z. B. *LG Bonn* VersR 1995, 57.

Nach Kündigung wegen verletzungsbedingter häufiger Fehlzeiten ist dem Verletzten die Missachtung der Verwertung der verbliebenen Arbeitskraft schadensmindernd nur entgegenzuhalten, wenn er nachweisbar seine Arbeitskraft nicht nutzbringend eingesetzt hat. Dies ist nicht zu bejahen, wenn dem Verletzten der Arbeitsmarkt verschlossen ist,[391] ihm weder die Umschulung noch eine seiner Beeinträchtigung entsprechende Arbeitsvermittlung möglich ist. Der Verletzte, der für mehrere Jahre viele schriftliche Dokumente über Bewerbungen und Absagen in dem von ihm erlernten Berufsbereich (Industriekaufmann) vorlegt, genügt seiner Mitwirkungs- und Darlegungspflicht. Soweit nicht zeitlich lückenlos Bewerbungen vorgelegt sind, bleibt dies unschädlich, wenn und weil angesichts der vorgelegten Bewerbungen zu erschließen ist, dass hinreichend intensive Anstrengungen für die nicht durch konkrete Bewerbungen abgedeckte Zeit unternommen worden sind (sein müssen). Die Schädigerseite, die die einzelnen Bewerbungsbemühungen nicht widerlegen kann, bleibt darlegungs- und beweisfällig dafür, dass der Verletzte nicht alles Mögliche und Zumutbare zur Verwertung der (Rest-)Arbeitskraft unternommen hat.[392]

2192

cc) Rechnerischer Einfluss einer Obliegenheitsverletzung

Erzielbare, jedoch tatsächlich nicht erreichte Einkünfte fließen in die Schadensberechnung als negativer Rechenfaktor ein.

2193

Einen Vorteil erst zu berücksichtigen, nachdem der Schaden wegen der Mithaftung quotiert worden ist, bedeutet, die Ersatzforderung um den vollen Vorteilsbetrag zu kürzen. Dies widerspricht dem einheitlichen Schadensverständnis zum Erwerbsschaden bei der Beeinträchtigung der Arbeitskraft mit der Gegenüberstellung aller relevanten Einkünfte. Deshalb ist die Quotierung an das Ende der Berechnung zu stellen, wie schon näher beschrieben ist, Rn. 731, 732, 2046. Das gleiche Prinzip gilt für Obliegenheitsverletzungen. Die Schadensminderungspflicht oder -obliegenheit ist insofern also rechnerisch nicht anders zu behandeln als ein Vorteil.

2194

Der Verletzte darf – wie der *BGH*[393] herausstellt – im Fall der Mithaftung auch nicht etwa (aus Billigkeitsgründen) Einnahmen aus einer ersatzweise aufgenommenen Tätigkeit vorrangig auf den Eigenbehalt (die Mithaftungsquote) anrechnen; zu rechnerischen Auswirkungen beim Forderungsübergang s. Rn. 2333 ff. für Beamte und Rn. 2340 ff. für Arbeitnehmer.

2195

Bei Barunterhaltsschäden der Hinterbliebenen ist dies zu Erwerbseinkünften anders. Für diese ist der Teil des verursachten Schadens, der von der Haftung des Schädigers nicht abgedeckt ist, mit dem Vorteil oder einer Ersparnis aus Billigkeitsgründen zu verrechnen, Rn. 3425 ff.

2196

e) Insbesondere: Abhängige Arbeit

Arbeitnehmer ist, wer eine fremdbestimmte Arbeitsleistung erbringt, also eine Dienstleistung im Rahmen einer von Dritten bestimmten Arbeitsorganisation ausführt. Wesentlich und charakteristisch ist für die Beschäftigung als Arbeitnehmer die persönliche Abhängigkeit im Sinne der Eingliederung in einen Betrieb mit Unterordnung unter das Weisungsrecht des Arbeitgebers insbe-

2197

---

391 *OLG Hamm* ZfS 1998, 459.
392 *OLG Hamm* OLGR Hamm 2005, 305: Die konkrete Behinderung war mitzuteilen. Einstellungschancen in dem von Rationalisierungsmaßnahmen besonders stark betroffenen („umkämpften") Innendienstbereich waren erfahrungsgemäß überaus gering. Die mangelnde Berufserfahrung war ein weiteres Handicap. Eine lange ununterbrochene Arbeitslosigkeit ließ Zweifel an der Einordnung in einen geregelten und straffen Arbeitsablauf nicht fernliegend erscheinen. Insgesamt war deshalb aus den Absagen nicht der Schluss zu ziehen, dass der Verletzte sich nicht nach Kräften bemüht hätte.
393 *BGH* VersR 1992, 886 = NJW-RR 1992, 1050 = DAR 1992, 301.

Erwerbstätigkeit (Erwerbsschaden)

sondere hinsichtlich Art und Umfang, Dauer, Ort und Zeit der Arbeit.[394] Das Weisungsrecht ist bei Leistung von Diensten höherer Art eingeschränkt, darf aber auch dann nicht vollständig fehlen.[395] Im Zweifel kommt es darauf an, welche Merkmale nach den Umständen des Einzelfalles, der vertraglichen Ausgestaltung und den tatsächlichen Verhältnissen überwiegen. Zu **ersetzen** ist der **Verletzungsschaden**, auch z. B. des Beamten. Variable Vergütungskomponenten erschweren die Schätzung eines erstattungsfähigen Betrages in besonderer Weise.

2198 Beeinträchtigt sein kann die **Voll-** oder **Teilzeit-**, die **Haupt-** oder eine (auch selbstständig ausgeübte) **Nebenbeschäftigung** des Arbeitnehmers oder Beamten; Rn. 2016 ff., 2042 ff.

2199 Grundlage eines Erwerbsschadens ist stets nur eine nach der Art des Erwerbs jedenfalls **nicht verbotene Tätigkeit**. Die Schwarzarbeit z. B. ist deliktisch nicht geschützt.

2200 Da die Erzielung von Einkünften durch sozialversicherungsrechtliche Normen nicht verhindert werden soll, ist dagegen die in mehreren Haushalten geringfügig beschäftigte[396] Putzhilfe ersatzberechtigt, deren Beschäftigungen insgesamt nicht geringfügig sind. Dann besteht Sozialversicherungspflicht, weil die Einzelbeschäftigungen sozialversicherungsrechtlich zusammenzurechnen sind. Auch wenn die Beschäftigungen der Einzugsstelle nicht gemeldet sind, bleiben die einzelnen Vertragsverhältnisse aber rechtswirksam.

2201 Da der Verletzte nur für solche Zeiträume einen Erwerbsausfall durchsetzen kann, für die eine Erwerbstätigkeit gegeben gewesen wäre (zum Zeitbezug s. weiter Rn. 2208 und 2232), besteht angesichts eines wirksam **befristeten Arbeitsverhältnisses** grundsätzlich ein Ersatzanspruch auch nur für die Dauer der Befristung. Denn die wirksame Befristungsabrede bedeutet, dass das Arbeitsverhältnis mit Fristende regulär beendet worden wäre. Macht der Verletzte geltend, ein solches Arbeitsverhältnis wäre fortgesetzt worden, hat er dies bei und nach den konkreten Umständen wahrscheinlich zu machen. Bei einer unwirksamen Befristungsabrede ist allerdings aus arbeitsrechtlichen Gründen auch schadensrechtlich von einem unbefristeten Arbeitsverhältnis auszugehen.

2202 Entgeltorientiert erhält die Arbeitskraft ihren Vermögensinhalt durch den Einsatz im Arbeitsleben und den daraus erwachsenden eigenbezogenen Nutzen in Form des Gegenwerts. Bei abhängig Beschäftigten (Arbeitern, Angestellten, den zur Berufsausbildung Beschäftigten) erschließt sich dementsprechend zu der ausfallenden Arbeitszeit der Schaden durch das Arbeitsentgelt (Lohn, Gehalt, Ausbildungsvergütung). Dabei sind alle Elemente der Gehaltsbemessung, die nach der Verkehrsanschauung Gegenleistung für die geschuldete Arbeitsleistung sind, schadensrechtlich maßgebend, also alle Vergütungsbestandteile zur **Tätigkeit** des Arbeitnehmers oder Beamten.

2203 Steuern und Sozialversicherungsbeiträge, die sie wegen des Schadensfalles nicht belasten, sind nicht auszugleichen; zu Anrechnungen Rn. 670 ff. Für die vom Verletzten selbst durchzusetzende Erwerbsausfallrente sind der unfallbedingte Lohnausfall vom Ende von Krankengeldzahlungen (Rn. 2317) bis zum Zeitpunkt eines altersbedingten Ausscheidens aus dem Erwerbsleben sowie eine in dieser Zeit erarbeitete Altersrente maßgebend[397]; zur Entgeltfortzahlung Rn. 2317, zum Vorruhestand 2300; zum Beitragsschaden 2312.

---

394 Die Selbstständigkeit kennzeichnet demgegenüber das eigene Unternehmerrisiko, die Verfügungsmöglichkeit über die eigene Arbeitskraft und die Möglichkeit, frei über Arbeitsort und Arbeitszeit zu verfügen, Rn. 2346.
395 Zur Beurteilung der Stellung eines Geschäftsführers einer GmbH, dessen Organstellung eine Abhängigkeit gegenüber der Gesellschaft bzw. den Gesellschaftern nicht ausschließt, vgl. *LSG Niedersachsen-Bremen* Nds. Rpfl. 2009, 72.
396 *BGH* VersR 1994, 355 = NJW 1994, 851 = NZV 1994, 183; anders Vorinstanz *OLG Karlsruhe* ZfS 1993, 223.
397 *BGH* NZV 2002, 268 = BGHReport 2002, 373.

Mindereinkünfte **4**

Lohnersatzleistungen[398] stehen den Erwerbseinkünften grundsätzlich gleich, Rn. 2317. Bei Entgeltersatzleistungen (z. B. Krankengeld) und darauf zu entrichtenden Sozialversicherungsbeiträgen kann ein Rechtsübergang nach § 116 SGB X stattfinden, Rn. 2326.   2204

Grundsätzlich ist ein Verdienst auf die Zeit zu beziehen, am dem er durch den realen Einsatz der Arbeitskraft verdient bzw. erdient wird (werden sollte); beachte Rn. 2093, 2208, 2215.   2205

Berechnungsmodell und Berechnungsbeispiele: 2206

Beispiel 1

Geldbetrag pro Gesamtzeiteinheit, z. B. jährliche Einmalzahlung oder auch Jahresentgelt oder Bruttoentgelt für die Gesamtzeit der Arbeits- und der Freistellungsphase	500,00
Zahl aller Arbeitstage oder Monate	225
Tage ohne Arbeit während der Arbeitszeit (als Urlaub oder Freistellung) oder entsprechende Monate	30
Anteil der Tage oder Monate ohne Arbeit bezogen auf die Arbeitszeit (in Tagen)	13,33%
anteiliger Betrag bezogen auf die „bezahlte Freizeit" (Freistellung von der Arbeit)	66,67
Gelderwerb bezogen auf die Zeit der Aktivität	433,33

Beispiel 2

Gesamtgeldwert	79.200,00 €	2.200,00 € mtl.	
Gesamtzeit	48 Monate		
Zeit ohne Arbeit (z. B. Freistellungsphase, Rn. 2217)	12 Monate		
Anteil der Freistellungszeit („bezahlten Freizeit")	25,00%		wie:
Geldwert während Freistellung	19.800,00 €	1.650,00 € mtl.	1.650,00 € mtl.
Geldwert während Arbeitsphase	59.400,00 €	1.650,00 € mtl.	
zusätzlich verdient (mit ggfs. verzögerter Auszahlung während Freistellung)		550,00 € mtl.	
Gesamtertrag während realer Arbeitszeit	36 Monate	2.200,00 € mtl.	

Die Onlineversion ermöglicht eigene Berechnungen.   2207

---

398 Zur Kongruenz des Versorgungskrankengeldes i. S. des § 16 BVG (als Lohnersatz) mit dem Schadensersatzanspruch wegen entgangenen Arbeitsentgelts s. *OLG Hamm* NJW-RR 2002, 1322 = VersR 2003, 1591 = ZfS 2002, 475 = DAR 2002, 216.

Erwerbstätigkeit (Erwerbsschaden)

2208 Um den im Einzelfall relevanten Ersatzbetrag finden zu können, sind Einkünfte **monatsweise** zu **erfassen**, wenn und weil die Erwerbseinkünfte für die Arbeit so (insbesondere bei festen Arbeitszeiten) bezogen sind und in der Lebenswirklichkeit so zum Lebensbedarf (Unterhalt) verwendet werden. Aus § 614 Satz 1 BGB (Fälligkeit der Vergütung als Sonderregel als § 271 BGB) folgt dabei, dass der Arbeitnehmer für eine Vergütungsperiode, regelmäßig für einen Monat vorleistungsverpflichtet ist, zur Schadensrente Rn. 1309.

2209 Vom Ertrag oder Aufwand für einen Tag her sind bezogen auf eine Woche 7 bzw. 7,02 (Kalender-)Tage anzusetzen sowie für den Monat 30,42 Tage für den Bezug zu 365 Tagen im Jahr (365/12 = 30,42; 365/52 = 7,02). Ein Wochenergebnis lässt sich als Monatsergebnis mit dem Faktor 4,345 umrechnen (30,42/7 = 4,3457, 30,42/7,02 = 4,33). Ein für das Jahr ermittelter oder jährlich einmalig anfallender Wert ist für das Monatseinkommen als zwölfter Teil zu erfassen, wobei das Verhältnis 1/12 (= rund 0,0833) wiederum dem Verhältnis 30,42 Kalendertage pro Monat zu 365 Kalendertagen pro Jahr entspricht, für ein Jahr im Durchschnitt wegen der Schaltjahre aber 365,25 Kalendertage anzusetzen sind; s. zudem Rn. 1949, 2617, 2661.

2210 (Ausfallende oder beim Arbeitgeber anfallende) **Einmaleinkünfte** sind ggfs. auf Tage oder Monate eines Jahres zu verteilen. So sind **arbeitsleistungsbezogene Sonderzahlungen** neben monatlich anfallenden Einkünften u. U. als 1/12 den monatlichen Erwerbseinkünften hinzuzurechnen oder es sind die Werte anteilig über die Zahl der betroffenen Tage zu bestimmen, wie es seit alters her bei und für das Urlaubsgeld und den Arbeitgeberregress hinsichtlich des anteiligen Urlaubsentgelts bekannt ist.

2211 Hat ein Arbeitnehmer vor dem Unfall mehrere Jahre lang unregelmäßig, im Durchschnitt z. B. nur 8 Monate im Jahr gearbeitet, um sein Jahreseinkommen sicherzustellen, ist dies bei der Ermittlung der verletzungsbedingten Erwerbsausfallrente (rechnerisch) angemessen zu beachten.[399]

---

399 *OLG Hamm* r+s 1995, 256 = SP 1995, 297.

Mindereinkünfte 4

Berechnungsmodell und -beispiel zur Berechnung eines vom Verletzten durchzusetzenden Erwerbsschadens bei „regelmäßig" zeitweiser Aktivität im Jahr (mit unterstellten Geldbeträgen):   2212

Erster Tag der Beeinträchtigung	**1.5.2003**					
	SOLL				mtl.	**Differenzschaden**
Einkünfte	**1.600,00**					
Spesen, bzw. berufsbedingter Aufwand (beachte Rn. 2144 ff., 2237 ff.)	**250,00**					
Verbleibende bereinigte Nettoeinkünfte mtl.	1.350,00	Drittleistung z. B. Arbeitslosenhilfe, wöchentlich und umgerechnet mtl.	**140,00**	**Umrechnungsfaktor: 4,3333**		606,66
erwartete Steigerung auf	**1.500,00**					
Mittelwert rechnerisch:	1.425,00	wahrscheinliche Erhöhung, unterstellter Mittelwert			**700,00**	725,00
Ersatzforderung						
						Letzter Tag zur Berechnung der Rückstände
Zeitdifferenz (Tage unter Einschluss des Tages der Beeinträchtigung)	1492	Monate (gerundet über 365,25/12)	49			**31.5.2007**
Tätigkeitszeitraum jährlich	**8 Monate im Jahr**	Anteil also: 2/3			**Rückstand** (Kapitalforderung):	23.676,39
						Laufende Rente ab 1.6.2007
Erwartete, wahrscheinliche Erhöhung der bereinigten Nettoeinkünfte auf:	**1.600,00**	Erwartete, wahrscheinliche Erhöhung der bereinigten Ist-Nettoeinkünfte auf:			**800,00**	rechnerisch: 800,00
		Anteil wie vor: 2/3				**ausgleichsfähig: 533,33**

Die Onlineversion ermöglicht eigene Berechnungen.   2213

2214 Für (fortgezahlte) **erfolgsabhängige** Vergütungen, die wirtschaftlich selten oder gar nicht mit einer bestimmten (Ausfall-) Zeit korrespondieren, hat der *BGH* Grundfragen der Ersatzfähigkeit des **entgeltorientierten** Erwerbsschadens beim Arbeitnehmer nicht wirklich gelöst und auch für den Selbstständigen bisher den **gewinnorientierten** und zugleich (verletzungsbedingt) zeitlichen Bezug nicht klar abgegrenzt.

Zeitbezug der Einkünfte

2215 **Jahreseinkünfte** sind steuerlich maßgebend. Sie können auch wesentlich sein bei einer Sozialhilfe und der Frage nach dem Übergang eines Anspruches (Rn. 2328). Der Verletzungsschaden (Rn. 2197) wird bisher weder bei Arbeitnehmern noch bei Beamten und auch nicht bei Selbstständigen auf die **Lebenseinkünfte** hin bezogen oder von den Lebenseinkünften her für die Verletzungszeit und deren weitere wirtschaftliche Folgen kritisch untersucht. Es genügt der Praxis vielmehr, an den Verletzungsschaden für die Zeit der Erwerbstätigkeit ggfs. den Rentenausfallschaden für die Zeit danach (zu §119 SGB X Rn. 1531, 2312) anzuschließen.

2216 **Arbeitszeitkonten** beinhalten eine aufgeschobene Zahlung vereinbarter Vergütung mit dem Vorzug flexibler Zeiteinteilung, insbesondere als Jahres- oder Lebensarbeitszeitkonto oder als Konto für kürzere Zeiträume weichen sie von dem Grundvergütungsmodell „monatliche Arbeit gegen Geld" ab. Beim sog. Blockmodell (auch zur Altersteilzeitarbeit) wird in der Arbeitsphase die volle Arbeit (Mehrarbeit) gegen eine reduzierte (Brutto-) Vergütung oder z. B. den Verzicht auf eine Überstundenvergütung geleistet und in der Freistellungsphase die reduzierte (Brutto-) Vergütung ohne Arbeit weiter gezahlt bzw. der Betroffene bei Fortzahlung der Vergütung im Umfang der vorgeleisteten Mehrarbeit von der Arbeitsleistung freigestellt. Der Vergütungsanspruch bezieht sich m.a.W. auf die gesamte Zeit, aufgebaut in der Arbeitsphase ohne Auszahlung bei wachsendem Wertguthaben. Wird wegen der vom Schädiger zu verantwortenden Verletzung das Arbeitsverhältnis aufgelöst und kommt es wegen des Wertguthabens zu einem nachträglichen Differenzausgleich zu Gunsten des Arbeitnehmers, der vergütungsrechtlich zur Gleichstellung des Betroffenen mit einem Vollzeitbeschäftigten führt, ist der Schädiger dadurch weder zu entlasten und noch ist er dadurch zusätzlich belastet.

2217 Die Flexibilisierung von Arbeitszeiten verlangt nach Antworten auf alte Fragen: Bei Verletzung und Arbeitsunfähigkeit in der Anspar-, Aufbau-, **Arbeitsphase** ist nach dem herkömmlichen Prinzip schadensrechtlich auf das volle Bruttogehalt abzustellen, mit der Konsequenz, Anschlussfragen zu Sozialversicherungsbeiträgen (verschobene Beitragsfälligkeiten[400]) und Steuern[401] lösen zu müssen. Die Verletzung und Arbeitsunfähigkeit nach dem Beginn der **Freistellungsphase** führt dagegen bei dem Grundverständnis des *BGH* von der Arbeitskraft (Rn. 2024, 2037) nicht zu einem Erwerbsschaden, weil und soweit ohnehin (verletzungsunabhängig) keine Arbeit zu leisten ist.

2218 Wer für die Verletzung in der Arbeitsphase nicht auf das gesamte Entgelt abstellt, also nicht zusätzlich auf den Teil des Entgelts, der erst in der Freistellungsphase ausgezahlt wird, lässt einen Teil des erarbeiteten Werts außer Betracht. Hier darf aber nicht anders vorgegangen werden, als nach unbestrittener Ansicht bei der Einmalzahlung – dem Urlaubsgeld –, das der Arbeitgeber anteilig regressieren kann, Rn. 2228; 2320. Erwirtschaftet wird ein Urlaubsgeld ebenso wie der Zahlbetrag in der Freistellungsphase während der Arbeitsphase, nur der Auszahlungszeitpunkt ist hinausgeschoben. Insofern hat in diesem Kontext die Fälligkeit auf die Durchsetzbarkeit des Erwerbsschadens Einfluss, aber nicht auf die Höhe des Ausgleichsanspruchs.

2219 Der Umfang des Schadensersatzanspruchs darf in solchen Fällen dabei niemals davon abhängig gemacht werden, ob z. B. der Betroffene vorher mit seinem Arbeitgeber die Auszahlung des Entgelts in voller Höhe vereinbart und eine Freistellung ohne Entgelt in der späteren Zeit vereinbart

---

400 Beitragspflichtig ist in der Ansparphase das erzielte Arbeitsentgelt, gemindert um den in das Arbeitszeitkonto eingestellten Teil. Beitragspflichtig ist in der Freistellungsphase das aus dem Arbeitszeitkonto ausgezahlte Arbeitsentgelt (trotz mangelnder Tätigkeit).

401 Der angesparte Arbeitslohn ist beim Arbeitnehmer in dieser Ansparzeit nicht zu versteuern.

(hat) oder ob z. B. die Auszahlung von 75% auf die Dauer von 3 Jahren vereinbart ist, um mit einer Freistellung von der Arbeit im 4. Jahr die (bei 3 × 75 % = 225%, von 300% Entgelt verteilt auf 4 Kalenderjahre) „angesparten" restlichen 75% Entgelt ausgezahlt erhalten zu können.

Berechnungsbeispiele: 2220

Beispiel 1

Einkünfte:
1.800,00 € mtl.

		Arbeitsphase			Freistellungs-phase	Arbeitsphase rechnerisch	gesamt
1. Jahr	2. Jahr	3. Jahr	4. Jahr	5. Jahr		48 Monate	60 Monate
80% ausge-zahlter Geld-anteil	80%	80%	80%	80% ausge-zahlter Geld-anteil		320%	400%
1.440 €	1.440 €	1.440 €	1.440 €	1.440 €		Als Wert 51.840 € aus-gezahlt.	
20% zudem erarbeiteter Geldanteil	20%	20%	20%			Als Wert 86.400 € erar-beitet. Zeitanteil: 125 %	86.400 €
Ausfallzeit (Arbeitsunfähigkeit) z. B. auf die Dauer von					Ausfall durch Arbeits-unfähigkeit während der Freistellungs-phase:		
2 Monate	3 Monate				Kein Erwerbs-schaden, s. Rn. 2217, 2218		

Ausfall Arbeitskraft bzw. -wert rechnerisch deshalb:

3.600 € mtl.   5.400 € mtl.

Und – nach der hier vertretenen Ansicht – nicht etwa nur:

2.880 € mtl.   4.320 € mtl.

Beispiel 2

Einkünfte: 2.200 € mtl.

	Arbeitsphase			Freistellungs-phase	Arbeitsphase rechnerisch	gesamt
	1. Jahr	2. Jahr	3. Jahr	4. Jahr	36 Monate	48 Monate
	75% aus-gezahlter Geld-anteil	75%	75%	75% ausge-zahlter Geld-anteil	225%	300%
	1.350 €	1.350 €	1.350 €	1.350 €	Als Wert 48.600 € aus-gezahlt.	
	25% zudem erarbeiteter Geldanteil	25%	25%		Als Wert 79.200 € erar-beitet. Zeitanteil: 133,33%	64.800 €

Ausfallzeit (Arbeitsunfähigkeit) z. B. auf die Dauer von

4 Monate	3 Monate	2 Monate

Ausfall Arbeitskraft bzw. -wert rechnerisch deshalb:

7.200 € mtl.   5.400 € mtl.   3.600 € mtl.

Und – nach der hier vertretenen Ansicht – nicht etwa nur:

5.400 € mtl.   4.050 € mtl.   2.700 € mtl.

2221 *Die Onlineversion ermöglicht eigene Berechnungen; vgl. auch Rn. 2207.*

Einkommen, Entgeltbestandteile

2222 Anzuknüpfen ist an alle verletzungsbedingt verringerten oder ausfallenden **Einkünfte** einschließlich vermögenswirksamer Leistungen und (ggfs. jährlich einmaliger) Sonderzahlungen, der **Zulagen** für besondere Anstrengungen (z. B. eine Erschwerniszulage[402]) oder Aufenthaltsorte (z. B. ein Auslands-, Verwendungszuschlag[403]), den Mitarbeiterrabatt von Werksangehörigen[404], auch an Sachbezüge.

2223 Die Möglichkeit, ein Fahrzeug im Rahmen des Arbeitsverhältnisses für Privatfahrten nutzen zu können, d. h. die Überlassung eines Pkws, hat Vergütungscharakter und steht im Synallagma des Arbeitsvertrages.[405]

2224 Bei der durch Arbeitsleistung (täglichen Tanzunterricht und Schautanzen) erdienten Teilnahme an einer Kreuzfahrt, die wegen einer Verletzung ausfallen muss, hat die Schädigerseite für den Ausfall der Gage und darüber hinaus für den Urlaubswert des Anteils der Erholungszeit während der Kreuzfahrt aufzukommen, für den das *OLG München*[406] je Tag einen Geldbetrag zugrunde legt, wie ihn die verletzte Person für einen Urlaub üblichen Zuschnitts hätte aufbringen müssen.

2225 Ein pauschalierter Aufwendungsersatz kann verstecktes Arbeitsentgelt beinhalten. Die Höhe dieses Anteils, zu dem steuerrechtliche Grenzwerte (§ 4 Abs. 5 Nr. 5 EStG) nicht unbeachtet bleiben können, ist Verdienst. **Auslösungen**[407] sind **nicht** Teil des Entgelts, soweit sie Mehraufwendungen (Spesen, Kleidergeld) für Arbeiten an wechselnden Orten abdecken. Wird die Auslösung nicht

---

402 *OLG Hamm* OLGR 1996, 90 = ZfS 1996, 211.
403 *BGH* FamRZ 1980, 342; *LG Erfurt* ZfS 2004, 14 (feste Einplanung des verletzten Zeitsoldaten für Kosovo-Einsatz).
404 *OLG Braunschweig* SP 2001, 91, das allerdings einen wirtschaftlichen Schaden bejaht und im Ergebnis zugleich verneint; Rn. 699.
405 *BAGE* 81, 294 = NJW 1996, 1771.
406 *OLG München* VersR 1987, 622 = NJW-RR 1986, 963.
407 *BGH* VersR 1979, 622 = NJW 1979, 1403.

verbraucht, sondern vermehrt sie das Einkommen, ist sie auch schadensrechtlich so zu behandeln. Angelehnt an die Unterhaltsleitlinien lässt sich zu Auslösungen, Spesen, Zulagen (s. auch Rn. 3048) jedenfalls in Höhe von 1/3 ein Mindestbetrag als Einkommensbestandteil ansetzen. Echte **Aufwandsentschädigungen** sind dagegen eo ipso kein **Gegenwert** für eine Tätigkeit. Sie sind – auch als Spesen, Zulagen – nicht vom Schädiger zu übernehmen, weil und wenn der entsprechende berufsbedingte Aufwand nach dem Schadensfall (gerade) nicht entsteht. Z. B. gleicht die Reiseentschädigung eines Postzugbegleiters den mit Reisen verbundenen Aufwand aus und führt, wenn sie unfallbedingt wegfällt, nicht zu einem Erwerbsschaden desjenigen, der Reisen nicht mehr durchführen kann.[408]

Die Zulage nach der Verordnung über die Gewährung eines Auslandsverwendungszuschlags enthält überwiegend einkommensrechtliche Komponenten und ist Teil des Einkommens. Sie dient nicht nur dem Ausgleich immaterieller Beeinträchtigungen aus der im jeweiligen Einsatzgebiet bestehenden besonderen Gefahr für Leib und Leben. Der Verlust einer solcher Zulage führt deshalb zu einem ersatzfähigen Verdienstausfallschaden.[409] **2226**

Prämien für **mehrere Jahre** sind anteilig **auf** ein Jahr umzurechnen, um ein **Jahreseinkommen** und von daher ein Monatseinkommen (Rn. 2265) ermitteln zu können. Anwesenheitsprämien, Treueprämien, Wettbewerbsprämien führen schadensrechtlich zu ähnlichen Prognoseschwierigkeiten wie ausfallende Trink- und Bedienungsgelder. **Trinkgelder** z. B. für Kellner, Taxifahrer mögen mit 0,50 € pro Arbeitsstunde[410] eingeschätzt werden, wenn keine besser geeigneten Anhaltspunkte vorliegen. **2227**

In der Zeit der Verletzung wahrscheinlich erzieltes (erzielbares) **Entgelt für Überstunden** ist ausgleichsfähig. Beim Rechtsübergang wegen fortgezahlten Entgelts verbleibt insofern[411] u. U. für die verletzte Person ein eigener Anspruchsteil, wenn das Überstundenentgelt nicht in die Bemessung des fortgezahlten Entgelts einfließt. Das Urlaubsentgelt, **einmalige jährliche** Zuwendungen (zusätzliches Urlaubsgeld, Weihnachtsgeld) sind Entgelt für geleistete Arbeit und ggfs. anteilig zu berücksichtigen. **2228**

Die Reduzierung einer verbleibenden (Lebens-) Arbeitszeit durch Ansparung von **Zeitwertpapieren** bewertet das *OLG Oldenburg*[412] als Maßnahme der Vermögensbildung. Im Verletztenfall mindert sich von daher das anzusetzende Erwerbseinkommen und damit der Erwerbsausfallschaden nicht, im Tötungsfall kürzt diese Sichtweise trotz der durch den Getöteten erarbeiteten Werte (für sich und die Familie) den materiellen Unterhaltsschaden der Hinterbliebenen, wenn es nicht zur Auszahlung des wegen der geleisteten Arbeit durch die Nichtauszahlung des Entgelts angesammelten Guthabens kommt, Rn. 3072. **2229**

Das **Kindergeld** ist unterhalts- und schadensrechtlich kein Einkommen eines Elternteils[413], unabhängig davon, ob und inwiefern es sozialhilferechtlich[414] anrechenbar sein kann. **2230**

Die Höhe des Verdienstausfalls des Arbeitnehmers kann anhand einer **Arbeitgeberauskunft** – als Indiz – geschätzt werden.[415] **2231**

---

408 *KG* NZV 2002, 172 = VersR 2002, 1429; *BGH* NA-Beschl. v. 4.12.2001.
409 *OLG Stuttgart* NJW-RR 2007, 88 = FamRZ 2007, 1242.
410 *LG Osnabrück* FamRZ 1999, 946 (1,00 DM).
411 *Jahnke* in Verdienstausfall, § 3 Rn. 34, zur Rechtslage seit 1.10.1996.
412 NJW 2004, 1051 = OLGR 2004, 211 = MDR 2004, 576.
413 *BGH* NJW 1997, 1909 = FamRZ 1997, 806; *OLG Brandenburg* FamRZ 2004, 1498 = OLGR 2004, 285 weicht davon ab und rechnet i. S. d. § 115 ZPO Kindergeld als Einkommen des Elternteils an, der es bezieht.
414 *BVerwGE* 114, 339. Insofern ist das nicht an das minderjährige Kind selbst, sondern an einen Elternteil ausgezahlte Kindergeld nicht Einkommen des Kindes, sondern doch des das Kindergeld erhaltenden Elternteils; *BVerwG* NJW 2004, 2541. Einen Sonderfall regelt § 74 EStG.
415 *BGH* VersR 1970, 256.

2232 Beim **Zeitlohn** (Gehalt) wird das Entgelt als Stunden-, Wochen- oder Monatslohn nach den (geleisteten) Arbeitsstunden berechnet. Auf eine beeinträchtigte Arbeitsleistung als solche kommt es nicht an. Auch deshalb (s. weiter Rn. 2039) ist bei der verletzten Person, die mit gesundheitlichen (dem Schädiger zuzurechnenden) Beeinträchtigungen bei unveränderten Bedingungen weiter beschäftigt wird, jedenfalls regelmäßig kein Verletzungsschaden zu erkennen und dem Sozialleistungsträger folgerichtig trotz einer Teilrente ein Rückgriff beim Schädiger mit der Begründung versagt, die Arbeitsleistung sei objektiv weniger wert als vor dem Haftungsereignis.[416] Das Gehalt, der Lohn oder die Vergütung werden nicht deshalb zu einer teilweisen unentgeltlichen Zuwendung des Arbeitgebers oder Dienstherrn, weil die Arbeitsleistung, das Leistungsergebnis im Vergleich zu vorher reduziert ist.

2233 Zu einem **Akkordzuschlag** wegen Überschreitung einer Normalleistung greifen nach der hier vertretenen Ansicht keine zusätzlichen Erleichterungen der Darlegungslast zu Gunsten des Verletzten durch. Eine **Tantieme** ist echtes Arbeitsentgelt. Zu einem etwaigen zusätzlichen Ersatzanspruch wegen der Verkürzung eines anteiligen Gewinns als erfolgsabhängiger Vergütung hat der Verletzte einen konkreten Nachweis zu erbringen. Ist die vom betrieblichen Erfolg abhängige Leistung des Arbeitgebers von der Umlegung auf einen bestimmten Arbeitszeitabschnitt gelöst, also nicht wegen der Tätigkeit in einem bestimmten Zeitraum geschuldet und gezahlt, kann die Weiterzahlung dieser Arbeitgeberleistung den Schädiger aber u. U. sogar entlasten. Dann wird weder beim Arbeitnehmer noch zum betriebswirtschaftlichen Ergebnis bezogen auf die geschuldete und ausgefallene Dienstleistung bzw. Tätigkeit etwas nachhaltig verkürzt.[417] Beim **Leistungslohn** als Akkordlohn, nach dem Produkt aus erreichter Stückzahl und vereinbartem Stücklohnsatz (Stückgeldakkord) oder nach der Vergütung für die Bearbeitung einer Stückeinheit in vorgegebenen Zeiteinheiten (Stückzeitakkord), muss zwischen Einzelakkord und Gruppenakkord getrennt und streng zwischen verletzungsbedingten und davon unabhängigen Einflüssen unterschieden werden. **Leistungszulagen** nach einem Beurteilungsergebnis können wegen der verletzungsbedingten Veränderungen in der Zukunft zu Nachteilen für den Arbeitnehmer führen. Beim **Prämienlohn** neben einer Grundvergütung als Vergütung einer (z. B. nach Einsatzbereitschaft, Fähigkeit zur Zusammenarbeit oder anderen bestimmten, messbaren Verhaltensweisen oder nach Menge, Qualität oder Ersparnis von Material oder Energie festgelegten) zusätzlichen Leistung des Arbeitnehmers unter Vergleich mit einer Bezugsleistung kommt es auf die im Einzelfall beeinträchtigte Leistung(skraft) an. Zur beeinträchtigten **Provision** als Leistungsentgelt ohne Leistungsbezug, die am Erfolg des Arbeitnehmers orientiert ist, kann meist ebenfalls nur der Blick in die Vergangenheit annähernd Aufschluss über Perspektiven in der Zukunft geben. Arbeitsrechtliche **Zielvereinbarungen** bedeuten zu Gunsten des Arbeitgebers tatsächlich eine gewisse Kreditierung, wenn und weil der Entgeltanspruch abhängig vom Bedingungseintritt entsteht. Ein schadensrechtlicher Ausgleich eines entsprechenden Ausfalls ist zeitlich nicht vorzuziehen.

2234 **Nebenbeschäftigungen** müssen als nachhaltig erreichbar und ausübbar nachgewiesen sein. Kann z. B. eine für die nahe Zukunft geplante entgeltliche Tätigkeit in einem Haushalt verletzungsbedingt nicht aufgenommen werden, hat der Schädiger für den Ausfall der angestrebten Einkünfte aufzukommen. Dass eine entgeltliche Tätigkeit in einem fremden Haushalt bevorgestanden hat, ist dazu mit hinreichend sicheren Anknüpfungsmomenten zu belegen. Verträge zwischen Angehörigen und Verwandten sind denkbar, dürfen aber nicht fingiert sein. Zu nebenberuflichen Einkünften kann die Prognose auf das **Durchschnittseinkommen** der letzten drei Jahre wie bei Selbstständigen gestützt werden, wenn nicht ein kürzerer Vergleichszeitraum ausreichend aussagekräftig ist. Ist die zusätzliche Tätigkeit eine selbstständige (frei berufliche, künstlerische oder gewerbliche) Tätigkeit, gelten die Regeln zur Selbstständigkeit (Rn. 2351 ff.) direkt. Die voraussichtliche Dauer einer Nebentätigkeit ist auch wegen etwaiger Altersgrenzen zu beachten.

---

[416] Vgl. *BGH* VersR 1967, 1068 = MDR 1968, 39.
[417] Vgl. so argumentierend, dies letztlich aber offen lassend *BGH* NJW 1978, 40, abgestimmt aber nur auf den Selbstständigen, nicht auf die Problematik des Erwerbsschadens des Arbeitnehmers und des nicht erstattungsfähigen Drittnachteils beim Arbeitgeber (Unternehmen).

▶ Ein **tariflich** garantierter **Mindestlohn** in Form eines Zeitlohns sollte als **Mindestschaden** verstanden und anerkannt werden. ◀ 2235

Seit dem 1.1.2002 ist mit Inkrafttreten des Gesetzes zur Regelung der Rechtsverhältnisse der Prostituierten, das einen Entgeltanspruch anerkennt, anders als früher[418] der Verdienstausfall der verletzten Prostituierten nicht mehr auf die Höhe eines existenzdeckenden Einkommens zu begrenzen. 2236

Ersparnisse

Ein **berufsbedingt**, d. h. für die Ausübung der Erwerbstätigkeit erforderlicher, aber verletzungsbedingt **ersparter Aufwand** mindert die ausfallenden Einkünfte. Der unterjährige Aufwand ist zeitbezogen möglichst exakt zu ermitteln, um dem individuellen, konkreten Schadensverständnis gerecht werden zu können. 2237

Der Quotient Arbeitstage/Kalendertage beträgt z. B.: 225/365 = 0,6164, aber als 230/365 = 0,6301 und als 240/365 = 0,6575 oder als 264/365 = 0,7233; beachte Rn. 2249, 2250. 2238

Steuerlich wirksame Werbungskosten sind nicht ergiebig. 2239

Erspart sein können Kosten für Berufskleidung, Fachliteratur, Beiträge zu Berufsverbänden oder auch Kosten für Werkzeuge und insbesondere Fahrtkosten, die bei längeren Wegstrecken eine erhebliche Größe erreichen; zu Spesen s. Rn. 2225. Im Urteil vom 28.4.1992[419] geht der *BGH* auf diese Anrechnungsfrage nicht besonders ein, ohne dass daraus geschlossen werden darf, der *BGH* verneine einen Abzug wegen konkreter Ersparnis; zum Konsumverzicht und zu Lebenshaltungskosten beachte Rn. 716, 2151. 2240

Das *OLG Naumburg*[420] meint, es könne von Schädigerseite ein Pauschalbetrag in Höhe von 10% vom (bisherigen) Einkommen als Ersparnis wegen des berufsbedingten Aufwands abgezogen werden. Der verletzten Person bleibe es vorbehalten („unbenommen"), die Behauptung der Schädigerseite zu widerlegen. Gemeint hat das *OLG* wohl die Schätzung ohne bestimmte Schätzungsgrundlage. Auch das *OLG Celle* hält die Verminderung des zu ersetzenden entgangenen Verdienstes um ersparte berufsbedingte Aufwendungen über einem bestimmten Prozentsatz des Nettoeinkommens (5%) für statthaft und sieht darin eine fallbezogene Pauschalierung.[421] 2241

Pauschalierend, kraft Erfahrung einen Satz von 5% oder 10% vom Nettoeinkommen heranzuziehen, wie es zum Unterhalt praktiziert wird, ist aber problematisch: Bei der Berechnung des Unterhalts wirkt sich ein solcher Abzug zugunsten der erwerbstätigen Person aus, weil die für Unterhaltszwecke verfügbaren Einkünfte reduziert werden. Im schadensrechtlichen Kontext reduziert sich der Ersatzanspruch des Verletzten. Vor allem fehlen statistische, betriebswirtschaftlich (ab-)-gesicherte Grundlagen für einen durchschnittlichen Prozentsatz; s. auch Rn. 2246. Den Aufwand bestimmen die Anforderungen der individuellen Berufs- und die Lebensführung, die Entfernung zwischen Wohnung und Arbeitsstelle, nicht die Höhe des Einkommens. Wird dennoch ein Prozentsatz vom Nettoeinkommen angesetzt, kommt es zu einem gewissen Ausgleich mit einem veränderten Steuerbetrag, weil Steuern und Aufwand Anteile vom Bruttoeinkommen sind: Verringert sich die Steuer und ist damit das Nettoeinkommen höher, erhöht sich zwangsläufig der prozentuale Abzug für den berufsbedingten Aufwand und verringert sich ohne inneren Sachgrund rechnerisch der verbleibende Betrag (das bereinigte Nettoeinkommen). Die mangelnde **Darlegung** lässt einen Abzug nicht verneinen, weil der Verletzte die Einzelheiten übersieht und für darlegungspflichtig zu erachten ist. Nur die endgültige Beweislast trifft den Schädiger, weil ein Vorteilsausgleich (Rn. 663) in Frage steht. 2242

---

418 *BGHZ* 67, 119 = NJW 1977, 132.
419 VersR 1992, 886 = NJW-RR 1992, 1050 = DAR 1992, 301.
420 SP 1999, 90.
421 *OLGR Celle* 2006, 196 = SP 2006, 96.

2243 Für die Grafikdesignerin ist keine Ersparnis zu besonderer Berufskleidung anzusetzen.[422]

2244 Berechnungsbeispiel: Den sachlich nicht zu legitimierenden Bezug zwischen rein prozentual bestimmten berufsbedingten Aufwendungen weist die folgende Berechnung mit hypothetischen Steueranteilen aus, wobei sich die Veränderungen des berufsbedingten Aufwands bloß aus den veränderten Steuerschuldansätzen rechnerisch ableiten, ohne eine Tatsachenbasis finden zu lassen:

			Steuervor- und -nachteil	Differenz zur Ersparnis wegen bloß rechnerischer Größen
Bruttoeinkommen (als Soll, vgl. Rn. 2042 ff.)		2.500,00		
Vorsorgeaufwand	21%	525,00		
Bereinigtes Bruttoeinkommen		1.975,00		
	Frühere Steuerbelastung		Steuerbelastung nach dem Schadensfall	
Steuern (hier mit einem effektiven Prozentsatz bezogen auf das wie vor bereinigte Bruttoeinkommen)	13% 256,75		8% 158,00	-98,75
Nettoeinkommen		1.718,25	1.817,00	98,75
Berufsbedingter Aufwand	5% 85,91		5% 90,85	4,94
Bereinigtes Nettoeinkommen		1.632,34	1.726,15	93,81

 2245 *Die Onlineversion ermöglicht eigene Berechnungen.*

2246 Ersparte **Fahrtkosten** hat der *BGH* schon 1980[423] berücksichtigt wissen wollen und die Verkehrsanschauung herangezogen, nach der die Kosten notwendiger Teil der Beschäftigung seien, wenn die Beschäftigung ohne den Einsatz von Fahrtkosten nicht ausgeübt werden kann. Eine solche Ersparnis steht im sachlichen, inneren Zusammenhang mit dem Verdienstausfall, ist nicht nur äußerlich mit dem Ausfall verknüpft. Im Fall der fortgeführten, veränderten Beschäftigung ist dementsprechend ein solcher Aufwand einerseits dem realen Verdienst und andererseits dem erwarteten Verdienst zuzuordnen. Erst der Vergleich der Resteinkünfte weist den Schaden aus. Deswegen verringern zusätzliche wirtschaftliche Lasten durch die verstärkte Inanspruchnahme eines Pkws für den Weg zur Arbeit den anzurechnenden Betrag der zumutbar aufzunehmenden (Rn. 2162) Beschäftigung.[424] Das *OLG Düsseldorf*[425], das von Willkür spricht, hält einen prozentualen Ansatz wegen ersparter Fahrtkosten angesichts der im Einzelfall konkret maßgebenden Aspekte (zurückgelegter Weg, Art des Transportmittels) für nicht ausreichend individualisiert. Im Übrigen fehlt diesem *OLG* eine statistisch oder betriebswirtschaftlich gesicherte Grundlage für die Bestimmung eines durchschnittlichen Prozentsatzes ersparter Fahrtkosten. Es gebe – auch – keinen Erfahrungswert, welcher Prozentsatz des Nettoeinkommens durchschnittlich auf Fahrtkosten entfalle.

2247 Ggfs. ist eine Ersparnis zu **korrigieren um** den **Verlust** eines **Steuervorteils** nach den zeitlich einschlägigen steuerrechtlichen Regelungen.

---
422 *OLGR Celle* 2006, 196 = SP 2006, 96.
423 *BGH* VersR 1980, 455 = NJW 1980, 1787.
424 *BGH* VersR 1998, 1428 = NJW 1998, 3706.
425 r+s 2000, 532, 533. Es heißt dort: Eine Schätzung allein aufgrund eines Prozentsatzes des Nettoeinkommens ist objektiv willkürlich.

Berechnungsschritte zur Ermittlung eines berufsbezogen (berufsbedingt) ersparten Aufwandes (Berechnungsmodell): 2248

1. Berechnung des berufsbedingten Geldaufwandes

Der maßgebende Geldaufwand kann jährlich einmalig, wöchentlich oder monatlich wiederkehrend oder arbeitstäglich anfallen.

Für **Fahrtkosten** ist wie folgt zu rechnen:

$$\text{Zurückzulegende Wegstrecke (km)} \times \text{Fahrzeugkosten pro km}$$
$$= \text{Aufwand (Fahrtkosten) pro Arbeitstag}$$

Erläuterung: Es kommt auf die gesamte Strecke an. Der Höhe nach ist mindestens auf 0,20 oder 0,25 € /km (vgl. Rn. 1800) oder auf einen Betrag aus einer (ADAC-) Kostentabelle je nach dem Fahrzeugtyp abzustellen. Auf eine steuerliche Wirksamkeit kommt es nicht an.

2. Umrechnung eines arbeitstäglichen Geldaufwandes

Der für einzelne Arbeitstage errechnete Aufwand ist zur Ermittlung der Einkommenseinbuße für einen Kalenderzeitraum (Tage, Monate, Jahre) auf einen (durchschnittlichen) Aufwand pro Kalendertag umzurechnen.

$$\text{Aufwand pro Arbeitstag} \times (\text{Arbeitstage im Jahr} / 365 \text{ Kalendertage})$$
$$= \text{Aufwand pro Kalendertag}$$

Erläuterung: Den Umrechnungsfaktor zeigt das Verhältnis zwischen den Arbeits- und Kalendertagen. Steuer- und schadensrechtlich sind für die 5-Tage-Arbeitswoche pauschalierend meist 225 Arbeitstage jährlich zu berücksichtigen: 365 Kalendertage – 104 Tage (Wochenenden) – 6 Tage (Feiertage in der Arbeitswoche) – 30 Tage (Urlaubstage). Es werden auch 232 Arbeitstage pro Jahr genannt.[426] Im Divisor sind (anders als zur Berechnung eines anteiligen Urlaubsentgelts bzw. einer Einmalzahlung im Jahr, dazu Rn. 2321) Urlaubstage nicht abzuziehen, denn es geht in diesem Kontext um den realen Wert für bestimmte einzelne Tage.

3. Berechnung des zu berücksichtigenden Aufwandes

Der Aufwand pro Kalendertag ist mit der Ausfallzeit (Kalendertagen) zu multiplizieren, um den anspruchsmindernden Aufwand zu der relevanten Ausfallzeit zu errechnen; zu anderen Umrechnungen in der Zeit s. Rn. 2209:

$$\text{Aufwand pro Kalendertag} \times \text{Ausfalltage (als Kalendertage)}$$
$$= \text{Gesamter ersparter berufsbedingter Geldaufwand}$$

Selbstverständlich sind auch umgekehrte Berechnungsabläufe möglich, Rn. 2250, 2252.

---

[426] *OLG Frankfurt* r+s 1999, 516; *Jahnke* in Verdienstausfall stellt auf 230 Arbeitstage (Kap. 3 Rn. 226 und 228) bzw. 225 bis 230 Jahresarbeitstage (Kap 4 Rn. 218 Fn. 158) ab.

2249 **Berechnungsbeispiel zur Umrechnung von Ersparnissen bzw. Kosten:**

Effektive Arbeitstage jährlich	225
Umrechnungsfaktor Aufwand pro Arbeitstag in Aufwand pro Kalendertag beim Jahr mit 365 Tagen	0,6164

Berechnung des Gesamtaufwands für eine bestimmte Ausfallzeit (Kalendertage)

Berechnung z. B. für Fahrtkosten		Berechnung für sonstige Ersparnisse, z. B. zur Berufskleidung oder Werkzeug	
Arbeitstäglicher Hin- und Rückweg	20 km	Geldaufwand pro Arbeitstag	5,00 € pro Arbeitstag
Kosten pro km	0,25 €/km		
Konkrete **Ausfallzeit** in Kalendertagen	30 Kalendertage	Konkrete **Ausfallzeit** in Kalendertagen	30 Kalendertage
Geldaufwand pro Arbeitstag	5,00 € pro Arbeitstag		
Geldaufwand pro Kalendertag	3,08 € pro Kalendertag	**Geldaufwand pro Kalendertag**	3,08 € pro Kalendertag
Ersparnis in der konkreten Ausfallzeit	92,47 €	**Ersparnis** in der konkreten Ausfallzeit	92,47 €
Umrechnung der Ersparnis bezogen auf eine monatliche Rente		Umrechnung der Ersparnis bezogen auf eine monatliche Rente	
Zum Umrechnungsfaktor beachte Rn. 2209, 2248.	30,42 Tage/Monat	Zum Umrechnungsfaktor beachte Rn. 2209, 2248.	30 Tage/Monat
Ersparnis als Minderungsbetrag zu monatlichen Einkünften	93,76 € pro Monat	**Ersparnis als Minderungsbetrag zu monatlichen Einkünften**	92,47 € pro Monat

 2250 *Die Berechnungsabläufe zeigt die Onlineversion, die zugleich eigene Berechnungen ermöglicht.*

2251 **Umrechnung des für einen Kalenderzeitraum ermittelten Geldaufwands:**

Geldaufwand	1.000,00 € (Jahresaufwand)	80,00 € (Monatsaufwand)	20,00 € (Wochenaufwand)	4,00 € pro Kalendertag
Umrechnungsfaktor	365,25 Kalendertage/Jahr	30 Kalendertage/Monat	5 Arbeitstage/Wo	
Effektive Arbeitstage jährlich		225		
Umrechnungsfaktor zum Jahr mit 365 Kalendertagen		0,6164		
Geldaufwand pro Arbeitstag	4,44 € pro Arbeitstag	4,27 € pro Arbeitstag	6,49 € pro Arbeitstag	6,49 € pro Arbeitstag
Geldaufwand pro Kalendertag	2,74 € pro Kalendertag	2,63 € pro Kalendertag	4,00 € pro Kalendertag	

 2252 *Die Onlineversion ermöglicht eigene Berechnungen.*

Zeit-, Altersgrenzen begrenzen die Erwerbsausfallrente, Rn. 1285 f. **2253**

Gem. § 35 SGB VI besteht Anspruch auf Regelaltersrente, wenn die Regelaltersgrenze erreicht und die allgemeine Wartezeit erfüllt ist, wobei die Regelaltersgrenze mit Vollendung des 67. Lebensjahres erreicht wird. Zugleich heißt es übergangsweise in § 235 SGB VI, dass vor dem 1. Januar 1964 Geborene Anspruch auf Regelaltersrente haben, wenn sie 1. die Regelaltersgrenze erreicht und 2. die allgemeine Wartezeit erfüllt haben, wobei die Regelaltersgrenze frühestens mit Vollendung des 65. Lebensjahres erreicht wird, während Versicherte, die vor dem 1. Januar 1947 geboren sind, die Regelaltersgrenze mit Vollendung des 65. Lebensjahres erreichen. Zugleich hebt diese Norm stufenweise vom 65. auf das 67. Lebensjahr für Versicherte, die nach dem 31. Dezember 1946 geboren sind, die Regelaltersgrenze wie folgt an: **2254**

Geburtsjahr	Anhebung um Monate	auf Alter	
		Jahr	Monat
1947	1	65	1
1948	2	65	2
1949	3	65	3
1950	4	65	4
1951	5	65	5
1952	6	65	6
1953	7	65	7
1954	8	65	8
1955	9	65	9
1956	10	65	10
1957	11	65	11
1958	12	66	0
1959	14	66	2
1960	16	66	4
1961	18	66	6
1962	20	66	8
1963	22	66	10

Mit dem 1.2.2031 wird für die ab 1.1.1964 Geborenen also die neue Regelaltersgrenze von 67 Jahren relevant. Besonderer Vertrauensschutz kommt vor dem 1.1.1955 Geborenen zu, die vor dem 1.1.2007 verbindlich Altersteilzeitarbeit vereinbart haben. **2255**

Brutto- und Nettoermittlung einer monatlichen Erwerbsschadensrente

▶ Heute werden die Bruttomethode und die Nettomethode als **Berechnungswege** verstanden, die zu gleichen Größenordnungen führen. Die Frage nach einer Progressionsdifferenz im Fall der Mithaftung tritt bei der hier vorgestellten Abrechnungsweise nicht auf. ◀ **2256**

Tipp Es ist immer vom Bruttoeinkommen als Soll im Sinne des Hätte oder Wäre auszugehen, vgl. Rn. 2023 ff, 2222 ff., 2319 ff. Gewisse, prozentuale Abschläge wegen der Unsicherheit zur Prognose (Rn. 2091, 2094, 2099) sollten an dieser Stelle erfolgen und u. U. auch zu Sonderzahlungen. Wer bei sozialversicherten Geschädigten die Bruttobetrachtung und -abrech- **2257**

nung (Bruttolohnmethode) für unpraktikabel hält[427] und zur vermeintlich rechnerischen Vereinfachung ausschließlich eine Nettobetrachtung anstellt, verkürzt u. U. den Ersatzanspruch zu Lasten der betroffenen verletzten Person und zudem beim Forderungsübergang den Anspruch z. B. des regressberechtigten Arbeitgebers (Rn. 2319), weil der Gegenwert der Arbeit der verletzten Person nicht im (um Steuern und Sozialversicherungsbeiträge reduzierten) Nettobetrag liegt, sondern im Bruttoentgelt zu finden ist. Dass der nach der modifizierten Nettolohnmethode sich ergebende Zahlbetrag in Höhe der auf die Ersatzleistung zu entrichtenden Steuern geringer ist als der nach der modifizierten Bruttolohnmethode ermittelte Betrag ist kein Sach- und Rechtsgrund dafür, die Nettomethode zu wählen, um (wiederum vermeintlich) dem *BGH* darin zu folgen, dass der Verletzte nicht „bereichert" sein darf. Denn der Vergleich der Berechnungswege und -abläufe (s. Rn. 2256 ff., insbesondere Rn. 2265 sowie 2307 bei eigener Berechnungsmöglichkeit über die Onlineversion, s. Rn. 2308) weist aus, dass nur fehlerhafte unterschiedliche Steueransätze (selbstverständlich und konsequent) zu unterschiedlichen Ergebnissen führen. Allenfalls in geeigneten Fällen beim Streit um einen Verdienstausfall für einen kurzen Zeitraum mag aus praktischen Gründen über den Weg angemessener Pauschalierung ein Aufwand zur Ermittlung der Steuern vermieden und (bloß) auf den Nettoansatz abgestellt werden. In anderen Fällen erleichtern leicht zugängliche datentechnische Hilfen die schadensrechtlich zu den hypothetischen Wäre-Einkünften gebotene steuerliche Einschätzung i. S. d. § 287 ZPO; zur Fälligkeit und Zahlung der Steuern s. Rn. 2279 und 2289.

2258 Bei einer arbeitsvertraglichen Nettolohnvereinbarung ist der Barlohn in einem Abtastverfahren um Beitragsanteile des Arbeitnehmers und die bei rechtmäßigem Verhalten angefallenen Steuern zu erhöhen und auf diesem Wege ein Bruttolohn hochzurechnen.

2259 Ggfs. sind Einkünfte aus selbstständiger Arbeit, Land-, Forstwirtschaft, aus Gewerbebetrieb, aus Kapitalvermögen, Vermietung und Verpachtung zur Ermittlung der steuerlich und schadensrechtlich relevanten Basis zu beachten.

Modifizierte Bruttolohnmethode

2260 Die modifizierte Bruttomethode geht für die Schadensberechnung vom Bruttoeinkommen aus. Der Ersatz trägt nach dieser Methode den abzuführenden Steueranteil in sich, von einer gesonderten Berechnung von Steuern wird abgesehen. Der Verdienstausfallschaden kann bei abhängig beschäftigten Personen grundsätzlich nach dem Bruttoverdienst berechnet werden, da die Schadensersatzrente als Ersatz für entgangene Einnahmen gem. § 24 Nr. 1a EStG der Einkommensteuer unterliegt. Der **Bruttoweg** ist bei **Entgeltfortzahlung** für den vom Arbeitgeber durchzusetzenden Ausgleich (Rn. 2317) angezeigt und zweckmäßig bei verletzten **Beamten**. Der Bruttoansatz zum anzusetzenden Einkommen (Rn. 3043 ff.) ist ausnahmsweise beim **Unterhaltsschaden** maßgebend, solange Ehegatten einbehaltene Steuerbeträge zurückzuerstatten sind und für den Unterhalt zur Verfügung stehen.[428]

2261	**Berechnungsweg der modifizierten Bruttomethode:**
Ausgehend	vom Bruttoeinkommen
abzüglich	eines ersparten oder veränderten Vorsorgeaufwands, ggfs. unter Aufteilung des Anspruchs auf verschiedene Berechtigte infolge eines Forderungsübergangs, und anrechnungsfähiger Steuervorteile, auch unter Beachtung steuerfreier Ersatzleistungen
erschließt	sich der der verletzten Person zu erstattende Erwerbsschaden.

---

427 S. insbesondere *Langenick* in NZV 2009, 318 ff.
428 *BGH* VersR 1990, 748 = DAR 1990, 288.

Modifizierte Nettolohnmethode

Die modifizierte Nettolohnmethode knüpft an das Nettoeinkommen zuzüglich der Steuern auf die Ersatzleistung an. Für den der unselbstständig beschäftigten Person zufließenden Anspruch kann dieser Weg direkt den durchsetzbaren Ersatzbetrag zeigen. 2262

Berechnungsweg der modifizierten Nettomethode:		2263
Ausgehend	vom Nettoeinkommen	
zuzüglich	erstattungsfähiger Nachteile wegen der Steuerbelastung (nach den EStTabellen) sowie wegen eines zusätzlichen Vorsorgeaufwands, ggfs. bei Beachtung eines Forderungsübergangs	
erschließt	sich der erstattungsfähige Erwerbsschaden.	

Nach dem Grundgedanken der Nettoberechnung heben sich steuerliche Vor- und Nachteile auf. Es wird auch §287 ZPO dafür bemüht, (steuerliche) Beträge einerseits als Nachteil und andererseits als Vorteil im Einzelfall nicht feststellen zu müssen.[429] Bezieht der Verletzte neben steuerpflichtigen Schadensersatzleistungen steuerfreie Leistungen aus einer Sozialversicherung, scheitert die vereinfachende Unterstellung der Verrechnung steuerlicher Vor- und Nachteile indessen sofort. Beim geschädigten Gesellschafter einer Personengesellschaft, bei dem die Schadensersatzleistung als gewinnhöhend der Einkommensteuer unterliegt, mögen steuerliche Unterschiede in der Tat nicht auftreten. Ein allgemeines Prinzip „Steuerlast = Steuerentlastung bzw. -vorteil" gibt es aber nicht. So gibt es relevante Unterschiede z. B. schon bei der Erstattung von Vorsteuern als Vorteil und einkommensteuerlichen Abschreibungen.[430] 2264

Berechnungsabläufe und Berechnungsbeispiel: Dass die Brutto- und die Nettotheorie vom Grundanliegen her zu denselben Ergebnissen führen (müssen), zeigt folgende Gegenüberstellung der Berechnungsschritte: 2265

Berechnungspositionen	Hypothetische Einkünfte im unverletzten Zustand	Reale oder erzielbare Einkünfte im verletzten Zustand	Ersatzfähig im Außenverhältnis zum Schädiger	Problembereiche
Monatliches Bruttoeinkommen des Verletzten, ggfs. Lohnersatzleistungen	2.325,00	800,00	1.525,00	Vorteilsausgleich, Schadensminderung
Summe Steuerbelastung monatlich	176,13	80,00	96,13	Vorteilsausgleich, zusätzliche Schadensfolge
Gesamtsozialversicherungsbeitrag	492,42	100,00	392,42	Vorteilsausgleich
Berufsbedingter Aufwand, ggfs. Zuzüglich sonstiger Ersparnisse	82,00	20,00	62,00	Schadensminderungskosten
Berücksichtigungsfähig als Schaden			974,45	Drittleistung, Forderungsübergang / verbleibender Differenzschaden der verletzten Person
			600,00	374,45
Haftungsquote [Zum Einfluss der Haftungsquote auch im Fall des Verstoßes gegen die Obliegenheit zur Schadensminderung im Fall eines Forderungsübergangs beachte schon Rn. 732; ggfs. sind insofern Berechnungen abweichend bzw. gesondert durchzuführen.]			75,00%	

---

429 Im Anschluss an *BGHZ* 53, 132 = NJW 1970, 461 und *BGHZ* 74, 103 = NJW 1979, 1449 so z. B. KGR 1996, 197.
430 *BGH* NJW 1990, 571 = VersR 1990, 95 (Prospekthaftung).

4 Erwerbstätigkeit (Erwerbsschaden)

Monatliche quotierte Ersatzforderung und Anspruchsteile		730,84	450,00	280,84
Kontrolle, Summe der Anspruchsteile: 730,84			Für die Aufteilung des Anspruchs ist hier die relative Theorie zugrunde gelegt, Rn. 1638; beachte deshalb zudem Rn. 1618 ff, 2333.	

(Modifizierte) Bruttotheorie

Berechnungspositionen	Hypothetische Einkünfte im unverletzten Zustand	Reale oder erzielbare Einkünfte im verletzten Zustand	Schadensberechnung im Außenverhältnis	Problembereiche:
Monatliches Bruttoeinkommen des Verletzten, ggfs. Lohnersatzleistungen	2.325,00	800,00	1.525,00	Der Schaden besteht in der Differenz.
Summe Steuerbelastung monatlich	176,13	80,00	96,13	Steuerentlastung als Vorteil
Gesamtsozialversicherungsbeitrag	492,42	100,00	392,42	Entlastung bei den Sozialversicherungsbeiträgen als Vorteil
Berufsbedingter Aufwand, ggfs. zuzüglich sonstiger Ersparnisse	82,00	20,00	62,00	Ersparnis als Vorteil, Rn. 2145
Berücksichtigungsfähig als Schaden			974,45	
Haftungsquote			75,00%	
Monatliche quotierte Ersatzforderung			730,84	

(Modifizierte) Nettotheorie

Berechnungspositionen	Hypothetische Einkünfte im unverletzten Zustand	Reale oder erzielbare Einkünfte im verletzten Zustand	Schadensberechnung im Außenverhältnis	Problembereiche:
Monatliches Bruttoeinkommen	2.325,00	800,00	800,00	Die veränderten Einkünfte sind als Vorteil oder wegen Missachtung der Schadensminderungsobliegenheit abzugsfähig.
Summe Steuerbelastung monatlich	176,13	80,00	80,00	Eine aufzubringende zusätzliche Steuer ist als zusätzlicher Nachteil erstattungsfähig.
Gesamtsozialversicherungsbeitrag	492,42	100,00	100,00	Ein aufzubringender Sozialversicherungsbeitrag ist ein ausgleichsfähiger Nachteil.
Berufsbedingter Aufwand, ggfs. zuzüglich sonstiger Ersparnisse	82,00	20,00	20,00	Zum berufsbedingten Aufwand ist ein Wert zusätzlich (als Belastung) zu beachten, wenn bei der Ermittlung des Nettoeinkommens ein höherer Betrag abgezogen worden ist, denn nur der Unterschied der Werte kürzt den Anspruch.
Nettoeinkommen	1.574,45			
Berücksichtigungsfähig als Schaden			974,45	
Haftungsquote			75,00%	
Monatliche quotierte Ersatzforderung			730,84	

 2266 *Eigene Berechnungen ermöglicht die Onlineversion.*

Die Diskussion über die Brutto- und Nettotheorie haben stets unscharfe Begriffe zu Steuern, der Steuerersparnis, einem Steuervorteil und der Steuerlast erschwert. Zudem war die Beweislast grundsätzlich unterschiedlich verteilt. Bei der Bruttomethode trägt die verletzte Person die Beweislast für das Bruttoeinkommen ohne das schädigende Ereignis. Den Schädiger trifft die Beweislast zu anrechnungsfähigen Steuervorteilen und Sozialabgaben. Bei der Nettomethode hat die verletzte Person die volle Beweislast. Ihre Darlegungslast (Rn. 722) hebt diesen Unterschied aber auf. 2267

Die Meinungsdifferenz zwischen dem III. und VI. Zivilsenat des *BGH*, welcher Methode der Vorzug zu geben ist, wird als behoben empfunden[431], seitdem der VI. Zivilsenat u. U. der Bruttomethode den Vorzug[432] einräumt und dieser Senat steuerliche Progressionsdifferenzen[433], die sich beim Nettoweg nicht zeigen, austariert sehen will. 2268

▶ Die Brutto- und die Netto(abrechnungs)methode führen bei gleichwertigen Ansätzen und vergleichbaren zeitlichen Zusammenhängen zu gleichen Ergebnissen. Dies verlangt freilich, mögliche Unterschiede dann, wenn die Ersatzleistung in einem anderen Veranlagungszeitraum als die ersetzte Leistung zu versteuern ist oder wenn steuerfrei bleibenden Zuflüsse gegeben sind, zu meiden. ◀ 2269

Unterschiede zwischen dem auf einen Monat bezogenen Rechengang und eines auf das Jahresergebnis ausgerichteten Rechenvorgang ergeben sich natürlich nur, solange die Korrektur unter Umrechnung aller auf das Jahr ausgerichteter Ansätze auf den Monat versäumt wird. 2270

Berechnungsbeispiel: 2271

		Jahresbeträge	Monatsbeträge
Entgangenes Soll-, Wäre-Bruttoeinkommen		18.300,00	1.525,00
Einmalzahlungen		0,00	0,00
Gesamtjahresbruttoeinkommen; ggfs. sind zusätzlich Einkünfte aus anderen Einkunftsarten zu berücksichtigen		18.300,00 (jährlich)	1.525,00 (monatlich)
Vorsorgeaufwand, Summe (Sozialversicherungsbeiträge des Arbeitnehmers bei Berechnung des Ausfalls beim Arbeitnehmer), ggfs. ist ein Vorteilsausgleich oder ein Forderungsübergang zu beachten.		4.709,00	392,42
ggf. weiterer zu beachtender Vorsorgeaufwand, u.U. auch zu Einmal-, Sonderzahlungen		0,00	0,00
Bereinigtes Bruttoeinkommen		13.591,00	1.132,58
Einkommensteuer		1.007,50	
Kirchensteuer	9 %	90,68	
Solidaritätszuschlag	5,50 %	55,41	
Summe Steuern (bezogen auf das entgangene Einkommen) – ggfs. Steuervorteil		1.153,59	96,13
Nettoeinkünfte		12.437,41 (jährlich)	1.036,45 (monatlich)
Abzüglich berufsbedingter Aufwand, beachte Rn. 2245, 2246!	6%	746,24	62,19
Bereinigtes Nettoeinkommen als Erwerbsausfall		11.691,17	974,26
Haftungsquote	75%	8.768,38	730,70

---

431 *Kullmann* in VersR 1983, 149; *Hofmann* in NZV 1993, 139.
432 VersR 1990, 748 = DAR 1990, 288.
433 *BGH* VersR 1995, 104 = NJW 1995, 389 = DAR 1995, 109 = ZfS 1995, 90; *Hoffmann* in NZV 1995, 94; *Rüßmann* in LM § 249 (Ha) BGB Nr. 51.

2272 **Tipp** Zu empfehlen ist bei der Beeinträchtigung über längere Zeit hin, niemals wegen der Nettomethode die Schadensregulierung allein daran zu orientieren. Jedenfalls ersatzfähige Steuern dürfen nicht übergangen werden. Maßstab des Erwerbsausfalls ist immer der Gesamtbruttoausfall, Rn. 2023 ff., 2222 ff., 2257.

2273 **Steuern**, insbesondere anrechnungsfähige Steuerersparnisse[434] (Rn. 717 f.), dürfen niemals übergangen werden. Eine monatliche Berechnung mit den monatlichen Lohnsteuerabzügen sollte stets kritisch überprüft werden. Die Steuerschuld ist eine mit Ablauf des Veranlagungszeitraums (dem Kalenderjahr, § 25 EStG) entstehende **Jahressteuerschuld** bei entsprechender zeitlicher Zuordnung bzw. im Wesentlichen bei dem Zuflussprinzip. Die Einkommensteuer muss als Jahressteuerschuld zu den ersatzfähigen, ausfallenden Einkünften ermittelt werden. Die Lohnsteuer ist Vorauszahlungssteuer, nur ausnahmsweise abgeltend und endgültig. Der Lohnsteuerabzug ist keine eigene Steuerart, sondern regelt nur, dass und wie bei Einkünften aus nichtselbstständiger Arbeit die Einkommensteuer durch einen Quellenabzug zu erheben ist, mit Anrechnung auf die Einkommensteuerschuld, § 36 EStG.

2274 Die familiäre Entwicklung zu Einkunftsverhältnissen und zur Steuerlast hat relevanten Einfluss auf die Einschätzung des konkreten Schadens.

2275 **Tipp** Häufig verwechselt die Praxis den Einfluss der Steuern auf das zu ersetzende (Soll-) Einkommen und den auf die Ersatzleistung zu beziehenden Steuerschaden (Rn. 573, 1856 f., 2154, 2995 ff.). Die Steuerschuld als Steuerschaden muss aber nicht mit der Steuerlast auf das hypothetische (Soll-) Einkommen identisch sein. Sie ist vor allem konkret zu bestimmen, wenn eine Versicherungs-, Dritt-, Fremdleistung (zugleich wegen des Rechtsübergangs mit Anspruchsaufteilung zwischen der verletzten Person und einem Leistungsträger) nicht oder mit Progressionsvorbehalt (§ 32b EStG) zu versteuern ist. Die Möglichkeit eines Jahresausgleichs bzw. die Einkommensteuerveranlagung darf zum Schadensausgleich nicht übergangen werden.

2276 Das *OLG Düsseldorf*[435] hat bei der Frage anrechnungsfähiger anspruchsmindernder Steuervorteile durch Inanspruchnahme des Freibetrages nach § 19 Abs. 2 EStG z.B. auf folgende Gegenüberstellung abgestellt:

Steuerlast ohne Berücksichtigung des Freibetrages (Steuerklasse 1; Kinderfreibetrag 0,5):		Steuerlast unter Berücksichtigung des Freibetrages (Steuerklasse 1; Kinderfreibetrag 0,5):	
Gesamteinkünfte (1.056,47 € + 921,23 €) × 12 =	23.732,40 €	Jährliche Einkünfte aus Einkommensersatz (921,23 € × 12) =	11.054,76 €
./. Arbeitnehmer-Pauschbetrag	920,00 €	./. Arbeitnehmer-Pauschbetrag	920,00 €
Zwischenbetrag	22.812,40 €	Zwischenbetrag	10.134,76 €
		Begünstigte Versorgungsbezüge	12.677,64 €
		./. Versorgungsfreibetrag (40 % von 12.677,64 €), höchstens 3.000,00 €	3.000,00 €
		./. Zuschlag zum Versorgungsfreibetrag	900,00 €
		./. Pauschbetrag nach § 9a Satz 1 Nr. 1b EStG	102,00 €
		Zwischenbetrag	8.675,64 €
		Gesamteinkünfte	18.810,40 €

---

434 *BGH* VersR 1986, 162 = NJW 1986, 245; VersR 1987, 668 = NJW 1987, 1814.
435 *OLG Düsseldorf* VersR 2009, 403.

Steuerlast ohne Berücksichtigung des Freibetrages (Steuerklasse 1; Kinderfreibetrag 0,5):		Steuerlast unter Berücksichtigung des Freibetrages (Steuerklasse 1; Kinderfreibetrag 0,5):	
./. Vorsorgepauschale	2.162,00 €	./. Vorsorgepauschale	2.078,00 €
./. Sonderausgaben-Pauschbetrag	36,00 €	./. Sonderausgaben-Pauschbetrag	36,00 €
zu versteuerndes Einkommen	20.614,40 €	zu versteuerndes Einkommen	16.696,40 €
Einkommensteuer rd.	3.018,00 €	Einkommensteuer rd.	1.973,00 €
Solidaritätszuschlag rd.	166,00 €	Solidaritätszuschlag rd.	109,00 €
Steuerliche Gesamtbelastung rd.	3.184,00 €	Steuerliche Gesamtbelastung rd.	2.082,00 €
Jährlicher Steuervorteil bei Inanspruchnahme des Freibetrages nach §19 Abs. 2 EStG: 3.184 € ./. 2.082 € = rd. 1.100 €			

Fiktive Steuern, die auf verletzungsunabhängigen Steuereinsparungen (Möglichkeiten zur Abschreibung) beruhen, will das *OLG München*[436] nicht ersetzt wissen. Nur deswegen, weil die betroffene Person ohne den Schadensersatz keine Steuern zu zahlen gehabt hätte und der Schädiger die tatsächlich angefallenen Steuern übernimmt, ist die Steuerfrage jedoch noch nicht obsolet.

Steuerliche Vorteile, die der Verletzte ohnehin gehabt hätte, sind ihm zu **erhalten,** müssen über die relevante Jahressteuerschuld vom Bruttoeinkommen zum (ausfallenden) Nettoeinkommen hin einfließen und dürfen durch die Berechnung des Erwerbsschadens nicht zunichte gemacht werden.

Erst in weiteren Berechnungsschritten fließt die Steuerschuld auf die Ersatzleistung als **Steuerschaden** ein; vgl. auch Rn. 2399. Dabei sind durch Drittleistungen veränderte Steuern (so die Besteuerung des Ertragsanteils einer Rente, Rn. 2154) zu berücksichtigen. Vor **Fälligkeit** der Steuerschuld kann allerdings nur die Feststellung der Ersatzpflicht zum Steuerschaden erstrebt werden.[437] Dies betrifft aber im Kern lediglich einen **zusätzlichen Steuerschaden** als Vermögensfolgeschaden **wegen und nach der Ersatzleistung**. Damit darf nicht verwechselt werden, dass die schadensrechtliche Sicht den ausgleichsfähigen Schaden im Bruttolohn finden lässt, Rn. 2257 mit Rn. 2023 ff., 2222 ff., 2319 ff. Die Steuerlast wegen der Schadensersatzleistung ist nicht identisch mit steuerlichen Werten innerhalb des ausfallenden, zu ersetzenden Betrages. Auch wird nicht etwa das Wäre-Einkommen als Schadensersatzschuld des Schädigers wegen Steuern erst später fällig oder werden etwa nach dem Grundgedanken der Bruttomethode „**zu erwartende Steuern fiktiv** vorab" ausgeglichen.[438] Denn keineswegs ist ein Anspruch auf den Teil des Bruttoentgelts, den der Verletzte nach seinen individuellen Verhältnissen zu versteuern hat, bloß und erst ersatzfähig angesichts eines rechtskräftigen (Einkommen-)Steuerbescheids – u. U. für lange Zeit also dann nicht, wenn finanzgerichtliche Verfahren anhängig werden. Die Fälligkeit der Steuerschuld des Verletzten (s. auch Rn. 2273) zu Soll-, Wäre- Einkünften an der Stelle realer Einkünfte betrifft vielmehr weder (schützenswerte) Belange der Schädigerseite noch hat der Schädiger die Aufgabe, die Versteuerung der Schadensersatzleistung sicherzustellen.[439] Dass Steuern und Sozialversicherungsbeiträge, die wegen des Haftungs-, Schadenfalls vom Verletzten nicht real aufzubringen sind, vom Schädiger nicht zu zahlen sind, weil der Verletzte Steuern nicht zu eigenem Verbrauch und Nutzen erhalten darf – und er andernfalls bereichert wäre, weil er dergleichen erspart bzw. einspart, ergibt schließlich nichts zur Entscheidung dazu, ob der Schädiger für den Verletzten die

---

436 NZV 1999, 513 = DAR 1999, 548 = r+s 1999, 417 m. *BGH* NA-Beschl. v. 6.7.1999.
437 *OLG Oldenburg* r+s 1992, 414 = ZfS 1992, 82; beachte Rn. 1182.
438 Das Gegenteil betont *Langenick* in NZV 2009, 318, 321, ohne indessen auf die besonderen steuerrechtlichen Aspekte in Abgrenzung zum arbeitsrechtlichen und schadensrechtlichen Gegenwert und Ausgleich der (beeinträchtigten) Arbeitskraft einzugehen.
439 So aber *Langenick* in NZV 2009, 318, 321.

Erwerbstätigkeit (Erwerbsschaden)

Versteuerung der Ersatzleistung quasi „zu besorgen" hat. Wie der Verletzte nicht unstatthaft wirtschaftlich bereichert werden darf, darf der Schädiger nicht wirtschaftlich (auf Kosten Anderer auch nur für eine Vorfinanzierungsphase auf Zeit) entlastet werden.

2280 Die Ermittlung des zu versteuernden Einkommens und die Berechnung der festzusetzenden Einkommensteuer legen die EStR des BMF fest. Ersparte Steuern sind zur Berechnung des ersatzfähigen Erwerbsnachteils (Verdienstausfalls, Gewinns) direkt zu erfassen. Nicht etwa steht ein künftiger, ungewisser Vorteilsausgleich in Rede. Stehen keine – auch als „Ausweis auf das Jahr bezogener Steuern" (zum Jahresausgleich s. Rn. 2275) – aussagekräftigen Gehaltsabrechnungen zur Verfügung, kann mit Hilfe eines Gehaltsrechners im Internet eine Schätzung, die § 287 ZPO genügt, erfolgen oder es wird eine spezielle steuerliche Einschätzung durchgeführt; s. auch Rn. 2276.

2281 Zur Steuerlast sind die **Einkommensteuertabellen** (Grundtarif, Splittingtarif) heranzuziehen, aber eher nicht als Behelf dienende Steuerabzugstabellen.

2282 Der Ersatz für den Verdienstausfall unterliegt nach §§ 24 Nr. 1, 34 Abs. 2 Nr. 2 EStG einem ermäßigten Steuersatz.

2283 Die Einkommensteuer ist bei Fortzahlung des Entgelts konkret zu erkennen und zu belegen. Bei hypothetischen Bruttoeinkünften ist eine fiktive Steuerberechnung auf der Basis des schadensrechtlich maßgebenden Brutto-Einkommens zum jeweils relevanten Kalenderjahr unvermeidbar. Die Einkommensteuer zu den ersatzfähigen, aber ausfallenden Einkünften kann mit Hilfe vielfach – u. a. im Internet – zugänglicher Steuerberechnungsprogramme eingeschätzt werden.

2284 Das *OLG Hamm*[440] legt für den verletzten Arbeitnehmer, der zusammen mit seiner Ehefrau veranlagt wird, die **Zusammenveranlagung** für die Berechnung der Steuerersparnis zugrunde.

2285 Dass der Verletzte möglicherweise einen Vorteil erlangt, wenn zur Bruttoschadensberechnung eine Steuerlast herangezogen wird, die sich nur wegen der zum Unfallzeitpunkt gewählten Steuerklasse im Rahmen einer gemeinsamen steuerlichen Veranlagung mit seinem Ehegatten zeigt, sollte je nach der Entwicklung der familiären Verhältnisse unbeachtlich bleiben können.

2286 Die erwerbstätige Ehefrau, die mit ihrem ein höheres Einkommen erreichenden Ehemann gemeinsam zur Steuer veranlagt wird mit der Folge eines höheren Steuersatzes, kann vom Schädiger nur[441] den geringeren Steuerbetrag ersetzt verlangen, der sich ergibt, wenn sie allein veranlagt wird.

2287 Prozentuale **Zuschlagsteuern** fließen in die Berechnung ein. Der Solidaritätszuschlag als Ergänzungsabgabe zugunsten des Bundes beträgt meist 5,5% von der Einkommensteuer.

2288 Die **Kirchensteuer** richtet sich nach den Landeskirchensteuergesetzen mit bisher maximal 8% oder 9%. I.d.R. soll trotz der veränderten gesellschaftlichen Lage[442] davon ausgegangen werden dürfen, dass die verletzte Person kirchensteuerpflichtig ist.

2289 Nach teilweise vertretener Ansicht soll der Schädiger – wie grundsätzlich ein Arbeitgeber – auszugleichende Steueranteile direkt an das Finanzamt zu zahlen haben. Indessen ist die Steuerschuld die Schuld des Arbeitnehmers, der dafür zu sorgen hat, zweckgebundene Elemente des Ersatzes zweckentsprechend zu verwenden, s. auch Rn. 2257, 2279.

2290 Zu den **Vorsorgeleistungen** ist auf die Beitragsgrößen für den Ersatzzeitraum abzustellen. Beitragsbemessungsgrenzen, Höchstbeträge können zu beachten sein.

2291 Im Vergleich zur Lage ohne Verletzung veränderte **Sozialversicherungsbeiträge** sind stets zu beachten.[443]

---

440 *OLG Hamm* r+s 1999, 372.
441 *BGH* VersR 1979, 640.
442 *BGH* VersR 1988, 183 = NJW 1988, 149 = DAR 1988, 23.
443 *BGH* VersR 1986, 914 = DAR 1986, 317; VersR 1988, 183 = DAR 1988, 23; VersR 1991, 437 = DAR 1991, 52; NJW 1999, 3711 = VersR 2000, 65 = DAR 2000, 62.

Auf den **Arbeitgeberanteil** zur Sozialversicherung kommt es bei dem auf den Arbeitgeber übergegangenen Anspruch(steil) oder beim Rechtsübergang nach §§ 116, 119 SGB X an (Rn. 2326). Zu den (weiteren) Sozialversicherungsbeiträgen ist neben der Berechnung auf dem folgendem Weg eine zusätzliche Berechnung durchzuführen, im Fall der Mithaftung mit einer Innenverteilung nach den speziell geltenden Kriterien. 2292

Abzuziehen sind anrechenbare (tatsächliche erzielte oder pflichtwidrig nicht verwirklichte) **Einkünfte** aus einer (anderen) **Erwerbstätigkeit**; Rn. 2043, 2047. Dafür ist die Berechnung einheitlich durchzuführen. Abzuziehen sein kann darüber hinaus ein (**sonstiger**) **Vorteil**, z. B. wegen Ersparnis bei häuslicher Verpflegung, und zwar abgestimmt auf den Berechnungsgang monatlich anteilig oder jährlich einmalig, beachte Rn. 2252. 2293

Die Berechnung ist bei kongruenten **Drittleistungen** (z. B. Krankengeld, Erwerbsminderungsrente) fortzusetzen, um den der verletzten Person verbleibenden Anspruchsteil zu bestimmen. Wird der Monat sonst (s. auch Rn. 2209) mit 31 Tagen gerechnet, kann z. B. beim Krankengeld für die Berechnung des monatlichen Ersatzanspruchs doch auf 30 Tage abzustellen sein. 2294

Eine **Haftungsquotierung** muss sich bzw. darf sich erst an die Berechnung des Erwerbsschadens **anschließen,** Rn. 732, 2046, 2293. Für eine Kapitalisierung sind Rn. 1345 ff. zu beachten. 2295

2296

Berechnungsformel und -beispiel zur Berechnung einer monatlichen Erwerbsschadensrente – Alleinverdiener:
Vorbemerkung: Die Geldbeträge und Prozente im Beispiel sind fiktiv gewählt.

A	B	C
Berechnungspositionen	Rechengang mit Sozialversicherungsbeitragssätzen	Berechnung mit Geldbeiträgen zur Kirchensteuer und zu (Vorsorge-)Versicherungen
		Erläuterungen und Hinweise
Monatliches Bruttoeinkommen	2.650,00	
Jährliche Einmalzahlung	325,00	
Weitere jährliche Einmalzahlungen	1.600,00	Als Einmalzahlungen können – auch – jährlich anfallende Gewinnanteile berücksichtigt werden.
Jahresbruttoeinkommen	33.725,00	
Werbungskosten (ggfs. Pauschale)	3.250,00	
Abziehbarer Betrag für Vorsorgeaufwendungen	6.950,00	
(Sonstige) Sonderausgaben (ggfs. Pauschale)	240,00	
Ggfs. weitere Abzüge zur Ermittlung der Basis für die zu versteuernden Einkünfte		
Zu versteuerndes Jahreseinkommen	23.285,00	

4 Mindereinkünfte

A	B	C	
Berechnungspositionen	**Rechengang mit Sozialversicherungsbeitragssätzen**	**Berechnung mit Geldbeiträgen zur Kirchensteuer und zu (Vorsorge-)Versicherungen**	**Erläuterungen und Hinweise**
Einkommensteuer	2.908,00		Es geht – als Geldbetrag – um die Jahressteuerschuld zu den verletzungsbedingt ausfallenden Einkünften; ggfs. zu ermitteln mit Hilfe eines Steuerberechnungsprogramms.
Solidaritätszuschlag	160,00		Hier wird mit dem Geldbetrag gerechnet, der meist 5,5% von der Einkommensteuer ausmacht.
Kirchensteuer	9%	262,00	In Spalte A wird auf die Prozentzahl nach der jeweiligen landesrechtlichen Regelung (bisher 8% oder 9%) abgestellt. Mit einem Geldbetrag – auch z. B. wegen zusätzlicher Ortskirchensteuer – kann in Spalte C gerechnet werden.
Gesamtsteuerbelastung	3.329,72	3.330,00	
Monatlicher Steueranteil zu den ausfallenden Einkünften	277,48	277,50	
Krankenversicherung	13,50%	500,00	Die Berechnung in Spalte B stellt auf den Gesamtbeitragssatz als Prozentzahl ab. Für die Berechnung mit einem Geldbetrag in Spalte C ist der monatliche (Vorsorge-) Aufwand als Anteil oder als Gesamtbeitrag einzutragen, wie es auch zur Ermittlung des Erwerbsschadens bei Selbstständigen erfolgen kann.
Pflegeversicherung	1,70%	43,00	
Rentenversicherung	19,30%		
Arbeitslosenversicherung	6,50%		
Krankenversicherung	6,75%		Spalte B zeigt den Arbeitnehmeranteil in Prozent als 1/2 des Gesamtaufwands. Bei der Berechnung mit Spalte C ist in den vorigen Zeilen zum (Vorsorge-)Aufwand eine Eintragung erforderlich, um einen aussagekräftigen Wert zu erhalten.
Pflegeversicherung	0,85%		
Rentenversicherung	9,65%		
Arbeitslosenversicherung	3,25%		

A	B	C	
Berechnungspositionen	**Rechengang mit Sozialversicherungsbeitragssätzen**	**Berechnung mit Geldbeiträgen zur Kirchensteuer und zu (Vorsorge-)Versicherungen**	*Erläuterungen und Hinweise*
Gesamtsozialversicherungsbeitrag	20,50%	543,00	*In Spalte B ist nur der Arbeitnehmeranteil berücksichtigt. Für Spalte C kommt es darauf an, ob zur Berechnung nur ein Arbeitnehmerbeitrag oder der Gesamtbetrag eingesetzt worden ist.*
Weitere, ggfs. besondere Vorsorgebeiträge	**200,00**		*Auf die Halbierung des Gesamtsozialversicherungsbeitrags ist die anschließende Halbierung in Spalte B abgestimmt. Zu von Arbeitnehmern allein aufzubringenden Beiträgen empfiehlt sich eine Berechnung ausschließlich mit Spalte C. Alternativ kann an dieser Stelle ein zusätzlicher Sonderbeitrag des Arbeitnehmers in Spalte B übernommen werden. Dieser Betrag wird in der anschließenden Berechnung mit berücksichtigt.*
Berufsbedingter Aufwand (monatlich) ggfs. zuzüglich sonstiger (monatlich anteiliger) Ersparnisse		91,00	*Zugrundegelegt werden können pauschalierende Beträge, ggfs. getrennt ermittelt über Prozentansätze.*
Bereinigtes monatliches (ausfallendes) Nettoeinkommen	1.538,27	1.538,50	
Anzurechnende monatliche Drittleistung brutto	**1.900,00**		

Mindereinkünfte 4

A	B	C	Erläuterungen und Hinweise
Berechnungspositionen	Rechengang mit Sozialversicherungs-beitragssätzen	Berechnung mit Geldbeträgen zur Kirchensteuer und zu (Vorsorge-)Versicherungen	
Monatliche Sozialversicherungsbeiträge zu der Drittleistung	290,00	290,00	Gerechnet wird mit Geldbeträgen. Zur Berechnung in Spalte B muss beachtet werden, dass im Ansatz nur der Arbeitnehmeranteil berücksichtigt ist, also zur Anrechnung ebenfalls nur der Betrag ansteht, der auf die verletzte Person entfällt. In Spalte C kann entsprechend der Voreintragung hinsichtlich der Wäre-Einkünfte ein Gesamtbeitrag oder ein Einzelbeitrag eingesetzt werden.
Monatlich anzurechnende Drittleistung, netto	-1.610,00	-1.610,00	Die Fremdleistung ist wie beschrieben um den Vorsorgeaufwand bereinigt. Veränderte Steuern werden hier dadurch berücksichtigt, dass die Steuer mit dem aktuellen Betrag als monatlicher Steuerschaden eingestellt wird. Zum Forderungsübergang bei einer Drittleistung kommt es wegen der Sozialversicherungsbeiträge mit einer Berechnung in Spalte B ggfs. zusätzlich auf die weitere Hälfte (Sozialversicherungsbeiträge des Arbeitgebers) an. Entsprechendes gilt bei Berechnung in Spalte C, wenn dort nur ein Beitrag der verletzten Person berücksichtigt worden ist.
Monatlicher Nettoanteil Einmalzahlung(en)	127,53		
Sonstige anzurechnende Nettoeinkünfte	0,00		Hier können mit der beeinträchtigten Arbeitskraft erreichte oder erreichbare Einkünfte berücksichtigt werden.

4 Erwerbstätigkeit (Erwerbsschaden)

A	B	C	
Berechnungspositionen	**Rechengang mit Sozialversicherungs-beitragssätzen**	**Berechnung mit Geldbeiträgen zur Kirchensteuer und zu (Vorsorge-)Versicherungen**	*Erläuterungen und Hinweise*
Monatlicher Steuerschaden für die Lage nach dem Haftungsereignis	100,00		*Zu berücksichtigen sind ggfs. 1/12 der gesamten Jahressteuerlast zum steuerpflichtigen Ersatzbetrag. Die Einschätzung kann ggfs. mit Hilfe eines Steuerberechnungsprogramms erfolgen. Alternativ kann gesondert ein Feststellungsbegehren verfolgt werden mit der Folge, dass hier kein Geldbetrag zu berücksichtigen ist.*
Haftungsquote	70%		*Der BGH hat bisher nicht ausdrücklich alle denkbaren Fragen zum Bezugspunkt der Haftungsquote beantwortet.*
Monatliche quotierte Ersatzforderung	109,06	109,22	

Mindereinkünfte 4

Die Onlineversion ermöglicht eigene Berechnungen, s. zudem Rn. 2308. 2297

Berechnungsformel und -beispiel zur Berechnung einer monatlichen Erwerbsschadensrente – 2298
Vorschlag im Fall einer Doppelverdienerehe oder -partnerschaft:
Bei der **Doppelverdienerehe** sollte ein Vorsorgeaufwand anteilig nach dem Verhältnis der Einkünfte der Ehegatten zu den Familieneinkünften einfließen dürfen (vgl. Rn. 3267, 3269). Werbungskosten mögen für die Ehegatten gemeinsam zu berücksichtigen sein. Die Gesamtsteuerschuld sollte anteilig nach dem Verhältnis der Einkünfte einfließen können.

Berechnungspositionen	Rechengang mit Sozialversicherungsbeitragssätzen	Berechnung mit Geldbeiträgen zur Kirchensteuer und zu (Vorsorge-) Versicherungen
Monatliches Bruttoeinkommen des Verletzten	2.200,00	
Jährliche Einmalzahlung	1.200,00	
Weitere jährliche Einmalzahlungen	300,00	
Jahresbruttoeinkommen	27.900,00	
Monatliches Bruttoeinkommen des Partners (ggfs. als 1/12 der Jahreseinkünfte)	1.250,00	
Bruttoeinkünfte der Partner	42.900,00	
Gesamte Werbungskosten der Partner (ggfs. Pauschale)	3.611,00	
Insgesamt abziehbarer Betrag für Vorsorgeaufwendungen	2.535,00	
(Sonstige) Sonderausgaben (ggfs. Pauschale)	240,00	
Ggfs. weitere Abzüge zur Ermittlung der Basis für die zu versteuernden Einkünfte	0,00	
Zu versteuerndes Jahreseinkommen	36.514,00	
Einkommensteuer; Gesamtsteuerbelastung der Partner	6.691,00	
Solidaritätszuschlag – Gesamtbetrag	368,01	
Kirchensteuer	9%	602,00
Gesamtsteuerbelastung der Partner ("Familiensteuerschuld")	7.661,20	7.661,01
Monatlicher Steueranteil zu den ausfallenden Einkünften der verletzten Person (aufgeteilt zwischen den Partnern nach dem Verhältnis der Bruttoeinkünfte)	415,20	415,19
Anteilige Steuerschuld des verletzten Partners	4.982,46	4.982,34
Krankenversicherung	14,40%	465,00
Pflegeversicherung	1,95%	0,00
Rentenversicherung	19,50%	0,00
Arbeitslosenversicherung	6,50%	0,00

Erwerbstätigkeit (Erwerbsschaden)

Berechnungspositionen	Rechengang mit Sozialversicherungsbeitragssätzen	Berechnung mit Geldbeiträgen zur Kirchensteuer und zu (Vorsorge-)Versicherungen
Krankenversicherung	7,20%	
Pflegeversicherung	0,98%	
Rentenversicherung	9,75%	
Arbeitslosenversicherung	3,25%	
Gesamtsozialversicherungsbeitrag	21,18%	465,00
Weitere, ggs. Besondere Vorsorgebeiträge	**0,00**	
Berufsbedingter Aufwand (monatlich) ggfs. zuzüglich sonstiger (monatlich anteiliger) Ersparnisse der verletzten Person	**373,75**	
Bereinigtes monatliches (ausfallendes) Nettoeinkommen	945,20	946,06
Anzurechnende monatliche Drittleistung brutto	**1.462,20**	
Monatliche Sozialversicherungsbeiträge zu der Drittleistung	**231,60**	**231,60**
Monatlich auf den Anspruch der verletzten Person anzurechnende Drittleistung, netto	–1.230,60	–1.230,60
Monatlicher Nettoanteil Einmalzahlung(en)	98,53	
Sonstige anzurechnende Nettoeinkünfte	**0,00**	
Monatlicher Steuerschaden für die Lage nach dem Haftungsereignis, ggfs. anteilig bezogen auf die verletzte Person	**0,00**	
Haftungsquote	**70%**	
Monatliche quotierte Ersatzforderung	–130,81	–130,21

 2299 Die Onlineversion ermöglicht eigene Berechnungen.

Anrechnung und Forderungsübergang beim Ausscheiden aus dem Erwerbsleben

2300 Mit Erreichen der Altersgrenze ist der Schaden bei sozialversicherten Personen ebenso wie bei Beamten aus dem Unterschied zwischen der bei einem unbeeinträchtigten Ablauf erreichbaren Rente (Pension, hypothetisches Altersruhegeld) und der realen Rente (Pension, Erwerbsunfähigkeitsrente) zu errechnen. Eine Leistung des Vorsorgeträgers über die an sich zu zahlende Rente/Pension hinaus kann u. U. einem Rechtsübergang unterzogen sein.

2301 Vorzeitige Ruhestandsbezüge[444], Renten bei vorzeitiger Berufs-, Erwerbs- oder Dienstunfähigkeit reduzieren das IST nicht, weil sie Gegenwert der verbliebenen Arbeitskraft sind. Das Entgelt, das infolge eines Vorsorgesystems an die Stelle ausgefallener Vergütungen tritt, deckt den Schaden nicht zugunsten des Schädigers, sondern lässt die Forderung übergehen. Angesichts des Rechtsübergangs und der **Anspruchsaufteilung** verbleibt für die betroffene Person (bei voller Haftung) aber nur die Differenz zwischen der Rente/Bruttopension und dem vereitelten Gehalt/Lohn als durchsetzbarer **Schadensteil**, der nicht selten in solchen Fällen als „Schaden" bezeichnet wird.

---

444 Vgl. *KG* NZV 2002, 172 = VersR 2002, 1429; *BGH* NA-Beschl. v. 4.12.2001.

Der Entschluss der **vorgeschädigten Person**[445], deren Minderung der Erwerbsfähigkeit von 30% durch einen Unfall um weitere 30% gesteigert worden ist und die mit Vollendung des 60. Lebensjahres die gesetzliche Möglichkeit wahrgenommen hat, ein vorgezogenes Altersruhegeld in Anspruch zu nehmen, während sie ohne den Unfall bis zur Vollendung des 63. Lebensjahres gearbeitet hätte, hinderte der Entschluss zur Verrentung die Zurechnung des Schadens nicht. 2302

Bei Inanspruchnahme einer **flexiblen Altersgrenze** geht ein Anspruchsteil jedoch nicht auf den Sozialleistungsträger über, während sich die verletzte Person auf den eigenen Ersatzanspruch zur Ermittlung des Ausfalls nach dem Haftungsereignis zugleich die (wegen des Alters an der Stelle eines Lohns gezahlte) Rente anrechnen[446] lassen muss. 2303

Die Inanspruchnahme eines Wahlrechts, ein vorgezogenes Ruhegehalt zu beziehen, ist kein Verschulden gegen sich selbst. Kann eine Person länger arbeiten, ist die weitere Erwerbsarbeit aber nicht zuzumuten, ist der Anspruch gegen den Schädiger nicht wegen Verletzung der Schadensminderungspflicht zu kürzen und kann mithin ggfs. deshalb ein Leistungsträger zum vorgezogenen Ruhegeld den Forderungsübergang im Ganzen geltend machen. 2304

Liegen mehr als 10 Jahre zwischen einem Unfall und der Feststellung der Schwerbehinderteneigenschaft, hat das Versorgungsamt möglicherweise fehlerhafte Feststellungen getroffen und kommen unfallunabhängige Körperschäden hinzu, ist ein Ausgleichsanspruch angesichts eines vorgezogenen Altersruhegeldes gegeben, wenn die unfallbedingte Schädigung jedenfalls mitursächlich geworden ist.[447] 2305

Das Vorruhestandsgeld ist eine nach gewisser Dauer der Betriebszugehörigkeit altersbedingt gewährte Leistung aus arbeitsmarktpolitischer Motivation, aber kein Entgelt für geleistete Arbeit, keine Maßnahme der sozialen Sicherung und Fürsorge, keine Leistung wegen einer Schwerbehinderung infolge einer Schädigung.[448] Deshalb steht dem Verletzten im Umfang des Vorruhestandsgeldes kein Anspruch zu und ist dem drittleistenden Arbeitgeber wegen der Anrechnung ein Regress versperrt. 2306

Berechnungsformel: 2307
Gleichwertig mit den vorgestellten Berechnungsabläufen lässt sich jeder Erwerbsschaden in der Systematik der Differenzbetrachtung ermitteln; s. auch Rn. 2098 und 2265, 2266.

Berechnung der monatlichen Erwerbsausfallschadensrente der verletzten Person als Differenzschaden

Berechnungspositionen	Hypothetische Einkünfte im unverletzten Zustand	Reale oder erzielbare Einkünfte im verletzten Zustand	Differenz als durchsetzbarer Schaden der verletzten Person	Hinweise auf Problembereiche
	Berechnung mit Geldbeträgen	Berechnung mit Geldbeträgen		
Monatliches Bruttoeinkommen des Verletzten, ggfs. Lohnersatzleistungen	**2.200,00**	**1.462,20**		Vorteilsausgleich, Schadensminderung; Forderungsübergang?

---

445 *BGH* VersR 1986, 812 = NJW 1986, 2762 = DAR 1986, 220.
446 *BGH* VersR 1982, 166.
447 *OLG Bamberg* NZV 1996, 316 = VersR 1997, 71; *BGH* NA-Beschl. v. 19.3.1996.
448 *BGH* NJW 2001, 1274 = VersR 2001, 196 = DAR 2001, 119 = ZfS 2001, 163 = r+s 2001, 110 zum Vorruhestandsgeld nach dem Vorruhestandsabkommen für die Versicherungswirtschaft vom 25.9.1991 betr. den gesetzlich rentenversicherten Verletzten mit Vollendung des 58. Lebensjahres; kritisch dazu *von Koppenfels-Spies* in VersR 2005, 1511 ff.; die Lösung über § 255 BGB hätte den Schädiger nicht unbillig entlastet, wie es Folge der vom *BGH* vertretenen Ansicht ist.

Erwerbstätigkeit (Erwerbsschaden)

Berechnungspositionen	Hypothetische Einkünfte im unverletzten Zustand Berechnung mit Geldbeträgen	Reale oder erzielbare Einkünfte im verletzten Zustand Berechnung mit Geldbeträgen	Differenz als durchsetzbarer Schaden der verletzten Person	Hinweise auf Problembereiche
Jährliche Einmalzahlung	**1.200,00**			
Weitere jährliche Einmalzahlungen	**300,00**			
Jahresbruttoeinkommen	27.900,00	17.546,40	10.353,60	
Monatliches Bruttoeinkommen des Partners				
Brutto-Einkünfte der Partner	27.900,00	17.546,40	10.353,60	
Gesamte Werbungskosten der Partner (ggfs. Pauschale)	**2.691,00**			
Insgesamt abziehbarer Betrag für Vorsorge	**2.400,00**			
(Sonstige) Sonderausgaben	**240,00**			
Ggfs. weitere Abzüge zur Ermittlung der Basis für die zu versteuernden Einkünfte	**0,00**			
Zu versteuerndes Jahreseinkommen	22.569,00	17.546,40		
Gesamtsteuerbelastung der Partner	**1.846,00**			
Solidaritätszuschlag	**101,53**			
Kirchensteuer	**166,00**			
Summe Steuerbelastung	2.113,53	0,00	2.113,53	Vorteilsausgleich?
Monatlicher Steueranteil der verletzten Person	**176,13**	0,00		
Krankenversicherung	**465,96**	231,60		
Pflegeversicherung	**0,00**	0,00		
Rentenversicherung	**0,00**	0,00		
Arbeitslosenversicherung	**0,00**	0,00		
Weitere, ggs. Besondere Vorsorgebeiträge	**0,00**	0,00		
Sozialversicherungsbeiträge zu Einmalzahlung(en)	**26,46**	0,00		

Berechnungspositionen	Hypothetische Einkünfte im unverletzten Zustand	Reale oder erzielbare Einkünfte im verletzten Zustand	Differenz als durchsetzbarer Schaden der verletzten Person	Hinweise auf Problembereiche
	Berechnung mit Geldbeträgen	Berechnung mit Geldbeträgen		
Gesamtsozialversicherungsbeitrag	492,42	231,60		Vorteilsausgleich?
Bereinigtes monatliches Nettoeinkommen	1.656,45	1.230,60	425,85	
Berufsbedingter Aufwand (monatlich) ggfs. zuzüglich sonstiger (monatlich anteiliger) Ersparnisse der verletzten Person; beachte Rn. 2237 ff.	373,75			Vorteilsausgleich, Schadensminderung, Schadensminderungskosten?
Berücksichtigungsfähiges Nettoeinkommen	1.282,70	1.230,60	52,10	
Haftungsquote			70%	Zum Einfluss der Haftungsquote im Fall eines Forderungsübergangs beachte Rn. 2330 ff. mit ggfs. gesondert anzustellenden Berechnungen.
Monatliche quotierte Ersatzforderung			36,47	

Die Onlineversion ermöglicht eigene Berechnungen; vgl. auch Rn. 2099.

2308

Rentenschaden

Die verletzungsbedingte Störung zur Krankenvorsorge oder im Aufbau der Altersvorsorge ist ein ausgleichspflichtiger Nachteil. Insofern erhält der Verletzte mit dem Ersatz für den Verdienstausfall die Mittel, seine **Existenzvorsorge** so weiter zu führen wie bisher geschehen und wie künftig geplant.

2309

Als Fortkommensschaden kann der Verletzte u. U. den Mehraufwand erstattet verlangen, der ihm für die Existenzvorsorge verletzungsbedingt entsteht. Beiträge für eine Versicherung, die der Verletzte aus Rechtsgründen aber gar nicht abschließen kann, sind dem Schädiger wirtschaftlich aber nicht zuzumuten und stehen dem Verletzten deswegen nicht zu.[449] Keinen Anspruch auf Erstattung von Beiträgen zur Arbeitslosenversicherung hat z. B. der verletzte Zeitsoldat, der nicht arbeitslosenversicherungspflichtig ist und bei dem weder Beiträge zur Arbeitslosenversicherung fortzuentrichten sind noch als Folge des Verlustes der Beschäftigung die Beitragspflicht entfallen oder/und und eine Störung seines Versicherungsverhältnisses eingetreten ist. Gem. § 80 SVG i. V. m. § 81a BVG gehen aber Ansprüche des Zeitsoldaten über wegen der Beiträge zur gesetzlichen Rentenversicherung, die im Rahmen einer freiwilligen Versicherung benötigt werden, um

2310

---

449 *BGHZ* 116, 260, 263 f. = NJW 1992, 509 = NZV 1992, 110 = VersR 1992, 367.

Erwerbstätigkeit (Erwerbsschaden)

den versicherungsrechtlichen Status zu erlangen, der ohne den Haftungsfall erlangt worden wäre – und zwar durch Nachversicherung, ohne dass es darauf ankommt, ob ein Anspruch gegen den Dienstherrn auf Nachversicherung bestanden hat, wenn und weil die Nachversicherung für den Fall des unverletzten Fortgangs als überwiegend wahrscheinlich festzustellen ist.[450]

2311 Ein Ausgleich über **Beitragsdifferenzen**[451] bleibt aus der Sicht des Verletzten abstrakt, die Differenz von (Sozialversicherungs-) Beiträgen ist kein rechnerischer (oder normativer) Schaden, sondern bezieht sich auf einen künftigen möglichen (fingierten) Nachteil. In Folge der ausdrücklichen gesetzlichen Anordnung in § 119 SGB X kommt es indessen zur Erstattungsfähigkeit als **Beitragsschaden**. Ohne diese spezifische Regelung müsste der Verletzte abwarten bis zu dem Moment (im Rentenalter), in dem in seiner Person wegen des Beitragsausfalls die Minderleistung (Rentenminderung) tatsächlich als wirtschaftlicher Schaden (Rentenverkürzungsschaden) zu erkennen ist, weil die Rente angesichts des verletzungsbedingten Minderverdienstes geringer ausfällt als sie ohne die Verletzung gewesen wäre.

2312 Zum Beitragsschaden[452] ist darauf abzustellen, ob ohne das haftungsbegründende Ereignis Sozialversicherungspflicht bestanden hätte. Der Ausgleichsanspruch entsteht mit der Beitragslücke. Die Legalzession in § 119 Abs. 1 SGB X[453] stellt sicher, dass der Schaden in Form der Störung des Versicherungsverlaufs infolge Ausbleibens von Beitragszahlungen durch Naturalrestitution ausgeglichen wird, ohne dass es des Umwegs über eine Geltendmachung und anschließende Abführung durch den Verletzten[454] bedarf. Beim Beitragsregress des Rentenversicherungsträgers geht es grundsätzlich um eine treuhänderische, im Interesse des Verletzten liegende Zession. Bezieht der Verletzte eine verkürzte Rente, weil der Rentenversicherer pflichtwidrig den Beitragsschaden nicht in vollem Umfang geltend gemacht hat, ist allein das Rechtsverhältnis zwischen dem zuständigen Rentenversicherer und dem Verletzten betroffen.[455]

2313 Der Anspruch auf Ersatz von Beiträgen zur gesetzlichen Rentenversicherung besteht auch dann, wenn ein zum Unfallzeitpunkt rentenversicherungspflichtiger Verletzter, der seinen früheren Beruf nicht mehr ausüben kann, dann als Beamter tätig wird.[456] Erstattet der Bund dem Träger einer Werkstatt für behinderte Menschen gem. § 179 Abs. 1a SGB VI die Rentenversicherungsbeiträge für einen Betroffenen, der infolge unfallbedingter Verletzungen in der Werkstatt beschäftigt wird, besteht ein Ersatzanspruch des Bundes gegen die Schädigerseite nur, wenn der Betroffene hinsichtlich seiner rentenversicherungsrechtlichen Stellung einen konkreten Schaden erlitten hat. Dies ist der Fall, wenn die vom Bund erstatteten Rentenversicherungsbeiträge nötig waren, um dem Betroffenen die Stellung in der Rentenversicherung zu erhalten, die er im Zeitpunkt des Unfalls innehatte, oder wenn der Betroffene während des infrage stehenden Zeitraums ohne den Unfall aus sonstigen Gründen rentenversicherungspflichtig geworden wäre und deshalb Beiträge angefallen wären.[457]

---

450 *BGHZ* 151, 210 = NJW 2002, 3175 = NZV 2002, 453 = VersR 2002, 1110 auch zur Frage betr. Kranken- und Pflegeversicherungsbeiträgen.
451 Vgl. *BGH* 87, 181 = NJW 1983, 1669 und Rn. 2291.
452 Überblick bei *Hänlein* in NJW 1998, 105, 106–108.
453 Auch gegen den Entschädigungsfonds i. S. d. § 12 Abs. 1 PflVG: *BGHZ* 143, 344 = NJW 2000, 1338 = VersR 2000, 471 = DAR 2000, 216, wenn und weil es um einen normativen Schaden des Verletzten geht, nicht um ein ausschließliches Interesse des Sozialversicherungsträgers (also einen eigennützigen Beitragsregress).
454 S. *OLG Hamm* r+s 1998, 465 beim Verlangen, zum Ausgleich für Rentennachteile Zahlungen auf das Beitragskonto bei der BfA zu leisten.
455 *LG Stuttgart* r+s 2008, 402: Ein etwaiger Ersatzanspruch des Verletzten gegen den Kfz-Haftpflichtversicherer geht dann nicht etwa gemäß § 116 Abs. 1 SGB X auf den eine Verletztenrente zahlenden Unfallversicherer über.
456 *BGH* NJW 2008, 1961 = VersR 2008, 513 = ZfS 2008, 261, Vorinstanz *OLGR Stuttgart* 2006, 924 = r+s 2007, 127.
457 *BGH* VersR 2007, 1536.

Auf der Grundlage des § 62 SGB VI ist von einem ausgleichspflichtigen Rentenschaden unabhängig davon auszugehen, ob und inwieweit durch Anrechnungszeiten einer sonst drohenden Rentenminderung entgegen gewirkt wird. Grundsätzlich genügt die **Möglichkeit** einer **Rentenverkürzung**. Ein Rentenschaden muss nicht feststehen. In diesem Sinn sind Beiträge zur Rentenversicherung insgesamt (Arbeitgeber- und Arbeitnehmeranteil) als Teil des Verdienstausfalls zu erstatten, wenn der Verletzte ohne den Schadensfall rentenversicherungspflichtig gewesen wäre. Da § 7 SGB VI Personen die freiwillige Versicherung gestattet, die nicht versicherungspflichtig sind und eine Höherversicherung für die Zeit ab 1.1.1992 nur bei Personen fortgesetzt werden konnte, die zuvor von dem damals noch bestehenden Recht der Höherversicherung Gebrauch gemacht haben, hatte bei einer geringfügigen Beschäftigung als therapeutischer Maßnahme nach einem Unfall, zu der die verletzte Person dem Schädiger gegenüber nicht verpflichtet ist, der Schädiger die deswegen zu entrichtenden Sozialversicherungsbeiträge zu erstatten.[458] Selbst die bereits berufsunfähige Person kann einen Rentenschaden erleiden, wenn sie unfallbedingt erwerbsunfähig wird und Rentenanwartschaften nicht mehr erhöht werden können.[459]

2314

Hat der Verletzte bei Krankengeld oder Verletztengeld nach Maßgabe der sozialversicherungsrechtlichen Normen **Pflichtbeiträge** aufzubringen, betrifft dies seinen eigenen Schadensteil. **Freiwillige Rentenversicherungsbeiträge** sind der verletzten Person zu ersetzen, wenn freiwillige Beiträge sozialversicherungsrechtlich überhaupt möglich sind und die dadurch bewirkte verbesserte sozialversicherungsrechtliche Position wirtschaftlicher Vernunft entspricht. Dies gilt, wenn der Verletzte bereits Mitglied der Sozialversicherung gewesen ist, und ebenso, wenn er ohne den Unfall eine sozialversicherungspflichtige Tätigkeit aufgenommen hätte. Die Mittel zur Aufstockung eines **privaten Versicherungsschutzes** konnten früher meist nicht verlangt werden.[460] Ob dies bei einem veränderten Gesundheits- und Rentensystem anders zu beurteilen ist, sollte höchstrichterlich abgeklärt werden. Beiträge zum Abschluss und zum Erhalt einer Versicherung können dem Verletzten jedoch immer nur dann zustehen, wenn die Zahlung der Beiträge ihren Zweck, also die Absicherung des Risikos, um das es geht (z. B. wegen Arbeitslosigkeit), auch wirklich erreichen kann.

2315

Jeder reale **Leistungsverkürzungsschaden** ist ersatzfähig, ggfs. zunächst abzusichern durch Feststellung, als Ausgleich der Differenz zwischen der tatsächlichen Rente und der hypothetischen Rente, sobald sich der Ausfall bei Eintritt des Versicherungsfalles konkret zeigt.

2316

Forderungsübergang

Die Fortzahlung des Arbeitsentgelts[461] während der Zeit des verletzungsbedingten Ausfalls nimmt den Ersatzanspruch nicht.[462] Die **Ersatzforderung geht** vielmehr auf den **Arbeitgeber** mit seiner Leistung (§ 6 EFZG)[463] oder ggfs. auch auf einen (anderen) Leistungsträger (2326) **über**.

2317

Die wirtschaftliche Belastung des Arbeitgebers oder des Dienstherrn ist dagegen als deren eigener (und damit **mittelbarer**) Nachteil nicht ersatzfähig. Deshalb ist dem Dienstherrn z. B. nichts dazu zu ersetzen, dass Zeiten der Dienstunfähigkeit ruhegehaltsfähig sind.[464]

2318

Unter Beachtung des Quotenvorrechts des Arbeitnehmers (Rn. 1613) steht dem Arbeitgeber der Regress zum **Bruttoeinkommen** mit allen Entgeltbestandteilen einschließlich Steuern und der gesamten Sozialversicherungsbeiträge (Arbeitnehmer- und Arbeitgeberanteil) offen. Der Aufwand des Arbeitgebers zur Erfüllung einer arbeitsvertraglichen Versorgungszusage einschließlich Rück-

2319

---

458 *BGH* VersR 1994, 186 = NJW 1994, 132.
459 *OLG Hamm* r+s 1995, 258.
460 *BGHZ* 87, 181, 189 = NJW 1983, 1669, 1671 = VersR 1983, 663; *OLG Stuttgart* VersR 1999, 630, 631: Ein schwerbehindert geborenes Kind ist mit 10,5 Jahren dauernd erwerbsunfähig geworden.
461 Zur Entgeltfortzahlung im Krankheitsfall beachte den Rechtsprechungsbericht von *Müller-Glöge* in RdA 2006, 105 ff.
462 *BGHZ* 7, 30; std. Rspr.
463 Zum Aufwendungsausgleichsgesetz in der verkehrsrechtlichen Praxis *Hufnagel* in NJW 2008, 1626.
464 *BGH* VersR 1982, 1193 = ZfS 1982, 329.

stellungen im Vorfeld der nach Eintritt des Versorgungsfalles anstehenden Rente ist Entgeltbestandteil. Er führt nach Ansicht des *BGH*[465] zu einem Erwerbsschaden des Arbeitnehmers, weil dieser in der Zeit der Arbeitsunfähigkeit mit seiner Arbeitskraft den Aufwand nicht verdienen kann.

2320 Der Arbeitgeber kann den (im Wert) auf die Zeit der Arbeitsunfähigkeit anteilig entfallenden Betrag regressieren, den er wegen der Tage ohne reale Arbeit (Urlaub, Freistellung) an den Arbeitnehmer zu zahlen hat. Deshalb kann er das **Urlaubsentgelt** (das während des Urlaubs fortgezahlte Entgelt) ebenfalls zum Ausgleich stellen und zwar rechnerisch wie folgt ermittelt: Jahresentgelt × (Urlaubstage/Arbeitstage), s. auch Rn. 2248. Da der Jahresverdienst an den restlichen Arbeitstagen verdient wird, sind zur auf die Ausfallzeit bezogenen Berechnung von den Jahrestagen Urlaubs- und Freistellungstage abzuziehen.[466]

2321 **Berechnungsformel zur zeitanteiligen jährlichen Einmal-, Sonderzahlungen (Zuwendungen):**

$$\text{Einmalzahlung} \times \frac{\text{Ausfalltage} = \text{Krankheitstage (Kalendertage)}}{\text{Jahrestage abzüglich Urlaubs-, Freistellungstage}}$$

Erläuterung: Dadurch, dass für Einmalzahlungen von den Kalendertagen im Jahr die regelmäßigen Urlaubs- und Freistellungstage abgezogen werden, ergibt sich natürlich gegenüber dem Bezug bloß auf die Zahl der Tage des Jahres bei dem verringerten Divisor anteilig ein höherer Betrag.

2322 **Berechnungsbeispiel:**

Jahresentgelt bzw. -wert	1.000,00 €
Urlaubs-, Freistellungstage	30 Kalendertage
Arbeitstage jährlich	225 Arbeitstage
Kalendertage	365 Kalendertage
Ausfalltage wegen Verletzung (Kalendertage)	60 Arbeitstage
Vom Gesamtentgelt entfällt auf die Tage ohne Aktivität:	133,33 €
Anteil Ausfallzeit	17,91 %
Auf die Ausfallzeit entfällt zusätzlich zu dem zeitbezogen (direkt) ausgezahlten Betrag:	23,88 €

 2323 *Die Onlineversion ermöglicht eigene Berechnungen.*

2324 Für die Dauer eines Zusatzurlaubs eines (angesichts der Unfallfolgen) Schwerbehinderten erhält der Arbeitgeber vom Unfallverursacher aber keinen Ersatz. Diese soziale Fürsorgeleistung (§ 125 SGB IX) trifft den Arbeitgeber als nicht ersatzfähige mittelbare Vermögenslast. Ein solcher Teil der vom Arbeitgeber geschuldeten Gegenleistung bleibt – als Mehraufwand nach dem Haftungsereignis – ersatzloser Drittschaden.

2325 Nicht ersatzfähig sind nur beim Arbeitgeber anfallende Umlagen, Beiträge zur Unfallversicherung und eigene Verwaltungskosten, z.B. für ärztliche Bescheinigungen oder Berichte, für Gutachter oder Dolmetscher, für die Regressabwicklung, für den Rechtsanwalt, anders bei Verzug mit der Einordnung des Vermögensschadens als Verzugsschaden des Regressberechtigten (Rn. 574).

---

465 *BGHZ* 139, 167 = VersR 1998, 1253 = NJW 1998, 3276.
466 *BGHZ* 133,1 = VersR 1996, 1117 = NJW 1996, 2296; Vorinstanz *OLG München* NJW-RR 1996, 736; *Notthoff* in ZfS 1998, 163.

Im Fall des **Rechtsübergangs** nach § 116 SGB X wegen einer Versicherungsleistung sind Nettolohn, Sozialversicherungsbeiträge und Steuern zu trennen. Das **Krankengeld** der gesetzlichen Krankenversicherung und das Versorgungskrankengeld haben Lohnersatzfunktion (zum Arbeitslosengeld Rn. 1547 f.) und sind mit dem Erwerbsschaden kongruent. Zwischen Sozialleistungen einer Berufsgenossenschaft und einem Ersatzanspruch wegen unfallbedingter Rentenkürzung besteht zeitliche und sachliche Kongruenz.[467] Auch nach Inkrafttreten des Rentenreformgesetzes 1992 ist die **Verletztenrente** aus der Unfallversicherung[468] (selbst bei 80% MdE[469] im vollen Umfang) mit dem Erwerbsschaden kongruent, s. auch Rn 2697. Die in Folge der Berufs-, Erwerbsunfähigkeit gezahlte Rente ist kongruent mit dem Erwerbsschaden, reduziert also den bei der verletzten Person verbleibenden Ersatzanspruch. Im Rahmen des Forderungsübergangs wegen Entgeltfortzahlung kann der Arbeitgeber den Ersatzanspruch des Arbeitnehmers deshalb nur insoweit verfolgen, als nicht schon die Berufsgenossenschaft Leistungen erbracht hat bzw. erbringt. D. h. die Verletztenrente aus der Unfallversicherung vermindert (wegen der Kongruenz mit dem Erwerbsschaden) den Regressanspruch des Arbeitgebers,[470] vgl. auch Rn. 2327. Dabei ist die Verletztenrente[471] gesetzlich geregelte Entschädigung dafür, dass der Verletzte in seiner Fähigkeit beeinträchtigt ist, sich einen Erwerb zu verschaffen, ohne dass es auf einen tatsächlich eingetretenen Verdienstausfall ankommt. Bemessen wird diese Rente nach Bruchteilen der vollen Erwerbsfähigkeit mit Rücksicht darauf, inwieweit der Verletzte mit ihm verbliebenen Kräften auf dem allgemeinen Arbeitsmarkt zumutbar in Wettbewerb treten kann. Seit 1.1.2001 sind **Erwerbsminderungsrenten** zu beachten. Der Aufschlag zum Regelsatz der Hilfe zum Lebensunterhalt und ein sozialhilferechtliches **Pflegegeld** sind nicht mit dem Anspruch auf Ersatz des Erwerbsschadens kongruent. Der Aufschlag deckt vielmehr vermehrte Bedürfnisse zum Lebensunterhalt der betroffenen Person ab und hat mit einem Beitrag zum Familienunterhalt nichts zu tun. Das sozialhilferechtliche Pflegegeld ist auf die Körperpflege, Ernährung und Mobilität, die hauswirtschaftlichen Eigenversorgung, nicht den Erwerb bezogen.[472] Das einem Arbeitnehmer in Höhe des Nettoarbeitsentgelts zufließende (steuerfreie) **Insolvenzgeld** (§ 183 SGB III) nimmt den Erwerbsschaden (ersatzanspruch) nicht. Der vergütungspflichtige Arbeitgeber hat den auf ihn übergangenen Ersatzanspruch an den Leistungsträger abzutreten. Kraft des gesetzlichen Forderungsübergangs zur Bruttolohnforderung als Vergütungsforderung (§ 187 SGB III) ist die Bundesagentur für Arbeit als Leistungsträger dagegen nicht für befugt zu erachten, vor den Zivilgerichten den Schadenersatzanspruch des Arbeitnehmers durchzusetzen.

2326

Mehrere Leistungsträger sind bei gleichem Forderungsrang Gesamtgläubiger (Rn. 1569). Sind ein beamtenrechtlicher Versorgungsträger und ein Sozialleistungsträger nebeneinander ohne Gesamtgläubigerschaft bei einer wegen einer Mithaftung quotierten Ersatzforderung beteiligt, folgt der Anspruchsteil des Versorgungsträgers dem Anspruchsteil der Person, die Versorgungsleistungen bezieht (Rn. 3459). Werden wegen einer Rente gekürzte Versorgungsbezüge gezahlt, geht auf den Versorgungsträger in Höhe der gekürzten Bezüge der weitere Erwerbsschadensersatzanspruch über. Der Rechtsübergang auf den Sozialversicherungsträger bleibt unberührt.[473]

2327

---

467 *OLG Hamm* NZV 1997, 121. Dort fehlte eine Deckungslücke bei der betroffenen Person.
468 *BGHZ* 153, 113 = NJW 2003, 1871 = VersR 2003, 390 = NZV 2003, 172; Vorinstanz *KG* NZV 2002, 93 = KGR 2002, 10; *OLG Nürnberg* ZfS 2003, 283 = VersR 2004, 1290; *KG* NJOZ 2008, 4695.
469 *OLG Karlsruhe* VersR 2001, 1429.
470 Vgl. *BGH* NJW-RR 2009, 455 = VersR 2009, 230 = NZV 2009, 131.
471 Die Höhe der Rente wird grundsätzlich auf der Grundlage des im letzten Jahr vor dem Unfall erzielten Jahresarbeitsverdienstes errechnet.
472 *BGH* NJW 2002, 292 = NZV 2002, 114 = VersR 2002, 188 = ZfS 2002, 127 = DAR 2002, 63.
473 *BGH* NJW-RR 1991, 1177.

2328 Wegen der erforderlichen **zeitlichen Kongruenz**, nach der sich die Sozialleistung auf denselben Zeitraum beziehen muss wie der Schadensersatz, kann z. B. bei Krankengeld nach Tagen abzurechnen sein. Beim Verdienst, der im Laufe von drei Monaten während eines Jahres erzielt wird, handelt es sich um das Jahreseinkommen, wenn der Lebensbedarf dadurch sichergestellt wird. Dann ist die zeitliche Kongruenz mit der während eines Jahres insgesamt bezogenen Sozialhilfe gegeben. Wird aber in der restlichen Zeit des Jahres der Lebensunterhalt aus anderen Quellen bestritten, ist der Jahresbetrag der Sozialhilfe nur mit dem dreimonatigen Anteil kongruent.[474]

2329 **Berechnungsbeispiel:** Hier wird eine monatliche Versicherungsleistung in Höhe von 545,80 bei einem Soll (als ohne den Schadensfall erwartete monatliche Einkünfte) mit 2.126,00 und dem Ist (als erzielte oder erreichbare monatliche Einkünfte) in der ersten Monatshälfte mit 0,00 und in der zweiten Monatshälfte mit 1.740,00 zugrunde gelegt. Der ersatzfähige Schaden soll sich wegen unterstellter Mithaftung von 40% (also der Haftungsquote von 60%) von 1.063,00 (erste Monatshälfte) auf 637,80 und von 193,00 (zweite Monatshälfte) auf 115,80 reduzieren. Infolge der unterschiedlichen Lage (Soll abzüglich Ist) innerhalb desselben Monats ist zur ersten und zweiten Monatshälfte getrennt abzurechnen.

	1. bis 14.6.			15. bis 30.6.		
Soll	1.063,00			1.063,00		
Ist	– 0,00			– 870,00		
	Schaden	Leistung	Lücke	Schaden	Leistung	Lücke
	1.063,00	272,90	790,10	193,00	272,90	0,00
Haftungsquote	60%	60%	60%	60%		
Ersatzforderung,	637,80			115,80		
Anspruchsteile		163,74	474,06		115,80	0,00

Erläuterung: Das frühere Quotenvorrecht (Rn. 1626) begünstigte den Leistungsträger. Dieser hätte seine volle anteilige Leistung regressieren können. Der Restanteil in der ersten Monatshälfte (364,90) hätte der betroffenen Person zugestanden. Die relative Theorie (Rn. 1629, 1632) begünstigt jedoch die betroffene Person. In der zweiten Monatshälfte besteht aber keine Deckungslücke. Der Leistungsteil übersteigt den Schaden sogar. Infolgedessen ist nach neuem Recht wie nach altem Recht dazu allein der Leistungsträger berechtigt, die Ersatzforderung zu dem um die Haftungsquote verminderten Betrag (115,80) geltend zu machen. Wegen der Zeitkongruenz geht auf den Leistungsträger der Betrag von (163,74 + 115,80 =) 279,54 über und erhält die betroffene Person 474,06. Die zeitliche Kongruenz gestattet dagegen keine Gesamtverteilung des Gesamtschadens (1.063,00 + 193,00 = 1.256,00) und der Gesamtforderung (1.256,00 × 60% = 753,60 wie 637,80 + 115,80). Andernfalls würde die monatliche Leistung von (2 × 272,90 =) 545,80 neben der Lücke von (1.256,00 545,80 =) 710,20 stehen. Die relativen (60%) Beträge von 327,48 (Leistungsträger) und von 426,12 (betroffene Person) würden sich im Zahlenwert auf einen Forderungsbetrag von 753,60 aufsummen. Ein DM-Betrag ist mit 0,511292 zu multiplizieren, um den €-Betrag zu erhalten.

Rechnerischer Einfluss einer Obliegenheitsverletzung beim Forderungsübergang

2330 Die unterschiedlichen Innenzuweisungstheoreme (Rn. 1611 ff.) führen bei gleichzeitiger Mithaftung und Verletzung der Schadensminderungspflicht – d. h. der Minderung wegen eines persönlichen oder zurechenbaren Obliegenheitsverstoßes zum Einsatz einer verbliebenen Arbeitskraft, vgl. Rn. 2156 ff. – zu veränderten Berechtigungen einerseits der betroffenen Person und andererseits des Leistungsträgers.

2331 Bei Einbindung in ein **Beamtenverhältnis** begünstigt die Differenztheorie (Rn. 1618) die betroffene Person im Fall der Verletzung einer Schadensminderungspflicht: Ohne Kürzung des Anspruchs im Außenverhältnis wegen einer Mitverursachung – also bei voller Haftung – kürzt ein Obliegen-

---

[474] *BGH* VersR 1997, 751 = NJW 1997, 2175 = ZfS 1997, 250 = NZV 1997, 302.

heitsverstoß den eigenen Anspruchsteil der betroffenen Person erst[475], wenn mit der erhalten gebliebenen Arbeitskraft ein höherer Verdienst zu erzielen wäre, als die Ruhestandsbezüge ausmachen. Der Beamtin oder dem Beamten ist vom Schädiger eine Kürzung des Ersatzanspruchs wegen einer nicht genutzten Restarbeitskraft mithin nur begrenzt entgegenzuhalten, während sich die Verringerung der Ersatzforderung insofern immer zum Nachteil des Dienstherrn auswirkt.

2332 Betragen vereitelte, ohne das Haftungsereignis erzielbare Nettoeinkünfte 2.500,00 € und macht der Ersatzanspruch bei voller Haftung diesen Betrag aus, wäre der Dienstherr bei vorzeitiger Pensionierung und Zahlung von Ruhestandsbezügen in Höhe von 1.000,00 €, in diesem Umfang anspruchsberechtigt. In Höhe der Deckungslücke für den Betroffenen von 1.500,00 € wäre die betroffene Person selbst anspruchsberechtigt, deren Schaden durch die Summe aus den Ruhestandsbezügen (1.000,00 €) und dem Anspruchsteil gegen den Schädiger (1.500,00 €) in vollem Umfang abgedeckt wäre.

2333 **Berechnungsbeispiel zu Erwerbsschaden, Differenztheorie, volle Haftung, Schadensminderung:**

	Beispiel 1
Soll – Unverletzt erreichbare Bezüge	2.500,00
Ist – Erreichte Bezüge	0,00
Wert nicht genutzte Arbeitskraft	950,00
Differenz	1.550,00
Haftungsquote	100%
Quotierte Forderung	**1.550,00**
Zum Gesamtausfall vom Schädiger wegen Mithaftung nicht ersetzt	0,00
Vorzeitige Ruhestandsbezüge	1.000,00
Deckungslücke bei der verletzten Person	1.500,00
Erstattungsfähig für verletzte Person bis zur Höhe der Forderung im Außenverhältnis	**1.500,00**
Wirtschaftlicher Ausfall bei der verletzten Person (wie Deckungslücke abzgl. im Außenverhältnis durchsetzbarer Betrag)	0,00
Restlicher Anspruchsteil des Dienstherrn, begrenzt durch die Höhe der geleisteten Ruhestandsbezüge	**50,00**
Wirtschaftlicher Ausfall beim Dienstherrn	950,00
Unterschied zum Wert nicht genutzte Arbeitskraft:	wie Wert nicht genutzte Arbeitskraft

---

475 *OLG Frankfurt* NZV 1993, 471; *OLG Karlsruhe* VersR 1998, 1115; *BGH* NA-Beschl. v. 6.5.1997.

Erwerbstätigkeit (Erwerbsschaden)

	Beispiel 2
Soll – Unverletzt erreichbare Bezüge	2.500,00
Ist – Erreichte Bezüge	0,00
Wert nicht genutzte Arbeitskraft	1.050,00
Differenz	1.450,00
Haftungsquote	100%
Quotierte Forderung	**1.450,00**
Zum Gesamtausfall vom Schädiger wegen Mithaftung nicht ersetzt	0,00
Vorzeitige Ruhestandsbezüge	1.000,00
Deckungslücke bei der verletzten Person	1.500,00
Erstattungsfähig für verletzte Person bis zur Höhe der Forderung im Außenverhältnis	**1.450,00**
Wirtschaftlicher Ausfall bei der verletzten Person (wie Deckungslücke abzgl. im Außenverhältnis durchsetzbarer Betrag)	50,00
Restlicher Anspruchsteil des Dienstherrn, begrenzt durch die Höhe der geleisteten Ruhestandsbezüge	**0,00**
Wirtschaftlicher Ausfall beim Dienstherrn	1.000,00

2334 Berechnungsbeispiel zu Erwerbsschaden, Differenztheorie, quotierte Haftung und Schadensminderung:

	Beispiel 1
Soll – Unverletzt erreichbare Bezüge	2.500,00
Ist – Erreichte Bezüge	0,00
Wert nicht genutzte Arbeitskraft	300,00
Differenz	2.200,00
Haftungsquote	70%
Quotierte Forderung	**1.540,00**
Zum Gesamtausfall vom Schädiger wegen Mithaftung nicht ersetzt	660,00
Vorzeitige Ruhestandsbezüge	1.000,00
Deckungslücke bei der verletzten Person	1.500,00
Erstattungsfähig für verletzte Person bis zur Höhe der Forderung im Außenverhältnis	**1.500,00**
Wirtschaftlicher Ausfall bei der verletzten Person (wie Deckungslücke abzgl. im Außenverhältnis durchsetzbarer Betrag)	0,00
Restlicher Anspruchsteil des Dienstherrn, begrenzt durch die Höhe der geleisteten Ruhestandsbezüge	**40,00**
Wirtschaftlicher Ausfall beim Dienstherrn	960,00
Unterschied zum Wert nicht genutzte Arbeitskraft	Ausfall übersteigt Wert nicht genutzte Arbeitskraft.

Mindereinkünfte 4

	Beispiel 2
Soll – Unverletzt erreichbare Bezüge	2.500,00
Ist – Erreichte Bezüge	0,00
Wert nicht genutzte Arbeitskraft	1.050,00
Differenz	1.450,00
Haftungsquote	70%
Quotierte Forderung	**1.015,00**
Zum Gesamtausfall vom Schädiger wegen Mithaftung nicht ersetzt	435,00
Vorzeitige Ruhestandsbezüge	1.000,00
Deckungslücke bei der verletzten Person	1.500,00
Erstattungsfähig für verletzte Person bis zur Höhe der Forderung im Außenverhältnis	**1.015,00**
Wirtschaftlicher Ausfall bei der verletzten Person (wie Deckungslücke abzgl. im Außenverhältnis durchsetzbarer Betrag)	485,00
Restlicher Anspruchsteil des Dienstherrn, begrenzt durch die Höhe der geleisteten Ruhestandsbezüge	**0,00**
Wirtschaftlicher Ausfall beim Dienstherrn	1.000,00

Die Onlineversion ermöglicht eigene Berechnungen. 2335

Wer die **Deckungslücke** der betroffenen, verletzten Person anders bestimmt und die vorhandene, aber nicht genutzte Arbeitskraft einbezieht, kommt zu abweichenden Erkenntnissen, die den Dienstherrn begünstigen; s. auch Rn. 2343. 2336

Berechnungsvorschlag mit Berechnungsbeispiel: 2337

	Schadensberechnung	Deckungslücke bei der verletzten Person nach abweichendem Verständnis	Anspruchsteile dann:
Soll – unverletzt erreichbare Bezüge	2.500,00	2.500,00	
Ist – erreichte Bezüge	0,00		
Wert nicht genutzte Arbeitskraft	250,00	250,00	
Differenz	2.250,00		
Haftungsquote	100%		
Quotierte Forderung	**2.250,00**		
Zum Gesamtausfall vom Schädiger wegen Mithaftung nicht ersetzt	0,00	0,00	
Vorzeitige Ruhestandsbezüge	1.000,00	1.000,00	
Deckungslücke bei der verletzten Person	1.500,00	1.250,00	
Erstattungsfähig für verletzte Person bis zur Höhe der Forderung im Außenverhältnis	**1.500,00**		1.250,00 Forderung der verletzten Person
Wirtschaftlicher Ausfall bei der verletzten Person	0,00	250,00	

Restlicher Anspruchsteil des Dienstherrn, begrenzt durch die Höhe der geleisteten Ruhestandsbezüge:	750,00		1.000,00 Forderung des Leistungsträgers
Wirtschaftlicher Ausfall beim Dienstherrn	250,00		
Unterschied zum Wert nicht genutzte Arbeitskraft	wie Wert nicht genutzte Arbeitskraft		

2338 *Die Onlineversion ermöglicht eigene Berechnungen, insbesondere um die rechnerischen Unterschiede zu der Lösung wie Rn. 2335 sofort ersehen zu können; vgl. zudem Rn. 2345.*

2339 Bei Einbindung in das Sozialversicherungssystem ist die **relative Theorie** (§ 116 Abs. 3 SGB X, Rn. 1629) zu beachten. Schon zur vollen Haftung (der Ersatzberechtigung zu 100%) gibt es im Fall der Minderung wegen eines Obliegenheitsverstoßes zusätzliche Berechnungsprobleme, weil zwischen den Anspruchsberechtigten nach der Haftungsquote mehr verteilt werden würde, als insgesamt gegen den Schädiger wegen der Minderung im Außenverhältnis überhaupt zur Verteilung zur Verfügung steht. Die Quote der relativen Berechtigung (Kürzungsquote) muss deshalb dem Verhältnis zwischen dem Ersatzanspruch und Schaden entnommen werden. Bei zusätzlicher Minderung des Ersatzspruchs nach § 254 Abs. 2 BGB neben der Quotierung zum Grund bedarf es ebenfalls weiterer Verteilungskriterien, weil die Relativität über die Haftungsquote nicht ausreicht, dem zusätzlich im Außenverhältnis verminderten Anspruch Rechnung zu tragen. Nur wer in diesem Kontext die Deckungslücke der verletzten Person erst auf der Berechnungsstufe der Differenz zwischen dem Ausfall und dem Wert nicht genutzter Arbeitskraft ermittelt, kann die Haftungsquote umsetzen, wie es die Grundregel der relativen Theorie gebietet.

2340 **Berechnungsmodell und Berechnungsbeispiel zu Erwerbsschaden, Relative Theorie, Schadensminderung:**

		Leistung (Rente)	**Deckungslücke der verletzten Person**
Soll		**2.500,00**	**1.000,00**	1.500,00
Wert nicht genutzte Arbeitskraft (Schadensminderung)		**250,00**		
Differenz		2.250,00		
Haftungsquote		70%		
Quotierte und reduzierte, verbleibende Ersatzforderung als erstattungsfähiger Anspruch im Außenverhältnis		1.575,00		
Kürzungsquote: Erstattungsfähiger Anspruch/Schaden			63%	

	Anspruchsteil Leistungsträger:	Anspruchsteil verletzte Person:	Verletzte Person erhält insgesamt:
	630,00	945,00	1.945,00
Kontrollsumme:		1.575,00	

Mindereinkünfte

Abweichendes Verständnis der Deckungslücke:

	Leistung (Rente)	Deckungslücke der verletzten Person
Soll	**2.500,00**	
Wert nicht genutzte Arbeitskraft (Schadensminderung)	250,00	
Differenz	2.250,00	**1.000,00**	1.250,00
Haftungsquote	70%	
Quotierte und reduzierte, verbleibende Ersatzforderung als erstattungsfähiger Anspruch im Außenverhältnis	1.575,00	
Kürzung wie Haftungsquote	70%	

	Anspruchsteil Leistungsträger:	Anspruchsteil verletzte Person:	Verletzte Person erhält insgesamt:
	700,00	875,00	1.875,00
Kontrollsumme:	1.575,00		

Die Onlineversion ermöglicht eigene Berechnungen. 2341

Die **Gegenüberstellung** der **Verteilungskriterien** zum Innenverhältnis zeigt die verschlechterte Lage der betroffenen Person bei der Relativität gegenüber der Differenz. 2342

2343 Erwerbsschaden, Vergleich zwischen Differenztheorie und relativer Theorie im Hinblick auf die Schadensminderung und zur Bestimmung des Deckungsschadens der betroffenen Person – uneingeschränkte Haftung:

Soll	2.500,00
Ist, Schadensminderung, Vorteil (Wert nicht genutzte Arbeitskraft; auch Einkünfte unter Einsatz verbliebener Arbeitskraft)	250,00
Leistung (Pension, Rente)	1.000,00
Haftungsquote	100%

	Differenztheorie		**Bei abweichendem Verständnis zur Deckungslücke**	
2.250,00 (Anspruch im Außenverhältnis)	Deckungsschaden der verletzten Person 1.500,00		Deckungsschaden 1.250,00	
	Leistungsträger erhält vom Schädiger: 750,00	Verletzter erhält vom Schädiger: 1.500,00	Leistungsträger erhält vom Schädiger: 1.000,00	Verletzter erhält vom Schädiger: 1.250,00
		Verletzter erhält insgesamt: 2.500,00		Verletzter erhält insgesamt: 2.250,00

	Relative Theorie		**Bei abweichendem Verständnis zur Deckungslücke**	
2.250,00 (Anspruch im Außenverhältnis)	Deckungsschaden der verletzten Person 1.500,00		Deckungsschaden 1.250,00	
Kürzungsquote im Innenverhältnis:	90%		100%	
	Leistungsträger erhält vom Schädiger: 900,00	Verletzter erhält vom Schädiger: 1.350,00	Leistungsträger erhält vom Schädiger: 1.000,00	Verletzter erhält vom Schädiger: 1.250,00
		Verletzter erhält insgesamt: 2.350,00		Verletzter erhält insgesamt nur: 2.250,00

Erwerbsschaden, Vergleich zwischen Differenztheorie und relativer Theorie im Hinblick auf die Schadensminderung und zur Bestimmung des Deckungsschadens der betroffenen Person – Mithaftung: 2344

Soll	2.500,00
Ist, Schadensminderung, Vorteil (Wert nicht genutzte Arbeitskraft; auch Einkünfte unter Einsatz verbliebener Arbeitskraft)	250,00
Leistung (Pension, Rente)	1.000,00
Haftungsquote	70%

	Differenztheorie		Bei abweichendem Verständnis zur Deckungslücke	
1.575,00 (Anspruch im Außenverhältnis)	Deckungsschaden der verletzten Person 1.500,00		Deckungsschaden 575,00	
	Leistungsträger erhält vom Schädiger: 75,00	Verletzter erhält vom Schädiger: 1.500,00	Leistungsträger erhält vom Schädiger: 1.000,00	Verletzter erhält vom Schädiger: 575,00
		Verletzter erhält insgesamt: 2.500,00		Verletzter erhält insgesamt: 1.575,00

	Relative Theorie		Bei abweichendem Verständnis zur Deckungslücke	
1.575,00 (Anspruch im Außenverhältnis)	Deckungsschaden der verletzten Person 1.500,00		Deckungsschaden 1.250,00	
Kürzungsquote im Innenverhältnis	63%		70%	
	Leistungsträger erhält vom Schädiger: 630,00	Verletzter erhält vom Schädiger: 945,00	Leistungsträger erhält vom Schädiger: 700,00	Verletzter erhält vom Schädiger: 875,00
		Verletzter erhält insgesamt: 1.945,00		Verletzter erhält insgesamt: 1.875,00

Die Onlineversion ermöglicht eigene Berechnungen. 2345

f) Insbesondere: Selbstständige Tätigkeit

2346 Selbstständig erwerbstätig ist, wer im Wesentlichen frei seine Tätigkeit gestalten und seine Arbeitszeit bestimmen kann.

2347 Die sozialversicherungsrechtlichen Abgrenzungsmerkmale helfen bei der Einordnung als Selbstständiger oder als Arbeitnehmer.[476] **Scheinselbstständige** sind **Beschäftigte**. Deren Erwerbsschaden ist wie der Schaden von Arbeitnehmern zu berechnen. Der als **Ich-AG-**Tätige steht sozialversicherungsrechtlich zum Teil (für die Altersvorsorge) wie ein abhängig Beschäftigter und zum Teil wie ein Selbstständiger da, wobei er dem Grundsatz nach Selbstständiger sein soll, arbeitsrechtlich indessen wie ein Arbeitnehmer zu behandeln sein kann. Haftungs-, schadensrechtlich muss die sozialrechtliche Fiktion der Selbstständigkeit aufgenommen und umgesetzt werden. Bei arbeitnehmerähnlichen Selbstständigen beeinflusst die Rentenversicherungspflicht den Gewinn.

2348 Die Erwartung, den betriebswirtschaftlichen Gewinn zu erzielen, muss wahrscheinlich sein (Rn. 2016 ff.). Eine bloß gedankliche Vorbereitung reicht selbst vor dem Hintergrund früherer einschlägiger (gastronomischer) Tätigkeiten noch nicht, weil eine Gewinnaussicht zu spekulativ bleibt.

2349 Der einem Dritten gegenüber verlautbarte Wille, ein vegetarisches Spezialitätenrestaurant zu eröffnen und dadurch eine selbstständige Existenz aufzubauen[477], gibt kein **Fundament zur Schätzung** des Erwerbsschadens.

2350 Der Schädiger schuldet den Ersatz zum hypothetischen Gewinn für die Zeit bis zu der Wiederherstellung der Gesundheit bzw. dem Zeitpunkt, in dem der Gewinn ungeschmälert ist (Rn. 2109 f.). Stets ist der Anspruch auf Ausgleich eines Verdienstausfalls auf die Zeit der (regelmäßigen, geplanten) Teilnahme am Erwerbsleben begrenzt. Bei Selbstständigen kann an das Alter von 70 Jahren anzuknüpfen sein, wenn es keine besonderen, gesetzlichen Altersbegrenzungen zur ausgeübten Tätigkeit gibt; vgl. Rn. 1292 und auch Rn. 2350. Der Gewinn muss sich dabei **verletzungsbedingt nicht realisieren** lassen: Einkünfte aus Vermietung und Verpachtung oder aus Kapitalvermögen, die von der Beeinträchtigung der körperlichen Integrität nicht berührt werden (Rn. 2037), dürfen nicht in die Schadensberechnung einfließen. Die verletzte Person muss **geschäftsspezifisch beeinträchtigt** sein, nach ihrem Einsatzfeld und dem Anforderungsprofil. Eine negative Tätigkeitsvergütung kennt das Schadensrecht nach der hier vertretenen Ansicht nicht (Rn. 2041).

2351 Ausgleichsfähig ist der Wert der Tätigkeit nach dem **betriebswirtschaftlichen Erfolg** der Arbeit des Selbstständigen, nicht seine Arbeitszeit, nicht die Dauer und Intensität des Arbeitseinsatzes. Der während seines Jahresurlaubs für die Dauer des Urlaubs – also in der Freizeit ohne Vermögenswert – verletzte Selbstständige erleidet keinen Erwerbsschaden[478], beachte aber Rn. 2379.

2352 **Gewinn** ist der Unterschied zwischen Ertrag und Aufwand. **Entgangen** ist der erlaubte (Rn. 2016, 2198) Gewinn als **Differenz** zwischen dem hypothetischen (voraussichtlich erzielbares) **SOLL** (Hätte = Wäre)- Ergebnis und dem **IST** (Jahresbetriebs)-Ergebnis (Rn. 2042, 2043). Auf das steuerliche Ergebnis insbesondere bei Bilanzierung ist schadensrechtlich nicht abzustellen (Rn. 2383). Steuern bleiben entweder neutral oder bedingen einen zusätzlichen Nachteil oder anrechnungsfähigen Vorteil (Rn. 2399). Der nach Abzug der Ausgaben verbleibende betriebswirtschaftliche Gewinn ist das **Bruttoeinkommen des Selbstständigen**. Bei der auf den Haftungs-, Schadensfall zurückzuführenden **vorzeitigen Aufgabe des Betriebs** – z. B. bei der Veräußerung der Apotheke

---

[476] *BGH* NJW 2001, 1640 = NZV 2001, 210 = DAR 2001, 266; zum selbstständigen Gerüstbauer/ständigen Subunternehmer *OLG Köln* VersR 2000, 237.
[477] *OLG Hamm* NZV 1994, 109.
[478] So *BGHZ* 86, 212 = NJW 1983, 1107 = VersR 1983, 392.

durch den verletzten selbstständigen Apotheker[479] – soll der vorzeitig erzielte höhere Erlös auf den Gewinnausfall (quasi als Liquidationsgewinn) mindernd anzurechnen sein; zum Liquidationsschaden als weiteren Vermögensfolgeschaden s. demgegenüber Rn. 2407. Dies beruht darauf, dass das Haftungsereignis den vorzeitigen (konkret dann 17 Monate früher als geplant) Verkauf bedingt hat und – wie konkret festgestellt – in den 17 Monaten danach aufgrund bestimmter gesetzlicher (und wirtschaftlicher bzw. wirtschafts-, gesundheitspolitischer) Entwicklungen die wirtschaftliche Lage vergleichbarer Betriebe in Deutschland gravierend verschlechtert worden ist (konkret mit einem durchschnittlichen Gewinnrückgang bei Apotheken in Höhe von rund 30%, wobei erwartete Ertragseinbußen sogar mit bis zu 40% beziffert worden sind). Der deutliche Verfall der Firmenwerte und das Erliegen des Marktes für den Verkauf und Kauf vergleichbarer Betriebe legitimiert es[480], die Differenz[481] zu dem sonst wesentlich geringer ausfallenden Kaufpreis als vermögensmehrende Folge bei Feststellung der Schadenshöhe einfließen zu lassen. Verdienstausfall und Verkaufserlös sind vom *OLG Saarbrücken*[480] wegen des direkten inneren Zusammenhangs bezogen auf den insgesamt zu ermittelnden entgangenen Gewinn aus der selbstständigen Tätigkeit als Rechnungseinheit aufgefasst worden. Ein Vorteilsausgleich scheidet in solchen Fällen aus, wenn beim tatsächlichen Verkauf ein zu dieser Zeit über dem Verkehrswert liegender Erlös erreicht wird oder der Erlös auf einem den Verkehrswert übersteigenden Erwerbsinteresse des Käufers beruht oder auf überobligationsmäßige Bemühungen des Verkäufers zurückgeht. Dazu hat der Verletzte die Umstände und Verhältnisse konkret darzulegen; beachte auch Rn. 667.

Fixe (Betriebs-) **Kosten**, die während der Verletzung aus verständiger Sicht nicht vermieden werden können und ohne die Verletzung erwirtschaftet worden wären (z. B. Büro-, Laborkosten; Mieten, Vergütungen für Mitarbeiter), sind – ansatzweise vergleichbar mit der Wohnungsmiete der verletzten Person während eines stationären Aufenthalts – bei dem Rechtssatz, dass Aufwendungen deliktisch nicht deswegen zu ersetzen sind, weil sie durch ein Schadensereignis nutzlos werden (Rn. 608 ff.), nicht gesondert erstattungsfähig. Sie sind aber auch **kein ersparter Aufwand**. Denn es kommt auf die **Störung des Betriebsergebnisses** an, das durch die fixen Kosten mitbestimmt wird. Auch Fremdkapitalkosten mindern den Rohgewinn. Nicht erspart sind Aufwendungen, die zunächst entfallen, wegen des unveränderten Bedarfs aber nachgeholt werden müssen (z. B. Fortbildungskosten). Zumutbar ersparte Betriebskosten sind dagegen mindernd zu berücksichtigen, z. B. Kosten für Arbeitnehmer, die entlassen werden (müssen); eingesparte Energiekosten für während der Verletzungszeit nicht benutzte Hallen oder Räume; s. auch Rn. 2374. **2353**

Bei der Minderung der Erwerbsfähigkeit von über 50% kann im Einzelfall einiges dafür sprechen, dass eine verbliebene Leistungsfähigkeit keinen entscheidenden Einfluss auf die Tätigkeit einer Ersatzkraft (Rn. 2389 ff.) hat. **2354**

Ein abstrakter Ausgleich findet nicht statt (Rn. 517 ff., 2031). Der abstrakte Minderwert der Leistungsfähigkeit, ein (zeitweiser oder dauernder) Ansehens-, **Vertrauensverlust**, Zweifel an der Leistungskraft seitens potenzieller Kunden oder Auftraggeber lassen als ideelle Momente nach der hier vertretenen Ansicht trotz der ökonomischen Bewertbarkeit (Goodwill) keinen ausgleichsfähigen Vermögensnachteil erkennen. Dazu hilft der immaterielle Ausgleich zur Behinderung beim Erwerb (vgl. Rn. 2843). **2355**

---

479 Ausgangspunkt der Erwägungen war im Streitfall, dass der Apotheker ohne den Schadensfall seine Apotheke frühestens zum Zeitpunkt der Vollendung seines 65. Lebensjahres (am 25.5.2003) verkauft hätte.
480 *OLG Saarbrücken* ZfS 2007, 325 = NZV 2007, 469; *BGH* v. 13.2.2007, VI ZR 137/06 mit Zurückweisung der Nichtzulassungsbeschwerde.
481 Bzw. den Vorteil wegen des höheren Verkehrswerts zum Zeitpunkt des tatsächlichen Verkaufs im Vergleich zu dem Verkehrswert zum Zeitpunkt des (an sich) geplanten Verkaufs – beurteilt nach den Erkenntnismöglichkeiten im Zeitpunkt der Bewertung des (Vermögens-)Schadens.

2356 Ein **Verspätungsgewinnnachteil** dadurch, dass ein Freiberufler oder Gewerbetreibender als Folge einer Verletzung bezogen auf seine Lebensleistung ein Höchsteinkommen lediglich kürzere Zeit erzielen kann, ist jedenfalls nicht im Voraus durch eine Leistung des Schädigers abzugelten.[482]

2357 **Tipp** Darzulegen sind die Grundlagen der Berechnung des geltend gemachten Gewinnausfalls. Es darf nicht nur ein Gewinn genannt werden, der das Ergebnis eines Rechen- und Beurteilungsvorgangs ist. Angaben zum tatsächlich erzielten Einkommen sind erforderlich.[483]

2358 Es kann im eigenen Nachweisinteresse die Verpflichtung (Obliegenheit) bestehen, Einkommensteuererklärungen und -bescheide für vor dem Unfall liegende Jahre vorzulegen, auch bei gemeinsamer Veranlagung von Ehepartner; beachte zugleich Rn. 2384. Ggfs. können Betragsangaben unkenntlich gemacht werden, die ausschließlich den anderen Ehepartner betreffen oder in denen Werte zusammengefasst sind, ohne dass ein eigener Anteil des Verletzten daraus entnommen werden kann.[484] Das Steuergeheimnis legitimiert es aber nicht, Vortrag zu unterlassen, vielmehr muss derjenige, der die eigene steuerliche Lage nicht konkretisieren will, den entsprechenden Nachteil im Rahmen des § 252 BGB akzeptieren.

2359 Ohne sachverständige Hilfen durch ein fachärztliches Gutachten und durch betriebswirtschaftliche Auswertungen seitens eines Wirtschaftsprüfers ist häufig nicht[485] auszukommen.

2360 Führt der verletzte Gastronom üblicherweise die Aufsicht, organisiert er die Büroarbeit und repräsentiert er in seinem Betrieb, bedeutet die Beeinträchtigung im Ellenbogenbereich, die am Zapfen von Getränken und die Arbeit an der Theke hindert, keine relevante Behinderung. Wer Bestellungen am Telefon oder über das Internet entgegennimmt und bearbeitet, wird durch die Verletzung am Bein jedoch nicht behindert sein. Eine abstrakte Erwerbseinschränkung von 25% oder auch der Verlust des linken Armes können ganz oder gar nicht das Geschäftsergebnis beeinflussen: Der Zahnarzt oder der Tierarzt mit der Großtierpraxis sind anders gefordert als der Rechtsanwalt, Steuerberater oder Wirtschaftsprüfer. Der Dipl. Chemiker, der in seinem pharmazeutischen Kleinbetrieb Präparate entwickelt, nach einer Verletzung aber keinen Gewinnverlust hat, bleibt ersatzlos.[486] Der Vortrag zu einer Daumenverletzung, die eine Produktionsumstellung erforderlich macht, genügt nicht, eine relevante Beeinträchtigung mit einem ausgleichsfähigen Nachteil darzulegen, wenn nicht zugleich Produktionsmehrkosten oder eine darauf zurückzuführende Gewinneinbuße plausibel gemacht werden.[487]

2361 Neben personenbezogenen, gesundheitlichen (medizinischen) Einflüssen auf das Verhalten und die Leistungskraft der betroffenen Person sind betriebswirtschaftliche, u. U. auch volkswirtschaftliche Einflüsse auf die Gewinnveränderung, die Entwicklung der Konjunktur und Branche, von Marktpreisen, Tarifen, Kreditzinsen zu klären. Denn alle **verletzungsunabhängigen Momente**, auch Fehldispositionen, -investitionen sind dem Schädiger **nicht anzulasten**: Ist die Gewinnänderung auf einen sich ohnehin verschlechterten Gesundheitszustand, die **altersbedingt** veränderte Lage (die eingeschränkte Leistungsfähigkeit oder das Ende der Erwerbstätigkeit, eine Altersgrenze, z. B. beim Kassenarzt oder Notar, vgl. auch Rn. 2350) oder die allgemeine konjunkturelle Entwicklung zurückzuführen, bleibt er insoweit frei.

2362 Die kaufmännische Fehlentscheidung oder Kalkulation, Voraussicht belastet allein die verletzte Person mit allen wirtschaftlichen Folgen. Der Schädiger hat aber für die Fehlkalkulationen aufzukommen, die auf einer ihm zuzurechnenden Gesundheitsstörung (Rn. 178, 154 ff., 340) beruhen.

---

482 Vgl. *OLG Karlsruhe* VersR 1995, 978.
483 *OLG Hamm* NZV 1999, 248 = VersR 2000, 234.
484 *OLG Karlsruhe* VersR 1988, 1164 = r+s 1988, 136.
485 Zur verfahrensrechtlichen Erforderlichkeit der Einholung eines Gutachtens bei möglichen unfallunabhängigen Faktoren und Einflüssen (Fehldispositionen, Konjunktur) *KG* VersR 2004, 1567.
486 *BGHZ* 54, 45 = VersR 1970, 766 = NJW 1970, 1411.
487 *OLG Köln* ZfS 1993, 261.

Vorteilsausgleich und Schadensminderung

Inwieweit kausale **Mehreinkünfte** (z. B. beim Berufswechsel) anzurechnen sind, stellt Fragen an den Vorteilsausgleich (Rn. 662 ff., 2045).   2363

> Das *OLG Düsseldorf*[488] rechnet dem Oberarzt und Chefarztvertreter Mehreinkünfte in Folgejahren nach dem Wechsel zum Landarzt auf den Gewinnausfall für ein Jahr nicht an, weil der Schädiger dafür verantwortlich sei, dass sich der Betroffene die neue Existenzgrundlage schaffen musste.   2364

> Auf den Erwerbsschaden eines selbstständigen Apothekers ist der durch einen verletzungsbedingt vorzeitigen Verkauf der Apotheke erzielte höhere Erlös anzurechnen, weil gerade das Haftungsereignis den höheren Erlös ermöglicht hat, s. Rn. 2352.   2365

Einkünfte aus einer ersatzweise aufgenommenen Tätigkeit oder anderweit zumutbar erzielte Einkünfte oder schuldhaft (§ 254 Abs. 2 BGB) nicht ausgeschöpfte Verdienstmöglichkeiten mindern den Ersatzanspruch. Die Schadensberechnung muss dazu in sich denselben Bezugsgrößen folgen: Wird der Schaden brutto bestimmt, ist das anderweit in abhängiger Arbeit erzielte Einkommen darauf mit dem Bruttobetrag anzurechnen und nicht im Umfang einer Nettovergütung.[489] Andernfalls würde der verletzte Selbstständige durch Anrechnung bloß der Nettobezüge zusätzlich Beträge für die soziale Sicherung als Teil des Einkommens erzielen, die er zuvor aus dem erwirtschafteten Geschäftsgewinn aufzubringen gehabt hat.   2366

Die **unzumutbare Mehrarbeit** der betroffenen Person oder die unentgeltliche aushelfende **Mitarbeit** z. B. eines Familienangehörigen oder anderer (Mit-) Gesellschafter entlasten den Schädiger nicht. Ggfs. muss der Verletzte aber **umdisponieren**. Ein kurzfristiger Ausfall ist, wenn und soweit möglich und zumutbar, zu überbrücken, z. B. durch Nachholen der ausgefallenen Arbeit[490], s. auch Rn. 2727.   2367

Zur **Umschulung** gelten die allgemeinen Regeln (Rn. 2175 ff.) bei Blick auf die soziale Lage der betroffenen Person.   2368

> Die Betriebsaufgabe trotz der Möglichkeit, den Betrieb mit Hilfe einer Hilfs-, Ersatzkraft fortzuführen, missachtet die Schadensminderungspflicht. Der Anspruch wegen Erwerbsausfalls reduziert sich deshalb auf die Kosten für die Beschäftigung einer Hilfskraft, die dann – wie das *OLG Koblenz*[491] meint – anhand des Bruttoentgelts abzüglich 25% hypothetischer Steuerersparnis geschätzt werden können (sollen); s. auch Rn. 2389.   2369

Gewinn aus Einzelaufträgen oder arbeitstäglicher Gewinn

Bei relativ **kurzzeitigem** Ausfall oder kurzzeitiger **Beeinträchtigung** kann nachzuweisen sein, dass und welche **konkreten Einzelaufträge** verletzungsbedingt entfallen sind, z. B. bei der Künstlerin, die nicht wie geplant auftreten kann, beim Steuerberater mit mehreren Mitarbeitern oder beim Architekten, der ein Großvorhaben nicht ausführen kann, oder auch wegen der Bewachung eines Sportgeschäfts.[492] Die Kausalität des Ausfalls ist plausibel zu machen. Häufig legt der kurzzeitige Ausfall nahe, dass kein verletzungsabhängiger Gewinnausfall zu verzeichnen ist.   2370

Konkret ist ein Erwerbsschaden auch abzurechnen über ein durchschnittliches **arbeitstägliches Ergebnis**, z. B. bei Transportleistungen, die der Frachtführer verletzungsbedingt nicht erbringen kann, und dem bei ihm ausfallenden Gewinn oder für den selbstständigen Taxenunternehmer, der seinen Betrieb vorübergehend einstellen muss.   2371

---

488 VersR 1973, 929.
489 *BGH* NJW 2001, 1640 = NZV 2001, 210 = DAR 2001, 266 zum Selbstständigen, der dann als Hausmeister gearbeitet hat.
490 So auch *LG Duisburg* SP 2002, 91: Bei einem kurzdauernden Ausfall seien die ausgefallenen Stunden durch Verlängerung der täglichen Arbeitszeit nachzuholen.
491 VersR 1991, 194 = ZfS 1991, 120.
492 Dazu *KG* NZV 2003, 191 = DAR 2003, 168 = KGR 2003, 84.

2372 Vom arbeitstäglichen Ergebnis her drängt schon der Ausfall für einen Tag eine Einbuße auf. Beim verletzten Handwerker (Meister) oder Bauunternehmer z. B. darf die Einbuße jedoch **nicht** über Arbeitsstunden bewertet und mit der **Stundenvergütung** für den angestellten Meister und einem Gewinn-, Unternehmerzuschlag abgerechnet werden, Rn. 2389, 2390.

2373 **Berechnungsgang:**
Der ausgleichsfähige Gewinn ergibt sich zu mehreren Einzelaufträgen über die **Addition** der **Einzelergebnisse**.

Für **arbeitstägliche** Ergebnisse bedarf es der **Zuordnung** zur gesamten **Ausfallzeit**, vorstellbar wie folgt:

Durchschnittlicher (Roh-)Gewinn (mit fixen Kosten) pro Arbeitstag

× Arbeitstage : [365 abzüglich regelmäßige Urlaubs-, Fortbildungs-, Krankheitstage], Rn. 2321, 2379 zeigt den durchschnittlichen Gewinn pro Kalendertag, der die insgesamt jährlich zur Verfügung stehende Arbeitszeit berücksichtigt.

× Ausfallzeit (Tage, zur Umrechnung in andere Zeiträume Rn. 2209)

ergibt Gewinneinbuße für die Ausfallzeit nach Kalendertagen; s. auch Rn. 2380.

U.U. sind weitere Nachteile und Steuern (Rn. 2399) zu berechnen.

2374 **Berechnungsmodell und -beispiele: Kostenanalyse**

Der ersatzfähige Deckungsbeitrag umfasst anteilige fixe Kosten (z. B. für Büro, Miete, Personal, Zinsen), Rn. 2128, 2352, und den (Roh-)Gewinn.

Beispiel 1

	Roherlös (Ausgangssoll, entgangener Gewinn)		220.000,00
abzüglich	konkrete, variable Kosten (Spezialunkosten, Ersparnis, gewinnmindernder Aufwand)		
	z.B. Wareneinsatz, auch Zukäufe	**54,77%**	120.494,00
	Kfz-Kosten	**2,90%**	6.380,00
Zwischensumme		57,67%	126.874,00
ergibt	Deckungsbeitrag (verbleibender entgangener Gewinn i. w. S.), ersatzfähig im Verletzungsfall bei vollständigem Ausfall ggfs. unter Abzug real erzielter oder hypothetisch erreichbarer Werte		93.126,00
für	Fixe Kosten (z.B. Abschreibungen auf Anlagevermögen, Miete, Strom, Wasser, Heizung, Personal)	**31,50%**	69.300,00
sowie	Gewinn i.e.S. (verfügbare Einkünfte; Entnahme; ersatzfähig im Tötungsfall, soweit für Unterhaltszwecke verwendet)		23.826,00

Beispiel 2

				Zahl der betroffenen Einheiten, z.B. Ausfalltage bei Tagesergebnissen oder Stückzahl bei Werten zu einzelnen Stücken, ggfs. Einzelaufträge	
	erwarteter Roherlös (Ausgangssoll)		600,00	61,00	36.600,00
abzüglich	ersparter Aufwand (variable Betriebskosten, hypothetische Kosten bei voller Tätigkeit)	360,00			
Korrektur um	reale (getätigte) Investition	20,00			
	Differenz (verbleibende Ersparnis als Vorteil)	340,00	340,00		20.740,00
verbleibendes Soll			260,00		15.860,00
abzüglich	erzieltes IST (pro Sach- oder Zeiteinheit)		–		–
ergibt	entgangener anteiliger Gewinn pro Einheit bzw. Gewinnausfall insgesamt (ersatzfähig im Verletzungsfall)		260,00		15.860,00

Die Onlineversion ermöglicht eigene Berechnungen.

Berechnungsmodell zur Berücksichtigung prozentualer Gewinnzuschläge: Häufig lässt sich ein Gewinn als Prozentanteil darlegen und erfahrungsgemäß nachweisen. Über den Prozentsatz ist zu einem bestimmten Erlös ein bestimmter Nachteil zu einem einzelnen Auftrag herzuleiten. Ähnlich wäre gem. § 649 Satz 2 BGB vorzugehen.

Erlös (Wert eines Auftrags, Vergütung, Honorar)	**216.000,00**	
Materialaufwand, Wareneinsatz (incl. Gemeinkosten)	**124.000,00**	
Gewinnzuschlag	**13,40%**	
Anteiliger Gewinn		14.652,56
Deckungsbeitrag (entgangener Gewinn i.w.S., im Verletzungsfall Basis des auszugleichenden Betrags)	92.000,00	
Fixe Kosten, z. B. Personalaufwand	**68.000,00**	
Gewinnzuschlag	**14,61%**	
Anteiliger Gewinn		8.668,35
Summe als Gewinnausfall i.e.S (ersatzfähig im Tötungsfall, soweit dieser Gewinn für Unterhaltszwecke zur Verfügung steht)		23.320,91
Gesamtaufwand	192.000,00	

Die Onlineversion ermöglicht eigene Berechnungen.

2378 **Berechnungsmodell und -beispiel zum prozentualen Gewinnanteil vom Umsatz:** Jeder Gewinn lässt sich vom Umsatz her bestimmen, individuell, erfahrungsgemäß oder branchentypisch, Rn. 2382. Die nicht ersparten fixen Kosten sind zusätzlich zu bedenken, Rn. 2353.

Vom Umsatz entfallen auf

Einkauf	50,6%	Sachkosten	1,4%
USt.	12,8%	Personalkosten	17,5%
Miete	4,7%	Fahrzeugkosten	0,8%
Werbung	2,4%	Gewerbesteuer	0,3%
Abschreibung	1,6%	Sonstiges	3,2%
Zinsen	1,5%		

Danach verbleibender Gewinn vor Steuern: 3,2% vom Umsatz bzw. Wert des Auftrags oder Erlöses.

Unterjährige Einbuße

2379 Zur zeitweisen **Beeinträchtigung innerhalb** eines **Jahres** ist für die Berechnung über den Jahresgewinn zu beachten, dass dieser Zeiten des Urlaubs, einer regelmäßigen Fortbildung, einer Krankheit und dergl. abdeckt, der Gewinn an den restlichen Tagen verdient wird. Dies gilt bei dem nicht gerade während des Jahresurlaubs verletzten Selbstständigen (Rn. 2351), nach der hier vertretenen Ansicht dann aber ohne Rücksicht darauf, ob der Jahresurlaub schon absolviert ist oder noch bevorsteht.

2380 **Berechnungsbeispiel:** Aus dem Jahresgewinn erschließt sich ein monatlicher 1/12-Anteil und führt dann die Verdoppelung zum Erwerbsausfallschaden bei der Erwerbsunfähigkeit auf die Dauer von zwei Monaten. Dies übergeht jedoch die Urlaubszeit und den Umstand, dass der Jahresgewinn lediglich in der verbleibenden Zeit erwirtschaftet wird. Der Jahresarbeitsverdienst teilt sich m.a.W. insofern nicht in Zwölftel, sondern beim Urlaub von z. B. einem Monat in Elftel.

		A B E R Berechnung über Monatswert als 1/12 des Jahresgewinns
Jahresgewinn (-einkünfte)	35.000,00	2.916,67 mtl.
Ausfalltage = Krankheitstage (Kalendertage)	60 Kalendertage	2 Monate
Jahres-, Kalendertage (ausgerichtet auf die Dauer der Tätigkeit im Kalenderjahr)	365 Kalendertage	
Urlaubs-, Freistellungstage	30 Kalendertage	
Differenz als Arbeitszeit	335 Kalendertage	
Anteil Ausfallzeit	0,179104478	
anteiliger Erwerbsausfall	**6.268,66**	**5.833,33**

2381 *Die Onlineversion ermöglicht eigene Berechnungen.*

Bei mehrmonatiger oder **längerer Beeinträchtigung** ist der Gewinnausfall in der Regel über den Vergleich zwischen dem **durchschnittlichen** (Geschäfts-) **Ergebnis** in der Zeit vor und nach der Beeinträchtigung zu erfassen. Der zeitweilige Gewinneinbruch nach einem Schadensfall legt den Zusammenhang mit dem Schadensfall nahe. Eine andere, ungewöhnlich erscheinende Lage hat der Schädiger zu beweisen.

2382

Allgemeine Regeln darüber, welcher Zeitraum vor dem Schadensfall als Grundlage der Prognose für die künftige Entwicklung heranzuziehen ist, lassen sich nicht aufstellen. In der Regel ist es angebracht, an die Geschäftsentwicklung und die Geschäftsergebnisse in den letzten Jahren vor dem Unfall anzuknüpfen.[493] Häufig wird eine Zeit von 3 Jahren gewählt. Auch ein kürzerer **Vergleichszeitraum** ist aber auszuloten.[494] Schwankende Umsätze und Gewinne sind zu gewichten und dann ergiebig. Die Einschätzung über einen **durchschnittlichen Erfolg** (Rn. 2091 ff.), ggfs. bei einem prozentualen Abschlag, bedeutet für Selbstständige – auch –, dass neben vorrangigen individualisierten Daten die branchentypische Entwicklung (ein Betriebs-, Branchenvergleich) auszuwerten ist. U.U. gibt die Gewinnsituation des Nachfolgers der verletzten Person Aufschluss über ihren entgangenen Gewinn. Aus der Geschäftsentwicklung nach Wiedererlangung der Arbeitsfähigkeit sind keine Anhaltspunkte für die Schätzung des zu erwartenden Gewinns aus einer vor dem Unfall ausgeübten Tätigkeit zu entnehmen, wenn nicht klar dargelegt ist, welcher Tätigkeit der Betroffene vor dem Unfall tatsächlich nachgegangen ist, weil keine Unterlagen über diese Tätigkeit beigebracht worden sind. Zeiten, die von einem besonderen Einsatz oder/und zeitspezifisch günstigen Umstände geprägt sind und zu herausragenden Ergebnissen geführt haben, die sich nicht wiederholen lassen, geben keine geeignete Vergleichsbasis. Rückschlüsse auf das Einkommen des Betroffenen als Selbstständiger aus dem Durchschnittsgehalt z. B. eines GmbH-Geschäftsführers dürfen nicht gezogen werden, wenn (und solange) nicht feststeht, dass die Verdienstmöglichkeiten überhaupt vergleichbar sind.[495]

2383

Weitgehend unergiebig bleiben Ergebnisse in (endgültigen Einkommen-) Steuerbescheiden, auch nur Teilbefunde in Steuerbescheiden zu Einkünften aus selbstständiger Arbeit, aus Land- oder Forstwirtschaft oder aus Gewerbebetrieb. Allenfalls ist zugrunde zu legen, dass der Gewinn in aller Regel höher ist als die zu versteuernden Einkünfte, die sich als Mindesteinkommen darstellen. Den Gewinn weist bei Freiberuflern z. B.[496] die **Einnahme – Überschuss – Rechnung** mit dem Unterschied zwischen den Betriebseinnahmen und Betriebsausgaben aus. Schon bei Abschreibungen fällt es indessen schwer, aus Jahresergebnissen relevante Gewinndaten abzuleiten. Bei der **Bilanzierung,** dem Betriebsvermögensvergleich, mit dem Gewinn als Saldo zwischen den Aktiva (Werten des Anlage- und Umlaufvermögens) und Passiva (Vermögensquellen mit Eigen- und Fremdkapital) ist der Schaden noch schwieriger festzustellen, da Bilanzierungs-, Bewertungswahlrechte zu weiteren Problemen führen. **Gewinn- und Verlustrechnungen** sind am ehesten ergiebig. Der **Trend**, der wirtschaftliche Erfolg in der Zukunft, ist im Einzelfall abzuklären.

2384

Manche sprechen zum Zeitvergleich (für den durchschnittlichen Umsatz bzw. Gewinn im Betrieb) von einer abstrakten Berechnungsmethode. Zur Gewinnprognose mit den personen- und konjunkturbezogenen Momenten (Rn. 2361) kommt es aber immer auf den Einzelfall an. Allenfalls beim Betriebsvergleich finden sich Anklänge an eine abstrahierende Methode.

2385

---

493 *BGH* NJW 2004, 1945 = NZV 2004, 344 = VersR 2004, 874 = ZfS 2004, 349 = r+s 2004, 255; Vorinstanz *OLG Bremen* NJOZ 2003, 2339 = r+s 2003, 477 = OLGR 2003, 385.
494 *OLG Hamburg* VersR 1997, 248 = r+s 1997, 20; *BGH* NA-Beschl. v. 2.7.1996.
495 *BGH* NJW 2004, 1945 = NZV 2004, 344 = VersR 2004, 874.
496 Instruktiv zur Berechnung beim Zahnarzt *OLG Hamm* NZV 1995, 316.

| 2386 | **Berechnungsvorschlag: Gewinnprognose** |

Der arithmetische Mittelwert ist zur Prognose des Gewinns in der Zukunft am unzuverlässigsten. Ein Trend wird ausgeschaltet. Der Mittelwert sollte allenfalls bei einem langen Vergleichszeitraum herangezogen werden. Der gleitende Durchschnitt hilft, einen gewissen Trend einfließen zu lassen. Vereinfacht ist darauf abzustellen. Die Gewichtung sagt bei fallender Tendenz im Vorzeitraum mehr zur Zukunft aus als jeder Durchschnitt. Allerdings ist es nicht einfach, aussagekräftige Prognosefaktoren herzuleiten, beachte auch Rn 2091. Eine Unternehmensanalyse und Wachstumsprognose, der Branchenvergleich hilft weiter.

Prognose für:					**2009**
Vorjahre	2005	2006	2007	2008	
Betrag	64.200,00	36.400,00	32.900,00	33.300,00	
Mittelwert (arithmetisch)					41.700,00
aber **gleitender Durchschnitt**		50.300,00	34.650,00	33.100,00	39.350,00
aber **über Gewichtung** (d. h. nach gewichtetem Mittelwert):					37.163,64
unter Gewichtung nach Auslastungsgrad, Branchenentwicklung, -vergleich, Konjunkturentwicklung, Kredit-, Zinsentwicklung, Trend)	1	4	2	4	11
Nennbetrag	64.200,00	145.600,00	65.800,00	133.200,00	408.800,00
Durchschnitt zu Vorstehendem wiederum:					39.404,55

2387 *Die Onlineversion ermöglicht eigene Berechnungen.*

2388 Erwägungen zu einem prozentualen Gewinnanteil (Rn. 2376) erleichtern die Darlegung, wenn von Vorjahresergebnissen her eine verletzungsbedingte (Rn. 2350) jahresbezogene Umsatzeinbuße nachweisbar ist und das durchschnittliche Umsatzergebnis Basis der Einschätzung des Gewinnausfalls sein soll.

Berechnung des Erwerbsschadens über Ersatzkraftkosten

2389 **Abstrakt** darf **nicht**[497] auf die Vergütung einer Ersatzkraft abgestellt werden.

2390 Der Erwerbsschaden des verletzten **Landwirts** ist nicht nach Kosten für die Beschäftigung des Landwirtschaftsmeisters abzurechnen (vgl. Rn. 2372), solange nicht feststeht, dass der Ertrag seines Hofes oder Futtermittelbetriebes vermindert ist. Beim **Taxiunternehmer** mit einem Fahrzeug ist ein Verdienstausfall nicht unter Multiplikation einer bestimmten Zahl von Tagen mit einem abstrakten Geldbetrag abzurechnen, schon gar nicht mit einem Wert aus einer Nutzungsausfalltabelle, also z. B. nicht über 12 Tage Reparaturzeit zu je 65,– € = 780,– € „pauschal".[498] Es bedarf vielmehr der Konkretisierung des Nachteils wegen des Ausfalls seiner Arbeitskraft.

2391 Der *BGH*[499] hat beim Ersatzanspruch des Selbstständigen formuliert, der Anspruch auf Ersatz der durch die Einstellung von Ersatzkräften entstehenden Lohnkosten entstehe nicht mit der Notwendigkeit von deren Einstellung, sondern erst mit tatsächlich erfolgter Einstellung. Dies ist zwangsläufig Folge der Ansicht, dass es – nur – auf einen entgangenen Gewinn und korrespondierend damit auf real erhöhte Kosten – die den Gewinn schmälern – ankommt.

---

497 *OLG Oldenburg* NJWE-VHR 1998, 90 für die Gastwirtin; *OLG Celle* OLGR 2000, 254.
498 *KG* MDR 2007, 210 = NZV 2007, 244.
499 *BGH* VersR 1972, 460, 463.

Die Kosten für **tatsächlich eingestellte Ersatzarbeitskräfte** sind in voller (**Brutto**) Höhe zu erstatten, wenn ein Betriebsergebnis erreicht wird, dass nicht höher liegt als das vergleichsweise heranzuziehende Ergebnis ohne das Haftungsereignis und den Mehraufwand. Solche Kosten sind entweder als Folgeschaden des Arbeitsausfalls oder als erstattungsfähiger Aufwand zur Abwehr des Schadens im Rahmen der wirtschaftlichen Vernunft einzuordnen. Der Mehraufwand für eine Ersatzkraft, die den Gewinn real nicht auffängt, ist zu erstatten, wenn im Einklang mit § 254 Abs. 2 BGB (s. auch Rn. 2366) versucht worden ist, den verletzungsbedingten Ausfall auszugleichen: Der angemessene Versuch, den Schaden abzuwehren und bei der Gewinnorientierung des Betriebs künftige Chancen offen zu halten, bleibt Risiko des Schädigers. 2392

Weder der vormalige oder damalige Ertrag eines im Aufbau befindlichen Lebensmittelgeschäfts noch das dem Ehemann der Verletzten gezahlte Gehalt soll Obergrenze für die Erstattungsfähigkeit der Kosten einer Ersatzkraft – der Schwägerin – sein.[500] 2393

Tipp Die Darlegung zur Einstellung einer Ersatzkraft genügt, um deren Vergütung als Ausgleich der Gewinneinbuße für erstattungsfähig halten zu können, wenn der Einsatz einer Ersatzarbeitskraft oder Mehrleistungen und Überstunden durch den verletzungsbedingten Ausfall notwendig geworden sind. Dann kann[501] regelmäßig davon ausgegangen werden, dass der Aufwand für die Ersatzkraft das Betriebsergebnis verringert hat. 2394

Die Stundenvergütung von 17,00 DM der vorübergehend eingestellten Ersatzkraft für die Leiterin eines im Aufbau befindlichen Lebensmittelgeschäfts hat das *OLG Köln* 1990 [500] bei einer Arbeitszeit von ca. 12 Stunden täglich für angemessen erachtet unter zusätzlicher Berücksichtigung einer verlängerte Arbeitszeit. Tarifgehälter von angestellten Verkäuferinnen haben keinen geeigneten Vergleichsmaßstab ausgewiesen, weil die Anforderungen an die Ersatzkraft (erhöhtes Maß an Selbstständigkeit, besondere Vertrauenswürdigkeit, eigenverantwortlicher Umgang mit Einnahmen und Warenbeständen) weitaus höher waren als solche an eine Verkäuferin. 2395

▶ Arbeits-, Lohnkosten einer fiktiven Ersatzkraft sind Schätzhilfe, sobald hinreichend sicher geklärt ist, dass ohne den Ausfall des Verletzten ein Gewinn erwirtschaftet worden wäre und eine Ersatzkraft deshalb nötig ist. ◀ 2396

Bei gleich bleibendem Umsatz kann mittels der Steigerung von Personalkosten bzw. bei gesteigertem Umsatz mittels relativer Steigerung der Personalkosten dargelegt werden, um auf den entgangenen Gewinn schließen zu können. 2397

Auf **Netto**-Kosten für eine **Ersatzkraft** mag abgestellt werden, wenn Familienmitglieder **unentgeltlich aushelfen**.[502] 2398

Mit der Bruttomethode (Rn. 2260) bedarf die **Einkommensteuer**, die auf den Gewinn und die Ersatzleistung in gleicher Weise anfällt, keines besonderen Ansatzes. Zusätzliche Steuern sind auszugleichen, so bei verletzungsbedingter Veräußerung des Betriebs mit Steuern auf den Veräußerungsgewinn bzw. Steuern zu aufzudeckenden stillen Reserven, wenn der verdeckte Gewinn nicht ohnehin (später) steuerpflichtig geworden wäre mit Problemen, wenn später ein Ausgleich mit Verlusten möglich gewesen wäre; zum Steuerschaden i. e. S. vgl. auch Rn. 2379. **Steuerersparnisse sind** zu beachten. **Gewerbesteuern**, die auf den ohne den Schadensfall erzielten Gewinn zu entrichten wären, auf den Ersatzanspruch aber nicht zu zahlen sind, weil sie nicht unmittelbar auf das Steuerobjekt (den werbenden Betrieb) zurückzuführen sind und deswegen nicht zum Gewerbeertrag gehören, mindern den Schaden über den Vorteilsausgleich.[503] Ebenso ist ein durch den **Wegfall** von **Umsatzsteuern** auf die Ersatzleistung mangels Leistungsaustausches gegenüber der 2399

---

500 So *OLG Köln* v. 15.10.1990, 19 W 45/90.
501 *BGH* VersR 1997, 453 = NJW 1997, 941 = NZV 1997, 174 = ZfS 1997, 90 = DAR 1997, 154.
502 *OLG Oldenburg* NJW-RR 1993, 798 = ZfS 1993, 263.
503 *BGH* VersR 1979, 519, 520 = NJW 1979, 915; *Hofmann* in VersR 1980, 807, 810.

4 *Erwerbstätigkeit (Erwerbsschaden)*

Umsatzsteuerpflicht bei den Leistungsentgelten ohne das Haftungsereignis (z. B. den Provisionen eines Handelsvertreters) zu errechnender Vorteil anzurechnen.[504]

 2400 *Im Anschluss an die Berechnungsformel Rn. 2296, 2297 kann eine monatliche Schadensrente zu einem monatlich (anteiligen) Gewinnausfall ausgehend von einem monatlichen Bruttoentgelt auch für Selbstständige berechnet werden. Dies ermöglicht die Onlineversion in diesem Kontext direkt. Zur Berechnung bei Doppelverdienerpartnerschaft wird auf die Erwägungen Rn. 2298, 2299 verwiesen.*

2401 Bei Mitgliedschaft in einem berufsständischen Versorgungswerk greifen § 116 SGB X und § 119 SGB X zugunsten des Trägers des Versorgungswerkes nicht. Es kann aber eine Pflicht des Verletzten zur **Abtretung** von Ersatzansprüchen an den Träger wegen dessen Leistungen bestehen.[505] Bei freiwilliger Teilnahme an der gesetzlichen Versicherung gilt § 116 SGB X (Rn. 1525 ff.).

Gewinnphasenverschiebung

2402 Wirkt sich die Verletzung phasenverschoben aus, kommt es also nicht während der körperlichen Beeinträchtigung zu einem veränderten Gewinn, sondern zeitversetzt, ist dieser (Verspätungs-, Verzögerungs-) Schaden zu ersetzen.[506] Dies gilt insbesondere bei Verletzung in der Anlaufphase, -zeit eines neu eröffneten Betriebs angesichts des Umstands, dass aufgrund der Verletzung erst später (verzögert) die Gewinnschwelle überschritten wird.

2403 **Berechnungsbeispiel zum Ersatzanspruch wegen Beeinträchtigung in der Anlaufzeit eines Betriebs:**[507]

	Soll	IST	
Mai (Aufnahme des Betriebs, Kosten bis Ende Juni)	voraussichtlich: Verlust	–1.300,00	
Juni (**Verletzung, Ausfall**)	voraussichtlich: Verlust	0,00	Schaden?
Juli – September (Erlös – Kosten)	voraussichtlich: Verlust	–7.750,00	
Oktober – Dezember (Erlös – Kosten)	11.400,00	11.400,00	
Januar des Folgejahres geschätzt (angelehnt an das Durchschnittsergebnis des letzten Quartals des Vorjahres)	3.800,00	3.800,00	Schaden?

---

504 *BGH* VersR 1987, 668 = NJW 1987, 1814; s. auch *BGH* NJW-RR 1992, 411 und NJW 1999, 3261, 3263 zur (bisher vertretenen) fehlenden Umsatzsteuerpflicht beim Ersatz des entgangenen Gewinns gegenüber *BGH* NJW-RR 1996, 460 zur USt. bei Entschädigungen für Leistungen, die ihrerseits umsatzsteuerpflichtig sind.
505 Näher *Jahnke* in Verdienstausfall, Kap. 3 Rn. 411, 412, Kap. 4 Rn. 106.
506 Zum Architekten *OLG Frankfurt* VersR 1979, 86; zum Orthopäden angesichts der Eröffnung der Arztpraxis *OLG Karlsruhe* VersR 1998, 1256 = NZV 1999, 210 m. *BGH* NA-Beschl. v. 19.5.1998.
507 Beispiel nach *OLG Karlsruhe* VersR 1995, 978.

Fingiertes Jahresergebnis Mai bis Dezember unter rechnerischem Einschluss des (geschätzten) Januarergebnisses aus dem Folgejahr	9.950,00	Zugrunde gelegen hat folgende Annahme: Ohne die unfallbedingte Arbeitsunfähigkeit im Juni wäre die für Oktober bis Dezember festgestellte Betriebsentwicklung bereits in der Zeit von September bis November erfolgt und dann im Dezember das tatsächlich erst im Januar des Folgejahres erzielte Einkommen erreicht worden.
Quote zum Jahresergebnis zur Ermittlung des monatlichen Ausfalles	25%	Das *OLG* berücksichtigt den Umstand, dass in der Aufbauphase ein Betriebsergebnis im ersten Jahr stärker belastet wird als in späteren Zeiträumen. Deswegen sei das fiktive Jahresbetriebsergebnis nicht auf acht Monate (seit Mai), sondern wegen der erhöhten Kosten aufgrund einmaliger Ausgaben zu Beginn des Unternehmens bloß auf die Hälfte (also letztlich 4 Monate) zu beziehen. Oder machen z. B. 1/12 oder doch wegen der Zeit seit Mai 1/8 des fingierten Jahresergebnisses den wahren (verschobenen) monatlichen Schaden aus?
So soll sich der monatliche Nachteil wegen der Beeinträchtigung der Erwerbsfähigkeit schätzen lassen.	2.487,50	

Fehlen beim selbstständigen Handwerker Betriebsergebnisse, die zur Einschätzung des entgangenen Gewinns herangezogen werden könnten, weil der Betrieb erst wenige Monate vor dem Unfall gegründet worden ist, stellt das *OLG Celle*[508] auf den realen Aufwand für eine Ersatzkraft ab, wenn von der Mitarbeit des arbeitsunfähig gewordenen Betriebsinhabers auszugehen ist und die späteren jährlichen Gewinn- und Verlustrechnungen nahelegen, dass auch ein anderer Unternehmer das Unternehmen angesichts der Betriebsergebnisse fortgeführt hätte. 2404

Mindestschaden

Insbesondere wenn ein Betrieb nicht rentabel gearbeitet hat, kann u. U. unterstellt werden, dass der Verletzte unter Aufgabe seines Betriebes **Arbeitnehmer** mit der Folge **geworden** wäre, dass ihm jedenfalls das entsprechende Arbeitseinkommen entgangen ist[509]; zur umgekehrten Lage Rn. 2366. 2405

Zum konkreten Erwerbsschaden kann mangels anderer Ansatzpunkte zudem ein gewisser Mindestschaden aus einer (auch zeitlich) einschlägigen **Richtsatzsammlung** des örtlichen Finanzamtes bzw. des Bundesfinanzministeriums (im Internet einsehbar) abzuleiten sein. 2406

---

508 *OLG Celle* ZfS 2006, 84 = r+s 2006, 42 (36-jähriger Zimmermann).
509 *BGH* VersR 1957, 750; beachte Rn. 2105 f.

Liquidationsschaden

2407 Bei der Dauerbeeinträchtigung bzw. dem Umstand, dass auf Dauer kein Gewinn (mehr) erwirtschaftet werden kann, kann es geboten sein, den Betrieb aufzulösen. Die verletzungsbedingte Betriebsauflösung gibt Anspruch auf Ersatz des Liquidationsschadens als (zusätzlichem) Verlust infolge Liquidation statt Fortführung des Betriebs einschließlich eines Steuernachteils, dazu allerdings erst im Zeitpunkt der Entstehung dieses Schadens, d. h. der Festsetzung der Steuerschuld; zum Erlös als Vorteil s. Rn. 2352; zum Fall der Tötung beachte Rn. 385.

Erwerbsschaden des Gesellschafters

2408 Bei Verletzung des mitarbeitenden **Gesellschafters** ist seine **Vergütung** maßgebend, soweit es um ein echtes Arbeitsentgelt als Wert der (beeinträchtigten) Dienstleistung geht. Abzurechnen ist dann wie beim Erwerbsschaden des abhängig Beschäftigten.

2409 Das Geschäftsführergehalt des vom beherrschenden Gesellschafter und Alleingeschäftsführer einer GmbH bei dem von ihm mit ihm selbst vereinbarten Anstellungsverhältnis kann nur dann als solches herangezogen werden, wenn es mit der finanziellen und wirtschaftlichen Situation der GmbH tatsächlich vereinbar ist[510] und dem objektiven Fremdvergleich stand hält.

2410 Ebenso wie zur Vergütung verhält es sich zu der vom Gewinn und Verlust (der Gesellschaft) unabhängigen Umsatzbeteiligung. Die im Gesellschaftsvertrag vereinbarte Fortzahlung führt zum normativen Schaden ähnlich wie bei der Fortzahlung des Entgelts des Arbeitnehmers und zwar mit der Pflicht des verletzten Gesellschafters, den Ersatzanspruch an die Gesellschaft (als mittelbar Geschädigte) abzutreten. Die steuerliche Behandlung ist Indiz, die Anerkennung einer monatlichen Zahlung als Betriebsausgabe genügt allein aber nicht[511], um eine Tätigkeitsvergütung bejahen zu können; zur negativen Vergütung Rn. 2041. Auf einen (mittelbaren, Dritt-) Schaden der Gesellschaft kommt es nicht an.

2411 Die (verdeckte) Gewinnausschüttung ist kein Entgelt für die Arbeit. Die gewinnabhängige Tantieme ist Gewinnausschüttung.

2412 Ansonsten hat der verletzte mitarbeitende Gesellschafter Anspruch auf Ersatz der **verletzungsbedingten Minderung** des auf den Umfang seiner Beteiligung (quotal) ausgerichteten **Gewinn**(anteils), anders eventuell bei Ehegatteninnengesellschaften, zur Gütergemeinschaft Rn. 369. Auf den verletzungsbedingt verringerten Gewinnanteil kann u. U. neben einer Tätigkeitsvergütung abzustellen sein. Ohne Gewinn(ausschüttung) kann der Ersatzanspruch über ein (weiter negativ) verändertes Kapitalkonto oder das verschlechterte Anteilsrecht (bei der Kapitalgesellschaft), also eine Wert-, Substanzminderung zu bemessen sein, die regelmäßig geringer ist als ein Substanzverlust der Gesellschaft. Wie die Minderung zu ermitteln ist (quotal über entgangene Einnahmen der Gesellschaft oder über den Marktwert des betroffenen Anteils), ist im Einzelfall zu entscheiden. Dem verletzten geschäftsführenden Allein-, Haupt- **Gesellschafter** einer Kapitalgesellschaft soll die Gewinneinbuße bei der Gesellschaft wirtschaftlich zugeordnet werden können.[512] Der Nachteil von Mitgesellschaftern wird niemals ersetzt. Macht es die gesundheitliche Schädigung notwendig, dass der Gesellschafter aus der Gesellschaft **ausscheidet**, kann die Beeinträchtigung des Auseinandersetzungsguthabens auszugleichen sein.[513]

Vorsorgebedarf

2413 Ein erhöhter Aufwand an Versicherungsprämien führt ggfs. neben dem Erwerbsschaden zum Anspruch wegen **vermehrter Bedürfnisse** (Rn. 1855).

---

510 So zur Bemessungsgrundlage für das Krankentagegeld *OLG Bamberg* NJW-RR 2008, 836 = VersR 2008, 340.
511 *BGH* VersR 1992, 1410; *OLG Hamm* ZfS 1996, 11, 12.
512 *BGH* NJW 1977, 1283 = VersR 1977, 374; *Schulte* in NJW 1979, 2230.
513 *BGH* NJW 2001, 971 = DAR 2001, 159.

g) Vorschlag[514] zur Einschätzung eines Mindesterwerbsschadens

§ 252 BGB, § 287 ZPO lassen die abstrakte Berechnung eines Mindestschadens nicht zu.[515] 2414

Bei schweren Schädigungen in jungen Jahren und dem Fehlen geeigneter Anknüpfungsmomente zur Beurteilung des Erwerbsschadens sollte aber ein ersatzfähiger Mindesterwerbsschaden den Ausgleich des Erwerbsnachteils sichern helfen (Rn. 1063). Bei verletzten Minderjährigen kann ein solcher Mindesterwerbsschaden mit dem Zeitpunkt des vermutlichen Schul- und Ausbildungsabschlusses beginnen. Wenn eine Berufsausbildung als Grundlage absolviert ist, ist zu erwarten, dass die betroffene Person jedenfalls das wirtschaftliche Existenzminimum erwirtschaftet; s. auch Rn. 2103 und 2383. 2415

> **Einschätzung des Mindesterwerbsschadens bei schwerer Schädigung in jungen Jahren:** Bei der bereits begonnenen praktischen Ausbildung könnte eine Mindesterwerbsschadensrente nach dem Tariflohn für Gesellen anhand des Durchschnittseinkommens in der konkreten Berufssparte angenommen werden. Ggfs. haben Abschläge zu erfolgen, Rn. 2091, 2094. Bei einer Verletzung während des Besuchs der Sekundarstufe II ist an eine Mindesterwerbsschadensrente unter Einstufung in den gehobenen Dienst mit der Gehaltsstufe ab A 9 bis A 13 oder über den Durchschnitt einer entsprechenden Entgeltgruppe zu denken. Entsprechend ist beim Hochschulbesuch über den höheren Dienst an die Stufen ab A 13 bis A 16 und entsprechende Entgeltgruppen zu denken. Vorstellbar ist es weiter, einen **Mindestschaden** sogleich **für das Lebensalter** zu präzisieren und/oder dabei nach dem hypothetischen Ausbildungsstand auszurichten. Dies erleichtert für jeden Monat der unveränderten Beeinträchtigung den direkten Zugriff auf einem bestimmten Mindestbetrag.
>
> So könnten für erwerbsunfähige, verletzte Personen Mindesteinkünfte wie folgt zugrunde gelegt werden:
> - Bis 45 Jahre jedenfalls nach dem Endgrundgehalt A 5,
> - anschließend jedenfalls nach dem Endgrundgehalt A 6.
> - Vermutlich erreichter Realschulabschluss oder gleichwertiger Abschluss und gleichwertige Qualifikation:
>   bis einschließlich 30 Jahre nach A 6, Altersstufe 3,
>   von 31 bis 43 Jahre nach A 7, Altersstufe 7,
>   bei 44 bis 55 Jahre nach A 8, Altersstufe 11,
>   ab 56 Jahre nach A 9, Altersstufe 11.
> - Vermutlich erreichte allgemeine Hochschulreife oder gleichwertige Qualifikation:
>   bis 30 Jahre nach A 9, Altersstufe 3,
>   bei 31 bis 39 Jahren nach A 10, Altersstufe 7,
>   bei 40 bis 51 Jahre nach A 11, Altersstufe 9,
>   ab 52 Jahre nach A 12, Altersstufe 11;
> - Vermutlich erreichter Hochschulabschluss oder gleichwertige Qualifikation:
>   bis 36 Jahre nach A 13, Altersstufe 5,
>   bis 46 Jahre nach A 14, Altersstufe 9,
>   ab 47 Jahre nach A 15, Altersstufe 10.

2416

Zur Bestimmung der Höhe eines Mindesterwerbsschadens ist immer ein Durchschnittseinkommen nach Besoldungsgruppen oder einschlägigen Tarifverträgen und bei Selbstständigen aufgrund der Richtsatzsammlungen der Finanzämter auszuwerten, s. auch Rn. 2406. 2417

---

514 S. schon *Pardey* in Dokumentation 2. Tagung Verkehrsopferschutz 1998, Deutsche Interessengemeinschaft für Verkehrsunfallopfer e. V., S. 19 ff., 33.
515 *BGH* VersR 1995, 469 = NJW 1995, 2227 = ZfS 1995, 170.

IV. Handwerkliche Tätigkeiten, insbesondere bei Bauprojekten

2418 **Schadensposition im Überblick:**

Vereitelte oder erschwerte handwerkliche **Eigenleistungen**, insbesondere bei Bauprojekten: Es kann um einen Bedarfsschaden i. S. d. § 843 BGB, bei einer Unterhaltsleistung aber um einen Erwerbsschaden im Fall der Verletzung sowie um einen Unterhaltsschaden im Fall der Tötung oder auch um einen entgangenen Gewinn i. S. d. § 252 BGB gehen.

2419 Zur Regulierung ist zwischen den Fällen des (mit einem Mehraufwand) realisierten Vorhabens und Fällen des vollständig vereitelten (vor dem Haftungsereignis realistischen) Vorhabens zu unterscheiden. Die Schadensbewertung ist über reale Mehrkosten oder den objektiven Wert der vereitelten Leistung bzw. den Entgang des Wertzuwachses zur Sache möglich.

2420 Zu den Arbeiten im häuslichen Wirkungskreis (Eigenleistungen) gehören:
- Baumaßnahmen i.a.S. (Rn. 2423, 2424, 2425),
- Dachdeckerarbeiten,
- Erstellung eines Anbaus[516],
- Garten-Umbau-Arbeiten[517], sofern diese nicht beim Hausarbeitsschaden erfasst werden (Rn. 2487);
- Herstellung oder Herrichtung von Möbeln oder kunstgewerblichen Gegenständen,
- Renovierung, also z. B. der Ersatz der Lohnkosten für Maler[518],
- Reparatur, z. B. soll für häusliche Reparaturen, die in Eigenarbeit zu erledigen gewesen wären, die durchschnittliche Kostenersparnis in Ansatz gebracht werden[519];
- Reparatur, auch Pflege oder Wartung eines (Kraft-) Fahrzeugs.

2421 Der Schwerverletzte, der aufgrund seiner Unfallverletzungen Umbauarbeiten nicht (mehr) erbringen kann und Lohnkosten für die Beschäftigung von Arbeitskräften aufwendet, ist ersatzberechtigt. Wer jedoch wenige Tage nach dem Unfall an den erlittenen Verletzungen verstirbt, weder Umbauarbeiten durchführen lassen noch in Auftrag geben kann, hat keinen Anspruch, selbst wenn er voraussichtlich seiner Ehefrau die erforderlichen Mittel zur Verfügung gestellt hätte.[520] Denn der Anspruch des Verletzten auf Ersatz von Lohnkosten entsteht erst mit tatsächlicher Einstellung der Ersatzkräfte.

2422 **Kleinere** handwerkliche **Arbeiten** sind als Hausarbeiten im weiteren Sinn einzustufen und abzurechnen (Rn. 2477 f.). Ob Instandhaltungs- und Instandsetzungsarbeiten ebenfalls als **Hausarbeiten im weiteren Sinn** verstanden werden (müssen), ist insofern von Bedeutung, als die Arbeit ggfs. zusätzlich zu berücksichtigen ist und der Schadensumfang über gesonderte, getrennte Wertansätze zu bestimmen ist.

2423 Der Umbau oder die Aufstockung eines Hauses, die **Herrichtung** einer Garagenzufahrt und dergleichen unterscheiden sich nicht von den Ansätzen zu der erstmaligen Herstellung eines Hauses.

2424 Inhaltlich entsprechendes wie zur Herstellung von Grundstücksbestandteilen gilt zu allen Instandhaltungs- und **Instandsetzungsarbeiten** im Haus und Garten, die der Verletzte selbst erledigen wollte, schadensbedingt aber nicht mehr ausführen kann. Dies bezieht sich auf wirtschaftlich

---

516 *OLG München* NZV 1990, 117; *BGH* NA-Beschl. v. 7.11.1989.
517 *LG Duisburg* SP 2000, 307, es sind beim Einsatz des Sohnes des Verletzten (an der Stelle des Verletzten) 1.600 DM für 80 Stunden zuerkannt worden.
518 *OLG Hamm* VersR 1989, 152 = MDR 1989, 160.
519 *BGH* VersR 1989, 857 = NJW 1989, 2539 = DAR 1989, 341 = NZV 1989, 387.
520 *BGH* NJW 2004, 2894 = VersR 2004, 1192 = r+s 2004, 434 = ZfS 2004, 553.

bedeutsame, nach Intensität und Dauer nicht nur geringfügige Arbeiten in Haus, Wohnung und Garten. Gemeint sind handwerkliche, auf die Wohnverhältnisse und die im täglichen Leben benutzten Gegenstände ausgerichtete Arbeiten.

Wenn das *KG*[521] beim **Erwerb** eines instandsetzungsbedürftigen **Hauses** in dem Bewusstsein, erforderliche Reparaturen unfall-, verletzungsbedingt nicht selbst ausführen zu können, jeden Ersatz versagt, zieht es die Zurechnungsgrenzen beim eigenen Willensentschluss der verletzten Person zu eng (Rn. 335 ff.). Den später zum **Hausbau** gefassten Plan berücksichtigt z. B. das *OLG Zweibrücken*[522] zu Recht.

2425

Vereitelt der Schädiger die Nutzung der Arbeitskraft, muss er sich an den stattdessen entstehenden Kosten beteiligen. Für alle nach dem Erwerb eines Hauses anfallenden Arbeiten, die die verletzte Person unbeeinträchtigt hätte ausführen können und wollen, wäre der Schädiger ausgleichspflichtig; s. auch Rn. 567. Jedenfalls die **Lohn(mehr)kosten** für die Beschäftigung von Arbeitskräften statt der (verletzungsbedingt nicht mehr möglichen) Eigenleistungen sind immer zu ersetzen; s. dagegen Rn. 385 zur ersatzlos bleibenden Witwe.

2426

Nur die ganz ungewöhnliche Reaktion nach einem Schadensfall lässt den Schädiger haftungsfrei. Die Suche nach einem Eigenheim ist eine solche Reaktion angesichts der Lebens- und Wirtschaftsbedingungen in der Gesellschaft nicht.

2427

Allerdings darf praktisch die Höhe des Schadensersatzanspruches nicht von jeder Beliebigkeit der verletzten Person abhängen. Der Ersatzanspruch darf nicht umso höher sein, je desolater und renovierungsbedürftiger das erworbene Haus ist. Dass die verletzte Person, die nach einem Unfall ein fertig gestelltes Haus zu einem höheren Preis erwirbt, den Schädiger nicht an den Erwerbskosten beteiligen kann, trägt die Erwägungen des *KG* a.a.O. indes nicht, da es dann nur um den Vermögenseinsatz, nicht aber den Einsatz der Arbeitskraft geht.

2428

Vor allem reichen ein auf Eigenleistungen und ein künftiges Projekt ausgerichteter Wille nicht aus, um den Vermögensschaden (Gewinnausfall) annehmen zu können. Auch ist nicht allein entscheidend, ob sich der Betroffene nachweisbar in der Vergangenheit entsprechend motiviert gezeigt hat.

2429

Tipp Die verletzte Person muss zunächst dartun und ggfs. beweisen, dass sie die erforderlichen Kenntnisse, Erfahrungen und Fähigkeiten gehabt hat (hätte) und die notwendige Zeit verfügbar gewesen ist (wäre).

2430

Der *BGH*[523] stellt zu der nicht ausgeführten Baumaßnahme strenge Beweisanforderungen, um vorgetäuschten Schadenskonstruktionen vorzubeugen. Vor dem Schadensfall eingeleitete Schritte müssen konkret erschließen lassen, dass das Bauvorhaben wirklich begonnen worden und realisierbar gewesen wäre.

2431

Die Einholung einer Baugenehmigung ist aussagekräftiges Indiz, das Fehlen eines möglichen Bauantrages bzw. das Fehlen einer Baugenehmigung spricht u. U. gegen[524] ein konkretes Vorhaben.

2432

Denjenigen, der 9-jährig[525] in der DDR verletzt, damals an den Bau eines Hauses nicht gedacht haben wird und den Entschluss zum Hauserwerb in den alten Bundesländern erst viele Jahre später gefasst hat, schlechter zu stellen als einen 9-jährigen Verletzten in den alten, westlichen Bundesländern, findet keinen Rechtsgrund und keinen überzeugenden tatsächlichen Ansatz.

2433

---

521 NZV 1997, 232.
522 *OLG Zweibrücken* VersR 1996, 864 = NZV 1995, 315 = ZfS 1995, 413 m. *BGH* NA-Beschl. v. 31.1.1995.
523 *BGH* VersR 1989, 857 = NJW 1989, 2539 = DAR 1989, 341 = NZV 1989, 387.
524 *OLG München* OLGZ 1990, 103; ohne dass die Einholung der Genehmigung Fälligkeitsvoraussetzung ist; *BGH* NZV 1990, 118.
525 Für den im Unfallzeitpunkt 14-Jährigen anspruchsverneinend mangels konkreter Anhaltspunkte für die Errichtung eines Eigenheims ohne das Unfallereignis *OLG Hamm* NJW-RR 1996, 170 = MDR 1995, 1126 = ZfS 1995, 412.

2434 Müssen wegen des Ausfalls geplanter Eigenleistungen **Fremdleistungen** in Anspruch genommen werden, sind die auf der Fremdleistung beruhenden Mehrkosten der Herstellung (Lohnkosten einschließlich Mehrwertsteuer, Rn. 2426)[526] Bedarfsschaden i. S. d. § 843 Abs. 1 2. Alt. BGB und zwar in dem Umfang, in dem der Vertrag an die Stelle der Eigenleistung tritt. Die Differenz zwischen den tatsächlichen Baukosten und den geplanten Herstellungskosten unter Hinzurechnung der soweit als möglich realistisch zu bewertenden Eigenleistungen stellt den Vermögensnachteil dar, den der Schädiger zu übernehmen hat.

2435 *Der BGH* will den Schaden nach dem **Umfang** und dem **Wert der realistischen Eigenleistungen** bemessen wissen. Bei dem nicht realisierten (oder fertig gestellten) Vorhaben geht es jedoch ausschließlich um den Entgang der Steigerung des Grundstückswertes. Dementsprechend muss Maß des Schadens die Differenz zwischen dem **hypothetisch erhöhten Grundstückswert** und dem realen Wert ohne den Bau sein. Fremdarbeiten, Lohnkosten sind denkbare Schätz – und Rechnungsfaktoren, soweit sie zum Verkehrswert nach einem Vergleichswert oder vom Substanz- oder Ertragswert her aussagekräftig sind. Das geplante Einfamilienhaus unterscheidet sich dabei nicht wesentlich von dem geplanten Miethaus. Zum Miethaus (und Mietwohnungen) wird jedoch der Ertragswert heranzuziehen sein, während der Wert des eigengenutzten Hauses (oder der Eigentumswohnung) eher durch den Sachwert bestimmt wird und daher der Herstellungswert aussagekräftig ist. Für die vereitelten Eigenleistungen und den korrespondierenden, darauf entfallenden Teil des Wertes des Hauses kann es aber niemals um Stundenlohnansätze zu einer Werkleistung gehen.

2436 Bei der unentgeltlichen Arbeitshilfe von Angehörigen oder Freunden, die an die Stelle geplanter Eigenleistungen tritt, ergeben sich direkt keine erhöhten Baukosten. Durch die für die verletzte Person bestimmte Hilfe wird der Schädiger aber nicht entlastet, jedenfalls wenn und soweit es sich bei dem Einsatz des Angehörigen um mehr als die „Ausprägung familiärer Mithilfe", also einen „eigenen", d. h. gewichtigen und deshalb ausgleichspflichtigen Arbeitsbeitrag[527] handelt. Dafür, dass die Arbeitskraft nicht mehr zum eigenen Nutzen und Vorteil über ein Bauprojekt eingesetzt werden kann, kann die verletzte Person also auch dann Ersatz verlangen und zwar nach der hier vertretenen Ansicht (Rn. 2643 zur Hausarbeit i.e.S.) wegen des vereitelten wirtschaftlichen Ergebnisses der eigenen Leistung als **Gewinnausfallschaden**. Die Vermögenslage wäre durch die Errichtung des Baus über die dem Bau dienlich gemachten eigenen Arbeitsleistungen verbessert worden. Dies hat der Schädiger auszugleichen (§ 252 BGB).

2437 Die **Zinsbelastung** aus einem Darlehnsmehrbedarf infolge verletzungsbedingter Unmöglichkeit, Eigenleistungen bei einem Hausbau zu erbringen, ist eine eigenständige Schadensfolge.[528]

2438 Wegen der **Verzögerung** der in Eigenarbeit geplanten Maßnahmen gibt es keinen materiellen Ersatz.[529]

2439 Zwischen Instandhaltungsmaßnahmen und einem optischen Zustand, der sich als **Hobby** (Rn. 503) darstellt, ist allerdings streng zu **trennen**. Zu Letzterem gibt es nur einen immateriellen Ersatz.[530]

---

[526] *BGH* VersR 1989, 1308 = NZV 1990, 111; *OLG Köln* VersR 1991, 111 = r+s 1990, 416 = VRS 80, 84; *BGH* NA-Beschl. v. 16.10.1990.
[527] So *LG Duisburg* SP 2000, 307 beim Einsatz des Sohnes des Verletzten über 80 Stunden hin.
[528] *BGH* VersR 1989, 1308 = NZV 1990, 111.
[529] *LG Duisburg* SP 2000, 307.
[530] Zutreffend insofern *LG Duisburg* SP 2000, 307.

Wer durch Einsatz seiner Arbeitskraft den Ausbau des Geschosses eines fremden Hauses für Wohnzwecke ermöglicht[531], bewirkt einen Vermögenszuwachs. Dementsprechend ist ein Bereicherungsanspruch i. S. d. § 812 Abs. 1 Satz 2 Alt. 1 BGB eröffnet, wenn das zugrunde liegende Nutzungsverhältnis nach dem Scheitern einer Lebensgemeinschaft und Auszug desjenigen, der in die Immobilie werterhöhend investiert hatte, geändert oder aufgehoben wird oder auch ein Leihverhältnis als fortfallend zu erachten ist. Wer als Eigentümer der Immobilie von den Investitionen begünstigt wird, hat dann ggfs. im Umfang der Steigerung eines aktuellen Mietwerts oder der Steigerung des Verkehrswertes durch die Investitionen Ausgleich zu leisten. Schadensrechtlich bleibt die vereitelte Eigenleistung, die Andere im Ergebnis begünstigen soll, jedoch nach der überwiegend vertretenen Ansicht ersatzlos; s. auch Rn. 385. Liegt der Arbeit im fremden Eigentumsbereich ein Nutzungsverhältnis zugrunde, muss freilich selbst die enge Auffassung, die zu vereitelten fremdbegünstigenden unentgeltlichen, vermögenswerten Tätigkeiten einen Vertrag (wohl sui generis) verlangt, vgl. Rn. 2456, im Verletzungsfall einen Erwerbsschadensersatzanspruch der verletzten Person bejahen.

2440

V. Haushaltstätigkeit (Hausarbeits-, Haushaltsführungsschaden)

Schadensposition im Überblick: Haushaltsführungs-, **Hausarbeitsschaden** als Erwerbsschaden zur fremdnützigen Arbeit oder als Mehrbedarfsschaden zur eigennützigen Arbeit (u. U. als Teil einer Pflege):

Neuerdings wird wieder von Gegenleistungselementen oder von gesetzlichen Unterhaltsbeziehungen gesprochen, um den Schaden wegen vereitelter Hausarbeit, die anderen zugute kommen soll, einem Erwerbsschaden im Fall vereitelter entgeltlicher Tätigkeit normativ gleichstellen zu können. Insgesamt spricht mehr dafür, zum Hausarbeitsschaden wegen der Besonderheiten des Schadens angesichts des gebotenen Aktivitätsschutzes bei vermögenswerten Interessen eine eigenständige Schadensgruppe anzuerkennen.

2441

Der verfestigte Begriff Haushaltsführungsschaden ist verfehlt. Es geht um die gesamte **unentgeltliche Arbeit im Haushalt**, also den dispositiven Teil als Haushaltsführung i.e.S. (die Organisation) und ebenso den ausführenden Teil, d. h. den Hausarbeitsschaden; zur Beziehungsarbeit Rn. 2790.

2442

Der Schaden wegen der Beeinträchtigung bei der Hausarbeit orientiert sich an dem konkreten Erfolg des Einsatzes der Arbeitskraft im Haushalt in dem Umfang, in dem er verletzungsbedingt entfällt. Erfolgsabhängig ist die Hausarbeit jedoch nicht bewertbar. Denn es fehlt an einem Maßstab für die Bewertung als Erfolg. Der Zweck, die Aufgabenstellung und die beeinträchtigte Arbeitsmenge (ein Arbeitswert) für sich gesehen können auch nicht Maßstab für die Schadensbestimmung sein. Zugleich ist die subjektive Nützlichkeit des Arbeitseinsatzes der objektiven Schadensbemessung nicht zugänglich. Deshalb bedarf es einer eigenständigen Schadensbewertung, 606, 2556, 2568, 2643.

2443

Auf der Basis der Gleichberechtigung zweifelt niemand mehr an dem eigenen[532] Ersatzanspruch des den Haushalt führenden, verletzten Ehegatten, während früher ein Entschädigungsanspruch des zur Haushaltsführung dienstleistungsberechtigten Ehegatten für richtig gehalten worden ist.

2444

---

531 Zur Erhöhung der Wohnfläche von 92 qm auf 140 qm mit Erhöhung des Mietwertes von 460,00 € warm auf 800,00 € warm sowie der Erhöhung des Verkehrswertes eines Zweifamilienhauses durch die ausgeführten Arbeiten um mindestens 100.000,00 DM beachte *OLG Oldenburg* NJW-RR 2008, 503 = FamRZ 2008, 1440 für den früheren Schwiegersohn, der in großem Umfang Arbeitsleistungen im Haus seiner Schwiegereltern für die Herstellung (Errichtung) der eigenen Ehewohnung erbracht hat; das *OLG Oldenburg* stellt zur Höhe des Bereicherungsanspruchs auf die Steigerung des Miet- und Verkehrswerts der Immobilie unter Beachtung einer anschließenden Veräußerung der Immobilie für 345.000 € ab.
532 *BGHZ* 38, 55; 50, 304; 51, 109.

4 *Haushaltstätigkeit (Hausarbeits-, Haushaltsführungsschaden)*

2445 Bei der Beeinträchtigung der Möglichkeit, im Haushalt für sich und/oder andere Personen die alltäglichen Versorgungsleistungen erledigen zu können, erkennt die Rechtsprechung keinen abstrakten (tabellarischen) Ausfallschaden an. Im Fall der Verletzung kommt es vielmehr auf die tatsächlichen hauswirtschaftlichen Leistungen an, die ohne das Haftungsereignis ausgeführt worden wären.

2446 Der Schadensausgleich zu der Beeinträchtigung, die die Hausarbeit erschwert oder vereitelt, erfolgt für die Eigenversorgung im Haushalt und für die Versorgung von Haushalts-, Familienangehörigen. Auch unterstützende Tätigkeiten sind als tatsächliche Beiträge zur Haushaltsarbeit zu berücksichtigen (Rn. 2481 ff.). Die Einschränkung, den eigenen Haushalt nicht ohne fremde Hilfe bewältigen zu können, wird zum Ausgleich als Vermögensfolgeschaden nicht schlicht dadurch kompensiert, dass die verletzte Person zugleich nicht mehr berufstätig ist und deshalb eine verbliebene (Arbeits-)Kraft nun voll im eigenen Haushalt einsetzen und verwenden kann.[533] Dies beruht auf dem wertenden Aspekt, dass nicht jede konkrete Aktivität im Bereich eines bestimmten Haushalts wegen eines Marktwerts zu einem Vermögensschaden führen kann, insbesondere also nicht bei der Freizeitbetätigung zur Verbesserung des Wohnkomforts, beachte auch Rn. 2174 und 2512, aber nicht etwa darauf, dass einer Hausarbeit grundsätzlich eine vermögenswerte Relevanz abgesprochen wird.

2447 Wer seine Arbeit im Haushalt als Hobby auffasst oder ausführt und dadurch zu einem vergleichsweise hohen Zeiteinsatz kommt, erhält wegen der Beeinträchtigung in diesem Rahmen – nur – einen immateriellen Ersatz, keinen Vermögensschadensausgleich wie bei einer Erwerbstätigkeit; zum Mehrbedarf beachte Rn. 1848, 1852. Denn um einen normativen, wirtschaftlichen Schaden geht es dazu nicht, Rn. 503, 2577.

2448 Inhalt und Umfang einer familien-, unterhaltsrechtlichen Pflicht zur Haushaltstätigkeit sind im Fall der Tötung zum Anspruch nach § 844 Abs. 2 BGB maßgebend (näher zum Betreuungsunterhaltsschaden Rn. 3303 ff.).

2449 Persönliche Leistungsinhalte und Beziehungen entziehen sich einer materiellen Bewertung. Dies gilt im Verletzungs- und Tötungsfall gleichermaßen.

2450 **Checkliste zur Berechnung:**

Hausarbeitschaden (Verletzung)	Betreuungsunterhaltsschaden (Tötung)
I. Zeitkomponente	
(Zeitfaktor; Ausfallzeit; meist berechnet über Stunden/Woche)	
• Geplanter eigener tatsächlicher Zeiteinsatz im Haushalt	• Zeitbedarf des oder der Hinterbliebenen (als die dem oder den Hinterbliebenen im Haushalt geschuldete Arbeitszeit), vgl. Rn. 3238 ff.
• ggfs. ermittelt über den Zeitaufwand für die (Familien-, Haushalts-) Gemeinschaft insgesamt abzüglich des tatsächlichen Zeitaufwands der anderen Angehörigen (des Haushalts), vgl. Rn. 2573 ff., 2593 ff., 3365	
• abzüglich verletzungsbedingt (noch) leistbare Zeit der verletzten Person **oder**	• abzüglich geschuldeter Zeiteinsatz des oder der Hinterbliebenen, beachte Rn. 3345 ff., 3365
• tatsächlicher Zeiteinsatz der verletzten Person × MdH (%), Rn. 2526 ff.	

---

533 *BGH* NJW-RR 1992, 792 = VersR 1992, 618 = DAR 1992, 262.

> **II. Wertkomponente**
> (Geldwert, Geldfaktor)
> (ggfs. monatlicher) Ersatzwert, ermittelt nach dem angemessenen Geldmaßstab
> u. U. Aufteilung eines einheitlich bestimmten Wertes
>
> - Einordnung von Anspruchsteilen in die Schadensgruppen Mehrbedarfs- und Erwerbsschaden
> - U. U. (teilweiser) gesetzlicher Forderungsübergang bei kongruenten Drittleistungen
>
> - Anspruchsteile der einzelnen Hinterbliebenen bestimmt nach dem Maß ihres jeweiligen Versorgungsanteils innerhalb des fortgeführten Haushalts
> - Individuelle Anrechnungen zu Lasten jeweils der einzelnen Hinterbliebenen, u. U. (teilweiser) Forderungsübergang
>
> Rückstände (ggfs. Summe von Rentenbeträgen); zukünftige (monatliche oder vierteljährliche) Geldleistung als Rente; ggfs. Kapitalisierung, beachte Rn. 1378 ff.

Zum Schadensersatz wegen eines auszugleichenden Mehrbedarfs oder Mehraufwands zur Hausarbeit (als vermehrte Bedürfnisse oder als Erwerbsschaden, Rn. 2446, 2690 ff.) kommt es m. a. W. dann, wenn die verletzte Person aufgrund des Haftungsereignisses die unbeeinträchtigt erbrachten oder ernsthaft geplanten (vgl. Rn. 2043) – als realistisch und nachhaltig einzustufenden – Leistungen im Haushalt jedenfalls teilweise nicht (mehr) ausführen kann. Dem steht gleich, dass die (weitere) Ausführung der Hausarbeit wegen der erlittenen Verletzungen bei wertender Betrachtung unzumutbar ist.[534] Zum Schadensersatz wegen des Ausfalls der Hausarbeit zugunsten der Unterhaltsberechtigten kommt es dagegen darauf an, was unterhaltsrechtlich geschuldet ist. Grundsätzlich kann der Hausarbeitsschaden stets konkret oder pauschalierend bestimmt werden. 2451

Nachdem in einem älteren Leitsatz des *BGH*[535] von der Leistung des gesetzlich geschuldeten Beitrags zum Familienunterhalt die Rede war, ist klargestellt, dass der gesetzliche Unterhaltsbeitrag bei der Anwendung der §§ 842, 843 BGB[536] und der für die Gefährdungshaftung vergleichbaren Normen irrelevant ist. Es kommt zum Umfang des Haushaltsführungsschadens, wie der *BGH* immer noch[537] betonen muss, insofern **nicht** auf das **Maß** einer **Unterhaltspflicht** an. Entscheidend ist allein, welche Arbeit die verletzte Person ohne den Schadensfall tatsächlich im Haushalt leisten würde. Die ohne den Schadensfall geleistete Mithilfe bzw. Hausarbeit anderer Familienangehöriger beeinflusst die Höhe des Ersatzanspruchs nur insofern, als diese Arbeit von der verletzten Person nicht erbracht werden sollte und dazu kein Arbeitszeitdefizit eintritt. 2452

Dennoch spricht der *BGH* vom **Beitrag zum Familienunterhalt**.[538] Ob er damit den Ersatz auf Familienhaushalte bei verwandtschaftlichen Beziehungen der Mitglieder des Haushalts beschränken will oder nicht, ist bisher ungeklärt (beachte Rn. 2580 ff.). 2453

Für die **anerkannte** (gleichgeschlechtliche) **Lebenspartnerschaft** ist mit dem Lebenspartnerschaftsgesetz seit dem 1.8.2001 an der Erstattungsfähigkeit bei Beeinträchtigung wegen der Haushaltsarbeit, die dem Partner zugute kommt, nicht zu zweifeln. 2454

Im Verletzungsfall ist die Erstattungsfähigkeit des Nachteils wegen der vereitelten Hausarbeit jedenfalls auf die Versorgung des Kindes des Lebenspartners zu erstrecken. Zu berücksichtigen sind also stets die **eigenen und die gemeinsamen Kinder und zudem die Kinder eines Partners** im gemeinsamen Haushalt. 2455

---

534 Vgl. *OLG Saarbrücken* SP 2009, 182.
535 *BGH* VersR 1974, 162 = NJW 1974, 41; dazu *Deutsch* in SGb 74, 390; *Grasmann* in FamRZ 75, 30; *Meurer* in NJW 74, 640.
536 Statt des § 845 BGB im Leitbild früherer, überholter Vorstellungen von der Beziehung zwischen Mann und Frau.
537 VersR 1996, 1565 = NJW 1997, 256 = r+s 1997, 22.
538 *BGH* VersR 1996, 1565 = NJW 1997, 256.

2456 Bei der nichtehelichen Lebensgemeinschaft entspricht den inneren Bindungen keine wechselseitige rechtliche Verpflichtung der Partner, wie sie § 1353 Abs. 1 Satz 1 BGB Ehepartnern vorgibt.[539] Verschiedentlich wird die Hausarbeit in der informellen (nicht eheähnlichen bzw.) **eheähnlichen Lebensgemeinschaft**, die dem Partner zugute kommt, schadensrechtlich deshalb nicht der Hausarbeit in einer Ehe oder anerkannten Lebenspartnerschaft gleichgestellt. So fasst das *OLG Nürnberg*[540] den Verlust der Fähigkeit, Hausarbeiten zu verrichten, nur unter der Voraussetzung als Erwerbsschaden auf, dass die Arbeiten der Erfüllung einer gesetzlichen Unterhaltspflicht dienen. Die werthaltige Arbeit im Haushalt der nichtehelichen Lebensgemeinschaft wegen der Anforderungen der Gemeinschaft an die Lebensgestaltung genügt nach dieser Ansicht als solche nicht bzw. nur bei einer Vereinbarung. Mit dem Blick auf eine Vereinbarung wird indessen die Lebenswirklichkeit verfehlt bzw. ist im Rechtssinn keine relevante Erkenntnis zu gewinnen. Denn bei einer rechtsgeschäftlichen Absprache zweifelt niemand an dem Erwerbsschaden (Rn. 2138, 2141), es geht dann schon gar nicht um eine unentgeltliche Leistung. Bei einer nichtehelichen Lebensgemeinschaft stehen im Übrigen die persönlichen Beziehungen derart im Vordergrund, dass sie das die Gemeinschaft betreffende vermögensmäßige Handeln der Partner bestimmen, ohne dass es zu einer Rechtsgemeinschaft kommt. Die persönlichen und wirtschaftlichen Leistungen werden nicht aufgrund wechselseitig abgeschlossener Verträge erbracht. Vielmehr werden Beiträge zur Lebensgemeinschaft geleistet, sofern Bedürfnisse entstehen, und – wenn nicht von beiden – so von demjenigen, der dazu in der Lage ist.[539]

2457 Differenzierter als das *OLG Nürnberg* bezeichnet es das *OLG Düsseldorf*[541] „nicht zwangsläufig" als wirtschaftlich sinnvoll, zusätzlich zu einer Vollzeit- oder Teilzeitbeschäftigung die vollständige Versorgung des Haushaltes mit großem Haus und Garten ohne feststellbare Gegenleistung durch Unterhalts- oder Versorgungszuwendungen des Lebenspartners zu übernehmen. Auch die „Nebentätigkeit" im Haushalt ist aber eine relevante Tätigkeit. Es kommt dann – nur – auf den konkreten Umfang, aber nicht auf „Gegenleistungen" i.e.S. an.

2458 Die hauswirtschaftliche Versorgung in der eheähnlichen, nichtehelichen Lebenspartnerschaft ist nach der hier für zutreffend gehaltenen Ansicht deshalb grundsätzlich der Arbeit in der familiären Haus- und Wirtschaftsgemeinschaft aus sich heraus gleichzustellen.[542] D. h. die auf Dauer angelegte, enge, stabile Lebensgemeinschaft zwischen Mann und Frau, die verfestigte sozioökonomische Lebensgemeinschaft steht nach den Lebensgepflogenheiten als Verantwortungs- und Einstehensgemeinschaft[543] der familiären Unterhalts- und Hausgemeinschaft schadensrechtlich[544] gleich (s. auch Rn. 1596). Die inneren Bindungen, das gegenseitige Einstehen der Partner füreinander geht deutlich über die Beziehungen in einer bloß organisatorischen Wohn-, Wirtschafts-, Haushaltsgemeinschaft hinaus.

2459 Eine Anknüpfung an das wirtschaftliche Eigeninteresse der haushaltsführenden Person bei gegenseitiger Versorgung[545] müsste die hauswirtschaftliche Arbeit als Gegenleistung zum Barbeitrag für den Lebensunterhalt verstehen. Die Hausarbeit erfährt ihren Wert aber aus sich heraus (Rn. 2568).

2460 Bei eheähnlichen Lebensgemeinschaften belegt die Eheschließung der Partner nach dem Schadensfall indiziell die Stabilität der Gemeinschaft. Solange die Beeinträchtigung fortwirkt, ist dann auf jeden Fall die für die Schadensabwicklung maßgebende Lebenssituation verändert. Zumindest für diese Zeit greifen die Kriterien zum Schadensausgleich bei gemeinsamer, u. U. auch doppelter, Haushaltsführung.

---

539 *BGH* NJW 2008, 2333 = FamRZ 2008, 1404.
540 DAR 2005, 629. Zur nichtehelichen Lebensgemeinschaft nach der hier vertretenen Ansicht unzutreffend ebenso wegen Fehlens gesetzlicher Unterhaltspflichten z. B. auch *AG Gelsenkirchen* SP 2001, 197.
541 NJW-RR 2006, 1535 = r+s 2006, 436.
542 S. näher *Pardey* in ZfS 2007, 243–248 und 303–311 m.w.Nachw.
543 Zu § 122 Satz 1 BSHG a. F. *BVerwG* NJW 1995, 2802.
544 Jedenfalls bei Einführung einer Registrierungspflicht.
545 Vgl. *Würthwein* in JZ 2000, 337.

Haushaltstätigkeit (Hausarbeits-, Haushaltsführungsschaden) 4

Vollstreckungsrechtlich wird überwiegend zugrunde gelegt, dass die Arbeit des nicht berufstätigen Lebenspartners im gemeinsamen Haushalt kein Dienst ist, der üblicherweise vergütet wird. Vollstreckungsgerichte[546] verlangen gleichwohl Angaben zu Art und Umfang der für einen Lebensgefährten erbrachten Leistung, um ggfs. der Frage nach einem verschleierten Arbeitseinkommen nachgehen zu können. Zum Geldwert wird insofern an eine wirtschaftliche Gegenleistung gedacht oder formuliert, „es stelle sich die Frage, ob durch die Tätigkeit andere Arbeitskräfte erspart werden – was bei der Haushaltsführung grundsätzlich möglich sei". 2461

Bei einer bloßen **Wohn- und Wirtschaftsgemeinschaft** kommt es auf Arbeiten im Haushalt für andere nicht an. Die bloße Anknüpfung an die gemeinsame Wohnung wäre verfehlt. Auf das „Unterhaltsband" sollte nach der hier vertretenen Ansicht zur Abgrenzung von Berechtigungen nicht verzichtet werden, anders freilich stets zum Umfang des Anspruchsrechts. Denn der Anspruch richtet sich ausschließlich nach der tatsächlichen Leistung, Rn. 2446, 2467, 2570. 2462

Jede Hilfe z. B. für ältere Menschen, denen die Hausarbeit, die Erledigung von Besorgungen oder die Versorgung mit Rohstoffen zum Heizen im Winter und dergl. abgenommen oder erleichtert wird, hat eine wirtschaftlich relevante Größenordnung. Fällt solche, nicht nur gelegentliche (Rn. 2774) Hilfe aus, verlangt dies Abhilfe. Die schadensrechtlich ausschlaggebende Frage ist jedoch dahin zu stellen, ob in der Person des verletzten Leistenden eine materielle (beeinträchtigte) Leistung gesehen oder dort (nur) ein immaterieller Aspekt anerkannt wird. 2463

Die vereitelte **abstrakte Chance**, die eigene Arbeitskraft in einem Haushalt mit anderen Personen werthaltig für andere einsetzen zu können, ist vermögensrechtlich nicht geschützt, s. aber Rn. 2501. 2464

Das *LG Köln*[547] hat es dahingestellt sein lassen, ob bei vorübergehenden, nicht dauerhaften Beeinträchtigungen eines **Single** ein Hausarbeitsschaden „fiktiv" berechnet werden könne. Auch der Single mit einem eigenen Haushalt kann aber selbstverständlich einen (realen, konkreten oder normativen) Hausarbeitsschaden erleiden. Die Problematik der Erfassung und Bemessung des Schadens darf nicht dazu verleiten, den dogmatischen Ansatz zu verschieben und damit zu verfehlen. 2465

Die Äußerung des *LG Köln* a.a.O. könnte neuerdings auch daran denken lassen, dass ein nicht auf Dauer beeinträchtigter Familienangehöriger zwar den Schaden für die Versorgung der Angehörigen geltend machen können soll, aber nicht den Aufwand zur Eigenversorgung. Dem ist nachdrücklich zu widersprechen. Die Hausarbeit ist nicht in solcher Weise aufzusplitten; zum Forderungsübergang Rn. 2690 ff. Zwischen der zeitweisen, teilweisen und vollständigen Beeinträchtigung ist in dieser Weise nicht schadensrechtlich zu trennen. 2466

Nach dem Maßstab des tatsächlichen Zeitaufwandes ist das auf den Haftungsgrund zurückzuführende **Arbeitszeitdefizit** auszugleichen. Der Wert der beeinträchtigten Haushaltsführung ist daran zu messen, für wie viel Arbeitsstunden eine Hilfskraft benötigt wird und welcher Geldbetrag für eine Hilfsleistung angemessen ist. Der Schaden ist messbar an der Entlohnung, die für eine Hilfe gezahlt wird (Bruttoaufwand – **konkrete Berechnung**, Rn. 2537) oder gezahlt werden müsste (Nettolösung – **pauschalierende Berechnung**, Rn. 2446, 2496, 2554). 2467

Ob es einen (wirklichen) Erfahrungssatz gibt, dass Erwerbsminderungen von 20% und weniger für die Haushaltsführungstätigkeit (Hausarbeit) keine praktische Auswirkung haben, ist fraglich. Jedenfalls gilt ein solcher nicht, wenn sich die Beeinträchtigung auf konkrete Anforderungen der Hausarbeiten bezieht.[548] 2468

---

546 *LG Oldenburg* JurBüro 2005, 604 (Zusammenleben der Mutter, des Vaters und eines 5 Jahre alten gemeinsamen Kindes); *LG Ingolstadt* JurBüro 2004, 336 (Zuwendungen seitens der Schwester in Form von Kost und Logis); *LG Aschaffenburg* JurBüro 2000, 664 (Wird der Lebensgefährtin der Haushalt geführt, wofür der Schuldner Kost, Logis und eine finanzielle Unterstützung zum Lebensunterhalt erhält, hat er die gesamten Umstände der Haushaltsführung darzutun, den Namen der Lebensgefährtin und den gezahlten Unterstützungsbetrag mitzuteilen).
547 *LG Köln* DAR 2008, 388.
548 *OLG Celle* ZfS 2005, 434 = *OLGR Celle* 2005, 781 (zur Hausfrau, die den berufstätigen Ehemann und 3 allergiebelastete Kinder versorgt).

Haushaltstätigkeit (Hausarbeits-, Haushaltsführungsschaden)

2469 Die **Zeitgrenze** für den Anspruch wegen Ausfalls der Hausarbeit (Rn. 1297), ist weniger eine (teilweise) folgerichtige Umsetzung der Zeitgrenzen für Erwerbsschäden als die notwendige Konsequenz aus der begrenzten Erkenntnismöglichkeit zum realen Einfluss einer Beeinträchtigung, die finanziell auszugleichen ist.

1. Art und Inhalt der Tätigkeiten

2470 **Tipp** Zum **schlüssigen** und der Schadensschätzung zugänglichen Klagevortrag gehört die Schilderung, welche Tätigkeiten vor dem Schadensereignis ausgeübt wurden und welche schadensbedingt nicht mehr ausgeübt werden. Für eine schlüssige Darlegung des Haushaltsführungsschadens genügt es nicht, nur einen Zeitaufwand in Stunden zu nennen und eine Berechnung vorzulegen.[549]

2471 Der Ersatz eines abstrakt berechneten Hausarbeitsschadens für die Dauer von 5 Monaten wegen Einschränkung der Benutzung des rechten Armes scheidet aus.[550]

2472 Der Hausarbeitsschaden ist nicht schlüssig vorgetragen, wenn weder dargetan noch ersichtlich ist, dass die geltend gemachte häusliche Mitarbeit einer (als Maler und Lackierer) voll berufstätig gewesenen Person über die üblichen Hilfeleistungen eines allein berufstätigen Ehemannes hinausgegangen wäre, dessen Ehefrau den Haushalt führt und nicht berufstätig ist.[551]

2473 Maßgebend sind Tätigkeiten, die ohne das Haftungsereignis im Haushalt künftig geleistet worden wären.

2474 Hauswirtschaftliche Aufgaben im engeren Sinn fallen in folgenden **Leistungsbereichen** an:
- Planen, Gestalten und Organisieren des Haushalts,
- Einkaufen, Beschaffung der für den Haushalt erforderlichen Güter des täglichen Lebens,
- Kochen (Nahrungszubereitung),
- Spülen, Säubern des Geschirrs,
- Wechseln und Waschen der Wäsche und Kleidung,
- Aufräumen,
- Reinigung der Wohnung,
- Beheizen der Wohnräume.

2475 Primäre **Tätigkeitsbereiche** im **Haushalt sind des Weiteren**:
- Betreuung (Kinder, andere Personen im Haushalt),
- Instandhaltung der Wäsche,
- ggfs. die Haltung von Haustieren (Rn. 2476),
- kleinere häusliche Arbeiten.

2476 Bei dem Entschluss der Familie, **Haustiere** zu halten, sind die dafür erforderliche Tätigkeit und ein Zeitaufwand zu berücksichtigen. Dies kann aber nur die Haltung von Kleintieren betreffen, nach der hier vertretenen Ansicht nicht die Tierhaltung zur Freizeitgestaltung i.w.S. oder als Sport, z. B. bei Ausrichtung auf eine Teilnahme an Hunde- oder Katzenausstellungen, Reitturnieren. Eine kleinere Tierzucht oder entsprechende Bemühungen sind keine Haushaltsführung. Vielmehr ist dazu ein Ausfall nach Maßgabe des § 252 BGB abzuwickeln.

---

549 *LG Köln* DAR 2008, 388 im Anschluss an *OLG Düsseldorf* VersR 2004, 120.
550 Insofern zutreffend *OLG Düsseldorf* v. 2.9.2003, 4 U 238/02.
551 *OLG Saarbrücken* v. 1.8.2005, 4 W 191/05.

Der BGH spricht neben den Haushaltstätigkeiten i.e.S. von Haushaltsarbeiten im weiteren Sinn[552] und zwar zu handwerklichen Leistungen bei der Herrichtung der Wohnräume und ähnlichen technischen Arbeiten zugunsten der Lebensführung im häuslichen Bereich. 2477

Solche Tätigkeiten sind: 2478
- Gartenarbeit, u. a. Fällen von Bäumen, Umgraben[553], s. auch Rn. 2487,
- Reparaturen (an der Stelle der Ausführung durch Handwerker)[554],
- Herrichtung von Möbeln,
- Handwerkliche Leistungen bei der Herrichtung der Wohnräume (beachte auch Rn. 2418 ff.),
- Wartung, Pflege eines Pkws[555],
- allgemeiner Schriftverkehr[556],
- Verhandlungen mit Behörden, Versicherungen.

Tipp Der Blick auf Haushaltsarbeiten im weiteren Sinn (zum Wohnen und Leben) setzt Akzente zur Schadensbestimmung im Fall der Tötung des Leistenden und Unterhaltspflichtigen. Im Fall der Verletzung müssen Verwechslungen vermieden werden. 2479

▶ Die Anfertigung von Kleidung, Wäsche und deren Instandhaltung ist prinzipiell nicht von handwerklichen Leistungen zu trennen. ◀ 2480

Unterstützende Tätigkeiten (Einkauf, Gartenarbeit, Heizungs-, Winterdienst)

Unterstützende Tätigkeiten im Haushalt sind nichts anderes als Arbeiten im Haushalt. Beim Zusammenleben mit anderen und der Verteilung von Aufgaben und Arbeiten zwischen den Familienangehörigen tritt häufig die Frage auf, ob letztlich **jede Handreichung** im Verletzungsfall ausgleichsfähig ist und ob jeder persönliche Entschluss zur Übernahme von Arbeitsleistungen zugunsten anderer einen Erwerbsausfallschaden in der Form des Haushaltsführungsschadens zu begründen vermag. 2481

Wirtschaftlich relevante Tätigkeiten, die eine andere Person bei der Erledigung der Hausarbeit unterstützen, und dabei als Hilfstätigkeiten gesehen und verstanden werden, sind ausgleichsfähige Leistungen im und für den Haushalt. **Nur** Tätigkeiten **geringfügiger, unerheblicher Art** gehören dazu **nicht**. Denn die (Beeinträchtigung bei der) Hausarbeit, die vermögensschadensrechtlich ausgeglichen wird, muss grundsätzlich dem Inhalt und Umfang nach mit einer Erwerbs-, Berufstätigkeit vergleichbar sein, um den Nachteil normativ betrachtet gleich stellen zu können. Niemand zweifelt aber daran, dass auch die geringfügige entgeltliche (wiederkehrend angelegte) Beschäftigung von z. B. 1 Std/Woche eine (ernsthafte) Arbeit (Dienstleistung) ist bzw. sein kann, s. weiter Rn. 2770 ff. 2482

So sind die spontane, punktuelle Aktion im gemeinsamen Haushalt und ebenso der einmalige, seltene Freundschaftsdienst nicht ersatzfähig. Die gelegentlich zufällige, die völlig unregelmäßige, nach freiem Belieben des Leistenden ausgeführte oder geplante Hilfe und Unterstützung bei der hauswirtschaftlichen Versorgung oder alltäglichen Verrichtungen und alle vergleichbaren, sachlich untergeordnete, unwesentlich erscheinende Tätigkeiten sind nicht als wirtschaftlich geprägte Arbeitsleistung aufzufassen. 2483

Steuerberatungskosten sind ersatzfähig[557], wenn verletzungsbedingt eine Hilfe bei Abgabe der Steuererklärung erforderlich geworden ist; beachte auch Rn. 1832. 2484

---

552 *BGHZ* 104, 113 = VersR 1988, 490 = NJW 1988, 1783 = DAR 1988, 206.
553 *BGH* VersR 1989, 857 = NJW 1989, 2539; dazu *Grunsky* in NZV 1989, 389.
554 *BGH* VersR 1989, 857 = NJW 1989, 2539.
555 *BGH* VersR 1992, 618 = NJW-RR 1992, 792.
556 *BGHZ* 104, 113 = VersR 1988, 490, 492 = NJW 1988, 1783; Anm. *Eckelmann* in DAR 1989, 94; *Schlund* in JR 1989, 68.
557 *BGH* VersR 1972, 1020.

2485 Das *OLG Oldenburg*[558] hält die **Beaufsichtigung der Schularbeiten** von Kindern nicht für eine ersatzfähige Leistung. Es hat jedoch zu Unrecht in einer Haushaltsführungsehe dem **erwerbstätigen Ehemann** schlechthin die Möglichkeit abgesprochen, für seine Tätigkeit im Haushalt bei verletzungsbedingter Beeinträchtigung Ersatz verlangen zu können. Das *OLG* hat verkannt, dass es für den Haushaltsführungsschaden auf die tatsächliche Arbeit im Haushalt ankommt und zum Umfang des Ersatzes nicht nach einer Unterhaltspflichtigkeit gefragt werden darf. Zu der nicht nur geringfügigen Hilfe bei schulischen Aufgaben kann das wirtschaftliche Gewicht angesichts der heute nicht seltenen gewerblichen Angebote nicht mehr verneint werden.

2486 Arbeit ist es – auch –, auf dem Heimweg von der Arbeit **Einkäufe** zu erledigen, weil der Einkauf Element der Arbeit für den Haushalt ist. Wenn arbeitstäglich oder doch häufig (nicht nur geringfügig) das Einkaufen erledigt wird, hat dies Einfluss auf den Umfang und den Zeitaufwand der Arbeiten im Haushalt. Müssen ausfallende Einkäufe von anderen Angehörigen miterledigt werden, erhöht sich deren Zeitanteil und Belastung.

2487 Wer seinen Beitrag zum Haushalt durch die **Arbeit im Garten** leistet[559], übernimmt eine Tätigkeit aus dem Bereich der Arbeit im Haushalt. Zur Pflege eines Ziergartens wird verschiedentlich ohne sachliche Rechtfertigung teilweise noch eine wirtschaftlich sinnvolle Verwertung der Arbeitskraft in Frage gestellt. Gartenarbeiten gehören indes heute anerkanntermaßen zu den Tätigkeiten, die dem Haushaltsführungsschaden zuzuordnen sind, wenn die Familie eine Wohnung oder ein Haus mit (Klein-)Garten bewohnt. Je nach der Jahreszeit fallen sogar zeitaufwändige Arbeiten in der familiären Lebens- und Wirtschaftsgemeinschaft an. Freilich gilt es, die Freizeitbeschäftigung – das Hobby – von der nachhaltigen Arbeit i. e. S. abzugrenzen.

2488 Bei einem Nachbarschaftsstreit hat das *LG Lübeck*[560] gem. § 906 Abs. 2 Satz 2 BGB wegen des Abharkens und des Einsammelns von Kiefernnadeln einen jährlichen Arbeitszeitaufwand von 31 Stunden zu je 15,00 DM/Stunde angesetzt. Wer verletzungsbedingt solche Arbeiten nicht ausführen kann, darf deliktsrechtlich nicht schlechter gestellt werden.

2489 Ein Charakter als Zier- oder Nutzgarten prägt heutige Lebensgepflogenheiten nicht entscheidend. Früher mag dazu über den Anbau von Obst und Gemüse, die Versorgung der eigenen Wohnung mit Blumen nachgedacht worden sein. Heute geht es schlicht um eine sinnvolle Art der Lebensgestaltung, die sich auf den Garten erstreckt, wobei allerdings eine Möglichkeit der Freizeitgestaltung in Frage steht. Selbst die Gartenpflege bei der Zweitwohnung ist nicht aus sich heraus ersatzlos zu lassen, wenn die Betroffenen sich nach ihren Lebensverhältnissen dafür entschieden haben und sich dem tatsächlich zugewandt haben (zuwenden wollten) und die Grenzen des Angemessenen nicht deutlich überschritten sind.

2490 Schon vor Jahrzehnten[561] hat der *BGH* zum Garten und dem Einschlagen von Brennholz nicht von einem immateriellen Aspekt gesprochen, sondern von der verletzungsbedingten Mehrbelastung im Zusammenhang mit der Befriedigung des allgemeinen Lebensbedarfs, die ausgleichsberechtigt ist.

2491 Bei der erwerbswirtschaftlichen Nutzung eines Geländes geht es um das erwerbswirtschaftliche Ergebnis.

---

558 VersR 1983, 890.
559 *BGH* VersR 1989, 857 = NJW 1989, 2539 = DAR 1989, 341.
560 *LG Lübeck* NJW-RR 1987, 532.
561 *BGH* VersR 1958, 454.

Dem Arbeitseinsatz für die **Heizung**, die im Winter ständig bedient und gewartet werden muss, ist nicht der Charakter der manuellen Tätigkeit als ernsthafter Arbeit mit Blick auf eine Freizeitgestaltung abzusprechen. Die gewerblichen **Winter- und Streudienste**, die dem Privaten das Schneeräumen abnehmen, weisen aus, dass dazu neben der Haftungsfrage auch ein wirtschaftlicher Faktor solcher Arbeit nicht zu vernachlässigen ist. 2492

2. Tat und Plan

Wie für den Ausgleich des Personenschadens überhaupt, geht es um die Aufgaben in der **Zukunft** nach dem Haftungsereignis, über die die Arbeit in der Vergangenheit tatsächlich Aufschluss geben kann. Auf die Arbeiten in der Vergangenheit ist der Schadensausgleich aber weder ausgerichtet noch begrenzt. 2493

Ist eine betroffene Person wegen ihrer individuellen Befindlichkeit von vornherein nicht in der Lage (gewesen), einen eigenen Haushalt zu führen bzw. im Haushalt zu arbeiten und/oder ein Kind zu versorgen, scheidet ein Hausarbeitsschaden aus. Wer z.B. Gartenarbeit ablehnt, darf nicht über pauschalierende Zeittabellen im Verletzungsfall für nicht ausführbare Gartenarbeit entschädigt werden. 2494

Hat die verletzte Person **vor** dem **Haftungsereignis** eine **Haushaltshilfe** entgeltlich beschäftigt, bekommt sie keinen Geldausgleich für die potenzielle (unveränderte) Hausarbeit, weil die Arbeitskraft im Haushalt nicht wertbezogen und werthaltig eingesetzt worden ist und auch nicht werden sollte. Nur der Mehreinsatz kann einen Ersatzanspruch tragen. Ob und inwieweit üblicherweise **Singles** Hausarbeiten durch entgeltliche beschäftigte Personen erledigen lassen, ist irrelevant und kann nur als (schwaches Indiz) bei der Schätzung und Wahrscheinlichkeitsprüfung helfen. 2495

Die Behauptung, eine **Hilfe** im Haushalt wäre **ohnehin** beschäftigt worden, ist Einwand des Schädigers zur **Kausalität** und führt dazu, dass die betroffene Person den verletzungsbedingten Einsatz der Hilfe im Haushalt[562] darzulegen und ggfs. zu beweisen hat. 2496

Hat die verletzte Person vor dem Unfall für „schwere" Hausarbeiten eine Haushaltshilfe beschäftigt, steht ihr bei einer geringfügigen Dauerbehinderung, die sie an schwerer Tätigkeit, nicht aber an den Kontroll- und Überwachungsaufgaben hindert, dazu, dass sie nach dem Unfall eine weitere (zusätzliche) Haushaltshilfe beschäftigt, als Schadensersatz für die Zeit nach Abschluss krankengymnastischer Maßnahmen nur ein auf die zusätzliche Hilfe abgestimmter Betrag zu.[563] 2497

> Der[564] volljährige, verletzte Sohn, der in einer Haushaltsgemeinschaft mit seiner Mutter lebt, die ihm alle hauswirtschaftlichen Arbeiten abgenommen hat und künftig abnehmen wollte, hat gar keinen Haushaltsführungsschaden, weil er keinen (normativen, geldwerten) Ausfall erleidet. An eine Werthaltigkeit der selbst gar nicht geleisteten Arbeit darf nicht angeknüpft werden, weil andernfalls im Widerspruch zu den Grundgedanken des Schadensausgleichs die abstrakte Hausarbeitsfähigkeit eines Menschen Ansatz und Grund für den Schadensersatz wäre. Ist der erwachsene Sohn dagegen im Haushalt selbst aktiv geworden oder wollte er im Haushalt künftig arbeiten und kann er dies verletzungsbedingt nicht verwirklichen, steht ihm zum Bereich hauswirtschaftliche Eigenversorgung ein Anspruch wegen des Haushaltsführungsschadens zu und auch zu dem Beitrag, den er tatsächlich für den Haushalt(santeil) der Mutter hat leisten wollen, aber nun nicht mehr realisieren kann und zwar für die Dauer seiner Beeinträchtigung und der Haushaltsgemeinschaft mit der Mutter. 2498

---

562 *BGH* VersR 1989, 1273 = NJW-RR 1990, 34.
563 *OLG Hamm* ZfS 1995, 369 = OLGR 1995, 198 (Verletzung des linken Armes einer Rechtshänderin).
564 *OLG Bremen* VersR 1972, 940.

4 Haushaltstätigkeit (Hausarbeits-, Haushaltsführungsschaden)

2499 Die verletzte Person darf aufgrund freier **Willensentschließung** persönliche Lebensumstände ändern (Rn. 340). Sie ist nicht im Interesse des Schädigers auf die Lebensführung im Zeitpunkt des Haftungsereignisses beschränkt. Zu einem Arbeitszeitdefizit kommt es – auch – bei einem erst geplanten, nachgewiesenen Soll, das sich wegen der Beeinträchtigungen nicht realisieren lässt.

2500 Die Entwicklung bzw. Veränderung des konkret betroffenen Haushalts mit einer Vergrößerung oder Verkleinerung, die Entwicklung der familiären Situation (Progressions-, Stabilisierungs-, Degressionsphase) nimmt Einfluss auf die relevante Wäre- (= Soll-) Hausarbeitszeit. Ein offensichtlich relevanter Schadensfaktor – sei er positiv oder negativ – darf niemals bloß deshalb außer Betracht bleiben, weil seine Erfassung und Bewertung praktisch (besonders) schwierig ist. Dann ist vielmehr notfalls zu einer besonders freien Schätzung zu greifen[565]

2501 Bei der Verletzung vor der Ehe bzw. Eingehung einer eingetragenen Lebenspartnerschaft verwirklicht sich der Schaden zur Versorgung des Partners und anderer Familienangehörigen mit der Eingehung der Ehe/Lebenspartnerschaft durch die Schmälerung des Unterhaltsbeitrags bezogen auf den Beitrag, den die verletzte Person sonst leisten könnte.

2502 Die Auflösung des gemeinsamen Haushalts muss selbst bei einer noch bestehenden Ehe/ Lebenspartnerschaft dazu führen, dass der verletzten Person nur der Mehrbedarf zu der Eigenversorgung zu ersetzen ist.

2503 Zur konkreten Darlegung des Hausarbeitsschadens sind Angaben zur spezifischen Beeinträchtigung erforderlich, Rn. 2443, 2470 ff. Bei der Schädigung eines Nervs im rechten Arm kann, muss aber keine nennenswerte Beeinträchtigung gegeben sein. Darauf hat die betroffene Person einzugehen, die zudem die Aufgaben näher zu beschreiben hat, die von ihr erledigt worden sind und nun nicht mehr ausgeführt werden können bzw. die in Zukunft während der Zeit der Beeinträchtigung erledigt werden sollten.

---

565 *BGHZ* 74, 221 = VersR 1979, 622 = NJW 1979, 1403.

Formulierungsvorschlag zur Darlegung der Beeinträchtigung bei der Hausarbeit: Konkrete Belastungen mit zusammenfassender Schilderung der individuellen Betroffenheit können tabellarisch wie folgt erfasst werden, beachte auch Rn. 2597, 2601, 2634, 2637.

Name der betreffenden Person:	Geb.Datum	verheiratet, (anerkannte) Lebenspartnerschaft – beachte Rn. 2456 ff. – seit:	getrennt, geschieden (allein lebend) seit:
Tätigkeitsbereiche	Art der Ausführung der Arbeit, ggfs. geordnet nach Wochentagen	Vorbestehende Beeinträchtigung oder Behinderung bei der Ausführung der Arbeit	Konkrete Beeinträchtigung(en) infolge des haftungsbegründenden Ereignisses

Hinweis: Einzutragen sind jeweils kurz die konkret kennzeichnenden Umstände und Verhältnisse. Ggfs. sind auch einzelne Arbeitsschritte und Arbeitsinhalte zu beschreiben und die Namen mit dem Verwandtschaftsverhältnis und der Wohnsituation anderer, mitbetroffener Personen zu nennen.

Tätigkeitsbereiche			
Einkauf			
Ernährung (Zubereitung, Anrichten von Mahlzeiten)			
Geschirr (Reinigung)			
Aufräumen, Putzen, Reinigung von Räumen			
Wäsche, Bekleidung, Schuhe (Instandhaltung, Reinigung; u.U.: Anfertigung, Anpassung)			
Garten (ev. Tierhaltung, beachte Rn. 2476 und 2487)			
Organisation, Planung einzelner Arbeitsschritte und der Ausführung der (selbst oder von anderen übernommenen) Arbeit			

4 Haushaltstätigkeit (Hausarbeits-, Haushaltsführungsschaden)

Tätigkeitsbereiche	Art der Ausführung der Arbeit, ggfs. geordnet nach Wochentagen	Vorbestehende Beeinträchtigung oder Behinderung bei der Ausführung der Arbeit	Konkrete Beeinträchtigung(en) infolge des haftungsbegründenden Ereignisses
Betreuung anderer Personen			
Kleinarbeit, sonstige Arbeiten im und für den Haushalt, beachte auch Rn. 2420, 2477 ff.			
Gesundheits- und Körperpflege (insbesondere Reinigung der speziell in diesem Bereich genutzten Räume und Geräte)			
Reinigung von Gemeinschaftsräumen (Flur, Keller, Treppe u. dergl.)			

Abwesenheit wegen stationären (heilungsbedingten) Aufenthalts

vom:	bis:	Grund des Aufenthalts:

In der Onlineversion ist dieser Formulierungsvorschlag als Excel-Datei abrufbar. 2505

Schadensminderung

Der Aspekt der Schadensminderung (Rn. 633) kann zur Organisation und Abwicklung der Arbeiten im Haushalt oder dem Einsatz der verbliebenen Arbeitskraft für einen Haushalt (Rn. 2156) einem Ersatzanspruch entgegenstehen. Im Einzelfall ist von daher gar kein messbarer Ausfall zu verzeichnen. So bleibt die verletzte Person bei der zumutbaren zeitlichen Verschiebung von Arbeiten ersatzlos. Ist die Beeinträchtigung so gering, dass die verletzte Person sie durch angemessene, unschwer mögliche und die Lebensführung kaum beeinträchtigende Dispositionen auffangen kann, bleibt die Beeinträchtigung außer Ansatz, Rn. 2519. Jedenfalls kann ein sonst zu berücksichtigender Zeitaufwand zu reduzieren sein. 2506

Ist es möglich, die Hilfe von Verwandten in Anspruch zu nehmen, muss dies i. S. d. § 254 BGB auch geschehen. Solche kostenlose Hilfe hat der *BGH*[566] früher angesichts des Verzichts auf ein Entgelt als überpflichtige, den Schädiger nicht entlastende Leistung aufgefasst mit der Folge, dass der Schädiger die Hilfe voll angemessen zu entschädigen hat. Indessen ist zwischen Verletzung und Tötung zu trennen (zu den jeweiligen Berechnungsschritten Rn. 2450). Beim Verletzungsschaden geht es – wie hier für richtig gehalten wird – (jedenfalls) zu den Arbeiten zu Gunsten der Haushaltsangehörigen um den Ausgleich des Geldwertes der ausfallenden Arbeit und nicht um eine Vergütung für eine rein fiktive oder auch eine unentgeltliche Hilfe (Rn. 2643). Deshalb kommt es nur darauf an, ob die real in Frage stehenden Arbeiten (zeitlich) verschoben oder (personell) verlagert werden können. In diesem Sinn muss z. B. die Arbeitsaufteilung der Partner im 2-PH geändert werden, soweit es zumutbar und für die verletzte Person im Verhältnis zum Schädiger hinnehmbar bzw. tragbar ist. Kleine Hilfeleistungen, die geringfügige und zumutbare Unterstützung durch den eigentlich nicht im Haushalt arbeitenden Partner haben – wie die Praxis formuliert – nicht den Charakter einer „echten (überobligatorischen) Mehrarbeit"[567] und lassen von daher keinen vermögenswerten, ausgleichsfähigen und -würdigen Ausfall erkennen. 2507

Das Maß der Zumutbarkeit ist aber nicht der Behelf im Haushalt, der bei einer Selbstschädigung von der betroffenen Person (und Familie) regelmäßig oder gewöhnlicherweise akzeptiert bzw. hingenommen wird oder aus tatsächlichen Gründen werden muss; vgl. auch Rn. 1703. Da der Schädiger den Verletzten in diese Lage gebracht hat, haben die verletzte Person und ihre Angehörigen nicht auf einen gewissen „Komfort" oder sogar Luxus beim gemeinsamen Leben und Wirtschaften im wirtschaftlichen Interesse des Schädigers zu verzichten. 2508

▶ Der Betroffene muss im Rahmen seiner Möglichkeiten und des Zumutbaren nicht an feste Zeiten gebundene Tätigkeiten im Haushalt verschieben oder seinen Haushalt in gewissem Umfang umorganisieren. Zumutbar ist jede schadensausgleichende Umorganisation der Abläufe im Haushalt nach Maßgabe einer verständigen, auch wirtschaftlichen Betrachtungsweise. ◀ 2509

Geht die verletzte Ehefrau keiner Erwerbstätigkeit mehr nach, hat sie in der (früheren Doppelverdiener-) Ehe ausreichend Zeit, weitere Arbeiten zu übernehmen und muss dies auch.[568] Arbeiten beide Ehegatten im Haushalt und ist es bei einem Unterarmbruch der Frau ohne weiteres möglich, dass der Mann innerhalb der von ihm regelmäßig aufgewandten Zeit die Arbeiten übernimmt, die ohne die Schädigung die Frau geleistet hat, wegen des Armbruches aber nicht ausführen kann, fällt kein Haushaltsführungsschaden an.[569] Die berufstätige Frau, die wegen einer Arbeits- und Hausarbeitsunfähigkeit über 7 Tage hin nichts verschieben und umorganisieren kann, kann der Schädiger auf eine zumutbare Nacharbeit und Umorganisation 2510

---

566 *BGH* NJW 1982, 2864 = VersR 1982, 874.
567 *AG Göttingen* SP 2001, 236.
568 *OLG Köln* r+s 1989, 401, 402.
569 *OLG Köln* NJW-RR 1994, 350; s. auch *KG* VersR 2005, 237.

dagegen nicht verweisen.⁵⁷⁰ Denjenigen, der durch einen Wirbelsäulenschaden in der Freiheit der Organisation beschränkt ist und ohnehin nur einen Anspruch wegen 2 Wochenstunden (für drei Jahre) verfolgt, treffen keine weiteren Obliegenheiten zur Umgestaltung der Hausarbeiten.⁵⁷¹

2511 Die Annahme des *LG Köln*⁵⁷², in einem Single-Haushalt bestehe eher als in einem Mehr-Personenhaushalt die Möglichkeit, zeitlich disponible Tätigkeiten zu verschieben, drückt eine Alltagserkenntnis ohne den gebotenen Bezug auf den konkreten Einzelfall aus und bezeugt nicht die konkrete Sachkunde. Inwieweit Arbeiten im Haushalt verschoben werden können, richtet sich nach dem Einzelfall, da es stets um die konkret anfallenden Arbeiten geht.

2512 Wird infolge der Verletzung und ggfs. der Beschäftigung einer Hilfe teilweise das **Nutzungspotenzial** der eigenen **Kräfte frei** und werden diese Kräfte in der **Freizeit**, für ein Hobby eingesetzt, kann nach den Kriterien zur verbliebenen Arbeitskraft ein zumutbarerweise erreichter, für anrechnungsfähig zu erachtender **Vermögenswert** den Ersatzanspruch verringern, beachte auch Rn. 2174. Der Ertrag der Freizeitarbeit (vgl. Rn. 503, 2420) ist vermögensrechtlich in diesem Kontext nicht anders zu beurteilen als dann, wenn eine Freizeitarbeit verletzungsbedingt beeinträchtigt wird. Wer eine vereitelte ehrenamtliche Beschäftigung schadensrechtlich ausgleichen will (Rn. 2761), muss konsequenterweise den **Wert** der zusätzlichen **ehrenamtlichen Tätigkeit**, die sonst nicht aufgenommen worden wäre und zeitlich nicht hätte aufgenommen werden können, auf einen Erwerbs-, Haushaltsführungsschaden anrechnen.

3. Haushaltsspezifische Behinderung (haushaltsspezifische Minderung der Erwerbsfähigkeit)

2513 Unerlässlich für jeden Anspruch zur Haushaltsarbeit ist die relevante Beeinträchtigung zur Arbeit im Haushalt. Maßgebend sind nur die **spezifischen Anforderungen** im Haushalt. Die Frage nach einer relevanten Beeinträchtigung muss bezogen auf den konkreten Tätigkeitsbereich untersucht werden (vgl. Rn. 2533), ist also zu jeder Haushaltstätigkeit gesondert zu prüfen.⁵⁷³

2514 ▶ Die Minderung der Hausarbeitsfähigkeit ist von der **abstrakten** Minderung der Erwerbsfähigkeit (zum allgemeinen Arbeitsmarkt, **MdE**) zu unterscheiden. Die haushaltsspezifische, **konkrete Behinderung** (MdH) kann über oder unter der auf das Erwerbsleben bezogenen MdE liegen. ◀

2515 In aller Regel bleibt die bloße Angabe einer MdE unergiebig, weil sie zur Haushaltsarbeit im Kern nichts besagt.⁵⁷⁴ So verweist das *OLG Köln*⁵⁷⁵ den Kläger selbst bei 40% MdE darauf, dass bei hochgradigen Bewegungseinschränkungen die relevante Behinderung zur Beschaffung, zum Putzen doch nur 10% bis 20% (als MdH) betragen kann. Umgekehrt trägt der bloße Hinweis auf eine MdE von 15% eine Klageabweisung zum Hausarbeitsschaden auch nicht.⁵⁷⁶

2516 **Tipp** Die konkrete, **spezifische Beeinträchtigung** im Haushalt ist zu **verdeutlichen**.⁵⁷⁷ Die Behinderung bei der Hausarbeit ist z.B. ausreichend (Rn. 560) dargelegt⁵⁷⁸, wenn eine Körperschädigung vorgetragen wird, die es unmöglich macht, schwere Arbeiten im Haushalt auszuführen, und ärztliche Gutachten Einzelheiten ergeben. Zur schadensbedingten Erschwer-

---

570 *AG Wiesbaden* ZfS 1994, 12.
571 *OLG Hamm* NZV 2002, 570 = VersR 2002, 1430 = NJOZ 2002, 1970.
572 *LG Köln* DAR 2008, 388.
573 Zutreffend *OLG Rostock* ZfS 2003, 233.
574 *OLG Hamm* NZV 2002, 570 = VersR 2002, 1430 = NJOZ 2002, 1970; insofern zutreffend *LG Aachen* NZV 2003, 137.
575 SP 2000, 336.
576 *OLG Oldenburg* SP 2001, 196.
577 *BGH* VersR 1991, 179.
578 *OLG Frankfurt* ZfS 1992, 297.

nis bei der Hausarbeit muss nichts Näheres dargestellt werden, wenn die wesentlichen Ansätze dargetan sind,[579] aus denen sich eine relevante Behinderung aufdrängt, Rn. 2522; zur Darlegung s. auch Rn. 2504.

Ist jemand infolge einer vom Schädiger zu verantwortenden Nervschädigung auf die Hilfe anderer im Haushalt und bei der persönlichen Versorgung im Haushalt und außerhalb des Haushalts angewiesen, wird zum Umfang des Ersatzanspruches gelegentlich allerdings mit der MdE argumentiert.[580] Verschiedentlich wird die MdE allerdings indiziell in Richtung auf eine möglicherweise zur Arbeit im Haushalt relevante Beeinträchtigung eingesetzt. So spricht das *OLG Düsseldorf*[581] von 25% MdE mit der Folge, dass sich dies auf die Tätigkeit im Haushalt auswirke. 2517

Geringfügigkeit einer tätigkeitsspezifischen Behinderung

Zur Unfallrente in der Unfallversicherung kommt es bei bleibenden Schäden zu einer Minderung der Erwerbsfähigkeit grundsätzlich erst bei mindestens 20%. 2518

Manche **leichte Behinderung** lässt sich **kompensieren**. Dann fehlt es an der erforderlichen relevanten Behinderung. Zu einem Ausgleichsanspruch nach §§ 842, 843 BGB kommt es nicht. Es steht allein § 253 BGB in Frage. Insofern geht die Rechtsprechung davon aus, dass sich eine spezifische Beeinträchtigung von weniger als 10%[582] praktisch nicht auswirkt, Anpassung und Gewöhnung ausreichend kompensieren helfen. Auch die Frage nach einer relativ Geringfügigkeit ist ausschließlich zum konkreten Anforderungsprofil und zur konkreten Verletzung, also der individuellen geringfügigen und letztlich (zeitlich) unerheblich Beeinträchtigung zu hinterfragen. Eine Gesamt-MdH von 10% allein wegen der Prozentzahl als geringfügig zu erachten, ist zumindest problematisch. Dies wird bisher in der Regulierungspraxis häufig nicht ausreichend hinterfragt und beachtet. Auch (rein) zeitlich kann sich aber eine bloß geringfügige Behinderung aufdrängen. So führt die ganz kurzfristige, dann behobene Behinderung nach der hier vertretenen Ansicht[583] nicht zu einem Ausgleichsanspruch. 2519

Eine Nervschädigung im rechten Arm ist im Einzelfall[584] nicht geeignet, die Fähigkeit, den Haushalt zu versorgen, nennenswert und ausgleichsfähig zu beeinträchtigen. Eine Nervschädigung kann aber je nach der konkreten Lage doch relevante Auswirkungen haben. Wer nach einem Sturz am Donnerstag im 3-Personen-Haushalt mit einer 12-jährigen Tochter bei Bettruhe für drei Tage bis Montag im Haushalt ausfällt, ein Schmerzensgeld wegen Geringfügigkeit der Beeinträchtigungen nicht erhält, bekommt mit dem Hinweis auf die Hilfe durch eine Freundin wegen der bloß unwesentlichen Auswirkung ebenfalls keinen Haushaltsführungsschaden ersetzt.[585] Zumindest ist zu verdeutlichen, welche Arbeiten an diesen Tagen erledigt werden mussten. Die Zubereitung der Nahrung allein kann dabei nicht ins Gewicht fallen, weil auch in anderen Situationen ohne Fremdschädigung dazu „gewöhnlicherweise" unterschiedliche Gepflogenheiten herrschen. Eine Einschränkung von (umgerechnet, Rn. 2533) rund ½ Stunde bzw. 30 Minuten wöchentlich ist im Haushalt kompensierbar, weil man sich so die Arbeit regelmäßig einteilen kann. Fühlbare konkrete Auswirkungen zeigen sich dann nicht, ein Ersatzanspruch scheidet aus.[586] Bei einer Einschränkung von ½ Stunde täglich zeigt sich das Gegenteil. 2520

---

579 *BGH* VersR 1992, 618 = NJW-RR 1992, 792.
580 *OLG Oldenburg* NJWE-VHR 1998, 18.
581 VersR 1992, 1412; *BGH* NA-Beschl. v. 16.6.1992 allerdings insofern nur vom Schmerzensgeld.
582 *OLG München* DAR 1993, 353 = ZfS 1994, 48; *OLG Oldenburg* VersR 1993, 1491 = r+s 1993, 101; *OLG Düsseldorf* DAR 1988, 24, 25.
583 Näher *Pardey* in DAR 1994, 266 f.
584 *OLG Düsseldorf* VersR 1984, 1045, 1046.
585 *OLG Braunschweig* Urt. v. 30.11.1994, 3 U 72/94.
586 So jedenfalls *OLG Hamm* SP 2001, 376 zugleich mit dem hier abgelehnten Argumentationsansatz über die MdE (Rn. 2514) dahin, dass dann, wenn die Haushaltstätigkeit des Unfallverletzten mit ca. 3 Stunden beziffert ist, ab 20% MdE kein weiterer Anspruch auf Ersatz des Haushaltsführungsschadens besteht, weil 20% den Zeitaufwand von (wohl gemeint rund) 1/2 Std. errechnen lassen würden.

Relevante Behinderungen

2521 Haushaltsspezifisch behindern vorwiegend Einschränkungen an **Sinnesorganen** und **Gliedmaßen**, überdurchschnittlich Beeinträchtigungen der oberen Glieder, unterdurchschnittlich Einschränkungen bei den unteren Gliedern. In entsprechenden Fällen ist der Anspruch auf Ersatz des Haushaltsführungsschadens ohne weiteres dem Grunde nach zu belegen und muss sodann zum Umfang und der Höhe nach präzisiert werden. Soweit gelegentlich die zugleich nicht begründete Ansicht geäußert wird, psychische Belastungen würden (könnten) nicht zu einem Hausarbeitsschaden führen, ist dem nachdrücklich zu widersprechen. Einen Rechtsgrundsatz: „Kein Ausgleich für psychische Schäden" beim Hausarbeits-, Haushaltsführungsschaden gibt es nicht. Es kommt vielmehr auf die allgemeinen Regeln an, ggfs. also auf Ersatzpflicht zu einem psychischen Schaden, der unmittelbar durch das Haftungsereignis hervorgerufen wird (**psychischer Primärschaden**) – mit der Voraussetzung, dass Befindlichkeitsstörungen aus medizinischer Sicht Krankheitswert haben und behandlungsbedürftig sein müssen[587] – oder zu einem **psychischen Folgeschaden** als gesundheitliche weitere (Fehl-)Entwicklung u. U. selbst dann, wenn die Primärverletzung vorübergehend geblieben, ausgeheilt ist. Die Ersatzfähigkeit setzt dann zugleich – wie sonst – voraus, dass eine anhaltende, nachhaltige Auswirkung und Beeinträchtigung der Arbeitsfähigkeit im Haushalt gegeben ist. Führen psychische Beeinträchtigungen z. B. dazu, dass alle Arbeiten im Haushalt wie bisher aus- bzw. durchgeführt werden können, zeigt sich eine relevante haushaltsspezifische Beeinträchtigung angesichts des Umstands, dass die Arbeiten („bloß") länger dauern, nur dann, wenn und soweit die Veränderung die Grenze der Zumutbarkeit (vgl. Rn. 2506 ff.) überschreitet bzw. „weitere besondere Umstände"[588] hinzukommen.

2522 Eine Beeinträchtigung als Einschränkung der Hausarbeitsfähigkeit drängt sich unabweisbar auf
- bei der Kopfverletzung, die nur noch leichte Arbeiten zulässt[589],
- beim Verlust eines Arms[590],
- bei der Verletzung des linken Arms des Rechtshänders[591],
- bei einer weitgehenden Verkrüppelung des rechten Unterarms und der rechten Hand[592],
- beim Unterarmbruch[593],
- beim Bruch der rechten Speiche und des rechten Handgelenks[594],
- bei Verletzung der Wirbelsäule[595],
- bei Rippenbrüchen und beim Fersenbeinbruch rechts[596],
- bei der Schädigung des Hüftgelenks[597],
- bei einer spürbaren Beeinträchtigung der Gebrauchsfähigkeit eines Beins,
- beim Oberschenkelhalsbruch[598],

---

587 Posttraumatische Belastungsstörungen einschließlich einer schweren Depression z. B. setzen ein ganz erhebliches psychisches Trauma – vergleichbar einem Ereignis von der Schwere – voraus und sind bei einem Bagatellschaden bzw. Unfall mit lediglich leichten körperlichen Verletzungen nicht ohne eine schwerwiegende Grunderkrankung erklärbar, s. *OLG Saarbrücken* SP 2009, 182.
588 *OLG Saarbrücken* SP 2009, 182.
589 *OLG Celle* OLGR 1995, 7.
590 *OLG Schleswig* Urt. v. 7.9.1995 7 U 209/89; *BGH* NA-Beschl. v. 21.5.1996 VI ZR 307/95.
591 *OLG Hamm* ZfS 1995, 369.
592 *BGH* VersR 1989, 1273 = NZV 1990, 21 = DAR 1990, 53.
593 *OLG Köln* VersR 1994, 1321 = NJW-RR 1994, 350.
594 *OLG München* VersR 1971, 1069.
595 *LG Heilbronn* SP 2002, 347 (Schleudertrauma der nicht erwerbstätigen Frau beim 3-PH mit einem 6-jährigen Kind, Behinderung zu 22%).
596 *OLG Oldenburg* VersR 1986, 1220 = VRS 71, 161.
597 *BGH* VersR 1989, 857 = NZV 1989, 387 = NJW 1989, 2539.
598 *OLG Oldenburg* NJW-RR 1989, 1429; *OLG Frankfurt* VRS 70, 328; *BGH* NA-Beschl. v. 10.12.1985.

Haushaltsspezifische Behinderung (haushaltsspezifische Minderung der Erwerbsfähigkeit) 4

- bei der irreparablen Knieverletzung, die sogar zu einer Rente auf Lebenszeit (beachte Rn. 1296, 1300) führen können soll[599],
- bei Beeinträchtigungen am rechten Kniegelenk[600] oder gar an beiden Kniegelenken und einer Spitzfußstellung mit der Folge: Kein Gehen, kein Stehen, kein Bücken, kein Kriechen, kein Heben und Tragen von Lasten[601],
- bei einer Knieschädigung[602],
- beim Unterschenkeltrümmerbruch.[603]

Die einem Mann mit Hüftgelenksschädigung mit Sicherheit nicht mehr möglichen Gartenarbeiten sollen[604] als **Mindestschaden** so ausgeglichen werden können, dass ein in jedem Garten anfallender Mindest-Zeitbedarf (beachte dabei Rn. 2487) ins Auge gefasst und mit dem üblichen Stundensatz für eine entsprechende Hilfskraft veranschlagt wird. 2523

Eine Gliedertaxe wie im Rahmen der Unfallversicherung[605] existiert nicht. Die Gliedertaxe dort stellt für die Gebrauchsunfähigkeit von Gliedmaßen auf den Ort der Schädigung ab. Die Prozentsätze berücksichtigen die unterschiedlichen Auswirkungen auf die Gebrauchsunfähigkeit. Die Arbeitsmarktlage bleibt unberücksichtigt. Eine posttraumatische Belastungsstörung wird z. B. von der (vertraglichen) Ausschlussklausel wegen psychischer Reaktion zu einer privaten Unfallversicherung erfasst.[606] Zum Hausarbeitsschaden, der wegen Vertragspflichtverletzung oder wegen Delikts (bzw. aufgrund Gefährdungshaftung) auszugleichen ist, gilt dergleichen aber nicht. Vielmehr gelten die allgemeinen Regeln zu psychischen Folgen eines Haftungsereignisses, Rn. 154 ff., mit der anschließenden Frage, ob die psychische Beeinträchtigung real zur Behinderung bei Erledigung der Hausarbeit führt, Rn. 2521, 2525. 2524

Wird in einem **Sachverständigengutachten** die konkrete Beeinträchtigung ausführlich beschrieben, lassen sich darauf gestützt unmittelbar einleuchtende **Einschätzungen** zur (prozentualen) Minderung der Hausarbeitsfähigkeit vornehmen. Für die Vorlage und Einholung eines arbeitstechnischen Gutachtens besteht angesichts eines die Schätzung ermöglichenden medizinischen Befundes kein Anlass. Im Streitfall sind mittels Sachverständigengutachtens, aber nicht notwendig eines Arbeitsmediziners und nicht notwendig als haus-arbeitsanalytisches Gutachten, andernfalls Beeinträchtigungen auf ihre Relevanz und ihr Maß hin zu überprüfen. Manche Beeinträchtigung lässt sich nur individuell gewichten, z. B. Gehirntraumen II. Grades und höher. **Mehrfachbehinderungen** bedürfen stets gesonderter Gewichtung. Für (dauerhafte) **psychische** Beeinträchtigungen (beachte Rn. 2521) entspricht es dem subjektiven Schadensverständnis der Rechtsprechung am ehesten, direkt bzw. ausschließlich auf **konkrete Behinderungen** zu individuell und konkret betroffenen Arbeitsbereichen abzustellen und dazu die Art und Weise der Funktionseinschränkung zu präzisieren, zu verdeutlichen und festzulegen. Ohne Sachverständigengutachten ist dabei selten auszukommen. Stellt das psychiatrische Gutachten z. B. fest, dass eine durch den Haftungsfall verstärkte neurotische Erkrankung mit körperlichen Symptomen nicht hindert, mit den wesentlichen Anforderungen des täglichen außerberuflichen Lebens fertig zu werden, leitet sich daraus ab, dass kein Hilfebedarf zur Erledigung der Hausarbeit besteht und es an der relevanten Beeinträchtigung insgesamt fehlt, Rn. 2443, 2451. Der der verletzten Person obliegende Beweis der Kausalität ist insofern selbst i. S. d. § 287 ZPO nicht geführt, wenn der Verlauf einer bereits vor dem Schadensereignis manifesten Grunderkrankung (eine depressive psychopathologi- 2525

---

599 *OLG Karlsruhe* VersR 1982, 978.
600 *OLG Düsseldorf* NJW-RR 2003, 87 = VersR 2004, 120.
601 *BGH* VersR 1992, 618 = NJW-RR 1992, 792.
602 *OLG Frankfurt* VersR 1980, 1122; *KG* VersR 1982, 978.
603 *LG Hildesheim* ZfS 1993, 297 = SP 1994, 13.
604 *BGH* NJW 1989, 2539.
605 Vgl. zum Teilverlust, zur Teilinvalidität *BGHZ* 110, 305 = VersR 1990, 478 = NJW 1990, 2318; *BGH* VersR 1991, 413 = NJW-RR 1991, 604; *BGH* VersR 1996, 493 = NJW-RR 1996, 793.
606 *LG Nürnberg-Fürth* VersR 2009, 922; *OLG Nürnberg* Beschl. v. 10.3.2009, 8 U 2461/08.

sche Erkrankung) nicht sicher beurteilt werden kann, die für eine beschränkte Dauer in Gestalt einer schadensursächlichen Anpassungsstörung von einer eigenständigen Erkrankung überlagert wurde.[607]

Prozentuale MdH

2526 Die Tabelle von *Reichenbach/Vogel*[608], die medizinische und arbeitswirtschaftliche Kriterien in Verbindung gebracht hat, erfasst 49 einzelne Verletzungsendzustände, denen jeweils die sich daraus ergebende konkrete Behinderung zugeordnet ist.[609] Der *BGH*[610] hat die Anwendung dieser Tabelle im Ergebnis nicht beanstandet. Nun sind vergleichbare, überprüfte (Erfahrungs-) Werte in eine überarbeitete Tabelle eingeflossen[611], die bei der Orientierung über die konkrete Behinderung bei einzelnen Haushaltstätigkeiten (9 Gruppen) hilft. Die Tabelle basiert auf medizinischer Erkenntnis und Erfahrung. Sie nennt Prozentsätze für 59 verschiedene Verletzungsfolgen. Bei Mehrfachverletzungen dürfen die Prozentangaben **nicht addiert** und anteilig (d. h. dividiert durch neun bei 9 Tätigkeitsbereichen) angesetzt werden. Bei abweichendem Sachvortrag wird ohne sachkundige Feststellung freilich selten auszukommen sein.

2527 Für die Einschränkung der Hausarbeitsfähigkeit ist letztlich immer der **Gesamtzustand** der Behinderung festzustellen. Denn die zu bewertende Funktionsbeeinträchtigung zeigt sich nur insgesamt, auch wenn die Bewertungsfaktoren aus dem spezifischen Einfluss einzelner Behinderungen bei einzelnen Aufgabenfeldern abzuleiten sind.

2528 Eine erste Abschätzung der konkreten Gesamtbeeinträchtigung zu bestimmten Verletzungsfolgen als Endzuständen ermöglicht die Tabelle 6a von *Schulz-Borck/Hofmann*.[612]

2529 An diese Tabelle 6a lehnen sich z. B. an:
- *OLG Köln* OLGR 2000, 274 mit der die Problematik fast verkennenden Erwägung, diese Werte würden eine alternative und genauere Schätzgrundlage darstellen als die allgemeinen Erwerbsminderungssätze (beachte dazu Rn. 2514 ff.);
- *OLG Düsseldorf* NJW-RR 2003, 87 = VersR 2004, 120.

2530 Diese Tabelle basiert allerdings auf reinen Rechenwerten für die prozentuale Behinderung zu den von *Schulz-Borck* gesondert herausgestellten 21 Haushaltstypen. Sie kommt frühzeitig zu rechnerischen Rundungen, die Einsatzgrößen verschieben, Rn. 2533. Ihre Anwendung bedarf im Einzelfall deshalb stets der kritischen Reflexion nach der konkreten Lage der betroffenen Person. Ohnehin ist die Typenbildung von Haushalten nach einer Bedarfsstruktur unter Verknüpfung von Art, Menge (Umfang) und Qualität (Lebensstandard) der Arbeit im Haushalt für die Ermittlung der spezifischen und konkreten Behinderung für die schadensrechtlich ausschlaggebende Frage nach dem konkreten Zeitdefizit ausgesprochen problematisch. Die Entscheidung von *Schulz-Borck*, für Verletzungsfälle Zeitaufwandszahlen für Haushaltstypen getrennt nach Erwerbstätigkeit und Nicht-Erwerbstätigkeit (EW) sowie der Zahl der Haushaltsangehörigen mit zusätzlichem Blick auf das Alter haushaltsangehöriger Kinder und – in der aktuellen 7. Auflage – getrennt nach Geschlechtern zusammenzufassen, ist ebenfalls problematisch. Nur das im Einzelnen vorgestellte haushaltswirtschaftliche und -wissenschaftliche Spezial-, Erfahrungswissen kann überzeugend Orientierungs- und Anknüpfungsmomente zur Beurteilung eines Einzelfalls vermitteln; zum Durchschnitt beachte auch Rn. 2091. Die zur Ermittlung des schadensrechtlich maßgebenden Zeitdefizits nötigen Feststellungen zur Wäre- und Ist- Arbeitszeit (Rn. 2595 ff.) bzw. Arbeitskraft und die Festlegung einer MdH sind voneinander abhängig und bei Vergröberung nicht wirklich gleich. Dies wird bisher praktisch meist übergangen.

---

607 Vgl. *OLG Saarbrücken* SP 2009, 182.
608 VersR 1981, 812 f.
609 Erläuterung von *Vogel* in VersR 1981, 810, 811.
610 NA-Beschl. v. 8.6.1982 zu *OLG Frankfurt* VersR 1982, 981; Anm. *Hofmann* in VersR 1982, 983.
611 *Ludwig* in DAR 1991, 401 ff.; *Schulz-Borck/Hofmann* in Schadensersatz ab 4. Aufl. Tabelle 6.
612 *Schulz-Borck/Hofmann* in Schadensersatz ab 4. Aufl. Tabelle 6.

Haushaltsspezifische Behinderung (haushaltsspezifische Minderung der Erwerbsfähigkeit)

Tipp In komplexen Fällen empfiehlt es sich, auf Behinderungsgrade zu den verschiedenen Tätigkeitsbereichen der betroffenen Person abzustellen. Dies ermöglicht es, wirklichkeitsnah das Einsatzfeld der verletzten Person und die Aufgabenverteilung im gemeinsamen Haushalt zu erfassen. Die Schadensberechnung wird dann real(er). 2531

Die Berechnung erschließt das abrechnungsfähige Arbeitszeitdefizit, s. auch Rn. 2566. 2532

Berechnungsformel und Beispiel: Arbeit(-szeitaufwand), MdH und Arbeitszeitdefizit 2533

Tabellarische Arbeitszeit der verletzten Person (z. B. Ehefrau) bei unbeeinträchtigtem Einsatz im Haushalt z. B.: 47,8 Stunden/Woche (beim Haushaltstyp 5 mit einem Gesamtzeitaufwand von 71,6 Std/Wo, dem Zeiteinsatz des Mannes von 16,3 Std/Wo und dem (bloß) statistisch nachweisbaren Zeiteinsatz der weiteren Person von 7,5 Std/Wo).

Tätigkeits- bereiche	Zeitanteil an der Gesamtarbeit (Gewichtung)	Arbeitszeit bei unbeeinträchtig- tem Einsatz × Gewichtung = rechnerisch **anteilige Arbeits- zeit**:	konkrete **MdH** (z. B. für einseiti- gen Hörverlust)	anteilige Arbeits- zeit × konkrete MdH = **Zeit- defizit** (Stunden/ Woche):
Einkauf	13%	6,21	15%	0,9
Ernährung	22%	10,52	10%	1,1
Geschirr	7%	3,35	0%	0,0
Putzen, Aufräumen	18%	8,60	5%	0,4
Wäsche, Bekleidung	12%	5,74	0%	0,0
Garten (ev. Tierhaltung)	5%	2,39	0%	0,0
Organisation	6%	2,87	10%	0,3
Betreuung anderer Personen	14%	6,69	20%	1,3
Kleinarbeit	3%	1,43	5%	0,1
Summen	100%	Die Summe der Arbeitszeitanteile macht bei dieser Berechnungsab- folge die Gesamtarbeitszeit aus. Die Gesamt-MdH ergibt sich jedoch nicht aus der Summe der Einzelan- sätze, s. nachstehende Berechnung.		Rund: 4,1 Std/Wo Dieses Defizit ergibt sich rech- nerisch gleich- wertig aus dem Produkt der Gesamtarbeitszeit und der Gesamt- MdH.

Die Tabellenwerte ergeben rechnerisch über 47,8 Std/Wo × 9% jedoch = 4,302 Std/Wo.

2534 **Berechnungsformel: Berechnung einer Gesamt-MdH**

Beispiel: Haushaltstyp 5   *Schulz-Borck* 6. Aufl. Tabelle 9   *Schulz-Borck* 6. Aufl. Tabelle 6

Tätigkeitsbereiche	**Zeitanteil** an der Gesamtarbeit (Gewichtung)	**MdH** Beispiel für Verletzungsfolge „Hörverlust einseitig"	(Gewichtung × MdH) = rechnerische MdH
Einkauf	13%	15%	1,95%
Ernährung	22%	10%	2,20%
Geschirr	7%	0%	0,00%
Putzen, Aufräumen	18%	5%	0,90%
Wäsche, Bekleidung	12%	0%	0,00%
Garten (ev. Tierhaltung)	5%	0%	0,00%
Organisation	6%	10%	0,60%
Betreuung anderer Personen	14%	20%	2,80%
Kleinarbeit	3%	5%	0,15%
Summe	100%		Gesamt-MdH: 8,6%

Wert bei *Schulz-Borck* in der 6. Aufl. in Tabelle 6a für dieses Beispiel jedoch: 9%

2535 **Berechnungsformel: (Konkret ausgerichtete) Berechnungsvariante**

Vorbemerkung: Direkt und konkret ist mit den im Einzelfall festzustellenden Zeitanteilen zu rechnen. Dabei kann entweder (doch) eine Gesamt-MdH herangezogen werden oder die tätigkeitsspezifische MdH, Rn. 2516. Wird auf eine Gesamt-MdH abgestellt, ist diese in der Spalte MdH durchgängig zu verwenden, wie es freilich der spezifischen Orientierung bei der Frage, ob und in welchem Umfang eine reale Beeinträchtigung gegeben ist, widerspricht.

Tätigkeitsbereiche	**Arbeitszeit bei unbeeinträchtigter Kraft** (Stunden pro Tag oder pro Woche)	**konkrete** tätigkeitsbezogene **MdH** Wird auf eine Gesamt-MdH abgestellt, ist in den folgenden Zeilen jeweils diese MdH einzutragen.	**Zeitdefizit** (bezogen auf den zur Arbeitszeit gewählten Zeitraum)
Einkauf	6,21	15%	0,9
Ernährung	10,52	10%	1,1
Geschirr	3,35	0%	0,0
Putzen, Aufräumen	8,6	5%	0,4
Wäsche, Bekleidung	5,74	0%	0,0
Garten, ev. Tierhaltung, s. Rn. 2476, 2487 ff.	2,39	0%	0,0
Organisation	2,87	10%	0,3
Betreuung anderer Personen	6,69	20%	1,3
Kleinarbeit	1,43	5%	0,1
Summe	47,8		4,11

Bei dieser Berechnung lassen sich auch Arbeiten in weiteren Tätigkeitsbereichen erfassen, s. Rn. 2536.

 2536 *Die Berechnungsformel zeigt die Onlineversion. Dort können auch eigene Berechnungen für andere Zahlenwerte durchgeführt werden, s. zudem Rn. 2504.*

4. Konkreter Aufwand

Ist die verletzte Person auf eine entgeltlich beschäftigte Kraft bei den hauswirtschaftlichen Verrichtungen angewiesen, ist der nach der Art der Verletzung und dem Zeitaufwand **angemessene Bruttoaufwand** zu erstatten (konkrete Schadensberechnung). Die Erstattungsfähigkeit grenzt § 249 Abs. 2 BGB ein. 2537

Erstattungsfähig sind die Kosten für die zusätzliche Beschäftigungszeit einer vor dem haftungsbegründenden Ereignis beschäftigten Hilfsperson.[613] Die notwendige Inanspruchnahme partieller Hilfe mit dem entsprechenden Mehraufwand (Wäscherei statt Waschen zu Hause, Verpflegung im Restaurant statt Zubereitung der (warmen) Mahlzeit zu Hause) ist schon immer als Vermögensschaden akzeptiert worden. 2538

Der vereinbarte Stundensatz muss angemessen sein bzw. bleiben, um als objektiv erforderlich i. S. d. § 249 BGB angesehen werden zu können. Wer aus Rechtsgründen eine Abrechnung i. S. d. § 251 BGB für gegeben erachtet, kann insofern keine anderen Kriterien zugrunde legen. Die Abrechnung auf der Basis von Stundenvergütungen kommt auch über einen längeren Zeitraum hin in Betracht und ist nicht selten gar nicht anders handhabbar, zumal bei wechselnden Hilfspersonen. Die Kombination der konkreten Abrechnung wegen realer Kosten und der pauschalierenden, normativen Abrechnung ist möglich, Rn. 2559 ff., Berechnungshilfe Rn. 2561. Bei realen Aufwendungen für eine Haushaltshilfe schlägt das Umsatzsteuersystem (bisher) nicht durch. Bei Vergabe einzelner Arbeiten (z. B. Fensterputzen) kann es anders sein. 2539

Die **Erforderlichkeit** des (realen) Aufwands erfasst das „ob" und ein „wie" oder/und was" der Beschäftigung einer Hilfskraft, also den Umfang übertragener Arbeiten, auch den Zeiteinsatz der Hilfskraft und die Höhe der gezahlten bzw. vereinbarten Vergütung. Insgesamt kann die Erforderlichkeit des konkreten Aufwandes nach den Maßgaben zur pauschalierenden Berechnung überprüft werden. Der Aspekt einer fiktiven Bemessung hypothetischer Kosten einer Ersatzkraft und der fiktive angemessene (Netto-)Lohn gibt selbstverständlich keine Klarheit zu Grenzen der Ersatzfähigkeit eines konkreten Aufwands. Während früher aber durchgängig bloß daran gedacht worden ist, dass „die kostspielige Einstellung einer Ersatzkraft" vermieden ist und dies dem Schädiger nicht (uneingeschränkt) zugute kommen soll, ist aktuell wegen der Statthaftigkeit einer Kombinationsabrechnung (Rn. 2559 ff.) und u. a. zum Einfluss der Schnelligkeit (Rn. 2544), der Gründlichkeit oder/und der Qualität (Rn. 2546, 2547) der Arbeit der Hilfskraft auf den Umfang des konkreten Aufwands und des Weiteren zu realen Kosten mit der Ziel der Schadensabhilfe eingesetzter Geräte (Rn. 2548) nach Obergrenzen der Erstattungsfähigkeit von Kosten zu fragen. Indessen ist die objektive Erforderlichkeit (vgl. Rn. 484) auch zum Hausarbeitsschaden über einen pauschalierenden Ansatz nicht ohne weiteres mit dem subjektiven Schadensverständnis in Einklang zu bringen. Für denjenigen, für den es – wie hier vertreten wird – zur gesundheitlichen, körperlichen Beeinträchtigung wegen der Wahrung des Integritätsinteresses um Restitution geht, lässt sich mit Abhilfebedarf und konkreter Abhilfe durch Ausführung der verhinderten Arbeit zum Eigenbezug, der eigenbezogenen (eigennützigen) hauswirtschaftlichen Versorgung noch relativ unschwer argumentieren und sind ähnlich wie sonst zum Mehrbedarf (Rn. 478, 1848) Bezugs- und Orientierungspunkte zu finden. Wer – dagegen – auf den Verlust der eigenen Arbeitskraft (zur Versorgung anderer) mit der Grunderkenntnis abstellt, die Arbeit im Haushalt oder die (alleinige) Haushaltsführung sei eine sinnvolle Verwertung der eigenen Arbeitskraft[614], weil sonst die für die (Haushalts-, Familien-) Gemeinschaft notwendigen Dienstleistungen durch andere Mitglieder des Haushalts oder entgeltlich durch Dritte (so von vornherein beim 1-PH, der indessen nach einem Mehrbedarf fragen lässt) erbracht und ausgeführt werden müssen, findet zu einer gewissen Nähe zur Kompensation wie beim Erwerbsschaden, §§ 251, 252 BGB (Rn. 495 ff., 545 ff., 2025). Erkenntnis- 2540

---

613 *OLG München* VersR 1991, 1069.
614 Mit dem Wesensunterschied zur Erwerbstätigkeit gegen Entgelt, dass es gerade an einem wirtschaftlichen Erfolg in Form eines Entgelts oder Gewinns fehlt!

vorsprung und Erkenntnissicherheit sind zur Erforderlichkeit, Notwendigkeit, Angemessenheit allerdings so nicht zu erlangen: Z. B. spricht der *BGH* von notwendigen Erhaltungsmaßnahmen (reduziert auf 15 % des sonstigen Zeitansatzes, konkret von 3 Std./Wo) – bei Abwesenheit der allein stehenden Person.[615] Dies zielt allein auf eine bestimmte Lebenskonstellation, die immer zu beachten ist, weil es auf den Einzelfall ankommt (Rn. 2632). Wirkliche Erfahrungswerte gibt es schon in diesem Lebensumfeld dagegen eher nicht, jedenfalls nicht wirklich. Wer darauf abstellt, welche Tätigkeit ohne das Haftungsereignis künftig geleistet worden wäre und zum Verletzungsfall zugleich vom Zeitbedarf der Ersatzkraft[616] spricht, meint nichts anderes als derjenige, der auf die Zeit abstellt, die eine Hilfskraft objektiv „für die Aufrechterhaltung der Haushaltsführung im bisherigen Standard"[617] benötigt. Obergerichte[618] sprechen dann von einem „objektiv erforderlichen Zeitaufwand", der BGH[619] von einem „üblichen Zeitbedarf" (sogar zur Position „Ernährung", die in besonderem Maß zum Aufwand von Individualität beherrscht und davon geprägt wird) und von „üblicherweise anfallenden Zeiten" – für den Einkauf, der bestimmt wird durch persönliche, örtlich spezifische Gegebenheiten. Welche Zeit das ist oder sein soll (beachte Rn. 2563 ff.), ist von daher nicht klar und eindeutig zu beantworten. Der Geldfaktor ist von daher desgleichen auch mit Blick auf eine Entschädigung i. S. d. § 251 BGB (s. Rn. 2643 ff.) nicht klar und eindeutig zu bestimmen.

2541 Werden ausfallende hauswirtschaftliche Aufgaben nur **teilweise** fremd beauftragt, kommt es zu einer Mischlösung zwischen der konkreten und der pauschalierenden Berechnung (Rn. 2559).

2542 Verwandte sind nicht frei darin, einen ihnen angemessen erscheinenden Geldwert finden zu können.

2543 Gewerbliche Hilfen sind selten gegen ein Stundenentgelt von 8,00 € zu erlangen.

2544 Ist die entgeltlich beschäftigte Hilfs-, **Reinigungskraft** (Stundenhilfe) schneller als die verletzte Person mit den Arbeiten fertig, ist der Ersatzanspruch auf den Bruttoaufwand für die Hilfskraft begrenzt. Denn es kommt im Kern auf den quantitativen **Arbeitsumfang** nach den betroffenen (beeinträchtigten) Leistungsbereichen (Rn. 2474 ff.) an, nicht eine theoretische bzw. hypothetische Zeit, wenn die Arbeit real bewältigt wird.

2545 Ist die Hilfskraft langsamer und braucht mehr Zeit als die verletzte Person gebraucht hätte, ist im Grundsatz auf die Aktivität der Hilfskraft abzustellen, die die anfallenden Arbeiten ausführt. Der verletzten Person kann vom Schädiger allerdings i. S. d. § 254 Abs. 2 BGB u. U. ein Obliegenheitsverstoß zur Auswahl der Hilfs-, Ersatzkraft entgegengehalten werden, s. zudem Rn. 2540.

2546 Arbeitet die entgeltlich beschäftigte Hilfe **qualitativ** besser, z. B. auch, weil sie eine (bessere) hauswirtschaftliche Ausbildung hat, wirkt sich dies auf die Ersatzberechtigung nicht aus.

2547 Die qualitative **Verschlechterung** ist durch die Auswahl der fremden Kraft zu vermeiden.

2548 Zum Schadensbehelf durch zusätzlichen **Einsatz technischer Geräte** im Haushalt ist der Schädiger ebenfalls ausgleichspflichtig.[620] Betriebskosten sind nach Lage des Falles zu ersetzen, ausnahmsweise sogar Anschaffungskosten.

2549 Der Ersatz ist nach oben grundsätzlich durch die Höhe des pauschalierenden Wertes zu begrenzen. Ausnahmsweise kann das Prinzip der Schadensminderungskosten indessen den Umfang der Ersatzpflicht des Schädigers erhöhen. Zudem führen ggfs. die Regeln der Brutto-Abrechnung zu einem höheren Ersatz; s. weiter zur Mischlösung, Mischabrechnung Rn. 2559 ff.

---

615 *BGH* VersR 2009, 515 = FamRZ 2009, 596.
616 *OLG Oldenburg* NJW-RR 1989, 1429 = ZfS 1989, 338 = FamRZ 1989, 862 (Verlust des Unterschenkels).
617 *Küppersbusch* in Personenschaden Rn. 191 und Rn. 186.
618 *OLG Oldenburg* v. 20.6.2008, 11 U 3/08 als Vorinstanz zu *BGH* VersR 2009, 515 = FamRZ 2009, 596.
619 *BGH* VersR 2009, 515 = FamRZ 2009, 596.
620 So mit *Küppersbusch* in Ersatzansprüche, Rn. 211.

5. Pauschalierende Berechnung

Übersicht: Die Schadenseinschätzung und -berechnung ist von drei Faktoren abhängig: 2550
- der Auswirkung der Verletzung auf die Hausarbeitsfähigkeit und den Einsatz im Haushalt (MdH, Rn. 2513 ff., 2554),
- dem tatsächlichen (künftigen, hypothetischen) Zeitaufwand bei unbeeinträchtigter Arbeitskraft,
- dem Geldwert, den Kosten.

Das Zeitdefizit kann auf verschiedenen Wegen ermittelt werden (Rn. 2566). Der Wert ist früher meist dem BAT entnommen worden (Rn. 2647, Anhang 2). Der Ersatzanspruch gegen den Schädiger ist stets einheitlich abzurechnen, § 843 BGB. Die Zuordnung zu den Schadensgruppen (Rn. 2690, 2691) bleibt zum Anspruch der verletzten Person ohne Forderungsübergang und für den Umfang des Gesamtschadens theoretisch; beachte jedoch Rn. 1321, 1335.

▶ Das Zeitdefizit (Stunden) vervielfacht mit dem Wert (Betrag) erschließt den Ausfall (Betrag). ◀ 2551

Berechnungsschritte (s. auch Rn. 2450): 2552

1. Ermittlung des Arbeitszeitdefizits (Stunden/Woche) – Zeitfaktor
2. Ermittlung des Ausgleichswerts – Geldfaktor:

Stunden/Woche vervielfacht mit Stundenvergütung nach dem einschlägigen Entgelt-, Vergütungsansatz für den maßgebenden Zeitraum

vervielfacht um 4,348 oder eine gleiche Umrechnungsgröße (s. § 34 Abs. 1 BAT a. F. und beachte Rn. 2209, 2617)

ergibt monatlichen Zwischenwert

zuzüglich (beachte dagegen Rn. 2669, 2670)

anteiliges Urlaubsgeld, berechnet durch:

a) einschlägiges tarifliches Urlaubsgeld dividiert durch regelmäßige tarifliche Arbeitszeit vervielfacht um
b) konkretes Arbeitszeitdefizit (Wochenstunden) bis maximal in Höhe der regelmäßigen Arbeitszeit
c) und dividiert durch 12

sowie

anteiliges Weihnachtsgeld, berechnet durch:

   monatlichen Zwischenwert dividiert durch 12

ergibt Monatswert (zu anderen Zeiteinheiten Rn. 2617, 2685).

Nettokorrektur (beachte Rn. 2655, 3379)

entweder unter

 Abzug fiktiver Steueranteile

 sowie

 Abzug fiktiver Arbeitnehmeranteile zur Sozialversicherung

Oder unter

 Abzug von 30% des Monatswertes

> **Nach der Nettokorrektur** ergibt sich der ersatzfähige, monatliche (pauschalierende) Rentenwert; s. aber weiter Rn. 2668.
>
> Die demgegenüber vereinfachte Berechnung Rn. 2661, 2662 führt zügig zu Wertgrößen für eine angemessene Regulierung des Vermögensfolgeschadens.

2553 Bei einer Haftungsquotierung, der Obliegenheit zur Schadensminderung (z. B. zur Umorganisation, Rn. 2510) und einem Vorteilsausgleich gelten gleiche Erwägungen zur Zuordnung des Einsatzes der Arbeitskraft wie beim Verdienstausfall. Dies wird in diesem Kontext regelmäßig bereits dadurch bewirkt, dass die Zahl der maßgebenden Arbeitsstunden und ggfs. der Stundensatz korrigiert werden. Danach erst ist die Quotierung wegen einer Mitverursachung durchzuführen.

a) Verallgemeinerter Vermögensnachteil

2554 Die Beeinträchtigung der körperlichen Integrität, die sich auf die Fähigkeit zur Arbeit im Haushalt auswirken könnte, genügt nicht, um einen Hausarbeits-, Haushaltsführungsschaden zu bejahen. Die Beeinträchtigung der Hausarbeitsfähigkeit muss zu konkreten, unmittelbaren Nachteilen, zu individuellen, **vermögenswerten Erschwernissen** führen. Kann die verletzte Person Arbeiten – wie häufig formuliert wird – nur mit überobligationsmäßigen, d. h. unter ihr körperlich nicht zuzumutenden Anstrengungen erledigen[621], oder helfen Angehörige oder andere Personen unentgeltlich, ist der Schädiger nach dem Gedanken des § 254 Abs. 2 BGB oder des § 843 Abs. 4 BGB andererseits nicht frei. Der Verzicht auf ein Entgelt für die vereitelte Arbeit im Haushalt bzw. die Anrechnung der unentgeltlichen Abhilfe ist im Verhältnis zum Schädiger überpflichtig, unzumutbar.

2555 Wie der Ersatzbetrag verwendet wird, beeinflusst die Ersatzpflicht vom Ansatz her und zur Höhe nicht, zum Erwerbsanteil (Rn. 2690) ebenso wie zum Bedarfsanteil (Rn. 2691). Wie sich der Betroffene behelfen kann, nimmt aber wegen der konkreten Schadensberechnung Einfluss auf die Ermittlung des ausgleichsfähigen Nachteils. Denn einen rein abstrakten Wert hat der Schädiger für die beeinträchtigte Haushaltsarbeit nicht zu zahlen.

2556 Der Arbeitsaufwand ist angesichts des ausfallenden Arbeitseinsatzes **angemessen** auszugleichen, s. auch Rn. 2443. Insofern **abstrahiert** die (normative) Schadensberechnung, Rn. 504 f. Sie ist aber nicht abstrakt, weil die konkreten Bedingungen und Gegebenheiten relevant sind. Um einen gewöhnlichen Verlauf i. S. d. § 252 Satz 2 BGB geht es im Kern nicht. Der zu ersetzende Schaden ist auch nicht abstrakt nach einem Marktwert festzusetzen, da ein Markt für die Hausarbeit in der familiären Haushalts-, Lebens- und Wirtschaftsgemeinschaft nicht besteht[622], die Haushaltstätigkeit mit einer gewerblichen Tätigkeit (auch im Haushalt) nicht uneingeschränkt zu vergleichen ist. Soweit der *BGH* formuliert, dass in dem Verlust der Fähigkeit, weiterhin Haushaltsarbeiten zu verrichten, ein ersatzfähiger Schaden liegt[623], meint er offenbar nicht, dass zur Hausarbeit die abstrakten Fähigkeiten den Schaden bestimmen. Die in sich werthaltige Fähigkeit, Hausarbeiten verrichten zu können, stellt sich vielmehr wie jede andere in sich wertvolle Arbeitsfähigkeit dar, die bei der Verletzung des Körpers oder der Gesundheit nach der höchstrichterlichen Rechtsprechung nicht allein zu einem Vermögensschaden führt. Insbesondere ist für die Hausarbeitsfähigkeit nicht eine allgemeine Stunden – oder Tages-Pauschale anzusetzen. Theoretisch bleibende Gegebenheiten, abstrakte Möglichkeiten sind irrelevant.

---

621 *BGH* VersR 1992, 618.
622 *BGH* VersR 1986, 264 (unter II 5b) = NJW 1986, 715.
623 *BGH* VersR 1989, 1273 = NJW-RR 1990, 34.

Zwar nimmt der *BGH* (Rn. 3373) seit dem 13.6.2001 an, der Wert der Versorgungsleistung sei nichts anders zu beurteilen als eine bezahlte Tätigkeit als Haushaltskraft. Selbst wenn dies als Vergütung eigner Art für die Familienarbeit verstanden wird, ändert sich aber nichts daran, dass es ausschließlich um die Zuordnung von Werten in der Unterhaltsbeziehung zwischen dem Pflichtigen und dem Bedürftigen geht. Für das Ausgleichsverhältnis zwischen dem Schädiger und der verletzten haushaltsführenden Person besagt dies zur Höhe des Hausarbeitsschadens nichts, allerdings etwas zur Anrechnung neuer Einkünfte auf den Unterhaltsschaden (Rn. 3197).

2557

Der in unterhaltsrechtlinien Leitlinien der Familiensenate der Oberlandesgerichte für die Führung des Haushalts eines leistungsfähigen Dritten durch eine nichterwerbstätige Person angenommene monatliche Wert ist als schadensrechtliche Größe zur Bemessung der die Hausarbeit für einen Anderen erledigenden Person nicht geeignet. Dieser Wertansatz spiegelt eigentlich einen ersparten Aufwand im Doppelhaushalt mit relativ geringeren Kosten wider. Ein realer Vergütungswert zeigt sich nicht. Die unterhaltsrechtliche Voraussetzung der Leistungsfähigkeit des Partners ist im Übrigen dogmatisch dazu zweifelhaft, ohne dass es im hier fraglichen Kontext darauf ankommt.

2558

Die **pauschalierende** Schadensabrechnung tritt innerhalb eines einheitlichen Anspruches bei einer **Mischlösung** neben die **konkrete** Schadensabrechnung, wenn das Zeitdefizit teilweise durch entgeltliche Beschäftigung (für einen Teil der verletzungsbedingt nicht zu erbringenden Tätigkeiten) und teilweise durch überobligationsmäßige eigene oder fremde Anstrengungen aufgefangen wird; beachte schon Rn. 2451. Von einer Mischlösung spricht der *BGH*[624] sogar bei der Einstellung einer geringer qualifizierten Hilfskraft, wenn wegen der geringeren Qualifizierung ein Defizit verbleibt; s. auch Rn. 2547.

2559

---

624 VersR 1989, 1273 = NJW-RR 1990, 34.

2560

Berechnungsbeispiel: "Mischlösung" bei Ausgleich zum Arbeitszeitdefizit durch entgeltliche und durch unentgeltliche Hilfe

	Umrechnungsfaktor:		Geldersatzwert	Berechnungsvariante	
Ausgleichsfähiges Zeitdefizit sowie normativ pauschalierender, örtlich und zeitlich angemessener Stundensatz (näher Rn. 2659 ff.) und Monatswert (zur Umrechnung im Einzelnen Rn. 2617)	38,00 Std./Wo	8,00 €	1.307,20 €	Monatswert zur normativ pauschalierenden Abrechnung der unentgeltlichen Hilfe	1.100,80 €
Realer Zeitaufwand und reale Vergütung der Hilfskraft, s. Rn. 2537 ff.	6,00 Std./Wo	10,00 €	4,3	Reale monatliche Vergütung für Hilfskraft	258,00 €
Differenz reale und pauschalierende Schadensbewältigung (erschließt – mtl. – Zusatzaufwand wegen der tatsächlichen, entgeltlichen Beschäftigung der Hilfsperson)	32,00 Std./Wo	2,00 €	51,60 €	Monatliche Zwischensumme realer Aufwand und restlicher normativ pauschalierender Aufwand	1.358,80 €
Real aufgebrachte (auf den Monat umgerechnete) Sozialversicherungsbeiträge als Arbeitgeber		24,20 €		Weiterer konkreter Aufwand, z.B. Sozialversicherungsbeiträge als Arbeitgeber	24,20 €
Sonstiger realer monatlicher Aufwand für den Einsatz der Hilfsperson, z.B. Fahrtkostenersatz		25,00 €		Zusätzlicher konkreter (nachzuweisender) realer Aufwand, z.B. Fahrtkostenersatz	25,00 €
Zwischensumme weiterer konkreter (erforderlicher) Aufwand durch Schadenabhilfe			49,20 €	Zwischensumme weiterer konkreter (erforderlicher) Aufwand	49,20 €
Zwischensumme realer Aufwand			100,80 €		
Insgesamt ausgleichsfähiger Betrag			1.408,00 €	Insgesamt ausgleichsfähiger Betrag	1.408,00 €

Pauschalierende Berechnung 4

	Geldersatzwert	Berechnungsvariante
Haftungsquote	75%	Haftungsquote 75%
Monatlicher quotierter ersatzfähiger Betrag bei (insgesamt) normativer, pauschalierender Einschätzung	980,40 €	Monatlicher quotierter ersatzfähiger Betrag zur normativ pauschalierenden Einschätzung 825,60 €
Monatliche quotierte Zusatzforderung wegen des realen Aufwands	75,60 €	Monatliche quotierte Zusatzforderung wegen realen Aufwands 230,40 €
Insgesamt quotierte monatliche Ersatzforderung	1.056,00 €	Insgesamt quotierte monatliche Ersatzforderung 1.056,00 €

2561 *Die Onlineversion zeigt die Berechnungsformel und ermöglicht eigene Berechnungen.*

2562 Der Umfang, in dem eine Hilfskraft beschäftigt wird, soll wesentliches **Indiz** für den Gesamtschaden sein. Die Überzeugung, dass darüber hinaus ein Hausarbeitszeitdefizit besteht, das durch unentgeltliche Hilfe des anderen Ehepartners oder Dritter oder durch erhöhten/überobligationsmäßigen eigenen Einsatz (etwa unter Ertragung von Schmerzen oder unter Inkaufnahme längerer Arbeitszeit) aufgefangen werden muss, bedarf einiger Begründung. Bei der Beschäftigung mehrerer Verwandter, die sich die Arbeit teilen, gilt der Gedanke eines „Indizes" nicht wirklich.

b) Zeitfaktor: Zeiteinsatz (Zeitaufwand), Zeitdefizit

2563 Das **Arbeitszeitdefizit** ergibt sich im Verletzungsfall über den allgemeinen **Differenzgedanken** zur relevanten Behinderung bzw. mittels einer **prozentualen Gewichtung** der Behinderung. Beide Berechnungswege sind theoretisch gleichwertig. Bei Grobeinschätzung der prozentualen Gesamt-MdH kommt es aber zu Verschiebungen, Rn. 2566. Für beide Berechnungswege ist es unverzichtbar, die Zeitansätze aufzuschlüsseln, Rn. 2595 ff.

2564 Die Berechnung über eine prozentuale Gewichtung unterscheidet sich im Grundsatz nicht von der Differenzbetrachtung über Sollzahlen und Istzahlen für die Zeit nach dem Haftungsereignis, die z. B. mittels Aufzeichnungen (Rn. 2504, 2595), die die Leistungsbereiche (Rn. 2474 ff.) abdecken, konkretisiert sind. Das sich ergebende Zeitdefizit (Rn. 2566, 2612) ist jeweils mit dem Kostenansatz (Rn. 2641 ff.) zu multiplizieren, um die Ausgleichsforderung zu beziffern. Dass die MdH als Quote in Wahrheit von der Arbeitszeit abhängig ist, muss bei den gebotenen Bewertungen stets bedacht sein.

2565 ▶ Theoretisch ist die prozentuale Gewichtung nicht auf den Geldwert zu beziehen, weil die spezifische Arbeitsfähigkeit und die eingeplante Zeit betroffen ist, nicht der Geldwert. Rechnerisch ist innerhalb einer reinen Multiplikation die Reihenfolge ihrer Glieder jedoch beliebig (kommutatives Gesetz). Darauf, ob eine Wochen- oder Monatsvergütung durch Multiplikation (mit Arbeitszeit, Stundenvergütung, anteiliges Urlaubsgeld, anteilige Weihnachtszuwendung) ermittelt werden kann, kommt es mathematisch nicht an. Nur bei einer zwischengeschalteten Addition (wegen Aufrundung) oder anderen Zwischenerwägungen und (unterschiedlichen) Bezugsgrößen sind unterschiedliche Beträge je nach den Zwischenannahmen zu erkennen. ◀

2566 **Berechnungsmodell und Beispiel zur Berechnung des Arbeitszeitdefizits:**

Differenzmethode	Prozentuale Gewichtung
Zeitaufwand–Soll (Wäre)	Zeitaufwand–Soll (Wäre)
abzgl. Zeitaufwand–Ist	× (Gesamt-) MdH in Prozent
= Arbeitszeitdefizit	= Arbeitszeitdefizit

Erläuterung: Bei der Differenzbetrachtung ergibt sich die Quote zur Minderung der Hausarbeitsfähigkeit aus dem Verhältnis zwischen dem Arbeitszeitdefizit und der Arbeitszeit bei unbeeinträchtigter Arbeitskraft. Eben diese Quote setzt die prozentuale Gewichtung der Behinderung in der Hausarbeitsfähigkeit (MdH, Rn. 2513 ff.) zur Berechnung des Arbeitsdefizits ein. Zum realen Arbeitszeitdefizit muss mit Befunderhebungen und -feststellungen bei der verletzten Person gearbeitet werden (zum Soll i. S. des Wäre bzw. Hätte – ohne Verletzung – wie zum Ist). Anschließend bedarf es einer – u. U. sachverständigen – Überprüfung zur Frage der Kausalität der eingeschränkten Arbeitskraft. Die prozentuale Gewichtung erleichtert es, zu einem Arbeitszeitdefizit zu finden, wenn zum Soll-Ansatz Erfahrungswerte herangezogen werden (Rn. 2605 ff.) und die ärztliche Erkenntnis unmittelbar zu einem Prozentsatz (Rn. 2525) verhelfen kann. Weil die Gesamt-MdH stark abstrahiert (beachte Rn. 2533), kommt es allerdings (fast stets) zu einer Verzerrung des Zeitansatzes.

Differenzmethode		Gewichtung
21 Std/Wo	Arbeitszeit bei unbeeinträchtigter Arbeitskraft	**21 Std/Wo**
abzgl.		×
12 Std/Wo		40% MdH
[Als dem Beweis zugängliche Arbeitszeit mit verbliebener Arbeitskraft. Umgerechnet zeigen sich 57,14% der Arbeitszeit mit unbeeinträchtigter Kraft, wie es zu einer MdH von 42,86% führt.]		[Diese Gesamt-MdH bedeutet, wenn sie der Leistungskraft von 12 Std/Wo entsprechen soll, eine angenommene wöchentliche Arbeitszeit bei unbeeinträchtigter Arbeitskraft von 20 Std/Wo. Denn sind „unbeeinträchtigt" 60% als 12 Std/Wo, ergibt sich rechnerisch mit 12/60% für die unbeeinträchtigte Kraft die Zeit von 20 Std/Wo.]
ergibt		führt zu
9 Std/Wo	Arbeitszeitdefizit	**8,4 Std/Wo**
		[40% von 20 Std/Wo ergeben indes nur 8 Std/Wo als Zeitdefizit.]

Den Berechnungsablauf gibt die Onlineversion mit weiteren Beispielen wieder, die zugleich eigene Berechnungen ermöglicht und den Schaden für einen Tag, jeweils pro Woche oder Monat über eine Stundenvergütung ausweisen lässt.   2567

Das Entgelt, das die verletzte Person unter Einsatz ihrer Arbeitskraft auf dem Arbeitsmarkt erzielen könnte oder erzielt hätte, ist irrelevant. Die Höhe eines Arbeitseinkommens oder der Einkünfte bei selbstständiger Arbeit stellen aber auch keine Obergrenze für den Wert der Hausarbeit dar.[625] Die Haushaltsführung ist zudem nicht am Einkommen des erwerbstätigen Ehe-, Lebenspartners zu messen. Weder die Hälfte eines Nettoeinkommens noch eine andere Quote, die für einen Barunterhalt herangezogen werden könnte, gibt den Wert der Hausarbeit wieder und zwar bei Verletzungen ebenso wie bei Tötung. Wirtschaftliche Momente finden sich zwar in der Haushaltsarbeit einerseits und dem Bar-Unterhalt andererseits.[626] Die Leistung im Haushalt ist trotz dieser wirtschaftlichen Aspekte mittels des Bandes „Unterhaltsverbindung" gleichwohl nicht mit einem Bar-(Natural-) Unterhaltsbedarf identisch. Einkünfte oder/und Beruf fließen mittelbar über den sozialen Stand und Lebenszuschnitt ein. Daraus ergibt sich der Rahmen für die angemessenen und erforderlichen Kosten, die der Schädiger als Schadensausgleich aufzubringen hat. Es bedarf freilich **eigenständiger** arbeitstypischer und -spezifischer **Wertfeststellungen**, Rn. 2443, 2640 ff.   2568

Zeitaufwand

Die **hauswirtschaftlichen Arbeiten** und Aufgaben folgen der individuellen **Lebensgestaltung** und -planung. Der Zeitaufwand wird durch den Zuschnitt des Haushalts und die im Haushalt anfallenden Aufgaben, die Zeiten der Beschäftigung außerhalb des Haushalts und alle individuellen Lebensgewohnheiten bestimmt.   2569

Jede – **freiwillige**, tatsächliche – **Tätigkeit** in der **Haushaltsführungspartnerschaft** ist ebenso wie die vereitelte Hausarbeit bei **Doppel-, Zuverdienern** unabhängig davon zu beachten, ob sie von dem **Mann oder** der **Frau** erbracht wird. Es kommt immer auf den tatsächlichen hauswirtschaftlichen Zeitaufwand an.   2570

---

625 *BGH* VersR 1982, 951 = NJW 1982, 2866.
626 *Stürner* in DAR 1986, 7, 9.

2571 **Tipp** Es sind alle originären Bereiche zur Versorgung des Haushalts und in der familiären Gemeinschaft zu berücksichtigen, auch unterstützende Leistungen. Das Hobby, den eigenen Haushalt oder/und Garten, die Haushaltsgeräte oder auch Haustiere in einem (bei unscharfen Grenzen normativ zu erfassenden) vergleichsweise außergewöhnlich hohen Maße zu betreuen bzw. zu versorgen, lässt die immaterielle Beeinträchtigung des Einzelnen freilich nicht zu einem materiellen Schaden werden (Rn. 2476, 2489, 2576). Dafür, dass die verletzte Person Arbeiten im Haushalt zu einem späteren Zeitpunkt als ursprünglich geplant eigenhändig durchführen kann, gibt es keinen Schadensersatz.

2572 Der **Zeitaufwand** für den Haushalt wird im Allgemeinen **bestimmt** durch:
- den Lebensstil, die Lebenseinschätzungen und -gewohnheiten,
- die Einkommensverhältnisse,
- die Haushaltsgröße (Personenzahl, Raumgrößen),
- das Alter und den Gesundheitszustand der Familienmitglieder, der Haushaltsangehörigen,
- die Ausstattung des Haushalts,
- den Umfang der Erwerbstätigkeit.

2573 Die Haushaltsführungsehe und vergleichbare, berücksichtigungsfähige Gemeinschaften lassen die ganz überwiegenden Arbeitsanteile bei der haushaltsführenden Person. In der Zuverdienerehe wird abstrahierend der Anteil von 75% für die überwiegend haushaltsführende, zuverdienende Person berücksichtigt werden können. In der Doppelverdienerehe werden auch für verletzte Personen (vgl. Rn. 3355) wegen der Gemeinschaft die Arbeitsanteile zu Hause zunächst halbiert werden dürfen. Ein höherer Fleiß im Haushalt kann sich nicht an dem Verhältnis der Einkünfte ausrichten, allenfalls am Verhältnis der wöchentlichen Arbeitszeit im Erwerbsleben. Die entsprechende Quote vom Gesamtzeitaufwand und damit dem Gesamtmonatswert für die Gemeinschaft gibt jedenfalls eine Orientierungsgröße, wobei die Anteile rechnerisch gleichwertig (Rn. 2565) auf die Zeit oder den Wert für die Familie bezogen werden können. Eine tatsächlich andere Verteilung zwischen den Partnern ist vom Anspruchsinhaber zu konkretisieren; zur rechnerischen Aufteilung einer Hausarbeitszeit, die für die Haushaltsgemeinschaft insgesamt ermittelt ist, beachte Rn. 3358. Je nach der spezifischen Beeinträchtigung der Hausarbeitsfähigkeit erschließt lässt sich dann ein monatlicher Ersatzwert; zu anderen Zeiten Rn. 2617.

2574

	Zuverdiener	**Doppelverdiener**
Zeitaufwand 4-PH in unbeeinträchtigter Lage	70 Std/Woche für die Familienarbeit insgesamt	
Leistungsanteil der verletzten Person	75%	50%
Zeitaufwand der verletzten Person	52,5	35

2575 Einem erhöhten Zeitaufwand in einem Leistungs-, Betreuungsbereich (Rn. 2474 ff.) kann z. B. angesichts des Alters eines Kindes ein Zeitgewinn in anderen Bereichen gegenüberstehen.[627]

2576 Unscharf und wertend zu bestimmen sind **Grenzen** zwischen der Hausarbeit und der Gestaltung der Verhältnisse in der Wohnung und dem Haushalt als Hobby, Rn. 2447. Einen Standard gibt es nicht.

2577 Wer wegen seiner Konstitution und seinen Lebensbedingungen mehr Zeit als andere benötigt, hat Anspruch auf Schadensausgleich nach seinen persönlichen Verhältnissen. Wer aber in alter Gewohnheit oder aus Freude an der Beschäftigung im Haus oder Garten die Tätigkeit zeitlich streckt, z. B. auf das Doppelte der Zeit, die erfahrungsgemäß benötigt wird, hat keinen Anspruch auf Abgeltung nach der subjektiven Gepflogenheit, weil es um wirtschaftliche Maßstäbe geht, Rn. 2447.

---

627 *BGH* VersR 1990, 907 = NZV 1990, 307.

Tipp Die objektiven Wertgrößen des Arbeitszeitbedarfs (Anhang 2) geben zumal bei Anpassung und Spezifizierung für die individuellen Verhältnisse einen Anhaltspunkt, so dass sich mit der Tabelle 1 von *Schulz-Borck* ein Mindestschaden (zum Zeitfaktor) bestimmen lässt. Verfolgt die verletzte Person einen weitergehenden Anspruch, hat sie substanziell gewichtig und anschaulich die tatsächlichen Einzelheiten zu schildern und ggfs. nachzuweisen. Zu den vom *BGH* akzeptierten Werten der Tabelle 1 greift aber die Erfahrung zu Gunsten der verletzten Person. Stellt die Schädigerseite zu solchen Arbeitszeitwerten den verfolgten Anspruch streitig, ist eine Klärung im Einzelfall nur für notwendig zu erachten, wenn und soweit die Schädigerseite mit konkreten Tatsachen aufzeigt, dass quasi bestimmte Fehler der Tabelle(nwerte) sich konkret auf den zu entscheidenden Fall auswirken.[628]

2578

Unter welchen Voraussetzungen Tabellen auf statistischer Basis ein vorweggenommenes Sachverständigengutachten sein könn(t)en, hat der *BGH* bisher[629] offen gelassen. Nach seiner Ansicht bedarf die Eignung von Listen oder Tabellen, die bei der Schadensschätzung Verwendung finden können, nur dann der Klärung, wenn mit konkreten Tatsachen aufgezeigt wird, dass geltend gemachte Mängel der betreffenden Schätzungsgrundlage sich auf den zu entscheidenden Fall auswirken.[630] Dass die Tabelle 8 von *Schulz-Borck* in der 6. Aufl. in diesem Sinn verwendet werden darf, hat der *BGH*[631] nicht explizit herausgestellt, aber die tatrichterliche Anwendung der dortigen Tabelle 9 gebilligt.

2579

Berücksichtigungsfähige Zahl von Haushaltsangehörigen im Mehr-Personen-Haushalt

Die zeitliche Belastung im Haushalt hängt von der Zahl der zu versorgenden Haushaltsangehörigen ab. **Unzweifelhaft** ist auf der Basis des **Beitrags zum Familienunterhalt** (Rn. 3305), dass der Einsatz für alle Personen zugrunde zu legen ist, mit denen eine unterhaltsrechtliche Beziehung besteht. Dieses Band des Unterhaltsrechts findet sich zwischen nicht getrennt lebenden Ehegatten oder Partnern einer eingetragenen Lebenspartnerschaft, Eltern und (minderjährigen) Kindern.

2580

Das *OLG Oldenburg*[632] stellt zutreffend heraus, dass in der Zeit des stationären Aufenthalts der verletzten Hausfrau und Mutter wegen ihrer Abwesenheit nicht auf den (um die Zahl 1) reduzierten n-PH abzustellen ist. Jedenfalls bei einem relativ kurzen Aufenthalt und angesichts eines in der ersten Zeit nach dem Haftungsereignis auftretenden Arbeitsmehrbedarfs insbesondere durch die Betreuung minderjähriger Kinder soll die Abwesenheit der verletzten Person „schätzungsirrelevant" bleiben. Bei einer mehrmonatigen stationären Abwesenheit der verletzten Person kann es freilich anders sein. Auch dann darf aber der Mehrbedarf (Rn. 1790, 2627) des Betroffenen selbst nicht übergangen werden. Das *OLG Oldenburg* hat es a.a.O. zugleich für irrelevant erachtet, dass der älteste Sohn in einem Heim (Erziehungshilfeschule) untergebracht worden ist, weil konkret immer noch ein 6-PH betroffen gewesen ist. Ohne häusliche Gemeinschaft gibt es indessen keinen einheitlichen Haushalt, für den der Haushaltsführungsschaden hinterfragt werden kann.

2581

Der *BGH* betont zum Haushaltsführungs-, Hausarbeitsschaden die **tatsächliche Orientierung** des **Arbeitseinsatzes**. Der Kreis der berücksichtigungsfähigen Personen ist also „weiter zu ziehen als das gesetzliche Unterhaltsband" reicht.

2582

Schon am 7.5.1974[633] hat sich der *BGH* – damals eher unbemerkt – zu einer Haushaltsgemeinschaft unter Einschluss des **erwachsenen Kindes** geäußert. Dort hat der BGH auf die tatsächliche Arbeitsleistung der Mutter für die Tochter gesehen und das gesamte Ausmaß der Tätigkeit der Mut-

2583

---

628 Zur Eignung von Listen oder Tabellen betr. Mietwagen vgl. *BGH* VersR 2008, 699.
629 Vgl. *BGH* NJW 2008, 1519 = VersR 2008, 699 = NZV 2008, 339 = DAR 2008, 331 zu Mietwagenkosten.
630 *BGH* NJW 2008, 1519 = VersR 2008, 699 = NZV 2008, 339 = DAR 2008, 331.
631 *BGH* VersR 2009, 515 = DAR 2009, 263 = FamRZ 2009, 596.
632 SP 2001, 196.
633 VersR 1974, 1016 = NJW 1974, 1651, 1652.

ter herangezogen. Indessen war damals das Kind nicht mehr unterhaltsberechtigt, zumal das volljährige Kind (regelmäßig) ohnehin keinen unterhaltsrechtlichen Betreuungsanspruch hat. Im Urteil vom 6.6.1989[634] hat der *BGH* den Haushalt des **erwachsenen Sohnes** und seiner Mutter zu beurteilen gehabt. Es ging um die auch fremdnützige Arbeit, um die dem Sohn unmöglich gewordenen „etwas schwereren Hausarbeiten wie Staubsaugen, Teppich klopfen, die ganze Schlepperei". Dazu hat der *BGH* dem Tatrichter eine Mindestschätzung nach dem Mindestarbeitszeitbedarf in einem Zwei-Personen-Haushalt nahe gelegt und eine Vergütung, wie sie für eine Stundenhilfe gezahlt werden müsste. Das *OLG Oldenburg*[635] hat, vom *BGH* bestätigt, bei der **18-jährigen Tochter** zugrunde gelegt, dass sich die erwachsene Tochter im gemeinsamen Haushalt mit den Eltern regelmäßig selbst versorge, der Aufenthalt der Tochter keine Mehr- bzw. Zusatzarbeit für die den Haushalt führende Mutter bedeute. Wäre das volljährige Kind ohne Unterhaltsanspruch nicht zu berücksichtigen, hätte es des Blicks auf die konkrete Lebenslage gar nicht bedurft.

2584 ▶ Es spricht viel dafür, dass der *BGH* die **Haushalts- und Bedarfsgemeinschaft** zwischen Ehegatten, Eltern und Abkömmlingen berücksichtigt sehen will und zwar allein über die Zahl der Haushaltsangehörigen. Bei volljährigen Kindern ist jedoch stets zu überprüfen, ob sie sich im entscheidenden Maß ausschließlich selbst versorgen. Dann sind nur sie bei eigener Verletzung anspruchsberechtigt (Rn. 2451, 2498). ◀

2585 Den Anschluss an den *BGH* sieht das *OLG Oldenburg*[636] (abweichend von der Vorinstanz), als es Leistungen für die seit langem in einen gemeinsamen Haushalt integrierte und dadurch mitversorgte **Tante** miterfasst hat. Dies verlässt allerdings die Basis eines Unterhaltsbezugs und eines Beitrags zum Familienunterhalt als Grund für den Ersatz des Haushaltsführungsschadens zur Versorgung anderer Personen (bevor es auf den Umfang ankommt, zu dem stets die tatsächlichen Leistungen entscheidend sind). Demgegenüber hat das *OLG Celle* der **Großmutter**[637] einen Ersatzanspruch versagt, obwohl sie ihr Enkelkind nach einem Unfall verletzungsbedingt einige Zeit nicht mehr so betreuen konnte, wie sie es zuvor an der Stelle ihrer Tochter tat, die entlastet werden sollte und nicht zwingend gehindert gewesen ist, ihr Kind zu betreuen und zu versorgen (also ohne Unterhaltspflicht der Großmutter).

2586 Manche Gerichte halten es für wesentlich, ob eine **Haushaltsgemeinschaft** besteht oder nicht. Dem ist in insofern zu folgen, als zu den alltäglichen (hauswirtschaftlichen) Leistungen im Rahmen eines gemeinsamen Haushalts[638] nach den tatsächlichen Verhältnissen – weil es auf eine gesetzliche Unterhaltspflicht nicht ankommt – der Hausarbeitsschaden in Bezug auf die für die anderen Angehörigen des Haushalts ausfallenden, erschwerten oder vereitelten Arbeiten zu bejahen ist.

2587 Das *OLG Köln*[639] verneinte bei der Betreuung der 86-jährigen Mutter einen Anspruch der verletzten Tochter, die selbst Rentnerin gewesen ist, weil die Mutter nicht im Haushalt der Kinder lebte. Kosten für die Betreuung, Versorgung und Pflege der Schwiegermutter in deren Altenteil lässt das *OLG Düsseldorf* bei Verletzung des im Haushalt arbeitenden Ehegatten trotz der spezifischen Gegebenheiten in einem landwirtschaftlichen Betrieb außer Ansatz.[640]

2588 Für eine Haushaltsgemeinschaft ist auf die Vorteile der Aktivitäten und die gemeinsame Ausrichtung der Versorgungsleistungen abzustellen, nicht das gemeinsame Übernachten im engsten räumlichen Verbund. Eine solche Haushaltsgemeinschaft (**Familienwohnung**[641]) ist stets bei einem ortsbezogenen Mittelpunkt der gemeinschaftlichen Lebensinteressen anzunehmen. Eine Person

---

634 NJW 1989, 2539; Anm. *Grunsky* in NZV 1989, 389.
635 *OLG Oldenburg* NJW-RR 1989, 1429 = FamRZ 1989, 862 (Amputation Oberschenkel).
636 *OLG Oldenburg* VersR 1993, 1491 = r+s 1993, 101.
637 VersR 1983, 40.
638 So mit *Huber* in VersR 2007, 1330 ff.
639 19. Zivilsenat, NJW-RR 1994, 350.
640 *OLGR Düsseldorf* 1996, 181.
641 Vgl. § 64 EStG.

mit einer eigener Wohnung kann neben diesem Lebensmittelpunkt zudem einen weiteren durch gemeinschaftlichen Lebensinteressen mit Anderen begründeten Lebensmittelpunkt haben. Trotz oder selbst bei gewisser räumlicher Trennung kann ein (weiterer) ortsbezogener Mittelpunkt gemeinschaftlicher Lebensinteressen in einer Familienwohnung bestehen, solange es dort um mehr als bloße Besuche und um Aufenthalte mit einem zeitlich bedeutsamen Umfang geht. Gesonderte Räume, eine Einliegerwohnung hindern die Bejahung einer Haushaltsgemeinschaft nach der hier vertretenen Ansicht deshalb nicht.

Die Wertigkeit der Arbeit hängt nicht vom gemeinsamen Wohnen, sondern von der Leistung ab. Es macht weder ökonomisch noch rechtlich einen Unterschied, ob die mitversorgte Person in einer Einliegerwohnung wenige Meter entfernt oder viele Kilometer entfernt wohnt. Nur zu §§ 1619, 845 BGB stellt das Gesetz – zusätzlich – auf den gemeinsamen Haushalt bei volljährigen Kindern ab. 2589

Irrtümer bei der Schadensregulierung zu Lasten betroffener Personen beruhen nicht selten darauf, dass nicht ausreichend zwischen den Zeiteinsätzen der einzelnen Haushaltsmitglieder (auch bei unterstützenden Tätigkeiten) sowie dem Eigenbereich (der Eigenversorgung) und der Tätigkeit für andere Personen (der Fremdversorgung) innerhalb einer Lebens- und Haushalts-, Wohngemeinschaft unterschieden wird. 2590

Das OLG Frankfurt versagte dem erwachsenen Kind, das im Haushalt seiner Eltern ohne unterhaltsrechtliche Verpflichtung geholfen hat, einen materiellen Ersatz[642] wegen der **unentgeltlichen Nützlichkeit** für die Eltern. Gleichsinnig verneinte das *OLG Köln*[643] bei dem verletzungsbedingten Ausfall der Arbeitskraft des Vaters, der unentgeltlich beim Hausbau seines Sohnes (beachte Rn. 2436) mithelfen wollte und schon tatkräftig gewesen war, einen Erwerbsschaden des Vaters, weil die Unmöglichkeit, den Wert der Arbeitskraft einem anderen zu schenken, keine materielle Schädigung sei. 2591

Soweit der *BGH*[644] von der Versorgung eines **Untermieters** spricht, ist der Sache nach ein allgemeiner Erwerbsschaden gemeint, unter dem Aspekt der Chance, Mieteinnahmen zu erzielen. 2592

Häufig ist zum Zeitansatz auf **Erfahrungswerte** zurückzugreifen. Diese Erfahrungswerte **korrigieren** ggfs. **zugleich** einen individuell überhöhten Einsatz im Haushalt und begrenzen einen Ausgleichsanspruch zum (tatsächlichen) Zeitaufwand. Das Maß des „Tatsächlichen" (Rn. 2467) gegenüber dem Maß der Unterhaltsschuld bei Tötung (Rn. 3303 ff.) darf nicht dadurch geprägt sein, dass jeder individuelle Zeiteinsatz und normativ übertrieben erscheinende Aufwand, der verletzungsbedingt nicht mehr betrieben werden kann, zu erstatten ist; s. auch Rn. 2540. 2593

Wer sich wegen eines hohen Freizeitanteils entschließt, für seinen Haushalt (bei den Mahlzeiten, bei der Gartengestaltung) eine überdurchschnittliche Zeit aufzuwenden, muss im Verletzungsfall den Ausgleich des durchschnittlichen, nach den persönlichen Verhältnissen angemessenen Zeitaufwandes hinnehmen. 2594

Konkretisierung des Zeiteinsatzes

Individuelle **Aufzeichnungen** über den persönlichen Arbeitseinsatz aus der Zeit vor dem haftungsbegründenden Ereignis geben am ehesten Aufschluss zum Lebensplan, also zum „Soll = Hätte bzw. Wäre" für die Verhältnisse danach. Solche Aufzeichnungen stehen aber selten zur Verfügung. 2595

---

642 VersR 1982, 909.
643 11. Zivilsenat, VersR 1994, 356.
644 VersR 1974, 1016, 1017.

2596 **Tipp (Tagebuch-) Aufzeichnungen** zur Hausarbeit nach dem Haftungsfall geben einen gewissen Aufschluss zu Beeinträchtigungen, ohne den Umfang eines Defizits wirklich plausibel zu machen. Dies gilt insbesondere dann, wenn alle Angehörigen des Haushalts parallel solche Aufzeichnungen anfertigen.

2597

Formulierungsvorschlag

Wochenaufstellung für die Zeit vom … bis …
Name: …………
Zahl der Haushaltsangehörigen: ……

Wochentag	Tätigkeit im Haushalt (Beschreibung wie Rn. 2474 ff, s. zudem Rn. 2504)	Dauer (gerundet in Stunden bzw. Stundenanteilen)	Häufigkeit	Besonderheiten
Montag				
Dienstag				
Mittwoch				
Donnerstag				
Freitag				
Sonnabend				
Sonntag				

2598 *In der Onlineversion ist dieser Formulierungsvorschlag als Exceldatei abrufbar.*

2599

Formulierungsvorschlag

Zusammenfassende Wochenaufstellung für die Zeit vom … bis …
Namen der beteiligten Haushaltsangehörigen: …………

Wochentag	Tätigkeit im Haushalt (Beschreibung wie Rn. 2474 ff., s. auch Rn. 2504).	Summe der Zeitanteile aller Angehörigen des Haushalts	Besonderheiten
Montag			
Dienstag			
Mittwoch			
Donnerstag			
Freitag			
Sonnabend			
Sonntag			

2600 *In der Onlineversion ist dieser Formulierungsvorschlag als Exceldatei abrufbar.*

2601 **Unterschiedliche Behinderungsgrade** bedürfen ggfs. ebenso wie unterschiedliche Zeitansätze wegen veränderter Lebenssituationen getrennter Betrachtung.

2602 *Die Onlineversion stellt Hilfsmittel zur Berechnung der Zeiten und Aufwandszeiten zur Verfügung, Rn. 2634.*

Eine **anhaltende Behinderung** mit demselben Behinderungsgrad bei gleichen Größen des Aus- 2603
gangszeitbedarfs führt zu einem Vielfachen eines pro Woche ermittelten Defizits , auch sind ggfs.
andere Zeiträume zu berücksichtigen, s. zu Berechnungsmöglichkeiten Rn. 2662.

Arbeitszeitbedarf

Bis Anfang der 70er Jahre gab es keine geeigneten statistischen Erhebungen zum Arbeitszeitbedarf 2604
für die Versorgung eines Haushalts, die es im Sinne des § 287 ZPO zugelassen hätten, Zeitansätze
typisierend festzustellen. Befragungen seitens der Bundesforschungsanstalt für Hauswirtschaft
wurden nicht als repräsentativ angesehen. Ihnen konnte keine entscheidende Bedeutung zugesprochen werden. Nach gründlichen und umfangreichen Erhebungen zur Arbeitszeit in städtischen Haushalten, die unter Anwendung verschiedenster Schätzmethoden weitgehend übereinstimmen, lässt der *BGH*[645] die Feststellung des Arbeitszeitbedarfs anhand der auf diesen Ermittlungen beruhenden Tabellenwerten zu.

▶ Erfahrungswerte zum Arbeitszeitbedarf akzeptiert der BGH seit 1979; beachte Rn. 2578. ◀ 2605

Der Arbeitszeitbedarf ist die für die Ausführung bestimmter Aufgaben als erforderlich anzuse- 2606
hende Zeit, eine Sollzeit mit gewisser Objektivierung. Der *BGH*[646] spricht auch für Verletzte von
deren Arbeitszeitbedarf. Bei Verletzungen geht es aber nicht wie bei einer Tötung um den Ausgleich eines Defizits zum (Arbeitszeit-, Unterhalts-)Bedarf, sondern um die individuelle Lebensgestaltung mit dem tatsächlichen Aufwand, der eingebracht worden ist oder/und künftig werden
sollte. Indessen beschreibt *Schulz-Borck*[647] den Arbeitszeitbedarf als Zeitbedarf einschließlich
Arbeitszeitaufwand für Betreuung, Einkauf und Haushaltsführung. Seine Ansätze kombinieren
also Aufwandszeiten als Ist-Werte aufgrund von Zeitverwendungsuntersuchungen und Bedarfszeiten als Soll-Werte nach Arbeitsstudien. Ansatzweise mag dies legitimieren, pauschalierend in Ver-
letztenfällen darauf zurückzugreifen statt auf Aufwandszeiten (Rn. 2624, 2625).

> **Arbeitszeitbedarf (Stunden/Woche):** Auszug aus der Tabelle 1 von *Schulz-Borck/Hofmann*[648] 2607
> aus dem Jahr 1987 [ohne Zahlenwerte für reduzierte Haushalte und hier mit einem rechneri-
> schen Zusatz].
>
> | | | Anspruchsstufe | | Hier errechneter |
> |---|---|---|---|---|
> | | gering | mittel | hoch | **Durchschnitt** |
> | 2 PH | 22,6 | 33,9 | 44,6 | 33,7 |
> | 3 PH | 33,7 | 47,2 | 60,0 | 47,0 |
> | 4 PH | 41,3 | 56,4 | 71,4 | 56,4 |
> | 5 PH | 45,5 | 63,4 | 80,2 | 63,0 |
> | 6 PH | 54,3 | 74,7 | 93,6 | 74,2 |
>
> **Erläuterung:** Mit „PH" ist der Personen-Haushalt, die Zahl der Haushaltsangehörigen gekenn-
> zeichnet. Die Einstufung zum Zeitniveau (Anspruchsstufe gering, mittel, hoch) folgt grundsätz-
> lich der Größe und Ausstattung der Ehewohnung, dem Lebensstil. Im Einzelnen ist dazu auf
> die einschlägigen Tabellen von *Schulz-Borck* zu verweisen. Ein Regelsatz dahin, im Zweifel
> die mittlere Anspruchsstufe heranzuziehen, besteht nicht. Die Bedarfseinschätzung betrifft an
> sich nur Familienhaushalte. Die Erwerbstätigkeit der Frau als haushaltsführende Person drückt
> sich erst in der 7. Auflage aus. Vorschädigungen müssen gesondert berücksichtigt werden. Spä-
> tere Auflagen von *Schulz-Borck* nennen höhere Bedarfswerte, beachte Anhang 2. Für die
> Berechnung mit/über Tage muss ein anderer Ansatz oder eine Umrechnung erfolgen, Rn. 2617,
> 2685, 2686.

---

645 VersR 1979, 670 = NJW 1979, 1501.
646 *BGH* VersR 1989, 1273 = NJW-RR 1990, 34.
647 In Schadenersatz, 4., 5. und 6. Aufl.
648 A.a.O., 3. Aufl. 1987.

2608 Mit Bedarfswerten rechnen in Verletzungsfällen z. B.:
- *OLG Celle* ZfS 1983, 291;
- *OLG Celle* OLGR 1995, 7, 9;
- *OLG Düsseldorf* VersR 1992, 1418, 1419;
- *OLG Hamburg* VersR 1985, 646;
- *OLG Oldenburg* NJW-RR 1989, 1429;
- *OLG Oldenburg* Urteil vom 24.10.1991, 1 U 124/91, *BGH* NA-Beschl. v. 30.6.1991, VI ZR 319/91 (reduzierter 3-PH, weil zum 2-PH jeden 2. Tag eine Person hinzukommt);
- *OLG Oldenburg* SP 2001, 196 (mittlerer 6-PH mit Arbeitszeitbedarf von 63 Std/Woche, Erhöhung nach Geburt von Zwillingen um 10 Wochenstunden, zugleich mit Berechnung über MdE-Werte – s. dagegen Rn. 2515 –: 100% zeitnah zum Unfall, zeitlich abgestuft bis 15% als verbleibender Dauerschaden);
- *LG Hildesheim* ZfS 1993, 298;
- *LG Koblenz* NJW-RR 1987, 984.

2609 Es ist nach der hier vertretenen Ansicht daran zu denken, die mittlere Anspruchsstufe bei einer Wirtschaftskraft der Familie, d. h. bei den für Unterhaltszwecke zur Verfügung stehenden Geldmitteln, ab etwa 2.000 € und die höhere Stufe ab etwa 3.500 € annehmen zu können. Von einer weiter verfeinerten Unterteilung zum Anspruchsniveau sollte Abstand genommen werden, weil dies nicht zu gerechteren Einzelfallergebnissen führt, sondern nur das Streitpotenzial erhöht.

2610 Wird an die Zeitbedarfsangaben von *Schulz-Borck* angeknüpft, gilt es zu beachten, dass **Tabellenwerte** die Zeiten **für den gesamten Haushalt** ausmachen. Sie können wegen der spezifischen Familiensituation zu **erhöhen** sein. Da Ansätze zur Haushaltsführung im weiteren, umfassenden Sinn fehlen, können die Tabellenwerte auch deswegen zu erhöhen sein. Zu den unterstützenden Tätigkeiten (Rn. 2481 ff.) fehlen aussagekräftige Angaben. Inwieweit die Angaben auf andere Lebensverhältnisse als die Ehe (mit Kindern) zu übertragen sind, ist ungeklärt.

2611 **Abzuziehen** sind von den Bedarfswerten für die Haushaltsgemeinschaft insgesamt die Zeiten der tatsächlichen (Mit-) Hausarbeitszeit der anderen Haushaltsangehörigen. Die **tatsächliche Mithilfe** der Angehörigen ist anhand des Lebensalters der Betroffenen und der Inanspruchnahme durch Schule oder Beruf zu ermitteln. Bei gleichwertiger beruflicher Belastung der Ehegatten und Versorgung von Zwillingen im Kleinkindalter kann die jeweilige Mitarbeit z. B. bis zu 50% gehen, s. auch Rn. 2573, 2574.

2612 **Berechnung zur Ermittlung eines wöchentlichen Arbeitseinsatzes im n-PH ausgehend vom Zeitbedarf:**

Ausgehend vom wöchentlichen Zeitbedarf für den gesamten Haushalt	(Stunden/Woche)
zuzüglich einer Erhöhung wegen besonderer Belastung	(Stunden/Woche)
abzüglich der tatsächliche Mithilfe von Kindern	(Stunden/Woche)
abzüglich der tatsächlichen Mithilfe des Ehe-, Lebenspartners	(Stunden/Woche)
erschließt sich der Wochenaufwand der verletzten Person.	(Stunden/Woche)

2613 Wird auf diese Weise von Tabellenwerken her eine berücksichtigungsfähige Zeitgröße gefunden, hat die prozentuale Gewichtung (Rn. 2566) ihren Ansatzpunkt zur Bestimmung des Arbeitszeitdefizits. Der Wochenaufwand für die verletzte Person ist mit dem relevanten Prozentsatz der haushaltsspezifischen Minderung (Rn. 2513 ff.) zu multiplizieren. Das Ergebnis stellt das ausgleichsfähige Zeitdefizit dar. Eine veränderte Haushalts- und Familiensituation, die Entwicklung der familiären Situation nimmt Einfluss auf den Arbeitszeitaufwand im Haushalt.

Der *BGH*[649] hat gebilligt, für den 3-PH einen wöchentlichen Arbeitszeitbedarf von 40 Stunden und nach der Geburt von Zwillingen für den 5-PH einen solchen von 60 Stunden zugrunde zu legen und sodann bei der Minderung der Hausarbeitsfähigkeit von 40% ein Defizit von 16 Stunden bzw. 24 Stunden abzurechnen. 2614

Berechnung:	Stunden 1. Zeitabschnitt, 3-PH	Stunden 2. Zeitabschnitt, 5-PH
Wöchentliche Arbeitszeit Soll = Wäre	40	60
Minderung der Hausarbeitsfähigkeit	40%	40%
Wöchentliches Arbeitszeitdefizit	16	24

Jede von *Schulz-Borck* aufgeführte statistisch ermittelte Zeit betrifft (Arbeits-) Stunden pro Woche. Dies verlangt ggfs. eine Umrechnung in der Zeit, wobei von der Bemessung des wöchentlichen Zeitdefizits her ein Defizit für jede andere Zeiteinheit errechnet werden. Es ist freilich auch eine Zeitberechnung von der Arbeitsbelastung pro Tag her möglich und dementsprechend jede andere Zeitumrechnung vorstellbar, die sich zum Gesamtersatz im Fall der Regulierung für einen langen Zeitraum auswirken kann. 2615

Tipp Häufig führt die Umrechnung in der Zeit zu nicht wirklich bemerkten Verschiebungen des rechnerischen Ergebnisses zu einem Rentenbetrag pro Monat. 2616

Berechnungsvorschlag:	**Vorschläge zur Umrechnung in der Zeit** (Tag, Woche, Monat, Jahr). 2617	
Variante 1:		
Ausgehend	vom Zeitaufwand oder dem Defizit in der Woche	(Stunden/Woche)
erschließt 1/7	den durchschnittlichen Zeitaufwand oder das durchschnittliche Defizit pro Tag	(Stunden/Tag)
oder das 4,3 oder 4,348 fache	den durchschnittlichen Zeitaufwand oder das durchschnittliche Defizit im Monat	(Stunden/Monat)
Hinweis: Für die pauschalierende Abrechnung, die nicht auf konkret betroffene Kalendertage abstellt bzw. nicht abstellen muss und das Jahr gem. § 760 Abs. 2 BGB in vier gleiche Teile (Quartale) aufgesplittet sieht, liegt der Faktor 4,3 nahe. Dieser korrespondiert mit dem Geld(-umrechnungs)faktor von 4,348. Dem entspricht zur Berechnung mit Tagen rund 365/12 = 30,42 sowie 30,42/7 = 4,3457. Der Faktor 4,34524 lässt sich aus § 760 BGB ableiten, Rn. 1949, s. auch Rn. 2675.		
Ausgehend	vom Zeitaufwand oder Zeitdefizit im Monat (Stunden/Monat)	
erschließt 1/30	zur einfachen überschlägigen Rechnung den durchschnittlichen Zeitaufwand bzw. das durchschnittliche Defizit am Tag	(Stunden/Tag)
oder das 12 fache	den durchschnittlichen Zeitaufwand bzw. das durchschnittliche Defizit im Jahr	(Stunden/Jahr)

---

649 *BGH* VersR 1989, 1273 = NJW-RR 1990, 34.

Variante 2:

7		(Kalender-) Tage → 1 Woche
52		Wochen → 1 Jahr
(rechnerisch:) 364		(Rechnerische Kalender-) Tage → 1 Jahr

Hinweis: Durchschnittlich lässt sich auch mit 365,25 Tagen pro Jahr rechnen.

12		Monate → 1 Jahr
30,3333333		(Kalender-) Tage → 1 Monat
4,333333		Wochen → 1 Monat von 1 Jahr (wie 52:12)

Oder abgestellt auf bestimmte regelmäßige Arbeitstage wöchentlich:

5		(Arbeits-) Tage → Woche
260	(wie 5 × 52)	(Rechnerische Arbeits-) Tage (ohne Feiertage) → Jahr
21,6666667	(wie 260:12)	(Arbeits-) Tage → 1 Monat

2618 Im Einzelfall ist maßgebend stets der real vorgesehene (hypothetische) Arbeitseinsatz, mögen es 2 Tage in der Woche mit mehreren Stunden oder auch 6 Tage mit weniger Stunden jeweils am Tag sein. Eine (abstrakte) feste, normative Bezugsgröße für die Hausarbeit der konkret betroffenen Person gibt es nicht.

2619 Für die pauschalierende Berechnung geht das *OLG Oldenburg*[650] von 6 Tagen in der Woche aus, während das *OLG Köln*[651] die Arbeit am Wochenende berücksichtigt und 7 Tage in der Woche zugrunde legt[652], aber auch 5 Tage in der Woche.[653]

2620 Bei 3 bis 4 Stunden in der Woche werden gelegentlich[654] für den Monat auch 16 Stunden angenommen.

2621 Zum **wöchentlichen Zeitaufwand** (verstanden als 7-Tage-Woche) in städtischen Haushalten hat *Schulz-Borck* eine **Regulierungstabelle** untergliedert nach Erwerbstätigkeit der den Haushalt überwiegend versorgenden Person, der Hausfrau, vorgestellt.

2622 Regulierungstabelle von *Schulz-Borck/Hofmann*, a.a.O., 3. Aufl., Tabelle 8, S. 31[655]

	Wöchentlicher Zeitaufwand der Hausfrau bei Erwerbstätigkeit			Zeitaufwand Durchschnitt alle Hausfrauen	Gesamtzeitaufwand im Haushalt (Durchschnitt)
	Nicht-	Teil-	Voll-		
1 PH	20	20	18	19	19
2 PH	38	38	19	31	36
3 PH	45	45	27	39	50
4 PH	49	49	40	48	60
5 PH	50	46	36	46	60
6 PH und mehr	52	46	36	47	69

---

650 *OLG Oldenburg* VersR 1986, 1220 = VRS 71, 161.
651 VersR 1981, 690.
652 So z.B. auch *LG Heilbronn* SP 2002, 347: Defizit von 10,51 Std./Woche, also von 1,5 Std./Tag.
653 *OLG Köln* r+s 1989, 400.
654 *KG* VersR 1982, 978.
655 S. auch *Eckelmann/Nehls* in Schadensersatz bei Verletzung und Tötung, 1987, S. 65.

> **Erläuterung:** Zum 1-PH sind zur Nicht- und Teilerwerbstätigkeit die Angaben geschätzt worden. Bei Anwendung der Tabelle ist dann, wenn von dem Gesamtzeitaufwand für den Haushalt (letzte Spalte) ausgegangen wird, ein Abzug wegen einer tatsächlichen Mithilfe der Angehörigen geboten. Die Aussagekraft des Befundes für männliche Personen (als „Hausmann" an Stelle der Hausfrau) ist nicht ausgewiesen. Zur Berechnung ist, wenn der Tabelle eine Zahl (zum wöchentlichen Zeitaufwand) entnommen wird, weiter so vorzugehen, wie in Rn. 2564 und 2612 beschrieben.

Auf diese Regulierungstabelle stellen z. B. ab: **2623**
- *OLG Düsseldorf* DAR 1988, 24, 25;
- *OLG Oldenburg* VersR 1993, 1491, 1492 = r+s 1993, 101;
- *LG Saarbrücken* DAR 1994, 455 = ZfS 1994, 400 (unter Vergleich mit anderen Ergebnissen).

Individualisierte Zeitannahmen

In jüngeren Auflagen geht *Schulz-Borck* tabellarisch[656] auf den Arbeitszeitaufwand für verschiedene **Haushaltstypen** unter Berücksichtigung des Alters von versorgten Kindern ein. Dort wird unterschieden zwischen Zeitanteilen für den Haushalt insgesamt, den Anteil Frau, den Anteil Mann und den Anteil übrige Personen, das Alter von Kindern, Erwerbstätigkeit und Nichterwerbstätigkeit der Frau. Teilweise fließen deutlich höhere Zeitansätze als früher ein. Es bleibt abzuwarten, ob jene Zeitansätze in der Praxis akzeptiert werden[657], und es ist diskussionsbedürftig, ob aus materiellrechtlichen, beweis- und erkenntnisrechtlichen Gründen darauf überhaupt abgestellt werden darf. Dies ist nicht unproblematisch. Dafür, dass die in der Tabelle 8 von *Schulz-Borck* genannten Werte Richtsätze sind, die sich als Erfahrungswerte verstehen lassen, fehlt ein Nachweis; zu Tabelle 9 beachte Rn. 2579. Die Umsetzung statistischer Ergebnisse in eine Tabelle ist kein antizipiertes Gutachten und die eigenständige Definition von Haushaltstypen erschließt kein Erfahrungswissen für bestimmte (durchschnittliche) Lebenssachverhalte. Nur ein antizipiertes, von besonderer Sachkunde getragenes Sachverständigengutachten kann aber kraft (anerkannter) Erfahrungstatsache ohne weitere Sachabklärung einer Entscheidung zugrunde gelegt werden. Die ausgewiesene Sachkunde desjenigen, der statistische Vorgaben umsetzt, ändert bei dem Blick auf die Statistik nichts daran, dass für die konkrete Entscheidung in der haftungsrechtlichen Auseinandersetzung indiziell nur erste Anhaltspunkte anklingen, keine wirklich konkret ergiebigen Orientierungshilfen ausgewiesen sind. Zu beachten sind immer die jeweiligen Basisjahre der zugrunde liegenden statistischen Erhebungen, auch wenn dies praktisch – bisher – zumeist unterbleibt. Auf andere Lebensverhältnisse (Lebensgemeinschaften) sind die Werte überhaupt nicht übertragbar. So sagen für den allein stehenden Mann die Werte für die allein stehende Frau wegen der Erhebungsgrundlage nichts aus. In der 7. Auflage differenziert *Schulz-Borck* zwischen Zeiten für Mann und Frau und rechnerisch fein ziseliert über Erwerbstätigkeitsaspekte. Die Einholung eines – konkreten – **Sachverständigengutachtens** für den konkreten Fall ist freilich vielfach unabweisbar, wobei dem Sachverständigen die Anknüpfungstatsachen zur Verfügung gestellt werden müssen, u. U. sogar noch vorangehender Beweisaufnahme durch den Richter des Haftungsprozesses. **2624**

---

656 4 Aufl. 1993, Tabelle 8, S. 49; 5. Aufl. 1997 und 6. Aufl. 2000, Tabelle 8, S. 61 unter Heranziehung der Daten aus der Zeitbudgetforschung 1991/92.

657 *OLG Köln* OLGR 2000, 274 lehnt sich an die Tabelle 8 an mit 22 Wochenstunden = 3 Stunden täglich für die erwerbstätige Frau beim außerhäuslichen Arbeitstag von 10–12 Stunden im 2-PH; s. auch *OLG Hamm* NJOZ 2001, 514: 2-PH, Wohnfläche rund 150 m², Garten, verletzungsunabhängige Beschäftigung einer Haushaltshilfe nach Bedarf 2 bis 3 mal pro Woche für 3 bis 4 Stunden, Mitarbeit im Betrieb des Ehepartners, Zeitbedarf für die Haushaltstätigkeit 4 Stunden täglich; *OLG Hamm* NZV 2002, 570 = VersR 2002, 1430 zur Eigenversorgung; *OLG Düsseldorf* NJW-RR 2003, 87 = VersR 2004, 120.

2625 Gegenüberstellung der Zeitangaben bei *Schulz-Borck* a.a.O. für Mehr-Personen-Haushalte insgesamt:

2-Personen-Haushalt

4. Aufl.		Typ 2	Typ 3	Typ 4	Typ 12	Typ 13
		48,7	63,5	70,5	34,4	49,6
5. und 6. Aufl.		Typ 2	Typ 3		Typ 11	
		64,4	65,0		43,7	
7. Aufl. – Auswahl – Tabellen 8 und 9		Typ 2 (nicht erwerbstätig; ohne Kind)	Typ 3 (nicht erwerbstätig; 60 Jahre und mehr)		Typ 11 (erwerbstätig; ohne Kind)	
	(Ehe-)Frau	59,8	61,4		46,5	
	(Ehe-)Mann	61,8	63,2		49,6	

3-Personen-Haushalt

4. Aufl.		Typ 5 (Kind bis 3 Jahre)	Typ 6 (Kind 4–6 Jahre)	Typ 7 (Kind 7–14 Jahre)	Typ 14	Typ 15	Typ 16
		84,2	82,4	66,5	82,8	68,6	65,2
5. und 6. Aufl.		Typ 4 (Kind unter 6 Jahre)	Typ 5 (Kind 6–18 Jahre)		Typ 12	Typ 13	
		75,5	71,6		56,8	56,0	
7. Aufl. – Auswahl – Tabellen 8 und 9		Typ 4 (nicht erwerbstätig; Kind unter 6 Jahre)	Typ 5 (nicht erwerbstätig; Kind 6 bis 18 Jahre)		Typ 12 (erwerbstätig; Kind unter 6 Jahre)	Typ 13 (erwerbstätig; Kind 6 bis 18 Jahre)	
	(Ehe-)Frau	63,5	75,7		73,3	61,2	
	(Ehe-)Mann	65,1	75,4		76	65,8	

4-Personen-Haushalt

4. Aufl.		Typ 8	Typ 9	Typ 10	Typ 17	Typ 18	Typ 19
		89,8	83,2	74,5	85,2	79,2	72,6
5. und 6. Aufl.		Typ 6	Typ 7		Typ 14	Typ 15	
		90,4	74,4		73,6	58,1	
7. Aufl. – Auswahl – Tabellen 8 und 9		Typ 6 (nicht erwerbstätig; Kinder unter 6 Jahre)	Typ 7 (nicht erwerbstätig; Kinder zwischen 6 und 18 Jahre)		Typ 14 (erwerbstätig; Kinder unter 6 Jahre)	Typ 15 (erwerbstätig; Kinder zwischen 6 und 18 Jahre)	
	(Ehe-)Frau	89,1	76,1		61,4	64,9	
	(Ehe-)Mann	69,8	73,8		88,7	69,3	

	5-Personen-Haushalt				
4. Aufl.	Typ 10a (nur Frau) 64,8		Typ 19a (nur Frau) 48,1		
5. und 6. Aufl.	Typ 8 99,4	Typ 9 75,7	Typ 16 79,4	Typ 17 64,2	
7. Aufl. – Auswahl – Tabellen 8 und 9		Typ 8 (nicht erwerbstätig; Kinder unter 6 Jahre)	Typ 9 (nicht erwerbstätig; Kinder zwischen 6 und 18 Jahre)	Typ 16 (erwerbstätig; Kinder unter 6 Jahre)	Typ 17 (erwerbstätig; Kinder zwischen 6 und 18 Jahre)
	(Ehe-)Frau	66,9	69,7	60,3	58,9
	(Ehe-)Mann	75,2	71,5	74,5	63,4

Erläuterung: Im Einzelnen sind dazu die Tabellen von *Schulz-Borck* a.a.O. auszuwerten und bei Arbeitszeiten für den gesamten Haushalt die tatsächlichen Mitarbeitszeiten anderer Haushaltsangehöriger abzuziehen (Rn. 2612). Auf zusätzliche Zeiten wegen spezieller Arbeiten, zur Haushaltstätigkeit im weiteren Sinn ist besonders zu achten.

Die analytisch ausgerichteten und verstandenen Aussagen des **Hohenheimer Verfahrens**[658] stellen zum Zeitfaktor im Kern auf gleiche statistische Befunde und Größen ab wie *Schulz-Borck* in der 6. Auflage mit Tabelle 8. Eigene Umrechnungen der statistisch gefundenen Ergebnisse führen freilich zu gewissen Abweichungen. Verstärkt gilt dies zu den von *Schulz-Borck* in der 7. Aufl. genannten Aufwandszeiten.

2626

Einzelperson

Der Begriff des Haushalts lässt viele daran denken, dass es zur Arbeit im Haushalt nur dann um einen Anspruch geht, wenn mindestens zwei Personen einen Haushalt führen. Dieses Verständnis verfehlt indessen die Relevanz der Beeinträchtigung der Hausarbeitsfähigkeit. Jedenfalls der Anspruch wegen eines Mehrbedarfs zur Haushaltsführung (Rn. 2691) kommt unmittelbar und persönlich jedem **Single**[659] und gleichsinnig **jeder Person** zugute, die mit anderen Personen zusammen lebt.[660]

2627

Für allein lebende Personen sind nach *Schulz-Borck/Hofmann*[661] im Gesamtzusammenhang aller Haushaltstypen für den Haushaltstyp Rentnerin (4. Aufl., Typ 1) bzw. Rentnerin, 60 Jahre und älter (5. und 6. Aufl., Typ 1) bzw. den Haushaltstyp Alleinstehende Frau, erwerbstätig (4. Aufl., Typ 11; 5. und 6. Aufl., Typ 10) folgende Angaben für den **wöchentlichen Arbeitszeitaufwand** herauszustellen, wobei in der 7. Auflage die Unterscheidung zwischen Frau und Mann hinzukommt:

2628

	1-Personen-Haushalt	
4. Aufl.	Typ 1 40,4	Typ 11 26,4
5. und 6. Aufl.	Typ 1 36,6	Typ 10 21,7
7. Aufl.	Typ 1 (nicht erwerbstätig) Frau 35,3 Mann 27,4	Typ 10 (erwerbstätig) Frau 24,9 Mann 17,7

---

658 Landau in DAR 1989, 166; s. dazu *Jung* in DAR 1990, 161; beachte auch den in DAR 1990, 194 veröffentlichten Fragebogen.
659 BGH VersR 1992, 618 = NJW-RR 1992, 792; *OLG München* DAR 1993, 353 = ZfS 1994, 48.
660 BGH VersR 1989, 1273 = NJW-RR 1990, 34; VersR 1996, 1565 = r+s 1997, 22.
661 *Schulz-Borck/Hofmann*, Schadenersatz bei Ausfall von Hausfrauen und Müttern im Haushalt, 4. Aufl. 1993, Tabelle 8 S. 49; 5. Aufl. 1997 und 6. Aufl. 2000, Tabelle 8 S. 61.

Haushaltstätigkeit (Hausarbeits-, Haushaltsführungsschaden)

Kopfanteil

2629 **Innerhalb eines Mehr-Personen-Haushalts** muss in Konsequenz der Ansicht des *BGH* kraft Erfahrung und Schätzung für die verletzte Person ein Pro-Kopfanteil auswertbar sein. Das gilt jedenfalls bei konkreter Zeiterfassung für den gesamten Haushalt.[662] Solange der *BGH* (Rn. 2606) für Verletzte Zeitbedarf und Zeitaufwand gleichsetzt, ist es – deswegen ansatzweise – gerechtfertigt, den Kopfanteil auf den Bedarf zu beziehen und mangels besserer Erkenntnisgrundlagen wohl auch bei Haushalten, die keine Familienhaushalte mit Mann und Frau sind, zu den Bedenken s. aber Rn. 2698 ff. Die Barunterhaltsquoten dürfen aber nicht herangezogen werden. Diese gelten kraft Erfahrung nur für den personenbezogenen Geldbedarf. Die Versorgungsanteile als Anspruchsteile (Rn. 3388, 3391) sind unergiebig, weil diese Anteile ausschließlich die anderen Angehörigen betreffen, nicht den Anteil der verletzten Person für sich, um den es hier geht. Mit Zahlen zum reduzierten Haushalt darf nicht gerechnet werden, weil dort ersparte Arbeit berücksichtigt wird, die sich hier nicht zeigt.

2630 **Kopfanteile** nach den von *Schulz-Borck/Hofmann* a.a.O. mitgeteilten **wöchentlichen Zeitbedarfssätzen**[663] [hier **gerundet** und aus den verschiedenen Auflagen nebeneinander gestellt].

	Anspruchsstufen/ Verhaltensalternativen			
3. Aufl.	gering	mittel	hoch	
4. Aufl.	1	2	3	4
5., 6. und 7. Aufl.	1	2	3	4

2-Personen-Haushalt

3. Aufl.	22,6		33,9		44,6			
Kopfanteil:	11		17		15			
4. Aufl.	24,7		30,1		42,3		58,3	
Kopfanteil:	12		15		21		29	
5. und 6. Aufl.	25,4		30,8		43,0		59,0	
Kopfanteil:	13		15		22		30	
7. Aufl.	nicht erwerbstätig	erwerbstätig	nicht erwerbstätig	erwerbstätig	nicht erwerbstätig	erwerbstätig	nicht erwerbstätig	erwerbstätig
(Ehe-)Frau	34,7	29,6	38,2	33,1	48,2	43,1	69,7	64,6
Kopfanteil:	17,4	14,8	19,1	16,6	24,1	21,6	34,9	32,3
(Ehe-)Mann	29,2	25,7	32,7	29,2	42,7	39,2	64,2	60,7
Kopfanteil:	14,6	12,9	16,4	14,6	21,4	19,6	32,1	30,4

3-Personen-Haushalt

3. Aufl.	33,7		47,2		60,0			
Kopfanteil:	11		16		20			
4. Aufl.	37,1		44,4		60,7		82,0	
Kopfanteil:	12		15		20			
5. und 6. Aufl.	38,3		45,6		61,9		83,2	
Kopfanteil:	13		15		21		28	
7. Aufl.	nicht erwerbstätig	erwerbstätig	nicht erwerbstätig	erwerbstätig	nicht erwerbstätig	erwerbstätig	nicht erwerbstätig	erwerbstätig
(Ehe-)Frau	41,8	36,8	47,3	42,3	61,8	56,9	79,6	74,6
Kopfanteil:	13,9	12,3	15,8	14,1	20,6	19,0	26,5	24,9
(Ehe-)Mann	35,1	29,7	40,6	35,2	55,1	49,8	72,9	67,6
Kopfanteil:	11,7	9,9	13,5	11,7	18,4	16,6	24,3	22,5

---

662 Zustimmend *Hofmann* in *Schulz-Borck/Hofmann*, a.a.O., 5. und 6. Aufl., S. 22.
663 Beachte Rn. 2606 und 2629 sowie Anhang 2.

Pauschalierende Berechnung 4

4-Personen-Haushalt

	nicht erwerbstätig	erwerbstätig	nicht erwerbstätig	erwerbstätig	nicht erwerbstätig	erwerbstätig	nicht erwerbstätig	erwerbstätig
3. Aufl.	41,3		56,4		71,4			
Kopfanteil:	10		14		18			
4. Aufl.	41,8		50,5		69,0		93,3	
Kopfanteil:	10		13		17		23	
5. und 6. Aufl.	44,1		52,7		71,3		95,5	
Kopfanteil:	11		13		18		24	
7. Aufl.								
(Ehe-)Frau	45,5	40	52,9	47,3	70,6	65	97,2	91,6
Kopfanteil:	11,4	10,0	13,2	11,8	17,7	16,3	24,3	22,9
(Ehe-)Mann	35,6	33,7	42,9	41	60,5	58,7	87,2	85,3
Kopfanteil:	8,9	8,4	10,7	10,3	15,1	14,7	21,8	21,3

5-Personen-Haushalt

	nicht erwerbstätig	erwerbstätig	nicht erwerbstätig	erwerbstätig	nicht erwerbstätig	erwerbstätig	nicht erwerbstätig	erwerbstätig
3. Aufl.	45,5		63,4		80,2			
Kopfanteil:	9		13		16			
4. Aufl.	47,7		57,3		80,1		109,1	
Kopfanteil:	10		11		16		22	
5. und 6. Aufl.	49,0		58,6		81,4		110,4	
Kopfanteil:	10		12		16		22	
7. Aufl.								
(Ehe-)Frau	50,7	45,2	56,7	51,3	78,4	73	108,5	103,1
Kopfanteil:	10,1	9,0	11,3	10,3	15,7	14,6	21,7	20,6
(Ehe-)Mann	42,3	38,4	48,4	44,4	70,1	66,2	100,2	96,2
Kopfanteil:	8,5	7,7	9,7	8,9	14,0	13,2	20,0	19,2

6-Personen-Haushalt

	nicht erwerbstätig	erwerbstätig	nicht erwerbstätig	erwerbstätig	nicht erwerbstätig	erwerbstätig	nicht erwerbstätig	erwerbstätig
3. Aufl.	54,3		74,7		93,6			
Kopfanteil:	9		12		16			
4. Aufl.	51,2		61,8		86,4		119,2	
Kopfanteil:	9		10		14		20	
5. und 6. Aufl.	52,5		63,1		87,7		120,5	
Kopfanteil:	9		11		15		20	
7. Aufl.								
(Ehe-)Frau	53,2	47,8	61,9	56,5	85,1	79,7	122,7	117,3
Kopfanteil:	8,9	8,0	10,3	9,4	14,2	13,3	20,5	19,6
(Ehe-)Mann	44,9	41	53,6	49,7	76,8	72,8	114,4	110,4
Kopfanteil:	7,5	6,8	8,9	8,3	12,8	12,1	19,1	18,4

Abkömmlinge 2631

Schon das minderjährige und sicher das volljährige Kind, das sich in einem gemeinsamen Haushalt mit den Eltern oder anderen Personen (ganz oder teilweise) hauswirtschaftlich selbst versorgt, muss im Umfang der Eigentätigkeiten selbst berechtigt sein. Aus § 845 BGB (Rn. 2741) leitet sich dazu und dagegen nichts anderes her. Die Einstufung der hauswirtschaftlichen Eigenversorgung in die Schadensgruppe Mehrbedarf berührt § 845 BGB nicht. § 845 BGB gilt allein zu hauswirtschaftlichen Tätigkeiten von Abkömmlingen, die gem. § 1619 BGB den Eltern (familienrechtlich) geschuldet werden, und ist zudem subsidiär.

2632 Basis von Einschätzungen zur Zeit

Tipp Einschätzungen zur Arbeitszeit treffen in der täglichen Schadenspraxis häufig nicht ohne Grund auf Bedenken bei Schädigern (s. auch Rn. 2593, 2594), Haftpflichtversicherern und Eingangsgerichten. Erfahrungswerte zum Arbeitszeitaufwand sind wegen des individuellen Ausgleichs immer problematisch, begrenzen aber auch und schließen überzogene Ansprüche aus, wie es manchem Tatrichter möglicherweise nicht deutlich genug ist. Statistische Werte geben zur persönlichen Lebensgestaltung und Verhaltensweise aber stets nur eingeschränkt Aufschluss. Statistisch abgesicherte Werte müssen kritisch hinterfragt werden, zumal angesichts der Ausgangspunkte der statistischen Erhebung und der Auswahl der befragten Personen. Der tatsächliche, konkrete Arbeitseinsatz ist vor dem Hintergrund der Erfahrungswerte zu verdeutlichen. Es muss im Einzelfall zu einer Gesamtplausibilität kommen. Z. B. ist[664] für die Betreuung von Säuglingen und Kleinkindern (beim Ansatz von Bedarfswerten) regelmäßig ein Aufschlag geboten. Z. B. entspricht es der Lebenserfahrung, dass während vollständiger Abwesenheit des alleinigen Bewohners der Reinigungsbedarf im eigenen Haushalt auf ein Minimum wegen notwendiger Erhaltungsmaßnahmen (evtl. auf 15 % bzw. auf 3 Std./Wo) reduziert ist.[665] Z. B. ist zu einer Position „Pflege und Betreuung von Personen" eingehender, vereinzelter Sachvortrag zu halten, zumal dann[666], wenn es im 1-PH eigentlich ausgeschlossen ist, dass beim gemeinsamen Wohnen und Haushalten eine weitere Person versorgt wird. Begründetes oder jedenfalls begründbares Erfahrungswissen ist freilich stets ein besser geeignetes Mittel der Prognose zur maßgebenden tatsächlichen, erforderlichen (beachte Rn. 2540) Soll-, Wäre-, Hätte-Arbeitszeit im Haushalt als ein intuitiver Entscheidungsvorgang. Die Beliebigkeit eines Schätzungsvorgangs und -ergebnisses strebt § 287 ZPO nicht an. Unklarheiten und/oder Zweifeln, allemal Widersprüchen ist – auch im Entscheidungsprozess nach § 287 ZPO – vielmehr (sogar) von Amts wegen näher nachzugehen.

---

664 *OLG Oldenburg* SP 2001, 196.
665 *BGH* VersR 2009, 515 = FamRZ 2009, 596, Vorinstanz *OLG Oldenburg* v. 20.6.2008, 11 U 3/08.
666 Darauf achtet *BGH* VersR 2009, 515 leider im Einzelnen nicht.

Pauschalierende Berechnung **4**

2633

Für **Tagebuchaufzeichnungen** (s. schon Rn. 2595 ff.) wird zur Berechnung bzw. Einschätzung des relevanten Arbeitszeitdefizits folgende Vorgehensweise vorgeschlagen:

Woche vom: bis:
Wochentag: oder Datum:
Zeitaufwand der einzelnen Mitglieder des Haushalts bestehend aus:

Tätigkeitsbereich im Haushalt	Name:		Name:		Name:		Arbeitszeitaufwand für den Haushalt:		
	Std/Wo	Zeit-anteil	Anteil von der Haus-arbeit insgesamt	Std/Wo	Zeit-anteil	Anteil von der Haus-arbeit insgesamt	Std/Wo	Zeit-anteil	Anteil von der Haus-arbeit insgesamt	Summe	Zeit-anteil	Zur Kontrolle: Summe der Anteile
Beschaffung, Einkaufen									
Ernährung (Zubereitung, Vorratshaltung)									
Geschirrreinigung (-spülen)									
Reinigung Haus/Wohnung (Putzen, Aufräumen, Raumreinigung)									
Wäschepflege (Wäscherei, Reinigung, Pflege, Instandhaltung)									
Gartenarbeit (Nutzgarten, Obst-, Gemüseanbau)									
Haushaltsführung/ Organisation (Planung)									

4 Haushaltstätigkeit (Hausarbeits-, Haushaltsführungsschaden)

	Name:			Name:			Name:			Arbeitszeitaufwand für den Haushalt:		
	Std/Wo	Zeit-anteil	Anteil von der Haus-arbeit insgesamt	Std/Wo	Zeit-anteil	Anteil von der Haus-arbeit insgesamt	Std/Wo	Zeit-anteil	Anteil von der Haus-arbeit insgesamt	Summe	Zeit-anteil	Zur Kon-trolle: Summe der Anteile
Pflege/Betreuung von Personen (Kinder, andere Haushalts-angehörige)												
Sonstiges (häusliche Kleinarbeit von kurzer Dauer ohne schweren körperlichen Einsatz), s. weiter auch Rn. 2504												
Zwischensumme												
Weitere Tätigkeiten												
Erwerbstätigkeit												
Fahrzeiten												
Einnahme Mahlzeiten												
Körperpflege												
Freizeitgestaltung												
Sonstiges (ggfs. mit Einzelbeschreibung)												
Summe												

Die Onlineversion ermöglicht entsprechende Aufzeichnungen und Berechnungen. 2634

Grenzbelastung

Bei 40 Stunden/Woche zeigen sich für das Jahr 2.040 Arbeits-, Sollstunden berechnet über 2635
51 Wochen. Eine höhere regelmäßige Arbeitszeit auf dem Arbeitsmarkt ohne „Lohnausgleich"
kann nicht die Entschädigung für die vereitelte Arbeit im Haushalt höherwertig erscheinen lassen.
§ 19 Abs. 2 JVEG und vor allem § 21 JVEG (zur Entschädigung für Nachteile bei der Haushaltsführung) stellen auf höchstens **10 Stunden am Tag** ab. Zur Haushaltsarbeit der Teilzeitbeschäftigten
will der Gesetzgeber dabei von den höchstens 10 Stunden/Tag die Zahl an Stunden abgezogen
wissen, die der vereinbarten regelmäßigen täglichen Arbeitszeit entspricht. Die Zeitfrage zur
Wochenend- und Feiertagsarbeit im Haushalt löst sich damit aber auch nicht. Schon über 60
Stunden/Woche wird zur Gestaltung und zum Ablauf der Versorgung des Haushalts aber zumindest vereinzelter Sachvortrag geboten sein. Bei täglich 9 Stunden und 63 Wochenstunden ist eine
Grenzbelastung für eine Person, die den Haushalt allein versorgt (zur Mithilfe Rn. 2611), zu finden. Die Grenzbelastung von 90 bis 100 Stunden/Woche drängt sich für eine entgeltliche
Erwerbstätigkeit und zusätzlich die volle Hausarbeit auf.

▶ Trotz des anderen Systemzusammenhangs sollte angesichts der wirtschaftlichen Orientierung, 2636
die schadensrechtlich geboten ist, die Obergrenze i. S. d. §§ 19 Abs. 2, 21 JVEG (10 Std/Tag)
beachtet werden. Jedenfalls hat derjenige, der zur Hausarbeit eine höhere zeitliche Beanspruchung geltend macht, alle Einzelheiten für den konkreten Ablauf nachzuweisen. ◀

Eine Kontrollrechnung wegen der Grenzbelastung(en) ermöglicht die Onlineversion, mit 2637
*Rn. 2634. Zur Kontrolle der Zuordnung aller relevanten Anstrengungen im gemeinsamen Haushalt ermöglicht die Onlineversion darüber hinaus die Berechnung der Zeitanteile dann, wenn von
Arbeitszeiten für einen Mehr-Personen-Haushalt insgesamt ausgegangen wird, mit Rn. 3358.*

Tipp Judikate helfen wenig bis gar nicht, den im Einzelfall relevanten Zeitaufwand für die 2638
Berechnung des Arbeitszeitdefizits präzisieren zu können, weil sie zu sehr von den
Umständen des Einzelfalls regiert werden. Gleichwohl seien einige Beispiele aufgeführt,
um akzeptable Größenordnungen mit oder ggfs. neben der Auswertung von Tabellenwerken (Rn. 2606 ff.) finden lassen zu können.

Zeitaufwand für den Haushalt insgesamt	Fundstelle	Besonderheiten	2639
1-Personen-Haushalt			
90 Minuten täglich	OLG Saarbrücken SP 2009, 182	Student, 1-PH, Appartement mit 33 qm	
17 Wochenstunden	OLG Koblenz NJW 1991, 183	Anrechnung auf Unterhalt bei Lebensgemeinschaft.	
18 Wochenstunden	OLG München DAR 1993, 353 = ZfS 1994, 48		
27 Wochenstunden	OLG Hamburg VersR 1985, 646	Verletzte Hausfrau für die Zeit nach Tod des 22 Jahre älteren Ehemannes in Anlehnung an Einschätzungen für einen reduzierten 2-PH.	
28 Wochenstunden	OLG Düsseldorf VersR 1992, 1418	Rentnerin	
2-Personen-Haushalt			
10 Wochenstunden	LG Saarbrücken FamRZ 2000, 1215	Tätigkeit des Ehemannes in der Wohnung, im Garten, bei der Betreuung von 2 Hunden, bei der Pflege der Fahrzeuge.	

4 Haushaltstätigkeit (Hausarbeits-, Haushaltsführungsschaden)

Zeitaufwand für den Haushalt insgesamt	Fundstelle	Besonderheiten
27 Wochenstunden	LG Hildesheim ZfS 1993, 297 = SP 1994, 13	
28 Wochenstunden	OLG Köln VersR 1981, 690	
35 Wochenstunden	OLG Hamburg VersR 1985, 646	Voller Zeiteinsatz im Haushalt auch bei Teilerwerbstätigkeit (Raumpflegerin).
40 Wochenstunden	OLG Celle ZfS 1983, 291	
42 Wochenstunden	BGHZ 104, 113 = VersR 1988, 490	
45 Wochenstunden	OLG Frankfurt VRS 70, 328	
4 Stunden täglich	LG Aachen, OLG Köln r+s 1989, 400[667]	Für jeden Ehegatten in der Doppelverdienerehe 2 Std/Tag.
3 Stunden täglich	LG Zweibrücken NJW 1993, 3207 = FamRZ 1994, 955	
3 Stunden täglich	OLG Celle OLGR 1995, 7	
3-Personen-Haushalt		
40 Wochenstunden	LG Koblenz NJW-RR 1987, 984	5,73 Std/Tag, 200 qm Wohnfläche, Garten.
47,8 Wochenstunden	LG Heilbronn SP 2002, 347	Kind von 6 Jahren.
75 Wochenstunden	LG Saarbrücken DAR 1994, 455 = ZfS 1994, 400	Kleinkind von 6 Wochen.
4-Personen-Haushalt		
4 Stunden täglich	OLG Köln VersR 1992, 112	100 qm Wohnfläche, Nebenbeschäftigung als Hilfe in anderen Haushalten, zusätzlich Ausgleich des Verdienstausfalls für 13 Std/Woche.
49 Wochenstunden	OLG Celle Urt. v. 25.1.1990, 5 U 234/88, BGH NA-Beschl. v. 6.11.1990, VI ZR 75/90	
60 Wochenstunden	BGH VersR 1989, 1273 = DAR 1990, 53 = NZV 1990, 21	
6-Personen-Haushalt		
60 Wochenstunden	OLG Düsseldorf DAR 1988, 24	
60 Wochenstunden	OLG Hamm ZfS 1995, 369	

---

667 Vgl. auch OLG Köln VersR 1994, 1321 = NJW-RR 1994, 350.

c) Geldfaktor (Wertansatz, Geldwert)

Die **ortsübliche**, unter gleichen Verhältnissen in vielen Fällen aufzubringende, regelmäßige **Vergütung** bietet die geeignete Grundlage für die Wertbemessung. Denn üblich und marktwirtschaftlich orientiert ist die Vergütung, die am Ort der Betroffenheit für eine Leistung gleicher Art, Güte und Umfangs anzusetzen ist (wäre). An örtlichen Besonderheiten des Arbeitsmarktes darf jedenfalls niemals vorbeigegangen werden. Es kommt zur Schätzung des Werts einer Führung des Haushalts z. B. (trotz der Herkunft Beteiligter) aber z. B. nicht auf jugoslawische[668] bzw. slowakische Verhältnisse an, solange sich der schadensrelevante mindernde Umstand in der Bundesrepublik Deutschland realisiert.

2640

Vergütungsregeln für unselbstständig tätige Arbeitnehmer(innen) sind mangels anderer Wertmesser (ansatzweise) geeignet, die wirtschaftliche Größenordnung des Haushaltsführungsschadens wiederzugeben. Die Praxis stellt auf Tarifgehälter ab. Am nächsten liegt es – wirklichkeitsnahe regionale Tarife für Arbeitnehmer in Privathaushalten auszuwerten. Übertarifliche Ansätze scheiden in jedem Fall aus.

2641

Der *BGH* hat es für statthaft erklärt, dass zu Tarifgehälter die hauswirtschaftlichen Vergütungsgruppen des BAT und BAT/O herangezogen werden. Am Wohnsitz des Verletzten im Vergleich zum BAT bestehende günstigere Bedingungen oder ggfs. auch ungünstigere Bedingungen sind freilich stets aufzuklären (gewesen).

2642

Der Wert der Arbeitskraft der entgeltlich beschäftigten Person ist allerdings von Umständen geprägt, die bei der Hausfrau oder dem Hausmann keine Parallele haben. Die familiäre Tätigkeit wird bisher weder sozialversicherungs- noch steuerrechtlich erfasst. Die sozialversicherungsrechtliche Anerkennung von Kindererziehungszeiten und die Möglichkeit zur freiwilligen Versicherung ändern nichts Entscheidendes. Die besondere Effizienz[669] der familieninternen Leistung und das persönliche Niveau dürfen nicht außer Acht gelassen werden. Im Haushalt besteht Gelegenheit zu anderer Zeiteinteilung als bei einer entgeltlich tätigen Person. Die jeweiligen Arbeitssituationen sind nicht miteinander zu vergleichen. Anders als bei entgeltlich eingesetzten Kräften ist die familiäre Tätigkeit im Haushalt rationeller einzuteilen und gestaltet. Die Alterssicherung ist meist akzessorisch. Alle gesetzlichen und tarifvertraglichen Schutzregelungen sowie Belange von Arbeitnehmern kommen der Hausfrau/dem Hausmann nicht zugute. Arbeitgeberanteile zur Sozialversicherung drücken den Wert der verlorenen Haushaltsführung nicht mit aus. Steuern fallen nicht an.[670] Eine 7-Tage-Woche (Rn. 2619) ist haushalts-, familientypisch. Sie hat keine Ähnlichkeit mit Schicht- oder Wochenend-, Feiertagsarbeit auf dem Arbeitsmarkt (im Erwerbsleben).

2643

Dogmatisch ist bisher nicht überzeugend und abschließend geklärt, ob jedenfalls beim Erwerbsschadenselement Maß des Schadens der Wert der ausfallenden Arbeit ist – wie es hier für zutreffend erachtet wird – oder ob immer, also zum Erwerbs- ebenso wie zum Mehrbedarfsschaden, der unentgeltliche Behelf in der Freizeit aus normativen Gründen zu einem marktorientierten Geldwert finden lässt. Nur wer letzteres vertritt, kann – wie der *BGH*[671] früher – von der Zubilligung eines hypothetischen Aufwands für die Schadensbeseitigung sprechen, bei dem nicht an Besonderheiten des Arbeitsmarktes vorbeigegangen werden dürfe. Wer aber den tatsächlichen Beitrag zum gemeinsamen Leben und Wirtschaften in der Form der Arbeit im Haushalt mit einem unzweifelhaft gegebenen Marktwert verknüpft, den geldwerten Verlust der Möglichkeit zu solcher

2644

---

668 S. dazu *BGHZ* 74, 221 = VersR 1979, 622 = NJW 1979, 1403.
669 *BGHZ* 4, 123, 132; *BGHZ* 86, 372 allerdings unter dem Aspekt eines mindernden Einflusses auf die Höhe des Ersatzanspruches.
670 Zur Besteuerung der Schadensersatzrente beachte Rn. 1856 f.
671 *BGH* VersR 1982, 874 = NJW 1982, 2864; eventuell dies im Anschluss noch an *BGH* VersR 1973, 939 = FamRZ 1973, 535, dort indessen zum Tötungsfall, für den damals zur Bewertung der den Hinterbliebenen entgangenen Unterhaltsleistung einer Hausfrau und Mutter betont worden ist, als wesentlicher Anhaltspunkt könne die Vergütung dienen, die für eine gleichwertige Ersatzkraft (z. B. einer Wirtschafterin oder geprüften Wirtschaftsgehilfin) aufzubringen sei.

4 Haushaltstätigkeit (Hausarbeits-, Haushaltsführungsschaden)

Arbeit deshalb als normativen Schaden versteht, muss zum Anspruch auf eine angemessene Entschädigung i. S. d. § 251 BGB kommen, die auf die ausfallende Leistung auszurichten ist und eigentlich wie beim Gewinnausfall für den Selbstständigen von vornherein nicht primär auf das Entgelt für eine Hilfs-, Ersatzkraft sehen darf; beachte darüber hinaus Rn. 2540 zur Erforderlichkeit i.S.d. § 249 Abs. 2 BGB.

2645 Da allgemeine Regeln für einen Leistungswert fehlen, bedarf es einer Geldgröße zu den Arbeitswerten, die dann einen gewissen und den erforderlichen geldwerten Erfolgsbezug der Hausarbeit herstellen.

2646 ▶ Konsequent und praktikabel ist das Stundenabrechnungsmodell, zu dem es gilt, den jeweils angemessenen Stundensatz zu finden, Rn. 2665, 2672. ◀

Haushaltsspezifische Eingruppierung

2647 Der *BGH* lehnt sich seit 1979 (Rn. 2604 ff.) an die von *Schulz-Borck* herausgestellten Vergütungsgruppen des BAT (Wirtschaftsgehilfe/in, Wirtschafter/in, Haus-, Familien-, Dorfpfleger/in, Hauswirtschaftsleiter/in) an. Ausbildungsberufe zur Haus- oder Landwirtschaft[672] geben aber wenig Aufschluss über die Vergleichbarkeit oder zur Vergleichbarkeit mit der Abwicklung der Arbeit in der Haushalts- und Wirtschaftsgemeinschaft.

2648 ▶ Die Eingruppierung zur Bewertung der Hausarbeit, d. h. die Wahl der Vergütungsgruppe, muss von der Betrachtung des Arbeitsplatzes her die beeinträchtigte Tätigkeit wirklichkeitsnah erfassen.[673] ◀

2649 *Schulz-Borck*[674] unterscheidet mit einem verfeinerten Eingruppierungsvorschlag (einfache Haushalte ohne Kinder oder mit Kindern, Durchschnittshaushalte ohne oder mit Kindern, gehobene Haushalte ohne oder mit Kindern) zwischen dem zeitweiligen oder dauernden überwiegenden oder völligen Ausfall der haushaltsführenden Person (BAT VIII bis BAT VIa bzw. Vc, ausnahmsweise BAT Va/b, IV) sowie deren zeitweiligen oder dauernden teilweisen Ausfall (BAT X bis BAT VIII). Einen Erfahrungssatz dahin, dass etwa eine in BAT X eingestufte Person für einfache Arbeiten mehr Stunden benötigt als eine Person bei Eingruppierung z. B. in BAT VII gibt es in diesem Kontext freilich nicht.

2650 Hinsichtlich der Tätigkeitsmerkmale für die vergleichbare Ersatzkraft gilt es zu beachten, ob und inwieweit die Ersatzkraft über eine gewisse Selbstständigkeit in der Haushaltsführung und bei der Kindererziehung verfügen müsste. Bei der Eingruppierung muss also insbesondere beachtet werden, ob die Leitung und Organisation von der verletzten Person wahrgenommen werden kann. Bei verletzten Personen, die ihren Haushalt weiter leiten können, stellen das *OLG Oldenburg* und viele andere auf Vergütungssätze nach BAT X ab.[675] Der *BGH*[676] verlangt jedoch, auch bei dem relativ einfachen Haushalt, einem Vorbringen nachzugehen, dass es nach den Gegebenheiten des Arbeitsmarktes oft nicht möglich ist, auch nur eine ungelernte Reinigungskraft zu finden, die bereit ist, für einen Stundenlohn entsprechend BAT X zu arbeiten.

---

[672] AusbildungsVO Hauswirtschafter/Hauswirtschafterin v. 30.6.1999 BGBl. I S. 1495; PrüfungsVO Fachhauswirtschafter/in v. 9.12.1996 BGBl. I S. 1865.
[673] *BGHZ* 104, 113, 117 f.
[674] A.a.O., 5. Aufl. und 6. Aufl. Tabelle 3, S. 28.
[675] *OLG Oldenburg* VersR 1993, 1491.
[676] *BGH* NJW 2001, 149 = VersR 2001, 76, 78.

Eingruppierung unter Geltung des BAT: 2651

Vergütungsgruppe	Fundstelle	Besonderheiten
BAT X bzw. regelmäßig eher BAT IX a,b		Verletzte Person mit unbeeinträchtigter Leitungsfunktion, ausschließlich manuelle („grobe") Hilfstätigkeiten erforderlich, 1-PH.
BAT X	*OLG Düsseldorf* VersR 1992, 1418	
BAT X	*OLG Oldenburg* NJW-RR 1989, 1429	
BAT X	*OLG Oldenburg* VersR 1993, 1491 = r+s 1993, 101	Leitungsfunktion nicht eingeschränkt
BAT X	*OLG Oldenburg*	6-PH, Ausfallzeit 30 Std pro Monat, SP 2001, 196 grobmotorische Handlungen uneingeschränkt ausführbar, rechte Hand der Rechtshänderin uneingeschränkt einsatzfähig, keine Behinderung in Leitungsfunktionen.
BAT X	*LG Münster* ZfS 1991, 230	
BAT IX b	*OLG Köln* OLGR 2000, 274 = SP 2000, 306, vgl. auch *OLG Hamm* NZV 2002, 570 = VersR 2002, 1430	
BAT VIII		2-PH, ab mindestens 50% Gesamt-MdH bzw. Ausfall, 3-PH oder 4-PH bis etwa 50% Gesamt-MdH bzw. Ausfall.
BAT VIII	*OLG Oldenburg* VRS 71, 161	4-PH.
BAT VIII	*LG Hildesheim* ZfS 1993, 297, 298	2-PH, 90% hausarbeitsunfähig.
BAT VII		3-PH oder 4-PH bei über 50% Gesamt-MdH bzw. Ausfall, ab 5-PH und mehr:
BAT VII	*OLG Oldenburg* NJW-RR 1989, 1429	Für die Dauer des stationären Aufenthalts 100% Ausfall, 7-PH.
BAT VI b	*OLG Hamburg* VersR 1985, 646	2-PH, Erfordernis der besonderen psychischen Betreuung der verletzten teilerwerbstätigen Hausfrau berücksichtigt durch höhere Eingruppierung, nicht durch Erhöhung der Stundenzahl.
BAT VI b	*OLG Oldenburg* SP 2001, 196	6-PH, 60% bis 40% MdE; zur MdE s. aber Rn. 2516.

2652	**Vorschlag zur Eingruppierung unter Geltung des TVöD;** s. auch Anhang 1:
	EG 1 — Putzen, Spülen (wie früher BAT X)
	EG 2 Stufe 2 — Eingruppierung wie früher BAT IX a, b
	Stufe 3 — (Reinigungsarbeiten im Wohnbereich)
	EG 3 — „Durchschnittsfall"[677]
	EG 5 — Eingruppierung wie früher BAT VIII
	EG 6 — Eingruppierung wie früher BAT VII
	Eingruppierung wie früher VI a, b

2653 Bei der Minderung der Hausarbeitsfähigkeit zwischen 20 bis 30% kann an Werte aus dem untersten Vergütungsbereich zu denken sein, solange einfache mechanische, manuelle Tätigkeiten – wie z. B. Reinigungsarbeiten – auszugleichen sind. Bei voller Hausarbeitsunfähigkeit ist aber selbst für die Einzelperson (Single) an eine Abgeltung bei Hilfe von Angehörigen mittels höherer Stundenvergütungen zu denken.

2654 Eine Höhergruppierung ist aufgrund besonderer Umstände möglich, wenn wegen der Art der Beeinträchtigung Hilfe nicht nur bei den gröberen Arbeiten erforderlich ist, sondern z. B.[678] wegen des Verlustes der Sensibilität des rechten Unterarms und der rechten Hand auch die zahlreichen Fingerfertigkeit und Fingerspitzengefühl erfordernden Arbeiten nicht mehr sachgerecht ausgeführt werden können.

Nettokorrektur

2655 Die pauschalierende Berechnung ist – wie der *BGH* betont – auf einen Netto-Wert (Lohn einer vergleichbaren Ersatzkraft) auszurichten, d. h. sollte den Nettowert der Vergütung einer solchen Kraft nicht übersteigen. Dem kann nach Ansicht des *BGH* aus dem Jahr 1982 ein Abschlag vom Brutto-Wert (Lohn) in Höhe von 30% entsprechen.[679] Bei der Hilfe durch Angehörige oder Partner, deren eigene Kranken- und Altersversorgung zusätzlich gesichert werden muss, akzeptiert der *BGH* im Übrigen einen Zuschlag zu dem Netto-Betrag.[680] Ein Abzug im Umfang von 30% als pauschalierende Größe zum BAT/O ist vom *BGH* – soweit ersichtlich – nicht geprüft worden, und hat zeitgeschichtlich in den 80er-Jahren nicht[681] erwogen werden können.

2656 Der Abzug von 30% begünstigt die verletzte Person oder verschlechtert sie im konkreten Einzelfall, je nachdem, ob eine (fiktive) Summe aus Steuern und Sozialversicherungsbeiträgen darunter oder darüber liegt. Da nicht zwingend davon auszugehen sei, dass jede Hilfskraft sozialversicherungspflichtig ist und Steuerfreibeträge überschritten werden, zieht z. B. das *KG*[682] – nur – 20% ab, auch das *OLG Naumburg*[683] korrigiert nur um 20% und zwar bei 14–16 Wochenstunden. Dies gilt entgegen verschiedentlich anders ausgerichteten Erwägungen grundsätzlich – als pauschalierende Orientierungsgröße – noch heute; vgl. auch Rn. 1942. Schon (mehr als) 20% eigene Sozialversicherungsbeiträge muss jeder Arbeitgeber (mindestens) einkalkulieren, wenn er die Kosten eines von ihm einzurichten Arbeitsplatzes überprüft.

2657 Ein Abzug von einer Bruttovergütung kann bei dem Schadensausgleich zu wenigen Arbeitsstunden unterhalb jeder Sozialversicherungspflichtgrenze und bei Steuerfreiheit konsequenterweise unterbleiben. Der *BGH* hat aus Rechtsgründen solche Handhabung nicht untersagt. Es geht schlicht um den Schätzungsfreiraum des § 287 ZPO, der bei jeder Schadensregulierung auszufül-

---

677 Vgl. *Forster* in DAR 2008, 25/26.
678 *BGH* VersR 1989, 1273 = NJW-RR 1990, 34.
679 BGHZ 86, 372, 378; VersR 1992, 618 = NJW-RR 1992, 792; anders noch *OLG Hamburg* VersR 1985, 646, 647; s. aber auch Rn. 2673.
680 *BGH* VersR 1989, 1263 = NJW-RR 1990, 34.
681 S. aber *AG Magdeburg* NJOZ 2004, 3275.
682 NZV 1999, 246 = VersR 1999, 345 = KGR 1999, 67.
683 NJOZ 2005, 1206 (Betreuungsunterhalt nach Tötung der unterhaltspflichtigen Mutter).

len ist. Weder bei der Einordnung als Erwerbstätigkeit bzw. Erwerbsschaden (zur Versorgung der anderen Angehörigen des Haushalts) noch zur Einordnung als vermehrte Bedürfnisse bzw. Mehrbedarfsschaden (zur eigenen hauswirtschaftlichen Versorgung) ist die Ersatzleistung gem. § 22 EStG einkommensteuerbar. Da die unentgeltliche Hausarbeit selbst kein steuerbarer Einkommenstatbestand ist, bleibt die Ersatzleistung ebenfalls steuerfrei[684], ist weder als Leibrente noch als sonstiger wiederkehrender Bezug zu versteuern.[685] Freilich sind Prozess- und Verzugszinsen dazu als Einkünfte aus Kapitalvermögen mit dem normalen Steuersatz zu versteuern. Mit dem Ertragsanteil steuerbar ist schließlich die vertragliche Verrentung eines – ggf. aufgrund Vergleichs – der Höhe nach feststehenden Schadensersatzanspruchs. Denn durch die Vereinbarung einer zeitlichen Streckung überlässt der Gläubiger dem Schädiger Kapital zur Nutzung.[686]

Den Berechnungsgang zur Vergleichbarkeit von „Nettowerten" und „Bruttowerten" zeigt die Onlineversion, die zugleich eigene Berechnungen ermöglicht. 2658

d) Berechnung mit Stundensätzen

Die Praxis stellt überwiegend auf Stundensätze zwischen 7,50 bis 10,00 € ab, gelegentlich ohne Unterscheidung zwischen Tätigkeiten im Haushalt (zur Hausarbeit) und bei der Pflege. 2659

▶ Die Entwicklung der Vergütung muss ggfs. in die Schadensberechnung über Jahre hin konkret einfließen. Auch bei Kapitalisierung mit Dynamisierung (Rn. 1395) ist ein einheitlicher Stundenwert über einen längeren Zeitraum vertretbar. ◀ 2660

Berechnungsvorschlag zur Errechnung des Ersatzwerts über Stundenvergütung und Zeitdefizit: 2661
Stundenvergütung (beachte Anhang 1)

× ausgleichsfähiges Zeitdefizit in Stunden pro Woche

× 4,348 oder vereinfacht 4,3 (zur Umrechnung von Woche auf Monat Rn. 2617)

ergibt monatlich ersatzfähige Rente; s. auch Rn. 2675 ff.;

zu anderen Zeiträumen Rn. 2618 und 2686.

Ggfs. ist zu kapitalisieren oder eine Rente gestaffelt nach Zeitabschnitten unterschiedlicher Betroffenheit zu berücksichtigen. Zu einem Nettoansatz sind ggfs. gem. § 22 Nr. 1 Satz 1 EStG auf den Rentenersatzanspruch (Rn. 1856) anfallende Steuern hinzuzurechnen.[687]

Weitere Schadenspositionen sind gesondert zu berechnen.

Mögliche Berechnungsabläufe zeigt die Onlineversion, die eigene Berechnungen **für 6 Zeitabschnitte** nebeneinander ermöglicht; beachte zudem Rn. 2679 und 2687. Auf eine kalendertägliche Genauigkeit wird dabei verzichtet und auf die rein mathematische Zeitdifferenz zurückgegriffen (Rn. 2685). 2662

Auf eine Mindestvergütung z. B. für Gebäudereiniger ist zwingend nicht abzustellen. 2663

12 € als Entschädigung sieht § 21 Satz 1 JVEG je Stunde für die nicht erwerbstätige Person oder die teilerwerbstätige Person vor, die außerhalb der regelmäßigen täglichen Arbeitszeit herangezogen wird, wenn sie ständig einen eigenen Haushalt mit mehreren Personen (also zumindest den 2-PH) führt. Demgegenüber bei Schadensregulierungen deutlich reduzierte Stundensätze sind mit dem rechtspolitischen Hintergrund des JVEG und zuvor des § 2 Abs. 3 ZSEG (20 DM/Stunde) nicht zu vereinbaren. 2664

---

684 *BFHE* 223, 471 = NJW 2009, 1229 = FamRZ 2009, 424, Vorinstanz *FG Rheinland-Pfalz* vom 5.7.2007, DStRE 2008, 137.
685 *BFHE* 175, 439 = NJW 1995, 1238 = NZV 1995, 206 und *BFHE* 176, 402; Anordnung des *BMF* v. 8.11.1995 – IV B 3-S 2255-22/95 – BStBl I 1995, 705 = NZV 1996, 140.
686 *BFHE* 223, 471 = NJW 2009, 1229 = FamRZ 2009, 424.
687 *BGHZ* 104, 113, 122.

4 *Haushaltstätigkeit (Hausarbeits-, Haushaltsführungsschaden)*

2665 Die Stundenvergütungen nach BAT (Anhang 1) haben den Betrag wiedergegeben, der dem auf eine Stunde entfallenden Teil der Grundvergütung zuzüglich Ortszuschlag im Durchschnitt aller Angestellten der entsprechenden Vergütungsgruppe entsprochen hat. Die jeweilige Stundenvergütung ist von den Tarifpartnern in die Änderungstarifverträge aufgenommen und in den Ministerialblättern veröffentlicht worden.

2666 Dass der Tatrichter in Ermangelung konkreter Anhaltspunkte auf Erfahrungswerte zum Zeitaufwand zugreifen kann, hat der *BGH* wiederholt betont.[688] Daraus ist aber nicht herzuleiten, dass die Bemessung des Hausarbeitsschadens (Haushaltsführungsschadens) i. S. d. § 287 ZPO die Verwendung von Entgelttabellen nahelegt. Die Zuordnung zu einer „adäquaten" Vergütungsgruppe eines Tarifwerks ist möglich (Rn. 2647, 2648). Zwingend muss aber nicht auf ein Tarifwerk für den öffentlichen Dienst – sei es für den Bund, für (einzelne) Bundesländer oder Kommunen – abgestellt werden. Auch wer meint, aus Rechtsgründen nach der Höhe der Vergütung einer fiktiven Ersatzkraft suchen zu müssen – und dies dann sogar als abstrakte Schadensberechnung versteht und legitimiert wissen will – (s. dagegen Rn. 2540, 2644, 2672 und beachte Rn. 2682), darf nicht über örtliche Gegebenheiten hinweggehen (Rn. 2640, 2642); zudem sind überhaupt auch andere Vergütungsregeln (Rn. 2641) gleich aussagekräftig und ergiebig. Vor allem ist auf die zeitlich aktuellen Gegebenheiten zu achten und nicht nach theoretischen Wertmodellen und Wertvorstellungen ein Geldwert zu finden, der realitätsfern mit dem einschlägigen Dienstleistungssektor nichts zu tun hat. Aktuell ist z. B. bei einem einfachen 1-PH in einfachen Wohnverhältnissen (65 qm), geringer technischer Ausstattung und unterdurchschnittlichem Haushaltseinkommen – also einem unterdurchschnittlichen Haushalt – die Nichtanwendung der Vergütungsgruppe BAT IXb nicht etwa rechtsfehlerhaft,[688] sondern darf gem. § 287 ZPO[688] auch für den 1-PH wie beim teilweisen Ausfall des Haushaltsführenden in einem Durchschnittshaushalt ohne Kinder und ohne Einstellung einer Ersatzkraft, die nicht die Leitung des Haushalts zu übernehmen braucht, eine Abrechnung nach der niedrigsten Vergütungsgruppe (BAT X) erfolgen.

Aktuelle Stundensätze:

Betrag	Fundstelle	Besonderheiten
5,00 €	*OLG Dresden* v. 1.11.2007, SP 2008, 292	Nettobetrag bei Inanspruchnahme von Verwandten und Bekannten.
6,26 €	*OLG Frankfurt*[689] v. 29.10.2008, SP 2009, 13	netto, entsprechend 9,03 € brutto, für einfache Tätigkeiten unter Leitung der verletzten Person in deren Anwesenheit.
6,64 €	*OLG Dresden* a.a.O.	Netto-Stundensatz für 2006 orientiert an Vergütungsgruppe IV des Tarifvertrages zwischen den Landesverbänden des Deutschen Hausfrauenbundes als Arbeitgebervertretung und den Landesbezirken der Gewerkschaft Nahrung-Genuss-Gaststätten für das Tarifgebiet Sachsen (Stundenlohn bis 31.12.2006 brutto 8,89 €).
6,77 €	*OLG Dresden* a.a.O.	Wegen des zum 1.1.2007 um 2,02% erhöhten Stundensatzes von brutto 9,07 €.
7,33 €	*KG* DAR 2008, 25	Haushaltsspezifische Beeinträchtigung unter 50% (Anlehnung an BAT-O X).

---

688 *BGH* VersR 2009, 515 = FamRZ 2009, 596, Vorinstanz *OLG Oldenburg* v. 20.6.2008, 11 U 3/08.
689 Das *OLG* hält es zur „fiktiven Hilfe" nicht für relevant, ob ein solcher Betrag für ggfs. kurzfristig gerufene Kräfte im tatsächlichen Einsatz bezahlt werde oder ausreichend sei.

Pauschalierende Berechnung **4**

Betrag	Fundstelle	Besonderheiten
15 DM	*OLG Oldenburg* SP 2001, 196	Für 1991 als „gerichtsbekannter Erfahrungswert" bezeichnet in Anlehnung an BAT X.
8,00 €	*OLGR Celle* 2007, 465 *OLGR Köln* 2006, 36	„pauschaler Stundensatz"
18 DM	*OLG Hamm* NZV 2002, 570 = VersR 2002, 1430	Als Durchschnitt für 1998 bis 2000 in gewisser Anlehnung an BAT IX b.
9,45 €	*OLG Saarbrücken* v. 21.10.2008, SP 2009, 182	1-PH, Student, Appartement mit 33 qm, 90 Minuten pro Tag.
9,81 €	*KG* DAR 2008, 25 = NZV 2005, 92	Haushaltsspezifische Beeinträchtigung über 50% (Anlehnung an BAT VIII), Beeinträchtigung nicht über 50%: 7,33 €).
10,00 €	*LG Frankfurt/Oder* DAR 2008, 29.	„Gegen einen solchen Stundensatz ist nichts einzuwenden."

Weitere Beispiele für Stundensätze:

Stundensatz	Fundstelle	Besonderheiten
10 DM	*OLG Celle* VersR 1992, 1417	Für 1990.
10 DM	*KG* VersR 1982, 978	1-PH, Reinigung und Einkauf.
10 DM	*OLG Köln* r+s 1989, 401, 402	2-PH.
10 DM	*OLG Köln* VersR 1992, 112	4-PH.
10 DM	*OLG München* DAR 1993, 353 = ZfS 1994, 48	
10 DM	*OLG Schleswig* ZfS 1995, 10	Für 1990.
10 DM	*LG Koblenz* NJW-RR 1987, 984	Knieverletzung.
12 DM	*OLG Celle* ZfS 1983, 291	Auszugleichen waren 40 Std/Monat.
12 DM	*OLG Celle* OLGR 1995, 7, 9	Ländliches Gebiet, in dem gerichtsbekannt die Kosten für Haushaltshilfen geringer seien als in der Großstadt; der Schaden war zu halbieren wegen Mithaft zum Grund.
12 DM	*AG Wiesbaden* ZfS 1994, 123	Ansatz bei 18 DM brutto, Abzug von 0%, 2-PH, Schädelprellung, 7 Tage hausarbeitsunfähig, Zeitdefizit 3 Std/Tag.
13 DM	*OLG Düsseldorf* VersR 1992, 1418	Nettobetrag nach BAT X, antragsgemäß zuerkannt 10 DM.
15 DM	*OLG Köln* VersR 1992, 506, 507 = VRS 82, 1, 4	Ansatz bei 17 DM brutto, erwachsener Sohn bei Eltern, 2 × wöchentlich Reinigung, 6 Std/Woche = 27 Std/Monat.

Stundensatz	Fundstelle	Besonderheiten
15 DM	*OLG München* DAR 1999, 407	2-PH bei 40 Std/Woche, 1.000 qm Grundstück.
15 DM	*OLG Köln*SP 2000, 336	Für 1996/1997 als „realistisch" bezeichnet.
15 DM (netto)	*OLG Düsseldorf* VersR 2000, 63, 64	15,00 DM entsprechen in der Umrechnung 7,67 €.
15 DM	*OLG Hamm* NJOZ 2001, 514	„Keine Bemessung nach Tabellenwerten".

2667 Zum **TVöD** sind die Stundenvergütungen aus den Monatswerten herauszurechnen, s. Anhang 1. Den Berechnungsgang zeigt die Onlineversion, die eigene Berechnungen ermöglicht.

2668 Das Marktkostenverfahren von *Schulz-Borck* und das Hohenheimer Verfahren müssen sich mit **regelmäßigen Arbeitszeiten** auseinandersetzen. Da die örtlichen Verhältnisse maßgebend sind, ist auf die Verhältnisse am Lebensmittelpunkt abzustellen, bisher mit 38,5 Stunden/Woche oder 40 Stunden/Woche. Dies berücksichtigt *Schulz-Borck* in seinen Tabellen wegen der seit 1.7.2003 unterschiedlichen Verhältnisse in den Bundesländern in den Vergütungstabellen nicht ausreichend. Klärungsbedürftig ist zudem, ob aus Rechtsgründen zur Haushaltsarbeit auf die regelmäßige Arbeitszeit für neu eintretende Kräfte abzustellen ist oder auf Kräfte, die „Tarifschutz" haben. Eine Unterscheidung zwischen Personen, die schon bisher die Hausarbeit ausgeführt haben und daran künftig (teilweise) gehindert sind, und solchen Personen, für die ausschließlich wegen der Entwicklung in der Zukunft ein Haushaltsführungsschaden auszugleichen ist, wird hier freilich nicht für angemessen erachtet. Zudem gibt es für die unentgeltliche Arbeit, die abzugelten ist, ohnehin keine „regelmäßigen Arbeitszeiten", dafür aber auch keinen Sonn- oder Feiertagszuschlag und ohnehin keine Überstunden und sowieso eine flexible Arbeitszeitgestaltung.

2669 **Gratifikationen** wie ein 13. Gehalt zu Weihnachten sollten – soweit sie (noch) arbeitsvertraglich anfallen (könnten) – schadensrechtlich wegen des rein arbeitsrechtlichen Entgeltcharakters nicht[690] berücksichtigt werden. Urlaubsansprüche wurzeln in der Fürsorgepflicht des Arbeitgebers. Anders als bei der tatsächlichen Beschäftigung einer Ersatzkraft greift bei der pauschalierten Abrechnung solch ein Fürsorgedanke zur Arbeit in der Familie schlechthin nicht. Deswegen scheidet auch ein entsprechender Geldwert aus.

2670 **Überstunden** dürfen nach der hier vertretenen Ansicht nicht angesetzt werden, weil auf arbeitsrechtlich orientierte Zeitvorgaben bezogene Überstunden im Haushalt bei pauschalierender Schadensbewältigung nicht anfallen und dazu keine Entsprechung finden. Sog. Zeitzuschläge für Überstunden, die zur Erhöhung der Vergütung führen (Überstundenvergütungen), sind also pauschalierend nicht anzusetzen und können – aus Rechtsgründen – nur bei konkreter Abrechnung berücksichtigt werden.

2671 **Wochenendzuschläge** (Zuschläge für eine Arbeit an Sonntagen) und **Feiertagszuschläge** (Zuschläge für eine Arbeit an Feiertagen, tarifrechtlich unterschieden mit oder ohne Freizeitausgleich) dürfen bei der schadensrechtlichen Bewertung der Haushaltsarbeit nach der hier vertretenen Ansicht ebenfalls nicht einfließen, und zwar auch dann nicht, wenn im Einzelfall eine zusätzliche oder besonders intensive Arbeit an Wochenenden oder an Feiertagen oder Vorfesttagen festzustellen ist. Einmalige Zahlungen, die aus wirtschafts- und/oder tarifpolitischen Gründen für bestimmte Zeiträume aus bestimmten Anlässen vereinbart werden, müssen wiederum unberücksichtigt bleiben, weil sie keinen pauschalierenden Wert für die Zukunft erschließen lassen.

---

690 *OLG Düsseldorf* DAR 1988, 24, 25; anders *OLG Oldenburg* FamRZ 1989, 862, 863 m. *BGH* NA-Beschl. v. 4.4.1989 zum 13. Monatsgehalt, zum Urlaubsgeld, zu einem – soweit tariflich geschuldet – Angestelltenzuschlag sowie mit einem Ortszuschlag (Stufe 1, ledig, ohne Kind).

Bei alledem ist zudem zu bedenken, dass nicht wirklich ein Entgeltwert für die „Ersatzkraft" d. h. die unentgeltlich aushelfende Person zu ermitteln ist, sondern ein **Wert für die ausfallende (vereitelte) Arbeit** festzusetzen ist, Rn. 2644. Dies trifft des Weiteren einen Urlaubsabgeltungsanspruch ebenso wie ein Urlaubsgeld, das zur Höhe betriebswirtschaftlichen Erwägungen folgt. Die Bereinigung wegen des Vergleichs mit (Arbeits-) Markt kosten sollte deswegen stets und insgesamt dadurch erfolgen, dass für die pauschalierte Abrechnung alle Nebenkosten eines Arbeitsplatzes und der entgeltlichen Beschäftigung außer Ansatz bleiben. Dies geschieht nach der hier vertretenen Ansicht am zweckmäßigsten durch Zugriff auf reine Stundensätze ohne Kürzung um 30% oder weniger, Rn. 2643 ff. 2672

Die Abgeltung „ohne weitere Nettokorrektur" erleichtert jede Berechnung und lässt zu bestimmten wöchentlichen Zeitansätzen (= Stunden/Woche) für jeden Zeitraum angemessene Wertgrößen bestimmen. 2673

Wegen unterschiedlicher Behinderungsgrade und/oder wegen familienzyklischer Veränderungen ist in vielen Fällen für verschiedene Zeitabschnitte eine jeweils eigene Berechnung[691] durchzuführen. Dies erleichtert der hier vorgeschlagene Berechnungsgang, Rn. 2662. 2674

e) Monatswerte

Von einem Wochenverdienst her ist der Monatswert in Anlehnung an § 30 Abs. 5 Satz 3 BVG über den Faktor 4,345 hochzurechnen. § 34 Abs. 1 BAT hat zur entsprechenden Umrechnung für die Teilzeitarbeit den Faktor 4,348 vorgesehen. Der Faktor 4,34524 lässt sich aus der Regel zur Zahlung einer Rente ableiten, Rn. 2617. 2675

Die Brutto- und Netto-Beträge ausweisenden **Vergütungstabellen** von *Schulz-Borck/Hofmann* sind auf das jeweilige Arbeitszeitdefizit (Wochenarbeitszeiten nach Stunden) ausgerichtet. Seine Monatsvergütungen gehen – getrennt – sogar auf Überstundenvergütungen ein. 2676

---

691 Ausführliches Beispiel zu allen Wert- und Geldfaktoren bei *Pardey/Schulz-Borck* in DAR 2002, 289, 294/295.

2677 | **Berechnungsmodell zur Berechnung eines Monatswerts von einer Stundenvergütung her:**
Die Berechnung eines monatlichen Wertes, d. h. der Monatsvergütung bzw. der monatlichen Schadensersatzrente, für eine bestimmte Zahl von Stunden pro Woche ist für jede Stundenvergütung (Anhang 1) und Überstundenvergütung mit den nachstehend beschriebenen Berechnungsschritten möglich. Diese Berechnungsschritte liegen inhaltlich auch den Entgelt-, Vergütungstabellen von *Schulz-Borck* zugrunde. An dieser Stelle wird zugleich der Unterschied zwischen den Grundlagen der Tabellenwerte von *Schulz-Borck* und der hier vertretenen Berechnungsweise gekennzeichnet.

	A	B
1	Stundenvergütung (vor dem 1.10.2005 nach einer bestimmten BAT-Vergütungsgruppe), s. nun Rn. 2652, beachte aber auch Rn. 2659 ff.	.....
2	Zeitdefizit pro Woche Es kann auch zunächst mit dem konkreten, pauschalierenden und dabei hypothetischen Arbeitszeitaufwand pro Woche (für die Tätigkeit ohne Verletzung) gerechnet werden, um einen Monatswert zu bestimmen. Dann ist mit einem weiteren Rechenschritt darauf zu achten, dass erst der Prozentsatz der MdH den ersatzfähigen Wert ausweist; vgl. Rn. 2684 ff.	.....
3	Wert pro Monat (ohne jede bzw. weitere Korrektur) *Hinweis*: Eine pauschale Nettokorrektur durch Abzug von 30% (oder nach Lage des Falles weniger) ist nach der Rechtsprechung statthaft, aber nicht zwingend; Rn. 2655 ff.	=B1*B2*4,348
4	Regelmäßige tarifliche Arbeitszeit	.....
5	Jährliches Urlaubsgeld; s. aber Rn. 2672	.....
6	Tarifliches Weihnachtsgeld (%); s. aber Rn. 2661	.....
7	Überstundenvergütung, s. aber Rn. 2670	.....
8	Vgl. *Schulz-Borck* in Auflage 6, Tabelle 5: Wert pro Monat incl. Einmalzahlungen	=B3+((B5/B4)* (WENN(B2<B4; B2;B4))/ 12)+(B3*B6/12)
9	*Schulz-Borck* tritt für eine hypothetische Nettokorrektur unter Abzug konkretisierter Steuern (wobei er für Ledige die Grundtabelle mit dem jeweils aktuell bekannten Steuertarif zugrunde legt) und von Sozialversicherungsbeiträgen ein (wobei er die jeweils bekannten Sätze zugrundelegt, die für die Zukunft Aufschluss geben sollen, obwohl es stetig zu Veränderungen kommt).	Wert bei Nettokorrektur um 30%: =B8-(B8*0,3)
10	Vgl. *Schulz-Borck* in Auflage 6, Tabelle 5a: Wert pro Monat zzgl. Überstundenvergütung	=B8+(((B7-B1)* (WENN(B2>B4; B2-B4;0))*4,348)+((B7-B1)*(WENN(B2>B4; B2-B4;0))*4,348*B6/12))
11	*Schulz-Borck* tritt für eine hypothetische Nettokorrektur unter Abzug konkretisierter Steuern und Sozialversicherungsbeiträgen einer Ersatzkraft ein, die dann sogar für die Zukunft Aufschluss geben sollen.	Wert bei Nettokorrektur um 30%: =B10-(B10*0,3)

Berechnungsvarianten zur Ermittlung des Monatswerts für ein (gesondert ermitteltes) **Zeitdefizit**, s. auch Rn. 2662 mit der Möglichkeit der Berechnung für mehrere Zeiträume nebeneinander.   2678

	Berechnung nach BAT bzw. TVöD	Berechnung mittels Stundenvergütung, vgl. Rn. 2552	Hinweise und Erläuterungen:
Entgelt, s. Anhang 1 und Rn. 2667	1.660,00 €/Monat	10,00 €/Std.	
Regelmäßige tarifliche Arbeitszeit für Arbeitnehmer	39,0 Std./Wo	38,5 Std./Wo	
Berücksichtigungsfähiges Zeitdefizit	42,0 Std./Wo		
Umrechnung Woche – Monat (s. Rn. 2617, 2675)	4,348		
Umrechnungsfaktor für den Bezug auf den Hausarbeitsschaden durch das Verhältnis von Zeitdefizit und regelmäßiger Arbeitszeit	1,076923077		
Monatswert	1.787,69 €/Monat	1.826,16 €/Monat	Umgerechneter Bruttomonatswert nach Tarif; in den Entgelttabellen von Schulz-Borck, a.a.O., nicht aufgeführt.
Jährliche Einmalzahlung, z. B. Urlaubsgeld im Betrag	332,34 €	332,34 €	
Tarifliche Einmalzahlung (z. B. Weihnachtsgeld) in %	82,14%	85,80%	
Überstunden-Bemessungssatz in %	30,00%		
alternativ zur Berechnung mit einem Prozentsatz: Berechnung mit einem Überstundenentgelt als Betrag		12,65 €/Std.	
Gesamter Umrechnungsfaktor	169,57		
Umgerechneter Stundenwert	9,79 €/Std.		
Überstundenwert	12,73 €/Std.	12,65 €/Std.	
Wert/Monat incl. (jährliche Sonder-,) Einmalzahlungen:	1.929,01 €/Monat	1.984,43 €/Monat	Vgl. Schulz-Borck in den Entgelttabellen zur 6. Auflage mit Tabelle 5.
Wert bei Nettokorrektur um 30% (Alternative: Nettokorrektur unter Abzug konkretisierter Steuern):	1.350,31 €/Monat	1.389,10 €/Monat	
Wert/Monat incl. Einmalzahlungen sowie Überstundenvergütung;	1.969,94 €/Monat	2.027,64 €/Monat	Vgl. Schulz-Borck in den Entgelttabellen zur 6. Auflage mit Tabelle 5a.
Wert bei Nettokorrektur um 30%	1.378,96 €/Monat	1.419,35 €/Monat	

4 Haushaltstätigkeit (Hausarbeits-, Haushaltsführungsschaden)

	Berechnung nach BAT bzw. TVöD	Berechnung mittels Stundenvergütung, vgl. Rn. 2552	Hinweise und Erläuterungen:
Vereinfachte Berechnung des Monatswerts für ein (gesondert ermitteltes) **Zeitdefizit**, s. auch Rn. 2662 mit der Möglichkeit der Berechnung für mehrere Zeiträume nebeneinander			
Entgeltwert nach Entgelttabelle (Anhang 1)	1.660,00 €/Monat		Zum Vergleich zwischen dem mtl. Entgeltwert und einer Stundenvergütung beachte Rn. 2667.
Ggfs. Prozentsatz wegen reduzierten Entgeltwerts, z. B. 92,5% oder 94% oder 95,5% oder je nach Ansatz und Verständnis als Korrekturfaktor:		92,50%	
Regelmäßige tarifliche Arbeitszeit für Arbeitnehmer, z. B. 38,5 oder 39 oder 40 Std./Wo	38,5 Std./Wo		
Zur Abrechnung als Hausarbeitsschaden berücksichtigungsfähiges Zeitdefizit	42,0 Std./Wo		
Umrechnungsfaktor wegen der Zeitbasen	1,09		
Ggfs. reduzierter mtl. Entgeltwert		1.535,50 €/Monat	
(Gerundeter) Monatswert zum Zeitdefizit	1.810,91 €/Monat		
Gerundeter (korrigierter) Monatswert zum Zeitdefizit wegen reduzierten Entgeltwerts		1.675,09 €/Monat	
Weiter vereinfachte Berechnungsvariante:			
Zur Abrechnung als Hausarbeitsschaden berücksichtigungsfähiges Zeitdefizit	42,0 Std./Wo		
Umrechnungsfaktor, Rn. 2617, 2675	4,348		
Auf das Defizit abgestimmter, angemessener Stundensatz, s. Rn. 2659, 2666, 2667 und Anhang 1	9,79 €/Std.		
Monatswert	1.787,81 €/Monat		
Korrekturfaktor als Abzug, s. insbesondere Rn. 2658 und Rn. 2673		10,00%	
Nettoabgeltungsbetrag		1.609,03 €/Monat	

2679 *Die Onlineversion ermöglicht eigene Berechnungen; beachte zudem Rn. 2662 und 2667.*

2680 Das Hohenheimer Verfahren (Rn. 2626) bietet für 7 verschiedene Haushaltstypen jeweils unterschiedliche (monatliche) **Entgeltwerte** an, wobei der konkret betroffene Haushalt nach seinem Anforderungs- und Kenndatenprofil einem bestimmten Haushaltstyp zugeordnet wird. Diese Entgeltwerte sind aus Analysen von Arbeitsplätzen in Industrie, Dienstleistung und Verwaltung abgeleitet und setzen sich aus einem anforderungsabhängigen Sockelentgelt sowie sonstigen Entgeltanteilen (z. B. Überstundenvergütungen) zusammen. Die auf diese Weise fingierten Wertansätze spiegeln keine realen örtlichen Marktlöhne für vergleichbare (Haushalts-) Ersatzkräfte wider.

2681 Kein Unterschied zwischen der Auswertung der Entgelt-, Vergütungstabellen von *Schulz-Borck* und der Heranziehung der Hohenheimer Entgeltwerte zeigt sich insofern, als jeweils eine Zeitkorrektur im Vergleich mit der regelmäßigen Arbeitszeit erforderlich ist. Bei den Vergütungstabellen geschieht dies dadurch, dass die Berechnungsergebnisse zu verschiedenen Stundenzahlen (pro Woche) genannt werden. Das Hohenheimer Verfahren verlangt eine Umrechnung des Entgeltswerts nach dem Verhältnis zwischen dem Arbeitszeitaufwand und der regelmäßigen Arbeitszeit. Bei beiden Abrechnungs-, Verfahrenswegen fließt der spezifische Grad der ausfallbedingten Funktionsminderung in die Bemessung des Ersatzwerts ein und zwar entweder innerhalb der Erfassung des Zeitfaktors (der Zeitzahl bzw. des Zeitdefizits) oder anschließend in einem weiteren Rechenschritt.

Tipp Wichtiger als der Blick in Tabellen zu Monatsvergütungen (wie die Entgelt-, Vergütungstabellen von *Schulz-Borck*) oder der Blick auf abstrahierende, tarifpolitisch beeinflusste Entgeltwerte, die zu einer Haushaltssituation konkretisiert werden (bei Anwendung des Hohenheimer Verfahrens), ist es zur Berechnung von Rentenansprüchen, das tatsächlich ausgleichsfähige Arbeitszeitdefizit so exakt wie möglich zu erfassen und einen angemessenen Stundenwert zu finden. 2682

f) Berechnungsbeispiele

> **Grundmodell der vereinfachten Berechnung für einen bestimmten Zeitraum (vgl. auch Rn. 2678 und 2679):**
>
> Beeinträchtigung (zur Substanziierung beachte Rn. 2513, 2516)
>
> vom ... bis ... =
>
> Beeinträchtigung über ... Tage
>
> × ... Stunden täglich
>
> zu je ... € =
>
> ... € für die Zeit vom ... bis ...

2683

> **Hausarbeitsschaden 1-PH:**
> Haushaltsspezifische Behinderung durch:
> Verkürzung des rechten Beines, Muskulatur hochgradig verschmächtigt, Beeinträchtigung des Kniegelenks, Spitzfußstellung
> kein Putzen, kein Gehen, kein Stehen, kein Bücken, kein Kriechen, kein Heben von Lasten möglich
>
> | | |
> |---|---:|
> | **Zeitdefizit werktäglich** | 1 Std |
> | Zeitdefizit wöchentlich | 5 Std |
> | Wochendefizit × 4,3 als monatliches Zeitdefizit, gerundet | 22 Std |
> | **Anspruchszeitraum 36 Monate:** | 774 Std |
> | Wert je Stunde | 8,00 € |
> | **Gesamtanspruch:** | 6.192,00 € |
>
> Bei einem Ansatz von z. B. werktäglich 2 Stunden ist der Gesamtanspruch im Ergebnis verdoppelt. Das Ergebnis verändert sich zudem, wenn auf eine 7-Tage-Hausarbeitswoche abgestellt wird, vgl. Rn. 2619. Zugrunde gelegt ist, dass kein Steuerschaden entstanden ist (Rn. 1856) und der Ersatzbetrag als rückständiger Kapitalbetrag insgesamt reguliert werden soll.

2684

2685 **Hausarbeitschaden 2-PH:**

Berechnung über Tage

	Beispiel A	Beispiel B
Erster Tag der Beeinträchtigung	18.9.2000	
Letzter Tag der Beeinträchtigung	26.1.2001	
Gesamte Dauer der Beeinträchtigung = Zeitdifferenz	131 Tage	
Tägliche Arbeitszeit (SOLL bzw. WÄRE)	4 Stunden	4 Stunden
Noch zu leistende Arbeitszeit (IST)	2 Stunden	2 Stunden
Zeitdefizit = Soll abzgl. Ist:	2 Std/Tag	2 Std/Tag
Berechnungsvariante (Rn. 2566): SOLL × haushaltsspezifische Behinderung, z.B. 50%		
Gesamtdefizit = Zeitdifferenz × Zeitdefizit	262 Stunden	
bzw. Stunden am Tag × 30,42:		60,84 Std/Monat
Wertansatz = Währung/Stunde (Anhang 1)	15,00 DM	15,00 DM
Wert insgesamt (Kapital) bzw.	3.930,00	
Monatlich		912,60

Zum Wert pro Monat s. auch Rn. 2677 ff.; zur zeitlichen Begrenzung einer Rente Rn. 1293 ff., zur Kapitalisierung Rn. 1356 ff.

Haftungsquote	70%	70%
Quotierter Ersatzanspruch	2.751,00 DM	638,82 DM
bzw. × 0,511292	1.406,56 €	326,62 €

Zur Anspruchsaufteilung bei Versicherungsleistungen beachte Rn. 2699.

Erläuterung: Unschwer greifbare statistische Grundlagen für eine Arbeitszeit pro Tag fehlen. Die vorhandenen Tabellen geben aber auch dazu eine gewisse Orientierungshilfe. Für die Berechnung des Ausfalls bedarf es im Einzelfall der Klärung, welche Zahl von Tagen der Arbeit im Haushalt für die Woche anzusetzen ist (Rn. 2618). In den Beispielen A und B wird die durchschnittliche Verteilung der Arbeit auf alle Tage der Woche (vgl. Rn. 2209, 2675) zugrunde gelegt. Die Zeitdifferenz weist die Berechnung in einer Tabellenkalkulation durch Differenzbildung (Zelle mit Datum letzter Tag der Beeinträchtigung abzüglich Zelle mit Datum erster Tag der Beeinträchtigung) zuzüglich 1 (für den Einschluss des ersten Tages) aus. Beispiel A zeigt die Berechnung zu einem abgeschlossenen Zeitraum. Es wird aber die Berechnung zur Zeitdifferenz pro Tag fortgesetzt, nicht auf Stunden pro Woche abgestellt. Wird zum Beispiel B der gesamte Zeitraum mit 4,31 Monaten [gerundet zu 131 × (12:365) = 4,3068] angesetzt, errechneten sich durch 912,60 × 4,31 früher insgesamt 3.933,31 DM bzw. nun × 0,511292 = 2.011,07 €. Der Mehrbetrag gegenüber dem direkten Weg im Beispiel A (3,31) folgt der Aufrundung beim Zwischenschritt.

Hausarbeitsschaden 4-PH:[692] 2686
Behinderung durch Verrenkungsbruch Oberarmkopf

(Durchschnitt)	Zeitaufwand Familie wöchentlich	49 Std
zuzüglich	Erhöhung	2 Std
abzüglich	tatsächliche Mithilfe:	
	Mann (Reparaturen, Garten)	8 Std
	Kinder (Sohn 6 J., Tochter 13 J.)	0 Std
ergibt	Wochenaufwand für Verletzte bzw.	43 Std
(Woche × 4,3)	Monatsaufwand für Verletzte	184,9 Std
(Monat : 30)	Tagesaufwand für Verletzte	6,16 Std
(Monat × 12 oder Tag × 360)	Jahresaufwand für Verletzte	2218,8 Std[693]

Behinderungsgrad:	Zeitdefizit auf die Dauer von Tagen:	(Stunden)	Wert:	Anspruch:
100%	50	308,167	10 DM	3.081,67 DM
50%	30	92,450	10 DM	924,50 DM
100%	20	123,267	10 DM	1.232,67 DM
	auf die Dauer von Jahren:			
30%	4	2662,560	10 DM	26.625,60 DM
Gesamtanspruch:	(auf volle DM gerundet)	31.864 DM		
		bzw. × 0,511292 = **16.291,81 €**		

Den Berechnungsgang zeigt die Onlineversion, die entsprechende eigene Berechnungen ermöglicht, s. zudem Rn. 2662 für Berechnungen in 6 Zeitabschnitten. 2687

Ein Beispiel für zwei Berechnungszeiträume zu der Berechnungsmöglichkeit Rn. 2662 zeigt die Onlineversion. 2688

6. Forderungsübergang

Im Fall eines Forderungsübergangs bedarf es getrennter Feststellung bzw. Berechnung wegen des Erwerbs- bzw. Mehrbedarfsschadens. Quasi ist angesichts der Gesamtbeeinträchtigung zwischen dem Ansatz wegen vermehrter eigener Bedürfnisse im Haushalt zur eigenen Versorgung der verletzten Person und dem Ansatz des Hausarbeits-, Haushaltsführungsschaden als Erwerbsnachteil dann zu trennen, wenn die Hausarbeit zugunsten anderer Personen die üblichen Hilfeleistungen übersteigt und nicht (mehr) unbeeinträchtigt ausgeführt werden kann. 2689

Erwerbsausfallschaden und Mehrbedarfsschaden

Bei den im Mehr-Personen-Haushalt für andere erbrachten Haushaltsarbeiten ist die verletzungsbedingte Beeinträchtigung Erwerbsausfallschaden (§ 843 Abs. 1 1. Alt. BGB). 2690

---

692 In Anlehnung an *OLG Celle*, Urteil vom 25.1.1990, 5 U 234/88; *BGH* NA-Beschl. v. 6.11.1990, VI ZR 75/ 90, bei Veränderungen insbesondere zum – hier erhöhten – Stundensatz (statt 10,00 DM) unter Berechnung des gesamten Anspruchs für die Vergangenheit.
693 S. aber auch Rn. 2617 und die nachstehende Berechnungsweise.

4 Haushaltstätigkeit (Hausarbeits-, Haushaltsführungsschaden)

2691 Werden der Person die im Haushalt für sich selbst anfallenden Arbeiten verletzungsbedingt erschwert oder unmöglich gemacht und lassen sich diese Arbeiten nur noch mit Unterstützung durch Angehörige oder Freunde oder innerhalb einer Nachbarschaftshilfe oder nur mit eigenen übermäßigen Anstrengungen bewältigen, besteht ein Anspruch auf Wertausgleich in der Schadensgruppe „vermehrte Bedürfnisse", §§ 843 Abs. 1 2. Alt., 249 S. 2 BGB; Rn. 1990.[694]

2692 Dass für die verletzte Person, die in einer Partnerschaft lebt, unabhängig von der Lebensgemeinschaft ein Mehrbedarfsschaden wegen der Beeinträchtigung bei der Hausarbeit, also zum eigenen Anteil an der Hausarbeit anzusetzen ist, folgt den Kriterien zur Beeinträchtigung der Hausarbeitsfähigkeit (Rn. 2691). Dies wird nach wie vor zu häufig übersehen.

2693 Der Begriff Pflegegeld oder Pflegekosten in einer Abfindungserklärung soll nach Ansicht des *BGH*[694] den Anspruch auf Ersatz vermehrter Bedürfnisse ebenso wie den Anspruch auf Erwerbsschaden erfassen, so dass Leistungen beide Aspekte (s. zur Rente Rn. 1321) abgegolten haben.

Kongruenz

2694 Zum **Eigenversorgungsanteil**[695] besteht Kongruenz wie immer bei vermehrten Bedürfnissen. Das **Pflegegeld** mit dem Zweck, die persönliche Pflegebedürftigkeit zu beheben, soll zu den Verrichtungen im Haushalt für die eigene Person kongruent sein, d. h. den Anspruchsteil wegen der Versorgung der eigenen Person erfassen.[696] Bei Leistungen der Pflegekasse bedarf es deswegen nicht der einzelnen Abgrenzung zwischen den Hilfebereichen hauswirtschaftliche Versorgung und der weiteren Lebensbereiche zum Wohnen und Leben, weil die Leistungen den gesamten Mehrbedarfsansatz und -anteil ergreifen können. Entsprechendes gilt für jede Art von Pflegehilfe, u. U. auch für eine häusliche Krankenpflege, wenn es dazu nicht um die Kongruenz mit Heilungskosten geht. Darauf, dass die Pflegeversicherung (i.d.F. SGB XI) neben den Hilfebereich hauswirtschaftliche Versorgung die Lebensbereiche: Körperpflege (Waschen, Duschen, Baden; Zahn-, Mundpflege; Haarpflege, Kämmen, Rasieren, Haut- Gesichtspflege; Darm-, Blasenentleerung) und Ernährung und Mobilität (Aufstehen, Zubettgehen; An- und Auskleiden; Gehen, Bewegen, Stehen, Treppensteigen; Verlassen, Wiederaufsuchen der Wohnräume) stellt, Kommunikationsbereiche Sprechen, Sehen, Hören und alle Bereiche des gesellschaftlichen Kontakts mit entsprechenden Betätigungen zurücktreten, ist aber immer wesentlich für die Berechtigung gegenüber dem Schädiger. Seine Verpflichtung bestimmen nur die zivilrechtlich zu unterscheidenden Bereiche, beachte auch Rn. 1898.

2695 Mit einer Sozialrente, die auf die **Erwerbstätigkeit** bezogen ist, besteht Kongruenz bei der Beeinträchtigung in der Hausarbeit für andere Angehörige des Haushalts, weil dazu der Charakter eines Erwerbsnachteils durchschlägt.

2696 Das der verletzten, teilerwerbstätigen Hausfrau gezahlte **Krankengeld** ist bei dem Lohnersatzcharakter mit dem Ausgleich zur Tätigkeit im Haushalt für die anderen Familienangehörigen als Erwerbsausfall über den Beitrag zum Familienunterhalt an sich kongruent. Es wird nicht als Ausgleich einer außerhäuslichen Berufstätigkeit angesehen, sondern als Ausgleich der gesamten unfallbedingten Behinderung, die Arbeitskraft als Erwerbsquelle nutzen zu können.[697] Das *OLG Koblenz*[698] verneint dagegen (im Ergebnis überzeugend) den Rechtsübergang beim Krankengeld, weil es durch Beiträge erkauft sei, und sieht eine Kongruenz nur zu einem Ausfall wegen des Verdienstausfalls zu einer Teilerwerbstätigkeit. Ist das Krankengeld auf den Verdienstausfall und einen Haushaltsführungsschaden zu beziehen, geht jedenfalls insgesamt kein über dem Wert des Krankengeldes liegender Anspruch über. U. U. ist nach Zeitabschnitten abzurechnen (zeitliche Kongruenz, Rn. 1591, 2328).

2697 Nach Ansicht des *BGH*[699] ergreift bei einer **Verletztenrente** der Rechtsübergang den Erwerbsschadensanteil zur Haushaltsführung. Gleiches müsste bei einer Erwerbsunfähigkeitsrente aus der

---

694 *BGH* VersR 1998, 1388 = NZV 1998, 456 = DAR 1998, 447.
695 *BGH* VersR 1996, 1565 = DAR 1997, 66 = NZV 1997, 71.
696 *LG Frankfurt/Oder* DAR 2008, 29.
697 *OLG Hamm* r+s 2001, 506; *LG Saarbrücken* DAR 1994, 455 = ZfS 1994, 400.
698 VRS 81 (1991), 337.
699 VersR 1985, 356 = NJW 1985, 735.

Rentenversicherung gelten. Da es nicht Aufgabe des Zivilrechts ist, Sozialleistungsträgern eine Einnahmequelle im wirtschaftlichen Ergebnis zu Lasten der Familienangehörigen zuzubilligen, überzeugt die Lösung des *BGH* aber angesichts der Verletztenrente, die auf dem Versicherungsprinzip und nicht auf sozialer Fürsorge beruht, nicht. Die Verletztenrente aus der gesetzlichen Unfallversicherung als pauschale Entschädigung für abstrakt angesetzte Erwerbseinbußen hat zwar Lohnersatzfunktion.[700] Sie wird aber nicht wegen der Haushaltsführung gezahlt, sondern wegen bzw. nach einer anderen Beschäftigung. Ihr fehlt deswegen nach der hier vertretenen Ansicht ein relevanter Zusammenhang mit dem Hausarbeitsschaden. Hätte die verletzte, verheiratete Studentin, die Jahre später Mutter geworden ist, vorausgesehen, dass der *BGH*[701] ⅔ ihres Haushaltsführungsschadens wegen eines Verletztengeldes, das sie aus der gesetzlichen Unfallversicherung erhalten hat, der Berufsgenossenschaft zuweisen würde, hätte sie eher an eine Gesamtabfindung nach § 253 BGB denken können, um für sich und ihre Familie einen angemessenen Ausgleich zu finden. Die Verletztenrente wäre dann ohne Einfluss geblieben.

Anspruchsaufteilung beim Hausarbeits-, Haushaltsführungsschaden

Für den Mehr-Personen-Haushalt soll der Mehrbedarf den Kopfanteil[702] innerhalb des Gesamtaufwands und -ausfalls für die Familie ausmachen bzw. auf diesem Wege über die Zahl der versorgten Personen herausgerechnet werden können. Der *BGH*[703] rechtfertigt seine Erwägung damit, dass der personenunabhängige Zeitaufwand allen Personen zugute kommt. Die Anstrengungen für die anderen Familienmitglieder verhalten sich – danach – zur Gesamttätigkeit wie 1 zur Gesamtzahl aller versorgten Personen; vgl. Rn. 2575 und 2630. Dies hat der *BGH* mit Blick auf Zeitwerte zum Arbeitszeitbedarf herausgestellt, die allerdings im Verletzungsfall nicht maßgebend sein sollen, weil die tatsächlichen Momente für entscheidend erachtet werden, beachte auch Rn. 2540. Der *BGH* hat aber leider bisher nicht wirklich gezeigt, dass und warum (angesichts der rechnerischen Abhängigkeiten) der Kopfanteil zum konkreten Eigenversorgungsanteil in der Zeit werden kann und darf. Zudem hat der *BGH* nicht erwogen, dass bei höheren Personenzahlen eine relative Verschiebung erfolgt und dass z. B. der höhere Zeitanteil für kleinere Kinder die Verteilung nach „Köpfen" – die ohnehin in der statistischen Erhebung gar keine Grundlage hat – eigentlich verbietet. Ist die Arbeit im Haushalt wegen Erwerbstätigkeit aufgeteilt oder ist die verletzte Person vorgeschädigt, geht das Schema „Aufteilung nach Kopfanteil", auch wenn es nur mangels besserer Erkenntnis (Rn. 2629) gelten soll, gar nicht mehr auf.[704] Die Mithilfe der Angehörigen bei der Hausarbeit ist der Sache nach nichts anders als die Aufteilung der Hausarbeit für den Haushalt insgesamt auf mehrere Personen. Dafür bedingt das „Kopfanteilsprinzip" nicht verständlich zu machende Verschiebungen zum Zeitaufwand, s. Rn. 2701 und 2702. Ohnehin hat der *BGH* für seinen Grundsatz niemals Erfahrungswerte gefunden oder aufgezeigt und schon gar nicht für die Fälle, in denen Kinder oder andere (ältere) Personen im gemeinsamen Haushalt zu versorgen sind. Allein die Praktikabilität legitimiert die Verteilung und Zuweisung von Anspruchsteilen über die Kopfzahl nach der hier vertretenen Ansicht nicht. Allenfalls zu Bedarfsansätzen i. e. S. mag das Prinzip ansatzweise durchzuhalten sein, Rn. 2629. Zum Mehrbedarf der verletzten Person[705] im Mehr-Personen-Haushalt auf den Zeitaufwand einer alleinstehenden Person (1-PH) – beispielsweise in Anlehnung an Erkenntnisse für die Hausarbeit neben einer Erwerbstätigkeit mit 21,7 Std/Wo – abzustellen,[706] ist ebenfalls problematisch, schon deshalb, weil dann Umstände missachtet werden, um die es im Einzelfall gerade entscheidend geht. Vorgeschlagen

2698

---

700 *BGHZ* 109, 291 = VersR 1991, 220 = NJW 1990, 1045.
701 VersR 1985, 356 = NJW 1985, 735; ablehnend *Sieg* in SGb 1985, 393.
702 *OLG Schleswig* Urt. v. 16.2.1996 9 U 70/95, m. *BGH* NA-Beschl. v. 19.11.1996 VI ZR 98/96.
703 VersR 1985, 356 = NJW 1985, 735.
704 Näher schon *Pardey* in ZfS 2007, 243, 246.
705 Vgl. *OLG Düsseldorf* VersR 1992, 1418: Die Frau sei so zu behandeln, als würde sie ohne Versorgung anderer Personen einen Haushalt als Alleinstehende geführt haben. Angesetzt worden sind 12 Std/Wo.
706 Vgl. das Beispiel zur Berechnungsvariante B in Rn. 2702; zum Zeitaufwand für Alleinstehende s. weiter Rn. 2628 und zu den reinen Rechengrößen, -werten als Kopfanteile Rn. 2630.

Haushaltstätigkeit (Hausarbeits-, Haushaltsführungsschaden)

wird hier darum eine rechnerische Aufteilung, die zum Mehrbedarf darauf eingeht, dass die Mithilfe der Angehörigen für den Haushalt insgesamt – also die Versorgung von allen gemeinsam – normativ diesen Aspekt nicht betrifft, sondern die Mithilfe ausschließlich den Zeitanteil betrifft, der für alle gemeinsam anfällt und betroffen ist.[707]

2699 **Berechnungsbeispiele:**

Beispiel 1	Anteile	Betrag	Betrag
Hausarbeitsschaden (3-PH)		**300,00**	
Kopfteile in der Familie	3		
Verletztenrente (s. Rn. 2697)			780,00
In der Schadensgruppe Mehrbedarf verbleibender Anspruchsteil der verletzten Person nach Kopfanteil in der Familie	0,33		
Betrag		**100,00**	

Beispiel 2
4-PH, Aufwand für Ersatzkraft im Haushalt wegen verletzungsbedingter Beeinträchtigung der Hausarbeitsfähigkeit in Höhe von 3.500,00 (Ersatzanspruch), Sozialversicherungsleistung wegen der Verletzung: Erwerbsunfähigkeitsrente in Höhe von 1.346,88[708]
1. Mehrbedarfsanteil vom Gesamtschaden (¼ von 3.500,00): 875,00, Deckungslücke bei der betroffenen Person als eigener Schadensanteil in voller Höhe (875,00)
2. Erwerbsschadensanteil vom Gesamtschaden (Unterhaltsaufwand, ¾ von 3.500,00): 2.625,00; übergangsfähig dazu (in voller Höhe der Sozialleistung) 1.346,88; Deckungslücke bei der betroffenen Person als eigener Schadensanteil in restlicher Höhe von 1.278,12
Anspruchsteile also:
a) Forderungsübergang in Höhe von 1.346,88 zu Gunsten des Leistungsträgers
b) bei der verletzten Person verbliebener Anspruch in Höhe von 2.153,12

 2700 *Die Onlineversion ermöglicht eigene Berechnungen.*

2701 **Berechnungsmodell und Beispiel zur Aufteilung des Hausarbeitsschadens auf Anspruchsgruppen nach Kopfanteil:**

	Zuverdiener	Doppelverdiener
4-PH; Zeitaufwand für die Familie in unbeeinträchtigter Lage (s. insofern schon Rn. 2574)		70 Std/Wo
Leistungsanteil der verletzten Person	75%	50%
Zeitaufwand verletzte Person	52,5	35
Stundenvergütung	9,69	9,69
Bruttowert/Monat der betroffenen Familienarbeit	2.211,94	1.474,62
MdH	40%	40%
Bruttoersatzwert/Monat	884,77	589,85
Aufteilung nach Kopfanteil:		
Schadensgruppe Erwerbsschaden (gerundet)	663,58	442,39
Schadensgruppe Mehrbedarf (gerundet)	221,19	147,46
Der Kopfanteil bedeutet also im Kern:		
Eigener Zeitaufwand für die Eigenversorgung (Stunden/Woche nach Kopfanteil)	13,13	8,75

---

707 S. die Variante A im Beispiel Rn. 2702 und Rn. 2703.
708 Nach *OLG Nürnberg* VersR 2002, 1114.

Berechnungsvarianten (mit vereinfachtem Beispiel) zur Aufteilung des einheitlich zur Arbeit im Mehr-Personen-Haushalt ermittelten Hausarbeitsschadens auf Anspruchsgruppen: 2702
Beispiel: 3-PH, Frau erwerbstätig, Kind unter 6 Jahre; Verrenkungsbruch Oberarmkopf

Gesamtschadensberechnung (einheitliche Abrechnung des Hausarbeitsschadens)		Aufteilung nach Kopfanteil, s. auch schon Rn. 2629, 2699, 2701 und mit eigener Berechnungsmöglichkeit Rn. 2700.		Nicht gleichwertige Berechnungsvariante A: Mithilfe entfällt normativ und deshalb rechnerisch zum Mehrbedarfsanteil der verletzten Person.		Nicht gleichwertige Berechnungsvariante B: Berechnung zum Mehrbedarf der verletzten Person wie bei allein stehender Person, es gibt also keine Mithilfe eines Partners und konsequenterweise auch keine Mithilfe eines Kindes!	
Zahl der (berücksichtigungsfähigen) Angehörigen des Haushalts als Summe der Kopfanteile	3	Mehrbedarfsanteil 33,3%	Erwerbsschadensanteil (Unterhaltsaufwand) 66,7%	Mehrbedarfsanteil 45,0%	Erwerbsschadensanteil 55,0%	Mehrbedarfsanteil 51,5%	Erwerbsschadensanteil 48,5%
(Tabellarischer, durchschnittlicher) Zeitaufwand für die Versorgung aller Haushaltsangehörigen, d. h. den Haushalt insgesamt	56,8 Std./Wo	18,9 Std./Wo	37,9 Std./Wo	18,9 Std./Wo	37,9 Std./Wo		35,1 Std./Wo
Reale Tätigkeit (Mitarbeit) des Partners	14,7 Std./Wo	4,9 Std./Wo	9,8 Std./Wo		14,7 Std./Wo		14,7 Std./Wo
Anteil der verletzten Person vom Zeitaufwand für den Haushalt insgesamt:		Zeitanteil für sich selbst:	Zeitanteil zu Gunsten der anderen Haushaltsangehörigen:	Zeitanteil für sich selbst:	Zeitanteil zu Gunsten der anderen Haushaltsangehörigen:	Zeitanteil für sich selbst:	Zeitanteil zu Gunsten der anderen Haushaltsangehörigen:
74,12%	42,10 Std./Wo	14,0 Std./Wo	28,1 Std./Wo	18,9 Std./Wo	23,2 Std./Wo	21,7 Std./Wo	20,4 Std./Wo

4 Andere unentgeltliche Tätigkeiten

Spezifische Beeinträchtigung (ggfs. während einer bestimmten Zeitphase)	Berechnung der Geldforderung dazu:						
	100% MdH						
Geldwert	8,00 €/Std.						
Umrechnungsfaktor Woche – Monat, beachte Rn. 2617, 2675	4,3452						
Geldanspruch (vereinfachte Berechnung, gerundet)	1.463 €/ Monat	488 €/ Monat	976 €/ Monat	658 €/ Monat	805 €/ Monat	754 €/ Monat	709 €/ Monat

Erläuterung: Die Aufteilung nach Kopfanteilen auf die Anspruchsgruppen Mehrbedarf und Erwerb – weil der personenunabhängige Zeitaufwand allen gemeinsam zugute kommt – überzeugt allenfalls, wenn zwei Erwachsene partnerschaftlich zusammen leben, also im Zwei-Personen-Haushalt, und die betroffene, verletzte Person den Haushalt allein bewältigt. Gegen die Berechnung in der Form der Variante B bestehen Bedenken, weil dann von der konkreten Lage – im Widerspruch zum subjektiven Schadensverständnis – abstrahiert wird. Der Zeitaufwand 21,7 Std./Woche ist dazu hier unterstellt; wenn z. B. bloß mit 10 Std./Woche für den Alleinstehenden gerechnet wird, ergibt sich ein völlig verändertes Bild, wie umgekehrt auch dann, wenn schon für den Alleinstehenden z. B. an 35 Std./Woche oder gar noch mehr gedacht wird. Nach der hier vertretenen Ansicht wird die Variante A demgegenüber dem normativen Aspekt zu dem Gedanken des Erwerbsschadens gerecht und bleibt dabei zur „Zeitrechnung" in sich konsequent bzw. schlüssig; näher Rn. 2698. Dies gilt aber nur für den 3- und Mehr-Personen-Haushalt und zum 2-PH lediglich eingeschränkt: Denn im Zwei-Personen-Haushalt würde ein solcher Ansatz bedeuten, dass jeder nur Arbeit für sich leistet, wenn beide gleiche Zeitanteile einbringen bzw. eine gleiche Zeitbelastung haben.

 2703 *Die Onlineversion ermöglicht eigene Berechnungen.*

VI. Andere unentgeltliche Tätigkeiten

1. Betreuungstätigkeit

2704 In der familiären Haushaltsgemeinschaft gehört zur hauswirtschaftlichen Versorgung die höchstpersönliche Betreuung mit allen Hilfen im Alltag von Angehörigen, dem Ehegatten, Kindern. Soweit Betreuung dazu **immaterielle Elemente** der Fürsorge kennzeichnet, kommt es zu keinem Ersatzanspruch wegen eines Vermögensnachteils (Rn. 2449, s. aber auch Rn. 52).

2705 Bezogen auf **Kinder** meint Betreuung generell die zusätzlichen, besonderen und speziellen Hilfen, auf die Kinder angewiesen sind, um sich altersgerecht entwickeln und entfalten zu können, auch die Hilfe beim Kleiden oder Ankleiden, zur Körperpflege. Insoweit ist Betreuung die Aufgabe der Pflege, Erziehung und Aufsicht. Diese Aufgaben erfassen die beschriebenen Zeitansätze (Rn. 2474 ff.) mit. Dort kommt es – anders als beim Mehrbedarfsschaden (Rn. 1788) – zur Ersatzfähigkeit nicht darauf an, ob sich die Leistung (der Eltern) aus dem selbstverständlichen originären Aufgabengebiet der Eltern heraushebt. Diese eingrenzende Erwägung kann nicht durchschlagen, wo gerade das Aufgabengebiet auszufüllen ist. Betreuung erfasst aber z. B. auch die Sicherstellung der Ernährung mit dem mundgerechten Zubereiten der Nahrung. Die Pflegekategorien des PflegeG führen den Bereich des mundgerechten Zubereitens und der Aufnahme der Nahrung allerdings unter dem Stichwort Ernährung neben den hauswirtschaftlichen Versorgungen an, die sich auf das Kochen mit dem Vor- und Zubereiten der Speisen erstrecken. Beim Rechtsübergang kann dies zu Abgrenzungsproblemen führen

Bei der Betreuung des Kindes des Partners in der gleichgeschlechtlichen Lebenspartnerschaft mag § 9 LPartG i. V. m. § 1685 Abs. 2 BGB n. F. die Behinderung in dieser Betreuung einen Ersatzanspruch des Nicht-Elternteils rechtfertigen, s. auch Rn. 2454. **2706**

Zu **ehrenamtlichen** Betreuungsleistungen gegen Aufwandsentschädigung stellen sich im Verletzungsfall Fragen zur Erwerbsschadensberechtigung wie bei anderen ehrenamtlichen Aktivitäten (Rn. 2759 ff.). **2707**

Betreuungstätigkeiten stehen teilweise unter dem **Schutz durch** die **gesetzliche Unfallversicherung**.[709] **2708**

> Das *BSG*[710] hat der Großmutter, die auf dem Weg zum Kindergarten verletzt wurde, diesen Schutz gewährt. Eine Betreuung und vorübergehende Beaufsichtigung von Kindern durch Verwandte gibt regelmäßig allerdings keine Grundlage für Leistungen aus der gesetzlichen Unfallversicherung. Die Großmutter hatte das Kind jedoch täglich gegen ein ganz geringes Entgelt allumfassend mit einem Aufwand von mehr als 14 Stunden wöchentlich betreut. Das Kind war nicht in den Haushalt der Oma aufgenommen, die Oma half vielmehr im Haushalt der Tochter, wobei sie ihre Tochter entlasten wollte, die ihrerseits einer Berufsausbildung nachging, und damit letztlich der Erwerbstätigkeit der Tochter diente. Insoweit handelte es sich um eine Tätigkeit, die einer Tätigkeit aufgrund eines Beschäftigungsverhältnisses zumindest ähnlich war. Zugleich handelte es sich nicht um rein familiäre Hilfe, weil die Betreuungstätigkeit nach ihrer Art und der sich über viele Jahre erstreckenden Dauer das unter Verwandte übliche Maß weit überschritt. **2709**

2. Pflegetätigkeit

Bei der **Verletzung der Pflegeperson** geht es für den Schadensausgleich um die Erkenntnis des materiellen Gewichts der unentgeltlichen, uneigennützigen, fremdorientierten und fremdbestimmten Leistung. **2710**

Inwieweit ein Pflegegeld unterhaltsrechtlich als Einkommen bewertet wird oder kraft ausdrücklicher gesetzlicher Anordnung nicht angerechnet werden darf (Rn. 3050), ist nicht entscheidend. Jedenfalls weist das an den Pflegebedürftigen ausgezahlte, an die Pflegeperson weitergeleitete oder ihr jedenfalls wegen ihrer Aktivität zustehenden und durch die Versorgung des Pflegebedürftigen nicht verbrauchten Teils eines Pflegegeldes das wirtschaftliche Gewicht aus. Es kann von daher kein Zweifel an der wirtschaftlichen Relevanz der unentgeltlichen Pflegeleistung aufkommen. Da die Rechtsordnung der Leistung ein materielles Moment zumisst, ist die Gleichstellung der Leistung mit einem Erwerb folgerichtig. Die Pflegeleistung muss schadensrechtlich als ökonomische Größe akzeptiert werden. **2711**

---

709 Zur Erweiterung der gesetzlichen Unfallversicherung auf erziehende Personen *Fuchs* in SGb 1995, 1 ff.; s. zudem das Gesetz zur Verbesserung des Verbesserung des unfallversicherungsrechtlichen Schutzes bürgerschaftlich Engagierter und weiterer Personen vom 9.12.2004, BGBl. I S. 3299.
710 VersR 1995, 484 = NJW 1985, 2182 = MDR 1995, 76 zu § 539 Abs. 2 RVO a.F.; s. danach Art. 1 § 2 Abs. 2 Unfallversicherungs-Einordnungsgesetz v. 7.8.1996 – SGB VII –; beachte weiter *BSG* NJW 1998, 3141 zum Unfallversicherungsschutz der Tagespflegeperson (Tagesmutter).

2712 Die verletzte Person hat bei entsprechenden spezifischen Behinderungen deswegen dazu einen eigenen Ausgleichsanspruch und zwar unbeschadet des Bezugs des Pflegegeldes durch die dazu berechtigte Person. Dass nach einer früher vertretenen, vom *BGH* bestätigten Ansicht[711] die Pflegeperson von dem Pflegegeld, das dem Pflegebedürftigen zusteht, lediglich reflexartig begünstigt wird, nicht Dritter i. S. d. Amtshaftungsregeln ist und deshalb bei amtspflichtwidriger Nichtgewährung keinen Ersatzanspruch durchsetzen kann, steht nicht entgegen.

2713 Ob die Pflegeleistung höherwertig ist als das ausgezahlte Pflegegeld, ist aus den vom *BGH* zum Haushaltsführungsschaden für richtig gehaltenen Grundsätzen (zum Ausgleich der tatsächlichen Leistungen) nicht entscheidend: Von vornherein ist der Wert der Pflegeleistung eigenständig nach ihrem Marktwert einzuschätzen, da die vereitelte Tätigkeit ihren Wertausgleich finden muss und nicht das Pflegegeld zu ersetzen ist, das ohnehin die gepflegte Person (unverändert) erhält.

2714 Einen Anspruch wegen vereitelter Pflegeleistung muss die verletzte Pflegeperson in jedem Fall haben, wenn die Pflege Element der Unterhaltspflicht gegenüber der gepflegten Person ist.

2715 Eine Pflicht zur Pflege hat der *BGH*[712] zugunsten des erblindeten Ehemanns mit der Folge eines Anspruchs aus § 844 Abs. 2 BGB bei Tötung der Ehefrau bejaht. Pflege und Betreuung durch die nicht berufstätige Ehefrau waren dort Teil ihres ihr zuzumutenden Beitrags zum Unterhalt der Familie. Wäre die Ehefrau verletzt worden, wäre sie dementsprechend wegen dieses Beitrags, den sie nicht mehr zu erbringen vermocht hätte, selbst und zwar im Umfang des Wertes der Pflegeleistung für anspruchsberechtigt zu halten gewesen.

3. Mitarbeit bei einem unterhaltsberechtigten Angehörigen, insbesondere dem Ehe- oder (rechtlich gleichgestellten) Lebenspartner

2716 Schließen Angehörige oder Ehegatten einen **Arbeits-** oder **Gesellschaftsvertrag**, gelten für die verletzte Person die allgemeinen Regeln einerseits für abhängig Beschäftigte und andererseits für Geschäftsführer[713], Selbstständige oder Gesellschafter. Das Ehegatten-, Lebenspartner – Arbeitsverhältnis setzt voraus, dass ein Ehepartner bzw. ein Partner der eingetragenen Lebenspartnerschaft im Betrieb des anderen Partners weisungsgebundene Tätigkeiten verrichtet, in den Betrieb eingegliedert ist und für die Tätigkeiten ein Entgelt erhält, das über ein bloßes Taschengeld oder die Gewährung von Unterhalt hinausgeht und nicht außer Verhältnis zu Umfang und Art der verrichteten Tätigkeiten steht. Das Motiv für den Vertrag, der einem Fremdvergleich standhält, spielt keine Rolle, vgl. auch Rn. 2748. Ob ein (vor dem Haftungsereignis tatsächlich erzieltes) Entgelt eine adäquate Entlohnung für die geleistete Arbeit (gewesen) ist, ist im Grundsatz irrelevant, weil es auf die künftige Vermögenseinbuße wegen der verminderten Leistungsmöglichkeit ankommt.[714]

2717 Bei der **ohne** Abschluss eines (Arbeits-, Gesellschafts-) **Vertrages** geleisteten, werthaltigen Arbeit im Betrieb einer anderen Person oder bei der Unterstützung beruflicher, gewerblicher Aktivitäten anderer Personen ist ein Wert und Nutzen der Arbeitskraft offenbar. Als **Verletzungsschaden** muss folgerichtig jedenfalls bei einem (geplanten, aber vom Schädiger vereitelten) tatsächlichen Beitrag zum Familienunterhalt (Rn. 2723) der Ausfall vom Schädiger übernommen werden.[715] Eine Ent-

---

711 *OLG Stuttgart* VersR 1990, 267 und *BGH* VersR 1990, 268 zu § 69 Abs. 3 S. 2 BSHG.
712 *BGH* VersR 1993, 56 = NJW 1993, 124 = DAR 1993, 25 = ZfS 1992, 403. – In gleichem Sinn sieht *OLG Stuttgart* FamRZ 1994, 1407 zugunsten des schwerstbehinderten Unterhaltspflichtigen einen krankheitsbedingten Mehrbedarf in Form der fiktiven Entschädigung des pflegenden nahen Angehörigen (der Ehefrau) gegenüber dem volljährigen Kind.
713 Zum Gesellschafter-Geschäftsführer einer Ein-Mann-GmbH *BGH* VersR 1992, 1410; *OLG Hamm* ZfS 1996, 11: Die Geschäftsführervergütung ist nur als echtes Arbeitsentgelt beachtlich; s. weiter Rn. 2408 ff.
714 Treffend *OLG Hamm* NJOZ 2001, 514.
715 Vgl. *BGHZ* 59, 172 = NJW 1972, 2217.

geltabsprache, ev. unterhalb der Versicherungspflichtgrenze, schließt es nicht aus, dass der reale Unterhaltsbeitrag darüber hinausgeht. Die Ansicht, die bei der unentgeltlichen Mitarbeit im Erwerbsgeschäft des Ehepartners ein Ersatzrecht verneint und das Ersatzrecht auf die Beeinträchtigung einer gesetzlich (familienrechtlich) geschuldeten Mitarbeit beschränkt, muss den normativen Erwerbsschaden schlechthin – auch zur Arbeit im gemeinsamen Haushalt – verneinen; Rn. 2723 ff.

Die im Betrieb eines unterhaltsberechtigten Ehegatten ohne Abschluss eines Vertrags erbrachte Arbeit, die künftig fortgesetzt werden sollte, kann auch im **Tötungsfall** ausgleichsfähig sein. Diese Mitarbeit ist zwar nicht mehr ausdrücklich gesetzlich vorgeschrieben. Sie kann aber im Einzelfall Element und Folge der ehelichen Beistandspflicht i. S. d. § 1353 Abs. 1 Satz 2 BGB sein und findet dann dort ihre gesetzliche Grundlage, die sie der Erwerbstätigkeit gleichstellt. Darüber hinaus ist die unentgeltlich erbrachte Arbeit[716] Unterhaltspflicht, soweit sie den gesetzlichen Unterhaltsbeitrag der unterhaltspflichtigen, mitarbeitenden Person darstellt und steht deswegen der Erwerbstätigkeit gleich. Gemeint ist insbesondere die Arbeitsleistung des einen Partners im Betrieb des Anderen[717], die den gemeinsamen und einverständlich abgesteckten **Lebensunterhalt absichert**. 2718

Entsprechendes wie bei Ehepartnern gilt seit dem 1.8.2001 auf der Basis des § 5 LPartG bei anerkannten gleichgeschlechtlichen **Lebenspartnerschaften**. Bei festen eheähnlichen **Lebensgemeinschaften** (Rn. 2456) fehlt es an der gesetzlichen Verantwortung füreinander und der Unterhaltspflicht. Dazu hilft der verletzten Person in tatsächlich vergleichbaren Lagen u. U. ein faktisches Arbeitsverhältnis, um zum Erwerbsschaden zu kommen (Rn. 2720, s. auch Rn. 2733). 2719

Der Fiktion eines **faktischen Arbeitsverhältnisses**, von dem das *OLG München*[718] bei dem im Transportunternehmen der Ehefrau tätigen Fahrzeugführer spricht, ohne möglicherweise ein faktisches Arbeitsverhältnis im Rechtssinn zu meinen, bedarf es für das Schadensrecht bei Ehepartnern eigentlich nicht. 2720

Bei **Trennung**, **Scheidung** (s. auch Rn. 2732) oder sonst bestehenden Barunterhaltspflichten und -beziehungen kann es zu der Arbeit, die eine Unterhaltspflicht ausfüllt, nicht anders sein als in einer bestehenden Ehe mit gemeinsamer Haushaltsführung. Soweit der *BGH* bisher auf die Gemeinsamkeiten in der intakten Ehe eingegangen ist, beruht dies auf den zur Entscheidung gestellten Lebensverhältnissen. 2721

Der Blick auf den Unterhalt ist nicht dahin misszuverstehen, dass die Barunterhaltsforderung bzw. der entsprechende Geldbedarf Wertmesser der auszugleichenden Arbeit sein sollen. Der Schaden ist auch nicht abstrakt arbeitswertorientiert zu bemessen. 2722

▶ Bei der auf den tatsächlichen Unterhalt(sbedarf) der Familie oder anerkannten Lebenspartnerschaft ausgerichteten, den Unterhalt wirtschaftlich abdeckenden Arbeit ist der Gesamtwert der unentgeltlichen Arbeitsleistung in einem (Familien-) Betrieb zu erfassen und über ein angemessenes Entgelt für die eingesetzte, aber beeinträchtigte Arbeitskraft und – zeit zu regulieren. Der Anspruch des verletzten Ehegatten oder Lebenspartners bezieht dabei jede nicht nur gelegentliche, ernsthaft wirtschaftliche Mitarbeit ein, die mehr als eine reine Gefälligkeit ist und deswegen einer Erwerbs-, Berufstätigkeit wertend gleichsteht. Zunächst muss im Einzelfall immer die spezifische Beeinträchtigung der Leistungsfähigkeit, die auf die Verletzung der physischen oder psychischen Integrität (Rn. 66 ff.) zurückzuführen ist, feststehen. ◀ 2723

---

716 Beim Scheitern einer Ehe kann die unentgeltliche Arbeitsleistung, die den anderen Ehegatten während der Gütertrennung durch Mitarbeit in dessen Betrieb begünstigt und über eine bloße Gefälligkeit hinausgeht, auch den Rahmen der Unterhaltspflicht oder die Pflicht zum Beistand in der ehelichen Lebensgemeinschaft überschreitet, zu einem Ausgleichsanspruch des leistenden Ehegatten gegen den von dem Arbeitsergebnis begünstigten Ehegatten führen, *BGHZ* 127, 48 = NJW 1994, 2545 = FamRZ 1994, 1167.
717 *BGHZ* 77, 157, 163 = VersR 1980, 921 = NJW 1980, 2196.
718 NJW-RR 1991, 1179: Ein ausdrücklicher Arbeitsvertrag lag nicht vor.

2724 **Maßstab** zum **Umfang** des **Ersatzanspruches** ist also der Geldwert der Arbeitsleistung nach der Intensität der (eigenen) Arbeit. Dementsprechend mag die Vergütung für eine Ersatzkraft als Bemessungsgröße herangezogen werden. Die besondere Befähigung, Leistungskraft und -stärke der verletzten Person, die sich wirtschaftlich niedergeschlagen hat oder künftig wahrscheinlich gewesen, nun vereitelt ist, ist materiell darüber hinaus als Folge i. S. d. §§ 252, 842, 843 BGB auszugleichen.

2725 Tatsächlich anfallende Kosten für den Einsatz einer **fremden Arbeitskraft** müssen stets – wie bei einem Selbstständigen[719] – geltend gemacht werden dürfen, wenn zugleich der sonst erreichbare Geldvorteil geschmälert ist. Dies lässt sich mittels der Einstellung der Hilfskraft bei Nachweis der ursächlichen Verknüpfung mit dem haftungsbegründenden Ereignis belegen, beachte Rn. 2389.

2726 Wird der Ausfall durch einen **verstärkten Einsatz** des Inhaber-**Ehegatten** oder durch die Zusatzarbeit von Familienangehörigen aufgefangen, ist die Schadensberechnung ebenfalls an der Vergütung einer Fremdkraft zu orientieren. Es wird eine gewisse Nettokorrektur im Sinne der Bewertung beim Hausarbeitsschaden vorzunehmen sein.[720]

2727 Gleicht der mitarbeitende Partner seinen zeitweisen Ausfall durch einen eigenen, verstärkten Einsatz nach der Genesung aus, so dass im Berechnungszeitpunkt kein Nachteil zu verzeichnen ist, kann, muss aber nicht ein Schaden zu verneinen sein. Ist das **Nachholen** der **Arbeit überpflichtig**, bleibt der Schaden bestehen. Hier gilt kraft wertender Betrachtung, was der *BGH*[721] für den Fahrschullehrer betont hat, der alle zunächst ausgefallenen Fahrstunden verlegt hat, ohne dass ein Fahrschüler ausgeschieden ist oder weniger Stunden erteilt worden wären und kein Interessent aus unfallbedingten Gründen abgewiesen werden musste, die gesamte Ausbildung sich auch nicht etwa in einer sonst relevanten Art verschoben hat. Ob damals die Opfergrenze überschritten gewesen ist, die dem Fahrlehrer wegen seiner Schadensminderungspflicht gesetzt war, ist dort tatrichterlich noch aufzuklären gewesen. Daran ist zu erinnern, weil nicht selten der Leitsatz jener Erkenntnis bemüht wird, ohne auf die Einschränkung (keine Anrechnung „soweit" überpflichtige Maßnahme) zu achten.

2728 Bei der Mitarbeit oberhalb einer Unterhaltspflicht – wenn sie denn logisch, tatsächlich, wirtschaftlich und rechtlich konstruktiv vom Familienunterhalt überhaupt real abzugrenzen ist, der als Rechtspflicht aus tatsächlichen Absprachen der beteiligten Partner folgt, – ist aus einer unterhaltsrechtlichen Grundlage des Arbeitseinsatzes, die zur Mitarbeit im Betrieb des (Ehe-) Partners zumeist betont wird, nicht abzuleiten, dass sich die Ersatzberechtigung auf den Umfang einer unterhaltsrechtlichen Pflicht beschränkt. Der Anspruch der verletzten Person auf Ausgleich des Erwerbsschadens in der familiären, anerkannten lebenspartnerschaftlichen Haushalts- und Wirtschaftsgemeinschaft ist vielmehr unabhängig von der eigenen Unterhaltspflicht, s. auch Rn. 2717. Deswegen muss der Finanzbedarf der betroffenen Familie (Partnerschaft) auf die Mitarbeit der verletzten Person in dem „Familienbetrieb" nicht ausgerichtet sein. Das Motiv der eigenen Tätigkeit kann z. B. sein, sich beruflich verwirklichen zu wollen oder das wirtschaftliche Ergebnis für die Familie zu verbessern oder dem anderen Ehegatten schlicht zu helfen, ihn zu unterstützen. Das Motiv kann auch in anderen Zusammenhängen zu suchen sein.

2729 Die in Erfüllung einer sittlichen Verpflichtung oder bei sonstiger Motivlage übernommenen Tätigkeiten stehen nicht aus sich heraus einer Erwerbstätigkeit gleich. Innerhalb der ehelichen oder anerkannten lebenspartnerschaftlichen Gemeinschaft zeigt § 1360 BGB jedoch für alle Güterstände, dass Leistungen, wenn sie Geldwert haben, durch den korrespondierenden Anspruch auf Familienunterhalt abgedeckt sind. Dies spricht nach der hier vertretenen Ansicht dafür, in der bestehenden ehelichen, lebenspartnerschaftlichen Gemeinschaft regelmäßig alle solchen Arbeitsleistungen im Verletzungsfall uneingeschränkt für ersatzfähig zu halten. Grenzen zeigen sich allerdings in Richtung auf eine Angemessenheit (Rn. 3079) und/oder eine als Hobby praktizierte Mitarbeit oder auch einen Luxus der Familie bzw. Partnerschaft, Rn. 503, 2447.

---

[719] *BGH* VersR 1992, 973 = NJW-RR 1992, 852.
[720] *OLG Oldenburg* NJW-RR 1993, 798 = ZfS 1993, 263.
[721] *BGHZ* 55, 329 = VersR 1971, 544 = NJW 1971, 836.

§ 1620 BGB enthält eine Schenkungsvermutung bei Aufwendungen oder Zuwendungen eines **volljährigen Kindes**, das dem elterlichen Haushalt angehört. Solche Aufwendungen finden sich auch im Einsatz einer unentgeltlichen, vermögenswerten Arbeitsleistung im Betrieb der Eltern. Dies reicht hin, dem verletzten Abkömmling bei Beeinträchtigung der eingebrachten Arbeitskraft, die nach dem haftungsauslösenden Ereignis nicht mehr nutzbringend zugunsten der Eltern eingesetzt werden kann, einen Ausgleichsanspruch gegen den Schädiger zu gewähren, s. aber Rn. 2591, 2751, 2755 f. Ohne einen gemeinsamen Haushalt genügt das enge Familien- und Unterhaltsband zur Gleichstellung der unentgeltlichen Arbeit im Betrieb der Eltern mit einer Erwerbsarbeit. 2730

Für **minderjährige Kinder** darf bei ernsthaften, erlaubten, wirtschaftlich nicht nur unerheblichen Arbeiten zugunsten der Eltern und deren Betrieb außerhalb des § 1619 BGB nichts Anderes gelten, s. Rn. 2752, 2753. 2731

Bei **Trennung**, **Scheidung** oder sonst bestehenden familienrechtlichen Beziehungen fehlt es nach der hier vertretenen Ansicht für die Arbeit **oberhalb** einer wirklichen **Unterhaltspflicht** allerdings an der Basis für die Gleichstellung jeder Art einer real unentgeltlichen Arbeit zum wirtschaftlichen Nutzen einer anderen Person. Der Noch-Partner oder der geschiedene Ehegatte werden zwar wirtschaftlich begünstigt. Allein diese wirtschaftliche Begünstigung eines anderen legitimiert die Gleichstellung der (beeinträchtigten) Tätigkeit mit einer Erwerbs-, Unterhaltsarbeit aber nicht. Dann geht es vielmehr um mittelbare Nachteile (Rn. 377, 2737), die im Verletzungsfall nicht ausgleichsfähig sind. 2732

In solchen Fällen kann es allerdings zu einem u. U. stillschweigenden Arbeitsverhältnis kommen bzw. gekommen sein. Dann gelten für die verletzte Person die allgemeinen Regeln zum Verdienstausfall, Rn. 2197 ff, s. auch Rn. 2719 f. 2733

Eine unentgeltliche Mitarbeit im Erwerbsbetrieb eines Lebenspartners kann im Einzelfall i. S. d. § 850h Abs. 2 ZPO als verschleiertes Arbeits- oder Dienstverhältnis eine pfändbare Vergütung erschließen lassen. 2734

4. Mitarbeit im familienfremden Betrieb und Unternehmen

Jede unentgeltliche unselbstständige Tätigkeit oder Mitarbeit im Betrieb einer anderen natürlichen oder juristischen Person und zu deren wirtschaftlichen Nutzen darf nicht für ausreichend erachtet werden, um einschränkungslos einen eigenwirtschaftlichen Erwerbsschaden zu bejahen. 2735

Die unentgeltlich erbrachte, unselbstständige Arbeitsleistung spiegelt sich vor dem haftungsbegründenden Ereignis im fremdwirtschaftlichen Erfolg des begünstigten Betriebes oder Unternehmens wider. Die ersatzfähige Vermögenseinbuße besteht aber nicht im Nutzen der Arbeit für den Betriebsinhaber oder im Arbeitswert der verletzten Person für den Betriebsinhaber. Sie ist auch nicht in der Verringerung eines anteiligen Gewinns des Betriebes oder in einem Gewinnausfall überhaupt zu finden. Andernfalls würde unzulässig auf die Position der mittelbar betroffenen Person abgestellt werden. Zu §§ 842, 843 BGB und den Parallelnormen müssen aber die Beeinträchtigung der körperlichen Integrität und die negativen Vermögensfolgen in derselben Person korrespondieren. Ausschließlich diese Person hat originär den Anspruch zum Erwerbsschaden[722] und zwar zu allen Vergütungsbestandteilen (Rn. 366, 372 ff, 527, 2222 ff.). 2736

---

722 *BGHZ* 59, 172 = VersR 1972, 1075 = NJW 1972, 2217.

2737 Der Werkstattinhaber, dessen Werkstatt wegen der Verletzung eines angestellten Meisters oder Gesellen nicht mehr rentierlich ist, hat keinen erstattungsfähigen, sondern nur einen mittelbaren Nachteil.[723] Ebenso steht dem Werkstattbetreiber kein Schadensersatzanspruch zu, dessen wirtschaftlicher Erfolg von der unentgeltlich geleisteten Tätigkeit einer Person abhängt und der nach der Verletzung dieser Person in Schwierigkeiten kommt und einen Einnahme-, Gewinnausfall verzeichnen muss, s. auch Rn. 377. Ob die andere Person ein besonders guter Freund, ein Angehöriger, der in seiner Freizeit aushilft oder unterstützend tätig wird, oder jemand ist, der als „Hobbybastler" oder dergleichen aus reiner Freude an einer Tätigkeit hinzugekommen ist, macht schadensrechtlich keinen Unterschied. Desgleichen gibt die Verletzung des verwandten, unentgeltlich, ohne Beschäftigungsverhältnis aushelfenden Taxi-Fahrers dem Taxen-Unternehmer keinen Anspruch aus eigenem Recht. Wenn der Unternehmer seine Taxe wegen der Arbeitsunfähigkeit des Fahrers nicht oder nur mit erhöhten Aufwendungen einsetzen kann, bleibt er doch nur mittelbar in seinem Vermögen geschädigt. Aus diesem Grund ist auch die Berechnung des Verdienstausfalls für das Taxi-Unternehmen, dessen Taxe beschädigt ist, von den rechtlichen und wirtschaftlichen Auswirkungen der ggfs. zeitgleichen Verletzung des (mitarbeitenden) Fahrers freizuhalten.[724]

2738 Vom „Marktwert" her bestehen zwischen den Aktivitäten in einem Familienbetrieb und den vergleichbaren Aktivitäten in einem familienfremden Betrieb allerdings keine Unterschiede: Ob die Arbeit für ein Familienmitglied bei einer potenziellen Unterhaltsbeziehung oder die Arbeit zugunsten eines familienfremden Betriebsinhabers/ Unternehmers oder gar einer juristischen Person geleistet wird, beeinflusst ihren Wert **betriebs- und volkswirtschaftlich** nicht.

2739 Auf das Merkmal **„Unterhaltsband"** darf aber nach der hier vertretenen Ansicht nicht vollständig verzichtet werden. Allein dieses Merkmal schafft den **rechtlich tragfähigen Ausgangspunkt**, eine unentgeltliche Leistung in ihrem materiellen Gewicht der entgeltlichen Arbeit gleichzustellen. Dieses Merkmal ist m.a.W. **geeignet, erforderlich**, aber auch **hinreichend** dafür, eine unentgeltliche, fremdnützige Arbeit, die zum wirtschaftlichen Erfolg anderer Personen führt oder zu deren wirtschaftlichen Entlastung beiträgt oder die andere Personen in deren hauswirtschaftlichen oder selbst wiederum uneigennützigen Belangen unterstützt, wirtschaftlich erfassen, von daher bewerten und schadensrechtlich bei Verletzung der arbeitenden Person ausgleichen zu können.

5. Familiäre Dienstleistungspflicht

2740 **Schadensart im Überblick:**

Dienstleistungsschaden

Ausfall familienrechtlich geschuldeter Tätigkeiten von (verletzten oder getöteten) Abkömmlingen. § 845 BGB knüpft die Ersatzbefugnis an einen Vermögensnachteil bei einer wirtschaftlich betroffenen Person (dem Dienstberechtigten) in Folge der körperlichen, gesundheitlichen Betroffenheit einer anderen Person (des Dienstpflichtigen) an. In besonderen Haftungsgesetzen fehlt regelmäßig eine mit § 845 BGB vergleichbare Norm.

Mit dem hier gewählten Begriff Dienstleistungsschaden soll der Abstand zum Erwerbs- und Unterhaltsschaden deutlich werden.

2741 Die i. S. d. § 1619 BGB familienrechtlich geschuldete[725] und schadensbedingt ausgefallene Dienstleistung von **Abkömmlingen** führt bei **Verletzung** ebenso wie bei **Tötung** zu einem Ausgleichsanspruch nach § 845 BGB. Wie § 10 Abs. 2 StVG und § 7 Abs. 2 ProdHaftG erfasst aber § 5 Abs. 2

---

723 *LG Zweibrücken* VersR 1981, 990 = ZfS 1981, 360.
724 *BGH* VersR 1979, 936.
725 Zur Mitarbeitspflicht eingehend *Enderlein* AcP 2000, Band 200, 565 ff.

HPflG den Ersatz für solche entgangenen Dienste nicht, vgl. weiter § 28 Abs. 2 AtomG, § 86 Abs. 2 ArzneimittelG, § 35 Abs. 2 LuftVG, § 25 Abs. 2 UmweltHG, s. aber wie § 845 BGB auch § 53 Abs. 2 LuftVG bei militärischen Luftfahrzeugen.

Das kollisionsrechtliche Institut der Angleichung kann zur Anwendung des § 845 BGB führen, wenn z. B. nach dem anzuwendenden heimatlichen Familienrecht keine Dienstpflicht (wie i. S. d. § 1619 BGB) besteht, bei Anwendung dieses Heimatrechts insgesamt aber eine deliktische Generalklausel durchgreift, während nach dem berufenen deutschen Deliktsrecht §§ 845, 1619 BGB zu einem Anspruch führen. 2742

Der **Elternanspruch** ist gegenüber einem Erwerbs-, Fortkommensschaden des Abkömmlings subsidiär. Steht dem verletzten Kind ein Anspruch aus §§ 842, 843 BGB zu, greift § 845 BGB also nicht ein. Für einen Anspruch aus § 845 BGB muss deswegen zugleich vorgetragen und begründet werden, dass das Kind selbst keinen Schadensersatzanspruch hat. 2743

Der Ersatzanspruch aus § 845 BGB gleicht den wirtschaftlichen Ausfall aus, der als Vermögensminderung bei den Eltern eintritt. Der Anspruch steht jedem Elternteil hinsichtlich der ihm selbst, nach seinem Bedarf entgangenen Dienste zu. Das minderjährige Kind oder ein volljähriger Abkömmling, die i. S. d. § 1619 BGB mitzuhelfen haben, haben insoweit keinen eigenen Anspruch, beachte aber Rn. 2752 ff. 2744

Die familienrechtlich geschuldete Pflicht zur Mithilfe soll in der Regel mit dem 14. Lebensjahr beginnen.[726] Der **Umfang** der geschuldeten Dienste richtet sich nach der Lebensstellung des Kindes und seinen Kräften und dem Bedarf der Eltern. Es kommt auf die spezifische familienrechtliche Beziehung an. Dies kann insbesondere unter landwirtschaftlichen Verhältnissen bedeuten, dass das „Hauskind" bei Verzicht auf andere Erwerbsmöglichkeiten die eigene volle Arbeitskraft bzw. seine ganze Arbeitskapazität einsetzt, ohne Rücksicht auf ein (Miss-) Verhältnis zwischen der eigenen Leistung und der Gegenleistung durch die Eltern. Die Mithilfe ist nicht durch den Wert des gewährten Unterhalts begrenzt. Der Ersatz des Wertes der entgangenen Dienste ist an **Kosten** für eine **Ersatzkraft**[727] zu orientieren. 2745

Geldwerte Ersparnisse mindern den Ersatzanspruch, insbesondere der ersparte Unterhalt zum Wohnbedarf und zur Verpflegung.[728] 2746

Die **Sozialrente** des Verletzten mindert den Anspruch der berechtigten Eltern trotz Nichtidentität des Leistungsempfängers und der Anspruchsberechtigten, weil der Sache nach der Erwerbsschaden des beeinträchtigten Versicherten geltend gemacht wird.[729] 2747

Die familienrechtliche Pflicht ist von gesellschaftsrechtlichen[730] und arbeitsvertraglichen Beziehungen **abzugrenzen**. Eine tatsächliche Vermutung für ein familienrechtliches Verhältnis besteht nicht. Der *BGH*[731] betont die Relevanz des Einzelfalles. Auf den Einzelfall kommt es auch **steuerrechtlich** an. Insoweit kann die gesetzliche Mitwirkungspflicht haushaltsangehöriger Kinder je nach Art und Umfang allerdings auch auf arbeitsvertraglicher Grundlage erbracht werden. Hält das Arbeitsverhältnis einem Fremdvergleich stand, d. h. entspricht es dem zwischen Fremden Üblichen und wird es tatsächlich durchgeführt, kann die Vertragsbeziehung sodann dem betrieblichen Bereich[732] zugeordnet werden. Steuerrechtlich wird das Verhältnis nur dann nicht als Arbeitsverhältnis anerkannt, wenn es wegen seiner Geringfügigkeit oder Eigenart üblicherweise 2748

---

726 *BGH* VersR 1990, 907 = NZV 1990, 307.
727 *BGH* VersR 1952, 133; 1952, 289; 1952, 432.
728 *OLG Schleswig* NJW-RR 1998, 1404 = VersR 1999, 632 (ersparte 600 DM verrechnet mit etwaigen Ersatzkraftkosten); *OLG Karlsruhe* VersR 1988, 1128 = FamRZ 1988, 1050 m. *BGH* NA-Beschl. v. 29.3.1988.
729 BGHZ 69, 380 = VersR 1978, 90 = NJW 1978, 159.
730 *OLG Stuttgart* DAR 1990, 349 m. *BGH* NA-Beschl. v. 17.4.1990.
731 VersR 1991, 428 = NJW 1991, 1226 = NZV 1991, 111.
732 *BFH* NJW 1994, 3374 zum Abzug von Zahlungen für Hilfstätigkeiten der Tochter als Betriebsausgaben der elterlichen Arztpraxis.

nicht auf arbeitsvertraglicher Grundlage eingegangen wird und der Inhalt sachlich und zeitlich nicht näher festgelegt ist. Geringfügige, ihrer Art nach untergeordnete Tätigkeiten sind typischerweise nicht Gegenstand von Verträgen mit fremden Dritten.

2749 Bei dem 17-Jährigen in einer landwirtschaftlichen Lehre (2. Lehrjahr) auf einem Lehrhof, wo er voll ausgelastet war und der nach beruflicher Selbstständigkeit gestrebt und die familiäre Haus- und Wirtschaftsgemeinschaft gelöst hätte, verneint das *OLG Celle*[733] einen (Feststellungs-)Anspruch der Eltern. Der Vater, ein Berufskraftfahrer, hatte 35 ha von der Schwiegermutter gepachtet. Die Fläche reichte aber nicht als Existenzgrundlage für die mehrköpfige Familie. Auch bei der Hoffnung, der Sohn werde den eigenen Hof übernehmen, ist deswegen, wie das *OLG* meint, nicht anzunehmen gewesen, er würde bis zum 25. Lebensjahr eine eigene soziale Absicherung zurückgestellt, auf einen geregelten Monatsverdienst verzichtet und auf familienrechtlicher Grundlage gearbeitet haben.

2750 Der *BGH*[734] sieht für eine Pflicht des **volljährigen Kindes** i. S. d. § 1619 BGB keinen Raum, wenn die volle Arbeitskraft für eine entgeltliche Erwerbstätigkeit eingesetzt ist. Mit der Erwerbstätigkeit soll das Kind aus dem familienrechtlichen Abhängigkeitsverhältnis ausgeschieden sein. Die Möglichkeit, neben einer Vollerwerbstätigkeit die verbleibende Zeit und Kraft familiär nutzen zu können, hat den *BGH* nicht bewogen, die Dienste in der Freizeit als familiäre Dienstpflicht einzuordnen. Die Kosten einer Aushilfskraft von 2.070,00 DM sind ohne Ausgleich geblieben. Der *BGH* hat eine doppelte Entschädigung ein- und desselben Schadens, die Kombination eines Erwerbsersatzanspruchs des verletzten Abkömmlings und der Eltern vermeiden wollen. Der Erwerbsersatzanspruch des erwerbstätigen Abkömmlings und der Elternanspruch schließen sich aber im theoretischen Ansatz zu den verschiedenen Arbeitsbereichen gegenseitig nur aus, wenn im Verletzungsfall ein Ausgleich zu der unentgeltlichen Nebentätigkeit im elterlichen Betrieb gewährt wird.

2751 ▶ Die unentgeltliche Nebentätigkeit im Haus bzw. Betrieb oder Geschäft der Eltern (gegen Kost, Unterkunft, sonstige Beiträge zum allgemeinen Lebensbedarf) nimmt der *BGH* bei einer Vollerwerbstätigkeit aus der Ersatzpflicht nach § 845 BGB bei Tötung heraus. ◀

2752 Das verletzte Kind hat im Umfang und für die Dauer einer familienrechtlichen Mithilfspflicht im bisherigen Verständnis angesichts des § 845 BGB keinen Ersatzanspruch wegen einer vereitelten Möglichkeit, im Haushalt zu arbeiten, soweit die Tätigkeit für die Familiengemeinschaft betroffen ist. Anders verhält es sich jedoch bei ernsthaften, „freiwilligen" Tätigkeiten, Rn. 2753 ff. Die Subsidiarität des § 845 BGB (Rn. 2743) sollte sogar dazu führen, zu jeder werthaltigen ernsthaften Tätigkeit des Kindes im Haushalt dessen eigenen Anspruch aus § 842 BGB zu bejahen, also auch dann, wenn eine Mithilfspflicht eigentlich anzunehmen ist.

2753 ▶ Bei allen freiwilligen, über das Maß des § 1619 BGB hinausgehenden, nicht nur geringfügigen Leistungen im Haushalt ist die Anspruchsbefugnis des Kindes zum Ausgleich des Hausarbeitsschadens zu bejahen. ◀

2754 Zutreffend stellt das *AG Heilbronn*[735] fest, dass die „üblichen Hilfeleistungen", zu denen ein Kind familienrechtlich verpflichtet ist, die es aber verletzungsbedingt nicht mehr ausführen kann, den Eltern zuzuordnen sind. Wenn das *AG* zugleich auf die Arbeiten: Holzspalten, Rasenmähen, Staubsaugen, Müllentsorgung, Getränkeeinkauf, hinweist, sind allerdings Zweifel angezeigt, ob der Rahmen des § 845 BGB i. V. m. § 1619 BGB betroffen sein konnte. Bei den Arbeiten außerhalb des Mithilfsbedarfs sind die ernstlichen, nicht nur unerheblichen Arbeiten über einen eigenen Anspruch des verletzten Kindes auszugleichen. Dies hat das *AG* a.a.O. übersehen.

---

733 NZV 1997, 232; *BGH* NA-Beschl. v. 3.12.1996.
734 VersR 1998, 466 = NJW 1998, 307 = FamRZ 1998, 101; dazu *Gernhuber* in JZ 1998, 365.
735 ZfS 1996, 54.

In Konsequenz der Ansicht des *BGH*[736] zur **unentgeltlichen Nebentätigkeit** zugunsten der Eltern im Haus, im Betrieb, Geschäft oder Unternehmen ist im Verletzungsfall dem volljährigen Abkömmling ein Erwerbsschadensersatzanspruch zuzusprechen neben dem Verdienstausfallschaden zu der Haupttätigkeit. 2755

Das *OLG Frankfurt* sieht allerdings bei der **unentgeltlichen Mithilfe** auf dem elterlichen Hof keinen Erwerbsschaden des Kindes.[737] 2756

Eine Dienstleistungspflicht der Eltern gegenüber dem Kind liegt fern.[738] § 1618a BGB hilft nicht. 2757

6. Freiwillige, ehrenamtliche Dienstleistungen

Bei einer **Gegenleistung** für eine Arbeits-, Dienstleistung bzw. einen eigenen Gewinn gelten die Regeln zum Erwerbsschaden (Rn. 2197, 2352; s. auch Rn. 527 ff; 537). Die Gegenleistung muss nicht notwendig in Geld bestehen. Sie kann ebenfalls in einer Arbeits-, Dienstleistung bestehen. Ob ein Austauschvertrag gegeben ist, richtet sich nach den allgemeinen schuldrechtlichen Regeln. Beim Tauschring, bei der Nachbarschaftshilfe, die dazu dienen, (unentgeltliche) Dienstleistungen über Zeitkonten/Gutschriften zu tauschen, muss der vereitelte eigene Einsatz, für den sonst Tätigkeiten anderer Beteiligter hätten in Anspruch genommen werden können, ersetzt werden. Dies gilt für jede Art (nicht sittenwidriger, erlaubter) Tätigkeit, aber in den Grenzen der Relevanz, Rn. 2770 ff. 2758

Bei einer ehrenamtlichen, **unentgeltlichen Tätigkeit**, für die eine Entschädigung des Aufwandes bei der Wahrnehmung der Tätigkeit, aber keine Gegenleistung vorgesehen ist, führt die entgangene Aufwandszahlung mangels Entgeltcharakters nicht zu einem Schadensersatzanspruch. 2759

Das *OLG Düsseldorf*[739] lehnt es ab, dem verletzten Amateur, der verletzungsbedingt dem Fußballsport nicht mehr so wie vorher nachgehen kann, für drei Spielzeiten 36.000,00 DM zu gewähren. Bei den zahlreich tätigen ehrenamtlichen Betreuern, die Aufwendungsersatz nach § 1835 BGB erhalten oder pauschal nach § 1836a BGB entschädigt werden, und zu ähnlichen Tätigkeiten ist in gleicher Weise zu entscheiden. 2760

Die teilweise oder vollständig vereitelte uneigennützige Arbeitsleistung, die ehrenamtliche Tätigkeit oder die sonst zu Gunsten Dritter geldwerte Leistung, die von einer sittlichen Pflicht oder dem gesellschaftlichen Anstand getragen wird, ist im Übrigen nicht anders einzuschätzen als die Mitarbeit im familienfremden Betrieb. Sie ist aus den genannten Gründen (Rn. 2739) nicht ausgleichsfähig. 2761

Gemeint sind ehrenamtliche, freiwillige Tätigkeiten in Religionsgemeinschaften, für Idealvereine, für Parteien. Auf den wirtschaftlichen Nutzen für den begünstigten Rechtsträger kann es wegen dessen mittelbarer Betroffenheit nicht ankommen. Ein **eigener Vermögensschaden** zur – wirtschaftlich – ausschließlich fremdnützig orientierten Arbeitsleistung findet sich für den in seiner körperlichen Integrität betroffenen Menschen nicht, der das Geld nicht dort einsetzen will, wo er seine Arbeitsleistung eingebracht hat. Der ökonomische Wert des nachhaltigen Einsatzes und Arbeitsaufwandes eines Menschen zugunsten anderer steht zwar in allen solchen Fällen außer Frage. Betriebs- und volkswirtschaftliche Kriterien sollten aber nicht dazu verleiten, haftungsrechtlich den inneren Charakter der Anstrengungen einer Person für eine andere zu verkehren.[740] 2762

---

736 VersR 1998, 466 = NJW 1998, 307 = FamRZ 1998, 101.
737 VersR 1982, 909; s. auch *OLG Saarbrücken* VersR 1989, 757 = FamRZ 1989, 180 m. *BGH* NA-Beschl. v. 4.10.1988.
738 *OLG Bamberg* VersR 1985, 290 m. *BGH* NA-Beschl. v. 20.11.1984; s. aber auch *Coester* in FamRZ 1985, 556.
739 VersR 1996, 334 = SpuRt 1996, 204.
740 *Pardey* in NJW 1997, 2094.

2763 Weder die Marktgängigkeit noch ein Marktwert, die Kommerzialisierung oder die Verkehrsanschauung helfen, die Geldersatzleistung für eine beeinträchtigte ehrenamtliche Arbeit der verletzten Person frei zur Verfügung zu stellen. Demjenigen, der seine Arbeitskraft vor einem Schadensfall anderen zugewendet hat, weist § 249 BGB keine Kompensation dahin zu, dass er nun einen Geldwert für seine Arbeitskraft vom Schädiger beanspruchen kann. Wer eine fremdnützige Arbeit verletzungsunabhängig (zeitweise oder vollständig, gleich oder später) hat aufgeben wollen, ist bereits aus gem. §§ 252 BGB, 287 ZPO abzuklärenden Gründen nicht ersatzberechtigt. Wer das Ergebnis oder den Ausgleich für seine Arbeitsleistung einem anderen Zweck zuführen will oder zuführt, als er der fremdnützigen Arbeit ursprünglich zugrunde gelegen hat, kann gleichsinnig wegen des anderen als des ursprünglichen Zwecks nicht vom Schädiger Geld verlangen, auch wenn zu Ersatzleistungen kein Verwendungsnachweis geführt werden muss (Rn. 485), weil die Zweckausrichtung in Frage steht.

2764 Für die vorher unentgeltlich aktive Person zeigt sich nur ein immaterieller Nachteil, anderen nicht mehr helfen zu können. Die Verteilung der Chance, so tätig werden zu können, ist gleichermaßen immateriell einzuordnen.

2765 Wer mit *Dunz*[741] die Korrespondenz zwischen der Ausrichtung der Arbeit und dem Zufluss des Geldes aufgibt, verzichtet auf Konturen zur Feststellung des Schadens bei der nicht um des Geldwertes willen erbrachten Arbeit.

2766 Das *LG Karlsruhe*[742] akzeptiert bei der verletzten Ortsvereinsvorsitzenden einen Stundensatz von 15,00 DM, der nach Ansicht des *LG* wesentlich niedriger liegt als das nach der Vorbildung und beruflichen Erfahrung der geschädigten Person vergleichbare Entgelt für einen angestellten Sozialarbeiter.

2767 **Normativ wertend** verlangt eine Verschuldens- oder Gefährdungshaftung allerdings, dass der Schädiger wegen der für die Gesellschaft unverzichtbaren, beeinträchtigten Arbeitsleistungen wirtschaftlich aufzukommen hat. Bei der uneigennützigen Hilfe für Dritte sollte nach der hier vertretenen Ansicht deswegen – ausnahmsweise – die mittelbar **wirtschaftlich belastete Rechtsperson** den deliktischen Ersatzanspruch geltend machen dürfen. Die Zweckbestimmung und das wirtschaftliche Gewicht der beeinträchtigten Leistung korrespondieren dann mit der Ersatzleistung. Der Nachteil und der Ausgleich sind wirtschaftlich deckungsgleich.

2768 Für die ehrenamtlichen, gemeinnützigen Dienste von einigem Gewicht, die teilweise oder vollständig vereitelt werden, hilft eine den modernen Lebensverhältnissen angepasste Interpretation des § 845 BGB in Zusammenschau mit § 843 Abs. 4 BGB weiter. § 843 Abs. 4 BGB will seinem Kern nach die Verlagerung eines Schadens auf eine dritte Person verhindert wissen. § 845 BGB erklärt denjenigen für anspruchsbefugt, der wirtschaftlich belastet ist. Dies weist auf eine Anspruchsberechtigung der wirtschaftlich belasteten Rechtsperson wegen der ihr zugedachten unentgeltlichen, aber vereitelten Arbeitsleistungen hin.

2769 Eine andere Lösung kann dahin gehen, die verletzte Person nur zur Leistung an die wirtschaftlich belastete Rechtsperson für anspruchsbefugt zu halten.

---

741 In Festschrift für Steffen, 1995, S. 136 ff.
742 NJW-RR 1996, 1239 = VersR 1998, 1116: Im Verletzungsfall sei für unentgeltliche Dienstleistungen im sozial-karitativen Bereich und sonstige ehrenamtliche Tätigkeiten ein Wertersatzanspruch zu gewähren. – Im Berufungsverfahren haben sich die Parteien verglichen.

7. Gefälligkeiten ohne relevanten wirtschaftlichen Wert

Jede vereitelte Tätigkeit zugunsten anderer, die für ausgleichsfähig erachtet werden soll, muss nach ihrer Art, ihrem (geplanten) Umfang und ihrer Dauer, von ihrer Intensität und Regelmäßigkeit her einer entgeltlich erbrachten Leistung ähnlich und gleichwertig sein. Geringfügige Tätigkeiten, reine Gefälligkeiten sind nicht materiell orientiert. Solche Tätigkeiten für andere ohne realen Geldwert sind im Verletzungsfall nicht auszugleichen. 2770

▶ Nur der Tätigkeit von einigem Gewicht kommt eine vermögens- und schadensrechtliche Größenordnung zu. Nur eine solche Leistung stellt eine wirtschaftliche Verwertung der eigenen Arbeitskraft dar. ◀ 2771

Die **Grenzen** zwischen werthaltigen und geringfügigen Leistungen aus Gefälligkeit verlaufen bisher weitgehend konturlos. Die Verkehrsanschauung hilft kaum weiter. Es gibt kaum noch Tätigkeitsbereiche des täglichen Lebens, die sich wegen ihrer Eigenart von der Einordnung als Arbeit ausnehmen lassen. Weder das Stichwort Hobby und noch weniger das Stichwort Freizeit schaffen Klarheit zu nicht ersatzfähigen Aktivitäten. 2772

Wenn die Fenster eines Hauses im Wege der Nachbarschaftshilfe unentgeltlich gereinigt oder Gartenarbeiten im Herbst durch den Nachbarn erledigt worden sind und der helfende Nachbar verletzungsbedingt daran gehindert ist, andere einspringen oder ein gewerbliches Unternehmen durch den ursprünglich Begünstigten eingeschaltet werden muss, ist zu fragen, ob der helfende Nachbar materiellen Ausgleich verlangen darf oder ob der Begünstigte in den Genuss eines finanziellen Ausgleichs kommen sollte. Solche Maßnahmen wie auch der Austausch defekter Schlösser, das Auswechseln oder der Einbau von Lampen tragen einen Geld- und Marktwert in sich, weil stets eine gewisse Zahl von Arbeitsstunden und der Einsatz der Arbeitskraft erforderlich sind und der wirtschaftliche Faktor nicht zu übersehen ist. Gleichwohl sollte ein relevantes wirtschaftliches Gewicht verneint werden. Entsprechendes muss gelten, wenn z. B. während der Abwesenheit anderer Personen deren Wohnung, Haus oder Tiere für kurze Zeit betreut werden, beachte Rn. 2632 zu notwendigen Erhaltungsmaßnahmen. Die Pflege des Grabes von verstorbenen Angehörigen oder nahe stehenden Personen hat zwar ebenfalls den Charakter einer Leistung, die mit gewerblichen Dienstleistungen verglichen werden kann. Solche Tätigkeiten werden aber nicht getragen von einem Gedanken, der sich erwerbswirtschaftlich zuordnen lässt und sollten deswegen auch nicht zu einem Erwerbsschaden führen können. Für die Arbeiten, die im Haushalt geringfügig unterstützen (Rn. 2481), kann gleiches gelten. 2773

Nur eine **Quantifizierung der ernsthaften Arbeitsleistung** ist geeignet, Grenzen zu ziehen und zwar zu allen Arbeitsleistungen. Ob zur Abhilfe ein Finanzbedarf besteht oder nicht, ob die Aushilfe nur entgeltlich erlangt werden kann, ist dagegen kein geeignetes Abgrenzungskriterium zum Grund der Ersatzfähigkeit, sondern nur zum Umfang und für den Wertmaßstab. Der Gedanke der ernstlichen, wirtschaftlich gehaltvollen Tätigkeit und der schadensrechtlich nicht relevanten Geringfügigkeit[743] legt es nahe, bei der unentgeltlichen Tätigkeit mit einem Arbeitseinsatz von **durchschnittlich fünf Zeitstunden** wöchentlich über ein Kalendervierteljahr hin nicht zu zweifeln. Dies knüpft an die in der Gesellschaft akzeptierte Vollzeittätigkeit zwischen 38,5 bis 40 Wochenstunden und eine Schwelle von etwa 1/8 mit einem Aspekt der Dauerhaftigkeit bezogen auf eine Jahresarbeitszeit an. Freilich kann im Einzelfall auch schon die Arbeit von 1 Std/Woche einer Erwerbstätigkeit gleichstehen, Rn. 2482. Man wird in der praktischen Handhabung in solchen Fällen lediglich ein „höheres Maß" an Darlegung zum Arbeitsinhalt und Arbeitsablauf anlegen (müssen), um die Gleichstellung des unentgeltlichen Einsatzes mit dem entgeltlichen Einsatz zu legitimieren. 2774

---

[743] *Pardey* in DAR 1994, 265, 267.

2775 Dieser Zeiteinsatz ist nach den Maßgaben der §§ 249, 251, 252 BGB aus verständiger Sicht jeweils bezogen auf die konkret betroffenen **Arbeitsbereiche** zu ermitteln. Bei **jahreszeitlich geprägten Tätigkeiten** kommt es auf den Zeitfaktor in der entsprechenden Jahreszeit an. Fällt z. B. die entsprechende Arbeit nur im Sommer an, sind bei der Verletzung im Winter und Ausheilung bis zum nächsten Sommer materielle Belastungen nicht mehr zu berücksichtigen. Wirkt die Verletzung dagegen fort, ist daran anzuknüpfen, ob im Sommer mindestens fünf Wochenstunden zu erbringen sind. Ist dies der Fall, ist die verletzungsbedingte Beeinträchtigung auszugleichen.

2776 Jede Tätigkeit mit einem Umfang, der darunter liegt, sollte nur beim Schmerzensgeld mit abzugelten sein. Ein materieller Ausgleich scheidet nach der hier vertretenen Ansicht jedenfalls aus, weil solche Aktivitäten normativ wertend keine wirtschaftlich geprägte Arbeit sind.

2777 All dies betrifft den **eigenbezogenen Einsatz** der eigenen Kräfte und Fähigkeiten nicht. Zur Lebensführung und -gestaltung für die eigene Person sieht § 843 BGB nicht auf den wirtschaftlichen Nutzen, das wirtschaftliche Resultat oder den entgangenen wirtschaftlichen Vorteil, sondern auf den verletzungsbedingten Mehrbedarf. Eingrenzend wirkt hier der Gedanke, dass sich der Bedarf in der Vermögenssphäre niederschlägt, beachte auch Rn. 2729.

VII. Nichtvermögensschaden (immaterielle Belastungen, Schmerzensgeld)

2778 **Schadensart im Überblick:**

Nichtvermögensschaden

Belastung der Lebensfreude bei individueller, subjektiver Wert(ein)schätzung (immaterieller Nachteil); Schmerzensgeld bei eigener Beeinträchtigung eines Angehörigen; kein gesetzlicher Forderungsübergang.

Das Gesetz nennt den Schaden immateriell, der nicht Vermögensschaden ist, dem also die „Vermögensqualität" fehlt und der eigentlich nicht in Geld messbar ist. Das sind körperliche oder seelische Belastungen, insbesondere Schmerzen bzw. alle Nachteile außerhalb von Vermögensdispositionen. Sie werden durch subjektive Empfindungen und subjektive, objektiv oder auch nur objektivierbar nicht notwendig akzeptierte oder noch nicht einmal nachzuvollziehende Wertvorstellungen bestimmt. Immaterielle Schäden erklärt § 253 BGB grundsätzlich für nicht ersatzfähig, anders ist es – ausnahmsweise – im Fall des Körper- oder Gesundheitsschadens. Kann ein Nichtvermögensschaden durch (Natural-) Restitution ausgeglichen werden, verwehrt § 253 Abs. 1 BGB den Anspruch aus § 249 Abs. 1 BGB nicht und wohl auch nicht den auf Herstellung gerichteten Geldanspruch i. S. d. § 249 Abs. 2 BGB. Zugleich kann an einen Bereicherungsausgleich über § 812 BGB angesichts vom Schädiger aufzubringender, aber ersparter Geldbeträge zu denken sein. Damit könnte sich die Praxis zur Regulierung nachteiliger Folgen bei Verletzung des Körpers oder der Gesundheit künftig verstärkt befassen, um Lasten nach Schadensfällen angemessen zuweisen und verteilen zu können.

2779 Vom Nichtvermögensschaden im Sinne des deutschen Rechts abzugrenzen ist ein Schaden in Form von **punitive damages**[744]. Punitive damages beschreibt das *OLG Düsseldorf*[745] als weiteren Geldbetrag, wenn dem Täter erschwerend zu dem allgemeinen Haftungstatbestand ein absichtliches, bösartiges oder rücksichtsloses Fehlverhalten zur Last fällt, und führt weiter aus: „Ggfs. kann eine bewusst fahrlässige, offenkundige Missachtung der Sicherungsinteressen der Allgemeinheit

---

[744] Stark vereinfacht zu verstehen als Ersatz oberhalb eines realen Schadens als „Strafschadensersatz".
[745] *OLGR Düsseldorf* 2006, 777 = NJW-RR 2007, 640.

ausreichen. Die Verhängung steht regelmäßig im freien Ermessen des Gerichts. Der Täter soll für sein rohes Verhalten bestraft werden. Täter und Allgemeinheit sollen präventiv von künftigem sozialschädlichem Verhalten abgeschreckt werden, soweit das bloße Risiko der Kompensationspflicht keine ausreichende Verhaltenssteuerung gewährleistet. Der Geschädigte soll für die auf seinem Einsatz beruhende Rechtsdurchsetzung – zur Stärkung der Rechtsordnung im Allgemeinen – belohnt werden. Schließlich soll das Opfer eine Ergänzung zu einer als unzureichend empfundenen Schadensbeseitigung erhalten, wobei sich unter anderem eine fehlende soziale Absicherung auswirken kann; auf diese Weise kommt auch ein Ausgleich für die nicht selbstständig erstattungsfähigen außergerichtlichen Kosten des Klägers in Betracht. Die Höhe der zuerkannten Beträge richtet sich nach dem Ermessen des Gerichts, das üblicherweise den Charakter der Verletzungshandlung, Art und Ausmaß der Beeinträchtigung für den Kläger, aber auch die Vermögensverhältnisse des Schädigers berücksichtigt. Zuweilen werden zugesprochene Schmerzensgeldbeträge (damages for pain and suffering) und Strafschadensersatz nicht getrennt ausgewiesen, so dass eine einheitliche Summe zur Abgeltung anderer als materieller Schäden zugleich einen Schmerzensgeldanteil enthält. Nicht einmal Verdienstausfallschäden werden stets ausgesondert."

Jeder Mensch ist im Zusammenleben mit anderen vielfältigen Beeinträchtigungen seiner individuellen Befindlichkeit ausgesetzt. Er ist daran gewöhnt oder hat sich quasi zwangsläufig darauf einzurichten, sich von solchen im Alltag häufigen Beeinträchtigungen möglichst nicht nachhaltig beeindrucken zu lassen. In solchen Fällen ist keine Entschädigung (kein Schmerzensgeld) festzusetzen, wenn, weil und solange die wahre Beeinträchtigung in immateriellen Nachteilen keine Entsprechung findet.[746] Dieser Grundsatz folgt nach der hier vertretenen Ansicht schon aus dem allgemeinen Lebensrisiko und schlägt sich zu § 253 Abs. 2 BGB im Prinzip der Bagatelle nieder. 2780

Der Schmerzensgeldanspruch ist einem Forderungsübergang verschlossen. Dem Schmerzensgeld stehen keine gleichartigen, zweckgleichen Leistungen einer Versicherung oder eines Sozialleistungsträgers gegenüber. Die Verletztenrente bleibt zur Bemessung des Schmerzensgeldes selbst dann unberücksichtigt, wenn die verletzte Person keine Erwerbseinbuße erleidet.[747] Auch eine beamtenrechtliche Grundrente, der beamtenrechtliche Unfallausgleich erfasst Schmerzensgeldansprüche nicht.[748] 2781

Jede Pauschalierung bei der Schadensbewältigung, die sich beim Schmerzensgeld niederschlägt, fließt also ungekürzt um eine fremde Anspruchsberechtigung der verletzten Person zu. 2782

1. Abgrenzung zwischen materiellen und immateriellen Folgen

Die Grenzen zwischen materiellen und immateriellen Belastungen der betroffenen Person sind streng zu beachten. § 253 Abs. 1 BGB sieht eine Entschädigung in Geld zu dem Schaden, der nicht Vermögensschaden ist – also dem Nichtvermögensschaden – nur vor, wenn das Gesetz das jeweils bestimmt. 2783

Immateriell sind körperliche oder seelische Belastungen, letztlich alle Nachteile außerhalb von Vermögensdispositionen, die durch subjektive Empfindungen und Wertvorstellungen geprägt sind. Solche nachteilige Folgen für die körperliche und seelische Verfassung sind die Beeinträchtigung der Entfaltung der Persönlichkeit oder die Beeinträchtigung der individuellen Aktionsfähigkeit, der störende Einfluss auf das eigene Belieben bei der Gestaltung des täglichen Lebens oder der Freizeit, der veränderte Einfluss auf gesellschaftliche Kontakte, die Reduzierung der Lebensqualität, gesundheitliche Dauerbelastungen. Dazu gehören die Lebensfreude des einzelnen Menschen, der Verlust der Fähigkeit zu einer nicht wirtschaftlichen Beschäftigung. Über einen Markt 2784

---

746 *BGH* NJW 1992, 1043 = r+s 1992, 123 = VersR 1992, 504.
747 *BGH* NJW 1982, 1589 = VersR 1982, 552.
748 *BGH* VersR 1984, 864; Vorinstanz *LG Baden-Baden* VersR 1984, 949; *OLG Hamm* NJW-RR 1994, 991.

2785 Ohne Teilhabe am gesellschaftlichen Leben ist ein menschenwürdiges Dasein mit freier Entfaltung der Persönlichkeit nicht zu gewährleisten. Dass die beeinträchtigte Person verletzungsbedingte tatsächliche Mehrkosten selbst tragen muss, ist deshalb nicht akzeptabel. Der immaterielle Ausgleich kann jedenfalls nur dann einen pauschalen Ausgleich übernehmen, wenn ein entsprechender Bemessungsfaktor wirklich einfließt. Dazu kommt es in der Praxis aber bisher selten und dann nicht in relevanten Größenordnungen.

mit objektiven und mindestens objektivierbaren Kriterien lässt sich zu alledem nichts messen. Der immaterielle Schaden hat (erst) im Ergebnis (als Schmerzensgeld) einen Vermögenswert.

2786 Geht es um die Störung der Lebensplanung, um die Schmälerung der Lebensfreude bzw. der **Lebensqualität** in der subjektiv bestimmten und orientierten Ausrichtung ohne eine objektivierbare Nützlichkeit und einen objektivierbaren Gehalt und Inhalt, kommt ausschließlich die billige Entschädigung in Geld in Betracht. Insofern kann sich ein in Geld bewertbarer Nachteil nur in immateriellen Schadensfolgen niederschlagen.

2787 Das „Halten" eines Pkws ist heute allgemein üblich und stellt einen nicht unbedeutenden Geldwert dar.[749] Deswegen ist die Unmöglichkeit, einen Pkw „halten zu können", aber doch kein Vermögensschaden, sondern bleibt eine solche Beeinträchtigung als Folge gesundheitlicher Verletzung Nichtvermögensschaden.

2788 Der Beamte, dem aufgrund einer Amtspflichtverletzung vor seiner Pensionierung Urlaubstage entgehen, erfährt eine immaterielle Beeinträchtigung.[750]

2789 Einen isoliert auszugleichenden **Gefühlsschaden** z. B. wegen Bedrückung, Entmutigung, Depression, Kränkung, Minderung des Selbstwertgefühls oder Störung des Lebensplans gibt es **nicht**. Die entsprechende Beeinträchtigung kann in die Bemessung des Schmerzensgeldes einfließen, z. B. bei einer Wesensänderung oder bei verschlechterten Heiratschancen, wenn nicht ein Versorgungsschaden in Frage steht. Es besteht z. B.[751] auch ein Anspruch auf Schmerzensgeld, wenn der Verlust des rechten Hodens auf einen Behandlungsfehler bei der Operationsnachsorge zurückzuführen und bei anschließender Impotenz zumindest mitursächlich für das Scheitern der Ehe ist, auch wenn die sexuelle Störung reversibel ist.

2790 Wer bestreitet, dass die Familien-, Haushaltsarbeit von der harmonischen Gestaltung des Zusammenlebens mit personengebundener Zuwendung (der **Beziehungsarbeit**) durchdrungen wird, verkennt den wirklichen Inhalt der Familienarbeit und deren Anforderungen. Diese Elemente lassen sich zeitlich schwer ermitteln und noch schwerer objektivieren. Der Verlust der im Haushalt tätigen Person trifft subjektiv. In jedem Einzelfall ist deshalb kritisch zu hinterfragen, welche Bestandteile der Hausarbeit wertbezogen auszugleichen sind und inwiefern wegen immaterieller Anteile und Aspekte kein Vermögens(folge)schaden (als Erwerbs- oder als Mehrbedarfsschaden) zu erkennen ist (beachte u.a. Rn. 2540, 2777) und der Ausgleich über das Schmerzensgeld zu erfolgen hat.

2791 Die Beeinträchtigung von **Heiratschancen** ist immateriell. Einer verletzten Frau, die nachzuweisen vermag, dass eine Heirat wegen der Unfallverletzungen unterbleibt und ihr so der Unterhalt von dem (künftigen) Ehemann entgeht, kann ein Ersatzanspruch nach einer früher geäußerten Ansicht des *BGH*[752] zustehen. Nach Maßgabe des § 254 Abs. 2 BGB wird eine mögliche Erwerbstätigkeit und der dadurch erzielte Verdienst oder eine anderweitige Haushaltsführung einen solchen Anspruch mindern oder ausschließen. Dass die Aussicht, durch Eheschließung zu einem Barun-

---

749 *BAGE* 81, 294 = NJW 1996, 1771.
750 *LG Flensburg* NVwZ-RR 2001, 172.
751 *BGH* VersR 1982, 1141 = NJW 1983, 340. Es wurden bei Vorgängen in 1972 und danach 30.000,00 DM zugesprochen.
752 *BGH* VersR 1961, 84 = FamRZ 1961, 260.

terhalt kommen zu können, im heutigen Rechtsverständnis vermögensrechtlich auszugleichen ist, liegt jedoch eher fern, Rn. 2789. Der vereitelte Barunterhaltsbeitrag ist deliktsrechtlich nur mit dem Band der Ehe oder Lebenspartnerschaft und bestehender Unterhaltspflicht abgesichert (Rn. 2929 ff.). Für die vereitelte Gelegenheit, die Kraft im Haushalt zu eigenem Nutzen einsetzen zu können, gelten die Regeln zum Mehrbedarf (Rn. 1843).

Werden abgetrennte **Körperbestandteile** gegen den ausdrücklichen oder stillschweigend erklärten Willen des Spenders (anderweit) verwendet oder (endgültig) vernichtet, können Entschädigungsansprüche entstehen, weil dazu das Sacheigentum vom Persönlichkeitsrecht überlagert wird. Bisher hat der *BGH* dies nur unter den besonderen, für die Fälle einer Verletzung des allgemeinen Persönlichkeitsrechts entwickelten einschränkenden Voraussetzungen für vorstellbar gehalten.[753] Seit dem 1.8.2002 lässt sich dies wegen des veränderten § 253 BGB anders beurteilen. **2792**

Wird Sperma, das der Spender hat einfrieren lassen, um sich für eine vorhersehbare Unfruchtbarkeit die Möglichkeit zu erhalten, eigene Nachkommen zu haben, durch das Verschulden eines Anderen vernichtet, steht dem Spender unter dem Aspekt der Verletzung seines Körpers eine billige Entschädigung in Geld zu.[754] **2793**

Benachteiligung

Bei schwerwiegender Verletzung des zivilrechtlichen Benachteiligungsverbots (§§ 19 ff. AGG) kommt gem. § 21 Abs. 2 Satz 3 AGG zum Nichtvermögensschaden die angemessene Entschädigung in Geld in Betracht. **2794**

Urlaubsgenuss

§ 651f Abs. 2 BGB enthält eine eigenständige Regelung zur angemessenen Entschädigung für **nutzlos** aufgewendete **Urlaubszeit** (Rn. 618). **2795**

Menschenwürde

Wird die Menschenwürde verletzt, folgt aus dem Schutzauftrag des Art. 1 GG ggfs.[755] ein – gegenüber §§ 249, 253 Abs. 2 BGB selbstständiger – Ausgleichsanspruch in Form einer Geldentschädigung. **2796**

Persönlichkeitsbelange

Das Persönlichkeitsrecht hat Elemente mit einem Marktwert[756], z. B. zum Recht am Lebensbild und Bildnis, zum Recht an der Stimme, ähnlich wie das Urheberpersönlichkeitsrecht. Der *BGH*[757] erkennt an, dass das allgemeine Persönlichkeitsrecht **vermögenswerte Interessen** schützt bei materieller Entschädigung nach § 823 Abs. 1 BGB oder über § 812 Abs. 1 S. 1 Var. 2 BGB. Er hat die Vererblichkeit bestätigt, um den Schutz gegenüber der kommerziellen Nutzung von Name, Bild und anderen Persönlichkeitsmerkmalen der verstorbenen Person durch Nichtberechtigte zu sichern. **2797**

Die Pflicht zum Ersatz setzt mit den allgemeinen Haftungsvoraussetzungen ein. Eine Geldentschädigung ist nicht wie beim immateriellen Persönlichkeitsbezug davon abhängig, dass die Rechtsverletzung auf andere Weise nicht aufgefangen werden kann und es sich um einen schwerwie- **2798**

---

753 *BGHZ* 124, 52 = NJW 1994, 127 = VersR 1994, 55 = FamRZ 1994, 154.
754 *BGHZ* 124, 52 = NJW 1994, 127 = VersR 1994, 55 = FamRZ 1994, 154; Anm. *Freund* in MedR 1995, 194; *Laufs* in NJW 1994, 775; *Rohe* in JZ 1994, 465; *Taupitz* in JR 1995, 22 und in NJW 1995, 745; *Voß* in VersR 1999, 545.
755 Beachte insbesondere *BGH* NJW 2005, 58 und *BVerfG* NJW 2006, 1580; s. zudem u. a. *OLG Frankfurt* NJW 2007, 2494.
756 *Ullmann* in AfP 1999, 209; *Wagner* in VersR 2000, 1305 und WRP 2000, 1049.
757 *BGHZ* 143, 214 = NJW 2000, 2195 = VersR 2000, 1154 (Marlene Dietrich); *BGH* NJW 2000, 2201 = VersR 2000, 1160 (Blauer Engel); *Götting* in NJW 2001, 585; *Wagner* in GRUR 2000, 717.

genden Eingriff handelt, der Schädiger einem schweren Schuldvorwurf ausgesetzt ist und keinen Anlass gehabt hat. Der Schaden kann abstrakt orientiert an einer (hypothetischen) Lizenzgebühr bemessen werden. Es kann auch die Herausgabe des erzielten (Verletzer-) Gewinns verlangt werden als billiger Ausgleich der Vermögensnachteile des Betroffenen.

2799 Der Geldersatzanspruch bei einer **Ehrverletzung**[758] wird auf den Schutzauftrag der Art. 1, 2 Abs. 1 GG gestützt, nicht mehr[759] auf die Norm zur Entschädigung wegen eines Nichtvermögensschadens.

2800 Das Grundrecht aus Art. 2 Abs. 1 GG kann nur einer lebenden Person zukommen. Als auf die freie Entfaltung der Persönlichkeit gerichtetes Grundrecht setzt es die Existenz einer wenigstens potentiell oder zukünftig handlungsfähigen Person, also eines lebenden Menschen als unabdingbar voraus.[760]

2801 Der Ehemann, der sein geschlechtliches Verhalten nach einer sittenwidrigen rechtsgeschäftlichen Vereinbarung (mit einer anderen Frau als Leihmutter) ausrichtet, hat im Fall der Täuschung keinen Geldanspruch wegen Verletzung des allgemeinen Persönlichkeitsrechts.[761]

2802 Der *BGH* lehnt die Ansicht ab, nach der eine ärztliche Heilbehandlung ohne rechtfertigende Einwilligung in erster Linie eine Verletzung des Persönlichkeitsrechts darstellen soll und deshalb auch ohne einen vom Arzt verursachten Gesundheitsschaden zu einer Haftung führt.[762]

2803 Da die Würde des Menschen unantastbar ist, ist die Persönlichkeit des Menschen über den Tod hinaus geschützt. Die Verletzung des **postmortalen Persönlichkeitsschutzes** führt grundsätzlich nicht zum Anspruch auf Geldentschädigung.[760]

Immaterialgüterrecht

2804 Im Fall einer Immaterialgüterrechtsverletzung[763] sind bei schuldloser Rechtsverletzung Ansprüche auf Beseitigung, Unterlassung oder/und Herausgabe einer Bereicherung in Betracht zu ziehen, wobei der Ausgleichsanspruch nach Bereicherung u. U. über den Verkehrswert nach dem Prinzip der Lizenzanalogie ähnlich wie ein Schadensersatzanspruch einzuschätzen ist.

2805 Bei Verschulden des Verletzers ist der Betroffene zumindest so zu stellen, wie er stehen würde, wenn er dem Verletzer die Benutzung des Rechts entgeltlich erlaubt hätte. Zugleich ist es auszuschließen, dass der Verletzer (Schädiger) durch sein rechtswidriges Verhalten im Vergleich mit dem wirtschaftlichen Ergebnis bei erlaubtem Handeln besser gestellt ist.

2806 Deshalb kann der Betroffene zwischen drei Arten der Schadensberechnung wählen[764]:
1. abstrakt: angemessene (übliche) pauschale Lizenzgebühr (Lizenzanalogie). Besondere Vorteile für den Verletzer im Vergleich zu einem Lizenznehmer können erhöhend wirken oder zusätzlich einen Zinsanspruch rechtfertigen. Einen Verletzerstrafzuschlag aus Gründen der Prävention gibt es nach der Rechtspraxis – bisher – nicht;
2. konkret: kausaler entgangener Gewinn als eigener Nachteil;
3. objektiv: Herausgabe des Gewinns des Verletzers.

---

758 *BGH* VersR 1985, 391, 393; *BGHZ* 128, 1 = NJW 1995, 861, 864 – Erfundenes Exklusiv-Interview, Caroline von Monaco I; NJW 1996, 984 – Caroline von Monaco II; NJW 1996, 985 – Caroline von Monaco III, Carolines Kinder.
759 So noch *BGHZ* 26, 349, 356 – Herrenreiter –, näher *Müller* in VersR 2000, 797.
760 BGHZ 165, 203 = NJW 2006, 605 = VersR 2006, 276.
761 *LG Freiburg* NJW 1987, 1486 = NJW-RR 1987, 802.
762 *BGH* NJW 2008, 2344, Vorinstanz *OLGR Karlsruhe* 2007, 453.
763 Immaterialgüterrechte betreffen das geistige Eigentum, an einem unkörperlichen Gegenstand. Gemeint sind das Urheberrecht ebenso wie gewerbliche Schutzrechte, entsprechendes gilt bei vergleichbaren Positionen kraft Kennzeichen-, Marken-, Namens- oder Firmenrechts.
764 *BGH* NJW 2008, 373 = GRUR 2008, 93 = MDR 2007, 1443, vgl. u. a. *Pfeifer* in WRP 2008, 48–51.

Der **Verletzergewinn** unterscheidet sich vom Gewinn eines Unternehmens, das Gemeinkosten zu erwirtschaften hat. Beim Verletzergewinn sind von den erzielten Erlösen nur die variablen Kosten abzuziehen, grundsätzlich nicht die Fixkosten, da andernfalls der rechtsverletzend erreichte Gewinn nicht vollständig abgeschöpft wird. Anders kann es bei der Beweislast des Verletzers nur sein, wenn ausnahmsweise die Fixkosten schutzrechtsverletzenden Gegenständen unmittelbar zugerechnet werden können. 2807

Speziell auf die ideellen Interessen der Urheber, Verfasser wissenschaftlicher Ausgaben, Lichtbildner oder ausübenden Künstler geht § 97 Abs. 2 UrhG zur billigen Entschädigung in Geld ein. 2808

Besitz

Unzutreffend stellt *AG Reinbek*[765] zur Zahlung von Schmerzensgeld (in Höhe von 2.500 €) auf §§ 823 Abs. 1, 253 Abs. 2 BGB wegen Eingriffs in ein Besitzrecht ab: Dabei sieht es, dass ein Schmerzensgeldanspruch dem Wortlaut nach nur für Verletzungen des Körpers, der Gesundheit, der Freiheit oder der sexuellen Selbstbestimmung in Betracht kommt. Der Vergleich mit einem Geldzahlungsanspruch bei schwerer Beeinträchtigung des Persönlichkeitsrechts folgt aus Art. 1, 2 GG. Für den Besitz kann aber nicht wegen schwerer Verletzung des Art. 13 Abs. 1 GG[766] § 253 Abs. 2 BGB so auszulegen „oder richterlich fortzubilden" sein, dass ein Schmerzensgeldanspruch über den Wortlaut hinaus gewährt wird. 2809

2. Schmerzensgeld

Schon vor dem 1.8.2002 ist Schmerzensgeld zu leisten gewesen bei der Gefährdungshaftung gem. § 833 Satz 1 BGB und § 664 HGB[767] oder kraft spezieller Verweisungen. Das 2. SchadÄndG hat den Haftungsumfang erweitert auf alle Tatbestände der **Gefährdungshaftung**: § 253 Abs. 2 BGB sieht die billige Entschädigung in Geld sogar zur Vertragshaftung[768] vor. Die Geldentschädigung bei Persönlichkeitsrechtsverletzungen (Rn. 2797 ff.) berührt dies nicht. 2810

Der Schmerzensgeldanspruch setzt die Verletzung des Körpers oder der Gesundheit, der Freiheit oder der sexuellen Selbstbestimmung voraus. 2811

Das *AG Frankfurt/M.*[769] glaubt zur Fahrt im ICE auf die Unannehmlichkeit abstellen zu dürfen, dass eine verschlossene Toilette auf die Dauer von 2 Stunden nicht benutzt werden konnte. Die Verletzung der Vertragspflicht, die Benutzung einer Toilette möglich zu machen, ist aber keine Körperverletzung und legitimiert allein ein Schmerzensgeld nicht. 2812

Ist nicht nachzuweisen, ob Veränderungen degenerativ bedingt oder traumatischen Ursprungs sind, und auch nicht, ob – bei traumatischer Ursache einer Kopfgelenksinstabilität – Beschwerden ursächlich auf den relevanten Haftungsvorfall (einen Verkehrsunfall) zurückzuführen sind, ist der erforderliche Kausalitätsbeweis zur Gesundheitsstörung nicht geführt und scheidet ein Schmerzensgeldanspruch zu Beeinträchtigungen wie Gleichgewichtsstörungen, Kopfschmerzen, Tinnitus deshalb aus.[770] 2813

---

765 V. 20.5.2008, 5 C 624/06.
766 Das *AG* geht dazu darauf ein, dass Art. 13 Abs. 1 GG das Recht gewährleistet, in den eigenen Wohnräumen in Ruhe gelassen zu werden, Schutzgut die räumliche Sphäre ist, in der sich das Privatleben entfaltet, nicht nur das Besitzrecht an der Wohnung, sondern die „Privatheit" gewährleistet wird.
767 *BGH* VersR 1997, 474 = NJW-RR 1997, 539 = NZV 1997, 173.
768 Vgl. für 500,00 DM wegen misslungener Haarbehandlung bei fehlender Risikoaufklärung der Blondierwäsche *LG Berlin* VersR 2004, 1326.
769 NJW 2002, 2253: Zugesprochen wurden weitere 300,– € nach vorprozessual schon gezahlten 102,28 €.
770 KGR 2006, 572 = SVR 2008, 13.

4 Nichtvermögensschaden (immaterielle Belastungen, Schmerzensgeld)

2814 Der Schmerzensgeldanspruch aus Art. 17 Abs. 1 Montrealer Übereinkommen (MÜ)[771] setzt eine Körperverletzung durch einen Unfall als besonderes Ereignis voraus. Typische Vorkommnisse bei einer Luftbeförderung – wie eine harten Landung – mit denen der Fluggast rechnen muss, sind kein solches besonderes Ereignis. Mit einem starken Abbremsen des Flugzeugs nach dem Aufsetzen auf der Landebahn muss ein Fluggast grundsätzlich rechnen.[772] Das *LG Frankfurt/M.*[773] verneint einen für die Gefahren der Luftfahrt typischen Unfall, wenn die Flugbegleiterin aus Ungeschicklichkeit durch schräg halten des Tabletts einen Passagier dadurch beeinträchtigt, dass ihn eine mit heißem Kaffee gefüllte Tasse trifft.

2815 Das *OLG Frankfurt* verneint – bestätigt vom *BGH* einen Schmerzensgeldanspruch trotz eines Gesundheitsschadens nach einer fehlerhaften Beratung durch einen Rechtsanwalt, wenn der Anwaltsvertrag auf die Wahrung der Vermögensinteressen in dem Sinne ausgerichtet gewesen ist, Schadensersatzansprüche Dritter abzuwehren. Denn dann gebe es keine Obhutspflichten bezogen auf psychische Befindlichkeiten, solche Rücksicht sei keine Rechtspflicht[774] bzw. – so der *BGH*[775] – begründet die Schlechterfüllung des Anwaltsvertrags dann, wenn der Anwaltsfehler eine Hauptpflicht betrifft, die nicht den Schutz der Rechtsgüter des § 253 Abs. 2 BGB zum Gegenstand hat, sondern allein auf Vermögensinteressen ausgerichtet (gewesen) ist, keinen Schmerzensgeldanspruch. Die Begrenzung der Haftung des Schädigers durch den Schutzzweck der verletzten vertraglichen Pflicht wirkt sich so nach Ansicht des *BGH* zu Gunsten des Rechtsanwalts aus. Diese Erkenntnis sollte vereinzelt bleiben. § 253 Abs. 2 BGB hat im Fall einer Körper-, Gesundheitsverletzung gerade den Schmerzensgeldanspruch auch zu Pflicht-, Vertragswidrigkeiten geöffnet, die sich primär auf Vermögensbelange beziehen, die Gesundheitsbeeinträchtigung also mittelbare Folge ist. Das Merkmal der Vorhersehbarkeit einer psychischen Beeinträchtigung[776] grenzt die Haftung nicht ein, eben weil eine mittelbare Folge in Frage steht und keine Primärbeeinträchtigung. Die vertragliche Pflicht auf Ersatz des Nichtvermögensschadens kann – wie der *BGH* anspricht – bei Verletzung einer Nebenpflicht (§ 241 Abs. 2 BGB) begründet sein. Soweit der *BGH* insofern aber – nur – Verkehrssicherungspflichten sieht, greift der *BGH* nach der hier vertretenen Ansicht jedoch zu kurz. Die Nebenpflicht kann auch Begleitpflicht zur Hauptpflicht sein. Das bedeutet z.B., dass der Anwalt im Kontext der von ihm durchgeführten Beratung zu Vermögensbelangen auf die (erkennbaren) gesundheitlichen Dispositionen des Mandanten Rücksicht zu nehmen hat. Solche (der Beratung immanente) Nebenpflichten verlassen nicht den Schutzrahmen des Beratungsverhältnisses. Es kann nur darum gehen, entweder beim Rechtsanwalt[777] wie beim Arzt einen Primärschaden zu verlangen, weil es keine „Erfolgshaftung" gibt (s. auch Rn. 2819), oder es darf – wie hier für richtig gehalten wird – bei psychischer Betroffenheit des Mandaten angesichts des schuldhaften Fehlberatung durch den Anwalt nur um Zurechnungsgrenzen gehen, z. B. den Aspekt einer Überempfindlichkeit angesichts einer verständig betrachtet (vermögensrechtlichen, wirtschaftlichen) „Bagatelle". Die Grenze der haftungsrechtlichen Zurechenbarkeit wird erreicht, wenn die psychische Reaktion konkret im groben Missverhältnis zum Anlass steht und schlechterdings nicht mehr verständlich ist[778], s. weiter Rn. 163 ff. Dabei dürfen freilich nur die wirtschaftlichen Verhältnisse des Betroffenen Maßstab sein, für den im Einzelfall schon ein sonst relativ geringfügig erscheinender Betrag hoch bedeutsam sein kann.

---

771 BGBl I 2004, 550, geändert durch BGBl I 2005, 1070, und BGBl I 2006, 2407. MÜ im Gewande der VO Nr. 2027/1997 i.d.F. der VO Nr. 889/2002. Beschl. des Rates v. 5.4.2001 über den Abschluss des Übereinkommens zur Vereinheitlichung bestimmter Vorschriften über die Beförderung im internationalen Luftverkehr durch die Europäische Gemeinschaft (2001/539/EG), ABlEG Nr. L 194 v. 18.7.2001, S. 38.
772 *LG Düsseldorf* RRa 2008, 34.
773 NJW-RR 2006, 704 = RRa 2006, 86.
774 *OLG Frankfurt* VersR 2008, 1396.
775 *BGH* NJW 2009, 3025 = WPM 2009, 1722.
776 Beachte dazu *OLG Köln* NJW 2007, 1757.
777 Grundsätzlich genügt zur Bejahung der Fahrlässigkeit vertragsrechtlich das Wissen um die Verletzung des Vertrages; auf den Eintritt und den Umfang des Schadens muss sich ein Verschulden nicht beziehen.
778 *OLGR Saarbrücken* 2006, 186.

Ausgeschlossen ist die Anwendung des § 253 BGB in den Fällen der Haftungsersetzung beim gesetzlichen Unfallversicherungsschutz und bei Dienstunfällen von Beamten oder Soldaten. 2816

Der Haftungsausschluss gem. § 105 Abs. 1 SGB VII erfasst aber nicht die Schmerzengeldansprüche der Angehörigen oder Hinterbliebenen aufgrund Schockschadens bei einem Arbeitsunfalls des Versicherten.[779] 2817

Der *BGH*[780] meint, dass der Sozialleistungsträger zum Aufwendungs-, Rückgriffsanspruch i. S. d. § 110 SGB VII grundsätzlich auf den fiktiven materiellrechtlichen Schmerzengeldanspruch der verletzten Person (gegen den gem. §§ 104 ff. SGB VII haftungsprivilegierten Schädiger) zugreifen kann bzw. der Umfang des zivilrechtlichen Schadensersatzanspruchs auch von diesem fiktiven Schmerzengeld(betrag) bestimmt wird. Insofern versteht der *BGH* den Anspruch auf Ersatz immateriellen Schadens als Schadensersatzanspruch. 2818

▶ Die Rechtsprechung hat noch zu klären, inwieweit bei **rechtsgeschäftlichen Schadensersatzansprüchen** (§ 280 BGB) für die Anwendung des § 253 Abs. 2 BGB die Verletzung der Gesundheit als Folgeschaden genügt, vgl. schon Rn. 104. ◀ 2819

§ 309 Nr. 7a BGB gilt zur Verschuldenshaftung z. B. aus § 536a Abs. 1 BGB und untersagt jedenfalls entsprechend den Ausschluss des Anspruches auf Schmerzensgeld. Im Übrigen kann ein Vertrag ausdrücklich oder konkludent § 253 BGB einschränken, insbesondere dann, wenn die Vertragsleistung auf die Herbeiführung eines immateriellen Wertes ausgerichtet ist. 2820

Zur der Höhe des Schmerzensgeldes sind tatsächlich erlittene Schmerzen, die seelische Beeinträchtigung, die Not und die Todesangst sowie die Genugtuungsfunktion zu berücksichtigen[781], s. weiter Rn. 2829, 2841 ff. 2821

Bagatellverletzungen

Eine billige Entschädigung in Geld für den erlittenen immateriellen Schaden setzt nach fortentwickelter Rechtsprechung eine nicht nur unerhebliche Beeinträchtigung voraus, d. h. ein Ausgleichsbedürfnis, das in Geld zu bewerten sein kann. Geringfügige Verletzungen ohne wesentliche Beeinträchtigung der Lebensführung und ohne Dauerfolgen, d. h. bei vorübergehenden, im Alltagsleben typischen und häufig auch aus anderen Gründen als einem besonderen Schadensfall entstehende Beeinträchtigungen des körperlichen und seelischen Wohlbefindens[782] lassen dagegen weder über den Ausgleichsgedanken noch von einer Genugtuungsfunktion her ein Schmerzensgeld als billig erscheinen. 2822

Bagatellen bei Verletzung des Körpers, der Gesundheit, der Freiheit oder der sexuellen Selbstbestimmung sind: 2823
- Atembeschwerden,
- kleine Bisswunden,
- Kopfschmerz und Schleimhautreizung,
- eine Platz-, Schnitt-, Schürfwunde (als leichtere, oberflächliche Weichteilverletzung),
- eine Prellung oder Zerrung,
- auch die (leichte) Stauchung oder (u. U.) die HWS-Verletzung ersten Grades,
- der unfreiwillige Aufenthalt auf einer Polizeidienststelle über 1 1/2 Stunden hin zur Feststellung der Personalien und der Überprüfung auf Alkohol.

---

779 *BGH* NJW-RR 2007, 1395 = VersR 2007, 803 = FamRZ 2007, 901 = DAR 2007, 511.
780 *BGHZ* 168, 161 = NJW 2006, 3563 = VersR 2006, 1429 = DAR 2006, 631.
781 *OLG Koblenz* VersR 2008, 923.
782 *OLG Köln* VersR 1999, 115, 116.

2824 Atembeschwerden und Schleimhautreizungen, verbunden mit einer Beeinträchtigung der Nachtruhe am Abend des Vorfalls, Kopfschmerzen am folgenden Tag und einer kurzfristigen Sorge um die eigene Gesundheit sowie die der Angehörigen tragen (revisionsrechtlich gesehen[783]) die Folgerung, dass die Zuerkennung eines Schmerzensgeldes „nicht der Billigkeit entspricht".

2825 Die allgemeine Bagatellschwelle gilt selbstverständlich auch zur Vertragshaftung. Die Bagatellgrenze des § 536 Abs. 1 Satz 3 BGB gilt zum Schmerzensgeldanspruch, der unter den Voraussetzungen des § 253 Abs. 2 BGB steht, nach der hier vertretenen Ansicht aber nicht.

Ausgleichscharakter und -funktion

2826 Die billige Entschädigung in Geld soll nach § 253 Abs. 2 BGB immaterielle Beeinträchtigungen durch den materiellen Ersatz zumindest teilweise ausgleichen helfen, d. h. der immateriellen Last abhelfen.

2827 Obwohl § 253 BGB von „Entschädigung in Geld" und nicht von „Schadensersatz" spricht, handelt es sich um einen Schadensersatzanspruch im Sinne des Anspruchs auf Ersatz des immateriellen Schadens, wobei der Anspruch auf Schadensersatz dem Grunde nach vorausgesetzt wird.[784]

2828 Um eine Restitution i.e.S. geht es in § 253 BGB jedoch nicht. Gerade weil es an einem Maßstab zur Bewertung des Ausgleichsbedürfnisses in Geld eigentlich fehlt, stellt das Gesetz den Billigkeitsgrundsatz heraus und lässt fragen, ob die Situation eine Entschädigung verlangt. Die Entschädigung ist dann in erster Linie an der Bedeutung der konkreten Gesundheitsverletzung für die Lebensführung des Verletzten auszurichten.

2829 Der in der Regulierungspraxis überkommene Begriff „Schmerzensgeld" meint nicht Geld für erlittene Schmerzen bzw. wegen subjektiv gespürter Schmerzen. Einen eigenständigen Schmerzensgeld- oder Entschädigungsanspruch zu immateriellen Nachteilen gibt es nicht. § 253 Abs. 2 BGB weist lediglich aus, dass dann, wenn ein haftungsbegründender Tatbestand verwirklicht ist, die Ersatzpflicht auf immaterielle Folgen erstreckt wird, bzw. gewährleistet § 253 Abs. 2 BGB die billige Entschädigung dann, wenn eine Pflicht zum Ersatz eines Schadens besteht und der Körper, die Gesundheit, die Freiheit oder die sexuelle Selbstbestimmung betroffen sind.

2830 Selbst bei einer den Betroffenen u. U. außerordentlich belastenden psychischen Beeinträchtigung kann nur dann eine Geldentschädigung gefordert werden, wenn die Beeinträchtigung eine medizinisch und damit in gewissem Sinn objektiv nachgewiesene Verletzung des Körpers oder der Gesundheit bedeutet.

2831 Reagiert ein Betroffener, der einen Beinaheunfall erlebt hat, mit anhaltenden psychischen Störungen, die eine ärztliche Behandlung notwendig machen und die Arbeitsunfähigkeit nach sich ziehen, soll ihm ein Schmerzensgeldanspruch zustehen.[785]

2832 § 253 BGB ist **nicht** einem **Mindest(-schadens-)ersatz** in dem Sinn dienlich zu machen, dass eine Geldentschädigung angesichts einer Dauerbeeinträchtigung mit einem vermehrten Bedarf oder der Minderung des Arbeitsverdienstes zu erfolgen hat, weil und wenn ein Mehrbedarf nicht konkret aufgezeigt oder ein Erwerbsschaden nicht schlüssig vorgetragen wird.[786]

2833 Es steht im **Belieben** des Anspruchsberechtigten, wie das **Schmerzensgeld verwendet** werden soll.[787] Die beabsichtigte Verwendung des Geldes kann wirtschaftlich sinnvoll erscheinen oder nicht. Ob und welche Möglichkeiten bestehen, Einbußen aufzufangen, betrifft den Schädiger

---

783 *BGH* NJW 1992, 1043 = r+s 1992, 123 = VersR 1992, 504.
784 *BGHZ* 168, 161 = NJW 2006, 3563 = VersR 2006, 1429 = DAR 2006, 631 = ZfS 2007, 80.
785 *AG Köln* NJW-RR 2001, 1393.
786 *OLG Frankfurt* ZfS 1987, 262.
787 *BGH* VersR 1986, 389 = NJW 1986, 183.

nicht. Wird das Schmerzensgeld für den täglichen Lebensbedarf verbraucht bzw. dort eingesetzt, wird der Anspruch auf Ersatz eines Erwerbsschadens nicht beeinflusst.

Der Schädiger darf keinen Vorteil daraus ziehen, dass die verletzte Person das Schmerzensgeld in einer bestimmten Art und Weise verwendet. 2834

> Die steuerschädliche wirtschaftlich nachteilige Entwicklung muss sich die verletzte Person, die einen Schmerzensgeldbetrag zur vorzeitigen Tilgung eines Baukredits mit der Folge verwendet, dass Zinsen für den Kredit nicht mehr steuerlich geltend gemacht werden können und es zu erhöhten Steuern kommt, vom Schädiger nicht entgegenhalten lassen.[788] Der Nettoverdienstausfall ist vielmehr zugunsten der verletzten Person ohne den höheren steuerlichen Abzug zu berechnen. 2835

Nach Ansicht des BGH[789] liegt in Fällen **schwerster Schädigung** die auszugleichende Beeinträchtigung darin, dass die Persönlichkeit ganz oder weitgehend gravierend herabgemindert oder zerstört ist und die betroffene Person mit dem Dauerschaden weiterzuleben hat. Die Wahrnehmungs- und **Empfindungsfähigkeit**, an der es völlig mangelt, kann indes zugleich die Höhe des Schmerzensgeldes mindern. 2836

Bei der Körperverletzung, an deren Folgen die verletzte Person **alsbald verstirbt**, kann ein Schmerzensgeld versagt sein, wenn die Körperverletzung keine abgrenzbare immaterielle Beeinträchtigung darstellt.[790] Das kann insbesondere der Fall sein, wenn die Verletzungshandlung unmittelbar zum Tod führt.[791] Dies kann auch der Fall sein, wenn bei schwersten Verletzungen und durchgehender Empfindungslosigkeit des Betroffenen sowie dem Ablauf des Sterbevorgangs die immaterielle Beeinträchtigung nicht fassbar ist und folglich – so meint der BGH – auch die Billigkeit keinen Ausgleich in Geld gebietet, die Schmerzensgeldzahlung die verletzte Person nicht mehr erreichen kann. Eine kurze Überlebenszeit wirkt schmerzensgeldmindernd. 2837

Für den erlittenen **Tod**[792] oder für die Verkürzung der Lebenserwartung[793] sieht das Gesetz keine Entschädigung vor. Eine Schmerzensgeldrente ist bei Beachtung des insgesamt angemessenen Betrages durch Kapitalisierung (Rn. 2877) nicht wegen einer möglicherweise geringeren Lebenserwartung zu erhöhen.[794] 2838

> Beim lebensgefährlich verletzten, ansprechbaren, über den eigenen Zustand orientierten Unfallopfer, das nach 32 Tagen auf der Intensivstation an den Unfallfolgen verstorben ist, hielt das OLG Hamm[795] 30.000 DM für gerechtfertigt. Die Abkömmlinge als Erben der Mutter, die durch einen Unfall lebensgefährliche Verletzungen erlitt und trotz eingeleiteter Notbehandlung eine Stunde später verstarb, ohne das Bewusstsein wiedererlangt zu haben, setzten[796] einen Schmerzensgeldbetrag von 3.000,00 DM durch (gegenüber selbst eingeschätzten 15.000,00 DM). Wegen der Beeinträchtigung des Vaters, der nach dem Unfall bei Bewusstsein und ansprechbar war, 20 Minuten nach dem Unfall ein schmerzstillendes Medikament erhielt, 15 Minuten später in ein künstliches Koma versetzt wurde und zehn Tage später verstarb, ohne das Bewusstsein wiedererlangt zu haben, wurden 28.000,00 DM zuerkannt (bei selbst für angemessen erachteten 70.000,00 DM). Beim Tod nach ununterbrochenem Koma von acht Tagen sprach das OLG Schleswig[797] 10.000,00 DM zu. Bei dem Tod drei Stunden nach dem 2839

---
788 BGH VersR 1986, 389 = NJW 1986, 983.
789 BGHZ 120, 1; VersR 1993, 585 = NJW 1993, 1531.
790 BGHZ 138, 388 = VersR 1998, 1034 = NJW 1998, 2741 = DAR 1998, 351; Vorinstanz OLG Hamm NZV 1997, 233 = r+s 1997, 245; s. auch Huber in NZV 1998, 345.
791 KG VersR 1997, 327, 328; OLG Koblenz NJW-RR 2001, 318.
792 OLG Düsseldorf r+s 1997, 159.
793 BGH VersR 1998, 1034 = NJW 1998, 2741 = DAR 1998, 351.
794 OLG Hamm NZV 2003, 192 = VersR 2003, 780 = DAR 2003, 172.
795 R+s 2000, 458, 459.
796 BGHZ 138, 388.
797 VersR 1999, 632.

Nichtvermögensschaden (immaterielle Belastungen, Schmerzensgeld)

Unfall kam das *OLG Düsseldorf*[798] bei der Mitbeteiligung von 1/3 zum Anspruch in Höhe von 1.500,00 DM.[799] Bei sofortiger Bewusstlosigkeit und einer Überlebenszeit von 10 Minuten hielt das *OLG Karlsruhe*[800] vorprozessual gezahlte 3.000,00 DM für ausreichend.

2840 Zur Frage einer billigen Entschädigung bei Tötung nächster Angehöriger (Rn. 3478 ff.) hat sich die Rechtslage nicht geändert.

Bemessungsfaktoren

2841 Die Höhe des Schmerzensgeldes wird insbesondere beeinflusst von:
- der Schwere der Verletzungen und dem dadurch bedingte Leiden,
- der Dauer der Leiden,
- der Schwere einer psychischen Belastung oder Störung,
- dem Ausmaß der Wahrnehmung der Beeinträchtigung durch den Verletzten, Rn. 2836,
- dem Ausmaß und der Dauer der Lebensbeeinträchtigungen im Übrigen,
- den wirtschaftlichen Verhältnissen im Wohnsitzstaat des Ausländers bzw. den Richtsätzen am Ort des gewöhnlichen Aufenthalts, Rn. 563, 2856,
- dem Grad des Verschuldens des Schädigers,[801] Rn. 2850,
- der Mitverursachung seitens der betroffenen Person, Rn. 2862 ff.,
- der psychischen Veranlagung bzw. Vorbelastung des Verletzten, Rn. 2846,
- einem untragbaren, zögerlichen Regulierungsverhalten, Rn. 2859,
- Größenordnungen in Vergleichsfällen, Rn. 2871 ff.

Zur durch ein Schmerzensgeld abzugeltenden Beeinträchtigung der Lebensfreude gehören:

Behinderungen im Alltag:
- Behinderung bei Tätigkeiten im Haushalt und in der Körperpflege.[802]

Behinderungen im Erwerbsleben:
- Unmöglichkeit der Erfüllung eines Berufswunsches[803],
- Aufgabe eines Berufs mit Zukunftsängsten[804],
- Aufgabe der Karriere als Spitzensportler wegen grundlegender Umstellung des Lebensstils ohne Hinzutreten psychischer Erkrankung[805],
- nachhaltige Störung einer schulischen Entwicklung durch einen langen Krankenhausaufenthalt.

Behinderungen im Familienleben:
- Verlust an Normalität des Familienlebens jedenfalls bei gesundheitlich dauerhaft geschädigten Kindern[806] angesichts vermehrter elterlicher Zuwendung, die nicht als Vermögensschaden auszugleichen ist (Rn. 1788).

Behinderungen in der Freizeitgestaltung:
- Verlust an Freizeit[807] zumal im jugendlichen Alter,
- Beeinträchtigung bei sportlichen Aktivitäten, Rn. 2844, s. auch Rn. 2845.

---

798 NJW 1997, 806 = NZV 1996, 318.
799 Zu weiteren Ansätzen und Beträgen *Jaeger* in VersR 1996, 1177 und MDR 1998, 450.
800 R+s 1998, 375.
801 *Pauker* in VersR 2004, 1391 ff.
802 *OLG Karlsruhe* VRS 79, 251, 257; *LG Köln* VersR 1990, 1129 m. Anm. *Esser*.
803 *OLG Köln* VersR 1992, 714 (Abbruch der Ausbildung zum Hubschrauberpiloten).
804 *OLG Düsseldorf* VersR 1995, 1449; *BGH* NA-Beschl. v. 31.1.1995.
805 *OLG Jena* NJW-RR 2000, 103.
806 *OLG Frankfurt* VersR 2000, 607.
807 *OLG Düsseldorf* VersR 1997, 65 = r+s 1997, 21; *BGH* NA-Beschl. v. 30.4.1996.

> Für eine HWS-Distorsion 1. Grades mit gestaffelter MdE für 1 Jahr von zunächst 60%, dann 20% und schließlich 10% ist kein höheres Schmerzensgeld als 1.000 € angemessen.[808] Muss ein lebensbedrohlich erkrankter und letztlich verstorbener Krankenhauspatient neben der Verdächtigung, nur zu simulieren, sechs Tage lang Luftnot, Erstickungsgefühle und Todesangst erdulden, kann das ein Schmerzensgeld von 15.000 € rechtfertigen. Seine Beschwerden wurden „als psychisches Problem" nicht ernst genommen und „abgetan".[809]

2842

Tipp Zu einer **Doppelentschädigung** über § 253 BGB einerseits und §§ 842, 843 BGB andererseits darf es nicht kommen: Dasselbe Interesse des Betroffenen ist also niemals materiell z.B. nach § 843 BGB auszugleichen und zugleich immateriell nach § 253 BGB zu entschädigen. Es kann dementsprechend zu § 253 BGB nicht die wirtschaftliche Seite der Einschränkung der Erwerbsfähigkeit oder der Umfang des Mehrbedarfs bei einer schweren Verletzung einfließen, wenn zugleich Ansprüche nach §§ 842, 843 BGB bestehen (s. auch Rn. 1853). Nur die immateriellen Nachteile der Erwerbseinschränkung stehen zur Einschätzung über § 253 BGB offen. Der immaterielle Anteil der nachhaltigen Behinderung in der Haushaltsführung kann z.B. schmerzensgelderhöhend wirken. Eine solche Belastung fließt aber allenfalls am Rande[810] als Element in die Bemessung des Schmerzensgeldes ein. Ein Schmerzensgeld deckt niemals den Umfang des wirtschaftlichen, ggfs. pauschaliert zu erfassenden Nachteils ab, der gem. §§ 842, 843 BGB und den verwandten Normen zur Gefährdungshaftung vom Schädiger zu übernehmen ist.

2843

Wer unfallbedingt nicht mehr in dem Umfang **Sport treiben** kann, wie es seinem Interesse und Lebensplan vor dem Unfall entspricht, hat Anspruch auf Schmerzensgeld.[811] Bei der jungen, durch einen Unfall verletzten Person kommt es nicht darauf an, welche Sportart vor der Schädigung konkret ausgeübt worden ist. Wichtiger ist die konkrete verletzungsbedingte Behinderung in der körperlichen Betätigung und Entfaltung.[812]

2844

Wer verletzungsbedingt gehindert wird, **ehrenamtliche**, gemeinnützige **Tätigkeiten** zum Wohl anderer Menschen wahrzunehmen, muss einen Ausgleich finden. Das uneigennützige Moment einer verletzungsbedingt ausfallenden Leistung ist aber kein Grund, zum angemessenen Ausgleich immer nur auf § 253 BGB statt auf §§ 842, 843 BGB zuzugreifen, Rn. 2767 f.

2845

Die besondere **Schadensanfälligkeit** der verletzten Person, deren konstitutionelle Schadensbereitschaft[813] kann sich anders als die Teilnahme am allgemeinen Straßenverkehr mit den typischen Risiken in der Zivilisation bei der Bemessung des Schmerzensgeldes wegen der Billigkeit mindernd in der Weise auswirken[814], dass im Vergleich zu Fällen ohne eine entsprechende Vorbelastung ein Abschlag erfolgt.

2846

Der sozial gut eingebundene Verletzte erhält nicht deswegen generell weniger Schmerzensgeld als eine kontaktarme Person ohne Anteilnahme und Hilfe im Familienkreis.[815]

2847

---

808 *KGR* 2006, 572 = SVR 2008, 13.
809 *OLG Koblenz* VersR 2008, 923.
810 *OLG Köln* NJW-RR 1996, 986 = NZV 1995, 399.
811 *OLG Hamm* NZV 1989, 270, 271.
812 *OLG Hamm* NJWE-VHR 1996, 61 für den verletzten 18-Jährigen; bestätigend *OLG Hamm* NJWE-VHR 1997, 107 = NZV 1997, 182: Ein zeitlicher Anteil vorher betriebener Sportarten muss nicht im Einzelnen festgelegt und gegeneinander abgegrenzt werden.
813 *OLG Hamm* NZV 1998, 413 = r+s 1999, 61. Zur Mitschuld bei konstitutionellen Schwächen und dem Umstand, dass sich der Verletzte gleichwohl einer gefahrträchtigen Situation ausgesetzt hat, *BGH* VersR 1984, 286; 1981, 1178.
814 *BGH* VersR 1997, 122 = NJW 1997, 455 = DAR 1997, 70.
815 *OLG Celle* FamRZ 2004, 1873.

Nichtvermögensschaden (immaterielle Belastungen, Schmerzensgeld)

2848 Dem Verletzten soll ggfs. auch **Genugtuung** für das erlittene Unrecht gewährt werden.[816] Bisher ist dabei die Genugtuungsfunktion dahin verstanden worden, dass u. U. eine gewisser „Zuschlag" wegen dieser Funktion in Betracht zu ziehen ist.

2849 In Arzthaftungsprozessen hat die Genugtuungsfunktion allenfalls untergeordnete Bedeutung.[817]

2850 In Verkehrsunfallsachen ist das auf die Verschuldenshaftung bei einfacher Fahrlässigkeit gestützte Schmerzensgeld nicht höher zu bemessen, als das bloß auf der Gefährdungshaftung fußende Schmerzensgeld.[818] Schon vor dem 1.8.2002 hat bei Verkehrsunfällen die leichte Fahrlässigkeit für die Bemessung des Schmerzensgeldes eine eher untergeordnete bzw. gar keine Bedeutung gehabt. Im Übrigen kann sich nach wie vor das schuldhaft verkehrswidrige Verhalten auf die Höhe des Schmerzensgeldes auswirken.[819]

2851 Neuerdings wird der Aspekt der Genugtuung dahin diskutiert, dass ein Abschlag in Betracht kommen soll, wenn es an einer besonderen „Ahndungs- (Straf-) würdigkeit" fehlt.

2852 Zur Höhe des Schmerzensgeldes beim Verlust der Spermakonserve kommt es nicht auf die Wahrscheinlichkeit an, mit der die Ehefrau des Betroffenen ein Kind bekommen hätte, wenn eine Insemination mit dem Sperma vorgenommen worden wäre. Entscheidend ist ausschließlich die Belastung des Betroffenen dadurch, dass er die einzige ihm verbliebene Chance verloren hat, mit seiner Ehefrau ein gemeinsames Kind zu haben. Dieser als schwer eingestuften Belastung hat der *BGH*[820] gegenüber gestellt, dass die Vernichtung des Spermas auf einem Versehen beruht hat, das den Bediensteten der Beklagten bei Bemühungen unterlaufen ist, die eigentlich darauf gerichtet gewesen sind, das Selbstbestimmungsrecht zu wahren. Deshalb hat der *BGH* ein Schmerzensgeld in Höhe von 25.000,00 DM für angemessen gehalten.

2853 Bei psychopathologischen Beschwerden des Verletzten ist ein Schmerzensgeldkapital von 25.000,00 DM zuerkannt worden, weil der Unfall Auslöser für die **psychische Fehlverarbeitung** und die darauf zurückzuführende Wesensveränderung des Verletzten mit zunehmender, dann die vollständige Erwerbsunfähigkeit begründender Leistungsschwäche gewesen ist.[821]

2854 Das *OLG Frankfurt*[822] hat bei einer zweckfreien Konversionsneurose mit Lähmung des linken Beins den Ausgleichsbetrag auf 1/5 (von 50.000,00 DM auf 10.000,00 DM) reduziert.

2855 ▶ Wegen eines psychischen **Vorschadens** ist das Schmerzensgeld nicht zu kürzen, wenn die betroffene Person vor dem haftungsbegründenden Ereignis beschwerdefrei gewesen ist. ◀

2856 Zumindest wegen des Rechtsgedankens des Art. 40 Abs. 3 Nrn. 1, 2 EGBGB bleibt die (zusätzliche) ausländische **Staatsangehörigkeit** der in Deutschland verletzten Person[823] sowie das Gefühl unberücksichtigt, als US-Amerikaner im Vergleich zu dem Ersatz-, Schmerzensgeldniveau in den USA durch das deutsche Rechtssystem benachteiligt zu sein.[824]

2857 Bei der **Schädigung** des **Ehegatten** oder eines Partners der eingetragenen Lebenspartnerschaft oder bei (anderen) familienrechtlichen Beziehungen zwischen dem Schädiger und der verletzten Person soll im Allgemeinen eine geringere Entschädigung geschuldet sein, als ein Fremdschädiger

---

816 *BGHZ* 128, 117 = NJW 1995, 781; *BGH* NJW 1996, 1591 = VersR 1996, 382; *Nixdorf* in NZV 1996, 89 ff.
817 *OLG Düsseldorf* NJW-RR 2003, 87 = VersR 2004, 120.
818 *OLG Celle* NJW 2004, 1185.
819 *OLG Saarbrücken* NJW 2008, 1166.
820 *BGHZ* 124, 52 = NJW 1994, 127 = VersR 1994, 55 = FamRZ 1994, 154; Anm. *Freund* in MedR 1995, 194; *Laufs* in NJW 1994, 775; *Rohe* in JZ 1994, 465; *Taupitz* in JR 1995, 22 und in NJW 1995, 745; *Voß* in VersR 1999, 545.
821 *OLG Köln* OLGR 1998, 343 = VersR 1998, 1247.
822 *OLG Frankfurt* NZV 1993, 67 = VersR 1993, 853; *BGH* NA-Beschl. v. 6.10.1992.
823 *KG* NJW-RR 2002, 1031 m. *BGH* Beschl. v. 9.4.2002, VI ZR 200/01.
824 *OLG Koblenz* NJW-RR 2002, 1030.

unter gleichen Umständen aufzubringen hätte. Bei intakten Familien und Eintrittspflicht des Haftpflichtversicherers, der nicht höher haftet als der Schädiger selbst[825], mindert das Schmerzensgeld – so das *OLG Schleswig*[826] und das *OLG Hamm*[827] –, dass sich der schädigende Ehemann im Allgemeinen um eine familiengerechtere Art des Ausgleichs und der Genugtuung bemüht bzw. bemühen wird, indem er sich fürsorglich kümmert und vermehrt Handreichungen abnimmt. Freundschaft oder z. B. der Umstand einer Gefälligkeitsfahrt mindern das Schmerzensgeld aber nicht.[828]

Eine **Provokation** kann den Schmerzensgeldanspruch ganz ausschließen[829] oder jedenfalls mindern, z. B. wenn der Betroffene den Anderen zunächst durch Zeigen des erhobenen Mittelfingers beleidigt hat.[830] 2858

Die unzureichende, deutlich **verzögerte Regulierung** durch einen verfahrensverzögernden, unkooperativen Haftpflichtversicherer kann – in engen Grenzen – als psychisch belastend zur Erhöhung des Schmerzensgeldes führen[831], wenn die grundsätzliche Leistungspflicht nicht ernsthaft zu bezweifeln ist.[832] 2859

Schmerzensgelderhöhend wirkt das Unterlassen von Ausgleichsleistungen mehr als sechseinhalb Jahre nach dem Schadensereignis und mehr als viereinhalb Jahre nach Rechtskraft eines Grundurteils zumal angesichts eines Verhaltens im Berufungsverfahren dann, wenn trotz eindeutiger und seriös nicht angreifbarer Feststellungen zur haftungsausfüllenden Kausalität das Ziel einer vollständigen Klageabweisung weiter verfolgt wird, Verhandlungsangebote an die Gegenseite während der gesamten Prozessdauer ohne Substanz gewesen und – retrospektiv betrachtet – als bloßes Hinhalten zu bewerten sind und die Sachentscheidung in dem Rechtsstreit bloß verzögern sollten.[833] 2860

Das Regulierungsverhalten des Zahlungspflichtigen bleibt zum ererbten Schmerzensgeldanspruch bei Regulierungsverhandlungen erst nach dem Tod des Betroffenen außer Betracht, da es den ausschließlich in der Person des Verstorbenen entstandenen Anspruch nicht beeinflusst.[834] 2861

Mithaftung

Grundsätzlich ist nicht ein angemessenes Schmerzensgeld zu ermitteln und dies um eine berücksichtigungsfähige Mitverursachung zu kürzen. 2862

Eine Erwägung in der Art[835], es seien 8.000,00 € angemessen, wovon die Beklagte dem Kläger 25% als der Haftungsquote (2.000,00 €) zu zahlen habe, beruht zur Leistung an sich auf unstatthafter Quotierung. 2863

---

825 *BGH* VersR 1989, 1056 = NZV 1989, 471.
826 VersR 1992, 462 = NJW-RR 1992, 95 = NZV 1992, 190 = ZfS 1992, 193; *BGH* NA-Beschl. v. 24.9.1991.
827 R+s 1998, 234, 235.
828 *OLG Hamm* NJW-RR 1998, 1179 = VersR 1999, 1376.
829 *OLG Frankfurt* NJW 2000, 1424 = VersR 2001, 650.
830 *OLG Saarbrücken* NJW 2008, 1166.
831 Zum herabwürdigenden Prozessvortrag (grundlos behauptetes Mitverschulden wegen angeblicher Alkoholisierung) *OLG Nürnberg* VersR 1997, 1108 = NJWE-VHR 1997, 179; daran anschließend *OLG Nürnberg* VersR 1998, 731, 732 = DAR 1998, 276 = OLGR 1997, 272 m. *BGH* NA-Beschl. v. 24.3.1998; s. weiter *OLG Hamm* NZV 2003, 192 = VersR 2003, 780 = DAR 2003, 172; *OLG Naumburg* NZV 2002, 459 = VersR 2002, 1569 m. *BGH* NA-Beschl. v. 18.6.2002 und VersR 2004, 1423 = NJOZ 2004, 1659 = SVR 2004, 315 (Erhöhung 30.000,00 € auf 45.000,00 €, also quotal sogar um 50%!).
832 *OLG Frankfurt* NJW 1999, 2447; dagegen *Wiedemann* in NVersZ 2000, 14.
833 *OLG Naumburg* NJW-RR 2008, 693.
834 *OLG Koblenz* VersR 2008, 923; zum selben Sachverhalt zuvor *OLG Koblenz* NJW-RR 2005, 677 = VersR 2005, 1400 = MedR 2005, 416.
835 S. aber *OLG Düsseldorf* VersR 1998, 1021, 1022 = NJWE-VHR 1998, 164.

2864 Zu den immateriellen Folgen scheidet die rechnerische Gesamtabwägung (Rn. 758 ff.) aus, weil gar keine gesonderten Mithaftquoten zu berücksichtigen sind. Zudem richtet sich die in § 253 Abs 2 BGB angesprochene Billigkeit stets nach den besonderen Umständen des speziellen Verhältnisses zwischen dem Verletzten und dem einzelnen Schädiger.

2865 Da eine Mithaftung bei der Schmerzensgeldbemessung als Faktor einzufließen hat, darf jedoch einerseits die Verknüpfung in einer Haftungs- oder Zurechnungseinheit und andererseits das Prinzip der Gesamtabwägung nicht vollständig übergangen werden, sondern muss als integraler Bestandteil bei der Bemessung berücksichtigt werden.

2866 Bei der Entscheidung durch **Grundurteil** kann allerdings die Quotierung zum Schmerzensgeld erfolgen.[836]

2867 **Formulierungsbeispiele zur Tenorierung eines Grundurteils:**
Der auf Ersatz des … (Sach- oder Personen-) Schadens gegen die Beklagten zu … gerichtete Klageantrag zu … ist im Rahmen des geltend gemachten Gesamtschadens dem Grunde nach zu … (z. B. 1/3) gerechtfertigt.

Oder:

Die Klage ist unter Berücksichtigung eines Mitverschuldensanteils des Klägers von … dem Grunde nach gerechtfertigt, soweit er die Beklagte auf Ersatz seiner materiellen und immateriellen Schäden in Anspruch nimmt, die er aufgrund des … (Beschreibung des Haftungsereignisses) erlitten hat.

Oder:

Der gegen … gerichtete Schmerzensgeldanspruch des Klägers/der Klägerin ist dem Grunde nach unter Berücksichtigung einer Mithaftungsquote des Klägers/der Klägerin von … (z. B. 2/3) gerechtfertigt.

Oder:

Die auf Zahlung eines Schmerzensgeldes gerichtete Klage ist unter Berücksichtigung eines Mitverschuldens des Klägers von … dem Grunde nach gerechtfertigt, soweit er die Beklagten auf Ersatz seines immateriellen Schadens in Anspruch nimmt, den er auf Grund des … (Beschreibung des Haftungsereignisses) erlitten hat.

Oder:

Der Klageantrag zu … wird dem Grunde nach zu … für gerechtfertigt erklärt.

Oder:

Die Klage ist dem Grunde nach gerechtfertigt
– im Hinblick auf den Personenschaden des Klägers i. S. der §§ 104 Abs. 1, 105 Abs. 1 SGB VII unter Zugrundelegung eines Haftungsanteils der Beklagten von …… ,
– bezüglich des anderen Schadens in vollem Umfang.

2868 *In der Onlineversion sind diese Formulierungsbeispiele als Worddatei abrufbar.*

Vorteile

2869 Beim Nichtvermögensschaden gibt es keinen besonderen Abzugsposten wegen eines Vorteils. Die wegen eines vorteilhaften Ereignisses geringere Beeinträchtigung ist demgemäß direkt entsprechend geringer als in anderen, im Übrigen vergleichbaren Fällen zu bewerten. Vermögenswerte Vorteile sind aber nicht auf ein Schmerzensgeld „anzurechnen".

---

836 *BGH* (St) NJW 2002, 3560.

Der (vermögenswerte) Gewinn der verletzten Person kürzt das Schmerzensgeld niemals, schon mangels der erforderlichen Kongruenz. 2870

Vergleichsfälle und Umrechnung

Schmerzensgeldbeträge aus älteren Gerichtsurteilen, die bei der Bemessung des Schmerzensgeldes Rationalität bewirken sollen, müssen umgerechnet werden, um eine einheitlich aussagekräftige Geldgröße zu finden. 2871

Für die vergleichende Betrachtung zur Ermittlung des angemessenen Schmerzensgeldbetrages genügt für den Vergleich zwischen DM und € die einfache Umrechnungsformel 1:2 statt der Berücksichtigung des amtlichen sechsstelligen Umrechnungsfaktors über die Multiplikation mit rund 0,511292. 2872

Die **Veränderung** des **Geldwertes** darf nicht vernachlässigt werden. Die Höhe des Schmerzensgeldes aus älteren Vergleichsentscheidungen ist nur aussagekräftig, wenn die Geldentwertung seit Erlass jener Entscheidungen berücksichtigt wird.[837] Als Umrechnungsmaßstab drängt sich mangels anderer geeigneter Wertgrößen der **Verbraucherpreisindex** (Anhang 4) **auf**: 2873

> **Berechnungsmodell:** 2874
> 1. Berechnungsschritt
>
> $$\frac{\text{Preisindex des Entscheidungsjahres}}{\text{Preisindex des Vergleichsjahres}} = \text{Umrechnungsfaktor}$$
>
> Wird auf umbasierte Indizes abgestellt, ist ggfs. der Preisindex des Vergleichsjahres mit dem umbasierten Faktor für dieses Jahr zu multiplizieren, um den Umrechnungsfaktor zu erhalten.
>
> 2. Berechnungsschritt
>
> $$\text{Schmerzensgeldbetrag des Vergleichsfalls} \times \text{Umrechnungsfaktor} = \text{Vergleichsbetrag}$$

Die Onlineversion zeigt Beispiele und ermöglicht eigene Berechnungen. 2875

Das Schmerzensgeld ist grundsätzlich in **Kapitalform** zu zahlen. Eine nicht steuerpflichtige[838] (monatliche) **Rente** als Ausnahme kommt wegen andauernder, fortwirkender und so empfundener erheblicher Beeinträchtigungen der Leistungsfähigkeit und Lebensfreude in Betracht, d. h. dann, wenn außergewöhnliche Umstände den Ausgleich als Rente aufdrängen. Das gilt bei besonders schwerwiegender Beeinträchtigung wie angesichts schwerer oder schwerster Dauerschäden, dem Verlust oder der erheblichen Beeinträchtigung eines Gliedes oder Sinnesorgans oder bei elementarer Beeinträchtigung, die der Betroffene lebenslang schmerzlich spürt und wobei er immer wieder neu leidet, so bei schwersten Hirnschäden, Querschnittslähmungen. 2876

Bei einer **Gesamtentschädigung** aus **Schmerzensgeldkapital** und **Schmerzensgeldrente** muss der monatliche Rentenbetrag so bemessen werden, dass er zusammen mit dem zuerkannten Kapitalbetrag einen Gesamtbetrag ergibt, der in seiner Größenordnung einem ausschließlich in Kapitalform zuerkannten Betrag zumindest annähernd entspricht.[839] Der Schmerzensgeldbetrag, der sich aus einem **Kapital und** einer **Rente** zusammensetzt, ist also durch **Kapitalisierung** zur Rente auf eine einheitliche Geldgröße zu bringen. Zum Kapitalisierungsfaktor gelten die Erwägungen, die i. S. d. § 843 Abs. 3 BGB durchschlagen, Rn. 1355 ff. 2877

Werden zur Ermittlung des angemessenen Schmerzensgeldes Vergleichsfälle mit einem Kapitalbetrag herangezogen, kann die Umrechnung des Kapitals in einen Rentenwert (also die **Verrentung** als Umkehrung der Kapitalisierung) erforderlich sein. 2878

---

837 *KG* NZV 2004, 473.
838 *BFHE* 175, 439 = NJW 1995, 1238.
839 *BGH* NJW 2007, 2475 = VersR 2007, 961 = DAR 2007, 513 = ZfS 2007, 442.

| 2879 | **Berechnungsformel:** $\dfrac{\text{Kapitalbetrag}}{12 \times \text{Barwertfaktor}} = \text{monatlicher Rentenbetrag}$ |

2880 Den Berechnungsgang und die Berechnungsformel zur Bestimmung des Barwertfaktors zeigt die Onlineversion, die zugleich eigene Berechnungen ermöglicht, s. Rn. 1372.

Verzinsung

2881 Das Schmerzensgeld ist verzinslich und seit dem 1.7.1990 vererblich.[840] Es hat im Ergebnis – für sich gesehen – einen Vermögenswert, Rn. 2784.

2882 Die gelegentlich vertretene Ansicht, eine Schmerzensgeldrente sei zu verzinsen, wird hier geteilt, wenn eine Rente verlangt ist und die Verzugsnormen[841] die Verzinsung tragen. Verzugsfolge hat aber nicht allein die bloße oder reine Zahlungsaufforderung, also nicht die Aufforderung: Schmerzensgeld bis zu einem bestimmten Tag zu leisten.

2883 Zu Rechtshängigkeitszinsen, die beantragt werden müssen, kommt es, wenn das Gericht zur Vergangenheit eine rückständige Rente zuspricht. Für zukünftige Renten hängt die Verzinsungspflicht von dem zu bestimmenden Zahlungszeitpunkt ab.

Prozessuales

2884 Zu § 253 Abs. 2 BGB obliegt es dem erkennenden Gericht, eine (monatliche) Rente zu gewähren oder einen Kapitalbetrag zuzusprechen; zur Fassung eines Antrags, s. Rn. 1000–1003. Der verletzten Person sollte aber eine **Schmerzensgeldrente** nur auf ihr Verlangen hin zuerkannt werden. Ein Hilfsantrag auf Zahlung einer Rente ist für zulässig zu erachten und sollte jedenfalls vorsorglich gestellt werden. Bei schweren Dauerleiden können Kapital und Rente nebeneinander stehen[842], also kombiniert werden. Dies kommt insbesondere in der Form in Betracht, dass für einen Zeitraum ein Kapital, für einen anderen Zeitraum eine Rente vorgesehen wird; es sollen sich aber auch zum selben Zeitraum Kapital und Rente ergänzen können. Die Verurteilung zur Rentenzahlung im Berufungsverfahren ist qualitativ ein unstatthaftes aliud[843], wenn der Kläger die landgerichtliche Entscheidung zum Schmerzensgeldkapital verteidigt und der Beklagte die Aberkennung oder jedenfalls Reduzierung des Kapitalbetrags begehrt.

2885 Die **Feststellung** der Pflicht zum Schadensersatz umfasst bei Gesundheitsschäden mangels besonderer Einschränkung – auch – den Ersatz immaterieller Schäden.[844]

2886 Besteht die Möglichkeit des Eintritts weiterer Folgen, kann ein rechtliches Interesse an der Feststellung der Ersatzpflicht immaterieller (Zukunfts-) Schäden sogar gegeben sein, wenn der Schmerzensgeldanspruch dem Grunde nach schon für gerechtfertigt erklärt worden ist[845]; s. auch Rn. 1178.

2887 ▶ Zur teilweisen Abgeltung des immateriellen Schadens sollte ein entsprechender **Antrag** – insbesondere zur Teilklage, vgl. Rn. 1023 – die Einschränkung klar ausdrücken. ◀

2888 Nach aktueller Rechtsprechung muss der Anspruchsteller zum Schmerzensgeld nicht einen Mindestbetrag oder eine Größenordnung angeben.[846] § 308 ZPO hindert nicht, über eine Mindestvorstellung deutlich hinauszugehen, z. B. bei mindestens verlangten 9.000,00 € den Betrag von

---

840 Zur Verzinsung des ererbten Schmerzensgeldes *OLG Köln* NJW 1997, 3099.
841 Vgl. *OLG Brandenburg*, VRS 114, 248.
842 *OLG München* VersR 1992, 508.
843 *BGH* NJW 1998, 3411 = VersR 1998, 1565.
844 *OLGR Saarbrücken* 2006, 620 = SP 2006, 233.
845 *BGH* NJW 2001, 3414 = VersR 2001, 876.
846 Im Einzelnen *Gerlach* in VersR 2000, 525 ff.

15.000,00 € zuzusprechen.[847]. Die Möglichkeit eines Rechtsmittels wird aber von der Betragsvorstellung beeinflusst, Rn. 1247, 2898.

Zum Schmerzensgeldbegehren muss nicht dargelegt werden[848], auf welche Weise mit der Entschädigung ein Ausgleich sichergestellt werden soll, Rn. 2833.

2889

Prozesskostenhilfe

Prozesskostenhilfe[849] ist beim Schmerzensgeldbegehren für eine Klage auf Zahlung eines angemessenen Betrages zu bewilligen. Um die Größenordnung hat sich das bewilligende Gericht in dem Bewilligungsverfahren abgrenzend zu bemühen, da das Kostenrisiko nicht zuletzt wegen der Kostenerstattungspflicht gegenüber dem Gegner bedacht werden muss (§ 123 ZPO). Prozesskostenhilfe ist nicht zu bewilligen, wenn das Landgericht für die streitige Entscheidung sachlich nicht zuständig ist. Bei einer Auffassung des angerufenen (Amts- oder Land-) Gerichts dahin, dass die sachliche Zuständigkeit des anderen Eingangsgerichts gegeben sei, ist zunächst nachzufragen, ob die Antragstellerseite eine Verweisung des Prozesskostenhilfeverfahrens entsprechend § 281 ZPO an das zuständige Gericht beantragen will. Besteht Erfolgsaussicht für eine Teilforderung bei sachlicher Zuständigkeit des Amtsgerichts, hat das angerufene Landgericht die Bewilligung der Prozesskostenhilfe insgesamt zu verweigern, wenn die Klage wegen des Restbetrages nicht auf eigene Kosten des Antragstellers in einem die sachliche Zuständigkeit des Landgerichts begründenden Umfang erhoben werden soll oder erhoben ist.[850]

2890

Ob aus Zahlungen einer Geldentschädigung wegen Verletzung des Persönlichkeitsrechts stammende Beträge zur Deckung von Prozesskosten einzusetzen sind, ist unter Berücksichtigung der Umstände des Einzelfalles zu entscheiden.[851] Zum Schmerzensgeld darf nichts anderes gelten.

2891

Abänderung

§ 323 ZPO (s. Rn. 1328 ff.) gilt zur Schmerzensgeldrente, aber nicht zum Schmerzensgeldkapital. Zu einem Kapitalbetrag stehen allein Fragen zu einer Nachforderung im Fall nicht vorhersehbarer, verletzungsbedingter Verschlechterung der Gesundheit in Frage; Rn. 2917 ff.

2892

▶ Eine Schmerzensgeldrente kann im Hinblick auf gestiegene Lebenshaltungskostenindex abgeändert werden, wenn eine Abwägung der Umstände des Einzelfalls zeigt, dass die Rente ihre Funktion eines billigen Schadensausgleichs nicht mehr erfüllt und wegen gravierender Veränderung des Niveaus der Lebenshaltungskosten die ursprünglichen Billigkeitserwägungen korrekturbedürftig sind. ◀

2893

Die Abänderung einer Schmerzensgeldrente setzt die erhebliche Steigerung der Lebenshaltungskosten voraus, zur Bestimmung und dem Vergleich von Endwerten s. Rn. 1467 ff. Letztlich entscheiden nicht abstrakt bestimmte Prozentsätze zu einer Veränderung, sondern die Abwägung aller Umstände, ob und inwieweit die Ausgleichsmöglichkeit zu den erlittenen Beschwernissen möglich ist, Erleichterungen und andere Annehmlichkeiten beschafft werden können.

2894

Tipp Bei einer unter 25% liegenden Steigerung des Lebenshaltungskostenindexes ist eine Abänderung regelmäßig noch nicht legitimiert.[852]

2895

Veränderte Wertgrößen, -vorstellungen zum Schmerzensgeld in tatrichterlichen Kreisen zu vergleichbaren Fällen rechtfertigen nach der hier vertretenen Ansicht keine Abänderung.

2896

---

847 Vgl. *OLG Hamm* r+s 1998, 278.
848 *BGH* VersR 1991, 350 = NJW 1991, 1544 = NZV 1991, 150.
849 Zur grundsätzlichen Unzumutbarkeit des Schmerzensgeldkapitals als einsatzfähiges Vermögen beim Prozesskostenhilfegesuch wegen eines Erwerbsschadens *OLG Zweibrücken* VersR 2003, 526.
850 *BGH* NJW-RR 2004, 1437 = DAR 2004, 584.
851 *BGH* NJW 2006, 1068.
852 *BGH* NJW 2007, 2475 = VersR 2007, 961 = DAR 2007, 513 = ZfS 2007, 442.

2897 Die Änderung der höchstrichterlichen Rechtsprechung kommt als Abänderungsgrund[853] bei einem Methodenwandel in Betracht; s. auch Rn. 1460.

Berufung

2898 Zum Schmerzensgeld ist der Anspruchsteller bei Unterschreitung des angegebenen Mindestbetrages beschwert in dem Sinne, dass dann die von ihm zur Entscheidung gestellte Größenordnung verlassen ist: Wird ein unter dem geäußerten Mindestbetrag liegendes Schmerzensgeld zugesprochen, zeigt sich die Beschwer in der Differenz zwischen dem Mindestbetrag und dem Zugesprochenen.[854] Wird der Mindestbetrag zuerkannt, die Betragsvorstellung (Größenordnung) also erreicht bzw. überschritten, ist es dem Kläger dagegen verwehrt, das zusprechende Urteil mit dem alleinigen Ziel eines höheren Schmerzensgeldes anzufechten. Das gilt selbst dann, wenn objektiv ein vielfach höherer Betrag angemessen ist[855] oder abweichend von der Ansicht des Anspruchstellers seine Mithaftung[856] zugrunde gelegt wird.

2899 Die Angabe einer höheren Größenordnung in der Berufungsinstanz – bei zulässiger Berufung und ohne Angabe einer Obergrenze in erster Instanz – ändert den Streitgegenstand nicht[857], so dass selbstständige verjährungsrechtliche Fragen nicht auftreten.

2900 Wird mit der Berufung die zu geringe Bemessung des verlangten Schmerzensgeldes auf Grund der erstinstanzlich festgestellten Tatsachen gerügt, geht es um eine Rechtsverletzung i. S. d. §§ 513 Abs. 1 Alt. 1, 546 ZPO.[858] Die Festlegung der Höhe einer Geldentschädigung durch das Berufungsgericht ist nicht entscheidend eingeschränkt.[859] Das Zweitgericht darf sich nicht darauf beschränken, die Ermessensausübung des Erstgerichts auf Rechtsfehler zu überprüfen.[860] Da zur Schmerzensgeldbemessung nicht allein die Rechtsfehlerprüfung zur Ermessensausübung ansteht[860], ist dann, wenn in der Berufungsinstanz die erstinstanzliche Schmerzensgeldbemessung (bloß) für vertretbar gehalten, bei Berücksichtigung aller Umstände aber nicht für überzeugend erachtet wird, das Schmerzensgeld vom Berufungsgericht (selbstständig) festzusetzen.

Einheitlichkeit des Schmerzensgeldes, Teilschmerzensgeld und Streitgegenstand, Rechtskraft

2901 Der Schmerzensgeldanspruch ist in sich einheitlich, so zu beantragen und festzusetzen unter Berücksichtigung aller Bemessungsfaktoren; zu Rente und Kapital Rn. 2876 und 2884. Es sind nicht etwa wegen verschiedener Verletzungsfolgen einzelne Schmerzensgeldbeträge zu addieren. Insbesondere ist – auch – die Leidenszeit der verletzten Person einer Gesamtbetrachtung zu unterziehen. Für unterschiedliche Bewusstseinsphasen sind keine gesonderten Beträge auszuweisen.

2902 ▶ Verlangt der Betroffene uneingeschränkt Schmerzensgeld, werden durch einen zuerkannten Betrag alle Schadensfolgen abgegolten, die bereits eingetreten und objektiv erkennbar sind oder deren Eintritt jedenfalls vorhergesehen und bei der Entscheidung berücksichtigt werden konnte,[861] s. auch Rn. 2919, 2920. ◀

---

853 *BGH* NJW 2003, 1796.
854 *BGH* NJW-RR 2004, 102 = VersR 2004, 219 = NZV 2003, 565 = ZfS 2004, 70; *BGH* NJW 2002, 3769 = VersR 2002, 1521 = NZV 2002, 557.
855 *BGH* VersR 2004, 1018 = NZV 2004, 347 = DAR 2004, 384 = ZfS 2004, 354 im Anschluss an *BGHZ* 140, 335 = VersR 1999, 902 = NJW 1999, 1339 = DAR 1999, 215 = ZfS 1999, 192 und *BGHZ* 132, 341 = NJW 1996, 2425 = VersR 1996, 990; Vorinstanz *OLG Hamm* VersR 1998, 1392; s. weiter *Gerlach* in VersR 2000, 525, 526; dieser auch zur Kostenfrage und zum Streitwert.
856 *BGH* NJW 2002, 3769 = NZV 2002, 557 = VersR 2002, 1521.
857 *BGH* NJW 2002, 212 = VersR 2001, 1578 = DAR 2002, 33 = ZfS 2002, 69.
858 *OLG Köln* VersR 2008, 364.
859 *Anders noch OLG München* NJW 2004, 959.
860 *BGH* NJW 2006, 1589 = VersR 2006, 710.
861 *BGH* NZV 2006, 408 = VersR 2006, 1090 = ZfS 2006, 381 = DAR 2006, 444.

Lässt sich die künftige Entwicklung (schadensbezogen) nicht übersehen, ist ein Teilschmerzensgeld unter Ausklammerung künftiger Folgen nicht grundsätzlich ausgeschlossen, wenngleich der Grundsatz der Einheitlichkeit des Schmerzensgeldes es eigentlich ausschließt, einzelne Verletzungsfolgen unberücksichtigt zu lassen.	2903
Wohl unbestritten zulässig ist die offene Schmerzensgeldteilklage als ein Begehren, das bestimmte (mögliche, aber ungewiss eintretende) Veränderungen (Verschlechterungen) der bereits eingetretenen Schadensfolgen von der Bemessung (im Übrigen einschließlich der künftigen Folgen, also des Dauerschadens) ausdrücklich ausnehmen lassen möchte, also einen Vorbehalt enthält.	2904
Das klare Bekenntnis des *OLG Stuttgart*, dass das Verlangen eines Teilschmerzensgeldes nur deshalb, weil der Kapitalbetrag teilbar ist, nicht zulässig ist, ist wegen der Aufhebung dieser Entscheidung durch den *BGH*[862] überholt. Der *BGH* hält stattdessen die Teilklage für zulässig, wenn hinreichend individualisiert zur Bemessung des Schmerzensgeldes ausschließlich die Berücksichtigung der Verletzungsfolgen verlangt wird, die im Zeitpunkt der letzten mündlichen Verhandlung eingetreten sind.	2905
Das *OLG Jena*[863] ist freilich nach wie vor der Ansicht, dass die zeitliche Angabe im Klageantrag – also ein zeitlich begrenztes Schmerzensgeld – unzulässig sein soll. Dass das Schmerzensgeld grundsätzlich unteilbar ist, wird insofern dahin interpretiert, dass das Schmerzensgeld einheitlich für die gesamten unfallbedingten Beschwerden zu bemessen ist.	2906
Die Klarstellung durch den *BGH* – bezogen auf Kleinkinder ist schon immer so vorzugehen gewesen – ist jedoch dahin zu verstehen, dass die zeitlich begrenzte Schmerzensgeldklage als offene Teilklage zumindest dann statthaft ist, wenn Spätschäden (zu bereits eingetretenen Folgen) in der konkreten und/oder dauerhaften Auswirkung nicht annähernd sicher zu übersehen sind.[864] Wegen des Grundsatzes der Einheitlichkeit des Schmerzensgeldes und des Gebots der „ganzheitlichen Betrachtung der den Schadensfall prägenden Umstände", die die absehbare künftige Entwicklung des Schadensbildes, alle erkennbaren und objektiv vorhersehbaren künftigen Verletzungsfolgen einzubeziehen hat, bleibt es einheitlich zu bemessen. Es gibt aber Ausnahmefälle, in denen sich (zur Zeit der mündlichen Verhandlung mangels Überschaubarkeit) keine „endgültige Aussage" über die Folgen treffen und deshalb keine endgültige Erkenntnis finden lässt. Für solche Fälle jedenfalls hat der *BGH* gerade die ausdrückliche (offene) zeitliche Beschränkung für statthaft bezeichnet, wenn sie so erstrebt (beantragt) wird. Dies betrifft Komplikationen und Verschlimmerungen bestimmter Folgen und gestattet einen klaren zeitlichen Fixpunkt der Bemessung mit dem Tag der letzten mündlichen Verhandlung in der 1. Instanz. Nur willkürliche zeitlich eingegrenzte Schmerzensgeldbegehren sind unstatthaft, weil sie dem Prinzip der Einheitlichkeit des Schmerzensgeldanspruchs widersprechen.	2907
Ist die Behandlung einer Fußverletzung abgeschlossen und die künftige Entwicklung nicht als ungewiss „zu bezeichnen", sind alle zukünftigen, bereits erkennbaren Folgen einzubeziehen. Eine zeitbezogene Aufsplittung scheidet aus, wie das *OLG Hamm*[865] meint.	2908
Das *LG Köln*[866] hat immerhin die Befristung „als Klarstellung in Bezug auf die Unfallfolgen" angesehen.	2909
Der *BGH* sollte bei nächster Gelegenheit deutlich machen, ob er mit seinen Formulierungen zur Schmerzensgeldteilklage einer zeitlichen Befristung den Weg öffnen wollte oder nicht. Soweit der *BGH* 2006[867] (wie früher) davon gesprochen hat, dass es der Grundsatz der Einheitlichkeit des	2910

---

862 BGH NJW 2004, 1243 = VersR 2004, 1334 = NZV 2004, 240 = ZfS 2004, 260; dazu *Lemcke* in r+s 2004, 218; Vorinstanz *OLG Stuttgart* NJW-RR 2003, 969 = NZV 2003, 330.
863 OLG Jena v. 16.1.2008, 4 U 318/06.
864 Beachte ebenso *Terbille* in VersR 2005, 37.
865 OLG Hamm v. 29.10.2007, 6 U 34/07.
866 LG Köln DAR 2008, 388.
867 BGH NZV 2006, 408 = VersR 2006, 1090 = ZfS 2006, 381 = DAR 2006, 444.

Schmerzensgeldes gebietet, die Höhe des dem Geschädigten zustehenden Anspruchs aufgrund einer ganzheitlichen Betrachtung der den Schadensfall prägenden Umstände unter Einbeziehung der absehbaren künftigen Entwicklung des Schadensbildes zu bemessen, hat er – z. B. für die Situationen von verletzten kleinen Kindern – nicht jede ausdrückliche Zeitbegrenzung abgelehnt. Dass etwas bei der Entscheidung berücksichtigt werden kann, schließt es nicht aus, dies nicht zu berücksichtigen, wenn darum aus einsichtigen Gründen von der Klagepartei nachgesucht wird. Zudem darf auch die Grenze der zeitlichen Beurteilung, die § 258 ZPO zieht, prozessual nicht übergangen werden.

2911 Neben der zeitbezogenen Teilklage mit inhaltlicher Begrenzung des verlangten Betrages auf den Erkenntnisstand Zeitpunkt der letzten mündlichen Verhandlung zu den Folgen bis zu diesem Moment (also rückschauend), sollte stets ein Feststellungsantrag zu möglichen Zukunftsfolgen (bei derselben Verletzung bzw. Grundbeeinträchtigung) stehen.

2912 Bei **mehreren Schädigern** sind die jeweiligen persönlichen Verhältnisse des einzelnen Schädigers für die Bemessung des Schmerzensgeldes heranzuziehen.[868] Die von jedem geschuldete Entschädigung kann deshalb unterschiedlich hoch sein; s. auch Rn. 761.

2913 Bei **unterschiedlichen Streitgegenständen** berührt die Rechtskraft zu der Erkenntnis über einen Gegenstand nicht das Begehren zu einem anderen Gegenstand und geht es deshalb um Aspekte einer weiteren Forderung, nicht i.e.S. um Fragen zur Nachforderung.

2914 Der *BGH*[869] sieht unterschiedliche Streitgegenstände nach einem Verkehrsunfall und seinen Folgen einerseits zu den sich aus einem Schleudertrauma der Halswirbelsäule ergebenden Beeinträchtigungen – bemessen mit 750,00 DM – (und den Folgeschäden zur Verletzung der Halswirbelsäule) und andererseits zu der später klageweise zur Entscheidung gestellten Psychose, die auf dem Unfallerlebnis beruht – bemessen mit 80.000,00 DM.

2915 Ist ein Feststellungsbegehren abgewiesen worden, weil aufgrund eingeholter Sachverständigengutachten von einem Verletzungsendzustand ausgegangen worden ist, weder eine Besserung für wahrscheinlich zu erachten gewesen, noch mit einer Verschlimmerung gerechnet worden ist und all dies bezogen auf eine bestimmte Verletzungsfolge (z. B. eine Armschädigung), sind andere, später aufgetretene Folgeschäden aber nicht bedacht worden, wird von der Klageabweisung der neue Sachverhalt (wegen der für Fachkreise unbekannten, von einem Sachkundigen nicht vorhersehbaren Verletzungsfolgen) nicht umfasst.[870]

2916 Veränderte medizinische Einsichten, Erkenntnisse oder Erfahrungen sind nach der hier vertretenen Ansicht deshalb ggfs. geeignet, zu einem anderen (neuen) Streitgegenstand zu führen. Die unterschiedliche sachverständige Beurteilung ist – anders als die Änderung einer Rechtsansicht bzw. Rechtsprechung – eine neue Tatsache.

Nachforderung, Verschlechterung

2917 Wird ein Schmerzensgeld zugesprochen, ist wegen der Einheitlichkeit des Schmerzensgeldes und wegen der Reichweite der Rechtskraft das Verlangen eines weiteren Schmerzensgeldes aus demselben Verletzungsereignis grundsätzlich ausgeschlossen. Durch das uneingeschränkte Schmerzensgeld werden alle eingetretenen und die objektiv erkennbaren, jedenfalls die vorhergesehenen und (als nahe liegend) berücksichtigungsfähigen Folgen „abgegolten".[870]

2918 Nachforderungen sind möglich bei Folgen, die vorher nicht[871] berücksichtigt werden konnten.

---

868 *BGHZ* 18, 149, 164 f.
869 NJW 1998, 1786; Vorinstanz *OLG Celle* ZfS 1997, 332.
870 *BGH* NJW-RR 2006, 712 = VersR 2006, 1090 = ZfS 2006, 381 = DAR 2006, 444.
871 *OLG München* NZV 1999, 46.

▶ Verletzungsfolgen, die zum Beurteilungszeitpunkt noch nicht eingetreten waren und deren Eintritt objektiv nicht vorhersehbar war, mit denen also nicht oder nicht ernstlich gerechnet werden musste und die deshalb zwangsläufig bei der Bemessung des Schmerzensgeldes unberücksichtigt bleiben müssen, werden von der vom Gericht ausgesprochenen Rechtsfolge nicht umfasst und können deshalb Grundlage für einen Anspruch auf weiteres Schmerzensgeld sein.[872] ◀   2919

▶ Ob Verletzungsfolgen im Zeitpunkt der Zuerkennung eines Schmerzensgeldes erkennbar gewesen sind, beurteilt sich nach objektiven Gesichtspunkten, Kenntnissen und Erfahrungen eines Sachkundigen, nicht nach der subjektiven Sicht der Parteien oder der Vollständigkeit der Erfassung des Streitstoffes durch das Gericht. Maßgebend ist, ob sich im Erstverfahren die konkrete Verletzungsfolge als so nahe liegend dargestellt hat, dass sie bei der Bemessung des Schmerzensgeldes berücksichtigt werden konnte.[873] ◀   2920

Tipp Die **Zeitbefristung** (vgl. Rn. 2905, 2907) hält die Nachforderung bei einem zusprechenden Schmerzensgeldurteil sicher offen.[874]   2921

Bei dem ausdrücklichen Vorbehalt in einem Abfindungsvergleich in Bezug auf weitere Ansprüche wegen Spätfolgen innerhalb einer bestimmten Zeitspanne beginnt die 3-jährige **Verjährungsfrist** mit Kenntnis des Verletzten vom Ursachenzusammenhang zwischen den Spätfolgen und der Unfallverletzung.[875]   2922

Die **Geschäftsgrundlage** eines **Abfindungsvergleichs** wird freilich nicht allein dadurch betroffen, dass nachträglich zusätzliche Beeinträchtigungen auftreten.   2923

Das Festhalten an einem Abfindungsvergleich ist nicht deswegen unbillig, weil eine medizinische Wahrscheinlichkeit für das Auftreten einer Folge (konkret einer schizoaffektiven Psychose nach gedecktem Schädelhirn-Trauma) nur bei 5% liegt.[876]   2924

Gegenüber einer vereinbarten Abfindungssumme muss sich vielmehr ein krasses Missverhältnis zeigen[877], wenn eine Nachforderung statthaft sein soll. So kann es sich z. B. verhalten, wenn erst später gravierende Folgeschäden auftreten.[878] Solange die (erhebliche) Opfergrenze nicht überschritten wird, steht einem Festhalten am Abfindungsvergleich jedoch kein Einwand der unzulässigen Rechtsausübung entgegen.[879]   2925

Positive Veränderung (Verbesserung); Vollstreckungsabwehr

Bei relevanten **Besserungen** des gesundheitlichen Zustands ist der Schädigerseite über eine Vollstreckungsabwehrklage oder nach Erfüllung sogar als verlängerte Vollstreckungsabwehr nach Bereicherungsrecht zu ermöglichen, ggfs. die Änderung geltend machen zu können, soweit es um die Zukunft geht und sich dazu die Basis der Beurteilung verändert hat.[880] Dann geht es nicht um eine geänderte Prognose, die nur über § 323 ZPO zu einer Rente beachtet werden könnte, sondern um die nachträgliche, wegen anderer Erkenntniskraft und -lage veränderte Situation, quasi als eine spiegelbildliche Änderung der Geschäftsgrundlage bzw. wegen unzulässiger Rechtsausübung, wie sie im Rahmen des § 767 Abs. 2 ZPO berücksichtigungsfähig ist.   2926

---

872 *BGH* NZV 2006, 408 = VersR 2006, 1090 = ZfS 2006, 381 = DAR 2006, 444.
873 *BGH* NJW-RR 2006, 712 = NZV 2006, 408 = VersR 2006, 1090 = ZfS 2006, 381 = DAR 2006, 444.
874 Vgl. *OLG Hamm* NJOZ 2006, 3935.
875 *OLG Karlsruhe* Urt. v. 26.10.2007, 14 U 230/06, VRS 113 (2007), 321.
876 *OLG Hamm* NZV 2000, 127.
877 *OLG Hamm* VersR 1988, 631, 632.
878 *OLG Oldenburg* VersR 2004, 64 = ZfS 2003, 590: Erhebliche Einschränkung im Bereich der rechten Hüfte, dauerhafte Minderung der Erwerbsfähigkeit um mindestens 30%.
879 *OLG Koblenz* NJW 2004, 782 = NZV 2004, 197.
880 Vgl. *OLG Koblenz* NJW-RR 2007, 21 = VersR 2006, 978.

2927 Nutzt der Betroffene spätere reale Chancen zur effektiven Verbesserung seiner Lage nicht, kann über § 254 BGB zu erwägen sein, inwieweit die Schädigerseite nachträglich deshalb selbst bei vorangegangener Verurteilung mit Blick auf die (nun nachträglich veränderte) Zukunft mittels vollstreckungsrechtlicher und dazu verlängerter Behelfe eine Herabsetzung des (geleisteten) Schmerzensgeldes erreichen kann.

2928 Zumindest im Fall einer sittenwidrigen Titelausnutzung ist es einem Schuldner mit § 826 BGB zu ermöglichen, einer „Überzahlung" entgegenzutreten.

5. Teil
Ersatzfähige Nachteile bei Tötung

I. Grundsätze zum Unterhaltsschaden

§ 844 Abs. 2 BGB[1], §§ 86 Abs. 2, 89 Abs. 1 ArzneimittelG, § 28 Abs. 2 AtomG, § 32 Abs. 3 GenTG, § 5 Abs. 2 HaftPflG, § 35 Abs. 2 LuftVG, § 7 Abs. 2 ProdHaftG, § 10 Abs. 2 StVG, § 12 Abs. 2 UmwelthaftG gewähren Schadensersatzansprüche zu den von der getöteten Person familienrechtlich geschuldeten Leistungen (Unterhaltsschaden). Dieser Ersatzanspruch hat Unterhaltsersatzfunktion, ist aber gleichwohl ein reiner Schadensersatzanspruch und nicht etwa ein Unterhaltsanspruch. Bei Vertragsverletzungen gelten §§ 844, 845 BGB nicht. Jedoch nutzen geschädigten Personen die Verweisungen in § 618 Abs. 3 BGB, § 62 Abs. 3 HGB. Bei einer Geschäftsführung ohne Auftrag können zugunsten der Hinterbliebenen des tödlich verunglückten Geschäftsführers § 844 BGB und auch § 845 BGB (Rn. 2741 ff.) entsprechend anzuwenden sein.[2] Bei entsprechenden Interessenlagen sind §§ 844, 845 BGB ebenfalls anzuwenden. Zu öffentlich-rechtlichen Spezialregelungen gelten diese Normen zum Teil ebenfalls sinngemäß oder es finden sich vergleichbare Bestimmungen. Gem. § 846 BGB (Rn. 438) kann der Anspruch auf Ersatz des Unterhaltsausfalls eingeschränkt sein.

2929

> **Schadensart im Überblick:**
>
> **Unterhalts-, Angehörigenschaden**
>
> – Barunterhaltsschaden (Ausfall von Barbeiträgen für den Lebensunterhalt der Hinterbliebenen, konkrete oder pauschalierende Schadensberechnung, Rn. 3019. Es geht um den Ausgleich des weggefallenen wirtschaftlichen Beitrags des Unterhaltspflichtigen zum Barbedarf der mittelbar Betroffenen.
>
> – Betreuungsunterhaltsschaden (Ausfall der Haus- und Familienarbeit, konkrete oder pauschalierende Schadensberechnung, Rn. 3303). Auszugleichen ist der Unterhaltsbedarf wegen der unentgeltlichen, höchstpersönlichen, gesetzlich geschuldeten Tätigkeit für die Familie und den Haushalt.

2930

Für Ansprüche i.S.d. § 844 BGB kann der Tod unmittelbar herbeigeführt worden oder als weitere Folge dem Schädiger haftungsausfüllend zuzurechnen sein. Regelmäßig ist die Tötung einer Person Folge einer Verletzung des Körpers oder der Gesundheit. Als Folge eines schädigenden Fehlverhaltens gehört der Tod des Unterhaltspflichtigen zur haftungsausfüllenden Kausalität.[3]

2931

Ein Affektstau und Selbstmord viele Jahre nach einem Haftungsfall[4] kann zu noch zurechenbaren Schadensfolgen führen.

2932

Wirtschaftliche Nachteile bei einer Tötung sind als Unterhaltsschaden der Unterhaltsberechtigten bei Tötung einer unterhaltspflichtigen Person auszugleichen, soweit es um wirkliche Nachteile infolge der Tötung und nicht nur infolge einer Verletzung geht.

2933

Zum Unterhaltsschaden gelten § 843 Abs. 2 bis 4 BGB entsprechend. Der **finanzielle Unterhaltsbedarf** entscheidet beim Unterhaltsschaden, der **Versorgungsbedarf** zur Hausarbeit und Kinderbetreuung; zu Zeitgrenzen Rn. 723, 1301 ff., 2962 ff. Die Erstattung eines von der tatsächlichen Schadensentwicklung abgekoppelten Herstellungsaufwandes passt nicht.

2934

---
1 Die Norm gilt auch zu § 644 HGB; *BGH* NJW-RR 1997, 541 = NZV 1997, 172 = ZfS 1997, 132.
2 *BGHZ* 7, 30, 34.
3 *BGH* VersR 1993, 55; VersR 1996, 649 = NJW 1996, 1674.
4 *OLG Hamm* r+s 1997, 65.

2935 Die Bemessung des Unterhaltsschadens bzw. der Unterhaltsersatzrente verlangt die **Prognose**, wie sich die Unterhaltsbeziehungen zwischen dem Unterhaltsberechtigten und dem Unterhaltspflichtigen bei Unterstellung seines Fortlebens entwickelt hätten. I.S.d. § 287 ZPO sind vorausschauend alle voraussehbaren Veränderungen der Unterhaltsbedürftigkeit des Berechtigten und der hypothetischen Leistungsfähigkeit des Unterhaltspflichtigen – wäre dieser noch am Leben – einzubeziehen.[5]

2936 **Immaterielle Beeinträchtigungen** der **Angehörigen** sind gem. § 844 Abs. 2 BGB und den Parallelnormen nicht zu ersetzen, Rn. 2929, 3480.

2937 Die Tötung des persönlichen Schuldners einer dinglich gesicherten Forderung, z.B. bei einer beschränkt persönlichen Dienstbarkeit, einer Reallast, einer entsprechend gesicherten Altenteilsvereinbarung mit Versorgungsleistungen, ist kein Eingriff in ein sonstiges Recht i.S.d. § 823 Abs. 1 BGB. Die Verletzung solchen Rechts setzt insofern einen grundstücksbezogenen Eingriff voraus.[6]

2938 Von dem deliktischen Unterhaltsschaden unterscheiden sich die Voraussetzungen und der Umfang der Vertragshaftung des Arztes oder Krankenhauses gegenüber den Eltern eines geschädigten Kindes auf Ersatz des Unterhaltsaufwands. Dieser **Familienplanungsschaden**[7] wird allerdings häufig ebenfalls als Unterhaltsschaden bezeichnet; s. auch Rn. 360.

1. Unterhaltsbeziehungen

2939 Für den Anspruch auf Ersatz des Unterhaltsschadens muss **im Zeitpunkt der Verletzung** der später verstorbenen Person das **Verhältnis** bestanden haben, das kraft Gesetzes die **Unterhaltspflicht** der getöteten Person gegenüber dem Betroffenen **begründet** hat.[8]

2940 Mit der ursprünglich als Billigkeitsregelung empfundenen Vorschrift des § 844 Abs. 2 BGB soll schadensrechtlich der lebensnotwendige Unterhalt sichergestellt werden. Gemeint ist damit die Notwendigkeit des Unterhalts, aber nicht die Sicherstellung eines notwendigen Unterhalts i.S. eines Minimalansatzes. Der Schädiger hat in Geld aufzubringen, was die mittelbar geschädigte Person von der getöteten Person als Unterhalt zu beanspruchen gehabt hat.

2941 Der Schadensersatzanspruch ist auf den Wegfall des Rechts auf den **gesetzlich geschuldeten Unterhalt** der getöteten Person begrenzt.

2942 Der Geld-Ersatzanspruch für entfallende persönliche, gesetzlich geschuldete Leistungen in der Familie, bei der Hausarbeit, Betreuung und Pflege (Betreuungsunterhalt, häufig unscharf als Naturalunterhalt bezeichnet, obwohl der Barunterhalt Naturalleistungen einschließt) setzt den gemeinsamen Haushalt mit einem gemeinsamen Lebensmittelpunkt, die gemeinsame Wirtschaftsführung mit einer gewissen Dauerhaftigkeit voraus. Ein Wohnen bloß in unmittelbarer Nähe genügt nicht, s. aber auch Rn. 2587, 2588. Die gesamte Arbeit im Haushalt bei steuerlich wirksamer oder auch darüber hinaus doppelter Haushaltsführung kann jedoch – nach der hier vertretenen Ansicht – noch Teil des Familienunterhalts sein. Zwischen einem ausländischen Arbeitnehmer und dessen Ehepartner in Deutschland und den im Heimatland lebenden Kindern besteht dagegen eine solche häusliche Gemeinschaft z.B. nicht. Gesetzlich geschuldeter Unterhalt ist aber auch die Gewährung des Unterhalts als Naturalunterhalt gem. § 1612 Abs. 1 Satz 2, Abs. 2 BGB.[5]

2943 Den **Schadensumfang** bestimmen die ehelichen Lebens-, Erwerbs- und Vermögensverhältnisse bzw. die Lebensstellung zum Barunterhalt und zur Haus- und Familienarbeit (Haushaltsführung,

---

5 *BGH* NJW 2006, 2327 = VersR 2006, 1081 = ZfS 2006, 677 = FamRZ 2006, 1108.
6 *BGH* NJW 2001, 971 = VersR 2001, 648 = DAR 2001, 159.
7 BGHZ 151, 133 = NJW 2002, 2636.
8 BGHZ 132, 39 = VersR 1996, 649 = NJW 1996, 1674; *BGH* VersR 1987, 156 = NJW 1987, 322; VersR 1987, 1243, 1244 m. Anm. *Nehls* in FamRZ 1988, 696; VersR 1988, 954 = NJW 1988, 2365.

Kinderbetreuung und Erziehung⁹). Entscheidend ist die gesetzliche Unterhaltsschuld also zum Grund und zur Höhe. Der Anspruch folgt auch der Dauer des Unterhaltsanspruchs (§ 1615 BGB, Rn. 1301 ff.). Bei jeder individuellen Prüfung eines Schadensfalles sind Kontrollerwägungen zum familienrechtlichen Unterhaltsrahmen geboten. Bei der Entscheidung über eine Unterhaltsrente sind **alle voraussehbaren Veränderungen** zur Unterhaltsbedürftigkeit des Berechtigten und zur (hypothetischen) Leistungsfähigkeit des Unterhaltspflichtigen zu **berücksichtigen**. Davon wird der Richter nicht durch die Möglichkeit einer Abänderungsklage befreit.

Auf tatsächliche Leistungen, auf den Umfang der Betreuung, das konkrete Ausmaß der Haushaltsarbeit vor dem Schadensereignis kommt es anders als bei dem Anspruch der verletzten Person aus §§ 842, 843 BGB nicht an.[10] Inwieweit der Lebensstil, der familienrechtlich gesicherte Lebensstandard fortgesetzt werden kann, bestimmt sich nach den allgemeinen Regeln (zu den fixen Kosten des Haushalts Rn. 3177 ff., zu § 254 BGB Rn. 3247 ff., 3311 f.). 2944

Ist in Auslandsfällen das deutsche Haftungsrecht anzuwenden (Rn. 38), sind Vorfragen zum Familienrecht – insbesondere zur Abstammung und zum Unterhaltsrecht – doch selbstständig mit Geltung des **Unterhaltsstatuts** anzuknüpfen.[11] 2945

Für den Unfall in Deutschland mit Anwendung des deutschen Deliktsrechts ist dann, wenn im Heimatland bei Tötung der im Haushalt arbeitenden Ehefrau ein Anspruch in der der Art des § 845 BGB vorgesehen ist, dieser als Anspruch wegen entgangenen Unterhalts einzuordnen mit den Regeln zur Höhe, zum Vorteilsausgleich und zur Schadensminderung nach deutschem Recht,[12] wenn ein Anspruch zur Haushaltsarbeit besteht. 2946

Das kollisionsrechtliche Institut der Angleichung (zur Dienstpflicht Rn. 2742) wirkt sich u.U. zugunsten von Lebenspartnern aus. Sieht das ausländische Recht, wie z.B. das Recht des US-Bundesstaates Georgia, für den hinterbliebenen Ehepartner bei einem Unfallereignis mit Todesfolge einen einmaligen Anspruch auf Entschädigung in Höhe des „Wertes des Lebens" vor, aber keinen Unterhaltsanspruch (des Ehemannes gegen die Ehefrau während der bestehenden Ehe) und von daher keinen Ersatz des Unterhaltsschadens, ist der Gesamtanspruch im Sinne des ausländischen Rechts nicht zuzuerkennen. Vielmehr richten sich Grund und Höhe des Anspruchs auf Unterhaltsersatz dann nach dem (als Deliktsstatut berufenen) deutschen Recht.[13] 2947

Unterhaltsberechtigt sind **Kinder** gegenüber ihren Eltern (§§ 1601 ff., 1615 a ff., 1754 BGB), Verwandte in gerader Linie. Das Stiefkind, das tatsächlich unterhalten wird, gehört dazu nicht. Der Unterhaltsanspruch der Mutter nach § 1615l BGB ist gesetzlicher Anspruch i.S.d. § 844 Abs. 2 BGB zu ihren Gunsten. 2948

Das noch nicht gezeugte Kind erwirbt einen Anspruch aus § 844 BGB nicht.[14] 2949

Zwischen **Ehegatten** mit gemeinsamer, u.U. in der intakten Ehe auch doppelter Haushaltsführung gelten §§ 1360, 1360a Abs. 1 BGB. Der Umfang des **Familienunterhalts** (§ 1360 BGB) richtet sich nach dem gesamten Lebensbedarf der Familie. Der Unterhalt umfasst alles, was nach den Verhältnissen der Ehegatten erforderlich ist, um die Kosten des Haushalts zu bestreiten und die persönlichen Bedürfnisse der Ehegatten und der gemeinsamen unterhaltsberechtigten Kinder zu decken (§ 1360a Abs. 1 BGB). Das Einkommen der Ehegatten, das die Unterhaltspflicht nach oben eingrenzt, und der dadurch geprägte Lebensstil sind maßgebend, s. weiter Rn. 3019 ff. Die Art der Unterhaltsleistung ergibt sich aus den Geboten der Lebensgemeinschaft (§ 1360a Abs. 2 BGB). 2950

Da mit dem **Lebenspartnerschaftsgesetz** (§ 5) eine Verpflichtung zum angemessenen Unterhalt unter entsprechender Anwendung der §§ 1360a, 1360b BGB angeordnet ist, muss für Personen 2951

---

9 *BGHZ* 86, 372 = VersR 1983, 458.
10 *BGH* VersR 1970, 617; 1974, 1016; 1976, 291; 1988, 1166; 1993, 56.
11 *BGH* NJW-RR 1987, 147 = VersR 1987, 200.
12 *BGH* NJW 1976, 1588.
13 *OLG Frankfurt* ZfS 2004, 452.
14 *OLG Hamm* r+s 1997, 65.

gleichen Geschlechts, die die (eingetragene) Lebenspartnerschaft begründet haben, entsprechendes gelten. Zwischen dem Barunterhalt und persönlichen Betreuungsleistungen, der Arbeit im Haushalt ist nach der hier vertretenen Ansicht nicht zu trennen, auch wenn das LPartG bisher nicht ausdrücklich auf die Arbeit im Haushalt (die Führung des Haushalts i.S.d. § 1360 Satz 2 BGB) eingegangen ist. Denn die gegenseitige – gesetzliche – Pflicht zur Fürsorge und Unterstützung sowie gemeinsamen Lebensgestaltung legt § 2 LPartG fest und die einvernehmliche Verteilung der Aufgaben bei gemeinsamer Haushaltsführung (dem Zusammenleben) ist den Lebenspartnern unbenommen und vorbehalten. Da in § 5 LPartG auf § 1360 S. 2 BGB verwiesen wird und durch diese Neufassung in 2005 die Unterhaltspflichten während der Lebenspartnerschaft an die der Ehegatten deckungsgleich angepasst sind, kann die hier vertretene Sicht nicht strittig sein; zum Verhältnis zum Kind des Partners Rn. 3315. Für Partner nach rein religiöser (kirchlicher) Trauung[15] und Partner der faktischen, verfestigten oder nichtehelichen Lebensgemeinschaft gilt dagegen mangels gesetzlich ausgeformter Unterhaltspflicht etwas anderes, Rn. 2989. Ob ein gemeinsamer Haushalt geführt wird oder nicht, ist dafür irrelevant.

2952 Die Partner können grundsätzlich innerhalb eines weiten **Gestaltungsspielraums** vereinbaren, wer erwerbstätig ist und wer den Haushalt führt, also die Haus- und Familienarbeit erledigt. Sie können beide gemeinsam für den materiellen Unterhalt aufkommen und die Hausarbeit untereinander aufteilen oder auch durch einen Dritten ausführen lassen. Bei Lebenspartnern i.S.d. § 1 LPartG gilt nach Intention und Wortwahl des Gesetzes gleiches.

2953 **Unterhaltsgewährung** für das **Kind** bedeutet Befriedigung des gesamten – auch eines gehobenen – Lebensbedarfs. Die für den Unterhalt[16] maßgebende Lebensstellung der Kinder ist aber keine originäre des Kindes, sondern die aus der wirtschaftlichen Situation der barunterhaltspflichtigen Eltern (oder des Elternteils) abgeleitete Stellung. Dies bedeutet, dass die Eltern nicht mehr aufzubringen haben, als ihre Einkünfte hergeben. Die Berufsausbildung erfasst der Barunterhaltsanspruch mit. Bei einer Zweitausbildung grenzen die unterhaltsrechtlichen Kriterien auch den Schadensausgleich ein.

2954 Gegen den haushaltsführenden Elternteil besteht – auch im gemeinsamen Haushalt – mit Eintritt der **Volljährigkeit** ausschließlich ein anteiliger (§ 1606 Abs. 3 Satz 1 BGB) Barunterhaltsanspruch.[17] Der Bedarf des volljährigen Kindes[18] richtet sich nach dem zusammengerechneten Einkommen der Elternteile, wenn beide leistungsfähig sind. Der Haftungsanteil der Eltern lässt sich über das Verhältnis der über dem Selbstbehalt liegenden Einkünfte bestimmen.

2955 Das *OLG Köln*[19] nimmt einen Unterhaltsanspruch eines Studenten regelmäßig begrenzt bis zum 27. Lebensjahr an, es sei denn, dass das Studium von vornherein auf längere Dauer angelegt ist.

2956 Die **Hausarbeit** des Ehegatten, der keiner entgeltlichen Erwerbstätigkeit nachgeht, ist ein dem anderen **Ehegatten** geschuldeter Beitrag zum Familienunterhalt (§ 1360 S. 2 BGB). Für die eingetragene **Lebenspartnerschaft** verneinen manche eine Pflicht zur Haushaltsführung zwischen den Partnern, zur hier vertretenen Ansicht s. demgegenüber Rn. 2951.

2957 **Minderjährige Kinder** haben keinen einklagbaren Unterhaltsanspruch auf Betreuung, auch kein Wahlrecht zwischen Bar- und Betreuungsleistung. Der Unterhaltsanspruch ist auf eine Geldleistung gerichtet (§ 1612 Abs. 1 BGB). Sie haben aber ein **Recht auf Betreuung**[20] (§ 1606 Abs. 3 S. 2 BGB).

---

15 Das Verbot der kirchlichen Trauung oder religiösen Feier ohne vorherige Eheschließung vor dem Standesamt besteht seit 1.1.2009 nicht mehr.
16 In das KindesunterhaltsG vom 6.4.1998 führen ein: *Grandke* in NJW 1998, 295–299, *Schumacher/Grün* FamRZ 1998, 778–797, *Weber* in NJW 1998, 1992–2004.
17 *OLG Bremen* OLGR 1999, 194, 195; *OLG Karlsruhe* FamRZ 1999, 45; *OLG Hamm* FamRZ 2000, 379.
18 Zum Einsatz eines eigenen Vermögens vgl. z.B. *OLG Köln* NJWE-FER 1999, 176.
19 VersR 1990, 1285.
20 *BGH* NJW 1994, 2234; *Scholz* in FamRZ 1994, 1314.

Volljährige Kinder haben auch dieses Recht nicht, Rn. 2954. Allenfalls ausnahmsweise wird bei einem volljährigen, in Ausbildung befindlichen und im Haushalt der Eltern lebenden Kind ein Betreuungsunterhaltsschaden in Betracht[21] kommen können. Das Bestimmungsrecht i.S.d. § 1612 Abs. 2 Satz 1 BGB kann dies freilich allenfalls tragen, wenn tatsächlich eine Unterhaltsgewährung durch Naturalunterhalt am Wohnort der Eltern vor allem bei häuslicher Gemeinschaft durchführbar ist. Die bloße Unterhaltsbestimmung, die nicht real werden kann, bleibt dagegen rechtlich unwirksam. In Fällen von Krankheit oder Behinderung des volljährigen Kindes lässt sich ein Betreuungsanspruch aus § 1610 BGB entnehmen, zur Verletzung des haushaltsführenden Elternteils Rn. 2583).

2958

Nach § 1612 Abs. 2 Satz 1 BGB können Eltern, die einem unverheirateten Kind Unterhalt zu gewähren haben, bestimmen, in welcher Art der Unterhalt gewährt werden soll. Dies gilt auch für Unterhaltspflichten gegenüber volljährigen Kindern. Eine Bestimmung, die von einem hierzu Berechtigten vorbehaltlos getroffen wird, inhaltlich bestimmt ist und den ganzen Lebensbedarf des Kindes umfasst, ist grundsätzlich verbindlich, solange sie nicht auf Antrag des Kindes durch das Familiengericht geändert wird.[22]

2959

Bei **Trennung** oder **Scheidung** der Ehegatten darf schadensrechtlich für die Unterhaltsbeziehung zwischen den Ehegatten nichts anderes gelten als unterhaltsrechtlich. Zum Trennungsunterhalt zwischen Ehegatten sieht § 1361 Abs. 1 Satz 1 BGB auf die Lebensverhältnisse sowie die Erwerbs- und Vermögensverhältnisse. Für geschiedene Ehegatten gelten §§ 1569 ff. BGB. Die familienrechtliche Unterhaltsbestimmung stellt dazu auf Quoten ab, um die Einkünfte aufzuteilen, insbesondere wenn die Einkünfte nicht den vollen Unterhalt aller Beteiligten abzudecken vermögen. Der Anspruch auf den schuldrechtlichen Versorgungsausgleich ist als Unterhaltsanspruch aufzufassen. Der Anspruch auf den öffentlich-rechtlichen Ausgleich (mit dem Übergang auf den Erben nach § 1587e Abs. 4 BGB) ist nicht über § 844 Abs. 2 BGB ausgleichsfähig.[23] Eine familiäre Rücksicht, die den Unterhaltspflichtigen entlasten soll, darf dem Schädiger nicht zugute gebracht werden. In solchen Lebensverhältnissen ist eine **Haushaltstätigkeit nicht** gesetzlich geschuldet. Zu einem Ersatzanspruch wegen Ausfalls der Hausarbeit kann es nicht kommen. Bei der Lebenspartnerschaft greifen zum Barunterhalt entsprechende Erwägungen auf der Grundlage der §§ 12, 15 ff. LPartG. Eine Pflicht zur Haushaltsarbeit gibt es bei Getrenntleben und Aufhebung der Lebenspartnerschaft selbstverständlich nicht (mehr).

2960

Eine **Scheidungsabsicht** blieb früher[24] außer Betracht. Die Vermutungsregeln des geltenden Scheidungsrechts sprechen angesichts der Anlehnung des deliktischen Ausgleichs an die unterhaltsrechtlichen Perspektiven dafür, den fiktiven Ausgang eines Scheidungsverfahrens mit allen unterhaltsrechtlichen Folgen selbst dann bei der Schadensregulierung zu berücksichtigen, wenn das Scheidungsverfahren im Zeitpunkt des Schadensfalles noch nicht anhängig gewesen ist. Bei der erhobenen Scheidungsklage ist der voraussichtliche Ausgang jenes Verfahrens abzuschätzen. Ergeben sich greifbare Anhaltspunkte für eine Versöhnung und die erneute Führung eines gemeinsamen Haushalts, ist auf die Verhältnisse für die intakte Ehegemeinschaft abzustellen.[25]

2961

Zeitgrenzen

Die Zeitgrenzen eines Anspruchs folgen der materiellrechtlichen Basis im Hinblick auf den Tod des Unterhaltsverpflichteten oder des Todes des Unterhaltsberechtigten, also letztlich des Todes des Zuerstversterbenden, Rn. 723, 1301 ff.

2962

---

21 *OLG Hamm* FamRZ 1987, 1029 = NJW-RR 1987, 539.
22 *BGH* NJW 2006, 2327 = VersR 2006, 1081 = ZfS 2006, 677 = FamRZ 2006, 1108.
23 *OLG Koblenz* FamRZ 1982, 175.
24 *BGH* VersR 1974, 700.
25 *OLG Hamm* VersR 1992, 512 = FamRZ 1991, 1179 mit *BGH* NA-Beschl. v. 11.6.1991.

2963 Maßgebend für die Lebenserwartung sind zunächst die individuellen Lebensumstände. Einfluss auf die Lebenserwartung haben – insofern – der Beruf, der Gesundheitszustand, die Lebensgewohnheiten der unterhaltspflichtigen Person. Dass diese Person wegen einer Erkrankung früher verstorben wäre, hat der Schädiger nachzuweisen.[26]

2964 Ohne besondere spezielle Anhaltspunkte ist die mittlere, durchschnittliche Lebenserwartung im Zeitpunkt des Schadensereignisses heranzuziehen. Diese ist anhand der zeitnächsten[27] Amtlichen Sterbetafel des Statistischen Bundesamtes zu ermitteln, s. dazu auch Rn. 2981.

2965 Eine überdurchschnittlich höhere, eine längere Lebensdauer erschließt sich z.B. aus sportlichen Betätigungen nicht.

2966 Ausnahmsweise kann ein Unterhaltsschaden des Unterhaltsberechtigten über den Tod des Unterhaltsverpflichteten hinaus auszugleichen sein.

2967 So hat der Schädiger der Witwe Ersatz zu leisten, deren Ehemann mit einer Unfallrente wegen Berufskrankheit getötet wird, wenn in Folge der Tötung nicht wie sonst im Todesfall eine Unfall-Witwenrente zu leisten ist.[28]

2968 Geht die **Unterhaltspflicht** des Getöteten kraft Gesetzes (§§ 1586b, 1615l BGB) auf **Erben** über, ist der Schädiger jedenfalls heranzuziehen, wenn die Erben tatsächlich nicht oder nur zu einem geringen Teil die ausgefallenen Leistungen ersetzen. Soweit der von den Erben erfüllte Anspruch nicht als Äquivalent für die Nichtteilhabe des geschiedenen Ehegatten am Nachlass bewertet wird, lässt sich sonst ein realer Unterhaltsausfall nicht erkennen, wie immer dann, wenn die Unterhaltsquelle unverändert/unbeeinflusst bleibt, selbst wenn der Pflichtige wechselt. Auch die Mutter hat im Fall des § 1615l Abs. 3 Satz 4 BGB nur bei Leistungsunfähigkeit des Nachlasses einen offenen Schadensersatzanspruch.

Wiederverheiratung, Begründung einer neuen Lebenspartnerschaft

2969 Vom Zeitpunkt einer Wiederverheiratung an besteht für deren Dauer kein Schadensersatzanspruch des hinterbliebenen Ehepartners. Da § 1586 BGB i.d.F. des LPartG die Begründung der gleichgeschlechtlichen Lebenspartnerschaft der Wiederheirat gleichstellt, ist diese Gleichstellung umfassend in das Schadensrecht zu transponieren.

2970 Jedenfalls wird der Schaden – geldwertmäßig eingeschätzt – ausgeglichen[29], wenn im Fall einer Wiederheirat die Leistungen des früheren (verstorbenen) Partners und des neuen Partners gleichwertig sind.

2971 Von der Witwe oder dem Witwer ist nicht zu verlangen, bereits im Zeitpunkt der Wiederverheiratung für den Fall einer Verschlechterung oder gar des Wegfalls der Unterhaltsansprüche gegen den neuen Ehepartner vorsorglich Feststellungsklage[30] gegen den Schädiger zu erheben (Rn. 1187). Zwischen der Hausarbeit und dem Barunterhalt ist dazu nicht zu unterscheiden.

Adoption

2972 Der Schadensersatzanspruch von Unfallwaisen wegen Entziehung des Unterhalts wird nicht dadurch vermindert, dass die Waisen **an Kindes statt angenommen** werden. Es wäre unbillig, den Schädiger zu entlasten, wenn und weil es Dritte übernehmen, den durch sein Verhalten hilfsbedürftig gewordenen Waisen zu unterhalten. Gegen eine Anrechnung spricht auch, dass dann die Adoption als solche aus wirtschaftlichen Gründen erschwert werden würde.[31]

---

26 *BGH* NJW 1972, 1515, 1517 = VersR 1972, 834.
27 *BGH* NJW-RR 2004, 821 = DAR 2004, 346 = ZfS 2004, 260 = r+s 2004, 342.
28 *BGH* NJW 1970, 322 = VersR 1970, 128.
29 *BGH* VersR 1970, 522, 524; *BGHZ* 91, 357, 359.
30 *BGH* VersR 1979, 55 = NJW 1979, 268.
31 *BGHZ* 54, 269 = VersR 1970, 1051.

Bedarfsdeckung beim Kind

Dass ein Kind nach der Tötung des einen Elternteils den vollen (Bedarfs-) Anspruch gegen den überlebenden Elternteil hat, beeinflusst seinen Schadensausgleich nicht. Die Bedarfsdeckung[32] oder Betreuung (und Erziehung) durch eine Stiefmutter oder einen Stiefvater hat für das Kind, das einen Elternteil verloren hat, keine gesetzliche Grundlage im Unterhaltsrecht. 2973

Die tatsächliche Betreuung durch die Stiefmutter muss sich das Kind nach dem Tod der Mutter auf den Anspruch wegen der ausgefallenen Betreuung und Haushaltsführung nicht anrechnen lassen.[33] 2974

Elternanspruch

Bei Tötung des Kindes steht den Eltern ein Schadensersatzanspruch gem. § 844 Abs. 2 BGB und den Parallelnormen wegen **Ausfalls** des **Elternunterhalts** zu, wenn die Barunterhaltspflicht des Abkömmlings und die Bedürftigkeit der Eltern[34] – in der Reihenfolge der Berechtigungen nach § 1609 BGB – nachzuweisen ist. Die Ersatzpflicht des Schädigers wird in dem Zeitpunkt ausgelöst, in dem der Abkömmling im Fall des Weiterlebens seinen Eltern gegenüber unterhaltspflichtig geworden wäre. Der Anspruch richtet sich nach dem Umfang der Unterhaltspflicht des getöteten Kindes während der mutmaßlichen Dauer seines Lebens (Rn. 1302 ff.). Die schadensrechtlich maßgebenden Beziehungen, die die bedingte Unterhaltspflicht zum Gegenstand haben, entstehen aber bereits mit dem Tod des Kindes. Dies rechtfertigt eine Feststellung zur Ersatzpflicht des Schädigers (Rn. 1150 ff.) bei der Möglichkeit, dass das verunglückte Kind bei eigener Leistungsfähigkeit und Bedürftigkeit der Eltern zu deren Unterhalt hätte beitragen müssen. Die mutmaßliche künftige Unterhaltsbedürftigkeit der Eltern und mutmaßliche zukünftige Leistungsfähigkeit des Verstorbenen bedürfen dazu keiner Klärung[35], denn diese Momente sind als sachlich rechtliche Voraussetzungen des Ersatzanspruchs keine Zulässigkeitsvoraussetzung für die Feststellung. Die Leistungsfähigkeit des Abkömmlings beurteilt sich nach der Finanzierung des eigenen Lebensstandards und der Erfüllung der sonstigen Verpflichtungen, § 1603 Abs. 1 BGB, unter Beachtung der Reihenfolge der Verpflichteten, § 1606 BGB. Vorrangig sind die Sicherung des eigenen angemessenen Unterhalts und ggfs. vorrangige andere Unterhaltspflichten. Einzusetzen sind berücksichtigungsfähige Einkünfte (Rn. 3043 ff.), Vermögenserträge sowie sonstige wirtschaftliche Nutzungen. Bis zu welcher Grenze das Vermögen einzusetzen ist, ist abschließend nicht geklärt. Entsprechend §§ 1581 Satz 2, 1577 Abs. 3 BGB wird die Verwertung des Vermögensstamms des Unterhaltspflichtigen nicht verlangt werden dürfen, wenn damit laufende Einkünfte genommen werden, die zur Erfüllung anderer Unterhaltsansprüche und des eigenen Unterhalts notwendig sind. Ein Mindestselbstbehalt und ggfs. ein erhöhter Mindestselbstbehalt des Abkömmlings müssen beachtet werden. Der Unterhaltsbedarf des betroffenen Elternteils und damit das Maß des ihm geschuldeten Unterhalts richtet sich nach seiner (eigenständigen) Lebensstellung, § 1610 Abs. 1 BGB, die sich in erster Linie nach den individuellen Einkommens- und Vermögensverhältnissen unter Beachtung von Kosten für die Kranken- und Pflegeversicherung bestimmt. Unterhaltsbedürftigkeit besteht nur in dem Umfang, in dem eigene Einkünfte (Bezüge, Renten, Leistungen der Pflegeversicherung und/oder Grundsicherung, Wohngeld, nicht aber subsidiäre staatliche Sozialleistungen, Sozialhilfe) des Elternteils nicht zur Bedarfsdeckung ausreichen. Einkommen jeder Art sind daher auf den Bedarf anzurechnen. Neben den Erträgnissen eines Vermögens kann sogar ein Vermögensstamm anzugreifen sein. Ein Eigenheim z.B. braucht aber nur eingesetzt zu werden, wenn dies wirtschaftlich zumutbar ist. Bei der Unterbringung des Elternteils in einem Heim, folgt der Unterhaltsbedarf aus den durch den Heimaufenthalt verursachten Kosten, soweit kein Eigeneinkommen zur Verfügung steht. Das Prinzip der wirtschaftlichen Eigenverantwortung, § 1602 BGB, 2975

---

32 Zu eigenen Einkünften s. Rn. 3215 ff.
33 *OLG Stuttgart* VersR 1993, 1536.
34 Zum Elternunterhalt im Einzelnen u.a. *Ehinger* in NJW 2008, 2465–2471.
35 *OLG Koblenz* NJW 2003, 521.

wird verschiedentlich dafür angeführt, auf die kostengünstigere Führung eines eigenen Haushalts mit ambulanter Pflegeunterstützung abzustellen. Besuchs- und Umgangskosten für Fahrten zu den Eltern in einem entfernt gelegenen Heim, die ein einzusetzendes Einkommen des Kindes mindern können, sind für die Schadensberechnung nicht abzuziehen, weil sie zugleich – als erspart – gegen zu rechnen sind. Es wird hier nicht für vertretbar gehalten, die zum Unterhalt bei Trennung/Scheidung entwickelten Grundsätze auf den Elternunterhalt zu übertragen.

2976 Bei der Tötung eines jüngeren Kindes – insbesondere unter 10 Jahren – wird wegen des Vorteilsausgleichs zu ersparten Baraufwendungen einschließlich Ausbildung sowie zur Betreuung und Erziehung selten ein Leistungsanspruch der Eltern bestehen. Ein Beitrag des getöteten Abkömmlings zum Unterhaltsbedarf der Eltern, der tatsächlich gewährt, aber nicht kraft Gesetzes geschuldet worden ist, bleibt schadensrechtlich irrelevant.[36]

2977 Wird das 9-jährige Kind getötet, sind zugunsten der möglicherweise künftig unterhaltsberechtigten Eltern keine strengen Anforderungen an das Feststellungsinteresse (Rn. 1174) zu stellen.[37] Der Umstand, dass betroffene Eltern außer dem getöteten Sohn eine Tochter haben, die im Falle der Bedürftigkeit der Eltern ebenfalls unterhaltspflichtig werden könnte, ist für die Feststellungsklage bedeutungslos.[38] Das *OLG Stuttgart*[39] ist unter Anwendung der Düsseldorfer Tabelle mit Würdigung des Einzelfalls bei der Tötung des 16-Jährigen, der zur Unfallzeit Landwirtschaftsgehilfe gewesen ist und nach den getroffenen Feststellungen im Anschluss an den Besuch einer Meisterschule den elterlichen Hof übernommen hätte, zu einem Leistungsanspruch der Eltern wegen entgangenen Barunterhalts gekommen. Den Eltern sind beginnend mit dem voraussichtlichen Schulabschluss jeweils monatlich 300,00 DM zugesprochen worden.

2978 Die nach § 1619 BGB **geschuldete**, ausfallende **(Mit-)Arbeit** des Abkömmlings führt zum Schadensausgleich nach § 845 BGB (Rn. 2741 ff.).

2. Leistungsfähigkeit, Realisierbarkeit, Rückstände und Verzicht

Leistungsfähigkeit

2979 Der Ersatzanspruch für den ausfallenden Unterhalt ist gegenständlich begrenzt: Der Unterhaltspflichtige muss (persönlich und wirtschaftlich) leistungsfähig und der Unterhaltsanspruch gegen den getöteten Unterhaltspflichtigen muss realisierbar gewesen sein.[40]

2980 Die Leistungsfähigkeit der getöteten Person muss die geschädigte Person darlegen und beweisen. Ist die Leistungsfähigkeit nicht gegeben, besteht kein Unterhaltsanspruch und stellt sich von vornherein nicht die Frage nach einem Schaden und einer Ersatzforderung.[41] Für den Betreuungsunterhalt genügt es aber, dass die Betreuung tatsächlich erbracht ist (ohne den Todesfall werden könnte). Auf die Qualität einer Erziehung ist nicht abzustellen.[42]

2981 Bei der Schadensersatzrente auf der Basis des Einkommens des Getöteten ist zu berücksichtigen, dass sich die Höhe des Unterhaltsanspruchs mit dem voraussichtlichen Ausscheiden des Getöteten aus dem Erwerbsleben verändert und der Schadensersatzrente ab diesem Zeitpunkt nicht mehr das zuletzt erzielte Nettoeinkommen des Getöteten zugrunde gelegt werden darf (Rn. 3044). Beim Ersatz für Naturalleistungen ist die Geldrente auf die Zeit zu begrenzen, in der der Getötete wäh-

---

36 *BGH* VersR 1988, 1166 = NJW-RR 1988, 1238 = NZV 1989, 18.
37 *LG Rostock* SP 2001, 302.
38 *OLG Koblenz* NJW 2003, 521.
39 ZfS 1991, 83 = r+s 1991, 165 m. *BGH* NA-Beschl. v. 18.12.1990.
40 *BGH* VersR 1974, 906; *KG* NJW-RR 1987, 1095.
41 *OLG Köln* NJWE-VHR 1996, 152.
42 *OLG Celle* DAR 2004, 352 m. *BGH* Beschl. v. 3.2.2004.

rend der mutmaßlichen Dauer seines Lebens leistungsfähig gewesen wäre; Rn. 1296, 1299, 2935. Unter Würdigung der Umstände des Einzelfalls bedarf es dazu der Schätzung nach der allgemeinen Lebenserwartung (Rn. 2963 ff.) der durch das Lebensalter gekennzeichneten Personengruppe, der der Betroffene angehört, und dessen besonderen Lebens- und Gesundheitsverhältnissen.[43]

Realisierbarkeit

Von der Frage der Leistungsfähigkeit des Unterhaltspflichtigen unterscheidet sich die Frage, ob bei einem gegebenen Unterhaltsanspruch dem Unterhaltsberechtigten ein Vermögensschaden deswegen nicht entstanden ist, weil der Barunterhalt nicht beitreibbar gewesen ist, m.a.W. das **Recht auf den Unterhalt** gegenüber der getöteten Person (vgl. §§ 1607 Abs. 2 Satz 1, 1608 Satz 3 BGB) **nicht zu verwirklichen** gewesen ist. Die Möglichkeiten, den Unterhaltsanspruch realisieren zu können, unterliegen zu Gunsten der geschädigten Person den Beweiserleichterungen durch § 287 ZPO in besonderem Maße.[44] 2982

Rückstände

Unterhaltsrückstände für die Zeit vor dem Tod des Unterhaltspflichtigen erfasst § 844 Abs. 2 BGB nicht.[45] Der Anspruch auf die Zahlung von Rückständen ist keine Forderung, die vom Fortleben des Verunfallten abhängt. Nur auf den laufenden Bedarf ist – jedenfalls – ein Unterhaltsschadenersatzanspruch ausgerichtet. Der Anspruch zu aufgelaufenen Rückständen (vgl. auch § 850d Abs. 1 Satz 4 ZPO) sollte schon unterhaltsrechtlich als Ersatz-, nicht aber als Unterhaltsanspruch verstanden werden. 2983

Ob Unterhaltsansprüche zu Lebzeiten von der getöteten Person – freiwillig – **erfüllt** worden sind[46] oder nicht, ist im Ergebnis ebenso irrelevant wie eine überpflichtige Leistung. Wichtig ist nur, welchen Unterhalt die Hinterbliebenen ohne die Tötung hätten fordern können[47], nicht, welchen Unterhalt sie (früher) erhalten haben und vielleicht erhalten hätten. 2984

Bei der Beurteilung der Werthaltigkeit eines Unterhaltsanspruchs ist es zunächst unberücksichtigt zu lassen, wenn der Verpflichtete in der Vergangenheit keinen Unterhalt geleistet hat. Ausgangspunkt der Beurteilung muss die Annahme eines Regelfalls sein, in dem geschuldeter Unterhalt geleistet wird. Erst wenn Zwangsvollstreckung und Strafverfolgung den Schuldner nicht zur Leistung bewegt haben, kann auf dessen Unwillen geschlossen werden, der den gegen ihn gerichteten Anspruch wertlos macht.[48] 2985

Verzicht

Der Verzicht der unterhaltsberechtigten Person auf den Unterhalt für die Vergangenheit (§ 1360a Abs. 3 BGB i.V.m. § 1614 Abs. 1 BGB) berührt § 844 Abs. 2 BGB – für die Zukunft – nicht. 2986

3. Ausdehnende Anwendung des § 844 Abs. 2 BGB

Verlobte werden von § 844 Abs. 2 BGB nicht geschützt.[49] Ein gesetzlicher Unterhaltsanspruch besteht in diesen Fällen nicht. Nur der Gesetzgeber kann den betroffenen Personen helfen. Immerhin soll die verletzte Frau, wie der *BGH*[50] früher gemeint hat, durchaus einen Anspruch auf Ausgleich wegen eines entgangenen Unterhalts haben können, Rn. 2791. 2987

---

43 *BGH* NJW 2006, 2327 = VersR 2006, 1081 = ZfS 2006, 677 = FamRZ 2006, 1108.
44 Vgl. bei einem Arbeitslosen *OLG Bremen* FamRZ 1990, 403 m. *BGH* NA-Beschl. v. 24.10.1989.
45 *BGH* VersR 1973, 620 = NJW 1973, 1076.
46 *OLG Stuttgart* FamRZ 1996, 1177.
47 *BGH* VersR 1970, 41.
48 *OLG Hamm* NZV 2006, 85 = ZfS 2006, 256.
49 *OLG Frankfurt* VersR 1984, 449 = FamRZ 1984, 790.
50 *BGH* VersR 1961, 84 = FamRZ 1961, 260.

2988 Eine ausdehnende Anwendung des § 844 Abs. 2 BGB zugunsten der **Ehefrau** bei bloßer Verletzung des später **unfallunabhängig Verstorbenen** ist nicht[51] zu rechtfertigen, auch wenn z.B. die Witwenrente beim Vergleich mit den Rentenleistungen ohne eine verletzungsbedingte Beeinträchtigung des Ehegatten niedriger ausfällt. Der geldwerte Ausfall ist keine Folge einer Tötung, sondern Folge der Verletzung und der dadurch bedingten Arbeitsunfähigkeit.

2989 Die Hausarbeit in einer **eheähnlichen Gemeinschaft** ist zwar geldwert. Sie wird jedoch ebenso wie ein geleisteter Barbeitrag zu persönlichen Bedürfnissen oder zu den festen Kosten des gemeinsamen Haushalts nicht gesetzlich geschuldet.[52] Ein Anspruch aus § 844 Abs. 2 BGB kann nach bisherigem Rechtsverständnis deswegen im Tötungsfall anders als bei Verletzungen (Rn. 2458) nicht erwachsen. Eine unterhaltsrechtliche Gleichsetzung der Ehe und der eheähnlichen Lebensgemeinschaft lehnt der *BGH* ab. Nicht ausschließbare Unsicherheiten bei der Abgrenzung des Personenkreises lassen es nach seiner Auffassung auch nicht zu, bei § 116 SGB X die eheähnliche Gemeinschaft der Ehe in der Wirkung[53] gleichzustellen, beachte dagegen nun Rn. 1596. Für solche Gemeinschaften sollte sich jedoch die ausdehnende Anwendung des § 844 Abs. 2 BGB durchsetzen. Diese Ausdehnung des § 844 Abs. 2 BGB lässt sich allerdings nicht mit dem Lebenspartnerschaftsgesetz (Rn. 2951) begründen, da das LPartG bewusst und gewollt nur Personen gleichen Geschlechts erfassen will und die Lebensgemeinschaften auf das Institut der Ehe verweist; s. zudem Rn. 2951.

2990 Der Entzug eines vertraglich geschuldeten Unterhalts fällt nicht unter § 844 Abs. 2 BGB.[54] Auf u.U. auch stillschweigend zustande kommende vertragliche Beziehungen passt § 844 Abs. 2 BGB nach Ausrichtung und Ziel auch dann nicht, wenn die Beziehung einer sittlichen Pflicht oder einer auf den Anstand zu nehmenden Rücksicht entsprechen sollte. Vereinbarungen, die den Unterhaltsanspruch als gesetzlichen Anspruch ausweisen, berühren § 844 Abs. 2 BGB dagegen nicht.

2991 Durch ein **tatsächliches Verhalten** kann der Wert der zu berücksichtigenden Unterhaltsschuld erweitert werden bzw. worden sein. Die über die gesetzlich geschuldete Unterhaltspflicht hinausgehende, überobligationsmäßig tatsächlich erbrachte Unterhaltsleistung ist im Rahmen des § 844 Abs. 2 BGB aber nicht zu ersetzen.[55]

2992 Wenn dargelegt ist, es sei mit den Eltern vereinbart, diese würden bis an ihr Lebensende die erforderliche Pflege erbringen, kann damit vorgetragen sein, der Unterhalt habe seitens der Mutter entsprechend der bis zum Unfalltod praktizierten Handhabung als Naturalunterhalt – gesetzlich geschuldet – geleistet werden sollen.[55]

2993 Für die von einer **sittlichen Pflicht** getragene Leistung im gemeinsamen Haushalt von Angehörigen drängt sich mit einer dauerhaften Lebens- und Beistandsgemeinschaft die Nähe zur Ausgleichsituation des § 844 Abs. 2 BGB und die Vergleichbarkeit mit dem Verlust des Rechts auf Unterhalt auf. Ein solches gemeinsames Leben steht von der inneren Verbindung her nach allgemeiner Vorstellung der Gemeinschaft zwischen Ehegatten oder Eltern und ihren Abkömmlingen gleich. Auch bei tatsächlichen Anknüpfungsmomenten, die gesichert und nicht für den Schadensfall fingiert sind, kann gleichwohl eine solche Gemeinschaft weder zu Barleistungen noch isoliert zur Hausarbeit so behandelt werden wie die wechselseitigen Pflichten von Ehegatten und zwischen Eltern und Kindern. Selbst bei familiärer Beziehung und tatsächlicher Betreuung neben Anordnungen i.S.d. Betreuungsgesetzes gibt das geltende Recht ohne ein Unterhaltsrecht oder eine Unterhaltspflicht keine Basis für einen Schadensausgleich nach § 844 Abs. 2 BGB insbesondere zum Ausfall persönlicher (Betreuungs-)Leistungen.

---

51 *BGH* VersR 1986, 391 = NJW 1986, 984; ablehnende Anm. *Dunz* in JZ 1986, 452; s. weiter *von Einem* in JR 1986, 414 und SGb 1987, 303; *LG Stuttgart* VRS 75, 90 m. *BGH* NA-Beschl. v. 12.4.1988.
52 BGHZ 91, 357, 361 m.w.Nachw.; krit. Anm. *Lange* in JZ 1985, 90; *Dunz* in VersR 1985, 509.
53 BGHZ 102, 257, 263 = NJW 1988, 1091.
54 *BGH* VersR 1966, 735, 736 beim Anspruch auf Altenteilsleistung; vgl. *OLG Celle* VersR 1978, 352 zur Pflicht des Hoferben aus § 14 Abs. 2 HöfeO.
55 *BGH* NJW 2006, 2327 = VersR 2006, 1081 = ZfS 2006, 677 = FamRZ 2006, 1108.

Bei karitativen Anstrengungen ohne finanzielle Gegenleistung kommt eine Gleichstellung mit den direkten Anwendungsfällen des § 844 Abs. 2 BGB nicht in Betracht. 2994

4. Weitere Schadensfolgen

Zu dem Ersatzbetrag kommt eine darauf liegende **Steuer** hinzu.[56] Die Unterhaltsschadensrente nach § 844 Abs. 2 führte nach Ansicht des Bundesministeriums der Finanzen[57] zu einem wiederkehrenden Bezug i.S.d. § 22 Nr. 1 Satz 1 EStG[58], da sie dazu dient, die wirtschaftliche Absicherung des Zahlungsempfängers wiederherzustellen. Dies hatte die Folge, dass der volle Betrag der Unterhaltsrente besteuert wurde, während die einmalige Abfindung nicht steuerpflichtig war. Nun hat der *BFH*[59] unmissverständlich klargestellt, dass die Unterhalts(schadens)rente aufgrund des Todes des Unterhaltspflichtigen nicht einkommensteuerpflichtig ist. Der Besteuerungstatbestand des § 22 Nr. 1 EStG ist regelmäßig nur erfüllt, wenn die Leistung andere steuerbare Einnahmen ersetzt. So verhält es sich weder beim Barunterhalt noch gar beim Naturalunterhalt bzw. Betreuungsunterhalt. Die generelle Geltung eines Korrespondenzprinzips für wiederkehrende Bezüge ist dem EStG nicht zu entnehmen. Zwischen dem (Schadens-)Ersatz für den durch das haftungsbegründende Ereignis entfallenden, nicht steuerbaren Unterhalts(anspruch) und dem Ersatz für entgangene oder entgehende Einnahmen als Einkunftsarten i. S. d. § 2 Abs. 1 Satz 1 Nr. 1-7 EStG ist deutlich zu unterscheiden. Einen Zinsanteil enthält der Unterhaltsersatz als solcher nicht. Allein die periodische Zahlweise begründet – wie der *BFH* a.a.O. nun ausführt – die Steuerbarkeit nicht. 2995

> Wird ein Beamter getötet und erhält die Witwe Versorgungsbezüge, die mit dem ausfallenden Unterhaltsleistungen kongruent sind, hat der Schädiger die auf den entsprechenden Teil des Witwengeldes entfallende Einkommen- und Kirchensteuer zu ersetzen.[60] 2996

Die verspätete Geltendmachung von Einkommen- und Kirchensteuern kann die geschädigte Person ersatzlos bleiben lassen.[61] 2997

Die einem Witwer oder einer Witwe durch die mit der Tötung des Ehepartners und der **Aufhebung** der ehelichen **Lebensgemeinschaft** verbundenen, allgemein entstehenden **Steuernachteile** (Verlust des Splittingtarifs, Verringerung von Höchst- und Pauschbeträgen, Veränderung bei den Sonderausgaben) sind nach Ansicht des *BGH* nicht zu ersetzen, weil sich dies als **mittelbarer Vermögensschaden** darstellen soll.[62] Auch bei einem anzurechnenden Barvorteil (Rn. 3394) soll dieser Verlust nicht gegen zu rechnen sein. Dies überzeugt indes jedenfalls zu den steuerlichen Nachteilen für den Hinterbliebenen nicht, die sich bei einem durch den Tötungsfall veranlassten und nahe gelegten Wohnsitzwechsel und dadurch vorgefundenen, gegenüber den früheren Verhältnissen veränderten steuerlichen Rahmenbedingungen unabweisbar ergeben. 2998

Wird die im Haushalt tätige, infolge früherer Berufstätigkeit rentenberechtigte Mutter eines Kindes getötet, und **verliert** dieses Kind, weil es in der Krankenversicherung der Rentner versichert ist, den seither von seinem Vater vermittelten Anspruch auf **Familienkrankenhilfe**, kann der die Versicherungsbeiträge zahlende Rentenversicherungsträger von dem Schädiger **nicht** deren Ersatz beanspruchen: Der Unterhaltsanspruch des Kindes gegen die Getötete erstreckt sich nur auf die persönliche **Betreuung** und nicht auf Barleistungen.[63] Nur zu diesen gehört die Krankenvorsorge (Rn. 3240). 2999

---

56 *BGHZ* 104, 113, 122.
57 Schreiben an die obersten Finanzbehörden vom 8.11.1995, FamRZ 1996, 401.
58 *BGH* NJW-RR 1987, 604.
59 *BFHE* 223, 471 = NJW 2009, 1229 = DB 2009, 485 = FamRZ 2009, 424.
60 *BGHZ* 137, 237 = NJW 1998, 985 = VersR 1998, 333 = DAR 1998, 99 = FamRZ 1998, 416.
61 *BGH* VersR 1987, 409.
62 *BGH* VersR 1979, 670 = NJW 1979, 1501.
63 *BGH* VersR 1980, 844.

3000 Verzug mit dem Schadensersatz kann schon vor der rechtskräftigen Feststellung von Schadensersatzrenten eintreten. Dann ist ein zusätzlicher Zinsanspruch gegeben.

3001 Kosten für die Errichtung und Hinterlegung eines eigenen Testaments der Witwe sind kein ersatzfähiger Schaden.[64]

5. Forderungsübergang

3002 Leistungen der **Hinterbliebenenversorgung** durch die Vorsorgeträger (Sozialleistungsträger, Dienstherr) sind mit dem Schaden wegen Ausfalls des Bar- oder/und Betreuungsunterhalts sachlich kongruent mit der Folge des gesetzlichen Forderungsübergangs[65], Rn. 1521 ff. Sozialleistungen, die an die Stelle eigener Arbeitseinkünfte des hinterbliebenen Partners treten, sind aber nur mit einem Anspruch auf Ersatz seines (eigenen) entgangenen Gewinns bzw. Erwerbsausfallschadens kongruent,[66] nicht mit dem Unterhaltsschaden. Bei der Betriebsrente, die durch (Arbeits-)-Leistungen des getöteten Partners bzw. über seinen Arbeitsverdienst erworben worden ist, kann nur eine Abtretung zum Forderungsübergang führen, s. auch Rn. 3208.

3003 Einem Regress nach § 116 SGB X kann z.B. § 46 BeamtenVG entgegenstehen. Die Beschränkung des verletzten Beamten auf Versorgungsansprüche, der selbst bestehende, weitergehende Ansprüche im Fall der §§ 30 ff. BeamtVG nicht geltend machen kann, schließt freilich die Inanspruchnahme des Schädigers durch den Dienstherrn im Wege des Regresses nicht aus. Denn Regeln, ob und von wem Aufwendungen zu erstatten sind, fehlen insoweit. Deswegen kann auch der Sozialversicherungsträger insoweit regressieren und zwar selbst dann, wenn sich der Regress gegen den Dienstherrn richtet.[67]

3004 Da bei mehreren **Hinterbliebenen** wegen des Entgangs der Haushaltsführung unterschiedliche Ersatzansprüche erwachsen (Rn. 3388), muss ein Forderungsübergang für jeden Anspruchsberechtigten **getrennt** festgestellt werden.[68]

3005 Bei der von der Witwe eines getöteten sozialversicherten Altersrentners bezogenen Witwenrente kommt es zum Rechtsübergang unabhängig davon[69], dass der Versicherungsträger ohne den Unfall u.U. eine höhere Leistung (Rente) aufzubringen gehabt hätte. Die Witwenrente ist dazu bestimmt, die durch den Tod des Versicherten entstehenden Unterhaltseinbußen auszugleichen. Deswegen geht der Ersatzanspruch auf den Rentenversicherungsträger über[70] auch hinsichtlich des Betreuungsunterhalts.[71] Jede Hinterbliebenenrente eines **Ehegatten** gleicht den Ausfall unabhängig davon aus, ob die entsprechende ausgefallene Tätigkeit sozialversichert gewesen ist oder nicht. Die Rente ist keine Gegenleistung, keine erkaufte soziale Sicherheit, sondern soziale Fürsorge, die beim Eintritt des Versicherungsfalles in die familiären Unterhaltspflichten eintritt und sich auf den **gesamten Unterhaltsbedarf** bezieht. Der entsprechende innere Bezug wird nicht dadurch in Frage gestellt, dass eine Rente nicht in einem konkreten Berechnungsverhältnis zu dem tatsächlich entstandenen Schaden steht, sondern nach einem Berechnungsmodus festgesetzt wird, der ihr eine abstrakte Ausgleichsfunktion zuweist. Entscheidend ist allein, dass der Leistungszweck auf dieselbe Einbuße wie die Ersatzforderung zielt. Unschädlich bleibt, dass die Haushaltsführung bei der Bemessung der Rente nicht berücksichtigt ist. Auch der Anspruch

---

64 *OLGR Koblenz* 2008, 342.
65 Zum Durchgriff gegenüber dem nach bürgerlichem Recht Unterhaltspflichtigen *BGH* NJW 1996, 3273; zu §§ 94, 95 SGB VIII *OLG Stuttgart* FamRZ 1996, 1177.
66 *KG* Urt. v. 13.10.1997, 12 U 7883/96.
67 *BGH* NJW 1997, 2883 = VersR 1997, 1161 = DAR 1997, 403 = ZfS 1997, 451.
68 *BGH* VersR 1972, 176; 1972, 743; 1973, 84; 1973, 939.
69 *BGH* VersR 1971, 636.
70 *BGH* VersR 1982, 291.
71 *BGH* NJW 1984, 735; *BGH* VersR 1962, 330 ist überholt.

wegen des Ausfalls einer zeitlich begrenzten, geschuldeten Mitarbeit eines Partners im Haushalt[72] geht deswegen[73] auf den Sozialleistungsträger über.

Kommen zu einer im Rahmen der Kriegsopferversorgung geleisteten pauschalen, als Ausgleich auch für die unentgeltliche Hilfe durch einen Ehegatten gedachten Pflegezulage Aufwendungen für eine erhöhte Pflegezulage hinzu, ist Kongruenz gegeben.[74] Die erhöhte Zulage gleicht besondere finanzielle Ausgaben für fremde Hilfsdienste angemessen aus, die im Einzelfall nachweisbar entstehen. Nach dem Tod der Ehefrau bezieht sich dies auf die behindertengerechte notwendige (entgeltliche) Pflege und Hilfe durch eine andere Person – auch die leibliche Tochter, die insoweit nicht zum Unterhalt verpflichtet ist. Die besonderen Aufwendungen für die Betreuung als einem Beitrag, der auch bei einem Gesunden über die Kosten der allgemeinen Haushaltsführung hinausgeht, können dann nach der Differenz zwischen der Pauschale und dem erhöhten Ansatz bemessen werden. 3006

Leistungen nach dem KJHG sind wegen des Vorrangs der Ersatzleistungen vor Sozialleistungen nicht anzurechnen.[75] Die **Waisenrente** für das Kind ist – auch – mit dem Betreuungsunterhaltsschaden wegen des fürsorgerischen Prinzips der Existenzsicherung kongruent.[76] Soweit aus der Rentenversicherung der Mutter eine Waisenrente an das Kind gezahlt wird, geht also der Ersatzanspruch wegen Entzugs der Betreuung über. Es entspricht gefestigter Rechtsprechung, dass die Waisenrente den durch den Tod der Mutter entstandenen Bedarf des Kindes an Betreuung deckt, weil sie einen Ausgleich für die Beeinträchtigung der Familiengemeinschaft als eines wirtschaftlichen Gefüges gewährt. 3007

Die von der Sozialversicherung des nachverstorbenen Großvaters gewährte (höhere) Rente hat auf den Unterhaltsschadensersatz des nichtehelichen Kindes, das der Großvater nach der Tötung der Mutter in seinen Haushalt aufgenommen gehabt hat, beim Ruhen der Rente der Mutter aber keinen Einfluss. Die aus Anlass der Tötung der Mutter erbrachte Unterhaltsleistung des Großvaters an das Kind ist auf den Ersatzanspruch nicht anzurechnen (gewesen) unabhängig davon, ob der Großvater eine gesetzliche Unterhaltspflicht erfüllt hat oder nicht (§ 843 Abs. 4 BGB). Die an die Stelle dieser Leistung getretene Rente ersetzt (pauschal) eben diese Unterhaltsleistung und entlastet den Schädiger nicht.[77] 3008

Tipp Die weitere Voraussetzung des Rechtsübergangs – das Kriterium der zeitlichen Kongruenz, Rn. 1591 – gebietet es, zur Schadensregulierung in verschiedenen Zeiträumen unterschiedlich hohen Unterhaltsschäden sorgsam nachzugehen. Bei summierten Renten ist auch in anderen Zusammenhängen Vorsicht geboten. 3009

6. Klagebegehren

Zum Unterhaltsschaden können bezifferte Rentenansprüche – häufiger als in der Praxis beachtet – eigentlich nur für einen relativ eng begrenzten Zeitraum geltend gemacht werden, weil die künftige Quote (Quotierung) zum berücksichtigungsfähigen Einkommen in der Vorausschau Jahre zuvor viel zu ungewiss ist; zur Fassung von Leistungsanträgen s. Rn. 1004, 1005. 3010

---

72 *BGH* VersR 1982, 291: Unstreitig hatte der Ehemann, dessen Ehefrau berufstätig war, einen Teil der Hausarbeit verrichtet, die mit 600,00 DM vierteljährlich bewertet wurde.
73 *OLG Frankfurt* NZV 1993, 474; *BGH* NA-Beschl. v. 15.6.1993.
74 *BGH* VersR 1993, 56 = NJW 1993, 124 = DAR 1993, 25, 26 (Kläger war das Versorgungsamt).
75 *OLG Düsseldorf* NJW-RR 1999, 1478 = FamRZ 2000, 425.
76 *BGH* VersR 1987, 1092 = NJW 1987, 2293 im Anschluss an *BGH* VersR 1982, 291 = NJW 1982, 1045, VersR 1971, 1043 = NJW 1971, 1983.
77 *BGH* VersR 1974, 966 = NJW 1974, 1237; Anm. *Müller* in SGb 1974, 471.

3011 Unterhaltsschadensrenten für Waisen sind in der Regel auf die Vollendung ihres 18. Lebensjahres zu begrenzen.[78] Die Möglichkeit einer Abänderungsklage für den Schädiger bei längeren Zeiträumen wird in diesem Zusammenhang für unbillig gehalten und soll diesen unzumutbar belasten.

3012 Ein Zahlungsantrag auf eine monatliche, zeitlich unbegrenzte Rente umfasst freilich die Feststellung des Ersatzanspruchs und enthält den Antrag auf Feststellung des Ersatzanspruchs für die Zeit nach Vollendung des 18. Lebensjahres der Klägerin als wesensgleiches Weniger.[79]

3013 Bei einer absehbaren oder sicher feststehenden Arbeitsunfähigkeit des berechtigten Kindes oder bei älteren Kindern kann ein späterer Zeitpunkt als die Vollendung des 18. Lebensjahres relevant werden. Entscheidend muss die Sicherheit sein, mit der die künftige Entwicklung beurteilt werden kann. Es kann dazu auf die Lebensstellung, die Begabung, den Entwicklungsstand des Kindes und den Bildungsstand der Eltern sowie von Geschwistern, die Pläne der Eltern für das Kind ankommen.

3014 Fortdauernde Ansprüche sind für Kinder[80] stets durch ein Feststellungsbegehren und -urteil abzusichern.

3015 Um Zweifel zu der Wirkung der Verurteilung nach § 325 ZPO und eine Umschreibung des Titels (§ 727 ZPO) auszuschließen, ist die Begrenzung der bezifferten Rente auf die Lebenszeit des Anspruchstellers im Antrag und im Tenor zu verlangen.

3016 Der geschätzte Zeitpunkt des natürlichen Todes des Unterhaltspflichtigen ist in einem Zahlungsantrag und einem Leistungsurteil mit einem **Kalendertag** anzugeben.[81]

3017 Die zeitliche Beschränkung der Rente bis zu einer **Wiederheirat** ist unzulässig. Durch eine weitere Heirat erlischt der Unterhaltsschaden nicht (Rn. 2970 f.). Ggfs. steht dem Schädiger die Abänderungsklage zur Verfügung.

3018 Eine i.S.d. § 323 ZPO wesentliche **Änderung** der für die **Höhe der Unterhaltsrente** maßgebenden Verhältnisse liegt vor, wenn und weil zuvor anderen Unterhaltsberechtigten in der Revisionsinstanz abweichend von der Beurteilung durch die Vorinstanzen erheblich niedrigere Renten zuerkannt worden sind. Geht es[82] der Klägerin um die Anpassung des in Bezug auf sie rechtskräftig gewordenen, wiederkehrende Leistungen betreffenden Urteils an eine neue Lage, ist eine in zweiter Instanz erhobene Abänderungsklage i.S.d. § 323 ZPO gegeben. Wird dies in dem neuerlichen Berufungsverfahren als Folge dessen erstrebt, dass anderen Klägerinnen endgültig geringere Renten zuerkannt sind, ist das Begehren als sachdienlich zuzulassen.

II. Ausfall von Barbeiträgen (Barunterhaltsschaden)

3019 Der Barunterhaltsschaden entsteht durch den Ausfall des Einkommens der getöteten Person und des daraus geleisteten Barbeitrags zum **Lebensunterhalt** der unterhaltsberechtigten Person, die dementsprechend gegen den Schädiger legitimiert ist. Dabei geht es inhaltlich in Fällen intakter Lebensverhältnisse um den Familienunterhalt, der nach den Bedürfnissen der konkreten Familie bei dem von den Partner vereinbarten Lebenszuschnitt im Rahmen der gemeinsamen Lebensplanung den Lebensunterhalt der Ehepartner (Partner einer eingetragenen Lebenspartnerschaft) und der Kinder bei bestehender Lebensgemeinschaft sichert, § 1360 BGB, Rn. 2950, 2951. Dieser Familienunterhalt ist für die Ermittlung der Schadensrente auf die einzelnen Familienangehörigen

---

[78] Für ein 8-jähriges Kind *BGH* VersR 1983, 688 = NJW 1983, 2197, insoweit nicht in *BGHZ* 87, 121.
[79] *BGH* NJW 2007, 506 = VersR 2007, 263 = FamRZ 2007, 385 = DAR 2007, 201 = ZfS 2007, 263.
[80] Der gesetzliche Vertreter kann die Ansprüche eines Kindes oder Jugendlichen auch für die Zeit nach deren Volljährigkeit verfolgen.
[81] *BGH* VersR 1986, 463.
[82] *BGH* VersR 1989, 974.

einschließlich der Kinder aufzuteilen. Der personenbezogene Bedarf der getöteten Person entfällt und ist nicht zu ersetzen. Die fixen Kosten des Haushalts (Rn. 3083) sind Hinterbliebenen ungeschmälert zu ersetzen. Ein Vorsorgeschaden ist Teil des Unterhaltsausfalls und -schadens, Rn. 3061. Dadurch verlängert sich freilich nicht die Dauer der Schadensersatzrente über die mutmaßliche Lebenserwartung der getöteten Person hinaus.

Ermittlung des Barunterhaltsschadens: 3020

1. Konkrete (Rn. 3022 ff.) oder pauschalierende (Rn. 3039 ff.) Berechnung des Unterhaltsbedarfs ergibt monatliche Barunterhaltsschadensrente, ggfs. monatliche Renten in verschiedener Höhe zu unterschiedlichen Zeitabschnitten
   ggfs. zuzüglich Steuerschaden
   ggfs. zuzüglich Vorsorgeausfall
   ggfs. abzüglich Vorteilsausgleich, beachte Rn. 3425 ff. zur Billigkeitsrechtsprechung
   ggfs. abzüglich fiktive, nicht erzielte, aber zumutbar zu erreichende Einkünfte, Rn. 3249.
2. Befristung: Die für die zeitliche Begrenzung der Geldrente als Leistungsverpflichtung maßgebende mutmaßliche Lebensdauer des Getöteten ist kalendermäßig zu beachten; Rn. 3002 ff.[83]
3. Ggfs. Berücksichtigung eines Forderungsübergangs, Rn. 3293 ff.

Unterhalt ist grundsätzlich durch Entrichtung einer Geldrente zu gewähren, §§ 1601, 1602, 1603, 1610, 1612 BGB. Für den Ersatz beim Unterhaltsschaden gilt das ebenso, wie § 844 BGB ausdrücklich anordnet; zu Kapitalisierung Rn. 3293 ff. 3021

1. Konkrete Berechnung

Die konkrete Berechnung meint, individuell den „fiktiven", monatlich ausfallenden Unterhalt über die konkreten, detailgenauen Bedarfsposten zu den einzelnen Lebensbereichen für einen hinterbliebenen Ehegatten oder Lebenspartner oder für unterhaltsberechtigte Kinder zu ermitteln. 3022

Für die praktische Schadensregulierung kommt eine solche konkrete Berechnung nur ausnahmsweise in Betracht. Vor allem darf die konkrete Berechnung nicht dahin missverstanden werden, dass die nach der Tötung aufgebrachten Unterhaltsleistungen vom Schädiger zu ersetzen sind. Maßgebend ist stets nur, wozu die getötete Person im Falle ihres Weiterlebens verpflichtet gewesen wäre (Rn. 2941). Um solche Bedarfsposten geht es. 3023

Berechnungspositionen zur konkreten Ermittlung eines monatlichen Unterhaltsbedarfs: 3024

- Allgemeiner Lebensbedarf, Nahrung, Getränke
- Wohnbedarf mit Wohnnebenkosten, Instandsetzungs-, Erhaltungskosten (u.U. als Eigenleistungen) bei einem Eigenheim bis zur Höhe der fiktiven Miete für eine angemessene Wohnung, Rn. 3090
- Kosten (Rücklagen) für Anschaffung und Reparatur der Wohnungseinrichtung und des Hausrats, der Haushaltsgegenstände
- Telefonkosten, Nachrichtenübermittlung, -empfang
- Kosten für Kleidung, Schuhe
- Aufwand für Kosmetik, Friseur
- ggfs. Aufwand für Haushaltshilfe
- Kraftfahrzeugkosten
- Urlaubsaufwand
- Aufwand für Freizeit, Sport, Hobby

---

[83] *BGH* NJW-RR 2004, 821 = VersR 2004, 653 = FamRZ 2004, 777 = ZfS 2004, 260 = DAR 2004, 346.

- Aufwand für Garten(arbeiten), Tier- (Hunde-)Haltung
- Aufwand für kulturelle Veranstaltungen
- Aufwand für Restaurantbesuche
- Aufwand für Zeitschriften, Literatur
- Kleinkosten
- regelmäßig anfallender Mehr-, Zusatzbedarf wegen Ausbildung, Krankheit oder Alter
- Vorsorgebedarf (Alter, Gesundheit/Krankheit, Pflegebedürftigkeit)

3025 *Eigene Berechnungen ermöglicht die Onlineversion.*

3026 Fixe Haushaltskosten sind dann nicht gesondert in Ansatz zu bringen, da die konkrete Berechnung den individuellen Bedarf einschließt, der bei der pauschalierenden Berechnung als „fixe Kosten" (anteilmäßig, Rn. 3181) erfasst wird.

3027 Eine Einkommensteuer ist kein Teil des Familienunterhalts, ist auch nur ausnahmsweise Gegenstand der Schadensersatzpflicht, Rn. 2995, 3063.

Tabellenunterhalt als Mindestschaden?

3028 Die im Unterhaltsrecht verwendeten Tabellen erleichtern die Bestimmung der Höhe des Unterhalts von **Kindern**. Diese Tabellen, insbesondere die **Düsseldorfer Tabelle**, und die darauf ausgerichteten Leitlinien gelten für die Verhältnisse bei nicht intakten Ehen und **grundsätzlich nicht** (abschließend)[84] für das Schadensersatzrecht.

3029 Wenn mangels besser geeigneter Richtsätze die gebotene Schätzung auf der Grundlage der Erfahrungswerte in einer Unterhaltstabelle erfolgt, ist im Regelfall eine erhebliche Korrektur nach oben zugunsten der Kinder vorzunehmen. Denn der Unterhaltsbedarf kann niemals geringer sein als solche Tabellensätze.

3030 Das *OLG Düsseldorf*[85] lässt bei Tötung beider Eltern den Hinweis auf die Düsseldorfer Tabelle nicht genügen und verlangt konkreten Vortrag zum Unterhaltsanspruch.

3031 Als Mindestbedarf[86] konnte vor dem 1.7.2007 ein Betrag von bis zu 135% der durch Rechtsverordnung festgelegten Regelbeträge akzeptiert werden. Die Düsseldorfer Tabelle erreichte erst in der Gruppe 6 das Existenzminimum. Wurde schadensrechtlich ein Bedarf entsprechend der Gruppe 6 angesetzt, ist deshalb weiterer anspruchsbegründender Vortrag von dem Anspruchsberechtigten nicht zu verlangen gewesen. Insofern hat das *OLG Stuttgart*[87] die Bemessung des Ausfalls nach der Düsseldorfer Tabelle aus praktischen Gründen überzeugend für möglich und dann einen Beweis zur Höhe des Anspruchs nicht für erforderlich gehalten. Der Anspruchsgegner hat nach dieser Ansicht besondere Umstände geltend zu machen und zu beweisen, die eine geringere Höhe des Unterhalts ergeben.

3032 Seit dem 1.1.2008[88] gilt für die alten und neuen Bundesländer statt unterschiedlicher Regelbeträge einheitlich ein gesetzlicher Mindestunterhalt für minderjährige Kinder als Prozentsatz (Bis zur Vollendung des 6. Lebensjahrs: 87%, bis bis zur Vollendung des 12. Lebensjahrs: 100%, danach: 117% eines Zwölftels des doppelten Kinderfreibetrags, § 1612a BGB).[89] Basiswerte sind zunächst die höheren Sätze der Übergangsvorschrift des § 36 Nr. 4 EGZPO.[90] Sobald für 2009 das sächliche Existenzminimum neu festgelegt ist und zu einem Betrag von mehr als 323,00 € monatlich (3.864,00 € jährlich) führt, sind diese bestimmten Geldbeträge maßgebend.

---

84 *BGH* VersR 1986, 39 = DAR 1986, 53; VersR 1987, 1243 = DAR 1988, 20; VersR 1988, 954 = NJW 1988, 2365.
85 NJW-RR 1999, 1478 = FamRZ 2000, 425.
86 Unterhaltsrechtlich zur früheren Rechtslage näher *Luthin* in FamRZ 2001, 334 ff.
87 FamRZ 1996, 1177.
88 S. Anmerkungen zur Düsseldorfer Tabelle 2008 von *Riegner* in FPR 2008, 4.
89 Für 2008: 265,00 € – 304,00 € – 356,00 €.
90 1. Altersstufe: 279 €, 2. Altersstufe 322 €, 3. Altersstufe 365 €.

Unterhaltsrechtlich wird die konkrete Unterhaltsmessung - erst - ab einem Einkommen von 5.101,00 € (über der Gruppe 10) verlangt.[91] **3033**

Der Bedarf eines erwachsenen behinderten Kindes darf nach der hier vertretenen Ansicht weder zum Barbetrag noch zur Betreuung nach Tabellen oder Leitlinien bestimmt werden, die auf Minderjährige oder in der Ausbildung befindliche junge Erwachsene ausgerichtet und darauf abgestimmt sind.[92] **3034**

Bei **ausländischen** Arbeitnehmern und ihren Abkömmlingen gilt grundsätzlich nichts anderes als für deutsche Arbeitnehmer. Es ist aber auf die spezifische Lebenssituation – etwa ein Getrenntleben – zu achten mit der Folge, dass u.U. insbesondere direkt die Erwägungen der Unterhaltstabellen und Leitlinien herangezogen werden können.[93] **3035**

Ist der Unterhaltsbedarf eines wegen **Erziehungsmängeln** in einem Heim untergebrachten Kindes erhöht, darf dies zum Barunterhaltsersatz nicht übergangen werden. Betreuungskosten wegen eines Heimaufenthalts, die wertmäßig hinzukommen, stellen indes die Frage, ob und inwieweit der Betreuungsbedarf betroffen ist, der nicht nach den Regeln zum Barunterhaltsersatz auszugleichen ist, sondern nach den Regeln zum Betreuungsunterhaltsersatz. Bei einem erhöhten Betreuungsbedarf infolge geistiger oder **körperlicher Behinderung** kann sich das Betreuungsrecht des Kindes verstärken. Dadurch wird nicht zwangsläufig der Barunterhaltsanspruch erhöht und besteht nicht selbstverständlich ein korrespondierender Barunterhaltsschaden – Ersatzanspruch und zwar auch nicht anteilig (oder hälftig) oder über die wegen persönlicher, familiärer Betreuung ersparten Baraufwendungen, die bei einer entgeltlichen Fremdbetreuung angefallen wären. **3036**

Beim Tod des **Vaters** des **nichtehelichen Kindes** ist **mindestens** auf die Höhe der Regelbeträge abzustellen.[94] Der Barunterhaltsanspruch des nichtehelichen Kindes darf nicht um Anteile der auf den betreuenden Elternteil entfallenden fixen Haushaltskosten erhöht werden. Dass in einer nichtehelichen Lebensgemeinschaft auch dem Elternteil bei verfassungskonformer Auslegung des § 1615l Abs. 2 Satz 3 BGB kein (fiktiver) Unterhaltsanspruch zusteht, wurzelt im verfassungsrechtlich akzeptierten Verständnis der Folgen des Fehlens der ehelichen Bindung und nachehelicher Solidarität. Dies wirkt sich schadensrechtlich aber nicht zu Gunsten des unterhaltsberechtigten Kindes aus[95], das vielmehr hinsichtlich der fixen Kosten des Haushalts dann so steht, wie ein eheliches Kind. **3037**

Beim Tod der **Mutter** des nichtehelichen Kindes ist nach den Grundsätzen für Vollwaisen (Rn. 3283) zu verfahren, wenn die Unterhaltspflicht des Vaters durch einen (genehmigten) Abfindungsvergleich ausgeschlossen ist.[96] **3038**

2. Pauschalierende Berechnung

Schadensrechtlich geht es praktisch meist um den Familienunterhalt innerhalb einer gemeinsam in einem Haushalt wirtschaftenden (intakten) Familie. Um den jeweiligen Unterhaltsausfall bestimmen zu können, bedarf es der Aufteilung der zur Verfügung stehenden Barmittel auf die Unterhaltsberechtigten, Rn. 3019. Die dazu erforderliche Berechnung wird hier in Anlehnung an die übliche Formulierung zum Ausfall des Betreuungsunterhalts „pauschalierende" Berechnung genannt (Rn. 3335). **3039**

---

91 Oder auch ab 2200 € Elementarunterhalt, s. dazu *Büttner/Niepmann* in NJW 2008, 2391 m.w.Nachw.
92 Offen gelassen von *BGH* NJW 2006, 2327 = VersR 2006, 1081 = ZfS 2006, 677 = FamRZ 2006, 1108.
93 *OLG Hamm* NZV 1989, 271.
94 Zur Realisierbarkeit *KG* NJW-RR 1987, 1095.
95 *BGH* NJW 2007, 506 = VersR 2007, 263 = FamRZ 2007, 385 = DAR 2007, 201 = ZfS 2007, 263.
96 *OLG München* VersR 1982, 376 (Betreuung des nichtehelichen Kindes durch die Großmutter).

5 *Ausfall von Barbeiträgen (Barunterhaltsschaden)*

3040 **Berechnungspositionen bei der pauschalierenden Ermittlung des Unterhaltsbedarfs:**
  Monatliche (Netto-) Einkünfte, Rn. 3042 ff.
abzüglich monatliche Beiträge zur Vermögensbildung, Rn. 3070 ff.
abzüglich monatliche fixe Haushaltsführungskosten, Rn. 3083 ff.
ergibt für den persönlichen Bedarf verfügbare monatliche Einkünfte, Rn. 3115 ff.

Den Unterhaltsanteil (die jeweilige Quote) des einzelnen Hinterbliebenen erschließt den diesem Betroffenen (monatlich) entgangenen Barbeitrag zu seinen persönlichen Bedürfnissen, Rn. 3123 ff.

Hinzuzusetzen sind (ggfs. anteilig) die (monatlich) entgangenen Beiträge zu den fixen Kosten, Rn. 3177 ff.

Wegen der weiteren Berechnungsansätze gelten gleiche Kriterien wie zu einer konkreten Berechnung, s. Rn. 3020.

3041

Berechnungsmodell und -struktur zu Familieneinkünfte, Barunterhaltsbeiträge und -anteile:

	Barbeitrag Partner 1	**2.000,00**
zuzüglich	Barbeitrag Partner 2	**500,00**
ergibt	Familieneinkünfte	2.500,00

Verwendungszwecke

I. Vermögensbildung

200,00

II. Lebensunterhalt

2.300,00

davon Anteile bzw. dazu Quoten

Partner 1	**35%**	805,00
Partner 2	**35%**	805,00
Kind 1	**15%**	345,00
Kind 2	**15%**	345,00
Kind 3, ggfs. weitere Kinder		0,00

Kontrolle: *Rechnerisch richtig*

gedeckt durch

Beitragsanteil Partner 1	1.900,00

zuzüglich

Beitragsanteil Partner 2	400,00

Kontrolle: *Rechnerisch richtig*

gedeckt durch

Beitragsanteil Partner 1	**100,00**

zuzüglich

Beitragsanteil Partner 2	**100,00**

Kontrolle: *Rechnerisch richtig*

5 Ausfall von Barbeiträgen (Barunterhaltsschaden)

Unterhaltsbedarf, aufgeschlüsselt in:

Fixe Haushaltskosten		1.000,00		Summe **persönlicher Bedarf** alle Beteiligte		1.300,00	
dazu Anteile (Quote)				dazu Anteile (Quote) innerhalb der Familie			
(Hinterbliebener) Partner 2	**50%**	500,00		(Verstorbener) Partner 1	35%	455,00	*(wird nicht ersetzt)*
Kind 1	**25%**	250,00		(Hinterbliebener) Partner 2	35%		
Kind 2	**25%**	250,00		Kind 1	15%	195,00	
Kind 3, ggfs. weitere Kinder	**0%**	0,00		Kind 2	15%	195,00	
				Kind 3, ggfs. weitere Kinder	0%	0,00	
Kontrolle:	Rechnerisch richtig	Rechnerisch richtig			Rechnerisch richtig	Rechnerisch richtig	
gedeckt durch Beitragsanteile				gedeckt durch Beitragsanteile			
(Verstorbener) Partner 1	(Hinterbliebener) Partner 2	Rechnerisch richtig		(Verstorbener) Partner 1	(Hinterbliebener) Partner 2	Rechnerisch richtig	
800,00	200,00			1.100,00	200,00	Rechnerisch richtig	
				Rechnerisch richtig	Rechnerisch richtig		

5 Pauschalierende Berechnung

	davon zu den fixen Kosten aufzubringende Anteile			davon zum jeweiligen persönlichen Bedarf aufzubringende Anteile		
	vom Partner 1	vom Partner 2		vom Partner 1	vom Partner 2	
für Partner 1				(385,00) (wird nicht ersetzt)	70,00 (erspart)	Rechnerisch richtig
für Partner 2	400,00	100,00 (Eigenanteil)	Rechnerisch richtig	385,00	70,00 (Eigenanteil)	Rechnerisch richtig
für Kind 1	200,00	50,00	Rechnerisch richtig	165,00	30,00	Rechnerisch richtig
für Kind 2	200,00	50,00	Rechnerisch richtig	165,00	30,00	Rechnerisch richtig
Kind 3, ggfs. für weitere Kinder	0,00	0,00	Rechnerisch richtig	0,00	0,00	Rechnerisch richtig
Kontrolle:	Rechnerisch richtig	Rechnerisch richtig		Rechnerisch richtig	Rechnerisch richtig	

Erläuterung: Das Berechnungsmodell zeigt zugleich ein „Verteilungsmodell" und weist die Quelle der einzusetzenden Geldmittel und die Verwendung sowie die Zuordnung zu den einzelnen Familienmitgliedern aus. Zugleich erschließt dieses Modell mit wenigen Rechenschritten die wesentlichen Beträge zum Barunterhaltsschaden und zu ersparten Barbeiträgen, die auf den Betreuungsunterhaltsschaden anzurechnen sein können. Die einzelnen Berechnungsfaktoren sind dieselben, die im Folgenden anhand der Checkliste in Rn. 3040 und sodann näher zur Zuverdiener-, Doppelverdienerpartnerschaft veranschaulicht werden.

3042 *Eine dementsprechende Gesamtberechnung ermöglicht die Onlineversion.*

a) Nettoeinkünfte

3043 Das Einkommen der getöteten Person ist Rechnungsfaktor, zur Dauer und Veränderung beachte Rn. 2983, 3044, 3065. Welcher Art die Einkünfte sind und aus welchem Anlass sie im Einzelnen erzielt werden, ist bedeutungslos. Der Unterhaltsschaden ist jedoch mit den Einkünften des Getöteten nicht identisch, da ein Teil dieser Einkünfte auf die eigenen Bedürfnisse des Getöteten entfällt und der Eigenverbrauch des Getöteten nicht auszugleichen ist. Da § 844 Abs. 2 BGB den nach den unterhaltsrechtlichen Vorschriften geschuldeten Unterhalt voraussetzt, Rn. 2941[97], d.h. der gesetzlich geschuldete Unterhalt über die Höhe des Anspruchs aus § 844 Abs. 2 BGB allein entscheidet, geben **unterhaltsrechtliche Leitlinien** der *Oberlandesgerichte* zur Bestimmung der maßgebenden Einkünfte gewissen Aufschluss. Stets sind diese aber kritisch darauf zu hinterfragen, ob sie für den Familienunterhalt i.e.S. bei intakten Familienverhältnissen angesichts der spezifischen Aufgaben des Schadensausgleichs für die Situation der Hinterbliebenen passen.

3044 Es kommt bis zum voraussichtlichen Ausscheiden aus dem Erwerbsleben auf alle Erwerbseinkünfte an, die dem Unterhaltsschuldner im fraglichen Zeitraum zufließen bzw. zugeflossen wären[98] und die tatsächlich zur (teilweisen) Deckung des Lebensbedarfs zur Verfügung stehen.

3045 Bisher (beachte nun Rn. 2254 ff.) war für die Höhe der Geldrente auf das fiktive Erwerbsnettoeinkommen beim nicht selbstständig Tätigen grundsätzlich nur für die Zeit bis zur Vollendung des 65. Lebensjahres, beim am 8. Dezember 1943 Geborenen deshalb auf den Ablauf des Monats Dezember 2008 abzustellen.[99]

3046 Dienstleistungen mit einem **Marktwert** sind ggfs. nach ihrem Marktwert zu bewerten.

3047 Das Entgelt für geleistete Arbeit ist mit allen **Vergütungs-, Entgeltbestandteilen** zu berücksichtigen; zu Zeitwertpapieren Rn. 3072.

3048 **Wegen des Charakters als Entgeltbestandteil sind bei Arbeitnehmern anzusetzen:**
- Aufwandsentschädigungen, beachte Rn. 2225,
- Beihilfen, Unterstützungsleistungen wie eine Heiratsbeihilfe oder ein Kinderzuschlag,
- Erfolgsbeteiligung, vom Erfolg (Umsatz) unabhängiges Entgelt, Tantieme,
- Fixum,
- Gefahrenzulage,
- Geldwerte Vorteile, Sachleistungen,
- Gratifikationen: Urlaubs- und Weihnachtsgeld als Gratifikation (anteilig),
- Prämien wie Abschlussprämie, Jahresprämie,
- Preisnachlässe[100],
- Sachbezüge, z.B. wegen Nutzung eines Kfz[101],
- Schichtzulage,

---

97 *BGH* NJW 2006, 2327 = VersR 2006, 1081 = ZfS 2006, 677 = FamRZ 2006, 1108.
98 Das steuerliche In-Prinzip gilt insofern auch unterhaltsschadensrechtlich. Das Wert-, Zuflussproblem bei Zeitwertkonten (vgl. Rn. 2216 ff.) mit der Verschiebung gegenüber der Einbringungsphase stellt sich im Tötungsfall nicht mehr.
99 *BGH* NJW-RR 2004, 821 = VersR 2004, 653 = FamRZ 2004, 777 = ZfS 2004, 260 = DAR 2004, 346.
100 Bei verbilligter Überlassung eines Jahreswagens kann die Höhe des zu versteuernden geldwerten Vorteils nach § 8 Abs. 2 EStG ohne Bewertungsabschlag und Rabattfreibetrag oder mit diesen nach § 8 Abs. 3 EStG ermittelt werden, *BFH* DStRE 2006, 1369.
101 *OLG Hamm* NJW-RR 1996, 1221.

- Spesen, die zur Deckung besonderer Lasten einer im Außendienst tätigen Person gezahlt werden, werden häufig mit ⅓[102] den Nettoeinkünften hinzugerechnet. Unberücksichtigt bleiben jedoch Beträge, die pauschal oder konkret einen besonderen zusätzlichen (beruflichen) Aufwand der getöteten Person abgedeckt haben, denn die mit der Erzielung des Einkommens notwendig verbundenen Ausgaben sind (als erspart, Rn. 3064) abzusetzen;
- (ausreichend wahrscheinliche) Überstundenentgelte,
- vermögenswirksame Leistung,
- Zulagen für besondere Leistungen, soweit nicht verbraucht.

Einkünfte, die sich auf einen Jahreszeitraum beziehen, sind für die Berechnung über den Monat mit dem zwölften Teil anzusetzen. Umgerechnet ist z.B. die Treueprämie zu berücksichtigen, die der Arbeitgeber anlässlich des 40-jährigen Dienstjubiläums gezahlt haben würde.[103] **3049**

Lohnersatzleistungen stehen dem Erwerbseinkommen gleich. **Erziehungsgeld** wird im Rahmen des Familienunterhalts erfahrungsgemäß zur Deckung des Bedarfs der gesamten Familie herangezogen. **Pflegegeld** wird erfahrungsgemäß ebenfalls für den Familienunterhalt verwendet. § 13 Abs. 6 SGB XI hat bei bestehender häusliche Gemeinschaft der Ehepartner keine wirkliche Aussagekraft.[104] **Eigenheim-** und **Kinderzulagen** nach § 9 Abs. 2 und Abs. 5 Eigenheimzulagengesetz sind zur Bemessung des Unterhaltsschadens dem fiktiven Nettoeinkommen der getöteten Person hinzuzurechnen.[105] **3050**

Kindergeld gehört nicht zu dem Einkommen der Eltern (s. auch Rn. 2230), das für den Familienunterhalt bestimmt ist. Dass bei der Haftung wegen planwidriger Geburt bzw. fehlerhafter genetischer Beratung der Eltern eines behindert geborenen Kindes[106] auf den an dem finanziellen Unterhaltsaufwand und den Wert der Mühewaltung des den Haushalt und die Kinder betreuenden Elternteils orientierten Entschädigungsbetrag, den die Eltern durchsetzen können,[107] derjenige Betrag des Kindergeldes anzurechnen ist, der gerade durch die Geburt des ungewollten Kindes ausgelöst worden ist[108], hängt demgegenüber allein mit dem Schadensverständnis für solche Haftungsfälle zusammen.[109] **3051**

Sozialleistungen für körperliche, gesundheitliche Beeinträchtigungen rechnen nicht zum Familieneinkommen, soweit daraus ein Mehrbedarf des Betroffenen befriedigt werden muss. § 1610a BGB[110] gilt mit seiner Vermutung beim Familienunterhalt allerdings nicht. **Sozialstaatliche** Leistungen sind grundsätzlich unterhaltsrechtlich nicht zu berücksichtigen. **3052**

Bei freiberuflich oder gewerblich tätigen Personen, bei **Selbstständigen** ist an einen Mehrjahresdurchschnittsbetrag – wenn möglich mindestens – von den letzten drei (Wirtschafts-)Jahren vor dem Schadensereignis her anzuknüpfen, vgl. auch Rn. 2383.[111] **3053**

---

102 *BGH* VersR 1987, 507 = NJW-RR 1987, 536 = DAR 1987, 220.
103 *BGH* NJW 1971, 137.
104 Zum Pflegegeld als Einkommen des Pflegenden nach früherem Recht *BGH* FamRZ 1996, 933; *OLG Hamm* FamRZ 1999, 852 (in Höhe von 1/3); zur Rechtslage ab 1.8.1999 *Büttner* in FamRZ 2000, 596; *OLG Koblenz* FamRZ 2000, 826; steuerrechtlich s. *BFH* VersR 2000, 477.
105 *BGH* NJW 2004, 358 = FamRZ 2004, 88 = VersR 2004, 75 = NZV 2004, 23 = SP 2004, 46.
106 *BGHZ* 124, 128 = NJW 1994, 788 = VersR 1994, 425.
107 *BGH* NJW 2007, 989 = VersR 2007, 109 = FamRZ 2007, 126: Der Tatrichter darf bei der Bemessung des Betreuungsunterhaltsschadens einen Zuschlag in Höhe des Barunterhaltsschadens (135 % des Regelsatzes der Regelbetrag-Verordnung) als angemessenen Schadensausgleich ansehen, sofern nicht die Umstände des Falles eine abweichende Bewertung nahe legen.
108 *BGHZ* 76, 259 = NJW 1980, 1452 = VersR 1980, 558.
109 Dann sind im Übrigen weder kinderbezogene Anteile im beamtenrechtlichen Ortszuschlag noch kinderbedingte Steuervorteile anzurechnen, weil der Unterhaltsaufwandsschaden um familienbezogenen Komponenten anhand der Sätze für den Regelunterhalt unter Vernachlässigung der speziellen Situation der betreffenden Familie zu bereinigen ist, *BGHR* BGB § 249 Unterhaltsaufwand 1.
110 Der Anrechnung von Pflegegeld auf den behinderungsbedingten Mehrbedarf steht § 1610a BGB beim pflegebedürftigen Unterhaltsberechtigten nicht entgegen.
111 *BGH* FamRZ 1982, 680 = NJW 1982, 1642, NJW 1983, 1554.

3054 Bei starken Schwankungen der Einkünfte sind Steuerbeträge konkret für die Einzeljahre, nicht über einen Gesamtdurchschnitt einzubringen.[112]

3055 Da auf die geschuldete Unterhaltsleistung abzustellen ist (Rn. 2941), sind Rücklagen für die Erweiterung des Betriebs eines Selbstständigen nicht maßgebend, kann aber u.U. auf Entnahmen abgestellt werden, die auf den Lebensunterhalt ausgerichtet sind, wobei Einschränkungen im Interesse der Entwicklung des Betriebs zu höheren Ansätzen in Folgejahren führen können wegen des Nachholbedarfs.

3056 Anders als im Verletzungsfall ist bei der Ermittlung eines entgangenen Gewinns lediglich auf die für Unterhaltszwecke verfügbaren freien Anteile abzustellen, nicht – zugleich und zusätzlich – auf den Deckungsbeitrag, der die Kosten des fortlaufenden Betriebs sicherstellt. Denn Anspruch auf die Fortführung des Betriebs als Vermögenswert haben die Unterhaltsberechtigten, die vom Schädiger ausschließlich verlangen können, dass er ihren Barunterhalt so wirtschaftlich abdeckt, wie es zuvor der Unterhaltsverpflichtete getan hat; beachte dazu mit Berechnungsbeispiel Rn. 2376, 2377.

3057 Bei tatsächlich unentgeltlicher Arbeit im **Familienbetrieb** ist der Beitrag zum Geschäftsgewinn und das Verhältnis der Arbeitsleistungen[113] beider Ehegatten (Lebenspartner), letztlich der Wert der Arbeit maßgebend. Die Mitarbeit im Betrieb oder Unternehmen des Partners oberhalb der Unterhaltpflicht, z.B. bei einem nicht finanziellen Interesse an der Erhaltung eines Familienbetriebes, kann Teil der Zuwendungspflicht sein. Sie führt bei Tötung aber mangels Unterhaltsschuld nicht zu einem Anspruch aus § 844 Abs. 2 BGB. § 1360b BGB (beachte auch § 685 Abs. 2 BGB)[114] besagt (nach überwiegender Ansicht) zur Mitarbeit im Betrieb und Geschäft oder beim Beruf des anderen Ehegatten, dass die Mehrleistung über die Unterhaltsschuld hinaus im Zweifel ohne Erstattungsabsicht erfolgt. Nur die Leistung, die der Unterhaltspflicht entspricht, ist aber familienrechtlich geschuldet und deswegen bei Tötung zu ersetzen, Rn. 2718.

3058 Bei nicht mehr erwerbstätigen Personen sind **Renten** zu berücksichtigen. Die Grundsicherung nach dem Grundsicherungsgesetz wird anders als beim Ehegattenunterhalt beim Verwandtenunterhalt (z.B. dem Elternunterhalt) als Einkommen des Beziehers berücksichtigt. Der Familienunterhalt(sbedarf) wird dadurch bestimmt.

3059 Um die für den Unterhalt verfügbaren **Nettoeinkünfte** zu ermitteln, sind mit der Erzielung des Einkommens **notwendig** verbundene **Ausgaben**, die **nicht mehr** anfallen, von den Erwerbseinkünften abzusetzen.

3060 Personen-, erwerbsgebundene Ersparnisse (**berufsbedingter Aufwand**) mögen mit 5% (mindestens 50 €, höchstens 150 €) angesetzt werden, sollten schadensrechtlich aber eher konkret bestimmt werden. Ohne weitere konkrete (gegenteilige) Anhaltspunkte lässt sich bei Einsatz eines Pkws pauschalierend (s. auch Rn. 2242) zu dem wegen des ersparten Aufwands für die wegfallenden Fahrten zwischen Wohnung und Arbeitsstätte an einen Betrag von monatlich 5,20 € je Entfernungskilometer (jedenfalls bis hin zu 40 km) denken. Ggfs. sind Beiträge für Berufsverbände (als erspart) abzuziehen. Die Bedienung von Verbindlichkeiten (Schulden) bleibt grundsätzlich unbeachtlich; zur Tilgung beim Eigenheim Rn. 3075.

3061 Regelmäßig sind von den Bruttoeinkünften beim nichtselbstständig Erwerbstätigen vor allem **Sozialversicherungsbeiträge** (Arbeitnehmeranteile zur Kranken-, Pflege-, Renten-, Arbeitslosenversicherung) abzuziehen. Zur privaten Absicherung gegen Arbeitslosigkeit lässt sich der bisherigen Rechtsprechung nichts dafür entnehmen, dass Abzugsposten in Betracht kommen müssen oder – beim Vorteilsausgleich, Rn. 3394 ff. – können. Beiträge für eine kapitalbildende Lebensversiche-

---

112 *BGH* NJW 1985, 909, 910.
113 *BGH* VersR 1984, 353.
114 Für den Fall des Scheiterns der Ehe kann § 1360b BGB entnommen werden, dass ein zusätzlicher Geldwert in Betracht zu ziehen ist und als in Geldwert umzurechnende Zuwendung i.S.d. § 1380 BGB in den Ausgleich einzufließen hat; *BGH* NJW 1983, 1113 = FamRZ 1983, 351.

rung dienen der Vermögensbildung (Rn. 3070 ff.). Beiträge zur privaten Unfallversicherung der Angehörigen oder/und zu einer Rechtsschutzversicherung nehmen Einfluss auf die Höhe der fixen Kosten (Rn. 3089 ff) und sind deshalb nicht vorab abzuziehen. Bei den aktuellen Verhältnissen dazu, dass die angemessene Altersversorgung eigene zusätzliche Vorkehrungen verlangt, ist neben den gesetzlichen Sozialversicherungsbeiträgen freilich an weitere Aufwandsposten als Abzugsbeträge zu denken. Überhaupt sind freiwillige Beiträge zu einer gesetzlichen Kranken- oder Rentenversicherung ebenso wie Beträge (Prämien) zu **Privatversicherungen** jedenfalls dann zu berücksichtigen, wenn und soweit kein gesetzlicher Versicherungsschutz besteht. Der steuerlich zulässige Sonderausgabenabzug gibt Anhaltspunkte. **Pauschalierend** sollte auf 5% des Brutto-Einkommens abgestellt werden dürfen. Jedenfalls sollte bei Angestellten mit einem Einkommen oberhalb der Beitragsbemessungsgrenze in der gesetzlichen Rentenversicherung sowie bei Selbstständigen als Orientierungsmaß in Anlehnung an die Beitragssätze zur gesetzlichen (Renten-) Versicherung von einem Anteil von 20% des Bruttoeinkommens für die **Altersversorgung** ausgegangen werden dürfen. Denn die Rücklage für eine gemeinsame Alterssicherung von Ehepartnern (Lebenspartnern) ist Teil des geschuldeten Unterhalts. Für die Versorgungslücke dadurch, dass der getötete Partner bis zu seinem Tode seiner gesetzlichen Pflicht, für eine angemessene Altersversorgung des anderen Partners zu sorgen, noch nicht in ausreichendem Maße nachgekommen ist und die getötete Person beim Weiterleben für eine weitere Altersversorgung zu sorgen gehabt hätte, hat der Schädiger aufzukommen. Dass eine Altersrente niedriger ausfällt, als sie sich beim Weiterleben des getöteten Partners ergeben hätte, beeinflusst insofern die Höhe der Ersatzforderung ebenso wie der Umstand, dass nach dem Ableben des Partners ohne das haftungsbegründende Ereignis eine Rente an den Hinterbliebenen gezahlt worden wäre, an der es wegen der Tötung fehlt; s. dagegen zu bloßen Vermögensnachteilen Rn. 2998 und zu mittelbaren Folgen wegen einer Verletzung Rn. 372 ff. Der Ersatzanspruch z.B. der Witwe gegen den Schädiger wegen der entgangenen Altersversorgung[115] (**Vorsorgeschaden**, s. auch Rn. 3072) kann freilich auch dadurch berücksichtigt werden, dass entsprechende Geldanteile als fixe Kosten (Rn. 3084 ff.) berücksichtigt werden.

Neben Versicherungsbeiträgen sind von Bruttoeinkünften **Steuern** abzuziehen. Eine monatliche anteilige Steuerlast lässt sich anhand der Splittingtabelle einschätzen.   **3062**

Ausnahmsweise sind die **Bruttoeinkünfte** ohne einen steuerlichen Abzug für den Unterhaltsschaden maßgebend und zwar dann, wenn diese infolge von Steuererstattungen und Abschreibungen voll für den Familienunterhalt zur Verfügung gestanden haben (stehen würden), es infolge des haftungsbegründenden Ereignisses aber nicht mehr wie vorher und ohne dieses Ereignis möglich ist, Abschreibungen geltend zu machen. Dann ist der entsprechende Steuerschaden zu ersetzen und zwar in der Form, dass der ausfallende Barunterhalt vom Bruttoeinkommen abzüglich Sozialabgaben (aber eben nicht weiter abzüglich Steuern) zu ermitteln ist.[116]   **3063**

Berücksichtigungsfähige monatliche Erwerbseinkünfte:		**3064**
a) Monatliche Einkünfte		
• Bruttovergütung	…	
• Vergütungsbestandteile (Zulagen, Gratifikationen, Prämien), s. Rn. 3048	…	
• Bei Selbstständigen: Geschäftsgewinn, vgl. Rn. 2351, 3053 ff. (ggfs. Mehrjahresdurchschnitt : 12)		
• Nebenverdienst	…	
• Rente	…	
• Sonstiges	…	
Zwischensumme a):	…	

---

115 *OLG Stuttgart* VersR 2002, 1520 = ZfS 2001, 495; *BGH* NA-Beschl. v. 26.6.2001.
116 *BGH* VersR 1990, 748 = NJW-RR 1990, 706 = DAR 1990, 228 = NZV 1990, 306.

b) Monatliche Abzüge
- Erwerbsbezogene Aufwandsentschädigung ...
- Arbeitnehmeranteil Sozialversicherungsbeträge (Kranken-, Pflegeversicherung, Rentenversicherung, Arbeitslosenversicherung) ...
- Bei Selbstständigen: Rücklagen ...
- Prämien freiwillige Versicherungen der getöteten Person (z.B. Risikolebensversicherung.
  Bei Selbstständigen ist die Alterssicherung zu beachten, Rn. 3061.) ...
- Sonstiges ...
- regelmäßig: Steuern ...
  Zwischensumme b): ...

3065 Der Höhe nach veränderte Einkünfte können über einen Mittelwert erfasst werden, z.B. angesichts der zu erwartenden Steigerung in Folgejahren. Ob das vergleichsweise höchste Einkommen für einen ganzen Zeitraum abgestellt werden kann oder ob eine Einkommenssteigerung „hochgerechnet" werden kann, ist in einem gerichtlichen Streitfall nach den Maßgaben der §§ 258, 287, 323 ZPO zu entscheiden.

3066

Nettojahreseinkommen der getöteten Person zur Zeit des Unfalls bzw. des Todes		8.000,00 €
Nettojahreseinkommen im Vorjahr		10.000,00 €
Nettojahreseinkommen im 2. Vorjahr		9.000,00 €
Nettojahreseinkommen im 3. Vorjahr		9.500,00 €
Durchschnittliches Jahreseinkommen (Mittelwert)		9.125,00 €
Durchschnittliches Monatseinkommen		760,42 €
Wahrscheinliche Steigerung des Einkommens im nächsten Jahr	**8,00%**	60,83 €
Nettomonatseinkommen dann		821,25 €
Weitere wahrscheinliche Steigerung	**10,00%**	82,13 €
Berücksichtigungsfähige monatliche Einkünfte deshalb		903,38 €

3067 Tipp Steigen die Einkünfte, muss zudem bedacht sein, ob und inwieweit die relevanten fixen Kosten verändert sind oder sein könn(t)en.

3068 Kapitaleinkünfte (Vermögenserträge), Einkünfte aus Vermietung und Verpachtung, die dem Unterhalt dienen und soweit sie dem Unterhalt dienen, sind ebenfalls einzubeziehen. Bei Einkommen aus Vermögen lässt sich immer nur auf einen nachhaltig erzielbaren Ertrag abstellen. Ein inflationsbedingter Wertverlust ist dann allerdings nicht abzuziehen. Einkünfte aus Vermietung und Verpachtung mögen um die lineare Abschreibung, aber nicht eine degressive oder Sonderabschreibung zu vermindern sein.

3069 Gesamtberechnung unterhaltsrechtlich relevanter Geldmittel:

	Zwischensumme a)	...
abzüglich	Zwischensumme b)	...
zuzüglich	sonstige zum Unterhalt verwendete, verfügbare Einkünfte	...
ergibt	Monatliche Nettoeinkünfte (1.)	...

b) Vermögensbildung

Die Vermögensbildung ist unterhaltsrechtlich nicht geschuldet.[117] Sie ist kein Teil des Unterhalts, der sich auf den Lebensbedarf mit den Kosten der Lebensführung bezieht. Um das zur Ermittlung des Schadens wesentliche, für Unterhaltszwecke verfügbare Einkommen bestimmen zu können, sind deswegen aus den Nettobeträgen die Aufwendungen zur Vermögensbildung auszuscheiden. Zu solchen finanziellen Aspekten sind konkrete Feststellungen zu treffen. Die Lebenserfahrung hilft nicht. 3070

Die **Grenze** zwischen dem Unterhaltsbedarf und der Vermögensbildung verläuft **nicht scharf**. Kapitalbildung muss nicht immer Vermögensbildung sein. Rücklagen und Ansparleistungen für Gegenstände, die dem Wohnen oder der Mobilität, auch der Freizeitgestaltung dienen, zählen zum Unterhalt. Teilweise handelt es sich sogar um fixe Kosten (Rn. 3089, 3113). 3071

Der Erwerb von **Immobilien** (Wohnungseigentum) gehört dagegen zur schadensrechtlich zugunsten der Hinterbliebenen nicht geschützten Vermögensbildung. Der Aufwand für das **Sammeln** von Kunstgegenständen oder Möbeln mag als Teil des Familienunterhalts verstanden werden, wenn die Partner ein entsprechendes Interesse in ihre Lebensplanung aufgenommen haben. Schadensrechtlich bleibt es aber bei der Ausrichtung auf eine Vermögensbildung. Die Anschaffung von **Wertpapieren** jeder Art, von Edelmetall (Gold, Silber) und dergleichen ist ebenso einzuordnen. Die Verwendung von Einkommensteilen einer unterhaltspflichtigen Person für den Erwerb von **Zeitwertpapieren** (des Arbeitgebers) zur Ermöglichung späterer Altersteilzeit bewertet das OLG Oldenburg[118] unterhaltsrechtlich nicht als eine Maßnahme der Altersvorsorge (wie z.B. die Riesterrente oder die VW-Beteiligungsrente II), sondern als sonstige Vermögensbildung. Dies hat unterhaltsrechtlich zur Folge, dass der Aufwand bei der Berechnung des nachehelichen Unterhalts nicht einkommensmindernd berücksichtigt wird, und schadensrechtlich, dass die entsprechende Arbeits-, Erwerbsleistung des Ernährers nicht den Hinterbliebenen zugute kommt, wie es indessen auch der Fall ist, wenn bei der durch das Zeitwertpapier möglichen flexiblen Gestaltung der Lebensarbeitszeit ein Teil des Lebenseinkommens ausschließlich die eigene Vorsorge des Getöteten als betroffen angesehen wird (Rn. 3061, 3240). Ist nach den Vertragsabsprachen zum Zeitwertpapier die Auszahlung des Wertguthabens möglich, wenn das (Arbeitszeit-) Guthaben nicht in Anspruch genommen werden kann oder soll, ist der Schädiger aber zu Lasten der Hinterbliebenen nicht berechtigt, seine Ersatzleistung um diese Geldwerte zu kürzen; vgl. Rn. 3206 ff. Vielmehr steht der Familie dann der Geldbetrag für den Familienunterhalt zur Verfügung, den der Getötete zuvor erarbeitet hat. Verstellen Tarifverträge oder der Individualvertrag die Auszahlung an Hinterbliebene, darf der Schädiger aus denselben Gründen nicht frei sein und hat er nach der hier vertretenen Ansicht wegen des Bezugs auf den Familienunterhalt für den wirtschaftlichen, zukunftsbezogenen Ausfall aufzukommen. Denn der Sache nach geht es um den Anspruch auf das der geleisteten Arbeit entsprechende volle Arbeitsentgelt, das in den Familienunterhalt einzubringen ist. Es können dann zusätzliche Steuerlasten und u.U. weitere Sozialabgabenpflichten zu beachten sein. 3072

Es gibt keinen Erfahrungssatz dazu, ob und ggfs. wie viel die Ehegatten von ihrem Einkommen monatlich der Vermögensbildung zuführen. Pauschale Ansätze sind (ebenso wie im Unterhaltsrecht) nicht zugelassen. Allein die individuellen Vereinbarungen der Ehegatten und damit der von ihnen abgesprochene Finanzbedarf, also der von ihnen gewünschte (Lebens-)Standard[119], ihr Lebenszuschnitt bestimmen, welche Teile laufender Einkünfte dem Unterhalt zugeführt werden und welche Teile der Vermögensbildung dienen. Maß der Vermögensbildung sind also im Kern die tatsächlichen Aufwendungen. 3073

---

117 *BGH* NJW 1992, 1044, 1046.
118 NJW 2004, 1051 = OLGR 2004, 211 = MDR 2004, 576.
119 S. jedoch *Lange* in FamRZ 1983, 1181, 1186.

3074 Aufwendungen zur Vermögensbildung sind Leistungen zum Erwerb und Leistungen zum Erhalt der entsprechenden Güter, Gegenstände und Rechte/Forderungen (Rn. 3072).

3075 Aufwendungen für die Tilgung des für ein Eigenheim aufgenommenen Kredits sind als Bestandteil der Vermögensbildung vom Einkommen abzuziehen. Anders als solche Tilgungsbeiträge dienen Zinsen als Beiträge zur Finanzierung der Deckung des Wohnbedarfs und sind deshalb bei der Bemessung des Unterhaltsschadens zu berücksichtigen. Insofern steht die Zinsbelastung dem Mietzins gleich; s. auch Rn. 3090.

3076 **Berechnung des Aufwands zur Vermögensbildung:**
- Bausparbeiträge ...
- Andere (laufende oder auf einen Monat umgerechnete) Sparbeträge ...
- Monatlich anteilige Rücklagen
  (soweit nicht in anderen Zusammenhängen zu berücksichtigen) ...
- Sonstige monatliche Leistungen ...
- Summe (2.) ...

3077

n-PH, Jahr	Monatliche Beträge	Fundstelle
2-PH, 70er Jahre	Vermögensbildung mehrere hundert Deutsche Mark	OLG Bamberg FamRZ 1981, 448
2-PH, 1980	Einkünfte rund 2.900,00 DM, Vermögensbildung rund 550,00 DM	OLG Bamberg FamRZ 1983, 914
3-PH	Für Unterhaltszwecke verteilbar 4.317,49 DM, keine Abzüge für Vermögensbildung	OLG Stuttgart Urt. v. 6.12.1990, 13 U 47/90, BGH NA-Beschl. v. 24.9.1991, VI ZR 388/90
4-PH, 1971	Einkünfte 5.000,00 DM, Verbrauch für Familienunterhalt 3.000,00 DM	BGHZ 73, 109 = VersR 1979, 324
1983	Einkünfte 7.500,00 DM, Sparrücklage 1.100,00 DM zur Anschaffung eines Eigenheims	BGH VersR 1990, 317 = DAR 1990, 55
1985	Einkünfte 9.000,00 DM, Vermögensbildung offen gelassen	OLG Frankfurt DAR 1990, 464 = NJW-RR 1990, 1440

Angemessenheit

3078 Das Einvernehmen[120] der Ehegatten setzt sich nicht schrankenlos durch. Eine verschwenderische Lebensführung (exzentrischer Luxus) bleibt ebenso wie ein übertriebener Konsumverzicht unterhalts- und schadensrechtlich unberücksichtigt; s. auch Rn. 2728 f.

3079 Jede Absprache ist auf „Angemessenheit" hin zu überprüfen. Schadensrechtlich zeigen sich Grenzen durch die „Erforderlichkeit" des Unterhaltsaufwands.[121]

3080 Die Darlegungs- und Beweislast für eine volle unterhaltsrechtliche Verwendung hoher Einkünfte[122] sollte uneingeschränkt die Hinterbliebenen treffen.

---

120 BGHZ 104, 113 = VersR 1988, 490 = DAR 1988, 206.
121 BGH VersR 1984, 961 = NJW 1985, 49.
122 Ggfs. in angemessener Erhöhung eines jeweiligen Grenzwerts der Düsseldorfer Tabelle für Kinder.

Bei Zuverdienern oder Doppelverdienern sind Aufwendungen zur Vermögensbildung entweder nach dem Verhältnis der beiderseitigen Einkünfte zu den gesamten Einkünften auf die Partner aufzuteilen (vgl. Rn. 3269) oder konkret jeweils zu den Einkünften der Partner zu berücksichtigen. 3081

Eine gewisse **Sättigungsgrenze** für Kinder wirkt sich insofern anspruchsbegrenzend aus, als dann ggfs. „nicht nach Quote", sondern ausschließlich nach dem konkreten Bedarf abzurechnen ist, Rn. 3118 ff. 3082

c) Fixe Kosten der Haushaltsführung

Fixe Kosten des Haushalts sind Aufwendungen, die der Unterhaltsverpflichtete den Unterhaltsberechtigten nach Maßgabe ihres jeweiligen Lebensbedarfs schuldet.[123] Was rechtlich nicht als Unterhaltsleistung geschuldet wird, kann auch nicht Gegenstand und Inhalt ersatzfähiger fixer Kosten sein.[124] 3083

Diese Kosten meinen die vor und nach dem Schadensfall gleich hoch anfallenden[125] oder nach dem Schadensfall nur unwesentlich verringerten, im Einzelfall aber ggfs. auch erhöhten, **nicht personenbezogenen Ausgaben** für den (bisher gemeinsam mit dem Getöteten, nun ohne ihn fortgeführten) Haushalt, d.h. alle nicht teilbaren und nicht personengebundenen Kosten der Haushaltsführung und Haushaltsorganisation.[126] Es ist auch von festen Kosten, Festkosten oder unveränderten Haushaltskosten zu sprechen. 3084

Das Ziel, dem oder den Hinterbliebenen die fixen Kosten als Teil des ausgefallenen Unterhalts effektiv zufließen zu lassen, wird real nur erreicht, wenn von den Einkünften diese Kosten der Lebens-, Haushaltsführung zunächst abgezogen werden und der Ersatzbetrag um die entgangenen fixen Kosten erhöht wird. Da die verfügbaren Einkünfte gequotelt werden, heben sich die vorgehende Subtraktion und die spätere Addition rechnerisch nicht auf. 3085

Ohne Abzug fixer Kosten soll nach teilweise vertretener Ansicht abgerechnet werden (können), wenn den Hinterbliebenen ein – gegenüber der Schadensabrechnung mit fixen Kosten – höherer Unterhaltsanteil gut gebracht wird. Ohne eine solche Erhöhung wird ein Teil dieses Ansatzes als personenbezogen jedoch gar nicht ausgeglichen. Durch geringfügig erhöhte Quoten wird in aller Regel der ersatzfähige Nachteil nicht abgedeckt. Die Erhöhung müsste vielmehr im Umfang der fixen Kosten, also nach deren prozentualem Gewicht gegenüber dem zum Unterhalt zur Verfügung stehenden Einkommen erfolgen. Unnötige und unangebrachte Quotenverschiebungen ersparen den Hinterbliebenen die exakte Erfassung der fixen Kosten, wenn der Schädiger und die Haftpflichtversicherung nicht teilweise den Schadensersatz sparen sollen. 3086

	Berechnung ohne Fixkosten	Erhöhte Quote	Berechnung mit Fixkosten
Nettoeinkünfte	4.000,00	4.000,00	4.000,00
Fixkosten	–	–	1.520,00
verteilbare Einkünfte	4.000,00	4.000,00	2.480,00
Witwenanteil	45%	50%	45%
als (Betrag)	1.800,00	2.000,00	1.116,00
Fixkosten	–	–	1.520,00
Rentenanspruch	**1.800,00**	**2.000,00**	**2.636,00**

3087

---

123 *BGH* NJW 2007, 506 = VersR 2007, 263 = FamRZ 2007, 385 = DAR 2007, 201 = ZfS 2007, 263.
124 *OLGR Koblenz* 2008, 342.
125 *BGH* VersR 1984, 79 = FamRZ 1984, 142.
126 *OLGR Celle* 2007, 465.

3088 **Welche Kosten** als fixe Kosten im Einzelfall konkret maßgebend sind, unterliegt der **fallbezogenen Würdigung**.[127] Die wirtschaftlichen Belastungen durch die Fortführung des Haushalts sind mit den in § 287 ZPO angelegten Erleichterungen vom Hinterbliebenen darzulegen und zu präzisieren. Eine genaue Spezifizierung muss nicht stets verlangt werden. Die Lebenserfahrung gibt Anhaltspunkte. Im Haftungsprozess ist ein pauschaler Ansatz der fixen Kosten unstatthaft, wenn die Prozessparteien eine konkrete Berechnung verlangen und zu einzelnen Positionen streitig vortragen.[128]

3089 **Fixe Kosten:**
Monatlicher Grundbedarf
- Wohnen: Miete, Mietwert
- umlagefähige Betriebs-, Nebenkosten
- Schönheitsreparaturen
- gemeinschaftliche Reinigungskosten, Winterdienst

Einrichtungsgegenstände, Hausrat
- Reparaturkosten für Einrichtungsgegenstände
- Rücklagen[129] für Neuanschaffungen und Ersatzbeschaffungen[130], auch z.B. einer Spülmaschine[131]; streitig.

3090 Beim Hausbau entstehende **Zinslasten** sind als auf den Wohnbedarf ausgerichteter Finanzierungsbedarf in gewisser Weise mit der Miete für eine (gleichwertige, angemessene) Mietwohnung zu vergleichen und spiegeln von daher einen Mietaufwand wider. Angemessen und vergleichbar ist dabei die Wohnung, die hinsichtlich Lage, Zuschnitt und Bequemlichkeit den tatsächlichen Verhältnissen entspricht.[132]

3091 Beim lastenfreien Eigenheim sinken die berücksichtigungsfähigen Fixkosten auf die Höhe von Unterhaltungskosten.[133] Der **fiktive Mietwert** für das selbst genutzte Haus darf **nicht**[134] angesetzt werden. Denn die Miete der gleichwertigen Wohnung hat nicht die Bedeutung einer Bemessungsgrundlage, weil es am tatsächlichen Mietaufwand fehlt. Der Mietvergleich bildet nur die Obergrenze, bis zu der tatsächliche Aufwendungen, die nicht der Vermögensbildung dienen, anzusetzen sind.

3092 Soweit der Aufwand für das Eigenheim nach einem objektiven Maßstab eheangemessen ist, nimmt es unterhalb dieser Grenze das *OLG München*[135] in Abgrenzung zur Ansicht des *BGH* hin, dass an der Stelle von Mietzahlungen Aufwendungen zur Vermögensbildung geleistet werden. Das *OLG* stellt deshalb auf den (tatsächlichen) Aufwand bis zur Höhe der (fiktiven) ortsüblichen Mietkosten für eine vergleichbare Wohnung ab.

3093 Jedenfalls sind der Aufwand und die Rücklagen für Erhaltungsmaßnahmen in dem gekennzeichneten Vergleichsrahmen großzügig anzusetzen.

---
127 Anschaulich *OLG Brandenburg* NZV 2001, 213 = VRS 101, 248.
128 *OLG Celle* OLGR 2001, 227.
129 Den Ansatz einer pauschalen Rücklage für die Anschaffung eines Ersatzfahrzeugs akzeptiert die Praxis schon dann nicht, wenn in der Vergangenheit keine solche Rücklage gebildet worden ist; zur mangelnden Ersatzfähigkeit des Wertverlustes beim Kfz s. zudem Rn. 3098.
130 Bejahend *OLG Hamm* VersR 1983, 927; verneinend *OLG Celle* ZfS 1987, 229; eingehend dazu *OLG Brandenburg* NZV 2001, 213, 214/215.
131 *OLG Brandenburg* NZV 2001, 213 = VRS 101, 248.
132 *BGH* VersR 1990, 317; zur qualitativ gleichwertigen Mietwohnung statt des Eigenheims s. auch *BGH* VersR 1984, 961 = NJW 1985, 49 = FamRZ 1984, 980 sowie VersR 1986, 264 = NJW 1986, 715, VersR 1998, 954 = NJW 1998, 2365.
133 *OLGR Koblenz* 2008, 342.
134 *BGHZ* 137, 237 = VersR 1998, 333 = NJW 1998, 985 = DAR 1998, 99; *OLG Köln* VersR 1990, 1285; *OLG Nürnberg* NZV 1997, 439.
135 *OLG München* NJW-RR 2001, 1298.

Konkrete **Aufwendungen** eines Ehepartners für die **Pflege** und **Erziehung** eines **Kindes** mindern das für andere Unterhaltszwecke verwendbare Einkommen[136], aber nur innerhalb eines Unterhaltsrechtsverhältnisse der Ehegatten zueinander. Denn die Aufwendungen, die in erster Linie erzieherischen Zwecken dienen – wie der Aufwand für den Kindergartenbesuch - bestimmen ausschließlich den individuellen Unterhaltsbedarf des betroffenen Kindes, nicht denjenigen des betreuenden Elternteils.[137] Als Mehrbedarf[138] zeigt sich ein Lebensbedarf des Kindes dazu, wenn der Bedarf regelmäßig während eines längeren Zeitraums anfällt und das Übliche derart übersteigt, dass er mit den Regelsätzen nicht erfasst werden kann, andererseits aber kalkulierbar ist und deshalb bei der Bemessung in einem laufenden Betrag berücksichtigt werden kann. Dabei sieht der Familiensenat des *BGH*[137] einen solchen Mehrbedarf für die Zeit bis zum 31. Dezember 2007 grundsätzlich nur insoweit, als Kosten den Aufwand für einen halbtägigen Kindergartenbesuch überstiegen, während im Übrigen die Kosten regelmäßig im laufenden Kindesunterhalt enthalten gewesen sind, falls dieser das Existenzminimum für ein Kind des entsprechenden Alters deckte. Für die Beurteilung kommt es nicht darauf an, ob der Kindergarten halbtags, überhalbtags oder ganztags erfolgt, weil die erzieherische Bedeutung davon unabhängig in jedem Fall gegeben ist.

3094

Es sind[139] darüber hinaus alle Kosten der Lebensführung zu berücksichtigen, die zwar in gewissem Maß von der Zahl der Familienmitglieder, jedoch nicht vom (prozentualen Anteil des) Verstorbenen am verfügbaren Familieneinkommen abhängig sind. Der dementsprechende fortbestehende Bedarf ist festzustellen.

3095

Weitere fixe Kosten: Monatliche Aufwendungen für Information, Kommunikation

- Informationsaufwand
- Telefongrundgebühren

Monatliche Aufwendungen für Kraftfahrzeug

- Betriebs-, Wartungsaufwand ...
- Kfz-Steuer ...

**Nicht personengebundene Steuern,
Monatliche Aufwendungen für Versicherungen**

- Krankenversicherung, soweit nicht Zusatzschaden
- Unfallversicherung
- Lebensversicherungen der Hinterbliebenen (Risikoprämien)
- Privathaftpflicht
- Hausratversicherung
- Rechtsschutzversicherung[140]
- Brandversicherung

Ausnahmsweise Aufwand für die Freizeit, wenn dieser nicht über den Unterhaltsbedarf abzudecken ist.

3096

Kosten für Telefonanschlüsse und Tageszeitungen sowie Fernsehgebühren ändern sich nicht, wenn ein Mitglied der Hausgemeinschaft ausfällt und sind deshalb als fixe Kosten ersatzfähig.[140]

3097

---

136 *BGH* VersR 1987, 156, 157.
137 *BGH* NJW 2008, 2337, Vorinstanz *OLGR Nürnberg* 2005, 845 = FamRZ 2006, 642.
138 Da Kindergartenbeiträge regelmäßig anfallen, sind sie kein Sonderbedarf i.S.d. § 1613 Abs. 2 Nr. 1 BGB.
139 *BGH* VersR 1987, 1241 = DAR 1987, 325.
140 *OLGR Koblenz* 2008, 342.

3098 Ggfs. fließen zur Fortführung der wirtschaftlichen Basis des Zusammenlebens in der Familie Betriebs-/ Wartungs-, Reparaturkosten für ein (auch Zweit-) **Kraftfahrzeug**, das nach dem Todesfall tatsächlich weiter benutzt wird, ein. Insbesondere ist die Kfz-Steuer einsetzbar[141], wohl auch die Garagen-, Unterstellmiete[142], nicht aber der Wertverlust des Kfzs.[143]

3099 Wer den Aufwand für Reparaturen am Kraftfahrzeug einerseits als Fixkosten für Fremdleistungen und andererseits als Eigenarbeiten des Verstorbenen ansetzt, trägt widersprüchlich vor und bleibt ggfs. deshalb dazu ersatzlos.[144]

3100 Die Tatsache, dass der Verstorbene ein altes Fahrzeug mit hoher Laufleistung geführt hat, soll auf die Nutzung bis zum Verschleiß hindeuten und darauf, dass wegen knapper freier Mittel aus dem Familiennettoeinkommen abzüglich monatlicher laufender Kosten Mittel für ein Ersatzfahrzeug im Budget nicht vorhanden gewesen sind. Wenn und weil der Kaufpreis für ein Neufahrzeug (ebenso wie die Tilgung eines Darlehen für das Eigenheim) „offenbar aus den Zahlungen der Lebensversicherung" erbracht worden, geht es konkret nicht um fixe Kosten.[144]

3101 U.U. mag bei einer Tierhaltung (vgl. Rn. 2476) entsprechend einer angemessenen, von den Ehepartnern abgesprochenen Lebensgestaltung ein weiterer Bedarfsposten einzurechnen sein.

3102 Schadensrechtlich ist dem Rechnung zu tragen und sind **Kindergartenkosten** nach der hier vertretenen Ansicht - anders als vom VI. Zivilsenat des *BGH*[145] früher betont – regelmäßig nicht als fixe Kosten, sondern ggfs. beim Unterhaltsbedarf des betroffenen Kindes zusätzlich und allenfalls ganz ausnahmsweise als ein Sonderbedarf der Familie zu erfassen, s. Rn. 3094.

3103 Kosten für eine **Haushaltshilfe** können bei entsprechend hohen Einkünften und entsprechender Lebensgestaltung u.U. zu berücksichtigen sein.[146]

3104 **Höhe von fixen Kosten:**

n-PH, Jahr	Beträge	Fundstelle
1983	Einkünfte rund 7.500,00 DM, Fixkosten rund 1.900,00 DM	*BGH* VersR 1990, 317 = DAR 1990, 55.
3-PH	Einkünfte 4.317,49 DM, Fixkosten 1.630,00 DM	*OLG Stuttgart* Urt. v. 6.12.1990, 13 U 47/90, *BGH* NA-Beschl. v. 24.9.1991, VI ZR 388/90.
4-PH, 1971	Einkünfte 5.000,00 DM, Fixkosten 825,00 DM	*BGHZ* 73, 109 = VersR 1979, 324.
6-PH, 1985/ 1986	Einkünfte 9.400,00 DM, Fixkosten 2.750,00 DM	*BGH* VersR 1990, 748, 749 = DAR 1990, 288.

3105 **Berechnungsbeispiel nach OLG Brandenburg NZV 2001, 213:**

Als fixe Kosten anerkannt:	Nicht als fixe Kosten anerkannt:
	Bettenreinigung
	Büchereinkäufe/Buchclub
	Christbaum

---

141 *BGH* VersR 1988, 954 = NJW 1988, 2365; Anm. *Nehls* NZV 1988, 138.
142 Ohne fiktiven Ansatz, s. Rn. 3090.
143 *BGH* VersR 1987,70 = DAR 1987, 17.
144 *OLGR Koblenz* 2008, 342.
145 *BGHZ* 137, 237 = VersR 1998, 333 = NJW 1998, 985 = DAR 1998, 99 = MDR 1998, 283 = FamRZ 1998, 416.
146 *RGZ* 154, 236, 241.

Pauschalierende Berechnung 5

Als fixe Kosten anerkannt:		Nicht als fixe Kosten anerkannt:
		Düngemittel
		Ersatzkosten
		Ersatzpflanzen
Energiekosten ohne Strom	183,00	
Feuerlöscher Wartung	1,00	
(Wohn-) Gebäudeversicherung	23,03	
		Grabpflege
Grundsteuer	12,00	
Heizung (Wartungskosten Heizkessel samt Brenner)	6,00	
		Illustrierte/Lesezirkel
Müllabfuhr	21,00	
Pkw (Aufwand für Familienfahrzeug)	195,00	
Rasenmäher (einschl. Rücklage)	5,00	
Reinigungsmaterial, s. zusätzlich unter Waschmittel	20,00	Teppichreinigung
Reparaturaufwand	20,00	
Rücklagen für Erneuerung von Möbeln	160,00	
Rücklagen/Aufwendungen für Instandhaltung und Erneuerung des Hauses	300,00	
Rundfunk-, Fernsehgebühren	29,00	
Schornsteinfeger (Kaminkehrer samt Abgasmessung)	10,00	
		Streumaterial, Eisschaber, Schneeräumgerät
Stromkosten	73,05	
Tageszeitung	30,00	
Telefongrundgebühr	24,80	
		Tierhaltung
		Torfmull
		Ungezieferbekämpfung
		Vereinsbeiträge
		Versicherung: Hausratversicherung, Unfallversicherung
Wasch- und Entkalkungsmittel, Salz für Entkalkungsgerät, Spülmaschine	30,00	
Wasser-, Abwasserkosten samt Wasseruhrmiete	104,00	
		Zimmerpflanzen
Summe der fixen Kosten (monatlich)	**1.246,88**	

Berechnungsbeispiel nach OLGR Celle 2007, 465:

Als fixe Kosten anerkannt:		Nicht als fixe Kosten anerkannt:
ADAC Ausland	1,42	
ADAC Inland	5,92	
Pauschale für Bücher, zugleich für Hundefutter, Putzmittel, Tierarztkosten	50,00	
Darlehenszinsen - bei Schätzung zum fiktiven Mietwert für vergleichbare Wohnung	524,48	
Gas, Wasser und Abwasser, ggfs. nach Abschlagsrechnung	103,00	
Gebäudeversicherung	11,07	
Grundgebühr Telefon	12,27	
Grundsteuer	19,51	
Hundesteuer	2,56	
Kfz-Steuer ...	30,33	
Kfz-Steuer ...	1,83	
Kontoführung Bank ...	11,90	
Kontoführungsgebühren Bank ...	1,84	
Leasinggebühr Fernseher	47,65	
Müll	16,36	
Pkw Passat	13,45	
Pkw-Anhänger	1,05	
Reinigungsmaterial als Putzmittel: Pauschale innerhalb der Pauschale für Bücher u.a.		
Roller	2,35	
Rücklage Instandhaltung Haus	102,26	
Rundfunkgebühr	16,15	
Schornsteinfeger	4,76	
Strom	53,95	
Tageszeitung	18,25	
Tierhaltung: Pauschale auch für Hundefutter, Tierarztkosten innerhalb der Pauschale für Bücher, s. auch Hundesteuer		
Versicherungen, diverse	30,22	
Wasser – s. unter Gas, Abschlag		
Wasserverband	0,55	
Summe (monatlich)	**1.083,13**	

Bei gewissen Positionen kann eine statistische Grundlage (Erhebung des Statistischen Bundesamtes) Aufschluss[147] über die (Gesamt-)Höhe geben oder Richtgröße sein. Statistiken für verschiedene Haushaltstypen erschließen aber die wesentlichen Beträge nicht zwingend. Es lässt sich insbesondere nicht schlechthin mit durchschnittlich 40%, 38% bis 41% oder 35% bis hin zu 50% von den Nettoeinkünften rechnen. 3106

Tipp Als Kontrollansatz mag eine Größenordnung zwischen 35% und 45% der Differenz der Beträge zu 1. (Nettoeinkünfte) und 2. (Aufwand zur Vermögensbildung) vorstellbar sein. Bei einem vergleichsweise geringeren Einkommen sind – ohne Kfz – die fixen Kosten relativ höher als bei gehobenen Einkommensverhältnissen. 3107

Wenn bei **eigenen Einkünften des hinterbliebenen Partners** aus einer im Verhältnis zum Schädiger unzumutbaren Erwerbstätigkeit Fixkosten nur nach dem Verhältnis der beiderseitigen Nettoeinkünfte zu den Gesamteinkünften berücksichtigt werden sollen – wie es teilweise praktiziert wird –, wären anteilige fixe Kosten nach den Regeln bei Zu-, Doppelverdienern aufzuteilen. Bei Unzumutbarkeit der Erwerbstätigkeit (Rn. 3248) sind nach der hier vertretenen Ansicht die fixen Kosten aber ungekürzt, also in gesamter Höhe zu Lasten der Einkünfte des getöteten Partners anzusetzen. Die andere Auffassung steht im Widerspruch zu der Einstufung der Einkünfte des hinterbliebenen Ehegatten als „unzumutbar" mit der Folge der Nichtanrechnung und nicht etwa einer (etwas verborgenen) Teilanrechnung. 3108

> **Keine fixen Kosten sind:** 3109
> - der Aufwand für das tägliche Leben (Kleidung, Nahrung usw., vgl. Rn. 3084);
> - alle personengebundene Kosten (z.B. Vereins-, Mitgliedsbeiträge[148]);
> - personenbezogene Versicherungen; z.B. Lebensversicherung (beachte Rn. 3061, 3072, 3096), Unfallversicherung, Zusatzversicherungen).

Kosten, die im Zusammenhang mit der Erzielung der ausfallenden Einkünfte (des getöteten Barunterhaltspflichtigen) stehen und künftig entfallen, sind keine fixen Kosten, Rn. 3059. 3110

Getrennt von fixen Kosten sind **Grabpflegekosten** zu erfassen, die § 844 Abs. 1 BGB im Tötungsfall freilich ebenfalls nicht abdeckt (Rn. 3470). 3111

Umzugskosten sind keine fixen Kosten. Solche Lasten sind nur ausnahmsweise zu erstatten, z.B. beim Wohnungswechsel im Interesse an der Geringhaltung des Schadens (Verringerung der Mietkosten). 3112

Die Onlineversion ermöglicht eigene Berechnungen. 3113

In der Onlineversion ist zudem ein Formulierungsvorschlag für eine Aufstellung der monatlichen fixen Kosten des Haushalts als Worddatei abrufbar. 3114

d) Verbleibende Einkünfte zum personenbezogenen Bedarf

> Die für den persönlichen, personenbezogenen Bedarf der Familienangehörigen verfügbaren Einkünfte errechnen sich durch Abzug der Fixkosten von den Nettoeinkünften nach Berücksichtigung der Beträge zur Vermögensbildung: 3115
>
>   Ergebnis zu 1. (Rn. 3069)
> abzüglich   Zwischensumme zu 2. (Rn. 3076)
> abzüglich   Zwischensumme zu fixen Haushaltskosten (Rn. 3113)
> ergibt   zum personenbezogenen Bedarf verbleibende Einkünfte (4.).

---

147 *BGH* VersR 1988, 954 = NJW 1988, 2365; *OLG Hamm* NJW-RR 1996, 1221.
148 *OLG Karlsruhe* SP 2006, 271.

3116 Schon immer ist zu empfehlen gewesen, zur Ermittlung des Barunterhaltsschadens den Unterhaltsanteil eines Kindes (für persönliche Bedürfnisse) vorab von den für den Unterhalt verfügbaren Einkünften abzuziehen, Rn. 3159, 3233. Seit 1.1.2008 ist der **Kindesunterhalt** für minderjährige Kinder kraft Gesetzes vorrangig, ein Kindesunterhalt zur Errechnung des Ehegattenunterhalts also wegen der eheprägenden Wirkung vom Einkommen des Unterhaltspflichtigen abzuziehen.

3117 ▶ Die Teilhabe am Luxus der Eltern zu deren Lebzeiten führt für Kinder nicht zu einem Geldersatzanspruch über den angemessenen Lebensbedarf und -standard hinaus. ◀

3118 Die Begrenzung auf die Lebensstellung des bedürftigen Kindes und seines Lebensbedarfs (§ 1610 Abs. 2 BGB) bedeutet eine gewisse Sättigungsgrenze hinsichtlich der Berechnung über Unterhaltsquoten. Diese Sättigungsgrenze für den Lebensbedarf kann mangels anderer Anhaltspunkte der Höhe nach der jeweils geltenden Düsseldorfer Tabelle entnommen werden und zwar dem höchsten ausgewiesenen Nettoeinkommen, ab 2008 also im Fall berücksichtigungsfähiger Einkünfte der unterhaltspflichtigen Person von mindestens 5.101,00 €. Ggfs. sind dann alle Bedarfsposten konkret nachzuweisen[149] und ist bei einem Familieneinkommen in einer Größenordnung über den allgemeinen Unterhaltsbedarf hinaus der Ersatzanspruch der Kinder also nicht nach einem Prozentsatz am Gesamteinkommen zu bemessen.

3119 Nach der hier vertretenen Ansicht ist von daher im Fall einer Anwendung der Quotierungsmethode (Quotenmethode) zur Ermittlung des Unterhaltsschadens wegen der Deckungsgrenze zum personenbezogenen Bedarf des Kindes ggfs. eine Differenz zwischen der Bedarfs-, Deckungs- (Sättigungs-) Grenze und den fixen Kosten zu bilden und sodann mit der Differenz zwischen den für den Unterhalt zur Verfügung stehenden Einkünften (nach den Aufwendungen für die Vermögensbildung) und den fixen Kosten zu vergleichen.

3120 *Eine eigene Berechnung ermöglicht die Onlineversion.*

3121 Bei Einkünften in Höhe von fast 9.000,00 DM hat das *OLG Frankfurt*[150] zwischen dem vollen Ansatz zugunsten des hinterbliebenen Ehegatten und einer Sättigungsgrenze für die Kinder in Höhe von damals 7.000,00 DM unterschieden.

3122 Zwischen **Ehepartnern** oder Partnern einer eingetragenen Lebenspartnerschaft gibt es in aller Regel keine Sättigungs-, Deckungsgrenze.

e) Unterhaltsanteile (Unterhaltsquoten)

3123 Für die Bemessung des Barunterhaltsschadens ist danach zu fragen, welche Beträge des Einkommens der Getötete, wenn er am Leben geblieben wäre, hätte aufwenden müssen, um seinen unterhaltsberechtigten Angehörigen den Lebensunterhalt zu verschaffen, auf den sie Anspruch gehabt hätten.[151]

aa) Eigenverbrauchsanteil der getöteten Person

3124 Der Eigenverbrauchsanteil der getöteten Person an den für Unterhaltszwecke verfügbaren Einkünften ist **nicht ersatzfähig** und dementsprechend rechnerisch auszuscheiden.

---

149 *BGH* VersR 1985, 365 = NJW 1985, 1460; Anm. *Schlund* in JR 1985, 420; zur Bemessung des Kindesunterhalts bei überdurchschnittlichen wirtschaftlichen Verhältnissen des Barunterhaltspflichtigen *BGH* NJW 2000, 954 = FamRZ 2000, 358 m. Anm. *Deisenhofer* (Vorinstanz *KG* FamRZ 1998, 1386).
150 DAR 1990, 464 = NJW-RR 1990, 1440, teilweise abgedruckt auch in VersR 1991, 595, m. *BGH* NA-Beschl. v. 31.5.1990.
151 *OLG Koblenz* NJW-RR 2008, 511 = OLGR Frankfurt 2008, 342.

Dieser Anteil (Selbstbehalt, Eigenquote am Gesamtunterhaltsbetrag) darf nicht zu gering angesetzt sein. Der entsprechende Betrag liegt in aller Regel deutlich unter dem unterhaltsrechtlich geschützten Selbstbehalt. Jener unterhaltsrechtliche Ansatz erfasst auch fixe Kosten, während schadensrechtlich der Schädiger die fixen Kosten aufzufangen und abzudecken hat. Unterhaltsrechtlich fließt zwischen den getrennt lebenden oder geschiedenen Ehegatten die höhere Belastung durch eine doppelte Haushaltsführung ein oder wird das besondere Verhältnis zu den andernorts lebenden Kindern berücksichtigt. Schadensrechtlich treffen dagegen die entgangenen Aufwandsanteile zu allen Fixkosten der intakten Familie den Schädiger. 3125

Im Einzelfall ist es möglich, den Eigenanteil der getöteten Person **vorrangig abzuziehen** und ausschließlich den verbleibenden Restbetrag auf die Hinterbliebenen aufzuteilen. Da dann der Schaden und nicht das Einkommen verteilt wird, sind **andere Schlüssel** und zwar ggfs. diejenigen zur Aufteilung eines Betreuungsunterhaltsschadens (Rn. 3391) zu verwenden als bei der Verteilung des für den Unterhalt anzusetzenden Einkommens auf die Familienangehörigen ohne Vorwegabzug des personengebundenen Eigenbedarfs der getöteten Person. 3126

Die Quote für den getöteten Partner ist insbesondere bei der Berechnung einer eventuellen **Barersparnis** zum Betreuungsunterhaltsschaden (Rn. 3394) bedeutsam. 3127

bb) Verteilungsschlüssel

▶ Hinterbliebene erhalten unterhaltsschadensrechtlich nicht mehr, als sie familienrechtlich zu beanspruchen gehabt hätten.[152] ◀ 3128

In der Praxis wird zu dem personenbezogenen Bedarf ein pauschalierter Ansatz mittels eines Verteilungsschlüssels für alle Beteiligten (getöteter Partner, hinterbliebener Ehe- oder Lebenspartner, Kinder) vorgenommen, d.h. der Berechnung des Barunterhaltsschadens ein bestimmter Anteil am Nettoeinkommen als hypothetischer Barunterhalt zugrunde gelegt (**Quotierungs-**, Quotenmethode). Insofern wird das nach Abzug der Fixkosten verbleibende (verfügbare, verteilungsfähige Netto-) Einkommen einerseits auf die getötete Person und andererseits die Hinterbliebenen nach dem Bedarf für den hinterbliebenen Partner bei intakten Familienverhältnissen sowie nach der Bedürftigkeit für die (Halb-)Waisen verteilt. Diese Quotierung bedeutet die prozentuale Erfassung von Verbrauchsanteilen, keine Realteilung. 3129

Die Verteilungsschlüssel (Quotenanteile der betroffenen Familienmitglieder) beruhen auf (richterlicher) Erfahrung und entsprechen richterlichem Schätzungsermessen. Das Ergebnis weist jeweils die ausgleichsfähigen, entgangenen Barbeiträge zum personenbezogenen Bedarf aus. 3130

U.a. ist auf das Alter betroffener Kinder zu achten. Jahresaltersstufen sind denkbar von 0 bis 5 Jahre, von 6 bis 11 Jahre und ab 12 Jahre. 3131

Teilungsabkommen legen verschiedentlich Anteile der Hinterbliebenen am Nettoeinkommen ohne Berücksichtigung von fixen Kosten nach bestimmten Prozentsätzen fest, wobei diese selbst dann zur (konkreten) Abrechnung (nach der Rechtslage) gelten sollen, wenn ein vereinbartes Limit (Rn. 1667) überschritten wird.[153] Zu Lasten der Hinterbliebenen kann sich dies allerdings nicht auswirken, da andernfalls unstatthaft ein Vertrag zu Lasten herangezogen werden würde. 3132

Tipp Bei den **Bemessungszeiträumen** ist die von § 258 ZPO verlangte Verlässlichkeit zu beachten, Rn. 1305 ff. Nicht praktikabel und nicht sinnvoll ist die Festschreibung einer Sockelrente, indem als Teilleistungsbegehren die niedrigsten Prozentanteile am variablen Familieneinkommen angesetzt werden und dies mit einem restlichen Feststellungsbegehren verknüpft wird. Vielmehr ist auf Mittelwerte für einen gewissen (z.B. viereinhalbjährigen[154]) Beurteilungszeitraum zurückzugreifen. 3133

---

152 *OLG Koblenz* NJW-RR 2008, 511 = *OLGR Frankfurt* 2008, 342.
153 *OLG Köln* r+s 1993, 204.
154 *OLG Hamm* NJW-RR 1996, 1221.

3134 **Tipp** Zu grobe Durchschnittsquoten sind mit § 287 ZPO nicht in Einklang zu bringen.

3135 Ggfs. sind Anteile der Berechtigten zu erhöhen, wenn ein zunächst Berechtigter ausscheidet. Eine gleichmäßige Erhöhung der Anteile der verbleibenden Berechtigten drängt sich nicht zwangsläufig auf, kann aber zu rechtfertigen sein.

3136 Auf die Verteilung mit 40/30/je 15 (4-PH) für einen Zeitabschnitt, kann für den nächsten Zeitabschnitt die Verteilung über 45/35/20 (3-PH) und schließlich nach dem Ausscheiden des letzten Abkömmlings die Verteilung 55% (Getöteter)/45% (Witwe) folgen, beachte dabei Rn. 3138, 3145. Zum 4-PH kann aber auch zum Zweck der einheitlichen Betrachtung der Eigenanteil des verstorbenen Ehemanns und Vaters mit 33% angesetzt werden neben dem durchschnittlichen (gemittelten) Anteil der Witwe von 27% und den auf das Alter ausgerichteten Anteilen der Kinder von 23% und 17%.[155]

(1) Ehepartner untereinander

3137 Ehegatten haben Anspruch auf Unterhalt nur in demjenigen Umfang, der den bisherigen ehelichen Lebensverhältnissen entspricht.[156]

3138 ▶ Zwischen Ehegatten und unterhaltsrechtlich gleich gestellten Partnern einer eingetragenen Lebenspartnerschaft bestimmt grundsätzlich das Prinizp der gleichen Teilhabe – der **Halbteilungsgrundsatz** – die Unterhaltsquote. ◀

3139 Zu **Erwerbseinkünften** aus nichtselbstständiger Arbeit muss – so der *BGH*[157] – ein kleiner **Zuschlag** von etwa 5% gegenüber dem Ansatz für den haushaltsführenden Partner vorgesehen sein. Auf den Familienunterhalt im modernen Verständnis blickt dieser Zuschlag nicht. Zur Aufteilung zwischen Ehe- und Lebenspartnern bei intakten Familienverhältnissen, die der Schädiger zerstört, kann auch zu den künftigen Unterhaltsbeträgen, die schadensrechtlich auszugleichen sind, nicht mehr wegen geldwerter Ersparnisse durch den Haushalt der Bedarf für den hinterbliebenen Partner geringer angesetzt werden als für den unterhaltspflichtigen Partner, wie es indessen schadensrechtlich auch der Ansatz der fixen Kosten zu Gunsten des Hinterbliebenen auffängt.

3140 Ein Zuschlag von 5% entspricht der unterhaltsrechtlichen Pauschale für berufsbedingte Aufwendungen[158], insbesondere wegen berufsbedingter Kosten für den Einsatz eines Pkws. Höhere berufsbedingte Aufwendungen sind konkret nachzuweisen, wie es vor allem bei einer anzurechnenden Barersparnis (Rn. 3394) wesentlich sein kann, beachte auch Rn. 2242.

3141 Selbst bei einem so bereinigten Einkommen bemisst die Unterhaltsrechtsprechung für die Fälle gestörter Familienverhältnisse (Trennung, Scheidung) herkömmlich den **Erwerbstätigenbonus** zusätzlich mit $1/7$.[159] Verschiedentlich wird der Erwerbstätigenbonus (Arbeitsanreiz) auf $1/10$ ermäßigt, Erwerbseinkünfte werden so nur zu 90%[160] angesetzt, nachdem der *BGH*[161] den Bonus von $1/7$ neben der Pauschale von mindestens 5% neben festgestellter Fahrtkosten von 56,00 DM für nicht unproblematisch gehalten hat.[162] Um solche Begünstigungen der Erwerbseinkünfte geht es indessen beim Familienunterhalt und zum Schadensausgleich nach Zerstörung der intakten Fami-

---

155 *OLG Hamm* NJW-RR 1996, 1221.
156 *OLG Koblenz* NJW-RR 2008, 511 = *OLGR Frankfurt* 2008, 342.
157 *BGH* VersR 1987, 507 = DAR 1987, 220.
158 *OLG Brandenburg* ZfS 1999, 330, 332.
159 *OLG Düsseldorf* NJW 1999, 1721.
160 *OLG Karlsruhe* NJW 1999, 1722, 1723 m.w.Nachw.
161 *BGH* NJW 1998, 2821, 2822.
162 Zum Problem des Vorwegabzugs und dann der (weiteren) Abweichung vom Halbteilungsgrundsatz durch einen Erwerbstätigenbonus im Verhältnis zwischen Ehegatten beachte *Röthel* in FamRZ 2001, 328 ff.

lie wegen Ausfalls des Barunterhalts nicht. Für den Familienunterhalt (Rn. 3019) ist ein Erwerbstätigenbonus nicht zu gewähren und gilt der Halbteilungsgrundsatz uneingeschränkt (s. auch Rn. 3145), also bei Erwerbstätigkeit eines Partners oder beider Ehe-, Lebenspartner.

Eine etwaige wirtschaftliche Begünstigung des hinterbliebenen Partners im Verhältnis zum Schädiger, der sich auf einen Betreuungsunterhaltsschaden ersparte Barbeiträge anrechnen lassen muss, darf aber auch nicht übersehen werden. 3142

Kindergartenkosten sind grundsätzlich keine berufsbedingten Aufwendungen des betreuenden Elternteils[163]; s. auch Rn. 3094. 3143

Der (bedingt pfändbare) **Taschengeldanspruch** des haushaltsführenden, nicht erwerbstätigen oder geringer verdienenden Partners[164] als Teilhabe am Einkommen des mehr verdienenden Partners zur eigenen Verfügung außerhalb des Alltagsbedarfs (mit 5% bis 7% des zur Verfügung stehenden Nettoeinkommens bei ausreichenden Familieneinkünften) muss Einfluss darauf nehmen, ggfs. einen **Freibetrag** zugunsten des Berechtigten aus den eigenen, geringeren Einkünften herauszurechnen (Rn. 3263). Den Selbstbehalt der getöteten Person um einen solchen Taschengeldansatz zu erhöhen, stünde im Widerspruch zu den Intentionen des Taschengeldes, die Verfügungskraft zu stärken. 3144

Jedenfalls weil sich Bonus und Taschengeld gegenüberstehen, sollte es bei intakten Familienverhältnissen, in die der Schädiger eingegriffen hat, für den Barunterhaltsschaden beim Halbteilungsgrundsatz bleiben. Quotenverschiebungen innerhalb der Familie müssen zudem vermieden werden (Rn. 3167). Solange der *BGH* allerdings seine schadensrechtliche Rechtsprechung nicht ändert oder präzisiert, muss wohl der Zuschlag für die erwerbstätige Person beachtet werden, von dem der für das Deliktsrecht zuständige Senat des *BGH*[165] spricht. 3145

Wird der Zuschlag als Erwerbstätigenbonus verstanden, sollte zum Schadensausgleich in der **Alleinverdienerpartnerschaft** maximal von einer relativ um 5% erhöhten Quote des erwerbstätigen Partners ausgegangen werden. Eine auf 10% verbesserte Quote verschlechtert die anderen Familienangehörigen innerhalb des Familienunterhalts ohne rechtfertigenden Grund. Dem allein erwerbstätigen Ehemann, der sein Einkommen unter erheblichem Einsatz von Überstunden und Nachtarbeit erwirbt und schwere körperliche Arbeit leistet, soll allerdings aus diesem Grund sogar ein erhöhter Eigenverbrauch an Lebensmitteln, Kleidung, Genussmitteln, Freizeitvergnügen zuzubilligen sein gegenüber der den kinderlosen Haushalt führenden Frau und Witwe. Dies meint jedenfalls das *OLG Düsseldorf*[166] noch in den 90er Jahren und kommt so zu 60% für den Ehemann und bloß 40% für die Ehefrau. Dem ist zu widersprechen. 3146

Bei **Doppelverdienern** oder **Rentnern** ist mit $1/1$[167] zu verteilen wegen des Grundsatzes der gleichmäßigen, hälftigen Teilhabe. Unterschiedlich hohen Einkünften der Partner tragen die Besonderheiten zur Berechnung bei der Doppelverdienerpartnerschaft (Rn. 3262 ff.) Rechnung und zwar mit den verhältnismäßigen Anteilen am personenbezogenen Bedarf und an den fixen Kosten (Rn. 3269). 3147

Bei der Ehe oder eingetragener Lebenspartnerschaft arbeitsfähiger erwerbsloser oder arbeitsunfähiger Personen ist ebenfalls wegen gleichmäßiger Teilhabe mit 1:1 anzusetzen. 3148

---

163 *BGH* NJW 2008, 2337, Vorinstanz *OLGR Nürnberg* 2005, 845 = FamRZ 2006, 642.
164 *BGH* NJW 1998, 1553 und NJW 2004, 2450 = JZ 2004, 1132.
165 *BGH* VersR 1987, 507 = DAR 1987, 220.
166 R+s 1992, 375 = NZV 1993, 473. Für diese Quote auch *BGH* VersR 1976, 877.
167 *BGH* VersR 1983, 725 = NJW 1983, 2315; VersR 1984, 79, 81; VersR 1984, 961 = NJW 1985, 49.

3149 Quoten zu Erwerbseinkünften im Verhältnis zwischen Ehepartnern oder Partnern einer eingetragenen Lebenspartnerschaft:

Alleinverdienerehe, -partnerschaft

		oder	kaum noch
Erwerbstätiger Partner	52,5%	55%	60%
Nichterwerbstätiger Partner	47,5%	45%	40%

Nach der hier vertretenen Ansicht ist schon bei der intakten, vom Schädiger zerstörten Alleinverdienerehe vom Halbteilungsgrundsatz mit dem Schlüssel 1:1 auszugehen. Auch die Problematik eines Vorteilsausgleichs bei der Anrechnung ersparter Baranteile (Rn. 3399) rechtfertigt es nicht, den Grundsatz zu verschieben. Innerhalb der Erwägungen der Anrechnung, d.h. der Erfassung einer realen wirtschaftlichen Ersparnis, hat die Korrektur zu erfolgen.

Doppelverdienerehe, -partnerschaft

Erwerbstätiger Partner	50%
Erwerbstätiger Partner	50%

In der **Zuverdienerpartnerschaft** mit einer geringfügigen Beschäftigung des primär den Haushalt führenden Partners ist im Einzelfall zu hinterfragen, ob wie bei Doppelverdienern die Baranteile 1/1 zu verteilen sind oder eine andere als die hälftige Quotenverteilung angemessen ist, Rn. 3263.

Rentnerehe oder Erwerbslosigkeit beider Partner

Partner 1	50%
Partner 2	50%

3150 ▶ Bei **anderen als Erwerbseinkünften** ist in Anlehnung an unterhaltsrechtliche Erwägungen – im Rahmen des Abgleichs mit dem Unterhaltsrecht – der **Halbteilungsgrundsatz** stets zu beachten, Rn. 3138 ff. Eine Herabsetzung im Vergleich zur hälftigen Beteiligung ist besonders zu begründen. ◀

(2) Kinder

3151 ▶ Einem Kind darf nicht ohne weiteres und stets eine Quote an dem vom Getöteten erzielten Einkommen zugewiesen werden, ohne festzustellen, in welchem Umfang es ohne den Tod des Unterhaltsverpflichteten nach der Lebensstellung der Familie Anspruch auf Unterhalt gehabt hätte,[168] Rn. 3118 ff. ◀

3152 Unterhaltsbedürftig ist nur der Abkömmling, der außerstande ist, sich selbst zu unterhalten (§ 1602 Abs. 1 BGB). Nur solche Abkömmlinge dürfen überhaupt berücksichtigt werden. Reichen eigene Einkünfte aus, um den Bedarf zu decken, besteht in diesem Umfang kein Unterhaltsbedarf, worauf zur Verteilung der verfügbaren Einkünfte zu achten ist.

3153 Bei Kindern ist stets die Altersgruppe angemessen zu berücksichtigen, aber nicht zwingend die **Altersstufe** zum **Regelbetrag** maßgebend.[169]

3154 Für das 14-jährige Kind und das 2-jährige Kind dürfen nicht gleiche Quoten von 22,5%[169] gewählt werden. Der Ansatz von 22,5% für das 2-jährige Kind ist überhöht.

3155 Bis zum 11. Lebensjahr kann für ein Kind mit Anteilen zwischen 15% und 20%[170] und ab dem 12. Lebensjahr mit 23,5% bzw. ab dem 13. Lebensjahr mit 25%[170] gerechnet werden.

---

168 *OLG Koblenz* NJW-RR 2008, 511 = *OLGR Frankfurt* 2008, 342.
169 *BGH* VersR 1987, 1244 = FamRZ 1987, 37.
170 *OLG Karlsruhe* SP 2006, 271.

Quotentabelle[171] von *Eckelmann/Nehls*:[172]				3156
Familien mit Kindern im Alter	1 Kind	2 Kinder	3 Kinder	
bis 5 Jahren	16%	je 15%	je 14%	
von 6 bis 11 Jahren	20%	je 20%	je 19%	
ab 12 Jahre	25%	je 23,5%	je 19%	

Vorschlag zu Quotenanteilen von Kindern: In Anlehnung an vorstehende Quotentabelle und unter Beachtung des Umstandes, dass der *BGH* den durchschnittlichen Ansatz von 15% pointiert[173] akzeptiert, werden hier gerundete Quotenanteile vorgeschlagen: 3157

Kinder	bis 5 Jahre	bis 12 Jahre	ab 12 Jahre
1 Kind	15%	20%	23,5%

Eine Quote von 23,5% liegt am ehesten bei relativ bescheidenen Einkunftssituationen nahe.[174]

2 Kinder,	je 14%	19%	23,5%
3 Kinder,	je 14%	19%	20%

Meist wird der Anteil eines Kindes nicht über 20% liegen dürfen.

In Leistungs(renten)form kann Kindern der Unterhaltsersatz nur zuerkannt werden, wenn und soweit im Voraus der Unterhaltsbedarf mit hinreichender Wahrscheinlichkeit erkannt und beurteilt werden kann. Regelmäßig scheidet deshalb ein Leistungsurteil für die Zeit nach dem 18. Lebensjahr aus, s. auch Rn. 1306. Über das in einem etwa weiter gehenden Leistungsantrag als wesensgleiches Minus enthaltene Feststellungsbegehren ist dann freilich von Amts zu entscheiden.[175] 3158

(3) Familien mit Kindern

Wird im Haushalt mit **Kindern vorab** deren Unterhaltsanteil – ggfs. unter Beachtung einer gewissen „Sättigung" (Rn. 3120), eigener Erwerbseinkünfte (Rn. 3215) oder/und anrechenbarer (§ 1602 Abs. 2 BGB) Vermögenserträge – bestimmt, wird deren Unterhaltsbedürftigkeit betragsmäßig Rechnung tragen. Die nach Abzug des bezifferten Kindesbedarfs verbleibenden verfügbaren Einkünfte sind sodann (beachte auch Rn. 3233) angesichts des Prinzips der gleichmäßigen Teilhabe zwischen den Ehegatten nach Maßgabe vorstehender Quoten (Rn. 3149) zu verteilen. 3159

Für die Verteilung der verfügbaren Einkünfte innerhalb einer Familie mit Kindern **ohne Vorabzug** des Kindesbedarfs ist zu bedenken, dass sich Unterschiede ergeben können je nach der Differenzierung zwischen den Ehegatten (Erwerbstätigkeit, Nichterwerbstätigkeit) und nach dem Alter der Kinder. 3160

---

171 *BGH* VersR 1987, 507 = DAR 1987, 220: Welche Quoten der Tatrichter zugrunde legt, unterliegt seinem Schätzungsermessen. *BGH* VersR 1986, 264 = NJW 1986, 715: Mit der Quotentabelle muss sich der Tatrichter nicht auseinandersetzen.
172 NJW 1984, 947.
173 *BGH* VersR 1986, 264 = NJW 1986, 715; 35% bei Doppelverdienern und je 15% für den wegen eines Studiums erhöhten Unterhaltsbedarf zugunsten zweier Abkömmlinge setzt *OLG Brandenburg* NZV 2001, 213, 215 an.
174 *BGH* VersR 1988, 954 = NJW 1988, 2365.
175 *BGH* NJW 2007, 506 = VersR 2007, 263 = FamRZ 2007, 385 = DAR 2007, 201 = ZfS 2007, 263.

3161 **Quotentabelle für Familien mit Kindern:** Ohne spezifische Beachtung des Kindesalters sind für die **Alleinverdiener-, Haushaltsführungspartnerschaft** grundsätzlich folgende, auf den Einzelfall auszurichtende Quoten (Schlüssel) für Arbeits-, Erwerbseinkünfte denkbar (zu Doppelverdienern s. Rn. 3272):

	3-PH	evtl.	nur früher	4-PH	evtl.	evtl.	evtl.	5-PH	evtl.	evtl.
Erwerbstätiger Partner	42,5%	45%	50%	40%	38%	37,5%	35%	30%	30%	24%
Haushaltsführender Partner	37,5%	35%	35%	30%	34%	32,5%	31%	25%	25%	19%
Der Anteil eines haushaltsführenden Ehegatten von (nur) 37,5% liegt schon an der unteren Grenze.[176]										
Kind 1	20%	20%	15%	15%	14%	15%	20%	22,5%	15%	19%
Kind 2				15%	14%	15%	14%	22,5%	15%	19%
Kind 3								22,5%	15%	19%

3162 Es bedarf aus den nachstehend geschilderten Gründen zur Betrachtung der Quoten in der Familie freilich dann, wenn ein Bonus einfließen soll (Rn. 3141, 3145), einer rechnerischen Korrektur für die Verteilung zwischen den Partnern. Diese Korrektur ist auf den nach dem Abzug der für das Kind oder die Kinder noch zu verteilenden (Bar-) Anteil auszurichten.

3163 Für die Quotierung innerhalb der Familie wird meist von der Quote für das Kind oder für die Kinder ausgegangen und dann die Quote der Eltern ermittelt. Für die Eltern zeigt sich also rechnerisch eine gesamte (gemeinsame) Quote (Ehegatten, -partnerquote) bei der schlichten Formel: 100% abzüglich Kindesquote(n). Sodann wird zwischen den Partnern aufgeteilt, ggfs. mit einem Zuschlag (Bonus) von 5% oder 10%, früher auch von 15% für einen Partner (s. Tabelle Rn. 3161).

3164 **Berechnungsformel zur Ermittlung von Unterhaltsquoten für die Elternteile nach Quoten für die berücksichtigungsfähigen Kinder:**

	A	B	C
1	Gesamtbedarf der Familie	1	
2	Quote Kind 1		....
3	Quote Kind 2		....
4	verbleibende Quote für Ehegatten (Ehegatten, Elternquote)	= B1-C2-C3	
5	Bonus	....	
6	Quote des erwerbstätigen (bonusberechtigten) Partners		=((B4-B5)/2)+B5
7	Quote des nichterwerbstätigen Partners		=(B4-B5)/2

3165 Eine **Quotierung** für die Partner **nebeneinander** mit einem Bonus der erwerbstätigen Person führt für die Partner untereinander bezogen auf die für die Gemeinschaft verfügbaren Einkünfte relativ gesehen zu einer **Verschiebung** gegenüber dem Bonus nur für das Verhältnis der Partner untereinander und zwar **zugunsten des erwerbstätigen Ehegatten**.

---

[176] *BGH* Beschl. v. 24.9.1991, VI ZR 388/90.

	Quote in der Familie	Bonus	Relative Quote	Relativer Bonus	Quote zwischen Partnern	Korrektur	Direkt korrigierte Quote	weitere Korrektur wegen der Basisgröße (Addition bzw. Subtraktion)	Korrekturfaktor insgesamt	Korrigierte Quote in der Familie
Erwerbstätiger Partner	42,50%	5,00%	53,125%	6,25%	52,50%	−0,625%	41,88%	0,125%	−0,5%	**42,00%**
Haushaltsführender Partner	37,50%		46,875%		47,50%	0,625%	38,125%	0,125%	0,5%	**38,00%**
Summe	80,00%		100,00%		100,00%					
	(wie 100% abzüglich Quote für Kind/Kinder)	Relativer Bonus in der Familie:		Überhöhter Bonus	Bonus zwischen den Partnern:		Relativer Bonus:			Relativer Bonus:
		4%		1,250%	5,00%		3,75%			4,00%

3166

Die Quotenverschiebung zum Bonus wirkt sich für den hinterbliebenen erwerbstätigen Partner bei einem Vorteilsausgleich angesichts des Entgangs der Hausarbeit (Haushaltsführung, Rn. 3394) günstig aus. **3167**

Nach der hier vertretenen Ansicht sind Quoten für die Partner in der Erwerbstätigen-, Alleinverdiener- bzw. Hausfrauengemeinschaft jedoch stets einheitlich zu handhaben und zwar mit 1:1 oder 52,5%:47,5%, solange ein Bonus von 5% angenommen wird, oder 55%:45% bei einem Bonus von 10% (beachte zu einem Bonus überhaupt Rn. 3138 ff. und Rn. 3145). **3168**

Die Überprüfung einer Quotenverschiebung zum Nachteil oder Vorteil einer anspruchsberechtigten Person ermöglicht die Onlineversion. **3169**

Tipp Ohne Korrektur der Quoten für die Partner kommt es insbesondere in Anrechnungsfällen (s. Rn. 3237, 3238) dazu, dass der Schadensersatzbetrag deutlich reduziert wird. In anderen Fällen verschiebt sich ohne die Korrektur jedenfalls innerhalb der Familie das Anspruchsrecht. **3170**

Veränderte Quoten führen selbstverständlich auch zu veränderten anteiligen fixen Kosten, wenn die Relation der Unterhaltsanteile gewahrt bleiben soll, Rn. 3187. **3171**

5 Ausfall von Barbeiträgen (Barunterhaltsschaden)

3172

Einfluss der Quotenverschiebung:

				Berechnung mit Quoten in der Familie:		Berechnung mit Quoten untereinander:		Berechnung mit korrigierten Quoten:	
Nettoeinkünfte getötete Person		1.800,00							
Fixkosten		500,00							
Verfügbare Einkünfte		1.300,00	Anteil getötete Person	42,50%	552,50	Verfügbar für Eltern	1.040,00	Anteil getötete Person	
Anteil Kind	1/5	260,00	Anteil Witwe/r	37,50%	487,50				52,50%	546,00	42,00%	546,00
Anteil Fixkosten Kind	2/5	200,00	Anteil Fixkosten Witwe/r	3/5	300,00	Anteil Witwe/r		47,50%	494,00	38,00%	494,00
						Anteil Fixkosten Witwe/r		60,00%			300,00
Ersatzanspruch Kind (mtl.)		**460,00**	Ersatzanspruch Witwe/r (mtl.)		**787,50**	Ersatzanspruch Witwe/r (mtl.)			**794,00**		**794,00**
Schädiger zahlt insgesamt (mtl.):					**1.247,50**	**Schädiger zahlt dann insgesamt (mtl.):**			**1.254,00**		**1.254,00**
						Differenz			6,50		6,50
						wie	0,50%	von	1.300,00		6,50
						oder	0,625%	von	1.040,00		
Gesamtbaranteile in der Familie		100,00%				Anteil für beide Eltern	80,00%	Gesamtanteile für Partner	100,00%		

Den Berechnungsgang zeigt die Onlineversion, die zudem eigene Berechnungen ermöglicht. 3173

Die Onlineversion ermöglicht auch die Bestimmung angemessener Unterhaltsquoten für die Familienangehörigen mit und ohne Berücksichtigung der Quotenverschiebung bei einheitlicher Schadensberechnung. 3174

f) Entgangener personenbezogener Barbeitrag

Der zum personenbezogenen Bedarf entgangene Unterhalt zeigt sich durch die Multiplikation der Quote mit den verfügbaren Einkünften. 3175

Berechnungsformel:	3176
Zwischenergebnis zu 4. (Rn. 3115) × Unterhaltsquote = (entgangener) personenbezogener Unterhalt	

g) Entgangener Beitrag zu Fixkosten, Fixkostenanteile

Grundsätzlich sind die fixen Kosten (Rn. 3084) **ungekürzt** anzusetzen.[177] 3177

Die Fixkosten können im Einzelfall aber auch nur in einem **reduzierten** Umfang zu berücksichtigen sein. So kann ein Abschlag von den ursprünglichen Kosten innerhalb des Grundbedarfs bei der Wohnung, aber auch bei den Nebenkosten und z.B. Informationskosten möglich sein. Ein **quantitativer** Verzicht ist u.U. zumutbar, so dass im Falle einer obliegenheitswidrigen Fortsetzung der bisherigen Nutzung und Lebensweise der Ansatz fixer Kosten dementsprechend zu reduzieren sein kann. Eine Qualitätseinbuße ist aber niemals zumutbar. 3178

Ggfs. ist auch ein **erhöhter** Betrag zu berücksichtigen, z.B. wenn statt einer günstigen Dienstwohnung eine vergleichsweise teurere Wohnung angemietet werden muss. 3179

Dem Tatrichter obliegt nach Maßgabe des § 287 ZPO die Entscheidung, ob bei Berechnung der fixen Kosten einer etwaigen durch den Wegfall der getöteten Person eingetretenen spürbaren Ermäßigung der früheren für die Haushaltsführung insgesamt angefallenen Aufwendungen durch einen pauschalen Abschlag oder durch eine vollständige Neuberechnung der nach Maßgabe des fortdauernden Bedarfs der Hinterbliebenen konkret zu ermittelnden festen Kosten Rechnung getragen wird.[178] 3180

Aufteilung der Fixkosten

Der auf mehrere Hinterbliebene entfallene Ausgleichsbetrag zu den fixen Kosten ist zwischen ihnen aufzuteilen. Das Gericht darf - statt die Leistungen des Unterhaltsverpflichteten im Einzelnen auf die Leistungsempfänger zu verteilen – i.S.d § 287 ZPO schätzen und einen Mittelwert berücksichtigen.[179] 3181

Die Aufteilung der fixen Kosten darf nicht mit der Unterhaltsquote unter Einschluss der getöteten Person vorgenommen werden. 3182

---

177 *BGH* VersR 1966, 588 und VersR 1967, 756, 757.
178 *BGH* VersR 1986, 39 = DAR 1986, 53; VersR 1986, 264 = NJW 1986, 715.
179 *BGH* NJW 2007, 506 = VersR 2007, 263 = FamRZ 2007, 385 = DAR 2007, 201 = ZfS 2007, 263.

3183 ▶ Die Aufteilung der fixen Kosten zwischen mehreren geschädigten Familienangehörigen bezieht sich auf die anteilige **Anspruchsberechtigung** innerhalb der Gesamtverpflichtung des Schädigers und spiegelt ihre Bedarfs-, Versorgungsquote wider. ◀

3184 Der Anteil eines Elternteils muss – wie die Rechtsprechung fordert - regelmäßig höher sein als der Anteil eines Abkömmlings.[180]

3185 ▶ **Kopfanteile** sind nur ausnahmsweise und unter besonderer Begründung möglich. ◀

3186 **Anteile an festen Kosten:**

	Hinterbliebener Ehegatte	Kind 1	Kind 2	Kind 3
red. 3-PH				
	2/3	1/3[181]		
	60%	40%		
	70%	30%[182]		
	75%		25%	
red. 4-PH				
	50%	25%	25%[183]	
	40%	30%	30%	
	1/3	1/3	1/3	
red. 5-PH				
	40%	20%	20%	20%

3187 Zur Aufteilung wird nach teilweise vertretener Ansicht das Verhältnis der Unterhaltsanteile der Hinterbliebenen untereinander[184] herangezogen. Bezugsgröße ist dann die Summe der Quoten der Hinterbliebenen. Die jeweiligen Anteile zeigen sich durch Multiplikation der jeweiligen Unterhaltsquote mit dieser Bezugsgröße, Berechnungsfomel: Eigene Unterhaltsquote des hinterbliebenen Angehörigen/Summe der Unterhaltsquoten aller hinterbliebenen Angehörigen.

3188 *Die Onlineversion ermöglicht eigene Berechnungen.*

3189 Veränderte wirtschaftliche Verhältnisse können ebenso wie veränderte familiäre Verhältnisse gebieten, unterschiedliche Fixkostenanteile für verschiedene Berechnungszeiträume zu berücksichtigen.

---

180 *BGH* VersR 1988, 954 = NJW 1988, 2365.
181 *BGH* VersR 1972, 176 = NJW 1972, 251 nach dem Verhältnis der Unterhaltsquoten in der Familie mit 4:4:2 über das Zwischenverhältnis der Hinterbliebenen mit 4/6 zu 2/6.
182 *OLG Zweibrücken* VersR 1994, 613 = NZV 1994, 613 m. *BGH* NA-Beschl. v. 26.10.1993.
183 *BGH* VersR 1988, 954 = NJW 1988, 2365, wenn die Kinder altersmäßig dicht beieinander liegen; s. auch *BGH* VersR 1990, 317 = DAR 1990, 55; *LG Ravensburg* ZfS 1998, 171; mit 70% und 15% rechnet *OLG Brandenburg* NZV 2001, 213, 215 wegen des nur noch gelegentlichen Aufenthalts der Kinder in der elterlichen Wohnung.
184 *BGH* VersR 1972, 166 = NJW 1972, 251; VersR 1986, 39.

Pauschalierende Berechnung 5

	Unterhaltsquoten in der Familie für die **Zeit vom... bis ...:**	**Einzelanteile an den Fixkosten** nach der Relation der Unterhaltsquoten dementsprechend	Quotenanteile hinsichtlich der ersatzfähigen fixen Kosten als Mittelwerte z.B. jedoch:	*Differenz bei der Einschätzung der Fixkostenanteile*	3190
Hinterbliebener Ehepartner (Lebenspartner)	**30,88%**	**47,60%**	70,00%	−22,40%	
Kind 1	**20,00%**	**30,83%**	15,00%	15,83%	
Kind 2	**14,00%**	**21,58%**	15,00%	6,58%	
Summen:	64,88%	100,00%	100,00%		
Barunterhaltsanteil der getöteten Person	35,12%				
absoluter Bonus zu Gunsten der getöteten Person (vgl. Rn. 3162, 3173)	4,24%				

	Unterhaltsquoten in der Familie für die **Zeit vom... bis ...:**	**Einzelanteile an den Fixkosten** nach der Relation der Unterhaltsquoten dementsprechend	Quotenanteile hinsichtlich der ersatzfähigen fixen Kosten als Mittelwerte z.B. jedoch:	*Differenz bei der Einschätzung der Fixkostenanteile*
Hinterbliebener Ehepartner (Lebenspartner)	**38,00%**	**65,52%**	2/3	−1,15%
Kind 1		nicht mehr unterhaltsberechtigt		
Kind 2	**20,00%**	**34,48%**	1/3	1,15%
Summen:	58,00%	100,00%	100,00%	
Barunterhaltsanteil der getöteten Person	42,00%			
absoluter Bonus zu Gunsten der getöteten Person (vgl. Rn. 3162, 3173)	4,00%			

Die Onlineversion ermöglicht Kontrollberechnungen für bis zu 3 Zeiträume beim red. 3-PH bis zum red. 5-PH. 3191

3192 Das **nichteheliche Kind**, das in **Haushaltsgemeinschaft** mit seinen nicht verheirateten Eltern gelebt hat, hat nach Tötung seines alleinverdienenden Vaters nur einen Anteil an fixen Kosten neben seiner Mutter (von z.B. 1:2), sein Anteil darf – wie der *BGH*[185] meint – nicht um den auf den betreuenden Elternteil entfallenden Anteil an fixen Haushaltskosten erhöht werden, obwohl der betreuende Elternteil (gar) keinen gesetzlichen (fiktiven) Unterhaltsanspruch hat.

h) Schadensberechnung und Vorteilsausgleich

3193 Kommen in Folge der Tötung den Hinterbliebenen Geldwerte zugute, stehen Fragen des Vorteilsausgleichs (Rn. 658 ff.) an.

aa) Erwerbseinkünfte

3194 Auf den Schadensersatzanspruch einer Waise nach der Tötung des allein barunterhaltspflichtigen Ehegatten sind Anteile aus einem Erwerbseinkommen des hinterbliebenen Ehegatten grundsätzlich nicht anzurechnen. Anders ist es, wenn die Witwe ein ererbtes Unternehmen, aus dem der Unterhalt der Familie bestritten worden ist, weiterzuführen verpflichtet ist. Unerheblich bleibt es, ob ein überlebender Elternteil nach § 1626 BGB zur unentgeltlichen Vermögensverwaltung verpflichtet ist oder den Kindern gegenüber auf eine Vergütung verzichtet.

3195 Der *BGH*[186] hat beanstandet, dass der Wert einer geschäftsführenden Tätigkeit eines Elternteils in vollem Umfang einbezogen worden ist. Der Wert der Arbeitsleistung hat nicht den Einkünften aus dem Nachlass zugeordnet werden dürfen. Zu einer unentgeltlichen Ausübung der Tätigkeit als Geschäftsführer ist der hinterbliebene Ehegatte dem Schädiger gegenüber nicht verpflichtet gewesen.

3196 Als Vorteil ist auf den Unterhaltsschaden der Gegenwert der **Geschäftsführertätigkeit** des Erben oder Miterben anzurechnen – auch als Ertrag aus dem ererbten Erwerbsgeschäft –, wenn die Geschäftsführung im Rahmen des unter Berücksichtigung von Alter, Gesundheit und Lebensstellung sowie sonstiger Aufgaben Zumutbaren liegt und dadurch zumutbare Einnahmen aus der Verwertung der Arbeitskraft erzielt werden.

3197 **Neue Erwerbseinkünfte** des Hinterbliebenen verringern den vom Schädiger zu ersetzenden Betrag, soweit die Erwerbstätigkeit und die Anrechnung zumutbar sind. Es soll dann nicht abzurechnen sein wie bei einer Doppelverdienerehe[187], sondern im Wege des Abzugs. Die geänderte unterhaltsrechtliche Rechtsprechung (Rn. 2556, 3373) zum Einfluss der nach einer Scheidung aufgenommenen oder ausgeweiteten Erwerbstätigkeit des unterhaltsberechtigten Partners auf die Berechnung des Unterhaltsschadens mit dem Wechsel zur Differenzmethode führt indessen dazu, im Fall der Tötung des Unterhaltspflichtigen neue Einkünfte im Wege der Differenz- bzw. Additionsmethode zu berücksichtigen und den hinterbliebenen, früher haushaltsführenden Partner wirtschaftlich günstiger zu stellen als bei voller Anrechnung.

3198 Für erreichbare, aber nicht erzielte wirtschaftliche Beträge kann die Obliegenheit zur Schadensminderung zu beachten sein (Rn. 3247).

3199 Der *BGH*[188] lehnt es ab, die für einen neuen Lebenspartner ohne Eheschließung **erbrachte Hausarbeit** auf den Unterhaltsschaden anzurechnen. Die zumutbare Hausarbeit ist jedoch genauso zu behandeln wie eine Aktivität auf dem Arbeitsmarkt, bemessen und bewertet nach den vorgestellten Regeln zur Hausarbeit, Rn. 2173, 2641 ff. Problematisch ist allein der Umstand, dass die

---

185 *BGH* NJW 2007, 506 = VersR 2007, 263 = FamRZ 2007, 385 = DAR 2007, 201 = ZfS 2007, 263.
186 *BGHZ* 58, 14 = VersR 1972, 391.
187 *OLG Nürnberg* NZV 1997, 439.
188 *BGHZ* 91, 357 = VersR 1984, 936 = NJW 1984, 2510; kritisch *Dunz* in VersR 1985, 509; *Lange* in JZ 1985, 90.

Pauschalierende Berechnung 5

Hausarbeit unentgeltlich geleistet wird. Zumindest ist in einschlägigen Fällen nach der hier vertretenen Ansicht bei wirtschaftlicher Leistungsfähigkeit des neuen Partners ein angemessener Wert für die dem neuen Partner zugute kommende Arbeit anzusetzen. In Fortentwicklung der *BGH*-Rechtsprechung (Rn. 1596, 2989) sollte eine weitergehende Anrechnung erfolgen.

Nach der höchstrichterlichen Rechtsprechung sind im Fall einer quotierten Forderung wegen **Mithaftung** zum Grund (Rn. 442, 3422) Erwerbseinkünfte u.U. auf den nicht ersetzten Schadensteil zu verrechnen. Nur ein überschießender Betrag ist – im Ergebnis – zusätzlich zu berücksichtigen, also entweder auf den höheren Mithaftbetrag oder den höheren Vorteilsbetrag abzustellen. 3200

Die Billigkeitsrechtsprechung verändert und relativiert die Unterschiede zwischen der Anrechnungsmethode und der Additionsmethode, da sie (nur) den höheren Betrag (Vorteil bzw. Ersparnis oder Mithaftungsanteil) anrechnet. Zudem stellt sie auf den Gesamtentgang ab, der bei der Additionsbetrachtung niedriger ist als bei der reinen Anrechnung, wenn darauf geachtet wird, den jeweils eigenen finanziellen Beitrag des Hinterbliebenen herauszurechnen. 3201

Berechnungsformel und -beispiel zur Anrechnung nach dem Tod des Unterhaltspflichtigen erzielter oder erzielbarer Einkünfte: 3202

Für den Familienunterhalt (den persönlichen Bedarf und die fixen Kosten) hypothetisch zur Verfügung stehende Nettoeinkünfte des getöteten Unterhaltspflichtigen	2.000,00				
Nettoeinkünfte Hinterbliebener	600,00				
Fixe Haushaltskosten insgesamt (ggfs. angepasst, s. Rn. 3083 ff.)	800,00				
Anrechnungsmethode		**Additionsmethode**		*Differenz (ggfs. monatlich!)*	
		Anteilige Fixkosten Getöteter	615,38		
		Anteilige Fixkosten Hinterbliebener	184,62		
Nettoansatz für den Familienunterhalt	2.000,00	Nettoansatz für den Familienunterhalt	2.600,00		
Freies hypothetisches Familieneinkommen	1.200,00	Freies hypothetisches Familieneinkommen	1.800,00		
Unterhaltsquote Hinterbliebener 47,50%	570,00	Unterhaltsquote Hinterbliebener 50,00%	900,00	330,00	
		abzgl. in dem Unterhaltsbetrag enthaltene eigene Beiträge des Hinterbliebenen	207,69		
		berücksichtigungsfähiger Beitrag des Getöteten	692,31		
Fixe Kosten in voller Höhe ersatzfähig:	800,00	Entgangene fixe Kosten	615,38		
Baruntehaltsschaden Hinterbliebener – **Gesamtentgang**	1.370,00	(Ggfs. Monatlicher) Barunterhaltsschaden (-rente) – (ersatzfähiger **Gesamtentgang**)	1.307,69	-62,31	
Nettoeinkünfte bzw. verfügbare (berücksichtigte) Nettoeinkünfte Hinterbliebener	600,00	Nettoeinkünfte des Hinterbliebenen als Ersparnis bzw. Vorteil	207,69	-392,31	-392,31
Differenz als **ersatzfähiger** (ggfs. monatlicher) **Schaden bei 100%-Haftung**	770,00	Ersatzfähiger (ggfs. monatlicher) **Schaden**	1.100,00	330,00	

5 Ausfall von Barbeiträgen (Barunterhaltsschaden)

Einfluss einer Mithaftung nach den Kriterien der Billigkeitsrechtsprechung

Mithaftungsquote	70,00%	also Haftungsquote: 30,00%		
Quotierte Ersatzforderung nach Anrechnung	231,00	(nur relevant, wenn es sich nicht um Erwerbseinkünfte handelt, Rn. 3430)	330,00	
A B E R Mithaftung als Anteil vom Gesamtentgang	959,00		915,38	-43,62
Quotierter Gesamtentgang (ohne Vorteilsausgleich bzw. Anrechnung und ohne Billigkeitsaspekt zu Erwerbseinkünften):	411,00		392,31	
Ausgleichsfähig kraft Billigkeit	411,00	**Ausgleichsfähig kraft Billigkeit**	392,31	-18,69
Vorteilsbetrag in Prozent: 43,80%		*Vorteilsbetrag in Prozent: 15,88%*		
Mithaftung als Quote wie oben: 70,00%		*Mithaftung als Quote wie oben: 70,00%*		
Differenz Mithaft und Vorteil: 359,00		*Differenz Mithaft und Vorteil: 707,69*		**348,69**
Hinweis: Bei einer verringerten Unterhaltsquote des Hinterbliebenen verändert sich selbstverständlich der Ausfallschaden dementsprechend.				

3203 Den relevanten Berechnungsgang gibt die Onlineversion wieder, die zudem eigene Berechnungen ermöglicht.

Berechnungsformel und -beispiel zum Einfluss von Einkünften des hinterbliebenen (vorher haushaltsführenden) Partners aus unzumutbarer Erwerbstätigkeit: 3204

		Hier für zutreffend erachteter Berechnungsgang (ohne Ansatz der Bareinkünfte des Hinterbliebenen)	Rechnerisch gleichwertiger Berechnungsgang mit anderem Wertungsansatz zu fixen Kosten	Unterschied	Rechtsfehlerhafte Berechnungsvariante
Für den Familienunterhalt (den persönlichen Bedarf und die fixen Kosten) hypothetisch zur Verfügung stehende Nettoeinkünfte des getöteten Unterhaltspflichtigen		2.000,00	2.000,00		2.000,00
Fixe Haushaltskosten insgesamt (ggfs. angepasst, s. Rn. 3178 ff.) bzw. anteilige fixe Kosten des Getöteten		800,00	615,38		800,00
mtl. (verfügbares) Nettoeinkommen Getöteter			1.384,62		
Einkünfte des Hinterbliebenen		nicht berücksichtigungsfähig			600,00
Nettoansatz für den Familienunterhalt		2.000,00	2.000,00		2.600,00
Für Unterhaltszwecke freies hypothetisches Einkommen		1.200,00	1.384,62		1.800,00
Unterhaltsquote und -anspruch Hinterbliebener	50,00%	600,00	692,31	−92,31	900,00
zuzüglich fixe Kosten (beigetragen vom Getöteten bzw. gekürzte fixe Kosten)	100,00%	800,00	615,38	184,62	800,00
Barunterhaltsschaden Hinterbliebener – **Gesamtentgang**		1.400,00	1.307,69	92,31	1.700,00
			Dem Hinterbliebenen wird auf diese Weise ein Eigenanteil an den fixen Kosten wegen der eigenen Einkünfte zugewiesen, obwohl die Einkünfte auf unzumutbarer Arbeit beruhen.		So werden die Einkünfte des Hinterbliebenen zur teilweisen Deckung der fixen Kosten für berücksichtigungsfähig erachtet, zugleich wird dem Hinterbliebenen aber ein Ersatz zu den eigenen Einkünften gewährt, vgl. Rn. 3438, 3440.
Mithaftungsquote	70,00%	also Haftungsquote: 30,00%			
Mithaftung als Anteil vom Gesamtentgang		980,00	915,38		1.190,00
Quotierter Gesamtentgang (kein Vorteilsausgleich bzw. keine Anrechnung)		420,00	392,31		510,00

Den Berechnungsgang gibt die Onlineversion wieder, die zugleich eigene Berechnungen ermöglicht. 3205

bb) Erbschaft

3206 Die Erbschaft, die dazu führt, dass keine Unterhaltsbedürftigkeit und deswegen kein Unterhaltsanspruch mehr besteht, bleibt dem Schädiger gegenüber unbeachtlich; beachte Rn. 3405, aber auch Rn. 3227 sowie zu Auszahlungen eines Guthabens Rn. 3072.

3207 Beweist der Schädiger keine andere Verwendung des Vermögens oder der Einkünfte, ist davon auszugehen, dass ohne das Schadensereignis dem unterhaltsberechtigten Erben der sich um die Erträgnisse ständig vermehrende Stamm des Vermögens ohnehin – wenn auch erst später – zugefallen wäre. Dementsprechend müssen sich erbberechtigte Hinterbliebene den **Stammwert** einer Erbschaft **nicht** anrechnen lassen, wenn ihnen die Erbschaft in gleichem Umfang bei einem natürlichen Tod des Verunglückten zugefallen wäre. Der Vermögensstamm ist nur zu berücksichtigen, wenn er oder Kapitalerträge schon vor dem Tod des Unterhaltspflichtigen zur Bestreitung des Unterhalts gedient haben und unverändert dazu dienen, Rn. 3210. Der *BGH* hat diesen Grundsatz 1974[189] deutlich herausgestellt. Zu Unrecht ist einer früheren Entscheidung[190] entnommen worden, Erträge[191] seien stets, der Vermögensstamm dagegen nicht auf den Unterhaltsanspruch anzurechnen.

cc) Drittleistungen, insbesondere Versicherungsleistungen

3208 Die durch den Tod des Unterhaltspflichtigen ausgelöste **Betriebsrente** ist nach der hier vertretenen Ansicht angesichts des Charakters der betrieblichen Altersversorgung unabhängig davon, wie die Beiträge gedeckt worden sind (allein aus dem Arbeitsentgelt mit Entgeltumwandlung oder vom Arbeitgeber finanziert oder als Mischform durch den Arbeitgeber und den Arbeitnehmer aufgebracht), nicht auf den Unterhaltsschaden Hinterbliebener anzurechnen. Denn jedenfalls der haftungsrechtliche Zusammenhang ist so „lose", dass er nach vernünftiger Lebensauffassung keine Berücksichtigung erfahren darf; vgl. Rn. 693, 703 sowie Rn. 2090. Die höchstrichterliche Rechtsprechung zum altersbedingten Vorruhestandsgeld aus arbeitsmarktpolitischer Motivation, Rn. 2306, spricht nicht dagegen. Zwischen einer Direktversicherung, der Ausführung durch ein Versorgungswerk oder der Einschaltung von Pensionsfonds, Pensionskassen ist insofern nicht zu unterscheiden. Eine vertragliche Abtretungspflicht betrifft – nur – das Innenverhältnis, nicht den Ersatzanspruch gegenüber dem Schädiger und der Haftpflichtversicherung. Leistungen aus einer **Risikolebensversicherung** sind nicht anzurechnen. Aus der vorsorgenden Spartätigkeit – gerade für den Fall eines vorzeitigen Ablebens zur wirtschaftlichen Sicherung der Hinterbliebenen – darf der Schädiger gegenüber dem Geschädigten keinen Nutzen ziehen.

3209 Die Rechtsprechung[192], nach der Erträgnisse einer dem Unterhaltsberechtigten ausgezahlten Summe einer Lebensversicherung auf den Erlebens- und Todesfall (sog. **Sparversicherung**) auf den Schadensersatzanspruch aus § 844 Abs. 2 BGB anzurechnen sein sollten, ist vor Jahrzehnten aufgegeben worden. Der BGH hält[193] die unterschiedliche Behandlung einer reinen Risikoversicherung und der gemischten Lebensversicherung nicht für angemessen, weil die Prämien zur Sparversicherung nicht nur Rücklagen zur Vermögensbildung, sondern auch Risiken abdecken.

---

189 *BGH* VersR 1974, 700; VersR 1976, 471; s. auch *BGHZ* 115, 228, 233 und *OLG Frankfurt* DAR 1990, 464 = NJW-RR 1990, 1440; teilweise abgedruckt auch in VersR 1991, 595; *BGH* NA-Beschl. v. 31.5.1990.
190 *BGHZ* 8, 325, 329. In dem damals zugrunde liegenden Fall lebte die klagende Tochter mit ihrem getöteten Vater vor dem Unfall von den Einkünften des Vermögens, ohne den Stamm des Vermögens anzutasten.
191 Eingehend *Ackmann* in JZ 1991, 818 ff. und 967 ff.
192 *BGHZ* 39, 249.
193 *BGHZ* 73, 109 = VersR 1979, 323.

dd) Unveränderte Unterhaltsquelle, unterschiedliche Einkunftsarten

Der wirtschaftliche Wert, der vor und nach der Tötung und der Erbschaft der hinterbliebenen Person Unterhaltsfunktion hat, ist zu berücksichtigen. Steht wirtschaftlich also dieselbe Unterhaltsquelle wie vorher zur Verfügung, kommt dies dem Schädiger zugute. Die Rechtsträgerschaft ist nicht entscheidend. Wechselt nur die Person des Unterhaltspflichtigen oder die Rechtsträgerschaft durch Erbfolge des hinterbliebenen Ehegatten, wird aber der Unterhalt aus derselben Quelle wie vorher bestritten, sind also die Einkünfte – jedenfalls – kraft Vorteilsausgleichs (oder schon zur Bestimmung des Schadens) anzurechnen[194] (**Quellentheorie**). 3210

Berechnungsmodell:				
Berechnung mit einheitlicher Quote zu verschiedenen Einkunftsarten bei der getöteten Person			Zum Vergleich: Forderungsberechnung für Einkünfte ausschließlich aus Erwerbstätigkeit	
Für den Familienunterhalt (den persönlichen Bedarf und die fixen Kosten) hypothetisch zur Verfügung stehende Nettoeinkünfte des getöteten Unterhaltspflichtigen		**2.000,00**		2.500,00
Sonstige Einkünfte, z.B. aus Kapitalvermögen oder aus Vermietung oder Verpachtung		**500,00**		
Summe		2.500,00		
Fixe Haushaltskosten (ggfs. angepasst, s. Rn. 3178 ff.)		**900,00**		900,00
Für Unterhaltszwecke freie hypothetische Einkünfte		1.600,00		1.600,00
Unterhaltsquote und -anspruch Hinterbliebener	**50,00%**	800,00	50,00%	800,00
zuzüglich fixe Kosten (beigetragen vom Getöteten)	**100,00%**	900,00		900,00
Ausfall (**Gesamtentgang i.w.S.**)		1.700,00		1.700,00
Anrechnung verbleibende, unveränderte Unterhaltsquelle		500,00		**entfällt**
Durchsetzbarer (ggfs. monatlicher) Barunterhaltsschaden, Ausfallschaden oder Gesamtentgang i.e.S.		1.200,00		1.700,00
Mithaftungsquote	**70,00%**	also Haftungsquote: 30,00%		
Mithaftung als Anteil vom Gesamtentgang i.e.S.		840,00		1.190,00
Quotierter Gesamtentgang		360,00		510,00
Eine Anrechnung im Sinne der Billigkeitsrechtsprechung erfolgt nach der hier vertretenen Ansicht nicht.				

3211

Die Onlineversion ermöglicht eigene Berechnungen. 3212

---
194 *BGH* VersR 1969, 951.

3213

Berechnungsmodell und Berechnungsbeispiel: Der einfache Berechnungsweg bei unterschiedlichen Einkunftsarten (Rn. 3211, 3212) **beachtet nicht, dass die fixen Kosten,** die aus der **unveränderten** Unterhaltsquelle mit **aufgebracht** werden, nicht zum Schadensausgleich anstehen. Sie können und müssen nach wie vor aus derselben Unterhaltsquelle bestritten werden. Vor allem wird auf diesem einfachen Weg nicht beachtet, dass der Unterhaltsanteil (die **Unterhaltsquote**) des hinterbliebenen Partners **unterschiedlich sein kann.** Zu Erwerbseinkünften ist ggfs. der Bonus zu berücksichtigen (Rn. 3138, 3150), bei Kapitaleinkünften oder Einkünften aus Vermietung oder Verpachtung nicht.

Berechnung zu verschiedenen Einkunftsarten unter Zuordnung der fixen Kosten

	Einkünfte aus Erwerbstätigkeit	Sonstige Einkünfte, z.B. aus Kapitalvermögen oder aus Vermietung oder Verpachtung	Summe	Zum Vergleich: Forderungsberechnung für Einkünfte ausschließlich aus Erwerbstätigkeit
Für den Familienunterhalt (den persönlichen Bedarf und die fixen Kosten) hypothetisch zur Verfügung stehende Nettoeinkünfte	**2.000,00**	**500,00**	2.500,00	2.500,00
Anteil der Einkunftsarten an Gesamteinkünften	0,80	0,20		
Fixe Haushaltskosten (ggfs. angepasst, s. Rn. 3178 ff.)	720,00	180,00	**900,00**	900,00
Für Unterhaltszwecke freie hypothetische Einkünfte	1.280,00	320,00	1.600,00	1.600,00
Unterhaltsquote und -anspruch Hinterbliebener	**47,50%**	50,00%		50,00%
Entgangener Barbeitrag	608,00	160,00	768,00	800,00

Pauschalierende Berechnung

Entgangener Beitrag zu fixen Kosten	**100,00%**	720,00	Deckungsbeitrag steht zur Verfügung oder der Verlust ist nicht zurechenbar.	900,00
Ausfall (**Gesamtentgang i.w.S.**)		1.328,00	160,00	1.700,00
Anrechnung verbleibende, unveränderte Unterhaltsquelle (z.B. Mieteinnahmen)			320,00	**entfällt**
Durchsetzbarer (ggfs. monatlicher) Barunterhaltsschaden, Ausfallschaden oder Gesamtentgang i.e.S.		1.328,00	–160,00	1.700,00
Mithaftungsquote	70,00%			
Mithaftung als Anteil vom Gesamtentgang i.e.S.			also Haftungsquote: 30,00%	
			817,60	1.190,00
Quotierter Gesamtentgang			350,40	510,00

Eine Anrechnung im Sinne der Billigkeitsrechtsprechung erfolgt nach der hier vertretenen Ansicht nicht.

Erläuterung: Diese Berechnungsweise trägt einem Bonus zu Erwerbseinkünften und damit unterschiedlichen Quoten ebenso Rechnung, wie bei dieser Berechnungsabfolge eine einheitliche Quote zu allen Einkunftsarten berücksichtigt werden kann, z.B. bei Rentnern. Zugleich ist ausgewiesen, dass die fixen Kosten, die aus den sonstigen Einkünften aufgebracht werden müssen, nicht zum Schadensausgleich gestellt werden. Die fixen Kosten sind denknotwendig auf die verschiedenen Einkunftsarten aufzuteilen, weil sie aus beiden Einkunftsquellen gedeckt werden. Dies geschieht vergleichbar zu der Lösung bei Doppelverdienern (Rn. 3269) über die Verhältniszahl der jeweiligen Einkunftshöhe zu den Gesamteinkünften [Formel: Netto(erwerbs)einkünfte/Gesamteinkünfte]. Multipliziert mit dieser Verhältniszahl sind die insgesamt zu berücksichtigenden fixen Kosten einerseits den Netto(erwerbs)einkünften und andererseits daneben den sonstigen Einkünften zuzuordnen. Im Vergleich zu dem Beispiel in Rn. 3211 ergibt sich bei gleich hohen Einzelansätzen nur dann eine (monatliche) Differenz zum Nachteil des Hinterbliebenen, wenn zu den Erwerbseinkünften der Quotenanteil vom Halbteilungsprinzip abweichen soll.

5 Ausfall von Barbeiträgen (Barunterhaltsschaden)

3214   Die Onlineversion ermöglicht eigene Berechnungen.

ee) Anrechnungsfähige, unterhaltsmindernde Einkünfte von Kindern

3215   Ein Unterhaltsanspruch setzt Bedürftigkeit voraus. Bei einem minderjährigen Kind kann es wegen mangelnder **Unterhaltsbedürftigkeit** an einem Unterhaltsanspruch und dann auch an einem Unterhaltsschaden fehlen.[195]

3216   Mit dem Tage einer Heimunterbringung besteht keine Bedürftigkeit mehr – wie das *OLG Naumburg*[196] formuliert -, denn der Bedarf des Kindes ist gedeckt.

3217   Das staatliche Kindergeld ist zweckgebundene staatliche Leistung an Eltern[197], die deren wirtschaftlichen Entlastung dienen soll, ohne unterhaltsrechtliches Einkommen zu sein. Es hatte und hat bei den zum Unterhalt zur Verfügung stehenden Einkünften der Eltern keinen Einfluss, Rn. 3051. Früher hat sich der Schädiger zudem nicht darauf berufen können, dass der überlebende Elternteil das Kindergeld allein erhalten hat, d.h. das in gleicher Höhe an einen Elternteil fortgezahlte Kindergeld hat den Schädiger nicht entlastet.[198] Auf Grund der sozialpolitischen Konzeption des Kindergeldes hat das *OLG Saarbrücken*[199] dem Schädiger jede Entlastung durch das Kindergeld versagt und zwar dann, wenn der Unterhaltsverpflichtete getötet ist, der das gesamte Kindergeld bezieht, ebenso wie auch dann, wenn ein Unterhaltsverpflichteter getötet wird, der keinen Anteil am Kindergeld hat und dessen Verpflichtung gem. § 1612b Abs. 1 BGB a.F. zu kürzen (gewesen) wäre.

3218   Gem. § 82 Abs. 1 Satz 2 SGB XII ist seit dem 1.1.2005 für den dortigen Regelungszusammenhang das Kindergeld dem jeweiligen Kind als Einkommen zuzurechnen, soweit es bei ihm zur Deckung des notwendigen Lebensunterhaltes benötigt wird, s. auch § 11 Abs. 1 Satz 3 SGB II. Im Kinder- und Jugendhilferecht sieht § 39 Abs. 6 SGB VIII für den Fall, dass das Kind oder der Jugendliche im Rahmen des Familienleistungsausgleichs nach § 31 EStG bei der Pflegeperson berücksichtigt wird, die Anrechnung auf laufende Leistungen zum Unterhalt vor. Dort werden nicht Teilbeträge des Kindergeldes zum Einkommen des Kindes oder Jugendlichen erklärt; beachte zudem Rn. 3222.

3219   Der Ausfall des staatlichen Kindergeldes ist für sich gesehen ein nicht erstattungsfähiger mittelbarer Vermögensschaden.

3220   Die Schadensersatzrente nach § 844 Abs. 2 BGB ist allerdings zum Anspruch auf Kindergeld zu berücksichtigen. Denn sie gehört zu Einkünften und Bezügen, die dem Unterhalt des Kindes dienen, und deshalb bei der Ermittlung des Jahresgrenzbetrags (§ 32 Abs. 4 Satz 2 EStG) einzurechnen sind und zwar unabhängig davon, dass sie an die Stelle der Unterhaltsleistung des verstorbenen Elternteils treten.[200]

3221   Bei Unterhaltsansprüchen **volljähriger Kinder** hat der *BGH*[201] dem Kindergeld bedarfsdeckende Wirkung beigemessen, auch dann, wenn das Kind (noch) im Haushalt eines Elternteils lebt, der mangels Leistungsfähigkeit nicht unterhaltspflichtig ist. Nun ist nach aktueller gesetzlicher Anordnung das Kindergeld wie sonstiges Einkommen des Kindes in vollem Umfang von seinem **Unterhaltsbedarf** abzuziehen. Eine anteilige Haftung der Eltern beschränkt sich auf den danach offenen Unterhaltsbedarf, also den ungedeckten Restbedarf. Das Kind muss ggfs. seinen Anspruch auf

---

195 *BGHZ* 62, 126 = VersR 1974, 601 = NJW 1974, 745.
196 *OLGR Naumburg* 2008, 416.
197 S. §§ 62 ff. EStG; Kindergeld auf der Basis des BKGG wird an beschränkt steuerpflichtige Personen und Vollwaisen gezahlt.
198 *BGH* VersR 1979, 1029 = DAR 1980, 85.
199 *OLG Saarbrücken* SP 2005, 160 = *OLGR Saarbrücken* 2005, 179 = FamRB 2005, 123.
200 *BFH* DStRE 2002, 1175.
201 *BGH* FamRZ 2006, 99; FamRZ 2006, 774; FamRZ 2007, 542.

Auszahlung des Kindergeldes oder die Erbringung entsprechender Naturalleistungen gegen den Elternteil durchsetzen, dem das Kindergeld ausgezahlt wird.

Gem. § 1612b BGB i.d.F. des Art. 1 Nr. 19 Gesetz zur Änderung des Unterhaltsrechts v. 21.12.2007 ist mit Wirkung vom 1.1.2008 das Kindergeld unterhaltsrechtlich zweckbezogen und –gebunden: Das Gesetz erfasst das Kindergeld nun als bzw. wie ein Einkommen des Kindes. Das auf das Kind entfallende Kindergeld ist **auch beim Minderjährigen** zur **Deckung seines Barbedarfs** zu verwenden, d.h. auf den Mindestunterhalt bedarfsdeckend anzurechnen ist. Es ist nicht etwa erst oder nur auf einen tatsächlich geschuldeten niedrigeren Unterhalt anzurechnen. 3222

§ 1612b BGB gilt entsprechend für regelmäßig wiederkehrende kindbezogene Leistungen, soweit sie den Anspruch auf Kindergeld ausschließen. 3223

Ist der Barunterhaltsbedarf eines Jugendlichen nach dem Tod der Mutter durch eine **Halbwaisenrente**, eigene **Zinseinkünfte** und das Kindergeld vollständig abgedeckt, ist nach dem Tod des Vaters kein Ersatzanspruch wegen des Barbedarfs gegeben, wenn und weil gegen den Vater kein Barunterhaltsanspruch bestanden hat. Offen sein kann – nur – der Anspruch wegen vereitelter Betreuung. 3224

Von Unterhaltsleistungen unabhängige **BAföG**-Leistungen berühren den Schadensersatzanspruch **nicht**. Wird BAföG notwendig, weil der Unterhalt ausfällt, vermindern die BAföG-Leistungen die Schadensersatzpflicht des Schädigers nicht.[202] 3225

Anzurechnende Einkünfte von **Waisen** beeinflussen die Höhe ihres Unterhaltsanspruchs (§ 1602 Abs. 2 BGB) – weil sie den Unterhaltsbedarf verringern - und von daher die Höhe des Unterhaltsschadens. 3226

Es kann sich um Ausbildungsvergütungen (Lehrlingsbeihilfen)[203], Unterhaltszuschüsse oder Vergütungen vergleichbarer Art, u.U. Kapitalzinsen (Ertrag aus einer Erbschaft, wobei gesellschaftsrechtliche Nachfolgeregelungen zu beachten sind[204]) handeln. Die **Ausbildungsvergütung** beinhaltet Entlohnung und ist finanzielle Hilfe zur Durchführung der Berufsausbildung.[205] Vermögensrechtlich ist die Ausbildungsvergütung nichts anders als Arbeitsentgelt. 3227

Da solche Geldzuflüsse den Unterhaltsanspruch insgesamt betreffen, ist § 1606 Abs. 3 Satz 2 BGB zu entnehmen, dass sie jeweils zur Hälfte den Unterhaltsanspruch gegen jeden Elternteil mindern bzw. hälftig auf den Barunterhalt sowie hälftig auf den Betreuungsunterhalt zu beziehen sind. 3228

Ein **Freibetrag** bei lohngleichen Einkünften entspricht unterhaltsrechtlichen Gepflogenheiten. Jedenfalls sind ausbildungsbedingte Aufwendungen mindernd einzusetzen. 3229

▶ Die Anrechnung ist – dem Kongruenzgedanken folgend – beim entgangenen Baranteil vorzunehmen. Rechnerisch bleibt es wegen der Subtraktion gleich, wenn der Minderungsbetrag beim Anspruch des Kindes auf dessen Gesamtentgang bezogen wird. Wer die Anrechnung – nur – als Vorteilsausgleich beim Kind versteht, kürzt damit den Anspruch des hinterbliebenen Partners. ◀ 3230

---

202 S. auch *OLG Brandenburg* NZV 2001, 213, 215.
203 *BGH* FamRZ 1981, 541, 543; 1988, 159, 162; s. auch *BGH* VersR 1970, 41; VersR 1972, 948, 950 = NJW 1972, 1718.
204 *OLG Frankfurt* DAR 1990, 464 = NJW-RR 1990, 1440; teilweise abgedruckt in VersR 1991, 595; *BGH* NA-Beschl. v. 31.5.1990.
205 *BAG* NJW 2007, 3594.

3231 **Anspruch des Kindes bei eigenen, anrechnungsfähigen Einkünften:**

Nettoeinkünfte getötete Person		2.000,00
Fixkosten		500,00
Verfügbare Einkünfte		1.500,00
Anteil Kind	1/5	300,00

Anrechnung beim Kind (im Rahmen der Schadensberechnung oder als Vorteilsausgleich):

Anrechnungsfähige Einkünfte, z.B. Ausbildungsbeihilfe, vgl. Rn. 3227	400,00	
Freibetrag (wegen ausbildungsbedingten Mehrbedarfs)	90,00	
Differenz	310,00	
anrechnungsfähige eigene Einkünfte	**50%**	155,00
Verbleibender (restlicher) Barbedarf	9,67%	145,00
Anteil Fixkosten Kind	**2/5**	200,00
Ersatzanspruch Kind (mtl.)		**345,00**

 3232 *Eigene Berechnungen ermöglicht die Onlineversion; beachte weiter Rn. 3234 und 3238.*

Verringerung des Unterhaltsbedarfs des Kindes zugunsten der Eltern

3233 Veränderungen des Unterhaltsanteils beim Kind haben **Einfluss** auf die für die Eltern **(Partner)** zur Verfügung stehenden Geldmittel. Diesen Veränderungen ist dadurch angemessen Rechnung zu tragen, dass von den zum personenbezogenen Unterhaltsbedarf aller Familienangehörigen zur Verfügung stehenden Einkommen vorab der ermäßigte Unterhaltsbedarf des Kindes abzuziehen ist. Der verbleibende Barbetrag ist zwischen den Ehegatten aufzuteilen, sodann sind die fixen Kosten zu berücksichtigen; s. auch Rn. 3159 ff.

3234 Ein zu geringer Schaden des hinterbliebenen, haushaltsführenden Elternteils (Partners) wird errechnet, wenn ausschließlich beim Kind die Anrechnung in der Art eines Vorteilsausgleichs vorgenommen wird – obwohl dessen Bedarf unabhängig von der Tötung verringert ist – und nicht der wirkliche Unterhaltsbedarf vor Ermittlung der verteilbaren Familieneinkünfte berücksichtigt wird. Wer entgegen der hier vertretenen Ansicht die Verteilungsschlüssel nebeneinander mit einem Bonus des getöteten erwerbstätigen Elternteils anwendet, kürzt den Ersatzanspruch des haushaltsführenden Elternteils weiter und zwar um den Betrag der beschriebenen Bonuskorrektur.

3235 Veränderte Quoten untereinander führen ggfs. zu veränderten anteiligen fixen Kosten, wenn dazu die Relation der Unterhaltsquoten herangezogen werden, Rn. 3187.

3236 **Tipp** Auf diese Unterschiede wird in der Regulierungspraxis zu Lasten haushaltsführender Ehe-, Lebenspartner wenig geachtet.

Pauschalierende Berechnung 5

Berechnungsmodell mit Varianten zum Unterhaltsschadensersatzanspruch bei anrechnungsfähigen Einkünften des Kindes, (s. zunächst Rn. 3042):   3237

1. Berechnungsschritt: Ermittlung der anrechnungsfähigen Einkünfte

Anrechnungsfähige Einkünfte, z.B. Ausbildungsbeihilfe	400,00	*Beachte Rn. 3227*
Freibetrag (wegen ausbildungsbedingten Mehrbedarfs)	90,00	*Beachte Rn. 3229*
Differenz	310,00	
Anrechnungssatz zu den Einkünften des Kindes (in Prozent)	50,00%	*Beachte Rn. 3228*

2. Berechnungsschritt: Ermittlung der Unterhaltsersatzrente

Nettoeinkünfte getötete barunterhaltspflichtige Person	2.000,00
Fixe Kosten des (fortgeführten) Haushalts	500,00
Für personenbezogenen Unterhaltsbedarf verfügbare Einkünfte	1.500,00

Berücksichtigung der Erwerbseinkünfte des Kindes ausschließlich als Vorteil beim Kind, beachte aber Rn. 3230, 3234

Unterhaltsanteil des Kindes			Eltern (Lebenspartner) – Quoten und Anteile					
(Quoten-) Anteil Kind, s. Rn. 3155 ff.	1/5	300,00	Verfügbar für Eltern:	80,00%	1.200,00	*Berechnungsvariante (mit korrigierten Elternquoten)*		
Anzurechnende Einkünfte – Betrag		155,00	Anteil getötete Person	42,50%	637,50	Anteil getötete Person	42,00%	630,00
Restlicher Baranspruch des Kindes		145,00	Anteil Witwe/r	37,50%	562,50	Anteil Witwe/r	38,00%	570,00
Zur Kontrolle, Gesamtunterhaltsanteile in der Familie:				100,00%			100,00%	
Anteil Fixkosten Kind	2/5	200,00	Anteil Fixkosten Witwe/r	3/5	300,00	Anteil Fixkosten Witwe/r	3/5	300,00
Ersatzanspruch Kind (mtl.), s. auch Rn. 3232		345,00	**Ersatzanspruch Witwe/r (mtl.)**		862,50	**Ersatzanspruch Witwe/r (mtl.)**		870,00
Schädiger zahlt insgesamt					**1.207,50**			**1.215,00**

Unterhaltsersatzrente unter Anwendung der Berechnungsvariante zu den fixen Kosten:

	Relativer Anteil Fixkosten Kind	1/3	173,91	Relativer Anteil Fixkosten Kind	1/3	172,41
	Relativer Anteil Fixkosten Witwe/r	2/3	326,09	Relativer Anteil Fixkosten Witwe/r	2/3	327,59
Zur Kontrolle, Summe der Fixkostenanteile			500,00			500,00
	Ersatzanspruch Kind (mtl.) dann		318,91	Ersatzanspruch Kind (mtl.) dann		317,41
	Ersatzanspruch Witwe/r (mtl.)		888,59	Ersatzanspruch Witwe/r (mtl.)		897,59
Schädiger zahlt insgesamt wiederum			**1.207,50**			**1.215,00**

5 Ausfall von Barbeiträgen (Barunterhaltsschaden)

Hier vertretener (Rn. 3234) **nicht gleichwertiger Berechnungsgang: Verringerung des Unterhaltsbedarfs des Kindes mit Wirkung zugunsten der Eltern**

Restlicher Baranspruch des Kindes	145,00		9,67%		
		Verfügbar für Eltern	90,33%		1.355,00
		Anteil getötete Person - Quote untereinander und reduzierte Quote	47,43%	**52,50%**	711,38
		Anteil Witwe/r - Quote untereinander und reduzierte Quote	42,91%	**47,50%**	643,63
		Zur Kontrolle, Gesamtunterhaltsanteile in der Familie:	100,00%		
Anteil Fixkosten Kind	2/5	200,00			
		Anteil Fixkosten Witwe/r		3/5	300,00
Ersatzanspruch Kind (mtl.), s. auch Rn. 3232	345,00				
		Ersatzanspruch Witwe/r (mtl.)			943,63
Schädiger zahlt insgesamt dann Mehrbetrag					**1.288,63**
					81,13
		Unterhaltsersatzrente unter Anwendung der Berechnungsvariante zu den fixen Kosten:			
Relativer Anteil Fixkosten Kind	1/3	158,96			
		Relativer Anteil Fixkosten Witwe/r		2/3	341,04
		Zur Kontrolle, Summe der Fixkostenanteile			500,00
Ersatzanspruch Kind (mtl.) wegen des veränderten Anteils an den fixen Kosten	303,96				
		Ersatzanspruch Witwe/r (mtl.)			984,66
Schädiger zahlt insgesamt wiederum					**1.288,63**

 3238 *Die Berechnungsabläufe zeigt die Onlineversion, die zudem eigene Berechnungen ermöglicht.*

i) Zusätzliche Rechnungsfaktoren

3239   Der ersatzfähige (monatliche Renten-) Betrag setzt sich – wie gezeigt – aus dem (monatlich) ausfallenden Beitrag zu den persönlichen Bedürfnissen und dem (monatlich) ausfallenden Beitrag zu den Fixkosten zusammen.

Tipp Neben dem Barunterhaltsersatz im engeren Sinn ist als zusätzlicher Rechnungsfaktor ggfs. ein Ausgleich für die Krankenvorsorge oder/und die Altersvorsorge zu überdenken, Rn. 3061. Beim Verlust des Anspruchs auf Familienkrankenhilfe sind ggfs. Versicherungsbeiträge zu ersetzen, die aufgebracht werden müssen, um dem Hinterbliebenen den Schutz der gesetzlichen Krankenversicherung zu erhalten.[206] Zu ersetzen sind Mehrkosten für einen gleichwertigen Krankenversicherungsschutz.[207] Dies gilt aber nur, soweit solche Gesichtspunkte nicht bei den fixen Kosten berücksichtigt werden. 3240

Beihilfeberechtigte Eltern erfüllen die Pflicht zur Gewährung von Krankenvorsorge i.d.R. dadurch, dass sie im Krankheitsfall ihren Beihilfeanspruch gegen den Dienstherrn einsetzen und eine verbliebene Lücke auf andere Weise (durch Abschluss einer Krankenversicherung) abdecken. Wird, wenn sowohl der Vater als auch die Mutter als Beamte Ansprüche auf Beihilfe für ihr Kind haben, einer von ihnen getötet, und infolgedessen das Kind selbst beihilfeberechtigt, hat der die Beihilfeleistungen erbringende Dienstherr des Verstorbenen aus übergegangenem Recht Anspruch auf Erstattung der Hälfte seiner Beihilfeleistungen für das Kind.[208] 3241

An der wirtschaftlichen Absicherung des Unterhaltsberechtigten nach dem Tod des Unterhaltspflichtigen ist der Schädiger zu beteiligen. Als Folgeschaden mag es im Einzelfall zum Ausgleich der ausgefallenen **Altersrente** kommen[209] oder die nach dem Tod des Unterhaltspflichtigen geschmälerte Rente schadensrechtlich zu kompensieren sein, wenn nicht schon Rücklagen dazu zu ersetzen sind.[210] 3242

Zwischen verschiedenen **Zeitabschnitten** ist bei veränderter Lage sorgsam zu trennen. Ersatzansprüche sind zeitlich zu befristen (Rn. 1301 ff.). 3243

Ggfs. kommt ein Steuerschaden hinzu (Rn. 2995). Weitere Schadensposten sind zu beachten. 3244

Die Aktivlegitimation ist davon beeinflusst, ob ein **Forderungsübergang** (Rn. 3002 ff.) zu beachten ist. 3245

Die **Sozialhilfe** mindert die Bedürftigkeit nicht. Wegen ihres subsidiären Charakters befreit sie den Unterhaltspflichtigen nicht von seiner Leistungspflicht.[211] Für den Fortbestand der Unterhaltspflicht kam es nicht darauf an, ob der Sozialhilfeträger von einer Befugnis Gebrauch machte, den Unterhaltsanspruch auf sich überzuleiten.[212] Der Anspruch nach § 844 Abs. 2 BGB erlischt selbst dann nicht, wenn der Unterhaltsberechtigte Sozialhilfe erhält und der Sozialhilfeträger den entgangenen Unterhaltsanspruch des Unterhaltsberechtigten wegen sozialhilferechtlicher Beschränkungen nicht auf sich hätte überleiten können. Ist das Fortbestehen des Unterhaltsanspruchs von einer späteren Überleitung nicht abhängig, wird er nicht dadurch berührt, dass von dem Sozialhilfeträger wegen eines gesetzlichen Überleitungsverbots oder einer Überleitungsbeschränkung von vornherein kein Rückgriff gegen den Unterhaltsverpflichteten genommen werden kann.[213] 3246

Hinterbliebene sind zur **Minderung des Schadens** verpflichtet. 3247

So ist das Einkommen einer Witwe auf ihren Schaden anzurechnen, wenn sie eine **Arbeitspflicht** trifft und vermittelbar ist.[214] Arbeitet die Witwe nicht, obwohl ihr das zuzumuten ist, wird ihr das fiktiv erzielbare Einkommen zugerechnet, zur Anrechnungs- und Additionsmethode Rn. 3202. 3248

---

206 *BGH* VersR 1989, 604 (zugleich zum Innenverhältnis zwischen LVA und BG als Gesamtgläubiger eines übergegangenen Unterhaltsersatzanspruchs); zu den Auswirkungen auf einen Anspruchsübergang, wenn ein familienkrankenversicherter Geschädigter der Krankenversicherung freiwillig beitritt *BGH* VersR 1990, 437 = NJW-RR 1990, 344.
207 *OLG Karlsruhe* VersR 1994, 1250 = NZV 1994, 396 = ZfS 1994, 241; *BGH* NA-Beschl. v. 15.3.1994.
208 *BGH* VersR 1989, 486 = DAR 1989, 222.
209 *BGHZ* 32, 246 = VersR 1960, 551; vgl. *Herzberg* in NJW 1990, 2525; *Drees* in VersR 1992, 1169.
210 *BGH* VersR 1962, 568; VersR 1970, 128.
211 *BGHZ* 78, 201.
212 *BGH* FamRZ 1983, 574.
213 *BGHZ* 115, 228 = VersR 1991, 1417 = NJW 1992, 115.
214 Vgl. *OLG Brandenburg* ZfS 1999, 330, 332.

3249 Ob und inwieweit[215] die Erwerbstätigkeit zumutbar ist, entscheidet sich durch eine Gesamtschau der wirtschaftlichen und sozialen Verhältnisse (Alter, Vor-, Ausbildung, Leistungsfähigkeit, Art/Charakter der Tätigkeit, soziale Stellung, andere Verpflichtungen).[216] Irrelevant ist, ob der haushaltsführende Ehegatte während der bestehenden Ehe erwerbstätig oder während der Ehe zur Arbeitsaufnahme verpflichtet gewesen ist oder als geschiedene Person eine Erwerbsobliegenheit im Verhältnis zum Ehepartner gehabt hätte.

3250 Einer jungen, kinderlosen, arbeitsfähigen Witwe ist im Regelfall zuzumuten, einer Erwerbstätigkeit nachzugehen. Ein Verstoß gegen die Schadensminderungspflicht kann auch dann zu bejahen sein, wenn die Witwe sich nicht in zumutbarer Weise um eine Arbeitsstelle bemüht und nach Lage der Dinge anzunehmen ist, dass sie bei hinreichendem Bemühen eine Arbeitsstelle gefunden hätte.[217]

3251 Die türkische Witwe kann verpflichtet sein, sich nach dem Tod des Mannes auf eine Erwerbstätigkeit vorzubereiten[218], um anschließend einem Beruf nachzugehen.

3252 Ob bei Versorgung minderjähriger Kinder eine Arbeitspflicht besteht, richtet sich stets nach dem Einzelfall. Feste Regeln zur Betreuungsbedürftigkeit von Kindern nach Kinderzahl und Lebensalter bestehen nicht. Schadensersatzrechtlich ist – anders als im Verhältnis getrennt lebender oder geschiedener Ehegatten – für die Arbeitspflicht im Verhältnis zum Schädiger stets zu berücksichtigen, dass der Schädiger eine teilweise elternlose Erziehung der Kinder zu verantworten hat. Die Kinder haben ein erhöhtes schutzwürdiges Interesse daran, die Versorgung und Erziehung durch den überlebenden Elternteil nicht mit einer Erwerbsobliegenheit belastet oder gar gestört zu sehen. Die Interessen der Hinterbliebenen an der Aufrechterhaltung der restlichen Familieneinheit haben Vorrang.[219] Der Witwe ist freilich zuzumuten, zu Gunsten des Schädigers eine Tätigkeit in einem schon früher ausgeübten Rahmen wieder aufzunehmen, wenn und sobald die Notwendigkeit der Kinderbetreuung entfällt.[220] Abgrenzend zu erwähnen ist, dass der Gesetzgeber unterhaltsrechtlich durch § 1570 BGB mit Wirkung vom 1.1.2008 zum nachehelichen Betreuungsunterhalt für Kinder ab Vollendung des dritten Lebensjahres den Vorrang der persönlichen Betreuung aufgegeben hat. Dort ist – im Rahmen der Billigkeitsentscheidung über eine Verlängerung des Betreuungsunterhalts aus kindbezogenen Gründen nach § 1570 Abs. 1 Satz 2 und 3 BGB – jetzt (ebenfalls stets) zunächst der individuelle Umstand zu prüfen, ob und in welchem Umfang die Kindesbetreuung gesichert ist oder in kindgerechten Betreuungseinrichtungen gesichert werden könnte.[221] Das frühere Altersphasenmodell, das zur Frage der Verlängerung des Betreuungsunterhalts aus kindbezogenen Gründen allein auf das Alter des Kindes abstellt, steht damit (auch modifiziert) nicht (mehr) im Einklang. Neben der grundsätzlichen Betreuungsbedürftigkeit minderjähriger Kinder kommen für eine eingeschränkte Erwerbspflicht[222] freilich sonstige kindbezogene Gründe in Betracht, z. B. eine schwere Krankheit, die im Rahmen einer Betreuung in kindgerechten Einrichtungen nicht aufgefangen werden kann. Letztlich kann in jenem Kontext einer Erwerbsobliegenheit des betreuenden Elternteils immer noch entgegenstehen, dass der verbleibende Anteil an der Betreuung und Erziehung des Kindes zu einer überobligationsmäßigen Belastung führt.[223]

---

215 Instruktiv *OLG Frankfurt* NJW-RR 1998, 1699.
216 *BGH* VersR 1976, 877.
217 *BGH* NJW 2007, 64 = VersR 2007, 76 = ZfS 2007, 83 = DAR 2007, 141.
218 *OLG Düsseldorf* NZV 1993, 473, 474.
219 *BGHZ* 91, 357, 367.
220 *OLG Hamm* NZV 2008, 570.
221 *BGH* NJW 2009, 1876 = FamRZ 2009, 770.
222 Unterhaltsrechtlich mit der Folge der zeitlichen Verlängerung des Betreuungsunterhalts.
223 Vgl. *BGH* NJW 2009, 1876 = FamRZ 2009, 770, Vorinstanz *KG* FamRZ 2008, 1942; Anschluss an *BGHZ* 177, 272 = NJW 2008, 3125 = FamRZ 2008, 1739.

Der *BGH* hat die Zumutbarkeit einer Arbeitsaufnahme für eine junge Witwe, die ein Kleinkind zu versorgen gehabt hat, verneint[224], ebenso hat er bei einer Witwe mit einem 10-jährigen Sohn entschieden.[225] Der jungen, kinderlosen Witwe ist jedoch eine Arbeitsaufnahme zuzumuten gewesen.[226] Bei Kindern über dem 12. Lebensjahr kann eine Teilzeitbeschäftigung zumutbar sein.[227]

3253

Die Pflicht zum Erwerb (auch durch Hausarbeit) hängt letztlich von einer am Grundsatz von Treu und Glauben orientierten sachgerechten Abwägung mit den Interessen des Schädigers an der Geringhaltung des Schadens ab.

3254

j) Zusammenfassende Modelle und Beispiele

Wie bei einer Unterhaltsberechnung kann es erforderlich werden, für verschiedene Zeiträume wegen der veränderten Lebensverhältnisse verschiedene Berechnungen durchzuführen.

3255

Kinderlose Alleinverdienerehe, -partnerschaft:	
Vorschlag für Textfassung zur Berechnung und Berechnungsformel	
Barunterhaltsschaden bei kinderloser Alleinverdienerpartnerschaft zu Erwerbseinkünften, monatlicher Ausfall für den nicht an der Aufbringung des Barunterhalts beteiligten Ehegatten (Lebenspartner)	
1. Erwerbseinkünfte des Getöteten[228]	
a) Vergütung nach Steuern	4.000,00
sonstige geldwerte Vorteile aus der Erwerbstätigkeit	0
Zwischensumme Einkünfte des getöteten Ehegatten	4.000,00
b) Abzüge Versicherungen und andere personen-, erwerbsgebundene Ersparnisse:	
Kranken- und Pflegeversicherung des Getöteten	0
Rentenversicherung Arbeitnehmeranteil	0
Arbeitslosenversicherung	0
Lebensversicherung	0
2. Aufwendungen für Vermögensbildung	0
Zwischensumme Gesamtabzüge	0
Gesamtbeitrag zum Unterhalt	4.000,00
3. Fixkostenaufwand der Familie	1.140,00
Fixkostenanteil hinterbliebener Ehegatte, Quote	100%
Entgangener Beitrag zu Fixkosten	1.140,00
4. Unterhaltsbeitrag des getöteten Ehegatten zum persönlichen Bedarf	2.860,00
5. Quotenanteile am Unterhaltsbeitrag	
Getöteter Ehegatte	52,5%
Hinterbliebener Ehegatte	47,5%

3256

---

224 VersR 1969, 469.
225 *BGHZ* 91, 357.
226 *BGH* VersR 1976, 877.
227 *BGH* VersR 1983, 688.
228 Bei unterschiedlichen Einkunftsarten beachte insbesondere Rn. 3213, s. auch Rn. 3064, 3068, 3139, 3150.

6. Verteilung Unterhaltsbeiträge zum persönlichen Bedarf	
Entgangener Barbeitrag	1.358,50
7. Entgang (monatlich)	
Entgangener Beitrag zu Fixkosten	1.140,00
Entgangener Barbeitrag	1.358,50
Gesamtentgang	2.498,50

Ggfs. ist zusätzlich ein Vorteilsausgleich zu berücksichtigen und kann ein Forderungsübergang (s. Rn. 1521 ff.) den vom Hinterbliebenen zu verfolgenden Anspruch verringern. Hinzukommen können ein Steuerschaden und andere Schadenspositionen.

 3257 Der wiedergegebene Berechnungsgang kann unter Verwendung der Berechnungsformel in der Onlineversion für den Hinterbliebenen zu 3 Zeitabschnitten nebeneinander durchgeführt werden.

3258 **Formulierungsvorschlag zur Berechnung des Barunterhaltsschadens bei der Alleinverdienerpartnerschaft mit Ermittlung des monatlichen Ausfalls für den nicht an der Aufbringung des Barunterhalts beteiligten Partner und für die Halbwaisen:**

1. Einkünfte des Getöteten
   - a) Vergütung nach Steuern ...
     - sonstige geldwerte Vorteile (z.B. auch Pkw-Nutzung) ...
     - Zwischensumme ...
   - b) Abzüge
     - Versicherungen, andere personen-, erwerbsgebundene Ersparnisse:
     - Kranken-, Pflegeversicherung des Getöteten ...
     - Rentenversicherung Arbeitnehmeranteil ...
     - Arbeitslosenversicherung ...
     - Lebensversicherung ...
     - sonstiges (z.B. Steuervorteil Zählkind) ...
2. Aufwendungen für Vermögensbildung ...
   - Zwischensumme Gesamtabzüge ...
   - Für den Unterhaltsbedarf verbleibende Einkünfte ...
3. Fixkostenaufwand der Familie ...
   - Anteile:
   - Hinterbliebener Ehegatte ...
   - Kind 1 ...
   - Kind 2 ...
   - Kind 3 ...
4. Unterhaltsbeitrag des Getöteten zum persönlichen Bedarf der Angehörigen ...
5. Quotenanteile am Unterhaltsbeitrag
   - Getöteter
   - Hinterbliebener ...
   - Kind 1 ...
   - Kind 2 ...
   - Kind 3 ...
6. Verteilung Unterhaltsbeiträge zum persönlichen Bedarf
   - a) Unterhaltsbedarf des Hinterbliebenen ...
   - b) Die Deckungsgrenze zum Unterhaltsbedarf der Kinder von ...
     wird – nicht – überschritten.
     - aa) Unterhaltsbedarf des Kindes 1 ...
     - bb) Unterhaltsbedarf des Kindes 2 ...
     - cc) Unterhaltsbedarf des Kindes 3 ...

7. Entgang
   a) Hinterbliebener
      Entgangener Barbeitrag ...
      Entgangener Beitrag Fixkosten ...
      Gesamtentgang ...
   Weiter anzurechnen ist/sind:
   b) Entgang Kind 1
      Entgangener Barbeitrag ...
      Entgangener Beitrag Fixkosten ...
      Gesamtentgang ...
   Weiter anzurechnen ist/sind:
   c) Entgang Kind 2
      Entgangener Barbeitrag ...
      Entgangener Beitrag Fixkosten ...
      Gesamtentgang ...
   Weiter anzurechnen ist/sind:
   d) Entgang Kind 3
      Entgangener Barbeitrag ...
      Entgangener Beitrag Fixkosten ...
      Gesamtentgang ...

Erläuterung: Die Schadensberechnung lässt sich für den Witwer/die Witwe und die Halbwaisen mit den Unterhaltsquoten einheitlich durchführen, um die jeweiligen einzelnen Ansprüche zu ermitteln. Immer ist zu überdenken, welche Unterhaltsquoten zu verwenden sind (Rn. 3162), ob die Quotierung nebeneinander oder ob die vorrangige Ermittlung des Kindesbedarfs mit korrigierten Quoten angezeigt ist. Zu den Fixkostenanteilen sind die Erwägungen Rn. 3177 ff. zu beachten und zwar zu den eigenständigen Aufteilungsvorschlägen bzw. dem Verhältnis der Unterhaltsquoten. Eine Sättigungs-, Deckungsgrenze (beachte Rn. 3120) kann die Ersatzberechtigung der Kinder unter dem Aspekt des Familienunterhalts reduzieren (Rn. 3116). Kommen weitere Schadensposten hinzu, sind diese getrennt bei den jeweils Anspruchsberechtigten zu berücksichtigen und zwar ebenso, wie ein Vorteilsausgleich oder ein Forderungsübergang mit den dafür geltenden besonderen Aufteilungsregeln nur nach den konkreten Umständen und Bedingungen bei dem jeweils Betroffenen entscheidend ist.

Der wiedergegebene Berechnungsgang kann unter Verwendung der Berechnungsformel in der Onlineversion für den hinterbliebenen Partner und Halbwaisen zu 4 Zeitabschnitten nebeneinander durchgeführt werden. 3259

Für eine vergleichsweise Regelung bzw. Abgeltung von Rentenansprüchen mit sich nach einer gewissen Zeit (z.B. dem wegen der Tötung hypothetisch bleibenden Eintritt in den Ruhestand) verringernden Beträgen kann eine Kapitalisierung angezeigt sein, vgl. grundsätzlich Rn. 1355 ff., 3294 ff. Von Versicherern werden Kapitalisierungstabellen „verbundene Leben" herangezogen. Hier wird vorgeschlagen, an die Stelle einer versicherungsmathematischen Betrachtungsweise – um die es schadensrechtlich nicht geht – auf einen Zeitrentenfaktor unter Beachtung der mutmaßlichen Lebenserwartung der Beteiligten abzustellen. Jeder Blick in die Zukunft hat haftungs-, schadensrechtlich Unwägbarkeiten, die nach gängiger Praxis zum Erwerbsschaden und zum Schmerzensgeld (Rn. 185) mittels eines Abschlags aufgefangen werden können. Dementsprechend kann in dem hier fraglichen Kontext ein Abschlagsfaktor verwendet werden, der in jedem Einzelfall zu konkretisieren und zu überprüfen ist. 3260

Einen nach der hier vertretenen Ansicht vorstellbaren Berechnungsablauf mit einem „Unwägbarkeitsfaktor" zeigt die Onlineversion zu einer Kapitalisierungserwägung. Dabei lässt die Onlineversion auch eigene Berechnungen zu, Rn. 3300. 3261

3. Besonderheiten bei Doppel-, Zuverdienern

3262 Bei Tötung eines Partners in der Doppel- oder Zuverdienerpartnerschaft, in der beide Ehepartner oder Partner einer anerkannten Lebenspartnerschaft mit ihren Einkünften zum Familienunterhalt beitragen, entgeht als Barunterhalt der Anteil, der von dem getöteten Partner zu den fixen Kosten des Haushalts und zu den persönlichen Bedürfnissen der Hinterbliebenen beizutragen[229] ist.

3263 **Tipp** Selbst ein vergleichsweise geringfügiger Zuverdienst ist im unteren oder mittleren Einkommensbereich für das Familieneinkommen zur Deckung des finanziellen Bedarfs der Familie bzw. Partnerschaft (Rn. 3019) zu berücksichtigen. Absprachen dazu, dass ein Nebenverdienst dem Ehegatten zur freien Verfügung ohne Einfluss auf die Deckung des Unterhalts verbleibt, sind früher zumeist tatsächlich als unangemessen erachtet worden.[230] Z.B. sind Einnahmen aus einer Heimarbeit zur Berechnung der zur Deckung des Familienunterhalts verfügbaren Bareinkünfte zu berücksichtigen.[231] Kann das Taschengeld des zuverdienenden Ehegatten durch den Eigenverdienst gedeckt werden, muss aber[232] der Eigenverdienst jedenfalls im Umfang von 5% bis 7% des zur Verfügung stehenden Nettoeinkommens berücksichtigungsfrei bleiben. Darüber hinaus kann der wertende Einfluss von deutlich stärkeren Belastungen im Haushalt und für die finanzielle Basis der Partnerschaft und Familiengemeinschaft (Rn. 3417) dazu führen, die Quotenanteile (den Verteilungsschlüssel) anzupassen.

3264 Einkünfte sind zu Lasten des Hinterbliebenen für die Berechnung der zukünftigen Unterhaltsschadensrente nicht anzusetzen, wenn und soweit dieser arbeitsunfähig (geworden) ist oder trotz **angemessener** Bemühungen (Rn. 3248, 3249) keine zumutbare Arbeit mehr finden kann.

3265 Das Verteilungsmodell in Rn. 3041 weist die Aufwandsanteile aus den Einkünften aus und ordnet die Verwendung der Einkünfte zu. Soweit sich der hinterbliebene Partner am Unterhalt wirtschaftlich beteiligt hat, muss er dies auch weiterhin. Die anteilige Mitfinanzierung des persönlichen Bedarfs des getöteten Partners und der fixen Kosten reduziert dementsprechend die Ersatzberechtigung des Witwers, der Witwe. Nachstehend folgen einzelne Erläuterungen. Sodann werden vereinfachte Berechnungsmodelle gezeigt, die zu gleichen Lösungen führen. Insbesondere bei einer Mithaftung wegen des Fehlverhaltens der getöteten Person ist darauf zu achten, dass alle bekannten Berechnungsvarianten nicht immer (Rn. 3440) gleichwertig sind.

3266 **Tipp** Die beiderseitigen Nettoeinkünfte erschließen sich so, wie es zur Alleinverdienerpartnerschaft für den erwerbstätigen Ehepartner gekennzeichnet ist (Rn. 3043 ff.). Barbeiträge von Kindern scheiden in dem gesetzlichen Rahmen zur Stärkung der Familieneinkünfte aus. Der Barbedarf kann jedoch durch Barmittel eines Kindes beeinflusst werden (Rn. 3215 ff).

3267 Aufwendungen zur **Vermögensbildung** (Abk.: Ev) sollten nach dem Verhältnis der beiderseitigen Einkünfte über den jeweiligen Anteil an der Gesamtvermögensbildung aufgeteilt werden (ähnlich wie bei den fixen Kosten, Rn. 3084 ff., 3183 ff.), wenn sich nicht kraft der besonderen Umstände des Einzelfalles, insbesondere angesichts der ihrer Situation angemessenen Bestimmung der Partner, eine andere Beurteilung aufdrängt oder für jeden Partner konkret eigene Aufwendungen nachzuweisen sind.

3268 Sodann gilt es, die von der getöteten Person anteilig mit aufgebrachten **fixen Kosten** zu erfassen. Da solche Haushaltskosten meist unverändert bleiben (beachte Rn. 3084 ff.), ist der Betrag zu errechnen, der nach Abzug des Eigenanteils an den festen Haushaltskosten als Beteiligung an dem personenbezogenen Bedarf der getöteten Person zu verstehen ist. Der Anteil des Getöteten

---

[229] *BGH* VersR 1984, 353; VersR 1984, 961 = NJW 1985, 49.
[230] *OLG Frankfurt* ZfS 1984, 16.
[231] *BGHZ* 87, 121 = NJW 1983, 2197 = VersR 1983, 688.
[232] Beachte *BGH* NJW 1998, 1554.

an den gesamten fixen Kosten ist dem Verhältnis des beiderseitigen Einkommens der Ehegatten zu dem gesamten Familieneinkommen, das zum Unterhalt verwendet wird, zu entnehmen.

Berechnungsmodell: 3269

Aufteilung fixe Kosten zwischen Zu-, Doppelverdienern

1. Berechnungsschritt
Nettoeinkünfte des getöteten Ehegatten (Partners) [Eg]
zuzüglich Nettoeinkünfte des hinterbliebenen Ehegatten (Partners) [Eh]
ergibt gesamte Nettoeinkünfte, Formel: $Eg + Eh = E$.

2. Berechnungsschritt
Ermittlung des Verhältnisses der Nettoeinkünfte der getöteten Person zu den gesamten Nettoeinkünften
Formel: Eg/E, Eh/E.

3. Berechnungsschritt
Die anteiligen berücksichtigungsfähigen Fixkosten ergeben sich aus der Gesamtsumme der fixen Kosten multipliziert mit der Verhältniszahl Eg/E,
Formel: (Gesamtsumme fixe Kosten = F) × (Eg/E) bzw.
(Gesamtsumme fixe Kosten = F) × (Eh/E).

Für die Partner untereinander gilt der Grundsatz der **gleichmäßigen Teilhabe** („Halbteilungsgrundsatz – oder -prinzip", Rn. 3147). Die Verteilung des verfügbaren Einkommens zwischen erwerbstätigen Elternteilen und Kindern unterliegt der tatrichterlichen Würdigung. Bei der aufgezeigten Handhabung (Rn. 3162) sind lediglich die **Quoten für die Kinder** zu bestimmen unter Berücksichtigung der sich ggfs. über die gesamte Dauer der Schadensberechnung (Rn. 1301 ff.) verändernden Altersstufen (Rn. 3155). Die verbleibenden Einkünfte sind dann nach der Halbteilung (Verhältnis 1:1; je 50%) zwischen den Partnern aufzuteilen. 3270

Quoten (Verteilungsschlüssel) für den Unterhalt zu den persönlichen Bedürfnissen sind angesichts des Grundsatzes der gleichmäßigen Teilhabe und auf der Grundlage der intakten Ehe vorstellbar. 3271

Quoten innerhalb der Familie: 3272

	2-PH	3-PH	4-PH	5-PH	6-PH[233]	
Ehegatte	50%	40%	35%[234]	30%[235]	29%	25%
Ehegatte	50%	40%	35%	30%	29%	25%
Kind 1		20%	15%	20%	14%	12,5%
Kind 2			15%	20%	14%	12,5%
Kind 3					14%	12,5%
Kind 4						12,5%

Für den Barunterhaltsschaden der **Kinder** ist darauf zu achten, dass jeweils von den Eltern aufzubringende Anteile zum Barunterhalt und zu den fixen Kosten anfallen. Ein (gewisses) Sättigungsprinzip (Rn. 3118) gilt entsprechend, d.h. bezogen auf die Einkünfte beider Eltern insgesamt und relativ gegenüber den Elternteilen. 3273

---

233 *BGH* VersR 1990, 748, 749.
234 *BGH* VersR 1979, 1029 = DAR 1980, 85; VersR 1990, 317 = DAR 1990, 55.
235 *BGH* VersR 1984, 189.

3274 Formulierungsvorschlag zur Berechnung des Barunterhaltsschadens bei der Doppel-, Zuverdienerehe bzw. -partnerschaft mit Ermittlung des monatlichen Ausfalls für den hinterbliebenen Partner und die Halbwaisen:

1. **Familieneinkünfte**

    Nettoeinkünfte des getöteten Ehegatten (Lebenspartners) ....
    zuzüglich
    Nettoeinkünfte des hinterbliebenen Ehegatten (Lebenspartners) ....
    ergibt
    Frühere Nettoeinkünfte der Familie (Summe)
    abzüglich
    Aufwendungen für Vermögensbildung ....
    ergibt
    für den Unterhalt verfügbare Familieneinkünfte (Differenz)

    Verhältnis der Einkünfte:
    Getöteter Ehegatte (Lebenspartner) ....
    Hinterbliebener Ehegatte (Lebenspartner) ....

2. **Fixkosten**

    Fixkostenaufwand der Familie ....
    davon
    Fixkosten-Aufwandsanteil des Getöteten nach dem Verhältnis der Einkünfte ....
    und
    Fixkosten-Aufwandsanteil des hinterbliebenen Ehegatten nach dem Verhältnis der Einkünfte ....

    Quotenanteile zu den Fixkosten:
    Hinterbliebener Ehegatte (Lebenspartner) ....
    Kind 1 ....
    Kind 2 ....

3. **Unterhaltsbeiträge des Getöteten zum persönlichen Bedarf der Angehörigen**

    Nettoeinkünfte des getöteten Ehegatten (Lebenspartners) (wie vor)
    Fixkosten-Aufwandsanteil (wie vor)
    Vermögensbildung-Aufwandsanteil (wie vor)
    Verbleibender Beitrag des getöteten Ehegatten (Lebenspartners) insgesamt (Differenz)

    Unterhaltsquoten:
    Getöteter Ehegatte (Lebenspartner) ....
    Hinterbliebener Ehegatte (Lebenspartner) ....
    Kind 1 ....
    Kind 2 ....

    Barbeiträge zum personenbezogenen Bedarf:
    Baranteil des hinterbliebenen Ehegatten (Lebenspartners) nach Quote ....
    Baranteil des Kindes 1 nach Quote ....
    Baranteil des Kindes 2 nach Quote ....

4. **Entgang des hinterbliebenen Ehegatten (Lebenspartners)**
   Unterhaltsanteil am Beitrag des getöteten Ehegatten (Lebenspartners) (wie vor)
   Fixkostenaufwandsanteil des getöteten Ehegatten (Lebenspartners) nach Fixkostenquote ………
   Gesamtentgang (Summe)
   abzüglich Vorteilsausgleich, dieser berechnet über:
   Nettoeinkünfte des hinterbliebenen Ehegatten (Lebenspartners) (wie vor)
   abzüglich
   Fixkosten-Aufwandsanteil (wie vor)
   abzüglich
   Vermögensbildung-Aufwandsanteil ………
   ergibt
   verbleibenden Beitrag des hinterbliebenen Ehegatten (Lebenspartners) zum persönlichen Bedarf der Angehörigen (Differenz)
   davon Baranteil des getöteten Ehegatten (Lebenspartners) nach Quote ………

   Hinweis: Ggfs. ist in Mithaftungsfällen zur Anrechnung ersparter Barbeiträge aus eigenen Erwerbseinkünften die Billigkeitsrechtsprechung zu beachten, Rn. 3426 ff.

   Ersatzanspruch, monatlich: (Entgang – Vorteil)
   Anzurechnen des Weiteren:
   ggfs. wegen Aufteilung wegen Forderungsübergang ………
   ggfs. zuzüglich weiterer Schadenspositionen ………

5. **Entgang Kinder**
   a) **Kind 1**
      Unterhaltsanteil am Beitrag des getöteten Ehegatten (Lebenspartners) (wie vor)
      Fixkostenaufwandsanteil des getöteten Ehegatten (Lebenspartners) nach Fixkostenquote ………
      Gesamtentgang (Summe)
      Vorteilsausgleich wegen:
      Ersatzanspruch, monatlich: (Entgang – Vorteil)
      Anzurechnen des Weiteren:
      ggfs. wegen Aufteilung wegen Forderungsübergang ………
      ggfs. zuzüglich weiterer Schadenspositionen ………
   b) **Kind 2**
      Unterhaltsanteil am Beitrag des getöteten Ehegatten (Lebenspartners) (wie vor)
      Fixkostenaufwandsanteil des getöteten Ehegatten (Lebenspartners) nach Fixkostenquote ………
      Gesamtentgang (Summe)
      Vorteilsausgleich wegen:
      Ersatzanspruch, monatlich: (Entgang – Vorteil)
      Anzurechnen des Weiteren:
      ggfs. wegen Aufteilung wegen Forderungsübergang ………
      ggfs. zuzüglich weiterer Schadenspositionen ………

3275 Berechnungsformel zur vereinfachten, gleichwertigen Berechnung des Barunterhaltsschadens bei Doppelverdienern, Anspruch der Witwe/des Witwers bzw. des hinterbliebenen Lebenspartners:

	A	B	C	D	E
1		Einkünfte	Anteilige fixe Kosten	Verfügbare Einkünfte	
2			Entgang:		Entgang:
3	Getöteter Partner	…………	=C8*B4	=B3-C3	=D3/2
4	Aufwandsanteil			=B3/B8	
5	Ersparnis:				
6	Hinterbliebener Partner	…………	=C8*B7	=B6-C6	=D6/2
7	Aufwandsanteil	=B6/B8			
8	Familie gesamt	=B3+B6	…………	=B8-C8	=D8/2
9					Ersatzanspruch:
10					=C3+E3-E6

Erläuterung: Rechnerisch sind die beschriebenen Grundgedanken zu vereinfachen, s. schon im Verteilungsmodell Rn. 3041. Für die Partner bildet die Differenz zwischen den jeweiligen Einkünften und den anteiligen fixen Kosten die jeweilig verfügbaren Einkünfte, die nach dem maßgebenden Schlüssel auf die Ehepartner zu verteilen sind. Dies ergibt direkt einerseits den ersparten Unterhaltsbarbeitrag sowie andererseits den entgangenen Unterhaltsbaranteil. Dabei zeigt die Unterhaltsquote zu den verfügbaren (verbleibenden) Einkünften sogleich den letztlich ersparten Baranteil, solange mit gleichen Quoten für die Ehepartner gerechnet wird. Aufwendungen zur Vermögensbildung sind ggfs. entsprechend Rn. 3267 ergänzend zu berücksichtigen.

3276 *Die Onlineversion ermöglicht neben den Erwägungen mittels des Verteilungsmodells Rn. 3041 eigene Berechnungen im Rahmen eines vereinfachten Berechnungsablaufs.*

3277 Auf diese Weise kann rechnerisch übersichtlich auch der **Vorteilsausgleichsbetrag** im Zusammenhang mit einem Betreuungsunterhaltsschaden (Rn. 3394 ff.) ermittelt werden.

3278 *Zur Berechnung des Barunterhaltsschadens bei Doppelverdienern mit Kindern zeigt die Onlineversion die Formeln und Bezüge. Zu den Aufwendungen zur Vermögensbildung folgen dabei die Bezüge Rn. 3267. Bei individualisierten Aufwendungen sind dementsprechend geänderte Berechnungen durchzuführen, wie es in Rn. 3041 vorgesehen ist. Zu den Fixkostenanteilen ist hier im Sinne von Rn. 3187 das Verhältnis der Unterhaltsanteile zugrunde gelegt. Sollen andere Fixkostenanteile verwendet werden, bedarf es ebenfalls einer Berechnung wie es mit dem Verteilungsmodell möglich ist, Rn. 3041. Zu den Quoten der Partner schließt die Formel an Rn. 3163 an. Der sonstige anzurechnende Vorteil kann jeder Vorteil sein, der nach den Regeln zum Vorteilsausgleich im Einzelfall zu berücksichtigen ist (eventuell wegen eines ersparten Sonderaufwands), aber nicht der ersparte Geldvorteil wegen des Lebensbedarfs, -unterhalts. Die Spalte Kontrolle dient der Plausibilitätsbetrachtung. Im Falles eines Forderungsübergangs sind die jeweiligen Ansprüche (Rn. 3002 ff.) nach der Berechnung des monatlichen Rentenanspruchs aufzuteilen. Für verschiedene Zeiträume können wegen der veränderten (Lebens-)Verhältnisse getrennte Berechnungen durchzuführen sein, die die Onlineversion ermöglicht. Es kann auch Rn. 3210 zu beachten sein. Werden die fixen Kosten in sich anders aufgeteilt, kommt es jedoch zu abweichenden Ergebnissen und dementsprechend anderen Anspruchsberechtigungen. Weitere Schadensposten sind wie sonst für den einzelnen betroffenen Angehörigen zu berücksichtigen ebenso wie ein Vorteil oder ein Forderungsübergang für jeden Berechtigten gesondert zu berücksichtigen ist.*

Besonderheiten bei Doppel-, Zuverdienern 5

Formulierungsvorschlag:

Unfalltag ......
Todestag ......

Kurze Zusammenfassung zu den wirtschaftlichen Ausgangsdaten:

Berechnung im Einzelnen

Nettoeinkünfte

Nettojahreseinkommen der getöteten Person zur Zeit des Todes	......
Nettojahreseinkommen im Vorjahr	......
Nettojahreseinkommen im 2. Vorjahr	......
Nettojahreseinkommen im 3. Vorjahr	......
Durchschnittliches Jahreseinkommen	......
Durchschnittliches Monatseinkommen	......
Wahrscheinliche Steigerung des Einkommens im nächsten Jahr	......
Nettomonatseinkommen dann	......
Weitere wahrscheinliche Steigerung	......
Berücksichtigungsfähige monatliche Einkünfte deshalb	......

Nettoeinkommen Witwe/r im Jahr des Haftungs-, Schadensereignisses	......
Nettojahreseinkommen im Folgejahr	......
Nettojahreseinkommen im nächsten Folgejahr	......
Nettojahreseinkommen im weiteren Folgejahr	......
Durchschnittliches (mittleres) Jahreseinkommen	......
Durchschnittliches Monatseinkommen	......
Schätzung Einkommenssteigerung für die Zukunft	......
Berücksichtigungsfähige monatliche Einkünfte	......

Berücksichtigungsfähige fixe Kosten des Haushalts nach gesonderter Aufstellung

Summe ......

ggfs.: veränderte fixe Kosten ab ... Summe ......

Für Unterhalt zur Verfügung stehende Nettobeträge

Getötete Person		Witwe/r	
Nettoeinkünfte	......	Nettoeinkünfte	......
Anteil	......	Anteil	......
Fixkostenanteile	......	Fixkostenanteile	......
Für persönlichen Bedarf verfügbarer Betrag		Für persönlichen Bedarf verfügbarer Betrag	

Familie (Summen) ....

5 Ausfall von Barbeiträgen (Barunterhaltsschaden)

Quoten

	Unterhaltsquoten in der Familie für die Zeit vom … bis …:	Quotenanteil hinsichtlich der ersatzfähigen fixen Kosten, ggf. Mittelwerte, oder anteilig nach Unterhaltsquoten für diese Zeit	Unterhaltsquoten in der Familie für die Zeit vom … bis …:	Quotenanteil hinsichtlich der ersatzfähigen fixen Kosten, ggf. Mittelwerte, oder anteilig nach Unterhaltsquoten für diese Zeit	Unterhaltsquoten in der Familie für die Zeit vom … bis …:	Quotenanteil hinsichtlich der ersatzfähigen fixen Kosten, ggf. Mittelwerte, oder anteilig nach Unterhaltsquoten für diese Zeit
Witwe/r	……	……	……	……	……	……
Kind 1	……	……	……	……	……	……
Kind 2	……	……	……	……	……	……
Summen:	……	……	……	……	……	……
Barunterhaltsanteil der getöteten Person:	……	……	……	……	……	……

Berechnung des Anspruchs des Kindes 1

	vom … bis …	vom … bis …
persönlicher Bedarf nach Quote	……	……
Fixkostenanteil nach Quote	……	……
entgangener Barunterhaltsanteil	……	……

Anrechnungen

1. Ausbildungsbeihilfe brutto	……	……
Steuern, Sozialversicherungsbeiträge (in Prozent)	……	……
verbleibender Nettobetrag	……	……
(Pauschaler) berufsbedingter (Mehr-) Aufwand bzw. Bedarf	……	……
verbleibender Betrag	……	……
Anrechnung zur Hälfte	……	……

laufende Rente ab … Endtermin: ……………

Besonderheiten bei Doppel-, Zuverdienern 5

2. (Halb-) Waisenrente ......
Ersatzfähiger Barunterhaltsschaden mtl. ......
aufgerundet (vgl. § 1612a Abs. 3 BGB) ......
Für den Zeitraum insgesamt rückständig: ......

Berechnung des Anspruchs des Kindes 2
vom ... bis ...   vom ... bis ...   laufende Rente ab ...   Endtermin: ....

	vom ... bis ...	vom ... bis ...	laufende Rente ab ...
persönlicher Bedarf nach Quote	......	......	......
Fixkostenanteil nach Quote	......	......	......
entgangener Unterhalt	......	......	......

Anrechnungen

(Halb-) Waisenrente ......
Ersatzfähiger Barunterhaltsschaden mtl. ......
Für den Zeitraum insgesamt rückständig: ......

Berechnung des Anspruchs der/s Witwe/rs

	vom ... bis ...	vom ... bis ...	ab ...	Berechnung bis zum Zeitpunkt des Eintritts der getöteten Person in Ruhestand nach regelmäßigem Verlauf	Endtermin: Tag nach der statistischen Lebenserwartung der getöteten Person
persönlicher Bedarf nach Quote	......	......		......	......
Fixkostenanteil nach Quote	......	......		......	......
entgangener Unterhalt	......	......		......	......

Anrechnungen

1. Ersparter Barunterhalt verbleibende Nettoeinkünfte, s.o.	......
Quote der getöteten Person	......
Ersatzfähiger Barunterhaltsschaden mtl. bis dahin	–
2. Witwenrente bzw. Witwerrente, durchschnittlicher Monatsbetrag	......
Ersatzfähiger Barunterhaltsschaden mtl.	......
Eigener Schadensteil des Hinterbliebenen	......
ggf. Mithaftung, Betrag: ...... Anteil	......
Verbleibender quotierter Gesamtanspruch, gesondert berechnet nach den Grundsätzen der Billigkeitsrechtsprechung (s. Rn. 3426 ff.)	......

In der Onlineversion ist dieser Formulierungsvorschlag als Worddatei abrufbar. 3280

Für die Familie mit Kindern weist das Modell Rn. 3041, 3042 vereinfacht **alle** maßgebenden **Berechnungsgrößen** aus: Abzulesen ist, dass dem Vater bei **Tötung der Mutter** deren Beitrag für Vater und deren Fixkostenanteil entgeht bei Ersparnis des Beitrags für Mutter. Der Mutter entgeht bei **Tötung des Vaters** dessen Beitrag für Mutter und der Fixkostenanteil vom Vater bei Ersparnis des eigenen Beitrags für Vater. Für die Kinder (**Halbwaisen oder Vollwaisen**) beziehen sich die Anteile jeweils auf die Berechtigungen gegenüber den Eltern, zu Besonderheiten bei Vollwaisen Rn. 3283 ff. 3281

Eine vereinfachte Berechnung und Verteilung des Barunterhaltsschadens bei Doppelverdienern mit Kindern, die Ermittlung des Anspruchs der Witwe/des Witwers oder eines hinterbliebenen Lebenspartners und von Halb- oder Vollwaisen ermöglicht die Onlineversion. Dort findet sich auch ein Berechnungsbeispiel. 3282

4. Besonderheiten bei Vollwaisen

Bei Vollwaisen erstreckt sich der Unterhaltsschaden auf den Bar- und den Betreuungsanspruch.[236] 3283

Der **Barunterhaltsschaden** ist ggfs. hinsichtlich der Einkünfte der beiden erwerbstätigen Eltern zu errechnen. 3284

U.U. ist der konkrete Bedarf (Rn. 3024) zu ermitteln, beachte Rn. 3117. 3285

Zur Bemessung des Barunterhaltsbedarfs darf – wenn überhaupt – jedenfalls nicht unreflektiert auf die allgemeinen Unterhaltstabellen zugegriffen werden.[237] 3286

Auf Kinder entfallende Unterhaltsquoten sind sorgfältig zu prüfen. 3287

Eine Neuberechnung der fixen Kosten wegen veränderter Lebensverhältnisse ist geboten, wenn bei einem 4-Personen-Haushalt beide Elternteile wegfallen.[238] 3288

Zwischen Vollwaisen können fixe Kosten – insbesondere bei gleicher Altersstufe – mit 50% / 50% aufgeteilt werden. 3289

Ziehen die nicht anspruchsberechtigten Großeltern zu ihren Enkelkindern und führen den Haushalt fort, sind die fixen Kosten der Großeltern (im Vergleich zu den fixen Kosten des Haushalts mit den Eltern) anspruchsmindernd zu berücksichtigen. Dann sollen die Vollwaisen nicht so gestellt werden – meint der *BGH*[239] – wie Halbwaisen im fortgeführten Haushalt mit dem (ebenfalls anspruchsberechtigten) hinterbliebenen Ehegatten. Die (kleinen) Vollwaisen werden dadurch bei der verstärkten inneren Belastung wirtschaftlich eher noch zusätzlich belastet. Ein angemessener Ausgleich über eine innerfamiliäre Lösung verlangt eine großzügige Schadensregulierung, die der *BGH* insoweit bei den fixen Kosten aus formal überzeugenden Gründen verwehrt. 3290

Den Berechnungsgang zeigt die Onlineversion, die eigene Berechnungen zulässt. 3291

Der Schadensersatzanspruch der Vollwaisen wegen der ausfallenden **Betreuung** orientiert sich häufig an den Kosten einer möglichen und angemessenen Unterbringung (Rn. 3036, 3334). Auf den Ersatzanspruch zum Betreuungsunterhalt sind – nach bestrittener Ansicht – eigene **Einkünfte anzurechnen**, Rn. 3226. 3292

---

236 Instruktiv *OLG Frankfurt* VRS 87, 249, 257.
237 Nicht überzeugend *OLG Stuttgart* VersR 1983, 932; s. aber auch *OLG Koblenz* ZfS 1983, 169.
238 *BGH* VersR 1986, 264 = NJW 1986, 715.
239 *BGH* VersR 1986, 264 bezeichnet sachlich und inhaltlich nur die Höhe der fixen Kosten als bedenklich.

5. Kapitalisierung eines Barunterhaltsschadens

3293 Für die Abfindung durch einen **Einmalbetrag** verlangt § 843 Abs. 3 BGB einen wichtigen Grund, der kraft Gesetzes in der Person des Ersatzberechtigten liegen muss und nicht aus wirtschaftlichen Interessen eines (Dritt-) Leistungsträgers abgeleitet werden kann. Die rechtsgeschäftliche – vergleichsweise – Kapitalisierung zur Gesamtabfindung bleibt stets möglich.

3294 Zu Unterhaltsschäden ist neben der Dauer der Verpflichtung der getöteten Person die Lebenserwartung der berechtigten Person zu beachten, ggfs. auch die Möglichkeit der Wiederheirat (Rn. 3017, 2970) über Heiratstafeln (Wiederverheiratungstabellen) oder bei Waisen der Abschluss der Ausbildung (Rn. 1301 ff.).

3295 In die Kapitalisierungstabellen „Verbundenes Leben" (für lebenslängliche, verbundene Renten, d.h. lebenslängliche Verbindungsrenten[240]) fließen statistisch belegte Möglichkeiten des Vorversterbens des Berechtigten zur Ermittlung des Barwert-, Kapitalisierungsfaktors (vgl. allgemein Rn. 1360, 1399) ein. Dies beachtet versicherungsmathematisch zur Laufzeitprognose und der zeitlichen Begrenzung des Anspruchs das Alter und die durchschnittliche Lebenserwartung des unterhalts- und des ersatzberechtigten Betroffenen ebenso wie zugleich das Alter und die durchschnittliche Lebenserwartung des unterhaltsverpflichteten Getöteten. Das niedrigere Lebensalter des Unterhaltspflichtigen wirkt sich mit der Altersdifferenz zwischen dem Unterhaltspflichtigen und dem Unterhaltsberechtigten ggfs. zu Gunsten des Berechtigten aus.[241]

3296 Annäherungswerte erschließt nach der hier vertretenen Ansicht – auch (beachte Rn. 1365 ff.) – insofern die Berechnung über eine Zeitrente, wobei auf den Verbund der relevanten (mutmaßlichen) Lebenszeit aller Beteiligten[242] und die sich von daher erschließende maximale Zeitdauer zu achten ist.

3297 Einen abstrakt pauschalen Dynamisierungszuschlag (vgl. Rn. 1395) gibt es nicht. Da es haftungsrechtlich aber um Einzelfallgerechtigkeit geht, kann im Einzelfall ein pauschalierender Zuschlag im Fall der Errechnung eines Barwertfaktors über den abstrakten Zinssatz von 5% (s. Rn. 1384) nach einer Kapitalisierungstabelle „Verbundenes Leben" in Betracht kommen, wenn die vorhersehbare Entwicklung und vor allem die individuellen Verhältnisse der Betroffenen dies nahe legen.[243] Eine solche individualisierte Dynamisierung kann auch bei der Berechnung über den Charakter als Zeit-, Leibrente hinzukommen. Die Entwicklung von Sozialversicherungsrenten hat mit alledem nichts zu tun, weil es um den Ausgleich wegen eines entgangenen individuellen (Bar-) Unterhaltbetrags geht und nicht um Renten im Sinne des Rentenrechts.

3298 Die Wahrscheinlichkeit einer Veränderung jeder Art (Wiederheirat, Vorversterben) kann im Übrigen zu jedem Zinssatz und zu jeder Laufzeit mittels Korrekturfaktors den Barwertfaktor anpassen lassen. So kann auch das Vorversterbensrisiko einen Abschlag legitimieren.[244]

---

240 Verbundene Lebensversicherungen, bei denen eine Lebensversicherung auf zwei Leben vereinbart sind, sind davon zu unterscheiden.
241 *LG Nürnberg-Fürth* und *OLG Nürnberg* NZV 2008, 349.
242 Für den Unterhaltsberechtigten steht im Prinzip eine Leibrente in Frage.
243 *OLG Nürnberg* NZV 2008, 349.
244 Zu den versicherungsmathematischen Formeln s. *Schneider/Stahl* in Kapitalisierung und Verrentung, 3. Aufl. 2008.

Berechnungsvorschlag:				3299
Berechnung des Barwertfaktors bei vorschüssiger Zahlung und monatlicher Verzinsung (**Zwölfteljahr**); zur exponentiellen Verzinsung s. Rn. 1390, 1392.			Summe	
	Zeitraum 1 vom ... bis	Zeitraum 2 vom ... bis .... zugleich unter Abzinsung wegen Vorfälligkeit		
Laufzeit in Jahren	14,00	13,20	27,20 (maximale Laufzeit)	
Jahreszins	5,00%	5,00%		
Zinsfaktor	1,004166667	1,004166667		
Vorfälligkeit in Jahren		14,00		
Abzinsungsfaktor		0,505067953		
Gesamter Barwertfaktor (gerundet)	10,096	4,894		
Abschlag in Prozent, vgl. Rn. 1407	85,00%	90,00%		
Korrigierter (Renten-) Barwertfaktor	8,581	4,404		
Zuschlag in Prozent, vgl. Rn. 1409, 1410	0,00%	10,00%		
Letztlich korrigierter (Renten-) Barwertfaktor	8,581	4,845		
Berechnung des aktuellen Einmal(-kapital-)betrags				
Monatlich wiederkehrende Rente	1.000,00	500,00		
Gesamtleistung	168.000,00	79.200,00	247.200,00	
Barwert als Jetztwert (aktueller Kapital-, Einmalbetrag) vor Korrektur	121.148,77	29.361,60	150.510,37	
insgesamt korrigierter Jetztwert	102.976,45	29.067,98	**132.044,44**	
Veränderung gegenüber zunächst errechnetem Betrag	18.172,32	293,62	18.465,93	

Die Onlineversion ermöglicht eigene Berechnungen. 3300

5 Ausfall von Barbeiträgen (Barunterhaltsschaden)

3301

Berechnungsvorschlag:

Kapitalisierung und Diskontierung wegen verbundener Begrenzung der Laufzeit einer Schadensersatzrente unter vereinfachter Korrektur im Hinblick auf das allgemeine Vorversterbensrisiko der unterhaltspflichtigen Person; zu Änderungen der Prognose letztlich durch Veränderung der rechnerischen Laufzeit oder des Zinssatzes beachte zugleich Rn. 3300 und schon 1411.

	Unterhaltspflichtige Person		Unterhaltsberechtigte Person		Summe
Lebensalter (Ausgangsalter)	51		56		
Durchschnittliche Lebenserwartung	27,23		27,44		
relativ kürzere (maximale) Laufzeit in Jahren	27,2				
Relevantes Zwischen(end)alter (z.B. bei im Zeitpunkt des Ausscheidens aus dem Erwerbsleben veränderter Rentenhöhe)	65	Rechnerisches Endalter: 78,23		Mutmaßliches Lebensende des Berechtigten: 83,44	
Monatlich wiederkehrende Unterhaltsersatzrente	1.000,00		500,00		
Geschätzte Laufzeit	14,0	13,23			
	Lebenserwartung des Berechtigten ist höher.		Lebenserwartung des Berechtigten ist höher.		(Zwischen-) Alter am Ende des Kapitalisierungszeitraums: 70,00
berücksichtigungsfähige Laufzeit deshalb	14,0		13,2		Alter am Ende des Abzinsungszeitraums: 83,23
Vorfälligkeitszeitraum			14,00		
hypothetische Gesamtleistung	168.000,00		79.380,00		
Jahreszins zur Kapitalisierung	5,00%		5,0%		
Zinsfaktor	1,004074124		1,004074124		

	Unterhaltspflichtige Person	Unterhaltsberechtigte Person	Summe
Rentenbarwertfaktor gerundet für vorschüssige Zahlung bei monatlicher, exponentieller Verzinsung bis dahin	10,1647309	9,7676248	
Barwert (Kapitaleinmalbetrag)	121.976,77	58.605,75	
Abzinsungsfaktor (jährliche Verzinsung)		0,505067953	
Jetzt- (Bar-)wert bis dahin	121.976,77	29.599,89	151.576,66

Vorschlag zur Berücksichtigung - nur - des Vorversterbensrisikos der unterhaltspflichtigen Person:

	Unterhaltspflichtige Person	Unterhaltsberechtigte Person	Summe
Zahl der Überlebenden im Zwischenendalter	90395	90395	
Zahl der Überlebenden im Ausgangsalter	96688		
Zahl der Überlebenden bezogen auf das Endalter		48521	
Korrekturfaktoren	93,4914%	53,6766%	
Korrigierter Rentenbarwertfaktor (gerundet) dann	9,503	2,648	
Jetzt- (Bar-)wert dann	114.037,83	15.888,22	129.926,06
also Korrektur um			−21.650,60

3302 *Die Onlineversion ermöglicht unter Auswertung der jeweiligen Zahl der Überlebenden eigene Berechnungen, insbesondere um für Vergleichsgespräche gewisse Orientierungsgrößen einschätzen zu können und die Diskussion um Einflussfaktoren und um Prognoseprobleme im Einzelfall zu erleichtern; zur vereinfachten Kontroll-Berechnung s. Rn. 3300.*

III. Ausfall der Haus- und Familienarbeit (Betreuungsunterhaltsschaden)

3303 Fällt die gesetzlich geschuldete Haus-, Familienarbeit und Betreuung (Rn. 2942) wegen Tötung der haushaltsführenden, erziehenden Person aus, ist der **spezifische Wert** der ausfallenden Tätigkeit zu **ersetzen**. Die Schadensersatzrente nach § 844 Abs. 2 BGB zum Ausgleich des materiellen Betreuungsunterhaltsschadens unterliegt nicht einer Einkommensteuerpflicht nach § 22 Nr. 1 EStG, wie der *BFH*[245] festgelegt hat, s. auch Rn. 2995.

3304 Nach § 1612 Abs. 1 BGB bedarf ein Übergang zum Naturalunterhalt als anstelle von Barunterhalt gesetzlich geschuldetem Unterhalt besonderer Gründe zu seiner Rechtfertigung und einer grundsätzlich dem Tatrichter überlassenen Abwägung der Interessen des Unterhaltspflichtigen gegenüber denen des Unterhaltsberechtigten; beachte Rn. 2958, 3308.

3305 Art und Umfang der im Haushalt, wegen der Ehe, anerkannten Lebenspartnerschaft und Familie geschuldeten (Rn. 2939 ff.), erforderlichen Arbeiten bestimmt die **Absprache** der Ehe-, Lebenspartner. Die alltäglichen Lebensumstände, die gesamte soziale und persönliche Lage sind entscheidend. Die Ehegatten haben für ihre Absprache einen weiten Gestaltungsraum. Nach dem Prinzip des § 1360a BGB sind Grenzen durch die Erforderlichkeit oder die Angemessenheit[246] gesetzt. Alter und Gesundheit, berufliche und familiäre Verpflichtungen sind zu berücksichtigen.

3306 Die dem kriegsblinden Ehemann erbrachte **Pflege und Betreuung** durch die nicht berufstätige Ehefrau kann gesetzlicher Unterhalt sein[247], wenn sie einen zumutbaren Beitrag zum gemeinsamen Unterhalt der Familie leistet. Bei einer dauerhaften Körper- und Gesundheitsschädigung gehören die Pflege und Betreuung ebenso wie die Aufwendungen und Anstrengungen für die notwendige ärztliche Behandlung zu den persönlichen Bedürfnissen des beeinträchtigten Ehegatten.

3307 Im Verhältnis zwischen der zum Unfallzeitpunkt volljährigen Tochter und ihrer getöteten Mutter richtet sich der Umfang des fiktiven gesetzlichen Unterhalts nach dem Bedarf der Tochter und nach der persönlichen und wirtschaftlichen Leistungsfähigkeit der Getöteten.[248] Der *BGH* hat dabei offen gelassen, ob der Bedarf eines erwachsenen **behinderten Kindes** nach Tabellen und Leitlinien bestimmt werden kann, die von ihrer Zielsetzung her auf Minderjährige und in der Ausbildung befindliche junge Erwachsene zugeschnitten sind.

3308 Besteht der gesetzliche Anspruch auf Naturalunterhalt für das volljährige Kind, sind für den Ausgleich nach § 844 Abs. 2 BGB die erbrachten (zu erbringenden) Dienstleistungen konkret zu bewerten, d.h. ist – ggfs. unter Anrechnung eines Pflegegeldes – für den Anspruch auf Geldersatz auf die konkreten Dienst-, Pflegeleistungen abzustellen, soweit diese den tatsächlichen Bedarf der Klägerin betreffend abdecken und soweit die getötete pflichtige Person leistungsfähig gewesen wäre.[248]

---

245 *BFH* NJW 2009, 1229 = FamRZ 2009, 424, Vorinstanz *FG Rheinland-Pfalz* DStRE 2008, 137.
246 *BGH* VersR 1984, 961; VersR 1985, 365 sowie *BGHZ* 104, 113 = VersR 1988, 490.
247 *BGH* VersR 1993, 56.
248 *BGH* NJW 2006, 2327 = VersR 2006, 1081 = ZfS 2006, 677 = FamRZ 2006, 1108.

Doppelverdienerpartnerschaft

Ein Anspruch auf Schadensersatz zum Ausfall der Haushaltsführung besteht für den hinterbliebenen Ehegatten in der **kinderlosen Ehe** selbst dann, wenn der Haushalt von den Partnern zu **gleichen Teilen** versorgt wird. Der Hinterbliebene benötigt mehr Zeit zur Fortführung des Haushalts als zuvor. Durch den Ausfall eines Ehegatten im kinderlosen Haushalt halbiert sich die Haushaltstätigkeit nicht.[249] Der Rationalisierungseffekt bei gemeinsamer Haushaltsführung muss stets bedacht werden. Für den Schadensersatzanspruch des hinterbliebenen Ehegatten (ohne Kinder) ist der zu ersetzende, theoretische Arbeitsumfang der getöteten Person bezogen auf den Bedarf des red. PH zu ermitteln, während die ersparte, nicht mehr aufzubringende Arbeitszeit zur Eigenversorgung der getöteten Person (und die ohnehin zu leistende Arbeit) als Differenz zwischen den Arbeitszeiten im n-PH und zum red. n-PH zugunsten des Schädigers zu berücksichtigen ist. Der (u.U. gesamte) Anspruch der Witwe auf Ersatz für die zum Familienunterhalt geleistete Mitarbeit ihres verstorbenen Mannes bei der Haushaltsführung kann allerdings von dem Rententräger wegen einer Witwenrente (zum **Forderungsübergang** Rn. 3005) beansprucht werden.

3309

> Bei der im Tag- und Nachtschichtdienst vollzeitbeschäftigten Witwe kann wegen des Todes des zuvor ebenfalls vollzeitbeschäftigten Mannes, der an den Tagen der schichtbedingten Abwesenheit der Frau morgens bzw. abends drei minderjährige Kinder versorgte und sonst die „regelmäßig" dem „Mann" zufallenden häuslichen Arbeiten erledigte, der Ausfall nach § 844 Abs. 2 BGB zu ersetzen sein. Bei einer Hinterbliebenenversorgung ist ggfs. der Versorgungsträger anspruchsberechtigt.

3310

Bei Tötung eines Ehegatten in kinderloser junger Ehe kann der Überlebende aus Gründen der **Schadensminderungspflicht** gehalten sein, eine kleinere Wohnung zu beziehen. Ein strenger Maßstab ist jedoch nicht anzulegen.[250]

3311

Auch sonst kann ein unmittelbar Geschädigter wie der mittelbar Geschädigte – u.U. nach einer gewissen Übergangszeit – verpflichtet sein, das auszugleichende **Hausarbeitsdefizit durch** einen quantitativen **Verzicht** (z.B. unter Verkleinerung der Wohnung) zu **verringern**.

3312

Zu der durch Tod aufgelösten **gleichgeschlechtlichen Lebenspartnerschaft** müssen ebenfalls schadensrechtliche Berechtigungen wegen Ausfalls der Arbeit des getöteten Partners im Haushalt bejaht werden, Rn. 2956.

3313

Tipp Teilen sich Eltern die Pflege und Erziehung der Kinder, ist die anteilige (Unterhalts-)Pflicht jedes Ehegatten hinsichtlich der Betreuung festzustellen: Die Eltern haben für den dem gemeinsamen Kind zu gewährenden Unterhalt als Teilschuldner einzustehen. § 1606 Abs. 3 BGB legt eine (anteilige) Haftung entsprechend den Erwerbs- und Vermögensverhältnissen fest. Bei gemeinsamer Berufstätigkeit findet § 1606 Abs. 3 Satz 2 BGB, der für den Regelfall die Gleichwertigkeit von Pflege und Erziehung der Kinder mit dem Barunterhalt anerkennt, keine Anwendung. Der Anteil der Eltern am Betreuungsunterhalt der Kinder mag dann nach dem Verhältnis des Einkommens der Eltern bestimmt werden können. Er kann dem umgekehrten Verhältnis des beiderseitigen Erwerbseinkommens entnommen werden. Schematisch darf nicht verfahren werden.

3314

Die Lösung des LPartG (§ 9) mit einem „kleinen Sorgerecht" des gleichgeschlechtlichen Lebenspartners des in der Partnerschaft lebenden allein sorgeberechtigten Elternteils muss fragen lassen, ob – jedenfalls beim Umgangsrecht (§ 1685 Abs. 2 BGB n.F.) – auch Betreuungselemente von § 844 BGB, ggfs. anteilig, erfasst werden.

3315

---

249 *BGHZ* 104, 113 unter Aufgabe von *BGH* VersR 1984, 961, 963.
250 Im Streitfall wurde dem Kläger zugebilligt, die 64 qm große Wohnung beizubehalten; *BGHZ* 104, 113 = VersR 1988, 490.

3316 Bei einheitlicher Schadensberechnung erwachsen mehreren Hinterbliebenen durch den Ausfall der Haushaltsführung eigene Ansprüche als Teilgläubiger. Der Schädiger hat die Geldmittel zu zahlen, die erfahrungsgemäß erforderlich sind, um den Ausfall der (geschuldeten) Arbeitsleistung auszugleichen. Der Anteil jedes einzelnen Hinterbliebenen an der Gesamtversorgung des Haushalts entspricht nicht der Quote beim Barunterhalt.

3317 Die persönlichen Leistungen sind nicht mit dem Geldbedarf und dessen Wert deckungsgleich.

3318 Die Schadensberechnung wird davon beeinflusst, ob und in welchem Umfang reale Aufwendungen entstehen, eine Hilfskraft für die Hausarbeit eingestellt wird (konkrete Schadensberechnung), der **Haushalt nach dem tatsächlichen Zuschnitt** wie zuvor **fortgeführt** wird, Verwandte oder Dritte (unentgeltlich) Hilfe leisten, Kinder/(Halb)Waisen in einer fremden Familie aufgenommen oder in einem Heim betreut werden.

3319 Der hinterbliebene Ehegatte kann nach seiner freien Entscheidung die Haushalts-, Lebensgemeinschaft mit dem Kind fortsetzen oder andere (angemessene) Lösungen finden. Sind dann die Arbeiten im Haushalt nur durch überobligationsmäßigen Einsatz des hinterbliebenen Ehegatten und der Kinder zu erledigen oder helfen Angehörige oder andere Personen unentgeltlich, ist die **zusätzliche Mühewaltung angemessen auszugleichen** (pauschalierende Schadensberechnung). Für die Vollwaisen ist ebenso wie bei Halbwaisen deren Bedarf auszugleichen. Es ist allein auf die in ihrem Interesse liegende Lebensgestaltung abzustellen. Dazu muss im Einzelfall gefragt werden, welche Maßnahme im wohlverstandenen Interesse des Kindes geboten und möglich ist und wie der entsprechende Schadensbehelf wirtschaftlich angemessen zu bewerten bzw. abzugelten ist.

3320 Bei Trennung der Familie und Auflösung des Haushalts mit Fremdunterbringung ist zwischen Heim-, Internatsaufenthalt (Rn. 3334) und Familienunterbringung zu unterscheiden. In allen solchen Situationen sind die **Ansprüche** eines hinterbliebenen Ehegatten und der Kinder (Halbwaisen) **getrennt abzuschätzen**. Für den hinterbliebenen Ehegatten geht es dann um den für seine Versorgung erforderlichen Aufwand. Er ist wie ein alleinstehender Ehegatte zu behandeln.

3321 Berechnungspositionen beim Betreuungsunterhaltsschaden:

Konkrete Berechnung, Rn. 3323 ff.

oder Pauschalierende Berechnung, Rn. 3335 ff.
1. Feststellung des auszugleichenden Arbeitszeitdefizits
   a) Gesamtarbeitszeitbedarf der fortgeführten Familie, Rn. 3339 abzüglich
   b) geschuldete Mithilfepflicht, Rn. 3345 ff.
2. Feststellung des Vergütungswertes, Rn. 3373
3. Monatlicher Ersatzwert, Rn. 3373 ff.
4. Aufteilung des Anspruches auf mehrere Hinterbliebene, Rn. 3388 ff.

ggfs. Kürzung wegen Verletzung der Schadensminderungspflicht
ggfs. zuzüglich Steuerschaden, beachte aber Rn. 2995, 3303
ggfs. Aufteilung wegen eines Forderungsübergangs, Rn. 1613 ff.; 3002 ff.
ggfs. Berechnungen für unterschiedliche Zeitabschnitte
Befristung (Rn. 1296 ff., 1301 ff.)
ggfs. Kapitalisierung (Rn. 1356 ff.)

3322 Beim Getrenntleben (§ 1567 Abs. 1 Satz 2 BGB), nach der Scheidung scheidet ein Unterhaltsanspruch zur hauswirtschaftlichen Versorgung des Haushalts des getrennt lebenden bzw. geschiedenen (früheren) Partners aus. Der Partner der festen eheähnlichen Lebensgemeinschaft, der kraft formloser Erklärung zwischen den Beteiligten Verlobte bei häuslicher Gemeinschaft ohne gesetzlichen Unterhaltsanspruch bleibt im Tötungsfall nach wie vor haftungsrechtlich ungesichert, Rn. 2950 ff., 2987, 2989.

1. Konkrete Berechnung

Konkret ist der Schaden abzurechnen bei zusätzlich anfallenden wirtschaftlichen Lasten. 3323

a) Beschäftigung einer Hilfskraft

Bei der in Folge der Tötung notwendigen Beschäftigung einer Ersatzkraft bilden die gesamten **Bruttoaufwendungen** einschließlich der Arbeitgeberanteile zur Sozialversicherung[251] den wesentlichen Ansatz für die Schätzung des auszugleichenden Geldbetrages. Fahrgelderstattungen z.B. sind vom Schädiger zu ersetzen. 3324

Die Aufwendungen müssen **angemessen** sein[252] nach dem Maß der Erforderlichkeit. Erforderlich ist die Kraft, deren Tätigkeit der gesetzlich geschuldeten Leistung der getöteten Person bezogen auf die Qualifikation/Qualität und die Arbeitszeit vergleichbar ist. Die „notdürftige" Versorgung durch eine eingestellte Hilfskraft begrenzt den Anspruch zum Nachteil der Hinterbliebenen nicht, weil der Lebensbedarf entscheidet. Wird mit der Hilfskraft die ausgefallene Tätigkeit nur teilweise ausgeglichen, tritt ein ergänzender Anspruch hinzu, s. Rn. 2559ff. mit Berechnungsmöglichkeit Rn. 2561. 3325

Ein Zuschlag bei „minderwertiger (mangelhafter)" Tätigkeit scheidet aus, vgl. Rn. 2544 bei Verletzten. 3326

Der Einsatz einer Kraft ohne eine für die ausgefallene Tätigkeit vergleichbare (erforderliche, angemessene) Ausbildung darf nicht zu einem (fiktiven) Zusatzanspruch in Richtung auf einen vollen Ausgleich bei Einsatz einer qualifizierten Kraft führen. Wenn die Hilfskraft die ausgefallene Arbeit im Haushalt und bei der Betreuung erbringt, ist der ausgleichsfähige Nachteil abgedeckt. 3327

Ein nach den **örtlichen** Verhältnissen **erhöhter Geldbetrag**, d.h. die im Vergleich zu anderen örtlichen Gegebenheiten erhöhte Vergütung für eine Hilfskraft, darf abgerechnet werden, wenn tatsächlich eine Kraft aus diesem Raum beschäftigt werden muss.[253] 3328

Die **Eigenversorgung** der eingestellten Kraft, die ohne die Beschäftigung im (fremden) Haushalt in der Freizeit abzuwickeln wäre, steht der Eigenversorgung der getöteten Person nicht gleich. Insoweit entsteht kein Schaden. Dafür ist kein Entgelt zu berücksichtigen. 3329

b) Versorgung in einer Pflegefamilie oder in einem Heim

Bei der Unterbringung in einer Pflegefamilie hat nach der früheren Rechtsprechung des *BGH*[254] der Ersatzanspruch des Kindes anhand der Kosten für eine gleichwertige Familienunterbringung geschätzt, d.h. an den gesamten Pflegegeldern orientiert werden können. Daraus war niemals abzuleiten, dass eine Waise auf den billigeren Weg einer Familienunterbringung verwiesen werden konnte. Die Pflegesätze können zudem als Orientierungshilfe allenfalls vergleichsweise zur Bewertung der Haushaltsführung herangezogen werden. Der Barunterhalt ist davon zu trennen. 3330

Der doppelte Regelbedarfssatz[255] konnte sich praktisch zügig abrechnen lassen. Dieser wurde (s. nun § 1612a BGB) aber dem persönlichen Beitrag nicht gerecht; s. auch Rn. 360. 3331

---

251 *BGH* VersR 1973, 940; VersR 1974, 601, 604.
252 *BGH* VersR 1973, 84.
253 *BGH* VersR 1972, 948 = NJW 1972, 1716; VersR 1973, 84.
254 *BGH* VersR 1971, 1045 = NJW 1971, 2069.
255 *OLG Celle* VersR 1980, 583 stellt auf den einfachen Satz mit höherer Altersstufe und Zuschlag wegen besserer wirtschaftlicher, sozialer Verhältnisse ab.

3332 ▶ Nach neuerer höchstrichterlichen Rechtsprechung ist die Schadensabrechnung (zur eingesetzten Arbeit) über den Zeitbedarf wie bei einer pauschalierenden Berechnung zu bevorzugen.[256] ◀

3333 Das *OLG Naumburg*[257] korrigiert das Bruttoentgelt für eine gewerbsmäßig tätige Person über den Abzug von 30% des Bruttotariflohns hinaus – nach der hier vertretenen Ansicht ohne Rechtsgrund – um weitere 20%, wenn und weil die das hinterbliebene Kind betreuende Großmutter ihren Haushalt nicht völlig neu organisieren muss und sich bestimmte Tätigkeiten im Rahmen der Betreuung des Kindes mit der eigenen Haushaltsführung bzw. Hausarbeit überschneiden.

3334 Für Waisen, die in einem Heim[258] oder Internat untergebracht werden, stellen die dafür anfallenden (angemessenen) Kosten die konkrete Belastung dar, die als erforderliche Aufwendung ausgleichspflichtig ist.[259] Die Grenzen der Erstattungspflicht des Schädigers müssen auch dann aber der gesetzlichen Unterhaltsschuld entnommen werden. Soweit bei den realen Aufwendungen Kosten für Kleidung, Verpflegung sowie Taschengeld und dergl. enthalten sind, fließen in die Abrechnung ersparte Barunterhaltsanteile ein.[260]

2. Pauschalierende Berechnung

3335 Der Anspruch auf Unterhaltsersatz ist unabhängig davon, ob Kosten anfallen, da der Unterhaltsbedarf auszugleichen ist. Insoweit ist eine pauschalierte, typisierte oder hypothetische Berechnung als normative Schadensbewertung durchzuführen. Dabei wird nicht fiktiv abgerechnet. Es wird auch kein Schaden fingiert, sondern versucht, den Geldwert des eingetretenen Schadens festzustellen mittels einer (Ein-)Schätzung (Rn. 2556, 2568). „Fiktive" Elemente der Betrachtung sind – in Wahrheit – Schätzhilfen.

3336 Teilweise hält der *BGH* Verallgemeinerungen, Typisierungen für möglich. Insbesondere empfehlen sich im Hinblick auf verschiedene Unsicherheitsfaktoren in der Schadensschätzung Pauschalierungen. Z.B. erleichtern Durchschnittswerte für den Unterhaltsbedarf der Familienmitglieder über mehrere Jahre anstelle einer zeitlich exakten Staffelung die Schadensregulierungen. Es kommt aber in keiner Phase der Schadensbestimmung zu Regel-Ausnahme-Prinzipien mit veränderten Darlegungs- und Beweislasten.

a) Feststellung des Arbeitszeitdefizits

3337 Für die Schadensregulierung bei Tötung kommt es – anders als bei Verletzungen (Rn. 2606, 2728) – auf den **vorhandenen Bedarf** als die Zeit an, die der fortgeführte Haushalt der Hinterbliebenen nach dem Schadensfall erfordert. Die **Eigenversorgung** der getöteten Person im Haushalt ist – ähnlich wie zum Barbedarf der Beitrag zu dem personenbezogenen Bedarf des getöteten Ehegatten – schadensrechtlich **nicht** auszugleichen. Wird ein Gesamtarbeitszeitbedarf für die Versorgung des Haushalts der betroffenen Familie konkret ermittelt, ist deswegen der Anteil an Arbeitszeit für die Eigenversorgung der getöteten Person in Abzug zu bringen. Dieser Anteil muss unter dem Verhältnis der Personenzahlen liegen, innerhalb des Mehr-Personen-Haushalts darf die in Abzug zu bringende Arbeitszeit nicht nach Kopfteilen errechnet werden. Andererseits ist ein geringerer Abzug als die prozentuale Kürzung um die weggefallene Person ausreichend. Dies folgt daraus, dass ein

---

256 *BGH* VersR 1985, 365 = NJW 1985, 1460.
257 *OLG Naumburg* NJOZ 2005, 1206 = *OLGR Brandenburg* 2005, 269.
258 Zur Erstattung von Heimkosten, die von dem Kostenträger der den Eltern eines verunfallten Kindes geleisteten Erziehungshilfe aufgebracht worden sind, *BGH* VersR 1983, 989 = NJW 1984, 258.
259 *BGH* VersR 1971, 1045 = NJW 1971, 2069; *OLG Frankfurt* VRS 84, 95, 97 m. *BGH* NA-Beschl. v. 14.7.1992; *OLG Celle* DAR 2004, 352 m. *BGH* Beschl. v. 3.2.2004.
260 *OLG Düsseldorf* VersR 1985, 699.

erheblicher Anteil des Zeitbedarfs in einem gemeinsamen Haushalt personenunabhängig ist. Ein Ehegatte leistet nur einen Bruchteil des Arbeitsaufwandes für sich selbst.

Das vom Schädiger auszugleichende Arbeitszeitdefizit ergibt sich erst nach Abzug der Zeit der familienrechtlich gebotenen **Mithilfe** und zwar auch dann, wenn ein Arbeitszeitbedarf für die Familie ohne einen Eigenversorgungsanteil für die getötete Person konkret ermittelt ist. Denn die Zeiten, die die Angehörigen vor dem Haftungsereignis aufzuwenden gehabt haben, haben sie auch danach (unabhängig vom Haftungsereignis) einzusetzen. 3338

aa) Gesamtarbeitszeitbedarf

Der Zeitbedarf für die Hinterbliebenen kann konkret ermittelt werden. Eine andere Möglichkeit besteht seit 1979[261] darin, auf **Erfahrungswerte** zurückzugreifen und von einem (wahrscheinlichen) Arbeitszeitbedarf für die Hinterbliebenen auszugehen. Es ist nach der Rechtsprechung des *BGH* sogar die Größenordnung des im Tabellenwerk von *Schulz-Borck* (Rn. 2606 ff. und Anhang 2) ausgewiesenen Arbeitszeitbedarfes einzuhalten. Von den dort wiedergegebenen Erfahrungssätzen darf nur unter besonderen Umständen angesichts der Lage des Einzelfalles abgewichen werden. Die Abweichung ist zu begründen. 3339

Der **Arbeitszeitbedarf** ist **ohne** den persönlichen Versorgungsanteil der getöteten Person (die **Eigenversorgung**) zu bestimmen. Dies drückt die Arbeitszeit im reduzierten n-Personen-Haushalt aus. Bei dem kinderlosen Ehepaar z.B. ist also nach dem Zeitbedarf des reduzierten Zwei-Personen-Haushalts zu fragen. Dazu darf nicht ohne weiteres auf einen Bruchteil (z.B. von 3/4 oder ähnlich) des Zeitbedarfs für den 2-PH abgestellt werden, Rn. 3337. 3340

Seit der 4. Aufl. weist *Schulz-Borck* vier Verhaltensalternativen (einfach, mittel, gehoben, hoch) aus mit erhöhten Wertangaben wegen veränderter (neuerer) Datenbasen.[262] Der Begriff Verhaltensalternative kennzeichnet den maßgebenden Blick auf die Lebensverhältnisse. Es geht um unterschiedliche Verhaltensweisen, den jeweiligen Haushaltszuschnitt, ein „Haushaltsmodell". Die Begriffe Verhaltensalternative und Anspruchsstufe lassen sich – so verstanden – synonym[263] verwenden. Differenziert wird dabei z. B. nach der Abwechslung im Speiseplan, der Anzahl und Art der Speisen sowie dem Aufwand bei dem Anrichten (Garnieren, Tischdecken) oder der Geschirrmenge sowie u. a. der Häufigkeit der Reinigung der Wohnung. Seit der 4. Auflage hat *Schulz-Borck* zudem den Arbeitszeitbedarf i.e.S. (wie in der KTBL-Datensammlung erfasst, Rn. 2606) mit einem den Ergebnissen statistischer Erhebungen entnommenen Arbeitsaufwand zu den Arbeitsbereichen Betreuung, Einkauf, Haushaltsführung i.e.S. (Organisation, Planung) und kleine häusliche Arbeiten kombiniert, s. Anlage 2. Der *BGH*[264], der es dem Tatrichter freistellt – beachte zugleich Rn. 3339 –, auf Erfahrungswerte zuzugreifen, wenn (andere) konkrete Anhaltspunkte fehlen, hat zu den Zeitangaben von *Schulz-Borck* in der Tabelle 1 der 4. Auflage oder später freilich bisher nicht reflektiert und nicht bestätigt, dass die veränderte Basis der Zeitnennung den Geboten des Schadensrechts und der Schadensschätzung gerecht wird. In der 7. Auflage[265] nennt *Schulz-Borck* zu kombinierten Bedarfs-, Aufwandszeiten Zeiten für Frauen und für Männer, getrennt nach Nichterwerbstätigkeit sowie Erwerbstätigkeit, aber ohne Differenzierung nach Art oder Umfang einer Erwerbstätigkeit (Teilzeit- oder Vollerwerbstätigkeit), obwohl erfahrungsgemäß Art und Weise sowie gerade der zeitliche Umfang der beruflichen Beanspruchung den Zeiteinsatz im Haushalt mitbestimmen. Bei *Schulz-Borck* erstreckt sich die Differenzierung zudem ausschließlich auf den Arbeitszeitanteil wegen der Ist-Zeit (Betreuung, Einkauf, Haushaltsführung i.e.S., sonstige kleinere Arbeiten) der im Haushalt arbeitenden Person. Die Anwendung und 3341

---

261 *BGH* VersR 1979, 670 = NJW 1979, 1501.
262 S. 23 Tabelle 1 mit S. 24 Tabelle 1 a; dort S. 30 ff. Tabelle 4 b zur Feststellung der Verhaltensalternative.
263 A.a.O. S. 9.
264 *BGH* VersR 2009, 515 = FamRZ 2009, 596.
265 *Schulz-Borck/Pardey*, Der Haushaltsführungsschaden, Schadenersatz bei Beeinträchtigung oder Ausfall unentgeltlicher Arbeit in Privathaushalten, Mit Berechnungstabellen, 7. Auflage 2009.

Umsetzung der Tabellenangaben ist dadurch zum Unterhaltsschaden erschwert, weil die besondere zeitliche (tatsächliche) Inanspruchnahme der direkt betroffenen Person gerade nicht abzugelten ist, sondern nur der Bedarf der Hinterbliebenen ohne diese (getötete) Person. Dazu werden nun Instanzgerichte Klarheit und Rechtssicherheit zu schaffen haben, um – auch zur außergerichtlichen Schadensregulierung – durchgängig zu einer verlässlichen Schätzungsgrundlage finden zu können. Die kombinierten Bedarfs-/Aufwandszeiten lassen im Abgleich mit Bedarfszeiten der 3. Auflage und der Tabellenwerte untereinander sowie bei Erfassung der konkreten Haushaltssituation – z. B. durch unschwer mögliche Aufzeichnungen der Hinterbliebenen zur Bewältigung der Hausarbeit – aber immerhin einen **Ausgangswert für** die im Einzelfall **gebotene konkrete Schätzung** finden.

3342 Tabellarische Werte sind jeweils für die entsprechenden Zeiträume heranzuziehen (Anhang 2). Ob neue Erfahrungswerte zu einer Abänderung einer monatlichen Unterhaltsersatzrente führen können, hat der *BGH* bisher nicht entschieden.

3343 **Berechnung des wöchentlichen Arbeitszeitbedarfs im red. n-PH:**
   Wöchentlicher Arbeitszeitbedarf für reduzierten Haushalt
ggfs. zuzüglich Bedarf des reduzierten Haushalts zur Haushaltstätigkeit im weiteren Sinn
ggfs. Erhöhung wegen der individuellen Lage, der besonderen Belastung
ggfs. Abschlag wegen der besonderen Lebenssituation
ergibt wöchentlichen Gesamtarbeitszeitbedarf, beachte Rn. 3363, 3368, 3370

Erläuterung: Mit dem Unterschied, dass bei Tötung der Zeitbedarf auszuwerten ist, gleicht die Zeiteinschätzung im Ansatz den Erwägungen beim Haushaltsführungsschaden, Rn. 2604. Werte für den Zeitbedarf sind im Anhang 2 nebeneinander gestellt. Die von *Schulz-Borck* veröffentlichten Bedarfswerte sind nicht für Haushalte mit mehr als 6 Personen hochzurechnen. Interpolationen sind unangemessen. Bei einer höheren Personenzahl ist auch nicht der Wechsel in die höhere Verhaltensstufe zu rechtfertigen. Die konkreten Lebensverhältnisse können einen Abschlag gegenüber dem Normalbedarf angesichts der Lage nach dem Schadensereignis fordern. Der Zeitbedarf ist andererseits insbesondere bei Kleinkindern deutlich zu erhöhen, eventuell um 2 Stunden täglich.[266] Möglich ist es, bei Kleinkindern den Zeitbedarf täglich um 2 Stunden zu erhöhen, für Kinder bis 7 Jahre an einen erhöhten Bedarf von 7 Stunden wöchentlich und für Kinder zwischen 7 und 12 Jahren vielleicht noch an einen erhöhten Bedarf von 5 Stunden wöchentlich zu denken.

3344 Bei einem **reduzierten 2-Personen-Haushalt** sind für eine Witwe oder einen Witwer etwa 20 bis 25 Stunden in der Woche zu berücksichtigen. Jedenfalls hält sich bei dem reduzierten 2-PH eine Stundenzahl mit wöchentlich 20 (noch) im Rahmen tatrichterlicher Schätzung. Das *OLG Hamm*[267] hält für den Witwer auch 15 Wochenstunden für möglich. Bei dem **reduzierten Vier-Personen-Haushalt** mittleren Zuschnitts ist ein Bedarf von etwa 48 bis 49 Wochenstunden zugrunde zu legen. Der erhöhte Betreuungsbedarf für (zwei) Kinder bis 7 Jahre kann zu einer Erhöhung um insgesamt 14 Stunden pro Woche führen.[268] Im Fall eines Ehepaares mit drei Kindern, also zum **reduzierten Fünf-Personen-Haushalt** sind beim Alter der Kinder von 6, 14 und 15 Jahren 70 Wochenstunden in Erwägung zu ziehen. Bei **8 Personen** ist an durchschnittlich täglich 9 Stunden mit Hilfe der anderen Haushaltsangehörigen also 63 Wochenstunden über 7 Tage für den Einsatz der getöteten, haushaltsführenden Person zu denken.

---

266 *BGH* VersR 1982, 951 = NJW 1982, 2866.
267 *OLG Hamm* VersR 1980, 723.
268 *BGH* VersR 1990, 907.

bb) Mitarbeitspflicht

Die **gesetzliche Pflicht** der Hinterbliebenen zur Mithilfe im Haushalt bleibt von dem Haftungsereignis unberührt. Den Umfang der Mithilfepflicht der Hinterbliebenen bestimmt das Familienrecht. Unwesentlich sind familiäre Gepflogenheiten mit der tatsächlich üblichen Mitarbeit. Die gesetzliche Schuld ist indes durch das Einvernehmen bestimmt und damit doch durch und über tatsächliche Gegebenheiten zu erfassen. M.a.W. kann die Sicht zur Rechtspflicht, eine Mitarbeit im Haushalt zu leisten, von faktischen Erkenntnissen zur Mithilfe auf der Grundlage der Einvernehmensregel zwischen den Ehegatten nicht abgekoppelt werden. Im Einzelfall kann die Mithilfe sogar – ausnahmsweise – durch eine Absprache wirksam abbedungen sein. Feste Kriterien für eine Mithilfe(schuld) gibt es nicht.   3345

Mitarbeit zum fortgeführten Haushalt als nicht ersatzfähiger Anteil an der Arbeit in der Familie:	
a) Hinterbliebener Ehegatte	(Wochenstunden)
b) Kind 1	(Wochenstunden)
c) Kind 2	(Wochenstunden)
d) Kind 3	(Wochenstunden)
Summe (nicht auszugleichende Arbeitszeit)	(Wochenstunden)

3346

Werden Ersatzansprüche des hinterbliebenen Partners und von Halbwaisen **getrennt ermittelt**, ist die Mitarbeitspflicht in dem jeweiligen Verhältnis zu beachten und bei den Halbwaisen zu berücksichtigen, welche ausgleichsfähige Arbeitszeit des Getöteten und welche Arbeitszeit des hinterbliebenen Partners ihnen gegenüber geschuldet ist; beachte weiter Rn. 3314.   3347

(1) Mithilfe von Ehe-, Lebenspartnern

Den **Rentner** trifft eine erhöhte Mithilfeobliegenheit selbst gegenüber der nichtberufstätigen (getöteten) Partnerin.   3348

Der BGH[269] hat wöchentlich 10 Stunden als angemessen nicht beanstandet. Auch eine Reduzierung um 7 Wochenstunden (z.B. von 25 auf 18) ist im Einzelfall möglich.   3349

Ist die getötete Person nicht erwerbstätig, ist eine Mithilfe des hinterbliebenen Ehepartners ebenso wie des gesetzlich gleichgestellten Lebenspartners trotz starker beruflicher Beanspruchung von wöchentlich zwei Stunden denkbar.[270]   3350

In dem Verhältnis zwischen den **berufstätigen Ehepartnern** (Lebenspartnern in anerkannter Partnerschaft) bestimmt sich die Mithilfepflicht im Wesentlichen über die Art und das Ausmaß der beiderseitigen beruflichen Belastung und ihrer Absprachen.   3351

Im Fall eines mindestens täglich dreistündigen Miterwerbs der Frau im Betrieb des Mannes ist[271] die Obliegenheit des Partners mit drei bis vier Wochenstunden angesetzt worden. Gegenüber der berufstätigen Frau können körperlich schwere Arbeiten, die der Mann übernommen hat, zu beachten sein.[272]   3352

Dass die Ehegatten bei **beiderseitiger voller Erwerbstätigkeit** einem von ihnen allein die gesamte Haushaltsführung übertragen und auch nur 1 Stunde täglicher Mitarbeit ausgeschlossen sein soll,   3353

---

269 BGH VersR 1973, 940.
270 BGHZ 86, 372 = VersR 1983, 458 = DAR 1983, 221.
271 OLG Frankfurt Urt. v. 16.5.1984, 7 U 115/83; BGH hat PKH versagt, Beschl. v. 22.1.1985, VI ZR 141/84.
272 BGH VersR 1974, 32.

lässt an die Grenze des offensichtlichen Missverhältnisses für jede Vereinbarung denken. Ein hinterbliebener Ehegatte müsste eine solche ungewöhnliche Absprache plausibel machen, vgl. Rn. 2635. Im Einzelfall kann bei gleichwertiger beruflicher Belastung die Mitarbeitspflicht bis zu 50% gehen. Vorgeschlagen wird, den Umfang der Mitarbeitspflicht des Ehegatten bei beiderseitiger Berufstätigkeit, also den jeweiligen Anteil der Ehegatten an der Arbeit im Haushalt, **typisierend** einzuschätzen.

3354 Bei Vollzeitbeschäftigung des getöteten Partners mit einem langen Weg zur Arbeitsstelle und geringfügiger Beschäftigung des Hinterbliebenen in einem Haushalt mit Heranwachsenden ist die „Behauptung" einer „gleichgestellten" Beteiligung von Ehemann und Ehefrau an der Kinderbetreuung, dreimal wöchentliches Lernen des Verstorbenen mit einem Kind und viermal wöchentliches Kochen sowie eine vielfache Übernahme von Fahrdiensten zur Musikschule, zu Bandproben und zur Schule unzureichend, die Darlegung also unplausibel und nicht ausreichend.[273]

3355

Pauschalierende Einschätzung von Hausarbeitsanteilen

bei beiderseitiger uneingeschränkter Leistungsfähigkeit

Alleinverdiener	100% Hausarbeit i.e.S. nicht erwerbstätiger Ehegatte, Verteilung Hausarbeit i.w.S. nach Absprache,
Doppelverdiener	je 50% Hausarbeitsanteil
Zuverdiener	Hausarbeitsanteile nach Absprache, ohne anderen Anhalt 25% für den überwiegend erwerbstätigen Ehegatten, 75% für den überwiegend im Haushalt tätigen Ehegatten
Rentner	je 50% Hausarbeitsanteil
Erwerbslose Partner	je 50% Hausarbeitsanteil

Die **Betreuung** und Versorgung von **Kindern** bedarf besonderer, an der konkreten Lage ausgerichteter Einschätzung, Rn. 3343.

3356 Der *BGH*[274] hat bei einer gleichen beruflichen Belastung eine (Mit-) Arbeitspflicht des hinterbliebenen Ehemannes von 2/5 zu der Haushaltstätigkeit i.e.S. und dessen ganze Arbeitspflicht zu der Haushaltstätigkeit i.w.S. für angemessen gehalten. Das *OLG Karlsruhe*[275] spricht in Anbetracht beiderseitiger Berufstätigkeit vom umgekehrten Verhältnis der Einkünfte der Ehepartner.

3357 **Aufteilung der Hausarbeit bei *BGHZ* 104, 113:**

[Wochenstunden]	(Anteil)	Hausarbeit i.e.S.	Hausarbeit i.w.S.	Summe
2-PH		33,9	8	41,9
Arbeitszeit des getöteten Ehegatten	3/5	20,34	0	20,34
Arbeitszeit des hinterbliebenen Ehegatten	2/5	13,56	8	21,56

---

273 *OLGR Koblenz* 2008, 342.
274 *BGHZ* 104, 113 = VersR 1988, 490 = NJW 1988, 1783.
275 *OLG Karlsruhe* SP 2006, 271.

Pauschalierende Berechnung 5

Berechnungsbeispiel 1

				Summe	
Zeitbedarf i.e.S., n-PH	33,90 Std/Wo	Hausarbeit i.w.S., n-PH (Std/Wo)	8,00 Std/Wo	41,90 Std/Wo	Summe geschuldete (ersatzlos bleibende) Mitarbeitszeit, um die der Zeitbedarf für den red. n-PH zu verringern ist:
Erhöhung oder Herabsetzung eines tabellarischen Erfahrungswertes	0,00 Std/Wo			0,00 Std/Wo	
Leistungsanteil des hinterbliebenen Partners	40,00%		100,00%		
unveränderte Arbeitszeitpflicht des Hinterbliebenen	13,56 Std/Wo		8	21,56 Std/Wo	

Berechnungsbeispiel 2

Zeitbedarf i.e.S., n-PH	61,90 Std/Wo	Hausarbeit i.w.S., n-PH (Std/Wo)	5,00 Std/Wo		Summe geschuldete (ersatzlos bleibende) Mitarbeitszeit bezogen auf den Zeitbedarf im red. n-PH:
Erhöhung oder Herabsetzung eines tabellarischen Erfahrungswertes	–1,20 Std/Wo				
Leistungsanteil des hinterbliebenen Partners	10,00%		100,00%		
unveränderte Arbeitszeitpflicht des Hinterbliebenen	6,07		5	11,07 Std/Wo	

Die Onlineversion zeigt den Berechnungsgang zur Aufteilung der Zeit zur Erledigung der Hausarbeiten, die für eine Haushaltsgemeinschaft insgesamt festgestellt sind, und zwar mit der Möglichkeit des Vorwegabzugs von (Mit-)Arbeitszeiten anderer Haushaltsangehöriger, insbesondere von Kindern, beachte dazu Rn. 3359 ff. und s. auch Rn. 3370. Die rechnerische Aufteilung kann bezogen auf die von den Betroffenen gewollten (tatsächlichen) Zeitansätze im Verletzungsfall und auf die gesetzlich geschuldeten Zeiten im Grundsatz in gleicher Weise durchgeführt werden; vgl. zu den Unterschieden zwischen den Berechnungsansätzen in Verletzungsfällen und in Tötungsfällen Rn. 2450. 3358

(2) Mithilfe von Kindern

Jungen und Mädchen sind während der Zeit, in der sie dem elterlichen Hausstand angehören und erzogen sowie unterhalten werden, in einer ihren körperlichen und geistigen Kräften sowie ihrer Lebensstellung entsprechenden Weise an der Haushaltsarbeit zu beteiligen. 3359

3360 Pflichtig sind Kinder in der Regel zumindest mit dem 14. Lebensjahr.[276] Der Mithilfebedarf der Eltern und damit der Umfang der angemessenen Mitarbeit richten sich nach der Mithilfefähigkeit, dem Gesundheitszustand, dem Entwicklungs- und Ausbildungsstand, der Belastung in Schule oder Berufsausbildung.[277]

3361 Für 11 und 12 Jahre alte Kinder ist tatrichterlich[278] gegenüber der teilberufstätigen Frau mit einem gesamten Arbeitszeitbedarf von 52 bis 54 Wochenstunden in einer ländlichen Gegend eine gemeinsame Pflicht von 6 Wochenstunden bis hin zu 10 Wochenstunden eingesetzt worden. Bei einfachen Verhältnissen ist es rechtlich einwandfrei[279], die Mithilfe eines Kindes ab Vollendung des 14. Lebensjahres auf sieben Wochenstunden festzulegen. Bei mittleren Lebensverhältnissen kann die Hilfe wenige Stunden betragen[280]. Eine Mithilfe kann gegenüber der Mutter, die ohne eigene Berufstätigkeit für ihren Mann und ein Mädchen zu sorgen hat, wegen der erheblichen Anforderungen durch eine höhere Schulausbildung ganz entfallen.[281]

3362 Der Ausfall der Mitarbeit kann zu Ansprüchen nach § 845 BGB führen (Rn. 2741, beachte auch Rn. 2752).

cc) Berechnung des Zeitdefizits

3363 **Berechnungsformel:** Wöchentliches Arbeitszeitdefizit = verbleibender Bedarf für die Hinterbliebenen = Summe Gesamtarbeitszeitbedarf für den fortgeführten Haushalt abzüglich Summe Mithilfezeiten (Rn. 3346, 3365, 3368).

Berechnungsbeispiel:

Arbeitszeitbedarf	27	Wochenstunden
Mitarbeit, s. Rn. 3346, 3358	2	Wochenstunden
Arbeitszeitdefizit	25	Wochenstunden

Zeitbezogene Umrechnung:

Vervielfältigung	4,3	
Arbeitszeitdefizit	107,5	**Monatsstunden**

Erläuterung: Die Arbeitszeit (s. auch Rn. 3337, 3343) kann sich aus Zeitansätzen für die Hausarbeit i.e.S. mit Soll-Zeiten zum Bedarf i.e.S. sowie Ist-Zeiten zum Aufwand nach statistischen Erkenntnissen zusammensetzen (Rn. 2474 und Anhang 2). Hinzu kommen können Zeitansätze zur Hausarbeit i.w.S. (Rn. 2427 ff.), auch handwerkliche Tätigkeiten als einvernehmlich gewählter Unterhaltsbeitrag, z. B. zur Nutzung eines Gartens durch Anbau von Früchten oder Gemüse oder durch Handarbeiten oder die Herstellung von Kleidung. Unterbleiben sodann Tätigkeiten nach dem Haftungsereignis, weil Lebensabläufe (zumutbarerweise) umorganisiert oder/und umgestellt werden, kann im Einzelfall der höheren Zeitzahl z. B. für die Hausarbeit i.w.S. vor dem Haftungsereignis die geringere Zeitzahl für diese Hausarbeit nach dem Haftungsereignis gegenüberstehen. Trifft diese Arbeit den hinterbliebenen Partner, hat er aus der Sicht des Schadensrechts einen Zeitvorteil, der mit dem Zeitansatz zur Hausarbeit i.e.S. verrechnet werden kann und so zu einer reduzierten Ausgangsgröße führt. Da die „Ersparnis" als Vorteilsausgleich oder direkt bei der Schadensberechnung einfließen muss, wenn der hinterbliebene Partner nicht wegen des Schadensfalles „mehr erhalten" soll als er vorher gehabt hat,

---
276 Nach *OLG Stuttgart* VersR 1978, 652 vom etwa 15. Lebensjahr an.
277 *BGH* VersR 1990, 907 = NZV 1990, 307; Rn. 2745.
278 *OLG Frankfurt* Urt. v. 16.5.1984, 7 U 115/83.
279 *BGH* VersR 1973, 940.
280 *BGH* VersR 1983, 458 (insoweit nicht in *BGHZ* 86, 372).
281 *BGH* VersR 1973, 84.

> ist nach der hier vertretenen Ansicht grundsätzlich eine solche Verrechnung der Zeitwerte vorzunehmen, s. das Beispiel in der Onlineversion Rn. 3365. Nur ausnahmsweise hat nach den Prinzipien ein solcher (Vorteils-)Ausgleich zu unterbleiben, nämlich dann, wenn der hinterbliebene Partner die frei gewordene Arbeitskraft und -zeit gar nicht in anderen Leistungs- bzw. Tätigkeitsbereichen im (fortgeführten oder auch veränderten) Haushalt verwenden kann. Mit pauschalen Sachverständigenbeurteilungen und Blicken in die Statistik ist solchen Fällen nicht gerecht zu werden. Auszuloten sind vielmehr die konkreten Verhältnisse und Lebensbedingungen mit Darlegungslast beim Hinterbliebenen. Die Schadensminderungspflicht (Rn. 3247, 3311) kann den Zeitansatz reduzieren, wie es rechnerisch durch Berücksichtigung der entsprechenden Zahl in der Zeile „Mitarbeit" – dann verstanden als zumutbarer Arbeitseinsatz infolge des Haftungsereignisses – möglich ist. Der Multiplikator kann auch feiner gewählt werden, Rn. 2617. Wenn an dieser Stelle die Umrechnung auf den Monat erfolgt, darf später nicht zusätzlich vervielfältigt werden.

Das ausgleichsfähige Arbeitszeitdefizit bei Zu-, Doppelverdienern ist dem Vergleich zwischen der Zeitbedarfslage nach dem Schadensereignis und der durch das Schadensereignis im zeitlichen Umfang aus der Situation vor dem Schadensereignis unberührt bleibenden Arbeitspflicht des hinterbliebenen Ehegatten zu entnehmen. Unmittelbar sind die bekannten Tabellenwerte (s. Anhang 2) nicht ergiebig und die Arbeitszeiten eher konkret festzustellen, weil die Tabellenwerte in ihrer Datenbasis anders ausgerichtet sind, Rn. 2607. **3364**

Den Berechnungsablauf zeigt die Onlineversion, die eigene Berechnungen zu zwei verschiedenen Berechnungsvorschlägen ermöglicht. **3365**

Tipp Bisher übersieht die Praxis meist, dass die gemeinsame Ermittlung von Arbeitszeiten und die spätere Aufteilung (Rn. 3388) den Bezug zu den Versorgungsanteilen in Wahrheit verschiebt. Denn das kommutative Gesetz (Rn. 2565) gilt nicht, wenn zunächst Mitarbeitszeiten abgezogen werden und später quotiert wird. D.h. dass für den einzelnen Hinterbliebenen Anspruchsanteile unabhängig davon errechnet werden, ob der Hinterbliebene oder Kinder Mitarbeit schulden. Solange der Anspruch für die Hinterbliebenen im Familienverbund ermittelt werden, ist das zum „Familienunterhaltsschaden" irrelevant. Wenn es aber zu Anrechnungen bei den einzelnen Hinterbliebenen und zum Forderungsübergang kommt, zeigen sich Unterschiede, die nicht übergangen werden dürfen, zumal auch die Wertigkeit der Arbeit bezogen auf die Haushaltsangehörigen nicht notwendig und selbstverständlich identisch (gleich hoch) sein muss, weil es auf die Art der zu bewältigenden Hausarbeit oder Betreuungsaufgabe ankommt, vgl. Rn. 1941, 1945, 2648, 3367 und beachte Rn. 3391. **3366**

3367

Betreuungsunterhaltsschaden des hinterbliebenen Partners und von Halbwaisen bei Mitarbeitspflichten als Familienschaden mit Aufteilung und unter Beachtung der Versorgungsanteile

Zeitbedarf red. n-PH	52,90 Std./Woche	Einzutragen Stunden in der Woche (durchschnittlich); vgl. Rn. 3335, 3343 und insofern auch Rn. 3365.
Erhöhung eines tabellarischen Erfahrungswertes	0,00 Std./Woche	
Herabsetzung eines tabellarischen Erfahrungswertes	1,20 Std./Woche	
Hausarbeit i.w.S. – zukünftiger Bedarf	3,00 Std./Woche	

Ausgangsbedarf der Hinterbliebenen als Restfamilie: **54,7 Std./Woche**

(Herkömmliche) Berechnung über (als) Familienschaden bei fortgeführtem Haushalt

Berechnung des Schadens der einzelnen Hinterbliebenen

	Restfamilie insgesamt	Hinterbliebener Partner	Kind	Kind		Hinterbliebener Partner	Kind	Kind	
Versorgungsquoten, -anteile ausgerichtet auf den (jeweils eigenen) Versorgungsbedarf						66,7%	33,3%		Summe: 100%
anteilig zu berücksichtigendes Arbeitszeitdefizit als Versorgungsanteil						36,48 Std./Wo	18,22 Std./Wo		Summe: 54,70

Pauschalierende Berechnung

				Summe:
Geschuldete Mitarbeit (als „Teilnahme" an der Hausarbeit für die Gemeinschaft, beachte Rn. 3345 ff., 3363	18,00 Std./Woche	11,00 Std./Wo	7,00 Std./Wo	
Berücksichtigungsfähiges Arbeitszeitdefizit und Versorgungsanteile (beachte Rn. 3387 ff.)	36,70 Std./Woche	66,7%	33,3%	
Jeweils für die Hinterbliebenen zu berücksichtigen des Arbeitszeitdefizit		24,48 Std./Wo	12,22 Std./Wo	
Stundenvergütung		9,00 €/Std.		
Geschuldete Mitarbeit als Zeiteinsatz für die eigene Versorgung	18,00 Std./Woche	11,00 Std./Wo	7,00 Std./Wo	18,00
	Summe: 36,70 Std./Woche			
Jeweils für die Hinterbliebenen zu berücksichtigendes Arbeitszeitdefizit		25,48 Std./Wo	11,22 Std./Wo	
Da die Hinterbliebenen unterschiedliche Versorgungsbedürfnisse haben, ist es nicht selbstverständlich, dass unabhängig von jeder konkreten Schadensabhilfe für sie jeweils dieselbe Stundenvergütung angesetzt wird, vielmehr können unterschiedliche Stundenvergütungen je nach den Anforderungen in Betracht kommen:		8,50 €/Std.	10,00 €/Std.	
Umrechnungsfaktor (für mtl. Rente, s. Rn. 3379; zum kommutativen Gesetz s. Rn. 2565.)	4,348			
Umrechnungsfaktor (für mtl. Rente, s. Rn. 3379)	4,348			

Monatlicher Gesamtwert	1.436,14	957,91	478,24	0,00	Monatlicher – jeweiliger – Ersatzwert (Unterhaltsersatzrente)	941,87	487,63	0,00	Summe: 1.429,50
Wegen des kommutativen Gesetzes rechnerisch wie:					Die Versorgungsquote weist sich rechnerisch insofern aus wie folgt:				
Gesamtwert als Gesamtanspruch und Anspruchsteile (als Versorgungsquote)	1.436,14	66,70%	33,30%	0,00%	Individuell berücksichtigungsfähiges Arbeitszeitdefizit bezogen auf Zeitdefizit der Restfamilie:	69,44%	30,56%	0,00%	Summe: 100%
		957,91	478,24	0,00	Anspruchsteile rechnerisch bei einheitlichem Geldwert/Stunde (wie zur Berechnung als „Familienschaden") deshalb:	997,28	438,87	0,00	1.436,14

Pauschalierende Berechnung 5

Den Berechnungsgang zeigt die Onlineversion, die zudem eigene Berechnungen ermöglicht, beachte auch Rn. 3358. **3368**

Berechnung der Ausfallzeit bei Mitarbeitspflichten bzw. Aufteilung der Hausarbeit (s. dazu auch Rn. 3358 und 3365) und Ermittlung des ausgleichsfähigen Arbeitszeitdefizits **im Fall einheitlicher Berechnung zum fortgeführten Haushalt**, beachte daneben Rn. 3368				**3369**
I. Arbeitszeitbedarf i.e.S. (ggfs. kombiniert mit Zeitaufwandsanteilen) **für den gestörten n-Haushalt**	27,00 Std./Wo	Hausarbeit i.w.S. für den gestörten n-PH	6,00 Std./Wo	
Erhöhung eines tabellarischen Erfahrungswertes	0,00 Std./Wo	Weitere Zeit(bedarfs)ansätze für den gestörten n-PH	0,00 Std./Wo	
Herabsetzung eines tabellarischen Erfahrungswertes	0,00 Std./Wo			
II. Arbeitszeitbedarf i.e.S. (ggfs. kombiniert mit Zeitaufwandsanteilen) **für den nicht gestörten n-Haushalt**	33,90 Std./Wo	**Hausarbeit i.w.S. für den nicht gestörten n-PH**	8,00 Std./Wo	
Erhöhung eines tabellarischen Erfahrungswertes	0,00 Std./Wo	**Weitere Zeit(bedarfs)ansätze** für den nicht gestörten n-PH	0,00 Std./Wo	
Herabsetzung eines tabellarischen Erfahrungswertes	0,00 Std./Wo			
III. (Unveränderter) Leistungsanteil des hinterbliebenen Partners und unveränderte Arbeitszeit	40% / 13,56 Std./Wo	(Unveränderter) Leistungsanteil des hinterbliebenen Partners und unveränderte Arbeitszeit	100% / 8,00 Std./Wo	

Ggfs. (unveränderter) Leistungsanteil eines weiteren Haushaltsangehörigen, z. B. eines (älteren) Kindes, und unveränderte Arbeitszeit, s. Rn. 3370

Ggfs. (unveränderter) Leistungsanteil eines weiteren Haushaltsangehörigen, z. B. eines weiteren Kindes, und unveränderte Arbeitszeit, s. Rn. 3370

Zugunsten der Hinterbliebenen (gemeinsam, beachte Rn. 3367) **ausgleichsfähiges Arbeitszeitdefizit**	**11,44 Std./Wo**

Wenn ein Zeitansatz zum nicht gestörten Haushalt höher ist als beim gestörten Haushalt, ist nach der hier vertretenen Ansicht die „Gegenrechnung" regelmäßig wegen der Schadensberechnung bzw. als Vorteilsausgleich statthaft, Rn. 3367. Werden Leistungsanteile als Quoten wegen der konkreten Verhältnisse vor und nach dem Haftungsereignis verändert, bedarf es eines abweichenden Berechnungsgangs zur Einschätzung des Unterhaltsschadens.

5 Ausfall der Haus- und Familienarbeit (Betreuungsunterhaltsschaden)

Berechnung im Einzelnen

Berechnungsvariante 1		Rechnerisch und zur Herleitung gleichwertige Berechnungsvariante 2		
Summe Arbeitszeitbedarf i.e.S. und i.w.S. **für den gestörten n-Haushalt**	33,00 Std./Wo	Entgangener Zeitanteil als ausfallende Arbeitszeit des getöteten Partners zum Zeitbedarf i.e.S. bezogen auf den gestörten Haushalt	60%	16,20 Std./Wo
Ersatzfähige gesamte Zeit für den gestörten (red. n-) Personen-Haushalt	33,00 Std./Wo	Den Hinterbliebenen entgangene Arbeitszeit insgesamt		16,20 Std./Wo
Leistungsanteil des hinterbliebenen Partners	21,56 Std./Wo			
Ggfs. Leistungsanteil eines weiteren Haushaltsangehörigen, z. B. eines älteren Kindes		Zeitanteil der Hinterbliebenen an der ersparten Versorgungszeit zur Hausarbeit i.e.S.	40%	2,76 Std./Wo
Ggfs. Leistungsanteil eines weiteren Haushaltsangehörigen, z. B. eines jüngeren Kindes		Zeitanteil der Hinterbliebenen an der ersparten Versorgungszeit zur Hausarbeit i.w.S. insgesamt		2,00 Std./Wo
Gesamte Zeit, die von allen Hinterbliebenen (ohnehin schon beim n-PH) als gesetzlich geschuldeter Beitrag einzubringen ist	21,56 Std./Wo	Von den Hinterbliebenen insgesamt „ersparte" Zeit wegen des Ausfalls einer Person		4,76 Std./Wo
Ausgleichsfähiges Arbeitszeitdefizit	11,44 Std./Wo	Ausgleichsfähiges Arbeitszeitdefizit		11,44 Std./Wo

Einzelne Berechnungsansätze:

Summe der von den Hinterbliebenen insgesamt geschuldeten (Mitarbeits-)Zeit zur Hausarbeit i.e.S. für den nicht gestörten Haushalt	40%	13,56 Std./Wo	Summe der von den Hinterbliebenen insgesamt geschuldeten (Mitarbeits-)Zeit zur Hausarbeit i.w.S. (insgesamt) für den nicht gestörten Haushalt	100%	8,00 Std./Wo
ausfallende Arbeitszeit des getöteten Partners zur Hausarbeit i.e.S. für den nicht gestörten Haushalt	60%	20,34 Std./Wo			
Zur Kontrolle betr. die Hausarbeit i.e.S. für den nicht gestörten Haushalt:	100%	33,90 Std./Wo			
Summe der von den Hinterbliebenen insgesamt geschuldeten (Mitarbeits-)Zeit		21,56 Std./Wo			

ausfallende Arbeitszeit des getöteten Partners	20,34 Std./Wo		
Summe Arbeitszeitbedarf i.e.S. und i.w.S. für den nicht gestörten n-Haushalt	41,90 Std./Wo		
Insgesamt wegen Wegfalls einer Person ersparte (Versorgungs-)Zeit betr. die Hausarbeit i.e.S., ggfs. bei Zuschlägen und Abschlägen	6,90 Std./Wo	Insgesamt wegen Wegfalls einer Person ersparte (Versorgungs-)Zeit betr. die Hausarbeit i.w.S., ggfs. mit zusätzlichen Zeitansätzen	2,00 Std./Wo
Summe der entfallenen („ersparten") Zeiten	8,90 Std./Wo		
wie Differenz zwischen den Zeiten für den nicht gestörten und den gestörten Haushalt insgesamt			

Den Berechnungsgang zeigt die Onlineversion, die zudem eigene Berechnungen ermöglicht, s. zudem Rn. 3343, 3363, 3365, 3368. **3370**

Formulierungsvorschlag: Vorschlag für eine Textfassung zur Berechnung des Arbeitsdefizits[282] **3371**

1. Berechnungsschritt: Bestimmung des Arbeitszeitbedarfs	Wochenstunden
Bedarf des red. n-PH zur Haushaltstätigkeit i.e.S.	......
zuzüglich	
Bedarf des red. n-PH zur Haushaltstätigkeit i.w.S.	......
sowie	
weitere Zeitansätze (gesonderte Beschreibung und Aufschlüsselung)	......
erschließt	
Gesamtbedarf des red. n-PH	......
2. Berechnungsschritt: Bestimmung der Mitarbeitspflicht	
Bedarf des n-PH zur Haushaltstätigkeit i.e.S.	......
davon	
Arbeitsanteil des hinterbliebenen Ehepartners (Prozent bzw. Bruch)	......
und davon	
Arbeitsanteil der Halbwaisen	......
zuzüglich	
Haushaltstätigkeit i.w.S. als Beitrag des hinterbliebenen Ehepartners und ggfs. der Halbwaisen	......
erschließt	
Gesamtarbeitszeit der Hinterbliebenen	......
3. Berechnungsschritt: Bestimmung des Arbeitszeitdefizits	
Differenz zwischen Gesamtbedarf des red. n-PH und Gesamtarbeitszeit der Hinterbliebenen	......

In der Onlineversion ist dieser Formulierungsvorschlag als Worddatei abrufbar. **3372**

---

[282] S. auch Rn. 3408.

b) Geldwert

3373 Um die Haushaltstätigkeit nach dem Maß des ermittelten Arbeitszeitbedarfs in einem Ersatzbetrag ausdrücken zu können, bedarf es der Feststellung eines Geldwertes. Das auf dem Arbeitsmarkt erzielte oder erzielbare Entgelt der getöteten Person ist wegen der Verknüpfung des Ersatzanspruches mit der Unterhaltsleistung und der häuslichen Eigenversorgung (wie im Verletzungsfall, Rn. 2568) irrelevant. Anklänge der Arbeit im Haus an eine freiberufliche, selbstständige Tätigkeit ergeben keinen Wertspiegel zur (unentgeltlichen, gesetzlich geschuldeten) Hausarbeit. Der Beitrag im Haushalt und für die Familie ist wechselbezüglich zu dem Barunterhalt, ohne von diesem abhängig zu sein. Er darf nicht als Gegenleistung verstanden werden, weil die familienbezogene funktionelle Gleichwertigkeit von Erwerb und Hausarbeit (§ 1360 Satz 2 BGB) keine ökonomische, wirtschaftliche Gleichstellung ausdrückt (Rn. 2568). Die Änderung der Rechtsprechung[283] zum Unterhaltsrecht für Ehepartner, die sich während der Ehe um den Haushalt und Kinder gesorgt haben und erst nach Scheidung eine Erwerbstätigkeit beginnen, beeinflusst mit dem Wechsel von der Anrechnungsmethode zur Anwendung der Differenzmethode die Maßstäbe zum Schadensausgleich für die Zeit der bestehenden Ehe nicht (zur Anrechnung neuer Einkünfte s. aber Rn. 3197). Die unterhaltsrechtliche Differenzmethode knüpft zwar daran an, dass das neue Einkommen Ersatz für die zuvor geleistete Hausarbeit ist bzw. an deren Stelle tritt und für den Regelfall zugrunde gelegt werden soll, dass dieses Einkommen wirtschaftlich dem Leistungsbeitrag wegen Haushaltsführung und Kindesbetreuung während der bestehenden Ehe entspricht. Damit soll aber dem lebensstandarderhöhenden Einfluss des Wertes dieses Beitrags Rechnung getragen und eine Benachteiligung zu der Unterhaltsberechnung (durch die sich voll niederschlagende Anrechnung) für den haushaltsführenden Partner vermieden werden. Zum Wert i.S.d. § 844 Abs. 2 BGB und die vergleichbaren besonderen Haftungsnormen (Rn. 2929) besagt dies wie im Verletzungsfall (Rn. 2556) nichts.

3374 Ähnlich wie im Verletzungsfall werden häufig Vergütungsgruppen herangezogen (Rn. 2641, Anhang 1). Der Vorschlag, auf Stundenvergütungen zuzugreifen, gilt auch zum Tötungsfall (Rn. 2661, Anhang 1). Die Prognose der Lohnentwicklung kann über Mittelwerte erfasst werden.

3375 Ein Tariflohn ist zu bereinigen (Rn. 2643).

3376 Zu weit geht das *OLG Naumburg*[284], das den Bruttotariflohn insgesamt um 50% kürzt, weil die das hinterbliebene Kind aufnehmende Familienangehörige den eigenen Haushalt nicht völlig neu organisieren muss und sich Tätigkeiten im Rahmen der Betreuung des Kindes mit der eigenen Hausarbeit überschneiden. Letztere Aspekte betreffen nur den Zeitbedarf, aber nicht den Geldwert.

3377 Hinsichtlich der gedachten Ersatzkraft ist früher davon gesprochen worden, dass Ansätze je nach der angenommenen Altersstufe Differenzen von mehreren hundert Deutschen Mark ergeben, die auf der Schätzungsgrundlage eines durchschnittlichen Alters zurücktreten dürfen, jedoch nicht müssen. So ist es im Einzelfall für möglich gehalten worden, die höchste Lebensaltersstufe zugrunde zu legen, wenn eine besonders erfahrene Kraft nötig ist. Wer mit Stundensätzen rechnet, bedarf solcher Erwägung nicht.

3378 Wird eine Hilfskraft eingestellt und verbleibt ein ausgleichsfähiges Arbeitszeitdefizit mit einem – nicht zuzumutenden – eigenen Einsatz der hinterbliebenen Person oder der zusätzlichen unentgeltlichen Hilfe anderer Personen, treffen Brutto- und Nettobetrachtung zusammen (Mischlösung, Rn. 2559).

---

283 *BGHZ* 148, 105 = NJW 2001, 2254; NJW 2004, 2303 = FamRZ 2004, 1170 und NJW 2004, 2305 = FamRZ 2004, 1173.
284 *OLG Naumburg* NJOZ 2005, 1206 = *OLGR Brandenburg* 2005, 269.

Pauschalierende Berechnung 5

> **Berechnungsmodell zur Feststellung eines Geldwertes über Entgelttabellen oder Vergütungsgruppen:** 3379
>
> Konkrete monatliche Gesamtvergütung als Mittelwert
> *oder* Stundenvergütung (Anhang 1), Berücksichtigung des Multiplikators (4,348), Rn. 2617, 2675
>
> sowie anschließende
>
> Nettokorrektur
> durch konkreten Abzug von Sozialabgaben und Steuern
> *oder* durch pauschalierenden Ansatz von 30% des Monatswertes, Rn. 2655
> erschließt monatlichen Gesamtersatzanspruch für die Hinterbliebenen quasi als Familienunterhaltsschaden, beachte Rn. 3368, 3387 ff.

Eingruppierung

Für die Eingruppierung sind Zahl und Alter der Hinterbliebenen wesentlich. *Schulz-Borck* unterbreitet[285] Vorschläge mit Differenzierungen von BAT VIII bis BAT Vc oder bis hin zu BAT IV in herausgehobenen Sonderfällen sowie nun von TVöD Entgeltgruppe 3 bis Entgeltgruppe 9 oder gar 10. 3380

Bei der kinderlosen Ehe oder Partnerschaft ist – wie in Verletzungsfällen – i.d.R. an eine stundenweise Entlohnung zu denken.[286] 3381

Früher wurde häufig an BAT X[287] (Rn. 2650) bzw. an BAT IXb angeknüpft. 3382

> **Vorschlag zur haushaltsspezifischen Eingruppierung:** 3383
> (zu den Stundensätzen Anhang 1)
>
> n-PH Anlehnung an Vergütungsgruppe
> red. 2-PH Stundenlohn einer Hilfe oder BAT X, IXb, IXb
> red. 3-PH BAT VIII[288]
> red. 3-PH BAT VII[289] (per 2001 7,64 € netto/Std)
>   BAT VIII bis BAT VIb war u.U. möglich.[290]
> red. 4-PH BAT VII[291] bis VIb
>
> Im Fall des Witwers mit Kindern (reduzierter 4-PH) war – rechtlich nicht zu beanstanden – ein Ansatz über BAT VII als Mittelwert der in Betracht kommenden Möglichkeiten angemessen.
> red. 5-PH BAT Vc
> BAT Vc war regelmäßig zu hoch.[292]
>
> Nun mag der TVöD Größenordnungen reflektieren lassen, Rn. 2652.

Eine Eingruppierung nach BAT VII BAT/O hält das *OLG Naumburg*[293] für die Großmutter bedenklich, die das minderjährige nicht eheliche, 11 Monate alte Kind nach dem Unfalltod seiner 22-jährigen, nicht berufstätigen Mutter, einer gelernten Friseurin, in den eigenen Haushalt aufnimmt. 3384

---

285 A.a.O. Tabelle 3 A, 7. Auflage Tabelle 4.
286 *BGHZ* 86, 372.
287 *BGHZ* 104, 113, 122.
288 *OLG Hamburg* VersR 1988, 135, 136; *LG Saarbrücken* ZfS 1997, 412, 414.
289 *OLG Karlsruhe* SP 2006, 271.
290 *BGH* VersR 1984, 876.
291 *OLG Frankfurt* VRS 87, 249, 257.
292 *BGH* VersR 1982, 951 = NJW 1982, 2866.
293 *OLG Naumburg* NJOZ 2005, 1206 = *OLGR Brandenburg* 2005, 269.

3385 Berechnungsvarianten zum Geldwert – Beispiel, s. auch Rn. 3365, 3368

1. Feststellung des Zeitbedarfs und Zeitdefizits

Arbeitszeitbedarf für reduzierten 4-PH	54 Wochenstunden
Gesamtmitarbeitszeit	9 Wochenstunden
Differenz	45 Wochenstunden

2. Feststellung des Geldwertes

	Entweder	Oder	
		Multiplikator	4,348
		Monatsstunden	195,66
Jeweilige durchschnittliche Monatsvergütung für mehrere Jahre, brutto (DM-Größenordnung)	4.174,04	4.174,04	
abzüglich konkrete Sozialabgaben, Steuern	1.711,56	oder	
abzüglich pauschal 30%		1.252,21	
Stundenvergütung			19,53
Monatlicher Ersatzwert	2.462,48	2.921,83	3.821,24

Erläuterung: Für einen Mehr-Personen-Haushalt ist bei der Schadensberechnung für den fortgeführten Haushalt zunächst die maßgebende Arbeitszeit zu ermitteln. Je nachdem, wie ausgehend von wöchentlichen Arbeitszeiten der Monatswert ermittelt wird, ist ein Multiplikator zu verwenden oder nicht. Für eine Familie in einfachen Lebensverhältnissen insbesondere mit Kleinkindern zeigt sich beim Tod der Hausfrau nicht selten im Vergleich zu anderen Verhältnissen eine höhere Unterhaltsersatzforderung. Dies folgt aus der eher stärkeren Zeitbelastung dieser Frau angesichts begrenzt verfügbarer finanzieller Mittel und zumeist geringerer technischer Hilfsmittel im Haushalt. Zu dem Nettoansatz kann u.U. eine **Steuer** (Rn. 2995) zu beachten sein.

3386 Tipp Wie in Verletzungsfällen (Rn. 2673 f.) lässt sich die Größenordnung des Ersatzbetrags zügig mit der einfachen Formel (Rn. 3379) ermitteln:

Zeitausfall (Stunden/Woche) × Stundensatz × 4,348 = monatlicher Rentenwert.

Der Zeitbedarf und der Stundensatz müssen selbstverständlich plausibel sein. Die Zeitbedarfswerte (im Anhang 2) lassen für den hinterbliebenen Ehegatten und (Halb-) Waisen wegen der Objektivierung eher noch als Zeitaufwandswerte in Verletzungsfällen ein Grobschema zu. Der Monatswert kann mit der Formel für Verletztenfälle errechnet werden, wenn zur MdH nun 100% angesetzt und darauf geachtet wird, dass nur geschuldete Mitarbeitszeiten der Angehörigen abzuziehen sind; zur Begrenzung der Unterhaltsrente Rn. 1301 ff., zur Kapitalisierung Rn. 1356 ff, 3293 ff.

c) Aufteilung eines einheitlich ermittelten Wertes auf mehrere Hinterbliebene und Anrechnungen

aa) Versorgungsanteile

3387 Auf den konkret zu bestimmenden Betreuungsbedarf des pflegebedürftigen volljährigen Abkömmlings ist ein (unabhängig vom Unfalltod des pflegenden Angehörigen gezahltes) Pflegegeld als Einkommen in Anrechnung zu bringen, was zu einer Bedarfsdeckung in Höhe des Pflegegeldes und damit dem Erlöschen des Unterhaltsanspruchs geführt hat mit der Folge, dass in dem entsprechenden Umfang gar kein Betreuungsunterhaltsschadensanspruch entstanden ist. [294]

Ist bei gemeinsamer Versorgung, d.h. der Fortführung des Haushalts, der Gesamtbedarf für den hinterbliebenen Ehegatten und Kinder einheitlich berechnet, ist der Wert aufzuteilen, weil die Schadensersatzansprüche wegen des entgangenen Unterhalts mehreren Hinterbliebenen jeweils gesondert als Teilgläubigern (Rn. 387) erwachsen. Die Anteile können ähnlich wie Fixkostenanteile erfasst werden. Sie sind Versorgungsanteile und deswegen Anspruchsteile. 3388

> **Aufteilung eines Hausarbeitsschadens** (Anspruchsteile innerhalb der Berechnung für den fortgeführten Haushalt; beachte zugleich Rn. 3367 zu Verschiebungen hinsichtlich der Einzelberechtigung) 3389
>
> Monatlicher Gesamtersatzwert
> a) Anteile der Hinterbliebenen daran
>   Witwe (r)   ...
>   Kind 1   ...
>   Kind 2   ...
>   Kind 3   ...
> b) Monatlicher Rentenansatz jeweils über die **Formel**: Gesamtersatzwert × individueller Anteil

Die Onlineversion ermöglicht eigene Berechnungen, beachte zudem Rn. 3368 und 3370. 3390

Welche Aufteilung im **Einzelfall** angezeigt ist, ist Sache tatrichterlicher Einschätzung.[295] Da der Ersatzanspruch wegen der Betreuung bzw. Hausarbeit aufgeteilt wird, darf nicht auf Quoten zum Barunterhalt und -bedarf (Rn. 3129 ff.) zurückgegriffen werden. Zumindest dann, wenn der Haushalt nicht gemeinsam fortgeführt wird, aber auch dann, wenn für einen Hinterbliebenen ein Forderungsübergang zu beachten ist, für einen anderen Hinterbliebenen aber nicht, ist zu dem Blick auf die Versorgungsanteile zu bedenken, dass im Fall von Mitarbeitspflichten (und -zeiten) bei einem **Bezug auf** den **Gesamtanspruch** als Familienschaden **andere Teilbeträge errechnet** werden **als bei** dem **Bezug auf** den jeweiligen berücksichtigungsfähigen **Zeitbedarf**, wenn die Mitarbeit als auf den eigenen Teilanspruch ausgerichtet verstanden wird, s. Rn. 3366 mit dem Beispiel Rn. 3367 und die *Berechnungsmöglichkeit in der Onlineversion Rn. 3368*. Hinzuweisen ist darauf, dass wiederum die Leistungsanteile Hinterbliebener bei der Bewältigung der Arbeit für die Gemeinschaft (s. Rn. 3348 ff.) nicht mit ihren Versorgungsanteilen (dem jeweiligen Versorgungsbedarf) identisch sind, auch nicht den Leistungsanteilen bei Bewältigung der Hausarbeit berechnet für das Verhältnis untereinander (*s. Berechnungsmöglichkeit in der Onlineversion Rn. 3370*). 3391

Das Lebensalter von Kindern muss mitbedacht sein, ohne dass es wesentlich darauf ankommt, ob der Betreuungsbedarf von einem gewissen Alter an oder bei gewissen Lebensverhältnissen verringert erscheint oder in den Anforderungen und Inhalten verändert wird. Das Alter von Kindern kann auch zu einer höheren Eingruppierung führen oder/und bei den Zeitansätzen berücksichtigt sein mit der Folge einer korrespondierenden besseren Berechtigung am Gesamtersatzwert. 3392

---

294 *BGH* NJW 2006, 2327 = VersR 2006, 1081 = ZfS 2006, 677 = FamRZ 2006, 1108; s. auch *BGH* NJW-RR 2004, 1300 und NJW-RR 2003, 1441 sowie schon *BGH* NJW-RR 1993, 322 zur bedarfsdeckenden Anrechnung des Landespflegegeldes.
295 *BGH* VersR 1972, 743 = NJW 1972, 1130.

	n-PH	Anteil Witwe(r)	Anteil Kind	Fundstelle
3393	red. 3-PH	1/2	1/2	*OLG Hamburg* VersR 1988, 135.
		2/3	1/3, auf das Kleinkind muss aber der größere Anteil entfallen	*BGH* VersR 1974, 885, 887 = NJW 1974, 1238; VersR 1984, 876.
	red. 4-PH	1/2	je 1/4	*BGH* VersR 1972, 948 = NJW 1972, 176 (zur Unfallzeit 12-jährige Zwillinge).
		oder		
		3/5	je 1/5	
	red. 5-PH	2/5	je 1/5	*BGH* VersR 1973, 939.

bb) Ersparter Barunterhalt

3394   Während bei mehrseitigen Barbeiträgen der Ehegatten darauf abzustellen ist, dass die kongruente wirtschaftliche Ersparnis beim Hinterbliebenen den ersatzfähigen Schadensbetrag mindert (Rn. 3265), ist zum Betreuungsunterhalts-, Hausarbeitsersatz zu fragen, ob und in welchem Umfang für den hinterbliebenen Ehegatten durch den Tod des Ehepartners eine Barunterhaltspflicht entfällt und damit eine Geldersparnis eintritt und inwieweit dies zu Gunsten des Schädigers zu berücksichtigen ist.

3395   Der aus § 843 Abs. 4 BGB hergeleitete Grundsatz, dass Leistungen Dritter, die ihrer Natur nach nicht dem Schädiger zugute kommen sollen, nicht auf den Ersatzanspruch angerechnet werden dürfen, steht einer Anrechnung nicht entgegen. Diese Vorschrift gilt nicht, wenn die Person des Unterhaltspflichtigen wechselt, die Quelle des Unterhalts aber unbeeinflusst bleibt.[296] Zur Anrechnung der Barersparnis auf den Hausarbeitsersatz besagt die Norm nichts.

3396   Die alte Rechtsprechung[297], die die Anrechnung auf den Bereich Verpflegung/Unterkunft beschränkt und Ersparnisse für Kleidung, Körperpflegemittel, Reisen, Zweitwagen und sonstige vom Taschengeld zu bestreitende Aufwendungen für den täglichen Lebensbedarf außer Betracht gelassen hat, setzt der *BGH* nicht fort. Die früher nach § 845 BGB gebotene Beschränkung der Vorteilsfrage steht nach seiner Ansicht mit dem Wesen des Schadensersatzes nach § 844 Abs. 2 BGB nicht in Einklang. Die Erstattungsfähigkeit des Schadens soll zu den ersparten Unterhaltsaufwendungen eine andere Sicht als früher erfordern. Deswegen knüpft der *BGH* in ständiger Rechtsprechung an die Grundsätze zum Vorteilsausgleich an.[298] In Frage steht danach, welche Ersparnis an gesetzlich geschuldeten Barbeiträgen durch den Tod des im Haushalt arbeitenden Ehepartners (Lebenspartners) eingetreten ist und inwieweit im Verhältnis zwischen dem mittelbar Geschädigten und dem Schädiger die Anrechnung der Billigkeit entspricht.[299]

3397   **Berechnungsschritte** zur Bestimmung eines Barvorteils
　　　　　Monatliche Nettoeinkünfte des Erwerbstätigen
abzüglich　Beträge zur Vermögensbildung
abzüglich　monatliche fixe Kosten
　　　　　ergibt monatlich verfügbare Einkünfte
　　　　　zu verteilen nach Schlüssel für getötete Person
　　　　　erschließt den auf sie entfallenden Barbeitrag (personenbezogenen Bedarf)

---

296 *BGH* VersR 1969, 951.
297 *BGHZ* 4, 123, 130; VersR 1961, 856.
298 *BGH* VersR 1987, 70, 72.
299 *BGHZ* 56, 389 = VersR 1971, 1065.

Pauschalierende Berechnung 5

Bei höheren Einkommen ist zu beachten, dass oft wegen der Anrechnung des ersparten Barunterhalts nur ein sehr geringer oder gar kein erstattungsfähiger Schaden zur Haushaltsführung des hinterbliebenen Partners verbleibt. 3398

Daran übt das Schrifttum zu Recht **Kritik**. *Ludwig*[300] weist überzeugend nach, dass der gegenseitige Anspruch auf Familienunterhalt bei bestehender intakter Ehe Ausfluss der gegenseitigen Pflichten in der ehelichen Lebensgemeinschaft und nicht ein Äquivalent für die Hausarbeit ist. Deshalb hält er es dogmatisch für unhaltbar, den durch den Tod einer haushaltsführenden und betreuenden, erziehenden Person ersparten Unterhaltsbetrag in voller Höhe auf den Schadensersatzanspruch anzurechnen. Es könne nur eine teilweise Anrechnung erfolgen und zwar in Höhe von 1/3 des ersparten Unterhaltsbarbeitrags. Auf jeden Fall soll die Anrechnung nach seiner Meinung die Hälfte des ersparten Unterhaltsbetrages nicht überschreiten. 3399

Tipp Im Rahmen der bisherigen Rechtsprechung des *BGH* kann der Schadensausgleich für den geschädigten Ehe-, Lebenspartner nur dadurch günstiger gestaltet werden, dass 3400
- die Einsatzbeträge für die entgangene Haushaltsführung möglichst hoch sind bzw. „lebensnah" an den auf dem Arbeitsmarkt erzielten Löhnen/Gehältern vergleichbarer Kräfte orientiert werden,
- die festen Haushaltskosten nicht wirtschaftlich unangemessen niedrig bemessen werden,
- sorgfältig geprüft wird, inwieweit Barbeträge für die Vermögensbildung die für den Barunterhalt zur Verfügung stehenden Einkünfte verringern, wobei die Vermögensbildung im Kontext des Barunterhaltsanspruchs wirtschaftlich eine gegenteilige Wirkung hat (weil das für den Unterhaltsbedarf verfügbare Einkommen beeinflusst wird, dort zu Lasten des partizipierenden Hinterbliebenen, hier zu Gunsten des Hinterbliebenen, Rn. 3070),
- ein überobligationsmäßiger, d.h. nicht gesetzlich geschuldeter, tatsächlich erbrachter Unterhaltsbeitrag zugunsten des Hinterbliebenen durch Verminderung der Barersparnis über tatsächlich zusätzliche Aufwendungen berücksichtigt wird.

Eine tatsächlich erbrachte, aber nicht geschuldete Betreuung[301] hat der *BGH* schon mehrfach im Wege eines solchen Vorteilsausgleichs berücksichtigt. Auch tatsächliche Aufwendungen nach dem Schadensfall für überobligationsmäßige, nicht geschuldete Leistungen sollten dem einzusetzenden Barvorteil gegenübergestellt werden. Eine finanzielle Mehrleistung kann jedenfalls nach Maßgabe der allgemeinen Kriterien zum Vorteilsausgleich berücksichtigt werden. 3401

> Bei der Versorgung der fünfköpfigen Familie mit preiswerten Nahrungsmitteln durch Bewirtschaftung von zwei Gärten mit 600 qm und mit 1000 qm und dem Einkommen des Mannes von rund 3.000,00 DM monatlich und Näharbeiten der besonders fleißigen Frau hat der *BGH*[302] darauf z.B. abgestellt. Das Berufungsgericht hat in diesem Fall eine „gesetzlich geschuldete Unterhaltsleistung" verneint. Bei der konkreten Familiensituation ist dies bedenklich. Der tägliche Bedarf darf nicht zu eng gezogen werden. Noch unangemessener ist es, die Versorgung von erstehelichen Kindern des Vaters beim Tod der zweiten Ehefrau nicht beim erstattungsfähigen Schaden einzuordnen. Der *BGH*[303] hat das den entsprechenden Mehrbedarf des Witwers unberücksichtigt lassende Berufungsurteil abgeändert und über den Vorteilsausgleich den für die Versorgung von zwei (beim Tod der Stiefmutter) 5 und 7 Jahre alten Kindern entstandenen Aufwand auf den ersparten Unterhalt angerechnet. 3402

Ein Forderungsübergang ist zu beachten, Rn. 1521 ff., 3002 ff. 3403

---

300 DAR 1986, 375, 382.
301 Zur überobligationsmäßigen Pflege *OLG Zweibrücken* NJW-RR 1989, 479.
302 *BGH* VersR 1979, 670 = NJW 1979, 1501.
303 *BGH* VersR 1984, 189.

cc) Einkünfte von Waisen

3404 Zu berücksichtigende Einkünfte der Waisen können deren Anspruch wegen der entgangenen Haushaltsführung mindern, da die Unterhaltsbedürftigkeit insgesamt zu erfassen und nicht nur der Barunterhalt betroffen ist[304] (Rn. 3226, 3292).

3405 Hat der Schädiger den Tod des Vaters und der Mutter des Kindes zu verantworten und **erbt** das Kind von dem Vater ein **Vermögen**, dessen Einkünfte höher sind als der vom Vater geschuldete Unterhalt, soll sich der Schädiger nach der bisherigen höchstrichterlichen Rechtsprechung[305] darauf berufen können, dass das Kind durch den Tod der Mutter keinen Unterhaltsanspruch verliert. Diese **Rechtsprechung** muss der *BGH* **aufgeben**. Auf den Verlust des Betreuungsrechts sind die Vorteile aus einer Erbschaft nicht anzurechnen. Wenn der Schädiger den vorzeitigen Erbanfall auslöst, ist es jedenfalls unbillig, dem Kind Schadensersatzansprüche wegen mangelnder Unterhaltsbedürftigkeit zu versagen. Vor allem hat das Kind auch ohne das schädigende Ereignis den um die Erträge vermehrten Stamm des Vermögens und zusätzlich den gewährten Unterhalt zu erwarten gehabt. Die Unterhaltsbedürftigkeit des Kindes darf nur verneint werden, wenn es aus anderem Anlass als dem schädigenden Ereignis zu einem Vermögen kommt, das den Unterhaltsbedarf deckt.

3406 In dem entschiedenen Fall wurde die von der Mutter geschuldete Haushaltsführung mit monatlich 1.000,00 DM angesetzt. Das Kind wurde aber – im Fall des Weiterlebens der Mutter unterstellt – in Folge der Erbschaft mit Einkünften aus einem Geschäft in Höhe von monatlich 2.200,00 DM nicht mehr für unterhaltsbedürftig gehalten: Der Unterhaltsanspruch des Kindes und damit ein Ersatzanspruch sollte zu verneinen sein, wenn keine Bedürftigkeit besteht, weil die Einkünfte des Vermögens zum Unterhalt einschließlich des Betreuungsanspruches ausreichen.

3407 Ein **Pflegegeld**, das ursprünglich gezahlt worden ist, nach der Tötung der Mutter wegen einer Heimunterbringung erspart wird, ist nicht gegen zu rechnen.[306] Die **Waisenrente**, die im Kern den Barunterhalt betrifft, kann die Berechtigung auch zur Durchsetzung des Betreuungsschadens schmälern (Rn. 3007).[307]

d) Zusammenfassendes Berechnungsmodell

3408

Formulierungsvorschlag zur Berechnung des Betreuungs-, Hausarbeitsschadens (Vorschlag für eine Textfassung):	
1. **Arbeitszeitbedarf**; beachte auch Rn. 3371	**Wochenstunden**
Arbeitszeitbedarf für reduzierten …-PH	……
Erhöhung/Zuschlag	……
Gesamtzeitbedarf des red. n-PH	……
2. **Mitarbeit**, beachte Rn. 3345 ff.	**Wochenstunden**
Arbeitszeit Kinder oder andere Haushaltsangehörige (bei gesetzlicher Unterhaltspflicht)	……
Arbeitszeit hinterbliebener Ehepartner	……
Gesamtmitarbeit	……

---

304 *BGH* VersR 1972, 948 = NJW 1972, 1716; VersR 1973, 940; VersR 1974, 601; der Kritik von *Hofmann* in VersR 1977, 296, 304 ist nicht zuzustimmen.
305 *BGHZ* 62, 126 = VersR 1974, 601; Anm *Weber* in LM § 844 Abs. 2 BGB Nr. 48.
306 *OLG Köln* FamRZ 1997, 1372.
307 *OLG Karlsruhe* SP 2006, 271.

3. **Arbeitszeitdefizit**, beachte Rn. 3337 ff.		**Wochenstunden**
Differenz zwischen Gesamtbedarf und Gesamtmitarbeit		……
4. **Umrechnung für Monat**, beachte Rn. 2661, 2675		4,348
Maßgebendes Zeitdefizit (Stunden/Monat)		……
5. **Geldwert (Stundenvergütung)**		… €
6. **Monatlicher Gesamtersatzwert**		… €
7. **Aufteilung auf die Hinterbliebenen**, beachte Rn. 3387 ff.		
a) **Anspruchsteil Witwe/r**	… %	… €
Anrechnung:		
Nettoeinkünfte		… €
Fixe Kosten		… €
Verbleibende Einkünfte		… €
Quotenanteil getöteter Ehepartner	… %	
(z.B. neben 35,2% für Witwe/r; 19% Kind 1, 14% Kind 2)		
personenbezogener Bedarf getötete Person		… €
Hinweis: Ggfs. ist in Mithaftungsfällen zur Anrechnung ersparter Barbeiträge aus eigenen Erwerbseinkünften die Billigkeitsrechtsprechung zu beachten, Rn. 3425 ff.		
Verbleibender Ersatzwert für hinterbliebenen Ehepartner (als Differenz)		… €
ggfs. Aufteilung wegen Forderungsübergang		
ggfs. Steuerschaden, Rn. 2995		
ggfs. Kapitalisierung weitere Schadensansätze		
b) **Anspruchsteil Kind 1**	… %	… €
Anrechnung		… €
ggfs. Aufteilung wegen Forderungsübergang		
weitere Schadensansätze		
c) **Anspruchsteil Kind 2**	… %	… €
Anrechnung		… €
ggfs. Aufteilung wegen Forderungsübergang		
weitere Schadensansätze		

Der wiedergegebene Berechnungsgang kann unter Verwendung der Berechnungsformel in der Onlineversion für den Hinterbliebenen und drei betroffene Kinder zu 4 Zeitabschnitten nebeneinander durchgeführt werden, wobei dann zugleich ein rückständiger Ersatzbetrag ausgewiesen wird.

In der Onlineversion ist zudem der Formulierungsvorschlag Rn. 3408 als Worddatei abrufbar.

e) Verwandtenhilfe

Die familiäre Lösung mit Hilfe von Dritten ist ein Sonderfall der **konkreten Betrachtung**. Für die Berechnung der für die Hilfe auszugleichenden Vergütung bestehen zugleich Schnittpunkte mit der pauschalierten Berechnung.

3412 Bei der Versorgung durch Verwandte oder Bekannte im eigenen, fortgeführten Haushalt ist ebenso wie beim häuslichen Anschluss an eine andere Familie (Aufnahme in den Haushalt der Großeltern)[308] der Grundsatz der voll angemessenen Entschädigung zu befolgen.[309] Der Schädiger kann sich nicht darauf berufen, dass der Betroffene bei einem Verwandten unentgeltlich aufgenommen wird. Über § 843 Abs. 4 BGB sind freiwillige Leistungen Dritter ebenso wie Unterhaltsleistungen dem Schädiger nicht zugute zu halten. Das *OLG Düsseldorf*[310] spricht davon, dass nur die für die tatsächliche Art der Betreuung erforderlichen Kosten zu ersetzen sind.

3413 Bei dem **Arbeitszeitbedarf** ist zu beachten, dass mit der Aufnahme in eine Haushaltsgemeinschaft die Zeiteinteilung des helfenden Verwandten günstiger als diejenige einer fremden Ersatzkraft gestaltet werden kann. Deswegen sollte der Arbeitszeitbedarf über die Erhöhung der Personenzahl der aufnehmenden Familie erfasst werden, so dass z.B. bei der Aufnahme in eine dreiköpfige Familie mit gleicher Anspruchsstufe/Verhaltensgewohnheit, -alternative (z.B. bei 60,7 Wochenstunden) der Bedarf für nunmehr eine vierköpfige Familie (z.B. mit 69 Wochenstunden) zugrunde gelegt wird, wenn eine Waise mitversorgt wird. Der Anspruch der Waisen ist sodann über die Differenz der Stundenzahl einzuschätzen. Wird eine Waise von einem erwerbstätigen Verwandten aufgenommen, fällt ein höherer Zeitbedarf an.

3414 Die Kosten sind im Rahmen des Angemessenen über die Ermittlung des Arbeitszeitbedarfs unter Heranziehung der maßgebenden **Vergütungsgruppe** zu ersetzen. Das heißt: Die Unterbringung von Kindern bei Verwandten legt es nahe, die Schadensbemessung an den für gewerbliche Kräfte geltenden Sätzen zu orientieren.[311] Die Wahl der Vergütungsgruppe soll nach Ansicht des *BGH* dadurch beeinflusst werden, ob der Helfende eine in der Kinderpflege und -erziehung ausgebildete Kraft ist. Bei der Eingruppierung kommt es im Wesentlichen jedoch auf die tatsächlich ausgeübte Tätigkeit an. Mit den Erwägungen des BGH zur Bereinigung der Tarifgehälter können die gewerblichen Ansätze zudem auch bei der Verwandtenhilfe nicht ohne weiteres herangezogen werden. Es verbleibt bei der Bereinigung des Brutto-Betrages über den Netto-Gedanken bzw. den Ansatz einer Stundenvergütung, wie in Rn. 2661, 3374 vorgeschlagen.

3415 Ein **Zuschlag** zu einem Netto-Betrag drängt sich auf, wenn ein Aufwand für die eigene Kranken- und Altersversorgung des Helfenden geboten ist, weil andernfalls z.B. bei Aufgabe der eigenen Berufstätigkeit ein auszugleichender Nachteil verbleibt. Gibt der Verwandte seinen Beruf auf und versorgt Vollwaisen im Elternhaus, liegt es nahe, den bisherigen, nun entgangenen Arbeitsverdienst jedenfalls dann als korrigierenden Faktor bei der angemessenen Vergütung zu berücksichtigen, wenn der Verdienst die Aufwendungen nicht überschreitet, die bei der Einstellung einer fremden Ersatzkraft – brutto – anfallen würden.[312]

3416 Eine mit der helfenden Person **vereinbarte Vergütung** ist auf Angemessenheit hin zu hinterfragen. Sie kann den Ansatz für eine sonst erforderliche Kraft erreichen, wird aber praktisch regelmäßig darunter bleiben.

f) Entgang von Hausarbeit und Barunterhalt

3417 Erzielt die im Haushalt arbeitende, getötete Person zugleich Einkünfte, u.U. im Wege des Miterwerbs im Betrieb des Ehepartners (Rn. 2718), ist für den Schadensersatz der Gesamtunterhalt aus Bar-[313] und Betreuungsleistungen entscheidend. Die Berechnung des Barunterhaltsersatzes und des Hausarbeitsersatzes dürfen dabei nicht voneinander isoliert werden. In der Regel kann ein

---

308 Instruktiv *OLG Frankfurt* VRS 87, 249, 257.
309 *BGH* VersR 1982, 951 = NJW 1982, 2866.
310 NJW-RR 1999, 1478 = FamRZ 2000, 425.
311 *BGH* VersR 1985, 365 = NJW 1985, 1460, 1462.
312 *BGH* VersR 1986, 264, 266.
313 *BGH* VersR 1984, 79 (Gesamteinkommen von mtl. 3.150,84 DM netto im 2-PH); vgl. auch *BGH* VersR 1984, 961; VersR 1983, 688, insoweit nicht in *BGHZ* 87, 121.

Mehr an Barunterhalt ein Weniger an Betreuungsunterhalt bedingen und umgekehrt. Deswegen kann im Verhältnis zwischen den Ehegatten der Unterhaltsersatz unter Minderung des Hausarbeits-, Naturalbeitrages nach deren vollen Arbeitsverdienst bewertet werden. Oder es kann für den im Haushalt und in der Familie, bei der Kinderbetreuung überpflichtig tätigen Ehegatten ein geringerer Beitrag zum Barunterhalt den gebotenen Ausgleich sichern.[314] Einen Barbeitrag dann auf die Situation einer Halbtagsbeschäftigung zurückzuführen, ist abstrakt unstatthaft. Die konkrete Situation muss aufgehellt werden.

Wegen der rechnerischen Auswirkung der fixen Kosten auf die Schadenseinschätzung ist in allen solchen Fällen ein Vergleich mit der Schadensabrechnung über den vollen Verdienst zu empfehlen.

3418

Bei **berufstätigen Ehepartnern** (Lebenspartnern) **ohne Kinder** geht es um den Ausgleich der Mitarbeit (Rn. 3309 ff.) und ggfs. daneben um den pauschalierenden Ausgleich des Barunterhaltsschadens (Rn. 3039 ff.). Der monatliche Rentenanspruch ergibt sich letztlich als Differenz zwischen dem Wert der entgangenen Haushaltsführung und dem Barvorteil. Übersteigt die Summe aus der entgangenen Haushaltsführung, aus dem entgangenen Unterhaltsbarbeitrag sowie den anteilig aufzubringenden fixen Kosten den von der Witwe, dem Witwer geschuldeten Unterhaltsbarbeitrag nicht, verbleibt finanziell ein geldwerter Vorteil. Eine Ersatzforderung scheidet aus. Dieses Ergebnis ist häufig nicht angemessen. Solange der ersparte Barunterhalt voll abgezogen wird, lässt sich dem nur dadurch begegnen, dass die **Stundenvergütung wirklichkeitsnah** hoch (Anhang 1) angesetzt wird.

3419

Bei **allein erziehenden**, berufstätigen Personen kumulieren die sich sonst auf zwei Personen verteilenden Pflichten zum Barunterhalt sowie zur Hausarbeit, Betreuung und Erziehung. Abweichend von der Beurteilung für Ehegatten mit deren Aufgabenteilung und der proportionalen Begrenzung der Bar- und Betreuungsanteile muss der Schadensersatz dem Übermaß an Einsatz gerecht werden. Der Schädiger hat zum Schadensausgleich der Pflichtenhäufung Rechnung zu tragen. Die Grenze des Ersatzes findet sich in der äußerst möglichen Arbeitsleistung. Ein Arbeitszeitaufwand von insgesamt 12 Stunden täglich, im Einzelfall auch 14 Stunden täglich ist allerdings noch nicht als außergewöhnlich zu empfinden.

3420

Der *BGH*[315] hat 1969 zwei Söhnen einer allein stehenden Mutter je 200,00 DM monatlich als entgangenen Barunterhalt und je 500,00 DM als entgangenen Betreuungs-, Naturalunterhalt (insgesamt also jeweils 700,00 DM) zugesprochen.

3421

IV. Einfluss der Mithaft zum Anspruchsgrund neben einem Vorteilsausgleich

Der mittelbar Geschädigte hat keine bessere Rechtsstellung als der unmittelbar Geschädigte. Die Mitverantwortung der getöteten Person beeinflusst den Ersatzanspruch der mittelbar geschädigten Person (§ 846 BGB). Die Haftungsquote in dem direkten Haftungsverhältnis wirkt also auch gegen den mittelbar Geschädigten.

3422

Ist ein Vorteil zu berücksichtigen (Rn. 658 ff.), reduziert sich der Anspruch deshalb.

3423

---

314 *BGH* VersR 1974, 885: Kürzung entweder des Barunterhalts oder des Anspruchs auf entgangene Haushaltsführung. – Zu einer Ausnahmelage bei der Ehefrau, die den Lebensunterhalt der Familie (mit 7 minderjährigen Kindern) fast ausschließlich allein erwirtschaftet, *OLG Frankfurt* VRS 70, 328, 329 m. *BGH* NA-Beschl. v. 10.12.1985.
315 VersR 1970, 41.

3424 Bei Einkünften aus einem ererbten **Vermögen** (Rn. 3206 ff.) oder allen anderen denkbaren berücksichtigungsfähigen Vorteilen gelten die allgemeinen Regeln. Bei jedem Vorteil, der sich nicht als Erwerbseinkommen darstellt, ist erst der Vorteil abzuziehen und dann zu quotieren.

1. Vorrecht des hinterbliebenen Partners im Außenverhältnis

3425 Bei anrechnungsfähigen Erwerbseinkünften des hinterbliebenen Ehepartners sieht der *BGH* (anders als bei Verletzung, Rn. 2195) den Schaden i.e.S. in dem Ausfall des Unterhaltsbeitrags der getöteten Person und nicht in der Differenz zwischen dem Entgang dieses Unterhaltsbeitrags und dem wegen des Todes ersparten eigenen Unterhaltsbeitrag des Hinterbliebenen, der ohne das Haftungsereignis innerhalb des Familienunterhalts vom nun Anspruchsberechtigten zu Gunsten des nun Verstorbenen beizutragen gewesen wäre. Der *BGH* meint, es sei dem hinterbliebenen Ehepartner nicht zuzumuten, mit eigener Berufstätigkeit im wirtschaftlichen Ergebnis eine Arbeit für den Schädiger zu verrichten. Das eigene Arbeitseinkommen müsse nicht zur Entlastung des Schädigers verwendet werden. Der Schädiger könne nach Treu und Glauben nur durchsetzen, den Mehrbetrag angerechnet zu erhalten.

Billigkeitsrechtsprechung

3426 Das Rechtsprinzip der Billigkeit veranlasst den BGH, das Verhältnis zwischen der Ersparnis (d.h. dem dem getöteten Partner geschuldeten Barbeitrag) und dem Gesamtentgang mit der Mithaftungsquote zu vergleichen.

3427 Es kommt dadurch nach der höchstrichterlichen Rechtsprechung zu einem Vorrecht der mittelbar geschädigten Person gegenüber dem Schädiger, wenn die Mithaftung wegen eines Obliegenheitsverstoßes des getöteten Partners und anrechnungsfähige Einkünfte des hinterbliebenen Partners abrechnungstechnisch zusammentreffen: Im Verhältnis zwischen dem Schädiger und dem hinterbliebenen Ehegatten oder Lebenspartner ist letzterer bevorrechtigt, wenn er die wegen der Mitverantwortung (Mithaftung) des Getöteten von der Haftung nicht gedeckte Quote der Unterhaltsleistung des Getöteten selbst wirtschaftlich ausgleicht. D.h., dass im Fall der Mithaft die durch eigene Erwerbstätigkeit erzielten oder fiktiv erzielbaren Einkünfte des Hinterbliebenen vorrangig auf den von der Haftung des Schädigers nicht gedeckten Ausfall zu verrechnen sind.

3428 M.a.W. darf der hinterbliebene Ehegatte (Lebenspartner) die aufgrund eigener Erwerbstätigkeit verdienten Einkünfte in vollem Umfang (nicht nur mit dem der Haftungsquote entsprechenden Teil) vorrangig zur Deckung des verbleibenden Schadensteils nutzen. Je nach Sprachgebrauch ist dies der nicht ersetzte Schaden, der verbleibende Nachteil, die ungedeckte Haftungsquote, die Mithaftung, der Mithaftungsanteil, der Selbstbehalt, der Eigenanteil. Die eigenen Einkünfte sind nur insoweit zur Minderung des Ersatzanspruches zu verwenden, als sie nicht zum Ausgleich des nicht gedeckten Teils des Unterhaltsbedarfs benötigt werden. Nur soweit sie den selbst zu tragenden Schadensanteil übersteigen, sind sie auf den Unterhaltsschaden anzurechnen.[316]

3429 ▶ Sind beide Beträge gleich hoch, wird nur einer der Beträge mindernd angesetzt. Andernfalls ist vom Gesamtentgang entweder der (im Vergleich zum Betrag der Ersparnis) höhere Mithaftbetrag oder der höhere Ersparnisbetrag von dem Gesamtentgang abzuziehen. Stets wirkt sich allein der höhere Betrag (der Mithaftbetrag oder der Ersparnisbetrag) aus. ◀

3430 Seinen Grundsatz wendet der *BGH* bei der **Erwerbstätigkeit** der Witwe nach der Tötung des Ehegatten angesichts des Einsatzes der freigewordenen Arbeitskraft an.[317] Gleichermaßen gilt der Grundsatz für Renteneinkünfte (Altersruhegeld, Zusatzversorgungen), die die Witwe aufgrund eigener Berufstätigkeit verdient bzw. sich erdient hat.[318] Er gilt auch beim Ersatz der Unterhalts-

---

316 BGH VersR 1983, 726; so auch schon BGH VersR 1955, 275.
317 BGH VersR 1976, 877, 878.
318 BGH VersR 1983, 726, 727.

schäden des Witwers wegen der Tötung der haushaltsführenden Ehefrau. Auch dieser darf gegenüber dem auf eine Schadensquote haftenden Schädiger die wirtschaftlich von der Unterhaltslast frei gewordene Arbeitskraft vorab für den eigenen Bedarf einsetzen, für den während ihrer Lebenszeit die Ehefrau durch ihre Arbeitsleistung gesorgt hat. Entsprechendes gilt[319] zu der Rente, die der Witwer sich mit seiner früheren Berufstätigkeit verdient hat; vgl. auch Rn. 3002.

Für **Kinder** ist die Billigkeitsrechsprechung nicht ergiebig, wenn sich die Frage stellt, ob eigene Einkünfte anzurechnen sind (Rn. 3226), wenn und weil es nicht um ersparte Beiträge für die getötete Person, sondern um den eigenen Unterhaltsbedarf (die Bedürftigkeit) geht. 3431

Berechnungsgang

Der Schaden ist nach der Billigkeitsrechsprechung im Einzelnen wie folgt abzurechnen: Zu errechnen ist primär die ersatzlos bleibende Quote an dem entgangenen Unterhalt (Gesamtentgang als Zwischensumme). Darauf ist die Mithaft zum Nachteil des hinterbliebenen Ehegatten wegen des Verursachungsbeitrags des getöteten Ehegatten anzurechnen, d.h. der Gesamtentgang ist zu quotieren nach der Haftungsquote. Der Eigenanteil zeigt sich entweder durch den Differenzbetrag zwischen dem Gesamtentgang und dem quotierten Ersatzanspruch oder durch die nicht ersetzte Quote (= 100% – Haftungsquote = Mithaftungsquote) auf den Gesamtentgang. Die Unterhaltsersparnis, die sich primär aus dem ersparten Unterhaltsbarbeitrag, im Einzelfall darüber hinaus aus Werten für einen ersparten Betreuungsunterhalt (Mitarbeit zugunsten des Bedarfs der getöteten Person) ergibt, ist zunächst auszuklammern. Es folgt stattdessen der Vergleich zwischen der ersatzlos bleibenden Quote (Mithaftung, Eigenanteil) und der Unterhaltsersparnis. 3432

- Erreicht oder übersteigt der Betrag der Mithaftung die Ersparnis, kann der Schädiger dem Hinterbliebenen das von diesem wirtschaftlich Ersparte nicht zusätzlich entgegenhalten. Dem Hinterbliebenen steht die von dem Schädiger zu tragende Quote an dem entgangenen Unterhalt unverkürzt zu.
- Ist jedoch die ersatzlos bleibende Quote niedriger als die Unterhaltsersparnis, ist der überschießende Teil der Unterhaltsersparnis dem Schädiger zugute zu bringen.

Der Vorteil (die Ersparnis) schlägt neben der Mithaft erst durch, wenn die Mithaftquote höher als die auf den Gesamtentgang bezogene Ersparnisquote ist. Jede andere Mithaftquote führt zu der Forderung, die sich auch bei 100% Haftung unter Abzug des vollen Vorteils (der Vorteilsquote) errechnet. Ob der *BGH* dies bewusst der Billigkeit entnommen hat, ist zweifelhaft. 3433

▶ Im Ergebnis wirkt sich mindernd immer nur der höhere Abzugsbetrag aus. Rechnerisch führt es in den Fällen der Anrechnung eines verbleibenden Vorteils zum selben Ergebnis, wenn auf die Differenz zwischen den insgesamt entgangenen Werten und der gesamten Ersparnis abgestellt wird. ◀ 3434

Berechnungsmodell und -beispiele zur Verrechnung Mithaftung und Ersparnis nach der Billigkeitsrechsprechung: 3435

Ausgangsdaten

Barunterhaltsschaden:

Einkünfte Mann (monatlich)		2.000,00
Einkünfte Frau (monatlich)		400,00
Familieneinkünfte (Summe)		2.400,00
Fixkosten Familie (monatlich)		900,00
Fixkosten Aufwandsanteile	Mann	750,00
	Frau	150,00

---

319 *BGH* VersR 1984, 961, 963; VersR 1987, 70 = DAR 1987, 17.

		Beispiel A	Beispiel B	Beispiel C
Verfügbare Einkünfte Mann				1.250,00
Barbeitrag Mann für Frau				625,00
Hausarbeits-, Betreuungsunterhaltsschaden:				
Hausarbeitsdefizit (monatlich) 27,00 Std/Mo				
Wert des Hausarbeitsausfalls (€/Std) 8,00				216,00
Entgang Frau				
Hausarbeit des getöteten Mannes		216,00	216,00	216,00
Barbeitrag des Mannes	zzgl.	625,00	625,00	625,00
Fixkostenanteil Mann	zzgl.	750,00	750,00	750,00
Gesamtentgang	ergibt	1.591,00	1.591,00	1.591,00
Haftungsquotierung				
Mithaftungsquote		0%	10%	40%
Haftungsquote		100%	90%	60%
Quotierter Ersatzanspruch		1.591,00	1.431,90	954,60
Eigenanteil (Betrag der Mithaftung)		0,00	159,10	636,40
Vorteil				
Einkünfte Frau		400,00	400,00	400,00
Fixkostenanteil	abzgl.	150,00	150,00	150,00
verfügbare Einkünfte Frau	ergibt	250,00	250,00	250,00
Unterhaltsquote Mann		50%	50%	50%
Ersparnis	ergibt	125,00	125,00	125,00
Verrechnung Eigenanteil und Ersparnis				
Ersparnis		125,00	125,00	125,00
Eigenanteil	abzgl.	0,00	159,10	636,40
Verbleibender Vorteil	ergibt	–125,00	0,00	0,00
Durchführung des Vorteilsausgleichs				
Quotierter Ersatzanspruch		1.591,00	1.431,90	954,60
Zu berücksichtigender Vorteil		–125,00	0,00	0,00
Monatliche Ersatzforderung		1.466,00	1.431,90	954,60
Vergleich zwischen der Mithaftungsquote und der Quote zum Vorteil				
Verhältnis Ersparnis/Gesamtentgang		7,86%	7,86%	7,86%
Mithaftungsquote		0%	10%	40%

 3436 Den Berechnungsgang mit den Formeln und Bezügen zeigt die Onlineversion, die eigene Berechnungen zulässt.

2. Berechnungsvarianten bei Mithaftung und fixen Kosten für die Doppelverdienerpartnerschaft

Die beschriebenen Varianten der Schadensberechnung bei Doppelverdienern, die nachstehend zusammengefasst sind, gelten unverändert in Mithaftungsfällen. Diese Varianten (nachstehend als 2. und 3. Variante gekennzeichnet) unterscheiden sich darin, dass in der rechnerisch vereinfachten 3. Variante (vgl. Rn. 3276) direkt der Entgang und der Vorteil nebeneinander gestellt werden, während in der 2. Variante konstruktiv bei den Familieneinkünften angesetzt wird. 3437

Eine in der Praxis häufig anzutreffende einfache Rechnung (nachstehend 1. Variante) setzt ebenfalls bei den Familieneinkünften nach dem Gedanken des Familienunterhalts an. Sie übersieht jedoch den in diesen Einkünften enthaltenen, weiter aufzubringenden Aufwandsanteil des Hinterbliebenen und führt zu Irrtümern. Differenzen werden zusätzlich beeinflusst durch die Billigkeitsrechtsprechung zum Vorrecht des Hinterbliebenen, weil die Quotierung wegen des Haftungsgrundes bei dem Bezug auf die Familieneinkünfte zu einem höheren nicht ersetzten Betrag (Eigenanteil) führt und eine Ersparnis (mit den eigenen Einkünften des Hinterbliebenen) demgemäß eingeschränkt zum Tragen kommt. 3438

Nur bei voller Haftung zum Grund oder bei der Abrechnung ohne Fixkosten und ohne Anrechnung von Einkünften des Hinterbliebenen bzw. bei bestimmten Größenverhältnissen anzurechnender Einkünfte im Vergleich zum quotierten Unterhalt aus den Familieneinkünften ist die Rechnung über die Einkünfte der Familie verlässlich. 3439

Berechnungsvarianten bei Doppelverdienern mit Beispielen: 3440

	Quote	1. Variante	2. Variante	3. Variante	Differenz	Aber (2. Variante) bei anderen Nettoeinkünften des Hinterbliebenen:
Nettoeinkünfte getötete Person		2.000,00	2.000,00	2.000,00		2.000,00
Verhältnis zu den Familieneinkünften und Fixkostenaufwandsanteil	80%			720,00	66,7%	
Nettoeinkünfte des Hinterbliebenen	20%	500,00	**500,00**		33,3%	**1.000,00**
Frühere Nettoeinkünfte der Familie bzw. Lebenspartnerschaft		2.500,00	2.500,00			3.000,00
Fixkosten der Familie (Lebenspartnerschaft)		900,00	900,00			900,00
Persönlicher Bedarf der Ehepartner oder Lebenspartner		1.600,00	1.600,00			2.100,00
Beitrag des Getöteten				1.280,00		
Unterhaltsanteil des Hinterbliebenen am Familienbedarf bzw. am Unterhaltsbarbeitrag des Getöteten	50%	800,00	800,00	640,00		1.050,00

5 Einfluss der Mithaft zum Anspruchsgrund neben einem Vorteilsausgleich

Nicht zu ersetzende Aufwandsanteile des Hinterbliebenen					
Nettoeinkünfte des Hinterbliebenen		500,00			1.000,00
Fixkosten-Aufwandsanteil des Hinterbliebenen		180,00			300,00
Unterhaltsbeitrag des Hinterbliebenen		320,00			700,00
Unterhaltsanteil des Getöteten	50%	160,00			350,00
Entgang des Hinterbliebenen					
Anteil an Familieneinkünften abzgl. Anteil Getöteter		640,00			700,00
Fixkosten oder Fixkosten-Aufwandsanteil Getöteter	900,00	720,00	720,00		600,00
Gesamtentgang	1.700,00	1.360,00	1.360,00		1.300,00
Einfluss einer Mitverursachung					
Haftungsquote, **quotierter Ersatzanspruch**	75% 1.275,00	1.020,00	1.020,00	*255,00*	975,00
Vorteilsausgleich					
Nettoeinkünfte des hinterbliebenen Partners		500,00		500,00	
Ersparnis: Beitrag für Getöteten		160,00			350,00
Fixkosten-Aufwandsanteil des Hinterbliebenen				180,00	
Unterhaltsbeitrag des Hinterbliebenen				320,00	
Unterhaltsanteil des Getöteten	50%			160,00	
Eigenanteil wegen Mithaftung	425,00	340,00	340,00		325,00
Verbleibender Vorteil	–75,00	0,00	0,00	–75,00	–25,00
Verbleibender monatlicher Ersatzanspruch	1.200,00	1.020,00	1.020,00	*180,00*	950,00
Vergleich zwischen der Mithaftungsquote und der Quote zum Vorteil					
Mithaftungsquote	25,00%	25,00%	25,00%		25,00%
Ersparnis/Gesamtentgang	29,41%	11,76%	11,76%		26,92%

3. Aufteilung eines Ersatzanspruches beim Forderungsübergang

a) Minderbelastung eines Sozialleistungsträgers

3441 Ist beim Forderungsübergang ein Quotenvorrecht eingeräumt, steht die Schadensersatzforderung allein dem bevorrechtigten Rechtsinhaber zu (Rn. 1614, 1626). Zu einer Aufteilung der Schadensersatzforderung kommt es nicht. Nur der Teil, der nicht übergeht bzw. nicht zur Deckung eines Anspruches oder einer Leistung benötigt wird, kann von einem Unterhaltsberechtigten gegen den Schädiger geltend gemacht werden.

Eine Ausnahme vom Quotenvorrecht des Sozialversicherungsträgers für Schadensfälle vor dem 30.6.1983 und damit ein Vorrecht des versicherten, geschädigten Hinterbliebenen bejahte der *BGH*, wenn die von dem Sozialversicherungsträger schadensbedingt an den Hinterbliebenen zu erbringenden Versicherungsleistungen für die Sozialversicherung **keine wirtschaftliche Mehrbelastung** bedeutete.[320] So verhielt es sich z.B., wenn statt des höheren Altersruhegeldes eine geringere Witwenrente zu zahlen war. Bei hohen fixen Haushaltskosten sowie bei einem etwaigen Hinzuverdienst des getöteten Ehegatten zeigte sich zugleich eine wirtschaftliche Deckungslücke zwischen der Versicherungsleistung und dem Unterhaltsschaden.

3442

Eine bei der Witwe entstandene Deckungslücke war dann primär mit dem Ersatzanspruch gegen den Schädiger aufzufüllen. Auf den Sozialversicherungsträger ging nur der zur vollständigen Schadensdeckung nicht benötigte restliche Schadensersatzanspruch über.

3443

Eine **Ausnahme** von der Ausnahme und damit die Rückkehr zum Grundsatz des Vorrechts des Sozialversicherungsträgers nahm der *BGH* an, wenn der dem Hinterbliebenen entgangene Unterhalt durch die Versicherungsleistung zuzüglich des gesamten ersparten Unterhaltsbeitrages in voller Höhe gedeckt war. M.a.W. konnte der Sozialversicherungsträger die ganze Ersatzforderung geltend machen, wenn der dem Hinterbliebenen entgangene Unterhalt durch die Versicherungsleistung des Leistungsträgers zuzüglich des ersparten Unterhaltsbeitrages in voller Höhe abgesichert war. Denn im Verhältnis zum Sozialversicherungsträger musste sich der Hinterbliebene die aufgrund eigener Erwerbstätigkeit verdienten Einkünfte auf den wegen der Mithaftung des Getöteten nicht ersatzfähigen Betrag doch anrechnen lassen. Diese Anrechnung innerhalb des Sozialversicherungsverhältnisses folgte dem Sinn und Zweck des Forderungsübergangs, einen wirtschaftlichen Vorteil des Geschädigten aus dem Schadensereignis auszuschließen. Eine Besserstellung des Hinterbliebenen gegenüber den lebzeitigen Verhältnissen war im damals geltenden Sozialversicherungssystem nicht angelegt. Die Nichtanrechnung im Verhältnis zum Schädiger (Rn. 3426) beruhte auf anderen Erwägungen. Dort ging es um die unbillige Begünstigung des Schädigers auf Kosten und zu Lasten des geschädigten Hinterbliebenen, der unter Verkürzung des Ersatzanspruchs nicht schlechter stehen sollte als zu Lebzeiten der getöteten Person.

3444

---

320 *BGHZ* 70, 67 = VersR 1978, 179 = NJW 1978, 640; *BGH* VersR 1981, 334 bei Überschreitung einer Höchstsumme.

3445 Vorbemerkung: Jeder der nachfolgenden DM-Beträge ist mit 0,511292 zu multiplizieren, um den entsprechenden €-Betrag zu erhalten.

Witwenrente	769,50 DM
ersparter Barbeitrag der Witwe zum personenbezogenen Bedarf des Getöteten	406,30 DM
Summe	1.175,80 DM
Entgangener Unterhaltsbeitrag des Getöteten	886,25 DM

Erläuterung: Da die Summe aus der Versicherungsleistung und der Ersparnis höher war als der entgangene Unterhaltsbarbeitrag, ging der quotierte Ersatzanspruch im ganzen Umfang auf den Rentenversicherungsträger über.[321] Anders verhält es sich dann, wenn der Entgang mit 1.416,67 DM höher wäre, s. nachstehend Beispiel B.

Verteilung des quotierten Ersatzanspruches

	Beispiel A nach *BGH*[321]	Beispiel B
Gesamtentgang	886,25	1.416,67
Haftungsquote	25%	25%
Eigenanteil (nicht ersetzter Anteil am Gesamtentgang)	664,69	1.062,50
Ersparnis (Vorteil)	406,30	990,00
Begrenzter Vorteilsausgleich im Außenverhältnis (Rn. 3434)		
Ersparnis > Eigenanteil, dann Ersparnis, andernfalls Eigenanteil	664,69	1.062,50
Ersatzanspruch	**221,56**	**354,17**
SLT-Leistung	769,50	300,00
Deckungslücke für Hinterbliebenen:		
Gesamtentgang	886,25	1.416,67
Ersparnis	406,30	990,00
SLT-Leistung	769,50	300,00
Wirtschaftlicher Ausfall (Lücke)	289,55	126,67
Vorrang der Deckungslücke:		
Anspruchsteil des hinterbliebenen Ehegatten	0,00	126,67
Verbleibender Anspruchsteil für Leistungsträger	**221,56**	**227,50**

3446 Mit § 116 Abs. 5 SGB X greift das Gesetz die höchstrichterliche Rechtsprechung zur Ausnahme vom Vorrecht des Sozialversicherungsträgers für die Fälle auf, in denen infolge des Haftungsereignisses keine höheren Sozialleistungen zu erbringen sind als zuvor. Der Hinterbliebene ist danach vor dem Sozialleistungsträger berechtigt, wenn eine Deckungslücke verbleibt (der Ausfall bei dem Hinterbliebenen durch die Sozialleistung nicht voll abgedeckt ist) und der Leistungsträger wirtschaftlich weniger aufzuwenden hat als vor dem maßgebenden Ereignis. Dies ist ebenso wie früher insbesondere der Fall, wenn die Witwenrente an die Stelle einer Altersrente tritt. Dies kann auch der Fall sein, wenn ein niedrigeres Krankengeld höhere Leistungen des Arbeitsamtes ersetzt.

---

321 *BGH* VersR 1983, 726 f.

Berechnungsbeispiel zur Aufteilung der Ersatzforderung bei Minderbelastung eines Sozialleistungsträgers: 3447

1. **Anwendungsvoraussetzung zu § 116 Abs. 5 SGB X:**

Altersrente		4.000,00
(im Beispiel DM-Größenordnung)		
Witwenrente		2.400,00
Minderbelastung		1.600,00

2. **Schadensberechnung:**

Altersrente des getöteten Ehegatten		4.000,00
Fixe Kosten		1.520,00
Verteilbare Einkünfte		2.480,00
Baranteil der Witwe	50%	1.240,00
Entgangene fixe Kosten		1.520,00
Gesamtentgang (Barunterhaltsschaden)		2.760,00
Haftungsquote	50%	
Quotierter Ersatzanspruch		1.380,00

Nach der relativen Berechtigung (Rn. 1632) wäre wie folgt aufzuteilen:

a) Anspruchsteil Witwe

Barunterhaltsausfall(-schaden)	2.760,00	
Witwenrente	2.400,00	
Deckungslücke	360,00	
Haftungsquote	50%	180,00

b) Anspruchsteil Sozialleistungsträger

Witwenrente		2.400,00
Haftungsquote	50%	1.200,00

Wegen der Minderbelastung des Leistungsträgers mit Vorrang des § 116 Abs. 5 SGB X vor § 116 Abs. 3 Satz 1 SGB X erhöht sich jedoch der Anspruchsteil der Witwe. Es gilt:

a) Anspruchsteil Witwe:

Barunterhaltsausfall (-schaden)	2.760,00	
Witwenrente	2.400,00	
Deckungslücke		360,00

b) Anspruchsteil Sozialleistungsträger:

Quotierter Ersatzanspruch	1.380,00	
abzgl. Deckungslücke der Witwe	360,00	
Restanspruch		1.020,00

Eine eigene Berechnung unabhängig von jeder Währung ermöglicht die Onlineversion, die auch die Berechnungsformel zeigt. 3448

3449 Zu § 116 Abs. 5 SGB X ist die frühere Rechtsprechung zur Ausnahme von der Ausnahme, wenn der hinterbliebene Ehegatte mit der Sozialleistung unter Hinzurechnung des wirtschaftlich ersparten Barunterhalts mehr erhält, als ihm zu Lebzeiten zugeflossen ist, nicht in dem Sinn fortzusetzen, dass sich wie damals das Vorrecht des Leistungsträgers seit dem 1.7.1983 die relative Berechtigung durchsetzt. Vielmehr ist zum **Innenverhältnis** aus den Gründen wie früher die Ersparnis, die nach der Billigkeitsrechtsprechung im Außenverhältnis nicht wirken muss, zu Gunsten des Leistungsträgers anzurechnen. Der hinterbliebene Ehegatte ist nur mit einem dementsprechend verringerten Anteil bevorrechtigt.

3450 **Berechnungsmodell und -beispiele zum Vorrang des § 116 Abs. 5 SGB X bei gleichzeitigem Vorrang im Außenverhältnis:**

– Vorschlag –

	Beispiel A	Beispiel B	Beispiel C
Gesamtentgang (unterstellt)	900,00	1.400,00	2.760,00
[Beispiele mit DM-Größenordnungen]			
Haftungsquote	25%	25%	50%
Quotierter Ersatzanspruch	225,00	350,00	1.380,00
Eigenanteil	675,00	1.050,00	1.380,00
Ersparnis betr. Erwerbseinkünfte	400,00	900,00	200,00
Ersatzanspruch bei voller Haftung	500,00	500,00	2.560,00
Begrenzter Vorteilsausgleich (Rn. 3434)	675,00	1.050,00	1.380,00
Ersatzanspruch	**225,00**	**350,00**	**1.380,00**
SLT-Leistung	800,00	300,00	2.400,00
Deckungslücke für Hinterbliebenen:			
Gesamtentgang	900,00	1.400,00	2.760,00
Ersparnis	400,00	900,00	200,00
SLT-Leistung	800,00	300,00	2.400,00
Verbleibender wirtschaftlicher Ausfall (Lücke)	0,00	200,00	160,00
Vorrang Deckungslücke:			
Anteil des hinterbliebenen Ehegatten am Ersatzanspruch	**0,00**	**200,00**	**160,00**
Verbleibender Anspruchsteil Leistungsträger	**225,00**	**150,00**	**1.220,00**

Erläuterung: Würde der von § 116 Abs. 5 SGB X vorgegebene Weg nach der Billigkeitserwägung im Außenverhältnis verlassen und stattdessen eine relative Verteilung vorgenommen, wäre der Hinterbliebene in der Innenverteilung zusätzlich benachteiligt und zwar um die Kürzungsquote, die auf ihn entfällt, und alle entsprechenden Verschiebungen, wenn nach dem Vorschlag wie nachfolgend zu § 116 Abs. 3 Satz 1 SGB X beschrieben vorgegangen wird. Dies stünde im Widerspruch zu der Bewertung der Interessenlage in § 116 Abs. 5 SGB X und wäre von § 116 Abs. 3 Satz 1 SGB X nicht getragen.

3451 *Eine eigene Berechnung unabhängig von jeder Währung ermöglicht die Onlineversion, die auch die Berechnungsformel zeigt.*

b) Einfluss des Außenvorrechts auf relative Berechtigungen

Solange der *BGH* an dem Außenvorrecht des Hinterbliebenen (Rn. 3434) festhält, bedarf es der konsequenten Fortführung des Abrechnungsweges zur Innenverteilung nach § 116 Abs. 3 Satz 1 SGB X. Die Billigkeit kann im Einzelfall den Leistungsträger intern relativ begünstigen, wenn die Billigkeit denn überhaupt noch den Umfang des Anspruchs bestimmen soll. **3452**

Beim Forderungsübergang ist der Anspruchsteil des Hinterbliebenen nach oben zu begrenzen durch den Ersatzanspruch, der sich nach Abzug der Ersparnis – ohne Mithaft – zeigt. Das Vorrecht des Hinterbliebenen im Außenverhältnis besagt nichts zur Verteilung des ersatzfähigen Schadens in der Innenbeziehung. In dieser Beziehung kommt es ausschließlich auf die Kongruenz und eine wirtschaftliche Deckungslücke an. Als wirtschaftlicher Nachteil des Hinterbliebenen zeigt sich im Innenverhältnis also nur ein Anspruchsteil nach Vorteilsanrechnung, d.h. nach der Anrechnung der Ersparnis. **3453**

Der Anteil des Leistungsträgers am Ersatzanspruch lässt sich nach der hier vertretenen Ansicht durch das Verhältnis seiner Leistung zum Gesamtschaden (dem unquotierten Ersatzanspruch, also der 100%-Haftung) bestimmen. Der Anteil des Hinterbliebenen am Ersatzanspruch ist daneben über das Verhältnis des wirtschaftlich im Innenverhältnis ungedeckten Teils (der realen Deckungslücke) zu diesem Gesamtschaden zu ermitteln. Begrenzt ist im Ergebnis die Gesamtaufteilung selbstverständlich durch die Höhe der Ersatzforderung im Außenverhältnis. Dass der Leistungsträger so im Einzelfall einen höheren Betrag zugewiesen erhält, als dann, wenn die relative Theorie direkt und bezogen auf die kongruente Leistung und die nicht um die Ersparnis korrigierte Lücke i.w.S. angewendet wird, ist Folge der veränderten wirtschaftlichen Lage beim Hinterbliebenen. Das *OLG Hamm*[322] begrenzt den Anspruch des Hinterbliebenen dagegen – nur – auf die Deckungslücke und stellt für den Leistungsträger auf den Betrag ab, der sich dann durch die Differenz ergibt. Das *OLG* legt zugrunde, dass auch bei der Innenaufteilung das von dem Hinterbliebenen erzielte Einkommen in erster Linie diesem und nicht dem Sozialversicherungsträger zugute kommen solle. Es meint, der ersparte Barunterhaltsbeitrag des Hinterbliebenen sei zunächst dafür heranzuziehen, die Differenz zwischen der Leistung des Sozialversicherers und dem bei 100%-iger Haftung zu zahlenden Schadensersatz zu decken. Es setzt die Billigkeitsrechtsprechung also im Innenverhältnis fort. Die offene Differenz, auf die das *OLG Hamm* eingeht, ist die um die Ersparnis korrigierte bzw. bereinigte Differenz (Lücke) zwischen dem Gesamtentgang und der Sozialleistung mit dem Ergebnis, dass der Hinterbliebene einen Anspruchsteil wie bei der 100%-Haftung erhält und dem Sozialleistungsträger die reale volle Kürzung allein zugewiesen wird. Die Lösung des *OLG* bleibt in sich stimmig, wenn die kongruente Leistung niedriger ist als der Gesamtentgang und die Ersparnis nach außen höher bleibt als die korrigierte Lücke („offene Differenz"). In einer Anmerkung dazu[323] wird es darüber hinaus für richtig gehalten, bei einer Ersparnis, die niedriger ist als der Unterschied zwischen dem Ersatzanspruch bei 100%-Haftung und der kongruenten (Sozial-) Leistung, den weiteren Unterschied zwischen dem Ersatzanspruch bei quotierter Haftung und der Ersparnis (an Barbeiträgen aus Erwerbseinkünften) anteilsmäßig aufzuteilen. **3454**

Jede Differenzlösung wird freilich der Aussage des § 116 Abs. 3 Satz 1 SGB X nicht gerecht, die auf eine Relativität abstellt, Rn. 1629. Wenn die Relation nach der Haftungsquote nicht passt, weil die Forderung gegen den Schädiger anders bestimmt wird, muss folgerichtig eine andere, angepasste Relation gefunden werden, wie hier vorgeschlagen. Die direkte anteilige Befriedigung des Sozialleistungsträgers einerseits und des mittelbar Geschädigten andererseits entspricht so dem Grundmodell in § 116 Abs. 3 SGB X. Der Hinterbliebene hat zudem keinen „Anspruch" gegen den Leistungsträger darauf, jedenfalls einen Teilbetrag zu erhalten, der der Höhe nach den Betrag erreicht, der sich bei voller Haftung nach Abzug der Ersparnis zeigt. Sinn und Zweck des Forde- **3455**

---

[322] *OLG Hamm* NZV 2004, 43 = NJW-RR 2004, 317 = VersR 2004, 1425.
[323] *Kerpen* in VersR 2004, 1427 ff.

rungsübergangs geben nichts dafür her, mit dem Übergang der vollen Forderung bei kongruenter Deckung den Hinterbliebenen im Verhältnis zum Sozialleistungsträger besser zu stellen. Die wirtschaftliche Entlastung beim Sozialleistungsträger, die gem. § 116 Abs. 5 SGB X (Rn. 3449, 3450) die interne Begünstigung des Hinterbliebenen trägt, greift in diesem Kontext nicht durch.

3456 **Wirkung des § 116 Abs. 3 Satz 1 SGB X bei gleichzeitigem Vorrecht im Außenverhältnis**

	Beispiel A	Beispiel B	Beispiel C	Beispiel D
Gesamtentgang	3.472,00	2.760,00	1.528,50	1.528,50
[Die Beispiele sind auf DM-Größenordnungen ausgerichtet. Jeder DM-Betrag ist mit 0,511292 zu multiplizieren, um den €-Betrag zu erhalten.]				
Haftungsquote	70%	50%	70%	20%
Quotierter Ersatzanspruch	2.430,40	1.380,00	1.069,95	305,70
Eigenanteil	1.041,60	1.380,00	458,55	1.222,80
Ersparnis	**400,00**	**200,00**	**909,48**	**909,48**
Ersatzanspruch bei voller Haftung	3.072,00	2.560,00	619,02	619,02
Begrenzter Vorteilsausgleich im Außenverhältnis	1.041,60	1.380,00	909,48	1.222,80
Ersatzanspruch	**2.430,40**	**1.380,00**	**619,02**	**305,70**
SLT-Leistung	2.000,00	2.400,00	700,00	400,00
Kürzungsquote Leistungsträger (Leistung/Ersatzanspruch bei voller Haftung)	65%	94%	100%	65%
Anteil des Leistungsträgers am Ersatzanspruch nach Kürzungsquote	**1.582,29**	**1.293,75**	**619,02**	**197,54**
Deckungslücke für Hinterbliebenen:				
Gesamtentgang	3.472,00	2.760,00	1.528,50	1.528,50
Ersparnis	400,00	200,00	909,48	909,48
SLT-Leistung	2.000,00	2.400,00	700,00	400,00
Wirtschaftlicher Ausfall (Lücke)	1.072,00	160,00	0,00	219,02
Kürzungsquote für Hinterbliebenen (Lücke/Ersatzanspruch bei voller Haftung)	35%	6%	0%	35%
Anteil des Hinterbliebenen am Ersatzanspruchanspruch nach Kürzungsquote	**848,11**	**86,25**	**0,00**	**108,16**

 3457 *Eine eigene Berechnung unabhängig von jeder Währung ermöglicht die Onlineversion, die auch die Berechnungsformeln mit Varianten zeigt.*

c) Verteilung zwischen mehreren Leistungsträgern

Ist neben einem beamtenrechtlichen Versorgungsträger zusätzlich ein Sozialleistungsträger beteiligt, **ohne** dass **Gesamtgläubigerschaft** besteht, folgt zum Rechtsübergang bei der wegen einer Mithaftung quotierten Ersatzforderung der Anspruchsteil und Forderungsrang des Versorgungsträgers dem Anspruchsteil der Person, die von ihm Versorgungsleistungen bezieht. Bei dem Vorrecht der geschädigten Person gegenüber dem Versorgungsträger nach Maßgabe der Differenztheorie kann der Versorgungsträger nur den restlichen, nicht zur Deckung der offenen, ungedeckten Ausfälle benötigten Betrag durchsetzen. Innerhalb eines Bereicherungsausgleichs zwischen dem Sozialleistungsträger und dem Versorgungsträger[324] wirkt sich dies zu ihrem Verhältnis untereinander aus.

3458

Forderungsaufteilung zwischen der geschädigten Person, einem Sozialleistungsträger und Dienstherrn:	
Unterhaltsschaden	1.700,00
Haftungsquote	60%
Quotierte Ersatzforderung	**1.020,00**
Gesamtdeckungslücke:	
a) Deckungslücke im Verhältnis zum Sozialleistungsträger	
Unterhaltsschaden	1.700,00
Witwenrente	**900,00**
Lücke	800,00
b) Deckungslücke im Verhältnis zum Versorgungsträger	
Deckungslücke im Verhältnis zum SLT	800,00
Witwenbeihilfe	**500,00**
Verbleibende Lücke	300,00
Anspruchsteil Sozialleistungsträger	
wegen der Witwenrente = Leistung	900,00
über die Haftungsquote durchsetzbar	**540,00**
bei Übergang in den Grenzen der kongruenten Leistung.	
Restlicher Anspruchsteil	480,00
(in der Höhe wie Haftungsquote zur Lücke im Verhältnis zum Sozialleistungsträger)	
Anspruchsteil hinterbliebener Ehegatte	
zu ermitteln über die letztlich verbleibende Lücke	**300,00**
Restlicher Anspruchsteil für Versorgungsträger	**180,00**
Hinweis: Die DM-Beträge im Beispiel sind mit 0,511292 zu multiplizieren, um den jeweiligen €-Betrag nach dem amtlichen Umrechnungskurs ersehen zu können.	

3459

Die Lösungskriterien zu § 116 Abs. 3 Satz 1 SGB X im Fall des gleichzeitigen Vorrangs im Außenverhältnis (Rn. 3454 ff.) veranlassen keine[325] abweichende Berechnung, weil eine Differenzlösung die relative Berechtigung des Sozialleistungsträgers ohne Gesetzesänderung nicht ablösen darf. Der Versorgungsträger kann immer nur an dem relativen Anspruchsteil der anspruchsberechtigten Person teilhaben. Andernfalls würde es ohnehin zu einer Konkurrenz zwischen den Leistungsträgern kommen, die der Gesetzgeber geregelt und ausgeformt hat und die deshalb nicht rechtskonstruktiv durch eine Modifikation von Anspruchsteilen angesichts einer Billigkeitserwägung übergangen werden darf, die ausschließlich die Person selbst im Verhältnis zum Schädiger wegen eines mittelbaren Schadens begünstigen soll.

3460

---

324 *BGHZ* 106, 381 = VersR 1989, 648.
325 Gegenteilig *Kerpen* in VersR 2004, 1427, 1429.

V. Beerdigungskosten

3461 Auf die Kosten einer Beerdigung bei Tötung gehen § 844 Abs. 1 BGB und neben den Verweisungsnormen (§ 618 Abs. 3 BGB, § 62 Abs. 3 HGB) die inhaltsgleichen Normen bei einer Gefährdungshaftung ein (vgl. § 28 Abs. 1 Satz 2 AtomG, § 86 Abs. 1 Satz 2 ArzneimittelG, § 32 Abs. 4 GenTG, § 5 Abs. 1 Satz 2 HaftPflG, § 35 Abs. 1 Satz 2 LuftVG, § 7 Abs. 1 Satz 2 ProdHaftG, § 10 Abs. 1 Satz 2 StVG, § 12 Abs. 1 Satz 2 UmweltHG).[326]

3462 Gemeint sind der Aufwand zur Beisetzung und damit eng verbundene Kosten. Der Schädiger ist mit dem Einwand, die getötete Person würde alsbald oder – in kurzer Zeit wegen eines schlechten Gesundheitszustandes[327] – ohnehin verstorben sein, ausgeschlossen.

3463 Ein Mitverschulden des Getöteten (§ 846 BGB) oder eine relevante mitwirkende Betriebs-, Tiergefahr kürzen den Anspruch.

3464 **Anspruchsberechtigt** ist derjenige, der (nach dem Erbstatut) die Beerdigungskosten kraft Gesetzes zu tragen hat. Den Kreis der Bestattungspflichtigen bestimmen in mehreren Bundesländern Landesgesetze ausdrücklich. In Niedersachsen z.B. sind die nahen Angehörigen verpflichtet, für die Bestattung zu sorgen. Dazu gehören Ehepartner, Kinder, Eltern und/oder Geschwister, landesgewohnheitsrechtlich aber nicht Neffen oder Nichten.

3465 Den primär anspruchsberechtigten Erben ist vor der Inanspruchnahme von Sozialhilfe[328] für die Kosten der Beerdigung zuzumuten, alle Mittel einzusetzen, die ihnen durch den Tod zugeflossen sind. Dazu gehört auch ein Ersatzanspruch nach § 844 Abs. 1 BGB.[329]

3466 Der Schadensersatzanspruch steht ggfs. der unterhaltspflichtigen Person (§ 1615 Abs. 2 BGB), dem Ehe-, Lebenspartner gem. § 1360a Abs. 3 BGB oder der Person zu, die sich vertraglich zur Übernahme dieser Kosten verpflichtet hat, letztlich dem Träger der Sozialhilfe. Ohne eine gesetzliche Zahlungspflicht gelten für die Erstattung von Aufwendungen gegenüber dem Erben § 679 BGB und gegenüber dem Schädiger §§ 677, 683 BGB.

Umfang des Ersatzes

3467 ▶ Die Ersatzfähigkeit ist nach dem Maß des § 1968 BGB an den Ausgaben für eine den individuellen, wirtschaftlichen Verhältnissen entsprechende, nach der Lebensstellung und den Gepflogenheiten, dem eigenen Kulturkreis[330] angemessenen Bestattung auszurichten. Erfahrungsgemäß wird ein Betrag in der Größenordnung um 5.000,00 € häufig erreicht. Sozialhilferechtliche Ansätze von unter 1.000,00 € helfen nicht, den Aufwand für eine angemessene Bestattung einzuschätzen. ◀

3468 Das *OLG Hamm*[331] kommt über eine Gesamtschau sämtlicher Aufwendungen bei einer getöteten 19-Jährigen pauschalierend zu einem erstattungsfähigen Anspruch in Höhe von 15.000,00 DM als einem noch vertretbaren Betrag.

---

326 Die Norm gilt auch zu § 644 HGB; *BGH* NJW-RR 1997, 541 = NZV 1997, 172 = ZfS 1997, 132.
327 *OLG Düsseldorf* OLGR 1994, 218 = ZfS 1994, 405.
328 Zum Anspruch auf Übernahme der erforderlichen Kosten gegen den örtlich zuständigen Sozialhilfeträger gem. § 15 BSHG a.F. *BVerwG* NJW 2003, 3146 im Anschluss an *BVerwGE* 116, 287 = NJW 2003, 78.
329 *OVG Münster* NJW 1998, 2154.
330 *KG* OLGR 1999, 45 = VersR 1999, 504, 506.
331 ZfS 1993, 407 = NJW-RR 1994, 155; zustimmend *KG* OLGR 1999, 45 = VersR 1999, 504.

Zum ersatzfähigen Aufwand gehören: 3469
- Kosten der Bestattungsfeier und des Beerdigungsaktes sowie Nebenkosten (Gebühren),
- ggfs. Kosten der Einäscherung,
- Kosten der (Herrichtung der Einzel-) Grabstätte,
- Kosten einer angemessenen Überführung an den Heimatort,
- Kosten für Blumen, Kränze, Erstbepflanzung,
- Kosten für Traueranzeigen, Danksagungen, Telefon,
- Kosten der Sterbeurkunde, wenn ein Nachweis erforderlich ist,[332]
- u.U. Unterkunftskosten für Angehörige, s. aber Rn. 3471,
- u.U. Verdienstausfall anlässlich der Beerdigung (Vorbereitungstag und Tag der Beerdigung).

Nicht erstattungsfähig sollen sein: 3470
- Grabpflege-[333] und Instandsetzungskosten,
- Kosten für eine Doppel-[334] oder Familiengrabstätte[335],
- volle Kosten für ein Grabdenkmal mit einer gesonderten Figur aus Bronze[336],
- Kosten für einen Erbschein[337], – nach der hier vertretenen Ansicht aber jedoch nur, wenn der Erbschein nicht erforderlich ist –,
- Aufwand für eine Reise, die wegen der psychischen Belastung durch die Tötung des Angehörigen unterbleibt.

Erstattungsfähig sind regelmäßig nicht: 3471
- Reisekosten naher Angehöriger zur Beerdigungsfeier.[338]

Anders kann es sein bei bedürftigen Angehörigen, die ohne finanzielle Unterstützung nicht angemessen teilnehmen können, oder bei Angehörigen, die nach speziellen öffentlich-rechtlichen Normen zur Durchführung der Beerdigung verpflichtet sind, oder bei Angehörigen, die nach den Lebensgewohnheiten und Gebräuchen der Betroffenen an der Beerdigung stets – selbst bei größeren Entfernungen und außerordentlichem Zeitaufwand – teilzunehmen pflegen.

Ersparnisse können gegenzurechnen sein: 3472
- bei der Anschaffung von Trauerkleidung, Schuhen – erstattungsfähig ohnehin nur für nächste, unmittelbare Angehörige (Ehegatten, Kinder, Lebenspartner, Rn. 2951) – hinsichtlich der Einsparung bei anderer Kleidung bzw. anderem Schuhwerk.

Der auf dem Entschluss der Angehörigen beruhende Umzug gibt jedenfalls mangels Zurechnungszusammenhangs keine Basis für einen Anspruch auf Ausgleich der **Umzugskosten** und/oder auf Ersatz der daraus mittelbar resultierenden Kosten der Umbettung des im Alter von 40 Jahren getöteten Sohnes.[339] 3473

---

332 *LG Hamburg* VersR 1979, 64.
333 *OLG Düsseldorf* r+s 1997, 159, 160.
334 *BGHZ* 61, 238.
335 *OLG Celle* r+s 1997, 160, 161 = NZV 1997, 232.
336 *OLG Düsseldorf* VersR 1995, 1195 = ZfS 1995, 453.
337 *OLG Köln* VersR 1982, 558.
338 *BGHZ* 32, 72, 73 = VersR 1960, 357.
339 *OLG Koblenz* OLGR 2001, 9.

5 Beerdigungskosten

3474 **Berechnungsmodell:**

	A	B	C
1	**Schadenspositionen** [Hinweise]		**Schadensberechnung** – Erläuterungen und Belege sind beizufügen.–
2	Bestattungsfeier (Beerdigungsakt)		
3	Nebenkosten der Bestattung (Gebühren)		
4	Kosten der Einäscherung		
5	Herrichtung der (Einzel-) Grabstätte, Grabstein, Grabstelle		
6	Überführung an den Heimatort, ggfs. Kosten einer erforderlichen Umbettung		
7	Blumen, Kränze, Erstbepflanzung		
8	Bewirtungskosten		
9	Todes-, Traueranzeigen, Danksagungen		
10	Telefonkosten		
11	Ausnahmsweise: Kosten der Sterbeurkunde [Beachte Rn. 3469 und 3470]		
12	Erforderliche Unterkunftskosten für nahe Angehörige [Beachte Rn. 3471]		
13	Ausnahmsweise: Verdienstausfall anlässlich der Beerdigung (Vorbereitungstag und Tag der Beerdigung)		
14	Ausnahmsweise: Reisekosten von (bedürftigen nahen oder nach speziellen Normen zur Durchführung der Beerdigung verpflichteten oder nach den Lebensgewohnheiten und Gebräuchen teilnehmenden nächsten) Angehörigen [Beachte Rn. 3471]		
15	Besondere Anschaffungskosten, insbesondere für Trauerkleidung oder/und Schuhwerk [Beachte Rn. 3472]		
16	Ersparnis wegen z.B. hinsichtlich der aus Anlass der Beerdigung angeschafften Kleidung oder Schuhe vergleichbarer Anschaffungen [Betrag als Vorteilsausgleich]		
17	**Summe** [Eine Verletzung der Gebote zur Schadensminderung s. Rn. 633 ff. führt zur Kürzung der entsprechenden Einsatzpositionen und ist jeweils bereits direkt zu berücksichtigen.]		
18	Haftungsquote		
19	Quotierte Ersatzforderung		

3475 *Den Berechnungsgang gibt die Onlineversion wieder, die auch eigene Berechnungen ermöglicht.*

Forderungsübergang

Eine Rente im Sterbevierteljahr aus der Sozialversicherung, eine Überbrückungshilfe hat Bezug zum Unterhaltsschaden, aber nicht zu Beerdigungskosten. **3476**

Das (früher) aus Anlass eines Todesfalles von einem Sozialversicherungsträger oder einer Ersatzkasse gezahlte **Sterbegeld** ist auf den Anspruch aus § 844 Abs. 1 BGB wegen der Beerdigungskosten – mit der Folge des Gläubigerwechsels zugunsten des Sozialversicherungsträgers – anzurechnen.[340] Für die steuerfreie, pauschale Bestattungsbeihilfe, die bei Beamten auf die Kosten der Beerdigung ausgerichtet ist, liegt der Forderungsübergang nahe. Das beamtenrechtliche Sterbegeld als steuerpflichtiges Einkommen des Hinterbliebenen, das neben den Versorgungsbezügen gezahlt worden ist, und die Anpassung an die veränderten Lebensverhältnisse erleichtern sollte, ist nach Ansicht des BGH[341] auch auf den Bestattungsaufwand bezogen. Zur Beihilfe und einem Sterbegeld oberhalb der vom Schädiger auszugleichenden Bestattungskosten ist der Rückgriff zum Sterbegeld zu beschränken. Für Angestellte im öffentlichen Dienst ist eine Abtretungspflicht nach § 255 BGB bedeutungslos.[342] **3477**

VI. Schmerzensgeld

Für den seelischen Schmerz beim **Miterleben** des Todes eines nahen Angehörigen oder beim Erhalt einer Unfallnachricht, den durch eine seelische Erschütterung ausgelösten Schock wegen des Leidens eines engsten Angehörigen sollte die Rechtspraxis einen Anspruch auf Schmerzensgeld bejahen. **3478**

Einige ausländische Rechtsordnungen sehen für Hinterbliebene zum **Verlust** eines nahen **Angehörigen** ein Schmerzensgeld vor. *Müller*[343] meint, zur tiefen Trauer, der Gefühle der Angehörigen könne es keinen Schadensausgleich geben. Eine Geldzahlung soll aber auch gar nicht einen Schaden mildern, sondern finanziell in einer menschlichen Notlage helfen. Jedenfalls wenn der betroffene Angehörige im Zeitpunkt des Haftungsfalles in einer engen Gefühlsbindung zu der getöteten Person gestanden hat, sollte deshalb für das angesichts der Zerstörung elementarer menschlicher Grundbeziehungen verursachte Leid ein Schmerzensgeld als angemessene Entschädigung gewährt werden. **3479**

Nach der hiesigen Rechtspraxis ist dagegen ausschließlich an die eigene Gesundheitsverletzung mit **Krankheitswert** bei dem **Familienangehörigen** anzuknüpfen. Depressionen, die Verzweiflung, oder eine Leistungsminderung[344], seelische Leiden auch bei gewissen physiologischen Auswirkungen, aber ohne traumatische Schädigung[345] rechtfertigen eine Schmerzensgeldforderung nicht. Dass somatische Beschwerden beim Angehörigen verlangt werden, steht nicht im Widerspruch dazu, dass eine Gesundheitsverletzung bei diagnostizierbaren psychischen Beeinträchtigungen vorliegen kann. Denn für den Angehörigen geht es bei diesem Rechtsverständnis nicht darum, eine als billig empfundene Entschädigung für die Belastung durch das Ausgangsereignis zu finden, sondern darum, Reaktionen und Verstimmungen, die jeder im Leben zu bewältigen hat und Teil des eigenen Lebensrisikos sind, von medizinisch feststellbaren Folgen als behandlungsbedürftigen Belastungen mit Krankheitswert abzugrenzen. **3480**

---

340 *BGH* VersR 1986, 698 = DAR 1986, 220; *OLG Düsseldorf* OLGR 1994, 218 = ZfS 1994, 405; *OLG Köln* OLGR 1995, 21.
341 Zu §§ 87a, 122 BBG (§ 18 BeamtenVG) *BGH* VersR 1977, 427 = NJW 1977, 802 und VersR 1981, 675; anders zu § 1968 BGB *OLG Oldenburg* MDR 1990, 1015.
342 *BGH* VersR 1978, 249 = NJW 1978, 536, 537.
343 VersR 1995, 489, 494.
344 *OLG Düsseldorf* NJW-RR 1996, 214.
345 *OLG Hamm* VersR 1998, 730 = NJW-RR 1997, 1048 = r+s 1997, 246; *OLG Koblenz* NJW-RR 2001, 318.

3481 Die ausgeprägte depressive Stimmungslage seit dem Tod der Ehefrau rechtfertigt kein Schmerzensgeld.[346] Bei der Tötung des einzigen im Todeszeitpunkt 40-jährigen Sohnes verneint das *OLG Koblenz*[347] zu Befindlichkeitsstörungen des 70-jährigen Vaters wie Depressionen, Schlafstörungen, Albträumen, Seelenschmerzen, Weinkrämpfen, Gefühlen des „Aus-der-Bahn-geworfen-seins" und vorübergehenden Kreislaufstörungen bis hin zum Kollaps einen konkret fassbaren Krankheitswert. Die therapeutische Behandlung genügt nach Ansicht des *LG Braunschweig*[348], um einen Gesundheitsschaden der Kinder der von ihrem Vater vorsätzlich getöteten Mutter annehmen zu können. Die Schädigerseite soll dann konkrete Umstände darzulegen haben, die der Annahme eines Gesundheitsschadens entgegenstehen könnten.

3482 Schmerzensgeld wird betroffenen Kindern oder Eltern getöteter Kinder[349] oder Ehegatten zugesprochen. Die zuerkannten Beträge bewegen sich bisher in der Größenordnung von unquotiert 2.000,00 DM[350], zwischen 3.000,00 DM und 10.000,00 DM bzw. 5.000,00 €[351], bis hin zu 18.000,00 DM[352] und 20.000,00 DM[353] bzw. 15.000,00 €[354] In einem besonders schweren Fall sind ausnahmsweise dem Vater 60.000,00 DM und der Mutter 30.000,00 DM zugesprochen worden[355] neben freiwillig gezahlten 10.000,00 DM. Diese Beträge sollten der Höhe nach überdacht werden. Sie sind nach der hier vertretenen Ansicht häufig nicht angemessen. Auch wenn eine direkte Vergleichbarkeit nicht gegeben ist, ist darauf hinzuweisen, dass bei der Jahre nach der Behandlung und HIV-Infektion eines Notfallpatienten mit kontaminierten Blutprodukten infizierten Ehefrau[356] der *BGH*[357] immerhin ein Schmerzensgeld in Höhe von mindestens 127.823 € (250.000 DM) – neben einer monatlichen Rente in Höhe von 766,94 € von der Stiftung „Humanitäre Hilfe für durch Blutprodukte HIV-infizierte Personen" – als angemessen akzeptiert hat.

3483 Ist die Haftung des Schädigers gesetzlich oder vertraglich ausgeschlossen, scheidet auch ein Schmerzensgeldanspruch des Angehörigen aus, aber nicht im Fall des § 105 SGB VII, Rn. 2817.

3484 Ist ein Anspruch gegeben, ist nach §§ 254, 242 BGB (entsprechend) zu beachten, ob und inwieweit die getötete Person das auslösende Ereignis mitverursacht hat.[358] § 846 BGB gilt nicht, da der

---

346 *OLG Hamm* r+s 2004, 80.
347 *OLG Koblenz* OLGR 2001, 9.
348 Urt. v. 23.6.2004, 9 O 2099/03.
349 *LG Freiburg* NJW-RR 1996, 476.
350 *KG* OLGR 1999, 45 = VersR 1999, 504, 506 bei einer zum Tod führenden Verletzung eines 10-jährigen Jungen.
351 *OLG Nürnberg* OLGR 1998, 199 = ZfS 1998, 378: Schockschaden der 12 und 15 Jahre alten Kinder als Augenzeugen einer Schusseinwirkung. Zu 10.000,00 DM für die Witwe eines von Grenzposten erschossenen DDR-Bürgers kommt *LG Lüneburg* DtZ 1995, 376. Für 5.000,00 € beim Tod der Mutter *LG Braunschweig* Urt. v. 23.6.2004, 9 O 2099/03
352 *OLG Frankfurt* Urteil vom 26.9.1995, 8 U 86/95 beim Unfalltod des Ehemannes und Auswirkungen dadurch, dass sich die Betroffene ihrer ungeklärten Lage in einem für sie, für den beim Unfall ebenfalls schwer verletzten Sohn und für ein noch ungeborenes Kind fremden Land bewusst war.
353 *OLG Oldenburg* NJW-RR 1999, 820 (Unfalltod der Tochter, anhaltende Depressionen); *OLG Frankfurt* FamRZ 1999, 1064 (Tod der Mutter nach Behandlungsfehler, Leidensdruck des kleinen, nichtehelichen, von Großeltern versorgten Kindes).
354 *OLG Frankfurt* ZfS 2004, 452 (Miterleben des Unfalltodes der Ehefrau aus nächster Nähe, der Körper der Ehefrau wurde beim Aussteigen von einem wieder anrollenden Zug geradezu in zwei Hälften geteilt; den Kindern wurde wegen schweren Schocks auf die Nachricht vom Tod der Mutter in einem fremden Land ein Schmerzensgeld von 2.500,00 € bzw. 5.000,00 € zugesprochen.
355 *OLG Nürnberg* DAR 1995, 447 = ZfS 1995, 370 = r+s 1995, 384; *BGH* NA-Beschl. v. 16.4.1996 (Tod dreier Kinder im Alter zwischen 17 und 21 Jahren), Verfassungsbeschwerde nicht angenommen; *BVerfG* NJW 2000, 2187 = VersR 2000, 897 = FamRZ 2000, 943.
356 Sie war seit 1988 mit dem ehemaligen Patienten des Beklagten bekannt, seit 1994 verheiratet. Die HIV-Antikörper wurden im Dezember 1997 in einer Blutprobe des Ehemannes festgestellt, Anfang 1998 stellte sich heraus, dass auch die Ehefrau HIV-infiziert ist.
357 *BGHZ* 163, 209 = NJW 2005, 2614 = VersR 2005, 1238.
358 Vgl. *BGH* VersR 1971, 905.

Schadensersatzanspruch nicht von dem Ersatzanspruch des unmittelbar Verletzten abhängt und/oder beeinflusst wird. Indessen gibt es eine ähnliche Lage wie bei § 846 BGB, weil der Schock von dem Ereignis bei dem unmittelbar betroffenen Angehörigen geprägt wird und letztlich das Verhalten des Verletzten auch dazu die Haftungslage mitbestimmt.

Den (eigenen) Schmerzensgeldanspruch der Witwe des auf einem Bahnübergang tödlich verunglückten Pkw-Fahrers hat das *OLG Hamm* trotz des Mitverschuldens des Getöteten wegen der besonders schweren Belastung der Witwe[359] nicht gemindert.[360]

3485

---

359 Tod des Ehemannes und eines Sohnes, schwere Verletzung eines weiteren Sohnes.
360 *OLG Hamm* VersR 1982, 557.

Anhang

Anhang 1
Hauswirtschaftliche Vergütungssätze

Entgelttabellen sind im Internet zugänglich und stehen dort ggfs. kostenfrei zum Download zur Verfügung; s. insbesondere unter www.tarifunion.dbb.de mit unterschiedlichen Entgelttabellen und Anwendungstabellen sowie Stundenentgelten, Zeitzuschlägen, Überstundenentgelten als Arbeitshilfen für die Praxis.

Stundenvergütungen werden wie früher zu den Vergütungsgruppen des BAT nicht mehr vereinbart, sondern umgerechnet. Die Umrechnung ermöglicht hier die Onlineversion, Rn. 2667, auch zu Überstunden. Unterschiede zwischen West und Ost, Bund und Kommunen sowie Ländern zeigen sich zur Höhe eines Entgelts und zur Dauer einer regelmäßigen Wochenarbeitszeit. Länderübergreifend, bundesweite einheitliche regelmäßige Arbeitszeiten gibt es nicht mehr. Deswegen lassen sich nach der hier vertretenen Ansicht (beachte Rn. 2643, 2672) nicht mehr wie früher zum BAT bundeseinheitlich Wertgrößen für die pauschalierende Berechnung des Hausarbeitsschadens ableiten.

Bis zum 31.10.2006 galten in den Ländern Vergütungs- und Lohntabellen nach dem BAT und dem MTArb. Seit dem **1.11.2006** gilt der Tarifvertrag für den öffentlichen Dienst der Länder (TV-L), soweit die Länder daran teilnehmen. Ab **1.1.2008** wurden die Entgelte um 2,9 v. H. erhöht und teilweise aufgerundet.

Hier wird vorgeschlagen, allenfalls Orientierungsgrößen aus Entgeltwerten für den Bund abzuleiten und zwar wie folgt:

Tabelle 1: Entgelttabelle TVöD Bund, Beträge in Euro

Tabelle 2: Stundenvergütungen nach BAT zwischen 1985 und 2004

Anhang 1   *Hauswirtschaftliche Vergütungssätze*

Tabelle 1
Entgelttabelle TVöD Bund, Beträge in Euro
(Die Monatsbeträge sind auf volle Euro-Beträge gerundet.
Die Stundenentgelte sind rechnerisch ermittelt entsprechend Rn. 2667.)

Entgeltgruppe	Erwägungen zur Zuordnung bei Anlehnung an ältere Judikate zum BAT:	Grundentgelt	Entwicklungsstufen					
		Stufe 1 ohne Berufs- erfahrung	Stufe 2 nach 1 Jahr	Stufe 3 nach 3 Jahren	Stufe 4 nach 6 Jahren	Stufe 5 nach 10 Jahren	Stufe 6 nach 15 Jahren	
		Ab 1.10.2005						
1	allenfalls ähnlich BAT X	–	1.286	1.310	1.340	1.368	1.440	Tarifgebiet Ost 1.10.2005 bis 30.6.2006: 92,5%; ab 1.7.2007 Tarifgebiet 95,5%, ab 1.7.2007: 97%.
Stundenentgelt			7,58	7,73	7,90	8,07	8,49	
2	ähnlich BAT X und/oder IXa,b	1.449	1.610	1.660	1.710	1.820	1.935	
Stundenentgelt		8,55	9,49	9,79	10,08	10,73	11,41	
3	ähnlich BAT VIII	1.575	1.750	1.800	1.880	1.940	1.995	
Stundenentgelt		9,29	10,32	10,61	11,09	11,44	11,76	
5	ähnlich BAT VIII, VII (bei 3-jähriger Ausbildung), auch VIb	1.688	1.875	1.970	2.065	2.135	2.185	
Stundenentgelt		9,95	11,06	11,62	12,18	12,59	12,89	
6	ähnlich BAT VII, auch VIa, b	1.764	1.960	2.060	2.155	2.220	2.285	
Stundenentgelt		10,40	11,56	12,15	12,71	13,09	13,48	
		Ab 1.1.2008 bzw. 1.4.2008						
1	ähnlich BAT X	–	1.378	1.403	1.434	1.462	1.537	
Stundenentgelt			8,13	8,27	8,46	8,62	9,06	
2	ähnlich BAT X und/oder IXa,b	1.546	1.712	1.764	1.815	1.928	2.047	
Stundenentgelt		9,12	10,10	10,40	10,70	11,37	12,07	
3	ähnlich BAT VIII	1.676	1.856	1.908	1.990	2.052	2.109	
Stundenentgelt		9,88	10,95	11,25	11,74	12,10	12,44	
5	ähnlich BAT VIII, VII (bei 3-jähriger Ausbildung), auch VIb	1.792	1.985	2.083	2.181	2.253	2.305	
Stundenentgelt		10,57	11,71	12,28	12,86	13,29	13,59	
6	ähnlich BAT VII, auch VIa, b	1.871	2.073	2.176	2.274	2.341	2.408	
Stundenentgelt		11,03	12,22	12,83	13,41	13,81	14,20	

Hauswirtschaftliche Vergütungssätze Anhang 1

		Ab 1.1.2009					
1		ähnlich BAT X	–	1.416	1.441	1.473	1.503	1.579
Stundenentgelt			**8,35**	**8,50**	**8,69**	**8,86**	**9,31**
2		ähnlich BAT X und/oder IXa,b	1.589	1.759	1.812	1.865	1.982	2.104
Stundenentgelt			**9,37**	**10,38**	**10,69**	**11,00**	**11,69**	**12,41**
3		ähnlich BAT VIII	1.722	1.908	1.961	2.046	2.109	2.167
Stundenentgelt			**10,16**	**11,25**	**11,56**	**12,06**	**12,44**	**12,78**
5		ähnlich BAT VIII, VII (bei 3-jähriger Ausbildung), auch VIb	1.842	2.040	2.141	2.242	2.316	2.369
Stundenentgelt			**10,86**	**12,03**	**12,63**	**13,22**	**13,66**	**13,97**
6		ähnlich BAT VII, auch VIa, b	1.923	2.130	2.236	2.337	2.406	2.475
Stundenentgelt			**11,34**	**12,56**	**13,19**	**13,78**	**14,19**	**14,59**

Die Onlineversion ermöglicht zu jedem Monatswert für jede regelmäßige Wochenarbeitszeit eigene Berechnungen, auch zu Stundensätzen wegen Überstunden, s. Rn. 2667.

Hier ist zugrunde gelegt:

Faktor zur Umrechnung des Monatswerts wegen Teilzeit, s. Rn. 2617, 2661 und 2675:	regelmäßige Wochenarbeitszeit:	Gesamter Umrechnungsfaktor zur Ermittlung des Stundenwerts bzw. -entgelts deshalb:
4,348	39	169,572

Tabelle 2
Stundenvergütungen nach BAT zwischen 1985 und 2004[1]

Beträge bis zum 31.12.2001 in DM

BAT	Ab 01.01.85	Ab 01.01.86	Ab 01.01.87	Ab 01.03.88	Ab 01.01.89	Ab 01.04.89	Ab 01.01.90
X	11,42	11,82	12,22	12,51	12,69	13,02	13,24
IXb	12,03	12,45	12,87	13,18	13,37	13,72	13,95
IXa	12,26	12,69	13,12	13,43	13,62	13,98	14,21
VIII	12,72	13,17	13,62	13,94	14,14	14,51	14,76
VII	13,55	14,02	14,50	14,85	15,06	15,45	15,71
VIa/b	14,44	14,94	15,45	15,82	16,04	16,46	16,74
Vc	15,55	16,10	16,65	17,05	17,28	17,74	18,04
Va/b	17,03	17,63	18,23	18,67	18,93	19,42	19,75

BAT	Ab 1.4.90	Ab 1.1.91	Ab 1.5.92	Ab 1.1.93	Ab 1.7.94	Ab 1.5.95	Ab 1.1.97
X	13,41	14,22	14,99	15,44	15,75	16,25	16,46
IXb	14,13	14,98	15,79	16,26	16,59	17,12	17,34
IXa	14,40	15,26	16,09	16,57	16,90	17,44	17,67
VIII	14,95	15,84	16,70	17,20	17,54	18,11	18,34
VII	15,92	16,87	17,78	18,32	18,68	19,28	19,53
VIa/b	16,96	17,98	18,95	19,52	19,91	20,54	20,81
Vc	18,27	19,37	20,41	21,03	21,45	22,13	22,42
Va/b	20,01	21,21	22,35	23,03	23,49	24,24	24,55

---

1 Auf den Abdruck der Stundenvergütungen nach BAT-O wird verzichtet; für die Zeit zwischen 1.7.1991 bis Ende 1999 siehe in der 1. Auflage.

Anhang 1 *Hauswirtschaftliche Vergütungssätze*

		Ab **1.1.98**	Ab **1.4.99**	Ab **1.8.00**	Ab **1.9.01**
BAT	X	16,71	17,23	17,57	17,99
	IXb	17,60	18,15	18,51	18,95
	IXa	17,93	18,49	18,86	19,31
	VIII	18,62	19,19	19,58	20,05
	VII	19,82	20,44	20,85	21,35
	VIa/b	21,12	21,78	22,21	22,75
	Vc	22,76	23,46	23,93	24,51
	Va/b	24,92	25,69	26,21	26,84

Beträge ab 1.1.2002 in €

		Ab **1.1.02**	Ab **1.1.03**	Ab **1.1.04**	Ab **1.5.04**
BAT	X	9,20	9,42	9,51	9,61
	IX b	9,69	9,92	10,02	10,12
	IX a	9,87	10,11	10,21	10,31
	VIII	10,25	10,50	10,60	10,71
	VII	10,91	11,18	11,29	11,40
	VIa/b	11,63	11,91	12,03	12,15
	V c	12,53	12,83	12,96	13,09
	V a/b	13,72	14,05	14,19	14,33

Anhang 2
Zeitaufwand und Zeitbedarf im Haushalt im Überblick

Schulz-Borck teilt in *Schulz-Borck/Hofmann*, Schadenersatz bei Ausfall von Hausfrauen und Müttern im Haushalt, Karlsruhe, 1987 (3. Aufl.), 1993 (4. Aufl.), 1997 (5. Aufl.), 2000 (6. Aufl.), jeweils in Tabelle 1[1] (m. Nachw.) einen Arbeitszeitbedarf – seit der 4. Auflage als Zeitbedarf einschl. Arbeitszeitaufwand für Betreuung, Einkauf, Haushaltsführung – für Haushalte bis 6 Personen in Stunden pro Woche mit. Der 3. Aufl. liegt die KTBL-Datensammlung 1975 mit Hinweis auf die KTBL-Aufl. 1985 sowie eine Zeitaufwandserhebung 1980, der 4. Aufl. die KTBL-Datensammlung 1991 mit einem für 1990 statistisch ermittelten Zeitaufwand zugrunde. Für die 5. und 6. Aufl. ist die KTBL-Datensammlung 1991 mit Bedarfseinschätzungen per 1996/1997, 1998 sowie die bundesweite Zeitaufwandserhebung 1991/1992 ausgewertet worden. In *Schulz-Borck/Pardey*, Der Haushaltsführungsschaden – Schadenersatz bei Beeinträchtigung oder Ausfall unentgeltlicher Arbeit in Privathaushalten, 7. Aufl., 2009, differenziert *Schulz-Borck* zwischen Zeiten für Frauen und für Männer sowie bei den Geschlechtern jeweils nach Nichterwerbstätigkeit (NE) sowie Erwerbstätigkeit (EW).[2] Die Differenzierung erstreckt sich auf einen Arbeitszeitanteil wegen des Aufwands (Ist-Zeiten zu Betreuung, Einkauf, Haushaltsführung i.e.S., auch sonstige kleinere Arbeiten). Zu Bedarfszeiten i.e.S. (Soll-Zeiten) knüpft *Schulz-Borck* nach wie vor an die KTBL-Datensammlung an.

Den objektiven (Lebens-) **Bedarf** im Sinne von *Schulz-Borck* betreffen **als Soll-Zeit** folgende Haushalts-, Lebensbereiche:	Den typisierten (Zeit-) **Aufwand** betreffen **als** (tatsächlich aufgewendete) **Ist-Zeit** nach individuellen Gegebenheiten (in der Darstellung von *Schulz-Borck* a.a.O. als durchschnittliche bzw. statistisch ermittelte Zeitgröße) folgende Haushalts-, Lebensbereiche:
1. Ernährung (Anrichten und Zubereiten von Mahlzeiten, Reinigung Geschirr, Reinigung Küche; Reinigung Essraum; Reinigung Tischwäsche)	7. Einkaufen
2. Bekleidung (Reinigung Unterwäsche, Reinigung Oberbekleidung, Reinigung Schuhe, Instandhaltung dazu)	8. Führung des Haushalts (Organisieren, Planen)
3. Gesundheits-, Körperpflege (Reinigung Bad/WC, Dusche; Reinigung Wäsche)	9. Betreuen und/oder Pflegen anderer (jedenfalls der unterhaltsberechtigten) Haushaltsangehörigen, insbesondere von Kindern – aber nicht von Kleinkindern, für die Bedarfszeiten ermittelt sind.
4. Schlafen (Reinigung Schlafräume, Reinigung Bettwäsche)	
5. Wohnen und Freizeit (Reinigung Arbeitszimmer, Reinigung Wohnzimmer, ggfs. Reinigung Wintergarten, u. U. Gartenarbeiten)	
6. Allgemeines (Reinigung Gardinen, Stores; Reinigung Gemeinschaftsflächen: Diele, Flur, Treppe, Keller; ggfs. Reinigung Sauna)	10. Sonstige (kleinere häusliche) Arbeiten

---

1 Mit der Zusatztabelle 1a zu den Unterstellungen zur Ermittlung des Arbeitszeitbedarfs und den Kennzeichen zu den verschiedenen Verhaltensalternativen/Anspruchsstufen.
2 Eine Differenzierung nach Art oder Umfang einer Erwerbstätigkeit (Teilzeit- oder Vollerwerbstätigkeit) ist unterblieben.

Anhang 2   Zeitaufwand und Zeitbedarf im Haushalt im Überblick

Die von *Schulz-Borck* a.a.O. zur Arbeit in einem Haushalt genannten Zeitwerte, zu deren Einzelheiten auf die Darlegungen a.a.O. verwiesen wird, können helfen, ein relevantes Zeitdefizit als Mindestschaden beim verletzungsbedingten zeitweisen oder dauernden Totalausfall einzuschätzen, s. hier Rn. 2569 ff. und Rn. 2625 ff. Individuelle Verhältnisse dürfen freilich niemals übergangen werden, Rn. 2595 ff., 2624 ff., 2640 ff.

Ausgerichtet auf Verletzungsfälle sind bei *Schulz-Borck/Pardey* a.a.O. S. 70–87 viele Tabellen mit einzelnen Zeitangaben zu finden.[3]

Zusammenschau der Zeitangaben von *Schulz-Borck*
(Seit *Schulz-Borck/Hofmann*, Schadenersatz bei Ausfall von Hausfrauen und Müttern im Haushalt, Karlsruhe, 3. Aufl., bis in *Schulz-Borck/Pardey*, Der Haushaltsführungsschaden – Schadenersatz bei Beeinträchtigung oder Ausfall unentgeltlicher Arbeit in Privathaushalten, 7. Aufl. 2009)
für aus 1 Person (1-PH) oder mehreren Personen (2-PH bis 6-PH) bestehende Haushalte

Die durch *Schulz-Borck* a.a.O. herausgestellten Zeitwerte sind in der nachfolgenden Zusammenschau um einen hier berechneten Mittelwert und um die Angabe der Differenz beim Vergleich der Zeiten für die Frau und für den Mann ergänzt. Zugleich ist an dieser Stelle ausgehend von den Angaben von *Schulz-Borck* in der 7. Auflage a.a.O. zu in der Gesamtzeit enthaltenen Zeitaufwandsanteilen eine Sollzeitangabe zum Bedarf i.e.S. herausgerechnet worden und vor der sich so rechnerisch zeigenden (zusätzlichen) Istzeitangabe für die (Ehe-) Frau oder den (Ehe-) Mann und schließlich der jeweiligen Gesamtzeit für die Tätigkeit einer Frau bzw. die Tätigkeit eines Mannes aufgeführt.

	Anspruchsstufe bzw. Verhaltensalternative										Mittelwert
	gering bzw. einfach (1)			mittel (2)			gehoben (3)			hoch (4)		
	1-PH			1-PH			1-PH			1-PH		
	NE	EW	Diff.	NE	EW	Diff.	NE	EW	Diff.	NE	EW	Diff.	
7. Aufl. Gesamtzeit für den Haushalt, Frau	22,4	22,1	0,3	25,6	25,4	0,2	34,7	34,4	0,3	47,1	46,9	0,2	32
7. Aufl. Gesamtzeit für den Haushalt, Mann	19,7	17,1	2,6	23,1	20,5	2,6	32,4	29,9	2,5	45,1	42,2	2,9	29
Diff. dieser Gesamtzeiten	2,7	5		2,5	4,9		2,3	4,5		2	4,7		
	2-PH			2-PH			2-PH			2-PH			
3. Aufl.	22,6			33,9						37,2			31
4. Aufl.	24,7			30,1			42,3			58,3			39
5. und 6. Aufl.	25,4			30,8			43			59			40

---

[3] Dort spricht *Schulz-Borck* zu den Tabellen zum Zeitaufwand von eigenen Berechnungen und nennt in diesem Kontext *H.-J. Günther* – dieser bei Entgelttabellen mit dem Zusatz Programmierung erwähnt –, ohne dass zum Zeitaspekt des Themas Haushaltsführungsschaden ein Erfahrungswissen bezogen auf *H.-J. Günther* kenntlich gemacht ist.

Zeitaufwand und Zeitbedarf im Haushalt im Überblick Anhang 2

	Anspruchsstufe bzw. Verhaltensalternative									Mittel-wert
	gering bzw. einfach (1)			mittel (2)		gehoben (3)		hoch (4)			
7. Aufl., Sollzeit (gerundet) für den Haushalt insgesamt	18,6			22,1		32,1		53,6			32
	NE	EW	Diff.	NE	EW	NE	EW	NE	EW	
Zusätzliche durchschnittliche Ist-Aufwandszeit (Ehe-) Frau	16,1	11	5,1	16,1	11	16,1	11	16,1	11	14
7. Aufl. Gesamtzeit im Haushalt, Haushaltsführende Person: (Ehe-) Frau	34,7	29,6		38,2	33,1	48,2	43,1	69,7	64,6	45
Zusätzliche durchschnittliche Ist-Aufwandszeit (Ehe-) Mann	10,6	7,1	3,5	10,6	7,1	10,6	7,1	10,6	7,1	9
7. Aufl. Gesamtzeit im Haushalt, Haushaltsführende Person: (Ehe-) Mann	29,2	25,7		32,7	29,2	42,7	39,2	64,2	60,7	40
7. Aufl. Diff. Gesamtzeit (Ehe-) Frau und (Ehe-) Mann	5,5	3,9		5,5	3,9	5,5	3,9	5,5	3,9	
	3-PH			3-PH		3-PH		3-PH		
3. Aufl.	33,7			47,2				60			47
4. Aufl.	37,1			44,4		60,7		82			56
5. und 6. Aufl.	38,3			45,6		61,9		83,2			57
7. Aufl., Sollzeit (gerundet) für den Haushalt insgesamt	22,2			27,8		42,3		60			38
	NE	EW	Diff.	NE	EW	NE	EW	NE	EW	
Zusätzliche durchschnittliche Ist-Aufwandszeit (Ehe-) Frau	19,6	14,6	5	19,6	14,6	19,6	14,6	19,6	14,6	17
7. Aufl. Gesamtzeit im Haushalt, Haushaltsführende Person: (Ehe-) Frau	41,8	36,8		47,3	42,3	61,8	56,9	79,6	74,6	55

Anhang 2 *Zeitaufwand und Zeitbedarf im Haushalt im Überblick*

	Anspruchsstufe bzw. Verhaltensalternative									Mittel-wert
	gering bzw. einfach (1)			mittel (2)		gehoben (3)		hoch (4)		
Zusätzliche durchschnittliche Ist-Aufwandszeit (Ehe-) Mann	12,9	7,5	5,4	12,9	7,5	12,9	7,5	12,9	7,5	10
7. Aufl. Gesamtzeit im Haushalt, Haushaltsführende Person: (Ehe-) Mann	35,1	29,7		40,6	35,2	55,1	49,8	72,9	67,6	48
7. Aufl. Diff. Gesamtzeit (Ehe-) Frau und (Ehe-) Mann	6,7	7,1		6,7	7,1	6,7	7,1	6,7	7,0	
	4-PH			4-PH		4-PH		4-PH		
3. Aufl.	41,3			56,4				71,4		56
4. Aufl.	41,8			50,5		69		93,3		64
5. und 6. Aufl.	44,1			52,7		71,3		95,5		66
7. Aufl., Sollzeit (gerundet) für den Haushalt insgesamt	24,9			32,2		49,9		76,5		46
	NE	EW	Diff.	NE	EW	NE	EW	NE	EW	
Zusätzliche durchschnittliche Ist-Aufwandszeit (Ehe-) Frau	20,7	15,1	5,6	20,7	15,1	20,7	15,1	20,7	15,1	18
7. Aufl. Gesamtzeit im Haushalt, Haushaltsführende Person: (Ehe-) Frau	45,5	40		52,9	47,3	70,6	65	97,2	91,6	64
Zusätzliche durchschnittliche Ist-Aufwandszeit (Ehe-) Mann	10,7	8,8	1,9	10,7	8,8	10,7	8,8	10,7	8,8	10
7. Aufl. Gesamtzeit im Haushalt, Haushaltsführende Person: (Ehe-) Mann	35,6	33,7		42,9	41	60,5	58,7	87,2	85,3	56
7. Aufl. Diff. Gesamtzeit (Ehe-) Frau und (Ehe-) Mann	9,9	6,3		10	6,3	10,1	6,3	10	6,3	

Zeitaufwand und Zeitbedarf im Haushalt im Überblick Anhang 2

	Anspruchsstufe bzw. Verhaltensalternative													Mittel-wert
	gering bzw. einfach (1)			mittel (2)			gehoben (3)			hoch (4)			
	5-PH			**5-PH**			**5-PH**			**5-PH**			
3. Aufl.	45,5			63,4						80,2			63
4. Aufl.	47,7			57,3			80,1			109,1			74
5. und 6. Aufl.	49			58,6			81,4			110,4			75
7. Aufl., Sollzeit (gerundet) für den Haushalt insgesamt	32			38,1			59,8			89,8			55
	NE	EW	Diff.	NE	EW	Diff.	NE	EW	Diff.	NE	EW	Diff.	
Zusätzliche durchschnittliche Ist-Aufwandszeit (Ehe-) Frau	18,7	13,3	5,4	18,7	13,3		18,7	13,3		18,7	13,3		16
7. Aufl. Gesamtzeit im Haushalt, Haushaltsführende Person: (Ehe-) Frau	50,7	45,2		56,7	51,3		78,4	73		108,5	103,1		71
Zusätzliche durchschnittliche Ist-Aufwandszeit (Ehe-) Mann	10,3	6,4	3,9	10,3	6,4	3,9	10,3	6,4	3,9	10,3	6,4	3,9	8
7. Aufl. Gesamtzeit im Haushalt, Haushaltsführende Person: (Ehe-) Mann	42,3	38,4		48,4	44,4		70,1	66,2		100,2	96,2		63
7. Aufl. Diff. Gesamtzeit (Ehe-) Frau und (Ehe-) Mann	8,4	6,8		8,3	6,9		8,3	6,8		8,3	6,9		
	6-PH			**6-PH**			**6-PH**			**6-PH**			
3. Aufl.	54,3			74,7						93,6			74
4. Aufl.	51,2			61,8			86,4			119,2			80
5. und 6. Aufl.	52,5			63,1			87,7			120,5			81
7. Aufl., Sollzeit (gerundet) für den Haushalt insgesamt	34,6			43,3			66,5			104,1			62
	NE	EW	Diff.	NE	EW		NE	EW		NE	EW		
Zusätzliche durchschnittliche Ist-Aufwandszeit (Ehe-) Frau	18,7	13,3	5,4	18,7	13,3		18,7	13,3		18,7	13,3		16

Anhang 2 Zeitaufwand und Zeitbedarf im Haushalt im Überblick

	Anspruchsstufe bzw. Verhaltensalternative				
	gering bzw. einfach (1)	mittel (2)	gehoben (3)	hoch (4)	Mittelwert
7. Aufl. Gesamtzeit im Haushalt, Haushaltsführende Person: (Ehe-) Frau	53,2 47,8	61,9 56,5	85,1 79,7	122,7 117,3	78
Zusätzliche durchschnittliche Ist-Aufwandszeit (Ehe-) Mann	10,3 6,4 3,9	10,3 6,4	10,3 6,4	10,3 6,4	8
7. Aufl. Gesamtzeit im Haushalt, Haushaltsführende Person: (Ehe-) Mann	44,9 41	53,6 49,7	76,8 72,8	114,4 110,4	70
7. Aufl. Diff. Gesamtzeit (Ehe-) Frau und (Ehe-) Mann	8,3 6,8	8,3 6,8	8,3 6,9	8,3 6,9	

Zeitangaben von *Schulz-Borck* a.a.O. für Hinterbliebene in Zusammenschau

Die von *Schulz-Borck* ermittelten und a.a.O. herausgestellten (kombinierten) Zeitwerte für Haushaltsgemeinschaften, die bei der Einschätzung des Betreuungsunterhaltsschadens der Hinterbliebenen im fortgeführten Haushalt (Rn. 2604 ff., 3303 ff., 3321, 3337 ff.) helfen können, zeigen sich in der Zusammenschau wie folgt, wobei zugleich neben dem hier errechneten Mittelwert die an dieser Stelle berechnete Differenz zwischen den Zeitwerten für Frau und Mann aufgeführt wird:

	Anspruchsstufe bzw. Verhaltensalternative				
	gering bzw. einfach (1)	mittel (2)	gehoben (3)	hoch (4)	Mittelwert
	red. 2-PH	**red. 2-PH**	**red. 2-PH**	**red. 2-PH**	
3. Aufl.	17,9	27		37,2	27
4. Aufl.	15,9	19,8	28,7	40,5	26
5. und 6. Aufl.	18,8	22,7	31,6	43,4	29
	NE EW Diff.	NE EW	NE EW	NE EW	
7. Aufl. Gesamtzeit bei Tötung (Ehe-) Frau	27,4 22,3 5,1	29,5 24,4	37,1 32	54,3 49,2	35
7. Aufl. Gesamtzeit bei Tötung (Ehe-) Mann	21,7 18,2 3,5	23,8 20,3	31 27,5	47,8 44,3	29
Diff. n-PH und red. n-PH (Ehe-) Frau	7,3	8,7	11,1	15,4	
Diff. n-PH und red. n-PH (Ehe-) Mann	7,5	8,9	11,7	16,4	

Zeitaufwand und Zeitbedarf im Haushalt im Überblick Anhang 2

	Anspruchsstufe bzw. Verhaltensalternative									
	gering bzw. einfach (1)			mittel (2)		gehoben (3)		hoch (4)		Mittel-wert
	red. 3-PH			**red. 3-PH**		**red. 3-PH**		**red. 3-PH**		
3. Aufl.	28,7			40,1				50,8		40
4. Aufl.	31,8			37,8		51,2		69,7		48
5. und 6. Aufl.	33,5			39,5		52,9		71,4		49
	NE	EW	Diff.	NE	EW	NE	EW	NE	EW	
7. Aufl. Gesamtzeit bei Tötung (Ehe-) Frau	35,4	30,4	5	40,1	35,1	51	46,1	66,8	62	46
7. Aufl. Gesamtzeit bei Tötung (Ehe-) Mann	28,5	23,1	5,4	33,1	27,7	43,6	38,3	59,2	53,9	38
Diff. n-PH und red. n-PH (Ehe-) Frau	6,4			7,2		10,8		12,8		
Diff. n-PH und red. n-PH (Ehe-) Mann	6,6			7,5		11,5		13,7		
	red. 4-PH			**red. 4-PH**		**red. 4-PH**		**red. 4-PH**		
3. Aufl.	35,5			49				61,8		49
4. Aufl.	38,4			45,9		62,5		84,4		58
5. und 6. Aufl.	41,5			49		65,6		87,5		61
	NE	EW	Diff.	NE	EW	NE	EW	NE	EW	
7. Aufl. Gesamtzeit bei Tötung (Ehe-) Frau	39,3	33,8	5,5	46,4	40,8	61,6	56	85,2	79,6	55
7. Aufl. Gesamtzeit bei Tötung (Ehe-) Mann	29	27,1	1,9	35,9	34	50,8	49	74	72,1	46
Diff. n-PH und red. n-PH (Ehe-) Frau	6,2			6,5		9,0		12,0		
Diff. n-PH und red. n-PH (Ehe-) Mann	6,6			7,0		9,7		13,2		

Anhang 2 Zeitaufwand und Zeitbedarf im Haushalt im Überblick

	Anspruchsstufe bzw. Verhaltensalternative				Mittel-wert
	gering bzw. einfach (1)	mittel (2)	gehoben (3)	hoch (4)	
	red. 5-PH	**red. 5-PH**	**red. 5-PH**	**red. 5-PH**	
3. Aufl.	42	57,1		72,1	57
4. Aufl.	43,9	53	73,4	99,2	67
5. und 6. Aufl.	45,2	54,3	74,7	100,5	69
	NE EW Diff.	NE EW	NE EW	NE EW	
7. Aufl. Gesamtzeit bei Tötung (Ehe-) Frau	44,3 38,8 5,5	50,5 45,1	69,5 64,1	96,7 91,3	63
7. Aufl. Gesamtzeit bei Tötung (Ehe-) Mann	35,8 31,9 3,9	42 38	60,7 56,8	87,4 83,4	55
Diff. n-PH und red. n-PH (Ehe-) Frau	6,4	6,2	8,9	11,8	
Diff. n-PH und red. n-PH (Ehe-) Mann	6,5	6,4	9,4	12,8	
	red. 6-PH	**red. 6-PH**	**red. 6-PH**	**red. 6-PH**	
3. Aufl.	49,4	67,2		84,1	67
4. Aufl.	47,9	57,7	80,8	110,4	74
5. und 6. Aufl.	49,2	59	82,1	111,7	76
	NE EW Diff.	NE EW	NE EW	NE EW	
7. Aufl. Gesamtzeit bei Tötung (Ehe-) Frau	48,2 42,8 5,4	56 50,6	76,9 71,5	111,1 105,7	70
7. Aufl. Gesamtzeit bei Tötung (Ehe-) Mann	39,8 35,9 3,9	47,5 43,6	67,9 63,9	101,8 97,9	62
Diff. n-PH und red. n-PH (Ehe-) Frau	5,0	5,9	8,2	11,6	
Diff. n-PH und red. n-PH (Ehe-) Mann	5,1	6,1	8,9	12,6	

Anhang 3
Auszug aus der Sterbetafel Deutschland 2004/2006 und aus der Sterbetafel Deutschland 2005/2007

Die folgenden Angaben sind ein Auszug aus der vom Statistischen Bundesamt veröffentlichten und als Excel-Tabelle im Internet unter www.destatis.de zugänglichen Sterbetafel für Deutschland 2004/2006 bzw. der Sterbetafel für Deutschland 2005/2007[1].

Das Statistische Bundesamt weist auf Folgendes hin: Eine neue „Allgemeine Sterbetafel" wird jeweils nach Vorliegen der Ergebnisse einer Volkszählung berechnet. Zuletzt wurde die „Allgemeine Sterbetafel 1986/88" im Statistischen Jahrbuch 1991 und in Fachserie 1, Reihe 1. S. 2 veröffentlicht.

Sterbetafel Deutschland 2004/2006 – Auszug –
Quelle: Statistisches Bundesamt, Wiesbaden, 2007

	Männlich				Weiblich		
Vollendetes Alter x	Überlebende im Alter x	Gestorbene im Alter x bis unter x+1	Durchschnittliche Lebenserwartung im Alter x in Jahren	Vollendetes Alter x	Überlebende im Alter x	Gestorbene im Alter x bis unter x+1	Durchschnittliche Lebenserwartung im Alter x in Jahren
0	100 000	433	76,64	0	100 000	357	82,08
1	99 567	36	75,97	1	99 643	30	81,37
2	99 531	19	75,00	2	99 614	19	80,39
3	99 512	17	74,01	3	99 594	13	79,41
4	99 495	14	73,02	4	99 581	11	78,42
5	99 481	13	72,03	5	99 570	10	77,43
6	99 468	11	71,04	6	99 560	10	76,44
7	99 458	10	70,05	7	99 550	8	75,44
8	99 447	10	69,06	8	99 542	8	74,45
9	99 437	10	68,07	9	99 533	6	73,46
10	99 426	8	67,07	10	99 527	8	72,46
11	99 419	10	66,08	11	99 519	10	71,47
12	99 408	12	65,08	12	99 509	8	70,47
13	99 396	14	64,09	13	99 502	10	69,48
14	99 382	15	63,10	14	99 491	12	68,49
15	99 367	20	62,11	15	99 479	16	67,49
16	99 346	31	61,12	16	99 463	17	66,50
17	99 315	41	60,14	17	99 447	19	65,52
18	99 274	64	59,17	18	99 428	25	64,53
19	99 209	65	58,21	19	99 402	25	63,54
20	99 145	64	57,24	20	99 377	25	62,56
21	99 081	65	56,28	21	99 352	21	61,58
22	99 016	65	55,32	22	99 331	25	60,59
23	98 952	63	54,35	23	99 306	25	59,60
24	98 889	63	53,39	24	99 280	23	58,62
25	98 825	64	52,42	25	99 257	23	57,63
26	98 761	67	51,45	26	99 234	25	56,65
27	98 694	62	50,49	27	99 210	26	55,66
28	98 632	65	49,52	28	99 184	24	54,67
29	98 567	64	48,55	29	99 160	29	53,69
30	98 502	65	47,58	30	99 131	32	52,70
31	98 437	72	46,62	31	99 099	32	51,72
32	98 365	76	45,65	32	99 067	35	50,74
33	98 289	81	44,68	33	99 033	38	49,75
34	98 209	85	43,72	34	98 994	41	48,77
35	98 124	92	42,76	35	98 954	47	47,79
36	98 032	98	41,80	36	98 906	52	46,82

---

1 Zum Auszug aus der Sterbetafel 2001/2003 für Deutschland s. in der Vorauflage.

Anhang 3 Sterbetafel Deutschland 2004/2006 und 2005/2007 – Auszug

	Männlich				Weiblich		
Vollendetes Alter x	Über- lebende im Alter x	Gestorbene im Alter x bis unter x+1	Durch- schnittliche Lebens- erwartung im Alter x in Jahren	Vollendetes Alter x	Über- lebende im Alter x	Gestorbene im Alter x bis unter x+1	Durchschnitt- liche Lebens- erwartung im Alter x in Jahren
37	97 933	106	40,84	37	98 854	58	45,84
38	97 827	120	39,88	38	98 796	60	44,87
39	97 707	136	38,93	39	98 736	71	43,89
40	97 571	152	37,98	40	98 665	80	42,92
41	97 419	168	37,04	41	98 585	88	41,96
42	97 251	192	36,11	42	98 497	103	41,00
43	97 059	216	35,18	43	98 394	117	40,04
44	96 843	243	34,25	44	98 277	125	39,09
45	96 600	266	33,34	45	98 153	148	38,13
46	96 334	297	32,43	46	98 005	165	37,19
47	96 037	333	31,53	47	97 840	182	36,25
48	95 704	364	30,64	48	97 658	196	35,32
49	95 340	403	29,75	49	97 462	223	34,39
50	94 937	437	28,88	50	97 239	237	33,47
51	94 500	484	28,01	51	97 001	253	32,55
52	94 016	535	27,15	52	96 748	276	31,63
53	93 481	568	26,30	53	96 472	294	30,72
54	92 913	619	25,46	54	96 178	319	29,81
55	92 294	662	24,63	55	95 859	348	28,91
56	91 632	707	23,80	56	95 511	375	28,01
57	90 925	758	22,98	57	95 136	416	27,12
58	90 167	818	22,17	58	94 720	439	26,24
59	89 349	886	21,37	59	94 280	473	25,36
60	88 463	950	20,58	60	93 808	508	24,49
61	87 513	1 018	19,80	61	93 300	552	23,62
62	86 495	1 110	19,02	62	92 748	582	22,75
63	85 384	1 167	18,26	63	92 166	603	21,89
64	84 217	1 247	17,51	64	91 563	640	21,03
65	82 970	1 363	16,77	65	90 923	691	20,18
66	81 607	1 459	16,04	66	90 232	762	19,33
67	80 148	1 550	15,32	67	89 470	837	18,49
68	78 598	1 682	14,61	68	88 633	913	17,66
69	76 916	1 823	13,92	69	87 720	1 039	16,84
70	75 093	1 978	13,25	70	86 681	1 138	16,03
71	73 115	2 123	12,59	71	85 543	1 273	15,24
72	70 991	2 257	11,95	72	84 270	1 401	14,46
73	68 734	2 432	11,33	73	82 868	1 565	13,70
74	66 302	2 622	10,73	74	81 304	1 725	12,95
75	63 680	2 789	10,15	75	79 578	1 906	12,22
76	60 891	2 929	9,59	76	77 672	2 129	11,51
77	57 962	3 037	9,05	77	75 543	2 300	10,82
78	54 925	3 152	8,52	78	73 243	2 540	10,15
79	51 772	3 248	8,01	79	70 703	2 816	9,49
80	48 524	3 346	7,51	80	67 886	3 099	8,87
81	45 178	3 475	7,03	81	64 787	3 359	8,27
82	41 703	3 601	6,58	82	61 428	3 643	7,69
83	38 102	3 668	6,15	83	57 786	3 941	7,14
84	34 434	3 767	5,75	84	53 845	4 256	6,63
85	30 667	3 582	5,40	85	49 588	4 387	6,16
86	27 085	3 453	5,05	86	45 201	4 492	5,71
87	23 632	3 133	4,71	87	40 709	4 304	5,28
88	20 499	3 082	4,35	88	36 404	4 481	4,85
89	17 417	2 954	4,03	89	31 924	4 534	4,46
90	14 463	2 682	3,76	90	27 389	4 346	4,11
91	11 781	2 408	3,50	91	23 043	4 184	3,79
92	9 374	2 078	3,27	92	18 859	3 764	3,52
93	7 296	1 748	3,06	93	15 095	3 295	3,27

Sterbetafel Deutschland 2004/2006 und 2005/2007 – Auszug   Anhang 3

	Männlich				Weiblich		
Vollendetes Alter x	Überlebende im Alter x	Gestorbene im Alter x bis unter x+1	Durchschnittliche Lebenserwartung im Alter x in Jahren	Vollendetes Alter x	Überlebende im Alter x	Gestorbene im Alter x bis unter x+1	Durchschnittliche Lebenserwartung im Alter x in Jahren
94	5 548	1 431	2,86	94	11 800	2 803	3,05
95	4 117	1 140	2,68	95	8 997	2 315	2,84
96	2 977	882	2,52	96	6 682	1 855	2,66
97	2 096	662	2,36	97	4 827	1 439	2,48
98	1 434	481	2,22	98	3 388	1 081	2,33
99	953	339	2,09	99	2 307	785	2,18
100	614	231	1,98	100	1 522	550	2,05

Sterbetafel Deutschland 2005/2007 – Auszug –
Quelle: Statistisches Bundesamt, Wiesbaden, 2008

	Männlich*)				Weiblich*)		
Vollendetes Alter	Überlebende im Alter x	Gestorbene im Alter x bis unter x +1	Durchschnittliche Lebenserwartung im Alter x in Jahren	Vollendetes Alter	Überlebende im Alter x	Gestorbene im Alter x bis unter x +1	Durchschnittliche Lebenserwartung im Alter x in Jahren
0	100 000	427	76,89	0	100 000	346	82,25
1	99 573	36	76,22	1	99 654	29	81,54
2	99 537	18	75,25	2	99 625	18	80,56
3	99 519	17	74,27	3	99 607	13	79,58
4	99 502	15	73,28	4	99 594	10	78,59
5	99 487	13	72,29	5	99 583	9	77,59
6	99 474	11	71,30	6	99 574	9	76,60
7	99 463	10	70,31	7	99 565	8	75,61
8	99 453	11	69,31	8	99 557	7	74,61
9	99 442	10	68,32	9	99 550	7	73,62
10	99 432	8	67,33	10	99 543	8	72,62
11	99 424	9	66,33	11	99 535	9	71,63
12	99 414	13	65,34	12	99 526	8	70,64
13	99 401	13	64,35	13	99 518	11	69,64
14	99 389	15	63,36	14	99 507	13	68,65
15	99 374	20	62,36	15	99 494	14	67,66
16	99 355	32	61,38	16	99 480	14	66,67
17	99 323	36	60,40	17	99 466	18	65,68
18	99 287	60	59,42	18	99 448	24	64,69
19	99 227	61	58,45	19	99 424	24	63,71
20	99 166	63	57,49	20	99 400	22	62,72
21	99 103	62	56,53	21	99 378	21	61,73
22	99 041	61	55,56	22	99 357	24	60,75
23	98 980	59	54,59	23	99 333	25	59,76
24	98 920	60	53,63	24	99 308	21	58,78
25	98 860	61	52,66	25	99 287	23	57,79
26	98 799	65	51,69	26	99 264	24	56,80
27	98 734	62	50,73	27	99 241	24	55,82
28	98 672	63	49,76	28	99 217	24	54,83
29	98 609	63	48,79	29	99 193	29	53,84
30	98 546	63	47,82	30	99 164	31	52,86
31	98 482	72	46,85	31	99 133	32	51,87
32	98 410	72	45,88	32	99 101	34	50,89
33	98 338	77	44,92	33	99 066	39	49,91
34	98 261	82	43,95	34	99 027	40	48,93
35	98 179	87	42,99	35	98 988	45	47,95
36	98 092	94	42,03	36	98 942	51	46,97
37	97 998	101	41,07	37	98 891	55	45,99
38	97 898	113	40,11	38	98 836	58	45,02

Anhang 3 Sterbetafel Deutschland 2004/2006 und 2005/2007 – Auszug

	Männlich*)				Weiblich*)		
Vollendetes Alter	Überlebende im Alter x	Gestorbene im Alter x bis unter x +1	Durchschnittliche Lebenserwartung im Alter x in Jahren	Vollendetes Alter	Überlebende im Alter x	Gestorbene im Alter x bis unter x +1	Durchschnittliche Lebenserwartung im Alter x in Jahren
39	97 785	128	39,15	39	98 778	72	44,04
40	97 657	145	38,20	40	98 706	76	43,08
41	97 512	157	37,26	41	98 630	86	42,11
42	97 355	176	36,32	42	98 544	103	41,15
43	97 178	205	35,38	43	98 441	112	40,19
44	96 973	231	34,46	44	98 329	119	39,23
45	96 742	255	33,54	45	98 210	145	38,28
46	96 487	285	32,63	46	98 064	158	37,34
47	96 202	322	31,72	47	97 906	176	36,40
48	95 880	360	30,83	48	97 730	190	35,46
49	95 520	394	29,94	49	97 540	211	34,53
50	95 126	426	29,06	50	97 329	235	33,60
51	94 699	479	28,19	51	97 094	249	32,68
52	94 220	522	27,33	52	96 845	273	31,76
53	93 698	557	26,48	53	96 572	296	30,85
54	93 140	613	25,64	54	96 276	314	29,95
55	92 527	659	24,80	55	95 962	350	29,04
56	91 869	708	23,98	56	95 611	374	28,15
57	91 160	729	23,16	57	95 237	406	27,26
58	90 431	826	22,34	58	94 831	440	26,37
59	89 605	865	21,54	59	94 391	455	25,49
60	88 741	938	20,75	60	93 937	511	24,61
61	87 802	1 000	19,97	61	93 425	555	23,74
62	86 803	1 094	19,19	62	92 871	579	22,88
63	85 709	1 171	18,43	63	92 292	614	22,02
64	84 538	1 222	17,68	64	91 678	632	21,17
65	83 316	1 343	16,93	65	91 046	689	20,31
66	81 973	1 424	16,20	66	90 357	743	19,46
67	80 548	1 523	15,48	67	89 615	818	18,62
68	79 025	1 632	14,76	68	88 797	891	17,79
69	77 393	1 749	14,07	69	87 906	998	16,96
70	75 644	1 913	13,38	70	86 908	1 106	16,15
71	73 732	2 073	12,71	71	85 802	1 231	15,35
72	71 659	2 222	12,07	72	84 571	1 379	14,57
73	69 437	2 346	11,44	73	83 192	1 503	13,80
74	67 091	2 559	10,82	74	81 689	1 675	13,05
75	64 532	2 742	10,23	75	80 014	1 872	12,31
76	61 790	2 905	9,66	76	78 142	2 079	11,59
77	58 885	3 038	9,11	77	76 063	2 272	10,89
78	55 847	3 176	8,58	78	73 791	2 513	10,21
79	52 671	3 238	8,07	79	71 278	2 769	9,56
80	49 433	3 378	7,56	80	68 509	3 079	8,92
81	46 056	3 493	7,08	81	65 430	3 341	8,32
82	42 563	3 593	6,62	82	62 089	3 611	7,74
83	38 970	3 663	6,19	83	58 479	3 922	7,19
84	35 307	3 692	5,78	84	54 557	4 121	6,67
85	31 615	3 716	5,39	85	50 436	4 511	6,17
86	27 899	3 550	5,04	86	45 924	4 513	5,73
87	24 349	3 363	4,70	87	41 412	4 567	5,30
88	20 986	3 054	4,38	88	36 844	4 401	4,89
89	17 933	2 918	4,04	89	32 443	4 470	4,49
90	15 015	2 746	3,73	90	27 973	4 420	4,13
91	12 269	2 566	3,45	91	23 552	4 188	3,81
92	9 703	2 204	3,23	92	19 365	3 896	3,52
93	7 499	1 820	3,03	93	15 469	3 380	3,29
94	5 679	1 470	2,84	94	12 089	2 882	3,07
95	4 209	1 171	2,66	95	9 206	2 384	2,87

Sterbetafel Deutschland 2004/2006 und 2005/2007 – Auszug   Anhang 3

	Männlich*)				Weiblich*)		
Vollendetes Alter	Überlebende im Alter x	Gestorbene im Alter x bis unter x +1	Durchschnittliche Lebenserwartung im Alter x in Jahren	Vollendetes Alter	Überlebende im Alter x	Gestorbene im Alter x bis unter x +1	Durchschnittliche Lebenserwartung im Alter x in Jahren
96	3 038	905	2,49	96	6 822	1 863	2,70
97	2 133	679	2,34	97	4 960	1 456	2,52
98	1 454	493	2,20	98	3 504	1 102	2,36
99	962	346	2,07	99	2 402	806	2,21
100	616	234	1,95	100	1 596	570	2,08

*) Ab dem Alter von 94 Jahren handelt es sich bei der Sterbewahrscheinlichkeit um geschätzte Werte.

*) Ab dem Alter von 96 Jahren handelt es sich bei der Sterbewahrscheinlichkeit um geschätzte Werte.

Auf die Wiedergabe der Sterbe- und der Überlebenswahrscheinlichkeit vom Alter x bis x+1 ist hier verzichtet. Insofern wird auf die vom Statistischen Bundesamt veröffentlichten Werte verwiesen.

Anhang 4
Verbraucherpreisindex

Quelle: Statistisches Bundesamt, Wiesbaden
Im Internet zugänglich unter www.destatis.de,
E-Mail: verbraucherpreisindex@destatis.de

Verbraucherpreisindex (2000 = 100)[1]	Gesamtindex, Jahresdurchschnitt	Verbraucherpreisindex (2005 = 100)[2]	Gesamtindex, Jahresdurchschnitt
		2008	106,6
2007	112,5	2007	103,9
2006	110,1	2006	101,6
2005	108,3	2005	100
2004	106,2	2004	98,5
2003	104,5	2003	96,9
2002	103,4	2002	95,9
2001	102	2001	94,5
2000	100	2000	92,7
1999	98,6	1999	91,4
1998	98	1998	90,9
1997	97,1	1997	90
1996	95,3	1996	88,3
1995	93,9	1995	87,1
1994	92,3	1994	85,6
1993	89,9	1993	83,3
1992	86,1	1992	79,8
1991[3]	81,9	1991	75,9

---

1 S. u. a. auch in NJW Heft 6/2008, S. XXXII und FamRZ 2007, 1434.
2 S. u. a. auch in NJW Heft 12/2008, S. XXX und in NJW Heft 29/2008 S. XXXI.
3 Zum Jahresdurchschnitt zurück bis 1962 *Palandt/Brudermüller*, BGB, 67. Aufl., § 1376 Rn. 31.

Anhang 5

Übersicht zu den Berechnungsmöglichkeiten und Formulierungsvorschlägen, die die Onlineversion als Word- und Exceldateien zur Verfügung stellt

Verzeichnis der Berechnungsmöglichkeiten

▶ **Abänderung**

Einfluss kalkulatorischer Risiken und/oder prognostischer Veränderungen auf die Ermittlung eines Barwerts bzw. Kapitalbetrags (Einmalbetrags, bei Kapitalisierung) Rn. 1410 und 1413
Überprüfung einer Opfergrenze anhand aufgezinster Werte Rn. 1477, 1479
Veränderungen beim pflegerischen Zeitfaktor Rn. 1938

▶ **Abfindung**

s. unter Kapitalisierung

▶ **Abzinsung**

Jährliche Verzinsung und/oder unterjährige Verzinsung und Jetztwert Rn. 1420, 1430

▶ **Alleinverdiener**

s. unter Barunterhaltsschaden und unter Erwerbsschaden

▶ **Anrechnung**

s. unter Vorteilsausgleich und unter Anrechnung

▶ **Anspruchsaufteilung zwischen Verletzten und Leistungsträgern**

Anspruchsaufteilung bei Forderungsübergang im Allgemeinen Rn. 1620, 1634
Anspruchsaufteilung bei Geltung der Differenztheorie im Fall einer Mitverursachung und der Verletzung einer Schadensminderungspflicht Rn. 2335, 2338
Anspruchsaufteilung zwischen mehreren Geschädigten, s. unter Betreuungsunterhaltsschaden und auch unter Erwerbsschaden, Heilungskosten, Forderungsübergang

▶ **Arbeits(un)fähigkeit im Haushalt**

Rn. 2567

▶ **Arbeitszeitdefizit**

s. unter Haushaltsführungsschaden

▶ **Aufzinsung**

Wertentwicklung eines Einmal-, Kapitalbetrags Rn. 1470
Wertentwicklung einer laufenden, periodisch wiederkehrenden Zahlung (Rente) Rn. 1472
Überprüfung einer Opfergrenze anhand aufgezinster Werte Rn. 1477, 1479

▶ **Ausbildung, verzögerte, und Erwerbsschaden**

s. unter Verzögerungsschaden

▶ **Barunterhaltsschaden**

Aufteilung von Einkünften und Zuweisung der Baranteile nach Unterhaltsquoten Rn. 3042
Konkrete Schadensberechnung Rn. 3025
Pauschalierende Schadensberechnung Rn. 3042, 3212, 3214, 3259

Schadensberechnung mit einheitlicher Unterhaltsquote und einheitlicher (Mit-)Haftungsquote zu verschiedenen Einkunftsarten Rn. 3212

Schadensberechnung mit unterschiedlichen Unterhaltsquoten zu verschiedenen Einkunftsarten Rn. 3214

- **Alleinverdiener:**
  Berechnung mit einheitlicher Unterhaltsquote bei unterschiedlichen Einkunftsarten Rn. 3212
  Schadensrente bei kinderloser Alleinverdienerpartnerschaft (Ehegatten, Lebenspartner) beim Ausfall von Barbeiträgen für den nicht an der Aufbringung des Barunterhalts beteiligten Partner mit Berechnungsmöglichkeit zu mehreren Zeiträumen nebeneinander Rn. 3257
  Schadensrente bei Alleinverdienerpartnerschaft mit Kindern beim Ausfall von Barbeiträgen für den nicht an der Aufbringung des Barunterhalts beteiligten Partner sowie die Halbwaisen mit Berechnungsmöglichkeit zu mehreren Zeiträumen nebeneinander Rn. 3259
- **Anrechnung von Einkünften des Unterhaltsberechtigten:**
  s. unter Vorteilsausgleich, Erwerbseinkünfte sowie unter Vorteilsausgleich und Mithaftung
- **Ansprüche von Waisen:**
  Anspruch des Kindes bei eigenen, anrechnungsfähigen Einkünften Rn. 3232, 3238
  Monatlicher Barunterhaltsschaden von Halb- oder Vollwaisen nach der Quotierungsmethode Rn. 3042, 3278
  Vereinfachte Berechnung Rn. 3282
- **Doppelverdiener:**
  Anrechnung nach dem Tod des Unterhaltspflichtigen erzielter oder erzielbarer Einkünfte Rn. 3203
  Einfluss von Einkünften aus unzumutbarer Tätigkeit des Hinterbliebenen Rn. 3205
  Schadensrente bei kinderloser Doppel-, Zuverdienerpartnerschaft: vereinfachte Berechnung des monatlichen Anspruches des hinterbliebenen Partners Rn. 3276
  Schadensrente bei Doppel-, Zuverdienerpartnerschaft mit Kindern: Berechnung des monatlichen Anspruchs des hinterbliebenen Partners und von Halbwaisen Rn. 3042, 3278, 3282
- **Fixe Kosten des Haushalts:**
  Berechnung monatlicher fixer Kosten des Haushalts Rn. 3113
  Einfluss von Einkünften aus unzumutbarer Tätigkeit des Hinterbliebenen Rn. 3205
  Einzelanteile der Unterhalts- und Ersatzberechtigten an dem Beitrag des getöteten Unterhaltspflichtigen zu den gemeinsamen fixen Kosten nach den in Relation gesetzten Unterhaltsquoten Rn. 3188, 3191
  Zuordnung bei unterschiedlichen Einkunftsarten Rn. 3214
- **Kapitalisierung:** Rn. 3300, 3302
- **Unterhaltsbedarf:**
  Konkrete Ermittlung eines monatlichen Unterhaltsbedarfs Rn. 3025
  Pauschalierende Bestimmung aller Anteile der Familienangehörigen Rn. 3042, 3278
  Sättigungsgrenze zum Unterhaltsbedarf von Kindern Rn. 3120
- **Unterhaltsquoten:**
  Quoten für Familienangehörige bei einheitlicher Schadensberechnung Rn. 3173
  Quotenverschiebung und Bezugsgröße Rn. 3169, 3173
  Quoten in der Familie und Anteile an Fixkosten für verschiedene Zeitabschnitte wegen veränderter Haushaltssituation Rn. 3191, s. auch Rn. 3238

▶ **Barwert**

Barwert und Endwert Rn. 1477, 1479

Barwert und Jetztwert beim Unterhaltsschaden Rn. 3300, 3302

Berechnung von Rückständen und Kapitalisierung künftiger vorschüssiger Renten und/oder mit Diskontierung aufgeschobener Renten für verschiedene Zeiträume Rn. 1430

s. auch unter Barwertfaktor und weiter unter Kapitalisierung

▶ Barwertfaktor

Barwertfaktor für jeden Zinssatz bei vorschüssiger Leistung und/oder nachschüssiger Zahlung Rn. 1372

Barwertfaktor bei jährlicher Verzinsung und/oder unterjähriger Verzinsung bei vorschüssiger Leistung Rn. 1392

Barwertfaktor und Kapitalbetrag zu einer monatlichen Rente und/oder einer jährlich wiederkehrenden Leistung für jeden Zinssatz und für jede Laufzeit bei vorschüssiger und/oder für nachschüssige Zahlungsweisen, zugleich für verschiedene unterjährige Verzinsungszeiträume Rn. 1393

Korrekturfaktoren Rn. 1408, 1410, 1413; 3300

Zuschlagsfaktor Rn. 1397, 1413; 3300

▶ Beerdigungskosten

Summierung erstattungsfähiger Rechnungspositionen Rn. 3475

▶ Belastung als Obergrenze des Anspruchsteils eines Leistungsträgers

s. unter Forderungsübergang

▶ Berufsbedingter Aufwand

Einfluss des prozentual bestimmten berufsbedingten Aufwands (und so bestimmter Fahrtkostenanteile) auf die Berechnung des Erwerbsschadens Rn. 2245

▶ Betreuungsunterhaltsschaden

Berechnung eines Familienschadens und von Anspruchsteilen Rn. 3368, 3370

Kapitalisierung: s. unter Barunterhaltsschaden

Monatlicher Rentenschaden für bis zu 4 Berechtigte (hinterbliebener Lebenspartner sowie 3 Kinder) und 4 verschiedene Zeitabschnitte nebeneinander unter Aufsummierung bei Rückständen Rn. 3409

Pauschalierende Abrechnung Rn. 3368, 3370, 3409

– **Anrechnungen:** s. unter Vorteilsausgleich
– **Anspruchs- und Versorgungsanteile:**
  Aufteilung von Zeitansätzen für den Haushalt insgesamt auf die Lebenspartner und andere Haushaltsangehörige Rn. 3358, 3368, 3370
– **Teilgläubiger:**
  Aufteilung des einheitlich ermittelten Ersatzanspruchs zwischen Hinterbliebenen Rn. 3368; 3390, 3409
– **Zeitbedarf und Zeitdefizit:**
  Aufteilung von Zeitansätzen für den Haushalt insgesamt unter Berücksichtigung von Mitarbeitspflichten Rn. 3358, 3368, 3370
  Berechnung einer gesamten Ausfallzeit Rn. 3370

▶ Billigkeitsrechtsprechung

Verrechnung von Mithaftung und Ersparnis Rn. 3203, 3205, 3436

▶ Brutto- und Nettomethode

Vergleich zwischen den Berechnungswegen bei Berechnung des Erwerbsschadens mit Jahresbeträgen und/oder mit Monatsbeträgen Rn. 2266

▶ Deckungsschaden der verletzten Person

Anspruchsteile beim Verletzten Rn. 1620, 1634, 1648; 2140; 2345

Erwerbsschaden, Verdienstausfall Rn. 1620, 2153, 2213; 2266

Gesundheitsschaden, Heilungskosten Rn. 1620

Hausarbeitsschaden, s. dort

▶ **Differenzhypothese, Differenzschaden**

Erwerbsschadensberechnung Rn. 2137; 2140; 2266; 2308; 2335, 2338, 2341, 2345

Mehrbedarfsschaden, s. dort

Schadensberechnung bei Mithaftung und Vorteilsausgleich Rn. 732

▶ **Differenzmethode**

Einfluss nach dem Tod des Unterhaltspflichtigen vom Hinterbliebenen erzielter oder erzielbarer Einkünfte Rn. 3203

▶ **Differenztheorie, -vorrang**

Wirkung eines vollen Vorrechts und eines bloß kongruenzbezogenen Vorrechts Rn. 1620

s. weiter unter Erwerbsschaden, Forderungsübergang, Vorteilsausgleich

▶ **Doppelverdiener**

s. unter Barunterhaltsschaden und Erwerbsschaden

▶ **Einnahmeverlust**

s. insbesondere unter Erwerbsschaden

▶ **Einzel- und Gesamtabwägung**

s. unter Gesamtschuldverhältnisse

▶ **Endwert**

s. unter Aufzinsung

▶ **Ersparnisse**

Erwerbsschaden und Ersparnisse Rn. 2153, 2245

Umrechnung von Ersparnissen und Kosten je nach Zeitbasis bzw. Zeitbezug Rn. 2250, 2252

▶ **Erwerbsschaden**

Alleinverdiener – Berechnung der Erwerbsschadensrente Rn. 2297

Ausbildungs-, Verzögerungsschaden Rn. 2137

Berechnung des Erwerbsschadens bei zeitweiser Aktivität im Jahr Rn. 2213

Berechnung eines zeitanteiligen Erwerbsschadens Rn. 2381

Berechnung zeitanteiliger Einmalbeträge bzw. Sonderzahlungen oder Zuwendungen Rn. 2323

Berufsbedingter Aufwand Rn. 2245; 2250, 2252

Differenzbetrachtung Rn. 2099; 2308; 2335, 2338, 2345

Differenzschaden bei Drittleistungen und Forderungsübergang Rn. 2140; 2266

- Differenztheorie, Mitverursachung (quotierte Haftung) und Schadensminderung Rn. 2335, 2338
- Relative Theorie, Mitverursachung und Schadensminderung Rn. 2341
- Vergleich zwischen Differenztheorie und relativer Theorie im Hinblick auf die Schadensminderung und wegen der Bestimmung des Deckungsschadens der betroffenen Person Rn. 2140

Doppelverdiener – Berechnung der Erwerbsschadensrente Rn. 2299

Einfluss von Prognoseunsicherheiten über einen Unwägbarkeitsabschlag bzw. mittels Korrekturfaktors auf die Schätzung des Erwerbsschadens Rn. 2099

Ersparnisse Rn. 2153, 2245, 2250, 2252

Umrechnung von Brutto zu Netto und umgekehrt Rn. 2658

Umrechnung von Ersparnissen und Kosten je nach Zeitbasis bzw. Zeitbezug Rn. 2250, 2252

- **Arbeitnehmer, Beamte (unselbstständige Beschäftigte):**
  Alleinverdiener Rn. 2297, 2308
  Brutto- und Nettomethode Rn. 2266

Differenztheorie und relative Theorie im Hinblick auf die Schadensminderung und wegen der Bestimmung des Deckungsschadens der betroffenen Person Rn. 2335, 2338, 2341, 2345
Doppelverdiener Rn. 2299, 2308
Geldersatzwert bei Arbeitsunfähigkeit während Arbeitsphase (Ansparphase) innerhalb eines Blockmodells Rn. 2221
Geldwert bei (regelmäßig) zeitweiser Aktivität im Jahr Rn. 2213 und bei unterjährigem Ausfall Rn. 2381
Geldwert für Arbeitsphasen bei zeitweiser Freistellung Rn. 2207
Monatliche, ggfs. quotierte Erwerbsschadensrente für Alleinverdiener oder für Doppelverdiener Rn. 2297, 2299, 2308
– **Minderjährige, Auszubildende, Studenten:** s. unter Ausbildung und unter Verzögerungsschaden
– **Selbstständige:**
Berechnung einer monatlichen Erwerbsschadensrente Rn. 2297, 2400
Geldwert bei (regelmäßig) zeitweiser Aktivität im Jahr Rn. 2213, 2381
Gewinnprognose Rn. 2387
Gewinnzuschläge und Gewinnausfall Rn. 2375, 2377
Kostenanalyse und Ermittlung des Gewinnentgangs i.e.S. und i.w.S. Rn. 2375
Unterjährige, zeitanteilige Gewinneinbuße Rn. 2381

▶ **Fahrtkosten**

Aufstellung, Abrechnungsbogen Rn. 1803

Erwerbsschaden und Ersparnis Rn. 2245

▶ **Fixe Kosten**

Rn 3113, 3188, 3191; 3214, 3238

s. auch unter Barunterhaltsschaden, Erwerbsschaden sowie Vorteilsausgleich

▶ **Forderungsübergang (Anspruchsaufteilung)**

Differenzschaden mit beim Verletzten verbleibendem Anspruchsteil Rn. 1620, 1634

Erwerbsschaden und Anspruchsaufteilung bei mitwirkender Betriebsgefahr oder Mitverursachung Rn. 2140, 2345

Gesundheitsschaden Rn. 1825, 1828

Hausarbeitsschaden Rn. 2700, 2703

Mehrbedarfsschaden und Anspruchsaufteilung Rn. 1953 und 1963, 2702

– **Differenztheorie (Vorrecht der betroffenen Person):**
Anspruchsaufteilung, Grundform zum Differenzgedanken Rn. 1618, 1619, 1620
Anspruchsaufteilung bei Bejahung eines vollen Vorrechts der verletzten Person und für den Fall eines bloß kongruenzbezogenen Vorrechts der verletzten Person Rn. 1620
Differenztheorie, quotierte Haftung beim Erwerbsschaden Rn. 2140, 2335, 2338, 2345
Erwerbsschaden, relative Theorie
  – Einfluss einer mitwirkenden Betriebsgefahr oder einer Mitverursachung Rn. 2140
  – Einfluss der Schadensminderungsobliegenheit Rn. 2341, 2345
s. auch unter wirtschaftliche Belastung
– **Relative Berechtigungen (relative Theorie):**
Anspruchsaufteilung, Grundform bei relativer Aufteilung Rn. 1632, 1634
Anspruchsaufteilung bei auf eine Sozialleistung anzurechnenden Einkünften Rn. 1642, 1644, 1648
Anspruchsaufteilung bei Ersparnis und Zuzahlung Rn. 1825
Anspruchsaufteilung zwischen betroffener Person und einem Sozialleistungsträger i.S.d. § 116 Abs. 3 Satz 1 SGB X mit Gesamtschadensberechnung Rn. 1634

Varianten zur Aufteilung des Ersatzanspruches bei auf eine Sozialleistung anzurechnenden Einkünften: Veränderung der relativen Theorie zu Gunsten der betroffenen Person sowie nach der hier vertretenen Ansicht für überzeugender gehalten Anspruchsaufteilung mit Begrenzung des Rechts des Leistungsträgers auf eine Obergrenze wegen der eigenen wirtschaftlichen Belastung Rn. 1648
Varianten zur Aufteilung des Ersatzanspruches bei einem Vorrecht im Außenverhältnis nach der Billigkeitsrechtsprechung Rn. 3457
- **Verbindung von Relativität und Differenzlösung:**
Anspruchsaufteilung bei Sozialhilfebedürftigkeit Rn. 1655
- **Vergleich zwischen Differenztheorie und relativer Theorie:**
Erwerbsschaden und Deckungsschaden der betroffenen Person Rn. 2345
- **Wirtschaftliche Belastung als Obergrenze des Anspruchsteils eines Leistungsträgers:**
Begrenzung des Regressanspruchs bei auf eine Sozialleistung anzurechnenden Einkünften Rn. 1648
Minderbelastung eines Sozialleistungsträgers nach dem Haftungsereignis Rn. 3448, 3451
s. auch unter relative Berechtigungen

▶ Geldausgleich

bei Heilbehandlung (Heilbehandlungskosten) Rn. 1825, 1828
bei unentgeltlicher Pflege Rn. 1953, 1956, 1961, 1963
Kombination einmaliger und wiederkehrender Ausgleichsbeträge Rn. 1430, 1841
zum Erwerbsschaden und zum Unterhaltsschaden s. jeweils dort

▶ Geldwert

Veränderung durch Verbraucherpreisentwicklung Rn. 2875

▶ Geldwert für Arbeitsphasen bzw. während realer Arbeitszeiten

Geldersatzwert bei Arbeitsunfähigkeit während Arbeitsphase (Ansparphase) innerhalb eines Blockmodells Rn. 2221
Geldwert bei zeitweiser Aktivität im Jahr Rn. 2213, 2381
Umrechnung des Geldbetrags während einer Gesamtzeit(einheit) auf einen Ertragswert während bestimmter einzelner Zeitphasen Rn. 2207

▶ Gesamtschuldverhältnisse

Außenanspruch und Innenverteilung bei gestörter Gesamtschuld Rn. 1607
Einzel- und Gesamtabwägung sowie Ermittlung der insgesamt zu ersetzenden Forderung bei mehreren Schädigern Rn. 762
Einzel-, Gesamtabwägung und Einfluss der beschränkten Gesamtwirkung auf Schädigerseite beim (Teil-)Erlass zu Gunsten eines Schädigers sowie Ermittlung des Umfangs einer Innenausgleichspflicht Rn. 1496
Einzel- und Gesamtschuld von Nebentätern Rn. 769, 1496
Innenausgleich zwischen Gesamtschuldnern Rn. 777, 1496

▶ Gesamtwirkung bei Erlass, Vergleich, Verzicht

Einfluss einer beschränkten Gesamtwirkung bei Gesamtschuldverhältnissen Rn. 1496

▶ Geschäftsgrundlage, Äquivalenzstörung

s. unter Aufzinsung und unter Opfergrenze

▶ Gestörte Gesamtschuld

Außenanspruch und Innenverteilung Rn. 1607

▶ **Gesundheitsschaden**

Zusammenstellung der ersatzfähigen Berechnungspositionen wegen Heilbehandlung mit Ermittlung der auf einen Leistungsträger und die verletzte Person entfallenden Anspruchsteile Rn. 1828

s. auch unter Heilungskosten

▶ **Gewinnausfall**

Berechnung einer monatlichen Erwerbsschadensrente Rn. 2297, 2299, 2345, 2381

Gewinnprognose Rn. 2387

Gewinnzuschläge und Gewinnausfall Rn. 2375, 2377

Kostenanalyse Rn. 2377

▶ **Halbwaisen**

s. unter Barunterhaltsschaden und unter Betreuungsunterhaltsschaden

▶ **Hausarbeitsschaden, Haushaltsführungsschaden**

Aufteilung eines einheitlich (zur Arbeit im Mehr-Personen-Haushalt) ermittelten Anspruchs auf Anspruchsgruppen Rn. 2700, 2703

Haushaltsspezifische Beeinträchtigung Rn. 2536, 2634

Kombinierte konkrete und pauschalierende Abrechnung („Mischlösung") Rn. 2561

– **Arbeitszeit, Arbeitszeitdefizit:**

Arbeitszeitdefizit zur Tätigkeit im Haushalt insgesamt und innerhalb einzelner Tätigkeitsbereiche Rn. 2536, 2567, 2634

Arbeitszeitdefizit für verschiedene Zeiträume (Tage, Wochen, Monate, Jahre) bei verschiedenen Behinderungsgraden Rn. 2687

Arbeitszeitverteilung bzw. -zuordnung bei Aufteilung eines einheitlich ermittelten Ersatzanspruchs auf Anspruchsgruppen Rn. 2700, 2703

Aufteilung von Zeitansätzen für den Haushalt insgesamt auf die Lebenspartner (und andere Haushaltsangehörige) Rn. 3358

– **Geldwerte:**

Anspruchsaufteilung
  – Aufteilung nach Schadensgruppen Rn. 2703
  – Deckungslücke und -schaden beim Forderungsübergang Rn. 2700

Brutto- und Nettowerte, wechselseitig umgerechnet Rn. 2658

Geld-, Kapitalwert für eine bestimmte Zahl von Stunden Rn. 2561

Geld-, Kapitalwert bei verschiedenen Behinderungsgraden für verschiedene Zeiträume Rn. 2687

Monatswert mit und ohne Einmal-, Sonderzahlungen für gesondert ermitteltes Zeitdefizit Rn. 2679

Monatswert für mehrere Zeitabschnitte bzw. Zeiträume mit Berechnung eines Rückstands Rn. 2662 und Rn. 2687; s. auch Rn. 2688

Monatswert je nach Aufteilung des einheitlich zur Arbeit im Mehr-Personen-Haushalt ermittelten Anspruchs auf Anspruchsgruppen Rn. 2700, 2703

Stundenvergütung ermittelt aus den Monatssätzen des TVöD Rn. 2667

▶ **Heilungskosten**

Anrechnung und Verrechnung bei Ersparnis und Zuzahlung Rn. 1767

Anspruchsteile im Fall eines Forderungsübergangs mit Zuordnung von Eigenanteilen und Ersparnissen Rn. 1825

Aufstellung der Berechnungspositionen Rn. 1828

▶ Höchstbeträge
Kürzung wegen einer gesetzlichen Haftungshöchstgrenze Rn. 219, Beispiel Rn. 218

▶ Jetztwert
Zusammenfassende Berechnung von Rückständen und Kapitalisierung künftiger vorschüssiger Renten und/oder mit Diskontierung aufgeschobener Renten für verschiedene Zeiträume Rn. 1430

s. weiter unter Kapitalisierung

▶ Kapitalisierung
Barwertfaktor (Zeitrentenfaktor) für jeden Zinssatz bei vorschüssiger Leistung und/oder nachschüssiger Zahlung Rn. 1372

Berechnung des Zinsfaktors und des Barwertfaktors sowie des Barwerts als Jetztwert für jeden Zinssatz bei jährlicher Verzinsung und/oder jede unterjährige Verzinsung bei vorschüssiger Leistung Rn. 1392

Berechnung des Barwertfaktors und des Kapital(bar)wertbetrags zu einer monatlichen Rente und/oder einer jährlich wiederkehrenden Leistung für jeden Zinssatz und für jede Laufzeit bei vorschüssiger und/oder für nachschüssige Zahlungsweisen zugleich für verschiedene unterjährige Verzinsungszeiträume Rn. 1393

Berechnung eines Zuschlagfaktors Rn. 1397

Berechnung des Barwertfaktors sowie des Kapital(jetzt)wertes unter Berücksichtigung eines Abschlags und/oder Zuschlags zu vorschüssigen und/oder nachschüssigen Zahlungen Rn. 1393

Berechnungserwägung zur Erlebenswahrscheinlichkeit Rn. 1408, 1433

Berücksichtigung kalkulatorischer Risiken und/oder prognostischer Veränderungen Rn. 1410, 1413

Diskontierung bei jährlicher Verzinsung und/oder unterjähriger Verzinsung Rn. 1420

Rückstandsberechnung und Kapitalisierung künftiger vorschüssiger Renten und/oder mit Diskontierung aufgeschobener Renten Rn. 1430

Unterhaltsschadensersatzrenten Rn. 3302

▶ Kapitalwert
Berechnung von Rückständen und Kapitalisierung künftiger vorschüssiger Renten und/oder mit Diskontierung aufgeschobener Renten für verschiedene Zeiträume Rn. 1430

Kapitalisierung und Diskontierung zum Barunterhaltsschaden bei verbundener Begrenzung der Laufzeit unter Berücksichtigung – nur – des Vorversterbensrisikos der unterhaltspflichtigen Person Rn. 3302

s. weiter unter Kapitalisierung

▶ Korrekturfaktoren
bei Bestimmung des Kapitalwerts zur Abfindung von Rentenansprüchen Rn. 1397, 1408, 1410, 1413

bei Ermittlung des Verdienstausfalls Rn. 2099

▶ Kostenanalyse
Ermittlung des Gewinnentgangs i.e.S. und i.w.S. Rn. 2377

▶ MdH
Rn. 2536

▶ Mehrbedarfsschaden (vermehrte Bedürfnisse)
Differenzmethode oder Quotenmethode zu vermehrten Bedürfnissen Rn. 1838, 1963

Einmalige und/oder wiederkehrende Bedarfsansätze Rn. 1841

Zusammenstellung der ersatzfähigen Berechnungspositionen wegen vermehrter Bedürfnisse als Rente und/oder Kapital Rn. 1833
- **Mobilitätsbedarf:**
  Kostenaufwand zur Wiederherstellung der Mobilität Rn. 1887
- **Pflegebedarf:**
  Abrechnung eines spezifischen Werts der Familienhilfe und -pflege Rn. 1956
  Einfluss von Veränderungen bei Pflegeleistungen auf den monatlichen Ausgleichsanspruch Rn. 1963
  Ermittlung einer ausgleichsfähigen Pflegezeit Rn. 1938 mit folgenden Berechnungsmöglichkeiten:
  - Ermittlung des durchschnittlichen täglichen (zusätzlichen) Pflegeaufwands
    → Abrechnung des Pflegeaufwands für eine bestimmte Zahl von Stunden in einem bestimmten Zeitraum bzw. für einen bestimmten Zeitraum
  - Berechnungsvarianten zu einem Abrechnungszeitraum
    → Abrechnungsvariante: Einschätzung eines gegenwärtigen und künftigen Bedarfs bezogen auf Wochenstunden
    → Abrechnungsvariante: Einschätzung eines gegenwärtigen und künftigen Bedarfs bezogen auf einen monatlichen Zeitansatz
    → Abrechnungsvariante: Ermittlung des durchschnittlichen (zusätzlichen) Pflegeaufwands im Jahr
    Ermittlung einer Pflegezeit und des Geld-, Ausgleichswerts Rn. 1953, 1961
- **Wohnbedarf:**
  Konkrete und pauschalierende Abrechnung eines Einmalbetrags Rn. 1981

▶ **Minderbelastung des Sozialleistungsträgers**

s. unter Forderungsübergang, wirtschaftliche Belastung

▶ **Mithaftung des Geschädigten**

Gesamtminderung wegen Kürzung zu einer bestimmten Schadensfolge Rn. 445, 446
Verrechnung Mithaftungsbetrag und Vorteilsausgleich Rn. 3203, 3436
s. auch unter Gesamtschuldverhältnisse und unter Forderungsübergang

▶ **Mithaftung zu Lasten Hinterbliebener**

s. unter Forderungsübergang, wirtschaftliche Belastung sowie Vorteilsausgleich

▶ **Mobilität**

s. unter Mehrbedarfsschaden

▶ **Monatswert**

in Fällen eines Hausarbeits- bzw. Haushaltsführungsschadens Rn. 2662, 2679

▶ **Nachforderungen**

Überprüfung einer Opfergrenze anhand aufgezinster Werte Rn. 1477

▶ **Nebentäter**

s. unter Gesamtschuldverhältnisse

▶ **Nichtvermögensschaden**

s. unter Schmerzensgeld
Rente Rn. 1472

▶ **Opfergrenze**

Überprüfung verschiedener Werte Rn. 1477, 1479

▶ **Prognose**

Rechnerische Berücksichtigung kalkulatorischer Risiken und prognostischer Veränderungen bei Bestimmung eines Rentenbarwerts Rn. 1413

▶ **Pflegebedarf**

s. unter Mehrbedarfsschaden

▶ **Prognoseunsicherheiten: Unwägbarkeitsabschlag, Korrekturfaktor**

zur Ermittlung des Erwerbsschadens (Verdienstausfalls) Rn. 2099

▶ **Quotenmethode**

Unterhaltsschadensberechnung Rn. 3042, 3214, 3238

▶ **Rente, Rentenanspruch (Schadensrente: Erwerbsschadensrente, Mehrbedarfsschadensrente, Unterhaltsschadensrente)**

s. unter
- Aufzinsung
- Barunterhaltsschaden, Alleinverdiener und Doppelverdiener
- Barwert
- Betreuungsunterhaltsschaden
- Erwerbsschaden
- Forderungsübergang
- Hausarbeits-, Haushaltsführungsschaden
- Höchstbeträge
- Kapitalisierung
- Mehrbedarfsschaden
- Unterhaltsschaden

▶ **Schmerzensgeld**

Umrechnung von Geldbeträgen nach dem Preisindex Rn. 2875
Verrentung eines Kapitalbetrags über den Barwertfaktor für jeden Zinssatz bei vorschüssiger Leistung und/oder nachschüssiger Zahlung Rn. 1372, 2880

▶ **Sozialhilfebedürftigkeit**

s. unter Forderungsübergang

▶ **Tarifentgelte**

s. unter Hausarbeitsschaden

▶ **Umrechnung**

Geldwert Rn. 2875
Währung Rn. 2872
Zeitabläufe bzw. Zeiträume Rn. 2687, s. auch Rn. 1949, 2617, 2209, 2662

▶ **Unterhaltsbedarf**

s. unter Barunterhaltsschaden und unter Betreuungsunterhaltsschaden

▶ **Unterhaltsquelle**

Berechnung des verbleibenden Ersatzanspruchs im Fall der Erbschaft (mit Übergang der Unterhaltsquelle) bei einheitlicher Unterhalts- und einheitlicher (Mit-)Haftungsquote Rn. 3212
Berechnung des verbleibenden Ersatzanspruchs im Fall der Erbschaft mit unterschiedlichen Unterhaltsquoten wegen der unterschiedlichen Einkunftsarten und der fixen Kosten Rn. 3214

▶ **Unterhaltsquoten**

s. unter Barunterhaltsschaden

▶ **Unterhaltsschaden**
s. unter Barunterhaltsschaden und unter Betreuungsunterhaltsschaden

▶ **Verbraucherpreisentwicklung und Geldwert**
Rn. 2875

▶ **Verdienstausfall**
Arbeitnehmer Rn. 2297, 2299, 2308
Brutto- und Nettomethode Rn. 2266
Selbstständige Rn. 2400
s. weiter unter Erwerbsschaden

▶ **Vergleich**
s. unter Abfindung und Aufzinsung und unter Gesamtwirkung

▶ **Vermehrte Bedürfnisse**
s. unter Mehrbedarfsschaden

▶ **Verrentung**
Bestimmung des Barwertfaktors für jeden Zinssatz: s. unter Barwertfaktor

▶ **Verzinsung**
Bestimmung des Zins- und Barwertfaktors für jeden Zinssatz bei jeder Art jährlicher oder unterjähriger Verzinsung: s. unter Barwertfaktor und unter Aufzinsung

▶ **Verzögerungsschaden**
Berechnung des Erwerbs-, Verdienstausfallschadens infolge schädigungsbedingter Verzögerung der Entwicklung des Berufs-, Erwerbslebens Rn. 2137

▶ **Vorteilsausgleich**
Berechnungsgang bei Mithaftung, anzurechnender Betriebsgefahr, Schadensminderungsobliegenheiten Rn. 732; s. auch unter Ersparnisse, Erwerbsschaden und unter Forderungsübergang
– **bei Erbschaft:**
  Verbleibender Ersatzanspruch im Fall des Übergang der Unterhaltsquelle bei einheitlicher Unterhalts- und einheitlicher (Mit-)Haftungsquote Rn. 3212
  Verbleibender Ersatzanspruch mit unterschiedlichen Unterhaltsquoten wegen der unterschiedlichen Einkunftsarten und der fixen Kosten Rn. 3214
– **bei Erwerbseinkünften Hinterbliebener:**
  Anrechnung nach dem Tod des Unterhaltspflichtigen erzielter oder erreichbarer Erwerbseinkünfte Rn. 3203
  Anspruch des Kindes bei eigenen, anrechnungsfähigen Einkünften Rn. 3232, 3278
  Einfluss von Einkünften aus unzumutbarer Tätigkeit des Hinterbliebenen Rn. 3205
  Mithaftung und Vorteilsausgleich zu Gunsten Hinterbliebener nach der Billigkeitsrechtsprechung Rn. 3203, 3436

▶ **Waisen**
s. unter Barunterhaltsschaden und unter Betreuungsunterhaltsschaden

▶ **Wertentwicklung**
Einmal-, Kapitalbetrag Rn. 1470

▶ **Wirtschaftliche Obergrenzen**
bei Anspruchsaufteilung: s. unter Forderungsübergang, wirtschaftliche Belastung
bei Ansprüchen Hinterbliebener: s. unter Barunterhaltsschaden und Vorteilsausgleich

▶ Wohnbedarf
s. unter Mehrbedarfsschaden

▶ Zeitansätze und Geldausgleichswert bei unentgeltlicher Hilfe
Betreuung und Pflege Rn. 1953, 1956, 1961, 1963
Hilfe im Haushalt Rn. 2561, 2567

▶ Zeitrentenfaktor
Wertfaktor für jeden Zinssatz bei vorschüssiger Leistung und/oder nachschüssiger Zahlung Rn. 1372
Zeit- und Geldwert bei unentgeltlicher Hilfe Rn. 2567
Zusammenfassende Berechnung für verschiedene vergangene und künftige Zeiträume Rn. 1430

▶ Zinsen, Zinsfuß, Zinssatz
s. unter Barwertfaktor und unter Kapitalisierung

Verzeichnis der Formulierungsvorschläge

▶ Abfindung, Abgeltung
Hinweise zur Formulierung bzw. zum Inhalt eines Vergleichs zur Schadensregulierung Rn. 1447, 1448, 1460; 1519

▶ Barunterhaltsschaden
Alleinverdiener Rn. 3256, 3258
Doppelverdiener Rn. 3274, 3281
Feststellungsanträge s. unter Feststellungsbegehren
Leistungsanträge s. unter Leistungsbegehren

▶ Betreuungsunterhaltsschaden
Arbeitszeitdefizit Rn. 3371, 3408
Feststellungsanträge s. unter Feststellungsbegehren
Leistungsanträge s. unter Leistungsbegehren
Monatswerte Rn. 3371, 3408

▶ Deckungsschutz
Antrag und Tenor zum Schutz durch Haftpflichtversicherer Rn. 780

▶ Erwerbsschaden
Antrag und Tenor zur Anspruchsverfolgung Rn. 991 bis 993, 996

▶ Fahrtkosten
Rn. 1802

▶ Feststellungsbegehren
Antrag und Tenor beim Aufwendungsersatz (§ 110 SGB VII) Rn. 1155
Hausarbeitsschaden, materielle Schäden, Schmerzensgeld, Steuerschaden, Unterhaltsschaden, auch angesichts eines Forderungsübergangs Rn. 1153–1165

▶ Fixe Kosten
Rn. 3114

▶ Gesundheitsschaden
Aufstellung (Zusammenstellung) der Abrechnungspositionen Rn. 1692
Aufstellung zu Fahrtkosten Rn. 1802

▶ **Grundurteil**

Rn. 1112, 1129, 2867

▶ **Hausarbeitsschaden, Haushaltsführungsschaden**

Antrag und Tenor zur Anspruchsverfolgung Rn. 994 bis 996, 1160

Aufstellung bzw. Schilderung der Beeinträchtigung wegen der Arbeit im Haushalt Rn. 2504

Aufzeichnungen zur Hausarbeit Rn. 2597, 2599

▶ **Heilbehandlungskosten**

s. unter Gesundheitsschaden

▶ **Klageanträge**

s. unter Feststellungsbegehren und unter Leistungsbegehren

▶ **Leistungsbegehren**

Antrag und Tenor beim Erwerbsschaden (Verdienstausfall), Hausarbeitsschaden, Mehrbedarfsschaden, Schmerzensgeld, Unterhaltsschaden Rn. 991 bis 1005

Belastungsgrenze bei Gesamtschuld von Nebentätern Rn. 767

Einstweilige Geld-, Schadensrente Rn. 1148

Grundurteil Rn. 1112, 1129, 2867

▶ **Materielle Schäden**

s. unter Feststellungsbegehren Rn. 1156–1159

▶ **Mehrbedarfsschaden**

Antrag und Tenor zur Anspruchsverfolgung Rn. 997 bis 999

Aufstellung (Zusammenstellung) der Abrechnungspositionen bzw. Berechnungselemente Rn. 1832

▶ **Schmerzensgeld, Nichtvermögensschäden**

Antrag und Tenor zur Anspruchsverfolgung s. unter Feststellungsbegehren und unter Leistungsbegehren

▶ **Unterhaltsschaden**

Antrag und Tenor zur Anspruchsverfolgung s. unter Leistungsbegehren

Unterhaltsersatzrente s. unter Barunterhaltsschaden und unter Betreuungsunterhaltsschaden

▶ **Verdienstausfall**

s. unter Erwerbsschaden

▶ **Vergleich**

Hinweise und Vorschläge zur Formulierung eines Vergleichs Rn. 1519

▶ **Vermehrte Bedürfnisse**

s. unter Mehrbedarfsschaden

Stichwortverzeichnis

Die Ziffern verweisen auf die Randnummern.

Abänderung 739; 1067; 1133; 1187; 1323; 1327; 1395; 1450; 1898; 1962; 2892; 3018
Abänderungsverfahren, -verlangen 1009; 1257; 1319; 1330; 1353
Abbiegen 316
Abfindung 216; 544; 694; 720; 826; 915; 927; 934; 936; 1348f.; 1376; 1434; 1440; 1454; 1509; 1514; 1572; 1856; 1864; 2066
Abfindungsvergleich 2925
Abgeltung 1454; 1458; 1509
Abgeltungsklausel 1447; 1451
Abhängigkeit 2197
Abhilfe 1464; 2672
– konkrete siehe Konkrete Abhilfe
Abhörlegitimation 1653; 1670
Abkommensquote 1663f.; 1678
Abkömmling 1899; 1924; 2455; 2498; 2583; 2591; 2631; 2705; 2730; 2740; 2975 siehe auch Kind
Ablaufhemmung 914
Abrechnung 493
– konkrete siehe Konkrete Abrechnung
Abschlag 1394; 1397; 1401; 1407; 1409f.; 1432; 2079; 2094; 2846; 3299
Abschläge vom Schaden 185; 247; 270; 2094; 2655f.
Abschreibung 2374; 2384; 3063
Absicht 2084
Absprachen der Ehegatten siehe Einvernehmen
Abstand 316; 318
Abtretung 373; 377; 400; 672f.; 736; 1343f.; 1354; 1553; 1590; 2065; 2312; 2326; 2401; 3208
Abwesenheit 2773
Abzinsung 1416; 1419; 1425; 1429f.; 1432; 1478; 3299; 3301
Adäquanz 233
Additionsmethode 3197; 3202
Adhäsionsverfahren 965; 1095
Adoption 2972
Akkord 2233
Aktivlegitimation 1616 siehe auch Berechtigte
Akupunktur 1727; 1811
Akzessorietät 800
Alkohol 260; 354; 358; 2823; 2859
Alleinerziehende Person 3037; 3420f.

Alleingesellschafter 2409
Alleinstehende 2622; 2627f.; 2639; 2653; 2691 siehe auch Single
Alleinverdiener 2296; 2400; 3363; 3369
Alleinverdienerehe 3146; 3161; 3256; 3258; 3291; 3350; 3408
Allgemeinbedarf 1971
Allgemeinkosten 1773
Altenteil 2587
Alternativtäter 742; 755
Alternativverhalten 349
– rechtmäßiges 290
Altersbedingte Veränderung 1964
Altersdifferenz 3295
Altersgrenze 1286; 1292; 1296; 1300; 2254; 2300; 2350; 2361
– flexible 2303
Altersrente 1628; 3044; 3058; 3430; 3442; 3446; 3450
Altersruhegeld siehe Ruhegeld
Altersstufen 3153
Altersteilzeit 2216; 2220; 3072
Altersversorgung siehe Altersvorsorge
Altersvorsorge 1292; 1915; 2309; 3061; 3064; 3240
Amtshaftung 27; 397; 615; 677; 841; 1532
Anbau 1978; 1980
Anerkenntnis 817; 931; 935; 941; 968; 1185; 1518
– titelersetzendes 938; 1185
Anfälligkeit siehe Schadensanfälligkeit
Anfechtung 639
Anforderungsniveau 2003
Anforderungsprofil 1941; 1952
Angehörige 409; 466; 606; 617; 629; 911; 928; 1012; 1524; 1594; 1795; 1806; 1900; 1912; 1948; 2079; 2367; 2398; 2436; 2452; 2507; 2542; 2562; 2580f.; 2585; 2655; 2697; 2709; 2930; 3464
Angehörigenprivileg siehe Familienprivileg
Angehörigenschaden 52; 441
Angehörigenschmerzensgeld 60; 172; 2817; 3479
Angemessenheit 484; 2180; 2539; 3079
Angestellter siehe Arbeitnehmer
Angst 158; 162; 175; 341
Anhaltspunkte 560

Anlaufphase 2403
Anlaufzeit 2403
Anlernlinge 2084
Anmeldefrist 844; 1680
Anpassung 1453; 1455
Anpassungsklausel 900; 1449; 1453
Anrechnung 1234; 1444; 2108 siehe auch Einkommen, Vorteilsausgleich
Anrechnungsmethode 3202
Anschaffungskosten 1878; 1881; 1967; 2429; 2434
Anschaffungsmehraufwand 1886
Anschein 547
Anscheinsbeweis 145; 251; 260; 310; 1027; 1037; 2190
Anschlussberufung 1266
Anschlussrevision 1268
Ansprüche
– selbstständige 131; 1021; 1122
Anspruchsart 1619 siehe auch Schadensgruppen
Anspruchsaufteilung 1655
Anspruchsaufteilung bei Sozialhilfebedürftigkeit
– Berechnung von siehe Onlineversion
Anspruchsbeschränkung 188
Anspruchsdauer 2002
Anspruchsentstehung 366; 866; 1200; 1273; 1379
Anspruchsform 1269; 1839; 2884
Anspruchsgrund 972; 1025
Anspruchsinhaber siehe Berechtigte
Anspruchskonkurrenz 42; 953; 1214; 1587
Anspruchskürzung 219; 445; 627
Anspruchsstufe siehe Verhaltensalternativen
Anspruchsteile 1616; 1625; 1630; 1635; 1640f.; 1643; 1692; 1765; 1828; 2699; 3004; 3366f.; 3388f.; 3391
– bei gestörter Gesamtschuld 1605f.
– bei Minderbelastung Sozialleistungsträger 3442; 3445; 3447
– bei Mitschuld 1618; 1755; 1760; 1820ff.; 2046; 2194; 3422
– bei Sozialhilfebedürftigkeit 1655 siehe auch Onlineversion
– bei Vorrecht im Außenverhältnis 3434f.; 3450
– bei Vorrecht im Außenverhältnis, Berechnung 3434
– wegen Forderungsübergang 1521; 1533; 1810ff.; 2330ff.; 2338; 2340; 2344; 3441f.

– zwischen Sozialleistungsträger und Dienstherr 3459
Anspruchsübergang siehe Anspruchsteile, Forderungsübergang
Anspruchsüberleitung 1551
Anspruchsverfolgung 645
Ansteckungsgefahr 225; 250
Anteilige Heilbehandlungskosten siehe Heilungskosten
Anteilige jährliche Zuwendungen
– Berechnung von 2238; 2321
Anteiliger Betreuungsunterhaltsschaden siehe Betreuungsunterhaltsschaden
Anteilsrecht 2412
Anteilszweifel 244
Antrag 809; 837; 921; 943; 956; 966; 972; 991; 994; 997; 1007; 1059f.; 1148; 1150; 1204; 1239; 1261; 2884
– bezifferter 1007; 1183; 1314
– unbezifferter 977; 1010; 1097; 1133f.; 1220
Anwaltsfehler 344
Anwaltshaftung 1514; 2815
Anwaltskosten 572; 577; 1242
Anwaltsregress 1246; 1514
Anwaltsvergleich 1436
Anzeigepflicht 843
Apotheker 2365
Äquivalenzstörung 1455; 1474
Arbeit 2425; 2691; 2704
– eigennützige 2197; 2591; 2689; 2707f.; 2758
– fremdbestimmte 2197
– fremdnützige 2459; 2591; 2689; 2739
– gemeinnützige 2707f.; 2994 siehe auch Ehrenamt
– geringfügige 2482; 2773
– nachhaltige 2770
– uneigennützige 2761
– unentgeltliche 2556; 2735
– werthaltige 2717f.; 2729; 2761
Arbeitgeber 377; 891; 959; 1547; 1613; 1617; 1771; 1815f.; 2039; 2066; 2068f.; 2318; 2326; 2737
Arbeitgeberanteile 2292
Arbeitgeberanteile zur Sozialversicherung 1915; 2643
Arbeitgeberregress 2063; 2317
Arbeitnehmer 720; 1286; 1617; 1998; 2043; 2125; 2197f.; 2262; 2344; 2347; 2716
Arbeitnehmerhaftung 191

Arbeitsablauf 201
Arbeitsanforderungen 2003
Arbeitsanteile 3357; 3363; 3369; 3371
Arbeitsaufnahme 2157
Arbeitsaufwand 503; 595; 1917; 1924; 1928; 2554; 2556
Arbeitsbereiche 2597; 2599; 2633; 2775; Anh. 2
Arbeitseinsatz 2162
Arbeitsentgelt 2408
Arbeitsfähigkeit 1996; 2494 siehe auch Erwerbsfähigkeit, Hausarbeitsfähigkeit, Leistungsfähigkeit
Arbeitskraft 715; 2024; 2031; 2034; 2114; 2119; 2147; 2301; 2643; 2723
– verbliebene 709; 729; 1877; 2098; 2129; 2156; 2167; 2332 ff.; 2338; 2340; 2344; 2366; 2566
Arbeitsleistung 2003; 2724
Arbeitslose, Arbeitslosigkeit 1547; 2119; 3148
Arbeitslosenversicherung 2310
Arbeitspflicht Hinterbliebener 3196 f.; 3247 f.; 3251; 3430
Arbeitsphase 2206; 2217; 2220
Arbeitsplatz 2104
Arbeitsplatzbezug 2360
Arbeitsplatzchance 2084
Arbeitsplatzverlust 555; 694; 2142
Arbeitsspezifische Beeinträchtigung 2360
Arbeitsstelle 3250
Arbeitstag 2248; 2371; 2373
Arbeitsteilung im Haushalt 2569; 2595; 3338; 3345; 3363
Arbeitsunfähigkeit 162; 1550; 1999; 2036; 2109; 2360
Arbeitsunfall 1509; 1568; 1581
– Haftungsprivileg 196
Arbeitsunterbrechung 2075
Arbeitsverhalten
– unstetes 1290
Arbeitsverhältnis
– befristetes 2201
– faktisches 2720
– familiäres 2716; 2748
– stillschweigendes 2733
Arbeitszeit 2535; 2551; 3363
– reduzierte Anh. 2
– regelmäßige 2678
Arbeitszeit im Haushalt 2610; 2612; 2622; 2625; 2633; 2635; 2639; 3357; 3369 siehe auch Arbeitszeitaufwand, Arbeitszeitbedarf

Arbeitszeitaufwand Anh. 2
Arbeitszeitaufwand für den Haushalt 2608; 2622; 2625; 2639
Arbeitszeitbedarf 2604; 2630; 3339 f.; 3357; 3369; Anh. 2
Arbeitszeitbedarf für den Haushalt 2607; 3337; 3343 ff.
Arbeitszeitdefizit 2467; 2533; 2535; 2563; 2566; 2568; 2613; 2678; 2682; 3337 f.
– Berechnung 2564; 2566; 3363 f.; 3371
Arbeitszeitkonto 2216
Architekt 316
Armee siehe Streitkräfte
Arznei 490
Arzt 119; 2364
Arztbesuch 2073
Arzthaftung 67; 88; 104; 114; 123; 240; 250; 265; 278; 283; 288; 292; 305; 329; 343; 359; 395; 776; 871; 892; 950; 1121; 1255; 1474; 2802; 2815; 2849
Arztwahl 1703; 1707
Asylbewerber 1559
Attest 137; 148; 1768; 2110
Aufbauphase 2403
Aufenthaltsort 41; 563
Auffahren 134; 144; 162; 316; 318
Auffahrunfall 122
Aufgabe des Arbeitsplatzes 2159
Aufgabenverteilung 2531
Aufklärung 288; 305; 330; 406
Aufklärungsfehler 90; 123; 328; 892; 950
Aufopferung 36
Aufrechnung 942; 1212; 1225
Aufsichtspflicht 23
Aufstellung 2597; 2599; 2633
Aufstieg 2079
Aufteilung bei anrechnungsfähigen Einkünften, Berechnung 1641; 1643; 1647
Aufteilung der Hausarbeit 2573; 2635; 3356 f.; 3363; 3367; 3369; 3371
Aufteilung fixer Kosten auf Ehegatten
– Berechnung 3108; 3213; 3268 f.
Aufteilung fixer Kosten auf Hinterbliebene
– Berechnung 3237
Aufwand 456; 1844; 2248; 2251 siehe auch Aufwendungen
– fiktiver 1847
– konkreter 1211; 2537; 2560
– realer 477; 570; 1903; 2392; 2404; 2434 siehe auch Bruttomethode
Aufwandsentschädigung 2225; 3048

Stichwortverzeichnis

Aufwendungen 1756; 1768
- ersparte siehe Ersparnis
- frustrierte, nutzlose, zweckverfehlte 608; 610; 613

Aufwendungsersatz 1155; 1584; 1667; 1792; 2760; 2818
Aufzeichnungen 2596
Aufzinsung 1425; 1466f.; 1469f.; 1476; 1478
Auge 250
Ausbau 1980
Ausbildungsabschluss 2134
Ausbildungsdauer 2129
Ausbildungserschwernis 2002
Ausbildungsersparnis 2127
Ausbildungsförderung 1560
Ausbildungskosten 1875; 2126; 2129
Ausbildungsschaden 2023; 2125; 2129; 2137
Ausbildungsvergütung 3227; 3291
Ausbildungsverlängerung 1876
Ausbildungsverzögerung 2125; 2129; 2137
Auseinandersetzungsguthaben 2412
Ausfall 2374
Ausfall Hausarbeit in Doppelverdienerehe
- Berechnung von 3309; 3364

Ausfallzeit 2373; 2380
Ausgaben
- reale 456

Ausgleichsfunktion beim Schmerzensgeld 2826
Ausgleichsgedanke 7; 124; 468; 658; 1350
Ausgleichung 773
Auskunft 2231
Ausland 947; 956; 1533; 1747; 2742; 2945
Ausländer 573; 844; 848; 948; 1598; 1724; 1747; 1749; 2079; 2087; 2089; 2856; 2942; 3035; 3251
Auslegung siehe Vertragsauslegung
Auslösung 2225
Ausschlussfrist 843; 845; 849; 1680
Außenvorrecht 3450
Ausstattung 1970; 1980 siehe auch Anschaffungskosten
Ausweichen 31; 316
Auszubildender 2125
Auto siehe Kraftfahrzeug
Autorennen 613

Babysitter-Kosten 1798
BAföG 2125; 3225
Bagatelle 87; 163; 167f.; 577; 1698; 1741; 1929; 2519; 2780; 2815; 2822

Barbedarf 2954; 2976; 3334
- Berechnung bei Waisen mit eigenen Einkünften 3233

Barersparnis siehe Ersparnis
Barunterhaltsanteile 3041
Barunterhaltsbeiträge 3041
Barunterhaltsschaden 2930
- Definition 3019

Barvorteil 3210f.; 3265; 3275; 3397
Barwert 1357; 1360; 1365; 1372; 1397; 1409; 1422; 1476; 1478; 3299; 3301 siehe auch Kapitalisierung
Barwertfaktor 1372; 1387; 1393; 1409; 3298; 3301
Bastelarbeiten 503
BAT 1941; 2640f.; 2643; 2651; 3379f.; Anh. 1
Baugenehmigung 2432
Baumaßnahme 2420
Bauunternehmer 2372
Beamte 1288; 1749; 1998; 2070; 2313; 2331ff.; 2338; 2344; 2788; 3458
Beamtenverhältnis 1535; 1613; 1826f.; 2168; 3002 siehe auch Dienstherr
Beaufsichtigung 1936
Bedarf 478; 482; 660; 1829; 1844; 1870; 2632; 3024; 3337
- einmaliger 1829; 1840
- personenbezogener 1894

Bedarfsbereiche 1832
Bedarfsschaden 479
Bedingung
- auflösende 1574

Bedürfnisse, vermehrte siehe Mehrbedarf
Bedürftigkeit 2975
Beeinträchtigung 1050; 2504
- geringfügige 87
- konkrete siehe Konkrete Beeinträchtigung
- kurzzeitige 2370
- spezifische 2360

Beerdigungskosten 52; 360; 392; 3461ff.; 3474
Befestigung 260
Beförderung 2079
Befreiungsanspruch 773
Befriedigungsvorrecht 214; 840; 1656
Befristung 2201
Befristung des Rentenanspruchs 1283f.
Befunde
- medizinische 268

Begehrensneurose 183
Begehrensvorstellung 2118

Begleitkosten 1768; 1771
Begleitperson 1853; 1865; 1896; 1924; 1932
Behandlung 1700; 1758
- ambulante 1777; 2073
- kassenärztliche 1709
- privatärztliche 1708; 1710; 1712
- stationäre 1696; 1715; 1736; 1747; 1751; 1761; 1768; 1773; 1776; 1785; 1788; 1790; 1793 f.; 1814; 1906; 1937; 2581; 2632; 2773
Behandlung durch Angehörige 1737
Behandlungsbedürftigkeit 160; 1688; 1702
Behandlungserschwernis 354; 1851
Behandlungsfehler 119; 265; 343; 395; 892; 1074; 1153
Behandlungsgeschehen 329
Behandlungskosten 1732
- fiktive 1733
Behandlungsmethode 1705; 1722
Behandlungspflege 1786; 1937
Behandlungsqualität 1718
Behandlungsstandard 305
Behandlungsvertrag 123; 360
Behindertenwerkstatt 1875
Behinderung 1779; 1960; 2715; 3036; 3306 f.
Behinderungsgrad 2514; 2601
Behörde 12; 27; 397; 540; 542; 600; 645; 886; 901
Beifahrer 247
Beihilfe 377; 1810 ff.; 1826; 1855; 3048; 3477 siehe auch Familienkrankenhilfe
Beistand 2993
Beitragslücke 2312
Beitragsregress 1531; 2312
Beitragsrückerstattung 1768
Beitragsschaden 2311
Belastung des Leistungsträgers 1640; 1647
Belastungsgrenze 762; 766; 769; 1496
Belastungsschwelle 141
Bemessungselemente 1898
Bemessungsfaktoren 1784
Benachteiligung 2794
Benutzerbeitrag 1590
Beratung 330
Beratungsfehler 232; 318; 328; 2815
Berechnung Alleinverdienerehe Unterhaltsschaden 3256; 3258
Berechnung bei Ersparnissen 1760; 1816 f.; 2150; 2153
Berechnung bei Nebentätern 757

Berechnung Unterhaltsschaden 3408
Berechnung von Fixkostenanteilen 3190
Berechnungselemente 1114; 1123; 1177; 1332; 1335; 1692; 1828; 1831 f.
Berechnungsfaktoren 1123
Berechnungsgrundlage 980
Berechtigte 9; 52; 63; 365 f.; 843; 911 f.; 975; 1301; 1351; 1616; 2444; 3391
Bereicherung 493; 673; 676; 678; 734; 875; 1506; 1581; 1616; 2440; 2797; 2804
Bereicherungsverbot 7; 52; 271; 679; 1613; 1737; 1750; 3444
Bereitschaftszeiten 1927; 1936; 1944; 1946
Berufsaufgabe 1910
Berufsausübung 2841
Berufsbedingte Aufwendungen 2150; 2153; 2237; 2240; 2244; 2248; 2251; 3059; 3140; 3226; 3229
Berufsbedingter Aufwand 2296; 2298; 2307; 2400; 3110
Berufsunfähigkeit 2009
Berufswechsel 691; 702; 2163 f.
Berufung 818; 986; 1069; 1088; 1091; 1115; 1198; 1248
Beschäftigungsrisiko 2079
Bescheinigung 2131
Bescheinigung des Arbeitgebers 2231
Beschwer 1247; 2898
Beschwerden 1032; 2823
- körperliche 160
Besitz 15; 36; 52
Besitzrecht 2809
Besoldungsschaden 2075
Bestandskraft 2169
Bestimmtheit 1007; 1150
Bestimmungsrecht 2959
Besuche
- Häufigkeit 1797
Besuchskosten 374; 466; 699; 1692; 1793 f.; 1801 f.; 1813; 1828; 1916; 2066
Betäubung 81
Beteiligungsrente 3072
Betragsverfahren 970; 1130; 1230; 1251 siehe auch Grundurteil
Betreuung 360; 746; 1502; 1771; 1785 ff.; 1798; 1935 ff.; 1940 f.; 2704; 2760; 3094
Betreuung von Kindern 3343
Betreuungsbedarf 3252
Betreuungskosten 3036
Betreuungsunterhalt 2957 f.; 2999; 3094; 3305; 3391; 3417

Betreuungsunterhaltsschaden 2930; 3277; 3292; 3303; 3367; 3408
- anteiliger, Berechnung von 3389
- Berechnung von 3371

Betreuungszeiten 1927
Betrieb 628; 665; 719
Betriebsaufgabe 719; 2352; 2365; 2369; 2405
Betriebsergebnis 2353; 2403
Betriebsgefahr 31; 247; 316; 321; 418 f.; 425; 728; 731
Betriebsinhaber siehe Arbeitgeber
Betriebskosten 1878; 1881; 2128
Betriebsmehraufwand 1886
Betriebsrente 3002; 3208
Betriebsstätte 200 f.
Betriebsvergleich 2385
Betriebsvermögen 694
Betriebsweg 199
Betriebswirtschaftlicher Erfolg 2351
Betrug 881
Beurteilungsrisiko 2094
Bewahrungsgehilfe 427; 437
Bewegungsfreiheit 65
Beweiserleichterung 117; 265; 281; 416; 545; 1027; 1052; 2015
Beweislast 27; 55; 187; 213; 226; 238; 243; 248; 260; 274; 278 f.; 285; 323; 416; 545; 552; 667; 722; 839; 849; 1025; 1215; 1495; 1586; 1676; 1799; 1965; 2014; 2145 f.; 2188; 2429 siehe auch Darlegungslast
Beweislastumkehr 284; 642; 2190
Beweismaß 102; 549; 559; 1030; 1052; 2076
Beweismittel 578; 657; 855; 1077
Beweisnot 117; 324; 331; 1058
Beweisverfahren 559; 577; 1075
- selbstständiges 111; 1789

Beweiswert 2111
Bewertungsfaktoren 1066
Bewohner 284
Bewusstsein 180; 222; 2839
Beziehungsarbeit 2790
Bilanz 2384
Billigkeit 2940
Billigkeitshaftung 26
Billigkeitsrechtsprechung 3200; 3202; 3204; 3211; 3427; 3435; 3440; 3450; 3454; 3457
Bindungswirkung 792; 958; 1203; 1217; 1580; 2169

Blindenhilfe, -geld 1459; 1995
Blockmodell 2216; 2220
Blut 250
- Blutprodukte 260

Bluter 354
Bonus 3139
Branchenvergleich 2383; 2386
Brand 260; 699
Bremsen 363
Bruttoabrechnung 2560 siehe auch Bruttomethode
Bruttolohn, -einkommen 718; 1915; 2063; 2257; 2260; 2296; 2298; 2307; 2319; 2352; 2400; 3061; 3063; 3324
Bruttomethode 1903; 2256; 2265; 2366; 2392; 2399; 2537
Bruttovergütung 3376
Bruttowert 2658
Bundesagentur für Arbeit 1550; 2036; 2122; 2157; 2326

Chefarztbehandlung 1736

Darlegung 1289; 1333; 2980
- konkrete siehe Konkrete Darlegung
- sekundäre 2189

Darlegungserleichterung 2015
Darlegungslast 175; 226; 485; 545; 560; 640; 667; 1030; 1857; 2155; 2357; 2516; 2522; 2833; 3080; 3363 siehe auch Beweislast
- sekundäre 229; 562; 641; 667; 2145 f.

Darlehensmehrbedarf 1976; 2437
Daseinsvorsorge 621
Dauer von Rentenansprüchen siehe Rentendauer
Dauerleiden 1829; 1852; 1864
Dauerschaden 349; 1687; 1728; 1829 f.; 1852; 1998; 2178; 2407; 2822; 2832; 2876; 2884; 2904
Dauerschuld 1668
Deckungsbeitrag 2374
Deckungsgrenze 3119 f.
Deckungsklage 782; 792
Deckungslücke 1611; 1615; 1618 f.; 1625; 1632; 2139; 2329; 2332 ff.; 2336; 2338 ff.; 2344; 2699; 3444; 3446; 3453; 3458
Deckungsprozess 1246
Deckungsschaden 1618 f.; 1632; 2139; 2699
Deckungsschutz 780; 1675

Deckungssumme 209; 806; 809; 833; 942; 1249; 1279 f.; 1567; 1625; 1658; 1681
Defizit 455; 681; 1843; 1895; 1960; 1972; 2014; 2134
Deliktsfähigkeit 227; 414
Deliktshaftung 414
Deliktsstatut 13; 38; 365; 1749; 2090; 2742; 2946
Depression 3480
Detektivkosten 577; 1233
Diagnose 137; 148; 268; 572; 1701
Dienste, Dienstleistung, -spflicht 391; 1304; 2741; 3359 ff.
Dienstfähigkeit 2007
Dienstherr 377; 1535; 1613 f.; 1757; 1826; 2061; 2067; 2074; 2168; 2318; 2327; 2331 ff.; 2336; 2338; 2344; 3241; 3458
Dienstleistungsschaden 2740
Dienstunfähigkeit 162; 300; 2071; 2073 f.
Dienstunfall 2067; 2816
Dienstwohnung 2152; 3179
Differenzbetrachtung 2043
Differenzbildung 1837
Differenzhypothese 85; 454; 497; 504; 517; 521; 528; 659; 1843; 2026; 2042
Differenzmethode 1615; 1937; 1962; 1972; 2566; 3197; 3202
Differenzschaden 1611; 2026; 2042 f.; 2137 ff.; 2212; 2301; 2352; 2563
Differenztheorie 1613; 1652; 2139; 3458
– Berechnung von 1618 f.; 2331 ff.; 2338; 2344
DIN 260; 304
Direktanspruch 11; 410; 785; 795; 800 f.; 808; 859; 868; 1602 f.; 1900
Direktklage 40; 951
Diskontierung 1415; 1430; 1432; 3299; 3301
Disposition 1734; 1807; 1845; 1891; 1918; 1926; 1957; 2506; 2844; 2852
Dispositionsfreiheit 125; 128; 481; 612; 715; 1349; 1742; 2784
Dispositionsmaxime 1020
Dokumentation 330
Dolmetscher 577
Doppelentschädigung 372; 673; 1523; 1576; 1588; 1774; 1830; 1852; 2750; 2843
Doppelhaushalt 2558
Doppelkausalität 241
Doppelverdiener 2298; 2307; 2639; 2701 f.; 3314; 3363; 3369

Doppelverdienerehe 2257; 2573; 3081; 3108; 3147; 3262 f.; 3271; 3274 f.; 3291; 3351 f.; 3364; 3371; 3437 f.; 3440
Doppelverdienerehe, Unterhaltsschaden
– Berechnung von 3265; 3278; 3281
Drei-Personen-Haushalt 2614
Drittansprüche 675
Dritte
– Arbeit im Haushalt 604
– Fehlverhalten 24; 342
Drittleistungen 668; 673; 700; 1619; 2040; 2139; 2294; 2296; 2298; 2307; 2326; 2400; 2554; 2556; 2699; 2973; 3002; 3395
Drittschaden 399; 1807; 1905; 2068
Drittschadensliquidation 378
Drittvorteil 699; 1488; 1869
Drogen 260; 339
Drogenabhängigkeit 75
Durchschnitt 551; 558; 1291; 1311; 1404; 1696; 2079; 2091; 2371; 2386; 3053; 3106; 3133; 3336
Durchschnittseinkommen 2234; 2416
Durchschnittsgewinn 2373; 2382 f.
Durchsetzbarkeit von Ansprüchen 801; 1656; 1658
Düsseldorfer Tabelle 3028; 3118
Dynamisierung 1395; 1410

Eheähnliche Gemeinschaft siehe Gemeinschaft, eheähnliche
Ehegatten 606; 751; 800
– geschiedene 408; 1597; 2721; 2732; 2960; 3249; 3320 siehe auch Scheidung
Ehepartner 406; 1912; 2715; 2950
– Pflege 3306
Eheschließung 2501
Ehre 93; 472
Ehrenamt 1998; 2759; 2845 siehe auch Arbeit, gemeinnützige
Ehrverletzung 2799
Eigenanteil 442; 762; 764; 1758; 1763 ff.; 1817; 1821 ff.; 1826; 1989; 3146; 3428; 3438
Eigenanteil bei Behandlungskosten 1756; 1760 f.
Eigenanteil bei Schadensersatz 429
Eigenanteil bei Unterhalt 3042; 3125; 3329; 3337
Eigenarbeiten 613
Eigenarbeiten, -leistungen 2418; 2420; 2425

Eigenbehandlung 1737
Eigenheim siehe Hausbau
Eigenheimzulage 3050
Eigeninteresse 2459
Eigenleistung 688; 706; 1976; 3099
Eigenquote 429
Eigenreparatur 2420; 2422; 2424
Eigensinn 1958
Eigentum 36; 52; 381; 398; 476; 536; 683; 3071
Eigentumsbildung 1862; 1975 f.; 3072
Eigenverbrauch 3124; 3146
Eigenverletzung 2041
Eigenversorgung 1832; 1835; 1898; 2326; 2446; 2466; 2540; 2590; 2627; 2701 f.; 3309
Eigenversorgung im Haushalt 2689; 2691; 2694; 3329; 3337
Eignung 2180
Eignungstest 2107
Ein-Personen-Haushalt 1790; 1819; 1898; 1960; 1990; 2465; 2628; 2684
Einfahren 316
Eingruppierung 2647 f.; 2650 ff.; 3380; 3383 siehe auch Vergütungsgruppe
Einheit des Schmerzensgeldanspruchs 2901
Einkaufen 1854; 1880; 2486; 2754
Einkommen 360; 1912; 2202
– der Waisen, Anrechnung 3194; 3226; 3231; 3237; 3291; 3404 f.; 3431
– der Witwe/des Witwers, Anrechnung 3194; 3197 f.; 3248; 3275; 3278; 3281; 3394; 3425
– fiktives 3248
Einkommensdifferenz 729; 2042; 2141; 2300
Einkommensentwicklung 1449
Einkommensteuer 718; 1161; 1335; 1856; 2154; 2273; 2279; 2296; 2298; 2307; 2399 f.; 2657; 2995; 3027
Einkommensveränderung 1334; 1394
Einkommensverbesserung 711; 1414; 3066
Einkommenszuwachs 564; 1187
Einkünfte 1636; 3231; 3237; 3291
– Anrechnung 3292
– anrechnungsfähige 1640 f.; 1643; 1647
– erzielbare 2043
– verbliebene 2043
Einkunftsarten 2257; 3068; 3139; 3150; 3211; 3213; 3226
Einliegerwohnung 2588

Einmalbetrag 1271; 1384; 1466; 1469; 1478; 1844; 1886; 1967; 1980; 3301
– zeitanteiliger 2321
Einmaleinkünfte 2210; 2228
Einmalzahlungen 2296; 2298; 2307; 2551; 2678; 3048 f.
Einnahme-Überschuss-Rechnung 2384
Einrichtung 3089; 3113
Einsatzbereitschaft 1927; 1936 f.; 1944; 1946
Einsatzfähigkeit 2034
Einschätzungsrisiko 2094
Einsichtnahme 542; 1065
Einsteigen 316
Einstweilige Verfügung 1139
Einvernehmen 3019; 3363
Einvernehmen der Ehegatten 2952; 3078; 3305; 3345
Einwilligung 123; 289
Einzel- und Gesamtschuld 757
Einzelabwägung 762; 1496
Einzelaufträge 2370
Einzelschuld 764; 766; 768 f.
Einzelwirkung 772
Einziehungsermächtigung 1557
Eltern 166; 360; 389; 391; 395; 409; 433; 617; 629; 649; 699; 746; 751; 802; 904; 911; 1144; 1163; 1174; 1304; 1325; 1588; 1600; 1719; 1773; 1788; 1795; 1797; 1805 f.; 1905; 1912; 1917; 1924; 1928; 1976; 1990; 2580 f.; 2749; 2948; 2951; 3284; 3291; 3314; 3481
Elternunterhalt 2975
Embryo 360
– Schädigung des 55
Empfehlung 2178
Empfehlung für die weiterführende Schule 2105
Empfindungsfähigkeit 2836
Endwert 1476; 1478
Entfaltungsmöglichkeit 2844
Entgangene Dienste siehe Dienste
Entgangener Gewinn siehe Gewinn, entgangener
Entgelt 2043; 2232; 2301; 2568 siehe auch Arbeitsentgelt
Entgeltbestandteile 2319; 3047
Entgeltfortzahlung 2012; 2020; 2034; 2317
Entgeltorientierung 2028
Entgeltwert 2680
Entnahmen 2374; 3055
Entschädigung 2644

Entschädigungsfonds 1546
Entscheidung 318
Entstehung des Schadens 876
Entwendung 540
Entwertungsschaden 385
Entwicklung 2079
Erben 13; 59; 61; 370; 385; 392; 1687; 1830; 1979; 2839; 2861; 2968
Erbfall, Erbschaft 370; 410; 668; 685; 695; 1976; 1979; 3206; 3227; 3405
 siehe auch Gesamtrechtsnachfolge
Erbstatut 3464
Ereigniskette 177; 246
Erfahrung 2091
– medizinische 2526
Erfahrungssatz 3073
Erfahrungswerte 2579; 3339; 3467
– zu Verletzungsendzuständen 2526
– zum Zeitaufwand und Zeitbedarf 2593; 3341
Erfahrungswissen 304; 311; 516; 548; 558; 1038; 1044; 1053; 1093; 1889; 1941; 3130
Erfolg 2443
– fremdwirtschaftlicher 2736
Erfolgsaussicht 879
Erfolgsbeteiligung 2214; 2233; 3048
Erfolgsbezug 280
Erfolgschance 2176
Erfolgsort 945 f.; 949 f.
Erforderlichkeit 128; 478; 484 f.; 565; 577; 623; 655; 1701; 1703; 1786; 1847 f.; 1865; 1891; 1920; 1926; 2180; 2540; 3079; 3305; 3325
Erfüllung 734; 1679; 1698; 1719
Erfüllung der Unterhaltsansprüche 2984
Erfüllungsgehilfe 436; 648
Erhaltungsmaßnahmen 3093
Erholung 1905
Erkennbarkeit 1743; 2902
Erkundigung 1747
Erlass 216; 1483 f.; 1503
Erlebenswahrscheinlichkeit 1400; 1407; 1432
Erledigungsklausel 1447
Erlös 709; 2352
Ermessensausübung 2900
Ermittlungen 577 f.
Ernährung 2705
Ersatzanspruch
– Dauer 1283; 1285; 1966
– Form 1269; 1839; 2884

Ersatzbeschaffung 665
Ersatzkraft 654; 1808; 2030; 2035; 2369; 2389; 2404; 2650; 2672; 2724 f.; 2745; 2750; 3324 f.
Ersatzkraftkosten 2391
Ersparnis 665; 678; 713; 729; 1692; 1743; 1751; 1755; 1763 ff.; 1780; 1816 f.; 1819; 1821 ff.; 1828; 1862; 1882; 1906; 1973; 2098; 2128; 2144; 2146; 2244; 2248; 2251; 2296; 2298; 2307; 2374; 2400; 3369; 3472 siehe auch Steuerersparnis
– Höhe 1752
Ersparnis bei Dienstleistungen 2746
Ersparnis bei Erwerbsschaden 691; 715; 2127 f.; 2144; 2146; 2237
Ersparnis bei Unterhaltsschaden 3265; 3278; 3281; 3334; 3394 ff.; 3425 f.
Ersteingriff, -schädiger, -unfall 245; 334; 341 ff.; 743
Ersttäter 745
Ertragswert 2435
Ertragszins 1382; 1385
Erwerbsausfall 1998; 2098
Erwerbsausfallschaden siehe Erwerbsschaden
Erwerbsaussicht 537
Erwerbschance 2076; 2079; 2098; 2104
Erwerbseinkünfte 2167; 3139; 3202; 3204; 3211; 3213; 3237; 3275; 3428
– Berechnung von 2119; 2127; 2257; 2370; 2373; 3064
Erwerbsfähigkeit 1123; 2024; 3012
 siehe auch Arbeitsfähigkeit, Leistungsfähigkeit
Erwerbsminderungsrente 2326
Erwerbsmöglichkeiten 2162
Erwerbsobliegenheit 3249
Erwerbsquelle 530; 2696
Erwerbsschaden 52; 162; 185; 272; 339; 369; 506; 529; 691; 694; 699; 724; 729; 747; 800; 975; 991; 1132; 1139; 1315; 1335; 1398; 1814; 1821; 1823; 1996; 2023; 2053; 2063; 2114; 2137; 2139; 2690; 2695; 2701 f.; 2736; 2743; 2758
– Berechnung von 2043; 2197; 2212; 2220; 2265; 2296; 2298; 2307; 2400
Erwerbsschadensrente 1270; 1285; 1292; 1321; 1403
Erwerbstätigenbonus 3141 siehe auch Bonus
Erwerbstätigkeit 1996; 3249; 3264
Erwerbstätigkeit und Haushaltsführung 2173; 2572; 2622; 2633; 2635

Erwerbsunfähigkeit 1999
Erziehung
- Qualität 2980

Erziehungsgeld 3050
EU 797; 948; 951; 1533; 2112; 2158
Existenzbedrohung 1140; 1144
Existenzgefährdung 1282
Existenzgrundlage 1349
Exzess 345

Fahrbahn 316
Fahrer 260; 306; 316; 358; 785; 802; 813; 1228; 1546
Fahrerlaubnis 318
Fahrlässigkeit 293; 297; 793
- grobe 301

Fahrlehrer 2727
Fahrrad 262
Fahrtkosten 50; 466; 572; 715; 1692; 1698; 1759; 1768; 1783; 1800; 1802; 1828; 1840; 1880; 2239 f.; 2244; 2246; 2248; 2251; 3471 siehe auch Reisekosten
Fahrtüchtigkeit 260
Fahrzeug siehe Kraftfahrzeug
Faktische Lebensgemeinschaft siehe Gemeinschaft, eheähnliche
Fälligkeit 480; 773; 834; 1272 f.; 1415; 1698; 2218; 2279; 2407
Fallpauschale 1696; 1814
Familiäre Entwicklung 2274; 2500; 2613; 2674
Familiäre Hilfe 1737; 1814; 1915; 1927 f.; 1936 f.; 1940; 1942; 1945; 1948; 1954 f.; 1959; 1962; 2436; 2709; 2750; 3290; 3411
Familie 2841; 2847; 2857
Familienangehörige siehe Angehörige
Familienarbeit 1998; 2705; 2790; 2930; 2942 siehe auch Haushaltsführung
Familienbetrieb 377; 2716; 2718; 2720; 2723; 2730; 3057; 3352
Familieneinkünfte 3041; 3437
Familienkrankenhilfe 2999; 3241 siehe auch Beihilfe
Familienpflege 1737; 1917; 1955; 1962; 1987; 2710 ff.
Familienplanungsschaden 2938
Familienprivileg 748; 803; 1592 f.
Familienschaden 3366 f.; 3369; 3379
Familiensteuerschuld 2298; 2307

Familienunterbringung 3330; 3332; 3411
Familienunterhalt 2580; 2942; 3019; 3039; 3072; 3141; 3164; 3202; 3204; 3211; 3237; 3397; 3438
Familienverhältnisse 2943; 2975
Familienversicherung 1524; 1588
Familienwohnung 2588
Faustschlag 82
Fehlentscheidung 2362
Fernsehgerät 1773
Fernwirkungsschaden 172
Feste Kosten siehe fixe Kosten
Festkosten siehe fixe Kosten
Feststellung 133; 214; 418; 443; 647; 780; 873; 898; 923; 989; 1097; 1100; 1121; 1123; 1150; 1168; 1244; 1249; 1298; 1319; 1593; 1616; 1732; 1997; 2081; 2279; 2885; 2911; 2971; 2975; 2977; 3012; 3014 siehe auch negative Feststellungsklage
Feststellungsinteresse 1167 f.; 2886
Feststellungswirkungen 209; 1203
Feuer 260; 699
Finanzierung 489; 645; 1590; 1976; 2437 siehe auch Kreditkosten
Finanzierungspflicht 1861; 2018
Fixe Kosten 2353; 2374; 2376; 2807; 3026; 3041; 3083; 3085 f.; 3113; 3177 f.; 3202; 3204; 3268; 3278; 3281; 3288; 3290 f.; 3439
- einzelne Berechnungsansätze 3089; 3096; 3105

Fixkostenanteile 3181; 3186 f.
Flexible Arbeitszeit 2216 f.
Fluggast 2814
Folge 309
Folgekosten 1768
Folgesachen 1202
Folgeschaden 51; 99; 121; 157; 169; 236; 245 f.; 265; 267; 299; 342 f.; 390; 494; 522; 559; 573 f.; 595; 653; 893; 899; 1050; 1074; 1178; 1447; 1793 f.; 2015; 2058; 2150; 2152 f.; 2437; 2819; 2995; 2998
- Rechtsgut 113

Fördermaßnahmen 487
Forderungsaufteilung bei Minderbelastung des Sozialleistungsträgers 3447; 3450
Forderungsaufteilung zwischen Sozialleistungsträger und Dienstherr 3459

Forderungsinhaber siehe Berechtigte
Forderungsübergang 365; 387; 652; 671; 690; 704; 846; 857; 873; 913; 931; 941; 958; 1153; 1156; 1162; 1323; 1351; 1503 f.; 1521; 1531; 1533; 1632; 1692; 1763; 1765; 1786; 1810; 1819; 1821; 1823; 1828; 1906; 1915; 1952; 1962; 1982; 2020; 2040; 2063; 2065; 2090; 2120; 2139; 2292; 2296; 2298; 2307; 2317; 2326 f.; 2329; 2401; 2689; 2699; 2781; 3441; 3476 siehe auch Kongruenz
Formularvertrag 932
Fortbewegung 65
Fortkommen 2076; 2310
Fortkommensnachteile 529
Fortkommensschaden 2023 siehe auch Ausbildungsschaden
Fortzahlung 2122
Fraktur 123
Freiberufler 2143; 2346; 2400
Freibetrag 3229; 3291
Freistellung 577; 1506; 1732; 2206
Freistellungsphase 2217; 2220
Freiwillige Versicherungsbeiträge 2315
Freizeit 501 f.; 593; 603 f.; 606; 610; 613; 620 f.; 1776 f.; 1853; 2772; 2841; 3024; 3071
Freizeitprodukte 503
Freizeitsport 206
Fremdkapital 2353
Fremdversorgung 1814; 2446; 2540; 2590; 2701 f.
Freundschaftsdienst 2482 f.
Frontalkollision 146
Frustrierte Aufwendungen 608; 610; 613
Fünf-Personen-Haushalt 2614; 3402
Funktionsbeeinträchtigung 1960; 2527; 2531
Funktionsstörung 1779; 1889
Fürsorge 2857
Fußgänger 17; 247; 260; 306; 316; 318; 361; 745
Fußverletzung 2908

Garten 1967; 2420; 2523; 2571; 2639; 3363
Gartenarbeit 2487; 2754
GdB 2004
Gebrauchsgegenstand 1832
Gebrauchsverlust 508
Geburt 360
Geburtsfehler 905

Geburtshilfe 119
Geburtsleitung 105; 123 siehe auch Geburtshilfe
Geburtsschaden 396; 1940
Gefahr 318; 449; 1051
Gefährdung 89; 107
Gefährdungshaftung 29 f.; 248; 350; 358; 414; 425; 843; 1678; 1996; 2741; 2810; 2929; 3461
Gefahrenbereich 260; 282; 323; 332
Gefahrenquelle 279
Gefahrenstelle 260
Gefälligkeit 202; 2463; 2482 f.; 2729; 2770
Gefühlsschaden 2789
Gegenbeweis 254; 552; 1040; 2002
Gegenleistung 2441; 2758
Gegenstandswert 579
Gegenwartswert siehe Barwert, Jetztwert
Gegenwert 2028; 2301; 2306
Gehbehinderung 123; 1932; 2522
Gehirnblutung 120; 272
Geistesschwäche 272
Geldanteil 2220
Geldaufwand 608
Geldentwertung siehe Kaufkraftschwund
Geldersatz 469; 484; 1020; 1272
Geldertrag während Zeitphase 2206
Geldfaktor 2450; 2564 f.; 2568; 2640; 2685 f.; 3414
Geldkomponente 2450
Geldverlust 540
Geldwert 52; 681; 1960; 2206; 2550; 2778; 2874; 2893; 3328; 3373
Geldwertveränderung 2873
Geldzuschlag 1947
Geldzuwachs 668
Gemeinkosten 2325; 2374; 2807
Gemeinnützige Arbeiten siehe Arbeit, gemeinnützige
Gemeinschaft 2762
– eheähnliche 1596; 2458; 2989; 3037 siehe auch Lebensgemeinschaft, Lebenspartner
Genehmigungserfordernis 1502
Generalunkosten 665
Genugtuung 2848
Genussentbehrung 614; 618
Geringfügige Arbeiten siehe Arbeit, geringfügige
Geringfügigkeit 87; 1929; 2482; 2519 f.; 2748; 2773
Geruchssinn 142

Gesamt-MdH 2688
Gesamtabwägung 758; 762 f.; 769; 1493; 1496
Gesamtaufwand 2248
Gesamtbeeinträchtigung 2528
Gesamtbehinderung 2521 f.
Gesamtgläubiger 217; 400; 1484; 1561; 2327; 3458
Gesamthandsschaden 369
Gesamtkausalität 242
Gesamtrechtsnachfolge 13; 59; 370; 383; 1976 siehe auch Erbfall
Gesamtschau 758
Gesamtschuld 242 f.; 410; 414; 675; 740; 746; 763; 766 ff.; 874; 1153; 1605 f.; 1624 f.; 1664
– gestörte 748; 1605 f.
Gesamtschuldner 777; 1156; 1485; 1487; 1495
Gesamtwirkung 771; 929; 1484 f.; 1664 f.; 1679
– beschränkte 1487; 1496
Geschäftsführer 2113; 2409; 3196
Geschäftsführung ohne Auftrag 34; 368; 3466
Geschäftsgebühr 580; 1234 f.; 1241
Geschäftsgrundlage 1326; 1340; 1455; 1512; 2923
Geschenke 1772
Geschmackssinn 142
Geschwindigkeit 250; 306; 316; 318; 351
Geschwindigkeitsänderung 142
Geschwister 1795
Gesellschafter 718; 2408; 2412; 2748
Gesellschaftsvertrag 2716
Geständnis 968
Gesundheitsbeeinträchtigung 53; 67 f.; 645; 3480
Gesundheitsschaden 53; 86; 480; 729; 1050; 1509; 1685; 1691; 1821; 1823
Gesundheitsverletzung 70
Getrenntleben 408 f.; 1598; 2721; 2732; 2960; 3320; 3322
Gewerbebetrieb 15; 377; 385; 2039
Gewerbesteuer 2399
Gewichtung 2565 f.
Gewinn 3056 f.; 3064
– entgangener 52; 369; 538; 549; 566 f.; 601; 611; 665; 718; 1807; 2016; 2233; 2352; 2373; 2435 f.; 2476; 2491; 2797
– entgangener, Berechnung von 2374; 2378; 2380; 2400

Gewinn- und Verlustrechnung 2384
Gewinnanteile 2296; 2298; 2307; 2378; 2412
Gewinnausfall 2028; 2041; 2043; 2737
Gewinnausschüttung 2411
Gewinnaussicht 2348
Gewinnbeteiligung 2408
Gewinnprognose 2386
Gewinnverschiebung 2056; 2402
Gewinnzuschlag 2376
Gewissheit 102; 558
Glätte 260; 316
Gliedertaxe 2524
Gliedmaßen 2521 f.
Goodwill 2355
Grabpflegekosten 3111
Gratifikation 2321; 2661; 3048; 3064
Grenzbelastung 2635; 3420
Grenzbetrag 1674
Großbetrieb 2159
Großeltern 688; 2585; 3008; 3290; 3412
Größenordnung 561; 1059; 1221; 1315; 1337; 2463; 2641; 2888
Großmutter 2709
Groteskfall 143; 1676
Grundbedarf 665; 1832; 1867; 1890
Grundpflege 1786; 1929; 1935; 1937; 1960; 1966
Grundschuld 738; 1869
Grundsicherung 1994; 2123; 3058
Grundstück 316
Grundstückswert 2435
Grundurteil 131; 419; 925; 1094; 1127; 1129; 1251; 2866
Gutachten siehe auch Sachverständiger
– analytisches 2525
Gütergemeinschaft 369
Gymnastik 572; 1840

Haftpflichtversicherer 11; 778; 799; 808; 1145; 1185; 1248; 1426; 1490; 1624
Haftpflichtversicherung 410; 801; 942; 1146; 1228; 1602; 2859
Haftungsausschluss, -beschränkung 188; 192; 208; 217; 929; 1661; 2820; 3422; 3483 siehe auch Höchstbetrag
Haftungsbeschränkung
– im Urteilstenor 209; 214 f.; 809
Haftungseinheit 447 f.; 760; 774
Haftungsgrenzen 188
Haftungsgrund 6; 8; 14; 865; 891; 960; 1025; 1663; 1670

Haftungshöchstgrenze 219
Haftungsmasse
– begrenzte 1656
Haftungsprivileg 201; 206; 308; 748; 803; 1601 ff.; 1661
Haftungsquote 442; 936; 941; 3202; 3204; 3211; 3213
Haftungsquotierung 3435; 3450
Haftungsreduktion 191
Halbteilungsgrundsatz 3138; 3147
Halbwaisen 3367; 3369 siehe auch Kind, minderjähriges
Halswirbelsäule 122; 171; 250 siehe auch HWS
Halter 575; 745; 785; 813; 1228; 1546
Handlung 222
Handlungsalternativen 232; 318
Handlungsort 945
Handwerker 2372; 2404
Handwerkliche Arbeiten 2422; 2425; 2477; 2591; 3363; Anh. 2
Handwerkliche Eigenleistungen 385; 499
Harmlosigkeitsgrenze 141; 250
Hauptbeschäftigung 2457
Hauptbeweis 1046
Hausarbeit 606; 1296; 1336; 2173; 2597; 2599; 2633; 2697; 2841; 2956; 3199; 3341 siehe auch Haushaltsführung
– Anteil an der 3355; 3357; 3369
– Aufteilung der siehe Aufteilung der Hausarbeit
Hausarbeit i.e.S. 2474; 2477; 2635; 3363; 3371
Hausarbeit i.w.S. 2635; 3356 f.; 3363; 3369; 3371
Hausarbeit, unterstützende Tätigkeiten 2442; 2481 f.; 2485
Hausarbeitsfähigkeit 1060; 1296 f.; 1480; 2173; 2504; 2513; 2516; 2535; 2554; 2565; 2653; 2685 f. siehe auch Arbeitsfähigkeit, Leistungsfähigkeit
Hausarbeitsschaden 606; 994; 1143; 1160; 1261; 1293; 1325; 1414; 1516; 1771; 1790; 1813 f.; 1819; 1821; 1823; 1835; 1898; 1960; 1987; 1990; 1998; 2441; 2504; 2662; 2678; 2684 ff.; 2688 siehe auch Haushaltsführungsschaden
– Berechnung von 2450
Hausbau 2420; 2425; 2591; 3090 siehe auch Eigenheim
Hausfrauenehe siehe Alleinverdienerehe

Hausgemeinschaft 928; 1592; 1598; 1610; 1940; 2498; 2581 siehe auch Haushaltsgemeinschaft (hier synonym verwendet)
Haushalt 2625; 2709; 2730; 3084
– Auflösung 2502; 3320
– fortgeführter 3084 f.; 3126; 3252; 3290; 3311; 3316; 3319; 3337; 3343; 3363; 3367; 3369; 3385; 3388
– gemeinsamer 2942
Haushaltsangehörigenprivileg 803; 1592
Haushaltsführende Person 1817
Haushaltsführung 52; 2173; 2442; 2944; 3305; 3322 siehe auch Hausarbeit
Haushaltsführungsehe 2573
Haushaltsführungsschaden 2441 f. siehe auch Hausarbeitsschaden
– Berechnung von 2450
– Berechnungsmodelle 2550
Haushaltsgemeinschaft 1598; 1899; 2458; 2586; 2692; 2958; 3320 siehe auch Hausgemeinschaft (hier synonym verwendet)
Haushaltshilfe 1909; 1944; 2495 f.; 2544; 3103
Haushaltskosten, feste siehe fixe Kosten
Haushaltskosten, fixe siehe fixe Kosten
Haushaltssituation 1336
Haushaltsspezifische Beeinträchtigung 2535
Haushaltstätigkeiten i.e.S. 2474 f.; 3305
Haushaltstätigkeiten i.w.S. 2477 ff.
Haushaltstypen 2530; 2609; 2624; 2649; 2680
Häusliche Ersparnis 1751 f.; 1755
Häusliche Gemeinschaft 2458; 2741; 2942; 2958; 2989; 3320
Haustiere 2571; 3101
Hauswirtschaftliche Aufgaben 1898; 2570 f.
Hauswirtschaftliche Versorgung 2694
Heilbehandlung 368; 1685; 2802
Heilbehandlungskosten siehe Heilungskosten
Heilpraktiker 1727; 1742
Heilungsbedarf 1687
Heilungschance 2178
Heilungskosten 481; 1687; 1701; 1703; 1810; 1821; 1823
– anteilige, Berechnung von 1730
– Berechnung von 1730
– versuchte Heilung 370
– Zusammenstellung 1692; 1828
Heimatort 2117
Heimatstaat (-land) 1726; 1749; 2087

Heimaufenthalt 122; 1937
Heimunterbringung 1598; 1906; 1909; 1957; 1965; 1993; 2581; 3036; 3334
Heiratsaussicht 2464
Heiratschance 2791
Helfer 348
Helm 444
Hemmung 843; 1681
Hemmung der Verjährung 409; 822; 825; 907; 1481
Hepatitis 250
Herausgabeanspruch 1582
Herstellungsaufwand 481; 604; 2434
Herstellungskosten 571; 1980
Hilfe 284; 960; 1785; 1935 f.; 2485; 2507; 2591
Hilfeleistungen 203; 1944; 1948; 2754; 2770
Hilfsantrag 1245
Hilfskraft 628; 654
Hinterbliebene 386; 730; 975; 1012; 1143; 1163; 1173; 1301; 3085; 3202; 3204; 3367; 3435; 3450; 3457; Anh. 2
Hinterbliebenenrente, -versorgung 1636; 3002; 3005
Hinweis 633
Hinweispflicht 1514
Hirnschädigung 105; 122; 165; 272; 2105; 2521; 2876
Hobby 503; 1848; 1998; 2447; 2571; 2729; 3024; 3363
Hobbyarbeiten siehe handwerkliche Arbeiten
Höchstbetrag 211; 996; 1162; 1239; 1277; 1561; 1627; 1651
Höchstfrist 865
Höherversicherung 2314
Hüftgelenk 1729
HWS 134; 572; 1677; 2823; 2842; 2914 siehe auch Halswirbelsäule
Hygiene 331
Hypothetische Ursache 269

Idealverein 2762; 2766
Immaterialgüter 2804
Immaterieller Schaden siehe Schmerzensgeld
Immobilien 1967; 3072
Implantat 513; 1736
Individualschutz 16
Indiz 281; 314; 555; 570; 969; 1027; 1043; 1732; 2004; 2035; 2358; 2383; 2432; 2562
Infektion 83; 250; 260; 316; 331; 406; 1544

Information 577; 633; 843; 885; 1506; 1747; 3113
Informationskosten 1777
Innenausgleich 768; 773; 777; 874; 1487; 1491; 1496; 1562; 1606; 1625; 1665
Innenverhältnis
– bei Sozialversicherung 3449; 3452
Innenverteilung 769
Insasse 122; 247; 260; 444
Insassenbelastung 144
Insolvenz 763; 1192; 1487
Insolvenzgeld 2326
Instandhaltung 2420; 2422; 2424
Instandsetzung 2422; 2424
Integritätsinteresse 190; 363; 472; 480; 512; 1685; 1687; 1737; 1830; 1848; 2178; 2778; 2785
Interesse 2181
Interesse, wohlverstandenes siehe Kindesinteresse
Internat 3334
Investitionen 2128; 2361; 2374; 2440; 3053
Irrtum 1508; 1581

Jagdausübung 614
Jahresbetrag 1239; 1359
Jahreseinkünfte 2215
Jahresgewinn 2380
Jahressteuerschuld 2296; 2298; 2307; 2400
Jahresverdienst 2093
Jahreswert 2270
Jahreszeit 2775
Jahreszins 1384
Jetztwert 1415; 1429; 3299; 3301
Jugendliche
– Erwerbsschaden 2125; 2129; 2414
– Unterhaltsschaden 2953; 3215; 3283; 3290; 3313

Kaiserschnitt 105
Kalendertag 1285; 1302; 2248; 2373; 2380
Kalkulatorische Risiken 1412
Kapital 217; 872; 921; 1109; 1271 f.; 1280; 1342; 1345 f.; 1415; 1442; 1466; 1469; 1478; 1634; 1829; 1840; 1980; 2877
Kapitalabfindung siehe Abfindung
Kapitalanteil 2154
Kapitalbetrag 2212
Kapitalbildung 3072
Kapitaleinkünfte, -ertrag 531; 720; 2037; 3068; 3150; 3211; 3213; 3227; 3424
Kapitalforderung 2662; 2684 ff.; 2688

Kapitalisierung 1355 f.; 1430; 1432; 1478; 2877; 3260; 3293; 3299; 3301
siehe auch Barwert
Kapitalisierungsfaktor 1359 siehe auch Barwert, Barwertfaktor, Zeitrentenbarwert
Kapitalisierungstabellen 1360 f.; 1370; 1375; 1398; 1427
Kapitalkonto 2412
Kapitalmarkt 1382
Kapitalvermögen 1856
Kapitalwert 833; 835; 1277; 1419; 1429
Kaskoversicherung 1621
Kassenarzt 1669; 1709
Kassenpatient 1709
Kaufkraftschwund 1327; 1334; 1336; 1449; 1452; 2893
Kaufmann 2393
Kausalität 27; 29; 33; 82; 116; 118; 120; 230; 250; 258; 260; 268; 286; 348; 353; 416; 449; 635; 693; 742; 960; 1074; 1186; 1672; 1675; 1730; 2000; 2102; 2171; 2305; 2496; 2813; 2931
– alternative 244
– haftungsausfüllende 116; 162; 235; 275; 336; 980; 1050; 1729
– haftungsbegründende 237; 255; 341
– hypothetische 274; 292; 679
– mehrfache 238
– mittelbare 245
– psychische 154; 161; 235
– summierte 243
– überholende 184; 1729
Kenntnis 863; 880; 1482; 1505; 1680
Kenntnis des Geschädigten 879
– vom Schaden 879; 887
– von Person des Ersatzpflichtigen 879; 891
Kettenauffahrunfall 316
Kind 228; 316; 409; 649; 699; 1144; 1306; 1325; 1414; 1598; 1600; 1788; 1890; 1912; 1990; 2082; 2416; 2455; 2485; 2632; 2639; 2705 f.; 2730; 2907; 3028
siehe auch Abkömmling
– minderjähriges 2631; 2731; 2948; 3116; 3151; 3153; 3215; 3252; 3258; 3282; 3291; 3303; 3314 f.; 3343; 3359 f.; 3392
siehe auch Abkömmling, Jugendliche, Minderjährige
– nichteheliches 3008; 3037; 3192
– volljähriges 2498; 2583; 2750; 2954; 2958; 3013; 3221; 3308

Kind, ersteheliches siehe auch Stiefkind
– minderjähriges 3279; 3361 siehe auch Jugendliche
– Mitarbeit im Haushalt siehe Dienste, Dienstleistung
Kindergarten 1895
Kindergartenkosten 3094; 3113
Kindergeld 2230; 3051; 3217; 3221
Kinderzulage 3050
Kindesalter 3131
Kindesinteresse 1174
Kindesunterhalt 3116; 3120; 3164
Kindeswohl 3319
Kirchensteuer 1161; 2288; 2296; 2298; 2307; 2400
Klage
– unbezifferte 921
Klageänderung, -erweiterung 943; 979; 1107; 1197; 1250; 1261; 1322; 2892
Klageantrag siehe Antrag
Klageerhebung 917; 943
Klagefrist 850 f.
Klagegrund 972; 980; 985; 1266
Klagehäufung 1106; 1118; 1124; 1228
Kleidung 3024; 3363
Klinik siehe Krankenhaus
Knochenverletzungen 896; 2520
Koma 2839
Kommunikation 3024; 3113
Kommunikationskosten 1773; 2694; 3096
Kompensation 7; 495; 679; 1735; 2519; 2828
Kongruenz 690; 727; 1522; 1588; 1619; 1631; 1657; 1692; 1763; 1765; 1814; 1819; 1821; 1823; 1828; 2127; 2326; 2699; 2870; 3006
– sachliche 1590; 1810 ff.; 1983; 1987; 2694; 3002; 3005
– zeitliche 1591; 2328 f.
Konjunktur 2361; 2386
Konjunkturschaden 2116
Konkrete Abhilfe 1737; 1917; 2560; 2725; 2767; 2778; 2785; 3318; 3327
Konkrete Abrechnung 3022
Konkrete Beeinträchtigung 2525
Konkrete Darlegung 546; 1008; 1030; 1059; 1138; 1259; 1458; 1586; 1691; 1694; 1713; 1801; 1831; 1857; 1893; 1895; 1928; 1969; 2002; 2013; 2092; 2109; 2145; 2242; 2283; 2352; 2357; 2392; 2394; 2430; 2470; 2503 f.; 2516; 2578; 3030; 3070; 3363 f.

Stichwortverzeichnis

Konkrete Schadensberechnung 1902; 1906; 2537; 2806; 3022; 3024; 3028; 3285; 3318; 3323; 3411
Konkrete Verhältnisse 624
Konstitution 247; 270; 353; 2577; 2846 siehe auch Schadensanfälligkeit
Konstitutives Schuldanerkenntnis 936
Konsumverzicht 716; 2147; 2151
Kontrolle 2497
Konversionsneurose 180
Kopfanteil 2629f.; 2698; 2701f.; 3185
Kopfteile 775; 3337
Kopfverletzung 122; 250; 896; 2522
Körper 67; 295
Körperbestandteile 94
Körperersatzstücke 1590
Körperpflege 1776; 2841
Körperschaden 53
Körperteile 115; 2792 siehe auch Körperbestandteile
Körperverletzung 51; 53; 67; 645
Korrekturfaktor 2094; 2098; 3298f.
Kosmetik 513; 1725
Kosten 50; 607; 665; 2066; 2248; 2251; 2374; 2378
– fiktive 458; 1735; 1769; 1870
– reale 1768; 2035
Kosten für Verfahren 574; 577; 582
Kostenersparnis 1743; 1747
Kostenerstattung 576; 1219; 1699; 1792; 1811; 1814
Kostenfestsetzung 582; 1235
Kostenpauschale 588; 594; 1690; 1692; 1828
Kostenrecht 576; 582
Kostentabelle 2248
Kostenträger 2180
Kostenvoranschlag 1747
Kraftfahrer siehe Fahrer
Kraftfahrzeug 31; 52; 234; 247; 260; 316; 318; 351; 363; 444; 483; 699; 784; 1029; 1878; 2162; 2223; 2420; 3098; 3113
Krankengeld 1591; 1768; 1814; 1992; 2121; 2328; 2696; 3446
Krankenhaus 283; 332; 354; 540; 1590; 1698; 1724; 1777; 2841 siehe auch Arzthaftung
Krankenhausaufenthalt siehe Behandlung, stationäre
Krankenkasse 1509; 1579; 1698; 1709; 1757; 1817; 1819; 1988
Krankenpflege 1988

Krankenversicherung 804; 1182; 1460; 1535; 1545; 1581; 1614; 1705; 1811; 1813; 1827
Krankenvorsorge 377; 1915; 3240
Krankheit 160; 179; 3307
Krankheitstage 2380
Krankheitswert 160; 3480
Kredit 2386
Kreditkosten 577; 3075; 3090 siehe auch Finanzierung
Kündigung 694; 720; 1324
Künstler 2143
Kur 1736; 1743; 1751; 1790; 1865
Kürzungsverfahren 1279f.

Lagerungsschaden 332
Lähmung 2854
Landwirt 2390; 2587
Landwirtschaft 2745; 2749
Langeweile 1776
Laufzeit 3301
Laufzeit einer Rente siehe Rentendauer
Laufzeitprognose 3295
Leben siehe Tötung
Lebensalter 1286; 1304; 1326; 1379; 3392
Lebensarbeitszeit 2216
Lebensbedarf 1752; 1776; 1778; 1835; 1837; 1840; 1866; 1931; 1994; 2148; 2151; 2833; 3024; 3070; 3396
Lebensbereiche 260; 1832
Lebenseinkommen 2093; 2097
Lebenseinkünfte 2215; 2356
Lebenserfahrung 141; 317; 325
Lebenserwartung 1303; 1361; 1379; 1399; 1403; 1405; 1980; 2838; 2963f.; 3294; 3301; Anh. 3
Lebensfreude 613; 620f.; 1783; 1852; 2778; 2784; 2786; 2822
Lebensführung, -gestaltung, -planung 340; 715; 1783; 1832; 1844; 1854; 1891; 2150f.; 2153; 2506; 2569; 2777; 2789
Lebensgemeinschaft 1795; 2174; 2456; 2692; 2719; 2950; 2989; 2993 siehe auch Gemeinschaft eheähnliche; Lebenspartner
Lebenshaltung 1844; 2132
Lebenshaltungskosten 665; 668; 714; 1334; 1336; 1449; 1452; 1751f.; 1763; 1774; 1776; 1832; 1858; 1862; 2147; 2150; 2153
Lebensmittelpunkt 2588

Lebenspartner 408; 606; 616; 699; 800; 928; 1594; 1719; 1773 f.; 1787; 1795; 1797; 1900; 1912; 2174; 2454; 2458; 2655; 2947; 2951; 2969; 3037; 3122; 3262; 3367 siehe auch Gemeinschaft eheähnliche; Lebensgemeinschaft
Lebensplanung
– Änderung 2060
Lebensqualität 127; 1693; 1849; 1907; 1922; 1978; 2786
Lebensrisiko 140; 159; 163; 172 f.; 221; 225; 352 f.; 355; 617; 2780
Lebensstandard 2569; 2607; 2944; 3073
Lebensstellung 2975
Lebensstil 2944
Lebensumfeld 2165
Lebensumstände 2632
Lebensunterhalt 1552; 3041
Lebensverhältnisse 2632
– eheliche 3137
– Veränderung siehe Veränderung der Lebensverhältnisse
Lebensversicherung 3064; 3096; 3113; 3209
Lebenszeit 1297; 1299; 1303; 1966; 2522
Lebenszuschnitt 1721; 1830; 1832; 3019; 3073
Legalzession siehe Forderungsübergang
Lehrlingsbeihilfe siehe Ausbildungsvergütung
Leibesfrucht 54
Leihmutter 2801
Leistung
– künftige 1305; 1939; 2082
– überobligationsmäßige 632; 688; 710; 2167; 2507; 2554; 2727; 2991; 3401 f.
Leistung, wiederkehrende siehe Rentenanspruch
Leistungen Dritter siehe Drittleistungen
Leistungsanteil 3357; 3369
Leistungsbegehren, -klage 798; 921; 981; 1059 f.; 1121; 1305; 1319; 1330
Leistungsbereiche 2474; 3363
Leistungsbescheid 639
Leistungsentgelt 2233
Leistungsfähigkeit 1175; 1292; 1296 f.; 2003; 2162; 2355; 2975; 2979 siehe auch Arbeitsfähigkeit, Erwerbsfähigkeit, Hausarbeitsfähigkeit
Leistungsfortzahlung 1550
Leistungsklage 809
Leistungskraft 2233

Leistungslohn 2233
Leistungsstruktur 1459
Leistungsträger 1698; 2340; 2344; 2699
Leistungsverkürzung 2316
Leistungswilligkeit 2984
Leistungszweck 3005
Leitlinien 304; 3042
Leitungsfunktion bei Haushaltsführung 2650; 2653
Lektüre, Lesestoff 1777
Limit 1667; 1680
Liquidation 628; 719
Liquidationsgewinn 2352
Liquidationsschaden 2407
Lizenzgebühr 2798; 2804
Lohnersatz 2120; 2326; 2696
Lohnersatzleistung 2204
Lohnsteuer 2273
Low Performer 2062; 2232
Luftbeförderung 2814
Luxus 2729; 3078; 3117

Mängelbeseitigung 1738
Manipulation 1600; 2041 siehe auch Unfallmanipulation
Marktwert 52; 496; 504; 603; 605; 618; 1788; 1917; 1947; 1954; 2556; 2568; 2640 f.; 2643 f.; 2713; 2738; 2763; 2773; 2797; 3047
Marktzins 1385
Massage 106; 572
Masseur 106
Materieller Schaden siehe Vermögensschaden
MdE 2004; 2024; 2354; 2514; 2516
MdH 2514; 2519; 2533 ff.; 2563 f.; 2566; 2614; 2662; 2686
Medikation 151; 490; 950; 1759
Mehr-Personen-Haushalt 1819; 2466; 2622; 2625; 2629; 2633; 2639; 2662; 2666; 2678; 2686; 2688; 2698; 2701 f.; 3385; 3408; 3417
Mehrarbeit 1947; 2367; 2726
Mehraufwand 536; 997; 1743; 1783; 2785
Mehraufwendungen, -kosten 456; 485; 572; 619
Mehrbedarf 456; 480; 487; 606; 665; 871; 1336; 1459; 1737; 1796; 1818; 1831; 1837; 1843; 2684; 3036; 3052
– altersbedingter 1962
– ausstattungsbedingter 1967; 1980
– räumlicher 1967; 1975 f.; 1980

Mehrbedarfsrente 1284; 1321; 1960
Mehrbedarfsschaden 52; 729; 997; 1011; 1139; 1315; 1335; 1398; 1556; 1821; 1823; 1829f.; 1835; 1843; 2691; 2701f.
– Zusammenstellung 1832
Mehrfachbehinderung 1889
Mehrforderung 926
Mehrjahresdurchschnitt 3053
Mehrverdienst 702; 2184
Menschenwürde 2796
Methodenwandel 2897
Mietaufwand 3091
Miete 1029; 2069; 2148; 2150; 2152f.; 2374; 2825; 3024; 3089f.; 3178
Mieteinnahmen 2037; 2350; 3211; 3213
Mietkosten 1976
Mietverhältnis 779
Mietwert 2440
– fiktiver 3090
Minderjährige 289; 409; 650; 699; 749; 751; 1489; 1502; 1581; 1588; 1719; 1776; 1779; 1813; 1817; 1885; 1975; 2103; 2416; 2631; 3034; 3215
Minderung der Erwerbsfähigkeit siehe auch MdE
– haushaltsspezifische siehe MdH
Minderung des Arbeitsergebnisses 2232
Minderverdienst 2042; 2053; 2129; 2137; 2141; 2300
Minderwert 565; 1979
Mindestbedarf 1654; 3031
Mindestbetrag 2888; 2898
Mindestersatz 1698; 2832
Mindestlohn 2235
Mindestschaden 1128; 1872; 2027; 2235; 2405; 2414; 2578; Anh. 2
Mindestschätzung 1055; 1061; 1221; 2031; 2414; 2416f.; 2523
Mindestselbstbehalt 2975
Mindestunterhaltsbedarf 3028
Mindestversorgung 2940
Mischlösung bei Betreuungsunterhaltsschaden 3325
Mischlösung bei Hausarbeitsschäden 2548; 2559f.; 3378
Missverhältnis 1465
Mitarbeit 2367; 2635; 3005; 3357; 3363; 3367; 3369; 3391; 3419 siehe auch Mithilfe
– freiwillige 2728
Mitarbeit im Erwerbsgeschäft 695; 2718; 2720; 3057

Mitarbeit im Haushalt 1303; 2573; 2611; 2744; 3338; 3345ff.
Mitarbeiter 284
Mitarbeiterrabatt 2068
Mitarbeitspflichten 3367
Mitfahrer 122; 247; 260
Mithaftung 445; 731; 762; 1496; 1611; 1692; 1828; 2685; 3202; 3204; 3211; 3213; 3432; 3435; 3450 siehe auch Mitverschulden
Mithaftungsquote 429; 442; 445
Mithilfe 2573; 2611f.; 2622; 2702; 3005 siehe auch Mitarbeit
Mithilfepflicht 2745
Mitschuldfälle, Berechnungsmodelle 1619; 1755; 1760; 1820ff.; 2046; 2194; 3422
Mittäter 742; 753
Mittelbar Begünstigte 699
Mittelbar Betroffene 629; 1807
Mittelbar Geschädigte 52; 59; 63; 172; 372; 406; 438; 542; 2039; 2041; 2062
Mittelbare Betroffenheit 155; 406
Mittelbare Schäden 52; 372; 375; 390; 534; 2061; 2737; 2998
Mittelwert 2004; 3065; 3133; 3181
– arithmetischer 2386
Mitursache 181; 239; 241; 243; 246f.; 270; 334; 349; 429; 444; 1729
Mitverschulden 56; 229; 315; 319; 438; 752; 1108; 1112; 1153; 1164; 1209; 1493; 1651; 1667; 1763; 1824; 3428; 3435; 3450; 3463 siehe auch Mithaftung
Mitverursachung 412; 1612; 1986; 2046; 2685; 2862; 3200; 3202
Mobbing 93
Möbel 2420
Mobilität 668; 1718; 1849; 1870; 1879; 2787; 3024
Mobilitätskosten 1886
Möglichkeit der Restitution 475
Monatliche Einkünfte 2208
Monatsbeträge 1951
Monatswert 1369; 1949; 1960; 2043; 2093; 2208; 2257; 2270; 2617; 2662; 2667; 2673; 2675ff.; 2685; 2688; 2701f.; 3379; 3385; Anh. 1
Morbus Sudeck 114
Mühewaltung 600; 605; 1830; 1940; 2436; 2507
Mutmaßliche Lebensdauer siehe Lebenserwartung
Mutter 3038

Nachbarn 202
Nachbarschaftshilfe 2463; 2483; 2758; 2773
Nachbehandlung 1738
Nacherfüllung 362
Nachforderung 926; 1023; 1133; 1199; 1453; 2917
Nachlass siehe Erbfall, Erbschaft
Nachteil, immaterieller siehe Schmerzensgeld
Nachtpflege 1927
Nachversicherung 2310
Narbe 513; 1725
Narkose 171
Nasciturus 54; 2949
Naturalrestitution 124; 467; 482; 495; 1705 siehe auch Restitution
Naturalunterhalt 2942; 2957 f.; 2992; 3417
Naturalunterhaltsschaden 3303
Naturereignisse 221
Nebenbeschäftigung, -tätigkeit 2751; 2755
Nebeneinkünfte 3263
Nebenklagekosten 574 f.
Nebenkosten 176; 503; 523; 1180; 1720; 1768; 1793 f.; 1813; 1916
– Zusammenstellung 1692; 1828
Nebenkosten des Wohnbedarfs 3113
Nebenschäden 176
Nebentäter 243 f.; 744 f.; 756; 769; 771; 1495
Nebentätigkeit 2198; 2234; 2457; 3064
Negative Feststellungsklage 423; 924; 1022; 1188 f.; 1214 f.
Neigung 2181
Nervschädigung 898; 2520
Nettoabrechnung 3379
Nettoberechnung 2726; 3414
Nettobetrachtung, -erstattung, -lösung 2234; 2260; 2262; 2398; 2551; 2560; 2643; 2655; 2661; 3378 f.; 3415
Nettokorrektur 2673; 3333; 3376
Nettokosten siehe Nettobetrachtung
Nettolohn, -einkommen 1942; 2234; 2262; 2296; 2298; 2307; 2400; 3042; 3044; 3266
Nettomethode 2265; 2366; 2398
Nettowert 2658
Neubau 1976; 1978
Neueröffnung 2402 f.
Neurose 175; 180; 187; 339; 2854
Nichteheliche Lebensgemeinschaft siehe Gemeinschaft, eheähnliche

Nichterfüllungsschaden 464; 693
Nichtvermögensschaden 52; 537; 1735; 1853; 2439; 2705; 2764; 2776; 2778; 2784; 2810; 3478
Normativer Schaden siehe Schaden, normativer
Notbehandlung 2839
Notbremsung 122
Note 2106
Nothilfe 203
Notlage 1139; 1141
Notretter 34
Notstand 35
Notwehr 286
Notwendigkeit 1227; 1232; 2391
– medizinische 1705; 1720; 1774; 1793; 1796
– objektive siehe Erforderlichkeit
Nutzen 660; 2443
Nutzen der Arbeitsfähigkeit 2202
Nutzgarten 2489; 3363
Nutzungen 283; 536; 610; 1979
Nutzungsmöglichkeit, -recht 608; 610; 613
Nutzungspotenzial der Arbeitskraft 2024; 2147; 2156; 2173; 2202; 2426; 2512; 2643; 2763

Obergrenze 1958; 2568; 2635
Obhut 746
Objektivierbarkeit 161; 500
Obliegenheitsverletzung 2193
Operation 123; 332; 1729; 1742 f.; 1745
– kosmetische 1725
Operationskosten 1736
Opferentschädigung 1542
Opfergrenze 1473; 1475 f.
Opfergrenze für Verletzte 1465
Organe 62; 94
Organisation 2509
Organspende 1791
Organwalter 431
Örtliche Lage 2668
Örtliche Verhältnisse 563; 2087; 2147; 2191; 2640; 2642; 3328

Panik 302; 341
Parkverbot 361
Partei 2762
Parteigutachten 1089
Passagier 2814
Passivlegitimation 10; 799; 1184; 1351

Stichwortverzeichnis

Pauschale 523; 588; 715; 1690; 1692; 1697; 1775; 1782; 1828; 3060 f.; 3106; 3113; 3129
Pauschalierte Schadensberechnung 515; 1858; 1917; 1924; 2031; 2684 ff.; 3039; 3319; 3335 ff. siehe auch Pauschalierung
Pauschalierung 515; 1143; 1310; 1376; 1389; 1411; 1579; 1668; 1691; 1698; 1758; 1772 f.; 1831; 1962; 2079; 2241 f.; 2244; 2296; 2298; 2307; 2400; 2560; 2782; 3065; 3088; 3355
Pauschbetrag 720
Pension 2300; 2344 siehe auch Ruhegeld
Personal 284
Personalienkontrolle 2823
Personalkosten 2378; 2397
Personenidentität 699; 1588
Personenunabhängiger Zeitaufwand 2701 f.
Persönlichkeitsrecht 21; 625; 2792; 2797; 2891
Pfändbarkeit 1341
Pfändung 832
Pflege 284; 360; 367; 396; 863; 997; 1737; 1785 f.; 1830; 1840; 1870; 1888; 1935; 2705; 2992
Pflegeaufwand 480; 604; 801; 1338; 1460; 1888; 1936 f.; 1944; 2694; 2710 ff.
Pflegebedarf 1926; 1931; 1935 f.; 1962
Pflegeeltern, -familie 3330
Pflegegeld 1591; 1952; 1962; 1988; 1990; 1994; 2326; 2693 f.; 2711; 3050; 3407
Pflegehilfe 1990
Pflegekasse 1989
Pflegekind 1597; 3330
Pflegekosten 1902; 1941; 1962
Pflegekraft 1942; 3006
Pflegeleistung siehe Behandlungspflege, Grundpflege
Pflegeorganisation 1951
Pflegeperson 1902; 1912; 1917; 1924; 1936; 1941; 3330
Pflegesatz 1749; 1908
Pflegeversicherung 1914; 1987; 1989; 1991 f.; 2694
Pflegezeiten 1926 f.; 1936 f.; 1960
Pflegezulage 3006
Pflichtbeiträge 1914; 2290; 2312; 2315; 2643
Pflichtverletzung 260
Pflichtwidrigkeit 279; 295; 322
Pkw 2787
Plausibilität 545

Polizei 540; 542
Postmortaler Schutz 2803
Prädisposition siehe Konstitution, Schadensanfälligkeit
Präklusion 647
Prämie 2227; 2233; 3048; 3064
Prämienerhöhung, -nachteil siehe Versicherungsbeiträge
Pränatale Schädigung 54
Preisindex Anh. 4
Preisnachlass 3048
Preissteigerung 1385
Prellung 122; 171; 2823
Primärbeeinträchtigung, -folge 52; 66; 98; 156; 160; 169; 177; 235; 245; 248; 299; 2015; 2815; 2819
Primärschaden 121; 459
Privatgutachten 1192; 1230; 1232; 1789
Privatpatient 1708; 1710; 1716
Privatversicherung 1827; 2021
Produkthaftung 262 f.; 318
Profisport 377
Prognose 129; 518; 560; 567; 842; 1009; 1052; 1312; 1394; 1409 f.; 1442; 1457; 1514; 1689; 1701; 1939; 2043; 2093; 2926; 2943; 3018; 3066; 3260
Prognose bei Erwerbsschäden 549; 563; 2076
Prognosebasis 2383
Prognosefaktoren 2079
Prognoserisiko 488; 545; 552; 567; 656; 1711; 1864; 2019; 2058; 2177; 2187
Prognosezeitpunkt 566
Prognostische Veränderung 1412
Prothese 97
Provision 2233
Provokation 2858
Prozentsatz 2242; 2244; 2246
Prozessführungsbefugnis 369; 1531; 1653
Prozesskosten 1219
Prozesskostenhilfe 852; 971; 1229; 1575; 2890
Prozessvergleich 1437
Prozesszinsen 1856
Psyche 122; 154; 235; 247; 250; 300; 358; 2521; 2524 f.; 2821; 2831; 2842; 2853
– psychische Belastung 73
Psychische Störung 66 f.; 181 ff.
Psychischer Schaden 2521; 3480
Psychose 120; 2914
Punitive damages 955 f.; 990; 2779
Putzhilfe, Vergütung siehe Vergütungsgruppe

Qualifikation 1941; 1952; 2079; 2184
Quartal 1307; 1316
Quellentheorie 3207; 3210 f.; 3213
Querschnittslähmung 896; 1889; 2876
Quoten 3161; 3271 f.
Quotenanteile 3129; 3157; 3270
Quotenmethode 1962; 3041; 3129; 3213; 3231; 3237; 3291
Quotentabelle 3149; 3156 f.; 3161; 3271
Quotenunterhalt 3041; 3119; 3213; 3231; 3237; 3291; 3439
Quotenverschiebung 3167; 3172
Quotenvorrecht 1613 f.; 1626; 2319; 3441
Quotierte Ersatzforderung 3435
Quotierung 319; 416; 445; 630; 729; 758; 762; 769; 775; 1164; 1209; 1494; 1496; 1692; 1763; 1821; 1823 f.; 1828; 1837; 2095; 2166; 2296; 2298; 2307; 2400; 2519; 2685; 2863; 3010; 3202; 3204; 3432
Quotierungsmethode 3129

Rabatt 699
Radfahrer 122; 171; 316; 444
Rat 1517; 2178
Rationalisierungseffekt 3309
Räumlicher Mehrbedarf siehe Mehrbedarf, räumlicher
Reaktion 223; 302; 317; 572
Realisierbarkeit 2982
Realität 518
Realzins 1383; 1385
Rechnungsfaktoren 132; 943; 2193; 2435
Rechnungsposten 521; 663; 669; 727; 978; 983; 1021; 1106; 1122 f.; 1130; 1274; 1332
Rechtsanwalt 344; 578; 645; 877 f.; 904; 906; 1073; 1445; 1513
Rechtsfehler 2900
Rechtsgut 14 f.; 43; 67; 69; 362; 472; 2003
Rechtsgutverletzung 89; 248; 946; 2811
Rechtsirrtum 1512
Rechtskraft 423; 647; 810; 832; 985; 1133; 1196; 1207; 1997; 2057
Rechtsmissbrauch 863; 1087
Rechtsmittel 1247
Rechtsnachfolge 12; 1572; 1698
Rechtsprechungsänderung 1460
Rechtsschutz 645; 1811; 2160
Rechtsschutzbedürfnis 582; 1169
Rechtsschutzmöglichkeiten 638; 1748
Rechtssicherheit 856

Rechtsübergang siehe Forderungsübergang
Rechtsverfolgung 917
Rechtsverfolgungskosten 574; 598; 645; 1219; 1789
Rechtsverhältnis 1151; 1217
Rechtsverlust 843
Rechtsverteidigung 578
Rechtswahrung 585
Rechtswahrungskosten 574
Rechtswidrigkeit 285
Rechtswidrigkeitszusammenhang 159; 341; 356; 364
Reduzierter n-Personen-Haushalt 2581
Reflex 172; 223; 336
Regelaltersgrenze 1286; 2254
Regelfrist 864
Regelmäßige Arbeitszeit 2551; 2668
Regeln 304
Region 563; 2087
Regress 901; 1246; 1522; 1584; 1821; 1823; 3002 siehe auch Forderungsübergang
Regressverzichtsabkommen 1435
Regulierungsaufwand 574
Regulierungsermessen 789
Regulierungskosten 523; 598; 2325
Regulierungstabelle 2621 f.
Regulierungsverantwortung 494
Regulierungsverhalten, verzögerliches siehe Verzögerung der Ersatzleistung
Regulierungsvollmacht 790; 941
Rehabilitation 473; 491; 1547; 1687; 1700; 1735 f.; 1751; 1790; 1830; 1848; 1990
– berufliche 487; 1873; 2178
Reinigungsarbeiten 1944
Reinigungskosten 3113
Reinigungskraft 2544; 2653
Reise 849
Reisekosten 1768; 2184; 3471 siehe auch Fahrtkosten
Relative Theorie 2139
– Berechnung von 1629; 1632; 1816; 2329; 2339 f.; 2344; 3452; 3457
Religionsausübung 1933
Renovierung 665; 1973; 2420
Rentabilität 608
Rente 2300; 2316; 2339; 2344; 2877; 2926; 3002; 3064; 3224 siehe auch Altersrente
– Abänderung siehe Abänderungsverfahren
– aufgeschobene 1414; 1430
– lebenslange 1404
– rückständige 1430

- summierte 3009
- vorschüssige 1430

Rentenanspruch 217; 480; 544; 561; 694; 739; 833; 870; 872 f.; 921; 923; 977; 992; 994; 997; 1000; 1004; 1109; 1147; 1168; 1239; 1254; 1270; 1272 f.; 1279 f.; 1314; 1398; 1466; 1471; 1478; 1634; 1829 f.; 1840; 1856; 1886; 1952; 1955; 1960; 1966; 2080; 2212; 2678; 2682; 2685 f.; 2701 f.; 2876; 2884; 3297
Rentenbarwert 1355 f.
Rentenbarwertformel 1367
Rentendauer 1283; 1285; 1966
Rentenendwertformel 1468
Rentenschaden 1287; 1326; 2309; 2314; 2988
Rentenverkürzung 2309
Rentenversicherung 1985; 2310; 2313 f.
Rentenwert 2662; 2688
Rentner 2344; 3005; 3058; 3147; 3242; 3348; 3363; 3446
Reparatur 467; 665; 683; 1973; 2420; 2477
Reparaturkosten 3113
Reserveursache 247; 269; 292; 1289
Restarbeitsfähigkeit 2010
Restarbeitskraft 2174
Restfamilie 3367
Restitution 7; 124; 451; 467; 669; 681; 724; 1700; 1705; 1733; 1848; 2180; 2312 siehe auch Naturalrestitution
Restschuldbefreiung 988
Rettung 348; 1792
Rettungskosten 34; 1792
Rettungsmaßnahmen 34; 1792
Revision 1093
Richtlinien 304
Richtsätze 3029
Richtsatzsammlung 2406; 2417
Riesterrente 3072
Risikolebensversicherung 3208 siehe auch Lebensversicherung
Risikozusammenhang 350
Risikozuschlag siehe Versicherungsbeiträge
Roherlös 2374
Rohgewinn 2353; 2373 f.
Rollstuhl 483; 1969
Rückforderung 493; 1307; 1732
Rückgriff 773; 803; 1581; 2818 siehe auch Forderungsübergang
Rücklagen 3055; 3064; 3089; 3113
Rücksicht 645

Rückstände 1254; 1358; 1430; 2662; 2688
Rückstände bei Unterhaltsansprüchen 1239; 2983
Rückstandsberechnung 2212
Rückstellungen 3053
Rückübertragung 1558; 1574; 1616
Ruhegehalt 2302; 2306
Ruhegeld 3005; 3442; 3446 siehe auch Pension
- vorzeitiges 353; 2169; 2300; 2302; 2305

Ruhestand 1286; 1289 f.; 1826
Ruptur 122

Sachbefugte Behörde 901
Sachbezug 3048
Sachfolgeschaden 1623
Sachkunde 1068; 1078
Sachleistung 1770; 1810 f.; 3048
Sachschaden 52; 95 f.; 220; 381; 398; 452; 476; 519; 523; 528; 535; 543; 565; 591; 645; 665; 683; 724; 874; 984; 1019; 1112; 1225; 1589; 1622
Sachsubstanz 543
Sachverständigenkosten 577; 582
Sachverständiger 152; 168; 170; 405; 571; 577; 645; 893; 1078; 1222; 1232; 1240; 1264; 1291; 1453; 1510; 1769; 1789; 1897; 2525
Sanktion 543
Sättigungsgrenze 3082; 3118
Schaden
- abstrakter 5; 464; 551; 586; 1060; 1872; 2027; 2445; 2498
- als Bedarf 43; 52; 478; 480; 1686; 1735 f.; 1830; 1869 f.; 2942
- Definition 8; 43
- fiktiver 399; 458; 462; 1870; 2041; 2818
- immaterieller siehe Schmerzensgeld
- konkreter 516; 551; 558; 589; 631; 722
- materieller siehe Vermögensschaden
- natürlicher 455
- normativer 465; 504; 515; 518; 681; 1719; 1791; 1794; 1940; 2036; 2110; 2482; 2554; 2556; 2702; 2767
- realer 399; 570; 1903; 1968
- wirtschaftlicher 516

Schadensabhilfe
- konkrete 2555; 2560

Schadensabrechnung 455; 518; 658; 725; 731; 827; 1438

Schadensabwendung, -minderung 526; 622; 637; 707; 1667; 1739f.; 2156; 2167; 2506; 2508; 3178; 3247; 3311 siehe auch Schadensminderung
Schadensabwicklung 599
Schadensanfälligkeit 182; 185; 247; 270; 291; 349; 355; 2846 siehe auch Konstitution
Schadensart 1619; 1634 siehe auch Schadensgruppen
Schadensbehebung 669; 707; 724
Schadensberechnung 667
- abstrakte 2806
- konkrete siehe Konkrete Schadensberechnung
- objektive 2806
Schadensdisposition siehe Vorschädigung
Schadenseinheit 888ff.; 893; 899
Schadensentstehung siehe Anspruchsentstehung
Schadensentwicklung 887; 900; 1198
Schadensermittlung 577; 1232
Schadensfall 1671; 1680; 1698; 1758
Schadensfolgen 309
Schadensgruppen 52; 690f.; 915; 975; 1120; 1123; 1590; 1687; 1692; 1828; 1830; 1998; 2110; 2418; 2441; 2550; 2657; 2699; 2701f.; 2740; 2778; 2930; 3461 siehe auch Schadensart
Schadensminderung 518; 731; 1211; 1464; 1612; 1650; 1718; 1799; 1850; 1901; 1909; 1978; 2043; 2047; 2098; 2193; 2332ff.; 2338; 2340; 2344; 2366; 2392; 2553; 2727; 2927 siehe auch Schadensabwendung
Schadensminderungskosten 653; 707; 710
Schadensminderungspflicht 2304; 3202; 3204; 3357; 3363; 3369
Schadenspauschalierung siehe Pauschalierung
Schadensrente siehe Rentenanspruch
Schadensschätzung 549; 557; 1052; 2076; 2550; 3336
Schadensumfang 415
Schadensveränderungskosten 2177
Schadensverlagerung 398
Schadensversicherung 1545; 1589; 1609; 1613f.; 1621
Schädigung durch Familienangehörige 206; 803; 1592f.; 2857
Schätzhilfe 2396; 3335

Schätzung 48; 117; 130; 560; 718; 1066; 1070; 1312; 1373; 1376; 1411; 1697; 2001; 2155; 2579; 3088; 3130; 3180; 3336; 3341 siehe auch Schadensschätzung
Schätzungsbonus 545
Schätzungsermessen siehe Schätzung, Schadensschätzung
Scheidung 408; 900; 1599; 2732 siehe auch Ehegatten, geschiedene
Scheidungsabsicht 2961
Scheinselbstständige 2347
Schichtdienst 3310
Schiff 260; 316
Schikane 514; 1958
Schlafmittel 81
Schlag 80; 82
Schlaganfall 32; 358
Schlüssigkeit 1030
Schmerzen 77; 103; 135; 158; 2813; 2821; 2823
Schmerzensgeld 1; 47; 52; 60; 93; 131; 185; 190; 270; 272; 288; 369; 406; 424; 443; 495; 514; 612; 688; 729; 761; 919; 921; 970; 975; 1001; 1019; 1452; 1474; 1585; 1683; 1776; 1783f.; 1856; 1924; 2100; 2810; 2876; 3478
- Rente 1000
Schmerzensgeldbegehren 1101; 1121; 1136; 1153; 1164; 1172; 1199; 1204; 1265; 1453; 1461
Schmerzensgeldbegehren, -klage, -rente 1014; 1380; 1398; 2884
Schmerzensgeldkapital 2874; 2876
Schmerzensgeldrente 2874
Schnittwunde 2823
Schock 158; 162; 166; 172f.; 406; 441; 3478; 3480; 3484
Schockschaden 60; 66; 160; 2817; 3480
Schönheitsreparaturen 3113
Schrecken 341
Schuhe 3472
Schulabschluss 2104
Schularbeiten 2485
Schuldanerkenntnis 936; 942
Schuldner
- persönlicher 2937
Schule 1876; 2105
Schüler 198; 749 siehe auch Jugendliche, Kind
Schulunfall 198

Schulungskosten 1769
Schulweg 199
Schulzeugnis 2105
Schutzbereich 30; 49; 502
Schutzbereich der Haftungsnorm 356; 358; 364
Schutzgesetz 16; 260; 287
Schutzgut 52
Schutzvorschrift 260
Schutzwirkung 378; 394; 402; 435
Schutzzweck 290; 341; 349; 356; 364; 430; 539; 574; 615
Schwangerschaftsabbruch 396
Schwangerschaftsberatung 360
Schwarzarbeit 2199
Schweigepflicht 110
Schwerbehinderte 2324
Schwerbehinderung 2160
Schwere Hausarbeit 3352
Schwerstpflege 1943; 1950; 1990
Schwiegereltern 2749
Schwimmbad 1975
Schwindel 81
Seitenaufprall 134; 147
Sekundärschaden 169; 236; 1050
Selbstbehalt 422; 429; 442; 3144
Selbstbestimmung 20; 90; 123; 928; 2852
Selbstbeteiligung, -gefährdung 335
Selbstentfaltung 1853
Selbstmord 166
Selbstschädigung 626
Selbstschutz 260; 337
Selbstständige 719; 1292; 1326; 1998; 2041; 2043; 2143; 2346; 2400; 3053
Serienauffahrunfall 316
Sexuelle Handlung 409
Sicherheitsgurt 260; 420; 444
Sicherheitsleistung 1281; 1339; 1346
Sicherungsmittel 1869
Simulant 2842
Single 2495; 2511; 2627; 2633; 2639; 2653; 2662; 2666; 2684; 2688
  siehe auch Alleinstehende
Sinne 2521
Sinnesorgane 142
Sinnesverlust 1853
Sitzhaltung 143
Sohn 2498; 2591; 2749; 3473; 3481
  siehe auch Kind
Soldat siehe Streitkräfte
Solidarhaftung 765

Solidaritätszuschlag 2287; 2296; 2298; 2307; 2400
Sonderausgaben 2296; 2298; 2307; 2400
Sonderausstattung 1883; 1886
Sonderbedarf 1829; 1840; 3036; 3113
Sonderkündigungsschutz 2160
Sonderzahlung 2210; 2222; 2321; 2678; 3048
Sorgfalt 426; 651; 656
– äußere 314
– innere 314
Sorgfaltsverstoß 295; 322
Sorgfaltswidrigkeit 280
Soziale Lage 2165; 2176
Sozialhilfe 1145; 1528; 1547; 1553; 1603; 1652; 2215; 2328; 3246; 3465 f.
Sozialhilfebedürftigkeit 1655
Sozialleistung 1636; 2327
Sozialleistungsträger 1521; 1531; 1810 f.; 1982; 1987; 1991
Sozialrente 2154; 2326; 2747
Sozialversicherungsbeiträge 1531; 1914; 1942; 2065; 2203; 2257; 2261; 2290; 2296; 2298; 2307; 2311; 2551; 3061; 3064; 3324
Sozialversicherungsleistung 2699
Sozialversicherungsträger siehe Sozialleistungsträger
Sparen 3061
Sparversicherung 3209
Spätfolgen 1441; 1462; 1482; 2922
Spätschäden 893; 1170; 1447
Spekulation 532; 2348
Spende 700; 1780
Sperma 2793; 2852
Spesen 2225; 3048
Spezialarzt 1726
Spezialunkosten 2374
Spiele 1777
Splitting-Tarif 2257; 2281; 2998; 3062
Sport 377; 613; 2760; 2841
– Haftung 194; 206; 304
Sport-Profi 2084
Sportausübung 609; 1260; 2844
Sportveranstaltung 621; 1783
Sprache 1724
Spurwechsel 316
Stammrecht 870; 941
Stärkungsmittel 490
Stationärer Aufenthalt, stationäre Behandlung siehe Behandlung, stationäre

Statistik 2085; 3106
Sterbegeld 3477
Sterbetafel 1401; 1404; Anh. 3
Sterbewahrscheinlichkeit 1400; Anh. 3
Sterilisation 360
Steuerbelastung 2296; 2298; 2307; 2400
Steuerberater 878
Steuerberatungskosten 2484
Steuerberechnungsprogramm 2296; 2298; 2307; 2400
Steuerbescheid 2279; 2358; 2384; 2407
Steuerersparnis, -vergünstigung, -vorteil 566; 628; 668; 683; 717; 2154; 2247; 2256; 2261; 2273; 2369; 2399
Steuererstattung 3063
Steuern 878; 1238; 1770; 1830; 1942; 2155; 2203; 2244; 2262; 2273; 2352; 2399; 2407; 2551; 2876; 3062; 3096
– fiktive 718; 2277
Steuerpflicht 407; 2748
Steuersatz 2282
Steuerschaden 461; 573; 1161; 1182; 1856; 2273; 2657; 2661; 2835; 2995; 2998
Steuerschuld 2279
Steuervorteil 1804
Stichtag 565; 939; 1378
Stiefeltern 2973 f.
Stiefkind 1597; 2706; 2948 siehe auch Kind, ersteheliches
Stillhalteabkommen 927
Stillhaltepflicht 1661; 1678; 1681
Störung 160
Stoß 80; 300
Strafanzeige 578
Strafverfahren 575
Straßenbahn 316
Streitgegenstand 176; 424; 824; 917; 972; 1018; 1059; 1120; 1125; 1136; 1193; 1213; 1268; 2899; 2913 f.
– Klagegrund 132
Streitgenossen 1248
Streitgenossenschaft 962
Streitkräfte 848; 1724; 2134; 2310
Streitschlichtung 963
Streitwert 1239
Streupflicht 260
Student 198 siehe auch BAföG, Jugendliche
Stundenentgelt Anh. 1
Stundensatz 1060; 1785; 1787; 1941; 1944; 2539; 2543; 2659; 2664; 3377; Anh. 1
Stundenvergütung 1787; 2659; 2664; 2666 f.; 2678; 3374; Anh. 1

Sturm 260
Sturz 250; 260
Subjektbezogene Schadenssicht 5; 44; 484; 553; 1703; 1721; 1747; 1918; 1926
Subsidiarität 1653; 2743
Substantiierung siehe Darlegung, Darlegungslast
Substanzschaden 1621
Substanzwert 1979
Summenversicherung 2021
Systemänderung 1526; 1991

Tabellenwerte 3339; 3357; 3369
Tagebuchaufzeichnungen 2597; 2599; 2633
Tagegeld 2021
Tagesaufwand 2248; 2639
Tagespflege 1908 f.; 1927
Tagessatz 1749; 1814; 1948; 1952
Tagesstätte 1895
Tageswert 1952
Tante 2585
Tantieme 2227; 2233
Tanzen 260
Tanzfläche 260
Tarif 2416
Tarifgehalt, Tarifgehälter 1941; 2641
Tarifvergütung 3375
Taschengeld 3144; 3263; 3334
Tatbeitragseinheit 449
Täter 753
Tätigkeiten 1998
Tätigkeitsbereiche 2474; 2504; 2633; 2635; 3357; 3363; 3369
Tätigkeitsspezifische Beeinträchtigung 2038
Tätigkeitsvergütung 2410
Tätigkeitswechsel 2163
Tatort 39; 945
Tatortrecht 2090
Tatsachen
– neue 1258
Tauschring 2758
Taxenbetrieb 2737
Taxiunternehmer 2390
Teilabfindung siehe Abfindung
Teilanspruch 910
Teilausfall Anh. 2
Teilbarkeit 1125; 1216
Teilerlass 1496
Teilerwerbstätigkeit 2198; 2622; 2639; 3262; 3355; 3357; 3369; 3417
Teilforderung, -klage 421 f.; 1018; 1134; 2890

Teilgläubiger 388; 3366
Teilgläubigerschaft 3316
Teilkausalität 240
Teilklage 926; 1102; 1318; 2887; 2905
Teilnehmer 742; 753
Teilschaden 243
Teilschmerzensgeld 2903
Teilschuld zum Unterhalt 3314; 3417
Teilungsabkommen 143; 205; 216; 645; 748; 931; 961; 1426; 1486; 1565; 1573; 1608; 1659; 1758; 3132
– limitiertes 1667
Teilungsquote 1663
Teilursache 2095
Teilurteil 131; 1111; 1116; 1120; 1252; 1256
Teilvergleich 1481; 1483; 1492; 1518
Teilzeittätigkeit 2457
Telefon 1773; 3113
Tenor 215; 767; 780; 809; 837; 923; 991; 994; 1108; 1112; 1129; 1148; 1335
Testament 3001
Teuerung siehe Kaufkraftschwund
Therapie 1722; 1744; 1746; 1840; 1848; 1895 f.; 3481
Thrombose 123
Tier 260; 262; 316; 418; 425; 438; 535; 610; 731; 745; 1832; 2639
Tierhalterhaftung 25
Tierhaltung 25; 2128; 2476; 3101; 3113
Tilgungsbeiträge bei Krediten siehe Finanzierung
Tinnitus 2813
Titelersetzendes Anerkenntnis siehe Anerkenntnis
Tod 61; 172; 384; 410; 440; 471; 2838; 2861
Toilettenbenutzung 2812
Totalausfall Anh. 2
Tötung 61; 166; 471; 617; 685; 1174; 2718; 2741; 2751; 2837; 2931
Trägerbeiträge 2313
Transplantation 94; 1791
Trauerkleidung 3472
Trauma 142
Trennung 408; 2502 siehe auch Getrenntleben
Trennungsprinzip 791
Treueprämie 3049
Trinkgeld 1772; 2227
Trunkenheit 260

TVöD 1941; 2640 f.; 2643; 2652; 2667; 3379 f.; Anh. 1
Typik 252; 312; 558
Typisierung 3355

Überbrückungshilfe 3476
Übergangsfähige Ansprüche 1577; 1674
Übergewicht 1851
Überlebenswahrscheinlichkeit 1400; 3301
Überlebenszeit 2839
Überlegungsfrist 863; 931
Überleitung des Unterhaltsanspruches 3246
Übernachtungskosten 1805
Überobligation, überobligationsmäßige bzw. überobligatorische Leistung siehe Leistung, überobligationsmäßige
Überstunden 1947; 2228; 2367; 2670; 2678; 2726; 3146
Überstundenentgelt 3048
Überstundenvergütung 2661
Überwachung 2497
Überzeugung 102; 558
Umbasierung Anh. 4
Umbau 456; 1967; 1978 ff.
Umbaukosten 665; 1880
Umdeutung 1191; 1330
Umdisponierung 1771; 1808; 2367; 2509
Umfeld 632
Umorganisation 688; 2509
Umrechnung 2248; 2871
Umrechnung in der Zeit 1949
Umrechnungsfaktor 1949; 2209
Umrechnungsfaktor zum Geldwert 2874
Umrechnungsformel DM – Euro 2872
Umrüstung 1878; 1884
Umsatz 2397
Umsatzbeteiligung 2410
Umsatzeinbuße 2388
Umsatzsteuer 519; 683; 2399
Umschulung 491; 702; 724; 1848; 1873; 2368
Umschulungskosten 2175; 2178
Umstellung 2162
Umzug 2998
Umzugskosten 389; 1809; 1977; 3112; 3473
Unentgeltliche Arbeit 2002
Unentgeltliche Schadensabhilfe 1737; 1917
Unfall 2814
Unfallaufnahme 32
Unfallfeste Position 1531

Unfallmanipulation 316; 1029; 1229
Unfallrente 2967
Unfallverhütung 260
Unfallverhütungsvorschriften 307
Unfallversicherung 578; 639; 749; 958; 1568; 1581; 1584; 1590; 1698; 1728; 1768; 1988; 1990; 2062; 2066; 2518; 2524; 2697; 2708 f.; 2816
Ungelernte 2084
Unikat 503
Unkenntnis 843
– grob fahrlässige 885
Unkosten 2066; 2374
Unmittelbare Betroffenheit 366 f.; 2444
Unsicherheitsabschlag 185
Unterbewusstsein 223
Unterbrechung des Kausalzusammenhangs 245; 340
Unterbringung 2975
Unterhalt 746; 1814; 2148; 2326; 2453; 2580; 2696; 2723; 2959; 2982
Unterhalt, angemessener 2950; 2953
– entgangener siehe Unterhaltsschaden
– ersparter siehe Ersparnis
Unterhaltsanspruch 2953
– Zeitgrenze 2955
Unterhaltsanspruch, gesetzlicher 2941
Unterhaltsanteile 3129
Unterhaltsaufwand 360
Unterhaltsaufwand als Schaden 360
Unterhaltsbedarf 665; 800; 1330; 1336; 1832; 1876; 2147; 2934; 2973; 2975; 3024; 3041; 3072; 3123; 3210; 3215; 3221; 3291; 3306
– personenbezogener 3115; 3120; 3146; 3151; 3175
Unterhaltsbeitrag 3363
Unterhaltsersatzrente 3018; 3021; 3087; 3202; 3204; 3211; 3213; 3231; 3237; 3256; 3258; 3291; 3297; 3301; 3367; 3385; 3408
Unterhaltspflicht 1301; 1795; 2441; 2452; 2456; 2714; 2718; 2939
– künftige 2975
Unterhaltsquelle 686; 2968; 3211; 3213
Unterhaltsquoten 3126; 3129; 3149; 3156 f.; 3161; 3165; 3213; 3270 f.; 3287
– Berechnung von 3164; 3166; 3168; 3172
Unterhaltsregress 368
Unterhaltsrückstand 2983

Unterhaltsschaden 360; 386; 396; 439; 695; 730; 1004; 1060; 1143; 1152; 1163; 1173; 1187; 1306; 1314; 1414; 1444; 2930; 2938; 3301
– Berechnung von 3022; 3024; 3028; 3039; 3233; 3256; 3258; 3274 f.; 3278; 3281; 3291; 3364; 3371; 3408; 3440
– Wegfall der Haushaltsführung 2929
– Wegfall des Barunterhalts 2929; 3024; 3028
Unterhaltsschadensrente 1301 f.; 1452; 2964; 3010; 3012
Unterhaltsschuld 3402
Unterhaltssicherung 1548
Unterhaltsstatut 2945
Unterhaltsvereinbarung 2990
Unterhaltsverzicht 2986
Unterhaltszahlung 368
Unterhaltung 1777
Unterjähriger Gewinnausfall 2379; 2403
Unterkunft 1814; 3089; 3395
Unterlassen 17; 24; 224; 231; 636
Untermiete 2592
Unterstützung bei Hausarbeit 2481
Unvernunft 514; 1707; 1901; 1958
Unverträglichkeit 353 f.
Unwägbarkeitsabschlag 185; 2079; 2094; 2098; 3260
Urheberschutz 2808
Urheberzweifel 244
Urkundenbeweis 1082; 1092
Urlaub 2788; 2795
Urlaubsentgelt 2228; 2320
Urlaubsgeld 2065; 2210; 2321; 2551; 2661; 2678; 3048
Urlaubskosten 615; 617; 1865
Urlaubsreise 616 ff.; 1865
Ursache 118; 120; 260; 348
Ursachenanteile 230; 238; 246; 335; 442 ff.; 450; 1730; 2305
Ursachenbündel 181
Ursachenerforschung 657

Vater 3037
Veränderung der Lebensverhältnisse 2500
Veränderungen 1410; 1446; 1456; 1459; 1962; 2079; 2386
Verantwortungsbereich 260; 282; 324
Veräußerung 476; 2352 siehe auch Erlös
Verbliebene Arbeitskraft siehe Arbeitskraft, verbliebene

Verbotene Tätigkeiten 2198
Verbraucherpreise 2873 siehe auch Kaufkraftschwund, Lebenshaltungskosten
Verbraucherpreisentwicklung 2874
Verbraucherpreisindex Anh. 4
Verbrauchsarbeit 2762
Verdachtsdiagnose 148
Verdienstausfall 506; 1692; 1771; 1791; 1806; 1828; 1910; 1912; 1998; 2023; 2028; 2125; 2142
Verdienstausfallrente 2080
Verein 2762
Vereinbarung 929
Vereinsvorsitzender 2766
Vererblichkeit 2797; 2881
Verfahrenskosten 575; 577
Verfestigte Lebensgemeinschaft siehe Gemeinschaft, eheähnliche
Verfügungsbefugnis 1483; 1571
Verfügungsbeschränkung 1502 f.
Verfügungsgrund 1139
Vergangenheit 1275; 1345
Vergleich 794; 819; 826; 927; 934; 937; 1236; 1326; 1329; 1340; 1376; 1434; 1507; 1572; 1580; 2922
Vergleichsfälle 2871
Vergleichszeitraum 2383
Vergütung 1940 f.; 2556; 2559 f.; 2568; 2640; 2654; 2664; 2666
Vergütungsbestandteile 2202
Vergütungsgruppe 1941; 2416; 2647 f.; 2650; 3374; 3379 f.; 3414 siehe auch Eingruppierung
Verhaltensalternativen 3341
Verhaltensanweisung 260
Verhaltenspflicht 279
Verhaltensunrecht 280
Verhältnismäßigkeit 191; 486; 509; 655; 1224; 1685; 1718; 1958
Verhandlungen 907; 942
Verjährung 720; 820 f.; 844; 856; 1170; 1518
– Hemmung siehe Hemmung der Verjährung
– Neubeginn 941
Verjährungseinrede 861; 1448; 1682
Verjährungsfrist 815; 864; 2922
Verkäufer 2395
Verkehrslage
– kritische 351
Verkehrsopferhilfe 869

Verkehrsschild 260
Verkehrssicherungspflicht 260; 316; 407
Verkehrsunfall 2850
Verkehrswert 1979; 2352; 2435; 2804
Verkehrswidrigkeit 279; 285; 314; 1673
Verletzergewinn 2798; 2807
Verletzte Person 2117
Verletztenrente 1590; 1992; 2108; 2326; 2697; 2699; 2781
Verletzung 67; 69; 86; 298; 443; 1050; 1379; 1824; 2666; 2741; 2755; 2830
– haushaltsführende Person 2442
Verletzungsfolgen 2904; 2914 f.; 2919
Verletzungstatbestand 246
– Krankheit 83
Verlobte 2987
– Verlöbnis 1597
Vermehrte Bedürfnisse siehe Mehrbedarf
Vermietung, Verpachtung 779; 2257; 2350; 3068; 3211; 3213
Vermittlungschance 2180
Vermögen 2975
Vermögensbildung 2229; 3041; 3061; 3209; 3291
Vermögensbildung und Unterhalt 3070; 3072; 3267
Vermögensdifferenz 2134 ff.
Vermögensdispositionen 2037
Vermögenseinbuße 2026
Vermögensertrag siehe Kapitaleinkünfte
Vermögensfolgeschaden 375
Vermögensschaden 2 f.; 46; 52; 104; 124; 128; 131; 190; 277; 377; 398; 496; 504; 517; 572; 602; 778; 876; 1190; 1205; 1207; 1996; 2114; 2130; 2434; 2438; 2576
Vermögensschutz 18 f.; 28; 277; 397; 1998
Vermögensstamm 3207
Vermögensverhältnisse 2943; 2975
Vermögenswert 472; 474; 527; 1919; 1954; 2729
Vermögenswirksame Leistung 3048
Vermögenszuwachs 527; 682; 731; 1863; 1869; 1975 f.
Vermutung 549; 552; 1027; 1033; 1038; 1076; 2002; 2111; 2748
Vernunft 514; 636; 655
Verordnung von Medikamenten 151
Verpflegung 714; 729
Verpflegungskosten 1776; 1805; 1814; 1816; 1819; 3334; 3396

Verrechnung 1763 f.
Verrentung 1364; 2878
Verrichtungsgehilfe 22; 432; 648
Verschlechterung 1336
Verschulden 235; 258; 293; 316 f.; 635; 2850
Verschuldenshaftung 14; 189; 248; 1678
Versicherungsbeiträge, -prämien 523; 1757; 1855; 1914 f.; 1985; 2290; 2310; 2312; 3061; 3064; 3096; 3113; 3240
Versicherungsleistung 700; 703; 1146; 1531; 1581; 1668; 2326; 3007; 3208
Versicherungsschutz 2315
Versicherungssumme 208; 214
Versorgung 1452; 1944; 2327; 2704
Versorgung, notdürftige 2546; 3325
Versorgungsanteile 3337; 3366 f.; 3369; 3387; 3391
Versorgungsausgleich 2960
Versorgungsbedarf 2934; 3367
Versorgungsbezüge 3458; 3477
Versorgungsleistung 1538
Versorgungsqualität 1922
Versorgungsträger siehe Dienstherr, Sozialleistungsträger
Versorgungswerk 2401
Verspätungsschaden 2129; 2402
Versuchte Heilung 370
Verteilung fixer Kosten 3190
– Berechnung von 3181; 3187
Verteilungsschlüssel siehe Quotenanteile
Verteilungsverfahren 833; 1666
Vertragsansprüche 356; 359; 367; 566; 1239; 1536; 1577; 1668
Vertragsauslegung 193; 933; 1443; 1450; 1487; 1492; 1668; 1680
Vertragsauslegung, ergänzende 1452
Vertragshaftung 33; 42; 57; 188; 212; 264; 325; 378; 404; 415; 435; 874; 1026; 1072; 1910; 2815; 2819; 2825; 2929; 2938
Vertragsleistung 701
Vertragspflicht 2456
Vertragsverletzung 98
Vertrauensverhältnis 1714; 1717
Vertrauensverlust 2355
Verwaltungsakt 2169
Verwaltungskosten 2325
Verwandte siehe Angehörige
Verwandtenhilfe 2655; 3411 f.
Verwendungsnachweis 485; 2833; 2889

Verwertung 674
Verwirkung 854
Verzicht 216; 862 f.; 909; 931; 1441; 3178; 3312
Verzicht auf Unterhaltsansprüche 2986
Verzinsung 2881 f.
– unterjährige 1392 f.; 1419; 1469
Verzögerung 1734
Verzögerung der Ersatzleistung 721; 1861; 2859
Verzögerung des Berufseintritts 2002; 2023; 2125; 2129
Verzögerungsschaden 1480; 2129; 2131; 2137
Verzögerungsschaden bei Selbstständigen 2402
Verzug 1734; 3000
Verzugszinsen 645; 1856
Vollerwerbstätigkeit 3353; 3357; 3369
Volljährigkeit 1899; 1924; 1959; 2583; 2631; 2730; 2750; 2755; 3013; 3034; 3221; 3308
Vollstreckbarkeit 2983
Vollstreckbarkeitserklärung 990
Vollstreckung 735; 987; 1141; 1192; 1320; 1460; 2926; 2985
Vollstreckungstitel 873
Vollwaisen 3037; 3279; 3282 f.; 3290; 3320; 3330; 3332; 3420
Vollzeittätigkeit 2457; 3310
Vorbeeinträchtigung 160
Vorbehalt 933; 1446; 1448; 1453; 1616; 1698; 2922
– bei Vergleichen 915; 1480
– für Betragsverfahren 419 f.; 1107; 1110
Vorbeugung 1723
Vorbildung 2162
Vorbringen
– neues 1258
Vorfahrt 316
Vorfälligkeit 3299; 3301
Vorhersehbarkeit 189; 298; 894; 921; 986; 1135; 1204; 1441; 1453; 2902; 2920
Vorprozessuale Kosten 582; 1231; 1241
Vorrecht des Unterhaltsersatzgläubigers 3427
Vorrecht des Verletzten 1619; 1627
Vorruhestand 1757; 2306
Vorsatz 293 ff.; 309; 317; 345; 987; 989; 1601; 1670; 1744

Vorschädigung 74; 85; 143; 166; 182; 185f.; 247; 250; 265; 270; 272; 353; 355; 1171; 1210f.; 1290; 1403; 1728f.; 1812; 1962; 1964; 2010; 2101; 2302; 2305; 2525; 2577; 2855
Vorschuss 489; 491; 493; 645; 656; 1732; 1869
Vorsicht 1741
Vorsorge 572; 712; 1741; 1915; 2309; 3024; 3072
Vorsorgeaufwendungen 2296; 2298; 2307; 2400
Vorsorgebedarf 1855; 2413
Vorsorgebeiträge 3061
Vorsorgeschaden 3019; 3061
Vorteil 731; 1763; 1776
– aufgedrängter 689
– selbstständiger 680
– unselbstständiger 669
Vorteilsausgleich 271; 387; 658; 1750; 1980; 2045; 2053; 2067f.; 2090; 2098; 2127f.; 2137; 2144; 2146; 2184; 2264; 2352; 2363; 2553; 2869; 2976; 3193ff.; 3202; 3204; 3211; 3213; 3237; 3275; 3277; 3363; 3369; 3391; 3394ff.; 3423; 3432; 3435; 3450
Vorversterbensrisiko 3295
– Korrekturfaktor 3301

Wahl zwischen Rente und Kapital 1345
Wahlleistung 1736
Wahlrecht gegenüber Krankenkasse 1811
Wahrscheinlichkeit 118; 129; 139; 184; 312; 549; 1044; 1049; 1054; 1096; 1200; 1375; 1453; 2015
Waise 911; 1163; 1502; 2929; 3028; 3231; 3237; 3258; 3274; 3278; 3281; 3291; 3393
Waisenrente 3007f.; 3407
Warnung 633
Wartezeit 1523; 2073
Wegfall des Bedarfs 483
Wehrdienst 2134
Weihnachtsgeld 3048
Weihnachtsgratifikation 2321; 2551; 2661
Weiterbeschäftigung 2061; 2115
Weiterentwicklung 2079
Wenden 316
Werbungskosten 2239; 2296; 2298; 2307; 2400
Werktag 2684

Wert der Hausarbeit 2640; 2643; 3303; 3317; 3373f.; 3377
Wert pro Monat 1949
Wert pro Tag 1948; 1952
Wertanteile 762; 1495f.
Wertentwicklung 1469; 1471; 2874
Wertguthaben 2216
Wertinteresse 495; 530
Wertpapiere 3072
Werttabelle 1374
Wertverbesserung 1980
Wertverlust 505; 1979; 3068
Wertvorstellung 2778; 2784; 2896
Wertzuwachs 668; 724; 2435
Wesensänderung 165; 2853
Wesentliche Veränderungen 1336
Wichtiger Grund 1348f.
Widerklage 1124; 1189; 1257
Wiedereingliederung 2012; 2067; 2074; 2178
Wiedereingliederungsrisiko 2187
Wiedererkrankung 52; 76; 1667; 1669; 1698
Wiederheirat 688; 900; 1187; 1336; 2969f.; 3017
Wiederherstellung 467
Wiederkehrende Leistung siehe Rentenanspruch
Willensentschluss 317f.; 2117
– der verletzten Person 129; 183; 335f.; 2045; 2141; 2185f.; 2425; 2499
– des Schädigers 224f.
– des Verletzten 2089
Willensrichtung 309
Wind 260
Wirbelsäule 122
Wirtschaftlicher Nachteil 2740
Wirtschaftlicher Vorteil 2732
Wirtschaftlichkeit 52; 485; 512; 1685; 1706; 1718; 1747; 1800; 1846; 1909; 1922; 1958
Wirtschaftsgemeinschaft 2458; 2462; 2556; 2749
Wissensperson 901
Wissensvertreter 901; 903
Witwe, Witwer 385; 390; 438; 606; 688; 1012; 1143; 1163; 1303; 1336; 1452; 1603; 1628; 2929; 3202; 3204; 3250; 3256; 3258; 3274; 3278; 3281; 3393
Wochenarbeitszeit
– Berechnung von 2612; 2622; 3343

Wochenaufwand 2617; 2625; 2628; 2630; 2639; 2684
Wohnbedarf 1349; 1863; 1867; 1869; 1872; 1967; 1980; 2150; 2153; 3089; 3178; 3311
Wohnfläche 1980
Wohngemeinschaft 2462
Wohnhaus 3090 f.
Wohnkosten 1840
Wohnqualität 1907; 1978
Wohnsitz 797; 949; 951; 964
Wohnung 3024; 3113
Wohnverhältnisse 2162
Wohnwert 1949

Zahlung 915; 942; 1017; 1139; 1144; 1379; 1444; 1485
– nachschüssige 1468
– vorschüssige 1392; 1468
Zahlungen, laufende siehe Rentenanspruch
Zahlungsform 1269; 1272; 1353 f.; 1839; 2017; 2884
Zahlungsweise 1367; 1856
Zahn 260
Zahnbehandlung 1732; 1738
Zahnersatz 96; 1718
Zeitabschnitt 274; 1015; 1131; 1313; 1936 f.; 2601; 2603; 2614; 3243
Zeitanteil 2573; 2611 f.
Zeitanteiliger Erwerbsausfall 2380; 2403
Zeitaufwand 1786; 1788; 1808; 2569; 2572; 2604; 2625; 2628; 2633; 2639 siehe auch Arbeitszeitaufwand
Zeitaufwand im Haushalt siehe Arbeitszeitaufwand
Zeitaufwand wegen Pflege siehe Pflegeaufwand
Zeitbedarf 1926; 2604; 2630; 2698; 3367 siehe auch Arbeitszeitbedarf
Zeitbedarf im Haushalt siehe Arbeitszeitbedarf
Zeitbedarf wegen Pflege siehe Pflegebedarf
Zeitbezug 2209
Zeitbezug von Einkünften 2206
Zeitdefizit 502; 598; 606; 2452; 2533; 2535; 2550; 2613; 2678; 3367 siehe auch Arbeitszeitdefizit
Zeitdifferenz 2134; 2137
Zeitersparnis 1937
Zeitfaktor 2450; 2563; 2566; 2685 f.; 3413

Zeitgrenzen 270; 273 f.; 723; 870; 873; 1110; 1283; 1285; 1403; 2017; 2254; 2522; 2906; 2908; 2910; 2921; 2962
Zeitkomponente 2450
Zeitkonto 2758
Zeitlohn 2232
Zeitperiode, Zeitraum 1132; 1293; 1307; 1309; 1313; 1428; 1591; 1949; 2057; 2127; 2137; 2251; 2373; 2617; 2684 ff.; 3133
Zeitpunkt 184; 533; 537; 563; 645; 692; 733; 1004; 2064; 2070; 2183
Zeitpunkt der Wertbestimmung 565; 567
Zeitpunkt des Forderungsübergangs 1525; 1570
Zeitrente 1377
Zeitrentenbarwert 1365
Zeitrentenfaktor 1427
Zeitrententabelle 1371; 1374
Zeitumrechnung 1308; 1949; 1960; 2615; 2617; 2686
Zeitvergleich 2385
Zeitverlust 500; 2521
Zeitversäumnis 501; 595; 605; 1808
Zeitweise Aktivität 2211 f.
Zeitwertpapier 2229; 3072
Zessionar 417; 844; 1571
Zeugnis
– ärztliches 2110
Ziergarten 2487; 2489
Zins 1243; 1382; 1385; 1411; 1421; 1427; 1469; 1967; 2437; 2657; 2882; 3000; 3090; 3224; 3299; 3301
Zinseinkünfte 2037
Zinsfuß 1381; 1383; 1385; 1388; 1421; 1427
Zinssatz 1383; 1421
Zinsveränderung 1397
Zögerliche Schadenregulierung, verzögerliches Regulierungsverhalten siehe Verzögerung der Ersatzleistung
Zufall 221; 346; 364
Zukunft 1151; 1179; 1184; 1186; 1199; 1331; 1346 f.; 1430; 1441 f.; 1456; 1557; 2076; 2493; 2926; 3066
Zukunftsprognose 2918
Zukunftsschäden 877; 1447; 1480; 1515; 1518
Zulage 2222; 2226; 2233; 3048; 3064
Zumutbarkeit 428 f.; 443; 625; 682; 687; 1192; 1742; 1745; 1846; 1909; 1958; 2157; 2163; 2185; 2508; 3249; 3264

Zurechnung 187
Zurechnungseinheit 447 f.
Zurechnungsgrenzen 164; 180 f.; 233; 245; 247; 285; 342 f.; 2186
Zurechnungszusammenhang 155; 166; 174; 333; 540; 1673 siehe auch Zurechnungsgrenzen
– Neurose 183
Zurückbehaltungsrecht 737
Zusammenveranlagung 2284
Zusatzaufwand 1692; 1828
Zusatzausstattung 1886
Zusatzbelastung 1756
Zusatzkosten 1768; 1916
Zusatzurlaub 2066; 2324
Zuschlag 1394; 1397; 1409 f.; 1947; 1960; 2065; 2224; 2226; 2233; 2258; 2671; 3415
Zuschlagsfaktor 1397
Zuschuss 1989
Zustand 317; 467; 1705
– altersbedingter 1965
– beschwerdefreier 1729
– hypothetischer 454; 463; 518
– körperlicher 1964

Zuständigkeit 853; 944; 1509; 1571; 1580; 1698; 2890
– internationale 947
Zuständigkeitswechsel 1572
Zustellung 955
Zuverdienst-, Zuverdienerehe siehe Doppelverdienerehe
Zuvielforderung 1012; 1309; 1313
Zuwendung 1785
– elterliche 1788
– familiäre 2857
– immaterielle 1905; 1924; 1927; 2705; 2841
– personenbezogene 2790
– persönliche 1788; 1930
Zuzahlung 1692; 1757 f.; 1760 f.; 1763 ff.; 1817; 1821 ff.; 1828
Zweckmäßigkeit 484; 486
Zwei-Personen-Haushalt 2507; 2510; 2583; 2624; 2685; 2702
Zweiteingriff, -unfall 245; 342; 540
Zweitschädiger 776
Zweitschädigung 247; 748; 1679
Zweitursache 334; 743

„Ein Klassiker der Extraklasse"

RA Wolfgang Koch in: Schadenpraxis

Böhme/Biela

KRAFTVERKEHRS-HAFTPFLICHT-SCHÄDEN

Handbuch für die Praxis

Von Kurt E. Böhme und Anno Biela. 24., neu bearbeitete Auflage. 2009. XXXI, 559 Seiten. ISBN 978-3-8114-4371-6. € 99,–

Das bewährte Handbuch behandelt **alle bei der Bearbeitung von Kraftverkehrs-Haftpflicht-Schäden auftretenden Rechtsfragen**. Und noch mehr: Es dient der Lösung von **Schadensfällen der Allgemeinen Haftpflichtversicherung**. Der „Böhme/Biela" ermöglicht Ihnen – mit vielen Tabellen – eine effiziente, kompetente Fallbearbeitung und Schadenregulierung.

Neu in der 24. Auflage:

- Besondere Berücksichtigung der **Mietwagenproblematik (Unfallersatztarif)**
- Einarbeitung der **VVG-Reform** sowie der kundenfreundlichen **AKB (GDV-Empfehlung)**
- Neues Kapitel zum **Rechtsdienstleistungsgesetz**
- Auswirkungen des **Umwelthaftungsgesetzes** auf die Kraftfahrt-Haftpflichtversicherung
- Umsetzung der **5. KH-Richtlinie** in deutsches Recht mit den Veränderungen für die **Verkehrsopferhilfe**
- Erläuterung der **beamtenrechtlichen Reformen**
- Anpassung der **Kapitalisierungstabellen** aufgrund der stufenweisen Erhöhung der Regelaltersgrenze für den Rentenbezug auf 67 Jahre

„Insgesamt ein hervorragendes Handbuch, das den Anforderungen der Praxis nach prägnanter Information in jeder Hinsicht gerecht wird. Das werden alle die Kollegen zu schätzen wissen, die eigentlich nicht mehr die Zeit haben, sich in Unfallsachen umfangreicher Fachliteratur zu bedienen."

RAin Rita Zorn in: VerkehrsRechtsReport 3/2006 zur Vorauflage

C. F. Müller, Verlagsgruppe Hüthig Jehle Rehm GmbH, Im Weiher 10
69121 Heidelberg, Bestell-Tel. 089/2183-7928, Bestell-Fax 089/2183-7620
kundenbetreuung@hjr-verlag.de, www.cfmueller.de/verkehrsrecht

Pardey, Berechnung von Personenschäden

Mit dem Kauf dieses Buchs erwerben Sie gleichzeitig eine Zugangsberechtigung für die zugehörige **Onlineversion.** Dieses Angebot steht allen Buchkäufern **kostenfrei** zur Verfügung.

Die Onlineversion enthält

- alle Inhalte des Buchs,
- zahlreiche Excel-Tabellen, die eigene Berechnungen ermöglichen,
- Worddateien mit Musterformulierungen (z. B. für Klageanträge oder einen Urteilstenor),
- eine Gesetzessammlung zum Nachschlagen der im Text zitierten Paragraphen.

Um die Onlineversion nutzen zu können, registrieren Sie sich auf

www.schadensberechnungen.de

Ihren persönlichen **Code** finden Sie unter dem nachfolgenden Rubbelfeld:

EXUDX9WF

Das Freirubbeln des Codes verpflichtet zum Kauf des Buchs!

C. F. Müller Verlag · Heidelberg